唐宋禅籍俗成语研究 上编

付建荣 著

商务印书馆
创于1897
The Commercial Press

国家社科基金项目"唐宋禅籍俗成语研究"（批准号：13XYY012）结项成果

内蒙古大学一流学科建设经费资助出版

目 录

上编　唐宋禅籍俗成语通论

序 言

8月9日,付建荣来电话,说他的"俗成语研究"书稿正在校对,问我是不是可以写个序。我马上就答应了,因为付建荣是我很满意的一个学生。2009年,付建荣考入浙江大学读博士,跟他同时考上的还有楚艳芳。这是两个非常优秀的学生,其共同点是勤奋。现在,两人都是副教授,楚艳芳已经出版三部著作了,付建荣这才是第一本。建荣的长处是深思熟虑,精耕细作,似乎有点不鸣则已,一鸣惊人的感觉。这在他的博士论文《汉语词汇核心义研究》和这部《唐宋禅籍俗成语研究》中都有充分的体现,证明他的特点一以贯之,而且有进一步的深入思考。粗读这部厚重的《唐宋禅籍俗成语研究》,我由衷地替他高兴,也得意自己没有看走眼,确实后生可畏!

这部书稿如果用"体大思精"来评价,我觉得不为过。全书分为上下编,上编从例证中分析出俗成语的定义、研究历史、语料鉴别和研究方法、研究意义等,都不是泛泛而论,而是有比比皆是的生动例子。下编则逐一考释每一条禅宗俗成语,可以当作成语词典使用。因而无论在汉语词汇史还是成语词典编纂方面,都具有很高的理论价值和实用价值。

一

2006年,我写了《论汉语词汇的核心义》一文,觉得汉语一个词有十几个甚至二十几个词义(除了语音通假外),其中主要的义项都受其造字义的特征所制约,我把这个特征义称为"核心义",因为是诸多义项的核心。而这个特征源于本义的抽象提取。如"翘"本义是"鸟的长尾羽",长尾鸟的尾巴要高高举起来才不致于拖地磨损,所以"高"就是"翘"的核心义,"翘"的几个义项都受"高"制约(参见付建荣书，p.199）。有了这个想法，我兴奋不已，常常在课堂上跟研究生一起讨论，希望同学们也能够做这方面的探讨。但是，其实我自己都不是非常清楚核心义怎么提取，怎么描写。有些同学觉得主观性过多，或者难以把握；有些同学虽然将核心义作为讨论的主题，但讨论结果都有点隔靴搔痒，似乎没有理解我的想法；唯有付建荣认认真真地把核心义当作论文选题，而且完成了一篇高质量的博士论文。他的讨论甚合我意，也让我信心大增，觉得核心义研究是一条可行之路。我在2014年与王诚博士后合作出版的《汉语词汇核心义研究》一书，里面有些内容就是受了建荣论文的启发，也有的作了参考和引用，这是教学相长很好的例子，所以建荣跟我说"我会把老师的核心义继续研究下去"时，我完全相信了。

这一次，付建荣研究的是唐宋禅籍中的俗语，而且是俗成语，是不是就没有核心义了呢？不是。这部书稿对词语意义的讨论就贯穿了核心义的理论。比如第五章讨论俗成语的意义系统时就直接论述了核心义，在下编的释词中，大多数词语意义的讨论，也都蕴含着核心义的思想。他说："词的核心义隐含在词的本义当中，成语的核心义隐含在字面义当中。"（p.200）这个见解很有启发意义。我的《汉语词汇核心义研究》讨论的主要是单音词，所以核心义源于造字义（大多数属于本义）。而在《汉语复音词核心义研究》中，我认为核心义对复音词依然有制约作用，两个语素的核心义往往具有共性，才能够组合成词。换句话说，语素的核心义决定了复音词的意义。成语是否也有核心义呢？对此我还没有成熟的想法，建荣的书稿却回答了这个问题。他在上编第五章《唐宋禅籍俗成语的系统》将成语的意义分为两个语义成分，一是范畴义，一是核心义，核心义内部又分为描述性特征、叙述性特征和泛指性特征。范畴性特征多由其本义决定，核心义则是其抽象特征：

"眉飞色舞"描述的是因内心喜悦而在脸上显露出的愉快神情，上述辞典的释义就是对其义位的描写。这些释义基本上揭示出了这条成语的两个关键语义成分——"神情"和"喜悦"，"神情"是这条成语语义描述对象的范畴，"喜悦"是这条成语语义描述对象的核心特征。在"眉飞色舞"的语义构成当中，这两个语义成分是最为核心和关键的语义要素，二者有机结合后就构成了"眉飞色舞"的核心语义——"神情喜悦"。（p.190—191）

我认为这样的分析是非常精彩的，他对这一章的每条成语都进行了细致的讨论，或者说，他对成语意义的讨论基本都贯穿了这个观念。再比如："细如米末"，字面义指细微得像米末一样,隐含的核心义就是"细微"。(p.201)"水落石出",字面义指水面落下去,水底的石头显露了出来。字面义隐含的核心义是"显露"。(p.203)

建荣在给我的微信中说:"用核心义构建成语系统,又一次感受了核心义理论是个很好的研究视角。核心义可以把词(语)义系统串起来,也可以把词(语)汇系统串起来。抓住核心义,再加上范畴义,就等于抓住了成语的核心要义,抓住了系统网的'纲领',以此为依据建立起来的语汇系统就会更加精准。"诚然,"核心义"不是万能的,这个理论也需要逐步完善,但语言一定是有系统的,不会是一盘散沙,这个观点应当是学界的共识。而"核心义"根植于本义,如果无法找到本义,还可以通过归纳其用例中义项的"核义素",从而推演出其核心义,所以这个方法不是唯心的,应当是有事实根据的,建荣的研究成果进一步证明了这一点,我很高兴。

二

有悟性,而且观察细密,是语言研究者的必备特质。建荣具有这样的研究潜质,在禅宗俗成语的研究中,在具体个案和整体分析中,都体现了这一点。

禅宗语言具有比喻教化的巨大功能,其成语的使用,也与普通成语有很大的区别。所以成语的释义应当考虑二者的不同。

比如"笑里藏刀",禅籍用义和目前世俗用义迥别,词典以世俗常用义作解,释作"比喻外表和善,内心阴险狠毒"。作者认为释义未当,关键是对"刀"的词义理解有误。根据禅宗哲学象征意象的使用规律,"刀""箭"等锋利之器常用来隐喻"机锋",相似的俗成语有许多,如用"隈刀避箭""避箭隈刀"比喻回避险峻的机锋,用"一箭双雕""一箭两垛"比喻一句机语具有双重禅机或功效,用"遇獐发箭"比喻禅师开悟学人时果断发机施教,用"残弓折箭"比喻挫败的机锋,用"弓折箭尽"比喻法战中机锋折断,用"张弓架箭"比喻机锋较量时准备发机等。这些"刀""箭""弓"等的交锋均喻指问答迅捷,语词锐利、含意深刻的对答。"笑里藏刀"比喻微笑中语含机警锋利的机锋,没有"内心阴险狠毒"之义。可以比较《隐元禅师语录》卷一〇:"花中有刺,笑里藏刀。机锋相触,鬼哭神号。"下言"机锋相触",其义显豁。推而广之,禅籍中"笑中有刀""笑里有刀"之"刀"均喻指"禅机",谓微笑中含有犀利深刻的机锋,并无"恶毒"之义。(p.88—90)

看上去普通的词语,在禅宗语录中往往有特殊的含义,需要仔细分辨。比如"家贼难防"一语,现今词典以世俗常用义作解,或释为"比喻内部的坏人最难防范",或释为"家庭内部的贼人或内奸最难防范"。但作者认为,这些释义验诸禅籍文例并不契合,实由不明"家贼"在禅籍中的比喻义所致。《五灯》卷一四"缘观禅师":"问:'家贼难防时如何?'师曰:'识得不为冤。'"禅籍中的"家贼难防"何义?《古雪哲禅师语录》卷八:"外贼易破,家贼难防。正当此时,六贼交侵,如何抵敌?""家贼"如何"六贼交侵"?唐惠能《坛经》第 31 则:"常净自性,使六贼从六门走出,于六尘中不离不染,来去自由,即是般若三昧,自在解脱,名无念行。"原来家贼来源于自身"六门"——眼、耳、鼻、舌、身、意六根,"六贼"则指"六识之贼"。唐大圆《沩山警策》曰:"从迷至迷,皆因六贼。"宋守遂注曰:"六识之贼,自劫家宝。"所以"家贼"即"六贼",指"六识之贼"。明函昰《楞严经直指》卷四说得更明白:"由六根为媒,引起六识家贼,劫害真性。"明通润《楞严经合辙》卷四云:"人但知六识为内贼,劫家宝。不知招引内贼劫家宝者,实六根也。"人六根引起的各种心识妄念随身自带,极难防备,故明深有《黄檗无念禅师复问》卷三有感而发:"来云遍识,偷心难伏,此是无始劫来生死根本,岂能一念顿荡哉!古人道'家贼难防',正谓此也。"(p.101—103)禅籍中"家贼"的比喻义既明,则"家贼难防"的语义就显豁了,所以词典应当加上一个释义:指六根引起的心识妄念难以防备。

由上二例可见,禅宗典籍中的比喻往往具有特殊性,"笑里藏刀"中的"刀"可以比喻犀利的言辞机锋,"家贼难防"中的"家贼"可以比喻人内心的妄识杂念,这是真正的难防难对付。所以,成语词典应当在本书中汲取营养,加以充实和提高。

《唐宋禅籍俗成语研究》一书中像这样观察缜密、善于思考和归纳的成语分析,不胜枚举。能有这样的成果,没有多年潜心向学、孜孜以求的精神是做不到的。建荣跟我说起书稿的写作:"第五章是花功夫最多的一章,逐个分析了 1759 条成语的范畴义和核心义,系统表改了好几次,脑子里每轮转一圈系统,总得半个月时间。"其中甘苦,想来读书人都是有体会的。

三

善于归纳、提取语义演变规律性的东西,是《唐宋禅籍俗成语研究》一书"体大思精"的另一个体现。比如作者提出:"范畴义经常变化,核心义通常不变"。以"半青半黄"为例,有两个义位,用"语义二分法"切分如下:

　　①形容果实未熟时青黄相间的色貌——"果实未熟"＝［果实］＋［未熟］

　　②禅家比喻道业还没有完全成熟——"道业未熟"＝［道业］＋［未熟］

在"半青半黄"的语义构成中,范畴义由"果实"演变为"道业",这是隐喻引申的结果,而核心义"未熟"则没有变化。"隐喻"是基于两个相似事物间的联想,禅家用"果实未熟"隐喻"道业未熟",是从"果实"认知域投射到了"道业"认知域,反映在语义演变方面,就是从"果实"范畴义演变为"道业"范畴义。核心义"未熟"则是"果实"和"道业"相似性特征的集中体现,是隐喻引申发生的语义依据。他还进一步归纳说:

　　既然"隐喻"是从一个认知域到另一个认知域的投射,那么反映在语义方面,就是从一个范畴义到另一个范畴义的演变,属于语义范畴的转移。核心义是语义描述对象的特征,是隐喻引申"相似性"的体现,也就是语义引申的内部依据,所以在隐喻引申的过程中核心义通常是不会变化的。(p.326)

核心义理论与认知理论的结合,使其结论科学谨严,有理有据。

建荣的论述,有丰厚的资料做基础,有扎实的考据为依托。如他不仅关注成语的含义和结构,还关注语音规律,对四字格成语的韵律平仄作了全面系统的考察,提出了成语"二四字平仄对称"律(p.77)的探讨。他说:纵观唐宋禅籍俗成语的平仄搭配模式,我们发现最为重要的一条规律就是"二四字平仄对称"律。这里提出的"二四字平仄对称"律,是指成语的第二个字和第四个字的平仄呈现对称的规律,包含"×平×仄"和"×仄×平"两种基本格式。这一规律的提出是基于以下数据和理由:在唐宋禅籍1759条俗成语中,二四字平仄对称的俗成语有1447条,占总量的82.26%,占据绝对优势;二四字平仄不对称的成语仅有312条,仅占总量的17.74%,处于绝对劣势。还有内部的16种细致分类。最后的结论是:"二四字平仄对称"律是成语平仄搭配的一条普遍规律,也是影响成语韵律和谐最重要的因素。

建荣的研究方法中有一个突出特点,就是善于类比,把同类现象归纳起来,其特点就一目了然了。书中的一些个案研究,采用先解释语义和理据,再系联有关联的变体、同义成语的方法研究,或互相证发,或比较辨析,或总结特点。由于唐宋禅籍俗成语系统的建立,关联变体或同义成语很是便捷,这是系统研究的好处,也是作者具有整体意识和全局观念的一个证明。如在唐宋禅籍俗成语里,由"指鹿为马"直接或间接类推产生了一大批格式相同或相近的同义成语:

指马作驴　指南为北　指东认西　指东作西　认马作牛

认驴作马　认弓作蛇　认奴作郎　认弓为矢　认龟作鳖

认指作月　认儿作爷　认指为月　认贼为子　唤驴作马

唤龟作鳖　唤钟作瓮　唤东作西　唤南作北　唤奴作郎

由此来作为"类推造语"和"同步引申"的例子(p.254)是很有说服力的。

又如要证明在唐宋禅林口语中,"龙肝凤髓"指教化学人施设的法门精髓,就系联了相关的"粗粥淡饭""家常茶饭""粗茶淡饭""粗羹淡饭"等形式,均比喻十分平常的教化施设;还有"残杯冷炙"和"残羹馊饭",比喻各种陈腐的教化作略。互相证发,以增强结论的说服力。引用例证如:

我若说佛说祖,是剥名品荔枝供养你。若说菩提、涅槃、真如、解脱,是烹龙肝凤髓供养你。若说超佛越祖之谈,是搅酥酪醍醐供养你。(《宗鉴法林》卷四八)

趋淮西,谒投子于海会,乃问:"佛祖言句如家常茶饭。离此之外,别有为人言句也无?"(《普灯》卷三"道楷禅师")

从而说明本体"门庭施设"和喻体"龙肝凤髓""家常茶饭"的隐喻关系是非常明显的。(p.289)

建荣具有严谨的科学精神,真实沉稳。上面关于成语韵律的分析,还有细致的表格逐一分析归类,探讨其分布状态,一丝不苟。再比如第一章关于成语讨论的很多精彩内容,他都放在了注释中。所以本书的脚注,也值得认真去阅读。在资料的鉴别上,也可以体现他的缜密思致。如他在讨论成语时,把成语条目经过查重过滤,一些重复的内容就不再计入讨论。

当然,建荣的著作还可以修改得更加完善,文笔重复拖沓之处尽量减少,一些表述和结论还可以更为严密。

　　总的看来,建荣《唐宋禅籍俗成语研究》一书给我们呈现的是既有高屋建瓴气概,又有细致雕琢功夫的语言研究大制作,我很欣慰,也更充满期待。他告诉我他的打算:要不断扩充资料,扩大视野,"向着汉语史断代语汇系统研究的目标出发,先构建系统,再研究系统,希望站在系统的视角下能有新发现"。我相信他一定会有更为扎实的著作问世。

　　是为序。

王云路

2021.9.9

凡 例

1. 唐宋禅籍俗成语数量庞大,为了方便研究内容前后照应和不必要的反复举例,本书对唐宋禅籍里的每条俗成语都作了固定的编号,变体和正体使用相同的编号,可与第五章第三节《唐宋禅籍俗成语的系统》和下编《唐宋禅籍俗成语例释》相互对照。

2. 本书在征引禅籍文献和其他常见文献的书名时,一般采用通行的简称。如《祖堂集》简称《祖堂》,《景德传灯录》简称《传灯》,《天圣广灯录》简称《广灯》,《建中靖国续灯录》简称《续灯》,《联灯会要》简称《联灯》,《嘉泰普灯录》简称《普灯》,《五灯会元》简称《五灯》,《古尊宿语录》简称《古尊宿》,《续古尊宿语要》简称《续古尊宿》,《汉语大词典》简称《大词典》,等等。禅宗别集语录的书名也采用简称,即去掉前面的地名,只保留法号,禅师(或和尚),语录(或广录、杂录、心要等)三个信息。如《石霜楚圆禅师语录》,简称为《楚圆禅师语录》;如果书名有两个甚至多个法号,取常用的一个法号,如《佛果圆悟真觉禅师心要》,简称《圆悟禅师心要》。

3. 本书参考文献的版本见附录一"主要参考文献",引用时采用作者加出版年份和页码的方式标出,如温端政(2006:67),"2006"表示论著出版年份,"67"表示页码。

4. 本书征引文献的版本见附录二"主要征引文献",主要用例的页码随文标出。其中,禅籍文献如有通行点校本可采用,则用通行点校本;如没有通行点校本,则取用蓝吉富主编的《禅宗全书》,引文出处先标册数后标页码,如"41-12"表示出处在《禅宗全书》第41册第12页。征引佛教藏经的例证依据《大正新修大藏经》《卍新纂续藏经》《嘉兴大藏经》,不取其标点,引文出处依次标明藏经名、册数、页数和栏数。其中,"T"表示《大正新修大藏经》,"X"表示《卍新纂续藏经》,"J"表示《嘉兴大藏经》，"a、b、c"分别表示每页的上、中、下栏，如"T47/498b"表示出处在《大正新修大藏经》第 47 册第 498 页的中栏。征引自总集文献中的诗、文、曲，直接标明总集页码。

5. 由于禅籍文献用字极为复杂，本书在征引文献时，除了保留必要的异体字形以供讨论之外，其他异体、俗别等大量的旧字形和不规范的字形，一律改作现今通行的规范字形。如"者个""遮个"改为"这个"，"什摩""甚么"改为"什么"，"祇如"改为"只如"，"元来"改为"原来"，"空华"改为"空花"，"分付"改为"吩咐"，等等。

6. 本书所引文献，如存在符号标点不当情况，不取用原文标点；如存在文字错讹情况，在原字后"（ ）"中说明。

7. 为行文简洁，文中称引前贤时彦之说，皆直书其名，不赘"先生"字样，敬请谅解。

唐宋禅籍

俗成语通论

上编

第一章 概论

从汉语史研究角度而言,唐宋时期在汉语史上正是一个承上启下的重要时期,这一时期"文言由盛而衰,白话由微而显",近代汉语逐渐走向成熟。就汉语语汇史来说,唐宋时期出现了口语成分充分占上风的白话语料,民间口语中丰富的语汇[①]得以露头,形成了汉语语汇史上民间语汇大量涌现的第一个高峰。唐宋禅籍白话语料以灯录和语录为主,具有时间早、数量大、口语化程度高的特点,出现了一大批异彩纷呈的俗成语。其中,绝大多数的俗成语是在唐宋时期产生的新成语,有不少俗成语至今仍活跃在口语或书面语当中,表现出了极强的生命力;即便是沿用已有的成语,也往往在禅林口语中产生了新变体或新义。唐宋禅籍俗成语是汉语成语的一个重要源头,在汉语语汇史上占有十分重要的地位,很值得我们去认真研究。

第一节 俗成语的鉴定

研究唐宋禅籍俗成语,首先要解决的一个问题是:什么是俗成语? 换言之,俗成语的定义是什么? 俗成语有哪些特点?

一 俗成语的定义

汉语成语有雅俗之分,如同词有雅俗之别。所谓"俗成语",是指与"雅成语"相对而言的一种语体风格较为浅近通俗的口语成语。俗成语主要来源于口语系

---

① 这里所谓的"语汇",指由词和词组成的、结构相对固定的、具有多种功能的叙述性语言单位的总汇,包括成语、谚语、惯用语和歇后语四类,参温端政(2005:1—48)《汉语语汇学》第一章《语、语汇、语汇学》。

统,结构多含口语成分,在人民群众的口语里或接近口语的白话作品中广泛流传使用。俗成语的口语化色彩比较浓,是历代口语系统中的产物,因而也可以称作"口语成语"。

温端政(2006:67)指出,在汉语语汇系统里,并非所有的成语都是"雅成语",还有所谓的"俗成语",二者的主要特点是:

> 第一,雅成语来源于书面语系统。多数来自古代的经典性著作,如"暴虎冯河"来自《诗经·小雅·小旻》;有的来自古代神话传说,如"夸父逐日";有的来自古代的寓言故事,如"愚公移山";有的来自古代的历史事件,如"退避三舍";有的来自古代诗文名句,如"水木清华"。第二,多文言成分,包括文言实词和文言虚词,如"管窥蠡测"。第三,通行范围上,多为知识分子使用。
>
> 俗成语来源于口语系统,有的来自古代口语系统,有的来自近代或现代口语系统;在构成成分上多白话成分(如"三长两短""一穷二白""千秋万代"等);多通行在群众的口语里。俗成语属于俗语。

根据温端政的这一表述,我们可以知道,"俗成语"和"雅成语"的关系如同"口语词"和"文言词"的关系。"雅成语"是指来源于书面语系统中的典雅成语,它们有的是来自古代经典著作中的典雅语,有的是来自文人创造的典雅语,文言色彩较浓一些。像"伯埙仲篪"(出自《诗经·小雅·何人斯》)、"靡所底止"(出自《诗经·小雅·祈父》)、"哀矜勿喜"(出自《论语·子张》)、"莼羹鲈脍"(出自《晋书·张翰传》)、"补苴罅漏"(出自韩愈《进学解》)等成语,就应属于雅成语的范围了。"俗成语"主要来源于口语系统,有的来自古代口语系统,有的来自近代或现代口语系统,因而口语色彩较浓一些。像"三更半夜""雪上加霜""打草惊蛇""骑驴觅驴""担雪填井"等成语,就应属于俗成语的范围了。

雷汉卿(2012、2018:55)把"俗成语"定义为:

> 主要来源于民间口语系统或虽见于书面语系统但仍来源于某一时期特定的方言、口语的结构固定、语义完整的四字词语。

这个定义也强调了俗成语是来源于民间口语的成语。口语中的俗成语有通俗化的色彩,所以早在先秦两汉时期,来自民间口语中的俗成语,就被冠以"鄙语""俗语"等名称。《战国策·楚策四》:"臣闻鄙语曰:'见兔而顾犬,未为晚也;亡羊而补牢,未为迟也。'"(p.556)"见兔顾犬""亡羊补牢"就是来自民间"鄙语"的俗成语。《汉书·路温舒传》："故俗语曰：'画地为狱，议不入；刻木为吏，期不对。'"（p.2370）"画地为狱""刻木为吏"也都是来自民间"俗语"的俗成语。这些称呼反映了古人语感中俗成语的通俗化色彩。

在明清时期编纂的俗语辞书中，来自民间口语中的俗成语也受到了关注。清人钱大昕《恒言录》卷六"成语类"凡收 77 条"成语"[①]，主要包括了这样几类民间

---

① 需要说明的是，古人说的"成语"，在概念内涵上要比今人宽泛得多。人们对"成语"一词的使用，经历了一个历史的发展过程。大致来说，"成语"的概念内涵经历了"产生"（金元）——"扩大"（明）——"再次扩大"（清、近代）——"缩小"（现代）的历史过程。"成语"作为一个偏正式复音词，本义指现成之语，即前人既成的言辞语句。金刘祁《归潜志》卷一二："文章各有体，本不可相犯，故古文不宜蹈袭前人成语，当以奇异自强。四六宜用前人成语，复不宜生涩求异。如散文不宜用诗家语，诗句不宜用散文言。"这里的"成语"指现成的诗文语句。明清文献中的"成语"用例，大多是指援引前人诗文而来的现成语句（参徐耀民 1997）。但在明王骥德《曲律》卷三"论用事"条中，"成语"的范围包含了民间俗语，"又用得古人成语恰好，亦是快事。然只许单用一句，要双句，须别处另寻一句对之。如《琵琶·月云高》曲末二句第一调：'正是<u>西出阳关无故人</u>，须信家贫不是贫。'第二调：'他须记<u>一夜夫妻百夜恩</u>，怎做得<u>区区陌路人</u>。'第三调：'他不到得<u>非亲却是亲</u>，我自须防人不仁。'如此方不堆积，方不蹈袭，故知此老胸中别具一副炉锤也"。从这些"成语"的源头来看，除了"西出阳关无故人"明显出自唐王维《送元二使安西》诗外，其他"成语"的真实身份其实是民间俗语。清人赵翼《陔余丛考》首次专列"成语"类目，颇能反映出清人使用"成语"的内涵与外延。《陔余丛考》卷四三"成语"条开篇云："洪《容斋》谓世俗称引成语（按，洪迈《容斋诗话》实作'戏语'），往往习用为常，反不知其所自出。如'公道世间唯白发，贵人头上不相饶'，杜牧诗也。……'依稀似曲才堪听，又被风吹别调中'，高骈诗也。《容斋》不过偶举此数语耳，今更作二百条于此。"《容斋诗话》所揭"成语"均为古人诗句，但在赵翼所列出的二百条"成语"中，除了经常被世人称引的诗句外，至少还有这样几类既成的"习用"之语：（1）谚语，如"远水不救近火""良药苦口利于病，忠言逆耳利于行""百闻不如一见"等。（2）惯用语，如"急则抱佛脚""守钱虏""搔虎头，弄虎须"等。（3）口语词，如"亡赖""毛病""便宜""罪过"等。（4）现代意义的成语，比较典型的条目有："金玉满堂""大器晚成""画蛇添足""自相矛盾""守株待兔""吹毛求疵""每况愈下""人微言轻""利令智昏""一败涂地""傍若无人""明目张胆""刻舟求剑""矫枉过正""积少成多""酒囊饭袋""人面兽心""打草惊蛇""骑驴觅驴""旗鼓相当"。很明显，这些"成语"都是现代意义的成语。与前人的"成语"观念相比，赵翼的"成语"观念有两个变化：一是"成语"的范围更加扩大化了，包括其他性质的习用之语；二是包含了现代意义上的真正成语，因而《陔余丛考》可视为把现代语言学观念下的"成语"称为"成语"的肇始之作。直到 1949 年以前，人们使用"成语"这个术语基本还是沿用清人的"成语"概念。概括起来，"成语"着眼于"成"字，取其"现成、既定"之意，附加"古已有之""相沿习用"的色彩义。如旧版《辞源》（1915）给"成语"下的定义："成语，谓古语也，凡流行于社会，可征引以表示己意者皆是。"旧版《辞海》（1936）给"成语"下的定义："古语常为今人所引用者曰成语。或出自经传，或来从谣谚，大抵为社会间口习耳闻，为众所熟知者。"古人对"成语"的理解和使用具有宽泛性，把多种不同性质的语言单位包容在一起，这就模糊了各种性质不同的语类的界限，无疑不利于人们对成语进行深入研究。因此，1949 年以后（转下页）

习用之语:(1)谚语,如"近朱者赤,近墨者黑""远水不救近火"等;(2)惯用语,如"悬羊头卖狗肉""家常饭""耳边风""鬼画符""抱佛脚"等;(3)口语词或词组,如"百怪""妖精""石敢当""习惯自然"等;(4)现代意义的成语,比较典型的条目计有如下这些:

金玉满堂 多多益善 人面兽心 千变万化 矮子看戏 如释重负
对牛弹琴 掩耳盗铃 因噎废食 吹毛求疵 矫枉过正 登峰造极
摇唇鼓舌 百孔千疮 奴颜婢膝 咬姜呷醋 张三李四 夺胎换骨
花言巧语 抱头鼠窜 不修边幅 刮目相待 挑雪填井 雪中送炭
守口如瓶 锦上添花 酒囊饭袋

很明显,这些"成语"都是符合现代语言学成语观念的,但由于它们出自民间口语而"身份"通俗,也被收在了《恒言录》中,"恒言"谓民间的俚俗常言。这说明在钱氏看来,成语也有通俗的民间口头成语。这样的成语观是符合语言实际和传统认识的。

俗成语成长于民间的土壤,大抵是"下里巴人"约定俗成的产物,因其语体风格泰半通俗,人们称其为"俗成语"。不过,"语"的雅俗色彩是相对的,有的成语大雅大俗,有的成语半雅不俗。雅俗成语的界限也是模糊的,在一定历史条件下又是可以转化的。这一点和雅俗字相似,清末的范寅在《论雅俗字》中云:"天地生人物,人物生名义,名义生字,无俗之非雅,无雅不自俗。今之士人,字分雅俗,意谓前用者雅,近体者俗。俗虽确切,弃之;雅纵浮泛,僭之。夫士人下笔,岂可苟哉?然雅俗之分,在吐属不在文字耳。今之雅,古之俗也;今之俗,后之雅也。"这真是通人之

(接上页)多数学者不主张采用古人的成语观,而是从成语的性质和范围等方面重新作出鉴定,提出了许多狭义理解成语的观点。周祖谟(1955:33)在《谈成语》一文中,对成语性质的概括颇具代表性。他的论述是,"成语就是人民口里多少年来习用的定型的短语或短句。其中大部分都是从古代文学语言中当作一个意义整体的单位承继下来的。它的意思可以用现代语来解说,但是结构不一定能跟现代语法相合。例如'责无旁贷''义不容辞'。成语的结构是固定的,一般都是四字,它是相沿已久、约定俗成的具有完整性的东西,所以称为'成语'"。周文对成语的鉴说影响很大,深化了人们对成语特性的认识,缩小了"成语"的所指范围,特别是将成语的基本形式确定为一般都是四个字,确立了成语在人们心目中的典型形象,是现代语言学成语观的奠基之作。

言,文字在自身历史演进过程中伴随着雅俗的转化①,同样,成语随着一时代语言面貌而变化,何尝不是"今之雅,古之俗也;今之俗,后之雅也"。跟范寅同时代的黄遵宪在《杂感》中说:"即今流俗语,我若登简编,五千年后人,惊为古斑斓!"这样的语言雅俗观可谓知言之选。

在汉语史上,雅俗成语是可以转化的。随着一时代语言面貌之变化,原本的俗成语可以变得近雅。比如,"众口铄金"是一个古已有之的俗成语,《邓析子·转辞篇》:"古人有言:'众口铄金,三人成虎,不可不察也。'"(p.5)"古人有言"表明"众口铄金"是个来自前人口头流传已久的俗成语,但用现代汉语语感来读,非但"口"已是文言成分,"铄"(表"融化"义)早已是不再使用的古语词了。"狗尾续貂"用现代汉语的语感来读也觉得近雅,但从来源看却是个地地道道的俗成语,《晋书·赵王伦传》:"至于奴卒厮役亦加以爵位,每朝会,貂蝉盈坐,时人为之谚曰:'貂不足,狗尾续。'"(p.1602)可见这个俗成语来源于西晋时期流行的一句俗谚,就其出身而言也是通俗的。

二 俗成语的特点

俗成语同雅成语相比,除了具备成语的一般特点外②,还有一些自身的特点。

---

① 张涌泉在《汉语俗字研究》里指出:"我国文字由商周古文字到小篆,由小篆到隶书,由隶书到真书,每一种新文字都可以说是旧文字的简俗字。清王筠《说文例释》卷五 '俗体' 下引印林曰:'一时有一时之俗。许君所谓俗,秦篆之俗也。而秦篆即籀文之俗,籀文又即古文之俗。'"(商务印书馆,2010年,第4页。)

② 关于成语的鉴定和特点问题,学界多有论述。如马国凡(1978:8)在《成语》一书中,提出成语的特性是:定型性、习用性、历史性和民族性。刘叔新(1982:167)在《固定语及其类别》一文中,提出 "表义双层性" 是成语区别于其他固定语的重要特征。周荐(1997:29)提出成语具有 "经典性" 的主张,认为 "经典性" 是成语区别于其他俗语的特殊性质。上揭各家的意见,曾引起过广泛的讨论,如徐耀民《成语的划界、定型和释义问题》(1997)、王吉辉《成语的范围界定及其意义的双层性》(1995)、刘中富《成语的界定与成语的层次性》(2016)等。总的来看,前贤对成语特性的论述,深化了我们对成语的认识,或者将讨论引向深入,有些特性对成语的鉴定是很有价值的,这些都是应该肯定的。但是,我们还应看到使用这些特性鉴定成语时还是会遇到困难,很难彻底将成语和邻近的语类划分开。这是因为有的特性不独成语有,其他语汇成员(主要是惯用语和谚语)也都有,是语汇成员共有的特性,如 "定型性" "习用性" "历史性" "民族性",因而起不到区别邻近语类的作用;有的则属于局部成员的特性,如 "表义双层性" 标准,区分的结果是,大量不具有双层性意义的成语(如 "从善如流" "等量齐观" 等)被逐出成语的范围,大量具有双层性意义的惯用语(如 "穿小鞋" "闭门羹" 等)被视为成语,这与人们的语感和传统的认识相差很大,参温端政(2006:55—59)、刘中富(2016:51)(转下页)

前面我们已经讲到了俗成语的一些特点，为了深化我们对俗成语的认识，下面再具体谈谈俗成语的相关问题。

（一）主要来源于历代民间口语系统

从成语的来源看，有书面语和口语两个来源。俗成语主要来自历代民间口语，是人民群众口头创作的成语。周祖谟（1955:33）指出，"成语的来源可以分为两个方面：一方面是从书本上来的，一方面是从口语里传下来的。从书本上来的又有两类：一类是从古代寓言或历史故事里来的成语，一类是古典作品中的成句。……至于人民口头相沿习用的成语，数量也不少。其中有的来源很早，从古代一直流传下来。例如后魏贾思勰《齐民要术》卷三'种苜蓿'条说，'此物生长，种者一劳永逸'。'一劳永逸'就是当时的成语，现在还活在人民的口里。……其他如'叠床架屋''雪中送炭''锦上添花''水到渠成''人云亦云''节上生枝'等等，都是宋代以来人民口里常说的话。有的在民间文学作品里常常遇见，有的仅在口头流传，不见记载。这种成语非常生动活泼，很值得我们注意"。周氏提到的"从口语里传

（接上页）等。依据"经典性"标准，鉴定的结果是，大量来自口语系统的通俗成语（如"雪上加霜""抛砖引玉""打草惊蛇"等）被逐出了成语的范围，这也与人们的语感和传统的认识相背离，参温端政（2006:55）、刘中富（2016:52）等。近年来温端政（2005:59）《汉语语汇学》对成语性质和范围的鉴定较为独到，他根据汉语语汇的"叙述性"语义特征和是否为"二二相承"的结构特征，对四类语汇成员（成语、谚语、惯用语、歇后语）进行了两次分类，认为成语是"二二相承"的表述语和描述语。我们认为，1. 成语的基本特性是定型化，表现为结构的定型性和语义的整体性。它是以固定的结构形式表达一个整体的语义内容，是语言中已经组装好的"现成建筑材料"，是拿来就可以使用的"现成之语"。其中，语义的整体性又可细分为：（1）语义具有双层性，即内部成分结合以后产生了新义（实际使用义），原来的字面义和新义构成了表义的双层性。由于新义或者是从语源中直接继承而来，或者是在内部成分紧密结合后产生的，所以语义具有明显的整体性，如"刻舟求剑""骑牛觅牛"。（2）语义具有概括性，这类成语在内部成分结合以后，语义便凝结成为一个更为概括的意义。由于使用义是一个更为概括的意义，不完全是字面义的简单相加，所以语义的整体性也是比较明显的，定型化的程度也比较高，如"五湖四海""街头巷尾"。（3）语义具有依赖性，这类成语的语义基本上就是内部成分语义的有机结合，但有很高的习用性。由于是相沿习用约定俗成的产物，所以内部成分相互依赖不容分隔，也不可随意改动，已经成为一个不可分割的意义整体了，如"自作自受""劳而无功"。（4）语义具有互补性，这类成语的内部结构可分析为前后两个并列的语节，这两个语节的语义具有同义、近义、反义或类义的关系，这些意义相互呼应、互相补充，共同构成了一个整体性的语义内容，如"胡说乱道""虚生浪死"。2. 成语在语义上的重要特征还有叙述性，多数成语的语义是对客观对象作出的描述，也有的是对客观对象作出的表述，富有朴素的道理。3. 成语在形式上最重要的特征是"二二相承"性（详后），这是成语区别于其他语类的显著标志。由此看来，成语也可以这样定义：成语是指"二二相承"的定型化的叙述性语言单位。

下来"的成语,就是通行于民间口语系统的俗成语。在汉语语汇系统里,民间口语创作的俗成语,其实是汉语成语的主要来源,是汉语成语发展的主流,需要引起我们足够的重视。张永言(1982:128)就指出,"成语的来源很多,多数成语是从民间来的"。这是符合语言事实的论断。

有的俗成语产生时间很早,在先秦文献里就有零星的记载,如"见兔顾犬""亡羊补牢""唇亡齿寒"等。

(1)庄辛对曰:"臣闻鄙语曰:'见兔而顾犬,未为晚也;亡羊而补牢,未为迟也。'"(《战国策·楚策四》,p.556)

(2)古者有语:"唇亡则齿寒。"(《墨子·非攻》,p.204)

例(1)明确说"见兔顾犬""亡羊补牢"来自"鄙语",就是民间流行的俚俗话。例(2)"古者有语"表明"唇亡齿寒"来自人们口头流传已久的口语。由于古今语言面貌发生了很大的变化,这些成语在今天看起来,可能感觉很"文言"了。就如"亡羊补牢","亡"和"牢"在今天的口语中已经替换为"丢失"和"羊圈"了。但在"秦以前的书面语和口语的距离估计不至于太大"①的情况下,"亡"和"牢"应是当时文言式口语中的常用词,如《庄子·骈拇》:"臧与谷二人相与牧羊,而俱亡其羊。"(p.80)《国语·晋语》:"臣闻昔者大任娠文王不变,少溲于豕牢而得文王,不加疾焉。"(p.360)至于"见兔顾犬""唇亡齿寒"的构成词语,都是当时的口语词,语体风格想必也是通俗直白的。

在汉语史上,绝大多数的俗成语是在中古近代汉语口语中产生的,尤其是近代汉语出现了口语成分充分占上风的白话语料,如唐宋的语录、元代的戏曲、明清的小说的出现,使得民间口语中大量的俗成语被广泛地记录了下来,极大地丰富了汉语成语的宝库。例如:

(1)大师云:"你又三更半夜来这里作什么?"对云:"某甲别有见处。"(《祖堂》卷一〇"长庆和尚",p.489)

"三更半夜"最早就是见于《祖堂集》中的这个例子。这段语录的口语化程度很高,"你又三更半夜来这里作什么",可以说和我们今天说的口语没有什么差别,是活脱脱的口语,"三更半夜"就是个地地道道的来自民间口语的俗成语,其通俗性

---

① 参吕叔湘(1985 序:1)。

和口语化是不容质疑的。"三更半夜"泛指深夜时分,因古人一夜分五更,半夜正值三更而产生。"三更半夜"在禅籍白话语录里广泛通行,而且还产生了一些变体,这都是俗成语的特点和表现。

（2）拈:"担柴汉,黄梅席上,窃得衣盂,<u>半夜三更</u>,惊忙奔走。"(《绍昙禅师广录》卷五,46-326）

（3）拈云:"新州卖柴汉,黄梅席上,窃得衣盂,<u>夜半三更</u>,郎忙惊走。"(《绍昙禅师广录》卷三,46-291）

（4）室中问僧:"贼来须打,客来须看。只如<u>三更夜半</u>,人面似贼,贼面似人,作么生辨?"(《普灯》卷一七"了朴禅师",p.453）

例中的"半夜三更""夜半三更""三更夜半",都是"三更半夜"在口语使用过程中产生的变体,它们在口语化程度很高的对话体中频繁出现,无疑是来自口语中的俗成语,直到今天晋语里还在说"半夜三更"。我们再看吕叔湘(1944)《文言和白话》中举过的一段典型的古白话:

师上堂云:"诸和尚子,饶你有什么事,犹是<u>头上着头</u>,<u>雪上加霜</u>,棺木里㭷(睁)眼,灸疮盘上着艾燋。这个一场狼藉,不是小事。你合作么生? 各自觅取个托生处好! 莫空<u>游州猎县</u>,只欲捉捔闲话。待老和尚口动,便问禅问道,向上向下,如何若何,大卷抄了,塞在皮袋里卜度,到处火炉边三个五个聚头,口喃喃举,道这个是公,才悟这个是从里道出,这个是就事上道,这个是体悟。体你屋里老爷老娘! 噇却饭了,只管说梦,便道我会佛法了也。将知你行脚,驴年得个休歇么? 更有一般的,才闻人说个休歇处,便向阴界里<u>闭眉合眼</u>,<u>老鼠孔里作活计</u>,黑山下坐,鬼趣里体当,便道得个入头路。梦见么?"(《景德传灯录》卷一九,云门偃语录,p.1431）

这是一段活泼泼的口语实录,字里行间充盈着口语化的成分[①],仅俗成语就有"头上着头""雪上加霜""游州猎县""闭眉合眼"4 个,惯用语有"棺木里㭷(睁)

[①] 太田辰夫(1991:190)曾经有过这样的论述:"现在只就作为主流的文言文来看,假使能反映口语的话也肯定是在对话的部分,而不是叙述的部分。于是进一步考察它的对话部分看看,可知大致有两种场合。其一是说话人或听话人有无教养,无教养者的场合表现口语的地方多。另一是感情状态,说话者感情平静的场合表现口语的地方少,感情激昂的场合,比如发怒,或极度高兴,或戏谑玩笑时,表现口语的地方就多。"那么,上揭语料就属于后一种场合。

眼""灸疮盘上着艾燋""老鼠孔里作活计"3个,口语词和口语语法成分就更多
了。① 正是因为近代汉语出现了这种充分反映口语的白话语料,民间口语中的俗成
语才多了露头的机会。

值得注意的是,俗成语主要来自民间口语系统,或者说是在民间口语系统里
产生的。但也有些俗成语的语源来自书面语系统,由于被口语吸收并在口语系统
中广为流传,因而也具备了"俗成语"的资格。比如"画蛇添足"这个成语,在今天
的口语和书面语里都很常用,但却是个来源于古代书面语的典故成语,语出《战国
策·齐策二》②,后来定型为四字格成语,最早的定型体是"为蛇画足",见于晋常璩
《华阳国志·刘后主》:"翼曰:'可矣! 不宜进,或毁此成功,为蛇画足。'"(p.584)这
里的"为蛇画足"就出现在了对话体里。在唐宋禅籍白话语录里,"为蛇画足"用得
很频繁,并且产生了"画蛇添足""与蛇画足"两个形体。

(1)上堂,顾左右云:"……今日人天匝坐,尽是知音,且道什么处是不坠
处? 若也道得,便乃亲见碧眼胡僧。如或落辞,不免为蛇画足。"(《续灯》卷
一五"大通禅师",p.433)

(2)上堂:"百丈有三诀:吃茶! 珍重! 歇! 翠岩不学百丈画蛇添足。"
(《慧开禅师语录》卷一,42-9)

(3)问:"凡有言句尽是与蛇画足,如何是不画足?"师云:"放汝二十棒。"
(《古尊宿》卷三七"圣国师",p.691)

这种来源于书面语系统的成语,进入口语系统后和其他俗成语并无什么差
别,而且在民间口语使用过程中还产生了新变体,无疑也具备"俗成语"的资格。
即使用今天的语感来读,除了"足"字带有明显的书面语色彩外,其他结构成分
都很通俗直白,甚至比来自"鄙语"的"亡羊补牢"还通俗几分。

---

① 蒋绍愚(2019)从这段白话语料中就举出了饶(尽管)、这个、合(该)、作么生(怎样)、好(表祈使
语气)、莫(不要)、抄了(V+了)、喠却饭了(V却+O+了)、……了也(事态助词)、么(疑问语气词)、一
般的(N+的)等反映近代汉语词汇语法系统的白话成分。

② 《战国策·齐策二》:"楚有祠者,赐其舍人卮酒。舍人相谓曰:'数人饮之不足,一人饮之有余。
请画地为蛇,先成者饮酒。'一人蛇先成,引酒且饮之,乃左手持卮,右手画蛇,曰:'吾能为之足。'未成,
一人之蛇成,夺其卮曰:'蛇固无足,子安能为之足?'遂饮其酒。为蛇足者,终亡其酒。"(p.356)

(二)主要通行于历代民间口语

从通行的范围来看,人民大众的口语是俗成语产生和流通变化的肥沃土壤,俗成语主要在人民群众的口语或接近口语的白话作品中广泛流传。我们常常发现这样的现象,越是口语化的文献,俗成语的数量就越丰富,使用的频率也就越高。比如"不可思议"这个俗成语,常用来形容人或事物十分奇特,令人难以想象。在《祖堂集》中见到了这样的例子:

(1)师到沩潭,见政上座谓众说话云:"也太奇!也太奇!道界**不可思议**,佛界**不可思议**。"(《祖堂》卷六"洞山和尚",p.305)

(2)尔时尊者问大众曰:"此头陀者,汝见如何?"众曰:"**不可思议**!常修梵行,长坐不卧,一食而已。"(《祖堂》卷二"阇夜多尊者",p.69)

(3)父、阿娘、眷属、远近邻舍总来惊讶,曰:"**不可思议**!这个儿子,养来到十六,并不曾见他语话,又不曾见他过门前桥。"(《祖堂》卷三"慧忠国师",p.162)

"不可思议"都出现在口语化程度较高的对话体中。如果要追溯它的源头,在中古汉语中就已经产生了,东汉昙果共康孟详译《中本起经》卷下:"阿难意解曰:'如来妙德,不可思议。'"(T4/163a)"不可思议"来源于东汉时期的白话口语,在后世接近口语的白话文献里广泛通行。比如:

(4)佛事精妙,**不可思议**。绣柱金铺,骇人心目。(北魏杨衒之《洛阳伽蓝记》卷一,p.12)

(5)问曰:"弟子闻和尚说法,实**不可思议**。今有少疑,愿大慈悲特为解说。"(唐惠能《坛经》卷一,37-468)

(6)曰:"此官员**不可思议**。吾到此半年,见多少人入来,何尝有出去者!此官员实是**不可思议**。"(宋洪迈《夷坚志·司命真君》,p.221)

(7)忽然局出,污了道衣。怕人哂笑,火速走归。道婆看见,一顿揸捶,打得**不可思议**。(元柯丹邱《荆钗记·荐亡》,p.130)

(8)杨戬曰:"家师秘授,自有玄妙,随风变化,**不可思议**。"(明许仲琳《封神演义》第四〇回,p.386)

(9)左边人道:"依兄弟愚见,还是不多杀人的为是。此人名震一时,恐将来果报也在**不可思议**之列。"(清刘鹗《老残游记》第三回,p.31)

（10）至少中国没有宗教战争,像外国那样,为了一个信仰打得头破血流,我们看来实在是<u>不可思议</u>的。(《李敖对话录·吐他一口痰》,p.65)

"不可思议"从中古汉语口语一直沿用至今,这就说明民间口语系统是俗成语通行的主阵地。在历代文献中,"不可思议"使用的频率非常高,虽然我们未能鉴别每条语料的性质,但"不可思议"是个使用频率非常高的口头成语殆无疑问。

（三）结构多含口语成分

从结构成分来看,构成俗成语的词语多口语成分,有的是中古甚至上古就有的口语成分,有的是近现代才产生的口语成分,这是因为俗成语是在历代口语系统中产生的结晶,当然会反映历代口语系统中的词汇和语法成分。因此,俗成语的字面义也往往通俗直白,比较容易理解。这里略举一些唐宋禅籍白话中使用的俗成语。比如:

1040 三更半夜	0926 二言三语	0202 家破人亡	0128 安身立命	0606 尺短寸长
0118 寸丝不挂	0476 龙头蛇尾	0689 叶落归根	0839 持聋得哑	0436 压良为贱
0295 磨砖作镜	0356 认奴作郎	0693 游山玩水	0717 千乡万里	0409 打草惊蛇
0249 临渴掘井	0856 目瞪口呿	0927 东话西话	0981 压膝道伴	0447 拖泥涉水
0063 深耕浅种	0404 看楼打楼	0411 从苗辨地	0722 牵犁拽耙	0724 牵犁负重
0182 骑牛觅牛	0183 骑驴觅驴	0725 驴胎马腹	0723 作驴作马	0699 牛闲马放
1050 短巷长街	0402 买帽相头	0403 度脚买靴	0441 和麸粜面	0221 矮子看戏
0744 柴门草户	0375 生男育女	0450 家常茶饭	0451 残羹馊饭	1101 鸡惊犬吠
0859 口似扁担	0860 口似秤锤	0863 口似木榍	0861 口如磉盘	0862 口似灯笼
0843 眼瞎耳聋	0845 眼似漆楪	0442 含血噀人	0453 劈牙劈齿	0909 口似血盆
0690 虚生浪死	0936 脱空谩语	0246 立地瞌睡	0787 辜恩负德	0189 驴前马后
0930 驴唇马嘴	0726 驴腮马颔	1001 驴屎马粪	0949 驴鸣狗吠	0218 瞎驴趁队

上揭俗成语的构语成分是唐宋农禅话语系统里经常使用的词汇,用的都是通俗、俚俗甚至是鄙俗的口语成分,大抵可以反映出唐宋禅籍俗成语的口语化面貌。蒋绍愚(2019)认为,"文言和白话的根本区别是词汇语法系统的差别。依据上古汉语词汇语法系统的是文言,依据近代汉语和现代汉语词汇语法系统的是白话"。上面举到的俗成语都是在近代汉语词汇语法系统中产生的成语,颇能反映近代汉语民间口头俗成语的面貌。

（四）形体富于变化

语言只有在使用中才会发生变化。从形体变化来看,由于俗成语是在民间口语中广泛使用的鲜活语汇,这使得俗成语在口头使用上往往会产生许多变体。可以说众多变体的产生,是俗成语成熟的重要表现。相对而言,雅成语的形体比较固定,这与文言系统的僵化和保守密切相关。雷汉卿（2018:56）指出,"雅成语结构相对凝固,不能随意变动语序或替换其中的成分,而俗成语的结构相对灵活,可以变换结构、替换成分"。这是很中肯的意见。比如"拖泥涉水",仅在唐宋禅籍中就能见到"拖泥带水""带水拖泥""惹泥带水""和泥合水""合水和泥""合泥合水"六个变体,反映了俗成语形体富于变化的特点。

（1）问:"如何是佛法大意?"师良久,其僧却举似石霜:"此意如何?"石霜云:"主人殷勤,滞累阇梨,<u>拖泥涉水</u>。"（《祖堂》卷一五"麻谷和尚",p.667）

（2）问:"一棒一喝,犹是葛藤。瞬目扬眉,<u>拖泥带水</u>。如何是直截根源?"（《续灯》卷三"善暹禅师",p.81）

（3）有祖以来,唯务单传直指,不喜<u>带水拖泥</u>打露布,列窠窟钝置人。（《圆悟禅师语录》卷一四,41-311）

（4）大凡出言吐气,不可<u>和泥合水</u>去也。夫与人为师匠,岂是草草之流?（《祖堂》卷一二"禾山和尚",p.557）

（5）师云:"……今夜不妨向荒草里<u>合水和泥</u>,<u>和泥合水</u>,与诸人商量。"（《圆悟禅师语录》卷一○,41-275）

（6）示众:"说佛说祖,<u>合泥合水</u>。向上向下,衲僧破草鞋。总不与么,无绳自缚,且独脱一句作么生道?"（《古尊宿》卷一一"慈明禅师",p.181）

上揭俗成语均用来形容禅师的接引手段拖沓不利索,纠缠于言语义理。孙维张（2007:104）释作"谓同尘凡之人不加分辨,混同于泥水",这个释义让人难以信从。有的变体也形容学僧纠缠于言语义理,不能干净利索地悟道。

（7）问:"久处湖湘,拟伸一问,师还答否?"师云:"何得<u>拖泥带水</u>?"（《续灯》卷五"智传禅师",p.133）

（8）上堂云:"……只恁么哄哄恫恫地,烂冬瓜相似,有什么成辨? 咬断两头,犹是<u>惹泥带水</u>,岂更因循?"（《无德禅师语录》卷一,39-568）

（9）上堂云:"棒头取证,撒土撒沙。喝下承当,承虚接响。向上向下,转更

颠顷。说妙谈玄,和泥合水。"(《圆悟禅师语录》卷二,41-202)

从结构成分和语义两个角度分析,"拖泥带水""拖泥涉水""带水拖泥""惹泥带水""和泥合水""合水和泥""合泥合水"都是同一成语的不同变体,这些丰富多样的变体恐怕只有在口头使用的过程中才能产生。

再如"披枷带锁",仅在唐宋禅籍白话语料中就能见到"担枷带锁""带锁担枷""担枷抱锁""添枷带锁""着枷带锁"五个变体。

（1）问:"头上宝盖现、足下有云生时如何?"师云:"披枷带锁汉。"(《祖堂》卷九"乌岩和尚",p.447)

（2）上堂:"尽乾坤大地,唤作一句子,担枷带锁。不唤作一句子,业识忙忙。"(《密庵禅师语录》卷一,45-181)

（3）存心澄寂,默照邪禅。恣意忘缘,解脱深坑。惺惺不昧,带锁担枷。思善思恶,地狱天堂。(《慧开禅师语录》卷一,42-7)

（4）如何是大作业人? 对他道,担枷抱锁。且道,是同是别? (《圆悟禅师语录》卷一六,41-337)

（5）有者更不识好恶,作圆相土上加泥,添枷带锁。(《碧岩录》卷八,p.388)

（6）云门大师道:"当恁么时,尽大地人总须着枷带锁始得。"诸上座,古人恁么道,意么生?(《广灯》卷二六"新禅师",p.543)

"披枷带锁"始见于唐慧然集《临济禅师语录》卷一:"或有学人披枷带锁出善知识前,善知识更与安一重枷锁,学人欢喜。彼此不辨,呼为客看客。"(T47/501a)字面义指犯人身上披带枷锁刑具,禅家比喻自性受到各种俗情妄念的束缚,不得自由。上揭诸例中,"担枷带锁""带锁担枷""担枷抱锁""添枷带锁""着枷带锁"都是"披枷带锁"的变体,这些丰富的变体是俗成语口语化特点的重要表现。如果不是在口语中流传使用,"披枷带锁"要产生如此丰富的变体,恐怕是难以实现的。

第二节 研究对象和语料

禅宗是中国化的佛教。由菩提达磨(约梁武帝普通年间,公元520—527年)泛海传来的印度禅,与中华固有之文化深度融合涵化,逐渐形成了独具特色的中国禅宗,在中国佛教史、中国文化史上占有光辉灿烂的一页。唐宋时期是禅宗发展的鼎盛时期,中唐时中国众多佛教宗派开始由盛转衰,禅宗则以其大胆革新的精神独树一帜,进入了蓬勃发展的时期,这种蓬勃发展的势头一直持续到宋代。随着印度禅在中华大地上生根发芽,禅宗的思想文化也渐渐地融入了中华文化的历史长河中,渗透进了中华民族精神生活的许多层面,对后世封建社会乃至近代社会的哲学思想、社会历史、文学艺术、语言文化等诸多领域产生了极为广泛深远的影响。

禅宗文化对汉语成语的影响是广泛而深远的。在禅宗文化的影响下,唐宋时期出现了大批口语化程度非常高的禅籍白话语料,保留了一大批异彩纷呈的俗成语,其中绝大多数的俗成语是在唐宋时期产生的新成语,有不少成语至今仍活跃在口语或书面语当中,表现出了极强的生命力;即便是沿用了已有的成语,也往往在禅文化的语境下产生了新变体或新义。禅宗俗成语是汉语成语的一个重要源头,在汉语语汇史上占有十分重要的地位。可以说,研究汉语语汇史离不开对俗成语的研究,研究俗成语离不开对禅宗俗成语的研究。

一 研究对象

从汉语史研究的角度而言,唐宋时期在汉语史上正是一个承上启下的重要时期,这一时期"文言由盛而衰,白话由微而显",近代汉语逐渐走向成熟。由于汉语史研究的对象是汉语口语发展史,汉语史研究的主要依据自然就是接近口语的白话语料[①]。唐宋时期数量庞大的禅僧团体在各种交流禅法的场合留下了一大批口语资料,为汉语史研究提供了十分丰富的白话语料。民间口语是孕育俗成语的肥沃土壤,越是口语化的语料,俗成语就越丰富。唐宋禅籍白话语料以其数量大和口语化程度高的特点,出现了一批数量庞大的俗成语,形成了唐宋时期汉语俗成语大量涌现的第一个高峰。下面略举几则不同禅法交流场合的白话语录。

(1)示众云:"若也孤峰顶上,目视云汉,则辜负先圣。若也<u>披毛带角</u>,土面灰头,又埋没己灵。于斯二途,诚难去取。若也全提正令,如倚天长剑,凛凛神威,恁么也不得,不恁么也不得。若放一线道,<u>合水和泥</u>,则恁么也得,不恁么也得,便能向虎穴魔宫<u>安身立命</u>。<u>街头市尾</u>,入草求人,驱耕夫牛,夺饥人食,不为分外。若是听不出声,见不超色,未免<u>望崖而退</u>。所以道,直似<u>秋潭月影</u>,

---

① 详参汪维辉(2017:158)。

<u>静夜钟声</u>。随叩击以无亏,触波澜而不散,犹是生死岸头事。到这里,直须上无攀仰,下绝己躬,人人常光现前,个个<u>壁立千仞</u>。还委悉么? 鹤有九皋难蓄翼,马无千里谩追风。"(《联灯》卷一八"妙总禅师",p.545)

这是一则示众语,如实地记录了妙总禅师对僧众开示的法语,全文共 208 字,出现的成语竟达 9 条 36 字:"披毛带角""土面灰头""合水和泥""安身立命""街头市尾""望崖而退""秋潭月影""静夜钟声""壁立千仞"。从语体风格来看,"披毛带角""土面灰头""合水和泥""安身立命""街头市尾"较为俚俗,"望崖而退""壁立千仞"较为通俗,"秋潭月影""静夜钟声"则相对雅一些,但组合的词语是佛家常用的譬喻意象,也是通行于禅林口语中的语汇。

(2)佛涅槃日,上堂:"兜率降生,双林示灭。<u>掘地讨天</u>,<u>虚空钉橛</u>。四十九年,<u>播土扬尘</u>。三百余会,纳尽败缺。尽力<u>布网张罗</u>,未免<u>唤龟作鳖</u>。末后拘尸城畔,椁示双趺。旁人冷眼看来,大似<u>弄巧成拙</u>。"(《五灯》卷二〇"智深禅师",p.1365)

这是一则上堂语,是智深禅师在法堂上为大众说法的实录。法语内容共 66 字,使用的成语多达 6 条 24 字:"掘地讨天""虚空钉橛""播土扬尘""布网张罗""唤龟作鳖""弄巧成拙",这些成语风格通俗,想象奇特,生动地表达了智深禅师垂示法语的意旨。

(3)上堂,拈拄杖云:"智海拄杖,或作金刚王宝剑,或作踞地狮子,或作<u>探竿影草</u>,或不作拄杖用。诸人还相委悉么? 若也悉去,<u>如龙得水</u>,<u>似虎靠山</u>,<u>出没卷舒</u>,纵横应用。如未相悉,大似<u>日中逃影</u>。"(《续灯》卷一四"真如禅师",p.401)

本则上堂语共 66 字,出现的成语达到了 5 条 20 字:"探竿影草""如龙得水""似虎靠山""出没卷舒""日中逃影"。至于下面的三则语录,几乎句句都运用了成语。

(4)上堂:"春雨如膏,春风如刀。填沟塞壑,拔树鸣条。会么? <u>鱼行水浊</u>,<u>鸟飞落毛</u>。"(《仁勇禅师语录》卷一,41-12)

(5)师云:"<u>谈玄说妙</u>,譬如<u>画饼充饥</u>。<u>入圣超凡</u>,大似<u>飞蛾赴火</u>。一向无事,败种蕉芽。更若驰求,<u>水中捉月</u>。"(《续灯》卷一九"广鉴禅师",p.545)

（6）上堂："<u>看风使帆</u>，正是<u>随波逐浪</u>。<u>截断众流</u>，未免依前渗漏。<u>量才补职</u>，宁越短长；<u>买帽相头</u>，难得恰好。"（《五灯》卷一六"法秀禅师"，p.1038）

例（4）的上堂语共 26 字，使用的成语计有 6 条 24 字："春雨如膏""春风如刀""填沟塞壑""拔树鸣条""鱼行水浊""鸟飞落毛"，占总字数的 92%。例（5）的语录共 36 字，出现的成语竟达到 6 条 24 字："谈玄说妙""画饼充饥""入圣超凡""飞蛾赴火""败种蕉芽""水中捉月"，占总字数的 67%。例（6）的上堂语共 36 字，出现的成语多达 5 条 20 字："看风使帆""随波逐浪""截断众流""量才补职""买帽相头"，占总字数的 56%。

从语体风格来看，禅籍俗成语是在禅林口语系统中广泛流行的通俗成语，口语化程度非常高，绝大多数的成语出自禅林自创和民间口语，是当时口语的真实反映。这批数量庞大的俗成语，无论是对汉语史研究，还是对辞书编撰修订，都显得弥足珍贵。本书研究的对象就是这些出自唐宋禅籍口语文献中的"俗成语"。

二 研究语料

禅宗主张"不立文字""以心传心"的传教观念[1]，但这丝毫没有影响到禅宗文献的宏富，台湾著名佛教学者蓝吉富主编的《禅宗全书》，皇皇 100 巨册，就是最好的说明。《禅宗全书》共收辑"藏内"和"藏外"禅宗典籍 570 余部，遴选精本原版影印而成，是目前汇集中文禅宗文献最为齐全、版本较为精审的大型丛书[2]，全书分为"史传"（1—30 册）、"宗义"（31—35 册）、"语录"（36—80 册）、"清规"（81—84 册）、"杂集"（85—100 册）五部。其中，"史传"部的灯录、"语录"部的语录、"杂

---

① 后世禅林甚至还为此附会了一个生动的传说，《五灯》卷一"释迦牟尼佛"："世尊在灵山会上，拈花示众。是时众皆默然，唯迦叶尊者破颜微笑。世尊曰：'吾有正法眼藏，涅槃妙心，实相无相，微妙法门，不立文字，教外别传，付嘱摩诃迦叶。'"（p.10）"不立文字"指不依靠文字传教，因为在禅家看来，佛心是纯粹的内在体验，"如人饮水，冷暖自知"，无法用言辞解说或文字传达。"教外别传"是直指人心，不依靠语言文字所传的佛法意旨，是真正的"第一义"。跟"教外"相对的是"教内"，指翻译、阐释、研究、讲授佛教经典的"义学"各派，参周裕锴（2017：19）。

② 详见《禅宗全书》卷首"出版说明"，第 1 册，北京图书馆出版社，2004 年。

集”部的拈古和颂古口语化程度最高，是蕴藏俗成语的宝藏。

（一）灯录

“灯录”即“传灯录”，又名“灯史”，是对禅宗历代祖师传法世系和机缘语句的记载。禅宗以“灯”喻“法”，六祖惠能大师曾言，“一灯能除千年暗，一智能灭万年愚”①，禅宗师徒间递相传法，宛如灯火相传，辗转不绝，所以叫作“传灯录”“灯史”。柳田圣山（1967：11）指出：“所谓灯史，是以达磨系统的禅的师资相承之系谱为中心，集录了历代祖师的机缘问答、上堂示众等内容的文献资料。”《禅宗全书》将灯录之作归入“史传”部，共有30种。② 其中，五代成书1种，北宋成书4种，南宋成书3种：

1. 五代成书的灯录1种

《祖堂集》二〇卷。五代泉州昭庆寺静、筠二禅师于南唐保大十年（952）编撰而成③，全书近20万字，记录了259位禅宗祖师的传法事迹和机缘语句。1912年在韩国海印寺重新发现，是现存最古的灯录之作。④

2. 北宋成书的灯录3种⑤

《景德传灯录》三〇卷。北宋禅僧道原编于真宗景德元年（1004），比《祖堂集》的成书时间仅晚52年。全书共36万多字，收录了600余人之传法事迹及机缘

---

① 郭朋：《坛经校释》，中华书局，2012年，第48页。

② 《禅宗全书》前30册为“史传”部，共收灯史、纪传体僧传、编年体禅史、传法世谱、行状、塔铭等禅籍60种，按文献的编纂年代排序。据笔者统计，正式的灯录之作30种，占“史传”部文献总量的一半。计有：《祖堂集》《景德传灯录》《传灯玉英集》《建中靖国续灯录》《天圣广灯录》《联灯会要》《嘉泰普灯录》《五灯会元》《禅宗正脉》《教外别传》《指月录》《续指月录》《续传灯录》《增集续传灯录》《五灯会元续略》《五灯严统》《续灯录》《续灯存稿》《祖灯大统》《洞上祖宪录》《径石滴乳集》《续灯正统》《普陀列祖录》《黔南会灯录》《五灯全书》《揞黑豆集》《佛祖心灯》《诸家宗派》《正源略集并补遗》《锦江禅灯》。其中，明代成书的共7种，清代成书的共15种。

③ 《祖堂集》的成书时间非常可靠，书中多次提到“至今唐保大十年壬子岁”“迄今唐保大十年壬子岁”。

④ 日本著名禅学家柳田圣山（1972序：1）指出：“《祖堂集》之重发现，实本世纪初叶之事，可与敦煌古籍媲美。此书对初期禅宗历史之究明，价值极大。且为今后研究唐代语言、思想、历史等，提出新资料。”

⑤ 《传灯玉英集》一五卷，北宋士大夫王随编于仁宗景祐元年（1034），该书是道原《景德传灯录》的删节本，1933年重新发现于《赵城金藏》，但残缺之情况甚为严重。由于是删节本且有残缺，本文不再取用。

语句。

《天圣广灯录》三〇卷。北宋镇国节度使李遵勖编于仁宗天圣七年（1029），比《祖堂集》的成书时间仅晚 77 年。全书约 24 万字，收录了 370 余人之传法事迹及机缘语句。

《建中靖国续灯录》三〇卷。北宋禅僧释惟白编于徽宗建中靖国元年（1101），成书时间晚于《祖堂集》149 年。全书约 30 万字，分"正宗""对机""拈古""颂古""偈颂"五门，"对机"门 26 卷，是全书的主体部分。"本灯"连同前面"两灯"，合称"北宋三灯"。

3. 南宋成书的灯录 3 种

《联灯会要》三〇卷。南宋禅僧释悟明编于孝宗淳熙十年（1183），上距《祖堂集》的成书时间为 231 年。本书意在合"北宋三灯"为一书，而补 80 余年来前代灯录所未收之临济、云门二宗禅僧的示众法语和机缘问答。[①] 全书约 35 万字，收录了 680 余人的传法事迹及机缘语句。

《嘉泰普灯录》三〇卷。南宋禅僧正受编于宁宗嘉泰年间（1201—1204），距离《祖堂集》的成书时间约为 250 年。本灯编纂的旨趣在一"普"字，故凡"北宋三灯"所不取者，不论僧俗，莫不旁收博采，全书约 26 万字。

《五灯会元》二〇卷。南宋禅僧普济编于理宗淳祐十二年（1252）前后，距离《祖堂集》的成书时间约有 300 年。本书由上揭五部灯录删繁就简汇集而成，全书约 50 万字，收录 2000 余人的传法事迹及机缘语句。

（二）语录

语录也是禅僧师徒在不同场合交流禅法的口语记录，多由禅僧门人弟子记录下来并汇编成集。早在宋代，宋释净善《禅林宝训》卷三就说："予游丛林及见前辈，非古人语录不看，非百丈号令不行。"（32-757）宋代江西派诗人徐俯在《洪州分宁法昌禅院遇禅师语录·序》中曾言："今之住院为长老聚徒称出世宗师者，莫知其几何人。其平居举扬问答之语，门人弟子必录之，号曰语录。语录之言满天下，而

---

① 关于此书的编纂缘起，悟明禅师在序中说："余淳熙癸卯，坐夏永嘉之中川。因阅《传灯》《广灯》前辈当代诸大老师，采摭其具彻向上巴鼻，可以开凿人天眼目者六百余家，提唱机缘，问答语句，拈提古今，得其要妙者，各逐本人章次收录，离为三十卷，命曰《联灯会要》。唯临济、云门二宗，自汾阳昭、雪窦显而下，罕得其录，今所编者，十之二三。《续灯》所载，似无取焉。当伺同志，集而补之。"（p.1）

佛法益微。"① (39-720) 由此窥见宋代禅林语录盛行之风气。《禅宗全书》单列"语录"部,收录 300 余种。② 其中,唐代成书的口语价值较高的语录 7 种,两宋禅师语录共 83 种③:

1. 唐代成书的别集语录 7 种

计有《坛经》一卷④、《神会和尚语录》一卷、《大珠禅师语录》一卷、《庞居士语录》三卷⑤、《黄檗禅师语录》一卷、《黄檗禅师宛陵录》一卷、《临济禅师语录》一卷⑥。

2. 北宋成书的别集语录 26 种

计有《楚圆禅师语录》一卷、《方会和尚语录》一卷、《守端禅师广录》四卷、《守端禅师语录》二卷、《法演禅师语录》三卷、《蒙山法语》一卷、《明觉禅师语录》六卷、《镡津集》一九卷、《义青禅师语录》(一卷本)、《义青禅师语录》(二卷本)、《承古禅师语录》一卷、《善昭禅师语录》三卷、《真净禅师语录》六卷、《倚遇禅师语录》一卷、《宗本禅师别录》一卷、《道宁禅师语录》二卷。⑦《仁勇禅师语录》一卷、《子淳禅师语录》二卷、《守卓禅师语录》一卷、《怀深禅师广录》四卷、《圆悟禅师语录》二〇卷、《圆悟禅师心要》二卷、《慧南禅师语录》一卷、《祖心禅师语录》一卷、《悟新禅师语录》一卷、《慧方禅师语录》一卷。⑧

3. 南宋成书的别集语录 54 种

计有《慧开禅师语录》二卷、《绍隆禅师语录》一卷、《清了禅师语录》二卷、《慧晖禅师语录》六卷、《昙华禅师语录》一〇卷、《普觉禅师语录》三〇卷、《大慧禅师语录》二卷。⑨《正觉禅师广录》九卷、《正觉禅师语录》四卷、《印肃禅师语录》三

---

① 此篇序言作于北宋崇宁二年(1103)正月二十二日。

② 参《禅宗全书》卷首"出版说明",第 1 册,2004 年。

③ 《禅宗全书》第 36—47 册,2004 年。

④ 《坛经》是中国禅宗的开山之作,是六祖惠能应韶州刺史韦璩在大梵寺讲演摩诃般若波罗蜜法的记录,因而也可视作惠能的说法语录。

⑤ 以上语录分散在《禅宗全书》第 36—39 册。

⑥ 以上三部语录在《大正新修大藏经》第 47—48 册。

⑦ 以上语录在《禅宗全书》第 39 册。

⑧ 以上语录在《禅宗全书》第 41 册。

⑨ 以上语录在《禅宗全书》第 42 册。

卷。①《瞎唐禅师广录》四卷、《慧空禅师语录》一卷、《道济禅师语录》一卷、《咸杰禅师语录》二卷、《道生禅师语录》一卷、《道冲禅师语录》二卷、《崇岳禅师语录》二卷、《祖先禅师语录》一卷、《师观禅师语录》一卷、《普岩禅师语录》一卷、《如净禅师语录》二卷、《如净禅师遗录》一卷、《净端禅师语录》二卷、《慧性禅师语录》一卷、《亮禅师语录》一卷、《普济禅师语录》二卷、《法薰禅师语录》四卷、《师范禅师语录》六卷、《普宁禅师语录》三卷。②《居简禅师语录》一卷、《广闻禅师语录》二卷、《梵琮禅师语录》一卷、《心月禅师语录》三卷、《心月禅师杂录》一卷、《绍昙禅师广录》七卷、《绍昙禅师语录》一卷、《了慧禅师语录》二卷、《原肇禅师语录》一卷、《妙伦禅师语录》二卷、《智朋禅师语录》一卷、《大观禅师语录》一卷、《智愚禅师语录》一〇卷。③《惟一禅师语录》二卷、《子益禅师语录》一卷、《可湘禅师语录》一卷、《道灿禅师语录》一卷、《普度禅师语录》一卷、《行珙禅师语录》二卷、《云谷和尚语录》二卷、《原妙禅师语录》一卷、《高峰大师语录》二卷、《雪岩和尚语录》二卷、《介清禅师语录》一卷、《集贤禅师语录》一五卷。④

4.南宋编次的总集语录 3 种

计有《古尊宿语要》四卷、《古尊宿语录》四八卷、《续古尊宿语要》六卷。⑤

(三)拈古、颂古、评唱等

随着晚唐五代禅宗五家的形成,祖师的言行被视为判别邪正的典型案例,禅林称作"公案",记录公案的主要文本就是灯录和语录。晚唐五代是公案禅的兴起时期,禅林对公案的阐释方法变得多样起来,有拈古、颂古、评唱、垂示、著语等名目。⑥在传世的灯录和语录里,往往可以看到不少拈古和颂古材料,如《建中靖国续灯录》专门有"拈古""颂古""偈颂"三门。在《禅宗全书》"总集"部,语料价值较高的拈古著作有《虚堂集》六卷,颂古著作有《禅宗颂古联珠通集》四〇卷。在评唱公案

---

① 以上语录在《禅宗全书》第 44 册。

② 以上语录在《禅宗全书》第 45 册。

③ 以上语录在《禅宗全书》第 46 册。

④ 以上语录在《禅宗全书》第 47 册。

⑤ 以上语录在《禅宗全书》第 42、43、44 册。

⑥ "拈古"是以散文的形式对祖师公案加以评判阐释,"颂古"是以韵文(主要是诗偈)的形式对祖师公案加以评判阐释,"垂示"是公案前的提头语,"著语"是对公案语的夹注批语,"评唱"是对公案的阐释议论。

的著作中,《碧岩录》无疑是代表作,被当时丛林誉为"宗门第一书",全书共 10 卷,圆悟克勤在先师雪窦重显所作百则《颂古》的基础上,评唱了 100 则公案。体例是先出垂示语,再对公案和雪窦《颂古》的句子下著语,最后对公案和雪窦《颂古》分别评唱,评唱是全书的主体部分。《碧岩录》的口语化程度很高,无论是垂示语还是著语评唱,俗成语都很丰富。

灯录取用的主体材料是语录,杨亿曾在《景德传灯录·序》中谈到道原编纂该书的过程是"披奕世之祖图,采诸方之语录,次序其源派,错综其辞句"。灯录实际上是按禅宗传法世系编排好的语录总集[1],所以陈垣(1988:92)说:"灯录为记言体,与僧传之记行不同。"从文本内容来看,灯录和语录的主体内容是禅僧师徒在开堂、上堂、普说、示众、对机、小参、拈古、颂古、堪辨、代语、别语、日常生活等场合交流禅法时,由门人侍者记录下的口语实录,有的可能经过了润色,但口语化程度非常高,是研究汉语史非常珍贵的白话语料。这些古白话语料具有时间早、数量大、口语化程度高等优点,不仅是研究近代汉语口语词、口语语法的珍贵语料,也是研究近代汉语口语语汇的珍贵语料。就汉语成语研究而言,唐宋禅籍口语化语料是蕴藏俗成语的丰富宝藏。[2] 本文研究的对象是唐宋禅籍的俗成语,取用的主体语料就是上揭口语化程度最高的灯录和语录,另有 3 种拈颂评唱著作。计有:唐宋禅籍灯录 7 部,语录 90 部,《碧岩录》1 部,《虚堂集》1 部,《禅宗颂古联珠通集》1 部,凡 100 部。通过逐部研读这些古白话语料,力图穷尽收集唐宋禅籍中出现的俗成语。

第三节　唐宋禅籍俗成语研究的历史与现状

一　唐宋禅籍俗成语研究的历史

唐宋禅籍俗成语研究虽是在本世纪提出的新课题,但它的研究历史却可以追溯到北宋。北宋禅僧睦庵善卿的《祖庭事苑》是最早研究禅籍语言的著作,全书对

---

　　① 参周裕锴(2017:111)。

　　② 如果我们稍加比较各类禅宗文献,就不难发现这样一个事实,并不是全部的禅籍都有丰富的俗成语。记载僧人事迹的纪传体文献、阐述宗门心要的义理文献、规约僧人日常行为的清规文献,以及文辞清雅的文集作品,在那里很少见到俗成语的踪迹。

20 余种禅宗文献出现的语辞事典、禅林用语作了简明的考订和解释①,可视为最早的禅语词典。书中零星地收录了 20 多条唐宋禅籍俗成语,主要研究方式是探源和订误。如"屎上加尖"条云:"当作矢上,谓尖上加尖,今用屎尿字,甚无谓也。"(84-319)"刁刀鱼鲁"条云:"古语云:笔久厌劳,书刁成刀。事历终古,写鱼为鲁。"(84-339)"灵龟曳尾"条云:"凡龟之行,常曳尾以扫其迹,而尾迹犹存。庄子所谓'吾将曳尾于涂中'。"(84-440)可见,《祖庭事苑》开了唐宋禅籍俗成语研究的先河。

日本江户时代临济宗禅僧无著道忠(公元 1653—1744 年)留下了大批研究禅籍的著作,对禅籍文献、语言的研究具有很高的参考价值。②就笔者目前所见的资料,在无著道忠的《禅林方语》《葛藤语笺》《禅林句集辨苗》等俗语辞书里收释了一批唐宋禅籍中出现的俗成语。其中,《禅林方语》"四言"类共收 394 条四字语,真正意义上的俗成语约 35 条。《葛藤语笺》"四言"类共收 134 条四字语,真正意义上的俗成语约 26 条。《禅林句集辨苗》"四言"类共收 174 条四字语,真正意义上的俗成语约 50 条。《禅林方语》的体例是先列出条目,次出简约的注释,如:"目机铢两:一见便知斤两。"③ 有的条目还指明出处,如:"水中捞月:空费手脚,《虚堂录》八。"④《葛藤语笺》和《禅林句集辨苗》的举例和考释更为详细一些,如《葛藤语笺》"老婆心切"条:"《临济录》四十'行录'曰:'黄檗见来,便问这汉,来来去去,有什么了期? 师云:只为老婆心切。'忠曰:'老婆性叮咛,慈爱子孙,其心亲切,故云深慈比老婆心。'《虚堂录》五'颂古'曰:'老婆心切,日日忡忡。'《大慧书》一'曾侍郎来书'曰:'圆悟老师,老婆心切如此。'《无门关》第廿三则'不思善恶话评'曰:'六祖可谓是事出急家,老婆心切。'"⑤ 不仅有释义和例证,而且还有理据分析。总

① 据北宋大观二年(1108)刊本法英《序》云:"其间援引释教之因缘,儒书之事迹,往往不知其源流,而妄为臆说。岂特取笑识者,其误累后学为不浅鲜。卿因猎涉众经,遍询知识,或闻一缘得一事,则录之于心,编之于简。而又求诸古录,以较其是非,念兹在兹,仅二十载总得二千四百余目。"《禅宗全书》,第 84 册,第 303 页。
② 详参雷汉卿、王长林:《禅宗文献语言考论》第五章《域外禅籍研究著作考论——以日僧无著道忠禅籍研究著作为中心》,上海教育出版社,2018 年,第 78—160 页。
③ 〔日〕芳泽胜弘等编:《禅语辞书类聚》(一),日本禅文化研究所,1991 年,第 57 页。
④ 同上注,第 65 页。
⑤ 〔日〕芳泽胜弘等编:《禅语辞书类聚》(二),日本禅文化研究所,1991 年,第 163 页。

之,这些著作中不乏精彩的解释和考订。此外,在日本室町到江户时期,还有一些以"方语""俗语"命名的辞书,如《宗门方语》《俗语解》《碧岩集方语解》等,都对唐宋禅籍俗成语有零星的收释。[①] 这些俗语辞书收录的成语条目虽然不是很多,但对我们今天的研究有一定的参考价值。

明清时期,中国俗语辞书的编纂进入了兴盛时期,出现了一批辑录古代俗语的辞书,唐宋禅籍丰富的俗成语也受到了关注。钱大昕《恒言录》卷六"俗语"条鲜明地指出,"俗语多出于释氏语录"。翟灏的《通俗编》更是辑录了不少出自《景德传灯录》《五灯会元》《嘉泰普灯录》的俗成语,再如钱大昭等人的《迩言》五种,都对唐宋禅籍俗成语有零星揭示。这些俗语辞书的特点是,由于受当时"俗语有本"思想的影响,对俗成语的研究偏重于语源的探索,而轻于语义的解释。

二 唐宋禅籍俗成语研究的现状

20世纪80年代以来,随着近代汉语研究的崛起,禅籍语言以其鲜活的口语性,引起了汉语史研究者的极大兴趣,禅籍俗语言的研究进入了兴盛期。在口语词研究、口语语法研究、禅籍整理研究、禅语辞书编纂等方面取得了一大批丰硕的研究成果,弥补了国内禅籍语言研究的诸多空白,为汉语史的研究奠定了坚实的基础。[②] 近年来,唐宋禅籍丰富的俗成语逐渐引起了学界的注意,研究成果主要体现在以下几个方面:

1. 对唐宋禅籍出现的俗成语进行考释

俗成语考释是汉语史研究的基础工作,其价值是不言而喻的。袁宾是新时期禅籍俗成语解释的开拓者,他在"禅宗著作常见成语典故汇释"[③] 中解释了上百条俗成语,体例是在条目下先释义,次举一两条例证。另在《禅宗著作词语汇释》[④]《禅宗

① 详〔日〕芳泽胜弘等编:《禅语辞书类聚》(一)(二)(三),日本禅文化研究所,1991年。

② 可参雷汉卿、王长林:《禅宗文献语言考论》第一章《新世纪禅宗文献词汇研究述评》,上海教育出版社,2018年,第1—12页。

③ 袁宾编著:《中国禅宗语录大观》附录一《禅宗著作常见成语典故汇释》,百花洲文艺出版社,1991年,第497—524页。

④ 袁宾:《禅宗著作词语汇释》,江苏古籍出版社,1990年。

词典》①《禅宗大词典》②中也收释了不少出自唐宋禅籍的俗成语。③单篇考释论文有章备福《〈景德传灯录〉成语札记》④、腾志贤《试释"看楼打楼"等》⑤、高列过《"韩卢逐块"辨正》⑥《"截断众流"辨正》⑦、田照军等《"雪上加霜"释义匡补》⑧、顾军《"如麻似粟"补释》⑨、王长林《"口似扁担""口似磉盘"商诂》⑩《禅宗文献俗成语辑释》⑪等数篇。

2. 对唐宋禅籍俗成语进行专门研究

主要内容是对禅籍俗成语的结构、来源、意义、源流演变进行探讨,对禅宗语录同义成语进行探析。梁晓虹《谈谈源于佛教的成语几种构成形式——读禅宗传灯录札记》⑫是较早探讨禅籍俗成语的论文,作者以《景德传灯录》和《五灯会元》两书中的 10 多条成语为例,指出禅籍成语形成的四种途径,即"一偈一案为成语""比喻修辞为成语""典故故事为成语""运用佛理为成语"。近年来,雷汉卿对禅籍俗成语作了较多的探讨和充分的关注,作者在《禅籍方俗词研究》中专门设立了两节内容讨论禅籍俗成语的定义、来源、语义层次和语素替换问题⑬,在《禅籍俗成语浅论》⑭和《禅宗文献语言考论》第四章《禅宗文献俗成语略论》⑮中进一步讨论了禅籍俗成语的结构、来源、语义多重性和形式变化问题,研究成果具有理论指导意义,推

---

① 袁宾主编:《禅宗词典》,湖北人民出版社,1994 年。

② 袁宾、康健主编:《禅宗大词典》,崇文书局,2010 年。

③ 据笔者粗略统计,袁宾在上揭著作词典里,共解释禅籍俗成语 200 多条。

④ 章备福:《〈景德传灯录〉成语札记》,《贵州师范学院学报》,1993 年第 2 期。

⑤ 腾志贤:《试释"看楼打楼"等》,《俗语言研究》创刊号,1994 年第 2 期。

⑥ 高列过:《"韩卢逐块"辨正》,《宗教学研究》,2006 年第 3 期。

⑦ 高列过:《"截断众流"辨正》,《浙江学刊》,2013 年第 1 期。

⑧ 田照军等:《"雪上加霜"释义匡补》,《语文建设》,2007 年第 11 期。

⑨ 顾军:《"如麻似粟"补释》,《广西民族师范学院学报》,2012 年第 5 期。

⑩ 王长林:《"口似扁担""口似磉盘"商诂》,《汉语史学报》,2016 年第 16 辑。

⑪ 王长林:《禅宗文献俗成语辑释》,《语言历史论丛》,2020 年第 15 辑。

⑫ 梁晓虹:《谈谈源于佛教的成语几种构成形式——读禅宗传灯录札记》,《九江师专学报》,1987 年第 1 期。

⑬ 雷汉卿:《禅籍方俗词研究》第三章《禅籍方俗词的范围》,巴蜀书社,2009 年,第 283—330 页。

⑭ 雷汉卿:《禅籍俗成语浅论》,《语文研究》,2012 年第 1 期。

⑮ 雷汉卿、王长林:《禅宗文献语言考论》,上海教育出版社,2018 年,第 55—77 页。

动了禅籍俗成语的研究。此外,张泰《〈景德传灯录〉成语研究》①、张鑫鹏《〈祖堂集〉成语探析》② 分别对两书中俗成语的结构特点和语义变化作了初步讨论,鞠彩萍《禅宗语录中的同义成语》③ 例举了禅籍语录中的五类同义成语,并讨论了禅籍同义成语的特点。对唐宋禅籍俗成语进行源流演变的个案研究,有张鑫鹏、康健《成语"百尺竿头"源流考》④、胡绍文《"龙头蛇尾""虎头蛇尾"源流考》⑤、陈秀兰、朱庆之《"心猿意马"的语源和流变》⑥、高列过《"天花(华)乱坠"意义源流辨正》⑦ 等数篇。

3. 唐宋禅籍俗成语的其他相关研究

主要指虽然不是专门研究唐宋禅籍的俗成语,但在研究成果里涉及了唐宋禅籍俗成语的研究。主要有两类成果,一种是专门论述佛教词语或俗语的论著,如梁晓虹《佛教词语的构造与汉语词汇的发展》⑧、张胜珍《禅宗语言研究》⑨、王闰吉《〈祖堂集〉语言问题研究》⑩、何小宛《禅宗语录词语研究》⑪、徐琳《唐宋禅籍俗语研究》⑫ 等,其中《唐宋禅籍俗语研究》是一部综合研究禅籍俗语的著作,较多地讨论了唐宋禅籍俗成语的内容。另一种是词典,以探源举证的方式指出一些成语的源头出自唐宋禅籍,如中国佛教文化研究所编《俗语佛源》⑬、孙维张《佛源语词词典》⑭、朱瑞玟《成语探源辞典》⑮、刘洁修《汉语成语源流大辞典》⑯ 等。此外日本学者紫野

① 张泰:《〈景德传灯录〉成语研究》,《西南农业大学学报》,2009 年第 2 期。
② 张鑫鹏:《〈祖堂集〉成语探析》,《长春工程学院学报》,2011 年第 1 期。
③ 鞠彩萍:《禅宗语录中的同义成语》,《常州工学院学报》,2010 年第 4 期。
④ 张鑫鹏、康健:《成语"百尺竿头"源流考》,《河南广播电视大学学报》,2011 年第 1 期。
⑤ 胡绍文:《"龙头蛇尾""虎头蛇尾"源流考》,《汉语史研究集刊》,2012 年第 15 辑。
⑥ 陈秀兰、朱庆之:《"心猿意马"的语源和流变》,《汉语史学报》,2013 年第 13 辑。
⑦ 高列过:《"天花(华)乱坠"意义源流辨正》,《宁波大学学报》,2015 年第 4 期。
⑧ 梁晓虹:《佛教词语的构造与汉语词汇的发展》,北京语言学院出版社,1994 年,第 108—118 页。
⑨ 张胜珍:《禅宗语言研究》,南开大学博士学位论文,2005 年,第 94—108 页。
⑩ 王闰吉:《〈祖堂集〉语言问题研究》,中国社会科学出版社,2012 年,第 171—182 页。
⑪ 何小宛:《禅宗语录词语研究》,中国文史出版社,2017 年,第 162—163 页。
⑫ 徐琳:《唐宋禅籍俗语研究》,四川大学出版社,2020 年。
⑬ 中国佛教文化研究所编:《俗语佛源》,中西书局,2013 年。
⑭ 孙维张:《佛源语词词典》,语文出版社,2007 年。
⑮ 朱瑞玟:《成语探源辞典》,首都师范大学出版社,2008 年。
⑯ 刘洁修:《汉语成语源流大辞典》,开明出版社,2009 年。

恭堂《禅语惯用语俗语要典》①和入矢义高监修,古贺英颜编《禅语辞典》②等,也都收释了一些出自唐宋禅籍的俗成语。

　　总的来看,禅籍俗成语研究取得了一些可喜的成绩,为今后进一步的研究提供了不少很有价值的参考意见。但是我们也要看到,禅籍俗成语的研究还很薄弱,处于起步阶段。迄今为止专门研究禅籍俗成语的论文非常少,更缺乏全面系统的研究专著,在研究广度和深度上均有很大的开拓空间,主要表现为禅籍蕴藏的数量庞大的俗成语尚未被全面发掘,全面系统的理论研究有待充分展开。这与唐宋禅籍俗成语在汉语语汇史上的地位是不相称的,也不利于汉语史的全面研究。我们以为,当前唐宋禅籍俗成语研究至少有这样两项工作要做:一是唐宋禅籍蕴藏的数量庞大的俗成语,有待于进行全面的发掘和解释;二是这些俗成语有待于运用现代语言学理论去作全面系统的研究。

第四节　研究定位和内容思路

　　"语"和"词"是两种有着不同性质和作用的语言单位,温端政(2000、2002)曾提出"语词分立"的理论主张。从"语词分立"的学说来说,汉语语汇研究要加快构建"汉语语汇史",使其成为汉语史研究的重要组成部分,唐宋禅籍俗成语研究是汉语语汇史研究的基础工作,属于汉语史研究的范畴。

一　汉语语汇史的构建

　　"语"和"词"都是语言现成的"建筑材料",通常把"语"视作"词的等价物","语"的研究附属于"词"的研究。温端政(2000、2002、2005、2006)认为,"语"和"词"在性质和作用上,固然有一致的一面,但不同的一面是主要的:

　　　　(1)从构成要素看,词的构成单位是词素,语则是由词和词组合而成的,是大于词的语言单位。(2)从意义上看,语义和词义一样具有"整体性",但语不是概念性而是叙述性的语言单位。(3)从结构上看,语和词的结构一样,都具

---

① 〔日〕紫野恭堂:《禅语惯用语俗语要典》,思文阁出版,1980年。

② 〔日〕入矢义高监修,〔日〕古贺英颜编:《禅语辞典》,思文阁出版,1991年。

有固定性,但"语"的结构的固定性是相对的。(4)从语法功能上看,语和词一样都可以充当句子的某个成分,不同的一面是:语具有成句的功能,语有被引用的功能,语有被拆开使用、分别充当不同成分的功能。

基于上述四条理由[①],温端政提出了"语词分立"的理论主张,基本含义是:"语"是由词和词组合而成的、结构相对固定的、具有多种功能的叙述性语言单位,"语汇"是语言里语的总汇,包括成语、谚语、歇后语和惯用语;把"语"从词汇里分立出来,把"词"从语汇里分立出来;确认词汇具有系统性,语汇也具有系统性。在"语词分立"的基础上,温端政提出建立与汉语词汇学相平行的汉语语汇学。[②]

"语词分立"理论主张提出后,得到了学界的热烈讨论。[③] 在当前"语"的研究十分薄弱的情况下,提倡"语词分立"显得很有意义。这不仅仅是因为"语词分立"有其学理上的依据,更重要的是它有现实研究的需要。长期以来,"语"被看成是"词的等价物","语"的研究附属于"词"的研究,然而"语"在词汇架构中并没有得到应有的重视,有的词汇研究著作虽有"语"的研究,但"语"只是点缀而已[④],有的词汇研究著作把"语"干脆"阙如"。产生这种情况的原因是复杂的,但有两个因素是不能忽略的,一是"语"附属于"词",没有自己独立的研究地位,受不到应有的重视;二是"语""词"在性质上有"异","语"的结构和语义更为复杂,尤其是意

---

① 温端政(2017、2018:10)在《树立正确的语词观》和《三论语词分立》两篇文章里,将前三点归纳为语词之间"全覆盖"的"异",把第四点归纳为语词之间"交叉性"的"异",认为语词之间"全覆盖"的"异"是"语词分立"说提出的主要理由,语词之间"交叉性"的"异",是"语词分立"说提出的补充理由。

② 温端政《汉语语汇学》(商务印书馆,2005年)、《汉语语汇学教程》(商务印书馆,2006年)两部论著就是在"语词分立"的基础上,构建汉语语汇学理论体系的尝试。

③ 有不少学者撰文参与"语词分立"和建立语汇学的讨论,如张振兴《语汇学之成立》、李如龙《语汇学三论》、李行杰《语词分立势在必行》等,见温端政、吴建生主编:《汉语语汇学研究》,商务印书馆,2009年。当然,"语词分立"和建立语汇学的理论也有待于在研究实践中不断地去发展和完善。正如李行杰(2009:36)指出的那样,"一种新理论或新主张出现之后,应当有支持,有质疑,有反对,有补充。支持的意见固然十分重要,但是,反对和批评的意见更有价值。当今之际,最需要反对的意见,有反对的意见才会有争论,而科学是在争论中产生和发展的"。

④ 杨蓉蓉(2017:20—39)曾对多部现代汉语教材、词汇普及读物、词汇学研究专著、词汇史研究著作中"语"的研究内容进行考察,得出的结论是,"语"和"词"的处理轻重不等,"语"多数情况下只是一个点缀。

义存在"概念性"和"叙述性"的差异,在研究过程中难以将二者真正融为一体考察,这恐怕是最主要的原因。① 任何学科都是应用而生的产物,汉语语汇学自然也是应用而生的产物。汉语语汇的数量十分庞大,具有悠久的历史。"语"长期附属于"词"的研究,又远远落后于"词"的研究,当前有必要在"语词分立"的理论主张下,立足汉语语汇自身的特点,充分继承传统语言学研究的优良传统和借鉴现代语言学研究的理论视野,走特色创新的汉语语汇学研究之路,实现汉语语汇研究的繁荣局面。②

同时,"语"是在历史上形成并不断发展变化的产物,"语"也要有历史研究,汉语语汇研究要加快构建"汉语语汇史"。这里提出的"汉语语汇史"属于汉语史研究范畴,是汉语史研究的重要组成部分。汉语史研究的对象是汉语口语发展史,汉语语汇史研究的对象也就是汉语口语语汇的发展史,研究材料主要是历代口语性语料。研究汉语语汇的历史,就要遵循汉语语汇发展的内在脉络,从语汇形成与发展的视角出发,认真地总结汉语语汇在不同历史时期的系统面貌和特点,全面描写汉语语汇在历史上新格局的形成过程,宏观梳理在不同历史时期总体上发生了哪些发展变化,探索这些发展变化的原因和特点,充分揭示出其发展变化的内在联系和规律,以此来呈现汉语语汇史的整体面貌和清晰轮廓。汉语语汇史的研究是有着广阔前景的汉语史研究课题,应当成为语汇研究的"重中之重"③。就我们所想,汉语语汇史的研究应该重视以下几个方面的研究内容:

(1)专书或专类语料中的语汇研究;

(2)有关语汇形成与发展的各种专题研究;

---

① 苏宝荣(2009:22)指出,"在汉语语言研究中,长期以来形成语音、词汇、语法三分的格局,将各种语汇(成语、惯用语、谚语等)笼统地划入'词汇'范畴之中,加之多音节的语汇,其自身结构和语义都比较复杂,研究者难于理出一个头绪来,往往是望而却步,致使对这一极具民族风格的语言形式的研究没有得到应有的重视,成为汉语研究中相对薄弱的环节"。这也是毋庸讳言的一个现状。

② 张振兴(2009:9)认为,"提出一个重要的学术思想,出现一个重要的学术创新,创立一个新的学科,对于推动学术的繁荣,对于学科的发展是有十分重要意义的。因此,提出建立语汇学,这是一个新的学术思想,创建了一个新的学科。我们完全可以相信,它对于推动语汇的研究将是至关重要的,类似于方言学、晋语、平话土话这样的繁荣局面,将在语汇研究领域重新出现"。

③ 温端政(2006:41)指出,"研究'语'的形成和发展演变,无疑是语汇研究的重中之重,也是难中之难"。

（3）断代语汇系统及其演变研究；

（4）语汇通史研究。

从研究性质来说，唐宋禅籍俗成语研究属于专类语料中的语汇研究，是汉语语汇史研究的一项基础性工作，属于汉语史的研究范畴。这项研究工作的主要意义有：①有助于深化我们对唐宋禅籍俗成语的认识，推动汉语俗成语的研究，丰富近代汉语的研究内容。②可为汉语语汇史的构建提供资料和依据，也有助于构建完整的汉语史。③可为大型辞书，尤其是断代语典及大型语典的编纂和修订提供借鉴。④有助于禅宗文献的整理与研究。

二 研究内容和思路

唐宋禅籍俗成语研究定位为汉语史和汉语语汇史研究的基础性工作，主要任务有二：一是穷尽发掘唐宋禅籍中的俗成语，逐条加以考证解释，注重揭示新成语和新义，为相关研究积累丰富的研究成果。二是对唐宋禅籍俗成语作出较为全面系统的理论研究，包括唐宋禅籍俗成语的鉴定、概貌、总量、成因、特点、韵律、价值、新质、类型、来源、产生方式、系统、同义聚合、演变等方面的内容，以此揭示唐宋禅籍俗成语的系统面貌和研究价值，深化我们对唐宋禅籍俗成语的认识，并为汉语史、汉语语汇史的研究提供资料和依据，为大型辞书的编纂和修订提供借鉴。不过我们也注意到，目前汉语史专书、专类语料词语研究取得了丰硕的研究成果，在研究方式上则趋于相同，主要是对特定语料中的研究对象从来源、构成、特点、意义、结构、新质、产生、演变、价值等角度切入作全面研究。这样的研究工作是很有必要的，但也正如俞理明、顾满林（2013：5）所指出的，"在整体上看，声称全面考察的各类研究，仍带有抽样性。考察对象在反映词汇综合性、系统性和整体面貌方面，明显不足"。"语"的研究也存在这方面的不足。本书从"全面性"和"系统性"两个基本原则和视角出发，尝试对唐宋禅籍俗成语作出全面系统的研究，具体研究的内容和思路如下：

1. 全面发掘唐宋禅籍出现的俗成语

这是汉语史研究的重要内容，其基础研究价值是不言而喻的。具体思路是逐部研读唐宋禅籍口语化程度最高的100部灯录、语录，把唐宋禅籍异彩纷呈的俗成语穷尽性地挖掘出来，逐条解释语义、考订语源、分析理据，为开展"系统性"和"全面性"研究工作奠定基础。

2. 构建唐宋禅籍俗成语的系统

这是实现真正意义上的"系统性"研究的必要工作,也是构建汉语史整体面貌和清晰轮廓的基础工作。目前不论是词汇还是语汇,系统的构建研究仍处于探索阶段。本书从语汇系统的宏观视角出发,提出用"语义二分法"构建语汇系统的理论主张,详细介绍语汇系统构建的方法和原则,并且以唐宋禅籍俗成语全部成员为研究对象,逐个分析"范畴义"和"核心义",然后构建唐宋禅籍俗成语的系统,揭示其系统性的种种表现,以此来呈现唐宋禅籍俗成语的系统面貌,为实现真正意义上的系统研究奠定坚实的基础,并为语汇系统的构建研究提供可行的研究范式。

3. 分专题全面研究唐宋禅籍俗成语

具体思路是,在唐宋禅籍俗成语系统构建的基础上,进而把握唐宋禅籍俗成语的面貌和在汉语史上的地位与研究价值,分这样几个专题进行理论探索:①俗成语的鉴定,包括俗成语的定义和特点研究。②唐宋禅籍俗成语概貌研究。本专题就唐宋禅籍俗成语的概观、总量、成因、特点、韵律等基本面貌作概要的分析论述,这些内容都是研究唐宋禅籍俗成语需要回答的基本问题。③唐宋禅籍俗成语的研究价值。本专题就唐宋禅籍俗成语在汉语语汇史研究和辞书编纂两个方面的重要价值作出阐述。④唐宋禅籍俗成语新质研究,这是汉语史研究的中心内容。本专题就唐宋禅籍俗成语新质的类型、构成、来源、产生方式作重点阐述,以揭示唐宋禅籍俗成语新质的面貌和在汉语史上的地位与研究价值,深化我们对唐宋禅籍俗成语新质的认识。⑤唐宋禅籍俗成语同义群研究。唐宋禅籍出现了大量的同义成语群,是一个非常鲜明的特色。本专题在描写唐宋禅籍俗成语同义群概貌的基础上,重点选择几个大群作专题研究:一是从理据入手辨析同义群成员的差异,二是从历时角度描写同义群成员的来源、传承、发展与消亡的过程,并分析其原因和总结规律。⑥唐宋禅籍俗成语演变研究。这是汉语史研究的核心课题。唐宋禅籍俗成语在语义和形式上都富有变化性,是汉语语汇史、汉语史研究非常珍贵的材料。本专题分别从语义和形式两个方面,在大量个案分析的基础上,对唐宋禅籍俗成语语义演变的路径、类型、机制、规律和形式演变进行全面的分析总结。

本书研究采用共时与历时相结合的基本方法,注重对研究对象进行全面调查和系统研究,力求概括出具有普遍意义和创新价值的观点与结论。研究思路遵循汉语史研究的一般范式,以传统语言学为根基,较多吸收现代语义学、认知语言学和韵律学的理论成果。研究的目的旨在深化我们对唐宋禅籍俗成语的认识,推动汉语成语的研究,丰富近代汉语的研究内容,为汉语语汇史和汉语史的研究提供资料和依据,为大型辞书的编纂和修订提供借鉴。

第二章 唐宋禅籍俗成语的面貌

就汉语口语发展史来说,唐宋时期出现了口语成分充分占上风的白话语料,民间口语中丰富的语汇得以露头,形成了汉语语汇史上民间语汇大量涌现的第一个高峰。唐宋禅籍白话语料以灯录和语录为主,具有时间早、数量大、口语化程度高的特点,是汉语史研究非常珍贵的语料,不仅蕴藏着数量庞大的口语词汇,也蕴藏着数量庞大的口语语汇。那么,唐宋禅籍俗成语的基本面貌是怎样的呢? 有哪些特点呢? 这是研究唐宋禅籍俗成语需要回答的基本问题。本章就唐宋禅籍俗成语的概观、总量、成因、特点、韵律等基本面貌作一些分析论述。

第一节 唐宋禅籍俗成语概述

一 唐宋禅籍俗成语概观

唐宋时期数量庞大的禅僧团体在对机、上堂、开堂、垂示、评唱、拈颂等各种交流禅法的场合留下了一大批口语资料,为汉语史研究提供了十分丰富的白话语料。在唐宋禅籍白话语料中,出现了一批数量庞大的俗成语,形成了唐宋时期汉语俗成语大量涌现的第一个高峰,在汉语史上具有十分重要的地位和研究价值。禅籍语言以其鲜活的口语性,向来为汉语史研究者所重视。尤其是《祖堂集》的重新发现,这部被日本学者柳田圣山誉为"可与敦煌古籍媲美"[1]的早期禅宗灯史,更是汉语史研究者格外青睐的白话语料[2],不仅兴起了《祖堂集》语言研究的热潮,也带动了禅

---

① 参〔日〕柳田圣山(1972 序:1)。

② 〔日〕太田辰夫(1991:105)甚至认为,"从语言学的角度讲,此书是系统了解早期白话的唯一资料"。

籍语言研究的新局面,取得了一大批丰硕的研究成果。但令人遗憾的是,当与禅籍俗语言在词汇语法研究方面取得的成果比较一番,就会发现禅籍语汇研究取得的成果显得十分薄弱。① 可这并不意味着前人没有注意到禅籍文献所蕴藏的数量庞大的语汇。

清代著名学者钱大昕在《恒言录》卷六"俗语"条云:

> 俗语多出于释氏语录。如"弄巧成拙",庞居士语也。常生按,见《传灯录》。又黄庭坚《拙轩颂》:"弄巧成拙,为蛇添足。""竿木随身,逢场作戏",邓隐峰语也。常生按,见《传灯录》。"抛砖引玉",赵州禅师语也。常生按,见《传灯录》。"千里田,八百主",如敏禅师语也。鉴按,见《五灯会元》。"食到口边,被他夺却",亦庞居士语也。"五更侵早起,更有夜行人",古寺行者语也。"龙生龙子,凤生凤儿",丹霞禅师语也。常生按,见《传灯录》,又《普灯录》已庵深云:"龙生龙,凤生凤,老鼠养儿沿屋栋。""红炉上一点雪",长髭禅师语也。"上无片瓦,下无卓锥",道吾禅师语也。常生按,《唐书·五行志》:"咸通时,童谣曰:'头无片瓦,地有残灰。'"今此见《传灯录》。"头上安头",元安禅师语也。常生按,黄庭坚《拙轩颂》:"头上安头,屋下盖屋。"又见《传灯录》。"拆东补西",寒山子诗也。鉴按,《鸡肋编》陈无已诗:"拆东补西裳作带。""君子爱财,取之有道",洞山总禅师语也。常生按,见《五灯会元》。宋儒语录,亦多用俗语。如"大惊小怪""七颠八倒"。鉴按,亦见《五灯会元》。(p.190)

就语体风格来说,"语"有雅俗之分,俗成语属于"俗语"②。钱氏举出的"弄巧成拙""逢场作戏""抛砖引玉""头上安头""拆东补西"等俗成语,只是禅籍成语宝库中的冰山一角。但他讲到的"俗语多出于释氏语录""宋儒语录,亦多用俗语",真是经验之谈! 只要我们对近代汉语接近口语的作品稍加留意,就不难发现这样

---

① 以《祖堂集》语言研究为例,自《祖堂集》被发现以来,中外学者在词汇、语法、俗字、修辞等方面取得了丰硕的研究成果,论著林立,(参王闰吉,2012:5—25),但在语汇研究方面,专门研究的成果目力所见仅有张鑫鹏的《〈祖堂集〉成语探析》(《长春工程学院学报》2011 年第 1 期)、袁津琥的《〈祖堂集〉中的俗语源》(《绵阳师范高等专科学校学报》1999 年第 1 期)两篇论文。

② 温端政(2005:76)认为,"俗语"包括谚语、惯用语、歇后语和俗成语。在上面钱氏所揭俗语中,"龙生龙子,凤生凤儿""君子爱财,取之有道"分别具有知识性和劝诫性,属于谚语,但"龙生龙子""凤生凤儿"也有单说单用的例子,也可以视为成语;"五更侵早起,更有夜行人""红炉上一点雪""上无片瓦,下无卓锥"具有描述性,属于惯用语;至于"竿木随身,逢场作戏"显然属于歇后语,但下半句"逢场作戏"单独使用的频率很高,早已进入了成语的行列,这是语类的转化现象。

一个事实:越是口语化的语料,俗语就越丰富,唐宋的语录、元代的戏曲、明清的小说都是蕴藏俗语的渊薮。唐宋禅籍白话语录里的俗成语,前面概论部分已经举过一些例子了,下面再举几则口语化程度较高的灯录和语录片段,真切地感受一下禅籍俗成语的面貌。

（1）师向仰山云:"寂阇梨,直须学禅始得。"仰山便问:"作么生学?"师云:"<u>单刀直入</u>。"(《祖堂》卷一六"沩山和尚",p.725)

（2）问:"环丹一颗,<u>点铁成金</u>;妙理一言,点凡成圣。请师点。"师云:"不点。"学云:"为什么不点?"师云:"不欲得<u>抑良为贱</u>。"(《祖堂》卷一三"招庆和尚",p.583)

（3）僧问:"饮光正见,为什么见拈花却微笑?"师曰:"<u>忍俊不禁</u>。"问:"丹霞烧木佛,院主为什么眉须堕落?"师曰:"<u>贼不打贫儿家</u>。"问:"既是一真法界,为什么却有<u>千差万别</u>?"师曰:"<u>根深叶茂</u>。"僧打圆相曰:"还出得这个也无?"师曰:"<u>弄巧成拙</u>。"(《五灯》卷一二"道宽禅师",p.731)

例（1）—（3）都是禅僧师徒在各种场合的对机语录,禅师应机时几乎句句使用俗成语,上揭语料共出现了7条。例（1）"单刀直入"形容勇猛自悟,直入佛法真谛。例（2）"点铁成金"与"点凡成圣"对文同义,比喻点化学人转凡成圣,顿悟佛道。"抑良为贱"是"压良为贱"的变体,形容师家接引手段拙劣,误人子弟。例（3）的"忍俊不禁""千差万别""根深叶茂""弄巧成拙"在现代汉语中仍很常见,语义也很显豁。[①]刘勰《文心雕龙·书记》云:"夫文辞鄙俚,莫过于谚。"本例还有俗谚"贼不打贫儿家"1条,并和4条俗成语一起使用,充分映衬了禅籍俗成语的通俗性和口语性。

（4）师乃云:"只恁么便散去,不妨要妙。虽然如是,早是<u>无风起浪</u>,<u>钉橛空中</u>。岂况<u>牵枝引蔓</u>,说妙谈玄。正是金屑眼中翳,衣珠法上尘。"(《续灯》卷一九"夔禅师",p.564)

（5）上堂:"一向怎么去,直得凡圣路绝,<u>水泄不通</u>,铁蛇钻不入,铁锤打不

---

① 本例中僧打圆相曰:"还出得这个也无?"这是勘验道宽禅师的话,其僧打圆相象征"空",但随后的问话表明他没有完全空掉,犹有"这个",故道宽禅用"弄巧成拙"来讥讽他:你本来想取巧,结果反成拙劣。另,雷汉卿、李家傲（2019:100）释"忍俊不禁":"指面对某一情况,抑忍不住出众绝异的姿容、才智等能力,不得已展现出来,对此情况发表不同的见解、施行超常的行为。"可参。

破。至于千里万里,鸟飞不度。一向恁么来,未免<u>灰头土面</u>,<u>带水拖泥</u>,<u>唱九作十</u>,<u>指鹿为马</u>,非唯辜负先圣,亦乃埋没己灵。敢问大众,且道怎么去的是? 恁么来的是? ”(《五灯》卷二〇“文琏禅师”,p.1311)

(6)上堂云:“居山日少出山多,惹得问若孰奈何? 争似白云深处坐,野猿幽鸟任高歌。大众,拈花示众,空自点胸。微笑破颜,落第二月。少林面壁,<u>傍若无人</u>。半夜渡江,贪程太速。更乃说佛说祖,<u>头上安头</u>。演妙谈真,<u>泥中洗土</u>。攒花簇锦,<u>口是祸门</u>。寂尔无言,<u>守株待兔</u>。”(《续灯》卷二四“宝鉴禅师”,p.657)

(7)上堂云:“<u>看风使帆</u>,正是<u>随波逐浪</u>。<u>截断众流</u>,未免依前渗漏。<u>量才补职</u>,宁越短长。<u>买帽相头</u>,难得恰好。”(《续灯》卷一〇“圆通禅师”,p.285)

(8)师开堂日,示众云:“一向月(目)视云霄,<u>壁立千仞</u>,则辜负诸圣。一向<u>拖泥带水</u>,<u>土面灰头</u>,则埋没己灵。”(《联灯》卷一六“克勤禅师”,p.484)

例(4)—(7)是寺院住持僧上堂说法的语录,例(8)是寺院新任住持僧初次开堂的说法语录,语例几乎句句使用俗成语,出现的俗成语数量多达24条。例(4)“无风起浪”比喻本来没有事,凭空生出事端。“钉橛空中”指在虚无形质的空中钉橛子,比喻做事虚妄。“牵枝引蔓”比喻纠缠于言语知解,不能利索地悟道。“说妙谈玄”指谈论玄妙的佛法义理。例(5)的语境显示的是,文琏禅师对“把定”(谓截断语路,不立言句)和“放行”(谓用言句施教)两种施教方式的评说,“水泄不通”在这里形容佛法把定得十分严密[1];接下来连用4条俗成语说明若用言句施教会给参禅者带来的各种弊端:“灰头土面”比喻清净本心受到污染;“带水拖泥”形容纠缠于言语义理,不能利落地领悟佛法;“唱九作十”“指鹿为马”均形容颠倒黑白、混淆是非的愚痴行为。例(6)用“傍若无人”形容达磨面壁非常专注的神态,用“头上安头”形容谈论佛祖是多余的行为,用“演妙谈真”“泥中洗土”形容纠缠于谈论玄妙佛法义理,不能干脆利索地直下领悟佛法,“攒花簇锦”比喻堆砌华丽的言辞语句,随后用“口是祸门”暗示真如佛法不能用言语道破,凡有言说便起念而惹祸。如果“寂尔无言”不去接引施教,也是徒劳无功的“守株待兔”。例(7)“看风使帆”“随波逐浪”比喻顺机

---

[1] 试比较《续灯》卷二二“允恭禅师”:“放行也,风行草偃,瓦砾生光,拾得、寒山点头拊掌。把住也,水泄不通,精金失色,德山、临济饮气吞声。”(p.625)

接引的施教方法，"截断众流"喻指切断修行者的烦恼妄想，"量才补职""买帽相头"比喻依据根器的大小接引学人的行为。例（8）"壁立千仞"形容超拔脱俗的禅悟境界，"拖泥带水"义同"带水拖泥"，"土面灰头"义同"灰头土面"，见上揭例（5）。

（9）示众云："诸佛出世，应病施方。祖师西来，守株待兔。直饶全提举唱，犹如凿壁偷光。设使尽令施行，大似空中掷剑。"（《联灯》卷二八"义青禅师"，p.900）

（10）示众云："……若未得个端的悟入处，只是向人口角头寻言逐句，刺头入经里论求玄觅妙，犹如入海算沙，扪空追响，只益疲劳，终无了日。"（《普灯》卷二五"钦禅师"，p.609）

例（9）—（10）是禅师对众说法的示众语，出现的俗成语多达 8 条。例（9）几乎句句使用俗成语，"应病施方"比喻根据学人的悟道障碍施设相应的教化法门，"守株待兔"比喻达磨守壁在等待可以传法之人，是该成语依据字面义的活用。"凿壁偷光"用来形容举唱大法不过是穿凿言句、窃取悟道知见罢了，"空中掷剑"比喻徒劳的教化行为。例（10）"寻言逐句"指从言句中寻觅知解企图解悟佛法意旨，"求玄觅妙"泛指求觅玄妙的佛法意旨，这两种参禅行为不过是"入海算沙""扪空追响"罢了，均是徒劳的行为。

（11）雪窦举公案：肃宗皇帝本是代宗，此误。问忠国师："百年后所须何物？"预掻待痒，果然起模画样。老老大大作这去就，不可指东作西。国师云："与老僧作个无缝塔。"把不住。帝曰："请师塔样。"好与一扎。国师良久云："会么？"停囚长智。直得指东划西，将南作北，直得口似扁担。帝云："不会。"赖值不会，当时更与一拶，教伊满口含霜，却较些子。国师云："吾有付法弟子耽源却谙此事，请诏问之。"（《碧岩录》卷二，p.102）

（12）圆悟垂示：问一答十，举一明三；见兔放鹰，因风吹火。不惜眉毛则且置，只如入虎穴时如何？试举看：

雪窦举公案：僧问云门："树凋叶落时如何？"是什么时节？家破人亡，人亡家破。云门云："体露金风。"撑天拄地，斩钉截铁，净裸裸赤洒洒，平步青霄。

圆悟评唱：若向个里荐得，始见云门为人处；其或未然，依旧只是指鹿为马，眼瞎耳聋。（《碧岩录》卷三，p.153）

例（11）—（12）来自《碧岩录》，内容包括"垂示""举古""评唱""著语"（即小字），口语化程度非常高，出现的俗成语竟达 19 条。例（11）的俗成语全部出自圆悟下的著语,字里行间流露出亲切活泼的口语风格。"预搔待痒"比喻预先的措施是多余可笑的,是对"百年后所须何物"下的著语;"起模画样"犹言装模作样,形容多余做作的行为;"指东作西"形容分辨不清事理,颠倒是非的愚痴行为,都是对肃宗皇帝问忠国师的评注。"停囚长智"比喻在停顿中增长了智慧,想出了对策,是对"国师良久云"下的著语;"指东划西"形容胡乱指画的样子,"将南作北"形容颠倒黑白、混淆是非的愚痴行为,"口似扁担"形容闭口无言的样子,均是对忠国师一句无理路的"会么"下的评注语。"满口含霜"表示口已被封冻,无法再言说了。例(12)圆悟的垂示语连用4条俗成语:"问一答十"形容根机伶俐,善于答辩;"举一明三"形容根机伶俐,善于领悟;"见兔放鹰""因风吹火",均比喻师家善于因势利导,顺机接引学人。圆悟对先师雪窦所举公案的著语又用了5条成语:"家破人亡"倒言"人亡家破",比喻精神家园破灭,迷失了自本心;"撑天挂地"形容禅悟后机用神通广大;"斩钉截铁"比喻果断地截断执着妄念,直截了当契悟佛法妙义;"平步青霄"比喻悟入宗乘至高无上的境界,机用自在无碍。圆悟评唱又连用2条俗成语:"指鹿为马"形容颠倒黑白、混淆是非的愚痴行为;"眼瞎耳聋"形容人痴呆不伶俐,不明事理。俗成语出现频率之高,令人叹为观止。

(13)一种不通,两处失功

拈云:"果然<u>扶篱摸壁</u>,<u>脚忙手乱</u>。动全静,静全动,唯一无二。汝这痴钝汉既打不透,向动处作工夫。又<u>认贼为子</u>,向静处作工夫。又<u>斩头觅活</u>,只管<u>堕坑落堑</u>。"(《清了禅师语录》卷二"拈古",42-69)

(14)不与万法为侣

颂曰:"<u>风吹日炙</u>露尸骸,泣问山人觅地埋。<u>忍俊不禁</u>多口老,阴阳无处可安排。"(《普灯》卷二七"仁勇禅师",p.679)

例(13)是用散文体对古德"一种不通,两处失功"公案的拈评,出现的俗成语多达5条:"扶篱摸壁"形容心存依赖和执着,不能利索地证悟;"脚忙手乱"形容内心慌乱、不知所措的样子;"认贼为子"比喻不能明辨是非,错将妄心认作真心的愚痴行为;"斩头觅活"比喻追求的目标虚妄,徒劳而愚痴;"堕坑落堑"比喻在参悟佛理的道路上坠入深坑,不得解脱。例(14)是用韵文体对古德"不与万法为侣"公案的拈颂,出现的俗成语也有"风吹日炙"和"忍俊不禁"2条。

以上我们分类列举了禅林僧徒在对机、上堂、开堂、示众、垂示、评唱、拈颂等各种交流禅法的场合留下的古白话语录,字里行间无不折射出禅宗语录通俗活泼、简洁明快的口语风格。所揭语录凡 14 则,说话内容总共用字 805 字,出现的俗成语多达 65 条,占总字数的 32%。唐宋禅籍俗成语之丰富,由此可以窥见一斑。如果我们再放眼观览的目光,随意翻阅一部禅籍白话语料,随处可以看到这样的情形:异彩纷呈的俗成语如珍珠般时时映入眼帘,让人目不暇接,真是美不胜收。

二 唐宋禅籍俗成语的总量

如此看来,清儒钱大昕所言"俗语多出于释氏语录",实为知言之选。那么,在唐宋禅籍白话语料里究竟有多少俗成语呢?这是研究唐宋禅籍俗成语需要回答的基本问题。从汉语史和汉语语汇史研究角度而言,穷尽挖掘和描写唐宋禅籍白话语料中的俗成语是一项基础性研究工作,只有这样才能全面反映出唐宋禅籍俗成语的整体面貌,为实现真正的全面系统研究提供必要的资料和依据,进而为汉语史和汉语语汇史相关研究积累全面的研究资料,因而是一项很有意义的工作。当然这项工作是很繁难的,一是研究语料的确定,二是研究对象的鉴定,三是排比查重工作,四是遗漏问题。下面就本书的处理方法略作说明。

1. 唐宋禅籍数量比较庞大,但俗成语主要出现在口语化程度高的灯录、语录、拈颂和评唱等作品里。本书选取的主体语料就是唐宋禅籍口语化程度最高的全部灯录和语录著作,计有灯录 7 部,语录 90 部。[①] 另有 3 种代表性的拈颂评唱著作,计有《碧岩录》1 部,《虚堂集》1 部,《禅宗颂古联珠通集》1 部,凡 100 部。通过逐部研读这些古白话语料,力图穷尽收集唐宋禅籍中出现的俗成语。

2. 本书的研究对象是唐宋禅籍俗成语,凡上揭唐宋禅籍出现的俗成语都是本书统计和描写的对象。为了确保研究对象的准确性,我们对成语的鉴定采用从严的标准,大量结合程度低的四字格单位(如"运水搬柴""半合半开""自悟自明")和重叠形式(如"老老大大""叨叨呫呫""空空寂寂")排除在外。[②]

3. 唐宋禅籍俗成语具有使用频率高和变体丰富的特点,需要做大量的排比查重工作。本书先把每部著作中的俗成语逐个摘录出来建立语库,利用音序排序后

① 详细书目见第一章"研究语料"部分。

② 具体鉴定标准在第一章《俗成语的鉴定》脚注"关于成语的鉴定和特点"部分讨论过了,这里不再赘述。

查重,然后根据成语语义和形体的密切联系,将同一成语的不同变体予以类聚。

4. 全面挖掘与描写唐宋禅籍俗成语是本书提出的一项重要研究内容。虽然禅籍俗成语在不同作品中的重现率很高,此处遗失彼处复捡,一定程度上可以减少遗漏,但遗漏总是在所难免的。可是我们不能因此而却步,正如俞理明、顾满林(2013:383)所言:"描写是对特定对象从某个方面作穷尽性的考察和描述,虽然疏漏总有可能发生,但是如果一项调查不以防范和消除遗漏为目标,描写的片面性就不可避免,随机举证的讨论不是真正的描写。"我们深以为然。

笔者通过研读上揭 100 部唐宋禅籍白话语料,排比查重后共得到 1759 条俗成语,其中正体 1127 条,变体 632 条。这些俗成语在唐宋禅籍白话语料中的整体分布情况如下表:

表 2-1:唐宋禅籍俗成语分布表

唐宋禅籍白话语料 100 部	书名 | 类名	每部查重后总量	合计查重后总量
唐宋禅籍灯录 7 部	《祖堂集》	140	1759
	《景德传灯录》	264	
	《天圣广灯录》	156	
	《建中靖国续灯录》	273	
	《联灯会要》	309	
	《嘉泰普灯录》	324	
	《五灯会元》	510	
唐宋禅籍语录 90 部	唐代语录 7 部	49	
	两宋语录 83 部	1160	
唐宋禅籍拈颂评唱著作 3 部	《碧岩录》	199	
	《虚堂集》	44	
	《禅宗颂古联珠通集》	86	

这里的统计数据肯定存在出入,但不妨碍我们得出如下初步的结论:

1. 唐宋禅籍俗成语的数量是庞大的,总量有 1759 条。其数量远远多于谚语、惯用语和歇后语,比如《五灯会元》,全书出现的俗成语数量最多,有 510 条,俗谚数量次多,约 129 条。唐宋禅籍俗成语的变体很丰富,共有 632 条,约占总量的 36%,这是禅籍俗成语口语化的一个重要反映。

2. 灯录和语录是蕴含俗成语的丰富宝藏,占据了唐宋禅籍俗成语的绝对比例,这主要是因为唐宋禅籍灯录和语录数量大,口语化程度高。

3. 唐宋禅籍俗成语的数量按唐、五代、北宋、南宋的时代顺序呈明显递增趋势,反映了禅籍俗成语不断丰富和发展的历史积累过程。

4. 如果仅仅依据《祖堂集》《景德传灯录》《五灯会元》等几部重要灯录研究禅籍俗语言,并不能够反映禅籍俗语言的全貌。就拿俗成语来说,这三部灯录出现的俗成语(查重后)大约只占总数的1/3,这是研究唐宋禅籍俗成语带给其他禅籍语言研究课题的启示。

第二节　唐宋禅籍俗成语丰富的原因

唐宋禅籍中蕴藏的俗成语是丰富多彩的,这一方面说明了越是口语化的语料,俗成语就越丰富的事实,但另一方面,与其他白话语料比较分析来看,禅籍俗成语丰富的原因一定是多重而复杂的,至少有下面几个重要的因素综合起了作用。

一　禅籍白话语料口语化程度高且数量庞大

禅籍白话语料口语化程度高和数量庞大是俗成语丰富的主要原因,这一点同其他白话语料基本情况是一样的。俗成语主要通行于民间口语系统,由于其自身通俗、俚俗甚至鄙俗的特点,难登大雅之堂,往往会受到正统文人的抵制,很少有机会在高雅的作品中露头。唐宋禅籍白话语料是建立在农禅话语系统之上的俗语言,这种俗语言非但不避俗,还大力提倡使用民间俗语(详后),淳朴俚俗的俗成语,非常契合禅家"不尚浮华,唯要朴实"的平民本色语言,这就给民间口语中丰富的俗成语提供了露头的机会。

(1)有一般不识好恶,向教中取意度商量成于句义,如把屎块子向口里含了吐过与别人。犹如俗人打传口令相似,一生虚过也。道我出家,被他问着佛法,便即杜口无词,眼似漆楔,口如扁担。(《临济禅师语录》卷一,T47/501b)

(2)结夏上堂:"……三世诸佛,只可自知。衲僧跳不出,打在缘缚里。动即开眼尿床,梦中说梦。"(《古尊宿》卷四二"真净禅师",p.802)

(3)以手拍膝云:"吒吒! 这畜生驴腮马颔,相勾引恼乱阎浮笑杀人。"

（《如净和尚语录》卷一，45-446）

（4）龙潭谓诸徒曰："可中有一个汉，<u>牙如剑树</u>，<u>口似血盆</u>，一棒打不回头。"（《传灯》卷一五"宣鉴禅师"，p.1053）

在上揭例子中，"眼似漆楪"指眼睛就像刷漆的黑楪头，形容根机低劣，不明事理；"口如扁担"指嘴唇紧闭得像弯曲的扁担，形容闭口不言；"梦中说梦"指睡梦里说梦话，形容说话愚痴虚妄；"牙如剑树"指牙齿就像林立的剑锋，形容说话犀利，辞锋雄辩，这些俗成语都十分俚俗。"开眼尿床"指睁着眼睛却尿床，形容言语行为十分愚痴，荒唐可笑；"驴腮马颔"指长着畜生模样，禅家暗指坠入畜生道；"口似血盆"指嘴巴张得像血盆子一样，形容说话犀利，辞锋雄辩，这些俗成语也都十分鄙俗。尤其"开眼尿床"几近于临济禅师说的"屎块子"，这些民间鄙俚之语是难登大雅之堂的，只有在不避俗的通俗作品中才有机会被记录下来。

二　禅籍俗成语富有说理性

俗成语自身具有象形生动和言简意赅的特点，使用起来简洁精辟，极具说理性和表达力，往往三言两语就能把复杂玄妙的禅理譬喻得明了透彻、启人心智，能够起到绝好的传教效果，而且俗成语形式短小精悍，更能契合禅家略开方便法门、"放一线道"的施教指归。这些都是唐宋禅籍俗成语丰富的重要原因。

（1）上堂云："闻声悟道，何异<u>缘木求鱼</u>？见色明心，大似<u>迷头认影</u>。诸仁者，不用<u>续凫截鹤</u>。"（《倚遇禅师语录》卷一，39-725）

禅家提倡自证自悟，外在的"声""色"都是污染本心的尘境，是悟道明心的障碍。"缘木求鱼"指爬到树上求取鱼，比喻做事方式不当，必定是徒劳虚妄的；"迷头认影"语出《楞严经》卷四："室罗城中演若达多，忽于晨朝以镜照面，爱镜中头眉目可见，嗔责己头不见面目。以为魑魅，无状狂走。"（X11/369a）比喻愚痴之人迷失了自己的本来面目（真性），追逐外在虚妄的东西。倚遇禅师用"缘木求鱼""迷头认影"两条俗成语，生动形象地说明了"闻声悟道""见色明心"是多么的徒劳虚妄。传教效果要比大段论说简明生动得多。"续凫截鹤"语出《庄子·骈拇》："是故凫胫虽短，续之则忧；鹤胫虽长，断之则悲。"（p.78）指野鸭子续接短腿，为鹤截断长腿。生动地说明了悟禅不要违背事物的天然自性，否则就是徒劳蛮干的道理。

（2）且道此个是什么？若唤作佛，<u>头上安头</u>。若唤作法，<u>无绳自缚</u>。祖师

巴鼻是抱赃叫屈,向上机关是扬声止响,直得总不恁么,始较些子。(《圆悟禅师语录》卷一,41-195)

这里的"此个"指代人人具足的真如佛性,佛性是不假名相的绝对精神本体。《联灯》卷三"本净禅师":"佛是虚名,道亦妄立。二具不实,总是假名。"(p.69)故假名"佛"是多余累赘,借名"法"是自我束缚,"头上安头""无绳自缚"形象生动地表达出假借名相概念是多余累赘、自我束缚的愚痴行为。在禅家看来,真如佛性人人具足,却是言语无法道破的内在体验,故谈论祖师留下的佛法("巴鼻"),就像抱着赃物喊冤一样可笑,宣扬禅法悟入的关键("向上机关"),如同激扬声音妄图阻止回声一样愚痴。这些俗成语个个说理生动精辟,可以取得极佳的传教效果。

(3)上堂云:"……或言即心是佛,更不参寻。或则妄认尘缘,强作主宰。无非私心作解,捏目生花,缘木求鱼,守株待兔。"(《倚遇禅师语录》卷一,39-732)

禅家认为,参悟佛法不在于用心思虑,所谓"拟心即差,动念即乖"。《传灯》卷九:"一念离真,皆为妄想。不可以心,更求于心。不可以佛,更求于佛。不可以法,更求于法。故修道人直下无心默契,拟心即差。以心传心此为正见,慎勿向外逐境为心。"(p.618)例中的"捏目生花"指手捏眼睛生出幻花,比喻妄生虚幻之事,自己欺骗自己。本例连用"捏目生花""缘木求鱼""守株待兔"三条俗成语,生动透彻地讽喻了"私心作解"是多么虚妄愚痴。

(4)上堂曰:"牛头横说竖说,不知有向上关槺子。有般漆桶辈,东西不辨,南北不分,便问如何是向上关槺子,何异开眼尿床?"(《普灯》卷二一"咸杰禅师",p.535)

本例"横说竖说"将牛头法融极尽说法之能事描述得淋漓尽致,"东西不辨""南北不分"把不明事理的愚痴之辈渲染殆尽,"开眼尿床"又把荒唐可笑的追问佛法行为贬斥到了极致。我们看到,咸杰禅师的上堂语录仅用了四条俗成语,就把禅宗"言不尽意"的言意观痛快淋漓地晓谕大众。

(5)师云:"若据祖宗门下,举目则千山万水,低头乃十万八千。更若展露言锋,寻言究妙,譬若敲冰求火,缘木取鱼,徒费精神,远之远矣。"(《续灯》卷一八"宗初禅师",p.519)

禅是具有超验性的内在体验,需要当人自证自悟。祖师法门不过是止啼之说,据此领悟禅旨则"千山万水""十万八千",距离悟道极为遥远。冰中无火焰,树上哪有鱼? 如果再探究祖师玄妙的言论以达道,就像是"敲冰求火""缘木取鱼"一样徒劳精神,这些俗成语的运用形象生动,极具说理性。

上述例子足以说明,禅籍俗成语形象生动、说理精辟透彻的特点,很符合禅家说理晓谕的需要,也契合了略开方便法门的指归,使得禅僧在交流禅法时格外青睐俗成语,这是禅籍俗成语丰富的重要原因。

三　禅籍俗成语具有意在言外的妙用

唐宋禅籍语录中的俗成语多有表义双层性的特点,在字面义之外有深层义,甚至有的俗成语还使用了象征或暗示的语用功能,具有意在言外的妙用,这非常契合禅家"不说破"的传教原则。当我们阅读禅籍语录时,经常会遇到禅师用俗成语回答学僧的参问话头。比如,"如何是佛"就是学僧常常提出的问题,禅籍中相近的问题还有"如何是祖师西来意""如何是佛法大意""如何是法身主""如何是诸佛本源""如何是大道之源""如何是最初一句"等表述,归根结底都是直指"第一义"的话头。试看下面的这些例子:

（1）问:"如何是佛?"师云:"骑牛觅牛。"(《续灯》卷一九"可仙禅师",p.553）

（2）时有僧问:"如何是佛?"师云:"抱赃叫屈。"(《续灯》卷二"光祚禅师",p.37）

（3）问:"古人道:毗卢有师,法身有主,如何是毗卢师法身主?"师曰:"不可床上安床。"(《传灯》卷一九"可观禅师",p.1422）

（4）问:"如何是佛?"曰:"近火先焦。"(《普灯》卷四"仁勇禅师",p.117）

上揭语例对于什么是佛的参问,禅师的回答句句使用俗成语。从表面上看好像答非所问,其实不然,这些俗成语都有言外之意。例（1）"骑牛觅牛"比喻不识自性是佛,愚痴地求觅作佛。例（2）"抱赃叫屈"比喻自己明明怀有佛性,还愚痴地抵赖辩解。例（3）"床上安床"比喻做事多余累赘,暗示每个人都是法身之主,再去求问法身之主,这和"床上安床"有何两样呢? 例（4）"近火先焦"字面义指接近火的先被烧焦,这和"如何是佛"有何关系呢? 原来仁勇禅师用"近火先焦"作答,本于唐代赵州从谂禅师的一则上堂语,《传灯》卷二八"赵州禅师":"上堂云:'金佛不度炉,木佛不度火,泥佛不度水,真佛内里坐。'"(p.2301)仁勇禅师将真佛的概念偷换为木佛,僧堂供养的佛不过是木制之物,靠近火当然先被烧焦,究其更深层的用意在于暗示自我才是真佛啊。可见,在上揭接机语录里禅师充分利用了成语表义双层性(字面义和比喻义、暗示义)的特点,既保证了"不说破"的禅旨,又把禅宗"即心即佛"思想曲折隐晦地表达了出来,这正是成语的妙用之处。

(5)问:"如何是佛?"师云:"<u>铜头铁额</u>。"(《广灯》卷一九"山远禅师",p.338)

(6)问:"如何是佛?"师云:"<u>眉粗眼大</u>。"(《广灯》卷二〇"山禅师",p.360)

(7)问:"如何是佛?"师云:"<u>含齿戴发</u>。"(《广灯》卷三〇"惟素山主",p.612)

(8)问:"如何是佛?"师云:"<u>鼻修额广</u>。"僧曰:"意旨如何?"师云:"<u>柳目杨眉</u>。"(《续灯》卷四"宝觉禅师",p.113)

(9)问:"如何是佛?"师曰:"<u>张三李四</u>。"(《五灯》卷一〇"蕴聪禅师",p.625)

本组语例对"如何是佛"的回答看似平常,实际上用来作答的每条俗成语都暗含玄机。例(5)"铜头铁额"字面义指长着铜铁般的脑袋,实际形容佛的机锋硬挣,气势强悍。例(6)"眉粗眼大"字面义指眉毛浓密、眼睛很大,例(7)"含齿戴发"字面义指口含牙齿、头戴毛发,两则俗成语表面上是在描述佛的样貌,但真实用意在暗示佛的样貌很平常,每个人都是佛啊。例(8)先用描状男子英俊相貌的"鼻修额广"作答,其僧未能领旨继续追问,又用描状女子貌美的"柳目杨眉"作答,这就暗示了不论性别,"人人是佛"的意旨。例(9)"张三李四"泛指任何人,真实用意也在暗示每个人都是佛。这些回答让我们想起了六祖惠能大师回答五祖弘忍和尚的责问,《坛经》第3则:"大师遂责惠能曰:'汝是岭南人,又是獦獠,若为堪作佛!'惠能答曰:'人即有南北,獦獠身与和尚不同,佛性有何差别!'"(p.9)上揭俗成语都曲折地表达了"众生兼有佛性,人人都能成佛"的禅宗思想。

(10)问:"如何是祖师西来意?"师曰:"<u>把火烧天徒自疲</u>。"(《五灯》卷一四"守钦禅师",p.855)

(11)问:"如何是大道之源?"师云:"<u>掘地觅天</u>。"(《善昭禅师语录》卷一,

39-565）

（12）问："如何是最初一句？"师云："掘地讨天。"（《续灯》卷三"海禅师"，p.62）

（13）问："如何是诸佛师？"师云："不可拗直作曲。"（《祖堂》卷一七"岑和尚"，p.767）

（14）问："如何是室内一灯？"师曰："三人证龟成鳖。"（《传灯》卷二二"澄远禅师"，p.1736）

（15）问："如何是佛法大意？"师云："七颠八倒。"（《传灯》卷二一"道匡禅师"，p.1601）

（16）问："如何是祖师西来意？"师云："万水千山。"（《续灯》卷一六"圆义禅师"，p.466）

上揭对机语录，学僧的话头都是参问"第一义"的，但佛教"第一义"只能依靠当人自证自悟，是无法用言语宣说的终极哲理。学僧提问的意图在于听取禅僧的回答以便悟道，可是禅师的作答都不正面回应问题，而是利用俗成语表义双层性的特点曲隐其辞。例（10）用"把火烧天"来隐喻提问这种参悟佛法的方式很徒劳，就像持火烧天一样徒劳愚痴。例（11）—（12）"掘地觅天""掘地讨天"隐喻参悟方式很虚妄，就像是挖地觅天一样，简直是痴心妄想。例（13）"拗直作曲"指硬把挺直的东西弄成弯曲的，隐喻参悟方式违背事理，行事悖谬。例（14）"室内一灯"隐喻法身内里的佛性，澄远禅师用"证龟成鳖"，比喻说的人多了，就会把错误的证明为正确的，直接贬斥了问题。例（15）"七颠八倒"直接贬斥参问方式颠倒错乱。例（16）"万水千山"用空间距离的遥远，隐喻参问方式距离悟道极为遥远。以上例子都是禅师利用俗成语的深层义曲折地接引学人的例证。有的禅师甚至还用俗成语来截断意路，如：

（17）僧问："如何是佛？"曰："天寒地冷。"云："如何是道？"曰："不道。"（《普灯》卷五"清满禅师"，p.130）

（18）问："如何是祖师西来意？"师云："天寒日短。"（《续灯》卷四"守芝禅师"，p.93）

（19）僧问："不离当处常湛然，觅即知君不可见。见即不问，如何是不离的事？"师云："倾心吐胆。"（《古尊宿》卷四二"真净禅师"，p.786）

例（17）"天寒地冷"表面是说天气寒冷，但真实用意是"天寒，不烦久参"①，以此截断学人的意路，学僧不甘心，继续变换话头追问，清满禅师一句"不道"使得对方哑口无言。例（18）"天寒日短"与上例"天寒地冷"有异曲同工之妙。例（19）学僧刚问完话，真净禅师就说"倾心吐胆"了，谓坦诚相待竭诚解说了，这也是截断意路之语。雷汉卿（2009:321）把禅籍俗成语的这种用法称作"零语义"，指将俗成语的字面义或引申义抽空，只留下成语的形式而不具有实际的指义功能。

（20）僧问："如何是佛法大意？"师云："蒲花柳絮，竹针麻线。"（《传灯》卷七"法常禅师"，p.467）

（21）问："如何是祖师西来意？"师云："青山绿水。"（《续灯》卷三"慈济禅师"，p.60）

例（20）用"蒲花柳絮""竹针麻线"作答，显得答非所问。实际上，这两个俗成语均比喻数量极多的平常事物，用来暗示佛法很平常，到处都是，所谓"触目菩提"。例（21）"青山绿水"本是形容秀丽的山水景色，在这里也是暗示佛法一切现成，《五灯》卷一五"文庆禅师"："月白风恬，山青水绿。法法现前，头头具足。"（p.1013）禅宗把山水自然看作真如佛性的显现，《传灯》卷二八"慧海禅师"："青青翠竹，尽是法身。郁郁黄花，无非般若。"（p.2260）因此，这几例俗成语都曲折隐晦地表达了"触目菩提"的禅悟境界。

（22）问："如何是佛？"曰："尺短寸长。"（《普灯》卷一"怀感禅师"，p.13）

（23）问："如何是佛法的的大意？"曰："蛇头生角。"（《普灯》卷一四"绍隆禅师"，p.372）

（24）问："如何是佛？"师云："通上彻下。"僧曰："如何是法？"师云："彻下通上。"（《续灯》卷一八"善丕禅师"，p.531）

（25）问："如何是祖师西来意？"师云："彻骨彻髓。"（《广灯》卷一六"善昭禅师"，p.272）

（26）问："如何是佛？"曰："东涌西没。"（《普灯》卷二"本逸禅师"，p.48）

（27）问："如何是西来意？"师云："惊天动地。"（《广灯》卷二〇"王海

---

① 可比证《智禅师语录》卷一："上堂，师升座，白椎竟，有僧出问，师曰：'今日天寒，不烦久立。'便下座。"（65-629）

禅师"，p.360）

本组例子中禅师均用俗成语作答，表面上看起来也是答非所问，其实，每句都是在用俗成语的深层义来表达禅悟境界。禅家主张"万法一如"，世界万象皆为虚妄，并无差别。因此，例（22）用打破世俗观念的"尺短寸长"，启示学人要超越相对概念以把握真实之相。例（23）"蛇头生角"指蛇的头上生出了角，听起来觉得虚妄，实际是比喻本心超越后的奇妙境界。例（24）"通上彻下"倒言"彻下通上"，形容得法后机用自在畅通无阻的境界。例（25）"彻骨彻髓"形容佛法深彻入髓。例（26）"东涌西没"也是形容得法后机用自在畅通无阻的境界。例（27）"惊天动地"形容禅悟后法力神通广大，令天地都震惊。这都是从悟境来回答什么是佛的问题。

从上面的分析可知，"第一义"是言语思量所不及的境地，根本无法直接说明。当然最好的回答是沉默，如果放一线道，就得遮诠、截断意路，或用意在言外的话暗示，俗成语恰有这样的妙用。在禅籍白话语录中，禅师用俗成语回答各种问题的例子十分常见，而且表面上看起来也多是答非所问，其实都是禅师恰当地利用了俗成语表义双层性的特点——含蓄隽永，意在言外，甚至还利用暗示或截断意路的语用功能，来曲折隐晦地接引学人。俗成语语义的隐喻性、暗示性跟禅家"不说破"的传教方式是相契合的，为禅家所喜闻乐用，这是唐宋禅籍俗成语丰富的又一个重要原因。

四 使用俗成语是禅林盛行的一种话语风气

如果再从禅林话语风格来看，有意使用俗成语说法是禅林盛行的一种风气，或者说是禅家说法的一种话语态势。早在中晚唐时期，一些禅宗大师为了传教的需要，就有意使用更具表达力的俗成语，比如云门宗开宗祖师文偃（公元 846—949 年）提出著名的"云门三句"，就使用了三个俗成语表达宗门诀旨。《普灯》卷一〇"慧泉禅师"："上堂：'昔日云门有三句：谓涵盖乾坤句，截断众流句，随波逐浪句。'"（p.260）"涵盖乾坤"指绝对之真如实性充满天地之间，涵盖整个宇宙；"截断众流"比喻当下截断学人的俗情妄念，使其心空悟道；"随波逐浪"比喻顺机接引学人。这种有意使用俗成语来传教的风格，经过语录的传播或口耳相传便会形成一种禅门话语传统，成为一种人人效仿的话语风气。

（1）乃拈起拄杖云："古人道：'拈起也天回地转，放下也草偃风行。'四面即不然，拈起也七穿八穴，放下也锦上铺花。"（《法演禅师语录》卷一，39-117）

（2）师垂语云："诸方为人<u>抽钉拔楔</u>，<u>解粘去缚</u>。我这里为人<u>添钉添楔</u>，<u>加绳加缚</u>。送向深潭里，侍地自理会。"（《联灯》卷一八"宗元禅师"，p.543）

这两个例子颇有代表性，可以直观地看出效仿他人使用成语的痕迹。例（1）上举古人之言含"天回地转""草偃风行"两条俗成语，下句亦用"七穿八穴""锦上铺花"两条俗成语对之，以表达自己的禅悟境界。例（2）上举诸方为人"抽钉拔楔""解粘去缚"[①]，下言我这里为人"添钉添楔""加绳加缚"，这种效仿痕迹是显而易见的。如果我们放眼观览禅籍白话语录，就会发现禅师喜用俗成语接机施教、说法示众的风气非常盛行。

（3）问："如何是夺人不夺境？"师云："<u>风清月白</u>。"僧曰："如何是夺境不夺人？"师云："<u>灰头土面</u>。"僧曰："如何是人境俱不夺？"师云："<u>海晏河清</u>。"僧曰："如何是人境两俱夺？"师云："<u>水泄不通</u>。"（《续灯》卷二四"普明禅师"，p.673）

这里学僧用临济禅师的"四料简"[②]发问，普明禅师均用俗成语应机。禅宗常把山、水、风、月等自然境视作佛性的显现，"风清月白"指夜晚微风清凉、月色皎洁的景色，本句用来象征直下便悟的现量境界。"灰头土面"字面义指面目受到了污染，比喻清净本心受到了污染。"海晏河清"形容天下太平、社会安定，禅家常暗示本心安稳清净，没有一丝尘念生起。"水泄不通"这里形容施教手段十分严密，不留丝毫缝隙。这样的例子举不胜举：

（4）问："诸佛未出世时如何？"师云："<u>山河大地</u>。"僧曰："出世后如何？"师云："<u>大地山河</u>。"僧曰："与么则一般也。"师云："<u>敲砖打瓦</u>。"（《续灯》卷二〇"殊禅师"，p.577）

（5）问："达磨未来时如何？"师云："<u>天涯地角</u>。"僧曰："来后如何？"师云："<u>四海五湖</u>。"（《续灯》卷一〇"可证禅师"，p.304）

---

① 这里是有所指的，《碧岩录》卷四："大凡作家宗师，要与人解粘去缚，抽钉拔楔。"（p.172）

② "四料简"是指临济宗针对不同根器的学人采用相应的接引方式，《临济禅师语录》卷一："师晚参示众云：'有时夺人不夺境，有时夺境不夺人，有时人境两俱夺，有时人境俱不夺。'时有僧问：'如何是夺人不夺境？'师云：'煦日发生铺地锦，婴孩垂发白如丝。'僧云：'如何是夺境不夺人？'师云：'王令已行天下遍，将军塞外绝烟尘。'僧云：'如何是人境两俱夺？'师云：'并汾绝信，独处一方。'僧云：'如何是人境俱不夺？'师云：'王登宝殿，野老讴歌。'"（T47/497a）周裕锴（2017：75）认为，"人"指外在的佛祖权威，"境"指外在的客观环境，不受人惑便是"夺人"，不被万境转便是"夺境"。

（6）问："莲花未出水时如何？"师曰："<u>撑天拄地</u>。"僧曰："出水后如何？"师曰："<u>填沟塞壑</u>。"（《续灯》卷五"知应禅师"，p.132）

（7）问："如何是鹫峰境？"师云："<u>青山绿水</u>。"进云："如何是境中人？"师云："<u>五湖四海宾</u>。"（《广灯》卷一九"山韶禅师"，p.339）

（8）问："如何是祖师西来意？"师云："<u>钻龟打瓦</u>。"问："如何是衲衣下事？"师云："<u>千山万水</u>。"（《广灯》卷二〇"守贤禅师"，p.372）

（9）问："如何是透法身句？"曰："<u>皮穿肉绽</u>。"云："毕竟如何？"曰："<u>雀噪鸦鸣</u>。"（《普灯》卷二"晓珠禅师"，p.30）

（10）问："大施门开，请师一决。"师云："<u>风行草偃</u>。"僧曰："一句截流又作么生？"师云："<u>水到渠成</u>。"（《续灯》卷五"子环禅师"，p.135）

这些例子表明，针对学人的问话，禅师用言简意赅的俗成语作答，已经成为禅宗应机的一种话语方式了。北宋时期文字禅开始盛行，禅宗传教由"不立文字"（含语言）变为"不离文字"，这就给俗成语大势盛行开了闸门，禅师传法话语里俗成语连文、对文、排比的现象十分常见，形成了使用俗成语传教说法的一种风气。

（11）谢首座，上堂云："古人道：<u>积石成山</u>，<u>积水成流</u>，<u>积土成墙</u>，<u>积学成圣</u>，<u>积行成德</u>，且道衲僧家积个什么？"良久云："少林虽不语，别是一家春。"下座。（《义青禅师语录》卷一，39-504）

（12）师云："你一念心疑，被地来碍。你一念心爱，被水来溺。你一念心瞋，被火来烧。你一念心喜，被风来飘。若能如是辨得，不被境转，处处用境。<u>东涌西没</u>，<u>南涌北没</u>，<u>中涌边没</u>，<u>边涌中没</u>，<u>履水如地</u>，<u>履地如水</u>。缘何如此？为达四大如梦如幻故。"（《古尊宿》卷四"临济禅师"，p.61）

（13）诸人还相委悉么？若也委悉去，<u>如龙得水</u>，<u>似虎靠山</u>，<u>出没卷舒</u>，纵横应用。如未相委，大似<u>日中逃影</u>。（《五灯》卷一二"真如禅师"，p.758）

（14）示众云："青霄鸟道，登者即迷。碧海无波，动犯风影。今时学者，也似<u>敲空觅响</u>，<u>击石求声</u>，<u>火中求水</u>，<u>水里觅火</u>。"（《联灯》卷二五"常察禅师"，p.763）

（15）师上堂云："释迦老子四十九年说法，度人无数。大似<u>捏目生花</u>，<u>剜肉成疮</u>，<u>压良为贱</u>。"（《广灯》卷二五"彻禅师"，p.518）

（16）山僧今日向诸人面前说家门，已是不着便。岂可更去升堂入室，<u>拈</u>

槌竖拂,东喝西棒,张眉努目,如痫病发相似。(《普灯》卷二五"道楷禅师",p.617）

在上揭禅师说法示教的例子中,俗成语少则连用 3 条,多则连用 6 条,极尽俗成语说法晓谕之能事,起到了很好的传教效果。再看下面的例子:

（17）上堂曰:"一句涵盖乾坤,不离毛吞巨海。一句截断众流,不离斩钉截铁。一句随波逐浪,不离目机铢两。"(《普灯》卷二四"云顶禅师",p.599）

（18）上堂云:"风和日暖,古佛家风。柳绿桃红,祖师巴鼻。眼亲手辨,未是惺惺。口辩舌端,与道转远。从门入者,不是家珍。且道毕竟如何相见?"(《古尊宿》卷二一"法演禅师",p.390）

（19）所以道:"山青水绿,雀噪鸦鸣。万流同源,海云自异。未来诸佛,口似灯笼。过去诸佛,应病施方。现在诸佛,堕坑落堑。"(《广灯》卷一八"楚圆禅师",p.302）

（20）上堂云:"扬声止响,不知声是响根。弄影逃形,不知形为影本。"(《续灯》卷一八"真悟禅师",p.531）

（21）上堂,以拄杖击禅床一下,云:"佛令祖令,瓦解冰消。半字满字,千山万水。衲僧门下,草偃风行。然虽如是,官不容针,私通车马。"(《续灯》卷二二"友恩禅师",p.629）

在禅籍白话语录中,我们经常见到禅师上堂一张口就是俗成语,而且注重将俗成语对举使用,这显然是一种有意识的话语姿态。如果与其他语料比较来看,禅籍喜用俗成语的话语风气就更加明显。笔者试图从早期禅宗白话语录里寻觅俗成语,如《坛经》《神会语录》等,发现使用的俗成语很少很少,即便是口语化程度很高的敦煌变文、《朱子语录》,相比禅宗语录,俗成语的使用也要逊色得多。禅籍白话语录大量使用俗成语始于晚唐五代,在两宋时期进入了兴盛期,这显然跟禅宗有意使用俗成语传教说法,并形成一种话语风气是密切相关的。再联系汉译佛经语言来看,譬喻是一种常见的传教手段,如果说用生动的大段譬喻故事来传教,是汉译佛经所代表的印度话语系统的一种风气,那么用生动形象、言简意赅的俗成语(不限于俗成语,还有禅语、俗谚、惯用语等)来譬喻传教思想则是禅宗建立的本土农禅话语系统的一种风气,后者显然受到过前者的影响而又有了新的发展。

第三节 唐宋禅籍俗成语的特点

禅宗的主体队伍是以失去土地的流民和下层民众为主,禅宗的精神是一种自耕自足、自证自悟的农禅精神,禅宗的语言是一种以日常口语为主、夹杂着佛教用语的农禅语言,淳朴俚俗、奇特怪诞和宗教色彩浓烈是禅籍语言给人的第一印象。周裕锴(2017:374)认为,禅宗语言是"以中国本土的农禅话语为骨干,在此基础上融合了印度佛经语言和本土的士大夫话语"。但就唐宋禅籍白话语录而言,它的基本形态是建立在"农禅话语"基础之上的俗语言,这样的语言性质决定了唐宋禅籍俗成语具有口语性和宗教性两个鲜明的特点。

一 唐宋禅籍俗成语的口语性

唐宋禅籍白话语料以灯录和语录为主,是禅僧在各种禅法交流场合的口语实录。周裕锴(2017:322)指出,"'口耳授受'是禅宗的主要传灯方式。因此,唐宋口语是构成禅宗语言的最主要成分。禅宗语录是关于祖师实际口授语言的记录,通常由虔诚的门徒于众中听时悄悄记下来"。关于禅籍白话语录的语言风格,我们不妨先来看看前人的感受。清代著名学者钱大昕在《十驾斋养新录》卷一八"语录"条云:

> 佛书初入中国,曰经、曰律、曰论,无所谓语录也。达磨西来,自称教外别传,直指心印。数传以后,其徒日众,而语录兴焉。<u>支离鄙俚之言</u>,奉为鸿宝;并佛所说之经典,亦束之高阁矣。<u>甚者诃佛骂祖</u>,略无忌惮,而世之言佛者,反尊尚之,以为胜于教律僧。甚矣,人之好怪也!(p.488)

钱大昕将禅家语录视为"鄙俚之言",这是阅读禅籍语录的人感同身受的事实。但是,如果我们深究禅家的语言观念,就不会觉得使用"鄙俚之言""甚者诃佛骂祖"之语好怪了。宋代的真一禅师这样阐述禅家的语言观念:

> <u>禅家语言不尚浮华,唯要朴实,直须似三家村里纳税汉及婴儿相似,始得相应</u>。他又岂有许多般来? 此道正要还淳返朴,不用聪明,不拘文字。<u>今时人往往嗤笑禅家语言鄙野</u>,所谓不笑不足以为道。(《普灯》卷二五"真一禅师",p.621)

禅是"还淳返朴"的农禅之道,主张"不尚浮华,唯要朴实"的语言观,禅林的主体队伍是平民百姓,加上颠覆义学经典[1],藐视神圣权威的话语态势[2],共同决定了禅家要有意使用偏远村夫"通俗"甚至"鄙野"的口语交流禅法,这是很自然而然的事情。对禅家的"鄙野"之语,可以领略一下唐代著名的德山宣鉴禅师的一则上堂语:

> 这里无祖无佛,达磨是老臊胡,释迦老子是干屎橛,文殊普贤是担屎汉,等觉妙觉是破执凡夫,菩提涅槃是系驴橛,十二分教是鬼神簿、拭疮疣纸,四果三贤、初心十地是守古冢鬼,自救不了。(《五灯》卷七"宣鉴禅师",p.374)

宣鉴禅师的这番话堪称呵佛骂祖的经典,"老臊胡""干屎橛""担屎汉"等词语极尽粗俗鄙野之能事,难怪乎钱大昕觉得禅语是"鄙俚之言",也难怪"时人往往嗤笑禅家语言鄙野"了。唐宋禅籍的口语性现代学者也有很多论述,如袁宾(于谷,1995:44)认为,"唐宋禅僧语录在同时代各类文献中,口语色彩最为浓厚"。周裕锴(2017:321)认为,"唐宋禅僧语录不仅更彻底地消除了文言成分,而且较大地淡化了语言的说教成分。可以说,禅宗语录在同时代各类文献中,俗语言色彩最为浓厚,也最具本土平民色彩"。

禅家主张"语言不尚浮华",提倡使用平民本色语言交流禅法,虔诚的门徒则是"随所闻即书之",忠实地记录了禅家交流禅法的对话内容。宋惠洪《禅林僧宝传·印元禅师》载:"昔云门说法如云雨,绝不喜人记录其语,见必骂逐曰:'汝口不用,反记吾语,异时裨贩我去。'今室中对机录,皆香林(即禅林、寺院)明教以纸为衣,随所闻即书之。"(4-539)看来北宋时期僧人不再是悄悄记录说法,而是寺院明确让人去记录法语。北宋徐俯在《洪州分宁法昌禅院遇禅师语录·序》中曾言:"今之住院为长老聚徒称出世宗师者,莫知其几何人。其平居举扬问答之语,门人弟子必录之,号曰语录。语录之言满天下,而佛法益微。"(39-720)这都是门人弟子记录说法之语的真切记载。唐宋禅籍语录是当时口语的实录,口语化是其最基本的

---

① 如《五灯》卷七"宣鉴禅师":"十二分教是鬼神簿、拭疮疣纸。"(p.374)《圆悟禅师语录》卷九:"一大藏教是拭不净纸。"(41-264)《居简禅师语录》卷一:"上堂:'一大藏教,总是魔说。'"(46-7)《师范禅师语录》卷三:"一大藏教是甚破故纸。"(45-730)《祖心禅师语录》卷一:"祖师西来,只要直指人心,见性成佛,不立文字。乃至三乘十二教,如将黄叶作金钱,权止小儿啼哭。"(41-759)这都是颠覆义学经典的宣言。

② 可参周裕锴(2017:380)关于"禅宗的话语态势"的讨论。

语体特征,这就形成了唐宋禅籍俗成语鲜明的口语性。唐宋禅籍俗成语的口语色彩大略可以分为通俗、俚俗和鄙俗三类,当然各类的界限比较模糊,但不妨碍我们对禅籍俗成语口语性的分析。

（一）语体风格通俗的口语成语

俗成语主要来源于民间口语系统,在群众的口语里或接近口语的白话作品中广泛流传。在唐宋禅籍白话语料里,绝大多数的成语风格浅近通俗,具有通俗的口语色彩,是当时口语的真实反映,十分珍贵。比如:

1040 三更半夜　0926 二言三语　0202 家破人亡　0128 安身立命　0606 尺短寸长

0118 寸丝不挂　0476 龙头蛇尾　0689 叶落归根　0839 持聋得哑　0436 压良为贱

0295 磨砖作镜　0356 认奴作郎　0693 游山玩水　0717 千乡万里　0409 打草惊蛇

0249 临渴掘井　0856 目瞪口呿　0927 东话西话　0981 压膝道伴　0447 拖泥涉水

本组成语均来自《祖堂集》,下面举些语例真切地感受一下。

（1）大师云:"你又三更半夜来这里作什么?"对云:"某甲别有见处。"（《祖堂》卷一〇"长庆和尚",p.489）

（2）师云:"诸兄弟,且莫二言三语,且待禾山与汝证明。诸人会么? 大难。"（《祖堂》卷一二"禾山和尚",p.554）

（3）问:"迷子归家时如何?"师云:"家破人亡,子归何处?"（《祖堂》卷七"夹山和尚",p.331）

（4）问:"学人不据地时如何?"师云:"向什么处安身立命?"（《祖堂》卷一七"岑和尚",p.768）

（5）问:"如何是异类?"师云:"尺短寸长,寸长尺短。"（《祖堂》卷一七"岑和尚",p.768）

例（1）"三更半夜"泛指深夜时分。例（2）"二言三语"形容简短的言语交谈。例（3）"家破人亡"比喻自性迷失,失去了精神家园的寄托。例（4）"安身立命"比喻开悟心要后身心安乐,精神有了寄托。例（5）"尺短寸长""寸长尺短"字面义指尺有所短,寸有所长。禅家多用来斥责分别之妄心,并启示学人要超越常规概念来把握真实相。

（6）师问陆亘大夫:"十二时中作么生?"对云:"寸丝不挂。"（《祖堂》卷一六"南泉和尚",p.709）

（7）对云："和尚适来见什么？"师云："龙头蛇尾。"（《祖堂》卷一〇"长庆和尚"，p.491）

（8）门人问师："师归新州，早晚却回？"师云："叶落归根，来时无日。"（《祖堂》卷二"惠能和尚"，p.130）

（9）僧问龙泉："只如怡山与么道，意作么生？"泉云："持聋得哑。"（《祖堂》卷一四"鲁祖和尚"，p.648）

（10）南泉趁跳下来，抚背云："虽是后生，敢有雕琢之分？"师曰："莫压良为贱。"（《祖堂》卷六"洞山和尚"，p.296）

例（6）"寸丝不挂"比喻本心清净无染，无一丝挂碍，不为尘俗所牵累。例（7）"龙头蛇尾"形容机锋交流开始强盛，结尾消衰，或有始无终。例（8）"叶落归根"比喻人或事物终究要回归原本的归宿。例（9）"持聋得哑"犹言装聋作哑。例（10）"压良为贱"本指掠卖平民女子强作奴婢，比喻接引手段拙劣，欺压贻误他人。

（11）马和尚在一处坐，让和尚将砖去面前石上磨。马师问："作什么？"师云："磨砖作镜。"马师曰："磨砖岂得成镜？"师云："磨砖尚不成镜，坐禅岂得成佛也？"（《祖堂》卷二"怀让和尚"，p.191）

（12）僧曰："莫是本来人也无？"师曰："阇梨因什么颠倒？"僧云："学人有何颠倒？"师曰："若不颠倒，你因什么认奴作郎？"（《祖堂》卷六"洞山和尚"，p.302）

（13）问："从何方而来？"对曰："从西天来。"师曰："什么时离西天？"曰："斋后离。"师曰："太迟生！"对曰："迤逦游山玩水来。"（《祖堂》卷六"洞山和尚"，p.304）

（14）师每上堂云："夫出家人，但据自己分上抉择……道尔千乡万里行脚来，为个什么事？"（《祖堂》卷八"云居和尚"，p.365）

（15）报慈拈问卧龙："话是仰山话，举是雪峰举。为什么雪峰招掴？"龙云："养子代老。"慈云："打草惊蛇。"（《祖堂》卷七"雪峰和尚"，p.355）

例（11）"磨砖作镜"比喻做事方式虚妄，根本不可能实现目标的行为。例（12）"认奴作郎"指错把奴婢认作了主人。形容分辨不清事理，本末倒置的荒唐行为。例（13）"游山玩水"指游览玩赏山水风光。例（14）"千乡万里"形容跋涉的路途十分遥远。例（15）"打草惊蛇"比喻施设方便法门，惊醒学人自悟。

（16）鬼使云："四十年来贪讲经论，不得修行，如今更修行作什么？<u>临渴掘井</u>，有什么交涉？"（《祖堂》卷一四"江西马祖"，p.611）

（17）问："<u>目瞪口呿</u>的人来，师如何击发？"师云："何处有与么人？"学人云："如今则无，忽有如何？"师云："待有则得。"（《祖堂》卷一三"招庆和尚"，p.584）

（18）僧云："与么则湖南近日亦有畅和尚，为师僧<u>东话西话</u>。"师唤沙弥："拽出这个死尸着！"（《祖堂》卷一六"性空和尚"，p.739）

（19）道吾却问："师兄离师左右，还得也无？"师曰："智阇梨何必有此问？多少年<u>压膝道伴</u>，何事不造作？何事不商量？不用更问。"（《祖堂》卷四"药山和尚"，p.231）

（20）问："如何是佛法大意？"师良久。其僧却举似石霜："此意如何？"石霜云："主人殷勤，滞累阇梨，<u>拖泥涉水</u>。"（《祖堂》卷一五"麻谷和尚"，p.667）

例（16）"临渴掘井"形容做事没有先见之明，事到临头才想办法，为时已晚。例（17）"目瞪口呿"形容反应呆滞的人。例（18）"东话西话"形容说话漫无边际，信口而说。例（19）"压膝道伴"指两人坐的非常近，以至于膝盖压着膝盖。形容极为亲密、意气相投的道友。例（20）"拖泥涉水"形容接引手段拖沓不利索。

上揭《祖堂集》的语料都是对话体口语，语言生动活泼，如拉家常，读起来让人如临其境，如闻其声，这是典型的白话口语风格。例中的俗成语个个简洁明快，浅近通俗，它们和文中的口语词、口语语法相得益彰，共同构成了禅家白话语言通俗活泼的口语风格。在唐宋禅籍白话语料里，绝大多数的成语属于通俗性的口语成语。

（二）语体风格俚俗的口语成语

在禅籍白话语料中，大量的语言成分具有俚俗的口语色彩。禅宗的主体队伍是农民，在农禅口语系统中处处可以见到反映日常生活的口语成分，甚至还可以闻到"驴屎马粪"的味道。这样的语言成分在俗成语方面也有体现，比如：

0063 深耕浅种　0404 看楼打楼　0411 从苗辨地　0722 牵犁拽耙　0724 牵犁负重

0182 骑牛觅牛　0183 骑驴觅驴　0725 驴胎马腹　0723 作驴作马　0699 牛闲马放

1050 短巷长街　0402 买帽相头　0403 度脚买靴　0441 和麸粜面　0221 矮子看戏

0744 柴门草户　0375 生男育女　0450 家常茶饭　0451 残羹馊饭　1101 鸡惊犬吠

下面每条成语举一个例子,真切地感受一下禅籍俗成语的俚俗色彩。

（1）曰:"田中事作么生?"师曰:"深耕浅种。"(《五灯》卷一四"绍远禅师",p.867)

（2）问:"如何是道者家风?"师云:"看楼打楼。"(《续灯》卷六"遇新禅师",p.161)

（3）有僧问:"云门一曲师亲唱,北斗藏身事若何?"师云:"从苗辨地。"(《广灯》卷二一"戒禅师",p.397)

（4）如今若不了,明朝后日看变入驴胎马肚里,牵犁拽耙,衔铁负鞍,碓捣磨磨,水火里烧煮去,大不容易受,大须恐惧好!(《传灯》卷一八"师备禅师",p.1317)

（5）乃至乞施主一粒米、一缕线,个个披毛戴角,牵犁负重,一一须偿他始得。(《广灯》卷九"怀海禅师",p.119)

例(1)"深耕浅种"指耕地时松土要深,播种时覆土要浅,这里比喻精心参禅。例(2)"看楼打楼"指根据楼犁开垄沟的情况来下种,禅家比喻随机应变,灵活施教。例(3)"从苗辨地"指从禾苗的生长情况来辨别土地的优劣,禅家比喻从学人的言语中辨别其悟道的深浅。例(4)"牵犁拽耙"指田间牵引犁耙的畜力活,例(5)"牵犁负重"指畜力牵引田犁驮负重物,禅家均用来暗示坠入畜生道。本组成语以农说禅,均取材于田间日常劳作生活,字里行间充满了乡土气息,淳朴俚俗的口语风格扑面而来。

（6）礼问百丈曰:"学人欲求识佛,如何是佛?"百丈云:"大似骑牛觅牛。"师曰:"识得后如何?"百丈曰:"如人骑牛至家。"(《祖堂》卷一七"西院和尚",p.744)

（7）问:"如何是正真道?"师曰"骑驴觅驴。"(《传灯》卷二一"道希禅师",p.1590)

（8）临终之时,一豪凡圣情量不尽,纤尘思念未忘,随念受生,轻重五阴,向驴胎马腹里托质,泥犁镬汤里煮炸一遍了。(《传灯》卷二八"无业国师",p.2287)

（9）问:"三千里外蒙丹诏,未审将何报国恩?"师云:"作驴作马。"(《续灯》卷六"正觉禅师",p.172)

（10）我国晏然，四海九州，尽归皇化。自然**牛闲马放**，风以时，雨以时，五谷熟，万民安。大家齐唱村田乐，月落参横夜向阑。（《普灯》卷二一"彦岑禅师"，p.523）

例（6）"骑牛觅牛"、例（7）"骑驴觅驴"，均比喻学人不明自性就是佛，还要愚痴地向外求觅作佛。例（8）"驴胎马腹"指在六道轮回中坠入畜生道。例（9）"作驴作马"指供人役使，服劳役。例（10）"牛闲马放"指牛马闲逸散放，禅家比喻散逸自在的禅悟境界。本组成语取材于日常农作中的畜力形象，字里行间充满了乡野气息，俚俗的口语风格是很明显的。

（11）冷泉参透瞎堂禅，到处逢人夸唧溜。胸藏万卷书，笔扫三千首。放憨在**短巷长街**，说法向茶前酒后。（《道济禅师语录》卷一，45-170）

（12）上堂云："看风使帆，正是随波逐浪。截断众流，未免依前渗漏。量才补职，宁越短长。**买帽相头**，难得恰好。"（《续灯》卷一〇"圆通禅师"，p.285）

（13）马大师即心即佛，丧我儿孙。盘山非心非佛，其言极谬。此二尊宿犹是**度脚买靴**，看风便（使）帆，衲僧门下，争敢咳嗽。（《广灯》卷一九"山郁禅师"，p.345）

（14）师云："赵州老人寻常道，诸方难见易识，我这里易见难识。点检将来，也是**和麸粜面**。"（《新月禅师语录》卷一，46-163）

（15）师云："你试下一转语看。"英云："一状领过。"师云："**矮子看戏**。"（《倚遇禅师语录》卷一，39-737）

例（11）"短巷长街"泛指大街小巷。例（12）"买帽相头"指买帽子要看看头的大小，例（13）"度脚买靴"指买靴时量一量脚的大小，禅家均比喻根据学人根器的大小，给予相应的教化方法。例（14）"和麸粜面"指把面连带麸子一起出售，禅家比喻传授佛法精粗混杂。例（15）"矮子看戏"来自俗谚"矮子看戏，随人上下"，禅家比喻参禅悟道没有自己的见地，只是机械地随人附和。本组成语取材于市井生活，字里行间充满了市井生活气息，语体风格也较为俚俗。

（16）曰："忽遇客来时将何祇对？"师曰："**柴门草户**，谢汝经过。"（《传灯》卷二〇"处真禅师"，p.1497）

（17）上堂："岩头和尚用三文钱索得个妻，只解捞虾摝蚬，要且不解**生男育女**。直至如今，门风断绝。"（《普灯》卷三"惟政禅师"，p.68）

（18）趋淮西,谒投子于海会,乃问:"佛祖言句如家常茶饭。离此之外,别有为人言句也无?"(《普灯》卷三"道楷禅师",p.87）

（19）上堂云:"达磨九年面壁,二祖断臂得安心法。泊后花开五叶,今古异同,便有德山棒、临济喝、龙潭吹灯、鸟窠布毛、五位君臣、三玄三要,尽是古人用不尽的残羹馊饭。"(《续灯》卷一三"元祐禅师",p.382）

（20）静处冕影逃形,闹里掀天扑地。镇州城外活埋,至今鸡惊犬吠。(《虚堂和尚语录》卷六,46-725）

例（16）"柴门草户"指柴木为门,盖草为屋,形容清贫之家。例（17）"生男育女"指生养子女,传宗接代。禅家比喻绍嗣佛法,培养佛法传承人。例（18）"家常茶饭"指家里平常吃的茶饭,禅家比喻极其平常的教化施设。例（19）"残羹馊饭"指剩余和变酸的食物,禅家比喻古人留下的各种陈腐的教化作略。例（20）"鸡惊犬吠"形容扰动不安宁。本组成语均取材于日常乡土生活,字里行间充满了乡土生活气息,淳朴俚俗的口语风格格外明显。

（三）语体风格鄙俗的口语成语

禅家的语言非但不避俗,还会毫无忌惮地使用粗言鄙语,训话中充斥着低俗之语和骂詈之声,即便是有文化修养的禅师也不避俗。《五灯》卷一二"楚圆禅师"载汾阳善昭禅师接引学人,"每见必骂诟,或毁诋诸方,及有所训,皆流俗鄙事"。（p.699）法眼宗文益大师在《宗门十规论》卷一云:"稍睹诸方宗匠,参学上流,以歌颂为等闲,将制作为末事。任情直吐,多类于野谈,率意便成,绝肖于俗语。自谓不拘粗犷,匪择秽屑,拟他出俗之辞,标归第一义。识者览之嗤笑,愚者信之流传。"（32-7）在唐宋禅籍白话语料里,文辞鄙俗之言在俗成语方面也有反映[1],比如:

0859 口似扁担　0860 口似秤锤　0863 口似木樧　0861 口如磉盘　0862 口似灯笼
0843 眼瞎耳聋　0845 眼似漆樧　0442 含血噀人　0453 龇牙劈齿　0909 口似血盆
0690 虚生浪死　0936 脱空谩语　0246 立地瞌睡　0787 辜恩负德　0189 驴前马后
0930 驴唇马嘴　0726 驴腮马颔　1001 驴屎马粪　0949 驴鸣狗吠　0218 瞎驴趁队

下面我们各举一个例子,真切地感受一下禅籍俗成语的鄙俗色彩。

---

[1] 周裕锴（2017:375—381）对禅家的"鄙语粗话"有详细的讨论,文中举了很多鄙俗之辞,可参详。

（1）僧云："还有知音分也无？"师云："平生被人请益，<u>口似楄檐（扁担）</u>。"（《祖堂》卷一三"报慈和尚"，p.595）

（2）上堂："法昌今日开炉，行脚僧无一个，唯有十八高人，缄口围炉打坐。不是规矩严难，免见诸人话堕，直饶<u>口似秤锤</u>，未免灯笼勘破。"（《普灯》卷二"倚遇禅师"，p.44）

（3）示众云："……到处觅人，道我是祖师门下客，被他问着本分事，<u>口似木楔</u>。"（《联灯》卷二〇"宣鉴禅师"，p.606）

（4）有进上座问："如何是金峰正主？"师曰："此去镇县不遥，阇梨莫造次。"进曰："何不道？"师曰："<u>口如磉盘</u>。"（《传灯》卷二〇"从志禅师"，p.1496）

（5）上堂曰："……未来诸佛，<u>口似灯笼</u>。过去诸佛，应病施方。现在诸佛，堕坑落堑。"（《普灯》卷二"楚圆禅师"，p.22）

本组成语用"扁担""秤锤""木楔""磉盘""灯笼"来比喻嘴巴的状貌，例（1）"口似扁担"指嘴巴扁闭得像条扁担，例（2）"口似秤锤"指嘴巴垂得像只秤锤一样，例（3）"口似木楔"指嘴巴�’得像条木楔子，例（4）"口如磉盘"指嘴巴紧闭得像块柱子下的基石，例（5）"口似灯笼"指嘴巴张得就像个灯笼，均用来形容无言不说话的样子，文辞都很鄙俗。

（6）三圣和尚问："请和尚说向上。"师云："<u>阇梨眼瞎耳聋</u>作什么？"（《祖堂》卷一七"岑和尚"，p.768）

（7）如把屎块子口里含了，吐过与别人。犹如俗人打传口令相似，一生虚过也。道我出家，被他问着佛法，便即杜口无词，<u>眼似漆楔</u>，口如扁担。（《联灯》卷九"临济禅师"，p.286）

（8）若也谈玄说要，大似<u>含血噀人</u>，问答往还，如同魔娆。（《承古禅师语录》卷一，39-537）

（9）师顾视大众云："槌声未作，玄路早彰。更显锋芒，<u>剺牙劈齿</u>。到这里，直得悬崖撒手，便肯承当，犹是藉草眠云。"（《续灯》卷一〇"圆鉴禅师"，p.298）

（10）龙潭谓诸徒曰："可中有一个汉，牙如剑树，<u>口似血盆</u>，一棒打不回头。"（《传灯》卷一五"宣鉴禅师"，p.1053）

这组成语的用词就更为鄙俗了,例(6)"眼瞎耳聋"形容人痴呆不伶俐,反应迟缓。例(7)"眼似漆楸"指两眼如漆楸子,眼中漆黑一片,形容根机低劣,不明事理。例(8)"含血喷人"指口里含着血喷污他人,禅家比喻口吐拙劣的言辞启说向人。例(9)"努牙劈齿"喻指机锋论辩,较量口舌。例(10)"口似血盆"指嘴巴张开后像血盆一样,形容说话犀利,辞锋雄辩。字里行间充满了"秽屑"之辞。

（11）师以杖趁出法堂,云:"这<u>虚生浪死</u>汉!"(《祖堂》卷一三"报慈和尚",p.593)

（12）僧曰:"手执夜明符,背负须弥去。"师喝云:"<u>脱空谩语</u>汉。"(《续灯》卷二○"智融禅师",p.590)

（13）古人道:"佛祖言外边事,一一分明说了也。只是到这里多是错乱,昏醉不省。此若不见,便是<u>立地瞌睡</u>汉子也。"(《古尊宿》卷三二"佛眼和尚",p.597)

（14）有老宿云:"雪峰徒有此语,当时入不得,如今也入不得。"师云:"这<u>辜恩负德</u>汉,有什么交涉?当时入不得,岂是教你入,今既摸索不着,累他雪峰。"(《明觉禅师语录》卷二,39-163)

（15）一日,问捷:"古人向开合眼处示密作用,有是哉?"捷叱曰:"<u>驴前马后</u>汉,有甚用处?"(《普灯》卷五"文宥禅师",p.132)

本组成语都是禅师斥责学人的话,斥责语的格式都用了"××××汉",是很鄙俗的骂詈语。例(11)"虚生浪死"形容人一生平庸无为,没有取得什么成就。例(12)"脱空谩语"形容说话没有根据,胡乱说道。例(13)"立地瞌睡"指站在地上打瞌睡,形容人愚迷糊涂。例(14)"辜恩负德"指辜负别人的恩德。例(15)"驴前马后"指仆役奔走于鞍前马后为主人效劳,禅家形容迷失了尊贵的自性,如同仆役到处奔走被役使。

（16）若是一般掠虚汉,食人涎唾,记得一堆一担骨董,到处逞<u>驴唇马嘴</u>,夸我解问十转五转话。(《传灯》卷一九"文偃禅师",p.1428)

（17）以手拍膝云:"叱叱!这畜生<u>驴腮马颔</u>,相勾引恼乱阎浮笑杀人。"(《如净和尚语录》卷一,45-446)

（18）上堂:"世间所贵者,和氏之璧,隋侯之珠,天圣唤作<u>驴屎马粪</u>。"(《普灯》卷一"瑞新禅师",p.17)

（19）问："如何是梵音相？"师曰："<u>驴鸣狗吠</u>。"（《传灯》卷一三"省念禅师"，p.931）

（20）僧问雪窦明觉："如何是佛？"曰："四山围绕。"狂狗逐块，<u>瞎驴趁队</u>。只许我知，不许你会。（《普灯》卷二七"曷禅师"，p.703）

例（16）"驴唇马嘴"指驴唇不对马嘴，形容胡言乱语。例（17）"驴腮马颔"长着驴马头面的模样，禅家暗指坠入畜生道。例（18）"驴屎马粪"比喻没有丝毫价值的东西。例（19）"驴鸣狗吠"泛指各种拙劣难听的声音。例（20）"瞎驴趁队"指瞎驴盲目跟大群走，禅家讽喻愚痴者随大流机械模仿他人。本组成语的鄙俗色彩就更为浓烈了，字里行间让人能够闻到"驴屎马粪"的味道。禅家用语不避俗，由此可见一斑。

二　唐宋禅籍俗成语的宗教性

禅宗语言虽然在很大程度上淡化了说教成分，但毕竟还是一种以宣传佛教思想为目的的语言，免不了出现佛教独特的术语概念，以及表达佛教思想文化和反映宗教修行生活的词语，因此禅籍俗语言仍然具有比较浓烈的宗教色彩。禅籍语言的宗教色彩不仅反映在词汇方面，也反映在语汇方面。在唐宋禅籍俗成语系统里，大量的俗成语具有明显的宗教色彩，主要表现在语义和构语成分两个方面。

（一）语义具有明显宗教色彩的俗成语

在阅读禅籍白话语料时，我们经常会遇到来自世俗口语中的俗成语，这些俗成语进入禅林口语系统后，受禅文化语境的影响，往往会产生富有宗教色彩的新义，而来自译经语言和禅林自创的俗成语，大多数成员原本就是表示宗教意义的。在禅籍俗成语系统中，语义具有明显宗教色彩的成语约占总量的60%[①]，这足以说明宗教性是唐宋禅籍俗成语的一个显著特征。比如：

0073 得鱼忘筌　0461 运斤成风　0003 壁立千仞　0315 望梅止渴　0142 贵耳贱目

0429 一箭双雕　0107 八面玲珑　0488 倒戈卸甲　0738 命如悬丝　0459 八面受敌

0008 细如米末　0017 石上栽花　0025 谈玄说妙　0026 演妙谈真　0029 寻文取证

---

① 详参本书第五章"唐宋禅籍俗成语系统表"和下编《唐宋禅籍俗成语例释》部分的"佛法""修行""本心""愚迷""开悟""领悟""悟境"等语义范畴的俗成语。

0013 口是祸门 0014 墙壁有耳 0122 清风匝地 0556 鱼行水浊 0557 鸟飞落毛

下面我们各举一个例子来说明。

（1）此道天真，本无名字。只为世人不识，迷在情中。所以诸佛出来说破此事，恐汝诸人不了，权立道名，不可守名而生解。故云<u>得鱼忘筌</u>，身心自然达道。（《古尊宿》卷二"大智禅师"，p.33）

（2）圆悟评唱："来问若成风，应机非善巧。"太傅问处，似<u>运斤成风</u>。（《碧岩录》卷五，p.256）

（3）上堂："洞山门下，有时和泥合水，有时<u>壁立千仞</u>。你诸人拟向和泥合水处见洞山，洞山且不在和泥合水处。拟向<u>壁立千仞</u>处见洞山，洞山且不在<u>壁立千仞</u>处。"（《古尊宿》卷四二"真净禅师"，p.797）

（4）告香普说："灵山密付，黄叶止啼。少室亲传，<u>望梅止渴</u>。乃至德山棒，临济喝，雪峰辊球，道吾舞笏，祕魔擎叉，禾山打鼓，清原垂足，天龙竖指，尽是弄猢狲的闲家具，到这里总用不着。"（《慧开禅师语录》卷二，42-17）

（5）师呼："太守！"翱应诺，师曰："何得<u>贵耳贱目</u>！"（《传灯》卷一四"惟俨禅师"，p.1004）

本组成语来自上古或中古汉语，进入禅林口语系统后都产生了新义。例（1）"得鱼忘筌"，语出《庄子·外物》："筌者所以在鱼，得鱼而忘筌；蹄者所以在兔，得兔而忘蹄。"唐成玄英疏："筌，鱼笱也，以竹为之，故字从竹。"（p.244）本指捕到鱼就可以忘掉捕鱼之筌，禅家比喻得法悟道后就要忘记言诠说教。例（2）"运斤成风"，语出《庄子·徐无鬼》："郢人垩慢其鼻端若蝇翼，使匠石斫之。匠石运斤成风，听而斫之，尽垩而鼻不伤，郢人立不失容。"（p.215）本形容运斤手法熟练，技术高妙，禅家形容禅机迅猛，势不可当。例（3）"壁立千仞"指崖壁耸立千仞之高，高峻陡峭。东晋法显《法显传》卷一："于此顺岭西南行十五日。其道艰岨，崖岸险绝，其山唯石，壁立千仞，临之目眩，欲进则投足无所。"（p.22）禅家用来隐喻佛法孤危峻峭，无可攀仰。例（4）"望梅止渴"，语出《世说新语·假谲》："魏武行役，失汲道，军皆渴，乃令曰：'前有大梅林，饶子，甘酸，可以解渴。'士卒闻之，口皆出水，乘此得及前源。"（p.851）这里用来比喻言教虚妄，无益于悟道。例（5）"贵耳贱目"指重视耳朵听到的，轻视眼睛看到的。北齐颜之推《颜氏家训·慕贤》："世人多蔽，贵耳贱目，重遥轻近。"（p.130）禅家用来形容心存分别之念。可见，这些成语的新义都在表达佛教思想内容,具有了明显的宗教色彩。

（6）师云:"灌溪恁么说话,且道是临际(济)处得的? 末山处得的? 虽然<u>一箭双雕</u>,奈有时走杀,有时坐杀。"(《宏智禅师广录》卷三,44-423)

（7）上堂:"向上一窍,<u>八面玲珑</u>。觌面一机,全身担荷。"(《普灯》卷一八"道颜禅师",p.470)

（8）问:"雪峰三上投子,九到洞山,为什么<u>倒戈卸甲</u>?"师云:"理长即就。"(《续灯》卷一六"法光禅师",p.472)

（9）若有一道不通,便是不奉于君。此人<u>命如悬丝</u>,直饶学得胜妙之事,亦是不奉于君,岂况自余有什么用处? (《祖堂》卷六"洞山和尚",p.312)

（10）开善谦云:"兴化七事随身,<u>八面受敌</u>。不妨是个老作家,及乎两阵交锋,却走入鬼窟里去。"(《联灯》卷一〇"存奖禅师",p.315)

本组成语均来自唐宋民间口语,进入禅林口语系统后产生了新义。例(6)"一箭双雕"本指一箭同时射中两只雕,语出《北史·长孙晟传》:"尝有二雕飞而争肉,因以箭两只与晟,请射取之。晟驰往,遇雕相攫,遂一发双贯焉。"(p.817)禅家比喻一句机语具有双重禅机或功效。例(7)"八面玲珑"本指窗户多而明亮。定型之语已见《全宋文》卷八一四四宋姚勉《市心重建观音阁缘化榜语》:"是以人天,悉皆崇仰,四衢通透,八面玲珑。"(p.184)禅家用来形容禅悟后处处圆通妙明,毫无障蔽阻滞。例(8)"倒戈卸甲"本指作战投降认输。定型之语已见《敦煌变文校注·韩擒虎话本》:"我闻功成者去,未来者休,不如倒戈卸甲来降。"(p.302)禅家比喻法战中机锋被折,向对方认输。例(9)"命如悬丝"本指生命就像悬吊在丝线上一样危险,形容生命处于极端危险的境地。惠昕本《坛经》第9则:"五祖言:'惠能! 自古传法,命如悬丝! 若住此间,有人害汝,汝即须速去。'"(p.23)禅家常形容佛性慧命处于极端危险的境地。例(10)"八面受敌"已见于五代王定保《唐摭言·海叙不遇》:"子华才力浩大,八面受敌,以八韵著称。"(p.71)禅家比喻法战中机锋勇猛,能应付各种情况。同样,这些成语受禅文化语境的影响,新义都具有了明显的宗教色彩。

（11）垂示云:"云凝大野,遍界不藏。雪覆芦花,难分朕迹。冷处冷如冰雪,细处细如<u>米末</u>。深深处佛眼难窥,密密处魔外莫测。"(《碧岩录》卷二,p.76)

（12）师因石头垂语曰:"言语动用,亦勿交涉。"师曰:"无言语动用,亦勿交涉。"石头曰:"这里针扎不入。"师曰:"这里如<u>石上栽花</u>。"(《祖堂》卷四"药山

和尚",p.226)

（13）师云:"谈玄说妙,譬如画饼充饥。入圣超凡,大似飞蛾赴火。一向无事,败种蕉芽。更若驰求,水中捉月。"(《续灯》卷一九"广鉴禅师",p.545)

（14）问:"说佛说祖,魔魅家风。演妙谈真,未为极则。去此二途,请师别道。"师云:"放汝三十棒。"(《续灯》卷五"贤禅师",p.127)

（15）傲物高心者我壮,执空执有者皆愚。寻文取证者益滞,苦行求佛者俱迷。离心求佛者外道,执心是佛者为魔。(《五灯》卷三"慧海禅师",p.157)

本组成语均来自禅宗自创,原本的语义就表示具有宗教色彩的意义。例（11）"细如米末",指细小得如同米末一般,禅家形容佛法十分微妙。例（12）"石上栽花",在坚硬的石头上栽花,禅家形容禅法固密,无法用言语道破。例（13）"谈玄说妙"禅家指谈论玄妙的佛法义理。例（14）"演妙谈真"禅家指演说微妙真实的佛法义理。例（15）"寻文取证"指觅读经藏语言,妄图获得证悟。

（16）上堂。僧问:"古人面壁,意旨如何?"师云:"口是祸门。"进云:"世间多少事,尽在不言中。"师云:"你鼻孔在我手里了也。"(《怀深禅师广录》卷一,41-109)

（17）众中蓦有个汉出来道:"如来禅祖师意,只这是?"佛陇不惜低眉,向前深深打个问讯,云:"低声!低声!墙壁有耳。"(《绍昙禅师广录》卷一,46-249)

（18）时有僧问:"优昙花现,方便门开。朝宰临宴,如何举唱?"师云:"今日好晴。"学云:"杲日当空,清风匝地。"(《法演禅师语录》卷一,39-117)

（19）问:"师唱谁家曲,宗风嗣阿谁?"师云:"鱼行水浊。"(《续灯》卷二五"齐月禅师",p.681)

（20）赵州示众云:"至道无难,唯嫌拣择。才有语言,是拣择是明白?"两头三面,少卖弄。鱼行水浊,鸟飞落毛。(《碧岩录》卷一,p.11)

本组成语均使用字面义之外的暗示义,语义也都有宗教色彩。例（16）"口是祸门",口是祸患之门,能招致祸患,禅家暗示佛法不能言说,凡有言说便落道。例（17）"墙壁有耳"指墙外有人偷听,恐泄露秘密,禅家用来暗示佛法不能用言语说破。例（18）"清风匝地"指清风满地吹拂,禅家暗示本心清净,遍满大地。例（19）"鱼行水浊"指鱼儿游动会搅动清水浑浊,例（20）"鸟飞落毛"指鸟儿飞动会抖落羽毛,禅家均比喻凡有言行皆有破绽,以暗示佛性不在言说,佛法无法道破。

（二）构语成分具有明显宗教色彩的俗成语

唐宋禅籍俗成语的宗教色彩还表现在结构成分方面，在唐宋禅籍俗成语的结构中，有不少成语的构成成分使用了佛教名词术语，或者使用了跟佛教生活密切相关的词语，这样的成语在字面上就表现出鲜明的宗教色彩，语义也大多表示宗教意义。比如：

0500 立地成佛　0684 呵佛骂祖　0684 喝佛骂祖　0788 佛口蛇心　0047 安禅静虑

0416 敲床竖拂　0416 拈槌竖拂　0711 挑囊负钵　0711 携囊挈钵　0999 聚沙为塔

0044 凝心敛念　0045 休心息念　0048 舍垢取净　0064 绝虑忘缘　0417 除痴断惑

0139 随名逐相　0140 嗜色淫声　0141 随邪逐恶　0099 盖色骑声　0558 避色逃声

1004 梦幻空花　1004 幻化空花　1005 梦幻泡影　1003 如梦如幻　1006 空花水月

下面各举一个例子，简要分析这些俗成语的宗教色彩。

（1）透丹霞铲草之机，直入圆通门。悟大士寻声之旨，冥心激励，泼凡夫<u>立地成佛</u>不为难。（《绍昙禅师广录》卷四，46-312）

（2）若向这里荐得，可谓终日着衣，未尝挂一缕丝；终日吃饭，未尝咬破一粒米。直是<u>呵佛骂祖</u>，有什么过？（《续灯》卷二三"杲禅师"，p.647）

（3）平日只学口头三昧，说禅说道，<u>喝佛骂祖</u>，到这里都用不着。（《黄檗禅师宛陵录》卷一，T48/387a）

（4）上堂："诸佛出世，打劫杀人。祖师西来，吹风放火。古今善知识，<u>佛口蛇心</u>。"（《普灯》卷二一"昙密禅师"，p.534）

（5）汝不闻先德道："若不<u>安禅静虑</u>，到这里总须忙然。"（《祖堂》卷一八"仰山和尚"，p.821）

本组成语的结构成分使用了"佛""祖""禅"等佛教专门词语，通过字面用词就很容易判断出是来自佛教的成语。例（1）"立地成佛"禅家指一念顿悟后，就能立即成佛。例（2）"呵佛骂祖"、例（3）"喝佛骂祖"，都是用来形容藐视佛祖的狂傲行为。例（4）"佛口蛇心"指口头上搬弄经中言句，其心肠则僭曲。例（5）"安禅静虑"指安住于坐禅，清净于思虑。可见，这些成语的语义也都有明显的宗教色彩。

（6）若向下委曲提持，则<u>敲床竖拂</u>，瞬目扬眉，或语或默，说有说无。（《圆悟禅师语录》卷六，41-241）

（7）问："古人<u>拈槌竖拂</u>，还当宗乘中事也无？"师曰："不当。"（《祖堂》卷

一〇"玄沙和尚", p.455）

（8）上堂云："山僧二十余年挑囊负钵,向寰海之内参善知识十数余人,自家并无个见处,有若顽石相似。"（《续灯》卷一四"任勇禅师", p.405）

（9）师乃云："好诸上座,携囊挈钵,东西南北行脚,当为何事?"（《广灯》卷二一"戒禅师", p.397）

（10）以要言之,聚沙为塔,爪画为佛,不失为入道之渐。（《清欲禅师语录》卷九, X71/391b）

本组成语的结构成分都使用了表示佛教日用器具的词语,"床"指禅师说法时所坐的禅床,"拂"指禅师说法时手里秉持的弹尘器具,也是住持僧资格的象征。"槌"指禅师说法时持的手杖,"钵"是僧人的日用食器,"塔"就是佛塔,因而宗教色彩是很明显的。语义也有不同程度的宗教色彩,例（6）"敲床竖拂"指敲击禅床竖起拂子,例（7）"拈槌竖拂"指拈起槌子竖起拂子,都是禅僧上堂说法经常伴随的作略,多用来暗示禅机。例（8）"挑囊负钵"指肩挑行囊背负饭钵,例（9）"携囊挈钵"指携带钵囊,都是用来形容僧人四处奔波参禅的行脚生活。例（10）"聚沙为塔"指把细沙堆成宝塔,佛教比喻逐渐积累功德成就佛道。

（11）今时人不悟个中道理,妄自涉事涉尘,处处染着,头头系绊。纵悟,则尘境纷纭,名相不实,便拟凝心敛念,摄事归空,闭目藏睛,终有念起,旋旋破除。（《五灯》卷七"宗一禅师", p.393）

（12）示众曰："夫出家者,为厌尘劳,求脱生死,休心息念,断绝攀缘,故名出家。"（《普灯》卷二五"道楷禅师", p.616）

（13）曰："如何是生死业?"师曰："求大涅槃是生死业,舍垢取净是生死业,有得有证是生死业,不脱对治门是生死业。"（《五灯》卷三"慧海禅师", p.155）

（14）吾有一言,绝虑忘缘,巧说不得,只用心传。（《祖堂》卷三"懒瓒和尚", p.150）

（15）上堂曰："诸佛出世,无法与人。只是抽钉拔楔,除痴断惑。"（《普灯》卷一〇"道旻禅师", p.253）

本组成语的结构成分都使用了佛教修行的专门术语,语义也都有明显的宗教色彩。例（11）"凝心敛念"指收摄狂心,不受外界尘念的扰动。例（12）"休心息念"指停息攀缘扰动之心。例（13）"舍垢取净"指弃除尘念垢污,取得本心清净。

例（14）"绝虑忘缘"指除尽思虑知见，摆脱万法因缘。例（15）"除痴断惑"指为学人断除痴愚疑惑等悟道束缚。

（16）不解返源，随名逐相，迷情妄起，造种种业。若能一念返照，全体圣心。（《广灯》卷八"大寂禅师"，p.82）

（17）既见，因谓师曰："郎将狂耶？何为住此？"答曰："我狂欲醒，君狂正发。夫嗜色淫声、贪荣冒宠、流转生死，何由自出？"二人感悟，叹息而去。（《传灯》卷四"智岩禅师"，p.188）

（18）师云："诸方老宿咸谓插锹话奇特，也大似随邪逐恶。若据雪窦见处，仰山被沩山一问，得草绳自缚，去死十分。"（《续灯》卷二七"明觉禅师"，p.736）

（19）击禅床曰："还闻么？若闻，被声尘所惑。直饶离见绝闻，正是二乘小果。跳出一步，盖色骑声。全放全收，主宾互换。"（《普灯》卷一八"净居尼妙道"，p.476）

（20）遂拈拄杖云："若唤作拄杖子，瞎汝眼睛。不唤作拄杖子，避色逃声。"（《真净禅师语录》卷四，39-681）

本组成语的结构都是由专门的佛教名相术语组成的，语义的宗教色彩也很明显。例（16）"随名逐相"指追逐名相企图领悟佛法妙义。例（17）"嗜色淫声"指沉溺于声色尘念，不得解脱。例（18）"随邪逐恶"指盲从外道邪说。例（19）"盖色骑声"指彻悟者超越一切声色尘念的束缚。例（20）"避色逃声"指逃避声色尘境。这里的"声""色"都是"六尘"中的名相术语。

（21）梦幻空华（花），何劳把捉？心若不异，万法一如，既不从外得，更拘执作什么？（《传灯》卷二八"赵州和尚"，p.2301）

（22）入饿鬼畜生，处处讨觅寻。皆不见有生有死，唯有空名。幻化空花，不劳把捉。得失是非，一时放却。（《联灯》卷九"义玄禅师"，p.285）

（23）尚书云："六朝翻译，此当第几译？"师举起经云："一切有为法，如梦幻泡影。"（《传灯》卷一二"陈尊宿"，p.810）

（24）顾人间如梦如幻，随大化变灭，乃虚妄尔！（《圆悟禅师语录》卷一五，41-324）

（25）上堂云："凡见圣见，春云掣电。真说妄说，空花水月。翻忆长髭见石头，解道红炉一点雪。"（《续灯》卷一三"元祐禅师"，p.383）

本组成语的结构由"梦""幻""化""泡""影""空花""水月"等词语组成,在佛教哲学象征系统里,"梦""幻""化""泡""影"都是瞬间生灭的虚幻之物,"空花""水月"也都是虚幻之物,所以成为佛教宣扬世界一切皆虚妄的譬喻意象,如著名的"大乘十喻":"解了诸法如幻、如焰、如水中月、如虚空、如响、如捷闼婆城、如梦、如影、如镜中像、如化。"(《摩诃般若波罗蜜经》卷一,T8/217a)再如"六如观":"一切有为法,如梦幻泡影,如露亦如电,应作如是观。"(《金刚经》卷一,T8/752b)这都是说世界万事万物都是虚幻不实的,生灭无常,性本为"空"。所以本组成语均用来比喻虚幻无常的事物,字面结构都使用了佛教常用的譬喻意象,具有比较明显的宗教色彩。

第四节 唐宋禅籍俗成语的韵律

唐宋禅籍俗成语主要来自口语系统,虽然具有通俗、俚俗甚至鄙俗的口语色彩,但在唐宋禅籍俗成语宝库里,一则则俗成语犹如一颗颗五光十色、晶莹耀眼的明珠,以短小精悍、节奏鲜明、韵律和谐的形式,表达了丰富多彩的语义内容。这些俗成语读起来抑扬顿挫,起落有致,具有优美和谐的韵律之美,这与俗成语的韵律特征密切相关。下面对唐宋禅籍俗成语的韵律特征作些讨论,主要讨论"二二相承"律和平仄律两种韵律形态。"二二相承"律前贤谈的比较多,这里结合韵律学再作一些分析。重点讨论唐宋禅籍俗成语反映出的平仄规律,特别是"二四字平仄对称"律和"一三字平仄回环"律。

一 "二二相承"律

(一)什么是"二二相承"律

成语在语音结构上表现出的突出特征就是"二二相承"。吕叔湘(1989序:2)曾指出,"成语的主要特点是形式短小,并且最好整齐,甚至可以说是以四字语,尤其是'二二相承'的四字语为主"。温端政(2005:70、296)进一步将成语定义为"二二相承的描述语和表述语"。他认为"二二相承"有两个含义:"一是不论句法结构还是语音结构都采取'二二相承'式;二是语法结构虽然不是'二二相承'式,但语音结构或习惯读法仍是'二二相承'式。"我们认为所谓的"二二相承"是指成语的前后两个语节各成一个音步,中间有一个自然的语音停顿,两个音步一前一后相互承接,组成一个完整的四字格成语,如千山／万水、抛砖／引玉、一衣／带水,其语音节奏可以标记为[2+2]。

"二二相承"是成语最为重要的形式特征[①],也是制约成语产生的一条重要机制规律。如果按照语法结构来分析,成语可以归为 10 个大类,而它的韵律结构只有"二二相承"式 1 种。将两者进行对比,会有下面四种情况:

　　Ⅰ 落花｜流水　　惊天｜动地　　天长｜地久　　翻来｜覆去
　　　　[2+2]　　　　　[2+2]　　　　　[2+2]　　　　　[2+2]

上揭Ⅰ式成语,语法结构和语义都相对称,包括偏正＋偏正、动宾＋动宾、主谓＋主谓、述补＋述补等类别。语法结构为[2+2],韵律结构亦为[2+2]。

　　Ⅱ 梦｜幻｜泡｜影　　魑｜魅｜魍｜魉　　稻｜麻｜竹｜苇　　切｜磋｜琢｜磨
　　　　[1+1+1+1]　　　　　[1+1+1+1]　　　　　[1+1+1+1]　　　　　[1+1+1+1]

上揭Ⅱ式成语,语法结构和语义呈四字平列,语法结构为[1+1+1+1],但韵律结构仍是[2+2]。

　　Ⅲ 历历｜分明　　羚羊｜挂｜角　　水｜乳｜交融　　与｜贼｜过｜梯
　　　　[2+2]　　　　　[2+[1+1]]　　　　[[1+1]+2]　　　　[[1+1]+[1+1]]

上揭Ⅲ式成语,语法结构虽然可以分为前后两节,但结构和语义均不对称。语法结构可归纳为[2+2]、[2+[1+1]]、[[1+1]+2]、[[1+1]+[1+1]]四个大类,但韵律结构仍是[2+2]。

　　Ⅳ 井底｜之｜蛙　　劳｜而｜无功　　狐｜假｜虎威　　习｜以为｜常
　　　　[2+1+1]　　　　　[1+1+2]　　　　　[1+[1+2]]　　　　[[1+2]+1]

上揭Ⅳ式成语,语法结构不可以分为前后两节,结构和语义均不对称。语法结构可归纳为[2+1+1]、[1+1+2]、[1+[1+2]]、[[1+2]+1]四个大类,但韵律结构仍是[2+2]。

这就是说,不论成语的句法结构多么复杂,四字格成语都会无一例外地落入

---

　　① "二二相承"性是成语区别于其他语汇单位最为重要的形式特征,在语汇成员内部具有区别作用,因而可以作为鉴定成语的形式标准。最典型的事实,就是温端政(2006：70)用来区别成语和四音节的惯用语、谚语。"喝西北风"(惯用语)、"旁观者清"(谚语)采用的是"一三"式和"三一"式音步,它们都是由一个蜕化音步和一个超音步组成,成语则是由两个标准音步组成,区别是非常明显的。

[2+2]型韵律模式。其中,前三类成语的句法和韵律是平行或基本平行的,第Ⅳ式的成语虽在句法上难以分析为[2+2],出现了句法和韵律错位的现象,但是它们的习惯读法仍是两字一顿的[2+2]模式,如果读成:井底 | 之 | 蛙、劳 | 而 | 无功、狐 | 假 | 虎威、习 | 以为 | 常,就觉得不顺口,这正是"韵律征服句法"的结果。

(二)"二二相承"律的韵律学解释

"二二相承"是成语最基本的韵律模式,这种韵律模式的形成可以从"韵律构词学"(Prosodic Morphology)理论得到解释。

据冯胜利(1997:1)研究,人类语言最小的能够自由运用的韵律单位是"音步",它是一个最小的"轻重"片段,因而是一个"二分"体。韵律词就是在"音步"的基础上实现的,不管构成音步的成分关系如何,只要满足音步的基本要求(即"二分枝"原则),就可以是一个韵律词。就汉语音节的特点而言,汉语最基本的音步是由两个音节组成的,双音节音步也就成了汉语的"标准音步",尽管也有单音节的"蜕化音步"和三音节的"超音步",但比起"标准音步"来说具有种种限制。① 汉语最长的韵律词只能是"超韵律词",即由三个音节组成的韵律词。冯胜利(1997:30)指出,"最小的韵律词必须具备两个音节;最大的韵律词不能超过三个音节"。大于三个音节的结构,比如四音节结构,就会根据标准韵律词的优先实现权,形成两个标准韵律词的组合体。汉语成语都是由四个音节组成的,按照汉语韵律构词规律——双音节的"标准音步"具有绝对优先实现的权利,在音步实现韵律词的过程中,四音节结构就会优先实现为两个标准韵律,具有绝对的权威性和普遍性,这使得成语的前后两个语节就会优先各成一个音步,中间有一个自然的语音停顿,两个音步一前一后相互承接,组成一个完整的四字格成语,在韵律上就表现为"二二相承"的节奏规律了。②

---

① 据冯胜利(1997:3)的分析,"超音步的实现条件是:在一个语串中,当标准音步的运作完成以后,如果还有剩余的单音节成分,那么这个 / 些单音节成分就要贴附在一个相邻的双音步上,构成三音步。'蜕化音步'一般只能出现在以单音节词为'独立语段'的环境中,这时它可以通过'停顿'或'拉长该音节的元音'等手段去满足一个音步"。

② 这里附带讨论一个问题:汉语成语为什么不能成为词。温端政(2006:1)指出,"词的构成单位是词素,语则是由词和词组合而成的,是大于词的语言单位。即便是最短小的语,也是由两个词构成的"。就汉语成语而言,每个成语至少是由两个词组成的,有的是由三个或四个词组成的。那么,汉语里的成语为什么不能成为词呢? 这也可以从"韵律构词学"理论得到解释。冯胜利(1997:7) (转下页)

二　唐宋禅籍俗成语的平仄律

汉语是富有声调变化的语言,唐宋时期的中古音有平上去入四个声调。唐释处忠《元和韵谱》云:"平声哀而安,上声厉而举,去声清而远,入声直而促。"何九盈(1995:98)认为,"所谓'哀而安'是出音哀婉而收音平稳,这是一个平调;'厉而举'是出音激励而收音扬起,这是升调;'清而远'是出音轻清而收音悠远,这是降调;'直而促'是出音直接而收音短促,当是塞音尾"。虽然中古四声的调值无法确定了,但四声是有长短、升降、轻重、抑扬的音律特质殆无疑问。中古四声可以分作平仄两类,"平"指平声,"仄"是不平的意思,包含上去入三个声调。我们知道,平仄有规律地搭配会产生抑扬顿挫的声律美,所以近体诗很讲究平仄搭配。那么,成语的平仄搭配是否也有规律呢? 下面我们依据《广韵》音系的中古四声标以平仄[①],对唐宋禅籍 1759 条俗成语的平仄搭配模式进行数据统计,然后讨论这些俗成语平仄搭配的相关问题。

(一)唐宋禅籍俗成语平仄搭配模式

成语是由四音节组成的,按照平仄搭配的排列组合规律,会有以下 16 种平仄搭配模式:

(1)平仄仄仄:0034 敲骨取髓　0495 依草附木　1113 千变万化　0205 千丑百拙

(2)仄平平平:0738 命如悬丝　0928 道听途言　0461 运斤成风　0288 对牛弹琴

(3)平平仄仄:0002 羊肠鸟道　0276 充饥画饼　0481 生擒活捉　0117 风清月白

(4)仄仄平平:0002 鸟道羊肠　0276 画饼充饥　0481 活捉生擒　0117 月白风清

(5)平平平仄:1014 灰飞烟灭　0116 清风明月　1038 光阴如箭　0424 空拳黄叶

(接上页)指出,汉语的"韵律词不必是复合词,但是原始复合词必须是一个韵律词"。也就是说,汉语的复合词首先必须是一个韵律词。但是,成语是由四个音节组成的,已经超过韵律词的最大限度——三音节,因而四音节的成语不可能实现为一个韵律词,当然也就不可能成为一个复合词。事实上,由于双音节音步具有优先实现权,四音节成语都是由两个标准韵律词组成的复合体。

①　需要注意的是,成语的平仄搭配模式需要依照相应的古音来分析,不可把不同历史时期的成语(比如依据某部成语词典里的成语)放在一个共时平面笼统分析,更不可依据现代音分析古代不同时期的成语。中古四声向普通话四声演变的三大规律是:平分阴阳、浊上变去、入派三声,普通话的上声和去声字在中古是仄声字,而普通话的阴平和阳平字有一部分是从中古入声派入的,需要格外注意。比如,下面举到的"生擒活捉","活"和"捉"在中古都是入声字,所以属于仄声。

（6）仄仄仄平：0015 水泄不通　0277 掘地觅天　0248 待兔守株　0402 买帽相头

（7）平平平平：0694 东游西玩　0275 劳而无功　0582 殊途同归　0780 如临深泉

（8）仄仄仄仄：0003 壁立万仞　0005 滴水滴冻　0040 立雪断臂　0269 拗曲作直

（9）平仄平平：0566 衣锦还乡　0578 枯木龙吟　0326 眉上安眉　0779 如履轻冰

（10）仄平仄仄：0248 守株待兔　0118 一丝不挂　0360 众盲摸象　0223 手忙脚乱

（11）平仄平仄：0285 担雪填井　0590 天地悬隔　0627 东涌西没　0250 临嫁医瘿

（12）仄平仄平：0356 认奴作郎　0228 指东画西　0929 说青道黄　0393 看风使帆

（13）平仄仄平：0233 剜肉作疮　0089 枯木朽株　0287 空里采花　0244 开眼尿床

（14）仄平平仄：0237 隔靴搔痒　0436 压良为贱　0292 水中捞月　0841 眼中添屑

（15）平平平仄：0270 披沙拣金　0095 唯吾独尊　0183 骑驴觅驴　0184 担头觅头

（16）仄仄平仄：0205 百丑千拙　0565 百了千当　0771 五体投地　0339 指鹿为马

那么，这 16 种平仄搭配模式在唐宋禅籍 1759 条俗成语中的分布情况是怎样的呢？强势分布模式是什么？弱势分布模式是什么？制约成语韵律和谐的因素是什么？是否有规律可循呢？

（二）唐宋禅籍俗成语平仄搭配规律

按照《广韵》音系的中古四声，将唐宋禅籍 1759 条俗成语标注平仄后，上述 16 种平仄搭配模式各自所占的成语条目数量和比例统计如下：

表 2-2：唐宋禅籍俗成语平仄模式分布数据表

强弱等级	降序排号	平仄模式	数量 / 条	占比 / %	合计 / %
极强势	①	平平仄仄	521	29.62	49.86
	②	仄仄平平	356	20.24	
中强势	③	仄平仄仄	191	10.86	17.68
	④	仄仄仄平	120	6.82	
中弱势	⑤	仄仄仄仄	80	4.55	20.12
	⑥	平仄平平	76	4.32	
	⑦	仄平平仄	72	4.09	
	⑧	平仄仄仄	66	3.75	
	⑨	平平平仄	60	3.41	

续表

强弱等级	降序排号	平仄模式	数量/条	占比/%	合计/%
弱势	⑩	平仄仄平	51	2.90	11.20
	⑪	仄仄平仄	48	2.73	
	⑫	仄平仄平	38	2.16	
	⑬	平仄平仄	34	1.93	
	⑭	平平仄平	26	1.48	
极弱势	⑮	仄平平平	13	0.74	1.14
	⑯	平平平平	7	0.40	

依据上面的统计数据,结合对称、回环、平仄多寡、调序等韵律因素和平均值,我们可以得出如下规律:

1. 呈现"极强势">"中强势">"中弱势">"弱势">"极弱势"五级分布状态

唐宋禅籍俗成语的平仄搭配模式依据韵律和谐程度,呈现有规律的分布状态,其分布模式可分"极强势""中强势""中弱势""弱势""极弱势"五个等级。需要说明的是,强弱分布等级主要是依据平均值测算出来的,按照排列组合的数理规律,成语有 16 种平仄搭配模式,每 1 种平仄搭配模式出现的平均概率占比为 1/16,因而平均值就是 6.25%。对比平均值不难发现,④"仄仄仄平"占比 6.82%,略高于平均值,可视为强弱分布等级的分水岭。如果把平均值 6.25% 定为"中势"的话,本组"③—④"的平均占比 8.84%(17.68%÷2),是平均值的 1.41 倍,可定级为"中强势";"①—②"组平均占比 24.93%(49.86%÷2),是平均值的 3.99 倍,可定级为"极强势";"⑤—⑨"组平均占比 4.02%(20.12%÷5),不足平均值的 2/3,可定级为"中弱势";"⑩—⑭"组平均占比 2.24%(11.2%÷5),略高于平均值的 1/3,可定级为"弱势";"⑮—⑯"组平均占比 0.57%(1.14%÷2),不足平均值的 1/10,可定级为"极弱势"。

可见,唐宋禅籍俗成语的 16 种平仄模式分布差别显著,极强势模式"①—②"几乎占总量的 50%,极弱势模式"⑮—⑯"仅占总量的 1.14%。极强势模式"①—②"和极弱势模式"⑮—⑯"的比例约是 44:1,最强模式①"平平仄仄"和最弱模式⑯"平平平平"的比例是 74:1。再宏观一点观察,极强势和中强势 4 种模式占比超过总量的 2/3,中弱势、弱势、极弱势 12 种模式占比不足总量的 1/3。那么,为何会呈现出如此悬殊的分布比例呢? 从韵律的角度讲,平仄搭配分布强弱等级跟韵律的和谐程度密切相关,下面分析影响各组平仄搭配强弱等级的韵律因素。

(1)极强势模式2种:①平平仄仄和②仄仄平平。这两种平仄模式占据绝对优势,主要是因为前后两个音步的平仄完全对称,呈现出对称整饬的韵律美,在韵律上是完全和谐的。① 平平仄仄因为符合先平后仄的调序原则,故以更大的优势胜出。

(2)中强势模式2种:③仄平仄仄和④仄仄仄平。本组平仄模式略占优势,主要因素有这样几个:一是两个音步的起始音节——一三字的平仄相同,呈现出回环的韵律美;二是两个音步的重音位置② 和自然停顿点——二四字的平仄相对称,又呈现出对称的韵律美,因而在韵律上也是和谐的;三是本组的仄声字居多,各有3个仄声字站位③。仄声里的上声是升调、去声是降调、入声是下抑的促调,因而仄声的内部仍然富有抑扬顿挫的变化美,这也是本组平仄搭配模式位居中强势的一个重要原因。与极强势模式比较,本组平仄搭配模式的不足因素,主要是缺乏两个音步平仄的完全对称。

(3)中弱势模式5种:⑤仄仄仄仄、⑥平仄平平、⑦仄平平仄、⑧平仄仄仄、⑨平平平仄。本组平仄模式的微弱优势因素:一是⑥平仄平平、⑦仄平平仄、⑨平平平仄的二四字呈现平仄对称美;二是⑤仄仄仄仄、⑥平仄平平、⑨平平平仄,两个音步的起始音节——一三字的平仄相同,呈现出回环的韵律美;三是⑤仄仄仄仄、⑧平仄仄仄的仄声字居多,富于韵律上的变化美。本组平仄模式的主要不足因素:一是缺乏音步平仄完全对称;二是有的搭配模式缺乏二四字平仄对称美和一三字平仄回环美。

(4)弱势模式5种:⑩平仄仄平、⑪仄仄平仄、⑫仄平仄仄、⑬平仄平仄、⑭平平仄平。本组平仄模式极为微弱的优势在于:平仄各自的总数基本相当,⑪仄仄平仄的仄声字居多,韵律上富于变化,而⑭平平仄平的平声字居多,排在本组之末。但不足因素是主要的:一是缺乏音步平仄完全对称;二是大多模式缺乏二四字平仄对

---

① 形成近体诗平仄律的两种基本平仄模式,也正是"平平仄仄"和"仄仄平平",按照平仄相间的原则,就会形成四种基本句式(以五言诗为例):平平仄仄平、仄仄平平仄、平平平仄仄、仄仄仄平平。

② 据冯胜利(1997:43)研究,标准"四字格"组合式的轻重模式是"轻重轻重",第二四字是重音所在。绝大多数成语是标准"四字格"组合式。

③ 成语16种平仄搭配模式共有64个位置,其中仄声字和平声字各有32个站位,本组就有6个仄声字站位。此外,仄声字多于平声字的有"仄仄仄仄""平仄仄仄""仄平仄仄""平仄平仄""仄仄平仄"5种,本组独占"仄平仄仄""仄仄仄平"2种。

称,只有⑩平仄仄平二四字呈现平仄对称美,排在本组最前面。

（5）极弱势模式2种:⑮仄平平平、⑯平平平平。本组几乎不占有优势,不足的主要因素有:一是平声字过多,⑮"仄平平平"三平调连用[①],⑯"平平平平"则四平调连用,十分单调,毫无抑扬顿挫的变化美,这是最主要的原因。⑮"仄平平平"还有1个仄声字,所以略胜⑯"平平平平"。本组由于平调太多,当然也就缺乏音步平仄完全对称、一三字平仄回环、二四字平仄对称等韵律和谐的因素了。

2."二四字平仄对称"律

纵观唐宋禅籍俗成语的平仄搭配模式,我们发现最为重要的一条规律就是"二四字平仄对称"律。这里提出的"二四字平仄对称"律,是指成语的第二个字和第四个字的平仄呈现对称的规律,包含"×平×仄"和"×仄×平"2种基本模式。这一规律的提出是基于以下数据和理由:

（1）在1759条唐宋禅籍俗成语中,二四字平仄对称的俗成语有1447条,约占总量的82.26%。根据平仄搭配规律,二四字平仄对称的模式有①平平仄仄、②仄仄平平、③仄平仄仄、④仄仄仄平、⑥平仄平平、⑦仄平平仄、⑨平平平仄、⑩平仄仄平8种。如果不考虑一三字平仄的话,成语16种平仄模式可归纳为二四字对称的"×平×仄""×仄×平"和二四字不对称的"×仄×仄""×平×平"4种模式。在唐宋禅籍1759条俗成语中,这4种模式的分布比例如下表:

表2-3:二四字平仄对称与不对称数据表

二四字平仄	4种模式	包含的具体模式	总数/条	占比/%	合计/%
对　称	×平×仄	①平平仄仄③仄平仄仄⑦仄平平仄⑨平平平仄	844	47.98	82.26
	×仄×平	②仄仄平平④仄仄仄平⑥平仄平平⑩平仄仄平	603	34.28	
不对称	×仄×仄	⑤仄仄仄仄⑧平仄仄仄⑪仄仄仄仄⑬平仄仄仄	228	12.96	17.74
	×平×平	⑫仄平平平⑭平平仄平⑮仄平平平⑯平平平平	84	4.78	

①　注意:中弱势组的⑨"平平平仄"虽然也是三平调连用,但是比起⑮"仄平平平"来,有两个优势因素:一是二四字平仄对称,二是符合先平后仄的调序原则。律诗中也有三平调连用的情况,即"平平平仄仄",二四字平仄是对称的,完全符合"二四六分明"的口诀。所以三平调连用本身是没有问题的,关键看是否还存在其他和谐的韵律因素。

根据上表数据,我们可以得出这样的结论:第一,在唐宋禅籍 1759 条俗成语中,二四字平仄对称的俗成语有 1447 条,占总量的 82.26%,占据绝对优势;二四字平仄不对称的成语仅有 312 条,仅占总量的 17.74%,处于绝对劣势。第二,二四字平仄对称的模式分布在极强势 2 种、中强势 2 种、中弱势 3 种,而弱势只有 1 种,极弱势无分布;二四字平仄不对称的模式集中分布在弱势和极弱势两类中。这些分布数据足以说明,"二四字平仄对称"律是成语平仄搭配的一条普遍规律,也是影响成语韵律和谐最重要的因素。

(2)"二四字平仄对称"律可以从韵律学中得到解释。在"二二相承"的语音结构中,二四字是语音的自然停顿点,而"左轻右重"是一般重音规律的基本要求,故二四字正是一般成语的重音所在。据冯胜利(1997:42—48),四字格有两种不同的重音格式:Ⅰ"轻重轻重"式和Ⅱ"重轻轻重"式,前者是组合形成的四字格的重音格式,如"远走高飞""一衣带水"等,轻重音值为[0213];后者是拆补形成的四字格的重音格式,如"七手八脚"是拆分"手脚"插入"七""八"形成的,轻重音值为[2013]。① 在汉语语汇里,一般成语的轻重音模式都是"轻重轻重"式,只有极少数成语是"重轻轻重"式。所以,二四字是绝大多数成语的重音所在,也是语音的自然停顿点,那么追求平仄对称美的韵律因素自然就落在二四字的位置上了。这和律诗追求平仄对称美的道理是相同的,所以律诗有"一三五不论,二四六分明"的口诀。

3. "一三字平仄回环"律

这里提出的"一三字平仄回环"律,是指成语的第一个字和第三个字的平仄呈现重复回环的规律,包含"仄 × 仄 ×"和"平 × 平 ×"两大基本模式。需要特别说明的是,本规律是在除去①"平平仄仄"和②"仄仄平平"两式后得出的结论,除去的理由是这两式的平仄完全对称,具有绝对的权威性,属于完全和谐的形

---

① 在韵律学中,一般用数字表示韵律重量等级,重者为 2,轻者为 1。一般的组合式四字格在没有组合前的轻重音值是[12]+[12],组合以后就会根据重音调整原则进行调整,即"由两组同等'轻重'成分组成的'轻重'单位必须按'加重重中之重、减轻轻中之轻'的原则进行内部调整"。所以,组合式四字格组合后的轻重音值就变成了[0213],"0"是轻其轻的调整结果,"3"是重其重的调整结果。拆补式四字格在拆分前二字结构的轻重音值是[12],拆分插入两个成分后,轻重音值变成[(2)1(1)2],根据重音模式调整轻重音后,最终变成了[2013]。详细推导过程,参冯胜利(1997:46—49)。

式①,因而是优越于"一三字平仄回环"律的韵律因素。"一三字平仄回环"律是成语平仄搭配的一条相对规律,这一规律的提出是基于以下数据和理由:

（1）在1759条唐宋禅籍俗成语中,除去①"平平仄仄"和②"仄仄平平"两式的877条俗成语后,剩余882条俗成语。根据平仄搭配规律,一三字平仄相同的模式有③仄平仄仄、④仄仄仄平、⑤仄仄仄仄、⑥平仄平平、⑨平平平仄、⑫仄平仄平、⑬平仄平仄、⑯平平平平8种。如果不考虑二四字平仄的话,剩下的14种平仄模式可归纳为一三字回环的"仄×仄×""平×平×"和一三字不回环的"仄×平×""平×仄×"4种模式,这4种模式的分布比例如下表:

表2-4:一三字平仄回环与不回环数据表

一三字平仄	4种模式	包含的具体模式	总数／条	占比／%	合计／%
回　环	仄×仄×	③仄平仄仄④仄仄仄平⑤仄仄仄仄⑫仄平仄平	429	48.64	68.71
	平×平×	⑥平仄平平⑨平平平仄⑬平仄平仄⑯平平平平	177	20.07	
不回环	仄×平×	⑦仄平平仄⑪仄仄平平⑮仄平平平	133	15.08	31.29
	平×仄×	⑧平仄仄仄⑩平平仄仄⑭平仄仄平	143	16.21	

根据上表数据可知,在参与测算的882条俗成语中,一三字平仄回环的俗成语有606条,占总量的68.71%,占据比较优势;一三字平仄不回环的成语有276条,占总量的31.29%,处于相对劣势。当然,决定韵律和谐的因素是综合的、多方面的,"一三字平仄回环"律只是影响成语韵律和谐的一个相对因素。

（2）从微观数量来看,在两种中强势搭配模式中,③仄平仄仄和④仄仄仄平的一三字平仄都回环;在五种中弱势模式中,有⑤仄仄仄仄、⑥平仄平平、⑨平平平仄三种模式的一三字平仄都回环;在五种弱势模式中,有⑫仄平仄平和⑬平仄平仄两种模式的一三字平仄回环。

4."二四字平仄对称"律 >"一三字平仄回环"律

在上面揭示的"二四字平仄对称"律和"一三字平仄回环"律中,前者是优于后者的韵律因素。具体比较数据如下表:

---

①　上面在测算"二四字平仄对称"律时,我们没有排除"平平仄仄"和"仄仄平平"这两种完全和谐形式,因为它们本身是包含在"二四字平仄对称"中的韵律因素。

表 2-5：二四字平仄对称与一三字平仄回环数据表

二四字平仄对称	一三字平仄回环	包含的具体模式	总数/条	占比/%
是	否	①平平仄仄②仄仄平平⑦仄平平仄⑩平仄仄平	1000	56.85
是	是	③仄平仄仄④仄仄平平⑥平仄平平⑨平平平仄	447	25.41
否	是	⑤仄仄仄仄⑫平平平平⑬平仄平平⑯平平平平	159	9.04
否	否	⑧平仄仄仄⑪仄仄平仄⑭平平仄平⑮仄平平平	153	8.70

从宏观的总量来看，"二四字平仄对称"的俗成语有 1447 条，占总量的 82.26%；"一三字平仄回环"的俗成语有 606 条，占总量的 34.45%。"二四字平仄对称"律优于"一三字平仄回环"律，原因还在于二四字是重音位置所在，是语音的自然停顿点，这个位置对平仄对称的要求更严格。根据上表的数据显示，二四字平仄不对称且一三字平仄不回环的俗成语仅占总量的 8.70%，而二四字平仄对称或一三字平仄回环的俗成语占总量的 91.30%。

5. 仄调 > 平调

在中古四声中，仄声包含上扬的上声、下降的去声和下抑短促的入声，是富于声律变化的调类，而平声只是平调，没有变化美。因此，在成语平仄搭配模式中，仄调多的搭配模式明显优于平调多的搭配模式，这是一个不容忽视的韵律因素。在 16 种平仄模式搭配中，有 6 种模式平仄数量相等，有 10 种模式平仄数量不相等，比较平仄多寡优劣只能在 10 种平仄不等的模式中进行。在 1759 条唐宋禅籍俗成语中，这 10 种平仄不等的搭配模式共有 687 条，具体比较数据如下表：

表 2-6：平仄多寡优劣数据对比表

仄声居多模式		总数/条	占比/%	优劣	占比/%	总数/条	平声居多模式	
四仄	⑤仄仄仄仄	80	11.64	>	1.02	7	⑯平平平平	四平
三仄	③仄平仄仄	191	27.80	>	11.06	76	⑥平仄平平	三平
	④仄仄平平	120	17.47	>	8.73	60	⑨平平平仄	
	⑧平仄仄仄	66	9.61	>	1.89	13	⑮仄平平平	
	⑪仄仄平仄	48	6.99	>	3.78	26	⑭平平仄平	
合计		505	73.51	>	26.48	182	合计	

从上表数据可以看出：第一，从宏观总量看，仄声字居多的搭配模式明显多于平声字居多的搭配模式，比例约为 3:1。第二，在微观的对应模式中，⑤仄仄仄仄＞⑯平平平平，③仄平仄仄＞⑥平仄平平，④仄仄仄平＞⑨平平平仄，⑧平仄仄仄＞⑮仄平平仄，⑪仄仄平仄＞⑭平平仄平，均是仄声字居多的搭配模式胜出。第三，在平声字居多的搭配模式中，只有⑥平仄平平＞⑧平仄仄仄，⑪仄仄平仄，⑨平平平仄＞⑪仄仄平仄，这是因为⑥平仄平平、⑨平平平仄符合"二四字平仄对称"律，这也表明制约成语韵律和谐的因素是综合的、复杂的。

第三章　唐宋禅籍俗成语的研究价值

　　唐宋时期在汉语史上是一个承上启下的重要时期,文言由盛而衰,白话由微而显,是近代汉语逐渐走向成熟的一个重要时期。在语言面貌发生巨大变化的唐宋时期,出现了汉语语汇史上民间语汇大量涌现的第一个高峰,突出的表现就是在唐宋禅籍白话语料里出现了一大批异彩纷呈的俗成语。其中,大量的俗成语是在唐宋时期产生的新成语,有不少俗成语至今仍活跃在口语或书面语当中,表现出了很强的生命力;即便是沿用已有的成语,也往往在禅林话语中产生了新变体或新义。唐宋禅籍俗成语是汉语成语的一个重要源头,在汉语语汇史上占有十分重要的地位,对汉语语汇史研究、大型辞书编纂、禅籍整理等具有重要的价值。

第一节　唐宋禅籍俗成语与汉语语汇史研究

　　汉语史的研究对象是汉语口语发展史,汉语语汇史就是对汉语口语语汇发展史的专门研究。要研究汉语口语史,自然应该依据口语化的语料。口语化的语料越丰富,对汉语史的研究价值就越大。唐宋禅籍具有数量大,口语化程度高,语料时间早的特点,是研究汉语史的珍贵资料。过去几十年来,学界在汉语口语词汇和语法方面较为充分地利用了禅宗语录的口语化资料,取得了一批丰硕的研究成果。而对于唐宋禅宗语录蕴含的数量庞大的口语语汇关注较少,这使得禅籍语汇对汉语语汇史研究的重要价值未能得到充分的利用。这里就唐宋禅籍俗成语对汉语语汇史的主要研究价值作出论述,以窥探禅籍俗成语在汉语史上的地位和研究价值。

　　一　为汉语语汇史研究提供了数量十分庞大的新成语

　　新成语是语汇新质的重要组成部分,语汇新质的产生导致语汇新格局的形成。

因此,研究汉语语汇史首先关注的就是某个时期语汇新质的面貌。唐宋禅籍出现了一大批新兴的口语成语,在我们今天使用的耳熟能详的成语中,有很多就是来自唐宋禅籍的新成语。如:

0021 羚羊挂角　0288 对牛弹琴　0101 半斤八两　0118 一丝不挂　0128 安身立命

0876 坐井观天　0169 头头是道　0182 骑牛觅牛　0183 骑驴觅驴　0209 弄巧成拙

0322 雪上加霜　0327 锦上添花　0368 心心相印　0407 抛砖引玉　0409 打草惊蛇

0447 拖泥涉水　0509 水到渠成　0689 叶落归根　0042 入乡随俗　0435 信手拈来

0146 家贼难防　0065 一刀两断　0324 头上安头　1109 雨似盆倾　0061 浑囵吞枣

0158 灰头土面　0494 斩钉截铁　0645 逢场作戏　0736 祸不单行　1000 水长船高

唐宋禅籍俗成语是汉语历史成语的一个重要源头,在汉语成语发展史上占有十分重要的地位,对汉语语汇史的研究具有重要的语料价值。后面将列专章进行讨论,这里略举几例唐宋禅籍出现的新成语。

1. 掘地觅天

“掘地觅天”最早见于唐宋禅籍白话语录,字面义指向下挖地,妄图找到天空,比喻做事采取的行动和目的相反,根本不可能成功。在唐宋禅林口语中,“掘地觅天”也说成“掘地讨天”“低头觅天”,散言“掘地觅青天”,如:

（1）问:“如何是大道之源?”师云:“掘地觅天。”(《善昭禅师语录》卷一,39-565)

（2）禅非意想,道绝功勋。若以意想参禅,如钻冰求火,掘地觅天,只益劳神。(《圆悟禅师语录》卷一五,41-323)

（3）问:“久响白牛,未审牛在什么处?”曰:“掘地觅天。”(《普灯》卷六“梵卿禅师”,p.167)

（4）问:“如何是最初一句?”师云:“掘地讨天。”(《续灯》卷三“海禅师”,p.62)

（5）佛涅槃日上堂,曰:“兜率降生,双林示灭。掘地讨天,虚空钉橛。四十九年,播土扬尘。三百余会,纳尽败缺。”(《普灯》卷二〇“智深禅师”,p.504)

（6）上堂:“低头觅天,仰面寻地。波波挈挈,远之远矣。蓦然撞着徐十三郎,嘎! 原来只在这里。”(《原妙禅师语录》卷一,47-286)

（7）僧问："如何是大道之源？"师曰："<u>掘地觅青天</u>。"（《传灯》卷一三"省念禅师"，p.939）

"天"在上而"地"在下，在方向上是两极对立的，向下挖地妄图寻觅天空，根本不可能找到，故"掘地觅天"比喻做事采取的行动和目的相反，根本不可能成功。在例（1）、例（3）、例（4）、例（7）中，面对学僧参问"第一义"话头，禅师用"掘地觅天""掘地讨天""掘地觅青天"直接否定了参问行为，佛教"第一义"只能依靠当人自证自悟，参问请益不可能实现目的。例（2）"掘地觅天"与"钻冰求火"同义连用，例（5）"掘地讨天"与"虚空钉橛"同义连用，例（6）"低头觅天"与"仰面寻地"同义连用，均喻参禅悟道采取的行动和目的相反，根本不可能实现目的。刘洁修（2009:655）释作"指向高深虚无处寻讨佛法禅机"，并不确。后世世俗文献亦见其例，明张瑞图《白毫庵集》卷二："切忌唤钟作瓮，哪堪掘地觅天？枉费功夫何益，错安名字堪怜。"（p.66）明田汝成《西湖游览志余·方外玄踪》："冷眼看来，正谓掘地讨天，千错万错。"（p.186）《大词典》、王涛等（编著，2007）、刘洁修（2009）、冷玉龙等（主编，2014）均未收"掘地讨天""低头觅天"。

2. 抽钉拔楔

"抽钉拔楔"最早见于唐宋禅宗语录，字面义指抽出钉子，拔掉楔子，比喻为人解除痴愚疑惑等悟道束缚。刘洁修（2009:191）释作"指不受尘世的羁累"，还嫌不确。在唐宋禅林口语中，"抽钉拔楔"倒言"拔楔抽钉"，又言"出钉拔楔"，其义并同。如：

（1）等闲拈一机举一句，尽与人<u>抽钉拔楔</u>，解粘去缚，更说什么直指人心，更觅什么见性成佛。（《圆悟禅师语录》卷五，41-231）

（2）上堂曰："诸佛出世，无法与人。只是<u>抽钉拔楔</u>，除痴断惑。学道之士，不可自漫。"（《普灯》卷一〇"道旻禅师"，p.253）

（3）所以道，衲僧家说个解粘去缚，<u>拔楔抽钉</u>，已是犯锋伤手。（《联灯》卷二九"法成禅师"，p.916）

（4）天宁意欲要与诸人解粘去缚，<u>拔楔抽钉</u>，到这里伎俩一点也使不着。（《圆悟禅师语录》卷一一，41-289）

（5）遂以拂子敲禅床云："敲枷打锁，<u>出钉拔楔</u>。大有痴顽，怕吞热铁。"（《真净禅师语录》卷四，39-690）

（6）总是一家里事，更无如许淆讹等见解，方能为一切人去粘解缚，出钉拔楔。（《普灯》卷二五"钦禅师"，p.613）

例（1）"抽钉拔楔"与"解粘去缚"同义连用，例（2）"抽钉拔楔"与"除痴断惑"同义连用，例（3）、例（4）"拔楔抽钉"均与"解粘去缚"同义连用，例（5）"出钉拔楔"与"敲枷打锁"同义连用，例（6）"出钉拔楔"与"去粘解缚"同义连用，均比喻为人解除痴愚疑惑等悟道束缚。在明清禅籍中，"出钉拔楔"也说"拔钉去楔"，其义并同。如：

（7）师曰："有大善知识，必能为人拔钉去楔。"（明通问《续灯存稿》卷七"了义禅师"，19-156）

从语义来源看，"抽钉拔楔"是通过组合方式产生的新成语。"抽钉"指抽出钉子，"拔楔"指拔去楔子，禅家均比喻解除痴愚疑惑。如：

（8）眼里抽钉，脑后拔箭，本来无象通机变。（《如净禅师语录》卷一，45-455）

（9）问："妙体本来无处所时如何？"师云："脑后拔楔。"（《圆悟禅师语录》卷二，41-201）

"抽钉""拔楔"语义相同，这为组合为成语提供了语义条件。为了增强语势，"抽钉""拔楔"渐渐组合在一起，固化为四字格成语。在禅宗文献里，"抽钉拔楔"出现的频率很高，可见已经定型为成语了，定型的机制主要是符合调序原则和对称原则。

3. 语不投机

"语不投机"最早见于禅宗语录，禅家指言语不能契合禅机。在唐宋禅林口语中，"语不投机"也说成"言不投机""话不投机"，其义并同。如：

（1）上堂云："语不离窠窟，焉能出盖缠？片云横谷口，迷却几人源。所以道，言无展事，语不投机，承言者丧，滞句者迷。汝等诸人到这里，凭何话会？"（《续灯》卷八"文悦禅师"，p.237）

（2）师曰："便与么散去，早涉廉纤，更待商量，递相埋没，何故？言无展事，语不投机，承言者丧，滞句者迷。"（《承古禅师语录》卷一，39-538）

（3）若是铁眼铜睛，当阳觑透，便可以把断要津，不通凡圣，终不向他语言里作窠窟，机境上受罗笼。所以道，言无展事，语不投机，承言者丧，滞句者迷，

不落语言,不立机关。(《圆悟禅师语录》卷六,41-242)

(4)问:"**言不投机**,请师提撕。"师云:"六七对夜月。"(《古尊宿》卷三八"守初禅师",p.708)

(5)举木平道禅师问洛浦:"一沤未发时如何辨其水脉?"看破了也。浦云:"移舟谙水势,举棹别波澜。"具眼禅人仔细看。平不契,**话不投机**一句多。乃参蟠龙还问前话。一狐疑了一狐疑。龙云:"移舟不辨水,举棹即迷源。"但有纤毫即是尘。(《虚堂集》卷四,86-445)

例(1)、例(2)、例(3)中的"语不投机"和"言无展事"同义连用,"言无展事"指言语无法展演禅旨真谛,"语不投机"指言语不能契合禅机,均指禅法意旨无法用言语道破。故例(1)言"语不离窠窟,焉能出盖缠?片云横谷口,迷却几人源",例(2)言"更待商量,递相埋没",例(3)言"终不向他语言里作窠窟,机境上受罗笼"。例(4)谓言语是不能契合禅机的,请师提点悟道之法。例(5)上举公案"平不契",下著语"话不投机一句多","话不投机"也是指言语不能契合禅机,故说一句话也是多余的。王涛等(编著,2007:1400)举《五灯》(同上揭《续灯》)例,释作"话说不到一起,形容谈话意见情趣不一致",这是用后世世俗义来解释禅义,并不确。《大词典》、王涛等(编著,2007)、刘洁修(2009)、冷玉龙等(主编,2014)均未收"言不投机"。

4. 眼中添屑

"眼中添屑"最早见于唐宋禅宗语录,指眼睛里添了尘屑,禅家形容法眼不明,被世俗尘念所污染蒙蔽。在唐宋禅林口语中,"眼中添屑"又言"眼中着屑",如:

(1)禅客相逢,将何演说?各请归堂,随缘憩歇。若作迷逢达磨,大似**眼中添屑**。(《续灯》卷九"圆照禅师",p.258)

(2)乃云:"今日上元之节,处处灯光皎洁。不知天意如何?瑞雪翻为苦雪,贫穷变作僵蚕,乌龟冻得成鳖。唯有四海禅流,个个**眼中添屑**。何故?不说,不说。"(《古尊宿》卷二一"法演禅师",p.401)

(3)师乃云:"弥勒真弥勒,分身千百亿。时时示时人,时人俱不识。这老汉,四棱榻地了也。是汝诸人还识得也未?若识得,正是**眼中添屑**,若不识,宝林有过。"(《昙华禅师语录》卷四,42-160)

(4)直须两头撒开,中间放下。遇声遇色,如石上栽花;见利见名,似**眼中**

着屑。(《普灯》卷二五"道楷禅师",p.616)

(5)上堂:"孤迥峭巍巍,始终活鲅鲅。唤作禅道祖佛,眼中着屑;不唤作禅道祖佛,掘地觅天。"(《圆悟禅师语录》卷一,41-198)

例(1)"若作迷逢达磨"解,但达磨不是佛法,这样的知解不明事理,如同眼睛里添了尘屑。例(2)言"四海禅流"本心未能超越名相概念,个个法眼不明,被世俗尘念所污染蒙蔽。例(3)言诸人若识得话头,恰是法眼不明,被世俗妄念所污。例(4)"见利见名"、例(5)"唤作禅道祖佛"都是心生知见妄念的表现,"眼中着屑"的语义很显豁。孙维张(2007:307)举《五灯》(同上揭《普灯》)例,释作"比喻十分痛苦,承受不了",释义不契语境。与"眼中添屑"相关的成语还有"眼中有屑""眼里添沙""眼里添钉",如:

(6)道将一句来,还有道得的么? 若道不得,眼中有屑,直须出却始得。(《古尊宿》卷一〇"昭禅师",p.162)

(7)师云:"一径直,二周遮。衲僧会得,眼里添沙。若是育王,又且不然。"(《师范禅师语录》卷一,45-684)

(8)上堂:"韶光烂熳时,百卉皆妍秀。处处有春风,村村自花柳。灵云眼里添钉,玄沙袖中出手。除非自解倒骑驴,一生不着随人后。"(《师范禅师语录》卷一,45-678)

上揭"眼中有屑""眼里添沙""眼里添钉"的语义和"眼中添屑"相同,形式也有密切的关联,只是替换了个别构语成分,是"眼中添屑"在口语使用中产生的换素变体。检《大词典》、王涛等(编著,2007)、刘洁修(2009)、冷玉龙等(主编,2014),上揭俗成语均未收录。

二　为汉语语汇史研究提供了丰富的俗成语演变现象

唐宋禅籍俗成语的源头是多元的,它们在唐宋禅林口语系统中形成了交汇。在禅文化语境影响下和口语使用过程中,这些俗成语在语义和形式方面都富有变化性。有的俗成语是在上古或中古汉语中就已经产生的,有的俗成语则是在唐宋民间口语中新产生的。这些俗成语进入禅林口语系统后,受到了禅文化语境的强烈影响,往往会产生富有宗教色彩的新义;有的俗成语来自汉译佛经,或者是禅林口语自创,原本多是表示宗教意义的,但在后世扩大了通行范围,进入了世俗大众的口语并且产生了新义,新义往往不再表示宗教意义了。同时,唐宋禅籍俗成语在口语使用过程中,形体也发生了许多变化,产生了丰富的变体。这些都为汉语语汇史研究提供了丰富的俗成语演变现象。

1. 笑中有刀

"笑中有刀"是唐宋世俗口语中产生的新成语,见于唐白居易《天可度》诗:"君不见李义府之辈笑欣欣,笑中有刀潜杀人。"(p.4710)《旧唐书·李义府传》:"义府貌状温恭,与人语必嬉怡微笑,而褊忌阴贼,既处权要,欲人附己,微忤意者,辄加倾陷,故时人言义府笑中有刀。"(p.2767)指微笑的外表下藏有阴险的杀机,比喻外表和气而内心阴险。"笑中有刀"进入禅林口语后,语义和形体都发生了变化。

(1)大慈却问:"般若以何为体?"州放下扫帚呵呵大笑。师云:"前来也笑,后来也笑,笑中有刀,大慈还识么? 直饶识得,也未免丧身失命。"(《明觉禅师语录》卷三,39-190)

(2)雪窦笑中有刀,若会得这笑处,便见他道"前三三与后三三"。(《碧岩录》卷四,p.192)

(3)(疏)山便问:"忽遇树倒藤枯时如何?"招云:"却使沩山笑转新。"山于言下省悟,乃曰:"沩山原来笑中有刀。"(《古尊宿》卷四七"东林和尚",p.933)

例中的"笑中有刀"均比喻微笑中含有机锋。例(1)言州禅师用"呵呵大笑"的方式接机,在微笑中暗含有启悟大慈自悟的机锋。例(2)"若会得这笑处,便见他道'前三三与后三三'。"[1]显然是指微笑中含有启悟他人的机锋。尤其是例(3)疏山因沩山笑而悟法,"笑中有刀"比喻微笑中含有机锋之义很显豁。在唐宋白话禅录中,"笑中有刀"还可以说成"笑里藏刀",如:

(4)这汉没量罪过,不合引惹,措大被渠笑里藏刀杀去。(《普灯》卷二九"杲禅师",p.768)

刘洁修(2009:1271)"笑里藏刀"引有本例,释作"比喻外表和善,内心阴险

---

① 袁宾、康健(主编,2010:332)"前三三后三三"条指出,"前三三后三三是禅家奇特语句,是超越数量概念的",是本心超越后事万物全无差别的悟境。

狠毒"①。今按,释义未当,关键是对"刀"字理解偏误。在禅家哲学象征系统里,"刀""箭"等锋利之器常用来隐喻机锋②,如"隈刀避箭"比喻回避险峻的机锋。《续灯》卷一八"清满禅师":"上堂,横按拂子云:'要扣玄关,须是有节操,极慷慨,斩得钉,截得铁,剥剥的汉始得。若是隈刀避箭,碌碌之徒,看即有分。'"(p.530)倒言"避箭隈刀",《碧岩录》卷二:"垂示云:'斩钉截铁,始可为本分宗师。避箭隈刀,焉能为通方作者?'"(p.97)禅家所用的"笑里藏刀"也是指微笑中含有机锋的意思。

(5)示众云:"言中有响,明知未当好心。<u>笑里藏刀</u>,暗算漫夸毒手。"(《虚堂集》卷二,86-418)

(6)呈悟于舟,舟便打。师夺拄杖曰:"这条六尺竿几年不用,今日又要重拈。"舟大笑,师呈偈曰:"棒头着处血痕班(斑),<u>笑里藏刀</u>仔细看。若是英灵真汉子,死人吃棒舞喃喃。"(《五灯续略》卷四"明瑄禅师",16-875)

(7)花中有刺,<u>笑里藏刀</u>。机锋相触,鬼哭神号。莫谓人天皆罔措,流传耳口转腥臊。(《隐元禅师语录》卷一〇,64-231)

例(5)"笑里藏刀"和"言中有响"对文义近,"言中有响"指言语中含有机锋,"刀"和"响"均隐喻机锋。例(6)"笑里藏刀"指舟禅师大笑声中暗含的禅机,与"棒头着处"所含禅机相对应。例(7)是对"世尊拈花,迦叶微笑"公案的颂古,上言"花中有刺,笑里藏刀",下言"机锋相触",其义显豁。

此外,在唐宋白话禅录中,"笑里藏刀"还可以说成"笑里有刀",如:

(8)疏山却问:"树倒藤枯时如何?"招云:"更使沩山笑转新。"疏山因而有省,乃云:"沩山原来<u>笑里有刀</u>。"(《联灯》卷七"大安禅师",p.219)

(9)当时地藏和尚在座下,便出来道:"某甲有口不哑,有眼不盲,有耳不聋,和尚作么生接?"师云:"非父不生其子。"玄沙呵呵大笑。师云:"<u>笑里有刀</u>。"(《普觉禅师语录》卷一四,42-338)

例(8)"笑里有刀"与上揭例(3)"笑中有刀"异文同义。例(9)玄沙用"呵呵大笑"的方式接机,普觉禅师用"笑里有刀"作评论,指在微笑中暗含有禅机。可见

---

① 除本例外,刘洁修还引用元关汉卿《关大王独赴单刀会》第一折:"那时间相看的是好,他可喜孜孜笑里藏刀。"按,将此例释作"比喻外表和善,内心阴险狠毒"是确当的。

② 可另参本书第四章"张弓架箭"条,第137页。

在禅籍口语中，"笑中有刀""笑里藏刀""笑里有刀"之"刀"均喻指禅机，并无"内心阴险狠毒"之义。

2. 簇锦攒花

"簇锦攒花"是唐代口语中产生的新成语，"簇锦"指身穿各种花纹的锦绣，"攒花"指头戴各种鲜花的头饰。故"簇锦攒花"本形容妇女华丽的服饰打扮。唐施肩吾《少妇游春词》："簇锦攒花斗胜游，万人行处最风流。"（p.5601）进入唐宋禅林口语中，"簇锦攒花"的语义发生了变化，禅家比喻堆砌华丽的言句辞藻。如：

（1）上堂："劝兄弟莫弄笔头，簇锦攒花，光腾万丈，镂冰琢雪，笔扫千军。生死岸头，一点用不着。"（《绍昙禅师广录》卷二，46-269）

（2）又况勾章棘句，展露言锋，簇锦攒花，只益戏论。（《联灯》卷一八"妙道禅师"，p.547）

（3）示众云："诸人来这里觅新鲜语句，簇锦攒花，图口里有可道。我老儿气力稍劣，口吻迟钝，亦无闲言长语到汝。"（《联灯》卷二一"大同禅师"，p.634）

例（1）上言"莫弄笔头"，下言"簇锦攒花"，例（2）"簇锦攒花"与"勾章棘句，展露言锋"相厕，例（3）"簇锦攒花"与"新鲜语句""图口里有可道"相厕，显然均是指堆砌华丽的言句辞藻。在禅林口语中，"簇锦攒花"也说成"攒花簇锦"，如：

（4）设使攒花簇锦，事事及得，及尽一切事，亦只唤作了事人、无过人，终不唤作尊贵。（《传灯》卷一七"道膺禅师"，p.1219）

（5）不见古人讲得天花落，石点头，亦不干自己事。自余是什么闲？拟将有限身心向无限中用，如将方木逗圆孔，多少淆讹。若无恁么事，饶你攒花簇锦，亦无用处，未离情识在。（《五灯》卷一三"道膺禅师"，p.797）

这两例中的"攒花簇锦"，刘洁修（2009:497）释作"把美丽的花朵和鲜艳的锦绣聚集在一起"。今按，释义未确。"攒花簇锦"是"簇锦攒花"的换序变体，也是指堆砌华丽的言句辞藻。

（6）更乃说佛说祖，头上安头。演妙谈真，泥中洗土。攒花簇锦，口是祸门。寂尔无言，守株待兔。（《续灯》卷二四"宝鉴禅师"，p.657）

（7）是时临济一宗大盛，他凡是问答垂示，不妨语句尖新，攒花簇锦，字字皆有下落。（《碧岩录》卷四，p.208）

（8）虽然拈一句，簇锦攒华(花)，攒华(花)簇锦，可以趣向及至到那畔。（《圆悟禅师语录》卷一一，41-286）

例（6）上言"攒花簇锦"，下言"口是祸门"，例（7）上言"语句尖新"，下言"攒花簇锦"，例（8）"攒华(花)簇锦"与"簇锦攒华(花)"同义连用，并与"拈一句"相厕，显然"攒花簇锦"喻指堆砌华丽的言句辞藻。在禅宗看来，语言文字是不能够尽现道法的，所以饶你攒花簇锦，事事都提及到了，亦只唤作了事人，不可唤作尊贵的主人公(喻指成佛)。饶你攒花簇锦，未能离开情识，亦无用处。由此推论，上揭例（4）和例（5）中的"攒花簇锦"，也是喻指堆砌华丽的言句辞藻。

3. 闭门造车

"闭门造车"字面义指关起门来自己造车。"闭门造车"多与"出门合辙"连用，宋朱熹《〈四书〉或问》卷五："古语所谓'闭门造车，出门合辙'，盖言其法之同。"（p.98）古代车轮有同一定制，只要符合规格，关起门来造车，出门也能够符合车辙。禅家比喻闭门修行，通过自家内心领悟，也能契合禅旨，获得证悟。如：

（1）若欲修行普贤行者，先穷真理。随缘行行，即今行与古迹相应，如似闭门造车，出门合辙耳。（《祖堂》卷二〇"瑞云寺和尚"，p.887）

例中的"闭门造车，出门合辙"，刘洁修（2009:53）按字面义释作"关起门来制造大车，由于按照统一的规格，所以用起来自然与道路上的车辙相合"。《大词典》（12-26）和《俗语佛源》（2013:97）释义略同，均不确。在禅籍语录中，"闭门造车"比喻闭门修行，自我领悟佛法。"出门合辙"比喻契合佛法旨意，获得证悟。请看下面的例子：

（2）问："如何是闭门造车？"师曰："活计一物无。"曰："如何是出门合辙？"师曰："坐地进长安。"（《传灯》卷一七"匡悟禅师"，p.1299）

（3）着力者何？乃曰选佛。闭门造车虽异，出门合辙一同。（《可湘禅师语录》卷一，47-91）

（4）山是山，水是水；俗是俗，僧是僧，不异不同。直饶怎么，犹是闭门造车，未是出门合辙。（《联灯》卷一七"端裕禅师"，p.508）

例（2）僧问什么是"闭门造车"，喻指什么是自我闭门修佛之法，师答"活计一物无"，喻指自我修行佛法是不需依凭外在条件的。下文"坐地进长安"隐喻悟入佛法之道，"出门合辙"则喻契合佛法旨意，获得证悟。例（3）上言"选佛"，隐喻悟道成佛。《碧岩录》卷五:"作颂云:'十方同聚会,个个学无为。此是选佛场,心空及第归。'"(p.227)下言"闭门造车虽异,出门合辙一同",隐喻自我修行的法门虽异,但证悟的佛法道理则同。例(4)言虽然领悟了"不异不同"之法,但仍是自我修行领悟的佛法,还不是与大道相契合的佛法。"闭门造车"后来比喻办事只凭主观想象,不管客观实际,宋陈亮《陈亮集·谢陈同知启》:"伏念某少览古书,恐遂流于无用;晚更世故,始渐见于难通。岂求田问舍之是专,亦闭门造车之可验。"(p.242)语义和感情色彩都发生了变化。

俗成语主要来源于民间口语系统,在民间口语中广泛使用,这使得俗成语在口头使用过程中往往会产生许多变体。可以说众多变体的产生,是俗成语成熟的重要表现。唐宋禅籍俗成语在禅林口语使用过程中,产生了十分丰富的变体,对我们研究汉语俗成语形式变化具有十分重要的价值。

0693 游山玩水 玩水游山 观山玩水 玩水观山 看山玩水 玩水看山

0897 辩若悬河 辩似悬河 辩似河倾 辩泻悬河 辩泻秋涛 泻悬河辩

0118 寸丝不挂 不挂寸丝 寸丝不染 条丝不挂 一丝不挂 一丝不着

1."游山玩水"系成语

指游览玩赏山水风光,清翟灏《通俗编》"游山玩水"条:"汾州善昭曰:'从上来行脚,不为游山玩水,看州县奢华,皆为圣心未通耳。'"(p.17)盖以"游山玩水"始见于北宋汾阳善昭禅师语录。今按,"游山玩水"的定型之体已见于《祖堂集》,应是在唐五代时期就已经产生的新成语。如:

(1)师曰:"什么时离西天?"曰:"斋后离。"师曰:"太迟生!"对曰:"迤逦游山玩水来。"(《祖堂》卷六"洞山和尚",p.304)

(2)师问僧曰:"近离什么处?"对云:"近离莲花。"师云:"古人道:'不见一相出莲花',汝既离莲花,何烦更到这里?"对云:"参礼和尚。"师云:"汝是奴缘未尽,见婢殷勤。"师代云:"游山玩水来。"(《祖堂》卷一三"报慈和尚",p.591)

(3)我生已尽,梵行已立,为什么不归家稳坐,只管游山玩水?(《普灯》卷二六"准禅师",p.650)

"游山玩水"在口语使用过程中,产生了丰富的变体,仅在唐宋禅林口语中就见到了"玩水游山""观山玩水""玩水观山""看山玩水""玩水看山"5个变体,如:

(4)问新到:"寻师访道?玩水游山?"僧云:"谢和尚顾问。"(《明觉禅师

语录》卷二,39-164）

（5）有志于此殷切者,寻师择友,如救头然,终不为身衣口食,<u>观山玩水</u>,悠悠送日。（《虚堂和尚语录》卷四,46-695）

（6）逃空劫外已苍然,<u>玩水观山</u>得几年。闻说听经曾肯首,老来无力补青天。（《虚堂和尚语录》卷一〇,46-784）

（7）鼓山自住三十余年,五湖四海来者,向高山顶上<u>看山玩水</u>,未见一人快利。（《五灯》卷七"兴圣国师",p.411）

（8）上堂云:"姑苏台畔,不话春秋。衲僧面前,岂论玄妙？只可着衣吃饭,<u>玩水看山</u>。"（《续灯》卷九"圆照禅师",p.257）

显然,这些形式都是"游山玩水"在口语使用中产生的变体,它们的产生可能存在这样的发展轨迹:"游山玩水"倒言"玩水游山",其为"游山玩水"的换序变体。"游山玩水"又言"观山玩水""看山玩水",这两个形式都应是"游山玩水"的换素变体。"观山玩水"倒言"玩水观山","看山玩水"倒言"玩水看山",这两个形式应是从"游山玩水"的变体"观山玩水""看山玩水"再发展出的变体。检《大词典》、王涛等（编著,2007）、刘洁修（2009）、冷玉龙等（主编,2014）均未收"玩水游山""看山玩水""玩水看山""观山玩水""玩水观山"。

2."辩若悬河"系成语

"辩若悬河"字面义指辞辩就像倾泻的河水,形容辞锋凶辩,滔滔不绝。在中古汉语中已见用例,南朝齐释玄畅《诃梨跋摩传》:"遂抗言五异,辩正众师,务遵洪范,当而不让。至乃敏捷锋起,苞笼群达,辩若悬河,清对无滞。"（p.2937）在唐宋禅林口语中亦见行用。比如:

（1）又云:"妙用纵横的,临机<u>辩若悬河</u>。毗耶城彼上人来,未审若为酬对？"（《续灯》卷二〇"道清禅师",p.592）

（2）西天二十八祖,天下老和尚出世,直饶你能言解语,<u>辩若悬河</u>,还的当道得一字也未？（《联灯》卷一三"法远禅师",p.389）

（3）学道兄弟若无省悟,设使智如流水,<u>辩若悬河</u>,倒念得一大藏教,于这事上转没交涉。（《普灯》卷二五"鉴勤禅师",p.626）

在近代汉语口语使用过程中,"辩若悬河"产生了丰富的变体,仅在唐宋禅林口语中就有"辩似悬河""辩似河倾""辩泻悬河""辩泻秋涛""泻悬河辩"等变

体,如:

（4）莫道是勤上座口似扁担,设使三世诸佛历代祖师出来,辩似悬河,机如掣电,未免亡锋结舌。(《圆悟禅师语录》卷八,41-257)

（5）上堂:"显慈鼻祖,诺庵法兄。机如电掣,辩似河倾。"(《普岩禅师语录》卷一,45-435)

（6）净修禅师赞曰:"优婆毱多,辩泻悬河,法山峥嵘,道树婆娑。"(《祖堂》卷一"优婆毱多",p.33)

（7）迦那提婆,德岸弥高。回旋香象,吹㰼金毛。机迅岩电,辩泻秋涛。始终绝证,勿惧王刀。(《祖堂》卷一"迦那提婆",p.57)

（8）虽西竺圣师,夺外道赤幡。泻悬河辩,未易彷佛。(《绍昙禅师广录》卷四,46-315)

其中,例(4)"辩似悬河"是"辩若悬河"的换素变体,通过替换语素"若"产生了"辩似悬河",语体风格变得更为口语化了。例(5)"辩似河倾"当是"辩似悬河"的换素变体,通过替换语素"悬河"产生了"辩似河倾","河倾"指河水倾泻直下,"悬河"指倾泻直下的河水,结构不同但词义所指相同,属于同义语素的替换。例(6)"辩泻悬河"应是"辩若悬河"的换素变体,通过替换语素"若"产生了"辩泻悬河",言辞辩奔泻如倾泻的河水,滔滔不绝。虽然替换的语素"若"和"泻"词义不同,但两个成语字面义基本相同,深层语义也相同。例(7)"辩泻秋涛"应是"辩泻悬河"的换素变体,"秋涛"指秋天奔流的浪涛,和"悬河"词义相类,在结构中都比喻言辞辩奔泻如流,滔滔不绝,深层语义是相同的。例(8)"泻悬河辩"当是"辩泻悬河"的综合变体,构语成分相同,在结构上存在差别,但深层语义是相同的。检《大词典》、王涛等(编著,2007)、刘洁修(2009)、冷玉龙等(主编,2014),均未收上揭俗成语。

3. "寸丝不挂"系成语

"寸丝不挂"是出自唐宋禅籍的新成语,字面义指一根很短的丝线也不挂(参李运富 2009),禅家比喻本心清净无染,无一丝挂碍,不为尘俗所牵累。朱瑞玟(2008:168)谓出自《楞严经》,然未见其例。但在《祖堂集》中已见用例,禅林口语广泛行用,如:

（1）师问陆亘大夫:"十二时中作么生?"对云:"寸丝不挂。"(《祖堂》卷一六"南泉和尚",p.709)

（2）问："远闻和尚<u>寸丝不挂</u>，及至到来为什么有山可守？"师曰："道什么？"（《传灯》卷一三"省念禅师"，p.931）

（3）僧曰："如何是清净法身？"师云："<u>寸丝不挂</u>。"（《续灯》卷四"圆鉴禅师"，p.102）

"寸丝"指很短的丝线，这里比喻些许尘念。佛教有"肉身"和"法身"的概念区别，由"肉身"的一根短丝也不挂，隐喻"法身"的无一丝挂碍，"寸丝不挂"就产生了比喻义，比喻本心清净无染，无一丝尘念牵挂。例（1）言十二时中都要保持本心清净无染，例（2）"寸丝不挂"也非指赤裸全身，而是指本心清净无染，不为尘俗所牵。例（3）用"寸丝不挂"回答清净法身，显然是指本心清净无染的意思，本例很能说明"寸丝不挂"比喻义形成的理据。在唐宋禅林口语中，"寸丝不挂"产生了丰富的变体，如：

（4）<u>不挂寸丝</u>方免寒，何须特地裹长竿。而今落落零零也，七佛之名甚处安？（《普灯》卷七"双溪印首座"，p.189）

（5）虽道<u>寸丝不染</u>，何妨一线相通？欲得三衣，共出只手。（《因师集贤语录》卷一四，47-524）

（6）云："如何是清净法身？"师云："<u>条丝不挂</u>。"（《联灯》卷一三"法远禅师"，p.390）

（7）<u>一丝不挂</u>，以为到家，错了也。（《续古尊宿》卷六"印禅师"，44-314）

（8）问："<u>一丝不着</u>时如何？"曰："合同船子并头行。"（《普灯》卷九"正觉禅师"，p.238）

其中，例（4）"不挂寸丝"是"寸丝不挂"的倒言形式，虽然语法结构发生了变化，但语义未变。例（5）"寸丝不染"是"寸丝不挂"的换素变体，"不染"指不为尘念所染，语义未变。例（6）"条丝不挂"也是"寸丝不挂"的换素变体，字面语义基本未变，深层语义是相同的。例（7）"一丝不挂"也是从"寸丝不挂"发展而来的，语素"一丝"替换了"寸丝"，语义也没有发生变化，"一丝不挂"后来成为最常用的形式。例（8）"一丝不着"应是从"一丝不挂"发展而来的，语素"着"替换了"挂"，在结构中属于近义替换，语义基本未变。检《大词典》、王涛等（编著，2007）、刘洁修（2009）、冷玉龙等（主编，2014）均未收"不挂寸丝""寸丝不染""一丝不着"。禅籍俗成语丰富的变体，对汉语语汇史的研究和辞书的编纂价值，由此可见一斑。

三　为汉语语汇史研究提供了数量庞大的同义成语

由于禅林僧团庞大、创造主体多,加上禅宗想象力极其丰富等,唐宋禅籍出现了大量的同义成语群,是唐宋禅籍俗成语非常鲜明的一个特色。在1759条唐宋禅籍俗成语里,共出现了205个同义群。这些数量庞大的同义群,对于研究同义成语的聚合关系和历史演变、同义成语的辨析和语汇的系统性都有十分重要的语料价值。下面我们举一组同义成语的例子,变体也一并列出。

0387 应病与药　0387 应病用药　0387 应病施方　0387 随病施方　0387 应疾施方
0388 药病相治　0388 药病对治　0388 药病相投　0391 随机应变　0391 临机应变
0391 随时应变　0389 见兔放鹰　0390 遇獐发箭　0392 因风吹火　0394 随方就圆
0394 随方逐圆　0393 看风使帆　0393 看风把舵　0397 顺风使帆　0397 借风扬帆
0397 顺风挂帆　0398 顺水行船　0398 顺水扬帆　0398 顺水张帆　0398 顺水放船
0398 顺水流舟　0401 量才补职　0401 量才处职　0402 买帽相头　0402 相头买帽
0403 度脚买靴　0404 看楼打楼　0404 相篌打篌　0405 看孔着楔

本组俗成语的核心语义相同,均可形容施教手段灵活,属于同义聚合关系。但在语义上还有细微的差别,根据字面义反映出的造语理据,可以分作三大组:

1. "对症施教"类

语义指根据学人不同的悟道障碍,给予相应的教化方法。包含"应病与药""应病用药""应病施方""随病施方""应疾施方""药病相治""药病对治""药病相投"。

（1）马大师观机设法,<u>应病与药</u>,一切临时,无可不可。(《真净禅师语录》卷三,39-677）

（2）夫说法者,须及时节,观根逗机,<u>应病用药</u>。不及时节,总唤作非时语。(《古尊宿》卷一〇"昭禅师",p.164）

（3）上堂云:"诸佛出世,<u>应病施方</u>。祖师西来,守株待兔。"(《义青禅师语录》卷一,39-505）

（4）师曰:"诸佛不曾出世,亦无一法与人,但<u>随病施方</u>,遂有十二分教。"(《传灯》卷二八"无业国师",p.2286）

（5）殊不知大觉老人为见众生根器不等,出来立个权实法门,随机设教,<u>应</u>

疾施方，尽是譬喻表显之谈。(《普灯》卷二五"钦禅师"，p.609)

上揭"应病与药""应病用药""应病施方""随病施方""应疾施方"，字面义指根据病症配以相应的药方，比喻根据学人不同的悟道障碍，给予相应的教化方法。

（6）山僧说处皆是一期药病相治，总无实法。若如是见得，是真出家，日消万两黄金。(《临济禅师语录》卷一，T47/498b)

（7）师后隐于伏牛山，一日谓众曰："即心即佛，是无病求病句。非心非佛，是药病对治句。"(《传灯》卷七"自在禅师"，p.451)

（8）每相酬酢一句语言，亦不草草。如进一服药相似，若不深辨端倪，终成戏论，非是等闲。只贵药病相投，验蹲坐处，夺执着处，攻偏坠处，截断命根。(《慧远禅师语录》卷三，45-61)

上揭"药病相治""药病对治""药病相投"，字面义指用相应的药方救治病症，比喻用相应的施设方便根治学人的悟道障碍。隋吉藏《二谛义》卷上："众生略有三毒之病，广即八万四千尘劳之病，有三法药八万四千波罗蜜对治此病，名对治悉檀。何故名对治？以药拨病，以药治病，名对治悉檀。如此药病相治，即依世谛说对治悉檀。"(T45/82a)理据甚明。

2."顺机施教"类

语义指开悟学人时善于因势利导，顺机施教。包含"随机应变""临机应变""随时应变""见兔放鹰""遇獐发箭""因风吹火""随方就圆""随方逐圆""看风使帆""看风把舵""顺风使帆""借风扬帆""顺风挂帆""顺水行船""顺水扬帆""顺水张帆""顺水放船""顺水流舟"。

（1）又药山虽解随机应变，争奈通身泥水，笑倒傍观。当时若知拄杖用事，非唯令行院主，直须一众万里崖州。(《绍昙禅师广录》卷五，46-337)

（2）到这里，象王行处，狐兔潜踪。狮子嚬呻，野干脑裂。释迦弥勒，犹是他奴。文殊普贤，权为小使。临机应变，不失其宜。(《联灯》卷一八"蕴闻禅师"，p.542)

（3）示大威光，发大机，施大用。使一切人，脱笼头，卸角驮，随时应变，或杀或活，或收或放，总在当人。(《联灯》卷一八"法全禅师"，p.552)

例中的"随机应变""临机应变""随时应变"，指掌握时机灵活地应对变化的情势，禅籍语境多指随机灵活施教。

（4）他恁么问，大龙恁么答。一合相更不移易一丝毫头，一似见兔放鹰，看孔着楔。（《碧岩录》卷九，p.410）

（5）上堂："布大教网，攄人天鱼，护圣不似老胡拖泥带水，只是见兔放鹰，遇獐发箭。"（《普灯》卷八"思慧禅师"，p.217）

（6）圆悟垂示："问一答十，举一明三；见兔放鹰，因风吹火。不惜眉毛则且置，只如入虎穴时如何？试举看。"（《碧岩录》卷三，p.153）

（7）上堂："杨岐一言，随方就圆。若也拟议，十万八千。"下座。（《方会和尚语录》卷一，39-30）

（8）六十四年，密密绵绵。随方逐圆，失却半边。云收雨散，铁船到岸。月落青天，面目依前。（《新月禅师杂录》卷一，46-234）

上揭例中，"见兔放鹰""遇獐发箭""因风吹火"同义连用。例（4）"见兔放鹰"字面义指看见了兔子就放出猎鹰，例（5）"遇獐发箭"字面义指遇见獐子就立刻发箭，例（6）"因风吹火"字面义指顺着风势吹燃火焰，均比喻顺着来机因势利导，果断发机施教。例（7）"随方就圆"和例（8）"随方逐圆"，字面义指遇方随方、遇圆随圆，比喻施教手段非常灵活，能够随机应变。

（9）所谓人人具足，个个圆成。看他一放一收，八面受敌。不见道，善为师者，应机设教，看风使帆。若只僻守一隅，岂能回互？（《碧岩录》卷一〇，p.495）

（10）有时南州北郡，买卖交关；有时看风把舵，顺水行船；有时酒肆茶坊，迎宾待客；有时投壶走马，歌笑围棋。（《道宁禅师语录》卷二，39-791）

（11）师云："克宾维那，直是壁立千仞。虽解与么去，要且未善物机。兴化老人不唯顺风使帆，亦能逆风把舵。"（《慧方禅师语录》卷一，41-795）

（12）到这里，谁敢妄通消息？赖遇堂上西江老子是家里人，未免借风扬帆，所以道路逢道伴交肩过。（《虚堂和尚语录》卷八，46-752）

（13）师云："天仙善能随水把舵，顺风挂帆。虽然浪涌波翻，争奈龙王睡着。"（《慧远禅师语录》卷三，45-51）

（14）州云："吃粥了也未？"僧云："吃粥了也。"州云："洗钵盂去。"其僧有省。师曰："赵州老汉大似因风吹火，顺水扬帆，击碎斯关。"（《道宁禅师语录》卷二，39-794）

（15）慈受老人只解顺水张帆,不能逆风把舵。(《慧开禅师语录》卷一,42-7)

（16）上堂云:"少林妙诀,古佛家风。应用随机,卷舒自在。如拳作掌,开合有时。似水成沤,起灭无定。动静俱显,语默全彰。万用自然,不劳心力。到这里,唤作顺水放船。"(《续灯》卷七"道宽禅师",p.201)

（17）云门因僧问:"如何是祖师西来意?"师曰:"没即道。"或曰:"长连床上有粥有饭。"或曰:"山河大地。"颂曰:"有时顺水流舟去,转舵看看又逆风。船到岸时人出陆,山重重又水重重。"(《禅宗颂古联珠通集》卷三四,85-428)

上揭例(9)、例(10)中,"看风使帆"指根据风向使帆行船,"看风把舵"指根据风向把舵行船,均比喻顺机设教、因势利导的灵活施教方式。例(11)—(13)中,"顺风使帆""借风扬帆""顺风挂帆"均指顺着风势张帆,借力行船,比喻趁着有利的时机施教,因势利导。例(10)、例(14)—(17)中,"顺水行船""顺水放船""顺水流舟"指顺着水流行船,"顺水扬帆""顺水张帆"指顺着水流扬帆行船,均比喻顺着有利的时机施教,因势利导。

3."因材施教"类

语义指根据学人不同的根器,给予相应的教化施设。包含"量才补职""量才处职""买帽相头""相头买帽""度脚买靴""看楼打楼""相篓打篓""看孔着楔"。

（1）问:"如何是展演之言?"师云:"量才补职。"(《传灯》卷一二"陈尊宿",p.811)

（2）峰云:"我向前虽无,如今已有,莫所妨么?"对云:"不敢,此是和尚不已而已。"峰云:"置我如此。"又云:"量才处职。"(《祖堂》卷一〇"镜清和尚",p.468)

（3）上堂云:"看风使帆,正是随波逐浪。截断众流,未免依前渗漏。量才补职,宁越短长。买帽相头,难得恰好。"(《续灯》卷一〇"圆通禅师",p.285)

（4）予有一道,千圣不到。北走南奔,相头买帽。是何之道,云横碧峤。(《普灯》卷二九"悦禅师",p.746)

（5）觉海禅师大似量才补职,度脚买靴。要见芭蕉,还应未可。(《道宁禅师语录》卷一,39-771)

（6）上堂云:"一叶落天下秋,一尘起大地收。明明祖师意,明明百草头。相头买帽,看楼打楼。"(《慧性禅师语录》卷一,45-518)

（7）当时若有个为众竭力的衲僧,下得这毒手,也免得拈花微笑,空破面颜;立雪齐腰,翻成辙迹。自此将错就错,<u>相篓打篓</u>,遂有五叶芬芳,千灯续焰。（《五灯》卷一九"日益禅师",p.1252）

（8）上堂,举僧问马祖:"如何是佛?"祖曰:"即心是佛。"师云:"马大师也是<u>看孔着楔</u>。"（《古尊宿》卷四三"真净禅师",p.833）

上揭语例中,"量才补职"字面义指根据才能补充职位,"量才处职"字面义指根据才能处以职位,"买帽相头""相头买帽"字面义指买帽子要看看头的大小,"度脚买靴"字面义指买靴时量一量脚的大小,"看楼打楼""相篓打篓"字面义指根据楼犁开垄沟的情况来下种,"看孔着楔"字面义指根据木孔的形状大小安放相应的楔子,这些俗成语的字面义虽然有别,但深层义均比喻根据学人不同的根器,采用相应的方式施教。

本组同义成语多达 34 个,唐宋禅籍同义成语的丰富性和多样化表达,由此可见一斑。汉语语汇史是以汉语口语语汇发展史为研究对象的一门学科,侧重于对汉语口语语汇史的构建,以呈现汉语语汇史的整体面貌和清晰轮廓。蒋绍愚(前言,2015:3)指出,"史的研究和理论的研究不是互不相关的,而是紧密关联的,史的研究需要有理论的眼光和理论的思考,理论的研究需要有史的研究作为坚实的基础"。这虽然是对词汇而言的,但同样适用于语汇研究。语言理论来源于语言现象和语言事实,是对语言现象和语言事实作出的理论总结。语言现象越丰富,我们的理论认识就越全面。唐宋禅籍白话语料中蕴藏的数量庞大的俗成语,为我们研究汉语历史语汇提供了非常丰富的研究对象和语言现象,在汉语史上的地位和研究价值是不言而喻的。

第二节　唐宋禅籍俗成语与辞书编纂

唐宋禅籍中出现的数量庞大的新成语,对大型辞书的编纂和修订亦有突出的语料价值。现今出版的各类大型成语词典和《汉语大词典》,由于对唐宋禅籍俗成语措意不足,致使唐宋禅籍俗成语在辞书编纂和修订方面的重要价值未能得到充分体现,这不能不算是一种遗憾,因而发掘唐宋禅籍俗成语的辞书编纂价值,显得很有必要。本书将在下编《唐宋禅籍俗成语例释》部分穷尽性揭示这方面的学术价值,这里就其要者先举例说明。

一　纠正误释

现代汉语有不少常用成语源自禅宗文献,但现今大型辞书对其中的一些成语在禅籍中的本源意义长期以来存在误解,亟须纠正。下面以"家贼难防""抛砖引玉""打草惊蛇""唯我独尊"四则成语为例,考辨这些禅籍俗成语的本源意义和理据问题。

1. 家贼难防

"家贼难防"最早见于北宋禅僧勘问梁山缘观禅师(约 10 世纪)的一则公案,南宋宝印禅师在接引禅僧时也用到了这一成语。其例如下:

（1）问:"家贼难防时如何?"师曰:"识得不为冤。"曰:"识得后如何?"师曰:"贬向无生国里。"(《五灯》卷一四"缘观禅师",p.864）

（2）僧曰:"人境已蒙师指示,西来祖意又如何?"师云:"白石有消日,清声无尽年。"僧曰:"谢答话。"师云:"家贼难防。"(《续灯》卷二五"宝印禅师",p.677）

现今词典在解释"家贼难防"时,大都援引上揭两例为首证,而径以世俗常用义作解。比如,《大词典》(3-1476)释作"家庭内部的贼人或内奸最难防范",王涛等(编著,2007:495)释作"比喻内部的坏人最难防范",孙维张(2007:117)释作"家里的人如果做贼,下手的机会多,防不胜防",刘洁修(2009:559)释作"出自内部的败类最难防备"。上揭词典对"家贼难防"的释义,验诸禅籍文例显然不契合,实是不明"家贼"在禅籍中的比喻义所致。《俗语佛源》(2013:186)认为:"佛教以色声香等'六尘'为'外六贼',以眼耳鼻等'六根'为'内六贼'。家贼即指内六贼而言,谓六根的贪欲。如《杂阿含经》卷四三谓:'内有六贼,随逐伺汝,得便当杀,汝当防护……六内贼者,譬六爱欲(实作"爱喜"二字)。'六根以其内在的贪欲,追逐声色等尘染,劫掠人本性中的善法,故称'家贼难防'。"孙剑艺(2010:81)也认为"家贼"指"人身内部扰乱心志、劫杀善性的诸种感官欲求与邪念,即所谓'六根'"。

今按,用"六根"或"六根的贪欲"解释"家贼",还嫌不确。"贼"本指劫掠财物的盗贼,佛家用以比喻劫掠众生自性家珍的识念和尘境,有内"六贼"和外"六贼"

的分别。外"六贼"又称"六尘贼"①,譬喻令众生产生烦恼的色、声、香、味、触、法等六尘,因六尘常趁无明黑暗劫掠众生自性家珍,故以"六贼"譬之。内"六贼"本喻六根的爱喜,此喻仅见上揭《杂阿含经》1例。而在禅籍中,内"六贼"则喻六根引起的各种心识妄念,也称"六识之贼"。唐惠能《坛经》第31则:"常净自性,使六贼从六门走出,于六尘中不离不染,来去自由,即是般若三昧,自在解脱,名无念行。"(p.74)"六门"指眼、耳、鼻、舌、身、意六根,"六贼"则指"六识之贼"②,而非指"六根"或"六根的贪欲"。唐大圆《沩山警策》曰:"从迷至迷,皆因六贼。"宋守遂注曰:"六识之贼,自劫家宝。"(X63/230b)"六贼"即指"六识之贼"。"六识"谓眼识、耳识、鼻识、舌识、身识、意识,因"六识"攀缘尘境,损害清净自性,自劫家宝,故亦以"六贼"譬之。唐神秀在托名之作《观心论》中曰:"其六贼者,则名六识,出入诸根,贪着万境,能成恶业,损真如体,故名六贼。"(T85/1270c)

检覆禅宗文献,"家贼"即指"六识之贼",喻指六根引起的各种心识妄念。

（3）僧问:"家贫遭劫时如何?"师曰:"不能尽的去。"曰:"为什么不尽的去?"师曰:"贼是家亲。"曰:"既是家亲,为什么翻成家贼?"师曰:"内既无应,外不能为。"(《传灯》卷二二"清豁禅师",p.1701)

（4）遂问:"家贼恼人时如何?"师曰:"谁是家贼?"李竖起拳。师曰:"贼身已露。"李曰:"莫涂糊人好!"师曰:"赃证见在。"李无语。(《五灯》卷一八"吉禅师",p.1225)

（5）此六尘境,大能引人,入于恶道。大修行人道俗,须用防谨如家贼。(《圆觉经心镜》卷三,X10/392c)

例（3）"贼"指"六识之贼","六识"是以"六根"为依而产生的自家心识,故清豁禅师称"贼是家亲"。又因"六识"内贼攀缘尘境,勾连"六尘"外贼,损害清净自性,故又翻成"家贼"。例（4）"家贼"喻指六根引起的心识妄念,是令人产生烦恼的根源。"贼身已露"言心识妄念已经显露,因为竖拳行为表明他已经起心动念。

---

① 佛家以"六贼"譬喻"六尘",最早见于北凉昙无谶译《涅槃经》卷二三:"六大贼者即外六尘,菩萨摩诃萨观此六尘如六大贼,何以故? 能劫一切诸善法故,如六大贼能劫一切人民财宝,是六尘贼亦复如是,能劫一切众生善财。"(T12/501a)

② 郭朋(2012:74)校释:"六贼,即眼耳鼻舌身意'六识'。禅宗中人,以'六识'攀缘外境,使人丧失'本性'('自性'),故形象地称'六识'为'六贼'。"可参。

例（5）"家贼"义对"六尘境"，即指"六识之贼"。更为直接的证据是，因"家贼"指
"六识之贼"，故可直接称作"六识家贼"。

（6）由六根为媒，引起六识家贼，劫害真性。（《楞严经直指》卷四，
X14/517c）

"六识家贼"包括"眼识贼""耳识贼""舌识贼"等，还可以称为"内贼"，如：

（7）眼空保色空，色空保眼空，两空自相保，则无眼识贼。耳空保声空，声
空保耳空，两空自相保，则无耳识贼。鼻空保香空，香空保鼻空，两空自相保，
则无鼻识贼。舌空保味空，味空保舌空，两空自相保，则无舌识贼。身空保触
空，触空保身空，两空自相保，则无身识贼。（《宗镜录》卷五四，31-338）

（8）人但知六识为内贼，劫家宝。不知招引内贼劫家宝者，实六根也。
（《楞严经合辙》卷四，X14/339a）

这里的"内贼"义同"家贼"，指六识家贼。那么，禅语"家贼难防"中的"家
贼"，是否也是指六识家贼呢？先看下面两个语义较为明显的例子：

（9）六门晓夜任开张，家贼难防事可伤。识得家亲恩爱断，更无一物献尊
堂。（《禅宗颂古联珠通集》卷二九，85-369）

（10）外贼易破，家贼难防。正当此时，六贼交侵，如何抵敌？（《古雪哲禅
师语录》卷八，60-253）

例（9）"家贼"与"六门""家亲"相厕，显然是指六识家贼。例（10）"家贼"与
"外贼"对举，即指六识家贼，下文"六贼交侵"是其显证。可见，在禅语"家贼难防"
中，"家贼"非指"家庭内部的贼人或内奸"的字面义，也非指"六根"或"六根的贪
欲"，而是喻指六识家贼。"家贼"的词义既明，则"家贼难防"的语义就很显豁了，
比喻六根引起的各种心识妄念最难防备。事实上，在禅籍中就有对"家贼难防"的
正确解释。

（11）来云遍识，偷心难伏，此是无始劫来生死根本，岂能一念顿荡哉！古
人道"家贼难防"，正谓此也。（《无念禅师复问》卷三，J20/151b）

"偷心难伏"指向外攀缘的心识难以调伏[1]，这正是"家贼难防"的最佳注解。

---

① 《佛光大辞典》（1989：4384）"偷心"条："原指偷盗之心，于禅林中转指分别之心，系对动念之
贬责。"可参。

回头再看现今词典常引的两个例子,例(1)与例(9)句意可作比较,禅僧的问头意指六根引起的心识妄念很难防备,该怎么办呢? 禅师回答"识得不为冤",因为"识得家亲恩爱断",自然不会成为冤家了。清超启《祖亮启禅师语录》卷二:"复问众云:'杂念纷纷时如何?'一僧云:'识得不为冤。'"(61-243)句意基本相同,可证例(1)"家贼"是指六根引起的"杂念"。例(2)用"家贼难防"剿断禅僧的答谢话,相似的用法在禅籍中还有1例:

> (12)僧云:"学人来夜果子,还有分也无?"师云:"独有尔无分。"僧云:"谢和尚果子。"师云:"家贼难防。"(《虚堂和尚语录》卷九,46-774)

两例的"家贼难防"用法相同,也是指六根引起的心识妄念最难防备。盖因参问话头已是起心动念,再说感谢的话又是一次起心动念。所以在禅籍中就可见到直接用"家贼难防"剿断参问话头的情形。

> (13)云:"自古自今,同生同死时如何?"曰:"家贼难防。"(《普灯》卷一七"胜禅师", p.440)

用"家贼难防"直接剿断学人的情识,告诫学人六根引起的心识妄念最难防备,无益于参禅悟道。再看"家贼难防"在禅籍中剩余的几个例子:

> (14)举僧问法眼:"声色两字,如何透得?"眼云:"大众若会这僧问处,透声色也不难。"师云:"从前不了,只因家贼难防,直下分明,且向草庵止宿。"(《宏智禅师广录》卷三,44-419)

> (15)上堂,举赵州入僧堂云:"有贼! 有贼!"见一僧便云:"贼在这里。"僧云:"不是某甲。"赵州托开云:"是即是,不肯承当。"师云:"赵州收处太宽,放去太急,净慈则不然,家贼难防,家财必丧。"卓拄杖曰:"只可错捉,不可错放。"(《居简禅师语录》卷一,46-22)

> (16)你若家贼难防,损失法财。(《即念禅师语录》卷一,55-311)

例(14)言从前不知如何超越声色,只因六根引起的心识妄念难以防备。例(15)"家财"喻指珍贵的自性,例(16)"法财"也指珍贵的自性,这两例"家贼难防"的语义很显豁,均指六根引起的心识妄念难以防备,因其劫掠自性家珍。由此看来,"家贼难防"在禅籍中和世俗文献中的语义殊为不同,不可不察焉。

2. 抛砖引玉

"抛砖引玉"最早见于唐代赵州从谂禅师(公元778—897年)的一则公案语

录,钱大昕《恒言录》卷六曰:"抛砖引玉,赵州禅师语也。"(p.190)该公案见于《赵州和尚语录》卷一、《传灯》卷一〇"赵州禅师"、《五灯》卷四"赵州禅师"等,其例如下:

（1）大众晚参,师曰:"今夜答话去也,有解问者出来。"时有一僧便出礼拜,师曰:"比来抛砖引玉,却引得个墼子。"(《传灯》卷一〇"赵州禅师",p.664)

现今词典常引此例为首证,而释义有两种情况:一种是用字面义作解,如王涛等(编著,2007:773)释作"抛出砖去,引回玉来",《俗语佛源》(2013:106)释作"意谓原来自己抛出一块砖是想引出一块玉,却不料引出一块墼子(土坯)"。另一种是用世俗常用义作解,如《大词典》(6-397)释作"以浅拙引出高明的谦词",孙维张(2007:163)释作"比喻以浅陋的见解,引出高雅深智的道理来",刘洁修(2009:865)释作"比喻用粗浅的、拙劣的东西引出别人高超的、完美的东西"。

今按,"抛砖引玉"显非用作字面义,第一种释义不可取。第二种释义实据世俗用义作解,对禅籍用例而言还嫌不确。在禅籍文献中,"抛砖引玉"喻指抛出勘验话头以引出对方高深的悟道见解,是一种勘验对方悟道深浅的手段。现今释义有三点不确:一是"抛砖"喻指抛出勘验话头,而非"浅陋的见解";二是"引玉"喻指引出高深的悟道见解,三是"抛砖引玉"还没有"自谦"的色彩义。请看下面的例子。

（2）师举:"古来老宿行俗官巡堂云:'这里有二三百师僧,尽是学佛法僧。'官云:'古人道金屑虽贵,又作么生?'无对。"师拈问镜清,镜清代云:"比来抛砖引玉。"(《祖堂》卷七"雪峰和尚",p.348)

这里镜清用"抛砖引玉"描述一位老尊宿勘验一位俗官的情形。老尊宿"抛砖"说:"这里有二三百师僧,尽是学佛法僧",所抛之"砖"并非浅陋的见解,而是勘验对方的话题,希望引出俗官高明的悟道见解。但俗官不契话题,而是请教古人说的"金屑虽贵",执着于古德言句。

（3）因有僧问大容云:"天赐六铢披挂后,将何报答我皇恩?"大容云:"来披三事衲,归挂六铢衣。"师闻之,乃曰:"这老冻鲙作怎么语话!"大容闻,令人传语云:"何似奴缘不断?"师曰:"比为抛砖,只图引玉。"(《传灯》卷二四"宝华和尚",p.1899)

这里宝华禅师所抛之"砖",是评论大容禅师接引学人的话——"这老冻鲙作怎么语话",并非浅陋的见解,而是勘验对方的话题。大容禅师传来的话是"何似奴缘不断"，所引出的"玉"并非高深的悟道见地。宝华禅师无奈地说，先前抛出的话，只想引出你高深的悟道见解啊。

（4）玄沙问僧："近离甚处？"僧云："德山。"沙云："近日有何言句？"僧云："一日上堂，众才集，乃掷杖便归，闭却门。"沙云："错举了也。"僧罔措。代云："比来抛砖引玉。"（《楚石禅师语录》卷八，49-554）

这里玄沙禅师用"抛砖引玉"描述自己对行脚僧的一番勘验。玄沙所抛之"砖"有"近离甚处？""（德山法师）近日有何言句？"显然所抛之"砖"并非浅陋的见解，而是勘验对方的话题。其僧不辨玄沙句里机锋，未能以悟道高深的话接机，而是"实话实说"，陷入了俗妄的知见，故玄沙说他"错举了也"。

"抛砖引玉"也说成"引玉抛砖"，下面的例子都出自后代禅师对古德公案的评论。

（5）一日与渤潭澄上蓝溥坐次，潭问："闻郎中道，夜坐连云石，春栽带雨松。当时答洞山什么话？"公曰："今日放衙早。"潭曰："闻答泗州大圣扬州出现的，是否？"公曰："别点茶来。"潭曰："名不虚传。"公曰："和尚早晚回山？"潭曰："今日被上蓝觑破。"蓝便喝。潭曰："须是你始得。"公曰："不奈船何，打破屏斗。"

瀛山闿云："贼来相趁，客来相待。一个引玉抛砖，一个埋兵掉斗，无端殃及上蓝，真个不奈船何，打破屏斗。要识三大老面目么？琵琶随手拨，箫鼓应时鸣。"（《宗门拈古汇集》卷四一，90-483）

针对潭禅师和某公的机锋法战，瀛山闿禅师用"一个引玉抛砖，一个埋兵掉斗"描述评价。"引玉抛砖"显然是一种勘验对方悟道深浅的手段，而且是第三者用于对古德交锋的评价，全无"自谦"的色彩义。

（6）曹山本寂禅师因僧清税问："清税孤贫，请师拯济。"山唤税阇梨，税应诺。师云："青源白家三盏酒，吃了犹道未沾唇。"

松源岳云："税阇梨抛砖引玉，不知换得个甓子。曹山虽来风深辨，可惜不一等与他本分草料。"（《禅林类聚》卷一八，88-218）

这则公案是禅僧清税对本寂禅师的勘验，禅僧所抛之砖为"清税孤贫，请师拯济"，曹山深辨来风，便唤税阇梨，其僧应诺，反而被曹山堪破了。松源禅师用"税阇梨抛砖引玉，不知换得个甓子"评价，意即其僧抛出勘验话头以引出对方高深的悟道见解,不想换来了自己反被堪破的结果。

（7）举僧问金峰:"是身无知,如土木瓦砾,此意如何?"峰下禅床把僧耳朵
扭,僧作痛声。峰云:"今日始捉着个无知汉。"僧礼拜,出去。峰召云:"阇梨。"
僧回首。峰云:"若到僧堂里,不得举着。"僧云:"何故如此?"峰云:"大有人笑
金峰老婆心。"

佛果拈云:"这僧<u>抛砖引玉</u>,金峰入草寻人。虽然末后殷勤,其奈画蛇安足。
若是山僧,待伊问是身无知,如土木瓦砾,此意如何? 则当胸毒与一拳,听他自
知落处。"(《拈八方珠玉集》卷三,89-559)

这则公案是禅僧对金峰禅师的勘验,禅僧所抛之"砖"为"是身无知,如土木瓦
砾,此意如何",并非浅陋的见解,而是勘问对方的话题,本想引出金峰高深的悟道
知见,结果反被金峰勘破。圆悟佛果禅师用"抛砖引玉"评价公案,意即抛出勘验
话头以引出对方高深的悟道见解。这些例子中的"抛砖引玉"出自他人评论,并非
"自谦"用法。

（8）任者<u>抛砖引玉</u>,始知居士具大根器,得大辨才。(《天隐和尚语录》卷
一二,53-574)

任者通过"抛砖引玉",勘验出"居士具大根器,得大辨才","抛砖引玉"显然
是一种勘验对方悟道深浅的手段,喻指抛出勘验话头以引出对方高深的悟道见解。
在禅籍语录中,还有一则"抛砖引墼"的成语,指抛砖本想引玉,却引出个墼子来,比
喻抛出勘验话题本想引出高深的悟道见解,却引出更加低劣的见识。

（9）师云:"伶俐汉闻举便知落处,然虽如此,放过觉铁嘴。夫宗师语不虚
发,出来必是作家,因什么<u>抛砖引墼</u>?"(《明觉禅师语录》卷三,39-189)

（10）若是举一明三,目机铢两,如磁石见铁相似,轻轻一引便动,说甚好与
三十,说甚<u>抛砖引墼</u>。(《云谷和尚语录》卷一,47-231)

回头再看例(1)中的"抛砖引玉",赵州禅师抛出"今夜答话去"的话头,显非浅
陋的见解,而是勘验众僧的话题,因为禅之真义非言诠所及,如若答话便落二落三。
《圆悟禅师语录》卷三:"上堂云:'万机不到,千圣不携。截断葛藤,掀翻路布。若也
从苗辨地,因语识人,犹落第二机在。'"(41-209)抛出勘验话头,当然是为了引出
对方高深的悟道体验,以此判断对方是否证悟。其僧不明赵州抛出话头的意旨,出
来便行礼,不免被赵州称为"墼子"。从后代禅僧对赵州此则公案的拈古评价中,就

看得更清楚了。

（11）拈云："金将石试，玉将火试，人以语试。这僧未曾开口，便道是个蛰子，何耶？若不酬价，争辨真伪？"（《可湘禅师语录》卷一，47-97）

（12）老僧答话也，岂是教你问？抛砖引玉大垂慈，脱颠囊锥徒逞俊。（《楚石禅师语录》卷一二，49-594）

（13）师云："诸方尽道赵州得逸群之用，一期间施设，不妨自在。这僧要击节扣关，电光中卒着手脚不办。"（《圆悟禅师语录》卷一六，41-335）

例（11）"人以语试"即指用话语来试验其人是否悟道，所谓"从苗辨地，因语识人"，可见赵州禅师"抛砖引玉"实乃勘验之举。例（12）抛出"老僧答话也"的话头，不是让你问话的，而是勘验你是否悟道，禅旨非言诠所及，故"抛砖引玉"已是大慈悲了。例（13）用"一期间施设，不妨自在"评价赵州禅师"抛砖引玉"之举，可见"抛砖引玉"并非指"比喻以浅陋的见解，引出高雅深智的道理来"，而是一种用话头引出对方悟道见地的勘验手段。

3. 打草惊蛇

"打草惊蛇"最早见于唐五代报慈禅师对雪峰禅师自己掌掴公案下的代语，公案及代语见于《祖堂》卷七"雪峰和尚"：

（1）师入佛殿，见经案子问玄沙："是什么经？"对云："《华严经》。"师云："老僧在仰山时，仰山拈经中语问大众：'刹说众生说，三世一切说，为什么人说？'无人对。云：'养子代老。'借此问阇梨，阇梨作么生道？"玄沙迟疑，师却云："你问我，我与你道。"玄沙便问，师便向面掭身云："掴！掴！"报慈拈问卧龙："话是仰山话，举是雪峰举。为什么雪峰招掴？"龙云："养子代老。"慈云："打草惊蛇。"（《祖堂》卷七"雪峰和尚"，p.356）

公案记载雪峰禅师用自掌耳掴的方式与玄沙和尚交流禅法。报慈禅师问卧龙和尚：话是仰山的问话，举公案是雪峰举出的，为什么雪峰禅师要自己掌掴？卧龙说"养子代老"，报慈则下代语"打草惊蛇"。现今辞书还举到《传灯》中的"打草惊蛇"例子：

（2）问："四众围绕，师说何法？"师曰："打草惊蛇。"曰："未审作么生下手？"师曰："适来几合，丧身失命。"（《传灯》卷一三"省念禅师"，p.928）

现今辞书大都援引上揭两例为证，刘洁修（2009:232）引《祖堂》例，释作"原比喻惩治甲方以警告乙方,或甲方受到挫折而引起乙方畏首畏尾"。《大词典》(6-318)引上揭《传灯》例,释作"喻惩彼戒此"。今按,上揭释义均不确。在禅籍文献中,"打草"喻指施设的方便法门,其目的是启悟他人领会禅法意旨,故"惊蛇"喻指惊醒他人悟道。

(3)举福州报慈问僧:"近离甚处?"僧云:"卧龙。"慈云:"在彼多少时?"僧云:"经冬过夏。"慈云:"龙门无宿客,为什么在彼许多时?"僧云:"狮子窟中无异兽。"

佛鉴拈云:"报慈打草,只要惊蛇。"(《拈八方珠玉集》卷二,89-513)

例(3)佛鉴拈举公案后云:"报慈打草,只要惊蛇。"对照公案可知,"打草"指报慈勘问来僧的一番话,是对来僧施设的方便法门。禅宗主张"不立文字""以心传心"的传教原则,但在接引学人、交流禅法时,不妨稍微通融,允许略开方便之门,垂示一言半句以启悟学人。圆悟禅师的语录最能说明这个问题。

(4)解语非干舌,能言不在词。明知舌头语言,不是倚仗处。则古人一言半句,其意唯要人直下契证本来大事因缘。(《圆悟禅师语录》卷一五,41-320)

可见禅僧施设方便法门,其目的是"唯要人直下契证本来大事因缘",即启悟他人证悟佛道。因此,"打草"的目的就是"惊蛇",即惊醒他人悟道。

(5)举僧问盐官国师:"如何是本身卢舍那?"师云:"与我过净瓶来。"僧将净瓶到。师云:"却安旧处着。"僧复问:"如何是本身卢舍那?"师云:"古佛过去久矣。"

拈云:"国师片片血心,不知图个什么?"良久云:"打草要使蛇惊。"(《元来禅师广录》卷九,56-541)

例(5)元来禅师拈举公案后云:"打草要使蛇惊","打草"指盐官国师殷勤接引学僧,对学僧施设方便法门,只图"要使蛇惊",即指要使学僧省悟佛法大道。

(6)举忠国师一日三唤侍者,侍者三应诺。师云:"将谓吾辜负汝,却是汝辜负吾。"国师三唤侍者,打草只要蛇惊。谁知洞底青松,下有千年茯苓。国师有语不虚施,侍者三唤无消息。平生心胆向人倾,相识不如不相识。(《续灯》卷二八"慧南禅师",p.766)

例(6)慧南禅师先举忠国三唤侍者,侍者三应诺而不契悟的公案,后颂古云:"国师三唤侍者,打草只要蛇惊。"对照公案可知,"打草"指忠国三唤侍者,是对侍者设施的方便法门,"只要蛇惊"即指只要使学僧惊醒悟道。

在禅籍语录中,"打草惊蛇"的相关说法有"打草只要蛇惊""打草只要惊蛇""打草要蛇惊""打草要使蛇惊"等,如:

(7)重阳上堂,拈拄杖云:"九日当佳节,黄花处处新。相逢多醉客,少见独醒人。"卓一下,云:"打草只要蛇惊。"(《师范禅师语录》卷一,45-687)

(8)上堂,拈拄杖,召大众云:"韶光去也谁能留,长江滚滚无暂休。人生既老不复少,此心未了空悠悠。或有个汉出来道,大小径山犹作这个语话。"卓一下,云:"打草只要蛇惊。"(《师范禅师语录》卷二,45-693)

(9)山僧今日打草只要惊蛇,个中若有一拨便转的衲僧,免教撒土撒沙。(《宗门拈古汇集》卷七,90-78)

(10)因行不妨掉臂,打草只要惊蛇。若能一拨便转,免致撒土撒沙。(《圆悟禅师语录》卷一七,41-341)

例(7)上言"相逢多醉客,少见独醒人",下言"打草只要蛇惊",即指施设方便法门,只要惊醒他人悟道。例(8)言大小径山不惜入草犹作这个语话,那是因为"打草只要蛇惊",为了启悟他人悟道。例(9)(10)下言"一拨便转",指一点拨就能领悟,足证"打草只要惊蛇"喻指开示方便法门,只求惊醒人悟道。

据此,"打草惊蛇"字面义指敲打草丛以惊动蛇,禅家比喻施设方便法门以惊醒他人悟道。验之禅籍众例,无不可通。

(11)本分工夫捞摝虾蚬也,平生快活。应接磨砻之妙,对酬锥凿之方。电卷之机轮,风驰之问答。打草惊蛇之句,探竿影草之功。(《传灯》卷三〇,p.2482)

(12)修公打草惊蛇,贵要回光返照。忽然自肯直下承当,本自圆成,不劳修证。(《请益录》卷一,86-212)

(13)悬崖一拶乃至打草惊蛇,据款结案,尽是将自得不传之妙,转作为人方便。(《惟则禅师语录》卷三,49-51)

(14)天童不免下个注脚,差之毫厘,失之千里。会也打草惊蛇,不会也烧钱引鬼。(《宏智禅师广录》卷四,44-463)

(15)师云:"这僧不道不曾游山,只欠慎初护末。不能坐断仰山舌头,仰山不道勘这僧不破,只欠些子慈悲,不能截断云门葛藤。净慈怎么道,不图打草

惊蛇,只要后人检责。"(《广闻禅师语录》卷四,46-68)

例(11)"打草惊蛇"与"探竿影草"相对举,一指施设法门以惊醒他人悟道,一指施设法门以勘验他人是否悟道,都是捞摝众生施设的"本分工夫"。例(12)"打草惊蛇"与"回光返照"对举,一指施设法门以惊醒他人悟道,一指收回向外求觅佛法的眼光反观自性。例(13)下言"尽是将自得不传之妙,转作为人方便",可知"打草惊蛇"是为启悟他人而施设方便法门。例(14)言若领会注脚意旨,那么施设的法门就能惊醒别人悟道。例(15)言不图施设法门以惊醒别人悟道。

在禅籍语录中,"打草惊蛇"相关的俗成语还有"打草蛇惊""惊蛇打草"。

(16)问僧:"什么处来?"僧云:"斋来。"师云:"打草蛇惊。"(《古尊宿》卷六"睦州和尚",p.102)

(17)只这阿师,应不赚汝,便吃拄杖三十,也知道打草蛇惊。若受千言教诲,不肯听时,翻成毒药。(《印肃禅师语录》卷一,44-682)

(18)慧修上人请上堂,竖拂子云:"只这是明杲杲触处洞然,何所不了?世尊才生下来,便以手指天地,行七步,顾四方,口喃喃地,无非是惊蛇打草。"(《石奇禅师语录》卷四,62-512)

(19)六祖下南岳让至我径山老人,为三十五世,源源有准,代代无差。究其旨归,无非阔扬正眼,展演全机,彻底为人,直截痛快,并及惊蛇打草。(《百痴禅师语录》卷一八,61-567)

例中"打草蛇惊"指施设方便法门使人悟道,"惊蛇打草"指为使人悟道而施设法门。其义与"打草惊蛇"基本相同。在禅僧施设的方便法门中,作略不限于言句,还包括动作行为,即动作语,如:

(20)师坐定,拈拄杖打绳床一下,云:"会么? 打草要蛇惊。"良久复云:"祖意难穷,得之者可越阶梯,教乘易晓,失之者永隔毫厘。"(《善昭禅师语录》卷一,39-589)

这里"拈拄杖打绳床一下",就是善昭禅师的"打草"施设,目的是要惊醒他人悟道,所以下言"会么",领会了吗? 回头再看《祖堂》和《传灯》例句的"打草惊蛇"。例(1)雪峰禅师用自掌耳揾的方式与玄沙和尚交流禅法,自掌耳揾便是施设的"打草"作略,"惊蛇"显然是想让玄沙和尚领悟禅旨。例(2)"适来几合"对机就含有省念禅师施设的"打草"作略,"惊蛇"指惊醒大众领悟佛法。

4. 唯我独尊

"唯我独尊"也说成"唯吾独尊",出自后代僧人附会释迦牟尼佛降生时的一个传说,在禅籍中用例众多。先看下面几个例子:

（1）又《普曜经》云:"佛初生时,放大光明,照十方界,地涌金莲,自然捧足,东西南北,各行七步,观察四方,一手指天,一手指地,作狮子吼:天上天下,<u>唯我独尊</u>。"(《祖堂》卷一"释迦牟尼佛",p.11)

（2）世尊才生下,乃一手指天,一手指地,周行七步,目顾四方曰:天上天下,<u>唯吾独尊</u>。(《五灯》卷一"释迦牟尼佛",p.11)

（3）浴佛上堂:"悉达太子初生下时,周行七步,目顾四方,一手指天,一手指地,天上天下,<u>唯吾独尊</u>。"山僧闻知,甚是不甘。(《慧开禅师语录》卷一,42-16)

例中的"唯我独尊",《大词典》(3-386)释作"本为佛教推崇释迦牟尼之语",王涛等(编著,2007:1127)释义略同。孙维张(2007:269)、王闰吉(2012:197)释作"佛教中对释迦牟尼佛推崇的尊敬语"。今按,上揭释义均不确当,关键是对"我"字的理解存在偏差。禅宗认为,在肉身之我里面还蕴藏着一个性灵的真我,这个真我就是人人所具有的本心、自性、佛性,是每个生命个体最为尊贵的主人公。如《联灯》卷二八"义怀禅师":"示众云:'五蕴山头一段空,同门出入不相逢。无量劫来赁屋住,到头不识主人公。'"(p.893)"五蕴山头"即肉身之我,"主人公"即法身真我。

"唯我独尊"之"我",即取"法身真我",《普觉禅师语录》卷一八:"佛初生下,一手指天,一手指地,云:'天上天下,唯我独尊。'所以云三界独尊之谓我,所谓我者,非人我之我。"(42-366)"所谓我者,非人我之我"即是禅林自证。《佛祖历代通载》卷二二:"所谓独尊者,非为金轮王位之尊。所可尊者,我也,道也,法也,心也。"(T49/721a)说得更为明确。因此,"唯我独尊"是指只有真我才是最尊贵的,禅家用来表示真如佛性才是尊贵的主人公。

（4）进云:"世尊初生,一手指天,一手指地,云:'天上天下,<u>唯吾独尊</u>。'这个人人本具,个个不无。"(《宗宝禅师语录》卷一,60-413)

（5）若人了达于心地,一切福慧自圆满。只如当人心地作么生了? 不见道:"天上天下,<u>唯我独尊</u>。"(《为霖和尚餐香录》卷一,62-228)

（6）如释迦老子，才出头来，以手指天地云："唯吾独尊。"此乃明明显示直指之要，以悟人矣。（《道冲禅师语录》卷二，45-290）

（7）世尊初生下，……云："天上天下，唯我独尊。"意在那里？意在钩头。只要各各自知独尊，只如长庆稜和尚悟道了。（《普觉禅师语录》卷一，42-476）

（8）所以道："万象之中独露身，惟（唯）人自肯乃方亲。昔年谬向途中觅，今日看来火里冰。天上天下，惟（唯）我独尊，人多逐末，不求其本。"（《碧岩录》卷一，p.39）

（9）问："如何是佛？"师曰："不指天地。"曰："为什么不指天地？"师曰："唯我独尊。"（《传灯》卷二六"从漪禅师"，p.2052）

（10）问："如何是丈六金身？"师云："天上天下，唯我独尊。"（《广灯》卷二六"法端禅师"，p.549）

（11）佛涅槃日普说："……兄弟，将个唯我独尊贴在额角上看看，还推得到世尊分上么？"（《圆澄禅师语录》卷四，52-67）

上揭例（4）—（8）是用表诠的方式，指出"人人本具，个个不无"的自性才是独尊之我，例（9）—（11）是用隐曲的方式，说明众生追求的"丈六金身""佛"实在就是自性真我啊，例（11）更是急切地说，"将个唯我独尊贴在额角上看看"，自性才是自己尊贵的主人公啊，自我才是最尊贵的呀，"还推得到世尊分上么"？因此，禅家所说的"唯我独尊"，并非是"对释迦牟尼佛推崇的尊敬语"，而是附会佛祖之口以表达"自性真我才是尊贵主人公"的禅旨。

二　补充语目

唐宋禅籍俗成语对辞书编纂和修订的价值还表现在补充语目方面，在1759条唐宋禅籍俗成语中，有上千条俗成语未被现今大型成语词典和《汉语大词典》收录，因而收集解释这批俗成语对完善大型辞书的语目有突出的学术价值。仅在《祖堂集》里首次出现的新成语中，就有如下76条俗成语不见词典收录。

0001 万丈竿头　0005 滴水滴冻　0009 海口难宣　0017 石上栽花　0053 胁不至席
0053 胁不着席　0064 绝虑忘缘　0071 掷剑挥空　0084 形羸骨瘦　0090 灰心尘面
0106 朗月处空　0108 心如朗月　0112 如珠在掌　0164 光吞万象　0171 填沟塞壑
0181 素体相呈　0184 将头觅头　0196 迷己逐物　0201 丧身失命　0205 百丑千拙

0216 起模画样　0225 东觑西觑　0226 东引西证　0230 担枷判事　0231 担枷过状
0261 如痴似狂　0271 如猿捉影　0274 扪空追响　0323 与蛇画足　0357 认儿作爷
0374 龙生龙子　0382 接物利生　0386 慈云普润　0401 量才处职　0414 拨眉击目
0416 拈槌竖拂　0424 空拳黄叶　0425 黄叶止啼　0476 蛇尾龙头　0491 忘前失后
0497 如藤倚树　0512 停囚长智　0536 云开日出　0543 落路入草　0575 瓦砾成金
0592 回光返顾　0611 特牛生儿　0631 出没卷舒　0635 如云似鹤　0639 足下无丝
0717 千乡万里　0751 风驰雾集　0752 星逝波奔　0758 树倒藤枯　0760 日应万机
0779 如履轻冰　0796 头白齿黄　0839 持聋得哑　0844 眼中生翳　0859 口似扁担
0890 如水传器　0891 如瓶泻水　0897 辩泻悬河　0897 辩泻秋涛　0901 名言妙句
0904 言简旨玄　0926 二言三语　0927 东说西说　0927 东话西话　0941 指东指西
0981 压膝道伴　0990 众眼难谩　0993 理长则就　1056 稻麻竹苇　1071 山河大地
1112 洪水滔天

唐宋禅籍俗成语对完善大型辞书语目的学术价值,在下编《唐宋禅籍俗成语例释》部分会有专门揭示,这里不再解释了。

三　补充义项

在唐宋禅籍俗成语中,有180多条俗成语的禅籍新义未被现今大型成语词典和《汉语大词典》收录。在下编《唐宋禅籍俗成语例释》部分,会专门揭示唐宋禅籍俗成语对辞书义项补充的价值,这里略举两例。

1. 扬眉瞬目

"扬眉"犹言"举目",指抬眼望。《列子·汤问》:"离朱子羽方昼拭眦扬眉而望之,弗见其形。"(p.157)"瞬目"指眨眼。《文选·谢惠连〈七月七日夜咏牛女〉》:"蹀足循广除,瞬目曨曾穹。"李善注:"瞬,开阖目也。"(p.1393)在唐宋禅林口语中,"扬眉瞬目"指举目眨眼的示机动作。

（1）问:"扬眉瞬目,皆是方便止啼,父母未生时,请师指个入路。"师云:"井底乌龟头带雪。"(《楚圆禅师语录》卷一,39-13)

（2）上堂云:"扬眉瞬目,拈槌竖拂,弹指謦欬,尽是铰钩搭索。"(《守端禅师语录》卷二,39-63)

（3）问:"拈槌竖拂,皆是止啼之说。扬眉瞬目,未为作者之机。如何是现

前受用？"师云："早衙放过，晚后出来。"（《古尊宿》卷九"慈照禅师"，p.142）

例（1）言举目眨眼的示机动作，都是为方便接引学人施设的权宜之计。例（2）"扬眉瞬目""拈槌竖拂""弹指謦欬"均是指禅家接引学人悟道施设的示机作略。例（3）言"扬眉瞬目"不是禅法高手所示之机，其义显豁。在唐宋禅籍语录中，"扬眉瞬目"还有下面几个变体。

（4）举香严示众云："我有一机，瞬目扬眉。有人不会，别唤沙弥。"（《续灯》卷二七"佛惠禅师"，p.749）

（5）示众云："夫学道人，须识自家本心。将心相示，方可见道。多见时辈，只认扬眉动目，一语一默，蓦头印可，以为心要，此实未了。"（《联灯》卷一九"大颠和尚"，p.580）

（6）谓敏曰："敲空击木，尚落筌蹄。举目扬眉，已成拟议。去此言端，方契斯旨。"（《普灯》卷三"子璇讲师"，p.75）

例（4）上言"我有一机"，下言"瞬目扬眉"，其义显豁。例（5）言只认举目眨眼的示机作略，以为开悟的心要。例（6）"举目扬眉"和"敲空击木"对举，均是接引学人悟道的示机作略。"扬眉瞬目""扬眉动目"等是禅家常用的动作语，主要用来暗示神秘的心灵觉悟。《宗镜录》卷二六："觉是灵觉之性，只今自鉴照语言，应机接物，扬眉动目，运手动足，皆是自灵觉之性。"（31-564）禅僧通过领悟这种动作语暗示的禅机，"通会于一念之间"[1]，顿契禅法真谛。

在唐宋禅籍语录中，表示用眉目示机的俗成语还有不少，如：

（7）问："尊者拨眉击目，示育王时如何？"师云："即今也与么。"僧云："学人如何领会？"师云："莫非摩利支山？"（《祖堂》卷一二"禾山和尚"，p.560）

"拨眉"指用手拨开眉毛的动作，《祖堂》卷一二"龙回和尚"："问：'古人因星得悟，意作么生？'师以手拨开眉。"（p.573）《传灯》卷一七"文邃禅师"："僧云：'作么生是师眼？'师乃以手作拨眉势。"（p.1269）"击目"指目击对方的动作，《祖堂》卷九"落浦和尚"："师曰：'量外之机，徒劳击目。'"（p.415）"拨眉""击目"组合成四字格成语"拨眉击目"，也表示用眉眼暗示禅机的作略。

---

[1]　《传灯》卷二八"慧海和尚"："僧问：'未审托情势、指境势、语默势，乃至扬眉动目等势，如何得通会于一念间？'"（p.2266）

（8）山僧今日向诸人面前说家门，已是不着便。岂可更去升堂入室，拈槌竖拂，东喝西棒，<u>张眉努目</u>，如痫病发相似。不唯屈沉上座，况亦辜负先圣。（《普灯》卷二五"道楷禅师"，p.617）

（9）又有一般人，见人便下棒下喝，<u>瞋眉努目</u>。（《慧远禅师广录》卷三，45-55）

（10）若向这里荐得，便知此事不假修治，如身使臂，如臂使拳，极是成现，极是省力，但信得及便是。何待<u>瞋眉竖目</u>、做模打样、看个一字？（《原妙禅师语录》卷一，47-273）

（11）痴汉！不可<u>瞋眉努眼</u>时便有禅，不<u>瞋眉努眼</u>时便无禅也。（《普觉禅师语录》卷一四，42-332）

"张眉""瞋眉"都是指展开眉毛的样子，"努目""竖目"指瞋眼的样子，组合成四字格俗成语后，禅家表示用展眉瞋眼的作略暗示禅机。例（8）"张眉努目"与"东喝西棒"相厕，例（9）"瞋眉努目"与"下棒下喝"相厕，例（10）"瞋眉竖目"与"做模打样"相厕，这都是禅家常用的示机动作语。例（11）"瞋眉努眼时便有禅"，更能说明"瞋眉努眼"是用以暗示禅机的作略。刘洁修（2009:167）将禅籍中的"瞋眉努目"，释作"形容强横可怕"，不确。另检现今的一些重要辞书，如《大词典》、王涛等（编著，2007）、刘洁修（2009）、冷玉龙等（主编，2014）均未收上揭语义和多数形体。

2. 以胶投漆

"胶""漆"黏合固密，难以分离。把胶投于漆中，彼此再难分离。"以胶投漆"已见于中古汉语[①]，比喻关系亲密，难舍难分。《古诗十九首》之一："著以长相思，缘以结不解。以胶投漆中，谁能别离此？"（p.333）"以胶投漆"进入唐宋禅林口语后，产生了一个新义，形容彼此十分契合。

（1）举道吾一日，指佛桑花问僧："这个何似那个？"僧云："直得寒毛卓竖。"吾云："毕竟如何？"僧云："道吾门下的。"吾云："十里大王。"

佛果拈云："以胶投漆，验影知形。不谙正去偏来，争解明头暗合？还委悉么？"（《拈八方珠玉集》卷二，89-528）

---

① 更早的表达形式是"如胶如漆"，见于《韩诗外传》卷二："与人以实，虽疏必密；与人以虚，虽戚必疏。夫实之与实，如胶如漆。"至于"如胶似漆"这个形式，产生年代则要晚很多，参刘洁修（2009:1008）。

（2）举仰山和尚，一日有梵僧来，山于地上画半月相。僧近前，添作圆相，以脚抹却。山展两手，僧拂袖便出。

佛果拈云："以胶投漆，将盐入酱。羽毛相似，体段一般。虽然如是，大小仰山被个梵僧勘破。"（《拈八方珠玉集》卷三，89-569）

例（1）举道吾与来僧交流禅法公案，例（2）举仰山与梵僧交流禅法公案，佛果禅师用"以胶投漆"予以评价，形容交流禅法时彼此十分契合，下文"明头暗合""羽毛相似，体段一般"即其证。在唐宋禅籍语录中，"以胶投漆"还有如下几个变体。

（3）一言一句，一语一默，并不虚施。可谓心眼相照、胶漆相投也。（《普觉禅师法语》卷二四，42-411）

（4）要是纯刚打就利根上智，然后提其要击其节，如胶投漆，举一明三，阿辘辘的，无窠窟绝渗漏的。（《圆悟禅师语录》卷一五，41-325）

（5）佛果拈云："同安赤心片片，饵在钩头。这僧片片赤心，似胶投漆。为什么？"（《拈八方珠玉集》卷三，89-542）

例（3）"胶漆相投"与"心眼相照"同义连言，例（4）"如胶投漆"、例（5）"似胶投漆"形容禅法交流时彼此十分契合。《大词典》、王涛等（编著，2007）、刘洁修（2009）、冷玉龙等（主编，2014）均未收上揭语义和"胶漆相投""似胶投漆"两个变体。唐宋禅籍俗成语对辞书编纂和修订价值，由此可见一斑。

四　提前书证

唐宋禅籍俗成语在辞书编纂方面的价值还表现在提前书证方面。在唐宋禅籍出现的新成语中，大约有120条新成语虽被大型辞书收录，但书证还可以提前至唐宋时期。仅在《祖堂集》里首次出现的俗成语中，可以为大型成语词典和《汉语大词典》提前书证的条目就有如下这些：

0128 安身立命　0183 骑驴觅驴　0268 拗直作曲　0295 磨砖作镜　0359 七颠八倒
0492 单刀直入　0523 豁然大悟　0718 东奔西走　0746 张三李四　0856 目瞪口呆
0916 横说竖说　1030 亘古亘今　1040 三更半夜

由于在下编《唐宋禅籍俗成语例释》部分，会专门揭示唐宋禅籍俗成语对辞书提前书证的价值，这里不再赘举。

第四章 唐宋禅籍俗成语的新质

在汉语语汇史上,唐宋时期是汉语语汇充分发展的一个重要时期,民间口语中丰富的俗成语新质大量出现,形成了汉语语汇史上民间俗成语大量涌现的第一个高峰,为汉语语汇史新格局的形成奠定了重要的基础。蒋绍愚(2017:370)指出,"汉语词汇史的主干应该是汉语词汇系统的发展变化"。语言新质是导致语言系统新格局形成的基础,我们要了解汉语语汇系统的发展变化,首先要了解不同历史时期语汇系统的新质面貌,然后进行广泛的比较研究。因此,研究一时代语言的新质面貌,是汉语史研究的重要内容。唐宋禅籍俗成语有哪些新质? 这些新质的面貌是怎样的? 它们的来源和产生方式是怎样的? 在汉语史上的地位和研究价值是什么样的? 本章将围绕这些问题,重点阐述唐宋禅籍俗成语新质的类型、总量、构成、来源、产生方式,以期较为全面地揭示唐宋禅籍俗成语新质的总貌和研究价值,深化我们对唐宋禅籍俗成语新质的认识,为汉语史系统研究积累成果依据。

第一节 唐宋禅籍俗成语新质的类型

"新质"和"旧质"是一对历史的概念,"新质"是相对于之前时代的"旧质"而言的。如果我们要研究唐宋时期的语言新质,那么唐宋时期出现的新兴语言成分就是新质,唐宋之前已经出现的语言成分就是旧质。俞理明、顾满林(2013:15)认为,"词汇新质是词汇中发生新变化的成分,包括词汇中的新形式和原有词汇形式的新意义(通常称为新词新义),词汇新质的产生,导致词汇的新格局的形成"。语汇的新质与词汇的新质相似,是指语汇中发生新变化的成分,但由于"语"的结构是相对固定的,会有变体产生。所以,语汇的新质涵盖的范围类别就更为丰富,除了语汇中的新形式和原有语汇形式产生的新义之外,还包括原有语汇形式产生的新变体。唐宋禅籍俗成语的新质,是指唐宋时期产生的在禅籍白话资料里出现的新兴俗成语成分,包括唐宋时期产生的新成语、新变体和新义三种类型。

一 唐宋禅籍里的新成语

"新成语"就是某个时代新产生的成语,它的定型化形式是新产生的,语义当然也是新产生的。成语是定型化的语言单位,判定一个成语的产生时代,自然要依据定型之体出现的年代来确定,而不是这个成语的语源产生年代。比如"对牛弹琴"这个成语,刘洁修(1989:270)指出,"语或本后汉《牟子理惑论》:公明仪为牛弹清角之操,伏食如故,非牛不闻,不合其耳矣"。但我们不能据此认为"对牛弹琴"在汉代已经产生了,因为它的定型之体在北宋禅籍里才见到,《续灯》卷六"惟简禅师":"问:'开口即失,闭口即丧。未审如何说?'师云:'舌头无骨。'僧曰:'不会。'师云:'对牛弹琴。'"(p.158)从目前见到的资料来说,"对牛弹琴"是个不晚于北宋时期产生的新成语。

唐宋禅籍新成语有的始见于唐宋禅籍白话语录,有的始见于唐宋佛经白话语料[①],有的始见于唐宋世俗白话语料。这些俗成语不论语源产生于先唐还是唐宋,都是在唐宋时期的文献里才见到定型之体的新成语。下面按语料分为唐宋时期的禅籍白话、佛经白话和世俗白话三类,对其中出现的新成语作些讨论。

(一)唐宋禅籍白话语录中始见的新成语

在唐宋禅籍俗成语宝库里,大量的俗成语始见于唐宋禅籍白话语录,这些俗成语有的就是在唐宋禅林口语中产生的新成语,有的应是在唐宋世俗口语中产生的新成语,而在唐宋禅林口语中使用,被唐宋禅籍白话语录首次记录了下来。比如:

0211 画虎成狸 0559 把缆放船 0485 平地吃跤 0250 临嫁医瘿 0251 抱赃叫屈
0230 担枷判事 0231 担枷过状 0128 安身立命 0150 枷上着杻 0169 头头是道
0221 矮子看戏 0237 隔靴搔痒 0252 吃水论噎 0239 掩鼻偷香 0241 捏目生花
0240 闭眼作夜 0243 开眼说梦 0244 开眼尿床 0245 开眼瞌睡 0246 立地瞌睡

从现有语料来看,上揭俗成语都是唐宋时期出现的新成语。这些俗成语在唐

---

① 这里的"佛经"指禅籍之外的佛教经典,包括汉译佛经和中土僧人撰作的佛教典籍。禅籍本是属于佛经的文献,这里别立一类,是为了说明唐宋禅籍俗成语的情况。

宋禅籍白话文献中的最早用例如下：

（1）而豪杰俊颖之士高谈大辩，下视祖师者往往信之。岂知失故步<u>画虎成
狸</u>，遭有识大达明眼觑破居常。（《圆悟禅师心要》卷一，41-375）

（2）上堂云："老卢不识字，顿明佛意，佛意离文墨故。白兆不识书，圆悟宗
乘，宗乘非言诠故。如此老婆心，分明入泥水。今时人犹尚抱桥柱澡洗，<u>把缆
放船</u>。"（《续灯》卷一二"照觉禅师"，p.348）

（3）师云："石头好个无孔铁锤，大似吩咐不着人。药山虽然过江悟去，争
奈<u>平地吃跌</u>。"（《续灯》卷二七"圆通禅师"，p.753）

（4）秀师拂拭尘埃，大似<u>临嫁医瘿</u>。老卢半夜三更，着忙走过东岭。至今
子子孙孙，一半瞌睡未省。（《续灯》卷一八"自龄禅师"，p.514）

（5）时有僧问："如何是佛？"师云："<u>抱赃叫屈</u>。"（《续灯》卷二"光祚
禅师"，p.37）

例（1）"画虎成狸"指本来想画老虎，结果画成了狸猫。比喻行事弄巧成拙，适
得其反。例（2）"把缆放船"指把住缆绳，放船航行。禅家比喻执着于固有知见，不
能彻底利索地悟道。例（3）"平地吃跌"指在平地上摔了跟头。禅家比喻平白无故
地受挫。例（4）"临嫁医瘿"指临到出嫁才医治瘿瘤，比喻事到临头才去解决，为时
已晚。例（5）"抱赃叫屈"指手里抱着赃物，嘴里却喊冤屈，形容抵赖和辩解十分可
笑。禅家常用来暗示自身就是佛，不必抵赖。依据目前资料判断，这些俗成语都是
不晚于北宋时期产生的新成语。

（6）师问僧："才有是非，纷然失心。祖师与么道，还有过也无？"对云："不
可道无。"师云："过在于何？"对云："合与么道不？"师云："你只是<u>担枷判事</u>。"
（《祖堂》卷一三"报慈和尚"，p.590）

（7）又问："大德讲什么经论？"云："曾讲十数本经论。""何得妄说？"对
云："某甲实语。"师云："雪上更加霜，<u>担枷过状</u>来。我与你道不妄语，近前来！"
（《祖堂》卷一九"陈和尚"，p.863）

（8）问："学人不据地时如何？"师云："向什么处<u>安身立命</u>？"（《祖堂》卷
一七"岑和尚"，p.768）

（9）示众云："法尔不尔，建立乖真。堂堂现成，雕琢成伪。妙圆超悟，头上
安头。顿获法身，<u>枷上着杻</u>。"（《联灯》卷二八"子鸿禅师"，p.906）

（10）座曰："莫便是向上宗乘也无？"师云："领取当机语，不用别追求。"座曰："若然者，<u>头头是道</u>，句句明心。"（《续灯》卷一七"佛国禅师"，p.505）

例（6）"担枷判事"指戴着枷锁断狱，自求解脱。禅家比喻带着俗情妄念等束缚自求解脱。例（7）"担枷过状"指戴着枷锁递交诉状。禅家比喻自我束缚，不得解脱。例（8）"安身立命"比喻开悟心要后身心安乐，精神有了寄托。例（9）"枷上着杻"，散言"枷上更着杻"。《传灯》卷一二"陈尊宿"："僧云：'某甲过在什么处？'师云：'枷上更着杻。'"（p.808）指颈上已戴枷锁，手上再加手铐，比喻受到多重俗情妄念的束缚，不得自在解脱。例（10）"头头是道"指处处都是领悟佛法之道。

（11）师云："你试下一转语看。"英云："一状领过。"师云："<u>矮子看戏</u>。"（《倚遇禅师语录》卷一，39-737）

（12）问："圆明湛寂非师旨，学人因底却不明？"师曰："辨得未？"僧曰："怎么即识性无根去也。"师曰："<u>隔靴搔痒</u>。"（《传灯》卷二二"契稳禅师"，p.1698）

（13）问："如何是十身调御？"曰："<u>吃水论噎</u>。"（《普灯》卷一二"道昌禅师"，p.326）

（14）云："高高处，平之有余；低低处，观之不足。"师云："节目上更生节目。"僧无语。师云："<u>掩鼻偷香</u>，空招罪犯。"（《联灯》卷二〇"本生和尚"，p.600）

（15）师又云："我今问汝诸人，且承得个什么事？在何世界安身立命？还辨得么？若辨不得，恰似<u>捏目生华(花)</u>，见事便差。"（《传灯》卷一八"师备禅师"，p.1314）

例（11）"矮子看戏"这里比喻参禅悟道没有自己的见地，只是机械地随人附和。例（12）"隔靴搔痒"指隔着鞋子搔痒，这里比喻领悟佛法没有抓住要害，未能彻底领悟。例（13）"吃水论噎"指喝水谈论怕被水噎，形容言行举止愚痴可笑。例（14）"掩鼻偷香"指掩上自己的鼻子去偷香，以为别人闻不到，发现不了自己，比喻自欺欺人的愚蠢行为。例（15）"捏目生华(花)"指手捏眼睛生出幻觉，似乎有花出现。比喻妄生虚幻之事。

（16）问："久处暗室，未达其源。今日上来乞师一接。"师曰："<u>莫闭眼作夜</u>好。"（《传灯》卷一九"元俨禅师"，p.1450）

（17）上堂，众才集，师云："不可更开眼说梦去也。"便下座。（《续灯》卷二○"智明禅师"，p.595）

（18）天宁话（恁）么说话，大似开眼尿床，三十年后，有甚雪处？（《守卓禅师语录》卷一，41-77）

（19）上堂云："达磨正宗，衲僧巴鼻。堪嗟迷者成群，开眼瞌睡。"（《续灯》卷二四"圆慧禅师"，p.671）

（20）佛祖言外边事，一一分明说了也。只是到这里多是错乱，昏醉不省。此若不见，便是立地瞌睡汉子也。（《古尊宿》卷三二"佛眼和尚"，p.597）

例（16）"闭眼作夜"指闭上眼睛当作黑夜，形容自欺欺人的愚痴行为。例（17）"开眼说梦"指睁着眼睛说梦话，形容言行十分痴愚荒唐。例（18）"开眼尿床"指睁着眼睛尿床，形容言语行为十分愚痴，荒唐可笑。例（19）"开眼瞌睡"指睁着眼睛打瞌睡，例（20）"立地瞌睡"指站立着打瞌睡，均形容人愚痴糊涂。

上面举出了每条俗成语的文献始见用例。依据目前见到的文献资料，可判断出这些俗成语都是在唐宋口语中开始流行的新成语。

（二）唐宋佛经白话语料中始见的新成语

禅宗是佛教在中国本土化的产物，禅宗对大乘佛学的精华广为涉取，包括佛教思想和佛教用语。禅僧师徒在上堂说法机锋应对之际，时时揭举大乘经典的话题，使用佛教用语，因而在唐宋禅林口语中使用的俗成语，有很多就是来自汉译佛经和中土僧人撰著的义学经典。这其中不少俗成语是在唐宋佛经白话语料中始见的新成语，后来进入了禅林口语。比如：

0891 如瓶泻水　0148 无绳自缚　0710 逾海越漠　0121 莲花出水　0849 水乳不分
0290 扬声止响　0381 救苦利生　0386 慈云普润　0890 如水传器　0505 朝凡暮圣
0553 欲隐弥露　0597 伐树得根　0604 陆地行船　0531 彻骨彻髓　0844 眼中有翳
0825 眼似流星　0939 问东答西　0962 咬牙啮齿　1014 灰飞烟灭　1114 千差万别

本组成语始见于唐宋时期的佛经白话语料，后来进入了禅林口语系统。依据文献中的始见用例来说，这些俗成语也都是流行于唐宋口语中的新成语，产生的时间不晚于唐宋。下面分别举出这些新成语在佛经白话语料和进入禅林口语中的较早用例。

（1）如来所说一切经典，闻悉能受，如瓶泻水，置之异器。（唐义净译《根本

说一切有部毗奈耶》卷一一，T12/682c）

（2）智性本无，空嗟忻仰，<u>无绳自缚</u>，何有休期？（唐李通玄撰《新华严经论》卷四，T36/742a）

（3）殊祯绝瑞，既日至而月书；贝牒灵文，亦时臻而岁洽。<u>逾海越漠</u>，献琛之礼备焉；架险航深，重译之辞馨矣。（唐实叉难陀译《大方广佛华严经·序》，T10/1a）

（4）不染触胞胎，如<u>莲花出水</u>；光流三界内，咸仰大慈辉。（唐义净译《佛说弥勒下生成佛经》卷一，T14/426a）

（5）每以释教东迁，为日已久，或恐邪正杂扰，<u>水乳不分</u>。（唐慧立本《大唐大慈恩寺三藏法师传》卷八，T50/262b）

例（1）"如瓶泻水"字面义指就像把水从一个器皿倒入另一个器皿里一样，没有点滴泄漏。比喻学习或记诵的知识能够完全领悟或记下来，没有一点遗漏。《祖堂》卷一〇"玄沙和尚"："师具陈前事，雪峰深异其器，重垂入室之谈，师即尽领玄机，如瓶泻水。"（p.455）例（2）"无绳自缚"，指没有绳索却自我束缚，比喻自我束缚，不得解脱。《续灯》卷五"传宗禅师"："上堂云：'闻声悟道，犹是听响之流。见色明心，何异眼中着屑？真如佛性，要且未出苦源。行布圆融，恰似无绳自缚。'"（p.132）例（3）"逾海越漠"指渡过大海，穿过沙漠。形容长途跋涉，十分艰辛。《传灯》卷三"菩提达磨"："吾自到此，凡五度中毒。我常自出而试之，置石石裂。缘吾本离南印来此东土，见赤县神州有大乘气象，遂逾海越漠，为法求人。"（p.127）例（4）"莲花出水"指莲花从水中生出，其特点清洁无染。佛家比喻真如佛性清净无染。《倚遇禅师语录》卷一："况是当人己事，直下分明。应用无方，不从人得。本无位次，莫强安排。赫尔灵光，超诸数量。随缘放旷，任性浮沉。如杲日当空，似莲花出水。"（39-726）例（5）"水乳不分"指分辨不清水和乳。形容人法眼不明，分辨不清事物。《倚遇禅师语录》卷一："言前荐得，滞壳迷封。句下精通，触途狂见。然虽如是，其奈金沙犹混，水乳不分。"（39-732）

（6）若求真舍妄，犹弃影劳形。若灭妄存真，似<u>扬声止响</u>。（唐佛陀多罗译《圆觉经》卷下，T39/556b）

（7）故云殉主事亲，则忠孝为首。全身远害，则道德居尊。<u>救苦利生</u>，则慈悲作本。（唐彦琮《唐护法沙门法琳别传》卷二，T50/205c）

（8）伏以<u>慈云普润</u>,佛日载扬。蠢动之情,欣感交忠。(唐圆照《贞元新定释教目录》卷一七,T55/891c)

（9）继之以法华威,威公宿植不惡于素。复次天宫威,威公敬承,<u>如水传器</u>。(唐湛然《止观辅行传弘决·序》,T46/14a)

（10）问曰:"凡与圣有异无异?"答曰:"并无异也,若悟<u>朝凡暮圣</u>,不悟即六道受生。"(唐慧光《大乘开心显性顿悟真宗论》卷一,T85/1278b)

例(6)"扬声止响"指扬高声音来制止回声。比喻做事方式和目标相反,非但不能实现目的,反而更加糟糕。《传灯》卷三"向居士":"北齐天保初,闻二祖盛化,乃致书通好,曰:'影由形起,响逐声来。弄影劳形,不识形为影本。扬声止响,不知声是响根。'"(p.150)例(7)"救苦利生"指救度受苦受难的众生,使其获得解脱。《联灯》卷一三"全举禅师":"示众云:'钟鸣鼓响,鹊噪鸦鸣,为汝诸人说般若,讲涅槃了也。还信得么? 观音、势至向诸人面前作大神通。若信不及,却往他方,救苦利生去也。'"(p.383)例(8)"慈云普润"比喻佛法普润众生。《广灯》卷二八"文翰禅师":"问:'慈云普润三千界,利人一句望师垂?' 师云:'汝瞌睡作么?'"(p.575)例(9)"如水传器"指就像把水从一个器皿传入另一个器皿里一样,形容学到的知识能够完全记下来,没有一点遗漏。《祖堂》卷一"大迦叶尊者":"迦叶乃白众言:'此阿难比丘多闻总持,有大智慧,常随如来,梵行清净。所闻佛法,如水传器,无有遗余。'"(p.21)例(10)"朝凡暮圣"指早晨还是凡人,晚上就成了圣人。形容悟道迅速,快速成佛。《楚圆禅师语录》卷一:"僧问:'承师有言,叠嶂初抛,重城乍到。如何是不动尊?' 师云:'朝凡暮圣。'"(39-17)

（11）若不断杀修禅定者,譬如有人自塞其耳,高声大叫,求人不闻,此等名为<u>欲隐弥露</u>。(唐般刺密帝译《楞严经》卷六,T19/132a)

（12）夫罪由心覆,若翻前覆心,如<u>伐树得根</u>,竭流得源,则条枯流竭,若覆等者。(唐湛然《止观辅行传弘决》卷四,T46/258c)

（13）又出家造恶极难,如陆地行船。在家起过即易,如海中泛舟。又出家修道易为,如海中泛舟。在家修福甚难,如<u>陆地行船</u>。(唐道宣《法苑珠林》卷二一,T53/442c)

（14）如是归命百遍、千遍、百千万遍,乃至无量无数遍,尽未来际,<u>彻骨彻髓</u>,归依如上诸佛世尊。(唐那提译《离垢慧菩萨所问礼佛法经》卷一,

T14/699b）

（15）应云："非唯惑此真空自性，亦复迷彼身心生处。此乃但怪空里有花，不觉眼中有翳。"（唐佛陀多罗译《圆觉经》卷一，T39/534a）

例（11）"欲隐弥露"指想要隐藏反而更加显露。《古尊宿》卷二七"佛眼和尚"："次拈香云：'此一瓣香，还知落处么？欲隐弥露，在晦愈明。'"（p.500）例（12）"伐树得根"指伐树找得了树根，比喻悟道修行抓住了根本。《续灯》卷二五"法明禅师"："上堂云：'若论此事，譬如伐树得根，灸病得穴。若也得根，岂在千枝遍斩。若也得穴，不假六分全烧。'"（p.682）例（13）"陆地行船"指在没有水的陆地上行船，形容做事十分困难。进入禅林口语后，语义发生了重新解构，指陆地上虽然没有水但可以行船，是禅家本心超越后泯灭分别心达到的悟境。《五灯》卷一八"择崇禅师"："师曰：'诸人要会么？柴鸣竹爆惊人耳，大洋海底红尘起。家犬声狞夜不休，陆地行船三万里。'"（p.1213）例（14）"彻骨彻髓"指穿过骨头，彻入骨髓，形容领悟十分透彻。《碧岩录》卷一："到这里，须是个真实汉，聊闻举着，彻骨彻髓见得透，且不落情思意想。"（p.32）例（15）"眼中有翳"指眼中有障膜，看不清事物，形容法眼不明。《古尊宿》卷一〇"天嵩禅师"："都为一念不觉，便见空里花生，不觉眼中有翳。"（p.168）

（16）尾若长松而倒悬，眼似流星而双鉴。（唐栖复《法华经玄赞要集》卷二四，X34/687c）

（17）观当来世而生怖畏，当无害是随烦恼，问东答西问西云东者也。（唐一行《大毗卢遮那成佛经疏》卷一八，T39/759b）

（18）行者蹲踞坐，持人胫骨搅血，仍咬牙啮齿大怒形持密言，血中焰起有无量声喧空。（唐阿质达霰译《大威力乌枢瑟摩明王经》卷二，T21/147c）

（19）譬如钻火，两木相因，火出木尽，灰飞烟灭。以幻修幻，亦复如是，诸幻虽尽，不入断灭。（唐佛陀多罗译《圆觉经》卷一，T17/914a）

（20）说一切诸法，千差万别，如来观知，历历了然。（唐善导《观经疏》卷二，T37/252a）

例（16）"眼似流星"指眼光像天空划过的流星，形容眼光十分敏锐。《续灯》卷一"宣鉴禅师"："龙潭次辰示众曰：'可中有个汉，牙如利剑，眼似流星，口若血盆，面生黑漆，一棒打不回头。'"（p.21）例（17）"问东答西"指答非所问，胡乱作答。《慧远禅师语录》卷三:"又有般汉,问东答西,将南作北。轻轻拶着,向没巴鼻处,突出没巴鼻的一句,教人摸索不着,唤作鸟道玄路。"(45-55)例(18)"咬牙啮齿"指咬紧牙关,形容内心十分痛恨的样子。《宏智禅师广录》卷五:"若是其间人,知天童今夜大杀漏逗,咬牙啮齿,杀佛杀祖去也。"(44-485)例(19)"灰飞烟灭"指燃烧的灰烬飞散,烟气也灭尽。后比喻人或事物彻底消失。《普觉禅师语录》卷一二:"这个是无漏的智火,无漏智火燃法灯,燃也灭也无不可灯,监寺还知么?灰飞烟灭后,优昙花一朵。"(42-323)例(20)"千差万别"形容事物的品类繁多,差别很大。《续灯》卷七"道宽禅师":"问:'既是一真法界,为什么有千差万别?'师云:'根深叶盛。'"(p.200)

(三)唐宋世俗白话语料中始见的新成语

唐宋时期世俗口语中产生的新成语数量庞大,这些俗成语进入禅林口语系统后,在禅僧的口语中广泛行用。有的俗成语受禅文化语境的影响,语义发生了变化,有的仍然沿用世俗新义,有的俗成语则是在口语使用过程中形体发生了变化。比如:

1041 更深夜静 0220 随群逐队 0843 耳聋眼暗 0690 虚生浪死 0820 鉴貌辨色
0894 问一答十 1062 车马骈阗 0920 千言万语 1047 五湖四海 0761 忙里偷闲
1052 花街柳巷 1079 落花流水 1082 花红柳绿 1084 青山绿水 1086 风和日暖
0463 蛇头蝎尾 0566 衣锦还乡 0701 摇头摆尾 0001 百尺竿头 0270 披沙拣金

本组成语始见于唐宋时期的世俗白话语料,后来进入了禅林口语系统。依据文献中的始见用例,这些俗成语都是流行于唐宋口语中的新成语,产生的时间不晚于唐宋。下面分别举出这些新成语在世俗白话语料和进入禅林口语中的较早用例。

(1)岂有<u>更深夜静</u>,仍纵辔于三条?(唐张鷟《龙筋凤髓判》卷下,p.2007)

(2)功成事遂身退天之道,何必<u>随群逐队</u>到死踏红尘。(唐元稹《望云骓马歌并序》,p.4614)

(3)鸡皮鹤发身憔悴,<u>耳聋眼暗</u>不能行。(《敦煌变文校注·八相变》,p.510)

(4)太平公主就其宅看,叹曰:"看他行坐处,我等<u>虚生浪死</u>。"(唐张鷟《朝野佥载》卷三,p.70)

(5)适来<u>鉴貌辨色</u>,观君与凡俗不同。(《敦煌变文校注·伍子胥变文》,p.7)

例（1）"更深夜静"指夜深人静之时。《传灯》卷一一"西睦和尚"："师有时蓦唤侍者,侍者应诺。师曰:'更深夜静,共伊商量。'"（p.779）例（2）"随群逐队"形容没有自己的见解,盲目随从别人的行动。《守卓禅师语录》卷一:"五行未兆已前,有个人鼻孔撩天,及乎爻象才分,为什么却随群逐队?"（41-80）例（3）"耳聋眼暗"形容人痴呆不伶俐,反应愚钝。《传灯》卷六"怀海禅师"："努力猛作早与,莫待耳聋眼暗,头白面皱,老苦及身。"（p.420）例（4）"虚生浪死"指虚度一生,终老而死,形容人一生平庸无为,没有取得什么成就。《祖堂》卷一三"报慈和尚"："师以杖趁出法堂,云:'这虚生浪死汉!'"（p.593）例（5）"鉴貌辨色"指观察人的容貌,分辨其脸色。《传灯》卷二二"守清禅师"："僧问:'和尚见古人得个什么,便住此山?'师曰:'情知汝不肯。'僧曰:'争知某甲不肯?'师曰:'鉴貌辨色。'"（p.1692）显然,这些俗成语的语义在进入禅林口语后没有发生变化。

（6）皇帝问曰:"庐官有何技艺?"张良曰:"其人问一答十,问十答百,问百答千,心如悬河,问无不答。"（《敦煌变文校注·汉将王陵变》,p.70）

（7）贵游戚属及下隶工贾,无不夜游。车马骈阗,人不得顾。（唐刘肃《大唐新语·文章》,p.74）

（8）此道非从它外得,千言万语谩评论。（唐吕岩《七言》诗之一,p.9676）

（9）斗笠为帆扇作舟,五湖四海任遨游。（唐吕岩《绝句》诗,p.9704）

（10）人生政自无闲暇,忙里偷闲得几回。（宋黄庭坚《和答赵令同前韵》诗,p.60）

例（6）"问一答十"指问一句话,能回答十句,形容所知甚多,善于解答。《联灯》卷八"慧寂禅师"："沩山问师:'承闻子在百丈先师处,问一答十,问十答百,是否?'师云:'不敢。'"（p.236）例（7）"车马骈阗"形容往来的车马很多,非常热闹。《普灯》卷二"楚圆禅师"："灰头土面住兴化,只见兴化家风。迎来送去,车马骈阗;渔唱潇湖,猿啼岳麓。"（p.23）例（8）"千言万语"形容说的话非常多。《普灯》卷二七"真禅师"："带砺山河画土疆,汉高殿下有张良。千言万语无人会,又逐流莺过短墙。"（p.675）例（9）"五湖四海"泛指全国各地。在禅林口语中也有使用,而且还产生了变体。《祖堂》卷一五"伏牛和尚"："割爱辞亲异俗迷,如云似鹤更高飞。五湖四海随缘去,到处为家一不归。"（p.662）倒言"四海五湖"。《祖堂》卷一七"岑和尚"："三圣和尚问:'承师有言:百尺竿头须进步。百尺竿头则不问,百尺竿头如何进步？'师云：'朗州山，礼州水。'进曰：'更请和尚道。'师云：'四海五湖王化里。'"（p.770）例（10）"忙里偷闲"指在繁忙中抽出一点空闲时间。《普宁禅师语录》卷三："且如住院一事，终日役役，无有了期。但按其纲纪大概，碎事拨向一边，忙里偷闲。"（45-815）

（11）<u>花街柳巷</u>觅真人，真人只在花街玩。（唐吕岩《敲爻歌》，p.9714）

（12）兰浦苍苍春欲暮，<u>落花流水</u>怨离琴。（唐李群玉《奉和张舍人送秦炼师归岑公山》诗，p.6598）

（13）更思明年桃李月，<u>花红柳绿</u>宴浮桥。（唐薛稷《饯唐永昌》诗，p.1008）

（14）独坐南楼佳兴新，<u>青山绿水</u>共为邻。（唐李嘉佑《晚登江楼有怀》诗，p.2163）

（15）<u>风和日暖</u>方开眼，雨润烟浓不举头。（唐无名氏《组诗》之一，p.8965）

例（11）"花街柳巷"指歌伎聚集、嫖客游乐的场所。《心月禅师语录》卷一："换尽心肝五脏，咬断去住，裂破古今。自然花街柳巷，闹浩浩处，古佛家风。"（46-129）例（12）"落花流水"形容暮春衰败凋残的景象。《古尊宿》卷一一"慈明禅师"："第三玄：万象森罗宇宙宽，云散洞空山岳静，落花流水满长川。"（p.185）例（13）"花红柳绿"形容花木繁茂，景色绚丽。在禅林口语中也有使用，而且还产生了变体。《怀深禅师广录》卷三："是故花红柳绿，无非清净法身，鼓响钟鸣，尽是广长舌相。"（41-172）倒言"柳绿花红"。《五灯》卷八"遇贤禅师"："秋至山寒水冷，春来柳绿花红。一点动随万变，江村烟雨蒙蒙。"（p.512）例（14）"青山绿水"指青色的山，绿色的水，形容秀丽的山水景色。在禅林口语中也有使用，而且还产生了变体。《祖堂》卷四"丹霞和尚"："师初开堂时，有人问：'作么生语话，即得不堕门风？'师曰：'一任语话，即不堕门风。'僧云：'便请和尚语话。'师曰：'青山绿水不相似。'"（p.220）倒言"绿水青山"，《真净禅师语录》卷四："上堂：'今朝四月二十五，为报禅家莫莽卤，绿水青山在目前，一一分明佛净土。'"（39-682）例（15）"风和日暖"指微风和畅，阳光温暖。形容天气暖和，气候宜人。在禅林口语中也有使用，而且还产生了变体。《法演禅师语录》卷三："上堂云：'风和日暖，乔树莺啼。桃李妍而烂锦成行，芳草浓而铺茵作阵。'"（39-132）倒言"日暖风和"，《古尊宿》卷九"慈照禅师"："上堂云：'三春景里，日暖风和。水畔经行，林间宴坐。睹兹时景，宾主已分。'"（p.145）

（16）白日上升应不恶，药成且辄一丸药。暂时上天少问天，<u>蛇头蝎尾</u>谁安着。（唐卢仝《忆金鹅山沈山人》诗，p.4382）

（17）高祖伐于新亭，谓曰："卿<u>衣锦还乡</u>，朕无西顾之忧矣。"（《梁书·柳庆远传》，p.183）

（18）亦有雪山象王、金毛狮子，震目扬眉，张牙切齿，奋迅毛衣，<u>摇头摆尾</u>。（《敦煌变文校注·降魔变文》，p.563）

（19）<u>百尺竿头</u>五两斜，此生何处不为家。（唐吴融《商人》诗，p.7852）

（20）虽古人糟粕，真伪相乱，而<u>披沙拣金</u>，有时获宝。（唐刘知几《史通·直书》，p.140）

例（16）"蛇头蝎尾"指蛇头和蝎尾两种剧毒部位。进入禅林口语后，禅家喻指机法险峻之处。《普灯》卷一一"清远禅师"："蛇头蝎尾一试之，猛虎口里活雀儿。是何言？归堂去。"（p.298）例（17）"衣锦还乡"指富贵后穿着锦缎衣服荣归故里，含有向亲友乡里夸耀之意。进入禅林口语后，禅家比喻得法悟道后回归精神家园。《续灯》卷四"圆鉴禅师"："师与待制王公论道，画一圆相，问曰：'一不得匹马单枪，二不得衣锦还乡。鹊不必喜，鸦不必殃。速道！速道！'公罔措。"（p.103）又言"衣锦还家"，《法演禅师语录》卷二："白云随队骨董，顺风撒土撒沙，若无这个肠肚，如何衣锦还家？"（39-123）又言"昼锦还乡"，《圆悟禅师语录》卷一五："莫怪无滋味太险峻，或若蓦地体得，如昼锦还乡，千人万人只仰羡得。"（41-322）例（18）"摇头摆尾"指动物摇动头摆动尾巴。进入禅林口语后，禅家常用以形容悠闲自得的样子。《联灯》卷二三"元安禅师"："后临济上堂云：'临济门下有一赤梢鲤鱼，摇头摆尾向南方去，不知向谁家畜瓮里淹杀。'"（p.698）倒言"摆尾摇头"，《普灯》卷三〇"保宁勇禅师"："君不见归耕有畴，归钓有舟，不如骑取个无眼耳鼻的水牯牛，向三家村里东倒西傫，摆尾摇头，清溪万顷，月印中流。"（p.788）例（19）"百尺竿头"形容桅杆极高的顶端。进入禅林口语后，禅家比喻极高的佛法修行境界。《祖堂》卷一七"岑和尚"："师当时有偈曰：'百尺竿头不动人，虽然得入未为真。百尺竿头须进步，十方世界是全身。'"（p.770）例（20）"披沙拣金"指从大量的沙子里挑选金子，比喻从大量事物中挑选精华。进入禅林口语中，禅家比喻费力多而收获少。《明觉禅师语录》卷二："示众云：'摩竭正令，譬若披沙拣金。毗耶杜辞，颇类守株待兔。设使顿开千眼，未辨机关；点着不来，白云万里。'"（39-177）又言"沙里淘金"，《虚堂和尚语录》卷二："僧云:'望见宝林双杨塔尖,便悟去。'师云:'沙里淘金。'"(46-665)这些新成语进入禅林口语中,均产生了新义。

上面我们举出了每条俗成语的文献始见用例。那么,依据文献中的始见用例来说,这些俗成语也都是流行于唐宋口语中的新成语。这些俗成语进入禅林口语后,有的语义继续沿用没有发生变化,有的语义则发生了变化,有的形体发生了变化,产生了丰富多样的新变体,为汉语语汇史的研究提供了珍贵的语言材料。

二 唐宋禅籍俗成语的新变体

唐宋禅籍俗成语的新质还包括新变体,即俗成语在唐宋时期口语使用过程中所产生的新变体。"变体"是相对于"正体"而言的,如果我们把一个成语最早定型的形体称为"正体"的话,那么,这个成语在后来使用过程中所产生的形体就是"变体"。判定一个成语形式是否是变体,主要依据两个条件:一是变体和正体的语义必须相同,二是变体和正体的形式联系十分紧密。第一个条件比较容易判断,第二个条件在实践中不太容易判断,这主要是因为变体成语和同义成语是一个连续统。下面就第二个条件,从变体的类型具体来说说判定标准。

(一)换位变体

构语成分(下称"语素")相同,只是语素位置不同,这样的形体属于变体。比如,"天涯海角"最早见于唐吕岩《绝句》诗:"天涯海角人求我,行到天涯不见人。"(p.9696)后来进入禅林口语中,《惟一禅师语录》卷一:"上人辞我去行脚,我亦早晚行脚去。天涯海角或重逢,钵饭茎齑又相聚。"(47-57)这个成语在禅林口语中还说成"海角天涯",《居简禅师语录》卷一:"卍庵颂:'东西南北捉虚空,海角天涯信不通。力尽神疲无处觅,万年松在祝融峰。'"(46-29)"海角天涯"和"天涯海角"的语义相同,构成语素也相同,只是语素的位置顺序不同,"海角天涯"可以判定为"天涯海角"的换位变体。再如,"日就月将"语出《诗·周颂·敬之》:"日就月将,学有缉熙于光明。"(p.599)指天天有成就,月月有进步。在唐宋禅林口语中,还说成"日将月就",《祖堂》卷一七"双峰和尚":"寄胎十有六月载诞,尔后日将月就,鹤貌鸾姿,举措殊侪,风规异格。"(p.782)"日将月就"和"日就月将"的语义和语素都相同,只是二四语素"就""将"变换了位置顺序,"日将月就"也可判定为"日就月将"的换位变体。再如"兴云吐雾——吐雾兴云""寒灰死火——死火寒灰""块雨条风——条风块雨"虎踞龙蟠——龙蟠虎踞"三回两度——两回三度"拈头作尾——拈尾作头"等,后面的形式也都是前面形式的换位变体。

（二）语法变体

构语语素相同,只是语法结构不同,这样的形体也属于变体。比如,"雪上加霜"指雪上面又加了一层霜,禅家比喻做事多余累赘。《传灯》卷一九"文偃禅师"："师上堂云：'诸和尚子,饶你有什么事? 犹是头上着头,雪上加霜,棺木里桭(瞠)眼。'"（p.1431）"雪上加霜"和"头上着头"同义连用。在唐宋禅林口语中,还可以说成"霜加雪上",《联灯》卷二九"法成禅师"："示众云：'只这个负累杀人。认作空劫时自己,分明头上安头。更言落在今时,何异霜加雪上! '"（p.915）"霜加雪上"和"头上安头"对文同义,而"头上安头"与"头上着头"意思相同。"霜加雪上"和"雪上加霜"的语义和语素完全相同,只是语法结构不同。前者"霜"是主语,"加雪上"是述补结构,后者"雪上"是主语,"加霜"是动宾结构。"霜加雪上"也可视为"雪上加霜"的语法变体。再如"撞东磕西——东撞西磕"无风起浪——无风浪起"火里莲生——火里生莲"等,后面的形式也都是前面形式的语法变体。

（三）换素变体

构语语素存在同义、近义、类义替换,字面语义基本相同而略有差别,但深层语义没有变化,这样的形体属于换素变体。比如,"道听途说"语出《论语·阳货》："子曰：'道听而途说,德之弃也。'"指在路上听来的话,又在路上向人传播,比喻传播没有根据的传言。后来定型为"道听途说",《续灯》卷二〇"道昌禅师"："僧曰：'将谓少林消息断,谁知今日宛然存。' 师云：'道听途说。'"（p.591）在禅林口语中也说成"道听途言",《五灯》卷一一"延沼禅师"："清曰：'镜水秦山,鸟飞不度,子莫道听途言。'"（p.672）在"道听途言"和"道听途说"的字面结构中,"言"和"说"属于同义替换,字面语义基本相同而略有色彩差别,但整体使用的语义没有变化,"道听途言"可视作"道听途说"的换素变体。又如上揭"天涯海角",在禅林口语中也说成"天涯地角"。《续灯》卷一〇"可证禅师"："问：'达磨未来时如何? ' 师云：'天涯地角。'"（p.304）"天涯地角"和"天涯海角"同义,只是语素"海"换成了同类的"地",字面语义略有差别,但整体使用的语义没有变化,"天涯地角"也可视为"天涯海角"的换素变体。再如"抽钉拔楔——出钉拔楔"弄巧成拙——弄巧得拙"拖泥带水——惹泥带水"命如悬丝——命似悬丝——命若悬丝"等,后面的形式也都是前面形式的换素变体。

(四)综合变体

构语成分和语法结构存在上述的两种或三种变化,字面语义基本相同而略有差别,但深层语义没有变化,这样的形体属于综合变体。比如"虚空钉橛",这是个由"虚空里钉橛"压缩而来的四字格成语,《临济禅师语录》卷一:"问:'师唱谁家曲,宗风嗣阿谁?'师云:'我在黄檗处,三度发问,三度被打。'僧拟议,师便喝。随后打云:'不可向虚空里钉橛去也。'"(T47/496b)后定型为"虚空钉橛",指在虚无形质的空中钉橛子,比喻做事虚妄,必定徒劳无功。《广灯》卷二八"从进禅师":"问:'承先德有言,清虚之理,毕竟无身。未审此意如何?'师云:'大似虚空钉橛。'进云:'虚空是橛又如何?'师云:'良药只救有命人。'"(p.576)在禅林口语中也说成"钉橛空中"。《续灯》卷一九"虁禅师":"虽然如是,早是无风起浪,钉橛空中。岂况牵枝引蔓,说妙谈玄。正是金屑眼中翳,衣珠法上尘。"(p.564)"钉橛空中"和"虚空钉橛"相比,语素"虚空"替换成了"空中",前后语节也发生了换位变化,语法结构也由主谓结构变为述补结构,但字面语义基本相同只是略有差别,深层语义则完全相同,那么"钉橛空中"也可视为"虚空钉橛"的变体。再如"飞蛾赴火——如蛾投焰""剜肉作疮——好肉剜疮""披沙拣金——沙里淘金""望梅止渴——梅林止渴""逐浪忘源——迷源逐浪"等,这些俗成语的形体之间存在明显的联系,都是在口头使用过程中产生的变体。

如果形体之间存在比较大的差别,字面意义基本上被改变了,这样的成语即便是深层语义相同,也不能再视为同一成语的不同变体,只能视作同义成语的范畴了。如:

开眼寐语:睁着眼睛说梦话,形容说话虚妄痴迷。

梦中说梦:在睡梦中说梦话,形容说话愚痴虚妄。

无梦说梦:没有做梦还说梦话,形容说话无中生有,虚妄愚痴。

痴人说梦:愚痴的人尽说梦话,形容愚痴的人说话虚妄荒谬。

这四个成语的深层语义基本相同,字面义虽然都有"说梦"或"寐语",但存在"开眼""梦中""无梦""痴人"的明显差别,它们的构成理据和字面语义有明显的差别,不宜再将其视为变体成语,看成同义成语更为合适。再如,"开眼尿床——开眼瞌睡——开眼做梦",均形容人愚痴的行为,但构成理据和字面义存在的差别很大,视作同义成语是比较妥当的。

在汉语语汇发展史上,有的俗成语在口头使用过程中产生的变体很丰富,情况也较为复杂。有的变体是从正体产生而来的,有的变体可能是从别的变体产生而来的。单从两个形体来说,它们的差别有点大,让人误以为是两个同义成语。比如"说黄道赤"和"说白道黑",尽管都用"说 × 道 ×"构式来造语,但字面义中分别填充了"黄""赤"和"白""黑"不同成分,两个形体之间的联系就显得不很紧密。如果我们能够联系更多的形体来分析,问题会变得清晰一些。先看下面的例子:

（1）乃举手作捏势云:"达磨祖师鼻孔在少林手里,若放开去也,从教此土西天说黄道黑,欺胡谩汉。"（《续灯》卷二六"恩禅师",p.718）

（2）第四,不得向无事阁中隈刀避箭。第五,不得向葛藤窠里说黄道赤。（《怀深禅师语录》卷三,41-156）

（3）四十九年,三百余会,说青道黄,指东画西,入般涅槃时又作么生?（《普灯》卷九"正觉禅师",p.237）

（4）僧问:"束三条篾,几年簸土扬尘。鼓两片皮,不妨说青道黑。只如不落唇吻,作么生道?"师云:"箭过新罗。"（《祖先禅师语录》卷一,45-398）

（5）师云:"藏头白,海头黑。大众,说白道黑,理甚分明。诸人还见马大师么? 久立也太无端。"（《古尊宿》卷二七"佛眼和尚",p.513）

这五个形式密切关联的俗成语,其语义是相同的,都是指说这说那,信口议论。从形式来看,它们是有密切联系的,"说黄道黑""说黄道赤"和"说白道黑""说青道黑"都是有一个语素发生了替换,替换的语素"黑""赤"和"白""青"也都属于同类的颜色义范畴。那么,这两组形式都可以和"说青道黄"联系起来,在"说黄道赤""说青道黄"序列上,发生替换的语素只有"青""赤",在"说青道黄""说青道黑"序列上,发生替换的语素只有"黄""黑",二者也属于同类的语义范畴。据此,我们可以判定这组形式也属于同一个成语的变体。

再如,在"丹霄独步"和"青云阔步"的形式中,只有"步"一个共同的语素,那么这两个形式应该归为同义成语呢,还是算作同一成语的不同变体呢? 我们可以通过考察更多的形体来分析问题。"丹霄独步"最早见于唐宋禅籍语录,指独自在云霄中行走,禅家比喻悟入了宗乘至高无上的极则境界,机用自在无碍。例如:

（1）上堂,拈拄杖云:"看看,祖师来也,汝等诸人于此荐取。若荐得,便请

丹霄独步。若荐不得,不免少林冷坐。"卓一下。(《续灯》卷四"光云禅师",p.119）

（2）对云:"大小长庆,被阇梨一问,直得口似扁担。若善参详,可以丹霄独步,自在纵横。"（《圆悟禅师语录》卷九,41-267）

（3）问:"丹霄独步时如何?"师云:"日驰五百。"（《广灯》卷一四"院颙禅师",p.210）

从例（1）"若荐得"、例（2）"若善参详"可知,"丹霄独步"是指悟入了至高无上的境界后机用自在无碍的样子,例（3）"丹霄独步时如何"也是在问悟入了至高无上的境界后机用自在无碍是怎样的呢？在禅林口语中,相关的形式还有"独步青霄""平步青霄""平步青云""青云阔步""平步丹霄",下面各举一例。

（4）问:"独步青霄时如何?"师云:"四众围绕。"（《古尊宿》卷七"慧颙禅师",p.108）

（5）但云:"知恩方解报恩,且道与百丈是同是别？若拣得出,平步青霄。"（《咸杰禅师语录》卷一,45-202）

（6）蓦拈拄杖云:"唤作拄杖,玉石不分。不唤作拄杖,金沙混杂。其间一个半个善别端由,管取平步青云。"（《昙华禅师语录》卷六,42-179）

（7）白屋奋身,见一举成名之日;青云阔步,正双亲未老之时。（《因师集贤语录》卷一〇,47-496）

（8）你若能识自本心,见自本性了,便如白衣拜相,等闲平步丹霄。（《清欲禅师语录》卷三,71-330）

显然,上揭形式和"丹霄独步"的语义完全相同。从形式来看,它们的形体也是有密切联系的,"丹霄独步"与"平步丹霄"的语素只有"独"和"平"的差别,"独步"是从行为主体而言的,"平步"是从行为状态而言的,但基本语义都是指在云端自在地走路。"独步青霄""平步青霄"的语素也只有"独"和"平"的差别,跟"丹霄独步"与"平步丹霄"的情况相似。"平步青云"与"青云阔步"的语素只有"平""阔"的差别,"平步"和"阔步"都是从行为状态而言的,前者表示步履平稳,后者表示步履很大,但基本语义都是指在云端自在地走路。这三组形式中,"丹霄独步""平步丹霄"与"独步青霄""平步青霄"存在"青霄""丹霄"的差别,"独步青霄""平步青霄"与"平步青云""青云阔步"存在"青霄""青云"的差别,但不论是"丹霄"，还是"青霄""青云"，基本语义是相同的，都是指"云霄"。这样，"丹霄独步"和"青云阔步"就可以通过中间序列联系起来了，它们属于同一成语的不同变体。

三　唐宋禅籍俗成语的新义

通常所说的"新义"，是指一个语言成分在某个时期新产生的意义。唐宋禅籍俗成语的新义，就应指这些俗成语在唐宋时期新产生的全部意义。但限于研究对象的范围，本文研究的新义只限于唐宋禅籍使用的新义。此外，某个成语是新产生的，它的语义当然也是新产生的，但这种情况通常放在新成语的范围里进行研究。唐宋禅林口语是建立在农禅话语系统上的俗语言，很多源于世俗的成语进入禅林口语系统后，在禅文化语境的影响下往往会产生新义，而且新义大多具有明显的宗教色彩，这是唐宋禅籍俗成语产生新义的一个鲜明的特点，可以作为判定新义的有效标准。还有的新成语就是在唐宋禅林口语中产生的，在使用过程中语义又发生了变化，也产生了新义，这些新义大多也有明显的宗教色彩。

0636 风行草偃　0001 百尺竿头　0003 壁立千仞　0089 枯木朽株
0454 张弓架箭　0345 唤龟作鳖　0351 唤东作西　0354 拈头作尾

1. 风行草偃

"风行草偃"是中古汉语产生的成语，字面义指野草应风而偃，语出《论语·颜渊》："君子之德，风；小人之德，草。草上之风，必偃。"何晏《集解》引孔安国曰："加草以风，无不仆者，犹民之化于上。"（p.2504）后定型为"风行草偃"，《三国志》裴松之注引吴韦昭《吴书》："纮至，与在朝公卿及知旧述策，材略绝异，平定三郡，风行草偃，加以忠敬款诚，乃心王室。"（p.1244）比喻人的名声威望很高，世态俗情从而感化。"风行草偃"进入唐宋禅林口语后产生了新义，禅家比喻禅悟后机用自在，纵横无碍。

（1）得之则头头有据，昧之则句句成非。大用现前，<u>风行草偃</u>。所以上根之士，目击知机。（《续灯》卷一五"大通禅师"，p.430）

（2）拈拄杖云："拈起也地转天回，放下也<u>风行草偃</u>。总不与么时如何？靠拄杖，家住东州。"（《广闻禅师语录》卷一，46-46）

例（1）言机用显现后，就会进入行用自在、纵横无碍的境界。例（2）禅家拈放挂杖象征机用,"风行草偃"也是比喻禅悟后机用自在、纵横无碍的境界。可见,"风行草偃"是受到了禅文化的影响产生了新义,且具有明显的宗教色彩。

2. 百尺竿头

"百尺竿头"是唐代产生的新成语,指桅杆或高竿的顶端。唐吴融《商人》诗:"百尺竿头五两斜,此生何处不为家。"(p.7852)唐宋时期进入禅林口语系统后,受禅文化的影响产生了新义,禅家比喻至高无上的佛法修行境界。

(1)师当时有偈曰:"百尺竿头不动人,虽然得入未为真。<u>百尺竿头</u>须进步,十方世界是全身。"三圣和尚问:"承师有言:'<u>百尺竿头</u>须进步。'<u>百尺竿头</u>则不问,<u>百尺竿头</u>如何进步?"(《祖堂》卷一七"岑和尚",p.770)

(2)不见古人道:"赤肉团上,壁立千仞;<u>百尺竿头</u>,如何进步?"(《续灯》卷一七"冲云禅师",p.494)

例(1)言佛法修行的境界至高无上,需要不断修行进步。例(2)谓至高无上的佛法,如何才能修行进步呢? "百尺竿头"均比喻至高无上的佛法境界,语义演变的机制是用高竿隐喻至高的佛法,从而产生了具有明显宗教色彩的新义。

3. 壁立千仞

"壁立千仞"是中古汉语产生的成语,指崖壁耸立千仞之高,形容山崖石壁高峻陡峭。东晋法显《法显传》卷一:"于此顺岭西南行十五日。其道艰岨,崖岸险绝;其山唯石,壁立千仞,临之目眩,欲进则投足无所。"(p.22)唐宋时期进入禅林口语系统后,受禅文化的影响产生了新义,禅家形容佛法孤危峻峭,无可攀仰。

(1)此三转语,一句<u>壁立千仞</u>,一句陆地行船,一句宾主交参。(《普灯》卷三"可真禅师",p.65)

(2)上堂:"洞山门下,有时和泥合水,有时<u>壁立千仞</u>。你诸人拟向和泥合水处见洞山,洞山且不在和泥合水处。拟向<u>壁立千仞</u>处见洞山,洞山且不在<u>壁立千仞</u>处。"(《古尊宿》卷四二"真净禅师",p.797)

(3)今日与么道,理固当然。就上转得去,如出窟狮子。拟前跳掷,早已翻身。哮吼一声,<u>壁立千仞</u>,有甚近傍处?(《新月禅师语录》卷二,46-186)

例(1)言法语开示的佛法孤危峻峭,无可攀仰。例(2)谓洞山禅师开示的佛法孤危峻峭,无可攀仰。例(3)"出窟狮子"比喻得道禅僧,言得道禅僧大喝示法,孤危峻峭不可攀附。"壁立千仞"语义演变的机制是用"崖壁峻峭"隐喻"佛法峻峭",

也是隐喻引申的结果。

4. 枯木朽株

"枯木朽株"是中古汉语产生的成语,本指枯朽的树桩。《全汉文》卷二二司马相如《上书谏猎》:"人不暇施巧,虽有乌获逢蒙之伎,力不得用,枯木朽株,尽为害矣。"(p.246)唐宋时期进入禅林口语系统后,受禅文化的影响产生了新义,禅家形容心境枯寂,没有一丝情念气息。

（1）直得如狸奴白牯相似,直得如枯木朽株绝气息。(《圆悟禅师语录》卷一〇,41-276)

（2）直下心如枯木朽株,如大死人无些气息。(《圆悟禅师心要》卷三,41-576)

例(1)言修行要使心境枯寂,无一丝情念气息。例(2)言参禅的心境要像枯木朽株一样枯寂,无一丝情念气息。"枯木朽株"语义演变的机制是用"枯朽的树桩"隐喻"枯寂的心境",由此产生了新义。

这些成语的新义均具有明显的宗教色彩,使用范围往往只见于禅林口语。所以,综合文献用例和语义的禅文化色彩,可以判定这些新义产生的年代是在唐宋时期。

5. 张弓架箭

"张弓架箭"是在唐宋禅林口语中出现的新成语,指张开弓架起箭,准备射击。如:

（1）初参石巩,石巩常张弓架箭以待学徒。师诣法席,巩曰:"看箭。"师乃披襟当之,石巩云:"三十年张弓架箭,只射得半个汉。"(《传灯》卷一四"义忠禅师",p.1048)

（2）石巩常张弓架箭,凡见僧来云看箭。(《无德禅师语录》卷二,39-593)

这里的"张弓架箭"用的就是字面义,明彭大翼《山堂肆考》卷一四七"张弓架箭"条:《传灯录》:石巩和尚常张弓架箭以待学者,义忠禅师诣之,石巩曰:'看箭!'师乃披襟当之。""张弓架箭"在禅林口语中偶尔也说"弯弓架箭""拈弓架箭"。

（3）上堂:"新学用工,犹如习射。弯弓架箭时,手眼俱亲。久久自然,破尘破的。"(《心月禅师语录》卷一,46-137)

（4）譬如善射者,立定脚跟,然后拈弓架箭,始能中的也。(《元来禅师广录》卷三,56-487)

在禅家哲学象征系统里，"弓箭"可以隐喻"禅机、机锋"。如《五灯》卷四"睦州禅师"："问：'如何是触途无滞的句？'师曰：'我不恁么道。'曰：'师作么生道？'师曰：'箭过西天十万里。'"（p.233）此喻机锋早已飞逝十万里了。又卷一〇"澄湜禅师"："曰：'未审如何领会？'师曰：'箭过新罗。'"（p.625）此喻机锋早已飞逝到遥远的新罗国了。《广灯》卷一五"延昭禅师"："保又问云：'若论此事，不得隈刀避箭，直须攒簇将来，千弓万箭射不着始得。'"（p.248）"千弓万箭"比喻各种险峻的机锋。在唐宋禅林口语中，用"弓箭"隐喻"禅机、机锋"的俗成语还有"一箭双雕""一箭两垛""遇獐发箭""隈刀避箭""残弓折箭""弓折箭尽"，如：

（5）师云："灌溪怎么说话，且道是临际（济）处得的？末山处得的？虽然一箭双雕，奈有时走杀，有时坐杀。"（《宏智禅师广录》卷三，44-423）

（6）师勘二僧，原是同参，才见，便云："还记相识么？"参头拟议，第二僧打参头一座具云："何不快祇对和尚？"师云："一箭两垛。"（《广灯》卷一六"智嵩禅师"，p.266）

（7）上堂："布大教网，搋人天鱼，护圣不似老胡拖泥带水，只是见兔放鹰，遇獐发箭。"（《普灯》卷八"思慧禅师"，p.217）

（8）上堂，横按拂子云："要扣玄关，须是有节操，极慷慨，斩得钉，截得铁，剥剥的汉始得。若是隈刀避箭，碌碌之徒，看即有分。"（《续灯》卷一八"清满禅师"，p.530）

（9）师云："明知无一物，何用更推求？当处不强名，锋芒甚处有？直下揽得，犹是残弓折箭，堪作何用？拟议踌躇，阵场扫帚。"（《无德禅师语录》卷一，39-576）

（10）堂遽曰："住！住！说食岂能饱人？"师窘，乃云："某到此弓折箭尽，望和尚慈悲，指个安乐处。"（《普灯》卷六"悟新禅师"，p.151）

例（5）"一箭双雕"比喻一句机语具有双重禅机或功效。例（6）"一箭两垛"比喻一句机语具有双重功效，同时勘中或启悟两人。例（7）"遇獐发箭"比喻禅师开悟学人时果断发机施教，因势利导。例（8）"隈刀避箭"比喻回避险峻的机锋。例（9）"残弓折箭"比喻挫败的机锋。例（10）"弓折箭尽"比喻法战中机锋折断。"弓箭"均隐喻"禅机、机锋"，故"张弓架箭"可比喻机锋较量时准备发机。

（11）上堂，僧问："既是护法善神，为什么张弓架箭？"师云："礼防君子。"

僧礼拜,师便打。(《楚圆禅师语录》卷一,39-12)

（12）兴化道:"若是别人三十棒,一棒也较不得。"张弓架箭何故? 为他旻德会一喝不作一喝用。(《祖钦禅师语录》卷一,47-378)

显然,例中的"张弓架箭"并非指本义,而是比喻机锋较量时准备发机。语义是从本义隐喻而来,具有明显的宗教色彩。

6. 唤龟作鳖

"唤龟作鳖"是在唐宋禅林口语中产生的新成语,散言"唤乌龟作鳖""乌龟唤作鳖",后定型为四字格成语"唤龟作鳖",指错把乌龟叫作鳖,形容分辨不清事理、混淆是非的愚痴行为。如:

（1）上堂云:"兜率都无辨别,却唤乌龟作鳖。不能说妙谈真,只解摇唇鼓舌。"(《续灯》卷二三"从悦禅师",p.643)

（2）南来本欲破邪说,纸灯灭处难分雪。踏着秤锤硬似铁,错认乌龟唤作鳖。(《普灯》卷二八"德山见龙潭",p.733)

（3）佛涅槃日上堂,曰:"兜率降生,双林示灭。掘地讨天,虚空钉橛。四十九年,播土扬尘。三百余会,纳尽败缺。尽力布网张罗,未免唤龟作鳖。"(《普灯》卷二〇"智深禅师",p.504)

（4）凤凰城阙,不通水泄。少室岩前,话作两橛。赚他人家男女,开眼唤龟作鳖。(《崇岳禅师语录》卷二,45-374)

"龟""鳖"在形貌和习性方面都很相似,容易让人分辨不清。禅林产生的相关俗成语有"唤龟作鳖"系和"证龟成鳖"系,这里讨论"唤龟作鳖"系成语。例(1)"唤乌龟作鳖"、例(2)"乌龟唤作鳖"都是指错把乌龟叫作鳖,形容分辨不清事理、混淆是非的愚痴行为。例(3)言佛祖说法广化众人,不免落入分辨不清事理、混淆是非的境地。例(4)是对达磨祖师在中土传法的评价,谓达磨传法是睁眼却分辨不清事理,混淆了是非。

在唐宋禅林口语中,"唤龟作鳖"又发展出了一个新义,形容本心超越后,灭除万象差别的禅悟境界。散言"乌龟唤作鳖""呼龟以为鳖",语义并同。如:

（5）佛子之心,大喜大舍。唤龟作鳖,指鹿为马。偃溪水声,庐陵米价。——法门,死蛇活把。(《古尊宿》卷四五"真净禅师",p.868)

（6）财法二施,等无差别。指鹿为马,唤龟作鳖。说时点,点时说。要作破

家儿孙,宜把祖灯吹灭。(《梵琮禅师语录》卷一,46-109)

（7）示众云:"心生法亦生,心灭法亦灭。心法两俱忘,<u>乌龟唤作鳖</u>。"(《联灯》卷一七"善果禅师",p.519)

（8）指南将作北,<u>呼龟以为鳖</u>,唤豆以为粟。从他明眼人,笑我无绳墨。(《普灯》卷一四"法泰禅师",p.363)

例（5）言佛子超越之后的本心大喜大舍,泯灭万象差别,把乌龟唤作鳖,指着鹿说是马,这都是禅家奇特的悟境显现。例（6）上言"等无差别",例（7）上言"心法两俱忘",表明"唤龟作鳖""乌龟唤作鳖"均形容灭除万象差别的禅悟境界。例（8）"指南将作北""呼龟以为鳖""唤豆以为粟"同义连用,均形容灭除万象差别的禅悟境界。佛教认为,世间万法都是众生虚妄心念形成的千差万别相状,其本质虚幻不实。《大乘起信论》云:"一切诸法,唯依妄念而有差别。若离妄念,则无一切境界之相。"(T32/576a)心生则法生,心灭则法灭。故本心超越后世界万象的差别也就泯灭了,像"龟""鳖""鹿""马"这样的名相概念都是虚妄之念,当本心超越名相差别之后,何妨"唤龟作鳖""指鹿为马""指南将作北""呼龟以为鳖""唤豆以为粟"。因此,禅家对"唤龟作鳖"作了重新解构,由此产生了新义,比喻灭除万象差别的禅悟境界。

7. 唤东作西

"唤东作西"是在唐宋禅林口语中出现的新成语,指把东向唤作西向,形容分辨不清事物、颠倒是非的愚痴行为。如:

（1）颂古云:"钵里饭,桶里水多口阿师难下嘴。北斗南星位不殊,<u>唤东作西</u>作什么? 坐立俨然。长者长法身,短者短法身。白浪滔天平地起。"(《碧岩录》卷五,p.263)

（2）若别有所得,别有所证,则又却不是也。如人迷时,<u>唤东作西</u>。及至悟时,即西便是东,无别有东。(《大慧普觉禅师书》卷二五,42-418)

例（1）"唤东作西"是圆悟禅师对"北斗南星位不殊"作的著语,形容分辨不清事物、颠倒黑白的愚痴行为。例（2）言如人在迷时,分辨不清事物,颠倒黑白。在唐宋禅林口语中,"唤东作西"也说成"指东作西""指东认西",如:

（3）肃宗皇帝本是代宗,此误。问忠国师:"百年后所须何物?"预搔待痒,果然起模画样。老老大大作这去就,不可<u>指东作西</u>。(《碧岩录》卷二,p.102)

（4）有优劣无优劣，莫非久在丛林上座，方能辨别。若是初机后学，也莫<u>指东认西</u>。（《广灯》卷二七"澄湜禅师"，p.565）

例（3）圆悟禅师用"指东作西"形容肃宗皇帝分辨不清事理、颠倒愚痴的行为。例（4）言后学禅僧未能辨别禅理，但也不可"指东认西"，颠倒黑白。这两个形体与"唤东作西"联系密切，可视为"唤东作西"的变体。在唐宋禅林口语中，表示分辨不清事物、颠倒黑白的俗成语还有"以鸡为凤""唤钟作瓮""呼昼作夜""将日作月""翻日作月""将南作北""持南作北""唤南作北""指南为北""指鹿为马""认马作牛""认驴作马""唤驴作马""指马作驴""认弓为矢""认弓作蛇"，这些俗成语和上揭"唤龟作鳖""唤东作西"的字面结构不同，但均形容分辨不清事物、颠倒黑白的愚痴行为，因而是同义成语的关系。

在唐宋禅林口语中，"唤东作西"也产生了一个新义，形容本心超越后，没有分别对立，打成一片的禅悟境界。这一新义也用变体"唤西作东"表示。

（5）保宁有时翻天作地，翻地作天，<u>唤东作西</u>，唤南作北。揻转鼻孔，换却髑髅。（《仁勇禅师语录》卷一，41-15）

（6）不恁么却恁么，昨夜南山虎咬大虫。恁么总不恁么，指南为北，<u>唤西作东</u>。（《慧开禅师语录》卷二，42-22）

例（5）"唤东作西"与"翻天作地""翻地作天""唤南作北"同义连用，例（6）"唤西作东"与"指南为北"同义连用，均形容本心超越后，没有分别对立，灭除万象差别的禅悟境界。新义是受禅文化圆融境界思想影响而产生的，语义演变的机制是对"唤东作西"作了重新解构。

8. 拈头作尾

"拈头作尾"又言"拈尾作头"，也是在唐宋禅林口语中出现的新成语，指拈起头当作尾巴，或拈起尾巴当作头，形容分辨不清事理、颠倒是非的愚痴行为。如：

（1）若非顶门具烁迦罗眼的衲僧，到这里不免<u>拈头作尾</u>。（《续灯》卷九"圆照禅师"，p.256）

（2）僧问："学人不问西来意，藏身北斗意如何？"师云："<u>拈头作尾</u>汉。"（《明觉禅师语录》卷一，39-160）

（3）僧曰："为什么东行不见西行利？"师云："<u>拈头作尾</u>，<u>拈尾作头</u>，还我第三段来。"僧礼拜。师云："吽！吽！"（《续灯》卷六"遇新禅师"，p.161）

（4）问："请师讲经。"师云："买帽相头。"进云："谢师慈悲。"师云："<u>拈头作尾,拈尾作头</u>。"（《古尊宿》卷六"睦州和尚",p.88）

例（1）言如果头顶上不具金刚慧眼,到佛理微妙之处不免拈起头当作尾巴,分辨不清事理,颠倒是非。例（2）"拈头作尾"是对禅僧不明佛理、颠倒是非问话的贬斥。例（3）"拈头作尾""拈尾作头"同义连用。例（4）"拈头作尾""拈尾作头"同义连用,其义显豁。在唐宋禅林口语中,"拈头作尾""拈尾作头"也产生了这样一个新义,形容本心超越后,没有分别对立,打成一片的禅悟境界。如:

（5）遂拈杖云："保宁有时<u>拈头作尾</u>,有时<u>拈尾作头</u>。金刚脚底蹯跳,蟭螟眼里藏身。"（《仁勇禅师语录》卷一,41-7）

（6）遂左右顾视大众,乃云："若接续不得,同安今日<u>拈头作尾</u>,<u>拈尾作头</u>去也。有问话者,切须着眼。"（《慧南禅师语录》卷一,41-723）

（7）<u>拈头作尾</u>,是变通你。敲骨打髓,是谛当你。把臂并行,是和合你。（《续古尊宿》卷一"长灵卓和尚",44-42）

（8）若是准上座,只消独自弄拽得来。<u>拈头作尾</u>,<u>拈尾作头</u>,转两个金睛,攫几钩铁爪。（《普灯》卷二六"准禅师",p.649）

显然,例中的"拈头作尾""拈尾作头"并非指颠倒是非的愚痴行为,而是指本心超越万象差别后的圆融悟境。"拈头作尾""拈尾作头"的新义也是受禅文化圆融境界思想的影响而产生,语义演变的机制也是对"拈头作尾""拈尾作头"作了重新解构。

上面我们类举了"唤龟作鳖""唤东作西""拈头作尾"及其变体的语义演变情况,这三组俗成语语义的产生和演变都是有关联的。从语义产生的理据来说,"龟""鳖"在形貌和习性方面都很相似,容易让人混淆,语义特征是混淆是非的愚痴行为;"东""西"和"头""尾"都是两极对立、相反相成的事物,语义特征是颠倒是非的愚痴行为;但不论是混淆是非还是颠倒是非,都是分辨不清事理的表现,因此这三组俗成语在这一义上是同义关系。受禅文化"圆融"思想的影响,本组俗成语在禅林口语使用中对其结构作了重新解构,用来形容本心超越后,泯灭万象差别,没有分别对立的圆融悟境,同步产生了相同的新义,新义也具有了明显的宗教色彩。

第二节　唐宋禅籍俗成语新质的构成

汉语有文言和白话的区别。文言在秦汉之后已经成为僵化的书面语言,汉魏以来的白话则是鲜活口语的反映,因而是语言新质产生的肥沃土壤。语言新质出现的多寡反映着语料口语化程度的高低,梅祖麟(1990 序:3)曾指出,"在原则上,要判断口语成分的多寡,可以把历代的文献按照时间排列,而新兴成分较高的资料也就是口语成分较高的"。这是通人之论。唐宋禅籍白话语料是同时期口语化程度最高的语料之一,出现了异彩纷呈的俗成语。唐宋禅籍俗成语由新质和旧质构成,其中绝大多数的俗成语是唐宋时期产生的新质,包括新成语、新变体和新义三类,只有少量俗成语是在先唐之前产生的旧质,在禅籍中语义没有发生变化。为了全面认识唐宋禅籍俗成语的构成面貌,为汉语语汇史和汉语史研究提供必要的资料和依据,下面将这些俗成语按类别穷尽性地揭示出来。

一　唐宋禅籍新成语的构成

在唐宋禅籍白话语料里共出现新成语 889 条,按始见的语料类别可以分作三类:唐宋禅籍白话语录中始见的新成语 727 条,唐宋佛经白话语料中始见的新成语 52 条,唐宋世俗白话语料中始见的新成语 110 条 [①]。

(一)唐宋禅籍白话语录中始见的新成语

0002 鸟道羊肠　0005 滴水滴冻　0007 至妙至微　0008 细如米末　0009 海口难宣
0010 哑子吃蜜　0011 哑子吃瓜　0013 口是祸门　0014 墙壁有耳　0017 石上栽花
0018 银山铁壁　0019 百匝千重　0020 乌飞兔走　0021 羚羊挂角　0023 皮穿肉绽
0024 求玄觅妙　0026 演妙谈真　0029 寻文取证　0031 寻行数墨　0032 咬言嚼句
0033 烂嚼细咽　0035 刺血济饥　0037 投崖饲虎　0038 舂糠答志　0039 断臂酬心
0040 断臂立雪　0041 立雪齐腰　0042 入乡随俗　0044 凝心敛念　0045 休心息念
0046 凝如株杌　0048 舍垢取净　0049 塞耳藏睛　0053 胁不至席　0057 撞东磕西

---

① 由于这些俗成语在本书下编《唐宋禅籍俗成语例释》部分已有解释,这里只列出条目和固定的编号,方便对照查检。

0058 语不投机　0059 方木逗圆　0060 落三落四　0061 浑囵吞枣　0062 养病丧躯
0064 绝虑忘缘　0065 一刀两断　0066 截断众流　0067 撒手横身　0068 悬崖撒手
0070 眼见如盲　0071 掷剑挥空　0076 脱胎换骨　0077 倒肠换肚　0078 抱镰刮骨
0080 着衣吃饭　0082 饥餐渴饮　0083 朽木形骸　0084 形羸骨瘦　0086 寒灰死火
0087 枯木石头　0088 如痴似兀　0090 灰心尘面　0094 逃生脱死　0096 鼻孔辽天
0098 空腹高心　0099 盖色骑声　0101 半斤八两　0102 金不博金　0103 水不洗水
0104 如掌作拳　0105 星明月朗　0106 朗月当空　0108 心如朗月　0109 辉天鉴地
0110 耀古腾今　0113 明镜当台　0115 偬傥分明　0117 风清月白　0118 寸丝不挂
0119 寸草不生　0120 如冰似玉　0122 清风匝地　0123 秋潭月影　0124 静夜钟声
0126 浪息波停　0127 浪稳风平　0128 安身立命　0129 清贫自乐　0134 贪名逐利
0135 名牵利役　0136 争人竞我　0137 叨名窃位　0139 随名逐相　0140 嗜色淫声
0144 舍重从轻　0145 移东补西　0146 家贼难防　0147 勾贼破家　0149 披枷带锁
0150 枷上着杻　0153 如龟藏壳　0158 灰头土面　0159 贫子衣珠　0161 如龙换骨
0163 该天括地　0164 光吞万象　0165 涵盖乾坤　0167 遍天遍地　0168 盖天盖地
0169 头头是道　0170 充天塞地　0171 填沟塞壑　0172 逼塞虚空　0176 眼横鼻直
0178 本来面目　0179 本地风光　0180 黑白未分　0181 素体相呈　0182 骑牛觅牛
0183 骑驴觅驴　0184 将头觅头　0185 舍头觅头　0187 钻穴索空　0189 驴前马后
0190 捧饭称饥　0191 临河叫渴　0192 井底叫渴　0193 傍鳖求饼　0195 背正投邪
0196 迷己逐物　0198 迷波讨源　0199 逐浪忘源　0200 拨波求水　0204 衣内忘珠
0205 百丑千拙　0206 抱拙守愚　0207 藏身露影　0208 巧尽拙出　0209 弄巧成拙
0210 抛砖引璧　0211 画虎成狸　0215 依模画样　0216 起模画样　0217 作模作样
0218 瞎驴趁队　0219 传言送语　0221 矮子看戏　0222 盲盲相引　0223 手脚忙乱
0225 东觑西觑　0226 东引西证　0227 东听西听　0228 指东画西　0229 指桑骂柳
0230 担枷判事　0231 担枷过状　0232 预搔待痒　0233 剜肉作疮　0234 与贼过梯
0235 韩卢逐块　0236 摘叶寻枝　0237 隔靴搔痒　0239 掩鼻偷香　0240 闭眼作夜
0241 捏目生花　0243 开眼说梦　0244 开眼尿床　0245 开眼瞌睡　0246 立地瞌睡
0247 见神见鬼　0249 临渴掘井　0250 临嫁医瘿　0251 抱赃叫屈　0252 吃水论噎
0254 避溺投火　0255 如龟负图　0257 似手触火　0258 猛虎入阱　0259 俊鹞投笼
0260 掣风掣颠　0261 如痴似狂　0262 簸土扬尘　0263 掀天摇地　0266 入海算沙

0267 捞天摸地　0268 拗直作曲　0269 拗曲作直　0271 如猿捉影　0273 敲钟谢响

0274 扣空追响　0277 掘地觅天　0278 仰面寻地　0280 引手撮空　0281 翻身掷影

0282 火中钓鳖　0283 日里藏冰　0286 离波求水　0287 空里采花　0288 对牛弹琴

0289 炊沙作饭　0292 水中捉月　0293 斩头觅活　0294 虚空钉橛　0295 磨砖作镜

0296 拨火觅沤　0297 拨沤觅火　0298 泥里洗泥　0299 敲空觅响　0300 镜里求形

0302 泼油救火　0303 碎珠觅影　0304 接竹点天　0305 持蠡酌海　0306 将盐止渴

0307 弄光认影　0308 寻声逐响　0309 承虚接响　0310 影响相驰　0311 水上觅沤

0312 掉棒打月　0313 阳焰充饥　0314 阳焰翻波　0316 捕风捉影　0317 把火烧天

0318 如篮盛水　0319 干竹绞汁　0320 扫雪求迹　0321 海底摸针　0322 雪上加霜

0324 头上安头　0325 土上加泥　0326 眉上安眉　0327 锦上添花　0328 牛上骑牛

0329 节外生枝　0330 矢上加尖　0331 玉上加珠　0332 平地骨堆　0333 平地掘坑

0334 笠上顶笠　0335 嘴上加嘴　0337 画虎添斑　0338 无风起浪　0340 认马作牛

0341 认驴作马　0342 指马作驴　0343 认弓为矢　0344 认弓作蛇　0345 唤龟作鳖

0346 证龟成鳖　0347 认指为月　0348 以鸡为凤　0349 唤钟作瓮　0350 呼昼作夜

0351 唤东作西　0352 将日作月　0354 拈头作尾　0355 认叶止啼　0356 认奴作郎

0357 认儿作爷　0359 七颠八倒　0361 徐六担板　0363 如瓶注水　0364 露骨伤筋

0366 顽石点头　0368 心心相印　0369 老婆心切　0370 倾心吐胆　0371 倾肠倒腹

0372 撑门拄户　0373 成家立业　0374 龙生龙子　0375 生男育女　0376 如薪续火

0377 栽梧待凤　0378 种竹引风　0379 捞虾摝蚬　0380 捞龙打凤　0382 接物利生

0383 鼓棹扬帆　0384 春风如刀　0385 春雨如膏　0389 见兔放鹰　0390 遇獐发箭

0392 因风吹火　0393 看风使帆　0394 随方就圆　0395 随波逐浪　0396 将错就错

0397 顺风使帆　0399 逆风把舵　0400 借水献花　0401 量才补职　0402 买帽相头

0403 度脚买靴　0404 看楼打楼　0405 看孔着楔　0406 饥不择食　0407 抛砖引玉

0408 将砖换玉　0409 打草惊蛇　0410 探竿影草　0411 从苗辨地　0412 因语识人

0413 扬眉瞬目　0414 拨眉击目　0415 张眉努目　0416 拈槌竖拂　0417 除痴断惑

0418 抽钉拔楔　0420 解粘去缚　0421 驱耕夺食　0422 众口难调　0423 觌面相呈

0424 空拳黄叶　0425 黄叶止啼　0426 名方妙药　0427 赤手空拳　0428 真金失色

0430 一箭两垛　0433 功不浪施　0434 语不浪施　0435 信手拈来　0437 倚势欺人

0439 东喝西棒　0440 盲枷瞎棒　0441 和麸粜面　0442 含血噀人　0443 生风起浪

0444 东搴西撮　0445 指踪话迹　0446 撩钩搭索　0447 拖泥涉水　0448 灵龟曳尾

0449 粗茶淡饭　0450 寻常茶饭　0451 残羹馊饭　0453 剺牙劈齿　0454 张弓架箭

0455 狭路相逢　0457 蛇头揩痒　0458 虎口拔牙　0462 将棒唤狗　0465 青天霹雳

0466 机如掣电　0468 雷奔电卷　0470 疾焰过风　0471 飞针走线　0472 露刃藏锋

0473 空中挂剑　0474 言中有响　0476 龙头蛇尾　0477 鸡头凤尾　0478 有头无尾

0480 限刀避箭　0481 活捉生擒　0482 掣鼓夺旗　0485 平地吃跤　0486 弓折箭尽

0487 残弓折箭　0489 词折义屈　0490 亡锋结舌　0492 单刀直入　0494 斩钉截铁

0495 依草附木　0496 倚门傍户　0497 如藤倚树　0498 扶篱摸壁　0499 足下风生

0500 立地成佛　0501 电转星飞　0502 似鹘捉鸠　0503 鸾凤冲霄　0506 冷灰豆爆

0507 一槌便成　0509 水到渠成　0510 箭过新罗　0511 贼过张弓　0512 停囚长智

0513 如牛拽磨　0514 触途成滞　0515 走透无路　0516 碍东碍西　0519 披沙识宝

0520 如人饮水　0521 冷暖自知　0524 心融神会　0525 穿云透月　0527 穿窗透牖

0530 通上彻下　0534 如火消冰　0536 云开日出　0537 云开月朗　0540 冰融雪泮

0541 红炉片雪　0543 落路入草　0544 泥里洗土　0545 粘皮着骨　0547 牵枝引蔓

0550 半死半活　0551 半饥半饱　0552 文彩已彰　0554 和赃捉败　0555 雁过留声

0556 鱼行水浊　0557 鸟飞落毛　0558 避色逃声　0559 把缆放船　0560 藏头缩手

0561 缩头缩尾　0562 胶柱调弦　0565 百了千当　0568 脚踏实地　0573 点金成铁

0574 点铁成金　0575 瓦砾成金　0576 瓦砾生光　0578 枯木龙吟　0579 寒灰再焰

0580 枯木逢春　0581 铁树生花　0583 同途异辙　0584 同途共辙　0585 闭门造车

0586 出门合辙　0591 天宽地窄　0592 回光返照　0593 拨草瞻风　0594 识心达本

0596 撮要提纲　0599 狮子咬人　0600 火里莲生　0601 冰河焰起　0602 鸦巢生凤

0603 虚空走马　0605 空里行船　0606 尺短寸长　0607 乌龟向火　0608 铁卵生儿

0609 蛇头生角　0610 生蚕作茧　0611 特牛生儿　0612 雄鸡生卵　0613 敲空作响

0614 七通八达　0616 七纵八横　0617 七穿八穴　0618 左穿右穴　0619 七出八没

0620 横三竖四　0621 七凹八凸　0622 八凹九凸　0623 左转右旋　0624 横出竖没

0625 横眠竖卧　0626 横拖倒拽　0632 如龙得水　0633 似虎靠山　0634 如龙似虎

0635 如云似鹤　0638 丹霄独步　0639 足下无丝　0645 逢场作戏　0646 横拈倒用

0647 如珠走盘　0648 抛东掷西　0649 抛来掷去　0650 颠来倒去　0652 撑天拄地

0653 天回地转　0654 移星换斗　0655 兴云吐雾　0656 倾湫倒岳　0657 举鼎拔山

0658 波腾海沸　0659 海竭山摧　0660 降龙伏虎　0662 三头六臂　0663 东倾西侧

0665 神头鬼面　0666 驱神驾鬼　0670 虎骤龙驰　0673 龙吟雾起　0676 拏云攫浪

0677 崖崩石裂　0682 拔树鸣条　0684 喝佛骂祖　0686 踢天弄井　0688 放旷不羁

0689 叶落归根　0692 隈山傍水　0693 游山玩水　0694 东游西玩　0695 啸月吟风

0696 披云啸月　0697 啸月眠云　0699 牛闲马放　0700 嘲风咏月　0703 韬名晦迹

0706 刀耕火种　0707 餐风饮露　0708 草衣木食　0711 挑囊负钵　0712 他乡异井

0713 离乡涉井　0715 游州猎县　0716 奔南走北　0717 千乡万里　0718 东奔西走

0721 披毛戴角　0722 牵犁拽耙　0725 驴胎马腹　0726 驴腮马颔　0732 头出头没

0733 垛生招箭　0734 树高招风　0735 万祸千殃　0736 祸不单行　0737 近火先焦

0738 命如悬丝　0739 火烧眉毛　0742 涸辙之鱼　0744 柴门草户　0746 张三李四

0750 名不浪施　0751 风驰雾集　0752 星逝波奔　0753 弥天罪过　0754 杀人放火

0755 汗马功劳　0756 盲龟值木　0758 树倒藤枯　0760 日应万机　0764 独掌难鸣

0766 填凹就缺　0768 千方百计　0776 一诺千金　0784 叶公画龙　0785 屈膝妥尾

0786 鬼妒人嫌　0788 佛口蛇心　0789 欺胡谩汉　0791 悬羊卖狗　0792 眉粗眼大

0793 柳目杨眉　0795 头白齿豁　0796 头白齿黄　0798 蓬头跣足　0799 露胸跣足

0800 倒街卧巷　0802 顶天立地　0804 年盛气豪　0806 意气凌人　0808 熏天炙地

0811 超群拔萃　0812 超伦绝类　0815 鹅王择乳　0816 叶落知秋　0817 动弦别曲

0821 俊鹰快鹞　0822 眼辨手亲　0823 铁眼铜睛　0824 明察秋毫　0826 举一明三

0827 目机铢两　0828 眼似铜铃　0829 奔流度刃　0833 良马窥鞭　0835 智如流水

0836 鸡栖凤巢　0837 败种焦芽　0838 有耳如聋　0839 持聋得哑　0840 日中迷路

0841 眼中添屑　0842 有眼如盲　0845 眼似漆楪　0847 金沙未辨　0850 东西不辨

0852 奴郎不辨　0855 眼似木楪　0856 目瞪口呿　0857 面面相觑　0859 口似扁担

0860 口似秤锤　0861 口如磉盘　0862 口似灯笼　0863 口似木楪　0864 满口含霜

0865 有口如哑　0867 根微智劣　0868 人贫智短　0869 蚊蚋之解　0870 滴水难消

0871 不离窠臼　0872 滞壳迷封　0876 坐井观天　0879 单见浅闻　0885 落笔盈卷

0886 惊群动众　0887 如虎插翅　0893 答如瓶泻　0895 倾泻如流　0896 问若联珠

0901 名言妙句　0902 甜唇美舌　0903 福星高照　0904 言简旨玄　0907 钉嘴铁舌

0908 舌如利刀　0911 巧唇薄舌　0912 能言解语　0913 口似纺车　0915 多口饶舌

0916 横说竖说　0917 千说万说　0918 粗言细语　0919 口劳舌沸　0921 闲言长语

0923 缀五饶三　0924 口罗舌沸　0925 一言半句　0926 二言三语　0927 东语西话
0929 说黄道黑　0930 驴唇马嘴　0931 磨唇捋嘴　0932 说长说短　0934 胡言汉语
0935 胡说乱道　0936 脱空谩语　0938 颠言倒语　0940 指天说地　0941 指东指西
0942 指南言北　0943 开眼寐语　0945 无梦说梦　0947 狂言寐语　0948 千迂万曲
0953 云愁雾惨　0955 七上八下　0956 寒毛卓竖　0958 心惊胆裂　0960 毛发悚然
0963 面黄面青　0967 换手捶胸　0968 囊藏被盖　0970 思前虑后　0971 移睛动眼
0972 转头换脑　0973 钻龟打瓦　0974 东卜西卜　0975 弦急即断　0981 压膝道伴
0982 义交金石　0985 理能缚豹　0986 青天白日　0988 真不掩伪　0989 曲不藏直
0990 众眼难谩　0993 理长则就　0995 积水成流　0996 积土成墙　1000 水长船高
1001 驴屎马粪　1002 分文不值　1004 梦幻空花　1006 空花水月　1008 如响应空
1009 空花乱坠　1010 如钟含响　1011 似谷应声　1012 风声谷响　1013 泥牛入海
1015 烟消火灭　1017 画水成文　1021 白玉无瑕　1022 七零八落　1023 七花八裂
1024 七支八离　1025 雪覆芦花　1026 刃刀相似　1027 鱼鲁参差　1028 乌焉成马
1030 亘古亘今　1031 日久岁深　1035 斗转星移　1037 明来暗去　1038 光阴如箭
1040 三更半夜　1045 无地容锥　1046 寸步不移　1048 四方八面　1049 街头巷尾
1050 长街短巷　1051 四邻五舍　1055 如麻似粟　1058 蒲花柳絮　1059 成群作队
1060 挨肩接踵　1061 盈衢塞路　1063 南来北往　1064 星分派列　1065 一呼百诺
1068 三回两度　1069 翻来覆去　1076 山遥水远　1077 森罗眩目　1080 蜂狂蝶舞
1083 柳绿桃红　1085 雕梁画栋　1087 霜风削骨　1089 地黑天昏　1091 根深叶茂
1092 万紫千红　1094 百种千端　1096 千奇百怪　1097 七珍八宝　1098 百头千绪
1099 鸦鸣鹊噪　1100 钟鸣鼓响　1101 鸡惊犬吠　1102 鼓乐喧天　1104 喧天动地
1106 铿金戛玉　1108 风尘草动　1109 雨似盆倾　1111 洪波浩渺　1115 千差万错
1123 安邦乐业　1124 鼓腹讴歌

（二）唐宋佛经白话语料中始见的新成语

0015 水泄不通　0075 见月忘指　0100 超情离见　0111 杲日丽天　0121 莲花出水
0141 随邪逐恶　0148 无绳自缚　0156 心猿意马　0162 海纳百川　0175 山青水绿
0177 鹤长凫短　0197 迷头认影　0224 七手八脚　0238 掩耳偷铃　0256 飞蛾赴火
0279 日中逃影　0290 扬声止响　0291 弃影劳形　0358 认贼为子　0381 救苦利生
0386 慈云普润　0398 顺水行船　0505 朝凡暮圣　0528 醍醐灌顶　0531 彻骨彻髓

0553 欲隐弥露　0564 如蚁循环　0597 伐树得根　0604 陆地行船　0685 呵风骂雨

0710 逾海越漠　0774 雪中送炭　0819 窥天鉴地　0825 眼似流星　0844 眼中有翳

0849 水乳不分　0890 如水传器　0891 如瓶泻水　0898 珠回玉转　0937 唐言梵语

0939 问东答西　0946 痴人说梦　0962 咬牙咭齿　0977 针芥相投　0998 积行成德

1014 灰飞烟灭　1018 安然无损　1078 森罗万象　1110 滔天之浪　1114 千差万别

1125 四海晏清　1126 海晏河清

（三）唐宋世俗白话语料中始见的新成语

0001 百尺竿头　0004 冷似冰霜　0016 官不容针　0025 穷玄极妙　0047 安禅静虑

0051 凿壁偷光　0054 废寝忘餐　0063 深耕浅种　0081 见怪不怪　0085 枯木死灰

0107 八面玲珑　0114 契券分明　0116 清风明月　0125 浪静风恬　0131 高枕无忧

0138 贪荣冒宠　0152 如猿在槛　0157 千波万浪　0186 赤水寻珠　0212 狗尾续貂

0220 随群逐队　0242 妄生节目　0270 披沙拣金　0276 画饼充饥　0285 担雪填井

0315 望梅止渴　0419 敲枷打锁　0429 一箭双雕　0431 百步穿杨　0436 压良为贱

0438 狐假虎威　0459 八面受敌　0463 蛇头蝎尾　0467 风驰电卷　0469 石火电光

0475 笑中有刀　0488 倒戈卸甲　0493 匹马单枪　0518 千山万水　0526 穿云透石

0532 涣若冰释　0538 云收雾卷　0546 丝来线去　0549 半明半暗　0566 衣锦还乡

0567 金榜题名　0589 白云万里　0661 鬼哭神号　0669 天翻地覆　0672 虎啸风生

0683 飞沙走石　0690 虚生浪死　0691 粉骨碎身　0701 摇头摆尾　0702 摇头摆脑

0709 手胼足胝　0714 担簦负笈　0727 改头换面　0729 赤口白舌　0761 忙里偷闲

0762 覆水难收　0767 将勤补拙　0769 巢父饮牛　0772 视人如伤　0773 如日照临

0775 酬恩报德　0794 疏眉秀目　0805 气冲牛斗　0807 气薄云天　0810 文武双全

0820 鉴貌辨色　0832 大智如愚　0843 耳聋眼暗　0846 三头两面　0848 玉石不分

0851 南北不分　0853 桀犬吠尧　0854 泾渭不分　0866 词穷理尽　0873 龙蛇混杂

0874 玉石难分　0881 高识远见　0888 棋逢敌手　0892 对答如流　0894 问一答十

0900 簇锦攒花　0909 口似血盆　0914 口似悬河　0920 千言万语　0928 道听途说

0949 驴鸣狗吠　0952 忍俊不禁　0954 寝食不安　0961 怒发冲冠　0964 无地容身

0992 水落石出　0997 积学成圣　1041 更深夜静　1047 五湖四海　1052 花街柳巷

1062 车马骈阗　1073 天长地阔　1074 天高海阔　1079 落花流水　1082 花红柳绿

1084 青山绿水　1086 风和日暖　1095 千品万类　1105 晨鸡暮钟　1122 块雨条风

二 唐宋禅籍俗成语新变体的构成

在唐宋禅籍白话语料里共出现新变体 619 条,按始见的语料类别可以分作三类:唐宋禅籍白话语录中始见的新变体 481 条,唐宋佛经白话语料中始见的新变体 12 条,唐宋世俗白话语料中始见的新变体 126 条。

(一)唐宋禅籍白话语录中始见的新变体

0001 百丈竿头　0001 万丈竿头　0002 羊肠鸟道　0004 冷如冰霜　0004 冷如冰雪

0005 滴水冰生　0008 小如米末　0015 不通水泄　0018 铁壁银山　0018 铜崖铁壁

0019 千重百匝　0025 谈玄说妙　0025 唱妙谈玄　0025 穷玄说妙　0030 寻言逐句

0030 随言逐句　0034 敲骨取髓　0034 敲骨打髓　0034 敲骨出髓　0040 立雪断臂

0040 立雪断肱　0041 齐腰立雪　0042 随乡入俗　0053 胁不着席　0056 如丧老妣

0057 东撞西磕　0058 言不投机　0061 浑沦吞枣　0063 浅种深耕　0069 抛家散宅

0069 破家散业　0069 抛家散业　0071 轮剑掷空　0071 利剑挥空　0076 换骨脱胎

0076 换骨洗肠　0076 洗肠换骨　0085 寒灰枯木　0085 枯木寒灰　0086 死火寒灰

0088 如兀如痴　0092 脱生离死　0094 超生出死　0099 骑声盖色　0099 超声越色

0103 水不自洗　0104 如拳作掌　0106 朗月处空　0106 朗月悬空　0106 宝月当空

0107 玲珑八面　0109 辉天烁地　0109 辉天绰地　0110 腾今焕古　0110 辉今耀古

0111 杲日当空　0111 赫日当空　0118 不挂寸丝　0118 寸丝不染　0118 一丝不着

0118 条丝不挂　0123 澄潭月影　0123 寒潭月影　0123 月隐寒潭　0125 风恬浪静

0133 劳生惜死　0134 逐利贪名　0134 贪名爱利　0134 耽名爱利　0134 苟利图名

0141 逐恶随邪　0143 将长就短　0143 将长补短　0145 剜东补西　0145 牵东补西

0148 草绳自缚　0149 担枷带锁　0149 带锁担枷　0149 担枷抱锁　0149 添枷带锁

0149 着枷带锁　0154 划地为牢　0154 划地成牢　0160 如蛇退皮　0162 海纳众流

0170 冲天塞地　0171 塞壑填沟　0173 匝地普天　0176 鼻直眼横　0181 素面相呈

0184 担头觅头　0188 舍父逃走　0188 家中舍父　0195 趣邪背正　0197 认影迷头

0197 迷头逐影　0197 认影迷形　0199 迷源逐浪　0200 拨水求波　0202 户破家亡

0205 千丑百拙　0205 百拙千丑　0207 藏头露尾　0207 藏头露影　0207 藏头露角

0207 藏尾露头　0208 巧尽拙露　0209 弄巧得拙　0215 打模画样　0216 画样起模

0216 起模打样　0223 脚忙手乱　0223 脚手忙乱　0228 指东划西　0228 画西指东

0229 指槐骂柳　0229 指桃骂李　0231 担枷陈状　0233 好肉剜疮　0233 肉上剜疮

0233 剜肉成疮　0235 狂狗趁块　0235 狂狗逐块　0236 寻枝摘叶　0237 隔靴抓痒

0237 隔靴爬痒　0242 强生节目　0244 开眼溺床　0256 如蛾投焰　0260 彻颠彻狂

0262 扬尘簸土　0264 移岳盈壑　0265 截鹤续凫　0267 摸地捞天　0269 拗曲为直

0270 沙里淘金　0272 敲冰求火　0272 敲冰取火　0273 锤钟谢响　0274 扪空求响

0277 掘地讨天　0277 低头觅天　0284 刻舟寻剑　0285 撒雪填井　0289 蒸沙作饭

0291 弄影劳形　0291 弄影逃形　0292 波中取月　0292 波中捉月　0292 水中拈月

0292 水中捞月　0293 断头取活　0293 斩头求活　0294 钉橛空中　0294 空里钉橛

0296 拨火求沤　0301 缘木取鱼　0303 碎珠求影　0305 持螺酌海　0309 乘虚接响

0309 接响承虚　0316 捕风捉月　0322 霜加雪上　0323 与蛇画足　0324 头上着头

0326 眉上画眉　0326 颔下安眉　0327 锦上铺花　0327 锦纹添花　0329 枝上生枝

0329 枝上生节　0341 唤驴作马　0345 认龟作鳖　0346 证龟作鳖　0347 认指作月

0350 将昼作夜　0351 指东认西　0351 指东作西　0351 唤西作东　0352 翻日作月

0353 将南作北　0353 持南作北　0353 唤南作北　0354 拈尾作头　0356 唤奴作郎

0363 如瓶灌水　0365 天花落地　0371 倒腹倾肠　0379 摝蚬捞虾　0380 捞龙趁凤

0380 打凤罗龙　0380 罗龙打凤　0387 随病施方　0387 应疾施方　0388 药病对治

0393 看风把舵　0395 逐浪随波　0397 借风扬帆　0397 顺风挂帆　0398 顺水扬帆

0398 顺水张帆　0398 顺水放船　0398 顺水流舟　0401 量才处职　0402 相头买帽

0404 相簸打簸　0410 影草探竿　0413 瞬目扬眉　0413 扬眉动目　0413 举目扬眉

0415 瞠眉努目　0415 瞠眉瞠眼　0415 瞠眉努眼　0415 瞠眉竖目　0417 除疑断惑

0418 出钉拔楔　0419 打锁敲枷　0420 去粘解缚　0420 去缚解粘　0420 解粘释缚

0427 赤手空身　0428 精金失色　0432 齐发齐中　0436 压良成贱　0436 抑良为贱

0442 含毒喷人　0446 挠钩搭索　0447 拖泥带水　0447 带水拖泥　0447 惹泥带水

0447 和泥合水　0447 合水和泥　0447 合泥合水　0448 泥龟曳尾　0449 淡饭粗茶

0449 粗羹淡饭　0449 粗粥淡饭　0450 家常茶饭　0462 把棒唤狗　0464 铁额铜头

0467 电卷星驰　0467 电急星驰　0467 星飞电激　0472 藏锋露刃　0476 蛇尾龙头

0480 避箭隈刀　0482 夺鼓擘旗　0482 挽鼓夺旗　0482 挽旗夺鼓　0485 平地吃扑

0492 单刀趣入　0494 截铁斩钉　0494 剪钉截铁　0495 依草附叶　0496 隈门傍户

0496 挨门傍户　0501 电闪星飞　0507 一槌便就　0514 触途俱滞　0530 彻下通上

0531 透皮彻骨　0531 穿皮透骨　0536 拨云见日　0537 云开月露　0537 云开月现

0538 雾敛云收　0538 云收日卷　0544 土里洗泥　0547 引蔓牵枝　0547 引枝牵蔓

0565 千了百当　0566 衣锦还家　0566 昼锦还乡　0570 翻邪成正　0574 点铁为金

0574 点瓦成金　0577 枯木花芳　0577 枯木开花　0577 枯木花开　0577 枯木重荣

0578 龙吟枯木　0579 寒灰发焰　0580 枯木迎春　0580 枯树逢春　0581 铁树开花

0590 天地悬殊　0592 返照回光　0592 回光返顾　0592 回光返本　0592 回头返照

0592 回光自照　0594 回心达本　0595 提纲举领　0600 火里生莲　0601 冰河焰发

0603 针锋走马　0611 特牛产儿　0614 八达七通　0614 七达八通　0617 八穴七穿

0617 七穴八穿　0620 竖四横三　0625 横眠倒卧　0632 狞龙得水　0633 猛虎靠山

0637 响顺声和　0638 独步青霄　0638 平步青霄　0638 平步丹霄　0638 青云阔步

0643 自在自由　0646 倒用横拈　0654 换斗移星　0660 虎伏龙降　0661 神号鬼哭

0662 六臂三头　0662 三头八臂　0665 鬼面神头　0665 鬼面人头　0669 翻天覆地

0670 龙驰虎骤　0673 雾起龙吟　0673 龙吟雾拥　0676 拏云攫雾　0679 暴雨卒风

0679 卒风骤雨　0682 拔木鸣条　0684 呵佛骂祖　0685 骂雨呵风　0693 玩水游山

0693 看山玩水　0693 观山玩水　0693 玩水观山　0705 日炙风吹　0708 木食草衣

0711 携囊挈钵　0721 戴角披毛　0722 拽耙牵犁　0722 拖犁拽耙　0723 作驴作马

0726 驴腮马嘴　0726 马颔驴腮　0728 魍魍魉魉　0738 命似悬丝　0738 命若悬丝

0738 殆若悬丝　0741 疾在膏肓　0745 金枝玉树　0746 李四张三　0746 张三李六

0753 罪大弥天　0753 罪犯弥天　0757 历劫难逢　0759 玉石俱丧　0774 雪里送炭

0775 报德酬恩　0779 如履轻冰　0781 业业兢兢　0782 防萌杜渐　0787 辜恩负德

0796 面黄头白　0808 炙地熏天　0811 超然拔萃　0815 鹅王吃乳　0822 眼亲手辨

0839 持聋作哑　0839 恃聋作哑　0839 伴聋诈哑　0841 眼中着屑　0841 眼中有屑

0841 眼里添沙　0841 眼里添钉　0842 有眼如无　0843 眼瞎耳聋　0843 眼暗耳聋

0843 眼昏耳聩　0844 眼中着翳　0844 眼中生翳　0845 两眼如漆　0845 双眼如漆

0848 玉石未分　0859 口如扁担　0861 口似磉盘　0866 词穷理寡　0866 词穷理绝

0869 蚊蚋之见　0875 井底虾蟆　0876 坐井窥天　0885 举笔成章　0885 挥笔立就

0887 如虎插翼　0887 猛虎插翼　0894 问一答百　0897 辩泻悬河　0897 辩似悬河

0897 辩泻秋涛　0897 辩似河倾　0897 泻悬河辩　0898 玉转珠回　0899 异音同调

0900 攒花簇锦　0901 奇言妙句　0906 开口动舌　0907 铜舌铁嘴　0910 牙如利剑

0914 口似倾河　0917 千说万喻　0922 如虫御木　0927 东道西说　0927 东说西说

0927 东话西话　0927 说东道西　0928 道听途言　0929 说黄道赤　0929 说青道黄

0929 说青道黑　0929 说白道黑　0931 磨唇缩嘴　0933 鼓唇摇舌　0933 鼓动唇吻

0934 汉语胡言　0935 胡道乱说　0936 脱空妄语　0947 噜言寐语　0953 雾惨云愁

0957 脊背汗流　0957 白汗浃背　0959 胆丧魂飞　0959 丧胆亡魂　0959 胆丧魂惊

0962 咬牙奋齿　0962 咬牙切齿　0962 咬牙喷齿　0970 思前算后　0973 打瓦钻龟

0973 敲砖打瓦　0976 水乳相投　0976 乳水相投　0977 针水相投　0978 胶漆相投

0985 理能伏豹　0988 真不掩假　0991 分明历历　0993 理长即就　0993 理长处就

1000 船高水长　1004 幻化空花　1006 水月空花　1013 泥牛渡海　1030 亘古亘今

1036 夏去秋来　1037 暗去明来　1037 明去暗来　1040 三更夜半　1046 寸步不离

1049 街头巷底　1049 街头市尾　1050 短巷长街　1055 似粟如麻　1059 拽队成群

1063 北往南来　1068 两回三度　1070 大千沙界　1072 天高地阔　1078 万象森罗

1078 万象森然　1078 骈罗万象　1085 雕梁画棋　1088 霜寒地冻　1088 天寒地冷

1092 百红千紫　1093 万种千般　1093 千种万般　1098 百端千绪　1099 鹊噪鸦鸣

1099 雀噪鸦鸣　1099 鸦鸣雀噪　1102 丝竹喧天　1110 白浪滔天　1113 万变千化

1114 万别千差

（二）唐宋佛经白话语料中始见的新变体

0092 出生离死　0095 唯吾独尊　0360 如盲摸象　0387 应病用药　0388 药病相投

0604 旱地行船　0669 地覆天翻　0858 缄口无言　0976 水乳相合　1014 烟灭灰飞

1125 四海廓清　1126 河清海晏

（三）唐宋世俗白话语料中始见的新变体

0003 壁立万仞　0003 壁立千寻　0012 吞声饮气　0025 说妙谈玄　0065 一刀两段

0069 抛家失业　0082 渴饮饥餐　0084 骨瘦如柴　0112 明珠在掌　0112 神珠在掌

0116 明月清风　0117 月白风清　0118 一丝不挂　0143 截长补短　0158 土面灰头

0163 包天括地　0168 遮天盖地　0175 水绿山青　0194 去本逐末　0216 做模打样

0223 手忙脚乱　0238 塞耳偷铃　0243 开眼作梦　0248 待兔守株　0276 充饥画饼

0295 磨砖成镜　0315 梅林止渴　0315 望林止渴　0316 捕风系影　0323 画蛇添足

0327 花添锦上　0329 节上生枝　0338 无风浪起　0387 应病施方　0391 随机应变

0391 临机应变　0394 随方逐圆　0416 竖拂拈槌　0416 拈槌举拂　0416 敲床竖拂

0418 拔楔抽钉　0442 含血喷人　0448 曳尾灵龟　0449 淡饭粗羹　0449 清茶淡饭

0469 电光石火　0475 笑里藏刀　0475 笑里有刀　0481 生擒活捉　0483 坐筹帷幄

0491 失前忘后　0501 星飞电转　0518 万水千山　0523 豁然省悟　0528 如饮醍醐

0532 泮然冰释　0536 云开见日　0537 云披月露　0538 雾卷云收　0539 云收雨散

0539 雨散云收　0544 泥中洗土　0568 脚踏实地　0604 陆地行舟　0606 寸长尺短

0636 草偃风行　0638 平步青云　0652 拄地撑天　0653 地转天回　0653 回天转地

0655 吐雾兴云　0656 倒岳倾湫　0667 惊天动地　0672 风生虎啸　0679 狂风暴雨

0681 地陷天崩　0683 吹沙走石　0683 石走沙飞　0693 玩水看山　0701 摆尾摇头

0704 晦迹韬光　0745 玉叶金枝　0749 名不虚传　0754 放火杀人　0755 功高汗马

0768 百计千方　0846 两头三面　0932 说短论长　0933 鼓舌摇唇　0964 容身无地

0969 顾后瞻前　0978 如胶投漆　0978 似胶投漆　0986 白日青天　1002 一文不值

1002 不值半文　1029 万古千秋　1030 亘古穷今　1032 寒来暑往　1033 日将月就

1035 星移斗转　1038 光阴似箭　1039 如驹过隙　1040 半夜三更　1040 夜半三更

1044 吉日良时　1047 四海五湖　1048 四方八表　1053 天涯海角　1053 海角天涯

1053 天涯地角　1067 万户千门　1072 地厚天高　1072 天高地迥　1075 海阔山高

1075 海阔山遥　1082 柳绿花红　1083 桃红柳绿　1084 绿水青山　1086 日暖风和

1092 千红万紫　1096 千怪万状　1113 万化千变　1118 修文偃武　1119 雨顺风调

1122 条风块雨

三　唐宋禅籍俗成语新义的构成

这里的新义只指旧质新义,即先唐旧成语在唐宋时期产生的新义,新义的调查范围仅限于唐宋禅籍。在唐宋禅籍出现的先唐旧成语里,产生新义的成语共有69条(含变体)。其中,产生新义的上古汉语成语有12条,产生新义的中古汉语成语有57条。在产生新义的中古汉语成语里,中土文献始见的俗成语34条,佛经文献始见的俗成语23条。

(一)产生新义的上古汉语成语

0056 如丧考妣　0093 出生入死　0432 百发百中　0460 千钧之弩　0461 运斤成风

0535 如汤沃雪　0542 左右逢源　0642 游刃有余　0674 云行雨施　0728 魑魅魍魉

0979 同声相应　0980 同气相求

（二）产生新义的中古汉语成语

0012 饮气吞声　0022 龙肝凤髓　0030 寻章摘句　0073 得鱼忘筌　0074 得兔忘蹄

0089 枯木朽株　0130 安家乐业　0142 贵耳贱目　0143 裁长补短　0154 画地为牢

0202 家破人亡　0203 怀宝迷邦　0339 指鹿为马　0452 残杯冷炙　0483 运筹帷幄

0484 决胜千里　0504 大鹏展翅　0577 枯木生花　0615 四通五达　0636 风行草偃

0637 声和响顺　0664 神出鬼没　0671 虎啸龙吟　0678 虎踞龙蟠　0678 龙蟠虎踞

0741 病入膏肓　0741 膏肓之病　0741 病在膏肓　0745 金枝玉叶　0905 曲高和寡

0905 唱高和寡　0978 以胶投漆　1067 千门万户　1107 五音六律

以上 34 条始见于中古中土文献。

0003 壁立千仞　0034 打骨出髓　0069 破家散宅　0112 如珠在掌　0160 如蛇脱皮

0188 舍父逃逝　0201 丧身失命　0253 逃峰赴壑　0353 指南为北　0365 天花乱坠

0517 堕坑落堑　0548 半青半黄　0587 如印印泥　0627 东涌西没　0628 南涌北没

0629 中涌边没　0630 边涌中没　0631 出没卷舒　0675 兴云致雨　0797 含齿戴发

0910 牙如剑树　0976 如水乳合　1090 萤火之光

以上 23 条始见于中古佛教文献。

四　唐宋禅籍出现的先唐旧成语的构成

这里附带说明唐宋禅籍出现的先唐旧成语的构成情况。唐宋禅籍出现的先唐成语按照语义变化与否，可分为产生新义和语义未变两类，这里的先唐旧成语只指在唐宋禅籍中语义未变的先唐成语。在唐宋禅籍里出现的先唐旧成语共 182 条（含变体），包括上古汉语成语 33 条，中古汉语成语 149 条。其中，中古中土文献出现的俗成语 74 条，中古汉译佛经出现的俗成语 75 条。这些成语虽然不属于唐宋禅籍俗成语新质的范畴，但为了全面认识唐宋禅籍俗成语的构成面貌，也附在这里加以介绍。

（一）上古汉语已见的成语

0050 不舍昼夜　0072 得意忘言　0079 习以为常　0091 吐故纳新　0151 羝羊触藩

0166 天网恢恢　0213 过犹不及　0275 劳而无功　0301 缘木求鱼　0456 当仁不让

0743 金玉满堂　0759 玉石俱焚　0779 如履薄冰　0781 兢兢业业　0814 后生可畏

0830 大巧若拙　0831 大辩若讷　0834 大器晚成　0875 坎井之蛙　0880 博闻强识

0933 摇唇鼓舌　0965 恻隐之心　0983 相濡以沫　0987 不言而喻　0994 积石成山

1020 尽善尽美　1029 千秋万岁　1033 日就月将　1034 日居月诸　1088 天寒地冻

1112 洪水滔天　1118 偃武修文　1127 凤凰来仪

（二）中古汉语中土文献已见的俗成语

0028 通幽洞微　0097 旁若无人　0173 普天匝地　0174 不假雕琢　0194 弃本逐末

0194 背本逐末　0214 邯郸学步　0248 守株待兔　0284 刻舟求剑　0323 为蛇画足

0336 床上安床　0464 铜头铁额　0479 有始无终　0508 迎刃而解　0533 冰消瓦解

0533 瓦解冰消　0539 云开雨散　0588 如风过耳　0641 如履平地　0644 逍遥自在

0681 天崩地陷　0687 不拘小节　0698 枕石漱流　0731 生灵涂炭　0740 危如累卵

0747 名闻遐迩　0748 望风而靡　0749 名不虚得　0757 千载难逢　0765 不日而就

0770 许由洗耳　0777 握发吐餐　0778 招贤纳士　0780 如临深泉　0782 防微杜渐

0783 居安虑危　0787 辜恩负义　0801 风流儒雅　0803 龙飞凤舞　0809 土旷人稀

0813 通人达士　0818 闻一知十　0877 管中窥豹　0878 孤陋寡闻　0882 以貌取人

0883 文不加点　0889 曲尽其妙　0899 异口同声　0950 手舞足蹈　0957 汗流浃背

0959 魂飞胆丧　0966 同病相怜　0969 瞻前顾后　0984 开宗明义　1032 暑往寒来

1036 春去秋来　1039 白驹过隙　1042 时不待人　1043 四时八节　1044 吉日良辰

1053 地角天涯　1054 不可胜计　1066 千家万户　1072 天高地厚　1075 山高海阔

1081 连珠合璧　1093 千般万样　1103 声如雷震　1113 千变万化　1116 如影随形

1117 国泰民安　1119 风调雨顺　1120 风不鸣条　1121 雨不破块

（三）中古汉语佛教文献已见的俗成语

0006 不可思议　0027 钩深索隐　0036 布发掩泥　0043 修因证果　0052 念念不舍

0055 勇猛精进　0092 出离生死　0095 唯我独尊　0132 牦牛爱尾　0133 好生恶死

0155 心如猿猴　0264 夷岳盈壑　0265 续凫截鹤　0272 钻冰求火　0360 众盲摸象

0362 现身说法　0367 动地雨花　0387 应病与药　0388 药病相治　0391 随时应变

0491 忘前失后　0522 眼见耳闻　0523 豁然大悟　0523 豁然开悟　0529 香象渡河

0563 如蚕作茧　0569 步步莲花　0570 舍邪归正　0571 返本还源　0572 超凡越圣

0572 超凡入圣　0572 入圣超凡　0582 殊途同归　0590 天地悬隔　0590 天悬地殊

0595 振领提纲　0598 灸病得穴　0640 履水如地　0640 履地如水　0643 自由自在

0651 广大神通　0667 震天动地　0668 倾山覆海　0679 卒风暴雨　0680 天崩地裂

0704 韬光晦迹　0705 风吹日炙　0719 洋铜灌口　0720 拔舌犁耕　0723 作牛作马

0724 牵犁负重　0730 自作自受　0763 望崖而退　0771 五体投地　0790 欺凡罔圣

0858 杜口无言　0884 出语成章　0897 辩若悬河　0899 异口同音　0906 开唇动舌

0922 如虫蚀木　0944 梦中说梦　0951 喜不自胜　0991 历历分明　0999 聚沙为塔

1003 如梦如幻　1005 梦幻泡影　1007 龟毛兔角　1007 兔角龟毛　1016 昙花一现

1019 无穷无尽　1056 稻麻竹苇　1057 恒河沙数　1070 大千世界　1071 山河大地

五　唐宋禅籍俗成语的构成分析

我们对唐宋禅籍出现的 1759 条俗成语,根据产生的时间、最早出现的文献类别和形义关系等方面的要素,作了综合的考察和分析,合成如下统计表格,以方便分析说明唐宋禅籍俗成语的总貌。

表 4-1:唐宋禅籍俗成语构成表

分期	语料	新成语	新变体	旧成语[①]新义	旧成语旧义	合计	
上古汉语	中土			12	33	45	251
中古汉语	中土			34	74	108	
	佛经			23	75	98	
近代汉语（唐宋段）	中土	110	126			236	1508
	佛经[②]	52	12			64	
	禅籍[③]	727	481			1208	
合计		889	619	69	182	1759	

根据上表数据,这里对唐宋禅籍俗成语的构成总貌作如下几点分析说明:

1. 在唐宋禅籍 1759 条俗成语中,唐宋时期新出现的俗成语(含变体)共计 1508 条,占唐宋禅籍俗成语总量的 85.7%。来自上古汉语的成语有 45 条,来自中古汉语的成语有 206 条,共计 251 条,仅占唐宋禅籍俗成语总量的 14.3%;新成语的数量

---

① 本表中的旧成语包含旧变体在内,数量很少,不再单独列表。

② 这里的 "佛经" 指禅籍之外的佛教经典,包括汉译佛经和中土僧人撰作的佛教典籍。

③ 禅籍本是属于佛经的文献,这里别立一类,是为了说明唐宋禅籍中俗成语的情况。

远远高于旧成语的数量,这说明唐宋时期是汉语史上新成语大量涌现的一个高峰。语言新质出现的多寡反映着语料口语化程度的高低,唐宋禅籍灯录和语录具有十分重要的口语语料价值。

2. 在唐宋禅籍俗成语中,唐宋时期出现的新成语 889 条,新变体 619 条,先唐的旧成语共有 69 条在唐宋禅林口语中产生了新义,唐宋禅籍俗成语的新质合计就有 1577 条,约占条目总数的 89.7%,仅有 182 条俗成语是沿用语义未变先唐的旧质,约占条目总数的 10.3%。语言新质的产生导致语言新格局的形成,唐宋禅籍俗成语新旧质的比例约为 9:1,这充分说明唐宋时期是近代汉语语汇系统新格局形成的一个关键时期,可为近代汉语在唐宋时期逐渐走向成熟提供语汇方面的新证。

3. 在唐宋禅籍 1577 条俗成语新质中,唐宋禅籍始见的新成语和新变体就有 1208 条,中土文献出现的新成语和新变体共 236 条,佛经义学文献出现的新成语和新变体共 64 条。这说明唐宋禅籍白话语料在俗成语研究方面具有独特的语料价值。禅籍俗成语出现比例高的原因是多重而复杂的,相关分析在前面章节中已论述过了。

4. 在唐宋禅籍俗成语中,来自上古汉语的成语有 45 条,进入唐宋禅林口语中产生新义的成语 12 条;来自中古汉语的成语 206 条,进入唐宋禅林口语中产生新义的成语 57 条;这些新义大都表示宗教色彩浓厚的语义,显然是受禅文化影响的结果。此外,唐宋世俗新成语进入禅林口语中也往往受禅文化的影响发生语义的变化。这对研究俗成语语义变化具有重要的语料价值。

5. 在唐宋禅籍俗成语中,正体有 1127 条,变体有 632 条。其中,绝大多数的变体是在唐宋时期产生的,共 619 条,约占条目总量的 35%;仅有 13 条变体沿用自上古或中古汉语。在唐宋禅籍俗成语的 619 条新变体中,唐宋禅林口语始见的新变体数量最多,有 481 条;中土文献始见 126 条,佛教义学文献始见仅 12 条。越是口语化的俗成语,变体也就越丰富。唐宋禅籍丰富的变体是俗成语口语化的反映,对研究俗成语形式变化具有十分重要的语料价值。

第三节　唐宋禅籍新成语的来源

唐宋禅籍中数量庞大的俗成语大都是唐宋时期产生的新成语。从语源来分析,这些俗成语主要来自民间口头创作,包括民间世俗口语创作、佛教口语创作和禅林口语创作三种情况。在唐宋禅籍新成语中,大部分成语的意义源头不明显,只有少部分意义源头较为明显,语源或出自上古汉语典籍,或出自中古汉语典籍,或出自唐宋时期的典籍,但定型为四字格成语则是在唐宋时期的口语中才完成的。

一　唐宋世俗口语创造的新成语

民间口语是俗成语产生的肥沃土壤,唐宋时期是民间口头成语大量涌现的第一个高峰。数量庞大的禅僧团体在各种交流禅法的场合,自觉不自觉地将唐宋民间世俗口语中的新成语带入了禅林口语系统,为我们保存了一批十分珍贵的新成语。在唐宋禅籍俗成语中,来自唐宋民间世俗口语的新成语数量很多。比如:

(一)唐宋时期世俗文献中已见用例的新成语

0488 倒戈卸甲　0493 匹马单枪　0701 摇头摆尾　0843 耳聋眼暗　0063 深耕浅种

这组俗成语在口语化程度很高的敦煌变文里已见用例,大抵是来自唐宋民间世俗口语中的新成语。在进入禅林口语系统后,有的成语意义没有发生变化,有的成语受禅文化语境的影响,意义发生了变化。

1. 倒戈卸甲

(1)我闻功成者去,未来者休,不如倒戈卸甲来降。(《敦煌变文校注·韩擒虎话本》,p.302)

(2)问:"雪峰三上投子,九到洞山,为什么倒戈卸甲?"师云:"理长即就。"(《续灯》卷一六"法光禅师",p.472)

例(1)"倒戈卸甲",指放下武器,脱去铠甲,形容作战投降认输。例(2)"倒戈卸甲"比喻法战中机锋被折,向对方认输。后一意义是前一意义隐喻引申的结果。

2. 匹马单枪

(1)赖得将军开旧路,一振雄名天下知。年初弱冠即登庸,匹马单枪突九重。(《敦煌变文校注·张淮深变文》,p.193)

(2)问:"匹马单枪,请师布阵。"师云:"分为两段。"僧抚掌。(《方会和尚语录》卷一,39-33)

例(1)"匹马单枪"指骑着一匹马,拿着一支枪单独上阵,形容作战勇猛。例(2)"匹马单枪"形容法战中机锋勇猛。后一意义也是前一意义隐喻引申的结果。

3. 摇头摆尾

（1）亦有雪山象王、金毛狮子,震目扬眉,张牙切齿,奋迅毛衣,<u>摇头摆尾</u>。（《敦煌变文校注·降魔变文》,p.563）

（2）后临济上堂云:"临济门下有一赤梢鲤鱼,<u>摇头摆尾</u>向南方去,不知向谁家齑瓮里淹杀。"（《联灯》卷二三"元安禅师",p.698）

例（1）"摇头摆尾"用其字面本义,指摇晃脑袋、摆动尾巴的动作。例（2）"摇头摆尾"形容禅悟后悠闲自得的样子。后一意义是前一意义转喻引申的结果。

4. 耳聋眼暗

（1）鸡皮鹤发身憔悴,<u>耳聋眼暗</u>不能行。（《敦煌变文校注·八相变》,p.510）

（2）努力猛作早与,莫待<u>耳聋眼暗</u>,头白面皱,老苦及身,眼中流泪,心中惝惶,未有去处,到怎么时整理脚手不得也。（《传灯》卷六"怀海禅师",p.420）

例（1）"耳聋眼暗"指耳朵听不清,眼睛看不明,形容人痴呆不伶俐,反应迟缓。例（2）"耳聋眼暗"的语义与例（1）相同。

5. 深耕浅种

（1）汝不如忍意在家,<u>深耕浅种</u>,广作蚕功,三余读书,岂不得达?（《敦煌变文校注·秋胡变文》,p.232）

（2）直饶灵山会上拈花微笑,算来犹涉离微。争似三家村里老翁<u>深耕浅种</u>,各知其时。有事当面便说,谁管瞬目扬眉。（《续灯》卷一二"圆玑禅师",p.368）

例（1）"深耕浅种"指耕地时松土要深,播种时覆土要浅,形容精心耕作。例（2）"深耕浅种"的意义与例（1）相同。

（二）唐宋时期世俗文献中稍后见到用例的新成语

语言的形成和发展存在一个真实的过去,但由于文献记载的滞后和或缺,在唐宋禅籍新成语中,并非所有来自民间世俗口语中的新成语都能在世俗文献中找到始见用例,这就需要我们作出鉴定和判别。雷汉卿、王长林（2018:61）指出,"禅籍记录了唐宋时期异彩纷呈的俗成语,其中大量俗成语首次见于禅籍。虽说我们在其他世俗文献中很少甚至未能见到,但根据其上下文推断,这些成语的含义与世俗用法应当是一致的"。在唐宋禅籍俗成语中,虽然有很多俗成语始见于唐宋禅籍,在世俗文献中稍后见到甚至未能见到用例,但从语义和来源理据分析,这些俗成语应该是来自世俗口语中的俗成语。在进入禅林口语后，语义有的发生了变化，有的则没有发生变化。例如：

0002 鸟道羊肠　0128 安身立命　0119 寸草不生　0221 矮子看戏　0101 半斤八两

1. 鸟道羊肠

"鸟道"和"羊肠"均喻指险峻崎岖的道路。南朝梁沈约《憨涂赋》："依云边以知国，极鸟道以瞻家。"（p.3097）唐李白《蜀道难》诗："西当太白有鸟道，可以横绝峨眉巅。"（p.245）《尉缭子·兵谈》："兵之所及，羊肠亦胜，锯齿亦胜，缘山亦胜，入谷亦胜。"（p.3）唐杜甫《喜闻官军已临贼境》诗："路失羊肠险，云横雉尾高。"（p.2408）"鸟道羊肠"组合成四字格成语，最早见于北宋早期的禅籍灯录或语录，如：

（1）世人休说路行难，鸟道羊肠咫尺间。珍重苎溪溪畔水，汝归沧海我归山。（《传灯》卷二二"清豁禅师"，p.1702）

（2）问："如何是直截一路？"师云："鸟道羊肠。"（《续灯》卷二六"虚白禅师"，p.720）

（3）且道曹溪路上作么生？试道看。莫道是久雨萋蒿长，莫道春来草自生。若据如此，正是鸟道羊肠，未梦见曹溪路上在。（《承古禅师语录》卷一，39-541）

例中的"鸟道羊肠"均比喻极为险峻的道法，即领悟佛法的方法和途径。世俗文献中的用例，则是在稍晚的时间才见到。如宋阮阅《桄榔山》诗："休言鸟道与羊肠，鸟道羊肠不可方。却喜年年种薏麦，山中不用有桄榔。"这里的"鸟道羊肠"喻指险峻崎岖的道路。从语义来源看，"鸟道羊肠"来自"鸟道"和"羊肠"的组合，组合后的语义指险峻崎岖的道路，本义在世俗文献中有例证。从语义演变规律来看，从"险峻崎岖的道路"义隐喻引申为"险峻的道法"义，符合语义演变从具体到抽象的一般引申规律。据此推论，"鸟道羊肠"的世俗用例虽晚见，但应该是个来自世俗口语中的俗成语。

2. 安身立命

"安身"指存身，让生活有着落。《国语·鲁语下》："叔仲曰：'子之来也，非欲安身也，为国家之利也，故不惮勤远而听于楚。'"（p.183）唐朱湾《咏壁上酒瓢呈萧明府》诗："不是难提挈，行藏固有期。安身未得所，开口欲从谁。"（p.3476）"立命"指存命、活命,隋智顗《摩诃止观》卷五:"譬如养生,或饮或食,适身立命。"(T46/59a)"安身立命"组合成四字格成语,最早见于五代时期成书的《祖堂集》,如:

（1）问:"学人不据地时如何?"师云:"向什么处安身立命?"(《祖堂》卷一七"岑和尚",p.768）

（2）师又云:"我今问汝诸人,且承得个什么事? 在何世界安身立命,还辨得么?"(《传灯》卷一八"师备禅师",p.1314）

（3）且道此个人在什么处安身立命,还委悉么? 无边虚空盛不受,直透威音更那边。(《圆悟禅师语录》卷七,41-253）

例中的"安身立命",禅家比喻开悟心要后身心安乐,精神有了寄托。孙维张（2007:5）举上揭《祖堂》例,刘洁修（2009:8）举上揭《传灯》例,均释作"生活有着落,精神有寄托",并不确。在世俗文献中,"安身立命"的用例在南宋文献中才见到。宋范成大《二偈呈似寿老》:"何处安身立命? 饥餐渴饮困眠。"《水浒传》第一一回:"林冲道:'若得大官人如此周济,教小人安身立命,只不知投何处去?'"（p.156）例中的"安身立命"指存身活命,生活有着落,和禅籍用义有差别。从语义来源分析,"安身"和"立命"组合成四字格成语后,本义指存身活命,生活有着落。从语义演变规律来分析,从"存身活命"义隐喻引申为"身心安乐,精神有寄托"义,符合语义演变从具体到抽象的一般引申规律。据此推论,"安身立命"的世俗用例虽晚见,但也应该是个来自世俗口语中的俗成语。

3. 寸草不生

"寸草不生"指连一寸草都不生,形容土地贫瘠。在北宋后期的世俗文献中可以见到用例,宋李廌《作塞上射猎行》:"沙漠黩地古战场,寸草不生地皮赤。"（p.671）后形容旱情严重,如元关汉卿《窦娥冤》第四折:"他问斩之时,曾发愿道:'若是果有冤枉,着你楚州三年不雨,寸草不生。'可有这件事来?"（p.1515）但"寸草不生"在北宋早期的禅宗文献中已见用例,如:

（1）问:"腊月火烧山,意旨如何?"师云:"寸草不生。"问:"如何是道?"师云:"家家门口通长安。"(《续灯》卷二"罗汉禅师",p.41）

（2）上堂:"有佛处不得住,上无攀仰。无佛处急走过,下绝己躬。从来无向背,本自绝罗笼。出门撞着须菩提,寸草不生千万里。"(《普灯》卷一四"绍隆禅师",p.371）

（3）问：“寸草不生时如何？”师云：“大地火起，红焰连天。”学云：“生后如何？”师云：“昨夜风霜甚，今朝野火烧。”（《广灯》卷二三“志先禅师”，p.457）

例（1）“腊月火烧山”喻灭尽尘念执着，罗汉禅师用“寸草不生”回答“腊月火烧山”的意旨，表面看是指连一寸草都不生，但真实的禅义是比喻本心清净，没有一丝尘念生起。例（2）“须菩提”乃佛陀弟子，相传他以“恒乐安定、善解空义、志在空寂”著称，号称“解空第一”。“出门撞着须菩提”喻指灭尽执着，空掉妄念，故“寸草不生”也是比喻本心清净，没有一丝尘念生起。例（3）可与例（1）比证，“寸草不生”也是比喻本心清净，没有一丝尘念生起。孙维张（2007：58）释作“佛家比喻佛法普照之地，一点邪恶、烦恼、欲望都不会有”，近似但不确当。在禅宗哲学象征系统里，“草”常用来隐喻“妄念”，如《碧岩录》卷七：“不向双林寄此身，只为他把不住，囊里岂可藏锥？却于梁土惹埃尘。若不入草，争见端的。”（p.340）上言“惹埃尘”，下注“入草”，“草”喻“尘念”显豁。《虚堂和尚语录》卷二：“若言一回入草去，蓦鼻拽将来，此又未是牧牛之法。”（46-653）禅家用“牧牛”喻“调心”，“入草”比喻落入知见尘念。《圆悟禅师语录》卷一一：“所以道我若一向举扬宗教，法堂前须草深一丈。”（41-288）言我若说法，便会妄念丛生。在唐宋禅籍俗成语中，“草绳自缚”比喻自我受到各种俗情妄念的束缚，“落路入草”比喻离开道法陷入情尘意垢的纠缠之中，“拨草瞻风”比喻拨开俗情妄念之迷障，参悟佛法玄旨。“草”均比喻“尘念”。这样看来，“寸草不生”也应是来自民间世俗口语中的俗成语，进入禅林口语后受禅文化的影响，语义发生了隐喻演变。

4. 矮子看戏

“矮子看戏”形容人没有自己的见地，只是机械地随人附和。清钱大昕《恒言录》卷六“矮子看戏”条：《朱子语类》：‘如矮子看戏相似，见人道好，他也道好。’”（p.176）盖以“矮子看戏”语出《朱子语类》，但在北宋禅宗语录中已见用例，如：

（1）师云：“你试下一转语看。”英云：“一状领过。”师云：“矮子看戏。”（《倚遇禅师语录》卷一，39-737）

（2）学者既无正知见，往往如矮子看戏。（《虚堂和尚语录》卷四，46-693）

（3）忽有个出来道：“长老，你怎么道，也则白云万里。”这个说话，唤作矮子看戏，随人上下，三十年后，一场好笑。（《联灯》卷一六“法演禅师”，p.473）

例中的“矮子看戏”均用来形容参禅悟道没有自己的见地，只是机械地随人附和。"矮子看戏"在禅籍中和世俗文献中的语义相同,并没有发生变化。虽然"矮子看戏"早见于北宋禅籍语录,但应是禅林从民间世俗口语中采用的俗成语。从来源理据来说,"矮子看戏"源自民间世俗看戏场景,因矮子身材短小,自己看不清前台演戏好赖,只能随人附和叫好。从形式来看,"矮子看戏"在世俗口语中也说"矮人看戏",如《朱子语类》卷二七:"曰:'后人只是想像说,正如矮人看戏一般,见前面人笑,他也笑。他虽眼不曾见,想必是好笑,便随他笑。'"(p.688)又卷一四〇:"今人只见鲁直说好,便却说好,如矮人看戏耳!"(p.3326)但在唐宋禅籍中,"矮人看戏"未见用例。这只能说明"矮子看戏""矮人看戏"是在民间世俗口头中已经使用的俗成语。

5. 半斤八两

旧制一斤为十六两,半斤等于八两。形容彼此一样,并无区别。在北宋禅籍语录中已见用例,如:

(1)此一瓣香,佛祖不知名,人天共瞻仰,信手拈来,半斤八两。(《道宁禅师语录》卷一,39-769)

(2)上堂:"放下着,莫妄想。无孔铁锤,半斤八两。面门抛掷,土旷人稀。无业赵州原不会,凤林徒自说吒之。"(《绍昙禅师广录》卷三,46-295)

在世俗口语文献中的用例,要在南宋戏文中才见到。《张协状元》第二八出:"两个半斤八两,各家归去不须嗔。"(p.144)也是形容彼此一样,并无区别。"半斤八两"也说"八两半斤",《张协状元》第二四出:"你两个八两半斤,好一对人客和主人。"(p.124)从来源理据和形式变化来推论,"半斤八两""八两半斤"也应是禅林采用民间世俗口语中的俗成语。

二 唐宋佛教口语创造的新成语

禅宗是佛教在中国本土化的产物,汉译佛经和中土撰述的佛经对禅宗的影响很大。在唐宋禅籍新成语中,有不少新成语源于唐宋时期的佛教经典,包括汉译佛经和中土其他佛教派别创作的佛学经典,这些新成语也都是唐宋时期佛教口语创作的产物。比如:

0075 见月忘指 0358 认贼为子 1007 龟毛兔角 0890 如水传器 0156 心猿意马

我们以"见月忘指"和"认贼为子"为例说明。

1. 见月忘指

在汉译佛教文献中,佛家用"月"隐喻佛法意旨,用"指"隐喻言诠作略。"指"和"月"的关系是"指"用来标示"月",喻通过言诠来指示佛法意旨。"指"与"月"的譬喻最早见于南朝宋求那跋陀罗译《楞伽经》卷四:"如愚见指月,观指不观月。计着名字者,不见我真实。"(T16/510c)"指"是用来示"月"的,所以修行佛法要因"指"视"月",借教悟法,不可颠倒。后秦鸠摩罗什译《大智度论》卷九:"语以得义,义非语也。如人以指指月以示惑者,惑者视指而不视月,人语之言:'我以指指月令汝知之,汝何看指而不视月?'此亦如是,语为义指,语非义也,是以故不应依语。"(T25/125a)唐般剌密帝译《楞严经》卷二:"佛告阿难:'汝等尚以缘心听法,此法亦缘非得法性。如人以手指月示人,彼人因指当应看月;若复观指以为月体,此人岂唯亡失月轮,亦亡其指。何以故?以所标指为明月故。'"(T19/111a)

"指"既然是用来示"月"的,"指"本身不是"月",故佛法修行者看见月亮就该忘记指月之指,比喻顿见自性就应该忘记言教作略,这就是"见月忘指"生成的文化理据。"见月忘指"定型为四字格成语,较早见于唐宗密述《圆觉经略疏》卷二:"夫设言象在于得意,无言象而倒惑,执言象而迷真。故以标月之指喻于言教,谓见月须借指端,悟心须假佛教。因指见月,见月忘指,因教筌心,悟心忘教。"(T39/565c)"见月忘指"义同"悟心忘教"。后"见月忘指"进入了禅林口语中,如:

(1)问:"见月忘指时如何?"师曰:"非见月。"曰:"岂可认指为月耶?"师曰:"汝参学来多少时也?"(《传灯》卷二五"绍岩禅师",p.2011)

(2)乃云:"华亭满船犹不足,南泉骤步踏不着。自余眼底纷纷,总道见月忘指。"(《虚堂和尚语录》卷二,46-654)

(3)古德入道,因缘教乘极则,无非直截指示。学此道者,当见月忘指,不可以自所入处作实法。(《普觉禅师普说》卷四,42-425)

例中的"见月忘指",均比喻顿见自性就应该忘记言教作略。从语义生成的理据和文献用例推论,"见月忘指"是唐宋时期佛教口语创造的新成语。在唐宋禅籍中另有"认指作月"和"认指为月",字面义指错把指月的手指认为是月亮,比喻拘泥于言辞说教,错把示道的言语作略认作是佛法意旨。《圆悟禅师语录》卷一五:"虽不立窠臼露布,久之学徒妄认,亦成窠臼露布也。盖以无窠臼为窠臼,无露布作露布。应须及之令尽,无令守株待兔,认指为月。"(41-321)《碧岩录·序》:"若见水即海,认指作月,不特大慧忧之,而圆悟又将为之去粘解缚矣。"(p.4)"认指为月""认指作月"和"见月忘指"生成的理据相似,与佛教用"月"隐喻佛法意旨,用"指"隐喻言诠作略密切相关。

2.认贼为子

"认贼为子"的"贼"指外"六贼",喻指"六尘","子"喻"自性""佛性"。故"认贼为子"比喻错将外在尘境认作自性,是以虚妄之见为正觉之念的愚痴行为。语出唐般刺密帝译《楞严经》卷一:"佛告阿难:'此是前尘虚妄相想惑汝真性,由汝无始至于今生认贼为子,失汝元常,故受轮转。'"(T19/108c)后进入禅林口语中广泛行用,如:

(1)慎勿向外逐境,认境为心,是<u>认贼为子</u>。(唐裴休集《黄檗山断际禅师传心法要》卷一,T48/380c)

(2)慎勿向外逐境为心,是<u>认贼为子</u>。(《传灯》卷九"公畿和尚",p.618)

(3)缘南方错将妄心,言是真心,<u>认贼为子</u>,有取世智,称为佛智,犹如鱼目,而乱明珠。(《联灯》卷三"惠忠国师",p.83)

(4)道在日用,若滞在日用处,则<u>认贼为子</u>。若离日用别讨生涯,则是拨波求水。(《师范禅师语录》卷三,45-727)

例(1)"认境为心"、例(2)"逐境为心"是"认贼为子"的最佳注脚,很明显"贼"喻"尘境","心"指"本心""自性"。例(3)"认贼"是一种虚妄的认识,故"错将妄心,言是真心"也是"认贼为子"。例(4)"滞在日用处"言执着于尘境,"认贼为子"比喻错将外在尘境误认作自性的愚痴行为。从语义生成的理据和文献用例推论,"认贼为子"也是唐宋时期佛教口语创造的新成语,后被禅林口语吸收使用了。禅林口语中另有"勾贼破家"一语,生成的理据与"认贼为子"相似,"贼"也喻"尘境","家"喻"本心",是精神家园。《临济禅师语录》卷一:"后沩山问仰山:'此二尊宿意作么生?'仰山云:'和尚作么生?'沩山云:'养子方知父慈。'仰山云:'不然。'沩山云:'子又作么生?'仰山云:'大似勾贼破家。'"(T47/503a)《守卓禅师语录》卷一:"上堂云:'平高就下,勾贼破家。截铁斩钉,狐狸恋窟。总不与么,合作么生?'"(41-71)《慧南禅师语录》卷一:"不见古者道:'开不能遮,勾贼破家。当断不断,返遭其乱。'下座。"(41-730)"勾贼破家"比喻执着于尘念而破坏了清净本心。

三 唐宋禅林口语自创的新成语

唐宋时期数量庞大的禅僧团体不仅是农禅语言的使用者,而且也是农禅语言的创新者。他们和历史上广大人民群众一样,在唐宋口语的使用过程中,在各种禅法交流的情景中,创造性地使用了一批带有鲜明口语风格和宗教色彩的新成语,在很大程度上丰富了汉语成语的宝库。许多禅宗成语为后世所沿用,是近代汉语和现代汉语成语的一个重要源头。当然也有的禅宗成语在历史上消亡了。

(一)唐宋禅林口语创造的在历史上消亡的成语

0600 火里莲生　0601 冰河焰起　0603 虚空走马　0604 陆地行船　0607 乌龟向火

0608 铁卵生儿　0611 特牛生儿　0612 雄鸡生卵　0609 蛇头生角　0610 生蚕作茧

本组成语均为唐宋禅林口语自创的新成语,多数成员在历史上消亡了。这些俗成语见于禅林口语系统,而且语义生成的理据带有鲜明的禅文化烙印。

(1)问:"如何是枯木里龙吟?"师曰:"<u>火里莲生</u>。"僧曰:"如何是髑髅里眼睛?"师曰:"泥牛入水。"(《传灯》卷二一"真寂禅师",p.1644)

(2)上堂,拈起拄杖云:"昔日德山临济信手拈来,便能坐断十方,壁立千仞,直得<u>冰河焰起</u>,枯木花芳。"(《续灯》卷二六"恩禅师",p.718)

(3)师云:"……上蓝即不然,无固无必。<u>虚空走马</u>,旱地行船,南山起云,北山下雨。"(《续灯》卷七"可真禅师",p.187)

(4)师曰:"诸人要会么?柴鸣竹爆惊人耳,大洋海底红尘起。家犬声狞夜不休,<u>陆地行船</u>三万里。"(《五灯》卷一八"择崇禅师",p.1213)

(5)僧问:"峭峻之机,请师垂示。"师曰:"十字街头八字立。"曰:"只如大洋海底行船,须弥山上走马,又作么生?"师曰:"<u>乌龟向火</u>。"曰:"怎么则能骑虎头,善把虎尾。"师以拄杖点一下,曰:"礼拜着。"(《五灯》卷一六"文祖禅师",p.1049)

(6)问:"如何是和尚不涉众词的句?"师云:"我向你道,还信么?"云:"与么则<u>铁卵生儿</u>树上飞。"师云:"一任捏怪。"(《古尊宿》卷九"慈照禅师",p.154)

(7)僧立次,师乃曰:"我有一句子,待<u>特牛生儿</u>,即为汝说。"僧曰:"<u>特牛生儿</u>了也,只是和尚不说。"师便索火,火来,僧便抽身入众。(《祖堂》卷四"药山

和尚"，p.226）

（8）淳熙己亥八月朔示微疾，染翰别郡守曾公，逮夜半，书偈辞众曰："铁树开花，<u>雄鸡生卵</u>。七十二年，摇篮绳断。"掷笔示寂。（《五灯》卷二〇"师体禅师"，p.1364）

（9）问："如何是佛法的的大意？"曰："<u>蛇头生角</u>。"（《普灯》卷一四"绍隆禅师"，p.372）

（10）诸方逼<u>生蚕作茧</u>，特牛产儿。我这里买帽相头，随家丰俭。（《虚堂和尚语录》卷一，46-635）

本组成语都是来自禅家创造的奇特语，语义均表示本心超越以后出现的奇特悟境，反映了禅宗"圆融"的禅悟境界[①]。《传灯》卷三〇"证道歌"云："一性圆通一切性，一法遍含一切法。一月普现一切水，一切水月一月摄。"（p.2426）故当本心超越后，般若智慧将世俗矛盾对立的二元意象，转化为圆融和谐的直觉意象，进入了一元、真实、永恒的禅悟之境。例（1）"火里莲生"指火里生出了莲花。例（2）"冰河焰起"指冰河上燃起了火焰。例（3）"虚空走马"指虚空里虽然没有依托但可以走马。例（4）"陆地行船"指陆地上虽然没有水但可以行船。例（5）"乌龟向火"，乌龟本习水性，却爬向大火。例（6）"铁卵生儿"指铁卵都能生出幼子。例（7）"特牛生儿"指公牛生出了犊子。例（8）"雄鸡生卵"指公鸡也能下蛋。例（9）"蛇头生角"指蛇的头上生出了角。例（10）"生蚕作茧"指蚕的幼虫也能作茧。这些成语都生动地表达了禅家本心超越以后出现的圆融悟境。从生成的禅文化理据来分析，本组成语是禅家自创的新成语，殆无疑问。

（二）唐宋禅林口语创造的沿用至今的成语

0409 打草惊蛇　0322 雪上加霜　0509 水到渠成　0494 斩钉截铁　0407 抛砖引玉
0209 弄巧成拙　0435 信手拈来　0327 锦上添花　0447 拖泥带水　0876 坐井观天

本组成语是我们今天耳熟能详的常用成语，如果追述它们的源头，则是来自禅林口语创造的新成语。令人遗憾的是，许多沿用至今的禅籍新成语，它们在禅籍文

---

① 禅宗从华严宗吸收了"圆融"思想，形成了禅宗"圆融"悟境，主要表现为"事理圆融"和"事事圆融"两大类，可参吴言生《禅宗哲学象征》第九章《禅宗哲学的境界论》，中华书局，2001 年，第 361 页。

献中的本来意义长期以来被各种词典误释^①，亟须纠正释义。下面先看这些成语的最早文献用例。

（1）报慈拈问卧龙："话是仰山话，举是雪峰举。为什么雪峰招揖？"龙云："养子代老。"慈云："<u>打草惊蛇</u>。"（《祖堂》卷七"雪峰和尚"，p.356）

（2）师上堂云："诸和尚子，饶你有有什么事？犹是头上着头，<u>雪上加霜</u>，棺木里桄（瞠）眼。"（《传灯》卷一九"文偃禅师"，p.1431）

（3）问："如何是妙用一句？"师曰："<u>水到渠成</u>。"（《传灯》卷一二"光涌禅师"，p.843）

（4）汝等在此，粗知远近；生死寻常，勿以忧虑；<u>斩钉截铁</u>，莫违佛法；出生入死，莫负如来。（《祖堂》卷八"云居和尚"，p.372）

（5）师拈问镜清，镜清代云："比来<u>抛砖引玉</u>。"（《祖堂》卷七"雪峰和尚"，p.348）

例（1）"打草惊蛇"指敲打草丛惊动蛇，禅家比喻禅师施设方便法门引导学人自悟。例（2）"雪上加霜"指在雪上面又加了一层霜。禅宗用来形容做事多余累赘，非但不能悟道，而且去道转远。孙维张（2007:302）释作"比喻已经在遭苦难，再加上一层苦难，一遍遍受灾难"。朱瑞玟（2008:186）、王闰吉（2012:180）略同，均是用今义曲解古义。例（3）"水到渠成"指水流到的地方自然成渠，比喻条件成熟，事情自然成功。禅家比喻悟道条件成熟后，自然机用自在，用法顺利无碍。刘洁修（2009:1108）释作字面义，不确。例（4）"斩钉截铁"，禅家比喻果断地截断执着妄念，直截了当契悟佛法妙义。刘洁修（2009:1451）释作"比喻说话、办事坚决果断，毫不犹豫"。《大词典》（16-1060）释义略同，均不确。例（5）"抛砖引玉"指抛出砖块以引出玉来。禅家用来比喻抛出勘验话头，以引出对方高深的悟道见解，是一种勘验对方悟道深浅的手段。孙维张（2007:163）释作"比喻以浅陋的见解，引出高雅深智的道理来"，刘洁修（2009:865）释作"比喻用粗浅的、拙劣的东西引出别人高超的、完美的东西"，均不确当。

（6）士一日又问祖曰："不昧本来人，请师高着眼。"祖直下觑。士曰："一等

---

① 限于篇幅的限制，这里只略举几个例子简要说明。更多误释的成语和详细的解释，可参看本文下编《唐宋禅籍俗成语例释》中的相关条目。

没丝琴,唯师弹得妙。"祖直上觑。士礼拜,祖归方丈。士随后曰:"适来<u>弄巧成</u><u>拙</u>。"(《庞居士语录》卷一,X69/131a)

（7）上堂,拈超拄杖云:"昔日德山、临济<u>信手拈来</u>,便能坐断十方,壁立千仞,直得冰河焰起,枯木花芳。"(《续灯》卷二六"恩禅师",p.718)

（8）问:"达磨西来,教外别传,为什么将往随后?"师云:"<u>锦上添花</u>。"(《续灯》卷八"洪莲禅师",p.235)

（9）纵饶一棒一条痕,一掴一手血,未免<u>拖泥带水</u>,岂能点瓦成金?(《续灯》卷一四"慧照禅师",p.417)

（10）且道哪个是主?莫是与么来者是么?莫是妙体本来无处所么?莫是一念未生时全体是么?与么卜度,大似<u>坐井观天</u>,管中窥豹。若是谛当的人,总不用许多辛苦。(《倚遇禅师语录》卷一,39-729)

例（6）"弄巧成拙"指本想取巧,结果却适得其反,做了蠢事。例（7）"信手拈来"指随手拿来,禅家常形容用法娴熟自如。例（8）"锦上添花"指在有花纹的锦缎上再添花,禅家比喻作略多余累赘。例（9）"拖泥带水",这里形容接引手段拖沓不利索,纠缠于言语义理。例（10）"坐井观天"指坐在井底看天。形容眼界狭隘,见识浅陋。这些都是沿用至今的禅籍新成语。

四　唐宋口语中定型的新成语

在唐宋禅籍俗成语里,有些俗成语具有明确的语源,它们的语源在上古汉语或中古汉语中就已经出现了,但定型为四字格俗成语则是在唐宋时期完成的;也有的俗成语语源产生的时间就是在唐宋时期,定型为四字格成语也是在唐宋时期。这些俗成语都是在唐宋口语中定型的新成语。成语产生年代的判定不能依据语源的年代判定,这是因为依据成语定型化的鉴别标准,只有定型为四字格形式才具有了成语的基本资格,新成语的产生年代当以定型之体的始见年代为准。我们经常会遇到一个成语的语源产生年代很早,但真正定型为四字格成语则要晚很多。下面我们从语源的角度入手,分析唐宋禅籍新成语定型化的常见情况。

0742 涸辙之鱼　0249 临渴掘井　0762 覆水难收　0177 鹤长凫短

0355 认叶止啼　0425 黄叶止啼　0204 衣内忘珠　0295 磨砖作镜

0041 立雪齐腰　0039 断臂酬心　0040 立雪断臂

这些俗成语都是在唐宋时期定型的新成语,反映了唐宋禅籍新成语定型化的四种常见情况,下面各举两个例子说明。

(一)意义之源出自先唐的世俗文献,唐宋时期定型为四字格新成语,定型之语最早见于唐宋禅籍白话语料

1. 涸辙之鱼

字面义指处在干涸车辙里的鱼。语出《庄子·外物》:"庄周家贫,故往贷粟于监河侯。监河侯曰:'诺。我将得邑金,将贷子三百金,可乎?'庄周忿然作色曰:周昨来,有中道而呼者。周顾视车辙中,有鲋鱼焉。周问之曰:'鲋鱼来!子何为者邪?'对曰:'我,东海之波臣也。君岂有斗升之水而活我哉?'周曰:'诺。我且南游吴、越之王,激西江之水而迎子,可乎?'"(p.238)后在唐宋禅林口语中定型为"涸辙之鱼",用来比喻生命危在旦夕的人。如《祖心禅师语录》卷一:"譬如野马熠熠,奔逸尘埃。又如涸辙之鱼,殆将不久。"(41-754)王涛等(编著,2007:425)、刘洁修(2009:471)并举明代用例,均晚。

2. 临渴掘井

字面义指口渴了才想着去挖井。语出《黄帝内经·素问》:"夫病已成而后药之,乱已成而后治之,譬犹渴而穿井,斗而铸锥,不亦晚乎。"(p.32)在唐代禅籍文献中已见定型之体,唐灵祐《警策文》:"从兹始知悔过,临渴掘井,奚为自恨。"(X65/471a)比喻做事没有先见之明,事到临头才想办法,为时已晚。《祖堂》卷一四"江西马祖":"鬼使云:'四十年来贪讲经论,不得修行,如今更修行作什么?临渴掘井,有什么交涉?'"(p.611)《慧方禅师语录》卷一:"盖为不了目前法,从生至死,无有了期。快须荐取,莫待雪鬓银髭,临渴掘井,悔将不及。"(41-796)

(二)意义之源出自先唐的世俗文献,唐宋时期定型为四字格新成语,定型之语最早见于唐宋时期的世俗白话语料或译经文献,后来进入了唐宋禅林口语系统里

1. 覆水难收

字面义指倾覆的水难以再收回,语出《后汉书·何进传》:"国家之事,亦何容易!覆水不可收。宜深思之,且与省内和也。"(p.2250)定型之语已见于《敦煌变文校注·目连变文》:"如今既受泥梨苦,方知及悟悔自家身。悔时悔亦知何道,覆水难收大口云。"(p.1034)比喻事情局面已定,难以挽回。在唐宋禅林口语中亦见行用,语义未变。如《祖堂》卷一〇"镜清和尚":"问:'如何是天龙一句?'师云:'伏

汝大胆。'进曰:'与么则学人退一步。'师云:'覆水难收。'"(p.470)

2. 鹤长凫短

鹤之腿长,凫之腿短。语出《庄子·骈拇》:"是故凫胫虽短,续之则忧;鹤胫虽长,断之则悲。"(p.78)后定型为"鹤长凫短",唐佛陀多罗译《圆觉经》卷六:"今言本来自平等,鹄白乌黑,天然之理。鹤长凫短,亦天然理。性自平等天然也。"(X10/405a)比喻事物各有其天然特点。在禅林口语中,禅家以喻万法本自天然,自性平等无异。《宏智禅师广录》卷二:"颂曰:'松直棘曲,鹤长凫短。义皇世人,俱忘治乱。其安也潜鳞在渊,其逸也翔鸟脱绊。'"(44-399)《元来禅师广录》卷二〇:"鹤长凫短自天然,何似君家白昼眠。尽世诸人寻不着,星辰印破月中天。"(p.604)

(三)意义之源出自汉译佛经,唐宋时期定型为四字格新成语,定型之语最早见于唐宋禅籍白话语料

1. 认叶止啼 黄叶止啼

语出北凉昙无谶译《大般涅槃经·婴儿行品》:"又婴儿行者,如彼婴儿啼哭之时,父母即以杨树黄叶,而语之言:'莫啼!莫啼!我与汝金。'婴儿见已,生真金想,便止不啼,然此杨叶实非金也。"(T12/485b)后在禅林口语中定型为"认叶止啼",禅家比喻认假作真的愚痴行为。《普灯》卷一二"继成禅师":"召大众曰:'虚空翻筋斗,向新罗国里去也。是你诸人切忌认叶止啼,刻舟寻剑。'"(p.313)又定型为"黄叶止啼",禅家比喻各种方便法门、施设手段都是权宜之计,不能从根本上解决悟道问题。《祖堂》卷一八"仰山和尚":"所以假设方便,夺汝诸人尘劫来粗识,如将黄叶止啼。"(p.803)《联灯》卷一八:"咸杰禅师":"扬眉瞬目,行棒行喝,尽是黄叶止啼。"(p.563)"认叶止啼"和"黄叶止啼"具有共同的来源,这两个成语是同源成语。

2. 衣内忘珠

语出后秦鸠摩罗什译《妙法莲华经》卷四:"譬如有人至亲友家,醉酒而卧。是时亲友官事当行,以无价宝珠系其衣里,与之而去。其人醉卧,都不觉知。起已游行,到于他国。为衣食故,勤力求索,甚大艰难;若少有所得,便以为足。于后亲友会遇见之,而作是言:'咄哉,丈夫!何为衣食乃至如是?我昔欲令汝得安乐、五欲自恣,于某年日月,以无价宝珠系汝衣里。今故现在,而汝不知。勤苦忧恼,以求自活,甚为痴也。'"(T9/29a)后在禅林口语中定型为"衣内忘珠",禅家比喻迷失珍贵

的自性家珍,亦即自己怀有真如佛性而不自知。《普灯》卷一〇"希明禅师":"己灵独耀,不肯承当。心月孤圆,自生违背。何异家中舍父,衣内忘珠?"(p.275)孙维张(2007:319)释作"比喻自身本有能力解决,却四处求别人想办法",不确。

（四）意义之源出自唐宋禅籍文献记载的公案或故事,定型之语亦见于唐宋禅籍白话语料

1. 磨砖作镜

语出怀让禅师开示弟子马祖道一的公案,《传灯》卷五"怀让禅师"载:"开元中,有沙门道一住传法院,常日坐禅。师知是法器,往问曰:'大德坐禅图什么?'一曰:'图作佛。'师乃取一砖,于彼庵前石上磨。一曰:'师作什么?'师曰:'磨作镜。'一曰:'磨砖岂得成镜耶?'师曰:'坐禅岂得成佛耶?'"(p.329)后定型为"磨砖作镜",指磨砺砖块试图使其成为镜子。禅家比喻做事方式虚妄,根本不可能实现目标,愚痴而徒劳。《祖堂》卷二"怀让和尚":"马和尚在一处坐,让和尚将砖去面前石上磨。马师问:'作什么?'师云:'磨砖作镜。'马师曰:'磨砖岂得成镜?'师云:'磨砖尚不成镜,坐禅岂得成佛也?'"(p.191)

2. 立雪齐腰　断臂酬心　立雪断臂

语出禅宗二祖慧可向菩提达磨求法的故事,《传灯》卷三"菩提达磨"载:"其年十二月九日夜天大雨雪,光坚立不动,迟明,积雪过膝。师悯而问曰:'汝久立雪中,当求何事?'光悲泪曰:'唯愿和尚慈悲,开甘露门,广度群品。'师曰:'诸佛无上妙道,旷劫精勤,难行能行,非忍而忍。岂以小德小智,轻心慢心,欲冀真乘!徒劳勤苦。'光闻师诲励,潜取利刀,自断左臂,置于师前。师知是法器,乃曰:'诸佛最初求道,为法忘形。汝今断臂吾前,求亦可在。'师遂因与易名曰'慧可'。"(p.125)后定型为"立雪齐腰",形容至诚求道的行为。《续灯》卷二二"闻一禅师":"拈花微笑虚劳力,立雪齐腰枉用功。争似老卢无用处,却传衣钵振真风。"(p.634)倒言"齐腰立雪",《惟一禅师语录》卷一:"上堂:'可祖齐腰立雪,长庆坐破蒲团。一人铁壁觑要透,一人沧海沥须干。'"(47-7)又定型为"断臂酬心",形容发弘誓立大志求道。《续灯》卷八"奉能禅师":"应思黄梅昔日,少室当年,不能退己让人,遂使春糠答志,断臂酬心。"(p.235)又定型为"立雪断臂",形容求道之心十分诚恳。《广灯》卷一七"慈照禅师":"师上堂云:'达磨九年面壁,大似压良唐土儿孙。二祖立雪断臂,有求皆苦。'"(p.279)"立雪齐腰""断臂酬心""立雪断臂"三个成语来自同一语

源,属于同源成语。

第四节　唐宋禅籍新成语的产生方式

分析成语的产生方式即从历时的角度考察成语形成的过程。讨论成语的形成过程探源很重要,因为找到了语源就抓住了成语产生的源头,再比较定型之体,就容易分析出成语的产生方式。但是,俗成语主要来源于民间口语创作,语源未必都能够记载下来,这就需要从成语的结构成分和理据入手分析产生方式了。唐宋禅籍数量庞大的新成语,主要是通过组合、离合、概括、缩略、转化、填充六种方式产生的。

一　组合式

"组合式"是指用一定的语法规则将构语成分组合起来的造语方式。通过这种方式产生的成语,都可以分析它的内部语法结构,造语法和构语法是一致的。"组合式"是最为能产的造语方式,汉语语汇里大多数成语是通过组合的方式产生的,唐宋禅籍中产生的新成语也不例外。如:

0085 枯木死灰　1006 空花水月　0259 俊鹘投笼　0176 眼横鼻直　0218 瞎驴趁队
0164 光吞万象　0240 闭眼作夜　0058 语不投机　0269 拗曲作直　0169 头头是道

下面以"枯木死灰"和"空花水月"等为例说明。

1. 枯木死灰

"枯木"指枯朽的树木,《管子·度地》:"伐枯木而去之,则夏旱至矣。"(p.1063)
"死灰"指火熄灭后的灰烬。《庄子·南华真经》:"身若槁木之枝,而心若死灰矣,若是者,祸亦不至,福亦不来。"(p.201)"枯木""死灰"皆无气息之物,故可用来比喻身心枯寂,没有一丝情念。如:

（1）行慈定者,灭心想身知,屈如根株,冥如死灰。(东汉安世高译《佛说人本欲生经》卷一,T33/9a)

（2）若彼行人心如死灰,持意如地,设遇财宝终不贪欲,计彼财物瓦石不异,唯信于道不习颠倒,是故说能舍悭垢,此之谓"信"。(姚秦竺佛念译《出曜经》卷一二,T4/676b)

（3）恬淡质朴,意如枯木。虽有耳目,不存视听;智虑虽远,如无心志。(西

晋竺法护译《佛说太子慕魄经》卷一，T3/408b）

（4）最后下降六年苦行，专心苦体，枯木不别。（姚秦竺佛念译《十住断结经》卷四，T10/993c）

在汉译佛经中，"枯木""死灰"出现在了共同的语境中，为结合成四字格成语提供了条件，如：

（5）然太子结舌不语十有三岁，恬惔质朴，志若死灰，意如枯木。目不视色，耳不听音，状类喑哑聋盲之人。（西晋竺法护译《佛说太子慕魄经》卷一，T3/410a）

唐宋时期"枯木"和"死灰"组合成了四字格成语"枯木死灰"，比喻身心枯寂，不起一丝情念。如：

（6）既而枯木死灰，冥同大道，如此之益，谓之坐忘也。（《庄子集释》卷三引唐成玄英《南华真经注疏》，p.290）

（7）以铁石心，将从前妄想见解、世智辩聪、彼我得失，到底一时放却。直下如枯木死灰，情尽见除，到净裸裸赤洒洒处，豁然契证。（《圆悟禅师语录》卷一四，41-317）

"死灰"义同"寒灰"，《三国志·魏志·刘廙传》："扬汤止沸，使不燋烂，起烟于寒灰之上，生花于已枯之木。"（p.616）"寒灰"也可比喻心境枯寂，没有一丝情念。如梁僧祐《弘明集》卷三："禅定拱默，山停渊淡，神若寒灰，形犹枯木，端坐六年，道成号佛。"（T52/17c）故"枯木"和"寒灰"也组合成四字格俗成语"枯木寒灰"，比喻身心枯寂，不起一丝情念。如：

（8）良久云："这个境界无人识得，不是你暂时作个道理便当此事。他古人歇来歇去，口如腊月扇子，心似枯木寒灰，十度发言，九度休去。"（《清了禅师语录》卷二，42-81）

（9）直须对尘对境如枯木寒灰，但临时应用，不失其宜。（《联灯》卷二三"师备禅师"，p.717）

"枯木寒灰"又倒言"寒灰枯木"，如：

（10）又云："寒灰枯木的，到这里无言。家中给侍之人，日用如何指授？"（《续灯》卷二〇"道清禅师"，p.592）

（11）师谒石霜，问："起灭不停时如何？"霜云："直须寒灰枯木去，一念万

年去,涵盖乾坤去,纯清绝点去。"师不契。(《联灯》卷二三"道闲禅师",p.707)

在唐宋禅林口语中,相关的俗成语还有"枯木石头""寒灰死火""死火寒灰"等,均比喻身心枯寂,没有一丝情念。

(12)若要见本分事,便须一切佛法不用学,一切言句不要参,罢却学心,忘却知见,如<u>枯木石头</u>,有少相应之分。(《承古禅师语录》卷一,39-542)

(13)到这个田地,且不是修证得的道理,也不是炼得身心如<u>枯木石头</u>,<u>寒灰死火</u>。(《普灯》卷二五"钦禅师",p.614)

(14)灼然提点得,到<u>死火寒灰</u>,臭烟蓬㶱,乾坤聚墨,日月韬光,赴村斋避暴风卒雨,与老兴化把手共行。(《绍昙禅师广录》卷四,46-318)

上揭"枯木死灰""枯木寒灰""寒灰枯木""寒灰死火""死火寒灰""枯木石头"等,都是用组合的方式产生的俗成语。

2. 空花水月

"空花"也称"虚空花",又写作"空华",指因眼翳在虚空中妄见的幻化之花。唐般刺密帝译《楞严经》卷四:"亦如翳人,见空中花;翳病若除,花于空灭。忽有愚人,于彼空花所灭空地,待花更生;汝观是人,为愚为慧?"(T19/120b)北凉昙无谶译《大般涅槃经》卷三七:"善男子! 以虚空无故,无有三世,不以有故无三世也。如虚空花,非是有故,无有三世。"(T12/580c)因"空花"是眼中妄见之繁华影状,故佛教比喻虚幻不实的事物。如:

(1)若菩萨摩诃萨欲通达<u>一切法如幻、如梦、如响、如像、如光影、如阳焰、如空花、如寻香城、如变化事</u>,唯心所现性相俱空,应学般若波罗蜜多。(唐玄奘译《大般若波罗蜜多经》卷三,T5/13b)

(2)见<u>一切法如幻事、如梦境、如像、如响、如光影、如阳焰、如空花、如寻香城、如变化事</u>,都非实有,闻说诸法本性皆空深心欢喜。(唐玄奘译《大般若波罗蜜多经》卷三,T5/396a)

(3)我见诸法空相,变即有、不变即无,三界唯心、万法唯识,所以<u>梦幻空花</u>,何劳把捉?(《临济禅师语录》卷一,T47/500a)

上揭举例反映了大乘佛教"性空"思想,认为世界万事万物(一切法、万法)都虚幻不实,"如幻、如梦、如响、如像、如光影、如阳焰、如空花、如寻香城、如变化事",了无实体自性。"水月"也称"水中月",指水中之月影。因其虚幻不实,佛教也比喻虚幻不实的事物。如：

（4）解了诸法如幻、如焰、如水中月、如虚空、如响、如犍闼婆城、如梦、如影、如镜中像、如化。（后秦鸠摩罗什译《大智度论》卷六，T25/101c）

（5）于诸法门胜解观察，如幻、如阳焰、如梦、如水月、如响、如空花、如像、如光影、如变化事、如寻香城，虽皆无实而现似有。（唐玄奘译《大般若波罗蜜多经》卷三，T5/1b）

上揭"如幻、如焰、如水中月、如虚空、如响、如犍闼婆城、如梦、如影、如镜中像、如化"，就是大乘性空十喻，比喻诸法虚幻不实，生灭无常，并无自性实体。"空花"和"水月"在唐宋时期组合成四字格俗成语，禅籍口语中已见用例，如：

（6）上堂云："凡见圣见，春云掣电。真说妄说，空花水月。翻忆长髭见石头，解道红炉一点雪。"（《续灯》卷一三"元祐禅师"，p.383）

（7）尽三百六十骨节，八万四千毛窍，并作一个无字，一提提起。斩断昏沉散乱，掀翻明暗色空。夜半突出金乌，照了空花水月。（《祖钦禅师语录》卷二，47-362）

"空花水月"倒言"水月空花"，如：

（8）佛是受果报人，如今学人极则，只认得个法身。犹如水月空花，影象不中。（《古尊宿》卷一二"普愿禅师"，p.200）

（9）知我者，不消半个。不知我者，从化百千。我似野鹤孤云，法身圆足。汝似水月空花，无本可据。（《印肃禅师语录》卷一，44-673）

例中的"空花水月"和"水月空花"，均比喻虚幻不实的事物。由佛教虚幻意象组成的俗成语还有不少，如：

（10）只如四大五蕴不净之身，即无实义，如梦如幻，如影如响。（《古尊宿》卷一一"慈明禅师"，p.179）

（11）知法如梦，心法不实。莫谩追求，梦幻空花。（《五灯》卷一六"真悟禅师"，p.1074）

（12）入饿鬼畜生，处处讨觅寻。皆不见有生有死，唯有空名。幻化空花，不劳把捉。得失是非，一时放却。（《广灯》卷一一"义玄禅师"，p.155）

（13）师举起经云："一切有为法，如梦幻泡影。"（《传灯》卷一二"陈尊宿"，p.810）

（14）师云："大德，龟毛拂子、兔角拄杖藏着何处？"僧对曰："<u>龟毛兔角</u>岂是有耶？"师云："肉重千斤，智无铢两。"（《祖堂》卷五"三平和尚"，p.269）

（15）又道鱼踪鸟迹，<u>兔角龟毛</u>。火里蝍蟟，竿头进步。（《续灯》卷一二"合文禅师"，p.366）

（16）若能如是明见得，佛之与祖，如同<u>梦幻空花</u>；闻甚深法门，也似<u>风声谷响</u>。（《承古禅师语录》卷一，39-537）

上揭"如梦如幻""如影如响""梦幻空花""幻化空花""梦幻泡影""龟毛兔角""兔角龟毛""风声谷响"，均比喻事物虚幻不实，生灭无常。

（17）云："如何是父？"师云："无明是父，你一念心求起灭处不可得，<u>如响应空</u>，随处无事，名为杀父。"（《广灯》卷一一"临济禅师"，p.158）

（18）师云："一问一答，<u>如钟含响</u>，<u>似谷应声</u>。盖为事不获已，且于建化门中，放一线道。"（《续灯》卷七"惟广禅师"，p.198）

（19）雪峰自闻色空义，见洞山过水颂，于德山棒下，皆有证悟处。其奈一翳在眼，<u>空花乱坠</u>。（《道冲禅师语录》卷二，45-285）

上揭俗成语包含了佛教喻"空"意象"响""声""空花"，例（17）"如响应空"指如同回声响应空谷，瞬间生灭，比喻事物都是虚幻不实的，生灭无常。例（18）"如钟含响"指就像钟声含蕴的声响，"似谷应声"指就像空谷中回应的声响，均形容事物虚幻不实，生灭无常。例（19）"空花乱坠"言眼前虚妄之花纷纷坠落，比喻虚幻不实的假相纷纷出现在眼前。这些俗成语也是通过组合的方式产生的。

"组合式"成语的内部语法结构丰富多样。下面我们列举一些唐宋禅籍俗成语常见的组合结构。

主谓结构：0009 海口难宣　0119 寸草不生　0146 家贼难防　0166 天网恢恢

偏正结构：0001 百尺竿头　0061 浑囵吞枣　0178 本来面目　0179 本地风光

动宾结构：0050 不舍昼夜　0056 如丧考妣　0066 截断众流　0172 逼塞虚空

述补结构：0004 冷似冰霜　0008 细如米末　0046 凝如株杌　0052 念念不舍

联动结构：0268 拗直作曲　0042 入乡随俗　0143 裁长补短　0145 移东补西

偏正＋偏正：0002 鸟道羊肠　0018 银山铁壁　0022 龙肝凤髓　0158 灰头土面

动宾＋动宾：0012 饮气吞声　0024 求玄觅妙　0044 凝心敛念　0049 塞耳藏睛

主谓＋主谓：0020 乌飞兔走　0105 星明月朗　0125 风恬浪静　0176 眼横鼻直

单句结构：0010 哑子吃蜜　0132 牦牛爱尾　0053 胁不至席　0169 头头是道

复句结构：0208 巧尽拙出　0251 抱赃叫屈　0211 画虎成狸　0129 清贫自乐

这些成语都是通过各种语法规则组合而成的四字格成语。其中，并列结构的成语是最多的，上揭偏正＋偏正、动宾＋动宾、主谓＋主谓都是常见的并列结构，像"梦幻泡影""魑魅魍魉""稻麻竹苇"等四字平列的成语也是并列结构，只是比较少见。

二　离合式

"离合式"是指通过离合固有的双音词来创造成语的方式，包括两种情况：一种是用两个相关的词去离合一个双音词来造语，路径是 AB → ×A×B，或 AB → A×B×，AB 是固有的双音词，"×"是插入的结构成分；另一种是前面的两个成分将后面的双音词离合而造语，路径是 ××AB → ×A×B，AB 是固有的双音词，"×"是 AB 前面的结构成分。这两种离合式不论是哪一种方式，都是将固有的双音词离合了。

1052 花街柳巷　0709 手胼足胝　0092 出生离死　0223 手忙脚乱

1. 花街柳巷

"花街柳巷"指歌伎聚集、嫖客游乐的场所，是由"花柳"离合双音词"街巷"产生的。"街巷"是固有的双音词，如：

（1）众庶街巷有马，阡陌之闲成群，而乘字牝者傧而不得聚会。（《史记·平准书》，p.1420）

（2）廛里一何盛，街巷纷漠漠。（晋陆机《君子有所思行》诗，p.662）

"花柳"也是固有的双音词，有"妓院"和"歌伎"义，如：

（3）某少年常结豪族为花柳之游，竟畜亡命，访城中名姬，如蝇袭膻，无不获者。（唐段成式《酉阳杂俎·语资》，p.116）

（4）未省、宴处能忘管弦，醉里不寻花柳。（北宋柳永《笛家弄》，p.15）

所以"花柳"和"街巷"原本都是双音词，用双音词"花柳"离合"街巷"，就产生了"花街柳巷"。在唐宋禅籍中也有用例。

（5）换尽心肝五脏，咬断去住，裂破古今。自然花街柳巷，闹浩浩处，古佛家风。（《心月禅师语录》卷一，46-227）

在唐宋禅籍俗成语里,离合双音词"街巷"产生的成语还有"大街小巷""长街短巷"等。离合式成语最为典型的例子是"山清水秀",这个成语是不能写作"山青水秀"的,因为它是用"山""水"离合了双音词"清秀"产生的。

2. 手胼足胝

"胼胝"指手掌、脚底生出的老茧。《玉篇·肉部》:"胼,皮厚也。"《广韵·旨韵》:"胝,皮厚也。"《广韵·先韵》:"胼,胼胝,皮上坚也。"可见"胼胝"是同义并列复音词。"手胼足胝"指手掌和脚底都长满了老茧,形容生活十分劳苦。《慧远禅师语录》卷二:"老魔王杀人放火,无处声冤。驱耕夫牛,夺饥人食。空引得四海禅衲,冒犯霜露。手胼足胝,毕竟成得他什么边事?残羹馊饭,不自收拾。"(45-48)"手胼足胝"来源于"手足胼胝"。"手足胼胝"在先秦已见用例。

（1）曾子居卫,缊袍无表。颜色肿哙,手足胼胝。(《庄子·让王》,p.256)

（2）举担千里之人,杖策越疆之士,手足胼胝,面目骊黑。(东汉王充《论衡·定贤》,p.1113)

"手足胼胝"也指手掌、脚底长满了老茧。由"手足胼胝"变换语序,错综成文,就产生了"手胼足胝"。这个成语大约产生于唐代。

（3）被襏锄犁,手胼足胝。水之蛭螾,吮喋我肌。(唐顾况《上古之什補亡训传十三章》之一,p.2927)

（4）昔者禹之治水害也,三过其门而不入,手胼足胝,凿九河,疏济洛。(唐李翱《去佛斋论》,p.7184)

在"手足胼胝"的演化过程中,"手""足"把固有双音词"胼胝"离合了,从而产生了"手胼足胝"。那么,"手足胼胝"为什么会演化为"手胼足胝"呢?这与汉语表达追求音节对称和韵律和谐密切相关。王云路师(2010:48)曾指出,"表义明确是内容,韵律和谐是形式。在表义明确的前提下注意音节的平衡与和谐,是汉语词语运用的基本规律"。成语也是这样的。从意义来看,"手足胼胝"和"手胼足胝"同义,两种表达形式都可以明确地表达意义;但从结构来看,"手足胼胝"行文单调,不具有对称性,而"手胼足胝"满足了结构对称、韵律和谐的表达要求。

3. 出生离死

"出生离死",佛教指脱离生死轮回之苦海。《传灯》卷一八"宗一大师":"识得即是大出脱,大出头,所以道超凡越圣,出生离死,离因离果,超毗卢,越释迦,不被凡圣因果所谩。"（p.1314）"出生离死"当是从"出离生死"演化而来的，"出离生死"在中古译经中已见用例，在禅宗语录中仍然沿用。如：

（1）菩萨摩诃萨布施宝女眷属善根回向，回向一切众生<u>出离生死</u>，回向悉得诸佛喜乐，回向不坚固中而得坚固，回向金刚界智不可坏心。（东晋佛驮跋陀罗译《大方广佛华严经》卷一八，T9/516b）

（2）四十九年三百六十余会，随众生根器所宜次第开演。令其各各闻法解悟，<u>出离生死</u>。（《普觉禅师语录》卷一，42-236）

"出离生死"也是指脱离生死轮回之苦海。由"出离生死"变换语序，将"生死"离合就产生了"出生离死"，离合的动因也是追求结构对称、韵律和谐的表达效果。

4. 手忙脚乱

"手忙脚乱"，形容内心慌乱，不知所措。这个成语应是从"手脚忙乱"产生的，宋释净善《禅林宝训》卷四："如或不然，眼光落地时，未免手脚忙乱。"（32-770）《传灯》卷一九"文偃禅师"："直须自看，时不待人。忽然一日眼光落地，到来前头将什么抵拟？莫一似落汤螃蟹，手脚忙乱，无你掠虚说大话处。"（p.1429）由"手脚忙乱"变换语序，错综成文，就产生了"手忙脚乱"。

（1）师曰："沩山原来小胆，被这俗官一问，直得<u>手忙脚乱</u>。"（《普灯》卷二六"勤禅师"，p.651）

（2）忆昔东山演祖有云："每日起来，驱沩山牛，扶地藏犁，挂临济棒，担仰山锹，耕白云田，七八年来，渐成家业。"是则是，大似打独弄杂剧，未免<u>手忙脚乱</u>。（《新月禅师语录》卷一，46-133）

在"手忙脚乱"的产生过程中，"手""脚"把双音词"忙乱"离合了，离合的动因也是追求结构对称、韵律和谐的表达效果。

三 概括式

"概括式"是指将语源的内容用四字格概括后产生成语的方式。"概括式"成语都有明确的语源出处，孙维张（1989:93）指出，"语源是在古代作品中记载的传说、故事或历史事件，有完整的内容和比较复杂的情节。把整个作品的内容加以提炼概括，并纳入简短的词的固定组合之中而形成的成语"。也就是说，"概括式"成语的生成路径是从语篇到四字格成语，语义和理据均来自于语源。

0188 舍父逃走　0036 布发掩泥　0313 阳焰充饥　0038 舂糠答志

0323 画蛇添足　0784 叶公画龙　0315 望梅止渴　0051 凿壁偷光

下面以"舍父逃走"和"布发掩泥"为例说明。

1. 舍父逃走

"舍父逃走"是个典故成语,是通过概括典源的语境生成的,语出后秦鸠摩罗什译《妙法莲华经》卷二:

> 譬若有人,年既幼稚,舍父逃逝,久住他国,或十、二十,至五十岁,年既长大,加复穷困,驰骋四方,以求衣食。渐渐游行,遇向本国。其父先来,求子不得,中止一城。其家大富,财宝无量——金、银、琉璃、珊瑚、虎珀、颇梨珠等,其诸仓库,悉皆盈溢;多有僮仆、臣佐、吏民;象马车乘,牛羊无数,出入息利,乃遍他国,商估贾客亦甚众多。时贫穷子游诸聚落,经历国邑,遂到其父所止之城。父每念子,与子离别五十余年,而未曾向人说如此事,但自思惟,心怀悔恨,自念老朽,多有财物,金银珍宝,仓库盈溢;无有子息,一旦终没,财物散失,无所委付。是以殷勤,每忆其子,复作是念:"我若得子,委付财物,坦然快乐,无复忧虑。"(T9/16b)

由此语篇概括为四字格成语"舍父逃走",谓年幼之子舍弃了自己富有的父亲,独自逃走,结果落得穷困潦倒。禅家比喻舍弃自己本有之佛性,向外驰求成佛之道。《传灯》卷四"神秀禅师":"师有偈示众曰:'一切佛法,自心本有,将心外求,捨(舍)父逃走。'"(p.224)《怀深禅师广录》卷一:"已得入门者有交涉,如龟负图,自取丧身之兆。未得入门者无交涉,似舍父逃走,无有到家之期。"(41-103)

2. 布发掩泥

"布发掩泥"也是个典故成语,后秦鸠摩罗什译《大智度论》卷四:"是中菩萨七枚青莲花供养燃灯佛,敷鹿皮衣,布发掩泥。是时燃灯佛便授其记,汝当来世作佛,名释迦牟尼。"(T25/87a)孙维张(2007:38)以此为"布发掩泥"之语源。今按,东汉竺大力共康孟详译《修行本起经》已载菩萨"布发掩泥"供养世尊之事。

> 菩萨欲前散花,不能得前。佛知至意,化地作泥,人众两披,尔乃得前。便散五花,皆止空中,变成花盖,面七十里,二花住佛两肩上,如根生。菩萨欢喜,布发着地:"愿尊蹋之。"佛言:"岂可蹋乎?"菩萨对曰:"唯佛能蹋!"佛乃蹋之。(《修行本起经》卷上,T3/462b)

上揭佛教故事显然才是"布发掩泥"的语源。由此语源的语篇概括为四字格，就产生了成语"布发掩泥"，《祖堂》卷二"菩提达磨"："又自叹曰：'古人求法，敲骨取髓，刺血图像，布发掩泥，投崖饲虎。古尚如此，我何惜焉？'"（p.97）《传灯》卷一五"德诚禅师"："问：'古人布发掩泥当为何事？'师曰：'九乌射尽，一翳犹存。一箭堕地，天下不黑。'"（p.1113）"布发掩泥"均形容至诚求道的行为。

四 缩略式

"缩略式"是指把四言以上的结构压缩为四字格成语的造语方式。原来的结构有的是词组，有的是单句或复句，压缩的方式是去掉次要的结构成分，留下关键的语义成分。一般来说，由词组或单句压缩而来的成语，压缩的幅度比较小，理解起来相对容易；由复句压缩而来的成语，压缩的幅度很大，理解起来会有困难。这类成语生成的机制是受"二二相承"律制约的结果。

0059 方木逗圆孔——方木逗圆　0322 雪上更加霜——雪上加霜

0254 避溺而投火——避溺投火　0277 掘地觅青天——掘地觅天

0296 拨火觅浮沤——拨火觅沤　0232 预搔而待痒——预搔待痒

0511 贼过后张弓——贼过张弓　0918 粗言及细语——粗言细语

0150 枷上更着杻——枷上着杻　0294 虚空里钉橛——虚空钉橛

0485 平地上吃扑——平地吃扑　1013 泥牛斗入海——泥牛入海

0327 锦上更添花——锦上添花　0506 冷灰里豆子爆——冷灰豆爆

0421 驱耕夫牛，夺饥人食——驱耕夺食　1122 风不鸣条，雨不破块——条风块雨

下面以"方木逗圆""冷灰豆爆""驱耕夺食"为例说明。

1.方木逗圆

"方木逗圆"来自禅语"方木逗圆孔"，指用方木去嵌入圆孔。由于"方木""圆孔"形状有异，不能契合，故禅家用来形容领悟方法不当，不能契合禅理。如：

（1）若将有限心识，作无限中用。如将方木逗圆孔，多少差讹。（《传灯》卷一七"道膺禅师"，p.1219）

（2）问："如何是学人相契处？"曰："方木逗圆孔。"（《普灯》卷一"义禅师"，p.9）

（3）上堂云："杀人刀活人剑，上古之风规，亦是今时之枢要。言句上作解

会，泥里洗土块。不向言句上会，**方木逗圆孔**。"（《圆悟禅师语录》卷二，41-203）

由"方木逗圆孔"压缩为四字格，就产生了成语"方木逗圆"。如《清了禅师语录》卷一："如今眼光落地，如生龟脱壳，似方木逗圆，为形躯所留，被风火所苦。"（42-58）产生的机制是受"二二相承"强势韵律模式作用的结果。

2. 冷灰豆爆

"冷灰豆爆"来自禅语"冷灰里豆子爆"，指燃烧过的灰烬里突然爆出一声豆响。禅家比喻猛然醒悟后说出惊人的话，或作出惊人的举动。《祖堂》卷七"夹山和尚"："师曰：'与么则从人得也。' 对曰：'自己尚怨家，从人得堪作什么？' 师曰：'冷灰里豆子爆。'"（p.327）受"二二相承"韵律机制的作用，"冷灰里豆子爆"压缩为四字格，就产生了成语"冷灰豆爆"。

（1）个里无峻机妙用与人凑泊，老来畏寒，只要说些火炉头话。且道火炉头说什么话？恐**冷灰豆爆**，弹破诸人鼻孔。（《虚堂和尚语录》卷二，46-660）

（2）谢灵岩和尚上堂："开炉半月，火种全无。**冷灰豆爆**，惊动江湖。且道以何为验？铜像大士低头问讯，智积菩萨稽首擎拳。"（《慧开禅师语录》卷一，42-13）

（3）上堂："少室岩上，风吹石裂。大彻堂前，**冷灰豆爆**。大丈夫汉，一刀两断。"（《昙华禅师语录》卷一，42-140）

例中的"冷灰豆爆"，显然是从"冷灰里豆子爆"缩略而来，比喻猛然醒悟后说出惊人的话，或作出惊人的举动。压缩的方式是把"里"和"子"这两个次要的语义成分去掉了。

3. 驱耕夺食

"驱耕夺食"来自禅语"驱耕夫牛，夺饥人食"，意思是把耕夫的牛驱赶走，把饥人的食物夺掉，禅家比喻彻底斩断学人的依赖、执着，使其心空悟道。如：

（1）师拈云："云门可谓**驱耕夫牛，夺饥人食**。权衡佛祖，龟鉴宗乘。"（《圆悟禅师语录》卷一八，41-348）

（2）师曰："**驱耕夫牛，夺饥人食**，击碎明月珠，敲出凤凰髓。可谓富贵中富贵，风流中风流。"（《普灯》卷二六"泰禅师"，p.657）

由"驱耕夫牛，夺饥人食"压缩为四字格，就产生了"驱耕夺食"。如：

（3）解粘去缚手段辣，<u>驱耕夺食</u>尤雍容。（《圆悟禅师语录》卷二〇,41-367）

（4）虽然逼到万仞崖头，放身舍命，须是你当人，自肯始得。既是<u>驱耕夺食</u>，如何得苗稼滋盛，永绝饥虚？（《心月禅师语录》卷一,46-156）

（5）烂嚼虚空吐出滓，揭翻大地无寸土。<u>驱耕夺食</u>，塞路断桥。（《绍昙禅师广录》卷一,46-312）

例中的"驱耕夺食"，也比喻彻底斩断学人的依赖、执着，使其心空悟道。在"驱耕夫牛，夺饥人食"的结构里，"夫牛"和"人食"是两个比较重要的语义成分，由于压缩掉的成分比较重要，所以"驱耕夺食"的字面理据变得隐晦了。如果禅籍没有保存下"驱耕夫牛，夺饥人食"这一结构的话，"驱耕夺食"这个成语的理据就难以分析了。

五 转化式

"转化式"是指由谚语、惯用语、歇后语等语汇单位转化为四字格成语的造语方式，属于语类之间的转化现象。由谚语和歇后语转化为成语，通常是将原结构省去一节产生的，由惯用语转化为成语，通常是对原结构压缩而成的。后一种转化其实也是一种压缩式。

0520 如人饮水，冷暖自知——如人饮水 0645 竿木随身，逢场作戏——逢场作戏
0422 羊羹虽美，众口难调——众口难调 0221 矮子看戏，随人上下——矮子看戏
0411 从苗辨地，因语识人——从苗辨地 0585 闭门造车，出门合辙——闭门造车
0361 徐六担板，只见一边——徐六担板 0016 官不容针，私通车马——官不容针
0212 貂不足，狗尾续——狗尾续貂 0791 悬羊头卖狗肉——悬羊卖狗

下面以"如人饮水""逢场作戏""悬羊卖狗"三个成语为例说明。

1. 如人饮水

"如人饮水"来自禅家谚语"如人饮水，冷暖自知"，字面义指像人喝水一样，水冷水暖只有自己知道。禅家比喻只有自己亲身经历，才能获得真切的禅悟体验。

（1）明曰："惠明虽在黄梅，实未省自己面目。今蒙指示，<u>如人饮水，冷暖自知</u>。今行者即惠明师也。"（契嵩本《坛经》卷一,37-463）

（2）成佛作祖，不离方寸。镬汤炉炭，只在而今。这个消息，<u>如人饮水，冷</u>

暖自知。(《续灯》卷一二"琳禅师",p.363)

禅是自证自悟的宗教体验,禅悟的感觉就像是人饮水的感觉,冷暖只有自己知道,"如人饮水,冷暖自知"生动地表达了禅经验的直觉性和超验性。"如人饮水,冷暖自知"经常省略后半截注释语,就产生了成语"如人饮水"。

(3)问:"如何是灵源?"师曰:"嫌什么?"曰:"近者如何?"师曰:"如人饮水。"(《传灯》卷二三"从盛禅师",p.1792)

(4)师曰:"尧风舜日两依依,一片虚凝截万机。何必胡僧亲咐嘱,如人饮水自家知。"(《普灯》卷一七"师远禅师",p.441)

"如人饮水"和"如人饮水,冷暖自知"的深层语义相同,是由后者转化而来的成语。

2. 逢场作戏

"逢场作戏"来自歇后语"竿木随身,逢场作戏",原指江湖艺人遇见合适的场所就开始表演。禅家比喻禅悟后随处做主,自在无碍。

(1)师云:"什么处去?"对云:"石头去。"师云:"石头路滑。"对云:"竿木随身,逢场作戏。"(《传灯》卷六"道一禅师",p.377)

(2)竿木随身,逢场作戏。须弥灯王,只今见在。目前更不须作礼,还信得及么?千圣不传微妙诀,妙峰孤顶有人行。(《圆悟禅师语录》卷六,41-238)

"竿木随身,逢场作戏"省去引子,就产生了成语"逢场作戏"。

(3)问:"如何是随色摩尼珠?"师云:"逢场作戏。"(《续灯》卷四"演教禅师",p.106)

例(3)"随色摩尼珠"隐喻"佛性","逢场作戏"比喻禅悟后随处做主,自在无碍。"逢场作戏"和"竿木随身,逢场作戏"的深层语义相同,是由后者转化而来的新成语。

3. 悬羊卖狗

"悬羊卖狗"来自惯用语"悬羊头卖狗肉",指挂着羊头却卖狗肉,比喻招摇撞骗的行为。如:

(1)上堂:"此剑刃上事,须是剑刃上汉始得。有般名利之徒,为人天师,悬羊头卖狗肉,坏后进初机,减先圣洪范。"(《普灯》卷五"清满禅师",p.129)

(2)上堂:"世尊不说说,拗曲作直。迦叶不闻闻,望空启告。马祖即心即

佛,悬羊头卖狗肉。"(《普灯》卷二一"咸杰禅师",p.535)

由"悬羊头卖狗肉"压缩为四字格,产生了俗成语"悬羊卖狗"。

（3）若是临济德山儿孙,必然别有条章。悬羊卖狗、簸土扬尘处,拈却塵中佛事。风尘草动、鹊噪鸦鸣时,截断圆通法门。(《居简禅师语录》卷一,46-25)

（4）岂雏道人,趋炎禅贩,悬羊卖狗,戕贼法门者,同日而语。(《绍昙禅师广录》卷六,46-351)

（5）口如木楔,眼似鼓椎。悬羊卖狗,讨尽便宜。(《清欲禅师语录》卷五,49-430)

"悬羊头卖狗肉"和"悬羊卖狗"都是对招摇撞骗行为的生动描述,前者是非"二二相承"的惯用语,后者是"二二相承"的成语,由"悬羊头卖狗肉"压缩为"二二相承"的"悬羊卖狗",这是通过语类转化创造新成语的现象。

六 填充式

"填充式"指在固定的框架格式中嵌入语素生成成语的方式。这类成语的特点是具有稳定的框架模式 $A_1 \times A_2 \times$ 或 $\times A_1 \times A_2$,B_1B_2 是嵌入的语素,多是并列的双音词。在进入 $A_1 \times A_2 \times$ 或 $\times A_1 \times A_2$ 时,B_1B_2 被拆分为语素。语义特点是 A_1A_2 的语义已经泛化。框架式成语的生成途径:$A_1 \times A_2 \times + B_1B_2 \rightarrow A_1B_1A_2B_2$,或者 $\times A_1 \times A_2 + B_1B_2 \rightarrow B_1A_1B_2A_2$。填充式成语产生的机制是语言的类推。在唐宋禅籍俗成语里常见的框架模式有"千×万×""百×千×""东×西×""×东×西""七×八×",下面举唐宋禅籍出现的"千×万×"和"×东×西"两类填充式成语说明。

0920 千言万语 1114 千差万别 1067 千门万户 0157 千波万浪 0518 千山万水 0717 千乡万里 0948 千迂万曲 1095 千品万类 1096 千怪万状 1113 千变万化 1115 千差万错 1092 千红万紫 1093 千种万般 1093 千般万样 1066 千家万户

本组成语都是在"千×万×"格式中填充两个相关的语素产生的。"千言万语"形容言语之多,"千差万别"形容各种各样的差别,"千"和"万"已经不再确指具体的数量,而是泛指多数了。嵌入的语素原本多是双音词:言语、差别、门户、波浪、山水、乡里、迂曲、品类、怪状、变化、差错;也有的是意义相关的词语:红紫、种般、般样、家户。

0057 撞东磕西　0145 移东补西　0145 剜东补西　0145 牵东补西　0228 指东画西

0516 碍东碍西　0648 抛东掷西　0927 说东道西　0939 问东答西　0941 指东指西

本组成语是在"×东×西"格式中填充两个相关的语素产生的,"撞东磕西"形容参禅四处受阻,"移东补西"形容为了应急四处移补,"东"和"西"不再确指空间对立的东、西两方,而是泛指四处了。嵌入的语素多是语义相关的两个词语:撞磕、移补、剜补、牵补、指画、抛掷、说道、问答,"碍东碍西"和"指东指西"则是嵌入了两个相同的语素"碍"和"指"。

第五章　唐宋禅籍俗成语的系统

　　汉语语汇的数量极其庞大,成语作为语汇里的一类重要成员,数量也十分庞大。那么,语汇中的"语"是一盘散沙,还是彼此有密切的联系? 换句话说,语汇是否具有系统性? 语汇中的成语是否也有系统性?

　　王力(1958:545)曾经说过,"一种语言的语音的系统性和语法的系统性都是容易体会到的,唯有词汇的系统性往往被人们忽略了,以为词汇里面一个个的词好像是一盘散沙。其实词与词之间是密切联系着的"。关于"语"的系统性呢? 温端政(2005:27)认为,"同样,'语'也不是一盘散沙,语与语之间是有密切联系的,语汇也具有系统性"。但这个问题还没有得到深入讨论。

　　众所周知,语言具有系统性,语音、词汇、语法都有系统。"语汇"也是一个系统,而且是一个庞大的系统。语汇中的成语同样具有系统性,而且是一个比较庞大的系统,成语系统是语汇系统的子系统。语汇系统的构建研究是汉语史研究的一项重要内容,但目前不论是词汇还是语汇,理想的系统还没有建立起来[①],语汇和词汇系统的构建研究仍处于探索阶段,是亟须突破的理论难题。蒋绍愚(2017:370)提出以"概念场"为背景建立词汇层级体系,对词汇系统的构建研究很有价值,但"'语'不是概念性而是叙述性的语言单位"(参温端政 2005:11),从概念角度切入构建语汇系统并不适用。本书选择用"语义二分法"来构建唐宋禅籍俗成语的系统,具体以唐宋禅籍中出现的 1759 条俗成语为对象构建,以便实现真正意义上的"系统"研究,为语汇系统的构建提供可行的研究范式。

---

　　① 关于词汇系统性问题的讨论进展,可参蒋绍愚《汉语历史词汇学概要》第七章《词汇系统和词义系统》,商务印书馆,2015 年,第 372—418 页。

第一节　语义二分法

这里提出的"语义二分法"是指依据成语的核心语义,将其切分为"范畴义"和"核心义"两个下位的语义成分。[①]"范畴义"和"核心义"有机结合后,基本上就是这个成语的核心语义内容。

一　核心语义

核心语义是对基本语义的高度概括,它反映的是语言单位最为核心和关键的语义内容。一般来说,词典的释义反映的是基本语义(义位),核心语义则是在基本语义的基础上,经过高度概括得到的语义内容。下面举《新华成语词典》(2002:467)"眉"字头所收的6条成语为例来说明问题。[②]

眉飞色舞　眉开眼笑　眉来眼去　眉目传情　眉眼高低　眉清目秀

先比较几部重要词典的释义,然后概括核心语义。

1. 眉飞色舞

《新华成语词典》(简称《新华》):形容喜悦或得意的神情和心理。(p.467)

《现汉汉语词典》(简称《现汉》):形容喜悦或得意。(p.927)

《中国成语大辞典》(简称《辞典》):形容极其高兴得意的神态。(p.703)

《汉语成语源流大辞典》(简称《源流》):形容喜悦或得意的神态。(p.779)

"眉飞色舞"描述的是因内心喜悦而在脸上显露出的愉快神情,上述词典的释义就是对其义位的描写。这些释义基本上揭示出了这条成语的两个关键语义成分[③]——

---

①　本书提出的"语义二分",同样适用于词汇单位和其他语汇单位,但本文讨论的对象是成语,各类词汇单位和其他语汇单位暂不作讨论,个中问题很复杂,将另作讨论。

②　《新华成语词典》"眉"字头共收7条成语,还有1条"眉花眼笑",编者视为"眉开眼笑"的变体,第467页。

③　唯《现汉》缺失对描述对象的揭示,释义显得不够完整。如果进一步推导,"喜悦"或"得意"都是心理活动,这条成语描述的对象自然就是"心理"。但"心理"并不能全面概括"眉飞色舞"的描述对象(详下)。

"神情"^①和"喜悦"^②,"神情"是这条成语语义描述对象的范畴,"喜悦"是这条成语语义描述对象的核心特征。在"眉飞色舞"的语义构成当中,这两个语义成分是最为核心和关键的语义要素,二者有机结合后就构成了"眉飞色舞"的核心语义——"神情喜悦"。

2. 眉开眼笑

《新华》:形容高兴愉快的样子。（p.467）

《现汉》:形容高兴愉快的样子。（p.927）

《辞典》:形容极其高兴的样子。（p.703）

《源流》:形容脸上流露出高兴的样子。（p.779）

同样,"眉开眼笑"描述的也是因内心喜悦流露在脸上的愉快表情,核心语义也是"神情喜悦"。只是"喜悦"的程度没有"眉飞色舞"深,前者形容十分喜悦的神情,后者形容喜悦的神情。但在用"语义二分法"切分核心语义时,这样次要的语义成分是要忽略的。

3. 眉来眼去

《新华》:用眉眼来传递情感。（p.467）

《现汉》:形容以眉眼传情。（p.927）

《辞典》:用眉眼传递情意。（p.703）

《源流》:多指以眉目传情。（p.779）

这条成语的语义是:用眉眼往来的方式传递情感,上述各家的释义都很到位。语义描述对象的范畴是"眉眼",描述对象的叙述性特征是"传递情感",核心语义可概括为"眉眼传情"。

4. 眉目传情

《新华》:指用眉眼传递情意。（p.467）

---

① "神情"是人脸上显露出来的内心活动,皆有"内心活动"和外化了的"面部表情"两个语义要素,用来描述"眉飞色舞"的语义对象最为准确。"心理"只是内心活动,不包括外化出来的面部表情,"神态"表示神情和态度,加上"态度"要素又显得不确。因此,"心理"和"神态"都不能准确揭示"眉飞色舞"的语义域。

② "得意""高兴"略同"喜悦"。"喜悦"是内心满意引起的心理活动,"得意"是心理感到自我满意,属于满意的一种情形,也会引起心理愉悦,因此,核心语义特征可确定为"喜悦"。

《现汉》：未收。

《辞典》：用眼色传递情意。（p.703）

《源流》：未收。

同样，"眉目传情"与"眉来眼去"同义，核心语义也是"眉眼传情"。前者用直述的方式构语，字面义就是使用义，后者用借代的方式构语，即借用眉眼来往的动作表示传递感情的行为。构语方式虽然有别，但二者表达的基本语义是相同的，概括出的核心语义自然就是相同的。

5. 眉眼高低

《新华》：指脸上不同的神色、表情。（p.467）

《现汉》：指脸上的表情和神色。（p.927）

《辞典》：指人的脸色。（p.703）

《源流》：指面部表情所流露的对待别人的好坏态度。（p.779）

上揭各家的释义，《源流》的释义相对全面，基本揭示出了"眉眼高低"的语义内容。"眉眼高低"字面义描述的是面部表情的变化，但深层反映的是内心对人情感态度的好坏。语义描述对象的范畴是"神态""脸色"，描述对象的特征是"好坏"，核心语义便可归为"神态好坏"。

6. 眉清目秀

《新华》：形容人容貌清秀。（p.468）

《现汉》：形容容貌俊秀。（p.927）

《辞典》：形容相貌美丽端庄。（p.703）

《源流》：形容容貌清秀俊美。（p.779）

"眉清目秀"的语义，各家的解释都很全面。语义内容都包含了两个关键要素：一是语义描述对象的范畴——"容貌"，二是语义描述对象的特征——"清秀"，核心语义就是"容貌清秀"。

核心语义是从义位中高度概括出来的语义内容，代表了语义结构中最核心和关键的语义成分，是高于义位的一种语义类别，主要特点是二合性和高度概括性。需要说明的是，核心语义的提出是为"语义二分法"作基础的，它不能代替词典的释义。但是，词典的释义如果扣住了核心语义，就等于抓住了义位的关键成分和核心要义，释义就会显得更加精准。

明确了"核心语义"的概念，就可以讨论"范畴义"和"核心义"了。

二　范畴义和核心义

核心语义可以切分为前后两个性质不同的语义成分，这里先以上揭六条成语的核心语义为例说明。

眉飞色舞："神情喜悦"＝［神情］＋［喜悦］

眉开眼笑："神情喜悦"＝［神情］＋［喜悦］

眉来眼去："眉眼传情"＝［眉眼］＋［传情］

眉目传情："眉眼传情"＝［眉眼］＋［传情］

眉眼高低："神态变化"＝［神态］＋［好坏］

眉清目秀："容貌清秀"＝［容貌］＋［清秀］

前者"神情""眉眼""神态""容貌"表示成语语义描述对象的范畴，本文称为"范畴义"。后者"喜悦""传情"①"好坏""清秀"表示成语语义描述对象的核心语义特征，本文称为"核心义"。"范畴义"和"核心义"都是从核心语义中切分出来的下位语义成分，它们虽都称"义"，但有别于一般的语义（如"义位"的"义"），其语义属性相当于语义学中的"义素"或"语义成分"。下面分别讨论"范畴义"和"核心义"。

（一）范畴义

"范畴义"是指语义结构中表示对象范畴的语义成分。任何语言单位都有自己约定俗成的语义指称对象（比如"词"）或语义叙述对象（比如"语"），语义的指称对象或叙述对象都类属于一定的语义范畴。"范畴义"就是指语义范畴而言的，它反映的是语言单位的语义指称对象或叙述对象类属的范畴，是一个语言单位使用的语义域。"范畴义"在语义结构中处于重要的地位，如果语义解释不揭示"范畴义"，释义就会显得不完整或不明确。②下面讨论"词"和"语"的范畴义。

先说"词"后说"语"。"词"是概念性的语言单位，任何词都有词义指称的对象，也有对象类属的语义范畴。先看实词的例子，以蒋绍愚（2005:47）对"池、湖、海、沟、溪、川"的义素分析表为例：

---

① "传情"为包蕴核心义，详下文。

② 如上揭《现汉》对"眉飞色舞"的释义，就属于这种情况。

水面					
流动的			停聚的		
大	中	小	大	中	小
川	溪	沟	海	湖	池

"池""湖""海""沟""溪""川"都有自己约定俗成的指称对象,这些指称对象都类属于"水面"这个语义范畴,"水面"就是"池""湖"等词的"范畴义"①。虚词的例子,如判断句中煞句的语气词"也",语法意义表示肯定的语气;疑问句句尾的"乎",语法意义表示疑问的语气,"语气"就是"也""乎"等词的"范畴义"。

成语主要是叙述性的语言单位,任何成语都有语义叙述的对象,也有叙述对象类属的语义范畴。温端政(2005:69)根据语义叙述性的特点,将成语分为描述性成语和表述性成语两类。在汉语语汇里,绝大多数的成语属于描述性成语,表述性成语数量较少,此外还有数量极少的泛指性成语②。

1. 描述性成语的范畴义

描述性成语语义描述的对象范畴可以是人,也可以是世界上的万事万物。这里分类列举几个例子。

0793 柳目杨眉　0798 蓬头跣足　0801 风流儒雅　0807 气薄云天　0811 超群拔萃

0878 孤陋寡闻　0880 博闻强识　0883 文不加点　0826 举一明三　0859 口似扁担

上揭成语都是用来描述人物的描述性成语,具体描述对象包括容貌、仪表、气质、义气、才能、见识、文思、思维反应、言语反应等,下面用"语义二分法"切分核心语义③。

---

① 蒋绍愚(2005:47)称之为"中心义素","'池'的三个义素中,[水面]是表示它所属的语义场的,这种义素叫作'中心义素'"。

② 温端政(2005:69)认为,"纵观人们心目中的成语,都可以无一例外地分成这两类。属于表述性的,如:哀兵必胜、本性难移……;属于描述语的,如:哀鸿遍野、安居乐业……"。这里似乎把话说得绝对了,成语还有极少量的指称性成语,如"魑魅魍魉""张三李四"等,由于指称性成语的特点具有泛称性,语义不确指,我们称为"泛指性成语"。

③ 本书带编号的成语均出自唐宋禅籍,释义和例证可参下编《唐宋禅籍俗成语例释》,编号供条目查检。

柳目杨眉:"容貌美好" = [容貌] + [美好]

蓬头跣足:"仪表脏乱" = [仪表] + [脏乱]

风流儒雅:"气质风雅" = [气质] + [风雅]

气薄云天:"义气高迈" = [义气] + [高迈]

超群拔萃:"才能卓越" = [才能] + [卓越]

孤陋寡闻:"见识狭隘" = [见识] + [狭隘]

博闻强识:"见识广博" = [见识] + [广博]

文不加点:"文思敏捷" = [文思] + [敏捷]

举一明三:"根器敏锐" = [根器] + [敏锐]

口似扁担:"根器拙劣" = [根器] + [拙劣]

这组描述人物成语的范畴义可归纳为"容貌""仪表""气质""义气""才能""见识""文思""根器"8类。

1072 天高地厚　1079 落花流水　1084 青山绿水　1089 地黑天昏　1109 雨似盆倾

0698 枕石漱流　0707 餐风饮露　0739 火烧眉毛　0753 弥天罪过　0755 汗马功劳

这组成语是用来描述自然世界和人类社会的描述性成语,具体描述对象有天地、花水、山水、天色、雨势、生活、形势、罪过、功劳,下面用"语义二分法"切分核心语义。

天高地厚:"自然广阔" = [自然] + [广阔]

落花流水:"景象衰败" = [景象] + [衰败]

青山绿水:"风景秀美" = [风景] + [秀美]

地黑天昏:"天色昏暗" = [天色] + [昏暗]

雨似盆倾:"雨势很大" = [雨势] + [很大]

以上成语描述自然世界的物类,范畴义可概括为"自然""景象""风景""天色""雨势"。

枕石漱流:"生活隐逸" = [生活] + [隐逸]

餐风饮露:"生活艰辛" = [生活] + [艰辛]

火烧眉毛:"形势危急" = [形势] + [危急]

弥天罪过:"罪过很大" = [罪过] + [很大]

汗马功劳:"功劳很大" = [功劳] + [很大]

以上成语描述人类社会的事物,范畴义有"生活""形势""罪过""功劳"4类。

总体来看,描述性成语的语义对象在结构成分上有体现,范畴义比较容易归纳。但也有的描述性成语,描述对象不体现在具体结构成分上,需要在整体语义考察的基础上归纳分析。这类成语主要是对行为动作描述的部分成语,数量不是很多。例如:

0417 除痴断惑 0419 敲枷打锁 0416 拈槌竖拂 0413 扬眉瞬目

0064 绝虑忘缘 0076 脱胎换骨 0075 见月忘指 0068 悬崖撒手

根据语义的关联性可以分作两组,先指出每组成语的基本语义,然后作语义分析。

除痴断惑:指为学人断除痴愚疑惑等悟道束缚。

敲枷打锁:敲去枷钮,打开锁链。比喻为学人解除执着、痴愚等悟道束缚。

拈槌竖拂:"拈槌""竖拂"是禅僧上堂说法常用的作略,多用来暗示禅机。

扬眉瞬目:"扬眉""瞬目"是禅家示机应机时用眉目传递的示机作略。

从整体的基本语义来看,这组成语描述的对象是禅师接引学人的施教行为和施教作略,语义范畴均属于"施教"。核心义分别为"解除"和"暗示",若将另外两个重要特征义包蕴,可归纳为"除妄"和"示机"。核心语义就是"施教除妄"和"施教示机"。

绝虑忘缘:除尽思虑知见,摆脱万法因缘,是禅悟者修行要达到的境界。

脱胎换骨:比喻参禅悟道要彻底更换凡胎俗骨,达到超凡脱俗的境界。

见月忘指:看见月亮就要忘记指月之指。比喻顿见自性后就要忘记言教作略。

悬崖撒手:到了悬崖绝境时放手。禅家比喻彻底斩断对世俗情念的留恋。

从基本语义来看,这组成语描述的语义内容是参禅者要断除各种俗情妄念,使本心达到清净圆明的悟境。这是禅家最基本的修行方式,语义范畴属于"修行"领域,包蕴其他特征义的核心义可概括为"除妄"。核心语义就是"修行除妄"。

2. 表述性成语的范畴义

表述性成语是通过判断或推理体现某种思想认识,也都有语义表述的对象范畴。有的表述性成语范畴义比较明确,有的则需要深入分析核心语义,归纳出范畴义。

0830 大巧若拙 0831 大辩若讷 0832 大智如愚 0985 理能伏豹

0990 众眼难谩 0764 独掌难鸣 0762 覆水难收 0975 弦急即断

上揭成语都是表达具有某种哲理的表述性成语,其中前四个成语语义表述的对象在结构中直接体现,范畴义相对容易分析。核心语义可作如下分析:

大巧若拙:"机巧不显" = [机巧] + [不显]

大辩若讷:"思辨不显" = [思辨] + [不显]

大智如愚:"智慧不显" = [智慧] + [不显]

理能伏豹:"真理服人" = [真理] + [服人]

语义表述的对象就是结构中"大巧""大辩""大智""真理"4个成分,类属的语义范畴分别是"机巧""思辨""智慧""真理"。剩下的4个成语,范畴义就需要进行一番分析归纳了。

众眼难谩,字面义虽指众人的眼睛难以欺瞒,可实际语义形容事理清楚分明,欺瞒不了大众。《传灯》卷二一"智远禅师":"因问曰:'如何是诸佛出身处?'顺德曰:'大家要知。'师曰:'斯则众眼难谩。'"(p.1634)"众眼难谩"形容事理分明,承上文"大家要知"。因此,核心语义就可概括为"事理分明",范畴义则为"事理"。

独掌难鸣,比喻力量单薄,难于成事。《子淳禅师语录》卷一:"圆澄觉海游戏而独掌难鸣,没底兰舟鼓棹而大家着力。致迷津者得岸,滞水者忘忧。"(41-42)"独掌难鸣"的语义相对复杂,"独掌"表示做事难成的原因,"难鸣"表示事情难成的结果,显然语义叙述的对象为"行事"。重心语义特征则落在了"难鸣"之上,核心语义可概括为"行事难成",语义范畴为"行事"。语义结构中的"力量单薄"则属于其他特征义,不是语义的核心内容。

覆水难收,倾覆的水难以再收回。比喻事情局面已定,难以挽回。《祖堂》卷一〇"镜清和尚":"问:'如何是天龙一句?'师云:'伏汝大胆。'进曰:'与么则学人退一步。'师云:'覆水难收。'"(p.470)在"覆水难收"的语义结构里,"覆水"是语义表述的主体对象,隐喻事情已定之局势;"难收"是对主体对象的叙述,隐喻不可改变、难以挽回的结局。因此,核心语义可概括为"局势难改(指难以挽回)",范畴义就是"局势"。

弦急即断,弓弦拉得太急,就会立即断绝。比喻做事急于求成,反而会把事情弄糟。《传灯》卷二"阇夜多":"尊者又语彼众曰:'会吾语否?吾所以然者,为其求道心切。夫弦急即断,故吾不赞。令其住安乐地,入诸佛智。'"(p.80)显然,"弦急即断"的语义范畴是指"做事",而表示结果的语义要素"难成"是最为重要的特征,就是这个成语的核心义。"急切"这个要素虽然在语义结构中也很重要,规定了核心语义"做事难成"的条件,但比起范畴义"做事"和核心义"难成"来说,还是处于相对次要的地位,属于语义构成中的其他特征义。

3. 泛指性成语的范畴义

泛指性成语用来泛指某种或某类事物,这类成语虽然没有明确的指称对象,但泛指的对象却有明确的语义范畴。

0728 魑魅魍魉 0746 张三李四 1047 五湖四海 1071 山河大地 0712 他乡异井

1048 四方八面 1043 四时八节 1040 三更半夜 1050 长街短巷 1049 街头巷尾

泛指性成语的数量极少,在唐宋禅籍1759条俗成语中,可以归入泛指性的成语基本上都列在这里了。这类成语具有共同的核心义,那就是"泛称"或"泛指",下面在描写基本语义的基础上直接分析范畴义和核心义。

魑魅魍魉:"泛指各种鬼怪"＝[鬼怪]＋[泛指]

张三李四:"泛指某人的名字"＝[名字]＋[泛指]

五湖四海:"泛指天下各地"＝[方宇]＋[泛指]

山河大地:"泛指壮阔的自然景象"＝[景象]＋[泛指]

他乡异井:"泛指家乡以外的各个地方"＝[他乡]＋[泛指]

四方八面:"泛指各个方向"＝[方向]＋[泛指]

四时八节:"泛指各个时节"＝[时节]＋[泛指]

三更半夜:"泛指深夜时分"＝[深夜]＋[泛指]

长街短巷:"泛指各条街巷"＝[街巷]＋[泛指]

街头巷尾:"泛指街巷的四处"＝[街巷]＋[泛指]

以上是对成语"范畴义"的分析说明。范畴义的确定主要从成语语义描述的对象来观察,从成语的使用范围来看,范畴义反映了一个成语的使用范围。从根本上说,范畴义是由一个成语的使用范围决定的。因此,范畴义确定的基本原则和步骤应该是:分析成语用例——归纳基本语义——概括核心语义——切分范畴义,当然也可以从基本语义中直接归纳范畴义。范畴义代表的是语义对象所属的语义范畴,语义对象和语义范畴是种属的关系。但就用来指称语义范畴和语义对象的词语来看,它们有时是一致的,有时是不一致的,这主要是因为语义体系是一种层级体系。

（二）核心义

"核心义"是指语义结构中表示对象特征的核心语义成分。世界上任何事物都有特征,语义也不例外。现代语义学研究表明,任何语义结构都可以切分为若干语义要素,这些语义要素有的学者称为"义素",有的学者称为"语义特征"。在语义结构中各语义特征所处的地位是不一样的,核心义在语义结构中处于最为核心的地位,是语义结构除了范畴义之外最为关键的一个语义成分,其他语义特征相对而言居于次要的地位。

先看词的核心义,再讨论成语的核心义。关于"词"的核心义,笔者曾经定义为:"指本义隐含的贯穿于相关引申义项及派生词中的主导性词义特征[①]。"这是从词义运动的视角来观察核心义的,举个例子略作说明。

"翘",《说文·羽部》:"翘,尾长毛也。"段注:"尾长毛必高举,故凡高举曰翘。""翘"的本义指鸟的长尾羽。魏曹植《斗鸡》诗:"群雄正翕赫,双翘自飞扬。"黄节注:"翘,尾长毛也。"鸟的长尾巴总是高高地举着,这是"翘"最显著的形象特征,这个特征抽象概括到词义中,就形成了"翘"的核心义"高"。"翘"的其他引申义都与"高"有密切的联系,分析如下:

①举起。凡物举起则高,故"翘"有"举起"义。《庄子·马蹄》:"龁草饮水,翘足而陆,此马之真性也。"

②使显露。物高则显,故使隐蔽之物显露于表面亦可称"翘"。《礼记·儒行》:"上弗知也,粗而翘之。"孔颖达疏:"翘,起发也。"

③高出貌。"翘翘"重叠,状高出貌。《诗·周南·汉广》:"翘翘错薪,言刈其楚。"孔颖达疏:"翘翘,高貌。"物高多危,"翘"又有"高危"义。《诗·豳风·鸱鸮》:"予室翘翘,风雨所漂摇。"毛传:"翘翘,危也。"

④特出。人的才能高出众人可称"翘"。晋葛洪《抱朴子外篇·正郭》:"林宗拔萃翘特,鉴识朗彻。"又指才能出众的人才,如"翘楚",语本"翘翘错薪",指高出杂树丛的荆树,后用以比喻杰出的人才。"翘材""翘彦""翘秀"也都指杰出的人才。

---

① 关于汉语词汇核心义的定义、性质、特点、规律、研究方法、研究价值等论述,详参付建荣(2012)《汉语词汇核心义研究》,浙江大学博士学位论文。

⑤古代妇女发髻上的一种首饰，因上翘高耸而得名，有"翠羽翘""珊瑚翘"等名目。魏曹植《七启》八首之五："戴金摇之熠耀，扬翠羽之双翘。""扬"字可证"翘"是高举的。

可见，"翘"的本义隐含的词义特征"高"，贯穿于词义引申的各个义项中，成为统摄词义系统的核心义。在"翘"的各项意义中，尽管词义指称的客观对象千差万别，有的指称事物的动作（举起、使显露），有的指称事物的性质状态（高出貌、高危、特出），有的指称具体的事物（长尾羽、杰出的人才、翘饰），但这些对象都隐含着"高"这个意义特征，"高"就是"翘"的核心义。

"词"的核心义是词义指称对象的显著特征，这个特征贯穿于相关引申义项和派生词中，在词义结构中处于核心的地位，是词义结构中的核心词义特征。同样，成语的核心义是成语叙述（或泛指）对象的显著特征，这个特征也会贯穿于深层隐含义和相关的引申义项当中①，在语义结构中处于核心的地位，是语义结构的核心语义特征。

下面再从语义运动中观察成语的核心义，然后说明成语核心义的特点和类型。

1. 成语的核心义

（1）词的核心义隐含在词的本义当中，成语的核心义隐含在字面义当中。②

0001 百尺竿头　0002 鸟道羊肠　0008 细如米末　0018 银山铁壁

百尺竿头，字面义指桅杆或杂技长竿的最高端，字面义隐含的核心语义特征是"高"，"高"就是"百尺竿头"的核心义。"百尺竿头"还有两个引申义，一是佛教比喻至高无上的佛法境界，二是比喻学问事业取得了很高的成就。③显然，这两个引申义都贯穿着核心义"高"。

鸟道羊肠，字面义指崎岖险峻的山路，描述的对象是"山路"，隐含的核心语义特征是"险峻"，"险峻"就是"鸟道羊肠"的核心义。在禅宗文献里，禅家用来比喻

---

① 但情况也很复杂，有的成语没有引申义，有的成语义项不属于正常引申，或者义项不是依据核心义引申的，这些情况就不能再从语义引申的运动中观察核心义了，词义的引申也存在这些情况。

② 有的成语字面义真实使用，这个字面义可视为成语的本义；有的成语字面义并不真实使用，就不能再视作成语的本义了。换句话说，成语都有字面义，但字面义不一定都是本义，因此本书使用"字面义"这个术语。

③ "百尺竿头"的三个义项，可参《新华成语词典》，商务印书馆，2012年，第17页。

极为险峻的佛法参悟之道。《传灯》卷二二"清豁禅师"："世人休说路行难,鸟道羊肠咫尺间。"(p.1702)《续灯》卷二六"虚白禅师"："问:'如何是直截一路?'师云:'鸟道羊肠。'"(p.720)"直截一路"指直击佛乘之路,可证"羊肠鸟道"的范畴义是"佛法",核心义"险峻"从字面义贯穿到了引申义。

　　细如米末,字面义指细微得像米末一样,隐含的核心义就是"细微"。"细如米末"没有字面义用例,禅家形容真如佛性十分微妙。《心月禅师语录》卷二:"况此事,细如米末,冷似冰霜,总在当人分上。"(46-193)例中的"此事",指真如佛性。《碧岩录》卷二:"垂示云:'云凝大野,遍界不藏。雪覆芦花,难分朕迹。冷处冷如冰雪,细处细如米末。深深处佛眼难窥,密密处魔外莫测。'"(p.76)本则垂示语是圆悟禅师对真如佛性的阐述,"佛眼难窥""魔外莫测"均状真如佛性微妙难测,可证"细如米末"的范畴义是指"真如佛性"。因此,"细如米末"深层使用的核心语义可概括为"佛性微妙",核心义就是"细微""微妙"。

　　银山铁壁,字面义的形象特征为坚固峭险,难穿难攀,隐含的核心义就是"坚险"。"银山铁壁"没有字面义用例,深层使用义有两个:一是比喻坚险之地,《朱子语类》卷一三〇:"元城在南都,似个银山铁壁地。"二是比喻佛法或公案坚险严密,很难攀仰参透。《普灯》卷二七"方禅师"："觌面难藏最上机,家风千古为人施。银山铁壁重重透,赖有丹霞院主知。"(p.702)《碧岩录》卷五:"这个公案虽难见却易会,虽易会却难见;难则银山铁壁,易则直下惺惺,无尔计较是非处。"(p.242)可见,"银山铁壁"的核心义来自字面义隐含的形象特征,又贯穿于两个深层使用义中。

　　当然,有的成语核心义隐含得比较深,需要把字面义和深层使用义联系起来分析。

　　0009 海口难宣　0010 哑子吃蜜　0013 口是祸门　0014 墙壁有耳

　　海口难宣,字面义指即使长着大海般的嘴也难以宣说。禅家用来形容佛法事理十分隐奥,无法用言语说明。这是禅家对佛法(主要指本心、佛性)的基本看法,因为成佛悟道纯粹是内在的体验,要想领悟那个独特的宗教"事实",还需自证自悟,所谓的"如人饮水,冷暖自知",言诠是无法表达出来的。《祖堂》卷九"罗山和尚"："若论宗乘一路,海口难宣。何不见释迦掩室、净名杜口?"(p.450)《续灯》卷一七"义端禅师"："僧曰:'如何是法?'师云:'海口难宣。'"(p.500)显然,"海口难宣"的核心语义是"佛法隐奥",核心义就是"隐奥"。因为佛法"隐奥",所以"海口难宣",核心义和字面义是有深层联系的,只是隐含得比较深。

哑子吃蜜,字面义指哑巴吃了蜜,歇后义为个中的滋味有口道不出。禅家形容佛法隐奥,有口难言。《怀深禅师广录》卷一:"僧问:'知有,说不得时如何?'师云:'哑子吃蜜。'进云:'道得,不知有时如何?'师云:'鹦鹉唤人。'"(41-110)《无异禅师广录》卷三〇:"此正是曹洞血脉,如灵珠在握。又如哑子吃蜜,心口俱甜,不能向人吐露。"(p.694)可见核心义也是"隐奥",虽然在字面义中隐含得比较深,但二者还是有内在联系的。

口是祸门,字面义表示口是招来祸患的门径,就是嘴能惹来口祸的意思。禅家用来暗示佛法隐奥,凡有言说便落道。《法演禅师语录》卷二:"上堂,僧问:'如何是佛?'师云:'口是祸门。'"(39-128)《怀深禅师广录》卷一:"僧问:'古人面壁,意旨如何?'师云:'口是祸门。'进云:'世间多少事,尽在不言中。'师云:'你鼻孔在我手里了也。'"(41-109)这里"口是祸门"暗示的禅义(真实使用义)非常隐晦,所以核心义"隐奥"隐含得就更深了。

墙壁有耳,字面义指墙壁外有耳偷听,可实际使用义也是暗示义,既然墙外有耳偷听,就不能再言说,否则会泄露秘密。禅家用来暗示佛法意旨十分隐奥,切不可用言语说破。《怀深禅师广录》卷一"上堂:'……正当恁么时,且道有照有用能杀能活一句,作么生道?'良久云:'墙壁有耳。'"(41-104)《绍昙禅师广录》卷一:"众中蓦有个汉出来道:'如来禅祖师意,只这是?'佛陇不惜低眉,向前深深打个问讯,云:'低声!低声!墙壁有耳。'"(46-249)可见,"墙壁有耳"暗示的禅义(真实使用义)也非常隐晦,核心义"隐奥"隐含得就更深了。

以上个案表明,字面义隐含着的核心义有深有浅。不论是范畴义还是核心义,都要依据真实使用义来作分析,光依靠字面义分析,容易发生偏误。

(2)词的核心义贯穿于相关的引申义项和派生词中,成语的核心义贯穿于深层使用义和相关的引申义项中。上面的案例都说明了这一点,下面再举几例。

0510 箭过新罗　0578 枯木龙吟　0992 水落石出　0130 安家乐业

前两例成语的字面义没有实际用例①,只有深层使用义。后两例成语的字面义既有实际使用义,又有引申义。

箭过新罗,字面义指箭已经飞过新罗。在禅家的语言表征系统里,"箭""刀"

---

① "箭过新罗""枯木龙吟"在现实生活中不可能存在,事实上,使用字面义的用例也不存在。

常隐喻机锋①，故禅家用成语"箭过新罗"形容机锋迅疾，早已逝去。《续灯》卷六"绍端禅师"："师云：'若论祖师玄旨，可谓平地起堆。更问如何，箭过新罗。'"（p.179）《五灯》卷一〇"澄湜禅师"："曰：'未审如何领会？'师曰：'箭过新罗。'"（p.625）《法薰禅师语录》卷三："要入这个门户，须是举一明三，目机铢两，尚恐箭过新罗。何况向古人模子上脱，宗师口头边觅，枉用心神。"（45-632）"箭过新罗"字面义极言箭速之快，没等人反应过来，就已经飞过遥远的新罗国了。字面义中隐含的核心义"迅疾"，传递到深层使用义"机锋迅疾"的语义构成当中了。

枯木龙吟，枯木里发出了龙吟的声音。"枯木"乃喻心寂泯灭，毫无气息②。"龙吟"乃喻获得大机用，生机勃勃③。禅家比喻参禅者心念灭寂后明见真性，死中得活，获得了大自在。《传灯》卷一七"本寂禅师"："师因而颂曰：'枯木龙吟真见道，髑髅无识眼初明。喜识尽时消不尽，当人哪辨浊中清？'"（p.1230）倒言"龙吟枯木"。《续灯》卷二六"义青禅师"："龙吟枯木，凤转青霄。石牛吼断长空，木马嘶开金户。"（p.710）《普灯》卷一四"祖觉禅师"："正按则理事双忘，言思路绝。旁提则龙吟枯木，韵出青霄。"（p.375）"枯木龙吟"的字面义隐含的核心义是"新生"，也传递到深层使用义的语义结构中了。

水落石出，字面义指水面落下去，水底的石头显露了出来。字面义隐含的核心义是"显露"。宋欧阳修《醉翁亭记》："风霜高洁，水落而石出者，山间之四时也。"（p.1132）后定型为四字格成语，宋苏轼《徐州鹿鸣燕赋诗叙》："是日也，天高气清，水落石出。"（p.3615）宋李纲《晞真馆诗并序》："及谪官剑浦，道武夷山，小舟泝流，水落石出，遍览胜概。"（p.977）后引申为事情的真相大白，彻底显露。《红楼梦》第六一回："如今这事，八下里水落石出了。"（p.790）核心义也传递到引申义之中了。

安家乐业，字面义指安定地生活，愉快地从事其业。核心语义可概括为"生活安乐"。《汉书·谷永传》："薄收赋税，毋殚民财，使天下黎元咸安家乐业。"（p.3449）禅家用来比喻悟道后精神有所寄托，安乐自在。《普济禅师语录》卷一："点开弥勒背

---

① 参本书第四章"张弓架箭"条，第 137 页。
② 如 0577 枯木生花、0580 枯木逢春、0085 寒灰枯木、0087 枯木石头、0089 枯木朽株等。
③ 如 0671 虎啸龙吟、0673 龙吟雾起（雾起龙吟、龙吟雾拥）等。

后眼睛,尽大地人扶篱摸壁。突出衲僧向上巴鼻,尽大地人安家乐业。"(45-548)核心语义可概括为"本心安乐",核心义得到了遗传。

(3)在词义结构中,词义特征往往不止一个,核心义是最显著的主导性词义特征,具有稳定性、抽象性和灵活性的特点。在成语的语义结构中,语义特征也往往不止一个,核心义同样是最显著的主导性语义特征,也具有稳定性、抽象性和灵活性的特点。

0418 抽钉拔楔　0420 解粘去缚　0419 敲枷打锁　0421 驱耕夺食

抽钉拔楔,字面义指抽出钉子,拔掉楔子。禅家比喻禅师为人解除痴愚、疑惑等悟道束缚。"解粘去缚",字面义指解除粘着,去除束缚。禅家比喻禅师为人解除执着、束缚等悟道障碍。"敲枷打锁",字面义指敲去枷钮,打开锁链。禅家比喻禅师为人解除执着、痴愚等悟道束缚。"驱耕夺食",字面义指驱耕夫牛,夺饥人食。禅家比喻彻底断除学人的依赖、执着等悟道束缚。下面用现代语义学"语义特征分析法"分析语义结构。

抽钉拔楔:[禅师]+[解除]+[悟道束缚]+[施教]

解粘去缚:[禅师]+[解除]+[悟道束缚]+[施教]

敲枷打锁:[禅师]+[解除]+[悟道束缚]+[施教]

驱耕夺食:[禅师]+[解除]+[悟道束缚]+[施教]

上揭成语是同义成语,语义均指禅师解除学人悟道束缚的施教行为,范畴义都是"施教"。在这些成语的语义结构里,叙述施教行为的语义特征至少有这样三个:[禅师][解除][悟道束缚][1]。那么,哪个语义特征才是这些成语的核心义呢?在上揭语义结构中,"解除"是表示行为动作的语义特征,"禅师"是"解除"的行为主体,"悟道束缚"是"解除"的行为对象,显然,"解除"是核心语义特征,在语义结构中处于核心和主导地位,其他语义要素都与之有联系,"解除"就是这些成语的核心义。词的核心义,笔者曾经概括出稳定性、抽象性等特点,成语的核心义也具有这些特点。下面以上揭四例成语为例说明:

"稳定性"是指在语义运动过程中,核心义能够贯穿于深层隐含义和相关的引

---

[1]　如果再分析行为对象的客体"学人",解除的具体对象"痴愚""妄念""依赖""执着"等,语义特征就更多了,语义之间的细微差别就会更清晰。

申义中,表现出极大的稳定性,其他语义特征鲜有这样的稳定性特点。在上揭成语的字面义结构里,传递到深层使用义的语义特征也只有"解除",这个语义特征本是行为动词"抽""拔""解""去""敲""打""驱""夺"隐含的特征义,而行为对象"钉""楔""粘""缚""枷""锁""耕""食"在深层隐含义中没有得到传递,它们的词义已经发生了隐喻,指各种悟道束缚。

"抽象性"是指用来表示核心义的词语都是抽象的,或者是形容词,或者是动词,而绝无名词的情况,这是一条规律。那么,上揭语义成分只有"解除"符合这条规律,而"禅师""悟道束缚"是具体或抽象的名词性语义成分。因此,依据核心义的特点来观察,这些成语的核心义也只能是"解除"。

需要说明的是,"禅师"和"悟道束缚"两个语义特征的地位也是有差别的,"悟道束缚"在语义结构中更为关键,会影响到核心语义的完整性和精准性。因此,本文在标示叙述性核心义的时候,通常采用"VP"语义模式,即将核心义包蕴在"VP"语义模式中。如前面讨论的眉来眼去:"眉眼传情"=［眉眼］+［传情］,眉目传情:"眉眼传情"=［眉眼］+［传情］,这两个成语的核心义是"传递","情"是为了使核心语义更加明确,包蕴在"传情"这个语义结构中来表述的,并不表示这两个成语的核心义就是"传情"。用"VP"语义模式表述的核心义,我们称为包蕴核心义①。上揭成语采用"VP"语义模式来表述包蕴核心义的话就是"除缚"。

综上,成语的核心义也可定义为:指字面义隐含的贯穿于深层使用义和相关引申义项中的主导性语义特征。

2. 成语核心义的类型

根据成语核心义的特点,成语的核心义可分为描述性特征、叙述性特征和泛指性特征三种,泛指性成语的核心义表示泛指性特征,上面已经讨论过了。下面分别谈描述性成语的核心义和叙述性成语的核心义。

(1)描述性成语的核心义表示描述性特征,用来描述语义对象的各种性状特

---

① 包蕴核心义的处理方法,并不影响"语义二分法",因为这不妨碍对核心语义进行"范畴义"和"核心义"二分。只不过是切分出来的包蕴核心义还附加了宾语成分,目的是使核心语义更加精准。否则,将"眉来眼去"的核心语义概括为"眉眼传递",语义缺失了一个关键成分,并不完整精准。

征,核心义用形容词来表示,这类成语的数量最多。

0108 心如朗月　0106 朗月当空　0112 如珠在掌　0113 明镜当台

0121 莲花出水　0122 清风匝地　0118 寸丝不挂　0119 寸草不生

上揭成语的范畴义相同,都是用来描述"本心"的①。在禅宗哲学的象征系统里,"月""珠""镜"经常用来隐喻"本心"②,"莲花"和"清风"也用来隐喻"本心"③。"心月""心珠"意象群侧重象征本心的圆明性,"明镜"意象侧重象征本心明净,"莲花""清风"侧重象征本心清洁。"寸丝""寸草"则隐喻"污染",当然是对本心的污染。下面用"语义二分法"切分核心语义。

心如朗月:"本心圆明" = ［本心］+［圆明］

朗月当空:"本心圆明" = ［本心］+［圆明］

如珠在掌:"本心圆明" = ［本心］+［圆明］

明镜当台:"本心明净" = ［本心］+［明净］

莲花出水:"本心清洁" = ［本心］+［清洁］

清风匝地:"本心清满" = ［本心］+［清满］

寸丝不挂:"本心清净" = ［本心］+［清净］

寸草不生:"本心清净" = ［本心］+［清净］

可见,这里的描述性成语都是用来描述"本心"性状的,核心义"圆明""明净""清洁""清满""清净"都是描述性特征,均用形容词来表示。通过这些描述性语义特征,我们看到了禅家"本心"圆明朗洁、清净遍满的性状,它不受污染,无纤毫情尘意垢,全如《菩提心论》所言,"照见本心,湛然清净,犹如满月,光遍虚空,无所分别"(T32/573c)。

---

①　"本心"指本来具有的心性,是精神之本体。它圆明清净,光明皎洁,纤尘不立,妙不可言。洪州禅提出的"即心即佛"思想,此"心"即本心。"本心"也称"真如佛性""真性""自性""佛性",悟佛就是悟本心。

②　用"月"来隐喻"本心"的成语有还 0075 见月忘指、0105 星明月朗、0106 朗月处空(朗月悬空、宝月当空)、0117 风清月白(月白风清)、0123 秋潭月影(澄潭月影、寒潭月影、月隐寒潭)、0347 认指为月(认指作月)、0537 云开月朗(云开月露、云开月现、云披月露)等。用"珠"来隐喻"本心"的还有 0112 明珠在掌(神珠在掌)、0159 贫子衣珠、0186 赤水寻珠、0204 衣内忘珠等。用"明镜"隐喻"本心"的例子,莫过于《坛经》记载神秀禅师呈心之偈:"身是菩提树,心如明镜台。时时勤拂拭,勿使惹尘埃。"

③　用"莲花"隐喻本心的成语还有 0569 步步莲花,用"清风"隐喻本心的成语还有 0116 清风明月(明月清风)、0117 风清月白(月白风清)。

（2）叙述性成语（含表述性成语）的核心义表示叙述性特征，用来叙述语义对象的各种行为动作特征，核心义用动词来表示。

0142 贵耳贱目 0143 裁长补短 0144 舍重从轻 0145 移东补西

0132 牦牛爱尾 0134 贪名逐利 0137 叨名窃位 0138 贪荣冒宠

上揭成语的范畴义也都是"本心"，是对"本心"活动的叙述。前四个成语的语义构成中，都含有二元对立的概念"贵贱""长短""重轻""东西"，反映的是"本心"存有"分别"的尘念，后四个成语的结构里含有"爱""贪""逐""叨""窃""冒"等词，反映的是"本心"存有"执着"的意垢。下面用"语义二分法"切分核心语义。

贵耳贱目："本心分别" = ［本心］+［分别］

裁长补短："本心分别" = ［本心］+［分别］

舍重从轻："本心分别" = ［本心］+［分别］

移东补西："本心分别" = ［本心］+［分别］

牦牛爱尾："本心执着" = ［本心］+［执着］

贪名逐利："本心执着" = ［本心］+［执着］

叨名窃位："本心执着" = ［本心］+［执着］

贪荣冒宠："本心执着" = ［本心］+［执着］

可见，这里的叙述性成语都是用来叙述"本心"活动状态的，核心义"分别""执着"都是叙述性的语义特征，均用动词来表示。在禅家看来，"本心"的"分别"和"执着"，都是自性迷失的原因，这就需要用"不二法门"开悟本心了。

第二节 "语义二分法"与成语系统的构建

本节主要谈用"语义二分法"构建成语系统的方法和原则问题，结合语言的系统性来讨论。关于语言的系统性，蒋绍愚（2015:385）认为，"语言是一个系统，在语言内部，语音、语法、词汇都是系统。但是，和语音系统相比，词汇的系统有很大的不同：语音系统是人口腔中发的音。其特点是：①简单。②封闭。③成员之间联系紧密。词汇系统是人对客观世界的认知。其特点是：①复杂。②开放。③成员之间联系不紧密"。毫无疑问，语汇系统的特点，接近于词汇系统的特点，也具有复杂、开放、成员之间联系不紧密的特点。目前的研究状况是,语音系统的研究已经很成熟了,词汇系统的构建研究仍处于探索阶段[①],语汇系统的构建研究刚刚开始。

一 成语系统的构建原则

在讨论成语系统构建原则之前,不妨先看看语音的系统,以中古三十六字母表为例说明。

七音 ＼ 清浊		全清	次清	全浊	次浊	清	浊
唇 音	重 唇	帮	滂	並	明		
	轻 唇	非	敷	奉	微		
舌 音	舌 头	端	透	定	泥		
	舌 上	知	彻	澄	娘		
齿音	齿 头	精	清	从		心	邪
	正 齿	照	穿	床		审	禅
牙 音		见	溪	群	疑		
喉 音		影			喻	晓	匣
半 舌 音					来		
半 齿 音					日		

中古三十六字母表就是唐宋之间汉语声母的系统表,它的特点是依据发音部位("七音")和发音方法("清浊")两个关键语音特征对中古声母进行二分,横向按发音部位分类,纵向按发音方法分类,纵横交错形成网状结构,每个声母都处在纵横交错的网格里,成员之间的联系和区别一目了然。如果换作"一分法"(或按发音部位分,或按发音方法分)来构建语音系统,结果是只能看到一个维度的联系,看不到另一个维度的联系,更看不到相同维度成员之间的区别,这显然不是理想的系

---

① 关于词汇系统性问题的讨论进展,可参蒋绍愚《汉语历史词汇学概要》第七章《词汇系统和词义系统》,商务印书馆,2015 年,第 372—418 页。

统构建法。可是,目前词汇系统的构建仍局限于"一分法"的思路,而且还往往不是一以贯之的"一分法"①,掺杂了语音特征、语法特征,甚至还有字形的因素,这表明构建词汇系统的关键要素还没有找到。

综上,语音系统的构建依据的是语音特征,采用的方法是二分法,坚持了"一以贯之"的原则,构建起来的系统是网状系统。我们以为,词汇和语汇系统的构建也要依据语义特征来构建,而且也要采用二分的方法,坚持"一以贯之"的原则,构建起来的系统才能是网状系统,这样的系统不仅能看到成员之间的联系,还能看到成员之间的区别。成语系统的构建,也需要坚持这些基本的原则,具体来说:

1. 成语系统的构建,要依据语义来构建,具体来讲,就是依据"范畴义"和"核心义"两个关键语义特征来构建,坚持"一以贯之"的原则。成语的系统性,可以表现在不同的方面,因而具有不同的分类方法。② 但是,我们通常讨论的系统性,主要是看语义的聚合系统③,也就是依据语义的联系和区别建立起来的系统。如果把不同的分类依据(如语法结构标准、表达功能标准)杂糅起来构建系统,那么构建起来的系统就不是纯质的系统。"范畴义"和"核心义"代表着成语语义的核心内容和关键要义,因而成为构建成语系统的纲领,如果再掺入其他语义特征一起平行构建系统,一是不得要领,二是会让系统紊乱,在操作中不知所从。

2. 成语系统的构建,理想的目标是构建纵横交错的系统网。因为只有建立纵横交错的网状系统,才能同时看到两个维度的联系和区别,才能把同维度成员的主要差别揭示出来。语音系统是这样的,词汇和语汇系统也是这样的,下面举个例子来说明:

0892 对答如流　0897 辩似悬河　0914 口似悬河　0911 巧唇薄舌

---

① 可参看蒋绍愚(2015:373—383)谈到的"关于词汇系统的几种看法"。

② 温端政(2005:28)在论述语汇系统性时指出,"语的分类要求体现语汇自身的系统性。过去比较常见的分类法有三种:一是以语法结构为标准,把'语'分为'定型的词组'和'定型的句子';二是以语义结构为标准,把'语'分为'融合性'的、'综合性'的和'组合性'的;三是以表达功能为标准,把'语'分为'描绘性'的和'表述性'的。这三种分类法各有千秋,然均有不足之处。我们主张根据'语'的特点,采用形式和意义相结合的原则进行分类"。

③ 词汇的系统性也是这样的,蒋绍愚(2015:383)指出,"词汇的系统性,可以表现在不同方面。比如:汉语的复合词,有些是具有同一语素的;词语的组合(搭配)也有一定的限制。这些都反映了词汇的系统性。但讨论词汇的系统,主要是看词汇的聚合系统"。

0908 舌如利刀 0902 甜唇美舌 0925 一言半句 0920 千言万语

上揭成语语义描述的对象虽有细微的差别,如"对答如流"描述的对象是"对答","巧唇薄舌"描述的对象是"说话",但语义范畴都可以归入"言语"大类,这是它们的联系。如果构建单一维度的系统,就只能看到这些成语彼此的联系,成员间的区别是无法看清的。但如果构建纵横交错的系统网,那么成员间的主要联系和区别就可以呈现出来。上揭成语的系统关系可以表示如下:

		流畅	伶俐	犀利	甜美	少	多
言语	对答	对答如流					
	辩解	辩似悬河					
	说话	口似悬河	巧唇薄舌	舌如利刀	甜唇美舌		
	言辞					一言半句	千言万语

通过上表,这八个成语的联系和区别一目了然。联系体现在两个维度:从横向看,"口似悬河""巧唇薄舌""舌如利刀""甜唇美舌"的范畴义相同,在结构中含有转喻"说话"行为的语义要素"口""唇""舌",这些成语都是描述"说话"行为的成语;"一言半句""千言万语"的范畴义相同,结构中含有表示"言辞"的语义要素"言""句""语",范畴义都是"言辞";从纵向看,"对答如流""辩似悬河""口似悬河"的核心义相同,都是描述言说行为的状态"流畅"。区别也体现在两个维度:从横向看,"对答如流"、"辩似悬河"、"口似悬河"系[1]、"一言半句"系[2]成语的细微差别体现在范畴义"对答""辩解""说话""言辞"的不同;从纵向看,"对答如流"系[3]、"巧唇薄舌"、"舌如利刀"、"甜唇美舌"、"一言半句"、"千言万语"体现在核心义"流畅""伶俐""犀利""甜美""少""多"的不同。

3. 构建成语系统时,不能笼统地以成语为单位,而要以义位为单位。这是因为如果遇到多义成语,意味着语义特征的不同。比如"奔流度刃"和"石火电光",这两个成语在禅宗文献里都有两个相同的意义:一是形容机智聪敏,领悟迅疾;二是

---

[1] 表中"口似悬河"系成语包括"口似悬河""巧唇薄舌""舌如利刀""甜唇美舌"四个成员。

[2] 表中"一言半句"系成语包括"一言半句""千言万语"两个成员。

[3] 表中"对答如流"系成语包括"对答如流""辩似悬河""口似悬河"三个成员。

形容禅机迅疾。这两个成语的核心语义二分如下：

奔流度刃：①"根器灵敏"＝［根器］＋［灵敏］

②"禅机迅疾"＝［禅机］＋［迅疾］

石火电光：①"根器灵敏"＝［根器］＋［灵敏］

②"禅机迅疾"＝［禅机］＋［迅疾］

"奔流度刃"和"石火电光"的两个义位，具有不同的范畴义。在构建语汇系统时，这两个成语就需要区别为"奔流度刃$_1$""奔流度刃$_2$"和"石火电光$_1$""石火电光$_2$"，分别代表两个不同的义位，两个义位也就会出现在系统表不同的网格中。

二　成语系统的构建方法

成语系统构建的理想目标是要构建纵横交错的系统网，要实现这一目标，就得使用"语义二分法"去构建语汇系统。具体的构建方法是，依据成语的基本语义，高度概括出"核心语义"，将"核心语义"切分出"范畴义"和"核心义"两个关键的语义成分，横向按"范畴义"分类，纵向按"核心义"分类，纵横交错形成网状结构，使每个成语都处在纵横交错的网格里，成语间的联系和区别得以呈现，以此来反映成语的系统性。下面我们举结构里含"眉"字的成语为例说明，刘占锋的《成语通检词典》(2013)共收"眉"字成语28条[①]：

1. 眉飞色舞　眉开眼笑　眉目传情　眉来眼去　眉眼高低　眉清目秀
2. 扬眉吐气　齐眉举案　低眉顺眼　挤眉弄眼　贼眉贼眼　贼眉鼠眼　烧眉之急
　　蛾眉皓齿　愁眉不展　愁眉苦脸　摧眉折腰　横眉冷对　横眉怒目　燃眉之急
3. 火烧眉毛　近在眉睫　迫于眉睫　迫在眉睫　喜上眉梢
4. 举案齐眉　怒目横眉　皓齿蛾眉

这些成语只是按"眉"字在结构中出现的位置排列的，不是按照语义有序排列，因而看不出语义之间的联系和区别。下面先根据语际关系，在合并变体、类聚同义关系的基础上，用"语义二分法"切分"范畴义"和"核心义"（含包蕴核心义）。

1. 眉目传情："眉眼传情"＝［眉眼］＋［传情］

---

① 刘占锋：《成语通检词典》附"任意字索引·眉"条，中华书局，2013年，第1017页。

眉来眼去:"眉眼传情"=［眉眼］+［传情］

2. 挤眉弄眼:"眉眼示意"=［眉眼］+［示意］

3. 眉清目秀:"容貌清秀"=［容貌］+［清秀］

4. 皓齿蛾眉(蛾眉皓齿):"容貌端庄"=［容貌］+［端庄］

5. 扬眉吐气:"神情舒畅"=［神情］+［舒畅］

6. 眉飞色舞:"神情喜悦"=［神情］+［喜悦］

眉开眼笑:"神情喜悦"=［神情］+［喜悦］

喜上眉梢:"神情喜悦"=［神情］+［喜悦］

7. 愁眉不展:"神情忧愁"=［神情］+［忧愁］

愁眉苦脸:"神情忧愁"=［神情］+［忧愁］

8. 贼眉鼠眼(贼眉贼眼):"神情鬼祟"=［神情］+［鬼祟］

9. 眉眼高低:"神态好坏"=［神态］+［好坏］

10. 低眉顺眼:"神态卑顺"=［神态］+［卑顺］

摧眉折腰:"神态卑屈"=［神态］+［卑屈］

11. 横眉怒目(怒目横眉):"神态愤怒"=［神态］+［愤怒］

横眉冷对:"神态愤怒"=［神态］+［愤怒］

12. 火烧眉毛(烧眉之急、燃眉之急):"形势紧急"=［形势］+［紧急］

迫在眉睫(近在眉睫、迫于眉睫):"形势紧急"=［形势］+［紧急］

13. 举案齐眉(齐眉举案):"夫妻相敬"=［夫妻］+［相敬］

上揭成语的范畴义有"眉眼""容貌""神情""神态""形势""夫妻"6 类[①]，核心义有"传情""示意""舒畅""喜悦""忧愁""愤怒""相敬"7 类叙述性特征，"清秀""端庄""鬼祟""好坏""卑顺""卑屈""紧急"7 类描述性特征。语汇系

---

① 这些范畴义可以反映出词语使用的类型和特点，前 11 类成语的范畴和"眉"字联系紧密。在这些成语的语义结构中，"眉眼"的词义在字面义中使用，有的直接成含"眉""眼"成语的范畴义；"眉眼"是代表面部容貌的重要部位，因而含"眉"字成语就有了"容貌"范畴义；心理的情状会通过面部"眉眼"的表情显露出来，因而含"眉"字成语就有了"神情"范畴义；表示对人态度的心理情状也会通过面部"眉眼"的表情显露出来，因而含"眉"字成语就有了"神态"范畴义；火烧眉毛系成语是用夸张的手法表示形势危急，范畴义是通过整体结构形成的，"举案齐眉"系成语使用了典故，语出《后汉书·梁鸿传》："每归，妻为具食，不敢于鸿前仰视，举案齐眉。"所以后两类成语的范畴义和"眉"字的联系不紧密。

统是一种层级体系,蒋绍愚(2015:385)指出,"词汇系统首先要能把全部词汇包括进去,形成一个层级体系","各种语言分类的层级结构有普遍相似之处,其层级一般不超过五层,偶尔出现六层"。关于反映人或事物词汇的分类词典也有很多,分类的层级也不同,如《简明汉语义类词典》全书收词6万余条,采用两级语义层分类,分为18个大类,1730个小类。[①]《现代汉语分类词典》全书收词82955条,采用五级语义层分类,一级类9个,二级类62个,三级类508个,四级类2057个,五级类12659个。[②] 按照研究的内在逻辑,语义层级的分类首先应遵循由小到大的逻辑顺序,也就是说由词语到词语群,再到更大的词语群来确定分类的层级体系。本书使用"语义二分法"构建语汇系统,其分类层级可以同时体现在"范畴义"和"核心义"两个维度上。比如,在上揭成语的核心语义中,"眉眼"和"容貌"可以归入上层范畴类别"面部",前者属于"面部"的组成部分,后者属于"面部"的相貌。"神情""神态"属于内心情感在脸上的表现,上层范畴类别可归入"情态"类。"形势"是事情发展的状况,可以归入"事情"类,"夫妻"可以归入"亲属"类。"清秀"和"端庄"可以适当归入"美好"类,"卑顺"和"卑屈"可以适当归入"卑下"类,"美好""卑下"成为"一级核心义"后,"清秀""端庄"就变成了"二级核心义"。核心义具有抽象性的特点,层级体系一般是一层,有时可以归到两层;范畴义理论上可以归到五层,本书成语的数量不是特别多,也归为两层。当然,上述归类只是粗浅的归类,更合适的归类还要结合系统的整体情况宏观考虑。

根据上面的讨论,将分层级的6类范畴义按横向排列,14类核心义按纵向排列,就会形成纵横交错的网状系统,每个成语都会出现在相应的表格里。但是随着成语数量的增多,显然会给制表带来麻烦。因此为了制表的方便,可以将范畴义和核心义都排在左列,这并不影响网状系统的实质。上揭成语的系统关系,可表示如下:

---

① 林杏光、菲白编:《简明汉语义类词典》,商务印书馆,1987年。
② 苏新春主编:《现代汉语分类词典》,商务印书馆,2017年。

范畴类别	范畴义	核心义①	二级核心义	成 语 条 目
面部	眉眼	传情		眉目传情、眉来眼去
		示意		挤眉弄眼
	容貌	美好	清秀	眉清目秀
			端庄	皓齿蛾眉(蛾眉皓齿)
情态	神情	舒畅		扬眉吐气
		喜悦		眉飞色舞、眉开眼笑、喜上眉梢
		忧愁		愁眉不展、愁眉苦脸
		鬼祟		贼眉鼠眼(贼眉贼眼)
	神态	好坏		眉眼高低
		愤怒		横眉怒目(怒目横眉)、横眉冷对
		卑下	卑顺	低眉顺眼
			卑屈	摧眉折腰
事情	形势	紧急		火烧眉毛(烧眉之急、燃眉之急)、迫在眉睫(近在眉睫、迫于眉睫)
亲属	夫妻	相敬		举案齐眉(齐眉举案)

经过这样的分析和整理,上揭28条"眉"字成语都可以用"语义二分法"加以分析和描写,各成员井然有序地处在语汇系统中相应的位置上,语义的联系和区别更加全面和清晰了,语义的类聚也得到了充分的反映。例如,我们看到范畴义相同核心义不同的类义成语群,共有3组②;范畴义和核心义都相同的同义成语群,共有7组;范畴义相同核心义相反的反义成语群,共有1组③。

同时,我们也看到,用"语义二分法"构建语汇系统,还具有这样几个重要的优势:一是抓住了关键语义,使语汇系统更加精准呈现。这是因为"范畴义"和"核心

---

① 为了制表的方便,在表格中第3栏的"核心义",包括了"一级核心义"和"包蕴核心义"。

② 即范畴义为"眉眼""神情""神态"的三组成语群,如果将"神情"和"神态"看作一组,同类成语群就有两组;"容貌"和"形势"两组的成员是同义关系,算入同义群。"夫妻"类两个成员是变体关系,不能计入总数。

③ 即核心语义为"神情喜悦"和"神情忧愁"的这两组成员形成了反义聚合群。

义"是成语语义结构中最为核心和关键的两个语义成分,二者有机结合就构成了核心语义①,代表着成语的核心语义内容,是一般语义内容的高度概括和反映。抓住了成语的"范畴义"和"核心义",就等于抓住了这个成语的核心要义,抓住了系统网的"纲领",以此为依据建立起来的语汇系统就会更加精准。二是任何成语都可以切分出"范畴义"和"核心义",这既能保证"一以贯之"的构建原则,也能实现构建纵横交错的二维度系统网的理想目标。这些都是用"语义二分法"构建语汇系统的长处和优势。

第三节 唐宋禅籍俗成语的系统

笔者从唐宋禅籍里共检得俗成语 1759 条②,合并变体后得 1127 条。通过考察这些成语在唐宋禅宗文献中的用例,有 1076 条成语有 1 个义项,有 51 条成语有 2 个义项,共得基本语义 1178 项③。依据基本语义共归纳出核心语义 278 类④,用"语义二分法"切分核心语义后,共得范畴义 119 类,核心义 208 类。本文采用二级层级结构建构体系,范畴义按照上下层级能够包蕴的原则,适当类聚为"佛法""修行""本心""愚迷""开悟""领悟""悟境""人生""品貌""才器""言语""心理""情意""事理""事物""时空""数量""景象"18 个一级范畴类别⑤。核心义在语义明确的前提下也有适当的合并。

"唐宋禅籍俗成语系统表"采用左列制表法,从左到右依次为"范畴类别""范

---

① 将上页表格中第 2 栏的"范畴义"和第 3 栏的"核心义"或第 4 栏的"二级核心义"有机结合后,就会形成相应成语的核心语义,"眉眼传情"就是"眉目传情""眉来眼去"两个成语的核心语义,当然"范畴义"和"二级核心义"结合,得到的核心语义更确切,如揭示"眉清目秀"的核心语义,"容貌清秀"会比"容貌美好"更确切。

② 异形成语只是用字的不同,如 0050 "不舍昼夜"和"不捨昼夜"、0015 "水泄不通"和"水洩不通","舍"为"捨"之古字,"泄"为"洩"之异体,本质上是用不同的字形记录了同一个成语。又据本文对成语的鉴定标准,散体如 0322 "雪上更加霜"、0329 "枝蔓上更生枝蔓"不算定型的成语。"散体""异形"这两类形体不计入总数,也不列入系统表中。

③ 由于本文研究文献限于唐宋禅籍,因此在唐宋禅籍文献之外的成语使用意义,也不计入总数。

④ 核心语义总数比基本语义少,这是因为有同义成语的缘故。

⑤ 上述情况可详参下面的"唐宋禅籍俗成语系统表"和下编《唐宋禅籍俗成语例释》18 个"范畴类别"下的相应"小序"。

畴义""核心义""二级核心义｜其他特征义""成语条目"。其中,"范畴类别"是"范畴义"的上一层级体系,"核心义"另包括"包蕴核心义"和"一级核心义"两种情况,当表格中有了合并过的"一级核心义"后,就会顺次列出相应的"二级核心义",设置"其他特征义"是为了使核心语义更加明确而附加语义结构中比较重要的其他语义成分。特别要说明的是,"范畴义"和"核心义"是构建语汇系统网的纵横"纲领","范畴类别""其他特征义"不参与系统网的构建。下面是唐宋禅籍俗成语的语汇系统表:

范畴类别	范畴义	核心义	二级核心义｜其他特征义	成 语 条 目
佛 法	佛法	极高		0001 百尺竿头(百丈竿头、万丈竿头)①
		险峻		0002 鸟道羊肠(羊肠鸟道)②0003 壁立千仞₁(壁立万仞₁)③
		严峻		0004 冷似冰霜(冷如冰霜、冷如冰雪)0005 滴水滴冻(滴水冰生)
		微妙		0006 不可思议 0007 至妙至微
		细微		0008 细如米末(小如米末)
		隐奥		0009 海口难宣 0010 哑子吃蜜 0011 哑子吃瓜 0012 饮气吞声(吞声饮气)0013 口是祸门 0014 墙壁有耳
		固密		0015 水泄不通(不通水泄)0016 官不容针 0017 石上栽花 0018 银山铁壁(铁壁银山、铜崖铁壁)0019 百匝千重(千重百匝)0020 乌飞兔走₂0021 羚羊挂角₁
		精髓		0022 龙肝凤髓
		猛烈		0023 皮穿肉绽

① 每条成语前都有一个固定的编号,凭此编号可查检到下编《唐宋禅籍俗成语例释》部分相应的成语条目。

② 括号前面是成语的正体,括号里的形体为变体。

③ 多义成语按不同义位参与系统构建,分别用下标的"1""2"标记,不再另外编号,如本例0003"壁立千仞"条。需要说明的是,如果多义成语的正体或某些变体不具有某个义位,则不出现在该义位相应的系统网格中。如0003"壁立千仞"条,它的变体"壁立千寻"只有"悟境极高"之义,没有"佛法险峻"义,这个变体只出现在"悟境极高"类网格中,不出现在"佛法险峻"类网格中。

续表

范畴类别	范畴义	核心义	二级核心义|其他特征义	成　语　条　目
修	求法	探究	＋妙法①	0024 求玄觅妙 0025 穷玄极妙(谈玄说妙、说妙谈玄、唱妙谈玄、穷玄说妙)0026 演妙谈真 0027 钩深索隐 0028 通幽洞微
		觅悟	＋言句	0029 寻文取证 0030 寻章摘句(寻言逐句、随言逐句)0031 寻行数墨 0032 咬言嚼句 0033 烂嚼细咽
		至诚		0034 打骨出髓(敲骨取髓₁、敲骨出髓₁)0035 刺血济饥 0036 布发掩泥 0037 投崖饲虎 0038 舂糠笤志 0039 断臂酬心 0040 断臂立雪(立雪断臂、立雪断肱)0041 立雪齐腰(齐腰立雪)
		灵活		0042 入乡随俗(随乡入俗)
行	参禅	证悟		0043 修因证果
		静心		0044 凝心敛念 0045 休心息念 0046 凝如株机 0047 安禅静虑 0048 舍垢取净 0049 塞耳藏睛
		勤奋		0050 不舍昼夜 0051 凿壁偷光 0052 念念不舍 0053 胁不至席(胁不着席)0054 废寝忘餐 0055 勇猛精进 0056 如丧考妣(如丧老妣)
		失败	受阻	0057 撞东磕西(东撞西磕)
			不契	0058 语不投机(言不投机)0059 方木逗圆 0060 落三落四
			模糊	0061 浑囵吞枣(浑沦吞枣)
				0062 养病丧躯
		精细		0063 深耕浅种(浅种深耕)

---

①　本表"二级核心义"和"其他特征义"不经常出现,因此共享一栏。如果是"其他特征义",则在前面标记"＋"号,如 0024"求玄觅妙"表示"探究妙法的求法行为","求法"是范畴义,"探究"是核心义,"妙法"是语义构成中比较重要的语义特征,如果缺失核心语义就会显得不完整。本栏不标"＋"号的就是"二级核心义",比如本页下面的"受阻""不契"等。

续表

范畴类别	范畴义	核心义	二级核心义|其他特征义	成 语 条 目
修 行	修持	断除	+ 情念	0064 绝虑忘缘 0065 一刀两断(一刀两段) 0066 截断众流 0067 撒手横身 0068 悬崖撒手 0069 破家散宅$_1$(破家散业)$_2$ 0838 有耳如聋$_2$ 0842 有眼如盲$_2$ 0070 眼见如盲 0071 掷剑挥空(轮剑掷空、利剑挥空)
		消除	+ 作略	0072 得意忘言 0073 得鱼忘筌 0074 得兔忘蹄 0075 见月忘指
		更换	+ 凡胎	0076 脱胎换骨(换骨脱胎、换骨洗肠、洗肠换骨) 0077 倒肠换肚 0078 抱镰刮骨
	用心	平常		0079 习以为常 0080 着衣吃饭 0081 见怪不怪 0082 饥餐渴饮(渴饮饥餐) 0449 粗茶淡饭$_2$(淡饭粗茶、粗羹淡饭$_2$、清茶淡饭)
	身心	枯寂		0083 朽木形骸 0084 形羸骨瘦(骨瘦如柴) 0085 枯木死灰(寒灰枯木、枯木寒灰) 0086 寒灰死火(死火寒灰) 0087 枯木石头 0088 如痴似兀(如兀如痴) 0089 枯木朽株 0090 灰心尘面
	呼吸	吐纳		0091 吐故纳新
本 心	本心	超越	解脱	0092 出离生死(出生离死、脱生离死) 0093 出生入死 0094 逃生脱死(超生出死)
			高傲	0095 唯我独尊(唯吾独尊) 0096 鼻孔辽天 0097 旁若无人 0098 空腹高心
			除尘	0099 盖色骑声(骑声盖色、超声越色) 0100 超情离见
			无别	0101 半斤八两 0102 金不博金$_1$ 0103 水不洗水$_1$ 0104 如掌作拳(如拳作掌) 0339 指鹿为马$_2$ 0345 唤龟作鳖$_2$ 0354 拈头作尾$_2$(拈尾作头$_2$) 0850 东西不辨$_2$ 0851 南北不分$_2$ 0351 唤东作西$_2$(唤西作东) 0353 指南为北$_2$(将南作北$_2$、唤南作北$_2$)

范畴 类别	范畴义	核心义	二级核心义 | 其他特征义	成　语　条　目
本 心	本心	圆明		0105 星明月朗 0106 朗月当空(朗月处空、朗月悬空、宝月当空)0107 八面玲珑(玲珑八面)0108 心如朗月 0109 辉天鉴地(辉天烁地、辉天绰地)0110 耀古腾今(腾今焕古、辉今耀古)0111 杲日丽天(杲日当空、赫日当空)0112 如珠在掌(明珠在掌、神珠在掌)0113 明镜当台 0114 契券分明 0115 倜傥分明
		清明		0116 清风明月(明月清风)0117 风清月白(月白风清)
		清净		0118 寸丝不挂(不挂寸丝、寸丝不染、一丝不着、条丝不挂、一丝不挂)0119 寸草不生 0120 如冰似玉 0121 莲花出水 0122 清风匝地
		澄明		0123 秋潭月影(澄潭月影、寒潭月影、月隐寒潭)0124 静夜钟声
		平静		0125 浪静风恬(风恬浪静)1126 海晏河清₂(河清海晏₂)0126 浪息波停 0127 浪稳风平
		安乐		0128 安身立命 0129 清贫自乐 0130 安家乐业 0131 高枕无忧
		执着	贪爱	0132 牦牛爱尾 0133 好生恶死(劳生惜死)0134 贪名逐利(逐利贪名、贪名爱利、耽名爱利、苟利图名)0135 名牵利役 0136 争人竞我 0137 叨名窃位 0138 贪荣冒宠
			逐妄	0139 随名逐相 0140 嗜色淫声 0141 随邪逐恶(逐恶随邪)
			分别	0142 贵耳贱目 0143 裁长补短(将长就短、将长补短、截长补短)0144 舍重从轻 0145 移东补西(剜东补西、牵东补西)
			尘念	0146 家贼难防 0147 勾贼破家
		束缚		0148 无绳自缚(草绳自缚)0149 披枷带锁(担枷带锁、带锁担枷、担枷抱锁、添枷带锁、着枷带锁)0150 枷上着杻 0151 羝羊触藩 0152 如猿在槛 0153 如龟藏壳 0154 画地为牢(划地为牢、划地成牢)

范畴类别	范畴义	核心义	二级核心义 | 其他特征义	成 语 条 目
本心	本心	扰动		0155 心如猿猴 0156 心猿意马 0157 千波万浪
		污染		0158 灰头土面(土面灰头)
	佛性	本有		0159 贫子衣珠
			+平等	0102 金不博金₂ 0103 水不洗水₂(水不自洗)
	真性	完好		0160 如蛇脱皮(如蛇退皮)0161 如龙换骨
		遍满		0162 海纳百川(海纳众流)0163 该天括地(包天括地)0164 光吞万象 0165 涵盖乾坤 0166 天网恢恢 0167 遍天遍地 0168 盖天盖地(遮天盖地)0169 头头是道 0170 充天塞地(冲天塞地)0171 填沟塞壑(塞壑填沟)0172 逼塞虚空 0173 普天匝地(匝地普天)
		天然		0174 不假雕琢 0175 山青水绿(水绿山青)0176 眼横鼻直(鼻直眼横)0177 鹤长凫短
		本真		0178 本来面目 0179 本地风光 0180 黑白未分
		呈现		0181 素体相呈(素面相呈)
	自性	迷失	+求觅	0182 骑牛觅牛 0183 骑驴觅驴 0184 将头觅头(担头觅头)0185 舍头觅头 0186 赤水寻珠 0187 钻穴索空 0188 舍父逃逝(舍父逃走、家中舍父)0189 驴前马后 0190 捧饭称饥 0191 临河叫渴 0192 井底叫渴 0193 傍鳌求饼
			颠倒	0194 弃本逐末(去本逐末、背本逐末)0195 背正投邪(趣邪背正)0196 迷己逐物 0197 迷头认影(认影迷头、迷头逐影、认影迷形)0198 迷波讨源 0199 逐浪忘源(迷源逐浪)0200 拨波求水(拨水求波)
			+慧命	0201 丧身失命 0202 家破人亡(户破家亡)0069 破家散宅₂(抛家散宅、抛家失业、抛家散业)
				0203 怀宝迷邦 0204 衣内忘珠

本心（第一列跨行标注）

续表

范畴类别	范畴义	核心义	二级核心义 l 其他特征义	成　语　条　目
愚迷	行为	拙劣	愚笨	0205 百丑千拙(千丑百拙、百拙千丑)0206 抱拙守愚 0207 藏身露影(藏头露尾、藏头露影、藏头露角、藏尾露头)0208 巧尽拙出(巧尽拙露)0209 弄巧成拙(弄巧得拙)0210 抛砖引墼 0211 画虎成狸 0212 狗尾续貂 0213 过犹不及
			模仿	0214 邯郸学步 0215 依模画样(打模画样)0216 起模画样(画样起模、起模打样、做模画样)0217 作模作样 0218 瞎驴趁队 0219 传言送语 0220 随群逐队 0221 矮子看戏 0222 盲盲相引
			忙乱	0223 手脚忙乱(手忙脚乱、脚忙手乱、脚手忙乱)0224 七手八脚
			胡乱	0225 东觑西觑 0226 东引西证 0227 东听西听 0228 指东画西(指东划西、画西指东)0229 指桑骂柳(指槐骂柳、指桃骂李)
			自求解脱	0230 担枷判事 0231 担枷过状(担枷陈状)
		愚痴	荒唐	0232 预搔待痒 0233 剜肉作疮(好肉剜疮、肉上剜疮、剜肉成疮)0234 与贼过梯
			未抓本质	0235 韩卢逐块(狂狗趁块、狂狗逐块)0236 摘叶寻枝(寻枝摘叶)0237 隔靴搔痒(隔靴抓痒₁、隔靴爬痒)
			自欺	0238 掩耳偷铃(塞耳偷铃)0239 掩鼻偷香 0240 闭眼作夜
			虚妄	0241 捏目生花 0242 妄生节目(强生节目)0243 开眼说梦(开眼作梦)0244 开眼尿床(开眼溺床)0245 开眼瞌睡 0246 立地瞌睡 0247 见神见鬼
			不当	0248 守株待兔(待兔守株)
			已晚	0249 临渴掘井 0250 临嫁医瘿
			抵赖	0251 抱赃叫屈
			多虑	0252 吃水论噎
			极端	0253 逃峰赴壑 0254 避溺投火
			自灭	0255 如龟负图 0256 飞蛾赴火(如蛾投焰)0257 似手触火 0258 猛虎入阱 0259 俊鹞投笼
			痴狂	0260 掣风掣颠(彻颠彻狂)0261 如痴似狂

续表

范畴类别	范畴义	核心义	二级核心义	其他特征义	成 语 条 目
愚迷	行为	虚妄	蛮干		0262 簸土扬尘(扬尘簸土)0263 掀天摇地 0264 夷岳盈壑(移岳盈壑)0265 续凫截鹤(截鹤续凫)0266 入海算沙 0267 捞天摸地(摸地捞天)0268 拗直作曲 0269 拗曲作直(拗曲为直)0270 披沙拣金(沙里淘金)
				+ 徒劳	0271 如猿捉影 0272 钻冰求火(敲冰求火、敲冰取火)0273 敲钟谢响(锤钟谢响)0274 扪空追响(扪空求响)0275 劳而无功 0276 画饼充饥(充饥画饼)0277 掘地觅天(掘地讨天、低头觅天)0278 仰面寻地 0279 日中逃影 0280 引手撮空 0281 翻身掷影 0282 火中钓鳖 0283 日里藏冰 0284 刻舟求剑(刻舟寻剑)0285 担雪填井(搬雪填井)0286 离波求水 0287 空里采花 0288 对牛弹琴 0289 炊沙作饭(蒸沙作饭)0290 扬声止响 0291 弃影劳形(弄影劳形、弄影逃形)0292 水中捉月(波中取月、波中捉月、水中拈月、水中捞月)0293 斩头觅活(断头取活、斩头求活)0294 虚空钉橛(钉橛空中、空里钉橛)0295 磨砖作镜(磨砖成镜)0296 拨火觅沤(拨水求沤)0297 拨沤觅火 0298 泥里洗泥 0299 敲空觅响 0300 镜里求形 0301 缘木求鱼(缘木取鱼)0302 泼油救火 0303 碎珠觅影(碎珠求影)0304 接竹点天 0305 持蠡酌海(持螺酌海)0306 将盐止渴 0307 弄光认影 0308 寻声逐响 0309 承虚接响(乘虚接响、接响承虚)0310 影响相驰 0311 水上觅沤 0312 掉棒打月 0313 阳焰充饥 0314 阳焰翻波 0315 望梅止渴(梅林止渴、望林止渴)0316 捕风捉影(捕风系影、捕风捉月)0317 把火烧天 0318 如篮盛水 0319 干竹绞汁 0320 扫雪求迹 0321 海底摸针
	做事	多余		+ 愚痴	0322 雪上加霜(霜加雪上)0323 为蛇画足(与蛇画足、画蛇添足)0324 头上安头(头上着头)0325 土上加泥 0326 眉上安眉(眉上画眉、额下安眉)0327 锦上添花(锦上铺花)0328 牛上骑牛 0329 节外生枝(枝上生枝、枝上生节、节上生枝)0330 矢上加尖 0331 玉上加珠 0332 平地骨堆 0333 平地掘坑 0334 笠上顶笠 0335 嘴上加嘴 0336 床上安床 0337 画虎添斑 0338 无风起浪(无风浪起)

范畴类别	范畴义	核心义	二级核心义｜其他特征义	成　语　条　目
愚迷	认识	混淆	＋愚痴	0339 指鹿为马₁0340 认马作牛 0341 认驴作马(唤驴作马)0342 指马作驴 0343 认弓为矢 0344 认弓作蛇 0345 唤龟作鳖₁(认龟作鳖)0346 证龟成鳖(证龟作鳖)0347 认指为月(认指作月)0348 以鸡为凤 0349 唤钟作瓮 0350 呼昼作夜(将昼作夜)0351 唤东作西₁(指东认西、指东作西)0352 将日作月(翻日作月)0353 指南为北₁(将南作北、持南作北、唤南作北₁)0354 拈头作尾₁(拈尾作头₁)0355 认叶止啼 0356 认奴作郎(唤奴作郎)0357 认儿作爷 0358 认贼为子 0359 七颠八倒
		片面		0360 众盲摸象(如盲摸象)0361 徐六担板
开悟	说法	现身		0362 现身说法
		流畅		0363 如瓶注水(如瓶灌水)
		透彻		0364 露骨伤筋
		美妙		0365 天花乱坠₁0366 顽石点头 0367 动地雨花 1107 五音六律₂
	传法	印心		0368 心心相印
		恳切		0369 老婆心切 0370 倾心吐胆 0371 倾肠倒腹(倒腹倾肠)
		绍嗣	＋宗门	0372 撑门拄户 0373 成家立业 0374 龙生龙子 0375 生男育女 0376 如薪续火 0377 栽梧待凤 0378 种竹引风
		接引	＋小器	0379 捞虾摝蚬(摝蚬捞虾)
			＋大器	0380 捞龙打凤(捞龙趁凤、打凤罗龙、罗龙打凤)
		普救	＋众生	0381 救苦利生 0382 接物利生 0383 鼓棹扬帆 0384 春风如刀 0385 春雨如膏 0386 慈云普润 0674 云行雨施₁

续表

范畴类别	范畴义	核心义	二级核心义|其他特征义	成 语 条 目
开 悟	施教	灵活	对症下药	0387 应病与药(应病用药、应病施方、随病施方、应疾施方)0388 药病相治(药病对治、药病相投)
			顺机接引	0389 见兔放鹰₁0390 遇獐发箭 0391 随时应变(临机应变、随应应变)0392 因风吹火₂0393 看风使帆₁(看风把舵)0394 随方就圆(随方逐圆)0395 随波逐浪(逐浪随波)0396 将错就错 0397 顺风使帆(借风扬帆、顺风挂帆)0398 顺水行船(顺水扬帆、顺水张帆、顺水放船、顺水流舟)
			逆机把定	0399 逆风把舵
			借机接引	0400 借水献花
			因材施教	0401 量才补职(量才处职)0402 买帽相头(相头买帽)0403 度脚买靴 0404 看楼打楼(相篓打篓)0405 看孔着楔
			不择手段	0406 饥不择食
		启悟	＋学人	0407 抛砖引玉 0408 将砖换玉 0409 打草惊蛇 0410 探竿影草₁
		勘验		0410 探竿影草₂(影草探竿)0411 从苗辨地 0412 因语识人
		暗示	＋学人	0413 扬眉瞬目(瞬目扬眉₁、扬眉动目、举目扬眉)0414 拨眉击目 0415 张眉努目(瞠眉努目、瞠眉努眼₁)0416 拈槌竖拂(竖拂拈槌、拈槌举拂、敲床竖拂)
		解除	＋束缚	0417 除痴断惑(除疑断惑)0418 抽钉拔楔(拔楔抽钉、出钉拔楔)0419 敲枷打锁(打锁敲枷)0420 解粘去缚(去粘解缚、去缚解粘、解粘释缚)
			＋依赖	0421 驱耕夺食
		困难		0422 众口难调
		直呈	＋禅法	0423 觌面相呈
		权宜	＋法门	0424 空拳黄叶 0425 黄叶止啼

续表

范畴类别	范畴义	核心义	二级核心义|其他特征义	成 语 条 目
开 悟	施教	隐秘		0021 羚羊挂角₂
		巧妙		0426 名方妙药
		高明		0427 赤手空拳(赤手空身)0428 真金失色(精金失色)
		精准		0429 一箭双雕 0430 一箭两垛 0431 百步穿杨 0432 百发百中(齐发齐中)
		收获		0433 功不浪施 0434 语不浪施
		利索		0494 斩钉截铁₂(截铁斩钉₂)
		娴熟		0435 信手拈来
		猛烈		0034(敲骨取髓₂、敲骨打髓、敲骨出髓₂)
			欺压	0436 压良为贱(压良成贱、抑良为贱)0437 倚势欺人 0438 狐假虎威
		拙劣	胡乱	0439 东喝西棒 0440 盲枷瞎棒 0441 和粆㮕面 0442 含血噀人(含血喷人、含毒喷人)0443 生风起浪 0444 东拏西撮
			牵连	0445 指踪话迹 0446 撩钩搭索(挠钩搭索)0447 拖泥涉水(拖泥带水₁、带水拖泥、和泥合水₁、合水和泥、合泥合水)0448 灵龟曳尾(曳尾灵龟、泥龟曳尾)
			未抓本质	0237(隔靴抓痒₂)
		平常		0449 粗茶淡饭₁(粗羹淡饭₁、淡饭粗羹、粗粥淡饭)0450 寻常茶饭(家常茶饭)
		陈腐		0451 残羹馊饭 0452 残杯冷炙
	机锋①	激烈		0453 龇牙劈齿 0454 张弓架箭₂
		难避		0455 狭路相逢
		频繁		1037 明来暗去₂(暗去明来₂、明去暗来)
		勇猛		0456 当仁不让 0457 蛇头揸痒 0458 虎口拔牙 0459 八面受敌

① 含禅僧和学人双方的机锋,为了制表的方便,权且放在禅师对学人的开悟大类下制表。

范畴类别	范畴义	核心义	二级核心义|其他特征义	成 语 条 目
开 悟	机锋	险峻		0460 千钧之弩 0461 运斤成风 0462 将棒唤狗(把棒唤狗)0463 蛇头蝎尾
		硬挣		0464 铜头铁额(铁额铜头)
		迅疾		0465 青天霹雳 0466 机如掣电 0467 风驰电卷(电卷星驰、电急星驰、星飞电激)0468 雷奔电卷 0469 石火电光₁(电光石火₁)0470 疾焰过风₁0471 飞针走线 0829 奔流度刃₁
		犀利		0472 露刃藏锋(藏锋露刃)
		隐秘		0473 空中挂剑 0474 言中有响 0475 笑中有刀(笑里藏刀、笑里有刀)
		拙劣	不周	0476 龙头蛇尾(蛇尾龙头)0477 鸡头凤尾 0478 有头无尾 0479 有始无终
		躲避		0480 限刀避箭(避箭限刀)
		胜利		0481 活捉生擒(生擒活捉)0482 掣鼓夺旗(夺鼓掣旗、搀鼓夺旗、搀旗夺鼓)0483 运筹帷幄(坐筹帷幄)0484 决胜千里
		失利		0485 平地吃跋(平地吃扑)0486 弓折箭尽 0487 残弓折箭 0488 倒戈卸甲 0489 词折义屈 0490 亡锋结舌 0491 忘前失后(失前忘后)
领 悟	悟道	直接	果敢	0492 单刀直入(单刀趣入)0493 匹马单枪 0494 斩钉截铁₁(截铁斩钉₁、剪钉截铁)
		依执		0495 依草附木(依草附叶)0496 倚门傍户(限门傍户、挨门傍户)0497 如藤倚树 0498 扶篱摸壁
		迅疾		0499 足下风生 0500 立地成佛 0501 电转星飞(星飞电转、电闪星飞)0502 似鹘捉鸠 0503 鸾凤冲霄 0504 大鹏展翅 0505 朝凡暮圣 0506 冷灰豆爆 0507 一槌便成(一槌便就)
		顺利		0508 迎刃而解 0509 水到渠成
		顺机		0392 因风吹火₁0393 看风使帆₂
		迟钝		0510 箭过新罗 0511 贼过张弓 0512 停囚长智 0389 见兔放鹰₂0513 如牛拽磨

范畴类别	范畴义	核心义	二级核心义｜其他特征义	成　语　条　目
领 悟	悟道	困厄		0514 触途成滞(触途俱滞) 0515 走透无路 0516 碍东碍西 0517 堕坑落堑
		遥远		0518 千山万水₁(万水千山₁)
		错失	＋机缘	0736 祸不单行₂
		辨识	＋真性	0519 披沙识宝
		体悟	＋亲身	0520 如人饮水 0521 冷暖自知 0522 眼见耳闻
		透彻	疑滞消除	0523 豁然大悟(豁然开悟、豁然省悟) 0524 心融神会 0525 穿云透月 0526 穿云透石 0527 穿窗透牖 0528 醍醐灌顶(如饮醍醐) 0529 香象渡河 0530 通上彻下(彻下通上) 0531 彻骨彻髓(透皮彻骨、穿皮透骨) 0532 涣若冰释(泮然冰释) 0533 冰消瓦解(瓦解冰消) 0534 如火消冰 0535 如汤沃雪 0536 云开日出(云开见日、拨云见日) 0537 云开月朗(云开月露、云开月现、云披月露) 0538 云收雾卷(雾卷云收、雾敛云收、云收日卷) 0539 云开雨散(云收雨散、雨散云收) 0540 冰融雪泮 0541 红炉片雪₁
			圆融	0542 左右逢源
		不彻	牵连	0447 (拖泥带水₂、惹泥带水、和泥合水₂) 0543 落路入草 0544 泥里洗土(泥中洗土、土里洗泥) 0545 粘皮着骨 0546 丝来线去 0547 牵枝引蔓(引蔓牵枝、引枝牵蔓)
			未熟	0548 半青半黄 0549 半明半暗 0550 半死半活 0551 半饥半饱
			露迹	0552 文彩已彰 0553 欲隐弥露 0554 和赃捉败 0555 雁过留声 0556 鱼行水浊 0557 鸟飞落毛
			逃避	0558 避色逃声
		拘束		0559 把缆放船 0560 藏头缩手 0561 缩头缩尾 0562 胶柱调弦 0563 如蚕作茧 0564 如蚁循环

范畴类别	范畴义	核心义	二级核心义 | 其他特征义	成 语 条 目
领 悟	悟道	成功	妥当	0565 百了千当(千了百当)
			证果	0566 衣锦还乡(衣锦还家、昼锦还乡)0567 金榜题名
			入圣	0568 脚踏实地(脚蹹实地)0569 步步莲花
			归真	0570 舍邪归正(翻邪成正)0571 返本还源
			超越	0572 超凡越圣(超凡入圣、入圣超凡)
			成圣	0573 点金成铁 0574 点铁成金(点铁为金、点瓦成金)0575 瓦砾成金 0576 瓦砾生光
			重生	0577 枯木生花(枯木花芳、枯木开花、枯木花开、枯木重荣)0578 枯木龙吟(龙吟枯木)0579 寒灰再焰(寒灰发焰)0580 枯木逢春(枯木迎春、枯树逢春)0581 铁树生花(铁树开花)
		一致		0582 殊途同归 0583 同途异辙 0584 同途共辙 0585 闭门造车 0586 出门合辙 0587 如印印泥
		不契		0415(瞠眉努目、瞠眉瞠眼、瞠眉努眼₂、瞠眉竖目)0588 如风过耳
			遥远	0518 千山万水₂(万水千山₂)0589 白云万里 0590 天地悬隔(天地悬殊、天悬地殊)1053(天涯海角₂)0717 千乡万里₂ 0591 天宽地窄
		观心	+ 达本	0689 叶落归根₂0592 回光返照(返照回光、回光返顾、回光返本、回头返照、回光自照)0593 拨草瞻风 0594 识心达本(回心达本)
		抓住	+ 关键	0595 振领提纲(提纲举领)0596 撮要提纲 0597 伐树得根 0598 灸病得穴 0599 狮子咬人
悟 境	悟境	奇特		0600 火里莲生(火里生莲)0601 冰河焰起(冰河焰发)0602 鸦巢生凤 0603 虚空走马(针锋走马)0604 陆地行船(旱地行船、陆地行舟)0605 空里行船 0606 尺短寸长(寸长尺短)0607 乌龟向火 0608 铁卵生儿 0609 蛇头生角 0610 生蚕作茧 0611 特牛生儿(特牛产儿)0612 雄鸡生卵 0541 红炉片雪₂0613 敲空作响
		极高		0003 壁立千仞₂(壁立万仞₂、壁立千寻)

续表

范畴类别	范畴义	核心义	二级核心义 | 其他特征义	成　语　条　目
悟境	机用	自如	+领悟透彻	0614 七通八达(八达七通、七达八通)0615 四通五达 0616 七纵八横 0617 七穿八穴(八穴七穿、七穴八穿)0618 左穿右穴 0619 七出八没 0620 横三竖四(竖四横三)0621 七凹八凸 0622 八凹九凸 0623 左转右旋 0624 横出竖没 0625 横眠竖卧(横眠倒卧)0626 横拖倒拽 0627 东涌西没 0628 南涌北没 0629 中涌边没 0630 边涌中没 0631 出没卷舒 0632 如龙得水(狞龙得水)0633 似虎靠山(猛虎靠山)0634 如龙似虎 0635 如云似鹤 0636 风行草偃(草偃风行)0637 声和响顺(响顺声和)0638 丹霄独步(独步青霄、平步青霄、平步青云、平步丹霄、青云阔步)0639 足下无丝 0640 履水如地(履地如水)0641 如履平地 0642 游刃有余 0643 自由自在(自在自由)0644 逍遥自在 0645 逢场作戏 0646 横拈倒用(倒用横拈)0647 如珠走盘 0648 抛东掷西 0649 抛来掷去 0650 颠来倒去
		神通		0651 广大神通 0652 撑天拄地(拄地撑天)0653 天回地转(地转天回、回天转地)0654 移星换斗(换斗移星)0655 兴云吐雾(吐雾兴云)0656 倾湫倒岳(倒岳倾湫)0657 举鼎拔山 0658 波腾海沸 0659 海竭山摧 0660 降龙伏虎(虎伏龙降)0661 鬼哭神号(神号鬼哭)0662 三头六臂(六臂三头、三头八臂)0663 东倾西侧 0664 神出鬼没 0665 神头鬼面(鬼面神头、鬼面人头)0666 驱神驾鬼 0667 震天动地(惊天动地)0668 倾山覆海 0669 天翻地覆(地覆天翻、翻天覆地)1035 斗转星移$_2$(星移斗转)
		猛烈		0670 虎骤龙驰(龙驰虎骤)0671 虎啸龙吟 0672 虎啸风生(风生虎啸)0673 龙吟雾起(雾起龙吟、龙吟雾拥)0674 云行雨施$_2$0675 兴云致雨 0676 擎云攫浪(擎云攫雾)0677 崖崩石裂 0678 龙蟠虎踞(虎踞龙蟠)0679 卒风暴雨(暴雨卒风、狂风暴雨、卒风骤雨)0680 天崩地裂 0681 天崩地陷(地陷天崩)0682 拔树鸣条(拔木鸣条)0683 飞沙走石(吹沙走石、石走沙飞)
		放旷		0684 喝佛骂祖(呵佛骂祖)0685 呵风骂雨(骂雨呵风)0686 踢天弄井 0687 不拘小节 0688 放旷不羁

范畴类别	范畴义	核心义	二级核心义 I 其他特征义	成 语 条 目
人 生	人生	归宿		0689 叶落归根₁
		虚度		0690 虚生浪死
	生命	失去		0691 粉骨碎身
		危殆		0738 命如悬丝₁(命似悬丝、命若悬丝₁)
	生活	闲逸	自在	0692 限山傍水 0693 游山玩水(玩水游山、看山玩水、玩水看山、观山玩水、玩水观山)0694 东游西玩 0695 啸月吟风 0696 披云啸月 0697 啸月眠云 0698 枕石漱流 0699 牛闲马放 0700 嘲风咏月 0701 摇头摆尾(摆尾摇头)0702 摇头摆脑 0721 披毛戴角₂(戴角披毛)
			隐逸	0703 韬名晦迹 0704 韬光晦迹(晦迹韬光)
	行脚	劳苦	艰辛	0705 风吹日炙(日炙风吹)0706 刀耕火种 0707 餐风饮露 0708 草衣木食(木食草衣)0709 手胼足胝
			奔波	0710 逾海越漠 0711 挑囊负钵(携囊挈钵)0712 他乡异井 0713 离乡涉井 0714 担簦负笈 0715 游州猎县 0716 奔南走北 0717 千乡万里₁0718 东奔西走
	地狱			0719 洋铜灌口 0720 拔舌犁耕
	畜生道	苦恶		0721 披毛戴角₁0722 牵犁拽耙(拽耙牵犁、拖犁拽耙)0723 作牛作马(作驴作马)0724 牵犁负重 0725 驴胎马腹 0726 驴腮马额(驴腮马嘴、马额驴腮)0727 改头换面
	恶鬼			0728 魑魅魍魉(魍魉魑魅)0729 赤口白舌
	报应			0730 自作自受
	灾祸			0731 生灵涂炭 0732 头出头没
			自及	0733 堆生招箭 0734 树高招风
			多	0735 万祸千殃 0736 祸不单行₁
			先及	0737 近火先焦₂
	火灾	先及	＋燃烧	0737 近火先焦₁

续表

范畴类别	范畴义	核心义	二级核心义｜其他特征义	成 语 条 目
人生	处境	危殆		0738 命如悬丝₂（命若悬丝₂、殆若悬丝）0739 火烧眉毛 0740 危如累卵 0741 病入膏肓（膏肓之病、病在膏肓、疾在膏肓）0742 涸辙之鱼 0454 张弓架箭₁
	家境	富贵		0743 金玉满堂
		贫寒		0744 柴门草户
	身份	尊贵		0745 金枝玉叶（玉叶金枝、金枝玉树）
	名字	泛称		0746 张三李四（李四张三、张三李六）
	名声	大		0747 名闻遐迩 0748 望风而靡 0749 名不虚得（名不虚传）0750 名不浪施 0751 风驰雾集 0752 星逝波奔
	罪过			0753 弥天罪过（罪大弥天、罪犯弥天）0754 杀人放火（放火杀人）
	功劳			0755 汗马功劳（功高汗马）
	机遇	难得		0756 盲龟值木 0757 千载难逢（历劫难逢）
	依靠	失去		0758 树倒藤枯
	毁坏	同时		0759 玉石俱焚（玉石俱丧）
	处事	忙碌		0760 日应万机 0761 忙里偷闲
	行事	困厄		0762 覆水难收 0763 望崖而退 0764 独掌难鸣
		迅速		0765 不日而就
		弥补	＋不足	0766 填凹就缺 0767 将勤补拙
		竭尽	＋心思	0768 千方百计（百计千方）
		卜度		0973 钻龟打瓦₁

范畴类别	范畴义	核心义	二级核心义 | 其他特征义	成 语 条 目
品貌	品性	美好	高洁	0769 巢父饮牛 0770 许由洗耳
			虔诚	0771 五体投地
			关爱	0772 视人如伤 0773 如日照临 0774 雪中送炭(雪里送炭)
			感恩	0775 酬恩报德(报德酬恩)
			诚信	0776 一诺千金
			至诚	0777 握发吐餐 0778 招贤纳士
			谨慎	0779 如履薄冰(如履轻冰) 0780 如临深泉 0781 兢兢业业(业业兢兢) 0782 防微杜渐(防萌杜渐) 0783 居安虑危
		拙劣	虚假	0784 叶公画龙
			卑下	0785 屈膝妥尾 0786 鬼妒人嫌
			负恩	0787 辜恩负义(辜恩负德)
			阴险	0788 佛口蛇心
			欺瞒	0789 欺胡谩汉 0790 欺凡罔圣 0791 悬羊卖狗
	容貌	美好		0792 眉粗眼大 0793 柳目杨眉 0794 疏眉秀目
		丑陋		0795 头白齿豁 0796 头白齿黄(面黄头白)
		平常		0797 含齿戴发
	仪表	脏乱		0798 蓬头跣足 0799 露胸跣足
	举止	失态		0800 倒街卧巷
	气质	风雅		0801 风流儒雅
	气概	豪迈		0802 顶天立地 0803 龙飞凤舞 0804 年盛气豪 0805 气冲牛斗 0806 意气凌人 0807 气薄云天 0808 熏天炙地(炙地熏天)

续表

范畴 类别	范畴义	核心义	二级核心义| 其他特征义	成 语 条 目
才 器	人才	稀少		0809 土旷人稀
	才能	卓越		0810 文武双全 0811 超群拔萃(超然拔萃)0812 超伦绝类 0813 通人达士
			敬畏	0814 后生可畏
	根器	聪明	明辨	0815 鹅王择乳(鹅王吃乳)0816 叶落知秋 0817 动弦别曲 0818 闻一知十 0819 窥天鉴地 0820 鉴貌辨色
			敏锐	0821 俊鹰快鹞 0822 眼辨手亲(眼亲手辨)0823 铁眼铜睛 0824 明察秋毫 0825 眼似流星 0826 举一明三 0827 目机铢两 0828 眼似铜铃 0469 石火电光$_2$(电光石火$_2$)0470 疾焰过风$_2$0829 奔流度刃$_2$
			睿智	0830 大巧若拙 0831 大辩若讷 0832 大智如愚 0833 良马窥鞭 0834 大器晚成
			智达	0835 智如流水
		拙劣	低劣	0836 鸡栖凤巢 0837 败种焦芽
			不聪	0838 有耳如聋$_1$0839 持聋得哑(持聋作哑、恃聋作哑、佯聋诈哑)0840 日中迷路
			不明	0841 眼中添屑(眼中着屑、眼中有屑、眼里添沙、眼里添钉)0842 有眼如盲$_1$(有眼如无)0843 耳聋眼暗(眼瞎耳聋、眼暗耳聋、眼昏耳聩)0844 眼中有翳(眼中着翳、眼中生翳)0845 眼似漆椀(两眼如漆、双眼如漆)0846 三头两面(两头三面)
			不辨	0847 金沙未辨 0848 玉石不分(玉石未分)0849 水乳不分 0850 东西不辨$_1$0851 南北不分$_1$0852 奴郎不辨 0853 桀犬吠尧 0854 泾渭不分
			呆滞	0855 眼似木椀 0856 目瞪口哇 0857 面面相觑 0858 杜口无言(缄口无言)0859 口似扁担(口如扁担)0860 口似秤锤 0861 口如磉盘(口似磉盘)0862 口似灯笼 0863 口似木椀 0864 满口含霜 0865 有口如哑 0866 词穷理尽(词穷理绝、词穷理寡)

范畴类别	范畴义	核心义	二级核心义|其他特征义	成 语 条 目
才 器	根器	拙劣	智小	0867 根微智劣 0868 人贫智短 0869 蚊蚋之解(蚊蚋之见)1090 萤火之光₂
			愚顽	0870 滴水难消 0871 不离窠臼 0872 滞壳迷封
		混杂	+难辨	0873 龙蛇混杂 0874 玉石难分
	见识	狭隘		0875 坎井之蛙(井底虾蟆)0876 坐井观天(坐井窥天)0877 管中窥豹
		浅薄		0878 孤陋寡闻 0879 单见浅闻
		卓越		0880 博闻强识 0881 高识远见
	眼光	浅薄		0882 以貌取人
	文思	敏捷		0883 文不加点 0884 出语成章 0885 落笔盈卷(举笔成章、挥笔立就)
	本领	非凡		0886 惊群动众 0887 如虎插翅(如虎添翼、猛虎插翼)
		相当		0888 棋逢敌手
	技艺	精妙		0889 曲尽其妙
	记忆	好		0890 如水传器 0891 如瓶泻水
言 语	对答	流畅		0892 对答如流 0893 答如瓶泻 0894 问一答十(问一答百)0895 倾泻如流
	问话			0896 问若联珠
	辩解			0897 辩若悬河(辩泻悬河、辩似悬河、辩泻秋涛、辩似河倾、泻悬河辩)
	言语	巧妙	+婉转	0898 珠回玉转(玉转珠回)
		一致		0899 异口同音(异口同声、异音同调)
	言辞	美好	+聚集	0900 簇锦攒花(攒花簇锦)
			美妙	0901 名言妙句(奇言妙句)
	说话		甜美	0902 甜唇美舌
	贺语			0903 福星高照
	言旨	简洁	+玄妙	0904 言简旨玄
	言论	高深		0905 曲高和寡(唱高和寡)

续表

范畴类别	范畴义	核心义	二级核心义｜其他特征义	成　语　条　目
言 语	应对	开始		0906 开唇动舌（开口动舌）
	说话	犀利		0907 钉嘴铁舌（铜舌铁嘴）0908 舌如利刀 0909 口似血盆 0910 牙如剑树（牙如利剑）
		伶俐		0911 巧唇薄舌 0912 能言解语
	言语	多		0913 口似纺车 0914 口似悬河（口似倾河）0915 多口饶舌 0916 横说竖说 0917 千说万说（千说万喻）0918 粗言细语 0919 口劳舌沸 0920 千言万语 0921 闲言长语 0922 如虫蚀木（如虫御木）0923 缀五饶三 0924 口罗舌沸 0365 天花乱坠₂（天花落地）
		少		0925 一言半句 0926 二言三语
		胡乱		0927 东语西话（东道西说、东说西说、东话西话、说东道西）0928 道听途说（道听途言）0929 说黄道黑（说青道黄、说黄道赤、说青道黑、说白道黑）0930 驴唇马嘴 0931 磨唇捋嘴（磨唇缩嘴）0932 说长说短（说短论长）0933 摇唇鼓舌（鼓舌摇唇、鼓唇摇舌、鼓动唇吻）0934 胡言汉语（汉语胡言）0935 胡说乱道（胡道乱说）0936 脱空谩语（脱空妄语）0937 唐言梵语 0938 颠言倒语 0939 问东答西 0940 指天说地 0941 指东指西 0942 指南言北
		虚妄		0943 开眼寐语 0944 梦中说梦 0945 无梦说梦 0946 痴人说梦 0947 狂言寐语（噇言寐语）
		迂曲		0948 千迂万曲
	言辞	拙劣		0949 驴鸣狗吠₂
心 理	内心	喜悦		0950 手舞足蹈 0951 喜不自胜 0952 忍俊不禁
		忧愁		0953 云愁雾惨（雾惨云愁）
		不安		0954 寝食不安 0955 七上八下
		震惊	＋惭愧	0956 寒毛卓竖 0957 汗流浃背（脊背汗流、白汗浃背）
			恐惧	0958 心惊胆裂 0959 魂飞胆丧（胆丧魂飞、丧胆亡魂、胆丧魂惊）0960 毛发悚然

续表

范畴类别	范畴义	核心义	二级核心义|其他特征义	成 语 条 目
心 理	内心	忿怒		0961 怒发冲冠 0962 咬牙啮齿(咬牙奋齿、咬牙切齿、咬牙喷齿)
		尴尬		0963 面黄面青 0964 无地容身(容身无地)
		怜悯		0965 恻隐之心
			+相互	0966 同病相怜
		懊悔		0967 换手捶胸
		隐秘	不显	0968 囊藏被盖
		思虑	+反复	0969 瞻前顾后(顾后瞻前)0970 思前虑后(思前算后)
			+变换	0971 移睛动眼 0972 转头换脑
			+瞬间	0413 瞬目扬眉 $_2$
		测度	+胡乱	0973 钻龟打瓦 $_2$(打瓦钻龟、敲砖打瓦)0974 东卜西卜
		急切	+不达	0975 弦急即断
情 意	意志	投合		0976 如水乳合 $_2$(水乳相合、水乳相投、乳水相投)0977 针芥相投(针水相投)0978 以胶投漆(胶漆相投、如胶投漆、似胶投漆)0979 同声相应 0980 同气相求
	情谊	深厚	亲密	0981 压膝道伴 0982 义交金石 0983 相濡以沫
	意旨	明确		0984 开宗明义
事 理	真理	服人		0985 理能缚豹(理能伏豹)
	事理			0986 青天白日(白日青天)0987 不言而喻
	真相	分明		0988 真不掩伪(真不掩假)0989 曲不藏直 0990 众眼难谩 0991 历历分明(分明历历)0992 水落石出
	道理	依从		0993 理长则就(理长即就、理长处就)
	积聚	成质		0994 积石成山 0995 积水成流 0996 积土成墙 0997 积学成圣 0998 积行成德 0999 聚沙为塔
		变高		1000 水长船高(船高水长)

范畴类别	范畴义	核心义	二级核心义｜其他特征义	成　语　条　目
事物	事物	拙劣		1001 驴屎马粪 1002 分文不值(一文不值、不值半文)
		虚幻		1003 如梦如幻 1004 梦幻空花(幻化空花)1005 梦幻泡影 1006 空花水月(水月空花)1007 龟毛兔角(兔角龟毛)1008 如响应空 1009 空花乱坠 1010 如钟含响 1011 似谷应声 1012 风声谷响
		消失	＋彻底	1013 泥牛入海(泥牛渡海)1014 灰飞烟灭(烟灭灰飞)1015 烟消火灭
			＋瞬间	1016 昙花一现 1017 画水成文
		完好		1018 安然无损
		永恒		1019 无穷无尽
		美好	更好	0327 锦上添花₂(锦上铺花₂、花添锦上、锦纹添花)
			完美	1020 尽善尽美 1021 白玉无瑕
		零乱		1022 七零八落 1023 七花八裂 1024 七支八离
		相似	＋易混	1025 雪覆芦花 1026 刁刀相似 1027 鱼鲁参差 1028 乌焉成马
		融合	难分	0976 如水乳合₁
时空	时间	久远		1029 千秋万岁(万古千秋)1030 亘古亘今(亘古縣今、亘古穷今)1031 日久岁深
		推移		1032 暑往寒来(寒来暑往)1033 日就月将(日将月就)1034 日居月诸 1035 斗转星移₁1036 春去秋来(夏去秋来)1037 明来暗去₁(暗去明来₁)
		飞逝		0020 乌飞兔走₁1038 光阴如箭(光阴似箭)1039 白驹过隙(如驹过隙)
		夜深		1040 三更半夜(半夜三更、三更夜半、夜半三更)1041 更深夜静
		紧迫		1042 时不待人
	时节	泛指		1043 四时八节
		美好		1044 吉日良辰(吉日良时)

范畴类别	范畴义	核心义	二级核心义｜其他特征义	成　语　条　目
时 空	空间	狭小		1045 无地容锥
		不移		1046 寸步不移(寸步不离)
	方宇	泛指		1047 五湖四海(四海五湖)
	方位			1048 四方八面(四方八表)
	街巷			1049 街头巷尾(街头巷底、街头市尾) 1050 长街短巷(短巷长街)
	邻里			1051 四邻五舍
	场所	游乐		1052 花街柳巷
	距离	遥远		1053 地角天涯(天涯地角、天涯海角₁、海角天涯) 1076 山遥水远₂
数 量	数量	多		1054 不可胜计 1055 如麻似粟(似粟如麻) 1056 稻麻竹苇 1057 恒河沙数 1058 蒲花柳絮
	人数		+拥挤	1059 成群作队(拽队成群) 1060 挨肩接踵 1061 盈衢塞路 1062 车马骈阗 1063 南来北往(北往南来)
	门派			1064 星分派列
	响应			1065 一呼百诺
	门户			1066 千家万户 1067 千门万户(万户千门)
	次数			1068 三回两度(两回三度) 1069 翻来覆去
景 象	世界	广大		1070 大千世界(大千沙界)
	自然	壮阔		1071 山河大地 1072 天高地厚(天高地阔、地厚天高、天高地迥) 1073 天长地阔 1074 天高海阔 1075 山高海阔(海阔山高、海阔山遥) 1076 山遥水远₁
	万象	纷杂		1077 森罗眩目 1078 森罗万象(万象森罗、万象森然、骈罗万象)
	景象	衰败		1079 落花流水
		生机		1080 蜂狂蝶舞

续表

范畴类别	范畴义	核心义	二级核心义｜其他特征义	成 语 条 目
景象	星辰	美好	＋连缀	1081 连珠合璧
	风景			1082 花红柳绿(柳绿花红)1083 柳绿桃红(桃红柳绿)1084 青山绿水(绿水青山)
	屋舍			1085 雕梁画栋(雕梁画栱)
	天气			1086 风和日暖(日暖风和)
		寒冷		1087 霜风削骨 1088 天寒地冻(霜寒地冻、天寒地冷)
	天色	昏暗		1089 地黑天昏
	光亮	微弱		1090 萤火之光₁
	枝叶	繁多		1091 根深叶茂
	花色	多	＋艳丽	1092 万紫千红(千红万紫、百红千紫)
	种类			1093 千般万样(万种千般、千种万般)1094 百种千端 1095 千品万类
	状态		＋奇特	1096 千奇百怪(千怪万状)
	珍宝			1097 七珍八宝
	头绪			1098 百头千绪(百端千绪)
	声音	躁动		1099 鸦鸣鹊噪(鹊噪鸦鸣、雀噪鸦鸣、鸦鸣雀噪)1100 钟鸣鼓响 1101 鸡惊犬吠 1102 鼓乐喧天(丝竹喧天)1103 声如雷震 1104 喧天动地 1105 晨鸡暮钟 0949 驴鸣狗吠₁
		铿锵		1106 铿金戛玉
	音乐	优美		1107 五音六律₁
	动静	小		1108 风尘草动
	雨势	大		1109 雨似盆倾
	水势			1110 滔天之浪(白浪滔天)1111 洪波浩渺 1112 洪水滔天
	变化			1113 千变万化(万化千变、万变千化)
	差别			1114 千差万别(万别千差)
	差错			1115 千差万错

范畴类别	范畴义	核心义	二级核心义│其他特征义	成 语 条 目
景 象	跟随	紧密		1116 如影随形
	世盛	太平	＋安乐	1117 国泰民安 1118 偃武修文(修文偃武)1119 风调雨顺(雨顺风调)1120 风不鸣条 1121 雨不破块 1122 块雨条风(条风块雨)1123 安邦乐业 1124 鼓腹讴歌 1125 四海晏清(四海廓清)1126 海晏河清₁(河清海晏₁)1127 凤凰来仪

第四节　唐宋禅籍俗成语系统性的表现

上面我们用"语义二分法"构建了唐宋禅籍俗成语的系统。本节依据构建的系统谈谈系统性的主要表现。唐宋禅籍俗成语系统性的表现,可以从三个视角观察:一看系统成员之间的联系,二看系统成员之间的区别,三看系统成员之间的相互影响。成员之间的联系和区别是矛盾对立的两面,可以放在一起来谈。

一　系统成员之间的相互联系

从宏观的视角看,唐宋禅籍俗成语系统成员的联系和区别,主要表现为"范畴义"和"核心义"的异同,具体表现在纵横两个维度:横向看是系统成员范畴义的相同或不同,纵向看是系统成员核心义的相同或不同。具体分析在前面已经讨论过[①],这里不再展开论述。

从微观的视角看,唐宋禅籍俗成语系统成员的联系和区别,还表现为各种语义聚合关系。蒋绍愚(2015:383)曾指出,"讨论词汇系统,主要是看词汇的聚合系统"。这是一个非常重要的观察视角,成语的系统也要从语汇的聚合系统来观察。依据范畴义和核心义的不同条件,成语的系统性主要表现为以下四种语义聚合关系。

---

① 具体可参本章第二节"成语系统的构建原则"部分。

（一）同义聚合

同义成语指语义基本相同而又有细微差别的成语。两个成语只要有一个义位相同，就构成了同义关系。如果从"范畴义"和"核心义"的角度观察①，同义成语的核心语义是相同的，范畴义和核心义也都相同。孙维张（1989：192）指出，"同义成语和同义词相类似。所谓同义，并不是语义的各种成分完全相同，只是语义核心部分相同，其余的如色彩、风格等则不同"。由范畴义和核心义有机组成的核心语义正是成语的"语义核心部分"。在上节"唐宋禅籍俗成语系统表"中，范畴义和核心义完全相同的是同义成语，它们都处在相同的网格里。如：

0182 骑牛觅牛　0183 骑驴觅驴　0184 将头觅头　0185 舍头觅头

0186 赤水寻珠　0187 钻穴索空　0188 舍父逃走　0190 捧饭称饥

0191 临河叫渴　0192 井底叫渴　0193 傍鳌求饼

先来看本组成语的具体例子。

骑牛觅牛，自己明明骑着牛，却还要去觅牛。比喻学人不明自性就是佛，还要愚痴地向外求觅作佛。《祖堂》卷一七"西院和尚"："礼问百丈曰：'学人欲求识佛，如何是佛？' 百丈云：'大似骑牛觅牛。'"（p.744）

骑驴觅驴，身下明明骑着驴，却还要去觅驴。比喻学人不明自性就是佛，还要愚痴地向外求觅作佛。《祖堂》卷二〇"云寺和尚"："志公笑云：'不解即心即佛，真似骑驴觅驴者。'"（p.879）

将头觅头，自家肩上明明长着头，却还要去寻找头。禅家讽喻学人不识自己本来就有佛性，荒谬地向外求觅成佛。《临济禅师语录》卷一："为尔向一切处驰求，心不能歇。所以祖师言：'咄哉，丈夫！ 将头觅头。' 你言下便自回光返照，更不别求，知身心与祖佛不别，当下无事，方名得法。"（T47/502a）

舍头觅头，不顾自己本有之头，却另外去寻找头。禅家比喻不识自性是佛，向外驰求觅佛的愚痴行为。《临济禅师语录》卷一："道流，大丈夫儿，今日方知本来无事，只为尔信不及，念念驰求，舍头觅头，自不能歇。"（T47/498b）

赤水寻珠，古代传说赤水产大珠，字面义指向赤水中寻觅珍珠。禅家比喻不识

---

① 各种语义聚合关系，不仅表现在范畴义和核心义的联系和区别上，还表现在其他语义特征的联系和区别上，本书只从范畴义和核心义的视角观察。

自性是佛,向外寻觅作佛的徒劳行为。《子益禅师语录》卷一:"参上堂:'昆山求玉,玉不在于昆山。赤水寻珠,珠岂藏于赤水?'"(47-73)

钻穴索空,钻开洞穴本来就得到了空穴,却还愚痴地求觅空穴。禅家比喻不识自性是佛,妄自寻觅作佛的愚痴行为。《普灯》卷一四"祖觉禅师":"若更推寻玄妙,析出精明,病在钻穴索空,拨波求水;念念忘本,步步迷源。"(p.374)

舍父逃走,语出后秦鸠摩罗什译《妙法莲华经》卷二,谓年幼之子舍弃了自己非常富有的父亲,独自逃走流浪,结果落得穷困潦倒的下场。禅家比喻舍弃自己本有之佛性,愚痴地向外驰求成佛之道。《传灯》卷四"神秀禅师":"师有偈示众曰:'一切佛法,自心本有,将心外求,捨(舍)父逃走。'"(p.224)

捧饭称饥,手里捧着饭碗,嘴上却大喊饥饿。禅家比喻不明自性是佛而喊着要成佛的愚痴行为。《续灯》卷一七"通慧珪禅师":"譬如空中飞鸟,不知空是家乡;水里游鱼,忘却水为性命。何得自抑,却问傍人?大似捧饭称饥,临河叫渴。"(p.491)

临河叫渴,身临河水,嘴上却大嚷着口渴。禅家形容不明自性是佛而喊着要成佛的愚痴行为。见上揭《续灯》卷一七"通慧珪禅师"例。

井底叫渴,身在井底水中却叫嚷着口渴。禅家比喻不识自性是佛,叫嚷着要成佛的愚痴行为。《普灯》卷一七"自回禅师":"参禅学道,大似井底叫渴相似,殊不知塞耳塞眼,回避不及。"(p.442)

傍鏊求饼,傍在平底锅边求觅饼子。禅家比喻不明自性是佛,愚痴地向外求觅作佛。《传灯》卷二九"志公和尚":"可笑众生蠢蠢,各执一般异见。但欲傍鏊求饼,不解返本观面。"(p.2324)

上揭成语的结构成分在用词上虽然不同,但都蕴含了这样两个共同的要素:一是有相同的语义模式:"本有 × 却还要愚痴地求觅 ×";二是在禅文化的影响下有相同的隐喻机制:用"牛""驴""头""珠""空""父""饭""河""井""饼"等隐喻"自己本有的真如佛性"[1]。这组成语就构成了同义关系,形成了同义聚合群,基本

---

[1] 禅宗吸收了《涅槃经》"一切众生悉有佛性"的思想,并大胆地提出"一切众生皆可成佛"的理论主张。到了洪州禅时代,马祖道一鲜明地提出"即心即佛"的思想理论,自己的清净本心就是佛,世人由于无明,客尘遮覆了清净的自性,修行就是要明心见性,见性成佛。《坛经·行由品》:"自性常清净,日月常明,只为云覆盖,上明下暗,不能了见日月星辰。忽遇惠(慧)风吹散卷尽云雾,万象森罗,一时皆现。"(p.47)

语义都表示:比喻学人不明自性就是佛,还要愚痴地向外求觅作佛。这些成语妙喻纷呈,生动地描绘了"自性迷失"的种种愚痴行为[①],它们的核心语义可高度概括为"自性迷失",范畴义和核心义也都相同,分别为"自性"和"迷失"。

(二)近义聚合

近义成语指基本语义相近而又有明显差别的成语。在语义关联的程度上,"成语变体——同义成语——近义成语"是一个连续统,其间没有十分清晰的界限,这一点和同义词、近义词相类似。[②]如果从"核心义"和"范畴义"的视角观察,近义成语主要有两种情况:①范畴义相同而核心义相近。②核心义相同而范畴义相近。它们处在邻近的网格中,下面分别举例说明。

第一类近义成语的"核心义相近",通常表现为各自的核心义既有联系又有一定的差别,这些核心义往往可以归入共同的"一级核心义"中。这类成语的聚合群数量较多。

0436 压良为贱　0437 倚势欺人　0439 东喝西棒

0440 盲枷瞎棒　0446 撩钩搭索　0447 拖泥带水

先来看本组成语的具体例子。

压良为贱,本指掠卖平民女子强作奴婢。禅家比喻禅师欺压学人的施教行为。《广灯》卷一九"广悟禅师":"上堂云:'诸佛出世,早是多端;达磨西来,更传心印。大似欺我儿孙,压良为贱。三乘十二分教,不别时宜。'"(p.336)

倚势欺人,仰仗自己的势力欺压别人。禅家多指仰仗法力高欺压学人的施教行为。《慧晖禅师语录》卷一:"霜曰:'未审佛祖未生前有谁得?怎么见得,恐是压良成贱,倚势欺人。'"(42-97)

东喝西棒,指禅师启悟学人时,胡乱施设棒喝作略。《普灯》卷二五"道楷禅

---

① 如黄檗禅师在《传法心要》中说:"故学道人迷自本心,不认为佛,遂向外求觅,起功用行,依次第证,历劫勤求,永不成道。"

② 蒋绍愚(2015:258)在讨论同义词和近义词的差别时指出,"应该说,在词义相同的程度上,'等义词——一般同义词——近义词'是一个连续统,其间没有十分清晰的界限,在理论上和实践上都是不可能做到'判然有别'的。在理论上,同义词是'词义基本相同而又有微别',什么叫'基本相同',什么叫'微别',其差别在什么界限之内是'微别',超过了什么界限就成了'近义词',这些都不可能有明确的标准。在实践上,对一群处于'模糊地带'的词的处理,究竟哪些是同义词,哪些是近义词,也很难截然划分,而且不同的研究者往往有不同的处理,这都是难以避免的"。

师":"山僧今日向诸人面前说家门,已是不着便。岂可更去升堂入室,拈槌竖拂,东喝西棒,张眉努目,如痫病发相似。"(p.617)

盲枷瞎棒,胡乱动用连枷和棍棒责罚人。禅家形容禅师启悟学人时,胡乱施设棒喝作略。《传灯》卷一二"义玄禅师":"黄檗曰:'什么处去?'曰:'不是河南,即河北去。'黄檗拈起拄杖便打,师捉住拄杖曰:'这老汉莫盲枷瞎棒,已后错打人。'"(p.799)

撩钩搭索,禅家形容接引手段拖沓不利索,存有知见牵连。《古尊宿》卷一六"匡真禅师":"师有时云:'弹指謦咳,扬眉瞬目,拈槌竖拂,或即圆相,尽是撩钩搭索。佛法两字未曾道着,道着即撒屎撒尿。'"(p.286)

拖泥带水,禅家形容接引手段拖沓不利索,多指纠缠于言语义理。《续灯》卷一四"慧照禅师":"纵饶一棒一条痕,一掴一手血,未免拖泥带水,岂能点瓦成金?"(p.417)倒言"带水拖泥",《续灯》卷一五:"崇信禅师":"如斯举唱,带水拖泥。若也尽令提纲,直须祖佛侧立。"(p.442)

上揭成语都是用来描述禅师的施教行为,范畴义相同,均为"施教"。但核心义有一定的差别,根据核心语义的差别,可概括为三组同义聚合群:①压良为贱、倚势欺人,核心语义为"施教欺压";②东喝西棒、盲枷瞎棒,核心语义为"胡乱施教";③撩钩搭索、拖泥带水,核心语义为"施教牵连"。核心义分别是"欺压""胡乱""牵连",尽管核心义有明显的差别,但语义之间还是有联系的,都表示禅师拙劣的施教行为,可归入共同的"一级核心义"——"拙劣"中。这六个成语的语义聚合关系表示如下:

范畴义	核心义	二级核心义	近义成语群
施教	拙劣	欺压	压良为贱、倚势欺人
		胡乱	东喝西棒、盲枷瞎棒
		牵连	撩钩搭索、拖泥带水

上表每组成语的内部成员分别具有同义关系,三组成语又共同构成了近义关系,形成了近义成语聚合群。

第二类近义成语的"范畴义相近",通常表现为各自的范畴义既有联系又有一

定的差别,这些范畴义又都类属于共同的上层语义范畴。这类成语的聚合群数量较少。如:

0892 对答如流　0896 问若联珠　0897 辩似悬河

上揭成语用"语义二分法"可切分为:

对答如流:"对答流畅"＝［对答］＋［流畅］

问若联珠:"问话流畅"＝［问话］＋［流畅］

辩似悬河:"辩解流畅"＝［辩解］＋［流畅］

核心义都是"流畅",范畴义分别为"对答""问话""辩解",语义之间虽有明显的差别,但还是有密切的联系,都属于上级的"言语"范畴。这三个成语就构成了近义关系,形成了近义成语聚合群。

(三)反义聚合

反义成语指基本语义相反的成语。和同义成语一样,两个反义成语不是所有义位都相反,而是一个成语的一个或几个义位和另一个成语的一个或几个义位相反。两个成语只要有一个义位相反就构成了反义成语。如果从范畴义和核心义的角度观察,反义成语有一个重要的特点,那就是范畴义相同,核心义相反。范畴义相同是构成反义成语的基础,这一点和反义词相同。蒋绍愚(2015:279)指出,"反义词总是同中有异的,'同'是构成反义词的基础。也就是说,反义词总是在同一语义范畴里的,'黑——白'都是颜色,'老——幼'都是年龄,'长——短'都是距离,'生——死'都是生命状态,'昼——夜'都是时间。在同一语义范畴里表示两个相反意义的词是反义词"。这里的"语义范畴"就是本书说的"范畴义"。同样,反义成语也可以这样来鉴定:在同一语义范畴里,表示两个相反意义的成语是反义成语,反义成语的特点是范畴义相同而核心义相反。如:

0920 千言万语　0926 二言三语　0825 眼似流星　0855 眼似木楪

0951 喜不自胜　0953 云愁雾惨　0878 孤陋寡闻　0880 博闻强识

用"语义二分法"切分核心语义如下:

千言万语:"言辞多"＝［言辞］＋［多］

二言三语:"言辞少"＝［言辞］＋［少］

眼似流星:"眼光敏锐"＝［眼光］＋［敏锐］

眼似木楪:"眼光呆滞"＝［眼光］＋［呆滞］

喜不自胜:"内心喜悦" = [内心] + [喜悦]

云愁雾惨:"内心忧愁" = [内心] + [忧愁]

孤陋寡闻:"见识浅薄" = [见识] + [浅薄]

博闻强识:"见识广博" = [见识] + [广博]

上揭 8 个成语依据范畴义相同,核心义相反的鉴定标准,分别构成了四组反义成语:千言万语——二言三语,眼似流星——眼似木樗,喜不自胜——云愁雾惨,孤陋寡闻——博闻强识。

如果反义成语的语义发生了同步引申,就会形成两个义位都相反的复合反义关系,同义成语也是这样的。下面再比较两组成语的范畴义和核心义,各组分别为同义关系,组成同义成语聚合群;上下两组又互为反义关系,形成反义成语聚合群。由于每组成语都有两个同步引申的义位,形成的同义聚合群和反义聚合群都是复合的关系。

0481 活捉生擒 0482 掣鼓夺旗 0484 决胜千里

0486 弓折箭尽 0487 残弓折箭 0488 倒戈卸甲

第一组成语都有两个意义,一是指军事作战取得胜利,范畴义是"作战";二是禅家用来比喻法战取得胜利,即机锋较量获胜,范畴义是"法战"。

活捉生擒:①指战争中生擒对方,取得胜利。②比喻法战中生擒对方,取得胜利。

掣鼓夺旗:①指战争中夺取了对方的旗鼓,取得胜利。②比喻法战中夺取了对方的机锋,取得胜利。

决胜千里:①指战争中指挥决策英明,彻底制胜对方。②比喻法战中运用的决策英明,彻底制胜对方。

上揭成语的两个义位用"语义二分法"都可分析为:① "作战胜利" = [作战] + [胜利];② "法战胜利" = [法战] + [胜利]。这三个成语发生了同步引申现象,义位②是义位①的隐喻,即用军事"作战"去隐喻机锋较量的"法战"。核心义没有变化,变化了的语义成分是范畴义。由于同步引申现象的发生,这组成语形成了复合的同义聚合关系。

第二组成语也都有两个意义,一是指军事作战失败,范畴义也是"作战";二是禅家用来比喻法战失败,即机锋较量失利受挫,范畴义也是"法战"。

　　弓折箭尽：①指战争中箭弓折断、箭簇用尽而失败。②比喻法战中机锋受到挫折、机用竭尽而失败。

　　残弓折箭：①指战争中箭弓残断、箭簇折断而失败。②比喻法战中机锋挫折而失败。

　　倒戈卸甲：①指作战中放下武器、脱去铠甲，向对方投降服输。②比喻法战中收起机锋，向对方投降服输。

　　上揭成语的两个义位用"语义二分法"都可分析为：①"作战失败"＝［作战］＋［失败］；②"法战失败"＝［法战］＋［失败］。这三个成语也发生了同步引申现象，义位②也是义位①的隐喻，即用军事"作战"去隐喻机锋较量的"法战"。核心义没有变化，变化了的语义成分是范畴义。由于同步引申现象的发生，这组成语形成了复合的同义聚合关系。由于核心义的相反，上下两组成语又构成了复合的反义聚合关系。联系起来看的话，就形成了一种相对复杂的同义和反义复合的语义聚合关系①。

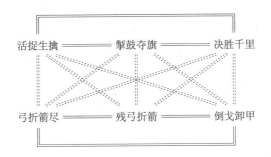

　　上揭聚合群里的每个成语都和另外五个成语的语义有联系，或者是同义关系，或者是反义关系，形成了一种错综复杂的语义聚合网。

（四）类义聚合

　　类义成语指语义上属于同类的成语。从"范畴义"和"核心义"的角度观察，类义成语具体指的是这样两种聚合关系：①范畴义相同而核心义不同的成语群；②核心义相同而范畴义不同的成语群。两种语义成分"不同"的程度指的是不像近义成语那样语义接近，也不像反义成语那样语义相反对立。由于类义成语在核心义或

---

① 下图的双实线表示同时有两个义位形成同义关系，双虚线表示同时有两个义位形成反义关系。

范畴义上有一个核心成分是相同的,因而也形成了一种松散的语义聚合关系。① 这两种类义聚合群各举一组例子。

1029 万古千秋 1032 寒来暑往 1042 时不待人 1038 光阴如箭

1095 千品万类 1066 千家万户 0920 千言万语 1113 千变万化

这两组成语的语义虽然不同,但给人的感觉彼此还是有联系的,如果用"语义二分法"切分出范畴义和核心义,这种联系和区别就很明显了。

万古千秋:"时间长久"=［时间］+［长久］

寒来暑往:"时间推移"=［时间］+［推移］

时不待人:"时间紧迫"=［时间］+［紧迫］

光阴如箭:"时间飞逝"=［时间］+［飞逝］

这组成语的核心义明显不同,但范畴义相同,都属于"时间"范畴。成员之间属于类义关系,构成了类义聚合群。

千品万类:"品类多样"=［品类］+［多样］

千家万户:"家户很多"=［家户］+［很多］

千言万语:"言语很多"=［言语］+［很多］

千变万化:"变化多端"=［变化］+［多端］

这组成语的范畴义不同,但核心义相同,都表示"多"。成员之间也属于类义关系,构成了类义聚合群。从生成的途径来看,都是在"千 × 万 ×"构式中嵌入同义语素生成的,因而语义具有关联性。

上面,我们从成语的"范畴义"和"核心义"两个角度切入,分析了语汇系统中的四种聚合关系。从语义聚合的紧密程度来看,"同义成语——近义成语——反义成语——类义成语"在联系和区别的矛盾对立关系中此消彼长,构成了一个由亲到疏的等级序列。同时我们也看到,系统中的任何一个成员,依据"范畴义"和"核心义"的联系和区别,都有可能同时属于上面谈到的几种不同的语义聚合群。

根据上面的讨论,如果从语义聚合的角度观察系统性的表现,我们就会看到一种清晰的系统轮廓,这就是由"系统成员"——"语义聚合群"——"系统整体"

---

① 下面的研究表明,类义成语之间也存在相互影响的情况,但影响是局部的、有限的。

形成的既复杂又有序的层级链和关系网。图示如下[①]:

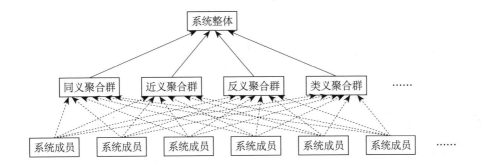

二　系统成员之间的相互影响

语汇的系统性还表现为系统成员之间的相互影响。刘叔新(1990:383)在谈到词汇的系统时指出,"严格来说,体系不仅要求所含的成员全部处于互相影响或相互因应的一定关系状态,而且应该具有若干明确的组织层次"。蒋绍愚(2015:388)则认为,"仍是无法实现的,这是因为词汇系统是一个松散的系统"。对于语汇系统而言,具有复杂、开放、成员之间联系不紧密的特点,因而语汇系统也是一个松散的系统,成员之间的影响关系不是很密切,一个新成员的出现,一个旧成员的消亡,通常不会引起系统全局发生变化。但是,我们还是能够看到局部系统成员间的一些比较明显的影响。比如,同义群成员间的竞争现象,就是比较明显的语汇聚合影响,这个问题将在后面的章节谈。下面主要从类推机制切入,来观察成语在产生和语义演变方面出现的相互影响现象,主要有类推造语和同步引申两种情况。

(一)类推造语

"类推造语"是指一个语汇成员在类推机制的作用下,受到另一个或几个语汇成员的影响而产生的造语现象。这种现象在唐宋禅籍俗成语系统中能够找到不少例子。

0182 骑牛觅牛——0183 骑驴觅驴　0323 画蛇添足——0337 画虎添斑

0238 掩耳偷铃——0239 掩鼻偷香

---

① 实线箭头表示必然会有的聚合联系,虚线箭头表示可能但非必然会有的聚合联系。

下面先以"骑牛觅牛"和"骑驴觅驴"为例说明。

这两个成语之间是存在类推关系的,它们具有相同的结构模式"骑×觅×",这个结构模式字面义表达的是"本来身下骑着×还要愚痴地求觅×",它们的深层语义也是相同的,在禅宗文献里都表示学人不识自性就是佛,还要愚痴地向外求觅作佛。先看"骑牛觅牛"的例子。

(1)礼问百丈曰:"学人欲求识佛,如何是佛?"百丈云:"大似骑牛觅牛。"师云:"识得后如何?"百丈云:"如人骑牛至家。"(《祖堂》卷一七"西院和尚",p.744)

(2)问:"如何是佛?"师云:"骑牛觅牛。"僧曰:"争奈学人不会。"师云:"参取不会的。"(《续灯》卷一九"可仙禅师",p.553)

(3)若闻见性成佛,便兴妄心,别求知解,岂不是骑牛觅牛,将心觅心,使佛觅佛,无有是处。(《印肃禅师语录》卷二,44-776)

例(1)、例(2)上问"如何是佛",下答"骑牛觅牛",其义显豁。例(3)"骑牛觅牛"与"将心觅心""使佛觅佛"同义连用。

(4)志公笑云:"不解即心即佛,真似骑驴觅驴者。"(《祖堂》卷二〇"云寺和尚",p.879)

(5)问:"如何是正真道?"师曰:"骑驴觅驴。"(《传灯》卷二一"道希禅师",p.1590)

(6)又楞严会上,如来说五十种禅病,如今向诸人道直是无病始得,龙门道只有二种病:一是骑驴觅驴,二是骑却驴了不肯下。(《古尊宿》卷三一"佛眼禅师",p.587)

例(4)"骑驴觅驴"是对"不解即心即佛"的生动比喻,例(5)上问"如何是正真道",下答"骑驴觅驴",语义都很明确。"骑驴觅驴"是自性迷失的表现,所以例(6)说是一种"禅病"。

这两个成语都是地道的禅宗成语,从产生的时间来看,最早的文献用例都出自《祖堂集》。那么,"骑牛觅牛"和"骑驴觅驴"是否存在类推关系呢?如果存在类推关系,类推的路径是由"骑牛觅牛"推出"骑驴觅驴"的呢?还是由"骑驴觅驴"推出"骑牛觅牛"的呢?这两个问题的回答需要从理据入手解决。在禅宗的哲学象征系统里,"牛"是经常用的喻象,用来隐喻"本心""自性""佛性",比如:

（7）安在沩山三十来年，吃沩山饭，屙沩山屎，不学沩山禅，只是长（常）看一头水牯牛，落路入草便牵出，侵犯人苗稼则鞭打。（《祖堂》卷九"大安禅师"，p.747）

（8）师将顺世，第一座问："和尚百年后向什么处去？"师云："山下作一头水牯牛去。"（《传灯》卷八"普愿禅师"，p.497）

（9）师乃云："心随万境转，转处实能幽。随流认得性，无喜亦无忧。诸仁者，看看，释迦老子披毛带角，上刀山入火聚，然后变作一头水牯牛，走入沩山队里去也。你等诸人还见么？你若见，许你具一只眼。"（《倚遇禅师语录》卷一，39-728）

（10）问："久响白牛，未审牛在什么处？"曰："掘地觅天。"云："争奈目前露迥迥地。"曰："切忌见鬼。"（《普灯》卷六"梵卿禅师"，p.167）

上揭各例中的"水牯牛""白牛""牛"均隐喻"心佛"，例（7）"落路入草便牵出，侵犯人苗稼则鞭打"表面是指"牧牛"，实际在隐喻"调心"，摄伏妄念。例（8）、例（9）"作一头水牯牛"隐喻作佛。例（10）"未审牛在什么处"，隐喻不识自性是佛，故下文说求觅作佛无异于"掘地觅天"。

（11）现今以法听法，将心觅心，将禅觅禅，担一担佛法，更来这里觅人说佛法，岂不是大错？怕你道不着，还识羞么？骑一头牛却来问人牛在什么处，莫辜负人好。（《清了禅师语录》卷二，42-77）

这个例子由于本体"本心""佛性"和喻体"牛"在语境中同现，二者的隐喻关系很明确。南宋廓庵禅师有《十牛图颂》，用十幅描绘牧牛过程的图画，象征了从寻牛觅心到成佛归家稳坐的修心历程，在禅林的影响非常大。[①]明胡文焕在重刻《十牛图颂》的序言里说："十牛图者，盖禅宗托喻于此，以修心证道者也。牧童即人也，牛即心也。"在禅宗哲学象征系统里，以"牛"喻"心佛"是十分常见的隐喻，而"驴"尚未发现这样的用法。因此，"骑牛觅牛"的产生是有文化理据可寻的，"骑驴觅驴"则缺乏自身的文化理据，"骑驴觅驴"当是从"骑牛觅牛"类推而来的。后来由这两

---

① 《十牛图颂》的顺序依次为"寻牛""见迹""见牛""得牛""牧牛""骑牛归家""忘牛存人""人牛俱忘""返本还源""入鄽垂手"，具体的阐释可参吴言生《禅宗哲学象征》第七章《禅宗哲学开悟论》，中华书局，2001年，第275—280页。

个成语又类推造出了"骑马寻马",清李宝嘉《官场现形记》第二一回:"彼时间骑马寻马,只要弄到一笔大大的银款,赚上百十两扣头,就有在里头了。"(p.333)但已经不表禅义了。

在汉语成语的系统里,有些造语格式具有很强的能产性,在类推机制的作用下,可以造出一大批同义的、类义的、近义的甚至是反义的成语来。比如"千 × 万 ×""东 × 西 ×""× 东 × 西""七 × 八 ×"等,这里再举一组由"七 × 八 ×"语模类推而出的成语,仅禅宗文献里,这样的俗成语就有如下 12 条:

0614 七通八达　0614 七达八通　0617 七穿八穴　0617 七穴八穿

0619 七出八没　0616 七纵八横　0224 七手八脚　0359 七颠八倒

0955 七上八下　1022 七零八落　1023 七花八裂　1024 七支八离

上揭成语都是从"七 × 八 ×"构语格式类推而来,其中二四字的意义都是关联的,有的是同义关系(如"通""达"),有的是反义关系(如"出""没"),有的是类义关系(如"手""脚"),有的原本是双音词(如"颠倒"),这些构语成分被插入"七 × 八 ×"模式中,就批量造出一批相关的成语来,根据语义聚合关系可以分作几组:

1. 形容领悟禅法后妙用自在,纵横无碍的境界。有下面六个成语:

(1)若向这里透得,<u>七通八达</u>,自在遨游。若透不得,满目青山,自生障碍。(《续灯》卷七"道宽禅师",p.201)

(2)要须把断凡圣路头,不立毫末,然后举一毫毛,尽无边香水海,<u>七达八通</u>。(《圆悟禅师语录》卷一三,41-300)

(3)问:"如何是道?"师云:"蹋不着。"僧曰:"蹋着后如何?"师云:"<u>七穿八穴</u>。"(《续灯》卷一五"可齐禅师",p.442)

(4)上堂:"结夏时左眼半斤,解夏时右眼八两。谩云九十日安居,赢得一肚皮妄想。直饶<u>七穴八穿</u>,未免山僧拄杖。虽然如是,千钧之弩,不为鼷鼠发机。"(《普灯》卷二〇"休禅师",p.513)

(5)师云:"<u>七出八没</u>,七纵八横。是则二俱作家,不是则二俱漏逗。毕竟淆讹在什么处?"良久云:"欲得不招无间业,莫谤如来正法轮。"(《广闻禅师语录》卷一,46-72)

(6)上堂曰:"参禅别无奇特,只要当人命根断,疑情脱,千眼顿开。如大洋海底辊一轮赫日,上升天门,照破四天之下。万别千差,一时明了。便能握金

刚王宝剑,<u>七纵八横</u>,受用自在,岂不快哉!"(《普灯》卷七"普鉴禅师",p.184)

本组成语的核心语义为"机用自在",是由"七 × 八 ×"格式类推形成的同义聚合群。

2. 形容各种杂乱的样子。有下面六个成语:

(1)示众云:"<u>七手八脚</u>,三头两面。耳听不闻,眼觑不见。苦乐逆顺,打成一片。"(《联灯》卷一八"德光禅师",p.541)

(2)三棒愚痴不思议,浩浩溶溶自打之。行来目前明明道,<u>七颠八倒</u>是汝机。(《祖堂》卷一〇"玄沙和尚",p.457)

(3)看此话眼眨眨地理会不得,肚里<u>七上八下</u>,方寸中如顿却一团火相似的。(《普觉禅师语录》卷一九,42-372)

(4)上堂云:"建山寂寞,坐倚城郭。无味之谈,<u>七零八落</u>。"以拄杖敲香台,下座。(《续灯》卷六"有文禅师",p.155)

(5)若参得透、见得彻,自然如醍醐上味相似;若是情解未忘,便见<u>七花八裂</u>,决定不能会如此说。(《碧岩录》卷一,p.13)

(6)如今人有的问着,头上一似衲僧气概,轻轻拶着便腰做段、股做截,<u>七支八离</u>,浑无些子相续处。(《碧岩录》卷一,p.27)

本组成语的范畴义不完全相同,核心义均为"乱",是由"七 × 八 ×"格式类推形成的类义聚合群。虽然我们很难考察清楚哪个成员是受到哪个成员的影响产生的,但这些聚合成员是从"七 × 八 ×"式类推而来的当无疑问,成员之间一定存在过相互影响的关系。

(二)同步引申

"同步引申"最早由许嘉璐(1987)提出,是指同义词、近义词或反义词在词义引申过程中会有一种同步发展的现象。比如,甲词和乙词都有相同的 a 义位,在词义演变过程中,同步引申出了相同的 b 义位,这是同义词的同步引申现象。反义词也可以有同步引申现象,指甲、乙两个词有两个相反的义位,在词义演变过程中,又同步引申出了两个相反的义位。同步引申现象反映了语义聚合关系中成员之间的语义类推关系,因而是系统性的重要表现。在汉语语汇里,同义成语和反义成语同样存在同步引申现象,上面举到的"活捉生擒""掣鼓夺旗""决胜千里""弓折箭尽""残弓折箭""倒戈卸甲"六个成语就存在同步引申现象。下面我们再举一组例子。

"指鹿为马"这个成语,我们都很熟悉。语出《史记·秦始皇本纪》:"赵高欲为乱,恐群臣不听,乃先设验,持鹿献于二世,曰:'马也。'二世笑曰:'丞相误邪? 谓鹿为马。'问左右,左右或默,或言马以阿顺赵高。或言鹿,高因阴中诸言鹿者以法。后群臣皆畏高。"(p.273)后定型为"指鹿为马",比喻颠倒黑白、混淆是非的愚痴行为。《后汉书·窦宪传》:"深思前过,夺主田园时,何用愈赵高指鹿为马? 久念使人惊怖。"(p.812)在唐宋禅籍俗成语里,由"指鹿为马"直接或间接类推产生了一大批格式相同或相近的同义成语:

0342 指马作驴 0353 指南为北 0351 指东认西 0351 指东作西 0340 认马作牛
0341 认驴作马 0344 认弓作蛇① 0356 认奴作郎 0343 认弓为矢 0345 认龟作鳖
0347 认指作月 0357 认儿作爷 0347 认指为月 0358 认贼为子 0341 唤驴作马
0345 唤龟作鳖 0349 唤钟作瓮 0351 唤东作西 0353 唤南作北 0356 唤奴作郎

本组成语是由"指×为×""指×作×""认×为×""认×作×""指×认×""唤×作×"格式类推产生的俗成语,大部分成员是在禅林口语中产生的②,语义均比喻颠倒黑白、混淆是非的愚痴行为。各举一例如下:

（1）若不相悉,山僧今日指鹿为马,唱九作十,瞒诸人去也。(《续灯》卷一四"了觉禅师",p.408)

（2）七个八个,指马作驴。三人四人,证龟成鳖。(《妙伦禅师语录》卷一,46-493)

（3）僧提起坐具曰:"争奈这个何?"师云:"指南为北,识得这贼。"(《续灯》卷一九"佛海禅师",p.550)

（4）有优劣无优劣,莫非久在丛林上座,方能辨别。若是初机后学,也莫指东认西。(《广灯》卷二七"澄湜禅师",p.565)

---

① "认弓作蛇"可能和"杯弓蛇影"出于同一语源,即东汉应劭《风俗通义·神怪》。但这两个成语的语义不同,"认弓作蛇"应是禅林依据语源由"认×作×"格式类推而生的俗成语。

② 其中,"指南为北"已见于后秦僧肇《肇论》卷一:"此文乖致殊,而会之一人,无异指南为北,以晓迷夫。"(T45/160c)"认贼为子"已见于唐般剌密帝译《楞严经》卷一:"佛告阿难:'此是前尘虚妄相想惑汝真性,虫汝无始至于今生,认贼为子,失汝元常,故受轮转。'"(T19/108c)剩下的成语均首次见于唐宋禅籍。

（5）肃宗皇帝本是代宗，此误。问忠国师："百年后所须何物？"预搔待痒，果然起模画样。老老大大作这去就，不可<u>指东作西</u>。（《碧岩录》卷二，p.102）

（6）上堂："香山有个话头，弥满四大神洲。若以佛法批判，还如<u>认马作牛</u>。"（《普灯》卷一二"道渊禅师"，p.318）

（7）师云："夹山未得与物俱化，致令影草之流<u>认驴作马</u>。"（《虚堂和尚语录》卷一，46-642）

（8）五派狂分，千枝横出。指鹿为马，<u>认弓作蛇</u>。首惑安心，次迷得髓。（《普灯》卷五"惟湛禅师"，p.133）

（9）僧曰："莫是本来人也无？"师曰："阇梨因什么颠倒？"僧云："学人有何颠倒？"师曰："若不颠倒，你因什么<u>认奴作郎</u>？"（《祖堂》卷六"洞山和尚"，p.302）

（10）上堂曰："明明百草头，明明祖师意。直下便承当，错<u>认弓为矢</u>。惺惺的筑着磕着，懵懂的和泥合水。"（《普灯》卷三"应文禅师"，p.93）

（11）直饶对此明机，未免<u>认龟作鳖</u>。（《普灯》卷二〇"希秀禅师"，p.507）

（12）若见水即海，<u>认指作月</u>，不特大慧忧之，而圆悟又将为之去粘解缚矣。（《碧岩录·序》，p.4）

（13）僧拈问安国："全肯为什么却成辜负？"安国曰："金屑虽贵。"白莲云："不可<u>认儿作爷</u>。"（《祖堂》卷六"洞山和尚"，p.298）

（14）问："见月忘指时如何？"师曰："非见月。"曰："岂可<u>认指为月</u>耶？"师曰："汝参学来多少时也？"（《传灯》卷二五"绍岩禅师"，p.2011）

（15）慎勿向外逐境为心，是<u>认贼为子</u>。（《传灯》卷九"公畿和尚"，p.618）

（16）上堂云："今朝四月初一，万像难逃影质。马祖升堂，百丈卷席，秘魔擎叉，鲁祖面壁。<u>唤驴作马</u>，虾跳不出。麒麟一角尖，乌龟三眼赤。"（《慧性禅师语录》卷一，45-523）

（17）佛涅槃日上堂，曰："兜率降生，双林示灭。掘地讨天，虚空钉橛。四十九年，播土扬尘。三百余会，纳尽败缺。尽力布网张罗，未免<u>唤龟作鳖</u>。"（《普灯》卷二〇"智深禅师"，p.504）

（18）大众，山僧今朝吃粥，也洗钵盂，只是不悟。既是为善知识，为什么却不悟？还会么？岂可<u>唤钟作瓮</u>，终不指鹿为马。（《古尊宿》卷二八"佛眼

语录"，p.530）

（19）颂古云："钵里饭，桶里水，多口阿师难下嘴。北斗南星位不殊，<u>唤东作西</u><u>作什么？坐立俨然。长者长法身，短者短法身。白浪滔天平地起。</u>"（《碧岩录》卷五，p.263）

（20）迷时以空为色，悟即以色为空。迷悟本无差别，色空究竟还同。愚人<u>唤南作北</u>，智者达无西东。（《传灯》卷二九"宝志和尚"，p.2342）

（21）且唤什么作灵觉？有般汉，东西不辨，南北不分。便道："经行及坐卧呢，吃粥吃饭呢。"正是<u>唤奴作郎</u>，认贼作子。（《密庵禅师语录》卷一，45-186）

其中，下面几个成语在唐宋禅林口语中同步引申出了一个新义，禅家形容本心超越后，泯灭差别，打成一片的禅悟境界。

0339 指鹿为马　0353 指南为北　0351 唤东作西

0351 唤西作东　0353 唤南作北　0345 唤龟作鳖

试举几例如下：

（1）财法二施，等无差别。<u>指鹿为马</u>，<u>唤龟作鳖</u>。说时点，点时说。要作破家儿孙，宜把祖灯吹灭。（《梵琼禅师语录》卷一，46-109）

（2）佛子之心，大喜大舍。<u>唤龟作鳖</u>，<u>指鹿为马</u>。偃溪水声，庐陵米价。（《古尊宿》卷四五"真净禅师"，p.868）

（3）保宁有时翻天作地，翻地作天，<u>唤东作西</u>，<u>唤南作北</u>。揿转鼻孔，换却髑髅。（《仁勇禅师语录》卷一，41-15）

（4）不恁么却恁么，昨夜南山虎咬大虫。恁么总不恁么，<u>指南为北</u>，<u>唤西作东</u>。（《慧开禅师语录》卷二，42-22）

在禅宗哲学看来，本心超越后般若智慧就会把世俗矛盾对立的二元意象，转化为圆融和谐的直觉意象，进入了一元、真实、永恒的禅悟之境。此刻就会体证到遍布宇宙的真如自性，事物的差别对立全部泯灭，故指着鹿可以说是马，唤东可以作西。这就是本组成语新义产生的文化理据。

上揭类推造语和同步引申现象表明，语汇系统中不少成语的产生和变化不是孤立发生的，而是受到语义聚合系统中其他成员的影响产生和变化的，这是语汇系统性的深层反映。

第六章　唐宋禅籍俗成语的同义群

　　同义成语指语义基本相同而又有细微差别的成语。两个成语只要有一个义位相同，就构成了同义关系。如果从"范畴义"和"核心义"的角度观察，同义成语的核心语义是相同的，范畴义和核心义也都相同。[①] 由于禅林僧团庞大，创造主体多，话题比较集中，禅宗想象力极其丰富等原因，唐宋禅籍中出现了大量的同义成语群，这是唐宋禅籍俗成语非常鲜明的一个特色。在 1759 条唐宋禅籍俗成语里，共出现了 205 个同义群。其中，超级大群有 1 个，共有 51 个成员[②]；成员在 15 ～ 37 的大群有 7 个；成员在 5 ～ 14 个的中群有 68 个；成员在 5 个以下的小群有 129 个[③]。这些数量庞大的同义群，对于研究同义成语的聚合关系、同义成语的辨析、同义成语的竞争与选择、语汇的系统性都有十分重要的价值。本文重点选择几个大群，一是从理据入手辨析同义群成员的差异；二是从历时的角度描写同义群成员的来源、传承、发展与消亡过程，并分析原因和总结规律。

---

　　① 具体可参本书第五章第四节"同义聚合"部分的论述。

　　② 数字的计算不含变体，如果算上变体，本群同义成员多达 82 条，详见第五章第三节"唐宋禅籍俗成语系统表"中核心语义为"行为虚妄"的同义群，编号从 0271"如猿捉影"到 0321"海底摸针"。

　　③ 下面依次把成员数和群数列出来，小群：2 | 69，3 | 34，4 | 26；中群：5 | 19，6 | 15，7 | 11，8 | 5，9 | 5，10 | 3，11 | 4，12 | 4，13 | 1，14 | 1；大群：15 | 1，16 | 1，17 | 1，19 | 1，20 | 1，21 | 1，37 | 1；超级大群：51 | 1。其中，"|"前的数字表示成员数目，"|"后的数字表示群的数目，如"2 | 70"表示内含 2 个成员的同义群共有 70 个，"51 | 1"表示内含 51 个成员的同义群有 1 个。这些数据是依据本书第五章第三节"唐宋禅籍俗成语系统表"统计出来的。

第一节　唐宋禅籍同义成语辨析

一　同义成语界说

同义成语指语义基本相同而又有细微差别的成语。两个成语只要有一个义位相同,就构成了同义关系。同义成语和近义成语的区别,从"范畴义"和"核心义"的角度观察,同义成语的核心语义是相同的,范畴义和核心义也都相同;近义成语则是范畴义相同而核心义相近,或核心义相同而范畴义相近。这在前面已经分析过了。同义成语和变体成语、异形成语既有联系又有区别,形式不同而意义相同的是同义成语,如掘地觅天——拨火觅沤、指鹿为马——将日作月等;形式略有差别而意义相同的是变体成语,如买帽相头——相头买帽、量才补职——量才处职等;意义和形式完全相同只是用字不同的是异形成语,如舍父逃走——捨父逃走("舍"是"捨"的古体)、空里采花——空里采华("华"是"花"的异体)等。明确了成语的各种语际关系之后,我们就可以辨析同义成语了。本文辨析的同义成语不包括近义成语、变体成语和异形成语。

二　同义成语理据辨析法

同义成语的辨析是研究同义成语的重要课题,传统的辨析方法是从语义、结构、功能、用法、色彩等方面进行辨析,比如倪宝元、姚鹏慈的《汉语成语辨析词典》[①]就是这方面的代表作。但是,如果我们面对庞大的同义成语群,上面的辨析角度很难将每个成语的细微差别区分开来,这是因为很多同义成语在语义、结构、功能、用法、色彩等方面是相同的,它们的区别只是字面取材的不同,表现为字面意义的不同。成语的字面义反映成语生成的理据,不同的成语具有不同的生成理据,所以从理据入手辨析同义成语的差异是一条行之有效的办法。下面以唐宋禅籍最大的同义成语群"行为愚痴徒劳"类成语为例,来说明问题。

在唐宋禅籍俗成语里,最大的同义成语群是核心语义表示"行为愚痴徒劳"的

---

① 倪宝元、姚鹏慈:《汉语成语辨析词典》,商务印书馆,1997年。

成语群。这组成语个个都很形象生动,极具说理性,是汉语成语宝库中的精华。它们的语义具有明显的贬义色彩,在唐宋禅林口语中大多用于禅师对弟子愚痴徒劳的求道行为的贬斥,也有用于对禅师愚痴徒劳的传教行为的贬斥。本群成员不算变体共有 51 个,可能是汉语语汇里最大的同义成语群了,因而对其成员进行辨析就显得格外有意义。下面我们先把这组成语列在下方:

0271 如猿捉影　0272 钻冰求火①　0273 敲钟谢响②　0274 扣空追响③　0275 劳而无功
0276 画饼充饥④　0277 掘地觅天⑤　0278 仰面寻地　0279 日中逃影　0280 引手撮空
0281 翻身掷影　0282 火中钓鳖　0283 日里藏冰　0284 刻舟求剑⑥　0285 担雪填井⑦
0286 离波求水　0287 空里采花　0288 对牛弹琴　0289 炊沙作饭⑧　0290 扬声止响
0291 弃影劳形⑨　0292 水中捉月⑩　0293 斩头觅活⑪　0294 虚空钉橛⑫　0295 磨砖作镜⑬
0296 拨火觅沤⑭　0297 拨沤觅火　0298 泥里洗泥⑮　0299 敲空觅响　0300 镜里求形
0301 缘木求鱼⑯　0302 泼油救火　0303 碎珠觅影⑰　0304 接竹点天　0305 持蠡酌海⑱
0306 将盐止渴　0307 弄光认影　0308 寻声逐响　0309 承虚接响⑲　0310 影响相驰

---

① 在唐宋禅籍语录里,还有"敲冰求火""敲冰取火"2 个变体。
② 在唐宋禅籍语录里,还有"锤钟谢响"1 个变体。
③ 在唐宋禅籍语录里,还有"扣空求响"1 个变体。
④ 在唐宋禅籍语录里,还有"充饥画饼"1 个变体。
⑤ 在唐宋禅籍语录里,还有"掘地讨天""低头觅天"2 个变体和"掘地觅青天"1 个散体。
⑥ 在唐宋禅籍语录里,还有"刻舟寻剑"1 个变体和"刻舟犹觅剑"1 个散体。
⑦ 在唐宋禅籍语录里,还有"搬雪填井"1 个变体。
⑧ 在唐宋禅籍语录里,还有"蒸沙作饭"1 个变体。
⑨ 在唐宋禅籍语录里,还有"弄影劳形""弄影逃形"2 个变体。
⑩ 在唐宋禅籍语录里,还有"波中取月""波中捉月""水中拈月""水中捞月"4 个变体。
⑪ 在唐宋禅籍语录里,还有"斩头求活""断头取活"2 个变体。
⑫ 在唐宋禅籍语录里,还有"空里钉橛""钉橛空中"2 个变体和"虚空里钉橛"1 个散体。
⑬ 在唐宋禅籍语录里,还有"磨砖成镜"1 个变体。
⑭ 在唐宋禅籍语录里,还有"拨火求沤"1 个变体和"拨火觅浮沤"1 个散体。
⑮ 在唐宋禅籍语录里,还有"泥中又洗泥"1 个散体。
⑯ 在唐宋禅籍语录里,还有"缘木取鱼"1 个变体。
⑰ 在唐宋禅籍语录里,还有"碎珠求影"1 个变体。
⑱ 在唐宋禅籍语录里,还有"持螺酌海"1 个变体。
⑲ 在唐宋禅籍语录里,还有"乘虚接响""接响承虚"2 个变体。

0311 水上觅沤　0312 掉棒打月　0313 阳焰充饥　0314 阳焰翻波　0315 望梅止渴①

0316 捕风捉影②0317 把火烧天　0318 如篮盛水　0319 干竹绞汁　0320 扫雪求迹

0321 海底摸针

本组成语表达的基本语义特征是目标的虚妄、行为的愚痴和结果的徒劳③。那么,它们之间的区别是什么呢? 传统的成语辨析法,恐怕难以理出头绪。根据字面义反映出的造语理据,可以分作两大组:

1. 前后两个语步表示“行为”和“目的”的关系,语义生成的理据是通过“行为”所支配的喻象与“目的”所关涉的喻象之间的各种对立关系,来表达“目的”的虚妄、“行为”的愚痴和“结果”的徒劳。我们先举个例子说明。比如“敲冰求火”这个成语,“敲”支配的喻象是“冰”,“求”关涉的对象是“火”,“敲冰”和“求火”是行为和目标的关系。按照客观事理来说,“冰火”不相容,“冰”中不会藏有“火”,敲击寒冰以求取火苗,目标是虚妄的,行为是愚痴的,结果注定是徒劳的。故“敲冰求火”比喻做事采取的行动和目的相反,根本不可能实现目的。语义生成的理据是通过“冰”“火”两极对立、不可共存的喻象间的关系表达出来的。根据喻象之间各种不同的对立关系,这组成语可以细分为如下八种情况:

第一,从位置关系来看,两个喻象相互对立、永不相交。本组成语的“掘地觅天”和“仰面寻地”属于这种情况。

（1）问:“久响白牛,未审牛在什么处?”曰:“掘地觅天。”云:“争奈目前露迥迥地。”曰:“切忌见鬼。”(《普灯》卷六“梵卿禅师”,p.167)

（2）上堂:“低头觅天,仰面寻地。波波挈挈,远之远矣。蓦然撞着徐十三郎,嘎! 原来只在这里。”(《原妙禅师语录》卷一,47-286)

例（1）“掘地觅天”,“天”与“地”两极对立,永不相交,用“掘地”的方式去实现“觅天”的目的,目标是虚妄的,行为是愚痴的,结果注定是徒劳的。故“掘地觅天”比喻做事采取的行动和目的相反,根本不可能实现目的。例（2）“仰面寻地”,仰面朝天企图求觅大地。“仰面”对着天,望天以寻觅与“天”相对立的“地”,目标

---

① 在唐宋禅籍语录里,还有“梅林止渴”“望林止渴”2 个变体。

② 在唐宋禅籍语录里,还有“捕风系影”“捕风捉月”2 个变体。

③ 除了“劳而无功”字面义就是使用义,表示徒劳无功的行为,语义较为单纯外,其他成语基本都含有这三个语义特征。

也是虚妄的,行为是愚痴的,结果必定也是徒劳的。故"仰面寻地"比喻做事采取的行动和目的相反,愚痴而徒劳。这两个成语结构中含有"觅""寻"的语义成分,所以语义适用于寻觅事物的场合,禅家多用于比喻求觅佛法的徒劳行为。

第二,从形态来看,两个喻象相互对立,一方能够消融另一方,不能共存。本组成语中的"担雪填井""日里藏冰""拨沤觅火""拨火觅沤""钻冰求火"属于这种情况。

（3）瞿昙不守本分,独坐妙峰孤顶。广说海藏言诠,一如担雪填井。（《续灯》卷一八"自龄禅师",p.514）

（4）上堂:"昆仑奴着铁裤,打一棒行一步,争似火中钓鳖,日里藏冰。阴影问翻魍魉,虚空缚杀麻绳。"（《普灯》卷一二"继成禅师",p.314）

（5）师乃云:"明明不退转,历历无生忍,弥纶万有,含吐十虚,离见绝闻,超声越色。若谓即心即佛,正如头上安头。更言非佛非心,大似拨沤觅火。"（《圆悟禅师语录》卷三,41-214）

（6）拨火觅沤愚不少,担泉带月智何多。（《惟一禅师语录》卷四,49-764）

（7）禅非意想,道绝功勋。若以意想参禅,如钻冰求火,掘地觅天,只益劳神。（《圆悟禅师语录》卷一五,41-324）

例（3）"担雪填井",表示担雪去填塞井水。"井水"是能够消融"雪"的,用"担雪"的方式去实现"填井"的目的,当然也是徒劳的。故"担雪填井"比喻做事方式不当,愚痴而徒劳。例（4）"日里藏冰",太阳能融化冰块,想在太阳的暴晒下收藏冰块,必然是愚痴徒劳的。故"日里藏冰"比喻做事方式和目的相反,愚痴而徒劳。例（5）"拨沤觅火"、例（6）"拨火觅沤","沤"指水泡,"水""火"不相容,水中不会藏有火,火中也不会藏有水,无论是拨开水泡求取火苗,还是拨开火苗求取水泡,都是愚痴徒劳的行为,故这两个成语均比喻做事方式和目的相反,愚痴而徒劳。例（7）"钻冰求火"与"敲冰求火"略同。同样,后面三个成语结构中含有"觅""求"的语义成分,所以语义适用于求觅事物的场合,禅家常用来贬斥求觅佛法的愚痴而徒劳的行为。前面两个成语"担雪填井""日里藏冰"则是贬斥师家愚痴徒劳的教化行为,语义中不含"求觅"的特征。

第三,从事物的本质关系来看,两个喻象是同质的关系。如果做事违背这种事理,必将是徒劳无功的。本组成语中的"泥里洗泥""离波求水"属于这种情况。

（8）浴佛上堂："鹰窠里懵鸱,鸠巢中俊鹘。称尊未必尊,做小未必小。只么<u>泥里洗泥</u>,到了全没分晓。有分晓,海水不禁杓子舀。"（《了慧禅师语录》卷一,46-426）

（9）问："十二时中如何合道?"师曰："与心合道。"曰："毕竟如何?"师曰："土上加泥犹自可,<u>离波求水</u>实堪悲。"（《五灯》卷一三"普满禅师",p.808）

例（8）"泥里洗泥",在稀泥中洗稀泥。"泥"与"泥"是同质依存的关系,在稀泥中洗稀泥,注定是愚痴徒劳的。例（9）"离波求水","波"与"水"是共生相融的,离开水源求水,也是愚痴徒劳的。这两个成语均比喻做事方式不当,愚痴而徒劳。其中,禅家常用"泥"隐喻言语义理等纠缠,故"泥里洗泥"常比喻陷入言语义理等纠缠,不能干净利落地悟道。"离波求水"结构中含有"求觅"的语义成分,禅家用于贬斥离开本心别求佛道的愚痴行为。

第四,两个喻象不可转化,不论进行何种努力,都是虚妄徒劳。本组成语的"磨砖作镜""炊沙作饭"属于这种情况。

（10）马和尚在一处坐,让和尚将砖去面前石上磨。马师问："作什么?"师云："<u>磨砖作镜</u>。"马师曰："磨砖岂得成镜?"师云："磨砖尚不成镜,坐禅岂得成佛也?"（《祖堂》卷二"怀让和尚",p.191）

（11）若是新入众的也,须究理始得,莫趁这边三百五百一千,傍边二众丛林称道好个住持,洎乎道着佛法,恰似<u>炊沙作饭</u>。（《古尊宿》卷一四"诿禅师",p.237）

例（10）"磨砖作镜","砖"不能发光发亮,如何磨砺都不可能变成镜子,因此想把"砖"磨成"镜子"只能是愚痴徒劳的虚妄行为。例（11）"炊沙作饭","沙"永不可能转变为"饭食",通过"炊沙"的行为来求得"饭食",必然是愚痴徒劳的虚妄行为。这两个成语均比喻做事方式虚妄,愚痴而徒劳,禅家常用来贬斥虚妄徒劳的悟道行为,其中,"炊沙作饭"也用来贬斥师家虚妄徒劳的教化作略。

第五,两个喻象毫不相干,一方不会存在于另一方,或一方不能领会另一方,采取的行动是无法实现目标的。本组成语的"缘木求鱼""火中钓鳖""如篮盛水""刻舟求剑""对牛弹琴"属于这种情况。

（12）上堂云："闻声悟道,何异<u>缘木求鱼</u>? 见色明心,大似迷头认影。诸仁者,不用续凫截鹤。"（《倚遇禅师语录》卷一,39-725）

（13）上堂："昆仑奴着铁裤，打一棒行一步，争似<u>火中钓鳖</u>，日里藏水（冰）。阴影间翻魍魉，虚空缚杀麻绳。"（《普灯》卷一二"继成禅师"，p.314）

（14）上堂："我见瞒人汉，<u>如篮盛水</u>走。一气归到家，篮里何曾有？"（《仁勇禅师语录》卷一，41-15）

（15）当机密荐个中玄，女子何因坐佛前？切莫途中为解碍，<u>刻舟求剑</u>实徒然。（《慧方禅师语录》卷一，41-807）

（16）若言一切智智清净，又未有衲僧气息，山僧今日为众竭力，祸出私门，还会么？<u>对牛弹琴</u>，不入牛耳。吽。（《续灯》卷二二"汝能禅师"，p.632）

例（12）"缘木求鱼"，"鱼"非生活于树上，爬到树上试图求取鱼，必将是徒劳无功的行为。例（13）"火中钓鳖"，"鳖"生活在水中，想于"火"中钓取"鳖"，必将是徒劳无功的。例（14）"如篮盛水"，篮子有缝隙不能盛水，用竹篮来盛水，结果必然是一无所获的。例（15）"刻舟求剑"，剑在舟中方可觅，但"剑"已落水而"舟"已行，在坠剑的地方刻舟事后再去寻剑，必然是徒劳的。例（16）"对牛弹琴"，"牛"与"琴"（高雅的音乐）不相关，对着牛弹奏高雅的音乐，牛是不会欣赏的。这几个成语均比喻做事方式不当，根本不可能达到目的。其中，"缘木求鱼""刻舟求剑"结构中含有"求觅"的语义特征，这两个成语禅家常用来贬斥徒劳愚痴的悟道行为，而"刻舟求剑"的典源含有"拘泥成法，不知变通"的语境特点，故禅家多喻悟道拘泥成法，不知变通的徒劳行为。"火中钓鳖"结构中含有"钓"字，含有"救度苦海"之喻义，故禅家用于贬斥师家虚妄徒劳的教化行为。"对牛弹琴"在禅籍中常用于师家对求法僧人不能领会佛法意旨的贬斥，"如篮盛水"在这里则喻修行佛法空无所获。可见，这些成语语义和用法的细微差别都跟字面结构中蕴含的理据密切相关。

第六，两个喻象彼此助势，若试图以一方来压制或消除另一方，必然徒劳无功，甚至会起到相反的作用，使事情越来越糟糕。本组成语"泼油救火""将盐止渴""扬声止响""敲钟谢响"属于这种情况。

（17）如此之流，邪魔恶毒入其心腑，都不觉知。欲出尘劳，如<u>泼油救火</u>，可不悲哉。（《普觉禅师语录》卷二〇，42-378）

（18）上堂曰："谈玄说妙，撒屎撒尿。行棒行喝，<u>将盐止渴</u>。立主立宾，华擘宗乘。设或总不恁么，又是鬼窟里坐。"（《普灯》卷一八"守净禅师"，p.463）

（19）北齐天保初,闻二祖盛化,乃致书通好,曰:"影由形起,响逐声来。弄影劳形,不识形为影本。<u>扬声止响</u>,不知声是响根。"(《传灯》卷三"向居士",p.150)

（20）睦州刺史陈操,与僧斋次,拈起糊饼,问僧:"江西、湖南还有这个么?"僧曰:"尚书适来吃个什么?"陈曰:"<u>敲钟谢响</u>。"(《传灯》卷一二"陈操",p.865)

例（17）"泼油救火","油"能使"火"越烧越旺,用油去扑灭火焰,不仅于事无补,反而使情况更加糟糕。例（18）"将盐止渴",用吃盐的方式来止渴,只能是越吃越口渴。例（19）"扬声止响",声音越大回声就越大,通过提高声音来制止回声,非但不能实现目的,反而更加糟糕。例（20）"敲钟谢响",钟声因敲钟而得以存在,但以敲击大钟的方式以求得停止钟响,是根本不可能实现的。这四个成语均比喻做事方式不当,结果适得其反,更加糟糕。其中,禅籍中"将盐止渴""敲钟谢响"用于形容师家适得其反的教化行为,而"泼油救火""扬声止响"既用于师家适得其反的教化行为,也用于禅僧适得其反的悟道行为。由于"扬声止响"结构中含有"声""响"等佛教虚妄的意象,故语义含有虚妄的色彩义。

第七,从依存关系来看,一个喻象依托另一个喻象而存在,破除一个喻象企图寻求另一个喻象必然是徒劳的。本组成语的"扫雪求迹""日中逃影""翻身掷影""弃影劳形""碎珠觅影""斩头觅活"属于这种情况。

（21）太白死句中有活句,诸老活句中有死句。死活向上有事在,拟议寻思。吴元济不待夜入蔡州城,已被擒捉了也。具透关眼者,切忌<u>扫雪求迹</u>。(《绍昙禅师广录》卷六,46-349)

（22）既已无我,将什么为善恶? 立哪个是凡圣? 汝还信否? 还保任否? 有什么回避处? 恰似<u>日中逃影</u>相似,还逃得么? (《联灯》卷六"利踪禅师",p.185)

（23）上堂曰:"引手撮空,辗转莫及。<u>翻身掷影</u>,徒自劳形。当面拈来,却成蹉过。毕竟如何?"拍禅床曰:"泊合错商量。"(《普灯》卷八"晓钦禅师",p.208)

（24）若求真去妄,犹<u>弃影劳形</u>。若体妄即真,似处阴影灭。(《传灯》卷三〇"答皇太子问心要",p.2419)

（25）怎么道,使谓之入理深谈。更作禅道佛法商量,入地狱如箭射。虽然如是,不可<u>碎珠觅影</u>,缘木求鱼去也。(《慧远禅师语录》卷三,45-50)

（26）拈拄杖示众云:"若向这里会去,是头上安头。若也不会,又是<u>斩头觅活</u>。"(《续灯》卷六"倚遇禅师",p.168)

例（21）"扫雪求迹",印迹留存在雪中,如果扫除积雪后,妄图再寻觅雪中的印迹,必然是虚妄徒劳的行为。例（22）"日中逃影",影子依托日光而存在,在日光下想甩开自己的影子,结果一定是徒劳的。例（23）"翻身掷影",身影依存于身体,翻转身体妄图抛弃影子,必定是徒劳无功的。例（24）"弃影劳形"指试图抛弃跟随形体的影子,也一定是徒劳无功的。例（25）"碎珠觅影","珠影"依附珍珠而存在,打碎珍珠试图再求觅珠影,注定是徒劳而虚妄的。例（26）"斩头觅活",生命依存于头,有"头"方能活命,但斩下了头还想觅活,自然是实现不了的。在佛教文化语境中,"影"常用来喻虚妄的事物,故"日中逃影""翻身掷影""弃影劳形"用来形容悟道不当,试图抛弃妄念,愚痴而徒劳。在"扫雪求迹""碎珠觅影""斩头觅活"的结构中含有"求觅"的语义成分,禅家常用来形容求觅佛法虚妄而徒劳的行为。

第八,行为所关涉的喻象本可以达到目的,但采取的行动却是虚妄的,想要达到目的是不可能的,结果只会是徒劳而无功。本组成语的"画饼充饥""望梅止渴""干竹绞汁"属于这种情况。

（27）师云:"谈玄说妙,譬如<u>画饼充饥</u>。入圣超凡,大似飞蛾赴火。一向无事,败种蕉芽。更若驰求,水中捉月。"(《续灯》卷一九"广鉴禅师",p.545)

（28）告香普说:"灵山密付,黄叶止啼。少室亲传,<u>望梅止渴</u>。乃至德山棒,临济喝,雪峰辊球,道吾舞笏,祕魔擎叉,禾山打鼓,清原垂足,天龙竖指,尽是弄猢狲的闲家具,到这里总用不着。"(《慧开禅师语录》卷二,42-17)

（29）予闻绪言而喜,乃<u>干竹绞汁</u>,沥这些一滴,掷一掷授印生,以一任落乎江湖,放乎四海。(《慧开禅师语录》卷二,42-30)

例（27）"画饼充饥","饼"本来可以充饥,但是用在地上"画饼"的方式来达到"充饥"的目的,却是虚妄徒劳的行为。例（28）"望梅止渴","梅子"本可以止渴,但用望梅林这样虚妄的方式,只能口中流涎,想真正达到止渴的目的,也是不可能的。例（29）"干竹绞汁",竹子本有水汁,但企图从干枯的竹竿里绞出水汁,却是虚妄徒劳的行为。这几个成语均比喻做事脱离实际,虚妄而徒劳。其中,"画饼充饥",禅家常用来比喻妄图用言语作略领悟佛法妙义,虚妄而徒劳。"望梅止渴",禅家用来比喻施教或悟道方式虚妄,徒劳而无功。

2. 通过追求、依托虚妄或不可及的事物来体现目标的虚妄、行为的愚痴和结果的徒劳。比如"引手撮空"这个成语,"空"是虚幻不实的事物,伸手想抓取虚无形质的虚空,追求的目标就是虚妄的事物,行为当然是愚痴的,结果也只能是徒劳的。语义生成的理据是追求不可实现的目标,结果必定是徒劳而无功。根据所追求喻象的特点,这组成语可以细分为如下三种情况:

第一,喻象本身是无形的,或者是转瞬即逝的,都是不可把捉的虚幻之物。追求这样的事物,结果只能是徒劳无功的。本组成语的"如猿捉影""水中捉月""弄光认影""捕风捉影""镜里求形""扪空追响""敲空觅响""寻声逐响""影响相驰""承虚接响""水上觅沤""引手撮空"属于这种情况。

(30)向上一路,千圣不传。学者劳形,<u>如猿捉影</u>。(《祖堂》卷一五"盘山和尚",p.664)

(31)若将意解度量,迢迢十万八千。更乃息念观空,大似<u>水中捉月</u>。语上觅会,永劫沉沦。(《广灯》卷一九"山郁禅师",p.345)

(32)直须瞎却诸人眼,始解剪除病根。从教摸地捞天,免人<u>弄光认影</u>。过此已还,吾不知也。(《联灯》卷二九"思慧禅师",p.917)

(33)你若抵死,更不知归。坚欲<u>捕风捉影</u>,不妨竖起生铁脊梁。(《祖钦禅师语录》卷二,47-362)

(34)上堂,举先圣云:"若也广寻文义,犹如<u>镜里求形</u>。更乃息念观空,喻似日中逃影。"(《古尊宿》卷四六"慧觉和尚",p.903)

(35)忽告诸徒:"<u>扪空追响</u>,劳你神耶?梦觉觉非,觉有何事?"(《祖堂》卷五"德山和尚",p.276)

(36)示众云:"青霄鸟道,登者即迷。碧海无波,动犯风影。今时学者也似<u>敲空觅响</u>,击石求声,火中求水,水里觅火。"(《联灯》卷二五"常察禅师",p.763)

(37)言王若成佛时,王子亦随出家,此意大难知。只教你莫觅,觅便失却。如痴人山中叫一声,响从谷出,便走下山趁。及乎觅不得,又叫一声,山上响又应,亦走上山上趁。如是千生万劫,只是<u>寻声逐响</u>人,虚生浪死汉。(《广灯》卷

八"断际禅师",p.97）

（38）上堂云："太阳东升,烁破大千之暗。诸人若向明中立,犹是<u>影响相驰</u>。若向暗中立,也是藏头露影汉。"（《续灯》卷六"大觉禅师",p.154）

（39）山河举唱,孰是知音？水鸟谈真,何人善听？然虽如是,知者方知。更若心眼未开,切忌<u>承虚接响</u>。（《续灯》卷二五"齐月禅师",p.682）

（40）何必闻声悟道,见色明心？非唯<u>水上觅沤</u>,已是眼中着屑。（《五灯》卷二〇"明辩禅师",p.1318）

（41）上堂曰："<u>引手撮空</u>,辗转莫及。翻身掷影,徒自劳形。当面拈来,却成蹉过。"（《普灯》卷八"晓钦禅师",p.208）

在佛教哲学象征系里,"影""水月""响"等都是虚幻之物,是佛教宣扬世界一切皆虚妄的常用譬喻意象。故追求这些虚幻不实的事物,目标是虚妄的,行为是愚痴的,结果注定是徒劳的,这是本组成语生成的文化理据。例（30）"如猿捉影"指就像猿猴试图捕捉水中虚幻的月影,例（31）"水中捉月"指在水中捕捉虚幻的月影,例（32）"弄光认影"指摆弄虚幻的月光和妄认虚幻的影子,例（33）"捕风捉影"指捕捉虚幻不实的风影,例（34）"镜里求形"指求取镜子里的虚幻影像,例（35）"扪空追响"指扪摸虚空,追逐虚幻的声响,例（36）"敲空觅响"指敲击虚空求觅虚幻的声响,例（37）"寻声逐响"指寻觅声音以追逐回声,例（38）"影响相驰"指追逐虚幻的影响,例（39）"承虚接响"指承接虚空和声响,例（40）"水上觅沤"指从水面上寻觅生灭无常的浮沤,例（41）"引手撮空"指伸手抓取虚空。这些成语均比喻追求虚幻不实的事物,必定徒劳而无功。禅家常用来比喻悟道方式不当,追求虚妄不实的东西,徒劳而无功。

第二,依托虚幻不实的事物妄图实现目标,这种虚妄的做事方式,结果必定是徒劳而无功的。本组成语的"虚空钉橛""空里采花""阳焰充饥""阳焰翻波"均属于这种情况。

（42）佛涅槃日上堂,曰："兜率降生,双林示灭。掘地讨天,<u>虚空钉橛</u>。四十九年,播土扬尘。三百余会,纳尽败缺。"（《普灯》卷二〇"智深禅师",p.504）

（43）若是学语之流,不自省己知非,真欲向<u>空里采花</u>,波中捉月,还着得心力么？（《联灯》卷二五"幻璋禅师",p.785）

（44）释迦出世,弄假像真。达磨西来,将长就短。德山棒、临济喝,<u>阳焰充</u>

饥,梅林止渴。(《仁勇禅师语录》卷一,41-11)

（45）上座自会即得,古人意旨不然。既恁么会不得,合作么生会?上座欲得会么?但看泥牛行处,阳焰翻波,木马嘶时,空花坠影。圣凡如此,道理分明。何须久立,珍重!（《传灯》卷二六"智觉禅师",p.2094）

例（42）"虚空钉橛",虚空无质不能置物,在虚无形质的空中钉橛子,这种虚妄的做事方式,结果必定是徒劳而无功的。例（43）"空里采花",虚空无质不可能有真花,在虚无形质的虚空采摘花朵,也必定是徒劳而无功的。例（44）"阳焰充饥"、例（45）"阳焰翻波","阳焰"指阳光下浮动的、闪亮的尘埃,渴鹿妄以为是解渴的水波便去追逐,结果徒劳而无功。这些成语均比喻做事虚妄,根本不可能实现目的。

第三,追求的目标是遥不可及或深不可测的事物,结果也只能是徒劳的。这样的成语有"接竹点天""把火烧天""掉棒打月""持蠡酌海""海底摸针"。

（46）此平常心无心之语,成却多少人,误却多少人。往往不知泥中有刺,笑里有刀者。何啻如掉棒打月,接竹点天。（《原妙禅师语录》卷一,47-301）

（47）从他谤,任他非,把火烧天徒自疲。我闻恰似饮甘露,销融顿入不思议。（《传灯》卷三〇"真觉大师",p.2425）

（48）此事若向言语上觅,一如掉棒打月,且得没交涉。（《碧岩录》卷九,p.409）

（49）若谓本光之地,理合如然,正是坐井观天,持蠡酌海。（《联灯》卷一六"才禅师",p.480）

（50）声成文,谓之音。作如是观,海底摸针。空王至今,悠悠我心。（《居简禅师语录》卷一,46-34）

例（46）"接竹点天",天空是高不可及的,连接竹竿妄图点到天空,目标虚妄,行为愚痴,结果徒劳。例（47）"把火烧天",举起火把去焚烧遥不可及的天空,结果也是徒劳而愚痴的。例（48）"掉棒打月",手持棍棒试图打到天上遥不可及的月亮,这也是徒劳而愚痴的行为。例（49）"持蠡酌海",大海的水是无量难测的,用瓠瓢酌取无量的海水,目标是虚妄的,也是愚痴而徒劳的行为。例（50）"海底摸针",企图在深广不可测的大海里捞取极为细小的针,这也是蛮干徒劳的行为。这些成语均比喻做事采取的行动离追求的目标遥不可及,愚痴而徒劳。禅家常用以比喻悟道的方式离目标遥不可及,愚痴而徒劳。

　　为了更加清晰地比较本组同义成语的细微差别,根据前面的辨析结果制表如下:

表6-1:唐宋禅籍"行为徒劳"类同义成语语义辨析表

第一组	成语条目	喻象关系	行为	方式	结果	特征
一	掘地觅天	对立	求法	相反	徒劳	愚痴
	仰面寻地	对立	求法	相反	徒劳	愚痴
二	担雪填井	消融	施教	不当	徒劳	愚痴
	日里藏冰	消融	施教	不当	徒劳	愚痴
	拨火觅沤	不相容	求法	相反	徒劳	愚痴
	拨沤觅火	不相容	求法	相反	徒劳	愚痴
	钻冰求火	不相容	求法	相反	徒劳	愚痴
三	泥里洗土	同质	悟道	纠缠	徒劳	愚痴
	离波求水	同质	求法	相反	徒劳	愚痴
四	磨砖作镜	不转化	悟道	虚妄	徒劳	愚痴
	蒸沙作饭	不转化	悟道/施教	虚妄	徒劳	愚痴
五	缘木求鱼	不相干	求法	不当	徒劳	愚痴
	火中钓鳖	不相干	施教	虚妄	徒劳	愚痴
	如篮盛水	不合用	悟道	不当	徒劳	愚痴
	刻舟求剑	不合用	求法	拘泥	徒劳	愚痴
	对牛弹琴	不领会	施教	不当	徒劳	愚痴
六	泼油救火	助势	悟道/施教	适得其反	徒劳	愚痴
	将盐止渴	助势	施教	适得其反	徒劳	愚痴
	扬声止响	助势	悟道/施教	适得其反	徒劳	愚痴
	敲钟谢响	助势	施教	适得其反	徒劳	愚痴
七	扫雪求迹	依存	求法	虚妄	徒劳	愚痴
	日中逃影	依存	悟道	不当	徒劳	愚痴
	翻身掷影	依存	悟道	不当	徒劳	愚痴
	弃影劳形	依存	悟道	不当	徒劳	愚痴
	碎珠觅影	依存	求法	虚妄	徒劳	愚痴
	斩头觅活	依存	求法	虚妄	徒劳	愚痴

续表

第一组	成语条目	喻象关系	行为	方式	结果	特征
八	画饼充饥	不合用	悟道	虚妄	徒劳	愚痴
	望梅止渴	不合用	悟道 / 施教	虚妄	徒劳	愚痴
	干竹绞汁	不合用	悟道	不当	徒劳	愚痴
第二组	成语条目	喻象关系	行为	方式	结果	特征
一	如猿捉影	施受	悟道	追求虚幻	徒劳	愚痴
	水中捉月	处所受事	悟道	追求虚幻	徒劳	愚痴
	弄光认影	同性质	悟道	追求虚幻	徒劳	愚痴
	捕风捉影	同性质	悟道	追求虚幻	徒劳	愚痴
	镜里求形	处所受事	求法	追求虚幻	徒劳	愚痴
	扪空追响	同性质	悟道	追求虚幻	徒劳	愚痴
	敲空觅响	不相干	求法	追求虚幻	徒劳	愚痴
	寻声逐响	依存	悟道	追求虚幻	徒劳	愚痴
	影响相驰	同性质	悟道	追求虚幻	徒劳	愚痴
	承虚接响	同性质	悟道	追求虚幻	徒劳	愚痴
	水上觅沤	依存	求法	追求虚幻	徒劳	愚痴
	引手撮空	工具受事	悟道	追求虚幻	徒劳	愚痴
二	虚空钉橛	处所受事	悟道 / 施教	凭借虚妄	徒劳	愚痴
	空里采花	处所受事	悟道	凭借虚妄	徒劳	愚痴
	阳焰充饥	不合用	悟道 / 施教	凭借虚妄	徒劳	愚痴
	阳焰翻波	相似	悟道 / 施教	凭借虚妄	徒劳	愚痴
三	接竹点天	不合用	悟道	遥不可及	徒劳	愚痴
	把火烧天	不合用	悟道	遥不可及	徒劳	愚痴
	掉棒打月	不合用	悟道	遥不可及	徒劳	愚痴
	持蠡酌海	不合用	悟道	遥不可及	徒劳	愚痴
	海底摸针	处所受事	悟道	遥不可及	徒劳	愚痴

通过上述分析,从字面义出发辨析成语结构中蕴含的理据,可以有效地把同义

成语的细微差别揭示出来。大量的成语在语法结构、语义表达、使用功能和感情色彩等方面基本相同,最明显的区别就是字面取材的不同,字面取材的不同就意味着字面义的不同,字面义是成语语义生成的理据,所以分析理据是辨析同义成语细微差别的有效方法,也是比较深入的分析方法,很值得我们在同义成语辨析过程中去使用。

第二节　唐宋禅籍同义成语群历时研究

唐宋禅籍俗成语的来源是多元的,这些成语在唐宋禅籍里形成了一个个同义聚合群。从历史的角度观察,同义群里的成语来源情况是怎样的呢? 它们在汉语史上的使用情况是怎样的呢? 后来的命运又是怎样的呢? 这是一个饶有兴趣的话题。下面我们选择"言语胡乱"和"做事多余"两个大群,从历时的角度描写同义群成员的来源、传承、发展与消亡过程,并试图分析原因和总结规律。

一　"言语胡乱"类

在唐宋禅籍俗成语里,核心语义是"言语胡乱"的同义成语群,共有 16 个正体,17 个变体,总共 33 条成语。由于变体也参与同义群的竞争,所以和正体放在一起讨论。下面把这些成员先列举出来。

0927 东语西话　0927 东道西说　0927 东说西说　0927 东话西话　0927 说东道西
0928 道听途说　0928 道听途言　0929 说黄道黑　0929 说青道黄　0929 说黄道赤
0929 说青道黑　0929 说白道黑　0930 驴唇马嘴　0931 磨唇捋嘴　0931 磨唇缩嘴
0932 说长说短　0932 说短论长　0933 摇唇鼓舌　0933 鼓舌摇唇　0933 鼓唇摇舌
0933 鼓动唇吻　0934 胡言汉语　0934 汉语胡言　0935 胡说乱道　0935 胡道乱说
0936 脱空谩语　0936 脱空妄语　0937 唐言梵语　0938 颠言倒语　0939 问东答西
0940 指天说地　0941 指东指西　0942 指南言北

(一)语义辨析

本组成语的核心语义是表示言语胡乱,属于同义聚合关系。但在语义上有细微差别,下面从理据入手先扼要辨析这种细微差别。

1.表示说话漫无边际,胡乱说道

这样的成员有"东语西话""东道西说""东说西说""东话西话""说东道

西""说长说短""说短论长"7 个,语义构成中有两极对立的"东西"和"长短",用来泛指"无边际"的语义特征。

2. 表示说话没有凭据,凭空乱讲

这样的成员有"道听途说""道听途言""胡言汉语""汉语胡言""胡说乱道""胡道乱说""脱空谩语""脱空妄语"8 个,语义构成中含有"胡乱""脱空""谩""妄"等表示"无凭据"的语义特征,"道听途说""道听途言"指在路上听来的话,又在路上向人传播,也都含有"无凭据"的语义特征。

3. 表示说话没有节制,胡乱说道

这样的成员有"说黄道黑""说青道黄""说黄道赤""说青道黑""说白道黑""磨唇捋嘴""磨唇缩嘴""摇唇鼓舌""鼓舌摇唇""鼓唇摇舌""鼓动唇吻""唐言梵语"12 个。其中,"说黄道黑"类成语用颜色词"黄""黑""青"等表示说话内容杂乱无节制,"磨唇捋觜"类成语用说话工具"嘴巴""唇舌"的不停转动表示说话无节制,胡乱说道。"唐言梵语"用两种语言表示说话无节制。

4. 表示说话没有逻辑,颠倒错乱

这样的成员有"颠言倒语""驴唇马嘴""问东答西""指天说地""指东指西""指南言北"6 个。其中,"颠言倒语"用"颠倒"直陈说话错乱,"驴唇马嘴"用"驴唇""马嘴"的不相干,表示说话错乱无逻辑,"问东答西"等用"东西""天地""南北"两极对立的喻象,表示说话没有逻辑,颠倒错乱。另外,"指天说地""指东指西""指南言北"在言说的同时还伴随手势。

(二)历时考察

下面按汉语史的分期分上古汉语、中古汉语、近代汉语和现代汉语四段,对本组成语在汉语史上不同时段的用例数据进行统计,在数据统计的基础上探讨相关的问题。由于唐宋禅籍俗成语绝大多数是在近代汉语产生和发展的,所以把近代汉语时段细分为唐(含五代)、宋、元、明、清五段分别统计。数据统计的来源有三:一是用 CBETA 电子佛典(2014 版)统计佛教文献用例的数据[①],二是用中国基本古籍

[①] 为了准确呈现各时段例子的实际使用情况,本表的数据是经排比查重用例、除去异文后得到的纯净数据,异文包括同时代异文和之前时代异文两种情况。所以本表每个时段下的数据就是该成语形式在本时代新见用例的数据。

库统计世俗文献用例的数据^①，三是用北大 CCL 语料库统计现代汉语的用例数据。这里先把统计的数据列于下表^②：

表 6-2：唐宋禅籍"言语胡乱"类成语文献用例统计表

成语条目	上古汉语	中古汉语	近代汉语					现代汉语
	先秦西汉	东汉—隋	唐	宋	元	明	清	五四至今
东语西话	0	0	0	29｜1	3｜0	26｜13	51｜6	14
东道西说	0	0	0	9｜0	0	1｜0	1｜0	0
东说西说	0	0	0	7｜1	0	3｜1	5｜2	4
东话西话	0	0	2｜0	0	0	0｜1	2｜0	0
说东道西	0	0	0	5｜0	0	1｜0	3｜0	43
道听途说	0	0	7｜8	14｜14	1｜3	3｜21	8｜29	259
道听途言	0	0	0	1｜0	0	0	1｜1	0
说黄道黑	0	0	0	19｜0	8｜1	10｜2	32｜0	3
说黄道赤	0	0	0	1｜0	0	0	0	0
说青道黄	0	0	0	1｜0	0	5｜1	17｜0	0
说青道黑	0	0	0	1｜0	0	0	0	0
说白道黑	0	0	0	1｜0	0	0｜1	2｜1	2
驴唇马嘴	0	0	1｜0	0	0	2｜0	6｜0	0
磨唇缩嘴	0	0	0	1｜0	0	0	0	0
磨唇捋嘴	0	0	0	3｜0	0	0	0	0
说长说短	0	0	0	4｜2	1｜0	8｜7	9｜9	1

----

　　① 由于中国基本古籍库"宗教类"收了不少佛教文献，所以我们用本库统计世俗文献用例时，把佛教文献用例的数据予以剔除。

　　② 为了研究的方便，本表数据先列佛教文献用例（即"｜"前的数据），后列世俗文献用例（即"｜"后的数据）。如"东语西话"条宋代使用数据是"29 ｜ 1"，表示 CBETA 查重异文后共得 29 个用例，中国基本古籍库查重异文后得到 1 个用例。元代的数据是"3 ｜ 0"，表示 CBETA 查重异文后共得 3 个用例，中国基本古籍库查重异文后未见用例。如果佛教文献和世俗文献均未见用例，则统一标为"0"。现代汉语的数据不作上述区分。

成语条目	上古汉语	中古汉语	近代汉语					现代汉语
	先秦西汉	东汉—隋	唐	宋	元	明	清	五四至今
说短论长	0	0	0	1|3	0|1	0|25	1|7	7
摇唇鼓舌	0|1	0|2	0|3	2|16	0|8	0|52	0|65	32
鼓唇摇舌	0	0	0	1|0	0	0|6	0|1	1
鼓舌摇唇	0	0	0	1|2	0	0|14	0|21	0
鼓动唇吻	0	0	0	1|0	0	0	0	0
胡言汉语	0	0	0	21|2	4|0	18|4	22|3	1
汉语胡言	0	0	0	5|0	1|0	6|0	7|0	0
胡说乱道	0	0	0	10|5	0|3	3|14	6|15	18
胡道乱说	0	0	0	1|0	0	0	0	0
脱空谩语	0	0	0	31|0	0	24|1	26|0	3
脱空妄语	0	0	0	57|2	0	14|0	33|3	4
唐言梵语	0	0	2|1	2|0	2|0	1|0	10|1	0
颠言倒语	0	0	1|0	16|0	0	7|0	7|1	12
问东答西	0	0	1|0	8|2	0	3|0	5|1	2
指天说地	0	0	0	1|1	0	0	0|2	0
指东指西	0	0	2|0	3|0	0	1|1	1|0	4
指南言北	0	0	0	1|0	0	1|0	0	0

　　根据上表统计的数据,我们可以从不同的角度观察,并且得出如下结论:

　　1. 本组成语的来源

　　(1)沿用上古汉语产生的成语 1 个,即"摇唇鼓舌",《庄子·盗跖》:"摇唇鼓舌,擅生是非,以迷天下之主。"(p.261)

　　(2)唐宋时期新产生的成语 32 个,包括唐代产生的 7 个和宋代产生的 25 个。其中,"问东答西"在唐释一行《大毗卢遮那成佛经疏》已见定型,"道听途说"在唐刘知几《史通》已见定型,"驴唇马嘴"和"颠言倒语"在唐慧然集《五家语录》已见定型,"唐言梵语"在唐圆照集《续开元释教录》已见定型,"东话西话""指东指西"

在《祖堂集》已见定型；其他 25 个成语均见于宋代禅林口语。

2. 本组成语的流传群体范围

（1）有 4 个成语来自世俗文献，后来进入唐宋禅林口语，即"摇唇鼓舌""鼓舌摇唇""说短论长""道听途说"。其中，"摇唇鼓舌"在世俗大众的口语里，是从上古汉语一直沿用的现代汉语。在宋代曾进入禅林口语，但在后世禅林口语中几乎绝迹。"道听途说"，语出《论语·阳货》："子曰：'道听而途说，德之弃也。'"（p.2525）在唐代定型为四字格成语，如唐刘知几《史通》卷五："故作者恶道听途说之违理，街谈巷议之损实。"（p.33）在唐代进入僧团口语，并在宋代的禅林口语中，产生了"道听途言"这个变体。

（2）本组成语绝大多数来自唐宋禅林口语。其中，有的成语后来进入了世俗大众的口语里，如"东语西话"，最早见于《传灯》卷二六"慧月禅师"："师上堂曰：'数夜与诸上座东语西话，犹未尽其源。今日与诸上座大开方便，一时说却。还愿乐也无？久立，珍重！'"（p.2080）后来进入世俗大众的口语，在南宋刘克庄《后村集》已见其例。这样的成语计有："东语西话""东说西说""说东道西""道听途言""说黄道黑""说青道黄""说白道黑""驴唇马嘴""说长说短""鼓唇摇舌""胡言汉语""胡说乱道""脱空谩语""脱空妄语""指天说地""颠言倒语""指东指西""东话西话"18 个。有的则始终在禅林口语中流通，未能进入世俗大众的口语，这样的成语往往寿命很短，昙花一现，计有："东道西说""说黄道赤""说青道黑""磨唇缩嘴""磨唇捋嘴""鼓动唇吻""汉语胡言""胡道乱说""指南言北"9 个。

（3）另有 2 个成语来自唐宋佛经，后来进入唐宋禅林口语，即"唐言梵语"和"问东答西"。

3. 本组成语的流传与消亡

（1）本组成语流传到现代汉语的共有 17 个。其中，传承下来使用频率比较高的成语有"东语西话""说东道西""道听途说""摇唇鼓舌""胡说乱道""脱空谩语""脱空妄语""颠言倒语"8 个。传承下来使用频率比较低的成语有"东说西说""说黄道黑""说白道黑""说长说短""说短论长""鼓唇摇舌""胡言汉语""问东答西""指东指西"9 个。

（2）从目前见到的资料来看，本组成语在现代汉语可能已经消亡的共有 16

个,计有"东道西说""东话西话""道听途言""说黄道赤""说青道黄""说青道黑""驴唇马嘴""磨唇缩嘴""磨唇挦嘴""鼓舌摇唇""鼓动唇吻""汉语胡言""胡道乱说""唐言梵语""指南言北""指天说地"。

4.流传与消亡的原因和规律

本组同义成语虽然在意义上有细微差别,但相同的一面是主要的,因而它们会形成一种竞争关系,特别是在正体和变体之间。历史考察的结果表明,共有 17 个成语沿用到现代汉语,有 16 个成语则在历史上消亡了。通过对比这两类命运不同的成语,不难发现决定传承与消亡的主要原因有口语基础、使用频率和韵律因素,是这些因素综合影响的结果。

(1)口语基础

群众的口语是俗成语产生和流通的肥沃土壤,这里的群众口语包括世俗大众的口语和禅林口语,而世俗大众的口语更具有决定意义。虽然在世俗大众口语流通过的成语,未必就能传承下来,但是世俗大众口语却是成语传承的基本条件。本组传承下来的 17 个成语全都进入了世俗大众口语[①],而在消亡的 16 个成语中,有"东道西说""说黄道赤""说青道黑""磨唇缩嘴""磨唇挦嘴""鼓动唇吻""胡道乱说""汉语胡言""指南言北"9 个成语始终未能进入世俗大众口语,这是它们消亡最为重要的因素。

(2)使用频率

成语的使用频率是决定成语寿命的另一个重要原因。高频使用的成语意味着具有广泛的使用基础,为人民群众喜闻乐见。低频使用的成语往往缺乏流传的群众基础,没有在人民群众的口语里广为流传。在本组流传到现代汉语的 17 个成语中,有 7 个成语的使用频率比较高,另外 10 个成语虽然传承了下来,但使用频率很低,几乎面临消亡。在消亡的 16 个成语中,它们的使用频率极低。

(3)韵律因素

在同义成语群的竞争关系方面,同一成语的各变体之间竞争无疑是最激烈的。这是因为它们的意义完全相同,只是形式略有差别,决定它们传承与消亡命运的关

---

① 只有"说东道西"1 个成语未能见到在历史上进入世俗大众口语的记载,可能进入世俗大众口语的时间比较晚。其他成语在历史上就已进入了世俗大众的口语通行。

键因素就是韵律和谐的程度了。本组成语有9小组成语有变体①,有8小组成语符合讨论的条件。根据本书前面讨论的16种平仄模式分布规律来看,这8小组成语中,有5小组成语都是强势模式的成员战胜了弱势模式的成员,得到了传承或高频使用的机会。

　　Ⅰ 道听途说(⑦仄平平仄)＞道听途言(⑮仄平平平)

　　Ⅱ 摇唇鼓舌(①平平仄仄)＞鼓舌摇唇(②仄仄平平)＞鼓唇摇舌(⑦仄平平仄)
　　　＞鼓动唇吻(⑪仄仄平仄)

　　Ⅲ 胡言汉语(①平平仄仄)＞汉语胡言(②仄仄平平)

　　Ⅳ 说黄道黑(③仄平仄仄)＝说黄道赤(③仄平仄仄)＝说青道黑(③仄平仄仄)
　　　＞说白道黑(⑤仄仄仄仄)＞说青道黄(⑫仄平仄平)

　　Ⅴ 说东道西(⑫仄平仄平)＞东语西话(⑬平仄平仄)＝东道西说(⑬平仄平仄)
　　　＝东说西说(⑬平仄平仄)＝东话西话(⑬平仄平仄)

本组成语均是韵律更加和谐的成语在竞争中获胜,得到了传承或高频使用的机会。这表明在表义一致的情况下,追求韵律的和谐是成语运用的基本规律。只有说长说短(③仄平仄仄)＞说短论长(④仄平仄仄平)例外,但是前者一三字都是"说"不具有变换性,而后者一三字是"说""论",富于变化美。另有2小组成语平仄模式相当:

　　Ⅵ 胡说乱道(⑧平仄仄仄)＝胡道乱说(⑧平仄仄仄)

　　Ⅶ 脱空谩语(③仄平仄仄)＝脱空妄语(③仄平仄仄)

　　但是"胡说乱道"二四字是"说道",要比"胡道乱说"的二四字"道说"更符合汉语表达的习惯,而且随着入声的消失,"说"的声调变为平声后,"胡说乱道"变成了平平仄仄,韵律更加和谐了。在"脱空谩语"和"脱空妄语"的结构中,"谩语"和"妄语"同义,二者都能明确表义,所以在使用高频上也基本相当,都得到了传承沿用。

二　"做事多余"类

　　在唐宋禅籍俗成语里,核心语义是"做事多余"的同义成语群,共有17个正体,

---

　　① 其中,"磨唇缩嘴"和"磨唇挦嘴"没有传承下来,不再讨论。另外,"驴唇马嘴""指南言北""问东答西""指天说地""唐言梵语""指东指西""颠言倒语"7个成语没有变体,也不再讨论。

11 个变体,总共 28 条成语。下面把这些成员先列举出来。

0322 雪上加霜 0322 霜加雪上 0323 为蛇画足 0323 画蛇添足 0323 与蛇画足

0324 头上安头 0324 头上着头 0325 土上加泥 0326 眉上安眉 0326 眉上画眉

0326 颔下安眉 0327 锦上添花 0327 锦上铺花 0328 牛上骑牛 0329 节外生枝

0329 枝上生枝 0329 枝上生节 0329 节上生枝 0330 矢上加尖 0331 玉上加珠

0332 平地骨堆 0333 平地掘坑 0334 笠上顶笠 0335 嘴上加嘴 0336 床上安床

0337 画虎添斑 0338 无风起浪 0338 无风浪起

(一)语义辨析

本组成语的核心语义表示"做事多余",属于同义聚合关系。多数成员是用"×上加(安、添、着)×"格式表达,存在比较明显的类推造语现象,反映了语汇的系统性。在语义上也有细微差别,下面从理据入手先扼要辨析这种细微差别。

1. 相近事物叠加表示多余

这样的成员有"雪上加霜"①"霜加雪上""土上加泥""锦上添花②""锦上铺花""矢上加尖""玉上加珠"7 个。

2. 相同事物叠加表示多余

这样的成员有"头上安头""头上着头""眉上安眉""眉上画眉""牛上骑牛""笠上顶笠""嘴上加嘴""床上安床"8 个。

3. 凭空生出多余的事端,无事生非

这样的成员有"节外生枝""枝上生枝""枝上生节""节上生枝""平地骨堆""平地掘坑""无风起浪""无风浪起"8 个。

4. 添加多余的事物,多此一举

这样的成员有"为蛇画足""画蛇添足""与蛇画足""颔下安眉""画虎添斑"5 个。

(二)历时考察

下面按汉语史的分期分上古汉语、中古汉语、近代汉语和现代汉语四段,对本组成语在汉语史上不同时段的用例数据统计如下:

---

① 在元代汉语中,"雪上加霜"产生了比喻一再受到灾难的意义,一直沿用至今。

② "锦上添花"在宋代的禅宗语录里,就已经产生了比喻好上加好的意义,一直沿用至今。

表 6-3：唐宋禅籍"做事多余"类成语文献用例统计表

时段 条目	上古汉语 先秦西汉	中古汉语 东汉—隋	近代汉语					现代汉语 五四至今
			唐	宋	元	明	清	
雪上加霜	0	0	4 ｜ 0	93 ｜ 6	2 ｜ 2	67 ｜ 39	108 ｜ 39	968
霜加雪上	0	0	0	1 ｜ 0	0	1 ｜ 0	0	0
为蛇画足	0	0 ｜ 5	0 ｜ 7	2 ｜ 27	1 ｜ 5	0 ｜ 6	0 ｜ 32	3
画蛇添足	0	0	0	5 ｜ 8	1 ｜ 4	24 ｜ 70	87 ｜ 102	137
与蛇画足	0	0	1 ｜ 0	2 ｜ 0	1 ｜ 0	0 ｜ 2	3 ｜ 1	0
头上安头	0	0	5 ｜ 0	71 ｜ 18	6 ｜ 4	81 ｜ 29	165 ｜ 55	11
头上着头	0	0	0	1 ｜ 0	0	0	0	0
土上加泥	0	0	0	48 ｜ 3	5 ｜ 1	8 ｜ 0	48 ｜ 2	9
眉上安眉	0	0	0	1 ｜ 0	0	0 ｜ 1	0	1
眉上画眉	0	0	0	1 ｜ 0	1 ｜ 0	0	0	0
额下安眉	0	0	0	2 ｜ 0	0	0	0	0
锦上添花	0	0	0	12 ｜ 5	0 ｜ 3	21 ｜ 48	48 ｜ 49	9
锦上铺花	0	0	0	40 ｜ 0	2 ｜ 0	12 ｜ 1	97 ｜ 3	13
牛上骑牛	0	0	0	1 ｜ 0	0	0	1 ｜ 0	0
节外生枝	0	0	0	16 ｜ 1	0 ｜ 1	14 ｜ 28	50 ｜ 107	242
枝上生枝	0	0	0	4 ｜ 0	0	1 ｜ 0	6 ｜ 2	0
枝上生节	0	0	0	2 ｜ 0	0	0	0	0
节上生枝	0	0	0	3 ｜ 2	0	2 ｜ 1	4 ｜ 2	0
矢上加尖	0	0	0	25 ｜ 0	6 ｜ 0	27 ｜ 0	95 ｜ 0	0
玉上加珠	0	0	0	1 ｜ 0	0	0	0	0
平地骨堆	0	0	0	7 ｜ 0	2 ｜ 0	6 ｜ 0	13 ｜ 0	0
平地掘坑	0	0	0	2 ｜ 0	0	0 ｜ 1	3 ｜ 0	0
笠上顶笠	0	0	0	1 ｜ 0	0	0	0	0
嘴上加嘴	0	0	1 ｜ 0	1 ｜ 0	0	0	1 ｜ 0	0
床上安床	0	0 ｜ 1	1 ｜ 0	2 ｜ 3	0 ｜ 1	0 ｜ 3	0 ｜ 16	3

时段 条目	上古汉语	中古汉语	近代汉语					现代汉语
	先秦西汉	东汉—隋	唐	宋	元	明	清	五四至今
画虎添斑	0	0	0	1 ｜ 0	0	1 ｜ 0	0	0
无风起浪	0	0	1 ｜ 0	70 ｜ 4	4 ｜ 0	49 ｜ 18	88 ｜ 14	11
无风浪起	0	0	0	17 ｜ 2	2 ｜ 0	7 ｜ 1	10 ｜ 0	0

根据上表统计的数据,我们也可以从不同的角度观察,并且得出如下结论:

1. 本组成语的来源

（1）沿用中古汉语产生的成语 2 个,即"为蛇画足"和"床上安床"。"为蛇画足"语出《战国策·齐策二》,定型之语已见晋常璩《华阳国志·刘后主》:"翼曰:'可矣! 不宜进,或毁此成功,为蛇画足。'"（p.584）"床上安床"已见南朝陈姚最《续画品》卷一:"右惠远之子,便捷有余,真巧不足,善于布置,略不烦草。若比方诸父,则床上安床。"（p.3470）

（2）唐宋时期新产生的成语 26 个,包括唐代产生的 5 个和宋代产生的 21 个,这些成语均见于唐宋禅林口语。

2. 本组成语的流传群体范围

（1）有 5 个成语来自世俗文献,后来进入了唐宋禅林口语系统,即上揭"为蛇画足"和"床上安床",还有"画蛇添足""无风浪起""枝上生节",均在世俗大众的口语和禅林口语里通行。

（2）有 23 个成语来自唐宋禅林口语。其中,有 12 个成语后来进入了世俗大众的口语流通,"雪上加霜""与蛇画足""头上安头""土上加泥""眉上安眉""锦上添花""锦上铺花""节外生枝""枝上生枝""节上生枝""平地掘坑""无风浪起";有 11 个成语始终未能进入世俗大众的口语流通,"霜加雪上""头上着头""眉上画眉""颔下安眉""牛上骑牛""矢上加尖""玉上加珠""笠上顶笠""嘴上加嘴""画虎添斑""平地骨堆",这些成语的寿命都很短。

3. 本组成语的流传与消亡

（1）本组成语流传到现代汉语的共有 11 个。其中,传承下来使用频率比较高的成语有"雪上加霜""画蛇添足""头上安头""土上加泥""锦上添花""锦上铺花""节外生枝""无风起浪"8 个,传承下来使用频率比较低的成语有"为蛇画足""眉上安眉""床上安床"3 个。

（2）从目前见到的语料考察,本组成语在现代汉语可能已经消亡的共有 17 个,计有"霜加雪上""与蛇画足""头上着头""眉上画眉""额下安眉""牛上骑牛""枝上生枝""枝上生节""节上生枝""矢上加尖""玉上加珠""平地骨堆""平地掘坑""笠上顶笠""嘴上加嘴""画虎添斑""无风浪起"。

4. 流传与消亡的原因和规律

本组成语共有 11 个成语流传了下来,有 17 个则在历史上可能已经消亡了。决定传承与消亡的主要因素和上面的"言语胡乱"群基本相同,是多种因素综合影响的结果。

（1）口语基础

本组传承下来的 11 个成语全都进入了世俗大众的口语,而在消亡的 17 个成语中,有 12 个成语始终未能进入世俗大众的口语,这是它们消亡最为重要的因素。

（2）使用频率

本组流传到现代汉语的 11 个成语中,有 8 个成语的使用频率很高,另外 3 个成语虽然传承了下来,但使用频率很低。在消亡的 17 个成语中,除了"矢上加尖"外,其他 16 个成语的使用频率都很低。

（3）韵律因素

本组成语有 7 小组成语有变体[1],有 5 小组成语符合讨论的条件。根据本书前面讨论的 16 种平仄模式强弱分布规律来看,平仄搭配模式的和谐程度在 3 小组正体和变体的竞争中具有决定因素。

> Ⅰ 头上安头（⑥平仄平平）＞头上着头（⑩平仄仄平）
>
> Ⅱ 眉上安眉（⑥平仄平平）＝额下安眉（⑥平仄平平）＞眉上画眉（⑩平仄仄平）
>
> Ⅲ 节外生枝（②仄仄平平）＝节上生枝（②仄仄平平）＞枝上生枝（⑥平仄平平）＞枝上生节（⑬平仄平仄）

---

[1]　其中,"土上加泥""牛上骑牛""矢上加尖""玉上加珠""画虎添斑""嘴上加嘴""床上安床""平地骨堆""平地掘坑""笠上顶笠"10 个成语没有变体,也不再讨论。

有 2 小组成语虽然违反平仄搭配强弱分布规律,但它们有的表义更加明确,有的在结构上对称,符合对称美的韵律和谐因素。

Ⅳ雪上加霜(②仄仄平平)<霜加雪上(①平平仄仄)

Ⅴ画蛇添足(⑦仄平平仄)<与蛇画足(③仄平仄仄)=为蛇画足(③仄平仄仄)

"雪上加霜"虽然没有"霜加雪上"的韵律模式优越,但"雪上加霜"更能明确表义,也更符合汉语表达的习惯,所以"雪上加霜"以绝对的优势胜出。这说明了在表义明确的前提下,追求韵律的和谐才是词语运用的基本规律。"画蛇添足"虽然没有"与蛇画足""为蛇画足"的模式占优势,但是"画蛇添足"是"动宾 + 动宾"对称结构,而"与蛇画足""为蛇画足"是状中结构,结构不具有对称美。此外,"锦上添花"(②仄仄平平)和"锦上铺花"(②仄仄平平)的平仄模式相当,使用频率也基本相当。"无风起浪"(①平平仄仄)和"无风浪起"(①平平仄仄)虽然平仄模式相当,但"无风起浪"也是"动宾 + 动宾"的对称结构,结构具有对称美,这也是决定成语韵律和谐的重要因素。

第七章　唐宋禅籍俗成语的演变

　　唐宋禅籍俗成语的源头是多元的,它们在唐宋禅林口语系统中形成了交汇。在禅文化语境下和活态口语使用过程中,这些俗成语在语义和形式上都极具变化性,是汉语史、汉语语汇史研究非常珍贵的材料。有的俗成语是在上古或中古汉语中就已经产生的,有的俗成语则是在唐宋民间口语中新产生的,这些俗成语进入禅林口语系统后,受到了禅文化语境的强烈影响,往往会产生富有宗教色彩的新义;有的俗成语来自汉译佛经,或者是禅林口语自创的,原本多是表示宗教意义的,其中有些俗成语在后世扩大了通行范围,进入了世俗大众口语并且产生了新义,新义往往不再表示宗教意义了。同时,唐宋禅籍俗成语主要通行于口语中,在形体上也发生了一些变化,产生了许多变体。这些都给汉语俗成语演变研究提供了十分丰富的资料。本章分别从语义和形式两个方面,对唐宋禅籍俗成语的演变现象作一些个案分析,试图概括出一些具有普遍意义的结论。

第一节　语义演变的路径

　　这里把成语的语义分作两类,一类是语义具有明显的宗教色彩,内容是表达禅宗思想和文化的,这样的语义类别称作"禅义";另一类是语义不具有宗教色彩,内容是表达世俗思想和文化的,这样的语义类别称作"世俗义"。唐宋禅籍俗成语语义演变的路径,就有下面四种基本情况:

一　世俗义——禅义

0276 画饼充饥　0431 百步穿杨　0432 百发百中　0016 官不容针　0022 龙肝凤髓

本组成语前 3 例来自上古或中古汉语,有明确的语源。后 2 例来自唐宋世俗口语,未见明确的语源。原本的语义不具有宗教色彩,唐宋时期进入禅林口语系统后,受禅文化语境的影响都产生了新义,语义具有了明显的宗教色彩。

1. 画饼充饥

语出《三国志·魏志·卢毓传》:"选举莫取有名,名如画地作饼,不可啖也。"(p.651)谓名声就像画在地上的饼子,不可以食用充饥。后定型为"画饼充饥",比喻事物形同虚设,解决不了实际问题。亦喻空想聊以自慰,不解决实际问题。

(1)圣人知道德有不可为之时,礼义有不可施之时,刑名有不可威之时,由是济之以权也。其或不可为而为,则礼义如画饼充饥矣。(《全唐文》卷四○四冯用之《权论》,p.4676)

(2)富户都用钱买放,无实惠尽是虚桩。充饥画饼诚堪笑,印信凭由却是谎,快活了些社长知房。(《全元曲》卷一○刘时中《端正好·上高监司》,p.7506)

(3)若得千金之资,也就勾了。却哪里得这银子来?只好望梅止渴,画饼充饥。(明凌濛初《初刻拍案惊奇》卷一五,p.130)

例(1)言礼义在"不可为"时形同虚设而无实用之处。例(2)"充饥画饼"是"画饼充饥"的换序变体,指月粮制度被富户用钱买放,成为虚设的制度,起不了实际作用。例(3)谓无法得来千金之资,只能空想自慰。"画饼充饥"进入唐宋禅林口语后产生了新义,比喻言诠教化对悟道无用,修心者妄图凭此领悟佛法妙义,那是徒劳妄想。

(4)师云:"谈玄说妙,譬如画饼充饥。入圣超凡,大似飞蛾赴火。"(《续灯》卷一九"广鉴禅师",p.545)

(5)更若言中取则,句下丹青,大似画饼充饥,终无所益。(《倚遇禅师语录》卷一,39-726)

(6)以至诸方老宿、天下宗师,或棒喝纵横,或言词缜密。各各开张义路,建立门风。大似画饼充饥,蒸沙作饭。纵经尘劫,徒自疲劳。(《联灯》卷一七"知炳禅师",p.512)

例(4)上言"谈玄说妙"、例(5)上言"言中取则"、例(6)上言"开张义路",均表明"画饼充饥"指言诠教化对悟道徒劳无用,语义具有明显的宗教性。《传灯》卷一一"智闲禅师":"师遂归堂,遍检所集诸方语句,无一言可将酬对,乃自叹曰:'画饼不可充饥。'于是尽焚之,曰:'此生不学佛法也。'"(p.733)上言"诸方语句",下言"画饼不可充饥",语义非常显豁。《续传灯录·行锳禅师》:"谈玄说妙,譬如画饼充饥。"刘洁修(2009:500)释作"比喻空虚的名声、愿望等,不能解决实际问题",王涛等(编著,2007:447)、《大词典》(7-1379)释义略同,均将禅义误解为世俗义。禅家认为佛法意旨无法用言语诠释,言诠教化对悟道起不了实际作用,因此"画饼充饥"的禅义是来自"事物形同虚设,解决不了实际问题"义的引申,语义演变的路径是由世俗义到禅义。

2. 百步穿杨　百发百中

这两个成语出自同一语源,均指射箭技艺精湛。《战国策·周策二》:"楚有养由基者,善射。去柳叶者百步而射之,百发百中。"(p.56)"百发百中"一开始就是定型的,"百步穿杨"则是从语源概括来的四字格成语,定型之语已见于唐李涉《看射柳枝》诗:"万人齐看翻金勒,百步穿杨逐箭空。"(p.5431)后来均进入了禅林口语系统,受禅文化语境的影响产生了新义,禅家用来比喻发机精准,直击佛法的旨妙义,语义具有明显的宗教色彩。

（1）问:"百步穿杨,中的者谁?"师曰:"将军不上便桥,金牙徒劳拈笭。"(《传灯》卷二〇"彦宾禅师",p.1550)

（2）问:"百步穿杨,请师指的。"师云:"答这话去也。"(《古尊宿》卷一五"匡真禅师",p.264)

（3）解制上堂:"诸昆仲,今日解制之辰,三年果满,万行周圆。且道百步穿杨一箭,作么生透得过?"良久卓拄杖云:"好手手中夸好手,红心心里射红心。"下座。(《无异禅师广录》卷二,56-480)

（4）雪窦道:"千个与万个,是谁曾中的?"能有几个百发百中?(《碧岩录》卷七,p.350)

（5）师云:"百发百中,虔禅师有啮镞之机,验人的眼目须是洞山老汉。"(《慧方禅师语录》卷一,41-805)

（6）雪窦云:"二俱作家,盖是茱萸赵州。二俱不作家,箭锋不相拄。直饶齐发齐中,也只是个射垛汉。"(《联灯》卷六"从谂禅师",p.171)

在例（1）、例（2）、例（4）中,"中的"隐喻击中佛法妙旨,"指的"隐喻指示佛法妙旨。"的"均隐喻佛法的旨妙义。"百步穿杨""百发百中"都是比喻发机精准,直击佛法的旨妙义。例（3）上言"百步穿杨"，下言"作么生透得过"，例（5）上言"百发百中"，下言"啮镞之机"，均可证所发出的是"禅机"。例（6）"齐发齐中"是"百发百中"在禅林口语中产生的换素变体，"箭锋"隐喻"机锋"，可证"齐发齐中"形容发机精准。在禅宗哲学象征系统里，"箭""弩"经常用来隐喻"机锋"，这是"百步穿杨""百发百中"新义产生的文化理据。

（7）冬至小参："却物为上，逐物为下。若论战也，个个力在转处。古人拈一机，示一境，无不精彻渊奥，廓彻圣凡，恰似壮士架千钧弩，百发百中。"（《咸杰禅师语录》卷一，45-208）

上言"拈一机，示一境"，下言"恰似壮士架千钧弩，百发百中"，本体"弩"和喻体"机"同时显现，即其显证。所以，这两个成语语义演变的路径也是从世俗义到禅义，新义具有明显的宗教色彩。

3. 官不容针

"官不容针"来自俗谚"官不容针，私通车马"，本指官法严密，不容丝毫含糊，然而私下人情大可通融。这句来自唐宋民间口语中的俗谚，反映了当时人们对封建社会官法黑暗的认识。最早作"官不容针，私可容车"，后来多作"官不容针，私通车马"。

（1）雀儿被禁数日，求守狱子脱枷，狱子再三不肯。雀儿美语咀尸："官不容针，私可容车。叩头与脱到晚衙，不相苦死相邀勒，送饭人来定有钗。"狱子曰："汝今未得清雪，所以留在黄沙。我且忝为主吏，岂受资贿相遮。"（《敦煌变文校注·燕子赋》，p.378）

（2）遂召珣饮茶，且语珣云："官不容针，私通车马。"又欲特送珣五十壶，意欲止其退难，珣拒而不受。（宋李焘《续资治通鉴长编》卷四九九，p.11877）

（3）生出白："官不容针，私通车马。教你莫去胡乱放人入来，又放妇女入厅堂。"（《张协状元》第三五出，p.161）

（4）那假的赵知县归家，把金珠送与推款司。自古官不容针，私通车马。推司接了假的知县金珠，开封府断配真的出境，直到兖州奉符县。（明冯梦龙《警世通言》卷三六，p.327）

进入禅林白话口语系统后，"官不容针，私通车马"的语义发生了变化，比喻佛法虽然严密，难用言语道破，然而可以放一线道，以方便接引学人。如：

（5）沩山云："但有言说,都无实义。"仰山云："不然。"沩山云："子又作么生?"仰山云："官不容针,私通车马。"（《临济禅师语录》卷一,T47/506b）

（6）有行者问："某甲遇贼来时,若杀即违佛教,不杀又违王敕,未审师意如何?"师曰："官不容针,私通车马。"（《传灯》卷二二"竟钦禅师",p.1714）

"官不容针,私通车马"也单说成"官不容针",是由俗谚转化而成的俗成语。语义表示佛法十分严密,难以用言语说破。

（7）师乃云："大众,若是第一义,且作么生观? 况五目不睹其容,二听莫闻其响,释迦掩室,诸祖密持。虽然官不容针,有疑请问。"（《义青禅师语录》卷一,39-507）

（8）云："只如生佛未兴时,一着落在什么处?"曰："吾常于此切。"云："官不容针,更借一问时如何?"曰："据虎头,收虎尾。"（《普灯》卷一四"绍隆禅师",p.371）

（9）岐云："官不容针,更借一问。"慈明便喝,岐亦喝。明又喝,岐亦喝。明连下两喝,岐礼拜。（《崇岳禅师语录》卷一,45-333）

（10）问："曲调已成,还许学人断和也无?"师云："官不容针。"（《承古禅师语录》卷一,39-536）

例（7）—（9）,说话者先承认"官不容针",然后再说"有疑请问""更借一问",可见"官不容针"是说佛法严密。例（10）承古禅师用"官不容针"直接截断学人的语路,告诫他佛法是严密的,难以用言语为他说破。新义的产生显然是受禅家"言不达意"的言意观影响所致,语义演变的路径是:①官法严密——②佛法严密,演变机制是用"官法"隐喻了"佛法",范畴义发生了变化,核心义"严密"并未改变。

4. 龙肝凤髓

"龙肝"指龙的心肝,《论衡·龙虚篇》："夫龙肝可食,其龙难得。"（p.286）"凤髓"指凤凰的脊髓,晋郭璞《葬书》："石山土穴,亦有所谓龙肝凤髓,猩血蟹膏。"（p.737）"龙肝""凤髓"乃人间美味。《南齐书·崔祖思传》："若刘累传守其业,庖人不乏龙肝之馔。"（p.519）后唐冯贽《云仙杂记》卷六："炊饭酒沈水香,浸酒取山凤髓。"（p.3457）故"龙肝凤髓"可比喻珍稀佳肴,在唐代口语文献中已见用例,唐张文成《游仙窟》："少时,饮食俱到。熏香满室,赤白兼前。穷海陆之珍羞,备川原之果菜。肉则龙肝凤髓,酒则玉醴琼浆。"（p.17）后来"龙肝凤髓"进入禅家口语中,受禅文化语境的影响产生了新义,比喻开悟学人的法门精髓,语义具有了明显的宗教色彩。

（1）曰:"忽遇客来,将何祇待?"师曰:"龙肝凤髓,且待别时。"（《五灯》卷一九"法演禅师",p.1242）

（2）师拈云:"老东山龙肝凤髓,百味具足,争奈美食不中饱人吃。"（《道灿禅师语录》卷一,47-123）

例（1）"龙肝凤髓",孙维张（2007:145）释作"比喻最珍贵的佳肴"。今按,"将何祇待"指拿什么法门来接引禅客,"龙肝凤髓"显然是指法门精髓。例（2）下文的"美食不中饱人吃"是禅家常用的一条俗谚,字面义指再美味的食物也不适合给已经饱了的人吃,比喻再好的法门也不适合施设给自性圆满具足的人。[①]因此,这里的"龙肝凤髓"也用来比喻法门精髓。禅家常用食物比喻门庭施设,下面的例子皆可比证:

（3）上堂云:"赵州和尚道:夫为宗师,须是以本分事接人,法华可谓浪得其名,何故? 有禅客到此,不免且与他打葛藤,又只是粗粥淡饭而已,并无一点是本分事。"（《守端禅师语录》卷一,39-55）

（4）谢首座,秉拂上堂:"横说竖说,何曾动着舌头? 逆行顺行,总是家常茶饭。"（《师范禅师语录》卷一,45-685）

（5）问:"拈槌举拂即且置,和尚如何为人?"师云:"客来须接。"僧曰:"便是为人处也?"师云:"粗茶淡饭。"僧礼拜,师云:"须知滋味始得。"（《续灯》卷一九"道辨禅师",p.553）

（6）问:"如何是和尚家风?"师云:"有少无多。"进云:"未审客来将何祇待?"师云:"长连床上,粗羹淡饭。"（《广灯》卷一八"慧灵禅师",p.266）

上揭例中的成语有"粗粥淡饭""家常茶饭""粗茶淡饭""粗羹淡饭",均比喻十分平常的教化施设。例（3）上言"打葛藤",下言"粗粥淡饭";例（4）上言"横说竖说""逆行顺行"（指"把定"和"放行"两种接引方式）,下言"家常茶饭";例（5）上言"和尚如何为人""便是为人处也"（"为人"指接引人）,下言"粗茶淡饭",语义都很显豁。例（6）上问"未审客来将何祇待",下答"粗羹淡饭",语境和例（1）相

---

① 可参袁宾、康健（主编,2010:285）"美食不中饱人吃"条。

同,更能比证"龙肝凤髓"的语义是指门庭施设而言的。禅家用"食物施设"隐喻"教化施设"的俗成语,还有"残杯冷炙"和"残羹馊饭",如:

（7）祸福威严不自灵,残杯冷炙享何人? 一从去后无消息,野老犹敲祭鼓声。（《古尊宿》卷三四"佛眼和尚",p.633）

（8）洎后花开五叶,今古异同,便有德山棒、临济喝、龙潭吹灯、鸟窠布毛、五位君臣、三玄三要,尽是古人用不尽的残羹馊饭。（《续灯》卷一三"元祐禅师",p.382）

显然,这两个成语均比喻各种陈腐的教化作略。上揭成语具有共同的语义演变路径,即用"食物"范畴的"茶饭"来隐喻"施教"范畴的"作略"。同样,"龙肝凤髓"的"法门精髓"义也是从"珍稀佳肴"义引申而来的。

（9）我若说佛说祖,是剥名品荔枝供养你。若说菩提、涅槃、真如、解脱,是烹龙肝凤髓供养你。若说超佛越祖之谈,是搅酥酪醍醐供养你。（《宗鉴法林》卷四八,93-56）

（10）趋淮西,谒投子于海会,乃问:"佛祖言句如家常茶饭。离此之外,别有为人言句也无?"（《普灯》卷三"道楷禅师",p.87）

本体"门庭施设"和喻体"龙肝凤髓""家常茶饭"的隐喻关系是非常明显的,语义演变的路径也都是从世俗义到禅义。

二　禅义——世俗义

0368 心心相印　0169 头头是道　0592 回光返照　0407 抛砖引玉　0409 打草惊蛇

本组成语均来自禅宗语录,是禅僧在交流禅法时创造的俗成语,语义具有明显的宗教色彩。这些成语后来进入了世俗大众口语里,语义发生了明显的变化,不再表示禅义。语义演变的路径是由禅义到世俗义。"抛砖引玉"和"打草惊蛇"在前面讨论过了,这里只讨论"心心相印""头头是道""回光返照"3 个例子。

1. 心心相印

"心心相印"是来自禅宗的成语,禅宗主张传法不立文字,而是直指人心,师徒间以心传心,实现心与心的相互印证来传法。① 唐裴休集《黄檗禅师传心法要》:"自如来付法迦叶已来,以心印心,心心不异。"(T48/382a)"心心相印"即指"以心印心"的传法方式,在唐五代的禅宗文献里已见用例,宋代禅籍语录里广泛使用。

(1)顾此法众生之本源,诸佛之所证,超一切理,离一切相,不可以言语智识有无隐显推求而得。但心心相印,印印相契,使自证之,光明受用而已。(《全唐文》卷七四三裴休《圭峰禅师碑铭》,p.8665)

(2)师云:"如来以正法眼藏付大迦叶,尔后法法相传,心心相印。"(《广灯》卷二一"承璟禅师",p.392)

(3)因请主事上堂:"祖师门下,灯灯相续,心心相印。一灯灭而一灯然,一心隐而一心照。故万般之事,须借心明,心若不明,是事失准。"(《真净禅师语录》卷二,39-664)

例(1)"心心相印"与"印印相契,使自证之"连文,例(2)"心心相印"与"法法相传"连文,例(3)"心心相印"与"灯灯相续"(喻指法法相传)连文,均指用心与心相互印证来传法。大约在南宋时期,"心心相印"进入了世俗大众口语系统中,并且一直沿用至今,表示人与人心灵相通,彼此心意非常投合。

(4)恻隐之心,人皆有之。心心相印,得无望于后之人。(宋周应合《景定建康志·城阙志》,p.574)

(5)抚台看了,彼此心心相印,断无驳回之理。(清李宝嘉《官场现形记》第五九回,p.998)

显然,在"心心相印"的新义构成中,"印"已经不再表示传法意义上的"印证",而是表示心灵之间的相互契合,由此引发了语义的变化,原本语义的宗教色彩已经不存在了,语义演变路径是从禅义到世俗义。

2. 头头是道

"头头是道"是禅家自创的成语,"道"指"道法、佛法",原本语义指处处都是佛法。禅宗认为宇宙万象都是佛性的显现,"青青翠竹,尽是法身。郁郁黄花,无非般若"(《传灯》卷二八"慧海禅师")。因而佛法一切现成,到处都能领悟到,所谓

---

① 《佛光大辞典》(1989:1397)"心心相印"条:"禅宗历代祖师传法多强调超越语言文字之教外别传,此种师徒相契、以心传心之情形,称为传心印、心印,后亦称心心相印。"

的"触目菩提"就是这个意思,这是"头头是道"产生的文化理据。在北宋禅林口语里,"头头是道"已见使用。

（1）处处是佛,<u>头头是道</u>,若也深信得及,更不假他人余力。(《圆悟禅师语录》卷五,41-228)

（2）到这里,言也端,语也端,<u>头头是道</u>,物物全真,岂不是心境俱忘,打成一片处? (《碧岩录》卷一,p.13)

（3）座曰:"莫便是向上宗乘也无?"师云:"领取当机语,不用别追求。"座曰:"若然者,<u>头头是道</u>,句句明心。"师云:"现成法尔,普请承当。"(《续灯》卷一七"佛国禅师",p.505)

例（1）"处处是佛"与"头头是道"同义连文,例（2）"头头是道"与"物物全真"同义连文,均表示到处都是佛法,万事万物都是真如佛性的显现。例（3）"现成法尔"即其最佳注脚。"头头是道"进入世俗文献后,最早出现在诗话著作中,表示诗文写作处处都有法则。

（4）《诗眼》云:"老杜此诗,前四句如禅家所谓'信手拈来,<u>头头是道</u>'者,直书目前所见,平易委曲,得人心所同然,但他人艰难不能发耳。"(宋蔡正孙《诗林广记》卷二,p.16)

（5）学诗有三节,其初不识好恶,连篇累牍,肆笔而成。既识羞愧,始生畏缩,成之极难。及其透彻,则七纵八横,信手拈来,<u>头头是道</u>矣。(宋严羽《沧浪诗话·诗法》,p.477)

例（4）上文"禅家所谓"表明"头头是道"是用自禅语,但用于诗文评论时,语义不再表示禅义,而是说杜甫《樱桃诗》前四句写作处处都有法则。例（5）"头头是道"也是这个意思,谓作诗手法娴熟,随手拈来,处处都有作诗法则。明清以来,"头头是道"进入了人民大众的口语里,形容说话做事处处有理。

（6）老吏断狱着着争先,捕快查赃<u>头头是道</u>。(清李宝嘉《官场现形记》第一五回,p.210)

（7）她说起甄皇后被害的事,<u>头头是道</u>,条条分明。(曹绣君《古今情海》卷二,p.93)

显然,"头头是道"的语义发生了明显的变化,这个意义和前两个意义没有明显的联系,而是对"道"重新理解了,即将"道法"义理解为"道理"义,由此引发了语义的演变。"头头是道"的语义演变路径图标如下：

"头头是道"语义演变的路径也是从禅义到世俗义。从①义到②义是隐喻引申，"道"由"佛法"义隐喻了"写作法则"。从①义到③义是对字面义重新分析的结果，"道"的"佛法"义被重新分析为"道理"义，语义演变的原因可能是对禅义的"陌生化"。

3. 回光返照

"回光返照"是出自唐宋禅林口语的新成语，原本属于行业语。禅家主张"即心即佛"，修行需要明心见性，见性便可成佛。"回光"就是要收回向外寻觅的眼光，《续灯》卷一五"大通禅师"："如斯理论，犹涉言诠。苟能一念回光，始信不从人得。"（p.430）《五灯》卷一六"珪禅师"："各请立地定着精神，一念回光，豁然自照。"（p.1067）"返照"指反观本原清净自性，《传灯》卷四"道明禅师"："祖曰：'我今与汝说者，即非密也。汝若返照自己面目，密却在汝边。'"（p.233）《联灯》卷九"义玄禅师"："道流，你只有一个父母，更求何物？你自返照看。"（p.274）"回光""返照"组合成成语后，即指收回向外寻觅的眼光，反观自己的本原清净自性。可见，"回光返照"是"自悟本来真性"的修行法门，原本属于行业语。在唐代禅籍白话语录中已见用例，宋代禅籍白话语录中广泛使用。如：

（1）你言下便自回光返照，更不别求。知身心与祖佛不别，当下无事，方名得法。（《临济禅师语录》卷一，T47/502a）

（2）言证理成佛者，知识言下回光返照，自己心原本无一物，便是成佛。（《祖堂》卷二〇"瑞云寺和尚"，p.881）

（3）若能回光返照，自悟本来真性，不生不灭，故曰无明实性即佛性。（《楚圆禅师语录》卷一，39-10）

在上揭各例语境中，"回光返照"的语义非常显豁，不再赘言。在唐宋禅林口语中，"回光返照"产生了丰富的变体，如：

（4）如或未然，却须返照回光，若动若静，若住若行，若坐若卧，须是究他根源始得。（《圆悟禅师语录》卷一〇，41-280）

（5）汝等诸人，各自<u>回光返顾</u>，莫记吾语。（《祖堂》卷一八"仰山和尚"，p.803）

（6）大抵只要诸人回光返本，敛念收心，善恶都莫思量，自然得入。（《续灯》卷一九"佛海禅师"，p.551）

（7）师云："此个大事，已是八字打开了，直饶<u>回头返照</u>，早是钝置也。"（《圆悟禅师语录》卷一二，41-298）

（8）要伊<u>回光自照</u>，直于指外明机，返本归源，莫向途中受用。（《续灯》卷八"仁岳禅师"，p.226）

其中，例（4）"返照回光"是"回光返照"的换序变体。例（5）"回光返顾"是"回光返照"的换素变体，"顾"和"照"同义替换。例（6）"回光返本"也是"回光返照"的换素变体，指收回向外求觅的眼光，反观本原自性，语义所指相同。例（7）"回头返照"是"回光返照"的换素变体，"回头"义近"回光"，也指收回向外求觅的眼光，如《普觉禅师语录》卷二八："又能有几人，肯回头转脑向自己脚跟下推穷。"（42-439）例（8）"回光自照"也是"回头返照"的换素变体，"自照"也是指反观自己的本原清净自性。从元代开始，"回光返照"进入了世俗大众口语里，形容人死前神志忽然清醒的样子。

（9）我着你便，蓬岛风清。阳台雾锁，楚岫云遮。弃死归生，<u>回光返照</u>。（元杨暹《刘行首》第三折，p.1329）

（10）此时李纨见黛玉略缓，明知是<u>回光返照</u>的光景，却料着还有一半天耐头，自己回到稻香村，料理了一回事情。（《红楼梦》第九八回，p.771）

（11）什么都有个<u>回光返照</u>，人要是病的卧床不起，忽然爬起来了，要点水饮，或是要点吃的，眼睛也睁开了，舌头说话也利落了，留神罢，那可就快了。（清石玉昆《小五义》第一二一回，p.657）

"回光返照"语义的来源当是对字面义重新分析的结果，字面义指人死前脸上泛起了精神光彩，因而可以形容神志忽然清醒的样子。此外，刘洁修（2009:518）在"回光返照"条首列"太阳落到地平线下，由于反射作用，天空呈现短时间的发亮"义，举《孽海花》用例为证，显然是颠倒本末。世俗语义来自人们对"回光返照"字面的重新解构，"回光"指太阳反射之光，"返照"指"反射、照射"义，这是后起的新义。"回光返照"的新义产生以后，原本禅义的宗教色彩已经没有了。

三 禅义——禅义

0410 探竿影草 0829 奔流度刃 0470 疾焰过风

本组成语均来自唐宋禅宗语录,是禅林口语自创的新成语。在禅林口语使用的过程中又产生了新义,原义和新义都有明显的宗教色彩,语义演变的路径是由禅义到禅义。

1. 探竿影草

"探竿"和"影草"是两种引诱鱼上钩的捕鱼手段,"探竿"是把鹚羽绑在竿头上插在水中诱鱼,"影草"是把草抛在水面上引诱鱼群聚集。禅家用"探竿影草"比喻接引学人的隐秘手段,定型之语始见于唐代禅籍语录,在宋代禅籍语录中开始广泛行用。

(1)师问僧:"有时一喝如金刚王宝剑,有时一喝如踞地金毛狮子,有时一喝如探竿影草,有时一喝不作一喝用,汝作么生会?"僧拟议,师便喝。(《临济禅师语录》卷一,T47/504a)

(2)皇道坦然,佛法现前,擒纵自在,生杀临机。或明宾中主,或明主中宾,或明宾中宾,或明主中主,或兼带叶通,或探竿影草,或一句中有三玄三要,还有问么? 出来对众商量。(《善昭禅师语录》卷一,39-577)

(3)打禾山之战鼓,擎秘魔之硬叉。顶门正眼耀乾坤,袖里金锤惊佛祖。探竿影草,要须点着便行;入死出生,方是作家手段。(《怀深禅师广录》卷三,41-158)

例(1)"探竿影草"是"临济四喝"的机用之一,意在通过大喝暗含的机锋接引学人悟道。例(2)"探竿影草"与"四宾主""三玄三要"并举,均表示用隐秘的手段接引学人。例(3)"要须点着便行","点着"表明是非常隐秘的接引手段,益发可证"探竿影草"是指接引学人的隐秘手段。在宋代禅家语录里,"探竿影草"还比喻勘验学人悟道深浅的手段。

(4)睦州问僧:"近离甚处?"探竿影草。僧便喝,作家禅客。(《碧岩录》卷一,p.58)

(5)镜清岂不知是雨滴声? 何消更问。须知古人以探竿影草,要验这僧。(《碧岩录》卷五,p.246)

例（4）"探竿影草"是圆悟禅师下的著语，谓睦州的问头是在勘验学人对道法的领悟程度。例（5）上言"探竿影草"，下言"要验这僧"，其义显豁。宋智昭《人天眼目》卷二："探竿者，探你有师承无师承，有鼻孔无鼻孔。影草者，欺瞒做贼，看你见也不见。"（32-296）"探竿影草"的两个意义均有明显的宗教色彩，语义演变路径是从禅义到禅义。

2. 奔流度刃　疾焰过风

"奔流度刃"和"疾焰过风"都是禅宗自创的成语，在世俗文献中未见用例。字面义一个指像激流飞过刀刃，另一个指像疾速燃烧的火焰又遇风吹过。禅家均用来形容禅机迅疾。这两个成语经常连用或对举，例如：

（1）师拈云："蓦刀劈面，解辨者何人？劈箭当胸，承当者有几？若能向<u>奔流度刃</u>、疾焰过风处，见长沙横身为物去不消一捏。"（《圆悟禅师语录》卷一七，41-344）

（2）僧问庞居士："圆机如<u>疾焰过风</u>，马祖大师捷辩如<u>奔流度刃</u>，二人酬唱，还有优劣也无？"（《圆悟禅师语录》卷三，41-213）

（3）问："<u>奔流度刃</u>，<u>疾焰过风</u>，合具什么手脚。"师云："札。"（《守卓禅师语录》卷一，41-70）

（4）复举僧问睦州："一气转一大藏教时如何？"州云："有甚伴锣槌子，快下将来。"师云："这僧有<u>奔流度刃</u>之机。"（《清茂禅师语录》卷一，48-381）

（5）直饶金铎响凌空，未是阇梨到家句。到家句急荐取，<u>疾焰过风</u>，无你栖泊处，无你措足处。（《绍昙禅师广录》卷七，46-386）

例（1）"刀""箭"隐喻"机锋"，"奔流度刃""疾焰过风"均形容禅机迅疾，例言从禅机迅疾处领悟。例（2）上言"机如疾焰过风"，下言"捷辩如奔流度刃"，均指禅机迅疾。例（3）"奔流度刃""疾焰过风"同义连文，言禅机迅疾，具备什么样的"手脚"去领悟呢？例（4）"奔流度刃"、例（5）"疾焰过风"形容禅机迅疾，非常显豁。在唐宋禅籍白话语录中，这两个成语又同步引申出领悟迅疾的意义。

（6）乃云："莫更有作家禅客，本分衲僧，何妨出来共相证据，有么？布袋里盛锥子，不出头来也大好。大凡扶竖宗乘，亦须是个人始得。若未有<u>奔流度刃</u>、<u>石火电光</u>的眼，不劳拈出。"（《古尊宿》卷四〇"悦禅师"，p.743）

（7）示众云："<u>奔流度刃</u>，未是作家；<u>疾焰过风</u>，犹为钝汉。"（《联灯》卷一八

"志清禅师",p.558）

（8）示众云:"若论此事……若是同声相应,同气相求,则举一明三,目机铢两。如<u>奔流度刃</u>,似<u>疾焰过风</u>。聊闻举着,踢起便行。"（《联灯》卷一八"妙总禅师",p.546）

（9）上堂曰:"<u>奔流度刃</u>,<u>疾焰过风</u>,已是鹞子过新罗。"（《普灯》卷一二"惟足禅师",p.318）

例（6）"奔流度刃"与"石火电光"同义连言,指反应迅疾的眼光。例（7）"奔流度刃""疾焰过风"同义对举,言即使反应迅疾,还不是高手,仍是迟钝之人。例（8）上言"举一明三,目机铢两",下言"如奔流度刃,似疾焰过风",其义显豁。例（9）"奔流度刃""疾焰过风"同义连用,谓即使反应迅疾,禅机早已飞逝。禅机是禅僧交流禅法时用寄意深刻、无迹可寻甚至超逻辑的语言表现禅悟思想,禅机的使用包含"发机"和"应机"两种情况,当"奔流度刃"和"疾焰过风"用来形容应机迅疾时,语义就会重新分析为反应灵敏,领悟迅疾。因此,这两个成语语义演变路径是由禅义引申出禅义。

四　世俗义——世俗义

在世俗文献里,成语的语义一般不表示禅义,所以引申路径基本都是从世俗义到世俗义。在唐宋禅籍文献里,成语产生的新义往往表示禅义,具有显明的宗教色彩,新义表示世俗义的例子较为少见。下面举两个例子来说明。

0436 压良为贱　0546 丝来线去

1.压良为贱

"压良为贱"来自唐代法律术语,唐长孙无忌《唐律疏议》卷一二"放部曲为良"条:

> 诸放部曲为良,已给放书而压为贱者,徒二年。若压为部曲,及放奴婢为良而压为贱者,各减一等;即压为部曲,及放为部曲而压为贱者,又各减一等。（p.200）

这是唐代官方颁布的一条制裁掠买人口的法律,"良"指有人身自由的良家子女,"贱"指失去人身自由的奴婢,"压"指强行掠买人口的不法行为。后来形成"压良为贱"之语,指掠买良家子女为奴婢。

（1）敕天下州府及在京诸军：或因收掳百姓男女，宜给内库银绢，委两军收赎，归还父母。其诸州府，委本道观察使取上供钱充赎，不得压良为贱。（《全唐文》卷九二《收买被虏百姓敕》，p.1087）

（2）自烈祖相吴，禁压良为贱，令买奴婢者通官作券。（宋司马光《资治通鉴·后晋齐王天福八年》，p.9246）

例（2）元胡三省注："买良人子女为奴婢，谓之压良为贱，律之所禁也。"大约在晚唐五代时期，"压良为贱"进入了禅林口语系统后广泛使用，还产生了"抑良为贱"和"压良成贱"两个变体，比喻师家接引手段拙劣，欺压误人子弟。

（3）南泉趯跳下来，抚背云："虽是后生，敢有雕琢之分？"师曰："莫压良为贱。"（《祖堂》卷六"洞山和尚"，p.296）

（4）问："禅林振誉，久向师名，上上之机，请师指示。"师云："不是峰前客。"僧曰："莫压良为贱。"（《续灯》卷九"宗禅师"，p.277）

（5）师上堂云："释迦老子四十九年说法，度人无数。大似捏目生花，剜肉成疮，压良为贱。"（《广灯》卷二五"彻禅师"，p.518）

（6）师上堂云："诸佛出世，早是多端。达磨西来，更传心印。大似欺我儿孙，压良为贱。三乘十二分教，不别时宜。"（《广灯》卷一九"广悟禅师"，p.336）

（7）问："环丹一颗，点铁成金；妙理一言，点凡成圣。请师点。"师云："不点。"学云："为什么不点？"师云："不欲得抑良为贱。"（《祖堂》卷一三"招庆和尚"，p.583）

（8）剑是阿谁者活计？屈己徇人，压良成贱，是佛祖分上也无。（《慧晖禅师语录》卷一，42-90）

例（3）、例（4）"压良为贱"出自弟子之口，是对师家依仗自己懂法而胡乱接引行为的斥诉，含有欺压、误人子弟的意思。例（5）是对佛祖传法度人的贬斥，例（6）上言"欺我儿孙"，下言"压良为贱"，明显含有欺压、误人子弟的意思。例（7）"抑良为贱"和例（8）"压良成贱"都是"压良为贱"的换素变体，语义也都表示欺压、误人子弟。语义没有明显的宗教色彩，演变路径可视为由世俗义到世俗义。

2.丝来线去

"丝来线去"是唐代产生的新成语，形容工艺作品的线条来来去去，细致精密。

唐张鷟《朝野佥载》卷三:"洛州昭成佛寺有安乐公主造百宝香炉,高三尺,开四门,绛桥勾栏,花草、飞禽、走兽,诸天妓乐,麒麟、鸾凤、白鹤、飞仙,丝来线去,鬼出神入,隐起钑镂,窈窕便娟。"(p.70)大约在宋代,"丝来线去"进入了禅林口语系统并产生了新义,形容言语交谈来来去去,细密琐碎,牵连纠缠。

(1)师乃云:"日面月面,珠回玉转。有句无句,丝来线去。"(《圆悟禅师语录》卷三,41-215)

(2)看他两个机锋互换,丝来线去,打成一片,始终宾主分明。(《碧岩录》卷八,p.377)

(3)况复说理说事,丝来线去,正是狮子咬人,狂狗趁块。(《普觉禅师普说》卷一八,42-366)

例(1)"有句无句"、例(2)"机锋互换"、例(3)"说理说事",均可证"丝来线去"是形容言语交谈细密琐碎,牵扯纠缠。在世俗文献中,"丝来线去"的新义亦见其例。

(4)因语人杰曰:"正淳之病,大概说得浑沦,都不曾嚼破壳子。所以多有缠缚,不索性,丝来线去,更不直截,无那精密洁白的意思。"(《朱子语类》卷一一五,p.2769)

可见,"丝来线去"也是形容言语交流细密琐碎,牵连纠缠的,语义是没有宗教色彩的。"丝来线去"本来指工艺作品的线条来来去去,细密精致,用来隐喻言语交流时,就产生了言语交流来来往往,细密琐碎,牵连纠缠的意义了。语义演变的机制是隐喻,语义的演变路径也是从世俗义到世俗义。

第二节　语义演变的类型

汉语成语语义演变的类型主要有语义引申和语义分蘖两种情况。其中,语义引申是唐宋禅籍俗成语语义演变的基本类型,语义分蘖则是唐宋禅籍俗成语语义演变的一种重要类型,也是汉语成语较为常见的一种语义演变现象。下面我们先来说说唐宋禅籍俗成语的语义引申现象,然后讨论语义分蘖现象。

一　语义引申

"引申"是词义演变的基本形式,也是成语语义演变的基本形式。蒋绍愚(2005:71)指出,"引申是基于联想作用而产生的一种词义发展。甲义引申为乙义,两个意义之间必然有某种联系,或者说意义有相关的部分。从义素分析的角度来说,就是甲、乙两义的义素必然有共同的部分,一个词的某一义位的若干义素,在发展过程中保留了一部分,又改变了一部分(或增,或减,或变化),就引申出一个新的义位,或构成一个新词"。同样,成语的"引申"也是指基于联想作用而产生的语义变化,成语由甲义引申出乙义,两个意义必然有某种内在的联系,语义内容具有相关的部分,这一点和词义的引申是相同的。成语的语义引申过去谈得比较多,这里略举几个唐宋禅籍俗成语引申的例子。

0741 病入膏肓　0738 命如悬丝　0679 卒风暴雨　0682 飞沙走石　0429 一箭双雕

1. 病入膏肓

"病入膏肓"本指病情十分严重,以近无药可救的地步。语出《左传·成公十年》:"公疾病,求医于秦。秦伯使医缓为之。未至,公梦疾为二竖子,曰:'彼良医也,惧伤我,焉逃之?' 其一曰:'居肓之上,膏之下,若我何?' 医至,曰:'疾不可为也! 在肓之上,膏之下,攻之不可,达之不及,药不至焉,不可为也。' 公曰:'良医也。' 厚为之礼而归之。"(p.850)疾病到达"肓之上,膏之下",即膏肓之间,是药力无法触及之地。定型之语唐代已见用例。

(1)因而问曰:"贫道受身不利,恒抱沈痾,且<u>病入膏肓</u>,医药无效。"(唐释法琳《辩正论》卷七,T52/541b)

(2)<u>病入膏肓</u>药砭难,绵绵相忆劝加餐。(宋何梦桂《何梦桂集·挽山房先生》,p.76)

(3)韩夫人谢道:"感承夫人好意,只是氏儿<u>病入膏肓</u>,眼见得上天远,入地便近,不能报答夫人厚恩,来生当效犬马之报。"(明冯梦龙《醒世恒言》卷一三,p.140)

"病入膏肓"进入禅林口语系统后,产生了一个新的意义,比喻妄症难以救治。

(4)上堂:"玩犀牛,呼小玉。一种风标,十分尘俗。勤巴子<u>病入膏肓</u>,老盐官笑含鸩毒。"(《绍昙禅师广录》卷一,46-262)

（5）师云："赵州向这僧痛处,下一针不妨奇特。只是病入膏肓,难以发药。"（《虚堂和尚语录》卷二,46-657）

例（4）、例（5）并非指疾病严重,无药可救,而是隐喻妄症难以救治,常指参禅者羁绊于情尘妄念,愚顽不化,难以启悟拯救。在禅林口语系统中,"病入膏肓"还产生了一些形式变体,如:

（6）如真正学人便喝,先拈出一个胶盆子,善知识不辨是境,便上他境上作模作样,学人便喝,前人不肯放。此是膏肓之病不堪医,唤作客看主。（《广灯》卷一一"慧照禅师",p.154）

（7）法昌这里有几个垛根阿师,病者病在膏肓,顽者顽入骨髓。若非黄龙老汉到来,总是虚生浪死。（《普灯》卷二"倚遇禅师",p.44）

（8）致使玄黄不辨,水乳不分。疾在膏肓,难为救疗。（《普灯》卷四"祖心禅师",p.96）

例（6）"膏肓之病"、例（7）"病在膏肓"、例（8）"疾在膏肓"都是"病入膏肓"的变体,均比喻妄症严重,难以启悟拯救。"病入膏肓"的两个意义存在密切的联系,是用疾病范畴的"病情严重"来隐喻悟道范畴的"妄症严重",新义是本义隐喻引申的结果。

2. 命如悬丝

"命如悬丝"指生命就像悬吊在丝线上一样,形容生命处于十分危险的境地。"命如悬丝"是唐代定型的新成语,也说成"命似悬丝""命若悬丝"等。

（1）复言:"……若传此衣,命如悬丝! 汝须速去,恐人害汝。"（契嵩本《坛经》卷一,37-462）

（2）惠能遂于菩提树下,开东山法门。惠能于东山得法,辛苦受尽,命似悬丝,今日得与使君官僚僧尼道俗同此一会。（同上,37-464）

（3）娘娘现今饥困,命若悬丝,汝若不起慈悲,岂名孝顺之子？（《敦煌变文校注·目连变文》,p.1035）

在唐宋禅林口语系统中,"命如悬丝"的语义发生了细微的变化,用来比喻佛性慧命处于十分危险的境地。

（4）若有一道不通,便是不奉于君。此人命如悬丝,直饶学得胜妙之事,亦是不奉于君。岂况自余,有什么用处？（《祖堂》卷六"洞山和尚",p.312）

（5）师有《十二时偈》："半夜子，<u>命似悬丝</u>犹未许。因缘契会刹那间，了了
分明一无气。"（《祖堂》卷一一"云门和尚"，p.513）

（6）举拂子曰："……无前无后，一时解脱，还有不解脱者么？设有，<u>命若悬
丝</u>。"（《普灯》卷二五"净文禅师"，p.615）

例（4）"命如悬丝"、例（5）"命似悬丝"、例（6）"命若悬丝"并非指生命危险，
而是比喻佛性慧命十分危殆，亦即领悟解脱之事很玄乎了。"命"本来指"生命"，这
里用来隐喻"慧命"，范畴义发生了变化，由此引发了语义的演变，核心义"危殆"则
不变。"命如悬丝"的两个意义联系是很密切的，语义演变类型属于隐喻引申。

3. 卒风暴雨　飞沙走石

"卒风暴雨"指来势猛烈的风雨，唐卢仝《与马异结交诗》："此骨纵横奇又奇，
千岁万岁枯松枝。半折半残压山谷，盘根蹙节成蛟螭。忽雷霹雳，卒风暴雨撼不
动。"（p.4384）《五灯》卷一一"存奖禅师"："师曰：'昨日赴个村斋，中途遇一阵卒
风暴雨，却向古庙里躲避得过。'"（p.650）在禅林口语系统中，"卒风暴雨"还可以
比喻勇猛无比的机用作略。

（1）玄沙见雪峰辊三个木球，便作斫牌势，是皆具啐啄同时眼，有啐啄同时
用。如金翅擘海，直取龙吞。又如狮子王哮吼，狮子儿闻之，悉皆勇健。如青
天霹雳，无你回避处。如<u>卒风暴雨</u>，无你栖泊处。（《正印禅师语录》卷一，47-
541）

（2）上堂，召众云："日前<u>卒风暴雨</u>，飞沙折木，还有来处也无？若有来处，
即今在什么处？"（《守忠禅师语录》卷一，48-690）

例（1）雪峰"辊（滚动）木球"、玄沙"作斫牌势"的机用作略，如同来势猛烈的
风雨，不容人思量泊凑，用的正是"卒风暴雨"的比喻义。例（2）"卒风暴雨"与"飞
沙折木"同义连用，均形容禅机猛烈，势不可当。"卒风暴雨"的语义演变也属于隐
喻引申，即用"猛烈的风雨"隐喻"猛烈的禅机"，范畴义由"风雨"演变为"禅机"，
核心义"猛烈"则未变，两个意义的内在联系是很紧密的。

"飞沙走石"的语义演变路径和"卒风暴雨"相似。原本的语义是形容风势猛
烈，令沙土飞扬，石块滚动。唐王松年《郭文探虎娄冯盗惊》："须臾大风拔树，飞沙
走石，天地徒暗，贼众一时顿地，反手背上。贼乃求哀乞命，冯即敕天兵放之而去。"
《水浒传》第四二回："只听得殿后又卷起一阵怪风，吹的飞沙走石，滚将下来。"

（p.593）"飞沙走石"进入禅林口语系统后,受禅文化的影响产生了新义,禅家比喻机用勇猛无比,势不可当。

（3）问:"狮子吼时全意气,文殊仗剑意如何?"师云:"<u>飞沙走石</u>人惊怪,决定弯弓射尉迟。"（《古尊宿》卷二三"省禅师",p.439）

（4）所以古德道,君但随缘得似风,<u>飞沙走石</u>不乖空,但于事上通无事,见色闻声不用聋。珍重。（《古尊宿》卷四六"慧觉和尚",p.904）

例（3）"师子吼""剑"都隐喻机锋猛烈,可证"飞沙走石"形容机用猛烈,势不可当。例（4）"随缘"指随缘任用禅机,言随缘用机猛如狂风,"飞沙走石"也形容机用猛烈。"飞沙走石"也说成"吹沙走石"。

（5）乃云:"君若随缘得似风,<u>吹沙走石</u>不乖空,但于事上通无事。"（《守端禅师语录》卷一,39-44）

（6）禀奔雷掣电之机,负挟山超斗之气。逢人说妙谈玄,本分全无巴鼻。或时<u>吹沙走石</u>,原来是他游戏。若还不是具眼作家,管取落他这般圈缋。（《宗果禅师语录》卷二,X69/62c）

例（5）"吹沙走石"与例（4）"飞沙走石",异文同义。例（6）上言"奔雷掣电之机",下言"吹沙走石",其义显豁。"飞沙走石"的两个意义联系是很紧密的,语义演变也属于隐喻引申,即用"风势猛烈"隐喻"禅机猛烈",范畴义由"风势"演变为"禅机""机用",核心义"猛烈"则未变,语义演变路径和"卒风暴雨"很接近,可以相互比证。

4. 一箭双雕

"一箭双雕"本指一箭射中两只雕,形容箭术高明。语出《北史·长孙晟传》:"尝有二雕飞而争肉,因以箭两只与晟,请射取之。晟驰往,遇雕相攫,遂一发双贯焉。"（p.817）也说成"一箭落双雕",新罗崔致远《桂苑笔耕集·射雕》:"能将一箭落双雕,万里胡尘当日销。"（p.589）后定型为"一箭双雕",宋王十朋《王十朋全集·林主簿明仲挽词》:"一箭双雕手,青衫已白头。"（p.533）"一箭双雕"进入禅林口语系统后,受禅文化的影响,语义发生了变化,禅家比喻禅机高明,一机具有双重效果。

（1）上堂曰:"……不见道,万派横流总向东,超然八面自玲珑。万人胆破沙场上,<u>一箭双雕</u>落碧空。"（《普灯》卷一〇"仪禅师",p.281）

（2）钟声披起郁多罗,碧眼胡儿不奈何。<u>一箭双雕</u>随手落,拈来原是柵中

鹅。(《普觉禅师语录》卷一〇,42-304)

（3）举灌溪垂语云:"我在临际(济)处得一杓,我在末山处得一杓。"又云:"十方无壁落,四面亦无门,露裸裸赤洒洒没可把。"师云:"灌溪怎么说话,且道是临际(济)处得的? 末山处得的? 虽然<u>一箭双雕</u>,奈有时走杀,有时坐杀。"(《宏智禅师广录》卷三,44-423)

上揭例子中的"一箭双雕"并非指射箭技艺高明,而是比喻发机高明,一机具有双重功效。还可比证的是"一箭两垛",字面义指一支箭射中两个靶子,禅家也比喻禅机高明,一机具有双重功效。

（4）师勘二僧,原是同参,才见,便云:"还记相识么?"参头拟议,第二僧打参头一座具云:"何不快祇对和尚?"师云:"<u>一箭两垛</u>。"(《广灯》卷一六"智嵩禅师",p.266)

（5）一日云:"作么生是双明一句?"代云:"<u>一箭两垛</u>。"(《古尊宿》卷一六"匡真禅师",p.304)

例（4）"一箭两垛"指一句机语同时勘破两人。"一箭"隐喻智嵩禅师发出的一句机语"还记相识么",这是勘验对方是否荡尽俗情妄念,第一僧思量问话,已是错过禅机,第二僧更将思量的话"何不快祇对和尚"说了出来,可见二僧外出行脚并未彻悟。例（5）上言"双明一句",可知"一箭两垛"是指一句机语具有双重的功效。在禅宗话语系统里,"箭"经常隐喻"机锋""禅机",故"一箭双雕"比喻一机具有双重的功效,新义也是从本义隐喻引申而来的。

二　语义分蘖

这里所谓的"语义分蘖",是指通过对成语的字面义重新分析解构产生新义的现象,亦即由字面语义分蘖而生新义的现象。如果把成语的字面义视作承载语义的"根",那么,"语义分蘖"就是从根部另外生出语义分枝的现象。构成语义分蘖的条件有:一是成语深层使用的语义至少有两个;二是这两个深层使用义之间没有内在的语义联系,不存在自然的引申关系;三是新义是通过重新分析字面义产生的;四是新义在时间上要晚于已有的深层使用义。如果成语的字面义有真实的使用义,这样的字面义可视作成语的本义,"语义分蘖"还是指对成语字面义重新分析产生新义的现象,但不再需要有另外一个深层使用义作为对比的条件了,因为本义就

可以作为对比条件,来判定新义是否是对字面义重新分析产生的结果。如果用图表示,就有如下两种关系①:

在 I 式中,①义是指在字面义基础上产生的深层使用义,②义是对字面义重新分析产生的新义。在 II 式中,①义是指字面义就是真实使用的本义,②义同样是对字面义重新分析产生的新义。其中,①义和②义不存在引申关系,②义是对字面义重新分析产生的新义,①义产生的时间早于②义,只有具备这些基本条件,才可以视作语义分蘖现象。由于①义和②义都是在字面义基础上产生的真实使用义,从图示直观看上去像是植物"分蘖"(从根部生出分枝)的样子,所以本文用"分蘖"这个术语来指称重新解构字面语义分蘖而生新义的现象。下面先举第一种语义分蘖的例子。

0051 凿壁偷光 0056 如丧考妣 0541 红炉片雪 0842 有眼如盲 0838 有耳如聋

1. 凿壁偷光

"凿壁偷光"来源于西汉匡衡勤奋读书的典故,《西京杂记》卷二载:"匡衡,字稚圭,勤学而无烛。邻舍有烛而不逮,衡乃穿壁引其光,以书映光而读之。"(p.13)谓夜间学习条件艰苦,只能凿开邻居家的墙壁,借来烛光读书。后即以"凿壁偷光"为刻苦攻读之典,形容读书刻苦努力。唐代已见"凿壁偷光"的用例,唐独孤铉有《凿壁偷光赋》。再如:

(1)数年学剑攻书苦,也曾凿壁偷光路。(《敦煌曲子词集·菩萨蛮》,p.26)

(2)你是个读书人,检书册与圣人对面,便好道君子不重则不威,枉了你穷九经三史诸子百家,不学上古贤人囊萤积雪,凿壁偷光,则学乱作胡为。(元乔孟符《金钱记》第三折,p.27)

(3)强爷胜祖有施为,凿壁偷光夜读书。缝线路中常忆母,老翁终日倚门

---

① 单箭头表示生成或派生关系,包括在字面义基础上产生的深层使用义和重新分析字面义产生的新义两种情况,双实线表示等同关系,即字面义有真实使用义,字面义就是本义。

间。（明抱瓮老人《今古奇观》卷一七，p.304）

例中"凿壁偷光"的语义很明显，均形容读书刻苦努力。大约在宋代，"凿壁偷光"进入了禅林口语系统，产生了一个新义，用来比喻穿凿他人言句，窃取悟道知见。

（4）示众云："诸佛出世，应病施方。祖师西来，守株待兔。直饶全提举唱，犹如<u>凿壁偷光</u>。设使尽令施行，大似空中掷剑。"（《联灯》卷二八"义青禅师"，p.900）

（5）颂云："信衣半夜付卢能，贼儿贼智。搅搅黄梅七百僧。上梁不正。临际（济）一枝正法眼，半明半暗，全在今朝。瞎驴灭却得人憎。心甜口苦。心心相印，贩私盐汉。祖祖传灯<u>凿壁偷光</u>。"（《从容庵录》卷一，86-26）

（6）大抵学禅者，第一不得<u>凿壁偷光</u>。有等学人，专向古人公案上，穿凿解说以为了当。殊不知，你虽说得滴水不漏，依旧是古人的，与诸人毫无干涉。（《永觉和尚广录》卷四，58-481）

例（4）言尽管能把祖师心要全都举说出来，犹是穿凿言句窃取来的悟道知见。例（5）用在著语中，上言"贩私盐汉"，斥责贩卖他人言句知见的行为，下言"凿壁偷光"，比喻窃取他人的悟道知见，字里行间都充满了对偈颂语的贬斥。例（6）上言"凿壁偷光"，下言"穿凿解说"，其义很显豁。从语义的来源看，"凿壁偷光"的禅籍新义和原本的"读书刻苦努力"义没有内在的联系，语义色彩也很不同，很难视作基于联想作用引发的语义引申。但是，禅籍新义和字面义的联系很密切，"凿壁偷光"的字面义指凿开墙壁偷取烛光，以此隐喻穿凿他人言句，窃取悟道知见的参禅行为，语义的联系是很自然的。因此，新义是通过对字面义重新分析后产生的，是从字面义分蘖而生的意义，并非是从"读书刻苦"引申而来的，这和通常说的由甲义联想产生乙义的引申是不相同的。语义演变的路径如下：

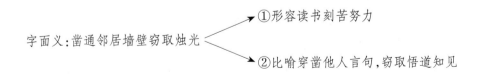

这就是说，①义是从"凿壁偷光"以读书的典源义而来的，②义是对字面义重新

分析产生的,新义产生的机制是用"凿壁"隐喻"穿凿他人言句",用"偷光"隐喻了"窃取别人的悟道知见",完全背离了典源义。这是典型的字面语义分蘗而生新义的现象。

2. 如丧考妣

"如丧考妣"形容重要人物去世后,人们的心情十分悲伤,就像自己的父母去世了一样。语出《尚书·虞书·舜典》:"二十有八载,帝乃殂落,百姓如丧考妣。"(p.129)言舜帝去世以后,百姓十分悲伤,就像自己的父母去世了一样。再如:

(1)其夕发丧,群僚百姓,如丧考妣。塞外蛮夷,致祭涕泣。(《东观汉记·孝安皇帝》,p.102)

(2)今月二十四日奄忽升遐,臣妾号咷,如丧考妣。(晋常璩《华阳国志·刘先主志》,p.541)

(3)年五十六,卒于雍丘,百姓如丧考妣,皆为之立祠。(唐许嵩《建康实录·中宗元皇帝》,p.133)

例中的"如丧考妣",都是说皇帝重臣殂逝后,人们的心情非常悲痛。唐宋时期,"如丧考妣"进入了禅林口语系统,产生了一个新义,用来形容悟道修行清苦精进,废寝忘食。

(4)一造大沩,闻其示教,昼夜亡疲,如丧考妣,莫能为喻。(《祖堂》卷一九"灵云和尚",p.849)

(5)乃封其龛曰:"此生若不彻去,誓不展此。"于是昼坐宵立,如丧考妣。逾七七日,鉴忽上堂谓众曰:"森罗及万象,一法之所印。"师闻顿悟。(《五灯》卷一九"守珣禅师",p.1305)

(6)天台山国清寺师静上座,始遇玄沙和尚示众云:"汝诸人但能一生如丧考妣,吾保汝究得彻去。"(《传灯》卷二一"师静禅师",p.1598)

例(4)"昼夜亡疲"、例(5)"昼坐宵立",均表明"如丧考妣"形容悟道清苦精进,废寝忘食。例(6)言若能一生清苦精进修行,保证能够彻悟大道。"如丧考妣"本来形容内心悲伤,和这里的禅义相隔甚远。就其语义的来源看,当与古人的服丧习俗有关,古代父母去世后子弟通常会勤苦守孝,甚者废寝忘食。禅家由此隐喻悟道修行清苦精进,废寝忘食。语义演变的路径如下:

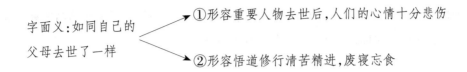

这就是说，从"如丧考妣"的"悲伤心情"特征着眼产生了①义，从"如丧考妣"的"清苦守孝"特征着眼产生了②义，②义也是从字面义分蘖而生的新义，并非从①义引申而来。

3. 红炉片雪

"红炉片雪"，字面义指红炉里的一片雪花飞舞。唐宋时期，"红炉片雪"进入禅林口语系统后，产生了如下两个新义：

一是禅家比喻疑滞妄念当下彻底消除。

（1）幻妄浮尘，<u>红炉片雪</u>。照不涉缘，风光卓绝。干白露净，扬眉漏泄。逼塞虚空，更无空缺。（《续古尊宿》卷二，44-76）

（2）虽然佛法无多，直是斩钉截铁。果然直下承当，便是<u>红炉片雪</u>。（《清茂禅师语录》卷五，48-478）

例（1）言"幻妄浮尘"当下消除得无影无踪。例（2）言当下领悟佛法，疑滞妄念便彻底消除，悟入解脱法门。

二是禅家用来形容本心超越名相概念后出现的一种奇妙境界，即红炉里片雪飞舞。常说成"红炉片雪飞"，也压缩成"红炉片雪"。

（3）问："临济宗风，龙山大布。三关壁立，愿师垂示。"师云："大海纤尘起，<u>红炉片雪飞</u>。"（《续灯》卷一三"佛陀禅师"，p.374）

（4）一句子为提撕，谛听！谛听！周周官人，还闻么？豁关脑后透关眼，看取<u>红炉片雪飞</u>。（《慧远禅师广录》卷四，45-88）

（5）万宝坊中睡起，崇天门外鼓鸣。拾得<u>红炉片雪</u>，日午恰打三更。（《梵琦禅师语录》卷四，49-621）

例（3）"红炉片雪飞"指红炉里片雪飞舞，"大海纤尘起"指大洋海底微尘起舞。例（4）指领悟红炉里片雪飞舞的奇特境界。例（5）言拾取红炉里飞舞的片雪，下文"日午恰打三更"都是禅家常说的奇特句。这在现实中是不可能出现的情境，但禅家在本心超越后就会形成直觉观照，体证到了遍布宇宙的自性，出现世俗眼中

对峙矛盾的意象组合,形成禅悟后的奇特境界,这是"红炉片雪"表示奇特的禅悟境界所产生的文化理据。语义演变的路径如下:

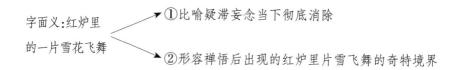

字面义:红炉里的一片雪花飞舞
① 比喻疑滞妄念当下彻底消除
② 形容禅悟后出现的红炉里片雪飞舞的奇特境界

从世俗认知思维分析,红炉里投放一片雪花,就会瞬间消失净尽,这是"红炉片雪"生成①义的理据。从禅宗哲学的认知思维分析,本心超越后就会体证到遍布宇宙的真如自性,事物的矛盾差别就会全部泯除,因而红炉里不妨出现片雪飞舞的奇特境界,大洋海底不妨红尘起,须弥顶上不妨浪滔天,这是"红炉片雪"生成②义的文化理据。这表明语义分蘗而生的新义是有不同的得义理据的,必然会对字面义进行重新分析和解构。

4. 有眼如盲 有耳如聋

这两条成语都来自唐宋禅林口语创作。"有眼如盲"字面义指虽有眼睛,却如同盲人一般。"有耳如聋"字面义指虽然有耳朵,却像聋人一样。在禅林口语系统中,这两个成语均可形容人的根器低劣,不能明辨事理。

(1)上堂:"天台普请,人人知有。南岳游山,又作么生?会则灯笼笑你,不会则有眼如盲。"(《普灯》卷三"惟政禅师",p.69)

(2)师拈云:"大树与么道,大似有眼如盲。黄檗一条拄杖,天下人咬嚼不碎。"(《古尊宿》卷四六"慧觉和尚",p.924)

(3)竖起拂子曰:"若唤作拂子,入地狱如箭。不唤作拂子,有眼如盲。直饶透脱两头,也是黑牛卧死水。"(《五灯》卷一七"善清禅师",p.1135)

(4)僧问:"诸佛出世,地涌金莲。和尚出世,有何祥瑞?"师云:"须弥顶上击金钟。"进云:"与么则今日得闻于未闻。"师云:"闻的事作么生?"进云:"非唯观世音,我亦从中证。"师云:"有眼如盲犹似可,有耳如聋笑杀人。"(《倚遇禅师语录》卷一,39-720)

上揭例(1)—(3)"有眼如盲",均形容人根器低劣,不能领会或明辨佛法道理。例(4)"有耳如聋"与"有眼如盲"对文同义。在禅林口语系统中,这两个成语又从字面义同步分蘖出两个相似的禅义。一个是形容泯灭眼识,眼根不起尘念;另一个是形容泯灭耳识,耳根不摄尘念。

　　(5)雪窦颂古:"六识无功伸一问,<u>有眼如盲</u>,<u>有耳如聋</u>;明镜当台,明珠在掌。一句道尽。作家曾共辨来端。"(《碧岩录》卷八,p.402)

　　(6)若到不疑自疑,寤寐无失,<u>有眼如盲</u>,<u>有耳如聋</u>,不堕见闻窠臼。犹是能所未忘,偷心未息。(《原妙禅师语录》卷一,47-299)

　　(7)且道金粟有什么长处? 幽鸟语如簧,<u>有耳如聋</u>。柳垂金线长,<u>有眼如盲</u>。云收山谷静,截断意根。风送杏花香,拽回鼻孔。到这里荐得,可谓一根既返源,六门成解脱。(《续古尊宿》卷二"金粟智和尚",44-104)

　　例(5)是雪窦对"急水上打球"公案的颂古,此公案的禅旨在说明修行者要泯灭六根之能和六根之所(即"六尘")①,"六识无功"指虽有眼、耳、鼻、舌、身、意六识,但对六尘却不加分别。因此,圆悟用"有眼如盲""有耳如聋"下著语,分别指眼根、耳根不摄尘念。例(6)上言"有眼如盲""有耳如聋",下言"不堕见闻窠臼",其义显豁。例(7)"有耳如聋""有眼如盲"与"截断意根""拽回鼻孔"相厕,语义也很明显。这两个成语的语义演变路径如下:

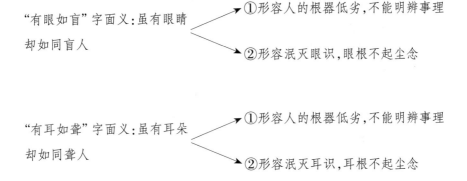

"有眼如盲"字面义:虽有眼睛却如同盲人 →①形容人的根器低劣,不能明辨事理
→②形容泯灭眼识,眼根不起尘念

"有耳如聋"字面义:虽有耳朵却如同聋人 →①形容人的根器低劣,不能明辨事理
→②形容泯灭耳识,耳根不起尘念

　　这两个成语的两个意义都不存在内在的引申关系,①义是从字面义"有眼睛(耳朵)却如同盲人(聋人)"表征的"根器低劣"的语义特征产生的语义;②义则是受佛教保持六根清净的修行文化影响产生的新义,"有眼如盲""有耳如聋"分别被

---

　　①　参吴言生《禅宗哲学象征》第四章《公案颂古与禅悟境界》,中华书局,2001年,第200页。

赋予了"泯灭眼识"和"泯灭耳识"的语义特征,也就是说这两个成语字面义蕴含的语义特征被重新分析解构了,由此同步分蘖出了两个新义。这个案例也表明,"语"不仅有同步引申的现象,而且还有同步分蘖的现象,这都是语汇系统性的表现。

0154 画地为牢　0142 贵耳贱目

本组成语均有字面本义,字面义就是真实使用义。

5. 画地为牢

"画地为牢"指在地上画个圈当作监狱。相传上古时帝舜有好生之心,如人犯罪,即令其立于所画之圈内,以示惩罚。语出司马迁《报任安书》:"故有画地为牢,势不可入;削木为吏,议不可对。"在后世文献中,还可以见到其例:

（1）朕慕孝宣综核之政,推帝舜好生之心,念画地为牢,每虞其轻入故,吞舟之网,宁失于不?（《全宋文》卷四七一四洪适《李若川权刑部侍郎都督府参赞军事制》,p.332）

（2）文王曰:"武吉既打死王相,理当抵命。"随即就在南门画地为牢,竖木为吏,将武吉禁于此间。（明许仲琳《封神演义》第二三回,p.220）

例中的"画地为牢"均用其字面本义,指在地上画个圈当作监狱,以此惩罚有罪之人。唐宋时期,"画地为牢"进入禅林口语系统后产生了新义,禅家比喻用虚妄的观念束缚人。

（3）问:"灵山一会,吩咐饮光。今日法筵,当为何事?"师云:"画地为牢。"僧曰:"直得学人进退无门。"（《续灯》卷一五"佛慈禅师",p.440）

（4）问:"法身三种病、二种光,如何透得?"师云:"画地为牢。"（《续灯》卷一六"世长禅师",p.475）

（5）上堂:"已见四月十五,又见四月十五。重重画地为牢,犹将生铁锢鏍。若是具透关眼的,不妨掉臂便行。"（《介清禅师语录》卷一,47-411）

（6）因请典座上堂:"即心是道,划地为牢,向外驰求,转沉魔界。设使善财顿悟,不免南询,少室传衣,何劳断臂。"（《义青禅师语录》卷一,39-506）

（7）上堂:"诸方解制,博山结制。大似划地为牢,强生节目。"（《元来禅师广录》卷三,56-490）

（8）问:"一念未生,为什么不见自己?"师云:"划地成牢。"（《古尊宿》卷三八"守初禅师",p.718）

例（3）言法会所为之事是用虚妄的观念束缚人。例（4）言"法身三种病、二种光"都是用虚妄的观念束缚人。例（5）言重重妄念束缚人。例（6）、例（7）"划地为牢"就是"画地为牢"，均指用虚妄之念束缚人。例（8）"划地成牢"是"画地为牢"的换素变体，义并同。"画地为牢"新义的产生也是对字面义重新分析的结果，在地上画圈表示的监牢本来就不是真实的监牢，代表着一种虚妄的束缚，"画地为牢"由此产生了用虚妄的观念束缚人。

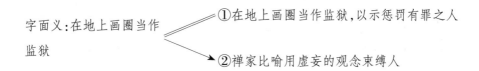

字面义：在地上画圈当作监狱　　①在地上画圈当作监狱，以示惩罚有罪之人

②禅家比喻用虚妄的观念束缚人

在"画地为牢"的两个意义构成中，①义着眼于"牢"的惩罚特征，②义着眼于"画地为牢"的虚妄和束缚特征。比较可知，②义和①义是不存在引申关系的，②义是对字面义"在地上画圈当作监狱"重新分析出"虚妄"和"束缚"两个语义特征而来的，也就是说"画地为牢"字面蕴含的语义特征被重新分析过了，通过别解另构而生新义。

6. 贵耳贱目

"贵耳贱目"指重视耳朵听到的，轻视眼睛看到的。语出东汉张衡《东京赋》："乃莞尔而笑曰：'若客所谓，末学肤受，贵耳而贱目者也。'"后定型为"贵耳贱目"，中古汉语已见用例，比如：

（1）世人多蔽，<u>贵耳贱目</u>，重遥轻近。（北齐颜之推《颜氏家训·慕贤》，p.130）

（2）夫<u>贵耳贱目</u>，荣古陋今，人之大情也。（《白居易集》卷四五"与元九书"，p.2759）

（3）然而人皆轻见重闻，<u>贵耳贱目</u>。（《全唐文》卷八"建玉华宫手诏"，p.84）

"贵耳贱目"的字面义就是本义，均指相信耳朵听到的，不相信亲眼看到的，即太相信传闻。"贵耳贱目"进入禅林口语后，受禅文化的影响产生了新义。禅家比喻有执着分别之心，比如：

（4）师呼："太守！"翱应诺，师曰："何得<u>贵耳贱目</u>！"翱拱手谢之。（《传灯》卷一四"惟俨禅师"，p.1004）

（5）琦出，遂问："座主来作什么？"云："不敢<u>贵耳贱目</u>。"曰："老老大大，何必如是？"（《普灯》卷六"有朋讲师"，p.169）

例（4）惟俨禅师呼唤太守，实际是对太守的勘验，太守应诺表明已被堪破。"何得贵耳贱目"真实用意是指为何有分别之心。例（5）"不敢贵耳贱目"言不敢有分别之心，以此来回应对方的勘验问题。"贵耳贱目"新义的产生也是对字面义进行重新分析的结果。"贵耳贱目"中的"贵""贱"代表着对事物的爱憎分别，这在禅家看来正是心存分别的表现，故用"贵耳贱目"比喻存有执着分别之心。

字面义：重视耳朵听到的，轻视眼睛看到的 —— ①重视耳朵听到的，轻视眼睛看到的

② 禅家比喻有执着分别之心

在"贵耳贱目"的语义构成中，①义着眼于对"眼见"和"耳闻"的轻重比较，②义强调了对"贵贱"二元概念的分别，新义的产生也是对字面义重新分析的结果。

第三节　语义演变的机制

语义演变机制是指语言内部组织和运行变化的作用规律。在大量唐宋禅籍俗成语语义演变个案分析的基础上，我们发现唐宋禅籍俗成语语义演变的机制主要有"隐喻""转喻""重新分析"三类，下面分别说明。

一　"隐喻"机制

蒋绍愚（2015:179）指出，"词义的引申和同源词的滋生的心理基础是联想，即通常所说的隐喻和转喻。'隐喻'是两个相似事物之间的联系，'转喻'是两个相关事物之间的联想。认知语言学认为，'隐喻'和'转喻'不仅仅是一种修辞手法，而且是人们认知中非常普遍的心理活动。所以，以'隐喻'和'转喻'为基础的'引申'，是词义演变中最常见的一种途径"。"隐喻"是基于事物的相似性，从一个认知域到另一个认知域的投射。比如,"口"本是人体的部位,后来根据相似性特征,将其投射于其他认知领域,就有了"杯口""山口"等说法,其间的机制就是"隐喻"。在汉语成语的语义演变过程中,"隐喻"是最为重要的演变机制,是语义演变非常普遍的内在运行机制。上面的不少个案已经说明了这一点,下面再举几个例子。

0567 金榜题名　0566 衣锦还乡　0203 怀宝迷邦　0157 千波万浪

1. 金榜题名

"金榜"指殿试揭晓的榜,唐刘禹锡《送裴处士应制举》诗:"彤庭翠松迎晓日,凤衔金榜云间出。"(p.3999)"金榜题名"是一条来自科举考试的成语,本指科举殿试揭晓的榜上有名。五代王定保《唐摭言·今年及第明年登科》:"何扶,太和九年及第;明年,捷三篇,因以一绝寄旧同年曰:'金榜题名墨尚新,今年依旧去年春。'"(p.19)后来"金榜题名"进入了禅林口语系统,禅家借用表示悟道成佛,获得了佛果,语义具有明显的宗教色彩。

(1)问:"如何是佛?"师云:"金榜题名天下传。"(《古尊宿》卷一○"善昭禅师",p.168)

本例用"金榜题名"比喻证悟佛果,以答学人什么是佛的问头。字又作"金牓题名"①,其例如:

(2)问:"如何是无缝塔?"师云:"破皮厚三寸。"进云:"未审意旨如何?"师云:"金牓题名天下传。"(《古尊宿》卷二三"省禅师",p.435)

(3)问:"无目人来,请师指路。"师云:"紫罗袋里盛官诰,金牓题名天下传。"(《广灯》卷一六"归省禅师",p.265)

(4)问:"金牓题名,请师印可。"师云:"日下拽脚。"(《广灯》卷一四"院颙禅师",p.210)

例(2)用"金牓题名天下传"回答"无缝塔"(比喻严密的佛法)的意旨,例(3)用"金牓题名天下传"为学人指引禅悟之路,语义均表示如果你证悟佛果了,就会名传天下。例(4)"金牓题名"谓已证悟佛果了,"请师印可"言请法师为我印证②,语

---

①　"牓"也可以指科举殿试揭晓的榜,《新唐书·陆扆传》:"始,其举进士时,方迁幸,而六月牓出。"

②　按,"佛性"是每个人自有的,禅家提倡要当人自悟,当学人悟了以后,通常会隐曲地把体验到的内容表达出来,请求禅师为之印可。

义非常显豁。"金榜题名"的新义显然是从本义引申而来的。

（5）上堂："若论此事,譬如国家取选登科拔萃,尽在诸人既知。金榜书字,
雁塔题名。"（《慧远禅师语录》卷一,45-12）

例中的"此事"指成佛之事,本体"此事"和喻体"国家取选登科拔萃"同现,可
证"金榜题名"语义演变的机制是隐喻,用殿试选官来隐喻悟道成佛,这是两件极为
荣耀的事情,所以禅家常说"金榜题名天下传"。还可比证的是禅家常说的"选官"
和"选佛":

（6）偶一禅客问曰:"仁者何往?"曰:"选官去。"禅客曰:"选官何如选佛。"
（《传灯》卷一四"天然禅师",p.993）

（7）复颂云:"一着当机截众流,选官选佛两俱优。"（《圆悟禅师语录》卷一
〇,41-278）

（8）上堂云:"十方同聚会,个个学无为。此是选佛场,心空及第归。"（《圆
悟禅师语录》卷八,41-258）

例（6）、例（7）"选官""选佛"相对举,"选佛"应是从"选官"类推而生,例（8）
上言"选佛",下言"及第",更能证明科举选官和悟道成佛的隐喻关系。

2. 衣锦还乡

穿着锦缎衣服还乡,指富贵后回到故乡,含有向亲友乡里夸耀之义。唐代已见
用例,《梁书·柳庆远传》:"高祖饯于新亭,谓曰:'卿衣锦还乡,朕无西顾之忧矣。'"
（p.183）再如:

（1）海槎虽定隔年回,衣锦还乡愧不才。暂别芜城当叶落,远寻蓬岛趁花
开。（新罗崔致远《桂苑笔耕集·酬杨赡秀才送别》,p.748）

（2）谁言吾党命多奇,荣美如君历数稀。衣锦还乡翻是客,回车谒帝却为
归。（唐黄滔《送翁员外承赞》诗,p.8120）

（3）梁武帝引宁至香蹬前,谓之曰:"观卿风表,终是富贵,我当使卿衣锦还
乡。"（《北史·史宁传》,p.2186）

唐宋时期,"衣锦还乡"进入禅林口语系统后,受禅文化的影响产生了新义,禅
家比喻得法悟道后回归心源,荣归精神故里。

（4）云:"如何是衣锦还乡?"师云:"四海无消息,回奉圣明君。"（《联灯》
卷一二"嵩禅师",p.368）

（5）衣锦还乡人尽见，长时富贵许谁知。无言童子呵呵笑,赢得风光满面归。（《禅宗颂古联珠通集》卷二四,85-301）

（6）这里下得转语,不妨衣锦还乡。其或尚涉途程,直须如真觉祖师。（《正印禅师语录》卷二,47-591）

例（4）用"衣锦还乡"勘问禅悟境界。例（5）上言"衣锦还乡",下言"长时富贵"。例（6）上言"这里下得转语",下言"不妨衣锦还乡"。"衣锦还乡"均比喻得法悟道后回归心源。在唐宋禅林口语中,"衣锦还乡"还有"衣锦还家""昼锦还乡"两个变体。

（7）乃云:"会即事同一家,不会万别千差……若无这个肠肚,如何衣锦还家? 且道还家一句作么生道? 今日荣华人不识,十年前是一书生。"（《古尊宿》卷二〇"会演和尚",p.388）

（8）上堂:"适间从僧堂中来,人人如白衣拜相。少间从法堂下去,个个如昼锦还乡。"（《广闻禅师语录》卷一,46-57）

例（7）"衣锦还家"是"衣锦还乡"的换素变体,例言若没有领会的肠肚,怎么去悟道成佛呢? 例（8）"昼锦还乡"亦为"衣锦还乡"之换素变体,"白衣拜相"和"昼锦还乡"对文同义,均喻悟道成功,获得荣耀。

在禅林话语系统中,"还乡"经常隐喻悟道成佛,回归心源。如《元来禅师广录》卷三:"诸昆仲,博山舍父外走,伶俜辛苦,三十余年。今日到舒州城,唱个还乡曲子,彻见故乡田地,彻见故乡人物,彻见故乡春色。世间之乐,百千万亿倍,不足为喻。"（56-487）"唱个还乡曲子"意味着不再向外驰求,回归心源,荣归精神故里。因此,"衣锦还乡"由富贵后荣归故里演变为得法悟道后回归心源故里,语义演变的机制也是隐喻。再看下面的例子:

（9）莫怪无滋味太险峻,或若蓦地体得,如昼锦还乡,千人万人只仰羡得,要且觅他所从来不得,所谓人人本分事也。（《圆悟禅师语录》卷一五,41-322）

（10）三身四智种种现前,加以弥陀护念,诸佛摄受,焉有退失之理? 喻如衣锦还乡,顺风摇橹。（清实贤《西方发愿文注》,X61/522b）

例（9）上言"蓦地体得",即突然悟道,下言"如昼锦还乡",本体和喻体同现,即其显证。例（10）上言各种神通妙用现前,再加上诸佛菩萨护念摄受,定会直悟佛道,下言"喻如衣锦还乡",其间的隐喻关系是很明显的。

3. 怀宝迷邦

语出《论语·阳货》:"怀其宝而迷其邦,可谓仁乎?""宝"隐喻"道德",宋邢昺疏:"宝以喻道德,言孔子不仕,是怀藏其道德也;知国不治而不为政,是使迷乱其国也。"(p.2524)朱熹集注:"怀宝迷邦,谓怀藏道德,不救国之迷乱。"后定型为"怀宝迷邦",比喻身怀才德而不为国效力。《梁书·贺琛传》:"卿既言之,应有深见,宜陈秘术,不可怀宝迷邦。"(p.547)《陈书·后主纪》:"岂以食玉炊桂,无因自达? 将怀宝迷邦,咸思独善?"(p.107)"怀宝迷邦"进入唐宋禅林口语后产生了一个新义,比喻自身怀有真如佛性而不自知,迷失了精神家园。

(1)遂拈拄杖云:"这个岂不是无价珍? 一人有一个,自是诸人不肯承当。若承当得去,头头应用,取舍由己,十二时中使之不竭,用之不尽。若也用之不得,一任怀宝迷邦,向外驰求,蹋破草鞋,虚生浪死。"(《续灯》卷一一"圆照禅师",p.314)

(2)人人尽握灵蛇之珠,个个自抱荆山之璞。不自回光返照,怀宝迷邦。(《慧南禅师语录》卷一,41-741)

(3)师乃云:"祖师西来特唱此事,只要时人知有。如贫子衣珠,不从人得。三世诸佛,只是弄珠的人。十地菩萨,是求珠的人。汝等正是伶俜乞丐,怀宝迷邦的人。在伶俐汉,才闻人举着,眨上眉毛,便知落处。"(《倚遇禅师语录》卷一,39-722)

例(1)"这个"指真如佛性,禅家所言之"佛性",乃精神之家园。例言自身怀有佛性却迷失此精神家园,愚痴地向外求觅。例(2)"灵蛇之珠""荆山之璞"皆喻自我珍贵的佛性,如果自己不收回驰求的眼光反观此"宝",便是"怀宝迷邦"了。例(3)"此事"指成佛之事,"衣珠""弄珠""求珠"之"珠"皆喻"佛性"。"怀宝迷邦"均比喻自身怀有真如佛性而不自知,迷失了精神家园,语义具有明显的宗教色彩。在"怀宝迷邦"的语源义中,"宝"本隐喻"道德",禅家重新隐喻为"佛性","邦"本指"国家",禅家用以隐喻"精神家园",因此新义的产生是对字面义重新隐喻的结果。

4. 千波万浪

"千波万浪",形容水面上波涛涌动的样子。唐吴融《离岐下题西湖》诗:"雨细若为抛钓艇,月明谁复上歌台。千波万浪西风急,更为红蕖把一杯。"(p.7894)唐戴叔伦《送裴明州效南朝体》诗："沅水连湘水,千波万浪中。知郎未得去,惭愧石尤风。"(p.3101)皆其例。"千波万浪"进入禅林口语系统后,产生了一个新的比喻义,禅家用来比喻本心扰动。

（1）若心地不洞明,十二时中,起心动念,匝匝地,如千波万浪相似,如何消融得去? 到这里,若无透脱处,只是一个无所知盗,常住饭劫贼。(《续古尊宿》卷四"华和尚",44-200)

（2）且以譬喻明之,心如水也,法界如波也。当其水体本静,未有感触之时,湛湛澄澄,不摇不动。及其偶遭风触,则千波万浪,随其所触而生焉。故曰水能造波,波因水而有也。(《惟则禅师语录》卷二,49-43)

（3）前堂首座,惯谙水脉,善别风云,今日正当千波万浪之间,岂容坐视? 敢望慈悲出一只手,共相斡运。(《师范禅师语录》卷一,45-680)

上揭例子中的"千波万浪",均隐喻本心扰动,狂心不歇息。例（1）上言"起心动念",下言"如千波万浪相似",本体和喻体同现,其间的隐喻关系是很明显的。例（2）上言"心如水""法界如波",心体产生万法而扰动,犹如水面产生波涛而涌动。例（3）表面是说水面涌动,而实际是隐喻本心扰动,希望慈悲出手接引。从语义构成来看,"千波万浪"两个义项的核心语义分别是"水面涌动"和"本心扰动",核心语义从"水面涌动"到"本心扰动"的演变,是由于用"水面"隐喻了"本心"。

二　"转喻"机制

"转喻"是两个相关事物之间的联想。认知语言学认为,"转喻"是基于事物的相关性从一个认知域到另一个认知域的过渡。比如,"兵"本来是指"武器"领域的"兵器",后来演变为持有兵器的"士兵",过渡到了"职业身份"的认知域,演变机制就是"转喻"。在汉语成语的语义演变过程中,"转喻"也是一种重要的演变机制,但不如"隐喻"那么普遍和常见,这和词义的演变情况相差比较大。下面举几个例子来说明。

0771 五体投地　0950 手舞足蹈　0721 披毛戴角

1.五体投地

"五体"指"双肘、两膝和头","投地"即"着地"。"五体投地"指行礼时双肘、两膝和头一起着地,是佛教最为恭敬的行礼方式。唐湛然《止观辅行传弘决》卷二:

"五体投地者,如僧常行准《地持》《阿含》,皆以双膝双肘及顶至地,名五体投地。"（T46/193c）东汉译经已见其例,如:

（1）各从其位,<u>五体投地</u>。右绕七匝,当前恭立。俱发洪音,叹未曾有。（东汉安世高译《佛说自誓三昧经》卷一,T15/344a）

（2）即兴正服,<u>五体投地</u>,三顿首曰:"归佛、归法、归命圣众。愿吾残命有余,得在觐见稽首禀化。"（三国吴支谦译《梵摩渝经》卷一,T01/884c）

（3）太子<u>五体投地</u>,稽首佛足,却长跪诺:"王遣阿晨,稽首佛足,敬问消息,众生没渊,唯佛拯济,今当灭度,何其大(太)疾,当于宫中,而于小聚。"（西晋白法祖译《佛般泥洹经》卷二,T01/171a）

上揭各例,"五体投地"均和具体的行礼行为"右绕七匝""三顿首""稽首佛足"连用,表明语义是指恭敬的行礼方式。后来,"五体投地"的语义发生了变化,不再表示具体的行礼行为,而是形容心悦诚服,内心钦佩到了极点。

（4）惟愿大王圣体和平,今以此国群臣民庶,山川珍重,一切归属,<u>五体投地</u>,归诚大王。（《梁书·海南传》,p.799）

（5）弟子拜见二位大师。家尊偶来梦境,幸遇大德指迷,西返旧乡。实赖明师指路。<u>五体投地</u>,阖室知恩。（明屠隆《昙花记》第五五出,p.474）

（6）昨儿听先生鄙薄那肥遯鸣高的人,说道:"天地生才有限,不宜妄自菲薄。"这话我兄弟<u>五体投地</u>的佩服了。（清刘鹗《老残游记》第六回,p.73）

"五体投地"的语义由"恭敬的行礼"演变为"心悦诚服""内心钦佩",是因为这种最恭敬的行礼行为反映了行礼人内心钦佩、心悦诚服的心理。语义演变的机制正是转喻起了作用,是用具体的致敬仪式转喻了内心钦佩、心悦诚服的心理活动。

2. 手舞足蹈

语出《毛诗序》:"情动于中而形于言,言之不足,故嗟叹之。嗟叹之不足,故咏歌之。咏歌之不足,不知手之舞之足之蹈之也。"（p.270）后定型为"手舞足蹈",指双手舞动和双脚跳动的样子。《乐府诗集》卷五六南朝宋刘铄《白纻篇·大雅》:"在心曰志发言诗,声成于文被管弦。手舞足蹈欣泰时,移风易俗王化基。"（p.812）宋陈旸《乐书·人舞》:"舞以干戚,羽旄为饰,以手舞足蹈为容。"（p.870）后来,"手舞足蹈"的语义发生了变化,用来形容心里十分高兴的样子。

（1）自承法师名,身心欢喜,<u>手舞足蹈</u>,拟师至止,受弟子供养以终一身。

（《大唐大慈恩寺三藏法师传》卷一，T50/225a）

（2）师于言下领旨，不觉手舞足蹈。（《联灯》卷七"道谦禅师"，p.530）

（3）见那先生学问，平常故意谭天说地，讲古论今，惊得先生一字俱无，连称道："奇才！奇才！"把一个高赞就喜得手舞足蹈。（明冯梦龙《醒世恒言》卷七，p.117）

当人们的内心十分喜悦的时候，通常会伴随手脚舞动的动作，也就是将喜悦的心情外化为手脚的舞动，这就是"手舞足蹈"新义产生的理据。从语义演变的机制来看，是用手脚舞动的动作转喻了内心喜悦的心情，二者在认知域上是紧密相关的。

3. 披毛戴角

"披毛戴角"也作"披毛带角"，指身上披着毛，头上顶着角，这是畜生的形象。这是一个来自佛教的成语，在唐代的佛教文献里已见用例，比如：

（1）若破戒因缘，还偿施主，或作奴婢鞭打驱策，或受畜生形披毛带角，生偿筋骨，死还皮肉，负重力尽，起而复倒。（唐道宣《净心诫观法》卷上，T45/825a）

（2）二畜生道，亦云旁生，此道遍在诸处。披毛戴角，鳞甲羽毛，四足多足，有足无足，水陆空行，互相吞噉，受苦无穷。（宋谛观《天台四教仪》卷一，T46/776a）

例（1）"披毛带角"与"畜生形"相厕，其义显豁。例（2）"披毛戴角""鳞甲羽毛"都是指畜生的形象。"披毛戴角"进入禅林口语系统后，产生了两个新义，一是转指在六道轮回中坠入了畜生道，变成了畜生。

（3）问："学人不负师机，还免披毛戴角也无？"师曰："阇梨也可畏，对面不相识。"（《传灯》卷二〇"阶珏和尚"，p.1488）

（4）你若念念心歇不得，便上他无明树，便入六道四生，披毛带角。你若歇得，便是清净身界。（《联灯》卷九"义玄禅师"，p.283）

例（3）上言"学人不负师机"，下言"还免披毛戴角也无"？例（4）上言"六道四生"，下言"披毛带角"，义皆指坠入畜生道。"披毛戴角"本指畜生的形象，身上披着毛，头上顶着角，禅籍新义指坠入畜生道，在六道轮回中变成了畜生，语义演变的机制也是转喻，即用畜生的形象转喻变成畜生，坠入畜生道。在唐宋禅林口语系统中,"披毛戴角"还表示参禅者应像畜生那样适意任性,不受各种情识的羁绊。

（5）上堂："'……若能如是,始解向异类中行,诸人到这里,还相委悉么?' 良久曰:'常行不举人间步,<u>披毛戴角</u>混泥尘。'"（《子淳禅师语录》卷二,41—50）

（6）师乃云:"心随万境转,转处实能幽,随流认得性,无喜亦无忧。诸仁者,看看,释迦老子<u>披毛带角</u>,上刀山入火聚,然后变作一头水牯牛,走入沩山队里去也。"（《倚遇禅师语录》卷一,39—728）

例（5）"披毛戴角混泥尘"指像畜生那样行走任性,不受泥尘的羁绊。例（6）言佛祖像畜生那样随意任性,不受刀山火聚的羁绊。从语义演变的机制来看,也是用畜生的形象转喻畜生的性情,二者在认知域上也是紧密相关的。

三 "重新分析"机制

"重新分析"（Reanalysis）是语言演变的一种重要的机制。在汉语成语语义演变过程中,"重新分析"主要表现为对成语字面义的重新理解或重新解构。"重新分析"在许多成语的语义演变过程中起着主导性的作用,通常表现为语义的突发性变化。重新分析的动因,包括有意的重新分析和无意的重新分析两种情况。有意的重新分析是语用的结果,即使用者有意对成语的字面义进行重新解构,使用重新解构后生成的语义。无意的重新分析是由误解误用引起的,根本原因就是"陌生化"①。前面的许多例子都涉及了重新分析机制,下面再举几个例子说明问题。

0389 见兔放鹰 0550 半死半活 0095 唯我独尊 0362 现身说法

1. 见兔放鹰

"见兔放鹰"是禅家自创的俗成语,清翟灏《通俗编》卷二九"见兔放鹰"条云:"《新序》引庄辛曰:'见兔而放狗未为晚',后人变作'放鹰'。《五灯会元》:'妙湛曰:'布大教网,漉人天鱼,不如见兔放鹰,遇獐发箭。'"此言"见兔放鹰"是从"见兔而放狗"类推产生的,极是。"见兔放鹰"字面义指看见了兔子就放出猎鹰,禅家比喻开悟学人时善于因势利导,抓住时机果断施教。

（1）他怎么问,大龙怎么答。一合相更不移易一丝毫头,一似<u>见兔放鹰</u>,看

---

① 关于"误解无用义"的论述,可参汪维辉、顾军《论词的"误解无用"义》,《语言研究》,2012年第3期。

孔着楔。"（《碧岩录》卷九，p.410）

（2）上堂："布大教网，摝人天鱼，护圣不似老胡拖泥带水，只是<u>见兔放鹰</u>，遇獐发箭。"（《普灯》卷八"思慧禅师"，p.217）

（3）师乃云："诸佛出世，<u>见兔放鹰</u>。祖师西来，像席打令。"（《正印禅师语录》卷一，47-532）

例（1）"见兔放鹰"与"看孔着楔"同义连文，例（2）"见兔放鹰"与"遇獐发箭"同义连文，例（3）"见兔放鹰"与"像席打令"对文同义①，义皆显豁。在唐宋禅籍语录里，"见兔放鹰"还形容领悟拘泥于言句，不懂灵活变通。

（4）老僧恁么举了，只恐你诸人<u>见兔放鹰</u>，刻舟求剑。（《联灯》卷一六"继成禅师"，p.492）

例（4）"见兔放鹰"与"刻舟求剑"同义连言，均指领悟笨拙，接机拘泥于言句，不懂得变通。显然，"见兔放鹰"的两个意义没有直接的联系，新义的产生是对字面义重新分析的结果。"见兔放鹰"的字面义被重新分析为看见了兔子才去放猎鹰，以此比喻领悟拘泥于言句，不懂灵活变通。

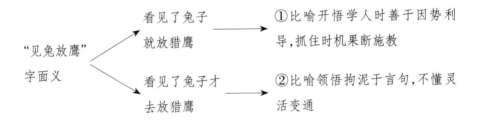

禅林口语对"见兔放鹰"的字面义进行不同的解构后，就产生了两个语义没有内在联系的深层使用义，②义的产生正是基于对字面义重新分析的基础上生成的。从重新分析的动因来看，将原本的语义加以重新解构，以满足表达的需要，这是有意识的重新分析。

2. 半死半活

"半死半活"本指精神萎靡不振。宋陈亮《与朱元晦秘书》："人心而可牵补度

---

①　"像席打令"本指主人视席上宾客的多寡贵贱而行酒令，禅家比喻根据学人的不同情况灵活施教。

日,则半死半活之虫也。"(p.286)宋徐梦莘《三朝北盟会编》卷二四二"炎兴下帙":"虞侯慰劳曰:'权不战教汝辈不成事,今汝辈半死半活,至此不易。'"(p.1737)明冯梦龙《醒世恒言》卷二〇:"少顷,见两个人扶着父亲出来,两眼闭着。半死半活。"(p.239)"半死半活"进入禅林口语系统后,受禅文化的影响产生了一个新义,禅家形容禅悟不够彻底,未能死中得活。

(1)透到佛祖着眼不及处,使学者心死意消,便能勃然而兴,凛然而变,方可称此题目。才有毫末许,与人领览,则为佛法罪人矣。岂况限限猥猥,半死半活,被二十四气辊得七颠八倒,做主不成。(《虚堂和尚语录》卷四,46-685)

(2)上堂:"……山僧助你一粒返魂丹,贵要诸人各各脑门着地,然后活的须死,死的须活。若也半死半活,三十年后,不得道见瞎堂来。"(《慧远禅师广录》卷一,45-15)

例(1)上言"半死半活",下言"做主不成",可证"半死半活"是形容悟道不够彻底,被万境所转,不能自我做主。例(2)上言"活的须死,死的须活",下言"半死半活",显然是指悟道不彻底,不能死中得活。禅家认为参禅悟道需要大死一回,彻底荡尽凡情俗骨,然后死中得活,重获新生得大自在大解脱,"半死半活"则用来形容凡情俗骨没有彻底荡尽,而佛性慧命没有彻底重获新生的状态,也就是没有彻底领悟道法,这就是"半死半活"新义产生的文化理据。从语义演变的机制来看,"半死半活"是对字面义重新分析的结果,原本的"死活"指自然生命的"死"与"活",在新义的语义构成中,"死活"被重新分析为佛性慧命的"死"与"活",由此引发了语义的变化,语义演变的动因也是有意识的重新分析,以实现表达的需要。

3. 唯我独尊

"唯我独尊"指只有真我才是最尊贵的,禅家用来表示真如佛性才是尊贵的主人公。语义的辨析已在前面论述过了。大约在元代,"唯我独尊"进入了世俗大众的口语,语义随即发生了变化,形容狂妄自大。

(1)董卓云:"孤家看来,朝里朝外,唯我独尊。若要举事之时,那一个敢道个不字儿的,俺就着他立生灾祸,身家难保,九族不留。"(元无名氏《连环计》第一折,p.1545)

(2)净上云:"我做太医温存,医道中唯我独尊。若论煎汤下药,委的是效验如神。"(元刘唐卿《降桑椹蔡顺奉母》第二折,p.3544)

例(1)言朝廷内外,只有我的地位才是最尊贵的,例(2)言在医道只有我的地位才是最尊贵的,都是用来形容自我狂傲、目空一切的样子。从语义演变的机制来看,应该属于误解误用而产生的新义,"唯我独尊"之"我",原本是"法身真我"的意思,《普觉禅师语录》卷一八:"佛初生下,一手指天,一手指地,云:'天上天下,唯我独尊。'所以云三界独尊之谓我,所谓我者,非人我之我。"(42-366)《佛祖历代通载》卷二二:"所谓独尊者,非为金轮王位之尊。所可尊者,我也,道也,法也,心也。"(T49/721a)即其明证。而进入世俗文献后,"我"被误解为世俗常用义"自我"之"我",由此引发了对字面义的重新分析,表示只有自我才是最尊贵的,形容狂傲自大,目空一切。

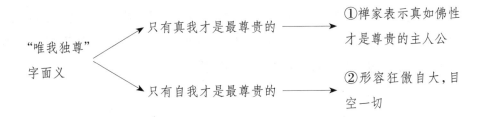

"我"由"真我"之"我",误解为世俗常用义"自我"之"我",就会引起对字面义的重新解构,深层语义随即发生了变化。这是无意识的重新分析。误解的根本原因当是世俗大众对"我"表示"真我"的特定佛教概念义"陌生"所致,这跟现今许多词典误解"唯我独尊"禅义的道理是一样的。

4. 现身说法

"身"即"化身",指为化导众生而变现之身,为佛教"三身"之一。"现身说法"指佛或菩萨为了化导众生,以神通之力变现各种化身说法。语出《楞严经》卷六:"我于彼前,皆现其身,而为说法,令其成就。"(T19/129a)后来定型为"现身说法",姚秦佛陀耶舍共竺佛念等译《四分律》卷四:"尔时提婆达往至太子阿阇世所,以神通力飞在空中,或现身说法,或隐身说法,或现半身说法,或不现半身说法。"(T22/592a)在唐宋禅林口语中,"现身说法"仍表示变现各种化身说法。

(1)(释迦牟尼佛)为诸天王说补处行,亦于十方现身说法。期运将至,当
　　下作佛。(《祖堂》卷一"释迦牟尼佛",p.6)

(2)释迦牟尼佛……度诸天众,说补处行,于十方界中,现身说法。(《五

灯》卷一"释迦牟尼佛",p.3）

这两例都是说释迦牟尼佛在十方世界变现各种化身为众说法。大约在明清时期,"现身说法"进入了世俗大众的口语里,语义随即发生了变化,指用自己的亲身经历说明道理,对人进行讲解或劝导。

（3）蚍蜉有文,现身说法殊堪信。再沉吟,若无谊友,妻子定飘零。（明东鲁古狂生《醉醒石》第七回,p.80）

（4）虽有父兄,禁之不可;虽有师友,谏之不从。此岂其冥顽不灵哉? 独不得一过来人为之现身说法耳! （清韩邦庆《海上花列传》第一回,p.1）

（5）上回书表的是张金凤现身说法,十层妙解,讲得个何玉凤侠气全消。（清文康《儿女英雄传》第二七回,p.326）

从语义演变的机制来看,在"现身说法"新义的构成当中,"身"由"化身"义变为"亲身"义,连累而及"法"也由"佛法"义演变为"道理"义,字面语义都被重新解构分析了,演变的动因跟误解"身"之"化身"义密切相关。

"身"由"化身"之"身",误解为世俗常用义"亲身"之"身",引起了对字面义的重新解构分析,语义随即发生了变化,这也是无意识的重新分析。误解的根本原因当是世俗大众对"身"表示"化身"的特定佛教概念义"陌生"所致。

第四节　语义演变的规律

在分析语言演变现象的基础上,归纳或演绎背后的演变规律是汉语史研究的重要任务。成语语义演变有哪些规律可循呢? 这是汉语语汇史研究需要探索的重要内容。通过分析大量唐宋禅籍俗成语语义演变个案,从语义成分、字面语义、构语成分、语义演变类型等角度切入观察,可以总结出如下几条较为普遍的语义演变规律。

一　范畴义经常变化,核心义通常不变

从成语的语义成分来看,范畴义是语义结构中表示对象范畴的语义成分,核心义是成语语义结构中表示对象特征的语义成分,两者构成了成语的核心语义内容。在成语语义演变过程中,通常是范畴义发生了变化,包括范畴的扩大、缩小和转移,而核心义通常不会变化,具有稳定性,这是成语语义演变表现出的一条较为普遍的规律。

0548 半青半黄　0114 契券分明　0492 单刀直入　0542 左右逢源

1.半青半黄

本指果实未熟时青黄相间的色貌。苻秦僧伽跋澄等译《僧伽罗刹所集经》卷三:"外亦有作若干果,犹彼色半青半黄,犹如树同一根生若干种果实,秋则无有果,或随时生。"(T4/141b)唐宋时期进入禅林口语系统后,禅家用来比喻道业还没有完全成熟。

(1)看他古人,二十年参究,犹自半青半黄,粘皮着骨,不能颖脱。(《碧岩录》卷八,p.361)

(2)普说:"时光如箭急,始见结制。又过了二十日,兄弟自己事如何?　一等是抛离父母,挑囊负钵,蹋破草鞋。直须硬着脊梁,穷究教彻头彻尾去。莫只半青半黄,似有似无。"(《密庵和尚语录》卷一,45-212)

(3)若是大丈夫汉,直教彻去,莫只半青半黄地。(《悟新禅师语录》卷一,41-788)

例(1)言参禅二十年,道业仍然未熟。例(2)"自己事"指成佛悟道之事,"半青半黄"也是指道业不熟,参禅不彻底。例(3)"直教彻去"言直需彻底参究,可证"半青半黄"是指参悟不彻底,道业还没有完全成熟。"半青半黄"两个义位的核心语义,用"语义二分法"切分如下:

①形容果实未熟时青黄相间的色貌——"果实未熟"=[果实]+[未熟]

②禅家比喻道业还没有完全成熟——"道业未熟"=[道业]+[未熟]

在"半青半黄"的语义构成中,范畴义由"果实"演变为"道业",这是隐喻引申的结果,而核心义"未熟"则没有变化。"隐喻"是基于两个相似事物间的联想,禅

家用"果实未熟"隐喻"道业未熟",是从"果实"认知域投射到了"道业"认知域,反映在语义演变方面,就是从"果实"范畴义演变为"道业"范畴义。核心义"未熟"则是"果实"和"道业"相似性特征的集中体现,是隐喻引申发生的语义依据。由此我们可以归纳出隐喻引申的一种较为普遍的语义演变模式:

①基本语义——"核心语义"=［范畴义］+［核心义］
　　　　　　　　隐喻　　　　改变　　　不变
②基本语义——"核心语义"=［范畴义］+［核心义］

如果②义是①义隐喻引申的结果,核心语义的演变就会表现为"范畴义"的变化,这是因为"范畴义"和"认知域"是密切联系的,"范畴义"是"认知域"在语义方面的能动反映,既然"隐喻"是从一个认知域到另一个认知域的投射,那么反映在语义方面,就是从一个范畴义到另一个范畴义的演变,属于语义范畴的转移。核心义是语义描述对象的特征,是隐喻引申"相似性"的体现,也就是语义引申的内部依据,所以在隐喻引申的过程中核心义通常是不会变化的。

2. 契券分明

"契券分明"指契券约定的事项十分分明,宋王溥《唐会要·奴婢》:"其中有是南口及契券分明者,各作限约,定数驱使。"(p.1860)宋张齐贤《洛阳搢绅旧闻记·白万州遇剑客》:"有贾客乘所借马过门者,白之左右皆识之,闻于白。诘之,曰:'于华州八十千买之。'契券分明,卖马姓名易之矣,方知其诈。"(p.179)进入禅林口语系统后,"契券分明"产生了新义,禅家比喻本心的界限十分分明,不容尘念入侵。

(1)然这一片田地,四至界畔,契券分明。幸有当人一时承绍了也,唯中间树子,莫怪径山却有分在。(《师范禅师语录》卷二,45-707)

(2)拈云:"东山老人,忒无主宰。些小田地,买来卖去,有甚了期。佛垄即不然,祖翁田地绝边垠,契券分明孰敢侵。"(《绍昙禅师广录》卷一,46-251)

例(1)、例(2)"田地"隐喻"本心","契券分明"隐喻本心的界限十分分明,不容尘念入侵。下面的例子更能说明这种隐喻关系:

(3)躅免坟事上堂,举古德道:"此事如一片田地相似,四至界畔,契券分

明,一时吩咐诸人了也。"(《广闻禅师语录》卷一,46-46)

"此事"指本心之事,言本心如同田地,界畔十分分明。这都是用契约规定的田界分明,来隐喻本心界限分明。"契券分明"两个义位的核心语义用"语义二分法"切分如下:

　　①契约规定的事项分明——"契约分明"=［契约］+［分明］

　　②本心的界限分明——"本心分明"=［本心］+［分明］

在"契券分明"的语义构成中,范畴义由"契约"演变为"本心",这是隐喻引申的结果,而核心义"分明"则没有变化。

上面的语义演变情况属于语义范畴的转移,下面再举两例语义范畴扩大和缩小的例子。

3. 单刀直入

"单刀直入"最早见于唐宋禅林口语,禅家比喻直截了当悟入道法。

（1）师向仰山云:"寂阇梨,直须学禅始得。"仰山便问:"作么生学?"师云:"单刀直入。"(《祖堂》卷一六"沩山和尚",p.725)

（2）举兴化示众云:"今日不用如之若何,便请单刀直入,兴化与尔证明。"(《圆悟禅师语录》卷一七,41-347)

例（1）"单刀直入"言学禅要直截了当悟入,例（2）"单刀直入"也是劝告学人要直截了当悟入道法。后来,"单刀直入"进入了世俗大众的口语中,形容说话做事直截了当,不绕弯子。

（3）又曰:"文字最难是单刀直入,然直须要有力,一声便要喝得响亮。"(明朱之瑜《朱舜水集》卷三"答安乐守约杂问",p.88)

（4）盖肾中内藏真阳,其阳外亡者,阴气必极盛。唯从事刚猛之剂,以摧锋陷阵,胜阴复阳,非单刀直入之法,不可行也。(清喻昌《医门法律》卷二,p.72)

（5）为了缩小斗争面,萧队长单刀直入,提到韩老六家。(周立波《暴风骤雨》第一部,p.48)

在"单刀直入"语义演变过程中,范畴义由"悟道"扩大为"说话做事",核心义"直截了当"则没有发生变化。

4. 左右逢源

语出《孟子·离娄下》:"居之安,则资之深。资之深,则取之左右逢其源。"

（p.2727）原谓学问功夫到家后，则处处皆得益。后定型为"左右逢源"，形容做事处处圆通，得心应手。

（1）臣观唐太宗与李靖论奇正之理，所谓无不正无不奇。又曰奇亦胜，正亦胜，善夫能知变通，故其论<u>左右逢源</u>。（《宋代蜀文辑存》卷一六李廌《兵法奇正论》，p.513）

（2）前辈作文者，古人有名文字，皆模拟作一篇。故后有所作时，<u>左右逢源</u>。（《朱子语类》卷一三九，p.3321）

"左右逢源"进入禅林口语系统后产生了新义，禅家形容悟道圆通，机用自在无碍。如：

（3）上堂，顾视云："扬子江心，无风起浪。石公山畔，平地骨堆。会得<u>左右逢原（源）</u>，争似寂然不动。"（《续灯》卷一五"传祖禅师"，p.437）

（4）上堂："今日中夏了也，毕竟事作么生？当阳一机，转身一步。<u>左右逢原（源）</u>，了无回互。本等牧牛人，何曾头角露？"（《居简禅师语录》卷一，46-7）

（5）若脱洒履践得，日久岁深，自然<u>左右逢源</u>，打成一片。（《圆悟禅师语录》卷一四，41-315）

上揭各例均形容悟道圆通，机用自在无碍。在"左右逢源"语义演变过程中，范畴义由"做事"缩小为"悟道""领悟"，核心义"圆通"则没有发生变化。

二 核心义往往制约着语义演变的基本方向

成语的字面义反映着成语语义生成的理据。在字面义的语义构成中，语义特征是成语字面义结构中最为重要的语义成分，是成语语义演变的内部依据，尤其是处于核心地位的核心义，往往制约着成语语义演变的基本方向。这是成语语义演变的另一条较为普遍的规律。

0021 羚羊挂角　0447 拖泥带水　0494 斩钉截铁

0518 千山万水　0717 千乡万里　1053 天涯海角

1. 羚羊挂角

传说羚羊夜眠防患，以角悬树，足不着地，无迹可寻。宋陆佃《埤雅·释兽》"羚羊"条："羚羊似羊而大，角有圆绕，蹙文，夜则悬角木上以防患。语曰：'羚羊挂角'，此之谓也。"（p.43）当羚羊挂角后，足不再着地，便无迹可寻了，"羚羊挂角"字面义隐含的显著特征是"隐秘""不显露","隐秘"就是"羚羊挂角"的核心义。"羚羊挂角"的各项引申义都是沿着核心义"隐秘"决定的基本方向引申的。"羚羊挂角"最早见于唐宋禅林口语,禅家比喻禅旨隐秘,不着痕迹,无迹可求。

（1）师示众云："如人将一百贯钱买得猎狗,只解寻得有踪迹的。忽遇<u>羚羊挂角</u>,莫道踪迹,气也不识。"（《祖堂》卷八"云居和尚",p.367）

（2）投子示众云："若论此事,如鸾凤冲霄不留其迹,<u>羚羊挂角</u>哪觅其踪?"（《子淳禅师语录》卷二,41-64）

例（1）"羚羊挂角"比喻禅旨隐秘,无丝毫痕迹可寻。例（2）"此事"指领悟佛法之事,例言参禅就要像"鸾凤冲霄"那样,直击至高无上的佛法意旨,佛法意旨就像"羚羊挂角"那样不着痕迹,无迹可求。"羚羊挂角"的核心语义可概括为"禅旨隐秘",核心义"隐秘"从字面义中得到遗传,并且制约了语义演变的基本方向。在禅林口语中,"羚羊挂角"还比喻接引学人手段隐秘,不落言筌,不露痕迹。

（3）师谓众曰："我若东道西道,汝则寻言逐句,我若<u>羚羊挂角</u>,汝向什么处扪摸?"（《传灯》卷一六"义存禅师",p.1145）

（4）问："<u>羚羊挂角</u>时如何?"师曰："你向什么处觅?"曰："挂角后如何?"师曰："走。"（《传灯》卷二三"谷山和尚",p.1792）

（5）若道认见为有物,未能拂迹。吾不见时,如<u>羚羊挂角</u>,音响踪迹气息都绝,尔向什么处摸索?（《碧岩录》卷一〇,p.467）

上揭各例中,上言"羚羊挂角",下言"向什么处扪摸",可知"羚羊挂角"均比喻接引学人手段隐秘,不落言筌,不露痕迹。"羚羊挂角"此义的核心语义可概括为"施教隐秘",核心义"隐秘"得到了遗传,并且也制约了语义演变的基本方向。大约在宋代,"羚羊挂角"进入了世俗文献,比喻文章的境界超脱隐秘,不着形迹,无迹可寻。

（6）诗者,吟咏情性也。盛唐诸人,唯在兴趣,<u>羚羊挂角</u>,无迹可求。故其妙处,透彻玲珑,不可凑泊。（宋严羽《沧浪诗话·诗辩》,p.157）

（7）七律到此境界,几于<u>羚羊挂角</u>,无迹可寻矣。（清林昌彝《射鹰楼诗话》卷六,p.127）

上揭两例,"羚羊挂角"都形容诗歌的境界超脱隐秘,不着形迹,无迹可寻。核心语义可概括为"意境隐秘",语义的演变也是沿着核心义"隐秘"决定的方向引申的。

2. 拖泥带水 斩钉截铁

"拖泥带水"本作"拖泥涉水",最早见于《祖堂》卷一五"麻谷和尚":"问:'如何是佛法大意?'师良久。其僧却举似石霜:'此意如何?'石霜云:'主人殷勤,滞累阇梨,拖泥涉水。'"(p.667)"拖泥涉水"指接引手段拖沓不利索,纠缠于言语义理。后来多作"拖泥带水",比如:

（1）上堂:"布大教网,掳人天鱼,护圣不似老胡拖泥带水,只是见兔放鹰,遇獐发箭。"(《普灯》卷八"思慧禅师",p.217)

（2）纵饶一棒一条痕,一掴一手血,未免拖泥带水,岂能点瓦成金?(《续灯》卷一四"慧照禅师",p.417)

例（1）"拖泥带水"与"见兔放鹰""遇獐发箭"反义对举,形容施教手段拖沓不利索,不能果断施教。例（2）言即使施教手段猛烈,但不免拖沓不利索,不能使人转凡成圣。核心语义可概括为"施教拖沓",核心义是"拖沓""不利索"。在禅林口语中,"拖泥带水"还用来形容纠缠于言语义理,不能干净利索地悟道。

（3）问:"久处湖湘,拟伸一问,师还答否?"师云:"何得拖泥带水?"(《续灯》卷五"智传禅师",p.133)

（4）神通大者,骑龙跨凤,自在逍遥;神通小者,便乃浮杯泛海,速登彼岸;无神通者,未免拖泥带水,一场狼藉,伏惟珍重。(《怀深禅师广录》卷二,41-175)

例（3）"拖泥带水"用来批评学人纠缠于言语义理的审问,言其不能干净利落地悟道。例（4）"拖泥带水"是对根机低劣者悟道拖沓不利索的批评。核心语义可概括为"悟道拖沓"。大约在宋代,"拖泥带水"进入世俗大众的口语中,语义发生了变化,形容做事拖沓不利索。

（5）曰:"只看他做得如何,那拖泥带水的便是欲,那壁立千仞的便是刚。"(《朱子语类》卷二八,p.722)

（6）秦曰:"此事不然,我当时做这事,尚拖泥带水,不曾了得。"(《朱子语类》卷一三一,p.3156)

在后世文献中,"拖泥带水"还形容语言拖沓,不简明扼要。

（7）意贵透彻,不可隔靴搔痒;语贵脱洒,不可拖泥带水。(宋严羽《沧浪诗

话·诗法》，p.446）

（8）周氏论乐府，以不重韵、无衬字、韵险、语俊为上，世间恶曲，必<u>拖泥带水</u>，难辨正腔，文人自寡此等病也。（明王骥德《曲律》卷二，p.167）

"拖泥带水"此义的核心语义可概括为"语言拖沓"，核心义"拖沓"一直延续下来，并且制约着语义演变的基本方向。

再来看"斩钉截铁"。"斩钉截铁"最早见于《祖堂》卷八"云居和尚"："师顾视云：'汝等在此，粗知远近。生死寻常，勿以忧虑。斩钉截铁，莫违佛法。出生入死，莫负如来。'"（p.372）"斩钉截铁"比喻果断地截断执着妄念，直截了当契悟佛法妙义。核心语义可概括为"悟道果断"，核心义就是"果断"，这和"拖泥带水"的核心义"拖沓"正好相反。

（1）然虽如是，也须是<u>斩钉截铁</u>汉始得。其或不然，静处萨婆诃。（《续灯》卷一六"圆义禅师"，p.467）

（2）上堂："南北一诀，<u>斩钉截铁</u>。切忌思量，翻成途辙。"（《普灯》卷六"智明禅师"，p.162）

例（1）言参悟大道须是果断地截断思量妄念，直截了当领悟佛法妙义的人才行，例（2）"斩钉截铁"与"切忌思量"连用，也是形容果断悟道的意思，从反面说就是不要纠缠于言语义理的思量。在禅林口语系统中，"斩钉截铁"还形容接引手段果断利索。

（3）和尚寻常<u>斩钉截铁</u>，今日为甚带水拖泥？（《道宁禅师语录》卷一，39-782）

（4）师云："智门是作家宗师，出语便<u>斩钉截铁</u>，然虽如是，要且只解把定，不解放行。"（《怀深禅师广录》卷一，41-124）

例（3）"斩钉截铁"与"带水拖泥"反义对举，一言接引手段果断利索，一言接引手段拖沓不利索。例（4）言智门是大宗师，出言接引学人便很果断利索。"斩钉截铁"的核心语义可概括为"施教果断"。"斩钉截铁"进入世俗大众口语后，也产生了如下两个新义：

（5）我从来驳驳劣劣，世不曾忑忑忐忐。打熬成不厌天生敢。我从来<u>斩钉截铁</u>常居一，不似恁惹草拈花没掂三。（元王实甫《西厢记》第二本第二折，p.57）

（6）我非无<u>斩钉截铁</u>刚方气,都只为惹草沾花放荡情,权支应。(明汪廷讷《狮吼记·奇妒》,p.441)

这里的"斩钉截铁",形容做事坚定不移、果断坚决,核心语义可概括为"做事果断"。

（7）见得事只有个是非,不通去说利害。看来唯是孟子说得<u>斩钉截铁</u>。(《朱子语类》卷五一,p.1219)

（8）兄弟也,不知师父所言,字字<u>斩钉截铁</u>,句句敲金击玉。苦口叮咛直告,显露其中最有玄妙之理。(明陈自得《太平仙记》第一折,p.375)

这里的"斩钉截铁",形容说话态度坚决,果断利落,核心语义可概括为"言语果断"。

在"拖泥带水"和"斩钉截铁"的几个意义中,范畴义相同而核心义相反,这些意义在不同义项方面都构成了反义关系,如果将这些意义的核心语义排列起来,就会很清晰地看到核心义对语义演变方向的制约作用。

<table>
<tr><td colspan="2">拖泥带水</td><td colspan="2">斩钉截铁</td></tr>
<tr><td>①"施教拖沓"=</td><td>[施教]+[拖沓]</td><td>①"施教果断"=</td><td>[施教]+[果断]</td></tr>
<tr><td>②"悟道拖沓"=</td><td>[悟道]+[拖沓]</td><td>②"悟道果断"=</td><td>[悟道]+[果断]</td></tr>
<tr><td>③"做事拖沓"=</td><td>[做事]+[拖沓]</td><td>③"做事果断"=</td><td>[做事]+[果断]</td></tr>
<tr><td>④"言语拖沓"=</td><td>[言语]+[拖沓]</td><td>④"言语果断"=</td><td>[言语]+[果断]</td></tr>
</table>

显然,"拖泥带水"的语义是沿着核心义"拖沓"决定的基本方向演变的,各义项始终贯穿着核心义"拖沓";"斩钉截铁"的语义是沿着核心义"果断"决定的基本方向演变的,各义项始终贯穿着核心义"果断"。由于核心义"拖沓"和"果断"是相反关系,使得这两个成语的语义呈现相反的同步引申轨迹。

3. 千山万水 千乡万里 天涯海角

先来看这组成语的语义演变情况。"千山万水"较早见于唐宋之问《至端州驿见杜五审言沈三佺期阎五朝隐王二无竞题壁慨然成咏》:"岂意南中岐路多,千山万水分乡县。"(p.626)形容路途十分遥远,远隔很多山水。核心语义可概括为"路途遥远",核心义是"遥远"。"千山万水"进入禅林口语系统后产生了新义,禅家形容学人距离悟道很远。

（1）一时拈来,当面布施。更若拟议,<u>千山万水</u>。(《续灯》卷六"慈觉

禅师",p.156）

（2）动则丧身失命，觑着两头俱瞎。拟议之间，<u>千山万水</u>。直下会得，也是炭库里坐地。（《联灯》卷一三"杨公亿",p.400）

（3）然虽如是，犹是葛藤。若据祖令施行，举目则<u>千山万水</u>，思量则天地悬殊。（《宗本禅师别录》卷一,39-754）

例（1）、例（2）言思虑迟疑之间，则离悟道很遥远了。例（3）"千山万水"与"天地悬殊"对文同义，也是形容距离悟道很远。"千山万水"的核心语义可概括为"悟道遥远"。

"千乡万里"已见于《祖堂》卷八"云居和尚"："道尔千乡万里行脚来，为个什么事？"（p.365）形容跋涉的路途十分遥远，核心语义可概括为"路途遥远"。在禅籍文献中用例很多，比如：

（4）自是诸人信根浅薄，恶业浓厚，突然起得许多头角，担钵囊，<u>千乡万里</u>受屈。且汝诸人有什么不足处？大丈夫汉阿谁无分？（《传灯》卷一九"文偃禅师",p.1428）

（5）上堂："诸德提将钵囊挂杖，<u>千乡万里</u>行脚，盖为生死不明。"（《古尊宿》卷三八"初禅师",p.716）

例中的"千乡万里"均形容行脚僧跋涉的路途十分遥远。在禅林口语中，"千乡万里"还产生了一个新义，形容距离悟道十分遥远。

（6）问："进一步则太过，退一步则不及。只如不进不退时如何？"师云："谢阇梨供养。"僧曰："恁么则万般施设不如常。"师云："<u>千乡万里</u>。"僧曰："未明佛法千般境，悟了心中万事无。"师云："勿交涉。"（《续灯》卷一八"真悟禅师",p.531）

例言学僧的作答距离悟道还十分遥远。"千乡万里"的核心语义也可概括为"悟道遥远"。

"天涯海角"已见唐吕岩《绝句》："天涯海角人求我，行到天涯不见人。"（p.9696）形容极其遥远的地方，核心语义可概括为"地方遥远"，核心义也是"遥远"。"天涯海角"进入禅林口语系统后产生了同样的新义，形容悟道相差极远。

（7）僧曰："恁么则依令而行也。"师云："<u>天涯海角</u>。"（《续灯》卷二"承古禅师",p.35）

例言学僧的理解距离悟道很遥远,"天涯海角"此义的核心语义可概括为"悟道遥远"。下面将"千山万水""千乡万里""天涯海角"的语义演变情况,按核心语义排列如下:

千山万水:①"路途遥远"=［路途］+［遥远］→②"悟道遥远"=［悟道］+［遥远］

千乡万里:①"路途遥远"=［路途］+［遥远］→②"悟道遥远"=［悟道］+［遥远］

天涯海角:①"地方遥远"=［地方］+［遥远］→②"悟道遥远"=［悟道］+［遥远］

在"千山万水""千乡万里""天涯海角"的原本意义中,"千山万水""千乡万里"的范畴义和核心义完全相同,二者是同义成语;"天涯海角"和"千山万水""千乡万里"的范畴义相近,核心义完全相同,构成了近义成语群。这三个成语都沿着核心义"遥远"决定的引申方向,同步引申出完全相同的意义,形成了同义关系。从中,我们可以清晰地看到核心义对语义演变方向的制约作用。

当然,核心义制约着语义演变的基本方向,只是较为普遍的语义演变规律,并不是绝对的规律,如果语义的产生是对字面义重新分析的结果,则核心义往往不能传递到新义中,也就不会再制约语义演变的基本方向了,如前面谈到的"凿壁偷光""如丧考妣"等语义分蘖类成语。

三 构语成分意义的变化导致整体语义的变化

这是从构语成分的视角切入观察出的一条成语语义演变的基本规律。如果我们将成语变化前后的语义,从构语成分的视角切入观察,就会发现绝大多数成语语义的变化不是每个构语成分的意义都发生了变化,而只是其中的一些构语成分的意义发生了变化,进而导致整体语义发生了变化。在成语的语义结构中,名词性的构语成分最容易发生变化,其次是动词性的语义成分发生变化,形容词性的语义成分发生变化的概率较低,至于虚词充当的构语成分,意义一般不发生变化。

0201 丧身失命 0130 安家乐业 0574 点铁成金 0107 八面玲珑

1. 丧身失命

"丧身失命"本指失去身家性命。失译附后汉录《大方便佛报恩经》卷二:"如我不喜他人欺凌,断我妙色姊妹妻妾者,一切众生亦复如是。是故菩萨,乃至丧身失命,于他美色不生邪念、染污之心,况行奸恶?"(T3/131b)唐宋时期,"丧身失命"进入禅林口语系统后产生了新义,禅家指迷失自己本有的佛性慧命,精神没有了寄托。

（1）师上堂云:"此事似个什么?……是你诸人着力,须得趁着始得;若不趁着,<u>丧身失命</u>。"(《祖堂》卷一一"保福和尚",p.509)

（2）问:"四众围绕,师说何法?"师曰:"打草蛇惊。"僧曰:"未审作么生下手?"师曰:"适来几合,<u>丧身失命</u>。"(《传灯》卷一三"省念禅师",p.928)

（3）拈拄杖召大众云:"南山鳖鼻蛇,却在这里。"便掷下,云:"拟即<u>丧身失命</u>。"(《真净禅师语录》卷一,39-653)

例（1）"此事"指成佛之事,例言如果不能把握禅法的悟入处,便丧失了本有的佛性慧命。例（2）言刚才几番往来问答,已经丧失了佛性慧命。例（3）拟议思量便丧失了佛性慧命。可见,"丧身失命"并非指丧失身家性命,而是指丧失佛性慧命,错失悟道机缘了。在"丧身失命"的语义演变过程中,动词性构语成分"丧""失"的意义并未发生变化,变化了的是名词性构语成分"身""命",由"身家性命"义演变为"佛性慧命"义,是隐喻引申的结果,从而导致"丧身失命"整体语义的变化。

2. 安家乐业

"安家乐业"犹言"安居乐业",指安其家而乐其业,安乐自在地生活。《汉书·货殖传》:"各安其居而乐其业,甘其食而美其服。"(p.3680)可资比证。《汉书·谷永传》:"薄收赋税,毋殚民财,使天下黎元咸安家乐业。"(p.3449)谓使天下百姓安其家而乐其业,安乐自在地生活。"安家乐业"进入唐宋禅林口语系统后产生了新义,禅家比喻悟道后精神有所寄托,安乐自在。

（1）点开弥勒背后眼睛,尽大地人扶篱摸壁。突出衲僧向上巴鼻,尽大地人<u>安家乐业</u>。(《普济禅师语录》卷一,45-548)

（2）如断鳌立极,无一毫倾侧处。贵令大地人,<u>安家乐业</u>。若知端的,坐致升平。苟涉迟疑,未免被毗蓝转却。(《绍昙禅师广录》卷六,46-348)

（3）上堂:"释迦老子道不着的句,归宗今日道着。达磨祖师拈不出的机,归宗今日拈出。从上佛祖,百孔千疮。一切与汝诸人塞却,便好各各<u>安家乐业</u>,照管祖父田园,自然时清道泰,雨顺风调,吹无孔笛,唱太平歌,不妨快活平

生。"(《昙花禅师语录》卷三,42-157)

上揭各例"安家乐业"已不再表示世俗生活的安乐自在,而是比喻悟道后精神有所寄托,安乐自在。例(1)言透出无上禅法的悟入处,所有人都会禅悟获得安乐自在。例(2)言令所有人禅悟得安乐自在。例(3)言各自领悟禅法后精神有了寄托,安乐自在。在"安家乐业"的语义演变过程中,形容词性构语成分"安""乐"的意义并未发生变化,变化了的是名词性构语成分"家""业","家"本指"生活家园",词义演变为"精神家园"。"业"本指"生产作业",词义演变为"道业","家""业"词义的变化致使整体语义发生了变化。

3. 点铁成金

"点铁成金"本指仙道用药物在铁上一点,铁就变成了金子。宋刘斧《青琐高议·任愿》:"复云:'吾有术授子,能学之乎?'愿曰:'何术也?'曰:'吾能用药点铁成金,点铜成银。'"(p.29)"点铁成金"进入禅林口语系统后,禅家用来比喻点化凡人顿悟佛道,变成圣人。

(1)问:"环丹一颗,点铁成金;妙理一言,点凡成圣。请师点。"师云:"不点。"(《祖堂》卷一三"招庆和尚",p.583)

(2)问:"变凡作圣即不问,点铁成金事若何?"师云:"直下无私处,触目尽光辉。"(《续灯》卷一四"清照禅师",p.426)

(3)修道者请小参:"天地与我同根,其根深固,万物与我一体,其体虚凝,万物之根亘古亘今,坚固之体包含万有,毫芒得意,可以点铁成金,可以转凡作圣,如理如事,即处即真。"(《圆悟禅师语录》卷一〇,41-278)

例(1)"点铁成金"与"点凡成圣"对文同义,例(2)"点铁成金"与"变凡作圣"对文同义,例(3)"点铁成金"与"转凡作圣"对文同义,均比喻点化凡人顿悟佛道,变成圣人。《大词典》(12-1358)举《传灯》卷一八"真觉禅师":"还丹一粒,点铁成金;至理一言,点凡成圣",释作"旧谓仙道点铁石而成黄金"。刘洁修(2009:274)、王涛等(编著,2007:234)释义略同,均不确。"点铁成金"语义演变的机制是隐喻,用"点铁成金"隐喻了"点凡成圣",名词性语义成分"铁"和"金"分别隐喻了"凡"和"圣",词义发生了明显的变化;"点"也由具体的"点物"义演变为抽象的"点化"义,但"成"字的词义是没有变化的。

4. 八面玲珑

"玲珑"有"明亮"义,《文选·扬雄〈甘泉赋〉》:"前殿崔巍兮,和氏玲珑。"李善注引晋灼曰:"玲珑,明见貌也。"(p.327)"八面玲珑"本指建筑物的四壁窗户多而明亮。

（1）是以人天,悉皆崇仰,四衢通透,<u>八面玲珑</u>。(宋姚勉《市心重建观音阁缘化榜语》,p.184)

（2）洞房编药屋编荷,<u>八面玲珑</u>得月多。(元马熙《开窗看雨》诗,p.816)

例（1）言重建的观音阁四周窗户多而明亮,例（2）言屋子窗户多而明亮,月光遍照。"八面玲珑"进入禅林口语系统后产生了新义,禅家形容禅悟后本心处处圆通妙明,毫无障蔽阻滞。

（3）争似这个<u>八面玲珑</u>,四方洞达,上赖一人麻荫,傍赞圣化无穷,一句截流万机寝削,还委悉么? 识取钩头意,莫认定盘星。(《圆悟禅师语录》卷五,41-228)

（4）上堂:"向上一窍,<u>八面玲珑</u>。觌面一机,全身担荷。"(《普灯》卷一八"道颜禅师",p.470)

例（3）"这个"指本心佛性,言本心处处圆明,四方通达。例（4）言开悟至上禅理,本心处处圆明。语义演变的机制是隐喻,即由窗户明亮隐喻本心圆明,形容词性构语成分"玲珑"的词义由"明亮"演变为"圆明""明悟",发生了细微的变化,但"八面"的词义基本没有变化。

在后来的世俗大众口语里,"八面玲珑"还产生了两个新义,一是形容物体的外观精致灵巧。如:

（5）宋江看那山时,但见四围巇嵲,<u>八面玲珑</u>。重重晓色映晴霞,沥沥琴声飞瀑布。(《水浒传》第八五回)

（6）中间造起一座假山,<u>八面玲珑</u>,十分精巧。(清鸳湖渔叟《说唐》第五〇回,p.226)

"玲珑"有"精巧"义,唐苏鹗《杜阳杂编》卷中:"轻金冠以金丝结之为鸾鹤状,仍饰以五彩细珠,玲珑相续,可高一尺,秤之无二三分。"(p.1386)故"八面玲珑"可以形容物体的外观精致灵巧。在"八面玲珑"的语义演变过程中,形容词性构语成分"玲珑"的词义由"明亮"演变为"灵巧",但"八面"的词义基本没有变化。

二是形容人处事灵活圆滑,各方面的事情或关系都能应付自如。如:

（7）钱太太这里,横竖欺他是女流之辈,瓮中捉鳖,是在我手掌之中。不过想做得<u>八面玲珑</u>,一时破不了案,等他摆脱身子到了外洋,钱太太从哪里去找他呢?（清李宝嘉《官场现形记》第五一回,p.851）

"玲珑"有"灵活"义,如唐施肩吾《观叶生画花》诗:"心窍玲珑貌亦奇,荣枯只在手中移。"（p.5597）宋罗大经《鹤林玉露·春风花草》:"大抵看诗,要胸次玲珑活络。"（p.93）"八面玲珑"由此产生"为人处世灵活圆滑"义。同样,在"八面玲珑"的语义演变过程中,形容词性构语成分"玲珑"的词义由"灵巧"演变为"灵活",但"八面"的词义没有变化。本例是形容词性构语成分变化的一个典型例子,但这样的例子是很少见的。

第五节　唐宋禅籍俗成语的形式演变

唐宋禅籍俗成语主要通行于口语中,在形体上富于变化,产生了许多变体,为汉语成语形式演变研究提供了十分丰富的资料。通过穷尽调查唐宋禅籍俗成语的形式变化,可以归纳出汉语成语形式变化的四种基本类型,下面依类说明这四种形式变化类型。

一　语素换位变化

唐宋禅籍俗成语形式演变经常表现为语素位置的互换变化。语素换位变化是指正体和变体的构语成分(下文称作"语素")相同,变体的产生是通过变换正体语素或语节的结构位置形成的。前后语节换位变化,也是一种语素换位变化。唐宋禅籍俗成语语素换位变化,主要表现为前后语节发生换位变化、一三语素发生换位变化和二四语素发生换位变化三种类型。

（一）前后语节换位变化

0248 守株待兔——待兔守株　　0002 鸟道羊肠——羊肠鸟道

0012 饮气吞声——吞声饮气　　0063 深耕浅种——浅种深耕

0099 盖色骑声——骑声盖色　　0158 灰头土面——土面灰头

0705 风吹日炙——日炙风吹　　0018 银山铁壁——铁壁银山

0501 电转星飞——星飞电转	0969 瞻前顾后——顾后瞻前
0076 脱胎换骨——换骨脱胎	0768 千方百计——百计千方
1035 斗转星移——星移斗转	1126 海晏河清——河清海晏
0236 摘叶寻枝——寻枝摘叶	0262 簸土扬尘——扬尘簸土

本组成语的前后两个语节发生了整体换位，也就是说，一二语素与三四语素各自作为整体调换了位置，后面的形体都是前面形体的换位变体，它们的语义则不发生变化。这种形式演变的类型最为常见，下面以"守株待兔——待兔守株"和"饮气吞声——吞声饮气"为例说明。

1. 守株待兔——待兔守株

"守株待兔"指守着树株希望再得到撞株之兔。语出《韩非子·五蠹》："宋人有耕者，田中有株，兔走触株，折颈而死，因释其耒而守株，冀复得兔，兔不可复得，而身为宋国笑。"（p.443）后定型为"守株待兔"，比喻做事死守狭隘的经验，不知变通。汉王充《论衡·宣汉篇》："以已至之瑞，效方来之应，犹守株待兔之蹊，藏身破置之路也。"（p.817）"守株待兔"作为正体在唐宋禅林口语中继续沿用，语义也没有发生变化。如：

（1）设使潜神守智，犹是止宿草庵。假饶息念观空，亦成守株待兔。虚生浪死，只为怀宝迷邦。滞壳迷封，良由贪程太速。（《续灯》卷二四"宝鉴禅师"，p.656）

在唐宋禅林口语系统中，"守株待兔"的形式发生了变化，演化出了"待兔守株"。

（2）马祖即心是佛，大似待兔守株。盘山非心非佛，可谓和泥合水。（《倚遇禅师语录》卷一，39-733）

（3）设使万机休罢，千圣不携，还同待兔守株，未是通方达士。（《联灯》卷十六"元素禅师"，p.494）

例中的"待兔守株"，均形容做事死守狭隘的经验，十分愚痴徒劳。"待兔守株"就是"守株待兔"的换位变体，前后两个语节"守株"和"待兔"的位置变换了，而且语法结构也发生了变化，由此引发了形式的变化，但语义没有发生变化。

2. 饮气吞声——吞声饮气

"饮气吞声"指不喘气和不作声，形容竭力抑制内心的痛苦和委屈。《全梁文》

卷六七引南朝梁任孝恭《为汝南王檄魏文》:"关东英俊,河北雄才,痛桑梓沦芜,室家颠殒,饮气吞声,志申仇怨。"(p.3350)"饮气吞声"进入唐宋禅林口语系统后语义发生了变化,禅家形容闭口无言,难以申说。

(1)放行也,风行草偃,瓦砾生光,拾得、寒山点头拊掌。把住也,水泄不通,精金失色,德山、临济<u>饮气吞声</u>。(《续灯》卷二二"允恭禅师",p.625)

(2)若论本分提持,坐断异同,不通凡圣,直得释迦弥勒<u>饮气吞声</u>,文殊普贤亡锋结舌。(《圆悟禅师语录》卷四,41-224)

(3)赵州是作家,只向他道:"问事即得,礼拜了退。"这僧依旧无奈这老汉何,只得<u>饮气吞声</u>。(《碧岩录》卷一,p.12)

"饮气吞声"在禅林口语广泛行用的同时,形体演化出了"吞声饮气"。

(4)且不是南头买贵,北头卖贱。直教文殊稽首,迦叶攒眉,龙树、马鸣<u>吞声饮气</u>,目连、鹙子且不能为。(《续灯》卷八"奉能禅师",p.235)

(5)诸上座,他虽是个老婆,宛有丈夫之作,既知回避,稍难不免<u>吞声饮气</u>。(《明觉禅师语录》卷二,39-170)

(6)坐断要津,不通凡圣,设使尽大地草木丛林,尽化为衲僧,各各置百千问难,不消一札,尽教<u>吞声饮气</u>,目瞪口呿。而今事不获已,且无见起见,无言起言。(《圆悟禅师语录》卷一三,41-306)

显然,"吞声饮气"只是"饮气吞声"形式的变化,变化的类型是"饮气"和"吞声"互换位置,语义则没有发生变化。

(二)一三语素换位变化

0491 忘前失后——失前忘后   0846 三头两面——两头三面

0420 解粘去缚——去粘解缚   1068 三回两度——两回三度

0565 百了千当——千了百当   0042 入乡随俗——随乡入俗

本组成语正体和变体的构成语素是相同的,变体的产生是通过变换正体一三语素的位置产生的,后面的形体都是前面形体的换位变体,它们的语义则不发生变化。下面以"忘前失后——失前忘后""三头两面——两头三面""解粘去缚——去粘解缚"为例说明。

1. 忘前失后——失前忘后

"忘前失后"表示忘记了前事后缘,什么都不记得了。定型之语已见于姚秦佛陀耶舍共竺佛念等译《四分律》卷一一:"此六群比丘痴人,断诤事种类骂诸比丘,使惭愧忘前失后。"(T22/635b)后在禅林口语和世俗口语中广泛行用,比如:

(1)第三问曰:"其所修者,为顿为渐? 渐则<u>忘前失后</u>,何以集合而成? 顿即万行多方,岂得一时圆满? "(《祖堂》卷六"草堂和尚",p.289)

(2)洞山云:"汝父名什么?"师云:"今日蒙和尚致此一问,直得<u>忘前失后</u>。"(《传灯》卷一一"师解禅师",p.764)

(3)今<u>忘前失后</u>,心不主宰,被物引将去,致得胶扰,所以穷他理不得。(《朱子语类》卷五九,p1416)

"忘前失后"在口语里广泛行用的同时,形体演化出了"失前忘后"。在禅林口语和世俗口语中均有用例,如:

(4)问:"<u>失前忘后</u>时如何?"师云:"不。"(《广灯》卷一一"慈明禅师",p.303)

(5)虽复勉强为之,深恐<u>失前忘后</u>,不能成文,重以获罪。(《全宋文》卷二〇七三苏辙《答欧阳叔弼学士书》,p.202)

例中的"失前忘后"是"忘前失后"的换位变体,变化的类型是"忘"和"失"互换位置,语义则没有发生变化。

2. 三头两面——两头三面

"三头两面"始见于唐李商隐《杂纂》:"三头两面趋奉人。"(p.32)此喻奉承拍马,玩弄两面手法。后来进入禅林口语系统中,受到禅文化的影响语义发生了变化,禅家用来比喻认识不清自己的本来面貌。

(1)问:"承古有言,刹说众生说、三世一时说即不无,未审为什么人说?"师云:"<u>三头两面</u>者。"(《古尊宿》卷三八"守初禅师",p.714)

(2)请其源首座立僧上堂:"七手八脚,<u>三头两面</u>。欢喜冤家,头头撞见。山僧建立宗旨,直须为我成褫。学人未达其源,也要请师方便。"(《了慧禅师语录》卷一,46-426)

禅宗用"本来面貌"指每个人的真如佛性,"三头两面"表示认识不清自己的本来面貌,也就是认识不清自家真实唯一的佛性,这是"三头两面"禅义产生的文化理据。"三头两面"在禅林口语广泛行用的同时,形体演化出了"两头三面"。如:

(3)<u>两头三面</u>,少卖弄。鱼行水浊,鸟飞落毛。(《碧岩录》卷一,p.11)

（4）天下衲僧到这里摸索不着，<u>两头三面</u>作什么？（《碧岩录》卷八，p.390）

显然，例中的"两头三面"是"三头两面"的形式变体，变化的类型是"三"和"两"互换位置，语义则没有发生变化。

3. 解粘去缚——去粘解缚

"解粘去缚"是禅林自创的新成语，《真净禅师语录》卷一："上堂：'圣寿长老不会禅，不会道，只会解粘去缚，应病与药。诸佛子，无禅可参，无法可学，弃本逐末。'"（39-650）字面义指解除粘着，去除束缚，禅家比喻为人解除执着和束缚等悟道障碍。

（1）示众："诸方为人抽钉拔楔，我这里为人添钉着楔。诸方为人<u>解粘去缚</u>，我这里为人加绳加索了。"（《普灯》卷一八"宗元庵主"，p.474）

（2）若为你<u>解粘去缚</u>，道眼分明，甄别是非，堪为师匠。（《古尊宿》卷三八"守初禅师"，p.716）

"解粘去缚"在禅林口语广泛行用的过程中，形体演化出了"去粘解缚"。如：

（4）直须见得透顶彻底，和会得来，总是一家里事。更无如许淆讹等见解，方能为一切人<u>去粘解缚</u>，出钉拔楔。（《普灯》卷二五"钦禅师"，p.613）

（5）法喜禅悦，<u>去粘解缚</u>。黄龙家风，佛手驴脚。后代儿孙，须自开拓。（《古尊宿》卷四五"送照禅者"，p.865）

例中的"去粘解缚"是"解粘去缚"的换位变体，原来结构中的一三语素"解"和"去"互换了位置，从而造成了形式变化，语义则没有发生变化。

（三）二四语素换位变化

0104 如掌作拳——如拳作掌　　1033 日就月将——日将月就

0354 拈头作尾——拈尾作头　　0822 眼辨手亲——眼亲手辨

0935 胡说乱道——胡道乱说　　0640 履水如地——履地如水

本组成语正体和变体的构成语素也是相同的，变体的产生是通过变换正体二四语素的位置产生的，后面的形体都是前面形体的换位变体，它们的语义也不发生变化。下面以"如掌作拳——如拳作掌"和"日就月将——日将月就"为例说明。

1. 如掌作拳——如拳作掌

"如掌作拳"是禅林自创的新成语，《倚遇禅师语录》卷一："师与宽和尚看雪次，师云:'好雪。'宽云:'好白。'师云:'雪与白,相去多少?'宽云:'如掌作拳。'"(39-739)指就像把手掌变作了拳头,禅家比喻两者没有什么本质差别。这是本心超越后泯灭万象差别的悟境。在禅林口语使用过程中,"如掌作拳"产生了换位变体"如拳作掌",如:

　　(1)大师云:"只你不了的心是,更无别物。迷即众生,悟即是佛。<u>如拳作掌,如掌作拳</u>。"(《联灯》卷五"无业国师",p.127)

　　(2)上堂:"即心是佛,更无别佛。即佛是心,更无别心。<u>如拳作掌</u>,似水成波。波即是水,掌即是拳。"(《普觉禅师语录》卷三,42-252)

　　例(1)"如拳作掌""如掌作拳"连言,形成了回环复沓的修辞效果,均比喻两者没有什么本质差别。例(2)上言"如拳作掌",下言"掌即是拳",其义显豁。"如拳作掌"就是"如掌作拳"的换位变体,第二四语素"掌"和"拳"的位置互换了,造成了形体的变化,语义则没有发生变化。

2. 日就月将——日将月就

　　"日就月将"语出《诗·周颂·敬之》:"日就月将,学有缉熙于光明。"唐孔颖达疏:"日就,谓学之使每日有成就;月将,谓至于一月则有可行。言当习之以积渐也。"(p.599)指天天有成就,月月有进步。形容日积月累,不断进步。"日就月将"在禅林口语和世俗口语中广泛沿用,如:

　　(1)天经地义,钦承避席之谈;<u>日就月将</u>,虔奉趋庭之教。(唐杨炯《杨炯集·唐右将军魏哲神道碑》,p.124)

　　(2)但将此一转语,时时提撕。十二时中,丝毫勿令退失。<u>日就月将</u>,蓦地一声,便能彻见本有之性,本来面目。(《普宁禅师语录》卷三,45-815)

　　"日就月将"在使用过程中,产生了换位变体"日将月就",如:

　　(3)寄胎十有六月载诞,尔后<u>日将月就</u>,鹤貌鸾姿,举措殊侪,风规异格。(《祖堂》卷一七"双峰和尚",p.782)

　　(4)大而建立世界,次而建邦立国,以至成家立身,莫不积德累功,<u>日将月就</u>。或经年,或累岁,或终身,或积世,不惮勤劳,庶可希冀,信不易也。(宋陈显微《关尹子言外经旨》卷上)

　　显然,"日将月就"是"日就月将"的换位变体,第二四语素"就"和"将"的位置互换了,造成了形体的变化,语义则没有发生变化。

二 语素替换变化

唐宋禅籍俗成语形式演变还表现为语素的替换变化。语素的替换变化是指正体和变体的某些构语成分,即"语素"发生了替换,从而造成了形体的变化,替换语素后深层语义不发生变化。换素变化是汉语成语十分常见的形式变化方式。唐宋禅籍俗成语的换素变化,主要表现为同义语素替换、近义语素替换和类义语素替换三种类型。

(一)同义语素替换变化

0004 冷似冰霜——冷如冰霜　　0936 脱空谩语——脱空妄语

0056 如丧考妣——如丧老妣　　0154 画地为牢——划地成牢

0160 如蛇脱皮——如蛇退皮　　0415 张眉努目——瞠眉努目

0436 压良为贱——压良成贱　　0462 将棒唤狗——把棒唤狗

0507 一槌便成——一槌便就　　0580 枯木逢春——枯木迎春

0238 掩耳偷铃——塞耳偷铃　　0237 隔靴搔痒——隔靴抓痒

0244 开眼尿床——开眼溺床　　0058 语不投机——言不投机

本组成语正体和变体的语素发生了替换变化,变体的产生是用同义的语素替换了正体中的相应语素产生的,后面的形体都是前面形体的换素变体,它们的语义也不发生变化。下面以"冷似冰霜——冷如冰霜"和"脱空谩语——脱空妄语"为例说明。

1. 冷似冰霜——冷如冰霜

"冷似冰霜"最早见于禅林口语,禅家形容佛法像冰霜一样严峻固密。如:

(1)垂示云:"小如米末,冷似冰霜。逼塞乾坤,离明绝暗。低低处观之有余,高高处平之不足。"(《碧岩录》卷八,p.380)

(2)况此事,细如米末,冷似冰霜,总在当人分上。所以三千威仪,八万细行,不出坐卧经行。(《心月禅师语录》卷二,46-193)

例(1)"小如米末""冷似冰霜",连言佛法微妙、严密。例(2)"此事"指成佛之事,"冷似冰霜"形容佛法像冰霜一样严峻固密。"冷似冰霜"在禅林口语中产生了换素变体"冷如冰霜"。

(3)幽州鉴弘长老云:"不辞出来,哪个人无眼?"师云:"此语不正。"仰山

出云:"见取不见的。"师云:"细如米末,<u>冷如冰霜</u>。"(《联灯》卷七"灵祐禅师",p.205)

显然,"冷如冰霜"是"冷似冰霜"的换素变体,"如""似"同义替换,造成了形体的演变,语义则没有发生变化。

2. 脱空谩语——脱空妄语

"脱空"指落空、没有根据,"谩语"指说话虚妄不实。"脱空谩语"形容说话没有根据,虚妄不实,最早见于唐宋禅林口语,如:

(1)僧曰:"手执夜明符,背负须弥去。"师喝云:"<u>脱空谩语汉</u>。"(《续灯》卷二〇"智融禅师",p.590)

(2)时众中有恸哭者,师告云:"不用哭,老僧在此,四年零六个月,将无作有,指东划西,<u>脱空谩语</u>,诳惑诸人。"(《怀深禅师广录》卷一,41-116)

(3)师以脚踢空吹一吹云:"是什么义?"主云:"经中无此义。"师云:"<u>脱空谩语汉</u>,此是五百力士揭石义。"(《联灯》卷六"从谂禅师",p.179)

在唐宋禅林口语使用过程中,"脱空谩语"也说成"脱空妄语",如:

(4)师又问:"迦叶什么处去?"僧云:"不知。"师云:"<u>脱空妄语汉</u>。"(《古尊宿》卷六"道踪和尚",p.99)

(5)此老大怒,骂曰:"此吐血秃丁,<u>脱空妄语</u>,不得信。"(《五灯》卷一七"慧洪禅师",p.1160)

显然,"脱空妄语"和"脱空谩语"语义相同,"妄语"义同"谩语",属于同义语素"谩""妄"替换产生的换素变体。

(二)近义语素替换变化

0711 挑囊负钵——携囊挈钵	0757 千载难逢——历劫难逢
0970 思前虑后——思前算后	1002 分文不值——一文不值
1102 鼓乐喧天——丝竹喧天	0901 名言妙句——奇言妙句
0149 披枷带锁——担枷带锁	0215 依模画样——打模画样
0285 担雪填井——搬雪填井	0492 单刀直入——单刀趣入

本组成语正体和变体的语素发生了替换变化,变体的产生是用近义的语素替换了正体中的相应语素产生的,后面的形体都是前面形体的换素变体,它们的语义也不发生变化。下面以"挑囊负钵——携囊挈钵"和"千载难逢——历劫难逢"为

例说明。

1. 挑囊负钵——携囊挈钵

"挑囊负钵"指肩挑行囊,背负饭钵,形容僧人四处奔波的行脚生活。在唐宋禅林口语中用例较为普遍,略举几例如下:

（1）上堂:"山僧二十余年挑囊负钵,向寰海内参善知识十数余人。"（《仁勇禅师语录》卷一,41-11）

（2）诸人既是挑囊负钵,遍参知识,怀中自有无价之宝,方向这里参学。（《圆悟禅师语录》卷一三,41-308）

（3）上堂云:"大众但看,从上古圣挑囊负钵,出一丛林,入一保社。若不得个入处,昼夜不舍,参问知识。"（《续灯》卷一八"居润禅师",p.533）

在唐宋禅林口语中,"挑囊负钵"演化出了"携囊挈钵",如:

（4）师乃云:"好诸上座,携囊挈钵,东西南北行脚,当为何事?"（《广灯》卷二一"戒禅师",p.397）

（5）如今人道,是有禅有道,携囊挈钵,东西南北驰求。（《行琎禅师语录》卷一,47-194）

显然,"携囊挈钵"是"挑囊负钵"的换素变体,"携囊"与"挑囊"义近,"挈钵"与"负钵"义近,属于近义语素替换产生的换素变体。

2. 千载难逢——历劫难逢

"千载难逢"指千年都难以遇到一次,形容机遇十分难得。《南齐书·庾杲之传》:"臣以凡庸,谬徼昌运,奖擢之厚,千载难逢。"（p.616）在禅林口语中也能见到用例,如:

（1）大沩若作朗上座,见他太傅拂袖便行,放下茶铫,呵呵大笑。何故? 见之不取,千载难逢。（《碧岩录》卷五,p.254）

后来,"千载难逢"演化出了换素变体"历劫难逢"。

（2）师于杖下思惟曰:"大善知识,历劫难逢。今既得遇,岂惜身命?"自此给侍。（《传灯》卷五"神会禅师",p.369）

（3）俊哉! 大士! 历劫难逢。问承教有言,为未来世,开生天路。（《无德禅师语录》卷一,39-576）

"历劫"是佛教用语,经历宇宙的成毁为"历劫",在这里表示时间极为久远。因此,"历劫"和"千载"是近义关系,"历劫难逢"是"千载难逢"的近义替换。

（三）类义语素替换变化

0181 素体相呈——素面相呈	0427 赤手空拳——赤手空身
0003 壁立千仞——壁立万仞	0495 依草附木——依草附叶
0207 藏身露影——藏头露影	0229 指桑骂柳——指槐骂柳
0243 开眼说梦——开眼作梦	0272 钻冰求火——敲冰求火
0277 掘地觅天——低头觅天	0305 持蠡酌海——持螺酌海

本组成语正体和变体的语素发生了替换变化,变体的产生是用类义的语素替换了正体中的相应语素产生的,后面的形体都是前面形体的换素变体,它们的深层语义也不发生变化。下面以"素体相呈——素面相呈"和"赤手空拳——赤手空身"为例说明。

1. 素体相呈——素面相呈

"素体相呈"是禅家自创的新成语,比喻呈现本来面貌、真如实相。最早见于《祖堂》卷一一"云门和尚":"黄昏戌,把火寻牛是的物,素体相呈却道非,奴郎不辨谁受屈?"（p.514）例言真如实相已呈现却说不是。"素体相呈"在禅林口语中演化出了"素面相呈",如:

（1）问:"素面相呈时如何?"师曰:"拈却盖面帛。"（《传灯》卷一三"延沼禅师",p.911）

（2）问:"素面相呈时如何?"师云:"一场丑拙。"（《续灯》卷二〇"智本禅师",p.570）

例中的"素面相呈"都是"素体相呈"的换素变体,"体""面"属于同类词语。在"素体相呈"的演化过程中,"面"替换"体"造成了形式的变化,并未引起语义的变化。

2. 赤手空拳——赤手空身

"赤手空拳"最早见于宋代禅林口语,字面义指两手空空,禅家比喻荡尽情尘妄念,没有一丝尘念。如:

（1）复云:"赤手空拳下山去,满船和月载归来。五峰可煞无惭愧,面面相看眼未开。何故?穷坑难满。"（《师范禅师语录》卷二,45-691）

（2）若非吹灭纸烛处,丧尽鬼家活计。安能赤手空拳,别立生涯?（《惟一

禅师语录》卷二,47-53)

在禅林口语使用过程中,"赤手空拳"演化出了"赤手空身"。

(3)师云:"白水老子,可谓大而无外,小而无内,具足千变万化,只个赤手空身,不受一滴一尘,直是满眼满耳。"(《宏智禅师广录》卷三,44-420)

例中的"赤手空身"和"赤手空拳",比喻荡尽情尘妄念,没有一丝尘念。"赤手空身"也是"赤手空拳"的换素变体,"身""拳"属于同类词语,在"赤手空拳"的形式变化过程中,"身"替换"拳"造成了形式的变化,但没引起深层语义的变化。

三 语法结构变化

唐宋禅籍俗成语形式演变还表现为语法结构的变化。这有两种情形:一是正体和变体的构语成分没有变化,但语法组合规则发生了变化,由此引发了成语形式的变化;二是正体和变体的构语成分发生了变化,同时语法组合规则也发生了变化,导致成语形式发生了变化。后一种变化属于综合变化,将在后面讨论。这里只分析第一种情况,变化形式比较少见,下面举几个例子。

0057 撞东磕西——东撞西磕　　0338 无风起浪——无风浪起

0600 火里莲生——火里生莲　　0322 雪上加霜——霜加雪上

1. 撞东磕西——东撞西磕

"撞东磕西"最早见于宋代禅林口语,禅家形容迷失了禅悟佛法的路头,四处受阻。例如:

(1)唤回善导和尚,别求径路修行。其或准前,舍父逃走,流落他乡,撞东磕西。(《普灯》卷二〇"齐己禅师",p.505)

后来,"撞东磕西"演化出"东撞西磕",如:

(2)若有人拈得出,一任天下横行,不见一毛头许法为障为碍。若拈不出,被他迷却路头,东撞西磕。(《道霈禅师餐香录》卷一,62-232)

"撞东磕西"和"东撞西磕"的构语成分相同,深层语义也相同。"撞东磕西"是"动宾+动宾"型成语,"东撞西磕"是"偏正+偏正"型成语,"撞东磕西"演化出"东撞西磕",就是语法变化引起的形式演变。

2. 无风起浪——无风浪起

"无风起浪"最早见于唐代禅林口语,指水面无风却涌起了波浪。比喻本来没

有事,凭空生出事端。例如:

（1）达磨西来,<u>无风起浪</u>。世尊拈花,一场败缺。(唐裴休集《黄檗禅师宛陵录》卷一,T48/387b)

（2）拈一放一,节外生枝。举古举今,<u>无风起浪</u>。山僧今日一时坐断。(《圆悟禅师语录》卷一,41-199)

（3）师乃曰:"只恁么便散去,不妨要妙。虽然如是,早是<u>无风起浪</u>,钉橛空中。"(《五灯》卷一七"夔禅师",p.1145)

在禅林口语使用过程中,"无风起浪"演化出变体"无风浪起",如:

（4）上堂:"黄面老子出世,平地骨堆;碧眼胡儿西来,<u>无风浪起</u>。"(《仁勇禅师语录》卷一,41-16)

（5）问:"莲花未出水时如何?"师云:"焦砖打着连底冻。"僧曰:"出水时如何?"师云:"洋澜左里,<u>无风浪起</u>。"(《续灯》卷四"圆鉴禅师",p.103)

"无风浪起"和"无风起浪"的语素和语义都相同,但语法结构不同,"浪起"是主谓结构,"起浪"是动宾结构,"无风浪起"是"无风起浪"由语法结构变化产生的变体。

3. 火里莲生——火里生莲

"火里莲生"是禅家自创的新成语,指火里生出了莲花。禅家用来形容本心超越以后出现的一种奇特悟境。如:

（1）问:"如何是枯木里龙吟?"师曰:"<u>火里莲生</u>。"(《传灯》卷二一"真寂禅师",p.1644)

（2）上堂云:"<u>火里莲生</u>,海中尘起,维摩默然,文殊欢喜。惹得天花遍地来,空生净虚弹指。"卓拄杖一下。(《续灯》卷七"保心禅师",p.192)

例（1）"枯木里龙吟"喻指禅悟后重获新生,"火里莲生"暗示本心超越以后出现的奇特悟境——火里生出了莲花。例（2）"火里莲生"和"海中尘起"都是禅家的奇特语,分别暗示本心超越以后出现的两种奇特悟境。在禅林口语中,"火里莲生"演化出了"火里生莲",如:

（3）上堂:"报慈一言,千圣不传。即时妙会,<u>火里生莲</u>。然虽如是,路遥知马力,岁久见人心。"(《道宁禅师语录》卷一,39-776)

（4）即心即佛,铁牛无骨。戏海狞龙,摩天俊鹘。西江吸尽未为奇,<u>火里生</u>

莲香飚飚。(《普灯》卷二七"静禅师",p.693)

"火里生莲"和"火里莲生"的语素和语义都相同,但语法结构不同,"生莲"是动宾结构,"莲生"是主谓结构,"火里生莲"是"火里莲生"由语法结构变化产生的变体。

四 综合变化

在唐宋禅籍俗成语形式演变过程中,有不少成语的形式变化往往是综合的变化,即包含了上述语素换位变化、语素替换变化和语法结构变化中的两种或三种情况。比如:

1093 千般万样——万种千般	1039 白驹过隙——如驹过隙
0448 灵龟曳尾——曳尾灵龟	0323 为蛇画足——画蛇添足
0595 振领提纲——提纲举领	0256 飞蛾赴火——如蛾投焰
0233 剜肉作疮——好肉剜疮	0270 披沙拣金——沙里淘金
0294 虚空钉橛——钉橛空中	0315 望梅止渴——梅林止渴

下面以"千般万样——万种千般"和"白驹过隙——如驹过隙"为例说明。

1. 千般万样——万种千般

"千般万样"最早见于三国管辂《管氏地理指蒙》卷下:"未官便催,未贫便救,千般万样,撰出名字,欺诈酬谢。"形容事物的种类很多,各种各样。唐宋时期进入了禅林口语。比如:

(1)个是径山和尚,逆顺千般万样。喜时菩萨不如,怒时修罗莫况。(《宗杲禅师语录》卷二,42-528)

(2)上堂:"达磨西来,添盐减酱,后代儿孙,千般万样。"(《师范禅师语录》卷二,45-703)

在唐宋禅林口语中,"千般万样"演化出了"万种千般",如:

(3)如来大藏教言,好向人前说打,待伊欢喜上心,万种千般肯舍。得了修造供僧,福利全归施者。(《续灯》卷七"方禅师",p.217)

(4)师拈糊饼,示洛浦云:"万种千般,不离这个,其理不二。"(《联灯》卷九"义玄禅师",p.292)

(5)世尊三百余会观机逗教,应病与药,万种千般说法,毕竟无二种语。

（《碧岩录》卷一○,p.472）

"万种千般"和"千般万样"的语义相同,是"千般万样"的形式变体。在"千般万样"的形式演变过程中,一三语素"千""万"的位置互换了,同时语素"样"替换为"种",所以既有语素的换位变化,又有语素的替换变化,属于成语形式演变的综合变化。

2. 白驹过隙——如驹过隙

"白驹过隙"指日影如白色的骏马飞快地驰过缝隙,形容时间过得极快。语出《庄子·知北游》:"人生天地之间,若白驹之过郤,忽然而已。"唐成玄英疏:"白驹,骏马也,亦言日也。"唐陆德明释文:"郤,本亦作隙。隙,孔也。"（p.742）后定型为"白驹过隙",《史记·留侯世家》:"吕后德留侯,乃强食之,曰:'人生一世间,如白驹过隙,何至自苦如此乎!'"（p.2048）唐宋时期进入了禅林口语系统,如:

　　（1）是身寿命,如白驹过隙。何暇闲情,妄为杂事。(《古尊宿》卷三四"佛眼和尚",p.648）

"白驹过隙"也是形容时间过得飞快。在唐宋禅林口语使用过程中,"白驹过隙"演化出了"如驹过隙",如:

　　（2）只如道是身寿命,如驹过隙,一弹指顷。(《道冲禅师语录》卷二,45-281）

　　（3）上堂:"一年已减五日,光影如驹过隙。直须如救头然,切莫随情放逸。"(《原妙禅师语录》卷一,47-286）

"如驹过隙"和"白驹过隙"的深层语义相同,是"白驹过隙"的形式变体。在"白驹过隙"的形式演变过程中,原来结构中的语素"白"替换成了"如",语法结构也发生了变化,"白驹过隙"是主谓结构,"如驹过隙"是动宾结构,因而属于综合变化。

上文总结了唐宋禅籍俗成语形式演变的类型,这些类型基本涵盖了汉语成语形式变化的全部类型。需要说明的是,有的成语在口语使用过程中往往有很多变体,这些变体主要是从正体演变而来的,也有的变体是从某个变体演变而来的,情况较为复杂。但不论是哪一种变化路径,它们的演变方式都会遵循上面揭示的四种基本类型。

附录一:主要参考文献

B

白　平　2009《关于"语"和"词"分立问题的思考》,载温端政、吴建生主编《汉语语汇学研究》,商务印书馆。

C

慈怡主编　1989《佛光大辞典》,北京图书出版社。

陈秀兰　2003《"成语"探源》,《古汉语研究》第 1 期。

陈秀兰、朱庆之　2013《"心猿意马"的语源和流变》,《汉语史学报》第 13 辑。

陈　垣　1988《中国佛教史籍概论》,中华书局。

D

董秀芳　2011《词汇化:汉语双音词的衍生和发展(修订本)》,商务印书馆。

F

范春媛　2007《禅籍谚语研究》,南京师范大学博士学位论文。

芳泽胜弘等编(日)1991《禅语辞书类聚》(一)(二)(三),日本禅文化研究所。

冯胜利　1997《汉语的韵律、词法与句法》,北京大学出版社。

冯胜利　2001《从韵律看汉语"词""语"分流之大界》,《中国语文》第 1 期。

冯胜利　1996《论汉语的"韵律词"》,《中国社会科学》第 1 期。

冯胜利　2014《语体俗、正、典三分的历史见证:风、雅、颂》,《语文研究》第 2 期。

付建荣　2012《汉语词汇核心义研究》,浙江大学博士学位论文。

付建荣　2017《互文成语探析》,《内蒙古大学学报》第 2 期。

付建荣　2017《禅谚"快马一鞭,快人一言"解》,《辞书研究》第 4 期。

G

高列过　2006《"韩卢逐块"辨正》,《宗教学研究》第 3 期。

高列过 2013《"截断众流"辨正》,《浙江学刊》第 1 期。

高列过 2015《"天花(华)乱坠"意义源流辨正》,《宁波大学学报》第 4 期。

古贺英彦(日) 1991《禅语辞典》,思文阁出版社。

H

何九盈 1995《中国古代语言学史》,广东教育出版社。

何九盈、王 宁、董 琨 2015《辞源》(第 3 版),商务印书馆。

何小宛 2017《禅宗语录词语研究》,中国文史出版社。

J

江蓝生、曹广顺主编 1997《唐五代语言词典》,上海教育出版社。

蒋绍愚 2005《古汉语词汇纲要》,商务印书馆。

蒋绍愚 2015《汉语历史词汇学概要》,商务印书馆。

蒋绍愚 2017《近代汉语研究概要》,北京大学出版社。

蒋绍愚 2019《也谈文言与白话》,《清华大学学报》第 2 期。

蒋绍愚 2019《汉语史的研究和汉语史的语料》,《语文研究》第 3 期。

L

雷汉卿 2012《禅籍俗成语浅论》,《语文研究》第 1 期。

雷汉卿 2009《禅籍方俗词研究》,巴蜀书社。

雷汉卿、李家傲 2019《"忍俊不禁"考辨》,《古汉语研究》第 3 期。

雷汉卿、王长林 2018《禅宗文献语言论考》,上海教育出版社。

冷玉龙、杨 超、韦一心主编 2014《成语辞海》,上海辞书出版社。

李如龙 2009《语汇学三论》,载温端政、吴建生主编《汉语语汇学研究》,商务印书馆。

李行杰 2009《语词分立势在必行》,载温端政、吴建生主编《汉语语汇学研究》,商务印书馆。

李运富 2009《"一丝不挂"源流考辨》,《励耘学刊(语言卷)》第 1 辑。

梁晓虹 1987《谈谈源于佛教的成语几种构成形式——读禅宗传灯录札记》,《九江师专学报》第 1 期。

梁晓虹 1994《佛教词语的构造与汉语词汇的发展》,北京语言学院出版社。

林杏光、菲　白编　1987《简明汉语义类词典》,商务印书馆。

刘　坚　1985《近代汉语读本》,上海教育出版社。

刘洁修　2009《汉语成语源流大辞典》,开明出版社。

刘洁修　1989《汉语成语考释词典》,商务印书馆。

刘洁修　1985《成语》,商务印书馆。

刘叔新　1982《固定语及其类别》,《语言研究论丛》第 2 辑。

刘叔新　1990《汉语描写词汇学》,商务印书馆。

刘　洋　2013《21 世纪以来汉语成语研究》,《云南师范大学学报》第 3 期。

刘玉凯、乔云霞编　1991《中国俗成语》,上海文艺出版社。

刘中富　2016《成语的界定与成语的层次性》,《山东师范大学学报》第 4 期。

刘中富　2012《汉语同义成语和异形成语的区别与释义问题》,《辞书研究》第 6 期。

刘占锋　2013《成语通检词典》,中华书局。

柳田圣山(日)　1993《无着道忠的学术贡献》(董志翘译),《俗语言研究》创刊号,
　　日本花园大学禅文化研究所。

柳田圣山(日)　1972《祖堂集·影印序》,东京中文出版社。

柳田圣山(日)　1967《初期禅宗史书研究》,日本禅文化研究所。

陆俭明　2012《现代汉语》,北京师范大学出版社。

吕叔湘　1985《近代汉语指代词》,学林出版社。

吕叔湘　1963《现代汉语单双音节问题初探》,《中国语文》第 1 期。

吕叔湘　1989《中国俗语大辞典·序》,上海辞书出版社。

罗竹风主编　2011《汉语大词典》,汉语大词典出版社。

M

马国凡　1978《成语》,内蒙古人民出版社。

梅祖麟　1990《近代汉语语法资料汇编(唐五代卷)·序》,商务印书馆。

N

倪宝元　1979《成语辨析》,中国社会科学出版社。

倪宝元、姚鹏慈　1990《成语九章》,浙江教育出版社。

倪宝元、姚鹏慈　1997《汉语成语辨析词典》,商务印书馆。

Q

乔 永 2009《汉语语汇研究的思考》，载温端政、吴建生主编《汉语语汇学研究》，
　　商务印书馆。

乔 永 2006《成语鉴别与成语词典收词标准的量化定性研究》，《语文研究》第
　　4 期。

R

任继愈主编 2002《佛教大辞典》，江苏古籍出版社。

入矢义高监修，古贺英颜编（日）1991《禅语辞典》，思文阁出版。

S

商务印书馆辞书研究中心编 2002《新华成语词典》，商务印书馆。

释印顺 2010《中国禅宗史》，中华书局。

苏宝荣 2009《词汇研究与汉语的民族特征》，载温端政、吴建生主编《汉语语汇学
　　研究》，商务印书馆。

苏新春 2013《现代汉语分类词典》，商务印书馆。

孙剑艺 2010《"家贼"源流辨考——兼为辞书相关条目订补》，《古汉语研究》第
　　2 期。

孙慎之 1956《试谈"成语"》，《山东大学学生科学论文集刊（文科）》第 4 辑。

孙维张 2007《佛源语词词典》，语文出版社。

孙维张 1989《汉语熟语学》，吉林教育出版社。

T

太田辰夫（日）1981《〈祖堂集〉口语语汇索引》，朋友书店。

太田辰夫（日）1991《汉语史通考》，重庆出版社。

腾志贤 1994《试释"看楼打楼"等》，《俗语言研究》创刊号第 2 期。

田照军等 2007《"雪上加霜"释义匡补》，《语文建设》第 11 期。

W

汪维辉 2007《〈齐民要术〉词汇语法研究》，上海教育出版社。

汪维辉 2017《汉语史研究的对象和材料问题——兼与刁晏斌先生商榷》，《吉林大
　　学社会科学学报》第 4 期。

汪维辉、顾　军　2012《论词的"误解无用"义》,《语言研究》第 3 期。

王　力　1958《汉语史稿》,科学出版社。

王希杰　2004《汉语修辞学(修订本)》,商务印书馆。

王长林　2016《"口似扁担""口似磉盘"商诂》,《汉语史学报》第 16 辑。

王吉辉　1995《成语的范围界定及其意义的双层性》,《南开学报》第 6 期。

王吉辉　1998《意义的双层性及其在成语、惯用语划分中的具体运用》,《南开学报》
　第 4 期。

王闰吉　2012《〈祖堂集〉语言问题研究》,中国社会科学出版社。

王　涛等编著　2007《中国成语大辞典(新一版)》,上海辞书出版社。

王云路　2010《中古汉语词汇史》,商务印书馆。

王云路等　2014《汉语词汇核心义研究》,北京大学出版社。

温端政　2002《论语词分立》,《辞书研究》第 6 期。

温端政　2010《再论语词分立》,《辞书研究》第 3 期。

温端政　2018《三论论词分立》,《辞书研究》第 3 期。

温端政　2005《汉语词汇学》,商务印书馆。

温端政主编　2006《汉语语汇学教程》,商务印书馆。

温端政　2017《树立正确的语词观》,载吴建生、李树新、史素芬主编《汉语语汇学研
　究(四)》,商务印书馆。

温端政　2006《也谈"语汇重要,语汇难"》,《语文研究》第 3 期。

温端政、周　荐　2000《二十世纪的汉语俗语研究》,书海出版社。

温端政、沈慧云　2000《"龙虫并雕"和"语"的研究》,《语文研究》第 4 期。

温朔彬、温端政　2009《汉语语汇研究史》,商务印书馆。

吴言生　2001《禅宗思想渊源》,中华书局。

吴言生　2001《禅宗哲学象征》,中华书局。

X

向　熹　2010《简明汉语史(修订本)》,商务印书馆。

徐耀民　1999《成语的划界、定型和释义问题》,《中国语文》第 1 期。

徐　琳　2020《唐宋禅籍俗语研究》,四川大学出版社。

徐中舒主编 2010《汉语大字典》，四川辞书出版社。

许嘉璐 1987《论同步引申》，《中国语文》第 1 期。

许威汉 2000《二十世纪的汉语词汇学》，书海出版社。

Y

杨蓉蓉 2009《一门新兴的有待完善的学科——读〈汉语语汇学〉〈汉语语汇学教程〉》，载温端政、吴建生主编《汉语语汇学研究》，商务印书馆。

杨蓉蓉 2017《关于词汇学的几点思考》，载吴建生、李树新、史素芬主编《汉语语汇学研究（四）》，商务印书馆。

杨曾文 1999《唐五代禅宗史》，中国社会科学出版社。

杨曾文 2006《宋元禅宗史》，中国社会科学出版社。

于 谷 1995《禅宗语言和文献》，江西人民出版社。

俞理明、顾满林 2013《东汉佛道文献词汇新质研究》，商务印书馆。

袁 宾、康 健主编 2010《禅宗大词典》，崇文书局。

袁 宾编著 1991《中国禅宗语录大观》，百花洲文艺出版社。

袁 宾主编 1994《禅宗词典》，湖北人民出版社。

袁 宾 1990《禅宗著作词语汇释》，江苏古籍出版社。

Z

张斌主编 2008《新编现代汉语》，复旦大学出版社。

张胜珍 2005《禅宗语言研究》，南开大学博士学位论文。

张鑫鹏 2011《〈祖堂集〉成语探析》，《长春工程学院学报》第 1 期。

张涌泉 2010《汉语俗字研究》，商务印书馆。

张永言 1982《词汇学简论》，华中工学院出版社。

张振兴 2009《语汇学之成立》，载温端政、吴建生主编《汉语语汇学研究》，商务印书馆。

章备福 1993《〈景德传灯录〉成语札记》，《贵州师院学报》第 2 期。

赵红棉 1992《"成语"一词源流考》，《古汉语研究》第 3 期。

中国佛教文化研究所编 2013《俗语佛源》，中西书局。

中国社会科学院语言研究所词典编辑室 2005《现代汉语词典（第 5 版）》，商务印书馆。

周　荐 1997《论成语的经典性》,《南开学报》第 2 期。

周　荐 2014《语词分合问题引发的若干思考》,《世界汉语教学》第 4 期。

周裕锴 2009《禅宗语言研究入门》,复旦大学出版社。

周裕锴 2017《禅宗语言》,复旦大学出版社。

周祖谟校 2004《广韵校本》,中华书局。

周祖谟 1955《谈成语》,《语文学习》第 1 期。

周祖谟 1959《汉语词汇讲话》,人民教育出版社。

朱庆之 1992《佛典与中古汉语词汇研究》,文津出版社。

朱瑞玟 2008《成语探源辞典》,首都师范大学出版社。

朱赛萍 2015《汉语的四字格》,北京语言大学出版社。

紫野恭堂(日) 1980《禅语惯用语俗语要典》,思文阁出版。

附录二：主要征引文献

B

《白毫庵集》,明张瑞图著,许长锋、粘良图点校,北京:商务印书馆2019年版

《白居易集笺校》,唐白居易著,朱金城笺注,上海:上海古籍出版社1988年版

《北史》,唐李延寿撰,北京:中华书局1974年版

《北齐书》,唐李百药撰,北京:中华书局1972年版

《抱朴子内篇校释》,晋葛洪撰,王明校释,北京:中华书局1985年版

《暴风骤雨》,周立波著,石家庄:花山文艺出版社1995年版

《碧岩录》,宋圆悟克勤著,尚之煜校注,郑州:中州古籍出版社2013年版

C

《沧浪诗话校笺》,宋严羽著,张健校笺,上海:上海古籍出版社2012年版

《禅宗全书》,蓝吉富主编,北京:北京图书馆出版社2004年版

《朝野佥载》,唐张鷟撰,程毅中点校,北京:中华书局1979年版

《陈亮集》,宋陈亮撰,北京:中华书局1974年版

《陈书》,唐姚思廉撰,北京:中华书局1972年版

《初刻拍案惊奇》,明凌濛初著,武汉:崇文书局2015年版

《楚辞补注》,宋洪兴祖撰,白化文等点校,北京:中华书局1983年版

《春秋左传注》,杨伯峻编著,北京:中华书局1990年版

D

《大唐新语》,唐刘肃撰,恒鹤等点校,上海:上海古籍出版社2012年版

《大正新修大藏经》,佛陀教育基金会编,台北:佛陀教育基金会出版部1990年版

《邓析子》,周邓析撰,上海:上海古籍出版社1990年版

《东观汉记校注》,汉刘珍等撰,吴树平校注,郑州:中州古籍出版社1987年版

《杜阳杂编》,唐苏鹗著,上海:上海古籍出版社 2000 年版

《敦煌变文校注》,黄征、张涌泉校注,北京:中华书局 1997 年版

《敦煌曲子词集》,王重民辑,北京:商务印书馆 1957 年版

E

《儿女英雄传》,清文康著,上海:上海古籍出版社 1991 年版

《二刻拍案惊奇》,明凌濛初著,上海:上海古籍出版社 1983 年版

F

《法显传》,东晋法显撰,章巽校注,北京:中华书局 2008 年版

《范石湖集》,宋范成大著,富寿荪标校,上海:上海古籍出版社 2006 年版

《封神演义》,明许仲琳编,济南:齐鲁书社 1980 年版

G

《陔余丛考》,清赵翼著,北京:中华书局 1963 年版

《古今情海》,曹绣君辑,长春:吉林文史出版社 1994 年版

《古今小说》,明冯梦龙编,上海:上海古籍出版社 1990 年版

《古尊宿语录》,宋赜藏主编,北京:中华书局 2014 年版

《官场现形记》,清李宝嘉著,上海:上海书店出版社 1996 年版

《关尹子言外经旨》,宋陈显微撰,南京:凤凰出版社 2016 年版

《管子校注》,黎翔凤撰,北京:中华书局 2004 年版

《桂苑笔耕集校注》,新罗崔致远著,党银平校注,北京:中华书局 2007 年版

《国语集解》,徐元诰撰,王树民、沈长云点校,北京:中华书局 2002 年版

H

《海上花列传》,清韩邦庆著,上海:上海古籍出版社 1996 年版

《韩非子集解》,清王先慎撰,钟哲点校,北京:中华书局 1998 年版

《寒山诗注》,项楚著,北京:中华书局 2000 年版

《汉书》,汉班固撰,北京:中华书局 1962 年版

《何梦桂集》,宋何梦桂著,赵敏、崔霞点校,杭州:浙江古籍出版社 2011 年版

《鹤林玉露》,宋罗大经撰,孙雪霄校点,上海:上海古籍出版社 2012 年版

《红楼梦》,清曹雪芹、高鹗著,北京:人民文学出版社 1973 年版

《后汉书》,南朝宋范晔撰,唐李贤等注,北京:中华书局 1965 年版

《华阳国志校注》，晋常璩撰，刘琳校注，成都：巴蜀书社 1984 年版

《黄帝内经素问校注》，郭霭春主编，北京：人民卫生出版社 1992 年版

J

《嘉定钱大昕全集》，清钱大昕著，南京：凤凰出版社 2016 年版

《嘉泰普灯录》，宋正受辑，朱俊红点校，海口：海南出版社 2011 年版

《嘉兴大藏经》，台北：新文丰出版公司 1987 年版

《建康实录》，唐许嵩撰，张忱石点校，北京：中华书局 1986 年版

《建中靖国续灯录》，宋惟白辑，朱俊红点校，海口：海南出版社 2011 年版

《江南野史》，宋龙衮撰，郑州：大象出版社 2003 年版

《蛟峰先生文集》，宋方逢辰撰，北京图书馆古籍珍本丛刊本，北京：书目文献出版社
     1998 年版

《今古奇观》，明抱瓮老人辑，上海：上海古籍出版社 2005 年版

《晋书》，唐房玄龄等撰，北京：中华书局 1974 年版

《景德传灯录译注》，宋道原著，顾宏义译注，上海：上海书店出版社 2009 年版

《景定建康志》，宋周应合撰，南京：南京出版社 2009 年版

《警世通言》，明冯梦龙著，杨桐注，武汉：崇文书局 2015 年版

《旧唐书》，后晋刘昫等撰，北京：中华书局 1975 年版

L

《老残游记》，清刘鹗著，严薇青注，济南：齐鲁书社 1981 年版

《老子校释》，朱谦之撰，北京：中华书局 1984 年版

《联灯会要》，宋悟明集，朱俊红点校，海口：海南出版社 2010 年版

《梁书》，唐姚思廉撰，北京：中华书局 1973 年版

《六十种曲》，明毛晋编，北京：中华书局 1958 年版

《吕氏春秋集释》，许维遹撰，梁运华整理，北京：中华书局 2009 年版

《论语》，《十三经注疏》影印本，北京：中华书局 1980 年版

《论衡校释》，黄晖撰，北京：中华书局 1990 年版

《洛阳搢绅旧闻记》，宋张齐贤撰，郑州：大象出版社 2003 年版

《洛阳伽蓝记》，北魏杨衒之著，杨勇校笺，北京：中华书局 2006 年版

M

《孟子》,《十三经注疏》影印本,北京:中华书局 1980 年版

N

《南齐书》,梁萧子显撰,北京:中华书局 1972 年版

P

《埤雅》,宋陆佃著,王敏红校点,杭州:浙江大学出版社 2008 年版

Q

《青琐高议》,宋刘斧撰,施林良校点,上海:上海古籍出版社 2012 年版

《曲律注释》,明王骥德著,陈多、叶长海注释,上海:上海古籍出版社 2012 年版

《全上古三代秦汉三国六朝文》,清严可均校辑,北京:中华书局 1958 年版

《全宋词》,唐圭璋编,北京:中华书局 1965 年版

《全宋诗》,北京大学古文献研究所编,北京:北京大学出版社 1998 年版

《全宋文》,曾枣庄、刘琳主编,上海:上海辞书出版社、合肥:安徽教育出版社 2006
年版

《全唐诗》,清彭定求编,北京:中华书局 1980 年版

《全唐文新编》,周绍良总主编,长春:吉林文史出版社 2000 年版

《全唐五代笔记》,陶敏主编,西安:三秦出版社 2012 年版

《全元曲》,徐征等主编,石家庄:河北教育出版社 1998 年版

R

《儒林外史》,清吴敬梓著,北京:人民文学出版社 1977 年版

S

《三朝北盟会编》,宋徐梦莘撰,上海:上海古籍出版社 1987 年版

《三国志》,晋陈寿撰,北京:中华书局 1971 年版

《山谷诗外集补》,黄庭坚撰,北京:中华书局 1985 年版

《射鹰楼诗话》,清林昌彝著,王镇远、林虞生标点,上海:上海古籍出版社 1988 年版

《诗经》,《十三经注疏》影印本,北京:中华书局 1980 年版

《诗林广记》,宋蔡正孙撰,北京:中华书局 1982 年版

《诗品集注》,南朝梁钟嵘撰,曹旭集注,上海:上海古籍出版社 1994 年版

《狮吼记评注》,明汪廷讷著,黄飚评注,长春:吉林人民出版社 2001 年版

《十驾斋养新录》，清钱大昕著，上海：上海书店出版社 2011 年版

《史记》，汉司马迁撰，北京：中华书局 1959 年版

《史通》，唐刘知几撰，上海：上海古籍出版社 2008 年版

《世说新语笺疏》，南朝宋刘义庆著，南朝梁刘孝标注，余嘉锡笺疏，北京：中华书局
  1983 年版

《水浒传》，明施耐庵、罗贯中著，上海：上海古籍出版社 2015 年版

《说唐》，清鸳湖渔叟著，陈汝衡修订，上海：上海古籍出版社 1978 年版

《四书或问》，宋朱熹撰，上海：上海古籍出版社 2001 年版

《宋代蜀文辑存校补》，傅增湘原辑，吴洪泽补辑，重庆：重庆大学出版社 2014 年版

《宋诗纪事》，清厉鹗辑撰，上海：上海古籍出版社 1983 年版

《宋书》，梁沈约撰，北京：中华书局 1974 年版

T

《太平仙记》，明陈自得著，北京：中国戏剧出版社 1958 年版

《昙花记评注》，明屠隆著，田同旭评注，长春：吉林人民出版社 2018 年版

《坛经校释》，唐惠能著，郭朋校释，北京：中华书局 2012 年版

《唐会要》，宋王溥撰，上海：上海古籍出版社 1991 年版

《唐律疏议》，唐长孙无忌等撰，刘俊文点校，北京：中华书局 1983 年版

《唐摭言》，五代王定保撰，阳羡生校点，上海：上海古籍出版社 2012 年版

《天圣广灯录》，宋李遵勖辑，朱俊红点校，海口：海南出版社 2011 年版

《通俗编》，清翟灏撰，颜春峰点校，北京：中华书局 2013 年版

W

《卍新纂续藏经》，河北：中华佛教出版社 2007 年版

《王十朋全集》，宋王十朋著，上海：上海古籍出版社 1998 年版

《尉缭子》，佚名撰，上海：商务印书馆 1937 年版

《五灯会元》，宋普济著，苏渊雷点校，北京：中华书局 1984 年版

X

《西湖游览志余》，明田汝成辑撰，刘雄、尹晓宁点校，上海：上海古籍出版社 2018
  年版

《西京杂记》，晋葛洪撰，北京：中华书局 1985 年版

《西厢记》,元王实甫著,王季思校注,上海:上海古籍出版社 1996 年版

《先秦汉魏晋南北朝诗》,逯钦立辑校,北京:中华书局 1983 年版

《小五义》,清石玉昆著,南宁:广西人民出版社 1988 年版

《新编汉魏丛书》,新编汉魏丛书编纂组编,厦门:鹭江出版社 2013 年版

《新唐书》,宋欧阳修、宋祁撰,北京:中华书局 1975 年版

《醒世恒言》,明冯梦龙编,武汉:崇文书局 2015 年版

《续资治通鉴长编》,宋李焘撰,北京:中华书局 1993 年版

Y

《颜氏家训集解》(增补本),王利器撰,北京:中华书局 1993 年版

《杨炯集》,唐杨炯著,北京:中华书局 1980 年版

《医门法律》,清喻昌著,张晓梅等校注,北京:中国中医药出版社 2002 年版

《夷坚志》,宋洪迈撰,何卓点校,北京:中华书局 2006 年版

《永乐大典戏文三种校注》,钱南扬校注,北京:中华书局 1979 年版

《游仙窟校注》,唐张文成撰,李时人、詹续左校注,北京:中华书局 2010 年版

《酉阳杂俎》,唐段成式撰,方南生点校,北京:中华书局 1981 年版

《元曲选》,明臧晋叔编,北京:中华书局 1989 年版

《元诗选初集》,清顾嗣立编,北京:中华书局 1987 年版

《乐府诗集》,宋郭茂倩编,北京:中华书局 1979 年版

《乐书》,宋陈旸撰,张国强点校,郑州:中州古籍出版社 2019 年版

Z

《杂纂》,唐李义山等撰,曲彦斌校注,上海:上海古籍出版社 1988 年版

《战国策》,西汉刘向集录,上海:上海古籍出版社 1985 年版

《朱舜水集》,明朱之瑜著,许啸天整理,北京:知识产权出版社 2012 年版

《朱子语类》,宋朱熹著,王星贤点校,北京:中华书局 1986 年版

《庄子集解》,清王先谦撰,沈啸寰点校,北京:中华书局 1987 年版

《庄子集释》,清郭庆藩撰,王孝鱼点校,北京:中华书局 2012 年版

《资治通鉴》,宋司马光编,北京:中华书局 1956 年版

《祖堂集》,南唐静筠二禅师编纂,北京:中华书局 2001 年版

《醉醒石》,清东鲁古狂生编,上海:上海古籍出版社 1985 年版

唐宋禅籍俗成语研究 下编

付建荣 著

商务印书馆
The Commercial Press
创于1897

图书在版编目（CIP）数据

唐宋禅籍俗成语研究 / 付建荣著. — 北京：商务印
书馆，2021
　ISBN 978-7-100-20384-5

　Ⅰ.①唐… 　Ⅱ.①付… 　Ⅲ.①禅宗—俗语—成语—
研究—中国—唐宋时期 　Ⅳ.① B946.5

中国版本图书馆 CIP 数据核字（2021）第 190371 号

唐宋禅籍俗成语研究

付建荣　著

商 务 印 书 馆 出 版
（北京王府井大街 36 号　邮政编码 100710）
商 务 印 书 馆 发 行
北京顶佳世纪印刷有限公司印刷
ISBN 978-7-100-20384-5

2021 年 9 月第 1 版　　　　开本 787×1092　1/16
2021 年 9 月北京第 1 次印刷　　印张 51¼

定价：238.00 元

目录

下编 唐宋禅籍俗成语例释

唐宋禅籍
俗成语例释

下编

凡　例

1. 本编收释见于唐宋禅籍的俗成语,正体 1127 条,变体 632 条,凡 1759 条。其中,唐宋时期产生的新质 1577 条,含新成语 889 条、新变体 619 条、旧质新义 69 条,占条目总数的 90%。唐之前产生的旧质 182 条,含上古汉语成语 33 条、中古汉语成语 149 条,占条目总数的 10%。另外收释了 51 条散体和 52 条异形成语。散体虽未定型为四字格成语,但对成语的释义和理据的分析很有价值,异形成语能够反映成语用字的情况,均适当予以收录,为保持原貌或表义明确,保留必要的异体字。

2. 本编使用的语料为唐宋禅籍口语化程度最高的 100 部灯语录作品(见绪论),鉴于构建唐宋禅籍俗成语系统的需要,凡出自这 100 部禅籍的俗成语均予以收释。

3. 本编采用第五章"唐宋禅籍俗成语系统表"编排条目顺序,每条成语前面都有 1 个固定的编号,与"系统表"的编号是一致的,方便互相查检。

4. 按照"唐宋禅籍俗成语系统表",共分 18 个语义类别,列为 18 个类目。本编在每个语义类别下面都有 1 篇简要的小序,内容旨在说明本语义类别涵盖的语义范围,类属的成语条目数量,并详列本类成语的"范畴义""核心义""核心语义",以便宏观把握本类成语的语义概况。

5. 根据成语的语义和形体的密切联系,将同一成语的不同形体予以合并解释。每条先列正体,次列变体、异形和散体。每条起始条目为正体,主要通过产生时间早晚来确定。如果几个形体始见年代相同,则以常见形体为正体。变体用"又言"或"倒言"领起,"倒言"指相对于正体(或关系密切的变体)前后语节换序的形体,如"深耕浅种",倒言"浅种深耕";其他情况的变体,一律用"又言"领起,如"百尺竿头",又言"百丈竿头"。异形成语只是书写用字的不同,记录的是同一个成语,故用"又作"领起,如"不舍昼夜",又作"不捨昼夜"。散体用"散言"领起,如"雪上加霜",散言"雪上更加霜"。

6.每条成语只在正体下面释义,释义只针对唐宋禅籍的用法,不见于唐宋禅籍者不列。遇有多义用法,分别归纳为不同的语义。因禅宗话语体系普遍存在隐喻、象征或暗示等独特表达方式,在归纳概括基本语义的基础上,注重揭示成语在禅语境下的隐喻、象征或暗示等深层禅义,或者说明在禅籍中的用法。

7.限于篇幅的限制,每条成语下面,酌情列举 1～3 个用例,例证兼顾时代性和典型性。凡是唐宋时期产生的新成语、新变体、新语义,或者虽在先唐已经产生但各种词典未能收录的成语,一般举 2～3 个例证。在先唐产生且词典已经收录的成语,出于构建语汇系统的需要,也予以收录,但只举 1 个例证。

8.每条成语释义结束后,均加简要的按语,主要包含两个内容:一是从汉语史的角度对每条成语进行探源,凡有明确语源的成语,先指明它的语源,用"语出"二字领起,再指出定型后的较早文献用例,用"定型之语已见"六字领起。尚未发现明确语源的成语,只举出定型后的较早文献用例。二是从词典编纂和修订的角度出发,揭示唐宋禅籍俗成语对大型词典编纂和修订的价值。查检的词典主要有罗竹风主编的《汉语大词典》(2011 版)和三部重要的成语词典,分别是王涛等编著的《中国成语大辞典》(2007 版)、刘洁修的《汉语成语源流大辞典》(2009 版),还有目前收成语条目数最多的《成语辞海》(冷玉龙等主编,2014 版),凡释义不确、未收条目、未收义项、探源不确等情况均予以揭示。前贤已经有合理解释的成语,用"参见"予以说明,以示不敢掠美,或有参阅不逮,敬请谅解。

9.征引文献的名称用简称(见绪论),灯录标明书名、卷数和篇名,语录标明书名和卷数。征引文献的版本见本文上编附录"主要征引文献",页码则随文标出。

一　"佛法"类

"佛法"指佛教修行的方法、义理等思想。"佛法"类成语,正体23条,变体14条,共37条。范畴义有"佛法"1类,核心义有"极高""险峻""严峻""微妙""细微""隐奥""固密""精髓""猛烈"9类描述性语义特征。核心语义有"佛法极高""佛法险峻""佛法严峻""佛法微妙""佛法细微""佛法隐奥""佛法固密""佛法精髓""佛法猛烈"9类。

0001　百尺竿头　百丈竿头　万丈竿头

本指高竿的顶端。比喻极高的佛法修行境界。《祖堂》卷一七"岑和尚":"师当时有偈曰:'百尺竿头不动人,虽然得入未为真。百尺竿头须进步,十方世界是全身。'"(p.770)《续灯》卷一七"冲云禅师":"不见古人道:'赤肉团上,壁立千仞;百尺竿头,如何进步?'"(p.494)

又言"百丈竿头"。《传灯》卷一〇"景岑禅师":"师示一偈曰:'百丈竿头不动人,虽然得入未为真。百丈竿头须进步,十方世界是全身。'"(p.639)《续灯》卷二五"道信禅师":"百丈竿头进步,未是全身;撒手千圣那边,岂唯分外?"(p.686)

又言"万丈竿头"。《祖堂》卷一七"岑和尚":"师《劝学偈》曰:'万丈竿头未得休,堂堂有路少人游。禅师欲达南泉去,满目青山万万秋。'"(p.769)

按,定型之语已见于唐吴融《商人》诗:"百尺竿头五两斜,此生何处不为家。"此言桅杆极高的顶端,禅义由此隐喻而来。《俗语佛源》(2013:82)谓语本《传灯》,不确。《大词典》、刘洁修(2009)未收"万丈竿头"。

0002　鸟道羊肠　羊肠鸟道

"鸟道""羊肠"均喻指险峻崎岖的道路。禅家比喻极为险峻的道法。《传灯》卷二二"清豁禅师":"世人休说路行难,鸟道羊肠咫尺间。珍重芏溪溪畔水,汝归沧海我归山。"（p.1702）《续灯》卷二六"虚白禅师"："问：'如何是直截一路？'师云：'鸟道羊肠。'"（p.720）《承古禅师语录》卷一："且道曹溪路上作么生？试道看。莫道是久雨莠蒿长，莫道春来草自生。若据如此，正是鸟道羊肠，未梦见曹溪路上在。"（39-541）

倒言"羊肠鸟道"。《五灯》卷一二"修己禅师"："尝曰：'羊肠鸟道无人到，寂寞云中一个人。'尔后道俗闻风而至，遂成禅林。"（p.721）

按，定型之语已见上揭《传灯》例，《大词典》（12-1035）、孙维张（2007:308）举上揭《五灯》例，释作"狭险曲折的山路"，未能揭示隐喻义。

0003　壁立千仞　壁立万仞　壁立千寻

崖壁耸立千仞之高。①禅家形容佛法孤危峻峭，无可攀仰。《普灯》卷三"可真禅师"："此三转语，一句壁立千仞，一句陆地行船，一句宾主交参。"（p.65）《古尊宿》卷四二"真净禅师"："上堂：'洞山门下，有时和泥合水，有时壁立千仞。你诸人拟向和泥合水处见洞山，洞山且不在和泥合水处。拟向壁立千仞处见洞山，洞山且不在壁立千仞处。'"（p.797）②禅家比喻悟入宗乘至高无上的极则境界。《续灯》卷三"明觉禅师"："诸人要知真实相为么？但以上无攀仰，下绝己躬，自然常光现前，个个壁立千仞。"（p.57）《碧岩录》卷三："垂示云：'大方无外，小若邻虚。擒纵非他，卷舒在我。必欲解粘去缚，直须削迹吞声。人人坐断要津，个个壁立千仞。且道是什么人境？'"（p.127）

又言"壁立万仞"。①禅家形容佛法孤危峻峭，无可攀仰。《普灯》卷二五"悟勤禅师"："摩竭陀国，亲行此令。少林面壁，全提正宗。而时流错认，遂尚泯默，以为无缝罅，无摸索，壁立万仞。"（p.629）《碧岩录》卷六："所以雪窦道：'孤危不立道方高。'壁立万仞，显佛法奇特灵验，虽然孤危峭峻，不如不立孤危。"（p.274）《绍昙禅师语录》卷一："向上一路滑，壁立万仞险，石火电光犹是钝。德山临济，用险崖机，构不彻。"（46-394）②禅家比喻悟入宗乘至高无上的极则境界。《圆悟禅师语录》卷四："一时拈却，直得净裸裸赤洒洒，人人常光现前，处处壁立万仞。所以道：'一切法不生，一切法不灭。'若能如是解，诸佛常现前。"（41-225）

又言"壁立千寻"。禅家比喻悟入宗乘至高无上的极则境界。《绍昙禅师广录》卷六："壁立千寻度玉风，绝扪摩处有行踪。草鞋踏出毗卢印，见得分明隔万重。"（46-353）

按,定型之语已见东晋法显《法显传》卷一:"于此顺岭西南行十五日。其道艰阻,崖岸险绝;其山唯石,壁立千仞,临之目眩,欲进则投足无所。"此言山崖石壁高峻陡峭,禅义由此隐喻而来。《大词典》、王涛等(编著,2007)、刘洁修(2009)、冷玉龙等(主编,2014)均未收上揭语义。

0004　冷似冰霜　冷如冰霜　冷如冰雪

禅家形容佛法像冰霜一样冷峻严密。《碧岩录》卷八:"垂示云:'小如米末,冷似冰霜。逼塞乾坤,离明绝暗。低低处观之有余,高高处平之不足。'"(p.380)《心月禅师语录》卷二:"况此事,细如米末,冷似冰霜,总在当人分上。所以三千威仪,八万细行,不出坐卧经行。"(46-193)

又言"冷如冰霜"。《联灯》卷七"灵祐禅师":"幽州鉴弘长老云:'不辞出来,哪个人无眼?'师云:'此语不正。'仰山出云:'见取不见的。'师云:'细如米末,冷如冰霜。'"(p.205)

又言"冷如冰雪"。《碧岩录》卷二:"垂示云:'云凝大野,遍界不藏;雪覆芦花,难分朕迹。冷处冷如冰雪,细处细如米末;深深处佛眼难窥,密密处魔外莫测。'"(p.76)

按,定型之语已见上揭《碧岩录》例,《大词典》、王涛等(编著,2007)、刘洁修(2009)、冷玉龙等(主编,2014)均未收。

0005　滴水滴冻　滴水冰生

水珠滴滴落下,瞬间都结成了冰。比喻摄心持法十分严密,正念相续,没有丝毫杂念渗漏。《祖堂》卷八"本仁和尚":"镜清行脚时到,师问:'时寒,道者!'对曰:'不敢。'师云:'还有卧单盖得也无?'对云:'设有,亦无展的功夫。'师云:'直饶道者滴水滴冻,亦不干他事。'"(p.394)《真净禅师语录》卷五:"庞翁境界,滴水滴冻。药山阇梨,两目定动。机不发时,一场困梦。本自天真,阿谁解用?"(39-694)《怀深禅师广录》卷一:"曹溪路上,绝踪绝迹。少室岩前,滴水滴冻。盐官扇子,拈放一边。赵州布衫,略无暖气。正当恁么时,如何是寒暑不侵的句?"(41-108)

又言"滴水冰生"。《昙华禅师语录》卷三:"上堂:'尽大地不是自己,你诸人二六时中向什么处措足?直饶滴水冰生,要且事不相涉。'"(42-152)《绍昙禅师

语录》卷一："蓦有个汉出来道:'长老深明因果,滴水冰生,因甚将常住物,作自己人情?'"(46-318)

按,定型之语已见上揭《祖堂》例,孙维张(2007:68)释作"天气十分寒冷",不确。《大词典》、王涛等(编著,2007)、刘洁修(2009)、冷玉龙等(主编,2014)均未收。

0006 不可思议

不能用心思量,无法以言议论。指语言思维无法达到的奇妙境界。《祖堂》卷六"洞山和尚":"师到溯潭,见政上座谓众说话云:'也太奇! 也太奇! 道界不可思议,佛界不可思议。'"(p.305)

按,定型之语已见东汉昙果共康孟详译《中本起经》卷下:"阿难意解曰:'如来妙德,不可思议。'"刘洁修(2009:99)、朱瑞玟(2008:162)均举《维摩诘所说经》例,偏晚。

0007 至妙至微

禅宗用来形容佛法妙旨极其微妙。《传灯》卷五"达性禅师":"又有达性禅师者问曰:'禅是至妙至微,真妄双泯,佛道两亡,修行性空,名相不实,世界如幻,一切假名。作此解时,不可断绝众生善恶二根。'"(p.348)《五灯》卷二"达性禅师"同。(p.97)

按,定型之语已见上揭《传灯》例,《大词典》、王涛等(编著,2007)、刘洁修(2009)、冷玉龙等(主编,2014)均未收。

0008 细如米末 小如米末

细小如同米末一般。禅家形容佛法妙旨十分微妙。《碧岩录》卷二:"垂示云:'云凝大野,遍界不藏。雪覆芦花,难分朕迹。冷处冷如冰雪,细处细如米末。深深处佛眼难窥,密密处魔外莫测。'"(p.76)《联灯》卷七"灵祐禅师":"幽州鉴弘长老云:'不辞出来,哪个人无眼?' 师云:'此语不正。' 仰山出云:'见取不见的。' 师云:'细如米末,冷如冰霜。'"(p.205)《心月禅师语录》卷二:"况此事,细如米末,冷似冰霜,总在当人分上。所以三千威仪,八万细行,不出坐卧经行。"(46-193)

又言"小如米末"。《碧岩录》卷八:"垂示云:'小如米末,冷似冰霜。逼塞乾坤,离明绝暗。低低处观之有余,高高处平之不足。'"(p.380)

按,定型之语已见上揭《碧岩录》例,《大词典》、王涛等(编著,2007)、刘洁修(2009)、冷玉龙等(主编,2014)均未收。

0009　海口难宣

大海般的嘴也难宣说。禅家常形容佛法妙旨十分隐奥,难以用言语阐释明了。《祖堂》卷九"罗山和尚":"若论宗乘一路,海口难宣。何不见释迦掩室、净名杜口?"(p.450)《续灯》卷一七"义端禅师":"僧曰:'如何是法?'师云:'海口难宣。'"(p.500)《普灯》卷一四"绍隆禅师":"问:雪峰道"尽大地撮来如粟米粒大,抛向面前,漆桶不快,打鼓普请看",未审此意如何?'曰:'一亩之地,三蛇九鼠。'云:'乞师再垂指示。'曰:'海口难宣。'"(p.371)

按,定型之语已见上揭《祖堂》例,《大词典》、王涛等(编著,2007)、刘洁修(2009)、冷玉龙等(主编,2014)均未收。

0010　哑子吃蜜

形容有口难言,无法用言语道出个中体会。禅家多用于佛法妙旨隐奥难言的场合。《怀深禅师广录》卷一:"僧问:'知有,说不得时如何?'师云:'哑子吃蜜。'进云:'道得,不知有时如何?'师云:'鹦鹉唤人。'"(41-110)《普灯》卷九"怀深禅师"条同。(p.226)《妙伦禅师语录》卷二:"归宗曰:'道来道来,老牛舐犊。'僧拟开口,哑子吃蜜。归宗又打。"(46-529)

按,定型之语已见上揭《怀深禅师广录》例,《大词典》、王涛等(编著,2007)、刘洁修(2009)均未收。

0011　哑子吃瓜

形容有口难言,无法用言语道出个中体会。禅家多用于佛法妙旨隐奥难言的场合。《续灯》卷三"明觉禅师":"问:'如何是教外别传一句?'师云:'看看腊月尽。'僧曰:'恁么则流芳去也?'师云:'哑子吃瓜。'"(p.58)《慧远禅师广录》卷一:"指方丈云:'毗耶离瞎人撞彩,摩竭陀哑子吃瓜。新长老到这里如何即是?棒头开正眼,拳下作生涯。'"(45-23)

按,定型之语已见上揭《续灯》例,《大词典》、王涛等(编著,2007)、刘洁修(2009)、冷玉龙等(主编,2014)均未收。

0012　饮气吞声　吞声饮气

隐忍不作声。禅籍常形容佛法意旨难以申说。《续灯》卷二二"允恭禅师":"放行也,风行草偃,瓦砾生光,拾得、寒山点头拊掌。把住也,水泄不通,精金失色,德山、临济饮气吞声。"(p.625)《圆悟禅师语录》卷四:"若论本分提持,坐断异同,不通凡圣,直得释迦弥勒饮气吞声,文殊普贤亡锋结舌。"(41-224)《碧岩录》卷一:"赵州是作家,只向他道:'问事即得,礼拜了退。'这僧依旧无奈这老汉何,只得饮气吞声。"(p.12)

倒言"吞声饮气"。《续灯》卷八"奉能禅师":"直教文殊稽首,迦叶攒眉,龙树、马鸣吞声饮气,目连、鹙子且不能为。"(p.235)《明觉禅师语录》卷二:"诸上座,他虽是个老婆,宛有丈夫之作,既知回避,稍难不免吞声饮气。"(39-170)《圆悟禅师语录》卷一三:"各各置百千问难,不消一札,尽教吞声饮气,目瞪口呿。"(41-306)

按,定型之语已见《艺文类聚》卷五八引南朝梁任孝恭《为汝南王檄魏文》:"关东英俊,河北雄才,痛桑梓沦芜,室家颠殒,饮气吞声,志申仇怨。"此形容竭力抑制内心的痛苦和委屈,和禅籍用义略有不同。《大词典》、王涛等(编著,2007)、刘洁修(2009)、冷玉龙等(主编,2014)均未收上揭语义。

0013 口是祸门 口是祸之门

口是祸患之门,能招致祸患。禅家暗示佛法妙旨不能言说,凡有言说便落道。《续灯》卷二四"宝鉴禅师":"更乃说佛说祖,头上安头。演妙谈真,泥中洗土。攒花簇锦,口是祸门。寂尔无言,守株待兔。"(p.657)《法演禅师语录》卷二:"上堂,僧问:'如何是佛?'师云:'口是祸门。'"(39-128)《怀深禅师广录》卷一:"僧问:'古人面壁,意旨如何?'师云:'口是祸门。'进云:'世间多少事,尽在不言中。'师云:'你鼻孔在我手里了也。'"(41-109)

散言"口是祸之门"。《怀深禅师广录》卷一:"师云:'长夏无别趣,调和羹一釜。滋味颇馨香,刚地成点污。口是祸之门,舌是斩身斧。陪却三斤铁,只因看锢鏅。'"(41-121)

按,定型之语已见上揭《续灯》例,孙维张(2007:136)举《五灯》卷一九"法演禅师"(同上揭《法演禅师语录》)例,释作"指因说话而招来祸患",未能揭示暗示义,还嫌不确。《大词典》、王涛等(编著,2007)、刘洁修(2009)、冷玉龙等(主编,2014)均未收。

0014 墙壁有耳

墙外有人偷听,恐泄露秘密。禅家常用来暗示佛法不能用言语说破。《守端禅师语录》卷二:"上堂,举僧问洞山:'亡僧迁化,向什么处去?'洞山云:'火过后一茎茅。'龙门即不然,亡僧迁化,什么处去?答云:'墙壁有耳。'"(39-59)《怀深禅师广录》卷一:"上堂:'……正当恁么时,且道有照有用能杀能活一句,作么生道?'良久云:'墙壁有耳。'"(41-104)《绍昙禅师广录》卷一:"众中蓦有个汉出来道:'如来禅祖师意,只这是?'佛陇不惜低眉,向前深深打个问讯,云:'低声!低声!墙壁有耳。'"(46-249)

按,此为"隔墙有耳"之变体,语出《管子·君臣下》:"古者有二言:'墙有耳,伏寇在侧。'墙有耳者,微谋外泄之谓也。"定型之语已见上揭《守端禅师语录》例,《大词典》、王涛等(编著,2007)、刘洁修(2009)、冷玉龙等(主编,2014)均未收。

0015 水泄不通 水洩不通 不通水泄

连水都流不出去。禅家形容佛法极为严密,没有丝毫缝隙可供说破。也形容佛法把持得十分严密。《续灯》卷一四"了觉禅师":"摩竭正令,水泄不通。少室真规,风吹不入。圣凡情尽,体露真常。迥绝见知,辉腾今古。"(p.408)《联灯》卷二八"道楷禅师":"示众云:'威音那畔,水泄不通,便是释迦亲来,也分疏不下。'"(p.909)《义青禅师语录》卷一:"僧问:'若据宗乘举唱,水泄不通,把定放行皆由作者。今日第一义中,和尚如何唱道?'"(39-507)

又作"水洩不通"。"洩"同"泄"。《续灯》卷二一"维古禅师":"上堂云:'祖令当行,十方坐断。圣凡路绝,水洩不通。放一线道,有个商量。'"(p.619)《广灯》卷三〇"惠明禅师":"上堂云:'与上座一线道,且作么生持论佛法?若也水洩不通,便教上座无安身立命处。'"(p.622)《仁勇禅师语录》卷一:"顾众云:'委悉么?若不委悉,撒沙撒土去也。迦叶门下,水洩不通;万仞崖前,凡圣路绝。'"(41-6)

倒言"不通水泄"。《道宁禅师语录》卷二:"放行也,诸佛放光明,助发实相义,言下合无生,为祥复为瑞。收来也,初祖门庭,不通水泄,无物堪比伦,教我如何说?"(39-792)《普灯》卷一七"道勒禅师":"上堂曰:'祖师正令,不通水泄。放一线开,露柱饶舌。'"(p.449)

按,定型之语已见唐善导《观无量寿佛经疏》卷二:"三明夫人奉教,禁在深宫,内官守当,水泄不通,旦夕之间,唯愁死路。"《大词典》(5-864)举《五灯》卷二〇"文琏禅师":"上堂:'一向恁么去,直得凡圣路绝,水泄不通,铁蛇钻不入,铁锤打不破。'"释作"形容十分拥挤或包围得非常严密",王涛等(编著,2007:1014)举《五灯》卷一六"投子禅师":"上堂:'楞伽峰顶,谁能措足?少室岩前,水泄不通。'"释作"形容非常拥挤或严密围封"。孙维张(2007:242)释义略同,均不确。

另可参袁宾、康健(主编,2010:391)。

0016　官不容针

"官不容针"常与"私通车马"连用,本指官法严密,不容丝毫含糊,然私下人情大可通融。禅家比喻佛法虽然严密,不容言语道破,然可以放一线道,以方便接引学人。《临济禅师语录》卷一:"沩山云:'但有言说,都无实义。'仰山云:'不然。'沩山云:'子又作么生?'仰山云:'官不容针,私通车马。'"(T47/506b)《义青禅师语录》卷一:"二听莫闻其响,释迦掩室,诸祖密持。虽然官不容针,有疑请问。"(39-507)《普灯》卷一四"绍隆禅师":"云:'官不容针,更借一问时如何?'曰:'据虎头,收虎尾。'"(p.371)

按,定型之语已见《敦煌变文校注·燕子赋》:"雀儿美语咀尸:'官不容针,私可容车。叩头与脱到晚衙,不相苦死相邀勒,送饭人来定有钗。'"另可参袁宾(1991:514),袁宾、康健(主编,2010:152)。

0017　石上栽花

石头坚硬无缝隙,难以栽花。禅家形容佛法坚固严密,或摄心持念坚固严密。《祖堂》卷四"药山和尚":"师因石头垂语曰:'言语动用,亦勿交涉。'师曰:'无言语动用,亦勿交涉。'石头曰:'这里针扎不入。'师曰:'这里如石上栽花。'"(p.226)《行珙禅师语录》卷一:"举火云:'火性元空,成住坏空。不相弃离,一切如是。见彻根源,石上栽花。'"(47-189)《五灯》卷一四"道楷禅师":"遇声遇色,如石上栽花。见利见名,似眼中着屑。"(p.884)

按,定型之语已见上揭《祖堂》例,参袁宾(1991:505),袁宾、康健(主编,2010:381)。

0018　银山铁壁　铁壁银山　铜崖铁壁

银山铁壁坚硬难穿,险峭难攀。禅宗比喻坚固严密的佛法,很难攀缘参透。《碧岩录》卷五:"这个公案虽难见却易会,虽易会却难见;难则银山铁壁,易则直下惺惺,无尔计较是非处。"(p.242)《普灯》卷二七"方禅师":"觌面难藏最上机,家风千古为人施。银山铁壁重重透,赖有丹霞院主知。"(p.702)《密庵和尚语录》卷一:"一顿浑家尽灭门,更加两顿累儿孙。银山铁壁俱穿透,万里无云宇宙分。"(45-214)

倒言"铁壁银山"。《圆悟禅师语录》卷六:"上堂云:'大众,一句截流,铁壁银山,莫凑泊。'"(41-241)《碧岩录》卷六:"未透得已前,一似银山铁壁。及乎透得了,自己原来是铁壁银山。"(p.295)《圆悟禅师语录》卷七:"师云:'这老汉,参到生铁铸就处,穷到无丝毫解路时,所以向铁壁银山处斩钉截铁。'"(41-246)

又言"铜崖铁壁"。宋释德洪《真净禅师行状》:"至于入室投机,则如铜崖铁壁,不可攀缘。"(95-414)《居简禅师语录》卷一:"上堂:'枯木寒灰,铜崖铁壁。春到无痕,春归无迹。桃花红李花白,明眼人前,一场狼藉。'"(46-5)

按,定型之语已见上揭《碧岩录》例,王涛等(编著,2007)、刘洁修(2009)均未收,《大词典》、冷玉龙等(主编,2014)未收上揭语义和变体。

0019 百匝千重 千重百匝

百匝包围,千重围困。形容围困得很严密。《传灯》卷二五"德韶国师":"次问疏山曰:'百匝千重是何人境界?'疏山曰:'左搓芒绳缚鬼子。'"(p.1940)《碧岩录》卷五:"垂示云:'七穿八穴,搀鼓夺旗;百匝千重,瞻前顾后。踞虎头收虎尾,未是作家。牛头没马头回,亦未为奇特。'"(p.258)《新月禅师语录》卷一:"上堂:'重关未辟,百匝千重。万户俱开,七穿八穴。'"(46-164)

倒言"千重百匝"。《圆悟禅师语录》卷五:"所以道:'天人群生类,皆承此恩力。若识此恩,动止作为百千变现,悉不落虚。正当恁么时,一句作么生道?当阳遍界无回互,千重百匝转光辉。'"(41-228)《广闻禅师语录》卷二:"谢首座,秉拂上堂:'说摩诃衍法,离四句百非。拶从上险崖,透千重百匝。雷厉风飞,龙驰虎骤。'"(46-78)

按,定型之语已见上揭《传灯》例,《大词典》、王涛等(编著,2007)、刘洁修(2009)、冷玉龙等(主编,2014)均未收。

0020 乌飞兔走

像日月落去一样。①比喻时光飞快流逝。《碧岩录》卷六:"象王嚬呻,狮子哮吼。无味之谈,塞断人口。南北东西,乌飞兔走。"(p.300)《法薰禅师语录》卷三:"天何高,地何厚,南北东西,乌飞兔走,明而又暗,暗而又明。"(45-628)②比喻佛法禅机瞬间逝去,无迹可寻。《普灯》卷四"守端禅师":"云:'如何是祖师西来意?'曰:'乌飞兔走。'"(p.113)《禅宗颂古联珠通集》卷一四:"丹霞一问,女子敛手。拟议之间,乌飞兔走。"(85-171)

按,定型之语已见上揭《碧岩录》例,《大词典》、王涛等(编著,2007)、刘洁修(2009)、冷玉龙等(主编,2014)举例偏晚,且未收上揭禅义。

0021 羚羊挂角

传说羚羊夜眠防患，以角悬树，足不着地，无迹可寻。①禅家比喻禅法不着痕迹，无迹可求。《祖堂》卷八"云居和尚"："师示众云：'如人将一百贯钱买得猎狗，只解寻得有踪迹的。忽遇羚羊挂角，莫道踪迹，气也不识。'僧便问：'羚羊挂角时如何？'师云：'六六三十六。'"（p.367）《联灯》卷二八"投子禅师"："示众云：'若论此事，如鸾凤冲霄，不留其迹，羚羊挂角，哪觅其踪？'"（p.900）《普灯》卷一八"思岳禅师"："若论直指人心，见性成佛。大似羚羊挂角，猎犬寻踪。"（p.458）②禅家也比喻接引学人手段隐秘，不落言筌，不露痕迹。《传灯》卷一六"义存禅师"："师谓众曰：'我若东道西道，汝则寻言逐句，我若羚羊挂角，汝向什么处扪摸？'"（p.1145）《碧岩录》卷一〇："若道认见为有物，未能拂迹。吾不见时，如羚羊挂角，音响踪迹气息都绝，尔向什么处摸索？"（p.467）

按，定型之语已见上揭《祖堂》例，《大词典》、王涛等（编著，2007）、刘洁修（2009）均未收上揭语义。

0022 龙肝凤髓

龙的心肝，凤的脊髓。原指珍稀佳肴，禅家比喻开悟学人的法门精髓。《普灯》卷八"法演禅师"："云：'忽遇客来，将何祗待？'曰：'龙肝凤髓，且待别时。'"（p.203）《五灯》卷一九"法演禅师"条略同。（p.1242）《道灿禅师语录》卷一："师拈云：'老东山龙肝凤髓，百味具足，争奈美食不中饱人吃。'"（47-123）

按，孙维张（2007：145）举上揭《五灯》例，释作"比喻最珍贵的佳肴"，不确。又定型之语已见晋郭璞《葬书》："石山土穴，亦有所谓龙肝凤髓，猩血蟹膏。"这里指珍稀佳肴，禅义由此隐喻而来。《大词典》、王涛等（编著，2007）、刘洁修（2009）、冷玉龙等（主编，2014）均未收上揭语义。

0023 皮穿肉绽

皮肤穿开，血肉绽裂。禅家比喻所施佛法猛烈。《仁勇禅师语录》卷一："保宁勇曰：'死马医来无用处，车牛脑后更加鞭。皮穿肉绽还知不？任重应须角力全。'"（41-28）《普灯》卷二"晓珠禅师"："问：'如何是透法身句？'曰：'皮穿肉绽。'云：'毕竟如何？'曰：'雀噪鸦鸣。'"（p.30）

按，定型之语已见上揭《仁勇禅师语录》例，《大词典》、王涛等（编著，2007）、冷玉龙等（主编，2014）均未收，可参刘洁修（2009：876）。

二 "修行"类

"修行"类成语,正体68条,变体35条,共103条。范畴义有"求法""参禅""修持""用心""身心""呼吸"6类,核心义有"探究""觅悟""证悟""静心""失败""断除""消除""更换""吐纳"9类叙述性语义特征,"勤奋""平常""枯寂""精细""至诚""灵活"6类描述性语义特征。核心语义有"探究妙法""言句觅悟""参禅静心""断除情念""消除作略""更换凡胎""求法至诚""求法灵活""参禅证悟""参禅勤奋""参禅失败""参禅精细""用心平常""身心枯寂""呼吸吐纳"15类。

0024 求玄觅妙

指求觅玄妙的佛法义理。《圆悟禅师语录》卷一〇:"若要只管随数逐名,求玄觅妙,则丧却自己脚跟下大事,埋没从上来佛祖家风。"(41-246)《普灯》卷二五"钦禅师":"若未得个端的悟入处,只是向人口角头寻言逐句,刺头入经里论求玄觅妙,犹如入海算沙,打空追响,只益疲劳,终无了日。"(p.609)

按,定型之语已见上揭《圆悟禅师语录》例,《大词典》、王涛等(编著,2007)、刘洁修(2009)、冷玉龙等(主编,2014)均未收,参雷汉卿(2009:290)。

0025 穷玄极妙 谈玄说妙 说妙谈玄 唱妙谈玄 穷玄说妙

探究玄妙的道理。《碧岩录》卷三:"雪窦是他的子,见得好穷玄极妙,直道莲花荷叶报君知,出水何如未出时,这里要人直下便会。"(p.125)

又言"谈玄说妙"。《倚遇禅师语录》卷一:"上堂云:'法昌五日升堂,不为谈玄说妙,虚空自有龙神,谁问僧多僧少。'"(39-723)《续灯》卷一九"广鉴禅师":"师云:'谈玄说妙,譬如画饼充饥。入圣超凡,大似飞蛾赴火。一向无事,败种蕉芽。更若驰求,水中捉月。'"(p.545)《普灯》卷一八"守净禅师":"上堂曰:'谈玄说妙,

撒屎撒尿。行棒行喝,将盐止渴。立主立宾,华擎宗乘。设或总不恁么,又是鬼窟里坐。'"(p.463)

倒言"说妙谈玄"。《续灯》卷一九"夔禅师":"师乃云:'只恁么便散去,不妨要妙。虽然如是,早是无风起浪,钉橛空中。岂况牵枝引蔓,说妙谈玄。正是金屑眼中翳,衣珠法上尘。'"(p.564)《普灯》卷三"慧南禅师":"上堂:'说妙谈玄,乃大平之奸贼。行棒行喝,为乱世之英雄。英雄奸贼,棒喝玄妙,皆为剩物,黄檗门下总用不着。'"(p.56)

又言"唱妙谈玄"。《义青禅师语录》卷一:"不见古云:'为先不易,末后更难。'若提宗举令,满目荒榛。唱妙谈玄,刻舟万里。"(39-502)

又言"穷玄说妙"。《圆悟禅师语录》卷七:"到个里亦不必穷玄说妙,立境立机,论性论心,究理究事,只如今人人分上一切坐断。"(41-246)

按,定型之语已见于宋张君房《云笈七签》卷六五:"其道经焉,其德经焉,推宗明本,穷玄极妙,总众枝以真根,摄万条于一要,缅然而不绝矣。"《大词典》、王涛等(编著,2007)、刘洁修(2009)、冷玉龙等(主编,2014)均未收。

0026 演妙谈真

指演说微妙真如的佛法义理。《续灯》卷五"贤禅师":"问:'说佛说祖,魔魅家风。演妙谈真,未为极则。去此二途,请师别道。'师云:'放汝三十棒。'僧便喝。"(p.127)又卷二四"宝鉴禅师":"更乃说佛说祖,头上安头。演妙谈真,泥中洗土。攒花簇锦,口是祸门。寂尔无言,守株待兔。"(p.657)

按,定型之语已见上揭《续灯》例,《大词典》、王涛等(编著,2007)、刘洁修(2009)、冷玉龙等(主编,2014)均未收。

0027 钩深索隐

探究深奥隐秘的道理。《传灯》卷一○"白居易":"又以五蕴十二缘说名色前后不类,立理而征之。并钩深索隐,通幽洞微。"(p.696)《五灯》卷四"白居易"条同。(p.221)

按,定型之语已见于元魏瞿昙般若流支译《正法念处经》卷一:"有婆罗门人瞿昙流支,比丘昙林、僧昉等,并钩深索隐,言通理接,延居第馆,四事无违,乃译明兹典,名'正法念处'。"孙维张(2007:96)举上揭《五灯》例,偏晚。

0028　通幽洞微

指通晓洞察幽微隐奥之理。《传灯》卷一〇"白居易"："又以五蕴十二缘说名色前后不类,立理而征之。并钩深索隐,通幽洞微。"(p.696)《五灯》卷四"白居易"条同。(p.221)

按,定型之语已见于《魏书·蒋少游传》："观其占候卜筮,推步盈虚,通幽洞微,近知鬼神之情状。"刘洁修(2009:1170)举欧阳修《用笔论》例,偏晚。

0029　寻文取证

指从经文言句中寻觅知解,企图获得证悟。这是禅家反对的一种修行方式。《传灯》卷六"慧海禅师"："寻文取证人,苦行求佛人,离心求佛人,执心是佛人,此智称道否?请禅师一一为说。"(p.388)《五灯》卷三"慧海禅师"："傲物高心者我壮,执空执有者皆愚。寻文取证者益滞,苦行求佛者俱迷。离心求佛者外道,执心是佛者为魔。"(p.157)

按,定型之语已见于上揭《传灯》例,《大词典》、王涛等(编著,2007)、刘洁修(2009)、冷玉龙等(主编,2014)均未收。

0030　寻章摘句　寻言逐句　随言逐句

本指搜求、摘取片断辞句。禅家指从言句中求觅知解,企图解悟佛法意旨。这是禅家反对的一种修行方式。《承古禅师语录》卷一："先德语言,寻章摘句,狐媚学者,传袭以为家宝。"(39-535)《普觉禅师语录》卷二〇："近代学者多弃本逐末,寻章摘句,学花言巧语以相胜。"(42-383)

又言"寻言逐句"。《传灯》卷一九"文偃禅师"："你诸人更拟进步向前,寻言逐句,求觅解会,千差万巧,广设问难,只是赢得一场口滑,去道转远,有什么休歇时?"(p.1427)《普灯》卷二五"钦禅师"："若未得个端的悟入处,只向人口角头寻言逐句,刺头入经里论求玄觅妙,犹如入海算沙,扪空追响,只益疲劳,终无了日。"(p.609)

又言"随言逐句"。《圆悟禅师语录》卷一二："若是随言逐句作道理,满肚皮是禅,何时得脱去?"(41-298)《广灯》卷二九"慧震禅师"："师又云:'大凡佛法,也须是有个发明处始得。若无发明处,假饶千问万问,只是随言逐句,并无一个领会处,枉用功夫。'"(p.599)

按,定型之语已见《三国志·吴主传》裴松之注引《吴书》："虽有余闲,博览书传历史,藉采奇异,不效诸生寻章摘句而已。"此言搜求、摘取片断辞句,禅义由此引申而来。《大词典》、王涛等(编著,2007)、刘洁修(2009)、冷玉龙等(主编,2014)未收上揭禅义,失收"寻言逐句""随言逐句"。

0031 寻行数墨

指从经文言句中寻觅知解,企图解悟佛法意旨。这是禅家反对的一种修行方式。《传灯》卷二九"大乘赞":"口内诵经千卷,体上问经不识。不解佛法圆通,徒劳寻行数墨。"(p.2325)《联灯》卷二二"羌仁禅师":"初往东林听习,叹曰:'寻行数墨,语不如默。舍己求人,假不如真。'即卷衣游方。"(p.682)《古尊宿》卷六"道踪禅师":"师问座主:'蕴何业?'主云:'《唯识论》。'师云:'教中言作么生?'主云:'某甲只是寻行数墨,却是禅门中不知。'"(p.105)

按,定型之语已见上揭《传灯》例,王涛等(编著,2007:1248)释作"读书拘泥于字句,仅在文字上下功夫,不顾通篇大意",刘洁修(2009:1305)略同,均不确当。《大词典》、冷玉龙等(主编,2014)未收上揭语义。可参袁宾、康健(主编,2010:466),《俗语佛源》(2013:95)。

0032 咬言嚼句

指仔细咀嚼玩味"言""句"旨意。这是禅家反对的一种修行方式。《碧岩录》卷一:"如今人不会古人意,只管咬言嚼句,有甚了期。若是通方作者,始能辨得这般说话。"(p.14)

按,定型之语已见上揭《碧岩录》例,《大词典》、王涛等(编著,2007)、刘洁修(2009)、冷玉龙等(主编,2014)均未收。

0033 烂嚼细咽

比喻仔细咀嚼玩味旨意。《联灯》卷二八"道楷禅师":"更有一般的,递相传授。举觉商量,将为奇特。烂嚼细咽,垢污心田。"(p.910)《新月禅师语录》卷二:"若也未辨端倪,却须烂嚼细咽。"(46-175)

按,定型之语已见上揭《联灯》例,《大词典》、刘洁修(2009)、王涛等(编著,2007)、冷玉龙等(主编,2014)均未收。

0034 打骨出髓 敲骨取髓 敲骨打髓 敲骨出髓

指敲打骨头取出骨髓。形容至诚求道而不惜舍身的行为。《广灯》卷一八"楚圆禅师":"问:'如何是学人自己?'师云:'打骨出髓。'"(p.308)

又言"敲骨取髓"。①形容至诚求道而不惜舍身的行为。《祖堂》卷二"菩提达磨'":"又自叹曰:'古人求法,敲骨取髓,刺血图像,布发掩泥,投崖饲虎。古尚如此,我何惜焉?'"(p.97)《传灯》卷三"菩提达磨"略同。(p.125)②比喻禅师痛下手段接引学人。《古尊宿》卷五"临济禅师":"示众云:'照用同时,驱耕夫之牛,夺饥人之食,敲骨取髓,痛下针锥。'"(p.81)

又言"敲骨打髓"。比喻禅师痛下手段接引学人。《传灯》卷一七"道膺禅师":"一言参差,千里万里,难为收摄。直至敲骨打髓,须有来由。"(p.1218)《五灯》卷一七"宝觉禅师":"或作败军之将,向阇梨手里拱手归降;或为忿怒那咤,敲骨打髓。"(p.1110)

又言"敲骨出髓"。①形容至诚求道而不惜舍身的行为。《碧岩录》卷一〇:"光自忖曰:'昔人求道,敲骨出髓,刺血济饥,布发掩泥,投崖饲虎。古尚若此,我又何如?'"(p.477)②比喻禅师痛下手段接引学人。《仁勇禅师语录》卷一:"上堂:'保宁寻常为人,直下是无面目。若也敲骨出髓,直得神号鬼哭。'"(41-13)《崇岳禅师语录》卷二:"乃云:'马大师裂破面皮,南堂老汉敲骨出髓。后代儿孙若总与么为人,达磨一宗扫土而尽。'"(45-363)

按,最早形体为"打骨出髓",后秦佛陀耶舍、竺佛念译《长阿含经》卷七:"又敕左右打骨出髓,髓中求神,又复不见。"指敲打骨头取出骨髓。朱瑞玟(2008:181)认为语出《五灯》,不确。《大词典》、王涛等(编著,2007)、刘洁修(2009)、冷玉龙等(主编,2014)均未收"敲骨打髓""敲骨出髓""打骨出髓"。

0035　刺血济饥

形容为了求道而不惜舍身的慈悲行为。《传灯》卷三"菩提达磨":"光自惟曰:'昔人求道,敲骨取髓,刺血济饥,布发掩泥,投崖饲虎。古尚若此,我又何人?'"(p.125)《联灯》卷二"菩提达磨"条同。(p.40)《五灯》卷一"菩提达磨"条同。(p.44)

按,语出阎浮提国王(世尊前身)刺血济五夜叉之饥的因缘故事。元魏慧觉等译《贤愚经》卷二:"时五夜叉,来至王所,'我等徒类,仰人血气,得全身命。由王教导,咸持十善,我等自是无复饮食,饥渴顿乏,求活无路。大王慈悲!岂不矜愍?'王闻是语,甚怀哀伤,即自放脉,刺身五处。时五夜叉,各自持器,来承血饮,饮血饱满,咸赖王恩,欣喜无量。"孙维张(2007:56)认为出自"萨陀王子舍身饲虎"的故事,不可从。《大词典》、王涛等(编著,2007)、刘洁修(2009)、冷玉龙等(主编,2014)

均未收。

0036 布发掩泥

形容舍身求道的至诚行为。《祖堂》卷二"菩提达磨"："又自叹曰：'古人求法，敲骨取髓，刺血图像，布发掩泥，投崖饲虎。古尚如此，我何惜焉？'"（p.97）《传灯》卷一五"德诚禅师"："问：'古人布发掩泥当为何事？'师曰：'九乌射尽，一翳犹存。一箭堕地，天下不黑。'"（p.1113）《联灯》卷一"释迦牟尼佛"："世尊因地布发掩泥，献花于燃灯佛。燃灯见布发处，遂约退众。"（p.8）

按，后秦鸠摩罗什译《大智度论》卷四："是中菩萨七枚青莲花供养燃灯佛，敷鹿皮衣，布发掩泥。是时燃灯佛便授其记，汝当来世作佛，名释迦牟尼。"孙维张（2007:38）以此为"布发掩泥"之语源。然后汉竺大力共康孟详译《修行本起经》已载菩萨"布发掩泥"供养世尊之事，卷上："菩萨欲前散花，不能得前。佛知至意，化地作泥，人众两披，尔乃得前。便散五花，皆止空中，变成花盖，面七十里，二花住佛两肩上，如根生。菩萨欢喜，布发着地：'愿尊蹈之。'佛言：'岂可蹈乎？'菩萨对曰：'唯佛能蹈！'佛乃蹈之。"当以此为源。《大词典》、王涛等（编著，2007）、刘洁修（2009）、冷玉龙等（主编，2014）均未收。

0037 投崖饲虎

形容舍身求道的至诚行为。《祖堂》卷二"菩提达磨"："又自叹曰：'古人求法，敲骨取髓，刺血图像，布发掩泥，投崖饲虎。古尚如此，我何惜焉？'"（p.97）《传灯》卷三"菩提达磨"条同。（p.125）《碧岩录》卷一〇："光自忖曰：'昔人求道，敲骨出髓，刺血济饥，布发掩泥，投崖饲虎。古尚若此，我又何如？'"（p.477）

按，语出元魏慧觉等译《贤愚经》卷一"摩诃萨埵以身施虎品"，故事谓摩诃萨埵太子（释迦牟尼佛前身）见母虎饥寒交迫欲食幼虎，萨埵太子甚为怜悯，遂脱衣跳崖，以身饲虎，后得升兜率天。又言"舍身饲虎"，北凉昙无谶译《金光明经》卷四："汝今当知，尔时王子，摩诃萨埵，舍身饲虎，今我身是。"孙维张（2007:219）举唐义净译《最胜王经》为"舍身饲虎"之语源，未确。《大词典》、王涛等（编著，2007）、刘洁修（2009）、冷玉龙等（主编，2014）均未收。

0038 舂糠笞志

形容苦其身心以报求道大志。《续灯》卷八"奉能禅师"："应思黄梅昔日，少室当年，不能退己让人，遂使舂糠笞志，断臂酬心。"（p.235）《五灯》卷一二"奉能禅

师"条同。(p.750)

按,《坛经》载六祖惠能初参黄梅,五祖弘忍令其舂糠八月,后以"舂糠"为立志求道之典故。定型之语已见上揭《续灯》例,《大词典》、王涛等(编著,2007)、刘洁修(2009)、冷玉龙等(主编,2014)均未收。

0039 断臂酬心

形容苦其身心发弘誓以求道。《续灯》卷八"奉能禅师":"应思黄梅昔日,少室当年,不能退己让人,遂使舂糠答志,断臂酬心。"(p.235)《五灯》卷一二"奉能禅师"条同。(p.750)

按,定型之语已见上揭《续灯》例,《大词典》、王涛等(编著,2007)、刘洁修(2009)、冷玉龙等(主编,2014)均未收。

0040 断臂立雪 立雪断臂 立雪断肱

形容求道之心十分诚恳。《祖堂》卷二"慧可禅师":"净修禅师赞曰:'二祖硕学,操为坚礭。心贯三乘,顶奇五岳。天上麒麟,人间鸳鸯。断臂立雪,混而不独。'"(p.108)《圆悟禅师语录》卷一二:"到这里若不见彻,只成一场相谩,所以二祖见达磨断臂立雪。"(41-294)

倒言"立雪断臂"。《广灯》卷一七"慈照禅师":"师上堂云:'达磨九年面壁,大似压良唐土儿孙。二祖立雪断臂,有求皆苦。'"(p.279)《续灯》卷一"达磨尊者":"有神光法师,立雪断臂,坚求诸佛要道,师为易名'慧可'。"(p.14)《普灯》卷二五"道楷禅师":"你不见达磨西来,到少室山下面壁九年,二祖至于立雪断臂,可谓受尽艰辛。"(p.617)

又言"立雪断肱"。《道宁禅师语录》卷一:"无说无闻,藏头露影。少林面壁,计较未成。立雪断肱,辜他衲子。黄梅呈颂,胜负偏枯。半夜传衣,瞒人不少。"(39-784)《联灯》卷一六"道宁禅师"条同。(p.489)

按,语出二祖慧可向达磨禅师求法的公案,《传灯》卷三"菩提达磨"载:"其年十二月九日夜天大雨雪,光坚立不动,迟明,积雪过膝。师悯而问曰:'汝久立雪中,当求何事?'光悲泪曰:'唯愿和尚慈悲,开甘露门,广度群品。'师曰:'诸佛无上妙道,旷劫精勤,难行能行,非忍而忍。岂以小德小智,轻心慢心,欲冀真乘! 徒劳勤苦。'光闻师诲励,潜取利刀,自断左臂,置于师前。师知是法器,乃曰:'诸佛最初求道,为法忘形。汝今断臂吾前,求亦可在。'祖遂因与易名曰'慧可'。"《大词典》、王涛等(编著,2007)、刘洁修(2009)、冷玉龙等(主编,2014)均未收。

0041　立雪齐腰　齐腰立雪

形容至诚求道的行为。《续灯》卷二二"闻一禅师":"拈花微笑虚劳力,立雪齐腰枉用功。争似老卢无用处,却传衣钵振真风。"(p.634)《善昭禅师语录》卷二:"与汝安心竟,九年面壁待当机,立雪齐腰未展眉,恭敬愿安心地法,觅心无得始无疑。"(39-592)《宏智禅师广录》卷九:"立雪齐腰,求法断臂。有志忘诸躯,无心契诸己。了了常知,其知密微。"(44-567)

倒言"齐腰立雪"。《惟一禅师语录》卷一:"上堂:'可祖齐腰立雪,长庆坐破蒲团。一人铁壁觑要透,一人沧海沥须干。'"(47-7)《愚庵禅师语录》卷八:"一言易出难翻款,九年面壁嵩山畔。狭及齐腰立雪人,觅心不得忙如钻。"(52-267)

按,语出禅宗二祖慧可向菩提达磨求法的故事,见"断臂立雪"条。《大词典》、王涛等(编著,2007)、刘洁修(2009)、冷玉龙等(主编,2014)均未收。另可参袁宾、康健(主编,2010:257)。

0042　入乡随俗　随乡入俗

人到了什么地方,就要随从什么地方的风俗。禅宗比喻悟入道法后,就要随缘任用。《联灯》卷一四"宽禅师":"虽然如是,且道入乡随俗一句,作么生道?"(p.414)《普灯》卷四"守端禅师":"上堂:'不曾迷,莫求悟。为什么从上来却有师承祖嗣? 若也会得,入乡随俗。若也不会,饿死首阳山。'"(p.112)《居简禅师语录》卷一:"卍庵颂:'瞿昙彻底老婆心,见明色发理难任。入乡随俗那伽定,佛魔到此尽平沈。'"(46-31)

又言"随乡入俗"。《广闻禅师语录》卷一:"至节上堂:'群阴剥尽,一阳来复。'拈拄杖云:'拄杖子随乡入俗。'卓一下,'六六不成三十六'。"(46-49)

按,定型之语已见上揭《联灯》例,刘洁修(2009:1014)举上揭《普灯》例,释作"到一个地方就要顺应那里的风俗习惯",未契禅籍用义。

0043　修因证果

修行善因,证得佛果。《广灯》卷八"大寂禅师":"所以声闻悟迷,凡夫迷悟。声闻不知圣心本无地位、因果、阶级,心量妄想修因证果,住其空定八万劫、二万劫,虽即已悟,却迷。"(p.82)《普灯》卷二"倚遇禅师":"上堂:'法昌今日开炉,行脚僧无一个。……直饶口似秤锤,未免灯笼勘破。不知道绝功勋,妄自修因证果。'"

（p.44）

按,定型之语已见于隋智顗《妙法莲华经玄义》卷七:"佛亦如是,本初修因证果已竟,为众生故,更起方便。"《大词典》、王涛等(编著,2007)、刘洁修(2009)、冷玉龙等(主编,2014)均未收。

0044 凝心敛念

禅宗指收摄狂心妄念,不受外界尘境扰动。《宗镜录》卷一四:"汝自是金刚定,不用更作意凝心取定。纵使凝心敛念作得,亦非究竟。"（31-100）《联灯》卷二三"师备禅师":"纵悟则尘境纷纭,名相不实。便拟凝心敛念,摄事归空。闭目藏睛,终有念起。"（p.718）

按,定型之语已见上揭《宗镜录》例,《大词典》、王涛等(编著,2007)、刘洁修(2009)、冷玉龙等(主编,2014)均未收。

0045 休心息念

禅家指停息攀缘扰动之心念。《普灯》卷二五"道楷禅师":"示众曰:'夫出家者,为厌尘劳,求脱生死,休心息念,断绝攀缘,故名出家。'"（p.616）《五灯》卷一四"道楷禅师"条同。（p.884）

按,定型之语已见上揭《普灯》例,《大词典》、王涛等(编著,2007)、刘洁修(2009)、冷玉龙等(主编,2014)均未收。

0046 凝如株杌

凝坐在那里如同枯干的树桩。形容静坐时一动不动的样子。《祖堂》卷一七"西院和尚":"师乃劳心顿摆,或坐房廊,凝如株杌;或入灵洞,月十不归。"（p.744）

按,定型之语已见上揭《祖堂》例,《大词典》、王涛等(编著,2007)、刘洁修(2009)、冷玉龙等(主编,2014)均未收。

0047 安禅静虑

安住于坐禅,清净于思虑。这是早期禅宗的一种修行方式。《祖堂》卷一八"仰山和尚":"汝不闻先德道:'若不安禅静虑,到这里总须忙然。'"（p.821）《传灯》卷一一"慧寂禅师":"师曰:'此意极难,若是祖宗门下上根上智,一闻千悟,得大总持,此根人难得。其有根微智劣,所以古德道:若不安禅静虑,到这里总须茫然。'"（p.722）

按,定型之语已见《敦煌变文校注·降魔变文》:"敷坐乃安禅静虑,然后人天瞻仰而围绕,龙神肃恭而乐听。"《大词典》、王涛等(编著,2007)、刘洁修(2009)、冷玉龙等(主编,2014)均未收。可参雷汉卿(2009:288)。

0048 舍垢取净

弃除尘念垢污,取得本心清净。唐慧海《诸方门人参问语录》卷下:"对曰:'如何是生死业?'师曰:'求大涅槃是生死业,舍垢取净是生死业,有得有证是生死业,不脱对治门是生死业。'"(X63/24c)《五灯》卷三"慧海禅师"条略同。(p.155)

按,定型之语已见上揭唐慧海《诸方门人参问语录》例,《大词典》、王涛等(编著,2007)、刘洁修(2009)、冷玉龙等(主编,2014)均未收。

0049 塞耳藏睛

堵上耳朵,闭上眼睛。指进入安禅静虑的状态。《祖堂》卷五"龙潭和尚":"皇曰:'任性逍遥,随缘放旷,不要安禅习定。性本无拘,不要塞耳藏睛。'"(p.247)

按,定型之语已见上揭《祖堂》例,《大词典》、王涛等(编著,2007)、刘洁修(2009)、冷玉龙等(主编,2014)均未收,可参王闰吉(2012:118)。

0050 不舍昼夜   不捨昼夜

夜以继日而不停止。《普灯》卷二三"富弼居士":"由清献公警励之后,不舍昼夜,力进此道。"(p.566)

又作"不捨昼夜"。"捨"是"舍"的分化字。《咸杰禅师语录》卷一:"一向硬赳赳地,将心就一处研究,不捨昼夜。"(45-225)

按,语出《论语·子罕》:"子在川上曰:'逝者如斯夫,不舍昼夜。'"《大词典》未收。

0051 凿壁偷光

禅家常比喻穿凿古德言句,获取悟道知见。《传灯》卷二三"匡界禅师":"问:'凿壁偷光时如何?'师曰:'错。'曰:'争奈苦志专心。'师曰:'错!错!'"(p.1749)《联灯》卷二八"义青禅师":"示众云:'诸佛出世,应病施方。祖师西来,守株待兔。直饶全提举唱,犹如凿壁偷光。设使尽令施行,大似空中掷剑。'"(p.900)

按,本形容刻苦读书,语出《西京杂记》卷二:"匡衡,字稚圭,勤学而无烛。邻舍有烛而不逮,衡乃穿壁引其光,以书映光而读之。"禅籍新义由重新分析字面义而生。《大词典》、王涛等(编著,2007)未收上揭语义。

0052　念念不舍　念念不捨

佛家指正念相续不间断,前后心念系住一处而不散乱。《印肃禅师语录》卷一:"若解背境观心,便入法王灌顶位。念念不舍,精进行持。"(44-694)

又作"念念不捨"。"捨"为"舍"之分化字。《普灯》卷二三"张九成居士":"请问入道之要,明曰:'此事唯念念不捨,久久纯熟,时节到来,自然证入。'"(p.577)

按,定型之语已见于东晋佛驮跋陀罗译《大方广佛华严经》卷五七:"长养功德藏海三昧,念念不舍善知识三昧。"朱瑞玟(2007:531)认为语出宋苏轼《论修养帖寄子由》,不确。刘洁修(2009:847)举清代用例,太晚。

0053　胁不至席　胁不着席

腰胁不曾躺在席子上。形容人十分勤勉,顾不上休息。《祖堂》卷一五"永泰和尚":"元和中,青州人大饥,人多殍仆。师胁不至席,视人如伤,乃率富屋俾行檀度。"(p.677)《传灯》卷一"胁尊者":"后值伏驮尊者,执侍左右,未尝睡眠,谓其胁不至席,遂号胁尊者焉。"(p.48)

又言"胁不着席"。《碧岩录》卷九:"云岩与道吾同参药山,四十年胁不着席。"(p.444)

按,定型之语已见唐宗密《禅源诸诠集》卷一:"故四祖数十年中,胁不至席,即知了与不了之宗。"《大词典》、王涛等(编著,2007)、刘洁修(2009)、冷玉龙等(主编,2014)均未收。

0054　废寝忘餐

顾不上睡觉,忘记了吃饭。形容全部精力、满门心思用在某事上。《圆悟禅师心要》卷一:"先圣一麻一麦,古德攻苦食淡。洁志于此,废寝忘餐。体究专确,要求实证。"(41-314)

按,此为"废寝忘食"之变体,定型之语已见唐李绛《论太平事》:"此方是陛下焦心涸虑废寝忘餐之时,岂可高枕而卧也?"王涛等(编著,2007:301)举明代用例,偏晚。

0055　勇猛精进

指发勇猛心,精进修习善法。《传灯》卷二九"宝志和尚":"人定亥,勇猛精进成懈怠,不起纤豪修学心,无相光中常自在,超释迦,越祖代。"(p.2331)

按,定型之语已见后汉竺大力共康孟详译《修行本起经》卷上:"谦卑忍辱,勇猛精进,一心思惟,学圣智慧。"《大词典》首举《无量寿经》例,偏晚。

0056　如丧考妣　如丧老妣

本指就像父母去世了一样,内心十分悲伤。禅家用来形容修行清苦精进,废寝忘疲。《祖堂》卷一九"灵云和尚":"一造大沩,闻其示教,昼夜忘疲,如丧考妣,莫能为喻。"(p.849)《传灯》卷二一"师静禅师":"天台山国清寺师静上座,始遇玄沙和尚示众云:'汝诸人但能一生如丧考妣,吾保汝究得彻去。'"(p.1598)

又言"如丧老妣"。《师观禅师语录》卷一:"上堂:'大事未明,如丧老妣。大事既明,如丧老妣。大事未明,如丧老妣,即且置。大事既明,为什么亦如丧考妣? 明眼衲僧,一举便知。'"(45-420)

按,语出《尚书·虞书·舜典》:"二十有八载,帝乃殂落,百姓如丧考妣。"《大词典》、王涛等(编著,2007)、冷玉龙等(主编,2014)均未收禅义,失收"如丧老妣"。

0057　撞东磕西　东撞西磕

禅家形容迷失了禅悟佛法的路头,四处碰壁受阻。《普灯》卷二〇"齐己禅师":"唤回善导和尚,别求径路修行。其或准前,舍父逃走,流落他乡,撞东磕西。"(p.505)《五灯》卷二〇"齐己禅师"条同。(p.1366)

又言"东撞西磕"。《道霈禅师餐香录》卷一:"若有人拈得出,一任天下横行,不见一毛头许法为障为碍。若拈不出,被他迷却路头,东撞西磕。"(62-232)

按,定型之语已见上揭《普灯》例,《大词典》、王涛等(编著,2007)、刘洁修(2009)、冷玉龙等(主编,2014)均未收。

0058　语不投机　言不投机

禅家指言语不能契合禅机。《续灯》卷八"文悦禅师":"上堂云:'语不离窠窟,焉能出盖缠? 片云横谷口,迷却几人源。所以道,言无展事,语不投机,承言者丧,滞句者迷。汝等诸人到这里,凭何话会? '"(p.237)《普灯》卷五"善本禅师":"上堂:'言无展事,语不投机。踏翻大海,趯倒须弥,直得洞山老无隐身之处。'"(p.124)《承古禅师语录》卷一:"师曰:'便与么散去,早涉廉纤,更待商量,递相埋没,何故? 言无展事,语不投机,承言者丧,滞句者迷。'"(39-538)

又言"言不投机"。《古尊宿》卷三八"守初禅师":"问:'言不投机,请师提撕。'

师云:'六七对夜月。'"(p.708)

按,定型之语已见上揭《续灯》例,王涛等(编著,2007:1400)举《五灯》(同上揭《续灯》)例,释作"话说不到一起,形容谈话意见情趣不一致",刘洁修(2009:503)释作"指言语未能投合机缘",均不确。《大词典》、王涛等(编著,2007)、刘洁修(2009)、冷玉龙等(主编,2014)均未收"言不投机"。

0059 方木逗圆 方木逗圆孔

用方木去嵌入圆孔。禅家形容领悟方法不当,不能契合禅理。《清了禅师语录》卷一:"如今眼光落地,如生龟脱壳,似方木逗圆,为形躯所留,被风火所苦。"(42-58)

散言"方木逗圆孔"。《传灯》卷一七"道膺禅师":"若将有限心识,作无限中用,如将方木逗圆孔,多少差讹。"(p.1219)《普灯》卷一"义禅师":"问:'如何是学人相契处?'曰:'方木逗圆孔。'"(p.9)

按,定型之语已见上揭《清了禅师语录》例,《大词典》、王涛等(编著,2007)、刘洁修(2009)、冷玉龙等(主编,2014)均未收。参袁宾(1991:503),袁宾、康健(主编,2010:130)。

0060 落三落四

禅家指落入第三第四禅机,非真正禅法。《广灯》卷一七"守芝禅师":"僧问:'承和尚有言,一人悟道,三界平沉。首座悟道,三界还沉也无?'师云:'不淹不抑。'进云:'恁么即一言才出,大地全收。'师云:'落三落四。'"(p.297)《古尊宿》卷四一"文悦禅师":"举舍利弗问须菩提:'梦中说般若波罗蜜,与觉时是同是别?'师遂喝云:'当时若下这一喝,免见落三落四。'"(p.767)

按,定型之语已见上揭《广灯》例,《大词典》、王涛等(编著,2007)、刘洁修(2009)、冷玉龙等(主编,2014)均未收。

0061 浑囵吞枣 浑沦吞枣 团圆吞却枣

把枣子整个吞下去,不细嚼辨味。比喻不加分析笼统地接受,不求甚解。《圆悟禅师心要》卷一:"已躬下谛实,为人处无偏。才落世缘,便涉漏逗。祖峰老师横点头,白云祖翁浑囵吞枣。"(41-438)

又言"浑沦吞枣"。《祖钦禅师语录》卷二:"只是参道者禅,着青布衫汉,十个五双,浑沦吞枣。"(45-806)

散言"团圞吞却枣"。《怀深禅师广录》卷一:"今人学道不悟道,义路推寻外边讨。更说从来无悟迷,大似团圞吞却枣。"(41-110)

按,定型之语已见上揭《圆悟禅师心要》例,《大词典》、王涛等(编著,2007)、刘洁修(2009)、冷玉龙等(主编,2014)均未收"浑圞吞枣"。

0062 养病丧躯

因养病而丧失了身躯。禅家比喻因拟议思量而错失悟道机缘。《广灯》卷一七"智嵩禅师":"祖师西来,何曾有意? 佛祖不立,教又何依? 人法双遣,权为道矣。禅德,且莫停囚长智,养病丧躯。瞬目扬眉,早成钝汉。"(p.287)《古尊宿》卷四一"文悦禅师":"师云:'停囚长智,养病丧躯。'蓦拈拄杖云:'什么处去也? '"(p.765)《五灯》卷一三"匡一禅师":"问:'智识路绝,思议并忘时如何? ' 师曰:'停囚长智,养病丧躯。'"(p.847)

按,定型之语已见上揭《广灯》例,《大词典》、王涛等(编著,2007)、刘洁修(2009)、冷玉龙等(主编,2014)均未收。

0063 深耕浅种 浅种深耕

耕地时松土要深,播种时覆土要浅。本指精心耕作田地,禅家比喻精心参禅,耕耘心田。《续灯》卷五"宗善禅师":"问:'如何是道? ' 师云:'深耕浅种。'僧曰:'如何是道中人? ' 师云:'田舍奴。'"(p.129)《五灯》卷一四"绍远禅师":"曰:'田中事作么生? ' 师曰:'深耕浅种。'"(p.867)

倒言"浅种深耕"。《道宁禅师语录》卷二:"师乃曰:'薄明月碎清风,浅种深耕莫大功。破二作三横竖算,四方八面用无穷。'"(39-792)《仁勇禅师语录》卷一:"浅种深耕正及时,入泥入水更同谁? 南山茅草多人刈,独是爷儿两个知。"(41-32)《慧性禅师语录》卷一:"韶阳一曲自高歌,困来一觉和衣倒。浅种深耕得自由,珊瑚枝头日杲杲。"(45-523)

按,定型之语已见《敦煌变文校注·秋胡变文》:"汝不如忍意在家,深耕浅种,广作蚕功,三余读书,岂不得达? "指精心耕作田地,禅义由此隐喻而来。《大词典》、王涛等(编著,2007)、刘洁修(2009)、冷玉龙等(主编,2014)均未收。

0064 绝虑忘缘

断绝思虑知见,摆脱万法攀缘。《祖堂》卷三"懒瓒和尚":"吾有一言,绝虑忘缘,巧说不得,只用心传。"(p.150)《普灯》卷四"慧元禅师":"师喝曰:'诸法寂灭相,不可以言宣。今之学者,方见道不可以言宣,便拟绝虑忘缘。'"(p.101)《惟一禅师语录》卷一:"上堂,召大众云:'万法本无,一心何有? 绝虑忘缘,默默自守。'"(47-26)

按,定型之语已见上揭《祖堂》例,《大词典》、王涛等(编著,2007)、刘洁修(2009)、冷玉龙等(主编,2014)均未收。另可参袁宾(1991:516),袁宾、康健(主编,2010:229)。

0065 一刀两断 一刀两段

禅家比喻当下彻底斩断俗情妄念。《善昭禅师语录》卷一:"要明斯事也,须是个一刀两断汉始得,只恁么哄哄恫恫地烂。"(39-568)《密庵和尚语录》卷一:"忽有问家贼难防时如何? 便与一刀两断,教他洒洒落落,作一枚白拈贼,到处偷营劫寨。"(45-179)《慧空禅师语录》卷一:"上堂:'一刀两断,未称衲僧,就下平高,难为作者。'"(45-109)

又言"一刀两段"。《广灯》卷二五"辞确禅师":"为大丈夫志气,一刀两段,便须彻头去,岂不是好事?"(p.514)《怀深禅师广录》卷一:"师云:'这个说话,须是个一刀两段的汉始得,其或拟议思量,便见千山万水。'"(41-104)《仁勇禅师语录》卷一:"上堂,横按杖云:'汝等大丈夫汉,须是一刀两段,直下七纵八横。'"(41-13)

按,定型之语已见上揭《善昭禅师语录》例,《大词典》、王涛等(编著,2007)、刘洁修(2009)、冷玉龙等(主编,2014)均未收此义。

0066 截断众流

禅家比喻当下截断俗情妄念,使心空悟道。《续灯》卷一六"证悟禅师":"上堂云:'露滴庭莎,风鸣古桧。皓月泻千家寒色,清淮流万顷波澜。此时荐得,与诸人截断众流,若也未然,不免随波逐浪。'"(p.458)《圆悟禅师语录》卷五:"若是利根上智,一举便解承当,既能截断众流,可以超今冠古。"(41-230)

按,"截断众流"为"云门三句"旨诀之一,定型之语已见《传灯》卷二二"缘密禅师":"德山有三句语:一句涵盖乾坤,一句随波逐浪,一句截断众流。"可参袁宾(1991:522),袁宾、康健(主编,2010:210)。孙维张(2007:125)释作"禅宗指参话对话时,所说禅语意旨深远玄妙,使其他人无可对答",不确。

0067 撒手横身

禅家喻指彻底了断对世俗情尘的留恋。《普灯》卷三"道楷禅师":"八年五月十四日,索笔书偈,付侍僧曰:'吾年七十六,世缘今已足。生不爱天堂,死不怕地狱。撒手横身三界外,腾腾任运何拘束?'移时乃逝。"(p.90)《五灯》卷一四"道楷禅师"(p.885)条同。

按,定型之语已见上揭《普灯》例,《大词典》、王涛等(编著,2007)、刘洁修(2009)、冷玉龙等(主编,2014)均未收。

0068　悬崖撒手

到了悬崖绝境时放手。禅宗比喻彻底断绝对世俗情念的留恋和执着。《传灯》卷二〇"真禅师":"上堂谓众曰:'言锋若差,乡关万里。直须悬崖撒手,自肯承当。绝后再苏,欺君不得。非常之旨,人焉庾哉!'"(p.1471)《普灯》卷二三"高世则居士":"呈偈曰:'悬崖撒手任纵横,大地虚空一坦平。照壑辉岩不借月,庵头别有一帘明。'"(p.563)《宏智禅师广录》卷五:"无尔作道理辨白处,无尔依俙仿佛处,如悬崖撒手,直下放得尽。"(44-483)

按,定型之语已见上揭《传灯》例,《大词典》(7-778)释作"比喻人至绝境,只能另作选择,义无反顾",不确。

0069　破家散宅　抛家散宅　抛家失业　抛家散业　破家散业

本指破失家业,离开宅舍。①禅家比喻破除对世俗情念的依恋和执着。《古尊宿》卷二四"洪諲禅师":"南泉云:'我十八上便会作活计。'赵州云:'我十八上便会破家散宅。'你道破家散宅好?解作活计好?初机的人,且绍前语。久参的人,直须破家散宅。更有一言,万里崖州。"(p.460)《昙华禅师语录》卷一〇:"法中之魔,僧中之贼,盗佛祖宝刀,断衲僧命脉,贫穷者示之无价宝珠,富贵者令之破家散宅。"(42-228)《崇岳禅师语录》卷一:"上堂:'今夏堂中隘窄,上中下座逼迫。忽若一人发真归源,直得人人破家散宅。'"(45-331)②禅家也比喻破坏自己本有的精神家园,迷失了自性。《昙华禅师语录》卷一:"殊不知,大小临济被这两个汉破家散宅。还会么?杀人刀活人剑。"(42-142)

又言"抛家散宅"。禅家比喻抛弃自己本有的精神家园,迷失了自性。《古尊宿》卷三二"佛眼禅师":"师云:'你诸人须是解自作活计始得。你道作个什么活计?但莫别求。如今人多爱动脚动手,这个不解作活计了也,唤作抛家散宅漂流去。'"(p.598)

又言"抛家失业"。禅家比喻抛弃自己本有的精神家园,迷失了自性。《慧南禅师语录》卷一："祖问:'尔来作什么?'珠云:'来求佛法。'祖云:'尔为什么抛家失业? 何不回头,认取自家宝藏?'珠云:'如何是自家宝藏?'祖云:'只如今问者是。'"（41-732）

又言"抛家散业"。禅家比喻抛弃自己本有的精神家园,迷失了自性。《仁勇禅师语录》卷一："无明实性即佛性,泥里洗土。幻化空身即法身,矢上加尖。只这里便回头去,已是抛家散业了也。更若奔波向前,其奈山重水远。"（41-21）

又言"破家散业"。禅家比喻破除对世俗情念的依恋和执着。《妙伦禅师语录》卷一："以拂向左边击禅床云:'这里证取,若是破家散业,头不梳面不洗,痴痴呆呆的。'"（46-496）

按,定型之语已见隋阇那崛多译《佛本行集经》卷四九："各各唱言:'沙门瞿昙,当令我等无有子息,令我等辈破家散宅,绝我后胤。'"指破失家业,离开宅舍,禅义由此隐喻而来。《大词典》、王涛等（编著,2007）、刘洁修（2009）、冷玉龙等（主编,2014）均未收。

0070　眼见如盲

眼睛虽然见到了,但如同盲人没看见一样。禅家比喻泯灭眼根识念。《庞居士语录》卷一："士曰:'怎么称禅客? 阎罗老子未放你在!'全曰:'居士怎么生?'士又掌曰:'眼见如盲,口说似哑。'"（p.167）《碧岩录》卷九："到这里眼见如盲相似,耳闻如聋相似,方能与玄沙意不争多。"（p.439）《绍昙禅师广录》卷一："元宵上堂:'这一灯,处甚起? 没踪由,难拟议。三贤十圣,眼见如盲。芥狗泥猪,放光动地。'"（46-256）

按,定型之语已见上揭唐于頔编《庞居士语录》例,《大词典》、刘洁修（2009）、王涛等（编著,2007）、冷玉龙等（主编,2014）均未收。

0071　掷剑挥空　轮剑掷空　利剑挥空

在虚空中挥动利剑,不曾留下丝毫痕迹。禅家比喻万法本空,徒劳用心斩灭尘境。《祖堂》卷一五"盘山和尚":"师有时示众云:'心若无事,万法不生。境绝玄机,纤尘何立? ……禅德,譬如掷剑挥空,莫论及之不及,斯乃空轮无迹,剑刃非亏。若能如是,心心无知,全心即佛,全佛即人。'"（p.663）《圆悟禅师语录》卷二："上堂,僧问:'譬如掷剑挥空,有一人剑亦无,虚空亦不挥时如何?'师云:'大众,见尔败缺。'"（41-199）《普觉禅师语录》卷一一："翻思庞老事无别,掷剑挥空岂

有痕。"（46-319）

又言"轮剑掷空"。《五灯》卷三"广澄禅师"："僧问：'如何得六根灭去？'师曰：'轮剑掷空，无伤于物。'"（p.164）

又言"利剑挥空"。《圆悟禅师语录》卷二："进云：'万法是心光，又作么生？'师云：'却好高着眼。'进云：'直下承当去也。'师云：'利剑挥空。'"（41-200）《虚堂和尚语录》卷八："金鎞刮膜，自病难医。利剑挥空，逃踪莫及。"（46-748）

按，定型之语已见上揭《祖堂》例，《大词典》、王涛等（编著，2007）、刘洁修（2009）、冷玉龙等（主编，2014）均未收。

0072　得意忘言　得意而忘言

谓既已领会其意旨，则不再需要表意之言辞。禅家指领悟了佛法义理后，就要忘记言诠教化。《祖堂》卷一四"章敬和尚"："师乃大震雷音，群英首伏，投针契意者，得意忘言。"（p.654）

散言"得意而忘言"。《传灯》卷二八"慧海和尚"："法过语言文字，何向数句中求？是以发菩提者，得意而忘言，悟理而遗教。亦犹得鱼忘筌，得兔忘蹄也。"（p.2267）

按，语出《庄子·外物》："言者所以在意，得意而忘言。"参《大词典》（3-999），刘洁修（2009:264），袁宾、康健（主编，2010:95）。

0073　得鱼忘筌

指捕到鱼就可以遗弃筌（捕鱼之器）。禅家比喻领悟了佛法义理后，就要忘记言诠说教。《传灯》卷二八"慧海和尚"："法过语言文字，何向数句中求？是以发菩提者，得意而忘言，悟理而遗教。亦犹得鱼忘筌，得兔忘蹄也。"（p.2267）《古尊宿》卷三七"圣国师"："所以鼓山曾向兄弟说，句不当机，言非展事；承言者丧，滞句者迷；得鱼忘筌，得意忘言；借网求鱼，鱼非网也。"（p.686）

按，语出《庄子·外物》："筌者所以在鱼，得鱼而忘筌；蹄者所以在兔，得兔而忘蹄。"定型之语已见三国魏嵇康《兄秀才公穆入军赠诗》一四："嘉彼钓叟，得鱼忘筌。"此用其字面义。《大词典》、王涛等（编著，2007）、刘洁修（2009）、冷玉龙等（主编，2014）均未收上揭语义。另可参袁宾（1991:519），袁宾、康健（主编，2010:95）。

0074　得兔忘蹄

得到兔子就可以忘掉蹄（捕兔之器）。禅家比喻领悟了佛法义理后，就要忘记言诠说教。《传灯》卷二八"慧海和尚":"法过语言文字,何向数句中求? 是以发菩提者,得意而忘言,悟理而遗教。亦犹得鱼忘筌,得兔忘蹄也。"(p.2267)《法演禅师语录》卷三:"盖闻言语道断,而未始无言。心法双亡,而率相传法,有得兔忘蹄之妙。"(39-136)

按,语出《庄子·外物》,见"得鱼忘筌"条。定型之语已见晋韩康伯注《周易·明象》:"蹄以喻言,兔以喻象,存蹄得兔,得兔忘蹄。"《大词典》、王涛等(编著,2007)、刘洁修(2009)、冷玉龙等(主编,2014)均未收上揭语义。

0075 见月忘指

看见月亮就该忘记指月之指。禅家比喻顿见自性就应该忘记言教作略。《传灯》卷二五"绍岩禅师":"问:'见月忘指时如何?'师曰:'非见月。'曰:'岂可认指为月耶?'师曰:'汝参学来多少时也?'"(p.2011)《普觉禅师普说》卷四:"古德入道,因缘教乘极则,无非直截指示。学此道者,当见月忘指,不可以自所入处作实法。"(42-425)《虚堂和尚语录》卷二:"乃云:'华亭满船犹不足,南泉骤步踏不着。自余眼底纷纷,总道见月忘指。'"(46-654)

按,定型之语已见唐宗密述《圆觉经略疏》卷二:"夫设言象在于得意,无言象而倒惑,执言象而迷真。故以标月之指喻于言教,谓见月须借指端,悟心须假佛教。因指见月,见月忘指,因教筌心,悟心忘教。"《大词典》、王涛等(编著,2007)、刘洁修(2009)、冷玉龙等(主编,2014)均未收。参袁宾、康健(主编,2010:202)。

0076 脱胎换骨 换骨脱胎 换骨洗肠 洗肠换骨

脱去凡胎,更换俗骨。禅家谓彻底更换凡胎俗骨,达到超凡脱俗的禅悟境界。《子益禅师语录》卷一:"还见么? 名不得,状不得,脱胎换骨方,起死回生诀。信得及的,不消一服,诸病顿除。"(47-68)《绍昙禅师广录》卷六:"清虚善学,柳下惠锢。疏泥钝铁,脱胎换骨。"(46-368)

倒言"换骨脱胎"。《梵琮禅师语录》卷一:"上堂:'太白禅师,全无伎俩,一锡飞来,占断千嶂。以中心树,建立圣像,合水和泥,根生土长,不用换骨脱胎,不须起模打样。'"(46-106)

又言"换骨洗肠"。《传灯》卷二〇"净悟禅师":"问:'脱笼头卸角驮来时如何?'师曰:'换骨洗肠投紫塞,洪门切忌更衔芦。'"(p.1557)《五灯》卷二〇"净全禅师":"大慧先师道:'要见长沙么? 更进一步。'保宁则不然,要见长沙么? 更退一步。毕竟如何？换骨洗肠重整顿,通身是眼更须参。"（p.1338）《法薰禅师语录》卷三:"譬如庸人妄号帝王,自取诛夷,岂不甚可叹息？要得无从上许多病痛,须是换骨洗肠一回始得。"（45-639）

倒言"洗肠换骨"。《妙伦禅师语录》卷一:"上堂,拈拂云:'正朝握拂,扫荡窠窟,左拣牛溲,右选马浡。'竖拂云:'竖作一团,是甚臭鹊？'掷下拂云:'吩咐诸人,洗肠换骨。'"（45-438）

按,定型之语已见上揭《传灯》例,《大词典》、王涛等（编著,2007）、刘洁修（2009）、冷玉龙等（主编,2014）均未收此义。

0077　倒肠换肚

禅家喻指彻底更换凡情俗念,达到超凡脱俗的禅悟境界。《圆悟禅师语录》卷一四:"今时要凑泊着实,须是猛利奋发,倒肠换肚。莫取恶知恶见,莫杂毒食。一味纯正,真净妙明。"（41-315）

按,定型之语已见上揭《圆悟禅师语录》例,《大词典》、王涛等（编著,2007）、刘洁修（2009）、冷玉龙等（主编,2014）均未收。

0078　抱镰刮骨

抱着镰刀刮削身骨。禅家比喻悟道须痛斩凡骨,死中得活。《传灯》卷二四"善沼禅师":"僧问:'死中得活时如何？'师曰:'抱镰刮骨熏天地,炮烈棺中求托生。'"（p.495）《五灯》卷八"善沼禅师"条同。（p.495）

按,定型之语已见上揭《传灯》例,《大词典》、王涛等（编著,2007）、刘洁修（2009）、冷玉龙等（主编,2014）均未收。

0079　习以为常

经常如此,已成为习惯。《传灯》卷一四"希迁大师":"乡洞獠民畏鬼神,多淫祀,杀牛酾酒,习以为常。"（p.980）

按,刘洁修（2009:1245）谓语出《逸周书·常训解》:"民生而有习有常,以习为常。"可参。

0080　着衣吃饭

穿衣吃饭是日常之事。禅家喻指日用修行的行为,是"平常心是道"的日用体现。《临济禅师语录》卷一:"师示众云:'道流！佛法无用功处,只是平常无事,屙屎送尿、着衣吃饭、困来即卧。'"（T47/498a）《五灯》卷一六"有评禅师":"问:'十二

时中如何趣向？'师曰：'着衣吃饭。'"（p.1046）

按，定型之语已见于唐慧然集《临济禅师语录》例，《大词典》、王涛等（编著，2007）、刘洁修（2009）、冷玉龙等（主编，2014）均未收。

0081 见怪不怪

常言"见怪不怪，其怪自坏"。见到怪异的事物不觉得惊怪，那么怪异就会自行消失。禅家常用以劝人见到怪异的事物，不要起心动念。《续灯》卷二二"齐添禅师"："上堂，良久云：'性静情逸。'乃喝一喝云：'心动神疲。'遂顾左右云：'守真志满。'拈拄杖云：'逐物意移。'蓦召大众云：'见怪不怪，其怪自坏。'"（p.628）《普灯》卷一八"宗元庵主"："一日，举世尊生下，一手指天，一手指地。云'天上天下，唯我独尊。'乃曰：'见怪不怪，其怪自坏。'"（p.475）

按，定型之语已见于唐孙思邈《千金要方》卷八三"养性"："忽见鬼怪变异之物，即强抑之，勿怪，咒曰：'见怪不怪，其怪自坏。'"《大词典》（10-315）、朱瑞玟（2008：176）、刘洁修（2009：571）并举宋代用例，均晚。

0082 饥餐渴饮　渴饮饥餐

饿了就用餐，渴了就饮水。这是禅家倡导的"平常心是道"的一种日用修行方式。《楚圆禅师语录》卷一："问：'久为流浪途中客，乞师方便指归源。'师云：'饥餐渴饮。'"（39-5）《续灯》卷七"文捷禅师"："问：'如何是诸佛出身处？'师云：'长连床上。'僧曰：'未审如何履践？'师云：'饥餐渴饮。'"（p.214）

倒言"渴饮饥餐"。《联灯》卷二九"恩禅师"："衲僧现前三昧，释迦老子不会。住世四十九年，说得天花乱坠。争似渴饮饥餐，展脚堂中打睡。"（p.914）《新月禅师语录》卷一："臣僧生缘西蜀，学慕南宗。八十年渴饮饥餐，一万里瞻风拨草。"（46-171）

按，定型之语已见上揭《楚圆禅师语录》例，《大词典》（12-584）、王涛等（编著，2007：475）、刘洁修（2009：531）、冷玉龙等（主编，2014：463）首引例证为明清用例。

0083 朽木形骸

朽木般的躯体。禅家形容身心枯槁的样子。《普灯》卷一二"惟初禅师"："上堂曰：'我见宗大哥，平生槁默危坐，所谓朽木形骸，未尝口角谈谈，将佛祖言教以当门庭。'"（p.330）《五灯》卷一六"惟初禅师"条同。（p.1101）

按，定型之语已见上揭《普灯》例，《大词典》、王涛等（编著，2007）、刘洁修（2009）、冷玉龙等（主编，2014）均未收。

0084　形羸骨瘦　骨瘦如柴

形容身体十分羸弱消瘦。《祖堂》卷三"鸟窠和尚"："舍人因此礼拜为师,赞曰:'形羸骨瘦久修行,一纳麻衣称道情。曾结草庵倚碧树,天涯知有鸟窠名。'"(p.146)

又言"骨瘦如柴"。《道济禅师语录》卷一:"面黄似蜡,骨瘦如柴。这般模样,只好投斋。也有些儿差异,说禅不用安排。"(45-160)《绍昙禅师语录》卷一:"百丈和尚忌,拈香:'骨瘦如柴,机深似井。画地为牢,酷行商令。儿孙无地雪深冤,烧炷兜娄苦告天。'"(46-409)

按,定型之语已见于上揭《祖堂》例,《大词典》、王涛等(编著,2007)、刘洁修(2009)、冷玉龙等(主编,2014)均未收"形羸骨瘦"。

0085　枯木死灰　寒灰枯木　枯木寒灰

"枯木""死灰"皆无气息之物。禅家比喻心境枯寂,没有一丝情念。《圆悟禅师语录》卷一四:"以铁石心,将从前妄想见解、世智辩聪、彼我得失,到底一时放却。直下如枯木死灰,情尽见除,到净裸裸赤洒洒处,豁然契证。"(41-317)

又言"寒灰枯木"。《续灯》卷二○"道清禅师":"又云:'寒灰枯木的,到这里无言。家中给侍之人,日用如何指授?'"(p.592)《普灯》卷八"志璇禅师":"上堂曰:'休去,歇去,一切万年去,寒灰枯木去,古庙里香炉去,一条白练去。'"(p.211)《联灯》卷二三"道闲禅师":"师谒石霜,问:'起灭不停时如何?'霜云:'直须寒灰枯木去,一念万年去,涵盖乾坤去,纯清绝点去。'师不契。"(p.707)

倒言"枯木寒灰"。《清了禅师语录》卷二:"良久云:'这个境界无人识得,不是你暂时作个道理便当此事。他古人歇来歇去,口如腊月扇子,心似枯木寒灰,十度发言,九度休去。'"(42-81)《联灯》卷二三"师备禅师":"直须对尘对境如枯木寒灰,但临时应用,不失其宜。"(p.717)

按,语出《庄子·齐物论》:"形固可使如槁木,而心固可使如死灰乎?"定型之语已见唐成玄英《南华真经注疏》卷三:"既而枯木死灰,冥同大道,如此之益,谓之坐忘也。"《大词典》、王涛等(编著,2007)、刘洁修(2009)、冷玉龙等(主编,2014)均未收上揭语义,亦未收"寒灰枯木""枯木寒灰"。

0086　寒灰死火　死火寒灰

"寒灰""死火"皆无气息之物。禅家喻指心境枯寂,没有一丝情念。《黄檗禅师传心法要》卷一:"如今末法向去,多是学禅道者皆着一切声色。何不与我心心同虚空去,如枯木石头去,如寒灰死火去,方有少分相应。"(T48/383b)《圆悟禅师语录》卷一四:"口鼻眼耳,初无相知。手足项背,各不相到。然后向寒灰死火上、头头上明,枯木朽株间,物物斯照,乃契合孤迥迥峭巍巍。"(41-315)《普灯》卷二五"钦禅师":"到这个田地,且不是修证得的道理,也不是炼得身心如枯木石头,寒灰死火。"(p.614)

倒言"死火寒灰"。《绍昙禅师广录》卷四:"灼然提点得,到死火寒灰,臭烟蓬㶿,乾坤聚墨,日月韬光,赴村斋避暴风卒雨,与老兴化把手共行。"(46-318)

按,定型之语已见上揭唐裴休集《黄檗禅师传心法要》例,《大词典》、王涛等(编著,2007)、刘洁修(2009)、冷玉龙等(主编,2014)均未收。

0087 枯木石头

"枯木""石头"皆无情之物。禅家比喻身心枯寂,没有一丝情念。《黄檗禅师传心法要》卷一:"如今末法向去,多是学禅道者皆着一切声色。何不与我心心同虚空去,如枯木石头去,如寒灰死火去,方有少分相应。"(T48/383b)《传灯》卷二八"惟俨和尚":"上堂曰:'祖师只教保护,若贪瞋起来,切须防御,莫教揞触。是你欲知枯木石头,却须担荷,实无枝叶可得。'"(p.2256)《承古禅师语录》卷一:"若要见本分事,便须一切佛法不用学,一切言句不要参,罢却学心,忘却知见,如枯木石头,有少相应之分。"(39-542)

按,定型之语已见上揭唐裴休集《黄檗禅师传心法要》例,《大词典》、王涛等(编著,2007)、刘洁修(2009)、冷玉龙等(主编,2014)均未收。

0088 如痴似兀 如兀如痴

禅家形容内心不起情念,如痴呆之人。《碧岩录》卷四:"永嘉又道:'心是根,法是尘,两种犹如镜上痕。痕垢尽时光始现,心法双忘性即真。'到这里如痴似兀,方见此公案。"(p.188)《圆悟禅师语录》卷四:"倘或透生死明寒暑,融动静一去来,直得意遣情忘,如痴似兀。"(41-221)

又言"如兀如痴"。《圆悟禅师语录》卷一〇:"既荐得,则卷而怀之,任任运运,如兀如痴,不妨是一个决量大人。"(41-280)

按,定型之语已见上揭《碧岩录》例,《大词典》、王涛等(编著,2007)、刘洁修(2009)、冷玉龙等(主编,2014)均未收。

0089　枯木朽株

"枯木""朽株"皆无生气之物。比喻心境枯寂,没有一丝情念。《圆悟禅师语录》卷一〇:"直得如狸奴白牯相似,直得如枯木朽株绝气息。"(41-276)《圆悟禅师心要》卷三:"直下心如枯木朽株,如大死人无些气息。"(41-576)

按,定型之语已见汉司马相如《上书谏猎》:"人不暇施巧,虽有乌获逢蒙之技,力不得用,枯木朽株,尽为害矣。"指枯树朽桩,禅义由此隐喻而来。《大词典》、王涛等(编著,2007)、刘洁修(2009)、冷玉龙等(主编,2014)均未收上揭禅义。

0090　灰心尘面

形容习禅者心如死灰、垢头尘面的样子。《祖堂》卷九"大光和尚":"自摄衣访道,南来而造石霜普会门下。一二年间,乃私于北塔栽植果木,麻衣草履,灰心尘面,志存于道。"(p.428)

按,定型之语已见上揭《祖堂》例,《大词典》、王涛等(编著,2007)、刘洁修(2009)、冷玉龙等(主编,2014)均未收。另可参王闰吉(2012:92)、孙维张(2007:111)。

0091　吐故纳新

吐出浊气,吸入清气。是道家修行养生之术。《普灯》卷二"正觉禅师":"僧问:'如何是道?'曰:'龙吟金鼎,虎啸丹田。'云:'如何是道中人?'曰:'吐故纳新。'"(p.48)

按,语出《庄子·刻意》:"吹呴呼吸,吐故纳新,熊经鸟申,为寿而已矣。"参《大词典》(3-85)、王涛等(编著,2007:1079)、刘洁修(2009:1187)。

三 "本心"类

"本心"指本来具有的心性,清净圆明,纤尘不染。禅家提出"即心即佛"之思想,此"心"即本心。故"本心"又称"真如佛性""佛性""真性""自性"。"本心"类成语,正体113条,变体73条,共186条。范畴义有"本心""佛性""真性""自性"4类,核心义有"圆明""清明""安乐""澄明""平静""清净""完好""遍满""天然""本真"10类描述性语义特征,"超越""本有""呈现""执着""束缚""扰动""污染""迷失"8类叙述性语义特征。核心语义有"本心圆明""本心清明""本心安乐""本心澄明""本心平静""本心清净""本心超越""本心执着""本心束缚""本心扰动""本心污染""佛性本有""真性完好""真性遍满""自性天然""自性本真""自性呈现""自性迷失"18类。

0092 出离生死 出生离死 脱生离死

佛教指脱离生死轮回之苦海。《普觉禅师语录》卷一:"四十九年三百六十余会,随众生根器所宜次第开演。令其各各闻法解悟,出离生死。"(42-236)

又言"出生离死"。《传灯》卷一八"宗一大师":"识得即是大出脱,大出头,所以道超凡越圣,出生离死,离因离果,超毗卢,越释迦,不被凡圣因果所谩。一切处无人识得汝。"(p.1314)《普觉禅师普说》卷三:"所谓种族豪善,离过清净者也。更若理会得出生离死的一路子分晓时,便是世出世间真士大夫。"(42-425)

又言"脱生离死"。《五灯》卷八"净修大师":"缘此事是个白净去处,今日须得白净身心合他始得,自然合古合今,脱生离死。"(p.475)

按,定型之语已见东晋佛驮跋陀罗译《大方广佛华严经》卷一八:"菩萨摩诃萨布施宝女眷属善根回向,回向一切众生出离生死,回向悉得诸佛喜乐,回向不坚固中而得坚固,回向金刚界智不可坏心。"《大词典》、王涛等(编著,2007)、刘洁修（2009）、冷玉龙等（主编，2014）均未收。

0093　出生入死

佛家喻指跳出生死苦海，获得大自在大解脱。《祖堂》卷一八"仰山和尚"："身前无业，不住动静，出生入死，接物利生。"（p.818）《祖心禅师语录》卷一："若能如是，可谓大丈夫事，善能出生入死，得大自在。"（41-759）《联灯》卷一八"宗元禅师"："大丈夫汉，一等是踏破草鞋，须是大彻大悟，方能出生入死。"（p.543）

按，语出《老子》："出生入死，生之徒十有三，死之徒十有三。"王弼注："出生地，入死地。"定型之语已见《韩非子·解老》："人始于生而卒于死。始谓之出，卒谓之入。故曰：出生入死。"谓从出生到去世的自然生命历程，佛教用义由此引申而来。《大词典》、王涛等（编著，2007）、刘洁修（2009）、冷玉龙等（主编，2014）均未收上揭语义。

0094　逃生脱死　超生出死

逃脱生死轮回，获得大自在真解脱。《真净禅师语录》卷六："剃发因惊雪满刀，年华须信不相饶。逃生脱死勤为佛，莫谓明朝与后朝。"（39-706）《古尊宿》卷四五"真净禅师"条同。（p.881）

又言"超生出死"。《圆悟禅师语录》卷一五："以夙昔大根器，知有此段超生出死、绝圣越凡，乃三世如来所证金刚正体，历代祖师单传妙心。"（41-330）

按，定型之语已见上揭《真净禅师语录》例，《大词典》、王涛等（编著，2007）、刘洁修（2009）、冷玉龙等（主编，2014）均未收。

0095　唯我独尊　惟我独尊　惟吾独尊

只有真我才是最尊贵的。禅家常用来暗示真如佛性才是尊贵的主人公。《祖堂》卷一"释迦牟尼佛"："又《普曜经》云：'佛初生时，放大光明，照十方界，地涌金莲，自然捧足，东西南北，各行七步，观察四方，一手指天，一手指地，作狮子吼：天上天下，唯我独尊。'"（p.11）《广灯》卷二六"法端禅师"："问：'如何是丈六金身？'师云：'天上天下，唯我独尊。'"（p.549）《普觉禅师语录》卷一："世尊初生下……云：'天上天下，唯我独尊。'意在哪里？意在钩头。只要各各自知独尊，只如长庆稜和尚悟道了。"（42-476）

又作"惟我独尊"。"惟"同"唯"。《碧岩录》卷一："所以道：'万象之中独露身，惟人自肯乃方亲。昔年谬向途中觅，今日看来火里冰。天上天下，惟我独尊，人多

逐末,不求其本。'"(p.39)

又言 "唯吾独尊"。《道冲禅师语录》卷二:"如释迦老子,才出头来,以手指天地云:'唯吾独尊。' 此乃明明显示直指之要,以悟人矣。"(45-290)

按,《大词典》(3-386)释作 "本为佛教推崇释迦牟尼之语",孙维张(2007:269)、王闰吉(2012:197)释作 "佛教中对释迦牟尼佛推崇的尊敬语",均不确当。《俗语佛源》(2013:192)指出,"这里所说的 '我',不能误解为生死轮回中的 '妄我',而是指无所不在、彻底自在的 '大我' '真我'。这个 '我' 同 '佛性' '真常' 的意义是近似的",所言极是。

0096 鼻孔辽天

禅家形容超拔脱俗的神态。《续灯》卷一六 "佛日禅师":"生佛圆融,自他平等。人人鼻孔辽天,各各壁立千仞。"(p.464)《明觉禅师语录》卷一:"师云:'炉鞴之所,固无钝铁。良医之门,谁是病夫? 向后鼻孔辽天,莫辜负人好。'"(39-151)《仁勇禅师语录》卷一:"上堂:'曹溪路上,野老讴歌。古佛堂前,行人舞袖。脚踏实地,天下人知。鼻孔辽天,作么生辨?' 乃云:'无孔笛吹云外曲,五湖何处觅知音?'"(41-9)

按,《大词典》(12-1416)举《五灯》卷二〇 "善直禅师":"诸佛不曾出世,人人鼻孔辽天;祖师不曾西来,个个壁立千仞。" 释作 "形容高傲自大",不确。可参袁宾(1991:523),雷汉卿(2009:294),袁宾、康健(主编,2010:20)。

0097 旁若无人　傍若无人

虽有人在侧却视若无睹。形容态度高傲,不顾别人的反应。《普灯》卷四 "洪英禅师":"释迦老子旁若无人,当时若遇个明眼衲僧,直教他上天无路,入地无门。"(p.100)

又作 "傍若无人"。《续灯》卷二四 "宝鉴禅师":"大众,拈花示众,空自点胸。微笑破颜,落第二月。少林面壁,傍若无人。半夜渡江,贪程太速。"(p.657)

按,定型之语已见《史记·刺客列传》:"高渐离击筑,荆轲和而歌于市中,相乐也,已而相泣,旁若无人者。" 参《大词典》(1-1608)、刘洁修(2009:864)、王涛等(编著,2007:771)。

0098 空腹高心

腹内空虚而目空一切。形容倨傲自高的样子。《续灯》卷四 "慈明禅师":"师受嘱已,径造江西筠州洞山宝禅师法席。终日壁坐,宝即异之,下而问曰:'达磨九年面壁,意旨如何?'师云:'空腹高心。'翌日,宝升座,推为导首。"(p.90)又卷七"保心禅师":"若也到得去,坐断毗卢顶,不禀释迦文。若也未到,一任你天台、南岳,空腹高心。"(p.192)《祖先禅师语录》卷一:"天堂不拘,地狱不管。空腹高心担片板,无端瞎却顶门眼。"(45-392)

按,定型之语已见唐灵佑《警策文》:"及至年高腊长,空腹高心,不肯亲附良友,唯知倨傲。"参刘洁修(2009:670),袁宾、康健(主编,2010:238)。《大词典》(8-421)首引现代用例,晚。

0099　盖色骑声　骑声盖色　超声越色

禅家指彻悟者超越一切声色尘念的束缚。《普灯》卷一八"净居尼妙道":"若闻,被声尘所惑。直饶离见绝闻,正是二乘小果。跳出一步,盖色骑声。全放全收,主宾互换。"(p.476)《密庵禅师语录》卷一:"所以道,去来不以象,动静不以心。如是则尘尘刹刹,普现威权。盖色骑声,纤尘不立。"(45-197)

倒言"骑声盖色"。《普灯》卷一四"祖觉禅师":"曰:'今日一齐打破,更不用这个闲家具。别有骑声盖色、越格超宗的一著子,不免对众拈出。'"(p.375)《慧远禅师语录》卷三:"向下转来,僧是僧,俗是俗,超闻见,绝依倚。等闲向骑声盖色、敌胜惊群处,急着眼看。"(45-66)

又言"超声越色"。《碧岩录》卷一:"法眼禅师,有啐啄同时的机,具啐啄同时的用,方能如此答话。所谓超声越色,得大自在,纵夺临时,杀活在我,不妨奇特。"(p.43)

按,定型之语已见上揭《碧岩录》例,《大词典》、王涛等(编著,2007)、刘洁修(2009)、冷玉龙等(主编,2014)均未收,另可参雷汉卿(2009:289),袁宾、康健(主编,2010:45)。

0100　超情离见

指禅悟者超越俗情,离绝妄见。《碧岩录》卷一〇:"垂示云:'超情离见,去缚解粘。提起向上宗乘,扶竖正法眼藏。也须十方齐应,八面玲珑,直到恁么田地。'"(p.454)《普觉禅师语录》卷二二:"然后发勇猛精进坚固不退之心,决欲超情离见,透脱生死。"(42-395)《普灯》卷一三"元素禅师":"大机大用,草偃风行。全暗全明,超情离见。"(p.349)

按,定型之语已见唐法藏《华严发菩提心章》卷一:"此全遍门超情离见,非世喻能况。"《大词典》、王涛等(编著,2007)、刘洁修(2009)、冷玉龙等(主编,2014)均未收,另可参袁宾、康健(主编,2010:45)。

0101 半斤八两

旧制一斤为十六两,半斤等于八两。形容彼此一样,并无区别。《道宁禅师语录》卷一:"此一瓣香,佛祖不知名,人天共瞻仰,信手拈来,半斤八两。"(39-769)《绍昙禅师广录》卷三:"上堂:'放下着,莫妄想。无孔铁锤,半斤八两。面门抛掷,土旷人稀。无业赵州原不会,凤林徒自说吒之。'"(46-295)

按,定型之语已见上揭《道宁禅师语录》例,《古尊宿》卷九"慈照禅师":"问:'来时无物去时空,二路都迷,如何得不迷去?'师云:'秤头半斤,秤尾八两。'"(p.141)后定型为"半斤八两"。参刘洁修(2009:32)、孙维张(2007:16)。

0102 金不博金

金子和金子是同样的东西,所以没有必要互换。①禅家比喻万法皆无差别,没有必要分别拣择。这是本心超越后的悟境。《续灯》卷二二"祖瑹禅师":"上堂云:'天台华顶,迥拔群峰。南岳石桥,斜飞数丈。轻行重蹈度无疑,俯仰璇玑观不足。且道个中有强弱也无?金不博金,水不洗水。'"(p.622)《普灯》卷一五"景元禅师":"上堂,拈拄杖横按曰:'有时瞋,有时喜,有时观音面,有时夜叉嘴。或现鼠尾龙头,或现鼠头龙尾。偏要检非,不曾检是。何故?是金不博金,是水不洗水。'"(p.395)②禅家比喻人人自有佛性,平等无差别,不需向外驰求。《倚遇禅师语录》卷一:"师乃云:'不用驰求,现成活计。金不博金,水不洗水。曲不藏直,真不掩伪。'"(39-722)《仁勇禅师语录》卷一:"上堂:'金不博金,水不洗水,杨岐老古锥,思量无道理,无道理,打落当门齿。'"(41-23)

按,定型之语已见上揭《续灯》例,《大词典》、王涛等(编著,2007)、刘洁修(2009)、冷玉龙等(主编,2014)均未收。

0103 水不洗水 水不自洗

水与水并无本质差别,所以水不用来洗水。①禅家比喻万法皆无差别,没有必要分别拣择。这是本心超越后的悟境。《续灯》卷二二"祖瑹禅师":"上堂云:'天台华顶,迥拔群峰。南岳石桥,斜飞数丈。轻行重蹈度无疑,俯仰璇玑观不足。且道个中有强弱也无?金不博金,水不洗水。'"(p.622)②禅家也比喻人人自有佛性,平等无差别,不需向外驰求。《倚遇禅师语录》卷一:"师乃云:'不用驰求,现成活计。金不博金,水不洗水。曲不藏直,真不掩伪。'"(39-722)《宏智禅师广录》卷四:"上堂:'水不洗水,金不博金,眼不见眼,心不用心。能恁么去,不堕根境识。'"(44-464)

又言"水不自洗"。禅家比喻人人自有佛性,平等无差别,不需向外驰求。《碧岩录》卷三:"自后李长者打葛藤打得好,道:'妙峰孤顶是一味平等法门,一一皆真,一一皆全,向无得无失、无是无非处独露,所以善财不见。到称性处,如眼不自见,耳不自闻,指不自触,如刀不自割,火不自烧,水不自洗。'"(p.136)《法薰禅师语录》卷四:"刀不自截,水不自洗。我真我赞,成何道理?"(45-647)

按,定型之语已见上揭《续灯》例,《大词典》、王涛等(编著,2007)、刘洁修(2009)、冷玉龙等(主编,2014)均未收。

0104 如掌作拳 如拳作掌

就像把手掌变作了拳头。禅家比喻两者没有什么本质差别。《倚遇禅师语录》卷一:"师与宽和尚看雪次,师云:'好雪。'宽云:'好白。'师云:'雪与白,相去多少?'宽云:'如掌作拳。'"(39-739)《联灯》卷五"无业国师":"大师云:'只你不了的心是,更无别物。迷即众生,悟即是佛。如拳作掌,如掌作拳。'"(p.127)

又言"如拳作掌"。《普觉禅师语录》卷三:"上堂:'即心是佛,更无别佛。即佛是心,更无别心。如拳作掌,似水成波。波即是水,掌即是拳。'"(42-252)

按,定型之语已见上揭《倚遇禅师语录》例,《大词典》、王涛等(编著,2007)、刘洁修(2009)、冷玉龙等(主编,2014)均未收。

0105 星明月朗

谓夜间星月明朗。禅家暗喻本心圆明普照。《联灯》卷二五"常察禅师":"师玩月次,乃云:'奇哉!星明月朗,足可观瞻,不异道乎?'"(p.764)《五灯》卷六"常察禅师"条同。(p.335)

按,定型之语已见上揭《联灯》例,《大词典》、王涛等(编著,2007)、刘洁修(2009)、冷玉龙等(主编,2014)均未收。

0106 朗月当空 朗月处空 朗月悬空 宝月当空

明亮的月光当空照耀。禅家比喻本心澄明圆满,光耀普照。《赵州和尚语录》卷二:"问:'朗月当空时如何?'师云:'犹是阶下汉。'云:'请师接上阶。'师云:'月落了来相见。'"（J24/367c）《续灯》卷二一"得亨禅师"："僧曰：'满目香烟真瑞气,此时消息共谁论？'师云：'朗月当空挂,乾坤势自分。'"（p.614）《善昭禅师语录》卷一："上堂云：'一切众生本源佛性,譬如朗月当空,只为净云,遮障不得显现。'僧问：'朗月当空,却被片云遮时如何？'师云：'老僧有过,阇梨须知,恁么则分明辨的。'"（39-576）

又言"朗月处空"。《祖堂》卷一八"赵州和尚"："问：'朗月处空,时人尽委,未审室内事如何？'师云：'自少出家,不作活计。'"（p.791）《传灯》卷四"破灶堕和尚"："国师叹曰：'此子会尽物我一如,可谓如朗月处空无不见者,难遘伊语脉。'"（p.251）

又言"朗月悬空"。《五灯》卷一四"缘观禅师"："问：'如何是学人自己？'师曰：'寰中天子,塞外将军。'曰：'便恁么去时如何？'师曰：'朗月悬空,室中暗坐。'"（p.864）

又言"宝月当空"。《赵州和尚语录》卷二："问：'如何是宝月当空？'师云：'塞却老僧耳。'"（J24/367c）《续古尊宿》卷一："'摩尼在掌,随五色以分辉,宝月当空,散千江而现影,还么？'以拄杖一划云：'祸不入慎家之门。'"（44-42）

按,定型之语已见上揭《赵州和尚语录》例,《大词典》、王涛等（编著,2007）、刘洁修（2009）、冷玉龙等（主编,2014）均未收。

0107 八面玲珑 玲珑八面 八面自玲珑

本指窗户多而明亮。禅家形容禅悟后处处圆通妙明,毫无障蔽阻滞。《圆悟禅师语录》卷五："争似这个八面玲珑,四方洞达,上赖一人麻荫,傍赞圣化无穷,一句截流万机寝削,还委悉么？识取钩头意,莫认定盘星。"（41-228）《普灯》卷一八"道颜禅师"："上堂：'向上一窍,八面玲珑。觌面一机,全身担荷。'"（p.470）《联灯》卷一七"端裕禅师"："锋芒不露,无孔铁锤。八面玲珑,多虚少实。"（p.510）

倒言"玲珑八面"。《续灯》卷一七"讷禅师"："良久云：'玲珑八面自回合,峭峻一方谁敢窥。'"（p.493）《怀深禅师广录》卷三："若论此事,正如上元夜灯球相似,玲珑八面,花光互分,一点灵明,通身不昧,高低普照,前后无差。"（41-163）《绍昙禅师广录》卷一："上堂：'天左旋,地右转,千圣元枢,玲珑八面。衲僧家寻常口里水漉漉地,遇一机一境摆拨不下时,口里胶生,肚里热闷。'"（46-261）

散言"八面自玲珑"。《圆悟禅师语录》卷四："上堂云：'灵山会上千叶腾芳,少室峰前一枝独秀。生佛未具已见蟠根,空劫那边转彰文彩。浑仑擘不破,扑鼻更馨香。八面自玲珑,通身转绵密。箭锋相拄,针芥相投。'"(41-225)《普灯》卷一〇"仪禅师":"万派横流总向东,超然八面自玲珑。万人胆破沙场上,一箭双雕落碧空。"(p.281)

按,定型之语已见《全宋文》卷八一四四宋姚勉《市心重建观音阁缘化榜语》:"是以人天,悉皆崇仰,四衢通透,八面玲珑。"此用其本义,禅义由此引申而来。《大词典》(2-10)、王涛等(编著,2007)、刘洁修(2009)、冷玉龙等(主编,2014)均未收上揭语义。

0108 心如朗月

形容本心彻底明悟的样子。《祖堂》卷一八"赵州和尚":"师于是顿领玄机,心如朗月。自尔随缘任性,笑傲浮生,拥毳携筇,周游烟水矣。"(p.785)《续灯》卷一二"契雅禅师":"上堂云:'心如朗月连天静。'遂打一圆相,云:'寒山子,你性似寒潭彻底清,是何境界?'"(p.372)《古尊宿》卷一二"普愿禅师":"师于言下顿悟玄旨,心如朗月。"(p.212)

按,定型之语已见上揭《祖堂》例,《大词典》、王涛等(编著,2007)、刘洁修(2009)、冷玉龙等(主编,2014)均未收。

0109 辉天鉴地 辉天烁地 辉天绰地

光明无碍,照彻天地间。禅家形容本心圆明普照的样子。《续灯》卷一〇"圆通禅师":"况诸人分上,各各总有这一段事,可谓辉天鉴地,耀古腾今。"(p.283)《普觉禅师语录》卷一一:"生灭不灭,如水中月。不可揽触,妙在甄别。常住不住,是真实义。一幅丹青,辉天鉴地。"(42-311)《慧远禅师广录》卷三:"兄弟,参须实参,悟须实悟。立处孤危,用处脱略。辉天鉴地,盖色骑声。当处即真,随处解脱。"(45-52)

又言"辉天烁地"。《续灯》卷九"明因禅师":"问:'一点分明不是灯,只如一点未明时如何?'师云:'争怪得老僧。'僧曰:'明后如何?'师云:'辉天烁地。'"(p.276)

又言"辉天绰地"。《慧远禅师语录》卷三:"辉天绰地金刚眼,再锻重烹铁蒺藜。脱体顿抛无朕迹,瞎驴从此丧全机。当阳活脱向上路,收放应须阔着步。"(45-52)

按,定型之语已见上揭《续灯》例,《大词典》、王涛等(编著,2007)、刘洁修

（2009）、冷玉龙等（主编，2014）均未收。

0110 耀古腾今 **腾今焕古** **辉今耀古**

腾耀古今，光照古今。禅家形容本心圆明永恒。《续灯》卷一〇"圆通禅师"："况诸人分上，各各总有这一段事，可谓辉天鉴地，耀古腾今。"（p.283）《圆悟禅师语录》卷二："若能见无见之色，闻无闻之声，拨转路头，踏翻关捩。句句超佛越祖，尘尘耀古腾今。处处离色绝名，个个斩钉截铁。"（41-205）《普灯》卷一二"法淳禅师"："诸禅德，皎洁无尘，岂中秋之月可比；灵明绝待，非照世之珠可伦。独露乾坤，光吞万象，普天匝地，耀古腾今。且道是个什么？"（p.323）

又言"腾今焕古"。《碧岩录》卷五："虽然恁么，争似雪窦云'当时但踏倒茶炉'，一等是什么时节？到他用处，自然腾今焕古，有活脱处。"（p.256）《联灯》卷一六"法泰禅师"："示众云：'宝剑拈来便用，岂有迟疑？眉毛剔起便行，更无回互。一切处腾今焕古，一切处截断罗笼。'"（p.498）

又言"辉今耀古"。《续灯》卷二五"知月禅师"："上堂云：'吾家宝藏不悭惜，觌面相呈人罕识。辉今耀古体圆时，照地照天光赫赫。'"（p.688）《原妙禅师语录》卷一："晚参：'参须实参，悟须实悟。动转施为，辉今耀古。'"（47-263）

按，定型之语已见上揭《续灯》例，《大词典》、王涛等（编著，2007）、刘洁修（2009）、冷玉龙等（主编，2014）均未收。

0111 杲日丽天 **杲日当空** **赫日当空**

太阳悬挂天空十分耀眼。禅家常比喻本心圆明耀眼。《圆悟禅师语录》卷一四："直教洒洒落落，如太虚空，如明镜当台，如杲日丽天。"（41-317）《普济禅师语录》卷一："同证如来净法身，不搽红粉也风流。杲日丽天，盲人摸地。"（45-549）

又言"杲日当空"。《续灯》卷一八"自龄禅师"："上堂，良久云：'不须辨妄求真，不用避喧取静。人人杲日当空，处处玄机独回。'"（p.514）《法演禅师语录》卷一："时有僧问：'优昙花现，方便门开。朝宰临筵，如何举唱？'师云：'今日好晴。'学云：'杲日当空，清风匝地。'"（39-117）《圆悟禅师语录》卷一："问：'有一语全规矩，今日开堂有何祥瑞？'师云：'乾坤廓落无边际，杲日当空宇宙明。'"（41-196）

又言"赫日当空"。《道冲禅师语录》卷一："久雨上堂，拈拄杖，画圆相，召大众云：'还见么？赫日当空。'"（45-245）《原妙禅师语录》卷一："上堂：'大海无鱼，大地无草，大富无粮，大悟无道。若人透此四重关，非特亲见高峰眉毛长短，鼻孔浅

深。犹如赫日当空,万别千差无不照。'"(47-284)

按,定型之语已见唐释澄观《华严经疏》卷一:"寻斯玄旨,却览余经,其犹杲日丽天,夺众景之耀。"此言太阳悬挂天空十分耀眼,禅义由此隐喻而来。《大词典》、王涛等(编著,2007)、刘洁修(2009)、冷玉龙等(主编,2014)均未收。

0112 如珠在掌 明珠在掌 神珠在掌

像珍珠在手掌中。比喻禅悟后拥有圆明清净之本心。《祖堂》卷六"洞山和尚":"问:'牛头未见四祖时,百鸟衔花供养时如何?'师曰:'如珠在掌。'"(p.310)《道宁禅师语录》卷一:"师乃曰:'实际理地华藏海中,无一法从内而出,无一法从外而入。如珠在掌,随众类以分形。似镜当台,映森罗而照体。'"(39-778)《原妙禅师语录》卷一:"伶俐汉才闻举着,如珠在掌,如芥投针。若是机思迟钝,三搭不回。"(47-284)

又言"明珠在掌"。《传灯》卷一○"从谂禅师":"上堂,示众云:'如明珠在掌,胡来胡现,汉来汉现。'"(p.664)《圆悟禅师语录》卷一二:"后来彻悟,实见实用,如明镜当台,明珠在掌,得大自在。"(41-295)《联灯》卷六"从谂禅师":"示众云:'此事如明珠在掌,胡来胡现,汉来汉现。'"(p.174)

又言"神珠在掌"。《居简禅师语录》卷一:"神珠在掌,明镜当台。普门无锁钥,俗客不曾来。"(46-34)

按,定型之语已见西晋竺法护译《大哀经》卷四:"善恶所造业,因获其果实。安住亦了此,如明珠在掌。"《大词典》、王涛等(编著,2007)、刘洁修(2009)、冷玉龙等(主编,2014)均未收。

0113 明镜当台

明亮的镜子装在梳妆台上。比喻本心明净普照,万象无不明现。《传灯》卷二五"良匦禅师":"问:'明镜当台,森罗为什么不现?'师曰:'哪里当台?'曰:'争奈即今何?'师曰:'又道不现。'"(p.1988)《圆悟禅师语录》卷一二:"后来彻悟,实见实用,如明镜当台,明珠在掌,得大自在。"(41-295)《法演禅师语录》卷一:"法不孤起,仗境方生。明镜当台,好丑自现。久参上士,言下知归。晚学初机,当须仔细。"(39-122)

按,定型之语已见上揭《传灯》例,《大词典》、王涛等(编著,2007)、刘洁修(2009)、冷玉龙等(主编,2014)均未收。

0114 契券分明

契券明确的田界十分分明。禅家比喻本心的界限十分分明,不容些许尘念侵入。《广闻禅师语录》卷一:"蠲免坟事上堂,举古德道:'此事如一片田地相似,四至界畔,契券分明,一时吩咐诸人了也。'"(46-46)《师范禅师语录》卷二:"然这一片田地,四至界畔,契券分明。幸有当人一时承绍了也,唯中间树子,莫怪径山却有分在。"(45-707)《绍昙禅师广录》卷一:"拈云:'东山老人,忒无主宰。些小田地,买来卖去,有甚了期。佛垄即不然,祖翁田地绝边垠,契券分明孰敢侵。'"(46-251)

按,定型之语已见宋王溥《唐会要·奴婢》:"其中有是南口及契券分明者,各作限约,定数驱使。"此用其本义,禅义由此隐喻而来。《大词典》、王涛等(编著,2007)、刘洁修(2009)、冷玉龙等(主编,2014)均未收。

0115 倜傥分明

禅家多形容领悟得十分明白。《续灯》卷六"正觉禅师":"直饶于斯见得倜傥分明,如昼见日,若向衲僧门下,天地悬殊。"(p.173)《慧方禅师语录》卷一:"师著语云:'直须透过髑髅前,此三则语,为入道之捷径,要须见处分明,路头不错,直饶于此见得倜傥分明,亦只是画图,浅之与深,直须亲到一回始得。'"(41-797)《联灯》卷一六"方禅师":"直饶辨得倜傥分明去,犹是光影边事。"(p.477)

按,定型之语已见上揭《续灯》例,《大词典》、王涛等(编著,2007)、刘洁修(2009)、冷玉龙等(主编,2014)均未收。

0116 清风明月 明月清风

清凉的微风,皎洁的圆月。禅家常暗喻本心清净圆明。《续灯》卷九"圆照禅师":"上堂云:'碧落净无云,秋空明有月。长江莹如练,清风来不歇。林下道人幽,相看情共悦。诸仁者,适来道个清风明月,犹是建化门中事,作么生是道人分上事?'"(p.260)又卷二五"可复禅师":"问:'一言道合时如何?'师云:'清风明月。'"(p.684)《五灯》卷一七"康源禅师":"一日,行殿庭中,忽足颠而仆,了然开悟,作偈俾行者书于壁曰:'这一跤,这一跤,万两黄金也合消。头上笠,腰下包,清风明月杖头挑。'"(p.1146)

倒言"明月清风"。《续灯》卷四"慈明禅师":"僧曰:'如何是人境两俱夺?'师云:'寰中天子,塞外将军。'僧曰:'如何是人境俱不夺?'师云:'明月清风任去来。'"(p.90)《楚圆禅师语录》卷一:"问:'狮子一吼,乾坤暗黑,露柱灯笼向什处安身立命？'师云：'看。'进云：'与么则明月清风满座寒也。'"（39-19）《新月禅师杂录》卷一："女子少年双鬓雪，婆婆八十满头花。芝兰庭畔相携手，明月清风共一家。"（46-244）

按，定型之语已见于唐白居易《闲卧有所思二首》诗："偶因明月清风夜，忽想迁臣逐客心。"《大词典》、王涛等（编著，2007）均未收上揭语义。

0117　风清月白　月白风清

微风清凉，月色皎洁，形容夜晚美好的景象。禅家常比喻本心清净圆明。《广灯》卷二三"冲显禅师"："问：'还丹一颗，点铁成金。至理一言，点凡成圣。学人上来，请师一点。'师云：'风清月白。'"（p.453）《续灯》卷二四"普明禅师"："问：'如何是夺人不夺境？'师云：'风清月白。'僧曰：'如何是夺境不夺人？'师云：'灰头土面。'"（p.673）

倒言"月白风清"。《续灯》卷一七"守初禅师"："师云：'若论此事，放行则曹溪路上月白风清，把定则少室峰前云收雾卷。'"（p.494）《普灯》卷二六"需禅师"："师曰：'院主一喝，电卷雷奔，山摧地裂。典座礼拜，云收雨散，月白风清。'"（p.662）

按，定型之语已见上揭《广灯》例，《大词典》、王涛等（编著，2007）、刘洁修（2009）、冷玉龙等（主编，2014）均未收上揭语义。

0118　寸丝不挂　不挂寸丝　寸丝不染　一丝不着　条丝不挂　一丝不挂

禅家比喻本心清净无染，无一丝挂碍，不为尘俗所牵累。《祖堂》卷一六"南泉和尚"："师问陆亘大夫：'十二时中作么生？'对云：'寸丝不挂。'"（p.709）《续灯》卷四"圆鉴禅师"："僧曰：'如何是清净法身？'师云：'寸丝不挂。'"（p.102）

倒言"不挂寸丝"。《普灯》卷七"双溪印首座"："不挂寸丝方免寒，何须特地袅长竿。而今落落零零也，七佛之名甚处安？"（p.189）《古尊宿》卷二七"佛眼和尚"："通身不挂寸丝，赤体全无忌讳。"（p.503）

又言"寸丝不染"。《因师集贤语录》卷一四："虽道寸丝不染，何妨一线相通？欲得三衣，共出只手。"（47-524）

又言"一丝不着"。《普灯》卷九"正觉禅师"："问：'一丝不着时如何？'曰：'合同船子并头行。'"（p.238）

又言"条丝不挂"。《联灯》卷一三"法远禅师"："云：'如何是清净法身？'师云：'条丝不挂。'"（p.390）又卷三〇"正觉禅师"："示众云：'佛法也无许多般，只要诸

人一切时中,放教身心,空索索地,条丝不挂,廓落无依。'"(p.918)

又言"一丝不挂"。《续古尊宿》卷六"印禅师":"一丝不挂,以为到家,错了也。"(44-314)

按,"寸丝"指很短的丝线,这里比喻些许尘念。佛教有"肉身"和"法身"的概念区别,由"肉身"的一根短丝也不挂,隐喻"法身"的无一丝挂碍,"寸丝不挂"就产生了比喻义,比喻本心清净无染,无一丝尘念牵挂。定型之语已见上揭《祖堂》例,朱瑞玟(2008:168)谓出自唐般刺密帝译《楞严经》,然未见其例。刘洁修(2009)未收"不挂寸丝""一丝不着""寸丝不染"。

0119 寸草不生

连一寸草都不生。禅家比喻本心清净,没有一丝尘念生起。《广灯》卷二三"志先禅师":"问:'寸草不生时如何?'师云:'大地火起,红焰连天。'学云:'生后如何?'师云:'昨夜风霜甚,今朝野火烧。'"(p.457)《续灯》卷二"罗汉禅师":"问:'腊月火烧山,意旨如何?'师云:'寸草不生。'问:'如何是道?'师云:'家家门口通长安。'"(p.41)《普灯》卷一四"绍隆禅师":"上堂:'有佛处不得住,上无攀仰。无佛处急走过,下绝己躬。从来无向背,本自绝罗笼。出门撞着须菩提,寸草不生千万里。'"(p.371)

按,定型之语已见上揭《广灯》例,孙维张(2007:58)释作"佛家比喻佛法普照之地,一点邪恶、烦恼、欲望都不会有",并不确当。《大词典》、王涛等(编著,2007)、刘洁修(2009)均未收,冷玉龙等(主编,2014)未收上揭语义。另可参袁宾、康健(主编,2010:67)。

0120 如冰似玉

像冰和玉一样洁白无瑕。禅家用来形容本心清净无染。《无德禅师语录》卷三:"又能法服霈身父母,不供甘旨王侯,不侍不臣,洁白修持,如冰似玉,不名不利,去垢去尘。"(39-619)

按,定型之语已见上揭《无德禅师语录》例,《大词典》、王涛等(编著,2007)、刘洁修(2009)、冷玉龙等(主编,2014)均未收。

0121 莲花出水

莲花出水,清洁无染。佛家比喻真如佛性清净无染。《倚遇禅师语录》卷一:"况是当人己事,直下分明。应用无方,不从人得。本无位次,莫强安排。赫尔灵光,超诸数量。随缘放旷,任性浮沉。如杲日当空,似莲花出水。"(39-726)《法薰禅师语录》卷一:"上堂,举僧问智门:'莲花未出水时如何?'门云:'莲花。''出水后如何?'门云:'荷叶。'"(45-581)

按,定型之语已见唐义净译《佛说弥勒下生成佛经》卷一:"不染触胞胎,如莲花出水;光流三界内,咸仰大慈辉。"《大词典》、王涛等(编著,2007)、刘洁修(2009)均未收,冷玉龙等(主编,2014:624)未收上揭语义。

0122 清风匝地

清风满地吹拂。禅家暗示本心清净,遍满大地。《法演禅师语录》卷一:"时有僧问:'优昙花现,方便门开。朝宰临筵,如何举唱?'师云:'今日好晴。'学云:'杲日当空,清风匝地。'"(39-117)《圆悟禅师语录》卷一:"高提祖印据寰中,万里孤光长溢目,直得清风匝地,雨洒长空。"(41-197)《新月禅师语录》卷一:"进云:'如何是诸佛行不到处的一步?'师云:'清风匝地。'"(46-168)

按,定型之语已见上揭《法演禅师语录》例,《大词典》、王涛等(编著,2007)、刘洁修(2009)、冷玉龙等(主编,2014)均未收。

0123 秋潭月影 澄潭月影 寒潭月影 月隐寒潭

像秋天澄明潭水中皎洁的月影。禅家比喻本心清净澄明,无丝毫亏损。《倚遇禅师语录》卷一:"到这里,直似秋潭月影,静夜钟声,犹是生死岸头事,莫当等闲。"(39-735)《联灯》卷一八"妙总禅师":"若是听不出声,见不超色,未免望崖而退。所以道,直似秋潭月影,静夜钟声,随叩击以无亏,触波澜而不散,犹是生死岸头事。"(p.545)

又言"澄潭月影"。《续灯》卷一六"佛日禅师":"直似澄潭月影,后夜钟声,随叩击以发音,逐波澜而不散,犹是生死岸头事。"(p.461)《古尊宿》卷三〇"佛眼和尚":"良由澄潭月影,隐隐迷踪,直须坐断毗卢,优游大径,故作示道三偈,以资唱道之万一。"(p.555)《宏智禅师广录》卷五:"师云:'廓落了无依,灵明唯自照。'僧云:'可谓是澄潭月影,古庙香炉。'"(44-486)

又言"寒潭月影"。《绍隆禅师语录》卷一:"岂不见道:直似寒潭月影,静夜钟声。随叩击以无亏,触波澜而不散。"(42-41)《联灯》卷五"慧海禅师":"有法师问:'拟伸一问,师还答否?'师云:'寒潭月影,任意撮摩。'问:'如何是佛?'师云:'清谈对面,非佛而谁?'"(p.134)

又言"月隐寒潭"。《普灯》卷一六"道行禅师":"上堂:'云笼岳顶,百鸟无声,月隐寒潭,龙珠自耀。正当恁么时,直得石梁忽然大悟,石洞顿尔心休。'"(p.425)

按,定型之语已见上揭《倚遇禅师语录》例,《大词典》、王涛等(编著,2007)、刘洁修(2009)、冷玉龙等(主编,2014)均未收。

0124 静夜钟声

像寂静的夜晚传来清亮的钟声。禅家比喻本心清越恒常,不会有丝毫亏损。《倚遇禅师语录》卷一:"到这里,直似秋潭月影,静夜钟声,犹是生死岸头事,莫当等闲。"(39-735)《联灯》卷一八"妙总禅师":"若是听不出声,见不超色,未免望崖而退。所以道,直似秋潭月影,静夜钟声,随叩击以无亏,触波澜而不散,犹是生死岸头事。"(p.545)

按,定型之语已见上揭《倚遇禅师语录》例,《大词典》、王涛等(编著,2007)、刘洁修(2009)、冷玉龙等(主编,2014)均未收。

0125 浪静风恬　风恬浪静

没有风浪,水面平静。禅家常用以暗示本心清净,无丝毫扰动。《续灯》卷九"会禅师":"青山隐隐,极目辽辽。浪静风恬,渔舟举棹。"(p.268)《普灯》卷二七"崇禅师":"浪静风恬正好看,秋江澄澈碧天宽。渔人竞把丝轮掷,不见冰轮蘸水寒。"(p.697)

倒言"风恬浪静"。《传灯》卷二三"诲机大师":"问:'风恬浪静时如何?'师曰:'百丈竿头五两垂。'"(p.1769)《碧岩录》卷一〇:"所以道,无龙处有月波澄,风恬浪静,有龙处无风起浪,大似保福道吃茶去,正是无风起浪。"(p.474)

按,定型之语已见五代后蜀何光远《鉴诚录》卷七:"其类苍龙出海,云行雨施,岂合浪静风恬?"此言没有风浪,水面平静。《大词典》、王涛等(编著,2007)、刘洁修(2009)均未收,冷玉龙等(主编,2014)未收此义。

0126 浪息波停

波浪停息不扰动。禅家暗示本心清净不扰动。《联灯》卷一六"法泰禅师":"虽然水到渠成,争奈过犹不及。幸而云收雨散,浪息波停,杲日当空,万家同庆。"(p.497)

按,定型之语已见上揭《联灯》例,《大词典》、王涛等(编著,2007)、刘洁修(2009)、冷玉龙等(主编,2014)均未收。

0127　浪稳风平

水面风浪平静。禅家暗示本心清净不扰动。《普灯》卷一五"慧远禅师"："上堂：'好是仲春渐暖，哪堪寒食清明？万叠云山耸翠，一天风月为邻。在处花红柳绿，湖天浪稳风平。'"（p.400）《五灯》卷一九"慧远禅师"条同。（p.1287）

按，定型之语已见上揭《普灯》例，《大词典》、王涛等（编著，2007）、刘洁修（2009）、冷玉龙等（主编，2014）均未收。

0128　安身立命

禅家比喻开悟心要后身心安乐，精神有了寄托。《祖堂》卷一七"岑和尚"："问：'学人不据地时如何？'师云：'向什么处安身立命？'"（p.768）《传灯》卷一八"师备禅师"："师又云：'我今问汝诸人，且承得个什么事？在何世界安身立命，还辨得么？'"（p.1314）《圆悟禅师语录》卷七："且道此个人在什么处安身立命，还委悉么？无边虚空盛不受，直透威音更那边。"（41-253）

按，孙维张（2007:5）举《祖堂》例，刘洁修（2009:8）举《传灯》例，均释作"生活有着落，精神有寄托"，还嫌不确。定型之语已见上揭《祖堂》例，朱瑞玟（2008:168）举《五灯》例，探源晚。

0129　清贫自乐

禅家谓日常修行中保持自性清贫，可得快乐无忧。《传灯》卷二一"道匡禅师"："问：'如何是招庆家风？'师曰：'宁可清贫自乐，不作浊富多忧。'"（p.1601）《五灯》卷八"道匡禅师"条同。（p.458）

按，定型之语已见上揭《传灯》例，《大词典》、王涛等（编著，2007）、刘洁修（2009）、冷玉龙等（主编，2014）均未收。

0130　安家乐业

安定地生活，愉快地从事其业。禅家比喻悟道后精神有所寄托，安乐自在。《圆悟禅师语录》卷二："留首座上堂：'古路坦然，真规不坠。纪纲得所，表帅得人。内肃外宁，安家乐业。'"（41-206）《绍昙禅师广录》卷六："如断鳌立极，无一毫倾侧处。贵令大地人，安家乐业。若知端的，坐致升平。苟涉迟疑，未免被毗蓝转却。"（46-348）《普济禅师语录》卷一："点开弥勒背后眼睛，尽大地人扶篱摸壁。突出衲僧向上巴鼻，尽大地人安家乐业。"（45-548）

按，此为"安居乐业"之变体，定型之语已见《汉书·谷永传》："薄收赋税，毋殚民财,使天下黎元咸安家乐业。"此用其字面义,禅义由此引申而来。《大词典》、王涛等(编著,2007)、刘洁修(2009)、冷玉龙等(主编,2014)均未收上揭语义。

0131 高枕无忧

形容快乐无忧的样子。禅家用以表示禅悟后愉快的精神境界。《续灯》卷一九"怀宝禅师":"问:'孤峰独宿时如何?'师云:'高枕无忧。'"(p.563)《祖心禅师语录》卷一:"可谓田中稻熟,园里菜青,尽野老家风,乃太平基业。五湖上士,高枕无忧,不用追求,现成活计。"(41-755)

按,语出《战国策·齐策四》:"冯谖曰:'狡兔有三窟,仅得免其死耳。今君有一窟,未得高枕而卧也。'"定型之语已见新罗崔致远《桂苑笔耕集》卷一一:"固当高枕无忧,虏豹成功,必可运筹决胜。"参王涛等(编著,2007:365)、朱瑞玟(2008:197)、刘洁修(2009:403)。

0132 牦牛爱尾

就像牦牛爱惜自己的长尾巴一样,贪爱自蔽,愚昧无知。佛教比喻世人贪爱执着,追逐各种欲望,而不知这些欲望正是导致生死轮回的原因。《传灯》卷五"法达禅师":"汝但劳劳执念,谓为功课者,何异牦牛爱尾也。"(p.305)《五灯》卷二"法达禅师"条同。(p.86)

按,语出后秦鸠摩罗什译《妙法莲华经》卷一"方便品":"我以佛眼观,见六道众生,贫穷无福慧,入生死险道,相续苦不断,深着于五欲,如牦牛爱尾,以贪爱自蔽,盲瞑无所见。"《大词典》、王涛等(编著,2007)、刘洁修(2009)、冷玉龙等(主编,2014)均未收。

0133 好生恶死　劳生惜死

犹言贪生怕死。《传灯》卷五"志道禅师":"汝今当知,佛为一切迷人认五蕴和合为自体相,分别一切法为外尘相,好生恶死,念念迁流,不知梦幻虚假,枉受轮回。"(p.319)《普觉禅师语录》卷二六:"但将妄想颠倒的心,思量分别的心,好生恶死的心,知见解会的心,欣静厌闹的心,一时按下。"(42-425)

又言"劳生惜死"。《五灯》卷一三"云岩晟禅师":"出家人心不附物,是真修行。劳生惜死,哀悲何益?"(p.786)

按,定型之语已见梁僧祐《弘明集》卷四:"好生恶死,每下愈笃,故有其死者顺其情,夺其生者逆其性。"《大词典》、王涛等(编著,2007)、刘洁修(2009)、冷玉龙等(主编,2014)均未收。

0134 贪名逐利 逐利贪名 贪名爱利 耽名爱利 苟利图名

贪求世俗的名声和利益。《真净禅师语录》卷一:"上堂,举僧问古德云:'深山里还有佛法也无?'德云:'有。'进云:'如何是深山里佛法?'德云:'石头大的大小的小。'忽有人问圣寿云:'十字街头还有佛法也无?'但向伊道:'无,为什么无?贪名逐利。'"(39-650)《古尊宿》卷四二"真净禅师"条同。(p.792)

倒言"逐利贪名"。《倚遇禅师语录》卷一:"禅家流,须警觉,莫待擎头并戴角,百年光景片时间,举世应无长命药,逐利贪名数似麻,排头尽葬青山脚,菩提道路不曾修。"(39-731)

又言"贪名爱利"。《传灯》卷二八"无业国师":"大忘人世,隐迹岩丛,君王命而不来,诸侯请而不赴。岂同我辈贪名爱利,汩没世途。"(p.2286)《联灯》卷五"无业国师"条同。(p.128)

又言"耽名爱利"。《碧岩录》卷三:"山南府青锉山和尚昔与国师同行,国师尝奏帝令诏他,三诏不起。常骂国师耽名爱利,恋着人间。"(p.103)

又言"苟利图名"。《圆悟禅师语录》卷一四:"何况依倚贵势,作流俗阿师举止,欺凡罔圣,苟利图名,作无间业,纵无机缘。只恁度世亦无业果,真出尘罗汉耶?"(41-313)

按,定型之语已见上揭《传灯》例,王涛等(编著,2007:1045)举《琵琶记》,偏晚。又《大词典》、王涛等(编著,2007)、刘洁修(2009)、冷玉龙等(主编,2014)均未收"逐利贪名""贪名爱利""耽名爱利""苟利图名"。

0135 名牵利役

被名声和利益牵绊役使,不得自由。《古尊宿》卷四五"真净禅师":"劳生唯有僧无事,若悟真乘老更闲。三径园林禅性在,一庵风月道心还。傍栏碧涧长来水,隔岸青岑不买山。却顾群情尘土里,名牵利役自忘艰。"(p.895)

按,定型之语已见上揭《古尊宿》例,《大词典》、王涛等(编著,2007)、刘洁修(2009)、冷玉龙等(主编,2014)均未收。

0136 争人竞我

形容人互相攀比争竞。《善昭禅师语录》卷三:"争人竞我几时休,不觉春光已变

秋。叶落雁归霜渐冷,布衣草屦更何求?"(39-640)

按,定型之语已见上揭《善昭禅师语录》例,《大词典》、王涛等(编著,2007)、刘洁修(2009)、冷玉龙等(主编,2014)均未收,参袁宾(1991:508)。

0137 叨名窃位

贪求名声,窃取地位。《怀深禅师广录》卷三:"况当今日,宗风不振,教法将沉。叨名窃位者,似粟如麻;振领提纲者,万中无一。"(41-154)

按,定型之语已见上揭《怀深禅师广录》例,《大词典》、王涛等(编著,2007)、刘洁修(2009)、冷玉龙等(主编,2014)均未收。

0138 贪荣冒宠

贪图荣华,冒受恩宠。《传灯》卷四"智岩禅师":"复有昔同从军者二人闻师隐遁,乃共入山寻之。既见,因谓师曰:'郎将狂耶? 何为住此?' 答曰:'我狂欲醒,君狂正发。夫嗜色淫声、贪荣冒宠、流转生死,何由自出?' 二人感悟,叹息而去。"(p.188)《联灯》卷二"智岩禅师"条同。(p.51)

按,定型之语已见《旧唐书·崔昭纬传》:"兼亦再希任用,贪荣冒宠,僭滥无厌,改俗伤风,贤愚共鄙,尔罪三也。"王涛等(编著,2007:1046)首引《五灯》例,偏晚。《大词典》、刘洁修(2009)均未收。

0139 随名逐相

禅家指追逐虚假之名相。《广灯》卷八"大寂禅师":"不解返源,随名逐相,迷情妄起,造种种业。若能一念返照,全体圣心。"(p.82)

按,定型之语已见上揭《广灯》例,《大词典》、王涛等(编著,2007)、刘洁修(2009)、冷玉龙等(主编,2014)均未收。

0140 嗜色淫声

禅家指沉溺于声色尘念,不得解脱。《传灯》卷四"智岩禅师":"复有昔同从军者二人闻师隐遁,乃共入山寻之。既见,因谓师曰:'郎将狂耶? 何为住此?' 答曰:'我狂欲醒,君狂正发。夫嗜色淫声、贪荣冒宠、流转生死,何由自出?' 二人感悟,叹息而去。"(p.188)《联灯》卷二"智岩禅师"条同。(p.51)

按,定型之语已见上揭《传灯》例,《大词典》、王涛等(编著,2007)、刘洁修(2009)、冷玉龙等(主编,2014)均未收。

0141　随邪逐恶　逐恶随邪

禅家谓追随邪恶之法。《续灯》卷二七"明觉禅师"："师云：'诸方老宿咸谓插锹话奇特，也大似随邪逐恶。'"（p.736）《守卓禅师语录》卷一："上堂云：'付法传心，将错就错。立雪断臂，随邪逐恶。'"（41-72）《慧开禅师语录》卷一："黄面老子四十九年三百余会，末后供出死款，后代儿孙随邪逐恶，无一个与他出气。"（42-9）

倒言"逐恶随邪"。《续灯》卷二五"妙觉禅师"："达磨西来，雷声中说法。一花五叶，甚处得来？迩后缘空凿隙，逐恶随邪。"（p.693）《慧开禅师语录》卷一："结制上堂：'天下法窟丛林，四月初一结制。无门逐恶随邪，要效死心旧例，普请诸人脑门着地。'"（42-6）

按，定型之语已见唐释贯休《偶作五首》诗之一："孰云我是非，随邪逐恶又争得。"《大词典》、王涛等（编著，2007）、刘洁修（2009）、冷玉龙等（主编，2014）均未收。

0142　贵耳贱目

重视耳朵听到的，轻视眼睛看到的。禅家形容有执着分别之心。《传灯》卷一四"惟俨禅师"："师呼：'太守！'翱应诺，师曰：'何得贵耳贱目！'翱拱手谢之。"（p.1004）《普灯》卷六"有朋讲师"："琦出，遂问：'座主来作什么？'云：'不敢贵耳贱目。'曰：'老老大大，何必如是？'"（p.169）《五灯》卷一八"有朋讲师"条略同。（p.1168）

按，语出东汉张衡《东京赋》："乃莞尔而笑曰：'若客所谓，末学肤受，贵耳而贱目者也。'"定型之语已见北齐颜之推《颜氏家训·慕贤》："世人多蔽，贵耳贱目，重遥轻近。"此用其字面义。《大词典》、王涛等（编著，2007）、刘洁修（2009）、冷玉龙等（主编，2014）均未收上揭语义。

0143　裁长补短　将长就短　将长补短　截长补短

取其长处，弥补短处。《续灯》卷七"洞渊禅师"："若是钻天鹞子，身带网罗。若是透网金鳞，眼看波浪。裁长补短，未称衲僧。平高就低，未是好手。"（p.217）《明觉禅师语录》卷三："师云：'二老宿，虽善裁长补短，舍重从轻，要见德山亦未可。'"（39-179）

又言"将长就短"。《仁勇禅师语录》卷一："释迦出世，弄假像真。达磨西来，将长就短。德山棒、临济喝，阳焰充饥，梅林止渴。"（41-11）《续灯》卷一四"仁勇禅

师"条同。(p.404)

又言"将长补短"。《普灯》卷三"方禅师":"上堂曰:'穿云不渡水,渡水不穿云。乾坤把定不把定,虚空放行不放行。横三竖四,乍离乍合。将长补短即不问汝诸人,饭是米做一句,要且难道。'"(p.72)

又言"截长补短"。《行端禅师语录》卷五:"二大老,一期截长补短。检点将来,总欠悟在。"(48-592)

按,定型之语已见南朝梁钟嵘《诗品》卷下:"安道诗虽嫩弱,有清上之句。裁长补短,袁彦伯之亚乎?"《大词典》、王涛等(编著,2007)、刘洁修(2009)、冷玉龙等(主编,2014)均未收"将长就短""将长补短"。

0144 舍重从轻

舍弃重的,选择轻的。《明觉禅师语录》卷三:"师云:'二老宿,虽善裁长补短,舍重从轻,要见德山亦未可。'"(39-179)《昙华禅师语录》卷四:"师乃云:'心不是佛,智不是道。量才补职,舍重从轻。二百个衲僧,一百九十九个匙挑不上。'"(42-161)《联灯》卷二〇"宣鉴禅师":"二尊宿虽善裁长补短,舍重从轻,要见德山老汉亦未可在。"(p.604)

按,定型之语已见上揭《明觉禅师语录》例,《大词典》、王涛等(编著,2007)、刘洁修(2009)、冷玉龙等(主编,2014)均未收。

0145 移东补西 剜东补西 牵东补西

移动东边的弥补西边的。形容为了应急四处移补。《守端禅师广录》卷二:"乃云:'白云又得一夏,说尽灵山旧话。虽然移东补西,直到如今话霸。'"(39-68)《普宁禅师语录》卷二:"遂致分疆列界,移东补西,荆棘参天,葛藤遍地。"(45-796)

又言"剜东补西"。《新月禅师语录》卷二:"空王殿上鸱吻,刺破西边虚空。成个窟窿,一夏只得剜东补西。"(46-182)

又言"牵东补西"。《祖钦禅师语录》卷一:"师拈云:'大小赵州,正是脚下红线不断,等闲问着,便见牵东补西。'"(47-331)

按,定型之语已见上揭《守端禅师广录》例,《大词典》、王涛等(编著,2007)、冷玉龙等(主编,2014)均未收,刘洁修(2009)未收上揭语义。

0146　家贼难防

家人做贼,很难防范。禅家比喻自家六根引起的心识妄念,很难防范。《续灯》卷二五"宝印禅师":"僧曰:'人境已蒙师指示,西来祖意又如何?'师云:'白石有消日,清声无尽年。'僧曰:'谢答话。'师云:'家贼难防。'"(p.677)《五灯》卷一四"缘观禅师":"问:'家贼难防时如何?'师曰:'识得不为冤。'曰:'识得后如何?'师曰:'贬向无生国里。'"(p.864)《密庵和尚语录》卷一:"忽有问家贼难防时如何?便与一刀两断,教他洒洒落落。"(45-179)

按,定型之语已见上揭《续灯》例,刘洁修(2009:559)释作"出自内部的败类最难防备",孙维张(2007:117)释作"家里的人如果做贼,下手的机会多,防不胜防",《大词典》(3-1476)释作"家庭内部的贼人或内奸最难防范",均不确。

0147　勾贼破家

"贼"指"六贼",喻指色、声、香、味、触、法六尘。禅家比喻执着于尘念而破坏了清净本心。《临济禅师语录》卷一:"后沩山问仰山:'此二尊宿意作么生?'仰山云:'和尚作么生?'沩山云:'养子方知父慈。'仰山云:'不然。'沩山云:'子又作么生?'仰山云:'大似勾贼破家。'"(T47/503a)《守卓禅师语录》卷一:"上堂云:'平高就下,勾贼破家。截铁斩钉,狐狸恋窟。总不与么,合作么生?'"(41-71)《慧南禅师语录》卷一:"不见古者道:'开不能遮,勾贼破家。当断不断,返遭其乱。'下座。"(41-730)

按,定型之语已见上揭唐慧然集《临济禅师语录》例,《大词典》、王涛等(编著,2007)、刘洁修(2009)、冷玉龙等(主编,2014)均未收。

0148　无绳自缚　草绳自缚

比喻自我受到各种俗情妄念的束缚,不得解脱。《广灯》卷九"怀海禅师":"若守初知为解,名顶结,亦名堕顶结,是一切尘劳之根本,自生知见,无绳自缚。"(p.115)《续灯》卷五"传宗禅师":"上堂云:'闻声悟道,犹是听响之流。见色明心,何异眼中着屑?真如佛性,要且未出苦源。行布圆融,恰似无绳自缚。'"(p.132)《圆悟禅师语录》卷一:"且道此个是什么?若唤作佛,头上安头。若唤作法,无绳自缚。"(41-195)

又言"草绳自缚"。《续灯》卷二七"明觉禅师":"若据雪窦见处,仰山被沩山一问,直得草绳自缚,去死十分。"(p.736)《广闻禅师语录》卷二:"拟即乖,动即错。

直饶未点先行,也是草绳自缚。"（46-96）

按,定型之语已见于唐李通玄撰《新华严经论》卷四:"智性本无,空嗟忻仰,无绳自缚,何有休期?"《大词典》、王涛等(编著,2007)、刘洁修(2009)、冷玉龙等(主编,2014)均未收。

0149 披枷带锁 担枷带锁 带锁担枷 担枷抱锁 添枷带锁 着枷带锁

像犯人身上披带枷锁刑具。禅家比喻自性受到各种俗情妄念的束缚,不得自由。《临济禅师语录》卷一:"或有学人披枷带锁出善知识前,善知识更与安一重枷锁,学人欢喜。彼此不辨,呼为客看客。"（T47/501a）《祖堂》卷九"乌岩和尚":"问:'头上宝盖现、足下有云生时如何?' 师云:'披枷带锁汉。'"（p.447）《传灯》卷一六"石柱和尚":"一人说不得行不得,若断命而求活,此是石女披枷带锁。"（p.1177）

又言"担枷带锁"。《密庵禅师语录》卷一:"上堂:'尽乾坤大地,唤作一句子,担枷带锁。不唤作一句子,业识忙忙。'"（45-181）

倒言"带锁担枷"。《慧开禅师语录》卷一:"存心澄寂,默照邪禅。恣意忘缘,解脱深坑。惺惺不昧,带锁担枷。思善思恶,地狱天堂。"（42-7）

又言"担枷抱锁"。《圆悟禅师语录》卷一六:"如何是大作业人? 对他道,担枷抱锁。且道,是同是别?"（41-337）

又言"添枷带锁"。《碧岩录》卷八:"有者更不识好恶,作圆相土上加泥,添枷带锁。"（p.388）

又言"着枷带锁"。《广灯》卷二六"新禅师":"云门大师道:'当恁么时,尽大地人总须着枷带锁始得。' 诸上座,古人恁么道,意作么生?"（p.543）

按,定型之语已见上揭唐慧然集《临济禅师语录》例,《大词典》、王涛等(编著,2007)、刘洁修(2009)、冷玉龙等(主编,2014)均未收上揭禅义,且举例偏晚。

0150 枷上着杻 枷上更着杻

颈上已戴枷锁,手上再加手铐。比喻受到多重俗情妄念的束缚,不得自在解脱。《联灯》卷二八"子鸿禅师":"示众云:'法尔不尔,建立乖真。堂堂现成,雕琢成伪。妙圆超悟,头上安头。顿获法身,枷上着杻。'"（p.906）《广闻禅师语录》卷一:"结夏小参:'无为无事人,犹是金锁难。何况立解立结,立修立证。无途辙中,翻成途辙。无计较中,翻成计较。大似好肉剜疮,枷上着杻。'"（46-47）

散言"枷上更着杻"。《传灯》卷一二"陈尊宿":"僧云:'某甲过在什么处?'师云:'枷上更着杻。'"(p.808)《普觉禅师语录》卷七:"谷又持锡到南泉,绕禅床三匝,振锡一下,卓然而立。师云:'已纳败缺了也。'泉云:'不是,不是。'师云:'枷上更着杻。'"(42-284)

按,定型之语已见上揭《联灯》例,《大词典》、王涛等(编著,2007)、刘洁修(2009)、冷玉龙等(主编,2014)均未收。

0151　羝羊触藩

公羊把角卡在藩篱上。比喻陷入了进退两难的境地,不得解脱。《碧岩录》卷一:"会则途中受用,如龙得水,似虎靠山。不会则世谛流布,羝羊触藩,守株待兔。"(p.48)

按,语出《易·大壮》:"羝羊触藩,不能退,不能遂。"王涛等(编著,2007)、刘洁修(2009)、冷玉龙等(主编,2014)均未收,可参《大词典》(9-173)。

0152　如猿在槛

就像猿猴被关进了牢笼里一样。禅家比喻自心被俗情妄念束缚,不得解脱自在。《碧岩录》卷四:"垂示云:'途中受用的,似虎靠山。世谛流布的,如猿在槛。'"(p.213)

按,语出《文选·鲍照〈东武吟〉》:"昔如鞲上鹰,今似槛中猿。"定型之语已见唐刘良注:"言少时如鹰在鞲上,拟攻禽兽。既老,如猿在槛中,无所施巧。"《大词典》、王涛等(编著,2007)、刘洁修(2009)、冷玉龙等(主编,2014)均未收。

0153　如龟藏壳

就像乌龟把脑袋藏在龟壳里一样。禅家比喻本心受俗情妄念的束缚,不得解脱自由。《碧岩录》卷八:"向上转去,可以穿天下人鼻孔,似鹘捉鸠。向下转去,自己鼻孔在别人手里,如龟藏壳。"(p.386)

按,定型之语已见上揭《碧岩录》例,《大词典》、王涛等(编著,2007)、刘洁修(2009)、冷玉龙等(主编,2014)均未收。

0154　画地为牢　划地为牢　划地成牢

在地上画圈当作监狱,令犯罪者立圈中,以示惩罚。禅家比喻用虚妄的观念束缚自己。《续灯》卷一五"佛慈禅师":"问:'灵山一会,吩咐饮光。今日法筵,当为何事?'师云:'画地为牢。'"(p.440)《续灯》卷一六"世长禅师":"问:'法身三种病二种光,如何透得?'师云:'画地为牢。'"(p.475)《介清禅师语录》卷一:"上堂:'已见四月十五,又见四月十五。重重画地为牢,犹将生铁锢鏴。若是具透关眼的,不妨掉臂便行。'"(47-411)

又言"划地为牢"。《义青禅师语录》卷一:"因请典座上堂:'即心是道,划地为牢,向外驰求,转沉魔界。设使善财顿悟,不免南询,少室传衣,何劳断臂。'"(39-506)《师范禅师语录》卷二:"当晚小参:'直下便是,划地为牢。别讨生涯,凿空求缝。恁么也不得,不恁么也不得。'"(45-690)

又言"划地成牢"。《古尊宿》卷三八"守初禅师":"问:'一念未生,为什么不见自己?'师云:'划地成牢。'"(p.718)

按,语出汉司马迁《报任安书》:"故有画地为牢,势不可入;削木为吏,议不可对。"此用字面义,禅义由此隐喻而来。《大词典》、王涛等(编著,2007)、刘洁修(2009)、冷玉龙等(主编,2014)均未收上揭语义,且未收"划地成牢"。

0155 心如猿猴

狂心如同猿猴攀缘。佛教比喻狂心攀缘不定。《古尊宿》卷三四"佛眼和尚":"身如桎梏,当知身去来处。心如猿猴,当知心起灭处。"(p.648)

按,定型之语已见隋胡吉藏《维摩经义疏》卷六:"以难化之人,心如猿猴,故以若干种法制御,其心乃可调伏。"《大词典》、王涛等(编著,2007)、刘洁修(2009)、冷玉龙等(主编,2014)均未收。

0156 心猿意马

心如攀缘之猿,意如狂奔之马。佛教形容狂心攀缘,驰放不定。《圆悟禅师语录》卷一二:"诸兄弟,既是访寻知识把生死为念,歇却心猿意马,荷担大机大用,于佛祖不为处安稳坐地。"(41-295)《原妙禅师语录》卷一:"直须发大志,立大愿,杀却心猿意马,断除妄想尘劳。"(47-268)

按,定型之语已见《敦煌变文校注·维摩诘经讲经文》:"卓定深沉莫测量,心猿意马罢颠狂。"参《佛光大辞典》(1989:1409)、刘洁修(2009:1281)、《俗语佛源》(2013:63)。

0157 千波万浪

本指大海波涛涌动之貌。禅家常喻本心扰动不止。《续古尊宿》卷四"华和尚":"若心地不洞明,十二时中,起心动念,匝匝地,如千波万浪相似,如何消融得去？"（44-200）《师范禅师语录》卷一："前堂首座，惯谙水脉，善别风云，今日正当千波万浪之间，岂容坐视？敢望慈悲出一只手，共相斡运。"（45-680）

按，定型之语已见唐吴融《离岐下题西湖》诗："雨细若为抛钓艇，月明谁复上歌台？千波万浪西风急，更为红蕖把一杯。"此谓波涛汹涌之貌。《大词典》、王涛等（编著，2007）、刘洁修（2009）、冷玉龙等（主编，2014）均未收。

0158　灰头土面　土面灰头

头上和脸上沾满了尘土。禅家喻指清净本心受到了尘念污染。《传灯》卷二〇"怀恽禅师"："问：'如何是尘中子？'师曰：'灰头土面。'"（p.1483）《普灯》卷一〇"齐谧首座"："个汉灰头土面，寻常不欲露现，而今写出人前，大似虚空着箭。"（p.263）《古尊宿》卷四二"真净禅师"："上堂：'有时灰头土面，横身荒草。众生处处着，引之令得出。其奈饥逢王膳不能餐，又争怪得老僧？'"（p.789）

倒言"土面灰头"。《联灯》卷一六"克勤禅师"："师开堂日，示众云：'一向月（目）视云霄，壁立千仞，则辜负诸圣。一向拖泥带水，土面灰头，则埋没己灵。'"（p.484）《居简禅师语录》卷一："回机转位，泼除自己家珍，土面灰头，辊入这般群队。"（46-25）

按，定型之语已见上揭《传灯》例，刘洁修（2009：515）释作"指投入尘世，不顾污秽，不事修饰，以掩盖其真相"，袁宾、康健（主编，2010：181）释作"不顾尘世劳碌，为大众宣说道法之义"，《大词典》（7-28）释作"谓菩萨为度化众生而随机应现各种混同凡俗的化身"，均不确。

0159　贫子衣珠

贫儿身上都戴着珠宝服饰。禅家比喻众生皆有圆明自足的佛性。《倚遇禅师语录》卷一："师乃云：'祖师西来特唱此事，只要时人知有，如贫子衣珠，不从人得。'"（39-722）《联灯》卷二八"倚遇禅师"条同。（p.884）

按，定型之语已见上揭《倚遇禅师语录》例，《大词典》、王涛等（编著，2007）、刘洁修（2009）、冷玉龙等（主编，2014）均未收，参袁宾、康健（主编，2010：319），袁宾（1991：513）。

0160　如蛇脱皮　如蛇退皮

像蛇那样蜕皮，真身完好无损。比喻真性永恒完好，不会随着肉身的灭亡而坏灭。《联灯》卷三"惠忠国师"："此身即有生灭，心性无始以来，未曾生灭。生灭者,如龙换骨,如蛇脱皮,如人出故宅,身是无常,其性常也。"（p.79）《古尊宿》卷二四"神鼎禅师"："忠国师问僧：'近离什么处？'僧云：'南方。'国云：'南方知识以何法示人？'曰：'南方知识道：一朝风火散灭,如蛇脱皮,如龙换骨,本来真性,宛然无坏。'"（p.460）

又言"如蛇退皮"。《五灯》卷二"慧忠国师"："南方知识只道一朝风火散灭,如蛇退皮,如龙换骨,本来真性,宛然无坏。"（p.100）

按,定型之语已见三国吴支谦译《菩萨本缘经》卷二："汝当观察,我今治国无有贪淫、嗔恚、愚痴,所得果报,今已成就。舍身时到,如蛇脱皮。"《大词典》、王涛等（编著,2007）、刘洁修（2009）、冷玉龙等（主编,2014）均未收。

0161　如龙换骨

如龙那样换骨,真身完好无损。禅家比喻心性永恒完好,不会随着肉身的灭亡而坏灭。《传灯》卷二八"惠忠国师"："此身即有生灭,心性无始以来,未曾生灭。身生灭者,如龙换骨,蛇脱皮,人出故宅。即身是无常,其性常也。"（p.2235）

按,定型之语已见上揭《传灯》例。《大词典》、王涛等（编著,2007）、刘洁修（2009）、冷玉龙等（主编,2014）均未收。

0162　海纳百川　海纳众流

大海能够容纳百川众流。禅家比喻真如实性涵盖乾坤万象。《楚圆禅师语录》卷一："三玄三要,只为根器不同。四拣四料,包含万象。你道海纳百川一句作么生道？还有人道得么？"（39-16）《五灯》卷六"中度禅师"："问：'如何是实际理地不受一尘？佛事门中不舍一法？'师曰：'真常尘不染,海纳百川流。'"（p.344）

又言"海纳众流"。《续灯》卷一七"子胜禅师"："问处风驰电卷,答处海纳众流。检点将来,有甚用处？"（p.497）

按,定型之语已见唐大觉《四分律钞批》卷三："言万像者,如海纳百川众流,包含万物。"《大词典》、王涛等（编著,2007）、刘洁修（2009）、冷玉龙等（主编,2014）均未收。

0163　该天括地　包天括地

指天地万物无所不包。禅家常形容真如实性充满天地之间,涵盖乾坤万象。《传灯》卷二六"道鸿禅师"："师谓众曰：'大道廓然,古今常尔。真心周遍,如量之智皎然。万象森罗,咸真实相。该天括地,亘古亘今。'"（p.2044）《五灯》卷一〇"道鸿禅师"条同。（p.602）《续灯》卷二一"普印禅师"："故不免曲施方便，广演门庭，笼古罩今，该天括地，一切生灵，无始至今。"（p.620）

又言"包天括地"。《续灯》卷一三"元肃禅师"："复云：'亘古迈今，包天括地，岂去来之所易，何新旧之所迁。'"（p.387）

按，定型之语已见上揭《传灯》例，《大词典》、王涛等（编著，2007）、刘洁修（2009）、冷玉龙等（主编，2014）均未收。

0164　光吞万象

禅家比喻心性圆明普照，如同月光照耀万物一样。《祖堂》卷一五"盘山和尚"："心月孤圆，光吞万象。光非照境，境亦非存。光境俱亡，复是何物？"（p.664）《传灯》卷二六"遇安禅师"："问：'心月孤圆，光吞万象。如何是吞万象的光？'师曰：'大众总见汝恁么问。'"（p.2094）《普灯》卷一二"法淳禅师"："诸禅德，皎洁无尘，岂中秋之月可比？灵明绝待，非照世之珠可伦。独露乾坤，光吞万象，普天匝地，耀古腾今。且道是个什么？"（p.323）

按，定型之语已见上揭《祖堂》例，《大词典》、王涛等（编著，2007）、刘洁修（2009）、冷玉龙等（主编，2014）均未收。

0165　涵盖乾坤

禅宗指绝对之真如实性充满天地之间，涵盖整个宇宙。《传灯》卷一八"宗大师"："所以我向汝道：沙门眼把定世界，涵盖乾坤，不漏丝发，何处更有一物为汝知见？"（p.1315）《续灯》卷二五"崇恺禅师"："师乃云：'祖宗正令，今古全提。涵盖乾坤，把定世界。直得天轮左转，地轴右旋。'"（p.705）《联灯》卷二三"道闲禅师"："师谒石霜问：'起灭不停时如何？'霜云：'直须寒灰枯木去，一念万年去，涵盖乾坤去，纯清绝点去。'师不契。"（p.707）

按，定型之语已见上揭《传灯》例，《大词典》、王涛等（编著，2007）、刘洁修（2009）、冷玉龙等（主编，2014）均未收，可参《佛光大辞典》（1989：5334）。

0166　天网恢恢

天道像一张广阔无边的大网，笼罩一切，难以逃脱。《普灯》卷一四"祖觉禅师"："作偈寄悟曰：'出林依旧入蓬蒿，天网恢恢不可逃。谁信业缘无避处，归来不怕语声高。'"（p.373）

按，语出《老子》："天网恢恢，疏而不失。"参刘洁修（2009：1157）、王涛等

（编著，2007：1069）。

0167 遍天遍地 徧天徧地

遍满天地间，到处都存在。《传灯》卷一五"投子禅师"："问：'达磨未来时如何？'师曰：'遍天遍地。'曰：'来后如何？'师曰：'盖覆不得。'"（p.1072）《师范禅师语录》卷三："除夜小参：'从上佛祖，的的相承。列派分枝，遍天遍地。'"（45-721）

又作"徧天徧地"。《广灯》卷一六"善昭禅师"："问：'如何是祖师西来意？'师云：'彻骨彻髓。'学云：'此意如何？'师云：'徧天徧地。'"（p.272）

按，定型之语已见上揭《传灯》例，《大词典》、王涛等（编著，2007）、刘洁修（2009）、冷玉龙等（主编，2014）均未收。

0168 盖天盖地 遮天盖地

覆盖天地万物。《祖堂》卷七"岩头和尚"："峰云：'他时后日作么生？'师云：'他时后日若欲得播扬大教去，一一个个从自己胸襟间流将出来，与他盖天盖地去么？'"（p.339）《传灯》卷二四"究和尚"："问：'狮子未出窟时如何？'师曰：'抖㪍。'曰：'狮子出窟后如何？'师曰：'盖天盖地。'"（p.1920）《续灯》卷一"义存禅师"："山打一棒云：'道什么？'师忽悟，如桶底脱。因至鳌山，岩头作证，自己胸襟流出，可以盖天盖地。"（p.22）

又言"遮天盖地"。《续灯》卷三"志颙禅师"："问：'如何是和尚家风？'师云：'遮天盖地。'僧曰：'忽遇客来，如何祇待？'师云：'赵州道的。'"（p.70）《如净和尚语录》卷二："方方一丈牸牛栏，佛祖驱来要透关。聊借眉毛相架构，遮天盖地黑漫漫。"（45-468）

按，定型之语已见上揭《祖堂》例，刘洁修（2009：1459）举上揭《续灯》例，释作"形容人或物多而稠密，所占面积大"，不确。

0169 头头是道

禅家指处处都是领悟佛法之道。《续灯》卷一七"佛国禅师"："座曰：'莫便是向上宗乘也无？'师云：'领取当机语，不用别追求。'座曰：'若然者，头头是道，句句明心。'"（p.505）《圆悟禅师语录》卷五："处处是佛，头头是道，若也深信得及，更不假他人余力。"（41-228）《碧岩录》卷一："到这里，言也端，语也端，头头是道，物物全真，岂不是心境俱忘，打成一片处？"（p.13）

按，定型之语已见上揭《续灯》例，《大词典》（12-309）认为语本《续传灯录·慧力洞源禅师》,不确。可参袁宾、康健(主编,2010:415)。

0170 充天塞地 冲天塞地

充满天地之间。《续灯》卷二一"系南禅师":"上堂云:'物我两如,是非一气。云无心而解听龙吟,充天塞地。风无迹而能闻虎啸,拔木鸣条。'"(p.607)《如净和尚语录》卷一:"上堂:'把钓归来得锦鳞,充天塞地笑忻忻。虽然也只寻常事,历尽风波验尽人。'"(45-451)

又言"冲天塞地"。《广灯》卷二一"山崇禅师":"上堂云:'巍巍堂堂,冲天塞地,你作么生折伏?'良久云:'王法无亲,理能缚豹。'"(p.390)

按,定型之语已见上揭《续灯》例,《大词典》举明代用例,偏晚。王涛等(编著,2007)、刘洁修(2009)、冷玉龙等(主编,2014)均未收。

0171 填沟塞壑 塞壑填沟

填满沟壑,无处不在。《祖堂》卷一一"保福和尚":"灼然吾徒等辈,为不承他先圣方便,今日向什么处填沟塞壑?"(p.510)《续灯》卷五"知应禅师":"问:'莲花未出水时如何?'师云:'撑天拄地。'僧曰:'出水后如何?'师云:'填沟塞壑。'"(p.132)《普灯》卷三"宗本禅师":"'洪音一剖,震动乾坤,法令施行,万机顿削,圣凡路绝,佛祖情忘。当此之时,东西不辨,南北不分,从教千古万古黑漫漫,填沟塞壑无人会。'"(p.77)

倒言"塞壑填沟"。《新月禅师语录》卷一:"住明白里,不在明白里。示一色边,不滞一色边。塞壑填沟,普天匝地。"(46-164)《率庵禅师语录》卷一:"倾山红炉铁弹圆,轻轻拨着骨毛寒。红光直透青霄外,塞壑填沟无处安。"(46-118)

按,定型之语已见上揭《祖堂》例,《大词典》、王涛等(编著,2007)、刘洁修(2009)、冷玉龙等(主编,2014)均未收。

0172 逼塞虚空 冨塞虚空

充满虚空,无处不在。《方会和尚语录》卷一:"问:'三千剑客无施用,便卷珠帘贺太平时如何?'师云:'逼塞虚空内,开张日月前。'"(39-33)《圆悟禅师语录》卷五:"上堂,僧问:'维摩大士去何从,千古令人望莫穷。不二法门今正问,夜来明月上高峰。只如维摩一默意旨如何?'师云:'逼塞虚空。'"(41-231)

又作"冨塞虚空"。《续灯》卷二五"宝觉禅师":"上堂云:'天高地厚,自古及今。西落东生,何曾间断?清风明月,匝地普天。冨塞虚空,逃之无处。怎么说话,且逗初机。'"（p.677）《续灯》卷六"慈觉禅师"："四衢道中,棚栏瓦市。冨塞虚空,普天匝地。任是临济赤肉团上,雪老南山鳖鼻。"（p.156）

按,定型之语已见于上揭《方会和尚语录》例,《大词典》、王涛等（编著,2007）、刘洁修（2009）、冷玉龙等（主编,2014）均未收。

0173　普天匝地　普天帀地　匝地普天　帀地普天

充满天地之间,无处不在。《慧开禅师语录》卷二："三拜起来依位立,普天匝地黑漫漫。可怜只臂空输却,千古令人作笑端。"（42-23）《普灯》卷九"智月禅师"："僧问:'法雷已震,选佛场开,不昧宗乘,请师直指。'曰:'三月三日时,千花万花拆。'云:'普天匝地承恩力,觉苑仙葩一夜开。'曰:'切忌随他去。'"（p.223）

又作"普天帀地"。《续灯》卷二一"维古禅师"："上堂云:'普天帀地,绵绵密密。若是道中人,步步知端的。'"（p.618）

倒言"匝地普天"。《祖堂》卷七"夹山和尚"："座主曰:'与么则有第二月也。'师云:'老僧要坐却日头,天下黯黑,忙然者匝地普天。'"（p.331）《广灯》卷二三"晓聪禅师"："若也全提举唱,曹溪一路平沉。更乃坐断十方忙忙者,匝地普天,咸皆罔措。"（p.441）

又作"帀地普天"。《圆悟禅师语录》卷一："敕黄示众云:'帀地普天,皆承恩力。九州四海,悉禀威灵。百千法门中殊特法门,无量妙义中真实胜义。'"（41-196）

按,定型之语已见北周武帝《无上秘要》卷五七："九族姻亲,普天匝地。"刘洁修（2009:892）举唐代用例,《大词典》（1-958）举元代用例,皆晚。

0174　不假雕琢

指器物具有天然的美质,无须雕刻加工。禅家暗示真如自性天然本色。《传灯》卷九"大安禅师"："雪峰和尚因入山采得一枝木,其形似蛇,于背上题云:'本自天然,不假雕琢。'寄来与师,师曰:'本色住山人,且无刀斧痕。'"（p.587）《五灯》卷四"大安禅师"条同。（p.192）

按,定型之语已见于《艺文类聚》卷八四引《南州异物志》："交趾北,南海中,有大文贝,质白而文紫,天姿自然,不假雕琢,磨莹而光色焕烂。"参刘洁修（2009:91）。

0175　山青水绿　水绿山青

山是青的,水是绿的,形容山水景色秀丽。禅家常象征秀丽的山水都是佛性的显现。《广灯》卷一八"楚圆禅师"："乃云:'若向言中取则,埋没宗风。直饶句下精通,敢保此人未悟。'所以道:'山青水绿,雀噪鸦鸣。万流同源,海云自异。'"
(p.302)《普灯》卷七"梵言禅师":"上堂:'一生二,二生三。遏捺不住,廓周沙界。
德灵直上妙峰,善财却入楼阁。新妇骑驴阿家牵,山青水绿,桃花红,梨花白,一尘
一佛土,一叶一释迦。'"(p.183)《五灯》卷一五"法云智善":"僧问:'如何是古佛
道场?'师曰:'山青水绿。'"(p.983)

倒言"水绿山青"。《续灯》卷二五"善修禅师":"师乃云:'一气不言,群芳
竞吐。烟幂幂兮水绿山青,日迟迟兮莺吟燕语。桃花依旧笑春风,灵云别后知
何许?'"(p.691)

按,定型之语已见唐释贯休《禅月集》卷二:"半日只舞得一曲,乐不乐,足不足,
争教他爱山青水绿。"《大词典》、王涛等(编著,2007)、刘洁修(2009)均未收,冷玉
龙等(主编,2014)未收上揭语义。

0176　眼横鼻直　鼻直眼横

眼睛是横着长的,鼻子是竖着长的。禅家喻指本来面貌,或保持平常之心。《续
灯》卷一四"守端禅师":"若言更有如何若何?曹溪一路平沉,从上诸圣皆向火焰
里垂手。只要诸人眼横鼻直,众中莫有垂手者么?出来辨看。"(p.402)《绍隆禅师
语录》卷一:"虎丘门下不说老婆禅,只要诸人眼横鼻直,三十年后免得敲砖打瓦。"
(42-40)

倒言"鼻直眼横"。《新月禅师语录》卷一:"上堂:'恁么恁么,鼻直眼横。不恁
么不恁么,三头八臂。'"(46-164)《法演禅师语录》卷一:"学云:'如何是境中人?'
师云:'鼻直眼横。'"(39-117)

按,定型之语已见上揭《续灯》例。《大词典》、王涛等(编著,2007)、刘洁修
(2009)、冷玉龙等(主编,2014)均未收。参袁宾、康健(主编,2010:469),雷汉卿
(2009:329),袁宾(1991:519)。

0177　鹤长凫短

鹤之腿长,凫之腿短。比喻事物各有其自然特点。禅家以喻万法本自天然,自
性平等无异。《宏智禅师广录》卷二:"颂曰:'松直棘曲,鹤长凫短。义皇世人,俱忘
治乱。其安也潜鳞在渊,其逸也翔鸟脱绊。'"(44-399)《元来禅师广录》卷二〇:
"鹤长凫短自天然,何似君家白昼眠。尽世诸人寻不着,星辰印破月中天。"(56-
604)

按,语出《庄子·骈拇》:"是故凫胫虽短,续之则忧;鹤胫虽长,断之则悲。"后定型为"鹤长凫短",定型之语已见唐佛陀多罗译《圆觉经》卷六:"今言本来自平等,鹄白乌黑,天然之理。鹤长凫短,亦天然理。性自平等天然也。"参《大词典》(12-1145)、王涛等(编著,2007:426)。

0178 本来面目

禅家喻指本原清净之佛性,是未出世前就具有的心性。《坛经·行由品》:"惠能云:'不思善,不思恶,正与么时,哪个是明上座本来面目?'"(T48/349b)《传灯》卷一六"洪荐禅师":"僧问:'如何是本来面目?'师闭目吐舌,又开目吐舌。"(p.1170)《圆悟禅师语录》卷一六:"若以利根勇猛,身心直下顿休,到一念不生之处,即是本来面目。"(41-332)

按,定型之语已见上揭《坛经》例,参《大词典》(4-710),袁宾(1991:503),刘洁修(2009:47),袁宾、康健(主编,2010:18),《俗语佛源》(2013:69)。

0179 本地风光

禅家喻指本原清净之佛性。《续灯》卷一六"法真禅师":"上堂云:'化城不止,宝所非安。直饶蹋着本地风光,便好拗折拄杖。'"(p.470)《清了禅师语录》卷一:"现今四大六根,内外虚幻,彻底空寂,面前明明了了,弥满天地,复是何物?恁么信得去,便是自己本地风光,本来面目。"(42-68)《密庵和尚语录》卷一:"到词穷理尽无告诉处,本地风光顿尔现前。"(45-209)

按,定型之语已见上揭《续灯》例,《大词典》、王涛等(编著,2007)、刘洁修(2009)、冷玉龙等(主编,2014)均未收,参雷汉卿(2009:293)。

0180 黑白未分

禅家形容混沌不分的本原境界。《方会和尚语录》卷一:"曰:'万水千山明似镜,如何是兼中至?'曰:'施设纵横无所畏,如何是兼中到?'曰:'黑白未分已前过。'"(39-34)《续灯》卷四"圆鉴禅师":"且道黑白未分时,一着落在甚处?"(p.104)《联灯》卷一四"元禅师":"僧问:'黑白未分时如何?'师云:'天高地厚。'云:'分后如何?'师云:'日暖月凉。'"(p.434)

按,定型之语已见上揭《方会和尚语录》例,《大词典》、王涛等(编著,2007)、刘洁修(2009)、冷玉龙等(主编,2014)均未收。

0181　素体相呈　素面相呈

比喻呈现本来面貌、真如实相。《祖堂》卷一一"云门和尚"："黄昏戌,把火寻牛是的物,素体相呈却道非,奴郎不辨谁受屈?"(p.514)

又言"素面相呈"。《传灯》卷一三"延沼禅师"："问:'素面相呈时如何?'师曰:'拈却盖面帛。'"(p.911)《续灯》卷二〇"智本禅师"："问:'素面相呈时如何?'师云:'一场丑拙。'"(p.570)《联灯》卷二六"石佛静禅师"："示众云:'素面相呈,犹兼脂粉。纵离忝过,犹有负惢。诸人作么生体悉?'"(p.819)

按,定型之语已见上揭《祖堂》例,《大词典》、王涛等(编著,2007)、刘洁修(2009)、冷玉龙等(主编,2014)均未收。参袁宾、康健(主编,2010:397),王闰吉(2012:125)。

0182　骑牛觅牛　骑牛更觅牛

身下明明骑着牛,却还要去觅牛。比喻学人不明自性就是佛,还要愚痴地向外求觅作佛。《祖堂》卷一七"西院和尚"："礼问百丈曰:'学人欲求识佛,如何是佛?'百丈云:'大似骑牛觅牛。'师云:'识得后如何?'百丈云:'如人骑牛至家。'"(p.744)《续灯》卷一九"可仙禅师"："问:'如何是佛?'师云:'骑牛觅牛。'僧曰:'争奈学人不会。'师云:'参取不会的。'"(p.553)《印肃禅师语录》卷二:"若闻见性成佛,便兴妄心。别求知解,岂不是骑牛觅牛,将心觅心,使佛觅佛,无有是处。"(44-776)

散言"骑牛更觅牛"。《慧开禅师语录》卷二:"资福从来不识羞,橘皮熟炙逞风流。倚筇懒赴贤侯命,又却骑牛更觅牛。"(42-24)

按,禅家以"牛"喻"法",故有此义。定型之语已见上揭《祖堂》例,《大词典》(12-856)释作"比喻物本已有而反外求",不确。可参袁宾(1991:521),刘洁修(2009:904),袁宾、康健(主编,2010:328)。

0183　骑驴觅驴　骑驴更觅驴

身下明明骑着驴,却还要去觅驴。比喻学人不明自性就是佛,还要愚痴地向外求觅作佛。《祖堂》卷二〇"云寺和尚"："志公笑云:'不解即心即佛,真似骑驴觅驴者。'"(p.879)《传灯》卷二一"道希禅师"："问:'如何是正真道?'师曰:'骑驴觅驴。'"(p.1590)《古尊宿》卷三一"佛眼禅师"："龙门道只有二种病:一是骑驴觅驴,二是骑却驴了不肯下。"(p.587)

散言"骑驴更觅驴"。《传灯》卷二八"神会大师"："第二问:'本无今有有何物?

本有今无无何物？诵经不见有无义，真似骑驴更觅驴。'"（p.2249）《五灯》卷二"神会大师"条同。（p.102）

按，此语由"骑牛觅牛"类推产生，定型之语已见上揭《祖堂》例，《俗语佛源》（2013:201）举《传灯》例，朱瑞玟（2008:181）举《五灯》例，尚可提前。《大词典》（12-856）释作"比喻物本已有而反外求"，不确。

0184　将头觅头　担头觅头

自家明明长着头，却还要去寻找头。禅家比喻学人不识自己本来就有佛性，荒谬地向外求觅成佛。《临济禅师语录》卷一："为尔向一切处驰求，心不能歇。所以祖师言：'咄哉，丈夫！将头觅头。'"（T47/502a）《祖堂》卷一六"南泉和尚"："如今多有人唤心作佛，认智为道，见闻觉知，皆云是佛。若如是者，演若达多将头觅头，设使认得，亦不是汝本来佛。"（p.705）

又言"担头觅头"。《传灯》卷二五"匡逸禅师"："迷时即有窒碍，为对为待，种种不同，忽然惺去，亦无所得，譬如演若达多认影为头，岂不是担头觅头？"（p.1974）《五灯》卷一〇"匡逸禅师"条略同。（p.590）

按，定型之语已见上揭唐慧然集《临济禅师语录》例，《大词典》、王涛等（编著，2007）、刘洁修（2009）、冷玉龙等（主编，2014）均未收，另可参袁宾、康健（主编，2010:204）。

0185　舍头觅头

不顾自己本有之头，却另外去寻找头。禅家比喻不识自性是佛，向外驰求觅佛的愚痴行为。《临济禅师语录》卷一："道流，大丈夫儿，今日方知本来无事，只为尔信不及，念念驰求，舍头觅头，自不能歇。"（T47/498b）《广灯》卷一一"临济禅师"条同。（p.146）《联灯》卷九"临济禅师"条同。（p.276）

按，定型之语已见上揭唐慧然集《临济禅师语录》例，《大词典》、王涛等（编著，2007）、刘洁修（2009）、冷玉龙等（主编，2014）均未收，另可参袁宾、康健（主编，2010:373）。

0186　赤水寻珠　投赤水以寻珠

赤水：古代传说中的水名，产大珠。本指向赤水中寻觅珍珠。禅家用以比喻向外寻觅成佛的徒劳行为。《子益禅师语录》卷一："参上堂：'昆山求玉，玉不在于昆山。赤水寻珠，珠岂藏于赤水？'"（47-73）

散言"投赤水以寻珠"。《传灯》卷一六"月轮禅师":"师上堂谓众曰:'祖师西来,特唱此事。自是诸人不荐,向外驰求。投赤水以寻珠,就荆山而觅玉。'"(p.1203)《联灯》卷二三"月轮禅师"条同。(p.704)

按,定型之语已见宋舒亶《题明月堂》诗:"应怜赤水寻珠客,白日茫茫尚问津。"《大词典》、王涛等(编著,2007)、刘洁修(2009)、冷玉龙等(主编,2014)均未收。

0187 钻穴索空

钻开洞穴以求觅空穴。禅家比喻不识自性就是佛,妄自寻觅作佛的愚痴行为。《普灯》卷一四"祖觉禅师":"若更推寻玄妙,析出精明,病在钻穴索空,拨波求水;念念忘本,步步迷源。"(p.374)宋宗晓编《施食通览》卷一:"抱宝号穷,钻穴索空。今夕何夕,当选大雄。"(X57/116a)

按,定型之语已见上揭《普灯》例,《大词典》、王涛等(编著,2007)、刘洁修(2009)、冷玉龙等(主编,2014)均未收。

0188 舍父逃逝 舍父逃走 捨父逃走 家中舍父

谓年幼之子舍弃了自己富有的父亲独自逃走,结果落得穷困潦倒。禅家比喻舍弃自己本有之佛性,向外驰求成佛之道。《传灯》卷一八"道怤禅师":"师上堂曰:'如今事不得已向汝道,若自验着实个亲切到汝分上,因何特地生疏? 只为抛家日久,流浪年深,一向缘尘致见如此。所以唤作背觉合尘,亦名舍父逃逝。'"(p.1354)《五灯》卷七"道怤禅师"条同。(p.416)

又言"舍父逃走"。《联灯》卷三"神秀大师":"示众曰:'一切佛法,自心本有,将心外求,舍父逃走。'"(p.59)

又作"捨父逃走"。《传灯》卷四"神秀禅师":"师有偈示众曰:'一切佛法,自心本有,将心外求,捨父逃走。'"(p.224)《怀深禅师广录》卷一:"已得入门者有交涉,如龟负图,自取丧身之兆。未得入门者无交涉,似捨父逃走,无有到家之期。"(41-103)

又言"家中舍父"。《普灯》卷一〇"希明禅师":"自是诸人独生异见,观大观小,执有执无;己灵独耀,不肯承当;心月孤圆,自生违背。何异家中舍父,衣内忘珠?"(p.275)

按,语出后秦鸠摩罗什译《妙法莲华经》卷二:"譬若有人,年既幼稚,舍父逃逝,久住他国,或十、二十,至五十岁,年既长大,加复穷困,驰骋四方,以求衣食。"《大词典》、王涛等(编著,2007)、刘洁修(2009)、冷玉龙等(主编,2014)均未收。

0189　驴前马后

本指仆役奔走于鞍前马后为主人效劳。禅家形容迷失自性,丧失尊贵自我的行为。《祖堂》卷六"洞山和尚":"苦哉!苦哉!今时学者,例皆如此。只认得驴前马后,将当自己眼目。"(p.301)《传灯》卷一二"陈尊宿":"师问新到僧:'什么处来?'僧瞪目视之,师云:'驴前马后汉。'僧云:'请师鉴。'师云:'驴前马后汉,道将一向(句)来。'"(p.810)《普灯》卷五"文宥禅师":"一日,问捷:'古人向开合眼处示密作用,有是哉?'捷叱曰:'驴前马后汉,有甚用处?'"(p.132)

按,定型之语已见上揭《祖堂》例,刘洁修(2009:756)释作"指随侍左右,供人驱使",《大词典》(12-917)举《传灯》例,释作"谓在人手下打杂",均不确。可参袁宾、康健(主编,2010:277)。

0190　捧饭称饥

手里捧着饭碗,嘴上却叫喊饥饿。禅家比喻不明自性是佛,喊着要求佛的愚痴行为。《续灯》卷一七"通慧珪禅师":"譬如空中飞鸟,不知空是家乡;水里游鱼,忘却水为性命。何得自抑,却问傍人?大似捧饭称饥,临河叫渴。"(p.491)《五灯》卷一六"通慧珪禅师"条同。(p.1067)

按,定型之语已见上揭《续灯》例,《大词典》、王涛等(编著,2007)、刘洁修(2009)、冷玉龙等(主编,2014)均未收。

0191　临河叫渴

身临河水,嘴上却叫嚷着口渴。禅家比喻不明自性是佛,愚痴地喊着要成佛。《续灯》卷一七"通慧珪禅师":"譬如空中飞鸟,不知空是家乡;水里游鱼,忘却水为性命。何得自抑,却问傍人?大似捧饭称饥,临河叫渴。"(p.491)《五灯》卷一六"通慧珪禅师"条同。(p.1067)

按,定型之语已见上揭《续灯》例,《大词典》、王涛等(编著,2007)、刘洁修(2009)、冷玉龙等(主编,2014)均未收。

0192　井底叫渴

身在井底水中却叫嚷着口渴。禅家比喻不识自性是佛,叫嚷着要成佛的愚痴行为。《普灯》卷一七"自回禅师":"参禅学道,大似井底叫渴相似,殊不知塞耳塞眼,回避不及。"(p.442)《五灯》卷二〇"自回禅师"条同。(p.1322)

按,定型之语已见上揭《普灯》例,《大词典》、王涛等(编著,2007)、刘洁修(2009)、冷玉龙等(主编,2014)均未收。参袁宾、康健(主编,2010:218)。

0193 傍鏊求饼

依傍在平底锅边求取饼子。禅家比喻不识自性是佛,愚痴地向外求取作佛。《传灯》卷二九"志公和尚":"可笑众生蠢蠢,各执一般异见。但欲傍鏊求饼,不解返本观面。面是正邪之本,由人造作百变。所须任意纵横,不假偏耽爱恋。"(p.2324)《古尊宿》卷二八"佛眼和尚":"只知傍鏊求饼,不解返本观面,饼则从来是面,造作由人百变。"(p.522)

按,定型之语已见上揭《传灯》例,《大词典》、王涛等(编著,2007)、刘洁修(2009)、冷玉龙等(主编,2014)均未收。

0194 弃本逐末 去本逐末 背本逐末

指做事丢弃根本的东西,去追逐末节的东西。禅家多指丢弃本有之佛性,追求成佛之作略。《传灯》卷二二"院明禅师":"有僧问:'挈云不假风雷便,迅浪如何透得身?'师曰:'何得弃本逐末!'"(p.1676)

又言"去本逐末"。《圆悟禅师语录》卷一六:"佛语心为宗,宗通说亦通,既谓之宗门,岂可支离?去本逐末,随言语机境作窠窟。"(41-329)

又言"背本逐末"。《祖堂》卷二〇"瑞云寺和尚":"众生虽有自性清净圆明之体,背本逐末,多劫多时,受别异身。"(p.883)

按,刘洁修(2009:1045)认为:"原或作'舍本事末',指放弃农业而从事工商业。《吕氏春秋·上农》:'民舍本而事末,则不令。'"当是。

0195 背正投邪 趣邪背正

背离佛法正道,投向邪门歪道。《续灯》卷一三"真净禅师":"近代佛法可伤,多弃本逐末,背正投邪。"(p.380)《普觉禅师语录》卷二三:"道由心悟,不在言传。近年以来学此道者,多弃本逐末,背正投邪。"(42-405)

又言"趣邪背正"。《传灯》卷三"菩提达磨":"王闻师名,惊骇久之,曰:'鄙薄忝嗣王位,而趣邪背正,忘我尊叔。'"(p.114)《五灯》卷一"菩提达磨"条同。(p.42)

按,定型之语已见上揭《传灯》例,《大词典》、王涛等(编著,2007)、刘洁修(2009)、冷玉龙等(主编,2014)均未收。

0196 迷己逐物

禅家谓愚痴者迷失自性,向外追逐虚妄之物。《祖堂》卷一〇"镜清和尚":"师问僧:'外边是什么声?'学人云:'雨滴声。'师云:'众生迷己逐物。'"(p.470)《清了禅师语录》卷二:"师打云:'只为赤肉团要抵我棒,不识痛痒死在棒下。只管着动着静,迷己逐物,被世间有相无相根尘流浪将去。到几时知有此事,要会么?'"(42-71)《普灯》卷二九"净禅师":"三缘既合,六贼互兴。舍父逃亡,迷己逐物。同门出入,各不相知,向外驰求,自生退屈,故谓之迷。"(p.774)

按,定型之语已见上揭《祖堂》例,《大词典》、王涛等(编著,2007)、刘洁修(2009)、冷玉龙等(主编,2014)均未收。可参袁宾、康健(主编,2010:287)。

0197 迷头认影 认影迷头 迷头逐影 认影迷形

禅家比喻迷失了自己的真性,错认外界虚妄的东西为真实。《祖堂》卷二〇"瑞云寺和尚":"此相者,迷头认影相。何以故?若有人不了自己佛及净土,信知他方佛、净土,一心专求往生净土。"(p.879)《续灯》卷二六"林恩禅师":"若向这里说即心即佛,大似头上安头。若说非心非佛,何异迷头认影?"(p.718)《倚遇禅师语录》卷一:"上堂云:'闻声悟道,何异缘木求鱼?见色明心,大似迷头认影。诸仁者,不用续凫截鹤。'"(39-725)

倒言"认影迷头"。《普灯》卷五"自觉禅师":"殊不知从门入者,不见(是)家珍,认影迷头,岂非大错?"(p.141)《五灯》卷一〇"匡逸禅师":"譬如演若达多认影迷头,岂不担头觅头?然正迷之时,头且不失,及乎悟去,亦不为得。"(p.590)

又言"迷头逐影"。《广灯》卷二六"心印禅师":"且借问诸上座,镜中有多少像?水中有多少月?若道无像去,宛然光彩。若道有像去,迷头逐影。"(p.548)

又言"认影迷形"。《圆悟禅师语录》卷一九:"执名匿相,认影迷形。"(41-361)

按,语出唐般刺密帝译《楞严经》卷四:"室罗城中演若达多,忽于晨朝以镜照面,爱镜中头眉目可见,嗔责己头不见面目。以为魑魅,无状狂走。"定型之语已见《楞严经》卷一〇:"佛告阿难:'精真妙明,本觉圆净,非留死生,及诸尘垢乃至虚空,皆因妄想之所生起,斯元本觉妙明真精,妄以发生诸器世间,如演若多迷头认影。'"《大词典》(10-823)释作"认虚作实",并不确。刘洁修(2009)、冷玉龙等(主编,2014)均未收"迷头逐影""认影迷形"。

0198 迷波讨源

迷失了水源,另寻水源。禅家比喻愚痴者迷失自性本原,荒谬地寻找另外的解脱之本。《传灯》卷二五"清耸禅师":"且如今直下承当,顿豁本心,皎然无一物可作见闻。若离心别求解脱者,古人唤作迷波讨源,卒难晓悟。"(p.1989)《五灯》卷一〇"清耸禅师"条同。(p.578)

按,定型之语已见上揭《传灯》例,《大词典》、王涛等(编著,2007)、刘洁修(2009)、冷玉龙等(主编,2014)均未收。另可参袁宾、康健(主编,2010:287)。

0199 逐浪忘源　迷源逐浪

追逐波浪而迷忘了水源。禅家比喻追逐虚妄的事物而迷失本原自性。《续灯》卷一五"嵩禅师":"正法眼藏,普被含情。上至诸圣,下及群迷。一一情中,具同斯事。盖由一念有异,迷悟岐分。逐浪忘源,去而莫返。"(p.452)

又言"迷源逐浪"。《普觉禅师年谱》卷一:"念群生之扰扰,嗟六趣之纷纷。背正投邪,迷源逐浪。不逢达士,谁挑暗室之灯? 罕遇当人,孰指衣中之宝?"(42-470)

按,定型之语已见上揭《续灯》例,《大词典》、王涛等(编著,2007)、刘洁修(2009)、冷玉龙等(主编,2014)均未收。

0200 拨波求水　拨水求波

拨开水波求水。禅家比喻不识自性是佛,妄自寻觅佛法的愚痴行为。《普灯》卷一四"祖觉禅师":"若更推寻玄妙,析出精明,病在钻穴索空,拨波求水;念念忘本,步步迷源。"(p.374)《师范禅师语录》卷三:"道在日用,若滞在日用处,则认贼为子。若离日用别讨生涯,则是拨波求水。"(45-727)《法薰禅师语录》卷二:"颂云:'天地根元与我同,拨波求水谩劳功。'"(45-617)

又言"拨水求波"。《心月禅师语录》卷三:"以火划一划云:'只这一逐,踏着便是。几回拨水求波,几回拨波求水。'"(46-222)

按,定型之语已见上揭《普灯》例,《大词典》、王涛等(编著,2007)、刘洁修(2009)、冷玉龙等(主编,2014)均未收。

0201 丧身失命

禅家指迷失自己本有的佛性慧命,精神没有了寄托。《祖堂》卷一一"保福和尚":"师上堂,云:'此事似个什么? ……是你诸人着力,须得趁着始得;若不趁着,丧身失命。'"（p.509）《传灯》卷一三"省念禅师"："问：'四众围绕，师说何法？'师曰：'打草蛇惊。'僧曰：'未审作么生下手？'师曰：'适来几合，丧身失命。'"（p.928）《真净禅师语录》卷一："拈拄杖召大众云：'南山鳖鼻蛇，却在这里。'便掷下，云：'拟即丧身失命。'"（39-653）

按，定型之语已见失译附后汉录《大方便佛报恩经》卷二："如我不喜他人欺凌，断我妙色姊妹妻妾者，一切众生亦复如是。是故菩萨，乃至丧身失命，于他美色不生邪念、染污之心，况行奸恶？"这里指失去生命，禅义由此隐喻而来。《大词典》、王涛等（编著，2007）、刘洁修（2009）、冷玉龙等（主编，2014）均未收。

0202 家破人亡 户破家亡

本指家遭毁灭，亲人死亡。禅家比喻自性迷失，失去了精神家园的寄托。《祖堂》卷七"夹山和尚"："问：'迷子归家时如何？'师云：'家破人亡，子归何处？'"（p.331）《传灯》卷一六"元安禅师"："问：'学人拟归乡时如何？'师曰：'家破人亡，子归何处？'"（p.1187）《悟新禅师语录》卷一："灵树云：'郎当屋舍没人修。'师云：'灵树家破人亡，父南子北。'"（41-778）

又言"户破家亡"。《五灯》卷一九"慧远禅师"："师出问曰：'净裸裸空无一物，赤骨力贫无一钱。户破家亡，乞师赈济。'"（p.1287）

按，王涛等（编著，2007：494）举上揭《传灯》例，释作"形容家庭惨遭不幸"，刘洁修（2009：557）、王闰吉（2012：175）释义略同，均不确。又定型之语已见晋郭璞《玉照定真经》卷一："南多北少，家破人亡。"此用其字面义，禅义由此隐喻而来。《俗语佛源》（2013：186）认为语出《传灯》，亦不确。

0203 怀宝迷邦

禅家比喻自身怀有珍贵的佛性而不自知，迷失了精神家园。《倚遇禅师语录》卷一："汝等正是伶俜乞丐，怀宝迷邦的人。在伶俐汉，才闻人举着，眨上眉毛，便知落处。"（39-722）《续灯》卷二四"宝鉴禅师"："假饶息念观空，亦成守株待兔，虚生浪死。只为怀宝迷邦，滞壳迷封，良由贪程太速。"（p.656）《慧南禅师语录》卷一："人人尽握灵蛇之珠，个个自抱荆山之璞。不自回光返照，怀宝迷邦。"（41-741）

按，语出《论语·阳货》："怀其宝而迷其邦，可谓仁乎？"朱熹集注："怀宝迷邦，谓怀藏道德，不救国之迷乱。"此喻怀有才德而不为国用。《大词典》、王涛等（编著，2007）、刘洁修（2009）、冷玉龙等（主编，2014）均未收上揭语义。

0204　衣内忘珠

禅家比喻迷失珍贵的自性。《普灯》卷一〇"希明禅师"："己灵独耀,不肯承当。心月孤圆,自生违背。何异家中舍父,衣内忘珠?"(p.275)《五灯》卷一八"希明禅师"条同。(p.1190)

按,语出后秦鸠摩罗什译《妙法莲华经》卷四："譬如有人至亲友家,醉酒而卧。是时亲友官事当行,以无价宝珠系其衣里,与之而去。其人醉卧,都不觉知。起已游行,到于他国。为衣食故,勤力求索,甚大艰难;若少有所得,便以为足。于后亲友会遇见之,而作是言:'咄哉,丈夫! 何为衣食乃至如是? 我昔欲令汝得安乐、五欲自恣,于某年日月,以无价宝珠系汝衣里。今故现在,而汝不知。勤苦忧恼,以求自活,甚为痴也。'"定型之语已见上揭《普灯》例,孙维张(2007:319)举上揭《五灯》例,释作"比喻自身本有能力解决,却四处求别人想办法",不确。《大词典》、王涛等(编著,2007)、刘洁修(2009)、冷玉龙等(主编,2014)均未收,可参袁宾、康健(主编,2010:480)。

四 "愚迷"类

"愚迷"主要指愚痴和迷失。这些成语的多数成员表示由于无明迷失了自性，以至于行事愚痴虚妄，认识颠倒混淆。"愚迷"类成语，正体157条，变体100条，共257条。范畴义有"行为""做事""认识"3类，核心义有"拙劣""愚痴""虚妄""多余""片面"5类描述性语义特征，"混淆"1类叙述性语义特征，核心语义有"行为拙劣""行为愚痴""行为虚妄""做事多余""认识混淆""认识片面"6类。"迷失"类成语非常形象生动，富有显明的贬义色彩，具有庞大的同义群，是禅宗成语的精华，汉语成语的瑰宝。

0205 百丑千拙 千丑百拙 百拙千丑

形容行事模样十分丑陋笨拙。《祖堂》卷四"药山和尚"："师问云岩：'目前生死如何？'对曰：'目前无生死。'师曰：'二十年在百丈，俗气也未除。'岩却问：'某甲则如此，和尚如何？'师曰：'挛挛拳拳，羸羸垂垂，百丑千拙，且与么过时。'"（p.231）《传灯》卷七"明哲禅师"："师云：'某甲只恁么，和尚作么生？'药山云：'跛跛挈挈，百丑千拙，且怎么过时。'"（p.448）《绍昙禅师广录》卷二："乳峰这里，憨憨痴痴，百丑千拙，饥来吃饭，困来打眠。"（46-275）

又言"千丑百拙"。《续灯》卷一三"昙秀禅师"："僧曰：'某亦如是去时如何？'师云：'你草鞋跟断。'问：'千丑百拙时如何？'师云：'去道不远。'"（p.390）《法薰禅师语录》卷三："其或颠颠痴痴，千丑百拙，毒气流入八万四千毛窍，化为魍魉魑魅。老僧虽有奇方妙药，也起诸人此病不得。"（45-620）

倒言"百拙千丑"。《普灯》卷二八"泰禅师"："我手何似佛手，黄龙鼻下无口。当时所见颠顸，至今百拙千丑。"（p.716）《慧开禅师语录》卷二："咄！这村僧，百拙千丑，用处颠顸，举止磔斗。"（42-28）

按,定型之语已见上揭《祖堂》例,刘洁修(2009:28)举《普灯》例,偏晚。《大词典》、王涛等(编著,2007)、刘洁修(2009)、冷玉龙等(主编,2014)均未收"百丑千拙""千丑百拙"。

0206　抱拙守愚

形容人行事愚笨拙劣,不懂灵活变通。《联灯》卷二七"缘观禅师":"悟之则刹那成佛,迷之则永劫生死。有疑即决,不可守株待兔,抱拙守愚,潦倒无成,空延岁月。"(p.850)

按,定型之语已见上揭《联灯》例,《大词典》、王涛等(编著,2007)、刘洁修(2009)、冷玉龙等(主编,2014)均未收。

0207　藏身露影　藏头露尾　藏头露影　藏头露角　藏尾露头

隐藏身体却露出了影子。形容试图掩饰却又露出了痕迹的笨拙行为。《明觉禅师语录》卷三:"然猛虎不食其子,争奈来言不丰,诸人要识耽源么? 只是个藏身露影汉。"(39-189)《续灯》卷九"会禅师":"上堂,顾视大众云:'智周不鉴,尘累何容? 举目千山,迢迢万顷。清风楼上赴官斋即不问你,卷起帘来且放一边,灵云在什么处藏身露影?' 良久云:'心不负人,面无惭色。'"(p.268)《碧岩录》卷三:"看他手忙脚乱,藏身露影,去死十分。"(p.157)

又言"藏头露尾"。《古尊宿》卷一七"匡真禅师":"或云:'暗道将一句来。' 代云:'藏头露尾。'"(p.312)又卷四〇"悦禅师":"复云:'三十六旬竟,今朝还复起。刹那不相知,诸法何曾尔? 尊卑叙礼仪,欢戚同居止。廓哉总持门,而人不能启。玉兔金乌,藏头露尾。' 以拂子击禅床,下座。"(p.754)

又言"藏头露影"。《续灯》卷六"大觉禅师":"诸人若向明中立,犹是影响相驰。若向暗中立,也是藏头露影汉。"(p.154)又卷二五"可复禅师":"僧曰:'直下便会时如何?' 师云:'藏头露影。'"(p.684)《道宁禅师语录》卷一:"岩间宴坐,天帝散花;无说无闻,藏头露影。"(39-784)

又言"藏头露角"。《圆悟禅师语录》卷一八:"生耶死耶,筑着磕着。不道不道,藏头露角。"(41-352)《普灯》卷七"从悦禅师":"横拄杖曰:'适来诸善知识横拈竖放,直立斜抛,换步移身,藏头露角。既于学士面前,各纳败缺,未免吃兜率手中痛棒。"(p.172)

又言"藏尾露头"。《慧空禅师语录》卷一:"到东禅升座,问话毕,师云:'山龟有

壳,自谓毕生安乐,于泥涂众手攻之。盖是丰干饶舌,于其始致使藏头露尾,藏尾露头,左回右避,皆莫能得。'"(45-94)

按,定型之语已见上揭《明觉禅师语录》例,刘洁修(2009:138)举《五灯》例,晚。又《大词典》、王涛等(编著,2007)、刘洁修(2009)、冷玉龙等(主编,2014)均未收"藏头露影""藏头露角""藏尾露头"。

0208 巧尽拙出 巧尽拙露

巧之用尽,拙劣显露。《普灯》卷一六"守珣禅师":"一日向百尺竿头做个失落,直得用尽平生腕头气力。自非个俗汉知机,泊乎巧尽拙出。"(p.413)《普济禅师语录》卷一:"师云:'乾峰巧尽拙出,云门物极则返。诸人适间,从僧堂里来,少刻从僧堂里去。'"(45-542)《祖钦禅师语录》卷四:"僧问赵州'狗子还有佛性也无'?赵州道'无',正是巧尽拙出。"(47-395)

又言"巧尽拙露"。《心月禅师语录》卷二:"鹫岭未曾拈花,少林何曾面壁?巧尽拙露,法出奸生。黄梅半夜,碓嘴开花。南岳庵前,磨砖成镜。"(46-171)

按,定型之语已见上揭《普灯》例,《大词典》、王涛等(编著,2007)、刘洁修(2009)、冷玉龙等(主编,2014)均未收。

0209 弄巧成拙 弄巧得拙 弄巧翻成拙

本想取巧,结果却适得其反,做了蠢事。《庞居士语录》卷一:"士一日又问祖曰:'不昧本来人,请师高着眼。'祖直下觑。士曰:'一等没丝琴,唯师弹得妙。'祖直上觑。士礼拜,祖归方丈。士随后曰:'适来弄巧成拙。'"(X69/131a)《续灯》卷八"子圆禅师":"上堂,有僧出,抛下坐具。师云:'一钓便上。'僧拈起坐具。师云:'弄巧成拙。'"(p.239)《悟新禅师语录》卷一:"师云:'岩头怎么错判名言,殊不知沩山军容弄巧成拙。'"(41-783)

又言"弄巧得拙"。《续灯》卷二八"仁勇禅师":"举庞居士问马祖:'不昧本来身,请师高着眼。'马祖直上觑。居士云:'一种勿弦琴,唯师弹得妙。'马祖直下觑,居士礼拜。马祖归方丈,居士随后云:'弄巧得拙。'"(p.769)《古尊宿》卷四六"觉和尚"条同。(p.927)

散言"弄巧翻成拙"。《续灯》卷三"禅智禅师":"问:'抱璞投师,请师雕琢。'师云:'不琢。'僧曰:'为什么不琢?'师云:'弄巧翻成拙。'"(p.84)《仁勇禅师语录》卷一:"浩浩擎山戴岳来,撑天拄地势崔嵬。纵教弄巧翻成拙,撒手前行更不回。"

（41-29）

按,定型之语已见上揭唐于頔编《庞居士语录》例。《大词典》、王涛等（编著,2007）、刘洁修（2009）、冷玉龙等（主编,2014）均未收"弄巧得拙"。

0210　抛砖引鼜

抛砖本想引玉,却引出个鼜子来。比喻抛出勘验话题本想引出高明的悟道见解,却引出更加低劣的见解。《明觉禅师语录》卷三:"夫宗师语不虚发,出来必是作家,因什么抛砖引鼜?"（39-189）《云谷和尚语录》卷一:"若是举一明三,目机铢两,如镤石见铁相似,轻轻一引便动,说甚好与三十,说甚抛砖引鼜。"（47-231）

按,语出《传灯》卷一○"赵州禅师":"大众晚参,师云:'今夜答话去也,有解问者出来。'时有一僧便出礼拜,师曰:'比来抛砖引玉,却引得个鼜子。'"（p.664）定型之语已见上揭《明觉禅师语录》例,《大词典》、王涛等（编著,2007）、刘洁修（2009）、冷玉龙等（主编,2014）均未收。

0211　画虎成狸

本来想画老虎,结果画成了狸猫。比喻行事本想做好,结果弄巧成拙,适得其反。《圆悟禅师心要》卷一:"而豪杰俊颖之士、高谈大辩下视祖师者,往往信之。岂知失故步画虎成狸,遭有识大达明眼觑破居常。"（41-375）《师范禅师语录》卷一:"世间多少登高者,只管步步登高,脚跟下蹉过往往不知。乳峰怎么道,画虎成狸。"（45-674）《密庵和尚语录》卷一:"二老宿,敲砖打瓦。琅琊和尚,画虎成狸。诸人要见祖师面壁的意旨么? 穷坑难满。"（45-203）

按,定型之语已见上揭《圆悟禅师心要》例,《大词典》、王涛等（编著,2007）、刘洁修（2009）、冷玉龙等（主编,2014）均未收,可参孙维张（2007:109）。

0212　狗尾续貂

把不好的东西接续到美好事物的后面,前好后坏显得不相称。《普灯》卷一五"宗杲禅师":"若是明眼人,何须重说破? 径山今日不免狗尾续貂,也有些子。"（p.389）

按,语出《晋书·赵王伦传》:"至于奴卒厮役亦加以爵位,每朝会,貂蝉盈坐,时人为之谚曰:'貂不足,狗尾续。'"参《大词典》（5-38）、王涛等（编著,2007:381）、刘洁修（2009:420）。

0213　过犹不及

事情做过了头,就跟做得不够一样都不合适。《联灯》卷一六"法泰禅师":"虽然水到渠成,争奈过犹不及。"（p.497）

按,语出《论语·先进》:"子贡问:'师与商也孰贤？'子曰:'师也过,商也不及。'曰:'然则师愈与！'子曰:'过犹不及。'"参《大词典》（10-970）、王涛等（编著,2007:408）、刘洁修（2009:450）。

0214　邯郸学步　邯郸学唐步

比喻做事只懂得机械模仿别人,不懂自我领悟其中的道理。《续灯》卷二〇"智明禅师":"上堂云:'向上一路,衲僧罔措,求妙求玄,邯郸学步。'"（p.595）

散言"邯郸学唐步"。《倚遇禅师语录》卷一:"进云:'莫便是和尚为人处也无？'师放下拄杖,僧礼拜,师云:'邯郸学唐步。'"（39-721）

按,语出《庄子·秋水》:"且子独不闻夫寿陵余子之学行于邯郸与？未得国能,又失其故行矣,直匍匐而归耳。"郭象注:"以此效彼,两失之。"定型之语已见隋灌顶撰《大般涅槃经疏》卷一六:"诸师皆欲包括收摄,不觉咫尺漏失正宗,邯郸学步两无所获。"

0215　依模画样　打模画样

按照模式样子描摹。比喻言行举止机械地模仿他人。《慧方禅师语录》卷四:"师云:'此语浮山远禅师谓之金针双锁,后辈依模画样。殊不知,画饼不可充饥,安太保已是目前蹉过。'"（41-800）《联灯》卷一〇"志勤禅师":"大沩秀云:'雪峰既不辨他来信端的,这僧又只依模画样,钝置他。'"（p.299）《普灯》卷八"景祥禅师":"如何是月向明暗未分处？道得一句,便与古人共出一只手。如或未然,宝峰不免依模画样,应个时节。"（p.207）

又言"打模画样"。《普灯》卷三"方会禅师":"上堂:'释迦老子初生时,周行七步,目顾四方,一手指天,一手指地。今时衲僧尽皆打模画样,便道天上天下,唯我独尊。'"（p.61）《五灯》卷一九"方会禅师"条同。（p.1231）

按,定型之语已见上揭《慧方禅师语录》例,《大词典》、王涛等（编著,2007）均未收,刘洁修（2009）、冷玉龙等（主编,2014）未收"打模画样"。

0216　起模画样　画样起模　起模打样　做模打样

形容言语行为装模作样,虚妄做作。《祖堂》卷六"洞山和尚":"假使起模画样,觅得片衣口食,总须作奴婢偿他定也。"(p.312)《联灯》卷二七"晓聪禅师":"僧问:'德山入门便棒,犹是起模画样。临济入门便喝,未免捏目生花。离此二途,未审洞山如何为人?'"(p.863)

倒言"画样起模"。《古尊宿》卷一八"匡真禅师":"必若列派分宗,不免将错就错。论功纪德,已是埋没前贤。画样起模,适足糊涂后学。"(p.346)

又言"起模打样"。《梵琮禅师语录》卷一:"不用换骨脱胎,不须起模打样。一段真实身心,脑后圆光万丈。"(46-106)

又言"做模打样"。《原妙禅师语录》卷一:"但信得及便是,何待瞪眉竖目,做模打样,看个一字。"(47-273)《慧开禅师语录》卷二:"身为皇族,名著南宫。孔孟屋里,做模打样。释老室内,谈玄说空。似个般伎俩,半钱不值。"(42-28)

按,定型之语已见上揭《祖堂》例,《大词典》、王涛等(编著,2007)、刘洁修(2009)均未收。可参袁宾、康健(主编,2010:329),王闰吉(2012:113)。

0217　作模作样

装作模样,故作姿态。《临济禅师语录》卷一:"道流!真佛无形、真法无相,尔只么幻化上头作模作样,设求得者,皆是野狐精魅,并不是真佛,是外道见解。"(T47/500a)《联灯》卷二〇"宣鉴禅师":"你被他诸方老秃奴魔魅着,便道:'我是修行人。'打硬作模作样,恰似得道的人面孔。"(p.605)《五灯》卷一一"义玄禅师":"善知识不辩是境,便上他境上作模作样,便被学人又喝,前人不肯放下。此是膏盲之病,不堪医治,唤作宾看主。"(p.646)

按,此为"装模作样"之变体,定型之语已见上揭唐慧然集《临济禅师语录》例,另可参冷玉龙等(主编,2014:1306)。

0218　瞎驴趁队

禅家讽喻愚痴者不能自证自悟,只知盲目随从别人行动。《法薰禅师语录》卷一:"上堂:'是句亦铲,非句亦铲。公案见成,打叠不辨。瞎驴趁队过新罗,临济德山空眨眼。'"(45-590)《普灯》卷二七"臬禅师":"狂狗逐块,瞎驴趁队。只许我知,不许你会。"(p.703)《惟则禅师语录》卷四:"若是个定动衲僧,岂肯似瞎驴趁队。如来禅与祖师禅,信手拈来百杂碎。"(49-70)

按,定型之语已见上揭《法薰禅师语录》例,《大词典》、王涛等(编著,2007)、刘洁修(2009)、冷玉龙等(主编,2014)均未收。

0219 传言送语

禅家斥责机械照搬别人的言语,没有自己的领悟之见。《法演禅师语录》卷一:"僧问:'如何是宾中宾?'师云:'少喜多瞋。'学云:'如何是宾中主?'师云:'传言送语。'"(39-120)《子淳禅师语录》卷二:"妙相圆明不可亲,奴儿婢子自殷勤,指天指地称尊大,也是传言送语人。"(41-50)《联灯》卷二〇"宣鉴禅师":"只为诸子不守分,驰骋四方,傍他门户,恰似女姑鬼。传言送语,依事作解。心迹不忘,自犹不立。"(p.610)

按,定型之语已见上揭《法演禅师语录》例,《大词典》、王涛等(编著,2007)、刘洁修(2009)、冷玉龙等(主编,2014)均未收。

0220 随群逐队

禅家形容参禅悟道没有自己的领悟之见,盲目随从别人的行动。《守卓禅师语录》卷一:"五行未兆已前,有个人鼻孔撩天,及乎爻象才分,为什么却随群逐队?"(41-80)《咸杰禅师语录》卷一:"随群逐队,也道拨草瞻风。见善知识,轻轻拨着,便魂飞胆丧。"(45-224)《祖钦禅师语录》卷二:"参禅学道,究明己躬下。生死大事,却只么随群逐队,业识茫茫。"(47-364)

按,定型之语已见唐元稹《望云骓马歌并序》:"功成事遂身退天之道,何必随群逐队到死踏红尘。"刘洁修(2009)未收上揭语义。

0221 矮子看戏

禅家比喻参禅悟道没有自己的见地,只是机械地随人附和。《倚遇禅师语录》卷一:"师云:'你试下一转语看。'英云:'一状领过。'师云:'矮子看戏。'"(39-737)《联灯》卷一六"法演禅师":"忽有个出来道:'长老,你怎么道,也则白云万里。'这个说话,唤作矮子看戏,随人上下,三十年后,一场好笑。"(p.473)《虚堂和尚语录》卷四:"学者既无正知见,往往如矮子看戏。"(46-693)

按,定型之语已见上揭《倚遇禅师语录》例,参袁宾、康健(主编,2010:3),孙维张(2007:2)。

0222 盲盲相引

盲人为盲人引路。比喻自己未明佛法却要引度他人。《惟则禅师语录》卷一:"弟子与师魔魔相党,甚至于捏合机缘编入语录,安排名字插上祖图。自谓瞒得一切人,争奈有个无面目汉不被你瞒,留个无间铁围待你来供养你在。似这般盲盲相

引误陷后昆的,争怪得祖师道。"(49-23)

按,定型之语已见上揭《惟则禅师语录》例,《大词典》、王涛等(编著,2007)、刘洁修(2009)、冷玉龙等(主编,2014)均未收。另可参袁宾、康健(主编,2010:283)。

0223 手脚忙乱　手忙脚乱　脚忙手乱　脚手忙乱

手脚动作忙乱,没有条理。形容做事慌乱,不知所措。《传灯》卷一九"文偃禅师":"直须自看,时不待人。忽然一日眼光落地,到来前头将什么抵拟?莫一似落汤螃蟹,手脚忙乱,无你掠虚说大话处。"(p.1429)《悟新禅师语录》卷一:"若不如是,尽是意根下纽捏将来,他时异日,涅槃堂内手脚忙乱,莫言不道。"(41-784)《居简禅师语录》卷一:"如何见性?若是别个,定手脚忙乱。"(46-27)

又言"手忙脚乱"。《普灯》卷二六"勤禅师":"师曰:'沩山原来小胆,被这俗官一问,直得手忙脚乱。'"(p.651)

倒言"脚忙手乱"。《古尊宿》卷三三"佛眼禅师":"良由不见问着,便脚忙手乱。"(p.622)《慧开禅师语录》卷二:"冷时急用之物,趁暖着些针线。忽然腊月到来,免致脚忙手乱。"(42-25)

又言"脚手忙乱"。《普灯》卷九"慧兰禅师":"却被神光座主一觑,脚手忙乱。"(p.243)《五灯》卷一四"慧兰禅师"条同。(p.909)

按,定型之语已见宋释净善《禅林宝训》卷四:"如或不然,眼光落地时,未免手脚忙乱。"刘洁修(2009:1092)举《传灯》例,孙维张(2007:238)、朱瑞玟(2008:183)、《俗语佛源》(2013:52)并举《五灯》例,均晚。

0224 七手八脚

形容动作忙乱的样子。《古尊宿》卷二九"佛眼禅师":"进云:'忽遇七手八脚的人来又作么生?'师云:'截断脚根道将一句来。'"(p.507)《了慧禅师语录》卷一:"佛涅槃上堂:'二月十有五,瞿昙开死铺。摩胸告众时,椁示双趺处。缩不来展不去,七手八脚一时露。'"(46-444)

按,定型之语已见唐栖复《法华经玄赞要集》卷一〇:"如人言此人了事七手八脚,非实有也。"《大词典》(1-151)、孙维张(2007:170)、朱瑞玟(2008:181)并举《五灯》例,稍晚。

0225 东觑西觑

指东瞧瞧西看看,向四处察看望探视。《祖堂》卷一六:"沩山和尚":"德山行脚时到沩山,具三衣,上法堂前,东觑西觑了,便发去。"(p.723)《方会和尚语录》卷一:"上堂,若据祖令,到这里总须茫然,放老僧一线,且向眉睫里东觑西觑。"(39-34)《古尊宿》卷一五"匡真禅师":"你若根思迟回,且向古人建化门头东觑西觑,看是什么道理。"(p.255)

按,定型之语已见上揭《祖堂》例,《大词典》、王涛等(编著,2007)、刘洁修(2009)、冷玉龙等(主编,2014)均未收。

0226　东引西证

形容到处引证。《祖堂》卷一二"禾山和尚":"一种葛藤将去且听,亦清人耳目。东引西证,忽因古德光贤,便有见处。"(p.556)

按,定型之语已见上揭《祖堂》例,《大词典》、王涛等(编著,2007)、刘洁修(2009)、冷玉龙等(主编,2014)均未收。

0227　东听西听

形容到处胡乱听取。《传灯》卷二八"文益禅师":"更有一般上座,自己东西犹未知,向这边那边东听西听,说得少许,以为胸襟。"(p.2313)《匡真禅师广录》卷二:"尔师僧绕天下行脚,见老和尚开口,便上来东听西听,何不向洗钵盂处置将一问来。"(J24/389c)

按,定型之语已见上揭《传灯》例,《大词典》、王涛等(编著,2007)、刘洁修(2009)均未收。

0228　指东画西　指东划西　画西指东

形容说话、做事抓不住本质或重点,胡乱指画。《续灯》卷九"广照禅师":"问:'识得衣中宝时如何?'师云:'你试拈出看。'僧展一手。师云:'不用指东画西,宝在什么处?'"(p.262)《五灯》卷一七"庆闲禅师":"又曰:'不用指东画西,实地上道将一句来。'"(p.1123)

又言"指东划西"。《临济禅师语录》卷一:"大德!且要平常莫作模样,有一般不识好恶秃奴,便即见神见鬼,指东划西,好晴好雨。"(T47/497c)《联灯》卷七"慧禅师":"师云:'你离吾在外几年耶?'云:'十年。'师云:'不用指东划西,直道将来。'云:'对和尚,不敢谩语。'"(p.221)《怀深禅师广录》卷一六:"师告云:'不用哭,老僧在此,四年零六个月,将无作有,指东划西,脱空谩语,诳惑诸人,今日识神自首,不敢覆藏。'"(41-116)

倒言"画西指东"。《宏智禅师广录》卷七:"默坐胡床兮,不欲说黑道白。闲倚拄杖兮,谁能画西指东?"(44-522)

按,定型之语已见上揭唐慧然集《临济禅师语录》例,参刘洁修(2009:1475)。朱瑞玟(2008:189)认为语出《五灯》,不确。

0229　指桑骂柳　指槐骂柳　指桃骂李

表面上说这个人,实际上骂那个人。禅家常形容说法手段不循常规,让人无迹可寻。《法薰禅师语录》卷四:"全无孔窍,指桑骂柳。瞎衲僧正眼,破东山暗号。"(45-647)《师范禅师语录》卷三:"除夜小参:'翻裤作裈,西天尽有。指桑骂柳,东土尤多。是皆欺罔良民,不顾弥天罪过。'"(45-714)

又言"指槐骂柳"。《师范禅师语录》卷五:"这瞎贼,无羁勒。指槐骂柳,将南作北。横也凑他不得,竖也凑他不得。"(45-763)《道灿禅师语录》卷一:"东湖所说与西山不同,西山所说与东湖不别。指槐骂柳,证龟成鳖。"(47-129)

又言"指桃骂李"。《普济禅师语录》卷一:"指桃骂李,败种发机。词穷理尽,一嘿横施。大地山河背震吼,七佛之师忔愣归。"(45-566)

按,定型之语已见上揭《法薰禅师语录》例,今多言"指桑骂槐"。《大词典》、王涛等(编著,2007)、刘洁修(2009)、冷玉龙等(主编,2014)均未收。

0230　担枷判事

戴着枷锁断狱,自求解脱。禅家比喻带着俗情妄念等束缚自求解脱。《祖堂》卷一三"报慈和尚":"师问僧:'才有是非,纷然失心。祖师与么道,还有过也无?'对云:'不可道无。'师云:'过在于何?'对云:'合与么道不?'师云:'你只是担枷判事。'"(p.590)《广灯》卷二一"山谔禅师":"上堂云:'尽乾坤大地、三世诸佛、天下老和尚,被山僧今日坐断,无你出头处。设有出头得时,也只是一个竹木精灵。虽然如是,也未免担枷判事。久立,珍重。'"(p.401)《联灯》卷二七"山谔禅师"条同。(p.840)

按,定型之语已见上揭《祖堂》例,《大词典》、王涛等(编著,2007)、刘洁修(2009)、冷玉龙等(主编,2014)均未收。

0231　担枷过状　担枷陈状

戴着枷锁递交诉状。禅家比喻自我束缚,不得解脱。《祖堂》卷一九"陈和尚":"又问:'大德讲什么经论?'云:'曾讲十数本经论。''何得妄说?'对云:'某甲实语。'师云:'雪上更加霜,担枷过状来。我与你道不妄语,近前来!'"(p.863)《续灯》卷七"可真禅师":"问:'如何是道?'师云:'出门便见。'僧曰:'如何是道中人?'师云:'担枷过状。'"(p.187)《古尊宿》卷六"道踪禅师":"僧云:'某甲过在什么处?'师云:'担枷过状汉。'"(p.99)

又言"担枷陈状"。《传灯》卷一二"陈尊宿":"新到僧参,师云:'汝是新到否?'云:'是。'师云:'且放下葛藤,会么?'云:'不会。'师云:'担枷陈状,自领出去。'僧便出。"(p.811)《五灯》卷四"陈尊宿"条同。(p.233)

按,定型之语已见上揭《祖堂》例,《大词典》、王涛等(编著,2007)、刘洁修(2009)、冷玉龙等(主编,2014)均未收。

0232 预搔待痒 预搔而待痒

痒还未发作,便预先抓搔皮肤。禅家常用来比喻预先的行为是虚妄可笑的。《普灯》卷二七"圆悟禅师":"曾非展事投机,岂是预搔待痒?点铁成金,举直措枉。"(p.691)又卷一九"师一禅师":"上堂:'寂然不动,感而遂通。古人恁么说话,大似预搔待痒。'"(p.492)《五灯》卷八"从琛禅师":"僧问:'如何是和尚家风?'师曰:'门风相似,即无阻矣,汝不是其人。'曰:'忽遇其人时又如何?'师曰:'不可预搔待痒。'"(p.471)

散言"预搔而待痒"。《祖堂》卷七"夹山和尚":"凤池拈问僧:'作么生祇对,免得撑船汉?'对曰:'待和尚自出来即商量。'凤池曰:'若出来时作么生商量?'僧无对。自代:'不可预搔而待痒。'"(p.327)《真净禅师语录》卷一:"祖道难思,有时热,有时凉,生也杀也,捞笼万有,提拔四生,破妄想尘,出大经卷,而无心焉,而无为焉。缘感乃应,岂预搔而待痒乎?"(39-652)

按,定型之语已见上揭《普灯》例,可参袁宾(1991:517),袁宾、康健(主编,2010:490)。

0233 剜肉作疮 好肉剜疮 好肉上剜疮 好肉更剜疮 肉上剜疮 剜肉成疮

剜割好肉而成疮疤。禅家比喻禅法明白现成,任何作略都是无事生非,十分荒唐。《临济禅师语录》卷一:"林问:'有事相借问,得么?'师云:'何得剜肉作疮?'"(T47/506b)《续灯》卷二"澄远禅师":"我举一则语,教你直下承当,早是撒屎着你头上。直饶拈一毫头,尽大地一齐明得去,也是剜肉作疮。"(p.33)《明觉禅师语录》卷一"师乃云:'立宾立主,剜肉作疮。举古举今,抛沙撒土。'"(39-150)

又言"好肉剜疮"。《善昭禅师语录》卷一:"师云:'诸上座,然则法本不生,何曾有灭? 通人分上,好肉剜疮。奈何初机向去,未得安然,所以聚集少时击扬劝觉。'"(39-572)《联灯》卷一七"宗杲禅师":"山僧今日如斯举唱,大似无梦说梦,好肉剜疮,检点将来,合吃拄杖。"(p.502)《普灯》卷八"慈鉴大师":"若道真如实际,大似好肉剜疮。更作祖意商量,正是迷头认影。"(p.220)

散言"好肉上剜疮"。《碧岩录》卷一:"垂示云:'一机一境,一言一句,且图有个入处,好肉上剜疮,成窠成窟。'"(p.16)《普灯》卷一四"祖觉禅师":"古人事不获已,垂一言半句,只要教人会去,殊不知向好肉上剜疮。岂况举古明今,远照近用,大似嚼饭喂婴儿。"(p.374)《古尊宿》卷四六"觉和尚":"上堂,举一老宿道:'临济入门便喝,也是斋后打钟;德山入门便棒,也是平地陷人。诸仁者便道是幸然,无事向好肉上剜疮,枝条上强生节目。'"(p.908)

散言"好肉更剜疮"。《绍隆禅师语录》卷一:"上堂:'当阳正体露堂堂,休谓当年付饮光。彼既丈夫我亦尔,莫将好肉更剜疮。'"(42-41)

又言"肉上剜疮"。《续灯》卷七"显端禅师":"上堂云:'摩腾入汉,肉上剜疮。僧会来吴,眼中添屑。达磨九年面壁,鬼魅之由。二祖立雪求心,翻成不肖。'"(p.211)

又言"剜肉成疮"。《广灯》卷二五"彻禅师":"师上堂云:'释迦老子四十九年说法,度人无数。大似捏目生花,剜肉成疮,压良为贱。'"(p.518)《续灯》卷八"拱辰禅师":"上堂云:'理因事有,心逐境生,事境俱忘,千山万水,作么生得恰好去?'良久云:'且莫剜肉成疮。'"(p.247)《五灯》卷二〇"有权禅师":"栴檀林,任驰骤。剔起眉毛顶上生,剜肉成疮露家丑。"(p.1396)

按,定型之语已见上揭唐慧然集《临济禅师语录》例,《大词典》、刘洁修(2009)、冷玉龙等(主编,2014)均未收此义,又未收"剜肉作疮""好肉剜疮""肉上剜疮"。

0234 与贼过梯

给贼递过去梯子,助其入室盗窃。禅家比喻禅师以语言接引学人,是助长学人心生尘念的荒唐行为。《碧岩录》卷一:"久参请益,与贼过梯,其实此事不在言句上。"(p.54)《普灯》卷二六"勤禅师":"若于此检点得出,便能骑贼马追贼,夺贼枪杀贼。若检点不出,凡有言说,皆是与贼过梯。"(p.650)《咸杰禅师语录》卷一:"师召大众云:'梁山老贼,慈悲太煞。与贼过梯,引入屋里,劫尽家财,搅吵一上。不解剿绝他命根,致令偷心不死。'"(45-178)

按,定型之语已见上揭《碧岩录》例,《大词典》、王涛等(编著,2007)、刘洁修(2009)、冷玉龙等(主编,2014)均未收,参袁宾、康健(主编,2010:489)。

0235 韩卢逐块 狂狗趁块 狂狗逐块

向犬投掷土块,犬只懂得追逐土块,而不懂得追逐投块的人。禅家比喻悟道抓不住本质,徒劳而无功。《传灯》卷一一"王敬初":"问云:'昨日米和尚有什么言句,便不相见?'王公曰:'狮子咬人,韩卢逐块。'"(p.754)《普觉禅师语录》卷七:"将谓有法与人,问着却言不会,引得后代儿孙,尽作韩卢逐块。"(42-280)《普灯》卷一八"宝禅师":"上堂曰:'唤作竹篦则触,不唤作竹篦则背。直须狮子咬人,莫学韩卢逐块。'"(p.471)

又言"狂狗趁块"。《传灯》卷六"慧海禅师":"又问曰:'夫经律论是佛语,读诵依教奉行,何故不见性?'师曰:'如狂狗趁块,狮子咬人。'"(p.386)《楚圆禅师语录》卷一:"问:'师唱谁家曲,宗风嗣阿谁?'师云:'狮子咬人。'进云:'与么则汾阳的子也?'师云:'狂狗趁块。'"(39-4)

又言"狂狗逐块"。《碧岩录》卷九:"若是活汉,终不去死水里浸却。若作恁么见解,似狂狗逐块。"(p.419)《清了禅师语录》卷二:"上堂:'事无碍,理无碍。理事无碍,事事无碍。狮子咬人,狂狗逐块。'"(42-84)《普灯》卷二七"昺禅师":"狂狗逐块,瞎驴趁队。只许我知,不许你会。"(p.703)

按,此语为佛源成语,语出东汉支娄迦谶译《佛说遗日摩尼宝经》卷一:"佛语迦叶言:'自求身事莫忧外事,后当来世比丘辈。譬如持块掷狗,狗但逐块不逐人。当来比丘亦尔,欲于山中空闲之处,常欲得安隐快乐,不肯内自观身也。'"定型之语已见上揭《传灯》例,《大词典》、王涛等(编著,2007)、刘洁修(2009)、冷玉龙等(主编,2014)均未收"狂狗趁块""狂狗逐块",参高列过(2006:62)。

0236 摘叶寻枝 寻枝摘叶

禅家常喻悟道不能直接抓住本质,一味追求细微末节之事。《传灯》卷一三"延昭禅师":"问:'摘叶寻枝即不问,如何是直截根源?'"(p.910)《续灯》卷一六"明著禅师":"直截根源佛所印,摘叶寻枝我不能。敢问诸人,作么生会个直显真机的道理?"(p.478)《慧方禅师语录》卷一:"一味只要坐禅,不劳摘叶寻枝,直下超佛

越祖,岂是借功明位?"（41-798）

倒言"寻枝摘叶"。《仁勇禅师语录》卷一:"问:'直截根源佛所印,摘叶寻枝我不能。寻枝摘叶即不问,直截根源事若何?'答:'蚊子上铁牛。'"（41-20）《广灯》卷一五"延昭禅师":"问:'寻枝摘叶即不问,如何是直截根源?'师云:'赴供凌晨去,开堂带雨归。'"（p.233）《古尊宿》卷二二"演和尚":"造化之功品物情,正当生处不言生。寻枝摘叶空劳力,一朵开时一佛成。"（p.425）

按,定型之语已见唐玄觉《永嘉证道歌》:"直截根源佛所印,摘叶寻枝我不能。""摘叶寻枝"与"直截根源"反义对举。刘洁修（2009:1307）举《普灯》例,稍晚。

0237 隔靴搔痒 隔靴抓痒 隔靴爬痒

隔着鞋子搔痒。比喻说话做事没有抓住要害,未能彻底解决问题。禅家常用来比喻领悟佛法没有抓住要害,未能彻底领悟。《传灯》卷二二"契稳禅师":"问:'圆明湛寂非师旨,学人因底却不明?'师曰:'辨得未?'僧曰:'恁么即识性无根去也。'师曰:'隔靴搔痒。'"（p.1698）《五灯》卷八"法宝大师"条略同。（p.476）

又言"隔靴抓痒"。①禅家用来比喻领悟佛法没有抓住要害,未能彻底领悟。《圆悟禅师语录》卷七:"若是未出阴界,尚滞见知闻,恁么说话,一似鸭听雷鸣,隔靴抓痒。"（41-248）《联灯》卷一八"志清禅师":"直下是非两忘,犹是隔靴抓痒。"（p.558）②禅家也用来比喻施教作略没有抓住要害,不能彻底启悟学人。《续灯》卷一七"子胜禅师":"若也扬眉瞬目,又是鬼弄精魂。更或拈拂敲床,大似隔靴抓痒。"（p.498）《密庵和尚语录》卷一:"以至从上老冻骹,全提半提,直是天下无敌。正眼观来,于自己本分事,大似隔靴抓痒。"（45-209）

又言"隔靴爬痒"。禅家用来比喻领悟佛法没有抓住要害,未能彻底领悟。《普灯》卷二五"准禅师":"若作如是见解,大似隔靴爬痒。若不作如是见解,毕竟作么生?"（p.624）

按,定型之语已见上揭《传灯》例,参刘洁修（2009:408）、孙维张（2007:93）。《大词典》（11-1089）首举上揭《五灯》例,释作"比喻说话、作文不中肯、不贴切,没有抓住要害",不契禅籍用义。

0238 掩耳偷铃 塞耳偷铃

比喻自欺欺人的行为。《普灯》卷三"梵言首座":"示众曰:'说法有所得,斯则

野干鸣。说法无所得,是名狮子吼。古德恁么道,大似掩耳偷铃,何故?说有说无,尽是野干鸣。'”(p.82)

又言“塞耳偷铃”。《联灯》卷二三“师备禅师”:“如此见解,即是落空亡的外道,魂不散的死人。溟溟漠漠,无觉无知,塞耳偷铃,徒自欺诳。”(p.718)《五灯》卷七“师备禅师”条同。(p.393)

按,语出《吕氏春秋·自知》:“范氏之亡也,百姓有得钟者,欲负而走。则钟大不可负,以椎毁之,钟况然有音。恐人闻之而夺己也,遽掩其耳。”定型之语已见于唐澄观《大方广佛华严经随疏演义钞》卷三四:“六喻随覆,若掩耳偷铃,欲人不闻故。”《大词典》(6-645)举元代用例,偏晚。

0239 掩鼻偷香

掩上自己的鼻子去偷香,以为别人闻不到,发现不了自己。比喻自欺欺人的愚蠢行为。《联灯》卷二〇“本生和尚”:“云:‘高高处,平之有余;低低处,观之不足。’师云:‘节目上更生节目。’僧无语。师云:‘掩鼻偷香,空招罪犯。’”(p.600)《慧远禅师广录》卷二:“师乃云:‘九年冷坐,也曾目视云霄一锡飞来,谁顾舌头拖地?热瞒佛祖,冷笑衲僧。只知掩鼻偷香,不觉空招罪犯。’”(45-35)《祖先禅师语录》卷一:“至于雪老辊球,千古为人笑具,总是扬声止响,掩鼻偷香,吊影扬鞭,投崖寄帽。”(45-402)

按,此语当由“掩耳偷铃”类推而生,定型之语已见上揭《联灯》例,《大词典》、王涛等(编著,2007)、冷玉龙等(主编,2014)均未收,参刘洁修(2009:1321)。

0240 闭眼作夜

闭上眼睛当作黑夜。形容自欺欺人的愚痴行为。《传灯》卷一九“元侃禅师”:“问:‘久处暗室,未达其源。今日上来乞师一接。’师曰:‘莫闭眼作夜好。’”(p.1450)《昙华禅师语录》卷一〇:“太白峰之前,玲珑岩之下,有窣堵波,灵骨是舍。三十年后话行,犹是闭眼作夜。”(42-226)

按,定型之语已见上揭《传灯》例,《大词典》、王涛等(编著,2007)、刘洁修(2009)、冷玉龙等(主编,2014)均未收,参袁宾、康健(主编,2010:21),袁宾(1991:509)。

0241 捏目生花 捏目生华

手捏眼睛生出幻觉,似乎有花出现。比喻妄生虚幻之事。《续灯》卷二“澄远禅师":"尽十方法界,一尘一刹,头头并是一真人体,皆是受由门庭。若离此外,别有何见,并是捏目生花。"(p.32)《倚遇禅师语录》卷一:"或言即心是佛,更不参寻。或则妄认尘缘,强作主宰。无非私心作解,捏目生花,缘木求鱼,守株待兔。"(39-732)《联灯》卷一三"杨公亿":"如今事不获已,顺汝诸人颠倒知见,一似结巾为马,捏目生花。"(p.398)

又作"捏目生华"。《传灯》卷一八"师备禅师":"师又云:'我今问汝诸人,且承得个什么事? 在何世界安身立命? 还辨得么? 若辨不得,恰似捏目生华,见事便差。'"(p.1314)《广灯》卷二〇"龙光禅师":"上堂,僧问:'从上古人,拈槌竖拂,尽是捏目生华。学人上来,离却是非,请师别道。'"(p.373)《普灯》卷二六"需禅师":"师曰:大小大水潦吃人拳,趯了却道我悟。悟什么屎? 及乎起来,更不识羞,犹道'我向一毛头上识得根源'。且莫捏目生华。"(p.661)

按,《联灯》卷四"怀恽禅师":"但如捏目,妄起空花,徒自疲劳,枉经尘劫。"理据甚明。定型之语已见上揭《传灯》例,《大词典》、王涛等(编著,2007)、刘洁修(2009)、冷玉龙等(主编,2014)均未收。

0242 妄生节目 强生节目

指徒然虚妄地生出事端。《善昭禅师语录》卷一:"上堂云:'钟声雀噪,可契真源。别处驰求,妄生节目。'"(39-573)《联灯》卷二〇"本生和尚":"有僧出云:'不敢妄生节目。' 师云:'也知阇梨不分外。'"(p.600)

又言"强生节目"。《广灯》卷二五"行齐禅师":"上堂云:'若论此事,直教纵横无滞,举措分明,应用现前,无劳机杼。若能如是,少分相应。未得如是,且莫强生节目。'"(p.515)《普灯》卷二九"净禅师":"本无位次,哪容横立阶梯? 体绝名言,岂许强生节目?"(p.773)《古尊宿》卷四二"真净禅师":"古人见不透脱,强生节目,惑于后人。"(p.804)

按,定型之语已见唐李林甫等《唐六典》卷六:"若理状已尽可断决,而使人妄生节目未定者,州司录申辨。及臧状露验者即决,不得待使覆。"《大词典》、王涛等(编著,2007)、刘洁修(2009)、冷玉龙等(主编,2014)均未收,参袁宾(1991:509、522),袁宾、康健(主编,2010:422)。

0243 开眼说梦 开眼作梦

睁着眼睛说梦话。形容言行十分痴愚荒唐。《续灯》卷二〇"智明禅师":

"上堂,众才集,师云:'不可更开眼说梦去也。'便下座。"(p.595)《绍昙禅师广录》卷三:"江湖疏:逼人上树拔却梯,推人入井覆却桶。江湖用此恶心肠,谁云契义金兰重? 怪语颠言,开眼说梦。"(46-283)《普宁禅师语录》卷二:"白日青天,开眼说梦。"(45-802)

又言"开眼作梦"。《心月禅师语录》卷一:"还有人点检得出么? 若点检得出,不妨白日青天。其忽未然,切忌开眼作梦。"(46-159)又卷二:"山僧擘老眼书此,正是开眼作梦,更好一笑也。"(46-173)《慧远禅师广录》卷三:"正是白日尿床,开眼作梦。灭胡种族,钝置衲僧。"(45-51)

按,定型之语已见上揭《续灯》例,《大词典》、王涛等(编著,2007)、刘洁修(2009)、冷玉龙等(主编,2014)均未收,参袁宾、康健(主编,2010:233)。

0244 开眼尿床 开眼溺床

睁着眼睛尿床。形容言语行为十分愚痴,荒唐可笑。《守卓禅师语录》卷一:"天宁话(恁)么说话,大似开眼尿床,三十年后,有甚雪处?"(41-77)《普灯》卷二一"咸杰禅师":"上堂曰:'牛头横说竖说,不知有向上关捩子。有般漆桶辈,东西不辨,南北不分,便问如何是向上关捩子,何异开眼尿床?'"(p.535)《古尊宿》卷四二"真净禅师":"三世诸佛,只可自知。衲僧跳不出,打在绵缱里。动即开眼尿床,梦中说梦。"(p.802)

又言"开眼溺床"。《普灯》卷五"法成禅师":"香山今日已是开眼溺床,汝等诸人切莫梦中说梦。"(p.138)《广闻禅师语录》卷二:"一喝分宾主,照用一时行。白日青天,开眼溺床。"(46-81)

按,定型之语已见上揭《守卓禅师语录》例,《大词典》、王涛等(编著,2007)、刘洁修(2009)、冷玉龙等(主编,2014)均未收,可参雷汉卿(2009:326)。

0245 开眼瞌睡

睁着眼睛打瞌睡。形容人愚痴糊涂。《续灯》卷二四"圆慧禅师":"上堂云:'达磨正宗,衲僧巴鼻。堪嗟迷者成群,开眼瞌睡。'"(p.671)《碧岩录》卷一:"白日青天,开眼瞌睡。"(p.40)《师范禅师语录》卷一:"上堂:'二月春光明媚,是处花酣柳醉。五湖四海禅流,切忌开眼瞌睡。'"(45-682)

按,定型之语已见上揭《续灯》例,《大词典》、王涛等(编著,2007)、刘洁修(2009)、冷玉龙等(主编,2014)均未收,另可参袁宾、康健(主编,2010:233)。

0246　立地瞌睡

站立着打瞌睡。形容人愚痴糊涂。《普灯》卷二〇"慧光禅师"："你诸人休向这里立地瞌睡,殊不知家中饭箩锅子一时失却了也。你若不信,但归家点检看。"（p.514）《古尊宿》卷三二"佛眼和尚"："佛祖言外边事,一一分明说了也。只是到这里多是错乱,昏醉不省。此若不见,便是立地瞌睡汉子也。"（p.597）

按,定型之语已见上揭《普灯》例,《大词典》、王涛等（编著,2007）、刘洁修（2009）、冷玉龙等（主编,2014）均未收,另可参袁宾、康健（主编,2010:257）,袁宾（1991:506）。

0247　见神见鬼

禅家斥责不修正道,误入古怪邪僻之流。《临济禅师语录》卷一："大德且要平常莫作模样,有一般不识好恶秃奴,便即见神见鬼,指东划西,好晴好雨。"（T47/497c）《联灯》卷二〇"宣鉴禅师"："一个堂堂大丈夫儿,吃他毒药了,便拟作禅师面孔,见神见鬼,向后狂乱。"（p.609）《普灯》卷二五"新禅师"："这般的只宜色身安乐,莫教一顿病打在延寿堂内,如落汤螃蟹,手忙脚乱,见神见鬼,这边讨巫师,那边讨医博。卜凶卜吉,问好问恶。"（p.618）

按,定型之语已见唐慧然集《临济禅师语录》例,刘洁修（2009:573）引此例,释作"形容精神紧张错乱,自相惊扰",不确,可参《俗语佛源》（2013:51）。

0248　守株待兔　　待兔守株

守着树株希望再能得到兔子。形容做事死守狭隘的经验,不知变通。《续灯》卷二四"宝鉴禅师"："设使潜神守智,犹是止宿草庵。假饶息念观空,亦成守株待兔。"（p.656）

倒言"待兔守株"。《倚遇禅师语录》卷一："马祖即心是佛,大似待兔守株。盘山非心非佛,可谓和泥合水。"（39-733）《联灯》卷一六"元素禅师"："设使万机休罢,千圣不携,还同待兔守株,未是通方达士。"（p.494）

按,语出《韩非子·五蠹》："宋人有耕者,田中有株,兔走触株,折颈而死,因释其耒而守株,冀复得兔,兔不可复得,而身为宋国笑。"定型之语已见汉王充《论衡·宣汉篇》："以已至之瑞,效方来之应,犹守株待兔之蹊,藏身破置之路也。"

0249　临渴掘井

口渴了才想着去挖井。形容做事没有先见之明,事到临头才想办法,为时已晚。《祖堂》卷一四"江西马祖":"鬼使云:'四十年来贪讲经论,不得修行,如今更修行作什么? 临渴掘井,有什么交涉? '"(p.611)《慧方禅师语录》卷一:"盖为不了目前法,从生至死,无有了期。快须荐取,莫待雪鬓银髭,临渴掘井,悔将不及。"(41-796)

按,语出《黄帝内经·素问》:"夫病已成而后药之,乱已成而后治之,譬犹渴而穿井,斗而铸锥,不亦晚乎。"定型之语已见唐灵佑《警策文》:"从兹始知悔过,临渴掘井,奚为自恨。"参《大词典》(8-734)、王涛等(编著,2007:664)、刘洁修(2009:731)。

0250 临嫁医瘿

临到出嫁才医治囊瘤,比喻事到临头才去解决,为时已晚。《续灯》卷一八"自龄禅师":"秀师拂拭尘埃,大似临嫁医瘿。老卢半夜三更,着忙走过东岭。至今子子孙孙,一半瞌睡未省。"(p.514)《续古尊宿》卷三"白云端和尚":"今日到三峡会里,大似临嫁医瘿,卒着脚手不辨。幸望大众不怪,伏惟珍重。"(44-109)《原妙禅师语录》卷二:"当念无常迅速,痛思苦海沉沦。趁二时粥饭见成,百般受用便当。便好乘时直入,莫待临嫁医瘿。"(47-315)

按,定型之语已见上揭《续灯》例,《大词典》、王涛等(编著,2007)、刘洁修(2009)、冷玉龙等(主编,2014)均未收,参袁宾、康健(主编,2010:266),孙维张(2007:143)。

0251 抱赃叫屈

手里抱着赃物,嘴里却喊冤屈。形容抵赖和辩解十分可笑。《道宁禅师语录》卷一:"诸禅德,两彩一赛,凡圣齐收。若作佛法商量,大似抱赃叫屈。"(39-776)《续灯》卷二"光祚禅师":"时有僧问:'如何是佛? '师云:'抱赃叫屈。'"(p.37)《普灯》卷八"元道平禅师":"上堂,举盘山示众曰:'似地擎山,不知山之孤峻。如石含玉,不知玉之无瑕。'古人恁么说话,大似抱赃叫屈。"(p.205)

按,定型之语已见上揭《道宁禅师语录》例,《大词典》、王涛等(编著,2007)、刘洁修(2009)均未收,参袁宾(1991:511),孙维张(2007:20),雷汉卿(2009:320),袁宾、康健(主编,2010:15)。

0252 吃水论噎

喝水谈论怕被水噎。形容言行举止愚痴可笑。《普灯》卷一二"道昌禅师":

"问：'如何是十身调御？'曰：'吃水论噎。'"（p.326）

按，定型之语已见上揭《普灯》例，《大词典》、王涛等（编著，2007）、刘洁修（2009）、冷玉龙等（主编，2014）均未收。

0253　逃峰赴壑

逃离了山峰，却又进入了山谷。禅家比喻分别之心未除，从一个极端走向另一个极端，仍然没有摆脱束缚。《普灯》卷一四"安民禅师"："上堂曰：'众卖花兮独卖松，青青颜色不如红。算来终不与时合，归去来兮翠霭中。可笑古人怎么道，大似逃峰赴壑，避溺投火。'"（p.367）《五灯》卷一九"安民禅师"条同。（p.1290）

按，定型之语已见隋吉藏《净名玄论》卷一："问：'若然者，在言虽止而相复存，其犹逃峰赴壑，但不免患。'答曰：'言犹名也，故名则为妙。相犹形也，在形则粗。既净名悟理无名，则领道非形相。故峰壑俱逃，患难都免。'"可参袁宾（1991:515），袁宾、康健（主编，2010:404），《大词典》、王涛等（编著，2007）、刘洁修（2009）、冷玉龙等（主编，2014）均未收。

0254　避溺投火　避溺而投火

为了躲避溺水，又跳入了火中。禅家比喻分别之心未除，从一个极端走向另外一个极端，仍然没有摆脱束缚。《清了禅师语录》卷二："所以莽莽荡荡，拨无因果。弃有着空，避溺投火。仔细思量，一状领过。"（42-73）《普灯》卷一四"安民禅师"："上堂曰：'众卖花兮独卖松，青青颜色不如红。算来终不与时合，归去来兮翠霭中。可笑古人怎么道，大似逃峰赴壑，避溺投火。'"（p.367）《心月禅师语录》卷二："结制小参：'即心即佛，无端带锁担枷。非佛非心，还同避溺投火。'"（46-175）

散言"避溺而投火"。《传灯》卷三〇"证道歌"："弃有着空病亦然，还如避溺而投火。"（p.2426）《古尊宿》卷四六"慧觉和尚"："上堂云：'彼我无差，色心不二。'遂拈拄杖云：'你若唤作拄杖子，有眼如盲。若不唤作拄杖子，还同避溺而投火。'"（p.900）

按，定型之语已见上揭《清了禅师语录》例，《大词典》、王涛等（编著，2007）、刘洁修（2009）、冷玉龙等（主编，2014）均未收。

0255　如龟负图

传说尧时有大龟背负《河图》献于尧。禅家比喻内心负着经言教义、佛法知解，是自取灭亡的征兆。《怀深禅师语录》卷一："已得入门者有交涉，如龟负图，自取丧身之兆。未得入门者无交涉,似舍父逃走。"(41-103)《联灯》卷二三"元安禅师":"欲知上流之士,不将佛法见解贴在额头上,何故? 如龟负图,自取丧身之兆;凤萦金网,趣云汉以何期? "(p.699)《虚堂和尚语录》卷八:"僧云:'黄檗临济有什么过? '师云:'如龟负图。'"(46-753)

按,语出《纬捃·龙鱼河图》:"尧时与群臣贤智到翠妫之川,大龟负图来投尧,尧敕臣下写取告瑞应,写毕龟还水中。"定型之语已见上揭《怀深禅师语录》例,《大词典》、王涛等(编著,2007)、刘洁修(2009)、冷玉龙等(主编,2014)均未收。

0256　飞蛾赴火　如蛾投焰

比喻自取灭亡的愚痴行为。《续灯》卷一九"广鉴禅师":"师云:'谈玄说妙,譬如画饼充饥。入圣超凡,大似飞蛾赴火。一向无事,败种蕉芽。更若驰求,水中捉月。'"(p.545)《联灯》卷一〇"法真禅师":"示众云:'夫上代诸德,莫非求实,不自瞒昧。岂比飞蛾赴火,自伤自坏。'"(p.295)

又言"如蛾投焰"。《圆悟禅师语录》卷一:"途中受用的似虎靠山,世谛流布的如蛾投焰。"(41-195)

按,语出东汉支娄迦谶译《佛说遗日摩尼宝经》卷一:"譬如飞蛾,自投灯火中。"定型之语已见唐大觉《四分律钞批》卷九:"飞蛾赴火者,虽有智欲投明,反遭明之丧体。"《大词典》、王涛等(编著,2007)、刘洁修(2009)、冷玉龙等(主编,2014)均未收"如蛾投焰"。

0257　似手触火

就像用手触摸火。比喻不但不能得到,反而会遭受其祸。《广灯》卷九"怀海禅师":"若希望得佛、得菩提等法者,似手触火。文殊云:'若起佛见法见,应当害己。'"(p.122)《古尊宿》卷二"大智禅师"条同。(p.24)

按,定型之语已见上揭《广灯》例,《大词典》、王涛等(编著,2007)、刘洁修(2009)、冷玉龙等(主编,2014)均未收。

0258　猛虎入阱

猛虎跳入了陷阱。比喻自取灭亡的行为。《承古禅师语录》卷一:"莫道是人无远虑,必有近忧。若据如此见解,大似猛虎入阱,俊鹞投笼,自取灭亡,非他人咎。"(39-542)

按,定型之语已见上揭《承古禅师语录》例,《大词典》、王涛等(编著,2007)、刘洁修（2009）、冷玉龙等（主编，2014）均未收。

0259　俊鹞投笼

俊鹞自投罗笼。比喻自取灭亡的行为。《承古禅师语录》卷一："莫道是人无远虑,必有近忧。若据如此见解,大似猛虎入阱,俊鹞投笼,自取灭亡,非他人咎。"（39-542）

按,定型之语已见上揭《承古禅师语录》例,《大词典》、王涛等（编著,2007）、刘洁修（2009）、冷玉龙等（主编,2014）均未收。

0260　掣风掣颠　彻颠彻狂

形容言行举止疯疯癫癫的样子。《临济禅师语录》卷一："师一日与河阳木塔长老同在僧堂地炉内坐,因说:'普化每日在街市掣风掣颠,知他是凡是圣?'言犹未了,普化入来。"（T47/503b）《普灯》卷七"梵言禅师":"常寻拈粪箕,把扫帚,掣风掣颠,犹较些子。"（p.182）《法薰禅师语录》卷三："所以牛头横说竖说,不知有向上关棩子。普化掣风掣颠,却识得临际（济）小厮儿。"（45-635）

又言"彻颠彻狂"。《如净和尚语录》卷一："直得金粟大士升玉麟堂,亲从毛锥子上吹一阵业风,使其变作水牯牛彻颠彻狂,东撑西拄,南倒北搖。"（45-446）

按,定型之语见于上揭《临济禅师语录》例,《大词典》、王涛等（编著,2007）、刘洁修（2009）、冷玉龙等（主编,2014）均未收,可参袁宾（1991:521）,袁宾、康健（主编,2010:46）。

0261　如痴似狂

形容行为十分痴狂。《祖堂》卷一七"西院和尚":"师乃劳心顿摆,或坐房廊,凝如株杌;或入灵洞,月十不归,如痴似狂。"（p.744）

按,定型之语已见上揭《祖堂》例,《大词典》、王涛等（编著,2007）、刘洁修（2009）、冷玉龙等（主编,2014）均未收。

0262　簸土扬尘　播土扬尘　扬尘簸土

禅家比喻心摄根尘,传法或悟道不净落。《广灯》卷一九"山远禅师":"问:'如何是佛?'师云:'铜头铁额。''学人未会此意如何?'师云:'簸土扬尘。'"（p.338）《联灯》卷一六"自承禅师":"与君打破精灵窟,簸土扬尘无处寻,千山万山空突屼。"（p.490）《古尊宿》卷二七"佛眼和尚":"只如夜来风起,且道是风动?不是风动?若道不是风动,如此触帘动户,簸土扬尘。"（p.502）

又作"播土扬尘"。《普灯》卷二〇"智深禅师":"佛涅槃日上堂,曰:'兜率降生,双林示灭。掘地讨天,虚空钉橛。四十九年,播土扬尘。三百余会,纳尽败缺。'"(p.504)

倒言"扬尘簸土"。《绍昙禅师广录》卷三:"又欲扬尘簸土,密运机筹,肃行师旅,塞北安南一战收。"(46-293)《密庵和尚语录》卷一:"指法座云:'此座高广,从古若佛若祖,尽向顶䫉上,扬尘簸土,埋没已灵。今日当头坐断,直教八面风清。'"(45-201)

按,定型之语已见上揭《广灯》例,《大词典》、王涛等(编著,2007)、刘洁修(2009)、冷玉龙等(主编,2014)均未收。

0263 掀天揺地

形容做事蛮干,徒劳而无功。《碧岩录》卷二:"汝等诸人,尽是噇酒糟汉,恁么行脚,道着,踏破草鞋,掀天揺地。何处有今日?"(p.63)

按,定型之语已见上揭《碧岩录》例,《大词典》、王涛等(编著,2007)、刘洁修(2009)、冷玉龙等(主编,2014)均未收。

0264 夷岳盈壑　移岳盈壑

试图夷平山丘,填满沟壑,比喻做事违背事物的天然自性,徒劳蛮干。禅家多喻启悟或参悟方式不当,违背天然自性,徒劳蛮干。《续灯》卷一四"绍登禅师":"举一明三,莫穷幽趣。更不用续凫截鹤,夷岳盈壑。霄壤相望,去道转远。"(p.423)《广闻禅师语录》卷一:"更待截鹤续凫,夷岳盈壑,何啻白云千里万里?"(46-73)《绍昙禅师语录》卷一:"上堂:'截鹤续凫,夷岳盈壑,肇法师折许多气力作什么?'"(46-407)

又言"移岳盈壑"。《联灯》卷一八"道本禅师":"示众举肇法师道:'诸法无异者,不可续凫截鹤,移岳盈壑,然后为无异者哉。'"(p.538)《绍昙禅师广录》卷三:"拈云:'截鹤续凫,移岳盈壑。黄面老人,不免挂人唇吻。'"(46-290)

按,语出东晋释僧肇《肇论》:"是以经云'诸法不异'者,岂曰续凫截鹤,夷岳盈壑,然后无异哉!"《大词典》、王涛等(编著,2007)、刘洁修(2009)、冷玉龙等(主编,2014)均未收。

0265 续凫截鹤　截鹤续凫

给野鸭子续接短腿,替鹤截断长腿。比喻做事违背事物的天然自性,徒劳而蛮干。禅家多喻启悟或参悟方式不当，违背万法的天然自性，徒劳蛮干。《续灯》卷一四"绍登禅师"："举一明三，莫穷幽趣。更不用续凫截鹤，夷岳盈壑。霄壤相望，去道转远。"（p.423）《联灯》卷二八"义怀禅师"："若能如是，方解向异类中行。不用续凫截鹤，夷岳盈壑。"（p.893）《宏智禅师广录》卷三："良久云：'还会么？不可续凫截鹤，夷岳盈壑去也。'"（44-427）

倒言"截鹤续凫"。《绍昙禅师语录》卷一："上堂：'截鹤续凫，夷岳盈壑。肇法师折许多气力作什么？'"（46-407）《绍昙禅师广录》卷三："拈云：'截鹤续凫，移岳盈壑。黄面老人，不免挂人唇吻。'"（46-290）

按，语出《庄子·骈拇》："是故凫胫虽短，续之则忧；鹤胫虽长，断之则悲。"（p.78）定型之语已见东晋释僧肇《肇论》："是以经云'诸法不异'者，岂曰续凫截鹤，夷岳盈壑，然后无异哉！"《大词典》、王涛等（编著，2007）、刘洁修（2009）、冷玉龙等（主编，2014）均未收。

0266 入海算沙

到大海里计算沙子的数量。比喻做事蛮干，徒劳无功。《传灯》卷三〇"永嘉证道歌"："吾早年来积学问，亦曾讨疏寻经论。分别名相不知休，入海算沙徒自困。却被如来苦诃责，数他珍宝有何益？"（p.2427）《慧南禅师语录》卷一："上堂云：'入海算沙，空自费力。磨砖作镜，枉用功夫。'"（41-730）《普灯》卷二五"钦禅师"："若未得个端的悟入处，只是向人口角头寻言逐句，刺头入经里论求玄觅妙，犹如入海算沙，扪空追响，只益疲劳，终无了日。"（p.609）

按，定型之语已见上揭唐玄觉《永嘉证道歌》，王涛等（编著，2007）、刘洁修（2009）均未收，《大词典》举明代用例，偏晚，可参袁宾（1991：499）。

0267 捞天摸地　摸地捞天

四处摸索寻取。禅家形容四处寻觅佛法，徒劳无功。《广灯》卷一六"善昭禅师"："学云：'未审向上事如何？'师云：'捞天摸地。'"（p.269）《续灯》卷一七"宝琳禅师"："若也知有的衲僧，稳坐太平，其或未然，不免捞天摸地。"（p.487）《碧岩录》卷二："捞天摸地，有什么了期？接得堪作何用？据令而行，赶向无佛世界，接得阇梨，一个瞎汉。"（p.112）

倒言"摸地捞天"。《联灯》卷二九"思慧禅师"："金屑虽贵，落眼成翳。翳若不消，空花仍在。直须瞎却诸人眼，始解剪除病根。从教摸地捞天，免人弄光认影。"

（p.917）

按,定型之语已见上揭《广灯》例,《大词典》、王涛等(编著,2007)、刘洁修(2009)、冷玉龙等(主编,2014)均未收。

0268 拗直作曲

硬把直挺的东西弄成弯曲的。形容言行与事理悖谬,颠倒错乱。《祖堂》卷一七"岑和尚":"问:'如何是诸佛师?'师云:'不可拗直作曲。'"(p.767)《印肃禅师语录》卷三:"拈云:'百丈老汉,拗直作曲,十二时中,更不干当别事,只怕儿孙暗归夜去,扶篱摸壁。'"(44-807)《慧远禅师语录》卷一:"上堂:'久雨不晴,务在丙丁。修罗合掌,菩萨生瞋。佛也不会,波斯转经。拗直作曲,弄假像真。好是明明说与,从教鸭听雷声。'"(45-20)

按,定型之语已见上揭《祖堂》例,刘洁修(2009:11)举《五灯》例,偏晚。

0269 拗曲作直 拗曲为直

硬把弯曲的东西弄成直挺的。形容言行与事理悖谬,颠倒错乱。《法演禅师语录》卷一:"上堂云:'临济入门便喝,是甚盌鸣声?德山入门便棒,拗曲作直;云门三句,曹洞五位,大开眼了,作梦何故?'"(39-119)《续灯》卷二一"用元禅师":"僧曰:'早知灯是火,饭熟也多时。'师云:'你鼻孔因甚着拄杖子穿却?'僧曰:'拗曲作直又争得?'师云:'且教出气。'"(p.616)《普灯》卷二六"益禅师":"待伊拈棒,却向道:'自己虽然急,他人未肯忙。'直饶临济令行,也是拗曲作直。"(p.645)

又言"拗曲为直"。《明觉禅师语录》卷二:"有时云:'马祖升堂,百丈卷席,正令不从,拗曲为直。'"(39-169)

按,定型之语已见上揭《法演禅师语录》例,王涛等(编著,2007:12)举《二刻拍案惊奇》例,偏晚。《大词典》、刘洁修(2009)、冷玉龙等(主编,2014)均未收。

0270 披沙拣金 沙里淘金

从大量的沙子里挑选金子。比喻费力多而收获少。《明觉禅师语录》卷二:"示众云:'摩竭正令,譬若披沙拣金。毗耶杜辞,颇类守株待兔。设使顿开千眼,未辩机关;点着不来,白云万里。'"(39-177)《守卓禅师语录》卷一:"上堂云:'披沙拣金,非我族类;拈来便用,罕遇其人。'"(41-83)

又言"沙里淘金"。《虚堂和尚语录》卷二:"僧云:'望见宝林双杨塔尖,便悟去。'师云:'沙里淘金。'"(46-665)

按,定型之语已见唐刘知几《史通·直书》:"虽古人糟粕,真伪相乱,而披沙拣金,有时获宝。"参《大词典》(6-522)、王涛等(编著,2007:777)、刘洁修(2009:874)。

0271　如猿捉影

比喻追求虚妄不实的东西,结果徒劳而无功。《祖堂》卷一五"盘山和尚":"向上一路,千圣不传。学者劳形,如猿捉影。"(p.664)《续灯》卷一二"照觉禅师":"然妙则妙已,未免挂人齿牙。殊不知向上一路,千圣不传。学者劳形,如猿捉影。且道向上一路是什么人行履?"(p.348)《方会和尚语录》卷一:"向上一路,千圣不传。学者劳形,如猿捉影。尔等诸人,还明得这时节么?"(39-34)

按,此语与"水中捞月"为同源成语,定型之语已见上揭《祖堂》例,《大词典》、王涛等(编著,2007)、刘洁修(2009)、冷玉龙等(主编,2014)均未收,可参袁宾、康健(主编,2010:356)。

0272　钻冰求火　敲冰求火　敲冰取火

钻开寒冰,求取火苗。比喻做事采取的行动和目的相反,根本不可能实现目的。禅家用于贬斥愚痴而徒劳的求觅佛法行为。《圆悟禅师语录》卷一五:"禅非意想,道绝功勋。若以意想参禅,如钻冰求火,掘地觅天,只益劳神。"(41-324)

又言"敲冰求火"。《传灯》卷一一"奉禅师":"问:'十二时中如何降伏其心?'师曰:'敲冰求火,论劫不逢。'"(p.774)《续灯》卷一八"宗初禅师":"若据祖宗门下,举目则千山万水,低头乃十万八千。更若展露言锋,寻言究妙,譬若敲冰求火,缘木取鱼,徒费精神,远之远矣。"(p.519)

又言"敲冰取火"。《行珙禅师语录》卷一:"为总副寺下火:'横千竖百,总由上座;敲冰取火,得问老僧。'"(47-183)

按,定型之语已见南朝宋绍德、慧询等译《菩萨本生鬘论》卷二:"我先修习婆罗门法,久受勤苦,殊无所益。譬如有人信顺愚夫,钻冰求火,不可得也,愿投仁者作归依处。"《大词典》(5-500)、王涛等(编著,2007)、刘洁修(2009:1515)、冷玉龙等(主编,2014)举例晚,且未收"敲冰取火"。

0273　敲钟谢响　锤钟谢响

敲击大钟以停止响声。比喻做事采取的行动和目的相反,结果适得其反。禅家用以形容本想接引人,结果适得其反。《传灯》卷一二"陈操":"睦州刺史陈操,与僧斋次,拈起糊饼,问僧:'江西、湖南还有这个么?'僧曰:'尚书适来吃个什么?'陈曰:'敲钟谢响。'"(p.865)《五灯》卷四"陈操尚书"条略同。(p.251)

又言"锤钟谢响"。《联灯》卷六"茱萸禅师":"僧云:'和尚适来怎么道那?'门云:'锤钟谢响,得个虾蟆。'"(p.194)

按,定型之语已见上揭《传灯》例,《大词典》、王涛等(编著,2007)、刘洁修(2009)、冷玉龙等(主编,2014)均未收。

0274 扪空追响　扪空求响

抚摸虚空,追逐声响。形容追求虚妄之事,结果徒劳而无功。《祖堂》卷五"德山和尚":"忽告诸徒:'扪空追响,劳你神耶? 梦觉觉非,觉有何事?'"(p.276)《续灯》卷一四"真如禅师":"若也觉去,梦觉觉非。若也未觉,扪空追响,终无了日。"(p.401)《普灯》卷二五"钦禅师":"若未得个端的悟入处,只是向人口角头寻言逐句,刺头入经里论求玄觅妙,犹如入海算沙,扪空追响,只益疲劳,终无了日。"(p.609)

又言"扪空求响"。《续灯》卷一四"照慧禅师":"穷经穷论,正如入海算沙。觅法觅心,大似扪空求响。"(p.417)

按,定型之语已见上揭《祖堂》例,《大词典》、王涛等(编著,2007)、刘洁修(2009)、冷玉龙等(主编,2014)均未收,另可参袁宾(1991:507),袁宾、康健(主编,2010:286),王闰吉(2012:313)。

0275 劳而无功

谓徒劳而没有功效。《传灯》卷二二"缘密禅师":"问:'如何是佛?'师曰:'满目荒榛。'曰:'学人不会。'师曰:'劳而无功。'"(p.1709)

按,定型之语已见《庄子·天运》:"今蕲行周于鲁,是犹推舟于陆也! 劳而无功,身必有殃。"参《大词典》(2-808)、王涛等(编著,2007:632)、刘洁修(2009:694)等。

0276 画饼充饥　充饥画饼

在地上画饼用来充饥。禅家比喻用言语棒喝等作略使人领悟佛法妙义,那是徒劳妄想。《续灯》卷一九"广鉴禅师":"谈玄说妙,譬如画饼充饥。入圣超凡,大似飞蛾赴火。一向无事,败种蕉芽。更若驰求,水中捉月。"(p.545)《倚遇禅师语录》卷一:"更若言中取则,句下丹青,大似画饼充饥,终无所益。"(39-726)《联灯》卷一七"知炳禅师":"以至诸方老宿、天下宗师,或棒喝纵横,或言词缜密。各各开张义路,建立门

风。大似画饼充饥,蒸沙作饭。纵经尘劫,徒自疲劳。"（p.512）

倒言"充饥画饼"。《续灯》卷三〇"照觉禅师"："内心外境,迷头认影。摘果空花,充饥画饼。三界茫茫,四生衮衮。心境顿忘,万法根本。"（p.819）

按,反言"画饼不可充饥",《传灯》卷一一"智闲禅师"："师遂归堂,遍检所集诸方语句,无一言可将酬对,乃自叹曰：'画饼不可充饥。'于是尽焚之,曰：'此生不学佛法也。'"（p.733）语出《三国志·魏志·卢毓传》："选举莫取有名,名如画地作饼,不可啖也。"刘洁修（2009:500）举前揭《传灯》例,释作"比喻空虚的名声、愿望等,不能解决实际问题;也比喻聊以空想自慰",《大词典》（7-1379）释义略同,均不确。可参袁宾、康健（主编,2010:176）。

0277 掘地觅天　掘地讨天　低头觅天　掘地觅青天

向下挖地,妄图找到天空。比喻做事采取的行动和目的相反,根本不可能实现目的。禅家用于贬斥愚痴徒劳的求觅佛法行为。《善昭禅师语录》卷一："问：'如何是大道之源？'师云：'掘地觅天。'"（39-565）《圆悟禅师语录》卷一五："禅非意想,道绝功勋。若以意想参禅,如钻冰求火,掘地觅天,只益劳神。"（41-323）《普灯》卷六"梵卿禅师"："问：'久响白牛,未审牛在什么处？'曰：'掘地觅天。'"（p.167）

又言"掘地讨天"。《续灯》卷三"海禅师"："问：'如何是最初一句？'师云：'掘地讨天。'"（p.62）《普灯》卷二〇"智深禅师"："佛涅槃日上堂,曰：'兜率降生,双林示灭。掘地讨天,虚空钉橛。四十九年,播土扬尘。三百余会,纳尽败缺。'"（p.504）《道济禅师语录》卷一："皮子队里,逆行顺化。散圣门前,掘地讨天。"（45-169）

又言"低头觅天"。《原妙禅师语录》卷一："上堂：'低头觅天,仰面寻地。波波挈挈,远之远矣。蓦然撞着徐十三郎,嗄！原来只在这里。'"（47-286）

散言"掘地觅青天"。《传灯》卷一三"省念禅师"："僧问：'如何是大道之源？'师曰：'掘地觅青天。'"（p.939）《古尊宿》卷一〇"善昭禅师"条同。（p.161）

按,定型之语已见上揭《善昭禅师语录》例,刘洁修（2009:655）释作"指向高深虚无处寻讨佛法禅机",并不确。《大词典》、王涛等（编著,2007）、刘洁修（2009）、冷玉龙等（主编,2014）均未收"掘地讨天""低头觅天"。参袁宾（1991:518）,袁宾、康健（主编,2010:230）,雷汉卿（2009:324）。

0278　仰面寻地

面朝天企图求觅大地。比喻做事采取的行动和目的相反,徒劳而无功。禅家用于贬斥求觅佛法虚妄而徒劳的行为。《原妙禅师语录》卷一:"上堂:'低头觅天,仰面寻地。波波挈挈,远之远矣。蓦然撞着徐十三郎,嗄! 原来只在这里。'"(47-286)

按,定型之语已见上揭《原妙禅师语录》例,《大词典》、刘洁修(2009)、王涛等(编著,2007)、冷玉龙等(主编,2014)均未收。

0279　日中逃影

在日光下想甩开自己的影子。形容愚痴徒劳的行为。《续灯》卷一四 "真如禅师":"诸人还相委悉么? 若也悉去,如龙得水,似虎靠山,出没卷舒,纵横应用。如未相悉,大似日中逃影。"(p.401)《联灯》卷六 "利踪禅师":"既已无我,将什么为善恶? 立哪个是凡圣? 汝还信否? 还保任否? 有什么回避处? 恰似日中逃影相似,还逃得么?"(p.185)《虚堂和尚语录》卷一〇:"以静照心,日中逃影。以空观妙,大梦方省。"(46-689)

按,定型之语已见唐玄奘译《般若波罗蜜多心经》卷一:"若也广寻文义,犹如镜里求形,更乃息念观空,又似日中逃影。"《大词典》、王涛等(编著,2007)、刘洁修(2009)、冷玉龙等(主编,2014)均未收,可参袁宾(1991:502),袁宾、康健(主编,2010:352)。

0280　引手撮空

伸手抓取虚空。比喻追求虚幻不实的事物,必定徒劳而无功。《普灯》卷八 "晓钦禅师":"上堂曰:'引手撮空,辗转莫及。翻身掷影,徒自劳形。当面拈来,却成蹉过。毕竟如何?'拍禅床曰:'泊合错商量。'"(p.208)《五灯》卷一二 "明悟禅师"条同。(p.764)

按,定型之语已见上揭《普灯》例,《大词典》、王涛等(编著,2007)、刘洁修(2009)、冷玉龙等(主编,2014)均未收。

0281　翻身掷影

翻转身体以抛弃影子。比喻做事不切实际,必定徒劳而无功。《普灯》卷八 "晓钦禅师":"上堂曰:'引手撮空,辗转莫及。翻身掷影,徒自劳形。当面拈来,却成蹉过。毕竟如何?'拍禅床曰:'泊合错商量。'"(p.208)《五灯》卷一二 "明悟禅师"条同。(p.764)

按,定型之语已见上揭《普灯》例,《大词典》、王涛等(编著,2007)、刘洁修(2009)、冷玉龙等(主编,2014)均未收。

0282　火中钓鳖

从火中钓取鳖。比喻做事方式虚妄,必定徒劳而无功。禅家常用于贬斥师家虚妄徒劳的教化行为。《法薰禅师语录》卷四:"百无能,得人憎。火中钓鳖,日里藏冰。养子不曾教,绳上更安绳。"(45-645)《普灯》卷一二"继成禅师":"上堂:'昆仑奴着铁裤,打一棒行一步,争似火中钓鳖,日里藏水(冰)。阴影间翻魍魉,虚空缚杀麻绳。'"(p.314)

按,定型之语已见上揭《法薰禅师语录》例,《大词典》、王涛等(编著,2007)、刘洁修(2009)、冷玉龙等(主编,2014)均未收。

0283　日里藏冰

在太阳的暴晒下藏收冰块。比喻做事方式虚妄,必定徒劳而无功。禅家用于贬斥师家虚妄徒劳的教化行为。《法薰禅师语录》卷四:"百无能,得人憎。火中钓鳖,日里藏冰。养子不曾教,绳上更安绳。"(45-645)《五灯》卷一二"继成禅师":"上堂:'昆仑奴着铁裤,打一棒行一步,争似火中钓鳖,日里藏冰。阴影间翻魍魉,虚空缚杀麻绳。'"(p.767)

按,定型之语已见上揭《法薰禅师语录》例,《大词典》、王涛等(编著,2007)、刘洁修(2009)、冷玉龙等(主编,2014)均未收。

0284　刻舟求剑　刻舟寻剑　刻舟犹觅剑

比喻做事拘泥成法,固执不知变通。禅家多喻悟道拘泥成法,不知变通的徒劳行为。《慧方禅师语录》卷一:"当机密荐个中玄,女子何因坐佛前？切莫途中为解碍,刻舟求剑实徒然。"(41-807)

又言"刻舟寻剑"。《承古禅师语录》卷一:"或致讥评,是犹循器定空,刻舟寻剑,亲逢大药。"(39-535)《普灯》卷二"全举禅师":"上堂:'心不是佛,智不是道,且道是什么？刻舟寻剑,胶柱调弦。'"(p.28)

散言"刻舟犹觅剑"。《慧性禅师语录》卷一:"明修栈道,暗度陈仓。刻舟犹觅剑,夜雨过潇湘。"(45-525)

按,语出《吕氏春秋·察今》:"楚人有涉江者,其剑自舟中坠于水,遽契其舟曰:'是吾剑之所从坠。'舟止,从其所契者入水求之。舟已行矣,而剑不行,求剑若此,不亦惑乎？"定型之语已见晋郭璞《葬书》："必欲如此,又何异于刻舟求剑者乎？"参《大词典》（2-674）、刘洁修（2009:668）、朱瑞玟（2008:364）等。《大词典》、王涛等（编著,2007）、刘洁修（2009）、冷玉龙等（主编,2014）均未收"刻舟寻剑"。

0285　担雪填井　搬雪填井

担雪去填塞井水。比喻做事方式不当,徒劳而无功。禅家常用于贬斥师家愚痴徒劳的教化行为,也用于贬斥禅僧愚痴徒劳的悟道行为。《续灯》卷一八"自龄禅师"："瞿昙不守本分,独坐妙峰孤顶。广说海藏言诠,一如担雪填井。"（p.514）《联灯》卷一六"继成禅师"："师云:'汾阳与么示徒,大似担雪填井,傍若无人,山僧今日为汝诸人出气。'"（p.492）《道宁禅师语录》卷二："一大藏教,结角罗纹,贮水不漏。明眼人觑着,大似担雪填井。"（39-733）

又言"搬雪填井"。《道宁禅师语录》卷二："这里荐得早涉崎岖,更待商量,搬雪填井。"（39-792）

按,定型之语已见上揭《续灯》例。"担雪填井"或本于"担雪塞井",唐顾况《行路难》诗："君不见担雪塞井徒用力,炊沙作饭岂堪吃。"参《大词典》（6-923）、朱瑞玟（2008:450）、刘洁修（2009:251）。《大词典》、王涛等（编著,2007）、刘洁修（2009）、冷玉龙等（主编,2014）均未收"搬雪填井"。

0286　离波求水

离开水源求水。比喻做事方式和目的相反,愚痴而徒劳。禅家常用以贬斥离开本心别求佛法的愚痴行为。《普觉禅师语录》卷二六："古人云:'我这里是活的祖师意,有什么物能拘执他？'若离日用别有趣向,则是离波求水,离器求金,求之愈远矣。"（42-425）《五灯》卷一三"普满禅师"："问:'十二时中如何合道？'师曰:'与心合道。'曰:'毕竟如何？'师曰:'土上加泥犹自可,离波求水实堪悲。'"（p.808）

按,定型之语已见上揭《普觉禅师语录》例,《大词典》、王涛等（编著,2007）、刘洁修（2009）、冷玉龙等（主编,2014）均未收。

0287　空里采花　空里采华

虚空里无真花,却要去采花。比喻做事方式虚妄,根本不可能实现目的。《联灯》卷二五"幼璋禅师"："若是学语之流,不自省己知非,真欲向空里采花,波中捉月,还着得心力么？"（p.785）《五灯》卷一三"幼璋禅师"条略同。（p.844）《法薰禅师语录》卷四:"卍庵空里采花,诸人石上种藕。三点前三点后,动南星蹉北斗。山僧口似磉盘,舜若多神失笑。"(45-652)

又作"空里采华"。"华"通"花"。《传灯》卷二〇"幼璋禅师":"若是学语之辈,不自省己知非,直欲向空里采华,波中取月,还着得心力么?"(p.1528)

按,定型之语已见上揭《传灯》例,《大词典》、王涛等(编著,2007)、刘洁修(2009)、冷玉龙等(主编,2014)均未收,另可参袁宾(1991:514),袁宾、康健(主编,2010:239)。

0288 对牛弹琴

对着牛弹奏高雅的音乐。比喻对不明事理的人讲道理,徒费嘴舌。禅籍常用于师家对禅僧不能领会佛法意旨的贬斥。《续灯》卷二二"汝能禅师":"若言一切智智清净,又未有衲僧气息,山僧今日为众竭力,祸出私门,还会么?对牛弹琴,不入牛耳。吽。"(p.632)又卷六"惟简禅师":"问:'开口即失,闭口即丧。未审如何说?'师云:'舌头无骨。'僧曰:'不会。'师云:'对牛弹琴。'"(p.158)《古尊宿》卷六"道踪禅师":"主云:'和尚问什么?'师咄云:'讲得碗里。'又云:'你问我。'主云:'请和尚讲。'师云:'心不负人。'主云:'不会。'师云:'对牛弹琴。'"(p.104)

按,语出汉牟融《牟子理惑论》:"公明仪为牛弹清角之操,伏食如故,非牛不闻,不合其耳矣。"定型之语已见上揭《续灯》例,参《大词典》(2-1295)、刘洁修(2009:305)、朱瑞玟(2008:172)、《俗语佛源》(2013:78)。

0289 炊沙作饭 蒸沙作饭

烧火煮沙欲其成饭。比喻做事虚妄,徒劳而无功。禅家常用来贬斥虚妄徒劳的教化作略或悟道行为。《续灯》卷六"永孚禅师":"上堂云:'棒头挑日月,木马夜嘶鸣。'拈拄杖云:'云门大师来也。'卓一下,云:'炊沙作饭,看井作裤。'"(p.160)《五灯》卷一五"永孚禅师"条同。(p.1011)《古尊宿》卷一四"谂禅师":"若是新入众的也,须究理始得,莫趁这边三百五百一千,傍边二众丛林称道好个住持,泊乎道着佛法,恰似炊沙作饭。"(p.237)

又言"蒸沙作饭"。《联灯》卷一七"知炳禅师":"以至诸方老宿、天下宗师,或棒喝纵横,或言词缜密,各各开张义路,建立门风,大似画饼充饥,蒸沙作饭。"(p.512)

按,语出唐般刺密帝译《楞严经》卷六:"是故阿难,若不断淫修禅定者,如蒸沙石,欲其成饭,经百千劫,只名热沙。何以故?此非饭本,沙石成故。"定型之语已见上揭《续灯》例。《大词典》、王涛等(编著,2007)、刘洁修(2009)、冷玉龙等(主编,2014)均未收"蒸沙作饭"。

0290 扬声止响

扬高声音来制止回声。比喻做事方式和目的相反,非但不能实现目的,反而更加糟糕。禅家常用以形容适得其反的施教作略或悟道行为。《传灯》卷三"向居士":"北齐天保初,闻二祖盛化,乃致书通好,曰:'影由形起,响逐声来。弄影劳形,不识形为影本。扬声止响,不知声是响根。'"(p.150)《续灯》卷一八"真悟禅师":"上堂云:'扬声止响,不知声是响根。弄影逃形,不知形为影本。以法问法,不知法本非法。以心传心,不知心本无心。'"(p.531)《圆悟禅师语录》卷一:"且道此个是什么?若唤作佛,头上安头。若唤作法,无绳自缚。祖师巴鼻是抱赃叫屈,向上机关是扬声止响,直得总不恁么,始较些子。"(41-195)

按,定型之语已见唐佛陀多罗译《圆觉经》卷下:"若求真舍妄,犹弃影劳形。若灭妄存真,似扬声止响。"《大词典》、王涛等(编著,2007)、刘洁修(2009)、冷玉龙等(主编,2014)均未收。

0291 弃影劳形 弄影劳形 弄影逃形

试图甩开跟随身体的影子。比喻做事虚妄,徒劳而无功。禅家用以比喻悟道方式虚妄,徒劳而无功。《传灯》卷三〇"答皇太子问心要":"若求真去妄,犹弃影劳形。若体妄即真,似处阴影灭。"(p.2419)

又言"弄影劳形"。《传灯》卷三"向居士":"北齐天保初,闻二祖盛化,乃致书通好,曰:'影由形起,响逐声来。弄影劳形,不识形为影本。扬声止响,不知声是响根。'"(p.150)《古尊宿》卷二九"佛眼和尚"条略同。(p.543)

又言"弄影逃形"。《续灯》卷一八"真悟禅师":"上堂云:'扬声止响,不知声是响根。弄影逃形,不知形为影本。以法问法,不知法本非法。以心传心,不知心本无心。'"(p.531)《联灯》卷二九"真悟禅师"条同。(p.915)

按,语出《庄子·渔父》:"人有畏影恶迹而去之,走者举足愈数,而迹愈多,走愈疾而影不离身。自以为尚迟,疾走不休,绝力而死。"定型之语已见唐佛陀多罗译《圆觉经》卷下:"若求真舍妄,犹弃影劳形。若灭妄存真,似扬声止响。"《大词典》、王涛等(编著,2007)、刘洁修(2009)、冷玉龙等(主编,2014)均未收。

0292　水中捉月　波中取月　波中捉月　水中拈月　水中捞月

比喻做事方式虚妄,或追求虚妄不实的东西,徒劳而无功。《广灯》卷一九"山郁禅师":"若将意解度量,迢迢十万八千。更乃息念观空,大似水中捉月。语上觅会,永劫沉沦。"(p.345)《续灯》卷一九"广鉴禅师":"谈玄说妙,譬如画饼充饥。入圣超凡,大似飞蛾赴火。一向无事,败种蕉芽。更若驰求,水中捉月。"(p.545)《慧方禅师语录》卷一:"打破直要坐禅,佛祖亦须超越。若言只这便是,大似水中捉月。"(41-809)

又言"波中取月"。《五灯》卷一三"幼璋禅师":"若是学语之流,不自省己知非,直欲向空里采花,波中取月,还着得心力么?"(p.844)

又言"波中捉月"。《道宁禅师语录》卷一:"荆棘林中敷扬般若,匪移跬步坐大道场,如或波中捉月,缘木求鱼。"(39-783)《普灯》卷一〇"以栖禅师":"上堂曰:'摩腾入汉,达磨来梁。途辙既成,后代儿孙开眼迷路。若是个惺惺的,终不向空里采花,波中捉月,谩劳心力。'"(p.269)

又言"水中拈月"。《祖心禅师语录》卷一:"微笑曰:'便怎么休去,已是欺谩,还相委悉么? 有则便好乘时,如无且莫错向水中拈月。'"(41-748)

又言"水中捞月"。《广闻禅师语录》卷一:"中秋上堂:'正好修行,檐前捧月。正好供养,水中捞月。拂袖便行,掉棒打月。'"(46-64)

按,定型之语已见唐玄觉《永嘉证道歌》:"镜里看形见不难,水中捉月争拈得。"《大词典》、王涛等(编著,2007)、刘洁修(2009)、冷玉龙等(主编,2014)均未收"波中取月""波中捉月""水中拈月"。

0293　斩头觅活　断头取活　斩头求活

斩下了头,还想着寻觅活命。比喻追求的目标虚幻,自然不能实现。《续灯》卷六"倚遇禅师":"拈拄杖示众云:'若向这里会去,是头上安头。若也不会,又是斩头觅活。'"(p.168)《普灯》卷一四"山觉禅师":"拟待理会祖师西来意,还知剑去久矣么? 设使直下悟去,也是斩头觅活。"(p.382)《古尊宿》卷一六"匡真禅师":"师有时云:'若言即心即佛,权且认奴作郎。生死涅槃,恰似斩头觅活。'"(p.279)

又言"断头取活"。《传灯》卷二二"境伦禅师":"初开堂,提起拂子曰:'还会么? 若会即头上更增头,若不会即断头取活。'"(p.1718)

又言"斩头求活"。《传灯》卷一六"元安禅师":"今有一事问汝等:'若道这个是,即头上安头;若道这个不是,即斩头求活。'"(p.1189)

按,定型之语已见上揭《传灯》例,《大词典》、王涛等(编著,2007)、刘洁修(2009)、冷玉龙等(主编,2014)均未收,参雷汉卿(2009:325)。

0294　虚空钉橛　钉橛空中　空里钉橛　虚空里钉橛

在虚无形质的空中钉橛子。禅家比喻虚妄徒劳的行为。《广灯》卷二八"从进禅师":"问:'承先德有言,清虚之理,毕竟无身。未审此意如何?'师云:'大似虚空钉橛。'"(p.576)《联灯》卷一八"妙道禅师":"不是心,不是佛,不是物,虚空钉橛。离得许多闲门破户,犹是死水藏龙。"(p.548)《普灯》卷二〇"智深禅师":"佛涅槃日上堂,曰:'兜率降生,双林示灭。掘地讨天,虚空钉橛。四十九年,播土扬尘。三百余会,纳尽败缺。'"(p.504)

又言"钉橛空中"。《续灯》卷一九"夔禅师":"虽然如是,早是无风起浪,钉橛空中。岂况牵枝引蔓,说妙谈玄。正是金屑眼中翳,衣珠法上尘。"(p.564)《五灯》卷一七"夔禅师"条同。(p.1145)

又言"空里钉橛"。《碧岩录》卷九:"不见盘山道:'心月孤圆,光吞万象。光非照境,境亦非存。光境俱亡,复是何物?'如今人但瞠眼唤作光,只去情上生解,空里钉橛。"(p.450)

散言"虚空里钉橛"。《临济禅师语录》卷一:"僧拟议,师便喝,随后打云:'不可向虚空里钉橛去也。'"(T47/496b)《传灯》卷一〇"茱萸山和尚":"金轮可观和尚问:'如何是道?'师云:'莫向虚空里钉橛。'"(p.680)《真净禅师语录》卷二:"欲识佛性,义当观时节因缘。古人无端向虚空里钉橛,诳惑后人。"(39-657)

按,定型之语已见上揭《广灯》例,《大词典》、王涛等(编著,2007)、刘洁修(2009)、冷玉龙等(主编,2014)均未收,可参袁宾(1991:518、510),袁宾、康健(主编,2010:104、459)。

0295　磨砖作镜　磨甎作镜　磨砖成镜

磨砺砖块试图作成镜子。比喻做事方式虚妄,根本不可能实现目标的行为。禅家用来贬斥虚妄徒劳的悟道行为。《祖堂》卷二"怀让和尚":"马和尚在一处坐,让和尚将砖去面前石上磨。马师问:'作什么?'师云:'磨砖作镜。'马师曰:'磨砖岂得成镜?'师云:'磨砖尚不成镜,坐禅岂得成佛也?'"(p.191)《倚遇禅师语录》卷一:"莫只与么业识忙忙,无明人我,私心作解,妄生穿凿,如磨砖作镜相似,多少警讹。"(39-736)《慧南禅师语录》卷一:"若也不识珠之与月,念言念句,认光认影,

犹如入海算沙，磨砖作镜，希其数而欲其明。”（41-727）

又作“磨甎作镜”。“甎”同“砖”。《续灯》卷六“惟简禅师”：“上堂云：‘拈一放一，妙用纵横。去解除玄，收凡破圣。若望本分草料，大似磨甎作镜，衲僧家合作么生？’”（p.159）《行珙禅师语录》卷二：“坐禅成佛生妄见，磨甎作镜妄尤多。打车打牛俱是妄，搅得心肠没奈何。”（47-220）

又言“磨砖成镜”。《心月禅师语录》卷二：“黄梅半夜，碓嘴开花。南岳庵前，磨砖成镜。至于胡挥乱喝，瞎棒盲枷。点检将来，大似隔靴抓痒。一错百错，错到如今。”（46-171）

按，语出怀让禅师开示弟子马祖道一的公案，见上揭《祖堂》例。定型之语已见上揭《祖堂》例，《大词典》（7-1107）举《传灯》例，晚。

0296　拨火觅沤　拨火求沤　拨火觅浮沤

拨开火堆寻觅浮沤（水泡）。比喻做事方式和目标背离，虚妄而徒劳，根本不可能实现目的。《正印禅师语录·序》：“倏而崖绝，敲空作响。言于无言，拨火觅沤。”（p.531）《惟一禅师语录》卷四：“铁杵宜将石上磨，要教明试一翻过。证非证也三乘果，空可空兮五阴魔。拨火觅沤愚不少，担泉带月智何多。宗纲力振诸知识，骨冷云山窣堵波。”（49-764）

又言“拨火求沤”。《昙华禅师语录》卷六：“若把这个作不覆藏的，无异吹毛觅缝，拨火求沤。”（42-185）

散言“拨火觅浮沤”。《祖堂》卷三“本净和尚”：“师《无修偈》曰：‘见道方修道，不见复何修？道性如虚空，虚空何处修？遍观修道者，拨火觅浮沤。但看弄傀儡，线断一时休。’”（p.182）《传灯》卷一五“善会禅师”：“有智人笑汝，偈曰：‘劳持生死法，唯向佛边求。目前迷正理，拨火觅浮沤。’”（p.1113）《联灯》卷一六“系南禅师”：“别明真解脱，拨火觅浮沤。”（p.467）

按，定型之语已见上揭《昙华禅师语录》例，《大词典》、王涛等（编著，2007）、刘洁修（2009）、冷玉龙等（主编，2014）均未收。

0297　拨沤觅火

拨开浮沤寻觅火。比喻做事方式和目标背离，虚妄而徒劳，注定不能实现目的。《圆悟禅师语录》卷三：“若谓即心即佛，正如头上安头。更言非佛非心，大似拨沤觅火。”（41-214）

按,定型之语已见上揭《圆悟禅师语录》例,《大词典》、王涛等(编著,2007)、刘洁修(2009)、冷玉龙等(主编,2014)均未收。

0298 泥里洗泥 泥中又洗泥

在稀泥中洗稀泥。禅家形容陷入言语知解等纠缠,不能干净利索地悟道。《了慧禅师语录》卷一:"浴佛上堂:'鹰窠里懵鸥,鸠巢中俊鹘。称尊未必尊,做小未必小。只么泥里洗泥,到了全没分晓。有分晓,海水不禁杓子舀。'"(46-426)

散言"泥中又洗泥"。《禅宗颂古联珠通集》卷二五:"昨夜三更转向西,明眼宗师为指迷。若于话下寻端的,未免泥中又洗泥。"(85-311)

按,定型之语已见上揭《了慧禅师语录》例,《大词典》、王涛等(编著,2007)、刘洁修(2009)、冷玉龙等(主编,2014)均未收。

0299 敲空觅响

敲击虚空,求觅响声。比喻做事方式不当,徒劳而无功。《联灯》卷二五"常察禅师":"示众云:'青霄鸟道,登者即迷。碧海无波,动犯风影。今时学者,也似敲空觅响,击石求声,火中求水,水里觅火。'"(p.763)《惟一禅师语录》卷一:"乃云:'如我按指,海印发光。古佛堂前,敲空觅响。非风幡动,仁者心动。曹溪路上,好肉剜疮。直饶别有生涯,也是和泥合水。'"(49-696)

按,定型之语已见上揭《联灯》例,《大词典》、王涛等(编著,2007)、刘洁修(2009)、冷玉龙等(主编,2014)均未收。

0300 镜里求形

看见镜子里的影像就想求取。比喻追求虚幻不实的事物,徒劳而无功。《古尊宿》卷四六"慧觉和尚":"上堂,举先圣云:'若也广寻文义,犹如镜里求形。更乃息念观空,喻似日中逃影。'"(p.903)《联灯》卷五"玑禅师":"示众云:'广寻文义,镜里求形。息念观空,水中捉月。单传心印,特地多端。德山临济,枉用功夫。石巩子湖,翻成特地。'"(p.441)《祖先禅师语录》卷一:"上堂:'广寻知见,犹如镜里求形。息念观空,大似日中逃影。'"(45-400)

按,定型之语已见上揭《古尊宿》例,《大词典》、王涛等(编著,2007)、刘洁修(2009)、冷玉龙等(主编,2014)均未收,可参袁宾(1991:523),袁宾、康健(主编,2010:222)。

0301　缘木求鱼　缘木取鱼

爬到树上试图获取鱼。比喻做事方式虚妄,愚痴而徒劳,根本不可能达到目的。禅家常用来贬斥虚妄徒劳的悟道行为。《倚遇禅师语录》卷一:"上堂云:'闻声悟道,何异缘木求鱼? 见色明心,大似迷头认影。诸仁者,不用续凫截鹤。'"(39-725)

又言"缘木取鱼"。《续灯》卷一八"宗初禅师":"师云:'若据祖宗门下,举目则千山万水,低头乃十万八千。更若展露言锋,寻言究妙,譬若敲冰求火,缘木取鱼,徒费精神,远之远矣。'"(p.519)

按,语出《孟子·梁惠王上》:"缘木求鱼,虽不得鱼,无后灾。"《大词典》、王涛等(编著,2007)、刘洁修(2009)、冷玉龙等(主编,2014)均未收"缘木取鱼"。

0302　泼油救火

泼油去浇灭火焰。比喻做事方法不当,不仅于事无补,反而使情况更加糟糕。禅家常用来形容适得其反的悟道行为或教化作略。《普觉禅师语录》卷二〇:"如此之流,邪魔恶毒入其心腑,都不觉知。欲出尘劳,如泼油救火,可不悲哉。"(42-378)又卷二七:"若硬止遏哭时又不敢哭,思量时又不敢思量。是特欲逆天理灭天性,扬声止响,泼油救火耳。"(42-438)《广闻禅师语录》卷二:"直指单传,不立文字,大似泼油救火。黄梅夜半,大庾岭头,虐焰愈炽。"(46-81)

按,定型之语已见上揭《普觉禅师语录》例,《大词典》(6-156)首引《三国演义》例,偏晚。

0303　碎珠觅影　碎珠求影

打碎珍珠试图再求觅珠影。比喻做事虚妄愚痴,根本不能实现目的。《慧远禅师语录》卷三:"恁么道,使谓之入理深谈。更作禅道佛法商量,入地狱如箭射。虽然如是,不可碎珠觅影,缘木求鱼去也。"(45-50)

又言"碎珠求影"。《慧远禅师语录》卷三:"有般汉才闻人恁么道,便乃碎珠求影,离水觅波。殊不知宗师家垂一言半句,如投水海中,如风中鼓橐。"(45-54)

按,定型之语已见上揭《慧远禅师语录》例,《大词典》、刘洁修(2009)、王涛等(编著,2007)、冷玉龙等(主编,2014)均未收。

0304　接竹点天

连接竹竿,妄图点到天空。比喻做事方式虚妄,徒劳而无功。《原妙禅师语录》

卷一:"若作佛法商量,掉棒打月。若作世谛流布,接竹点天。"(47-288)又卷一:"此平常心无心之语,成却多少人,误却多少人。往往不知泥中有刺,笑里有刀者。何啻有掉棒打月,接竹点天。"(47-301)

按,定型之语已见上揭《原妙禅师语录》例,《大词典》、刘洁修(2009)、王涛等(编著,2007)、冷玉龙等(主编,2014)均未收。

0305 持蠡酌海 持螺酌海

谓拿瓠瓢酌取无量海水,所取极少。禅家比喻以有限的作略领悟无量之佛法,结果只能是徒劳而无功。《联灯》卷一六"才禅师":"若谓本光之地,理合如然,正是坐井观天,持蠡酌海。"(p.480)《正法眼藏》卷六:"说个广大已是限量他了也,况以限量心欲入此广大境界,纵然入得,如持蠡酌海,一蠡纵满,能得几何?"(87-373)

又言"持螺酌海"。《倚遇禅师语录》卷一:"法昌与么举论,大似持螺酌海,明眼人前,一场笑具。"(39-732)

按,定型之语已见上揭《倚遇禅师语录》例,《大词典》、王涛等(编著,2007)、刘洁修(2009)、冷玉龙等(主编,2014)均未收。

0306 将盐止渴

口渴时用盐止渴。比喻做事的方式和目的恰好相反,结果适得其反。禅家用来形容适得其反的教化作略。《普灯》卷一八"守净禅师":"上堂曰:'谈玄说妙,撒屎撒尿。行棒行喝,将盐止渴。立主立宾,华擘宗乘。设或总不恁么,又是鬼窟里坐。'"(p.463)《五灯》卷二〇"守净禅师"条同。(p.1334)《师范禅师语录》卷一:"上堂:'阿刺刺,横该抹。天何高,地何阔。碧眼与黄头,徒自闹聒聒。育王恁么道,也是将盐止渴。'"(45-687)

按,定型之语已见上揭《普灯》例,《大词典》、王涛等(编著,2007)、刘洁修(2009)、冷玉龙等(主编,2014)均未收,另参袁宾、康健(主编,2010:204)。

0307 弄光认影

禅家比喻做事虚妄,认虚作实,十分愚痴。《联灯》卷二九"思慧禅师":"直须瞎却诸人眼,始解剪除病根。从教摸地捞天,免人弄光认影。过此已还,吾不知也。"(p.917)

按,定型之语已见上揭《联灯》例,《大词典》、王涛等(编著,2007)、刘洁修(2009)、冷玉龙等(主编,2014)均未收。

0308　寻声逐响

循着声音追逐回声。禅家比喻悟道方式不当,追求的目标虚妄,愚痴而徒劳。《广灯》卷八"断际禅师":"言王若成佛时,王子亦随出家,此意大难知。只教你莫觅,觅便失却。如痴人山中叫一声,响从谷出,便走下山趁。及乎觅不得,又叫一声,山上响又应,亦走上山上趁。如是千生万劫,只是寻声逐响人,虚生浪死汉。"(p.97)《古尊宿》卷三"断际禅师"条同。(p.49)《拈八方珠玉集》卷一:"正觉云:'山僧即不然,如何是百丈真?泻岩泉一派。如何是和尚真?带雨竹千竿。且道毕竟如何?切忌寻声逐响。'"(89-463)

按,定型之语已见于上揭《广灯》例,《大词典》、王涛等(编著,2007)、刘洁修(2009)、冷玉龙等(主编,2014)均未收。

0309　承虚接响　乘虚接响　接响承虚

比喻继承接受虚妄不实的东西。《倚遇禅师语录》卷一:"如斯之见,尽是败祖宗风,灭胡种族。承虚接响,欺罔圣贤。后学无辜,遭他指注。"(39-733)《续灯》卷二五"齐月禅师":"山河举唱,孰是知音?水鸟谈真,何人善听?然虽如是,知者方知。更若心眼未开,切忌承虚接响。"(p.682)《圆悟禅师语录》卷二:"上堂云:'棒头取证,撒土撒沙。喝下承当,承虚接响。向上向下,转更颠顿。说妙谈玄,和泥合水。'"(41-202)

又言"乘虚接响"。《慧空禅师语录》卷一:"天下老和尚,乘虚接响,竞出头来,说心说性,行棒行喝。"(45-106)

倒言"接响承虚"。《祖钦禅师语录》卷一:"自古自今,接响承虚,如稻麻竹苇。"(47-366)

按,定型之语已见上揭《倚遇禅师语录》例,《大词典》、王涛等(编著,2007)、刘洁修(2009)均未收。

0310　影响相驰

追逐影子和回声。禅家比喻追求虚妄不实的东西,徒劳而无功。《续灯》卷六"大觉禅师":"上堂云:'太阳东升,烁破大千之暗。诸人若向明中立,犹是影响相驰。若向暗中立,也是藏头露影汉。'"(p.154)《五灯》卷一五"大觉禅师"条同。(p.1007)

按,定型之语已见上揭《续灯》例,《大词典》、王涛等(编著,2007)、刘洁修(2009)、冷玉龙等(主编,2014)均未收。

0311 水上觅沤

从水面上寻觅生灭无常的浮沤。禅家比喻追求虚妄之事,徒劳而无功。《五灯》卷二〇"明辩禅师":"何必闻声悟道,见色明心? 非唯水上觅沤,已是眼中着屑。"(p.1318)

按,定型之语已见上揭《五灯》例,《大词典》、王涛等(编著,2007)、刘洁修(2009)、冷玉龙等(主编,2014)均未收。

0312 掉棒打月

手持棍棒试图打到月亮。禅家比喻凭借言语知解求觅佛法,是徒劳愚痴的行为。《碧岩录》卷九:"此事若向言语上觅,一如掉棒打月,且得没交涉。"(p.409)《广灯》卷一八"楚圆禅师":"且问诸人,作么生是出家行脚的事? 莫是着衣吃饭,行住坐卧,广学多闻,无言无说么? 若恁么会,大似掉棒打月。"(p.300)《守端禅师语录》卷一:"十世古今,始终不离于当念么? 又莫是一切无心,一时自遍么? 若恁么,正是掉棒打月。到这里,直须悟始得。"(39-95)

按,定型之语已见上揭《碧岩录》例,《大词典》、王涛等(编著,2007)、刘洁修(2009)、冷玉龙等(主编,2014)均未收。

0313 阳焰充饥

渴鹿见到阳光中浮动的尘埃,以为是解渴的水波便去追逐。禅家比喻示教方式虚妄,结果徒劳而无功。《仁勇禅师语录》卷一:"释迦出世,弄假像真。达磨西来,将长就短。德山棒、临济喝,阳焰充饥,梅林止渴。"(41-11)《续灯》卷一四"仁勇禅师"条同。(p.404)

按,语出南朝宋求那跋陀罗译《央掘魔罗经》卷一:"尔时,世尊告央掘魔罗:'此树下者是汝之母,生育之恩深重难报,云何欲害令其生天? 央掘魔罗! 非法谓法,如春时焰渴鹿迷惑。汝亦如是,随恶师教而生迷惑,若诸众生非法谓法,命终当堕无择地狱。'"定型之语已见上揭《仁勇禅师语录》例。《大词典》、王涛等(编著,2007)、刘洁修(2009)、冷玉龙等(主编,2014)均未收。

0314 阳焰翻波

将日光下浮动的尘埃认作翻动的水波。禅家比喻由妄心所生的虚幻之见。《传灯》卷二六"智觉禅师":"上座自会即得,古人意旨不然。既恁么会不得,合作么生会? 上座欲得么? 但看泥牛行处,阳焰翻波,木马嘶时,空花坠影。圣凡如此,道理分明。何须久立,珍重!"(p.2094)《宗镜录》卷二二:"居士笑云:'甚为锋捷,空花落影,阳焰翻波。吾道于先,吾行于后。'"(31-145)

按,定型之语已见上揭《传灯》例,《大词典》、王涛等(编著,2007)、刘洁修(2009)、冷玉龙等(主编,2014)均未收,可参袁宾(1991:509),袁宾、康健(主编,2010:471)。

0315 望梅止渴 梅林止渴 望林止渴

望见梅林,口中流涎,妄想止渴。禅家用来比喻施教或悟道方法虚妄,徒劳而无功。《慧开禅师语录》卷二:"告香普说:'灵山密付,黄叶止啼。少室亲传,望梅止渴。乃至德山棒,临济喝,雪峰辊球,道吾舞笏,祕魔擎叉,禾山打鼓,清原垂足,天龙竖指,尽是弄狮狲的闲家具,到这里总用不着。'"(42-17)《师范禅师语录》卷三:"冬夜小参:'过去诸佛,关空锁梦。现在诸佛,寄帽投河。未来诸佛,望梅止渴。'"(45-715)

又言"梅林止渴"。《仁勇禅师语录》卷一:"释迦出世,弄假像真。达磨西来,将长就短。德山棒、临济喝,阳焰充饥,梅林止渴。"(41-11)《续灯》卷一四"仁勇禅师"条同。(p.404)

又言"望林止渴"。《了慧禅师语录》卷二:"五会语要,天童老灭翁为之校证,凡一字一句,如陈年梅核,绝无苦涩酸甜等味。然无味之味,咬破方知。后之览者,切忌望林止渴。"(46-449)《广闻禅师语录》卷二:"大梅机关太露,瞪目不见底。雪老窠臼犹存,须信少林一枝曹溪一派,不出吾掌握中矣。倘或望林止渴,口里水漉漉的,谓是误他三军,又争怪得?"(46-84)

按,语出南朝宋刘义庆《世说新语·假谲》:"魏武行役,失汲道,军皆渴,乃令曰:'前有大梅林,饶子,甘酸,可以解渴。'士卒闻之,口皆出水,乘此得及前源。"《大词典》、王涛等(编著,2007)、刘洁修(2009)、冷玉龙等(主编,2014)均未收"梅林止渴""望林止渴"。

0316 捕风捉影 捕风系影 捕风捉月

比喻追求虚幻不实的事物。《祖钦禅师语录》卷二:"你若抵死,更不知归。坚欲捕风捉影,不妨竖起生铁脊梁。"(47-362)

又言"捕风系影"。《联灯》卷一八"道颜禅师":"若离生灭去来,趣向法道,何异缘木求鱼,捕风系影?"(p.536)

又言"捕风捉月"。《祖钦禅师语录》卷一:"解夏小参:'无解无结,犹是空中钉橛。有修有证,何异捕风捉月?'"(47-328)

按,定型之语已见上揭《祖钦禅师语录》例,《大词典》、王涛等(编著,2007)、刘洁修(2009)、冷玉龙等(主编,2014)均未收"捕风系影""捕风捉月"。

0317 把火烧天

举起火把妄想烧天。比喻做事虚妄,徒劳而无功。《传灯》卷三○"真觉大师":"从他谤,任他非,把火烧天徒自疲。我闻恰似饮甘露,销融顿入不思议。"(p.2425)《印肃禅师语录》卷二:"把火烧天徒自疲,坚持十力助他非。烦恼息时全体是,速令直下发菩提。"(44-749)《五灯》卷一四"守钦禅师":"问:'如何是祖师西来意?'师曰:'把火烧天徒自疲。'"(p.855)

按,定型之语已见唐玄觉《永嘉证道歌》例,同上揭《传灯》例,《大词典》、王涛等(编著,2007)、刘洁修(2009)、冷玉龙等(主编,2014)均未收。

0318 如篮盛水

如同用竹篮子盛水。形容做事方式不当,结果一无所获。《寒山子诗》卷一:"我见瞒人汉,如篮盛水走。一气将归家,篮里何曾有?"(p.536)《仁勇禅师语录》卷一略同。(41-15)

按,定型之语已见上揭《寒山子诗》例,《大词典》、王涛等(编著,2007)、刘洁修(2009)、冷玉龙等(主编,2014)均未收。

0319 干竹绞汁

企图从干枯的竹竿里绞出水汁。比喻做事脱离实际,徒劳而无功。《无门关·序》:"第一强添几个注脚,大似笠上顶笠。硬要习翁赞扬,又是干竹绞汁,着得这些哱本。"(T48/292a)《慧开禅师语录》卷二:"予闻绪言而喜,乃干竹绞汁,沥这些一滴,掷一掷授印生,以一任落乎江湖,放乎四海。"(42-30)

按,定型之语已见上揭宋宗绍编《无门关·序》例,《大词典》、王涛等(编著,2007)、刘洁修(2009)、冷玉龙等(主编,2014)均未收。另可参袁宾(1991:499),雷汉卿(2009:318),袁宾、康健(主编,2010:143),雷汉卿、王长林(2018:67)。

0320 扫雪求迹

扫除积雪后,妄图再觅印迹。比喻做事虚妄,徒劳而无功。《绍昙禅师广录》卷六:"太白死句中有活句,诸老活句中有死句。死活向上有事在,拟议寻思。吴元济

不待夜入蔡州城,已被擒捉了也。具透关眼者,切忌扫雪求迹。"(46-349)

按,定型之语已见上揭《绍昙禅师广录》例,《大词典》、刘洁修(2009)、王涛等(编著,2007)、冷玉龙等(主编,2014)均未收。

0321　海底摸针

大海里捞针。比喻做事不切实际,徒劳而无功。《居简禅师语录》卷一:"声成文,谓之音。作如是观,海底摸针。空王至今,悠悠我心。"(46-34)

按,定型之语已见上揭《居简禅师语录》例,《大词典》、刘洁修(2009)、王涛等(编著,2007)、冷玉龙等(主编,2014)均未收。

0322　雪上加霜　雪上更加霜　霜加雪上

雪上面又加了一层霜。禅家比喻悟道作略多余,徒增一层纠缠。《传灯》卷一九"文偃禅师":"师上堂云:'诸和尚子,饶你有什么事?犹是头上着头,雪上加霜,棺木里桄(瞠)眼。'"(p.1431)《续灯》卷一六"法真禅师":"更乃说妙谈玄,不当宗门苗裔。山僧恁么道,已是雪上加霜,你等诸人更拟觅个什么?"(p.470)《首端禅师语录》卷二:"眉毛眼睫要须分,眉毛眼睫,有长有短。直饶道不长不短,未出常见。更道长长短短,雪上加霜。"(39-66)

散言"雪上更加霜"。《祖堂》卷一九"陈和尚":"又问:'大德讲什么经论?'云:'曾讲十数本经论。''何得妄说?'对云:'某甲实语。'师云:'雪上更加霜,担枷过状来。我与你道不妄语,近前来!'"(p.863)又卷一二"荷玉和尚":"问:'如何指示则得不昧于时中?'师云:'不可雪上更加霜。'"(p.545)

又言"霜加雪上"。《联灯》卷二九"法成禅师":"示众云:'只这个负累杀人。认作空劫时自己,分明头上安头。更言落在今时,何异霜加雪上!'"(p.915)

按,定型之语已见上揭《传灯》例。孙维张(2007:302)举上揭《祖堂》例,释作"比喻已经在遭苦难再加上一层苦难,一遍遍受灾难",朱瑞玟(2008:186)、王闰吉(2012:180)略同,均不确。可参田照军等(2007),雷汉卿、工长林(2018:48)。

0323　为蛇画足　与蛇画足　画蛇添足

画蛇时给蛇添上了脚。比喻做事多此一举,适得其反。禅家多喻施教作略多余,无益于悟道。《续灯》卷一五"大通禅师":"上堂,顾左右云:'……今日人天匝坐,尽是知音,且道什么处是不坠处?若也道得,便乃亲见碧眼胡僧。如或落辞,不免为蛇画足。'"(p.433)

又言"与蛇画足"。《祖堂》卷一二"荷玉和尚":"古人恐与蛇画足,眼中生翳,复若为?"(p.545)《传灯》卷一〇"闲禅师":"池州灵鹫闲禅师谓众曰:'是汝诸人本分事,若教老僧道,即与蛇画足。'"(p.678)《古尊宿》卷三七"圣国师":"问:'凡有言句尽是与蛇画足,如何是不画足?'师云:'放汝二十棒。'"(p.691)

又言"画蛇添足"。《慧开禅师语录》卷一:"上堂:'百丈有三诀:吃茶! 珍重! 歇! 翠岩不学百丈画蛇添足。'"(42-9)

按,语出《战国策·齐策二》:"楚有祠者,赐其舍人卮酒。舍人相谓曰:'数人饮之不足,一人饮之有余。请画地为蛇,先成者饮酒。'一人蛇先成,引酒且饮之,乃左手持卮,右手画蛇,曰:'吾能为之足。'未成,一人之蛇成,夺其卮曰:'蛇固无足,子安能为之足?'遂饮其酒。为蛇足者,终亡其酒。"定型之语已见晋常璩《华阳国志·刘后主》:"翼曰:'可矣! 不宜进,或毁此成功,为蛇画足。'"刘洁修(2009)、冷玉龙等(主编,2014)均未收"与蛇画足"。

0324 头上安头 头上更安头 头上着头

头上再安个头。比喻做事多余。禅家用来比喻悟道作略多余,徒增一层纠缠。《黄檗禅师语录》卷一:"师云:'问从何来? 觉从何起? 语默动静,一切声色,尽是佛事。何处觅佛? 不可更头上安头,嘴上加嘴。'"(T48/385c)《续灯》卷二六"林恩禅师":"若向这里说即心即佛,大似头上安头。若说非心非佛,何异迷头认影?"(p.717)《守卓禅师语录》卷一:"上堂云:'长期告毕,法岁云周,木人施草,石女行筹,衲僧了无交涉,哪更头上安头?'"(41-79)

散言"头上更安头"。《祖堂》卷九"落浦和尚":"老僧有事问诸人,若道这个是,头上更安头;若道这个不是,斫头更觅活。"(p.418)《仁勇禅师语录》卷一:"堪笑山翁不识羞,为他头上更安头。岩前跳踯无寻处,一片残霞晓未收。"(41-34)

又言"头上着头"。《传灯》卷一九"文偃禅师":"师上堂云:'诸和尚子,饶你有什么事,犹是头上着头,雪上加霜,棺木里桄(瞠)眼,炙疮盘上着艾燋。这个一场狼藉,不是小事。'"(p.1431)

按,定型之语已见上揭唐裴休集《黄檗禅师语录》例,《大词典》(12-297)举《五灯》例,偏晚。

0325 土上加泥 土上更加泥

土上再加一层泥。禅家比喻悟道作略多余累赘,徒增一层纠缠。《传灯》卷二九"龙牙和尚":"迷人未了劝盲聋,土上加泥更一重。悟人有意同迷意,只在迷中迷不逢。"(p.2358)《续灯》卷九"觉海禅师":"摩竭迦文亲行是令,山僧今朝不可更向土上加泥也。"(p.261)《碧岩录》卷八:"有者更不识好恶,作圆相土上加泥,添枷带锁。"(p.388)

散言"土上更加泥"。《普灯》卷二"义怀禅师":"僧问:'天不能盖,地不能载,未审是什么人?'曰:'掘地深埋。'云:'此人还受安排也无?'曰:'土上更加泥。'"(p.40)《善昭禅师语录》卷二:"便伸请益欲除疑,宗师正示空花树,免教土上更加泥。"(39-596)《圆悟禅师语录》卷九:"进云:'人境已蒙师指示,向上还有事也无?'师云:'不可土上更加泥。'"(41-268)

按,定型之语已见上揭《传灯》例,《大词典》、王涛等(编著,2007)、刘洁修(2009)、冷玉龙等(主编,2014)均未收,可参袁宾(1991:499),袁宾、康健(主编,2010:417)。

0326　眉上安眉　眉上更安眉　眉上画眉　额下安眉

眉毛上再安眉毛。禅家比喻悟道作略多余,徒增一层纠缠。《师范禅师语录》卷二:"破庵和尚忌日,拈香:'这个老冻侬,从来不赌事。刚把胡张三唤作黑李四,更于眉上安眉,不向鼻中出气。'"(45-703)

散言"眉上更安眉"。《传灯》卷二三"沧溪璘和尚":"师因事有颂曰:'天地指前径,时人莫强移。个中生解会,眉上更安眉。'"(p.1750)《五灯》卷一五"沧溪璘禅师"条同。(p.953)

又言"眉上画眉"。《续灯》卷二一"佛印禅师":"诸人到此,合作么生观?还知么?除是超方上士,不向眉上画眉。其如晚路初机,且就水中洗水。"(p.603)《怀深禅师广录》卷三:"檀越作炙茄斋请上堂:'若据本分事中,说个什么事即得?便道人人具足,正是眉上画眉。更言个个圆成,何异眼中着屑?'"(41-166)

又言"额下安眉"。《慧远禅师广录》卷一:"德山临济,口似鼓椎。顶门一札,额下安眉。"(45-13)《慧远禅师广录》卷三:"复云:'言无展事,语不投机。顶门着眼,额下安眉。'"(45-52)

按,定型之语已见上揭《续灯》例,《大词典》、王涛等(编著,2007)、刘洁修(2009)、冷玉龙等(主编,2014)均未收。

0327 锦上添花 锦上添华 锦上铺花 锦上铺华 花添锦上 锦纹添花 锦上更添花 锦上更铺花

在有花纹的锦缎上再添花。①禅家比喻作略多余累赘。《续灯》卷八"洪諲禅师":"问:'达磨西来,教外别传,为什么将往随后?'师云:'锦上添花。'"(p.235)②比喻好上加好。《联灯》卷一七"弥光禅师":"放行则锦上添花,把住则真金失色。敢问大众,把住好?放行好?"(p.527)

又作"锦上添华"。比喻好上加好。《圆悟禅师语录》卷一:"僧问:'雷音已震于沙界,今日相逢事若何?'答:'久雨不晴。'僧云:'与么则锦上添华。'"(41-10)

又言"锦上铺花"。①比喻作略多余累赘。《密庵和尚语录》卷一:"进云:'直得龙吟雾起,虎啸风生。'师云:'锦上铺花又一重。'"(45-201)②比喻好上加好。《古尊宿》卷二〇"法演禅师":"上堂举似大众:'昨日锦上铺花,今日脚踏实地;但看今日明朝,说甚祖师来意?'"(p.382)《联灯》卷一六"慧勤禅师":"示众云:'十五日已前事,锦上铺花;十五日已后事,如大海一沤发。'"(p.487)

又作"锦上铺华"。①比喻作略多余累赘。《圆悟禅师语录》卷一七:"师拈云:'银山铁壁有什么阶升处?山僧今夜锦上铺华,八字打开,商量这公案去也。'"(41-343)又卷一:"上堂云:'点即不到,一大藏教,锦上铺华。到即不点,祖师西来,金声玉振。且道祖意教意是同是别?'"(41-198)②比喻好上加好。《圆悟禅师语录》卷五:"提向上纲宗,用作家鼻孔。回岁旦于今朝,用庆年于此日。正当恁么时如何?万人丛里插高标,锦上铺华转光彩。"(41-232)

又言"花添锦上"。比喻好上加好。《广闻禅师语录》卷一:"意在目前,花添锦上。数百衲子,同声庆赞。半千尊者,动地放光。"(46-64)又卷一:"谢府施法被上堂:'花添锦上几重重,针札将来不露锋。佛手分明遮不得。盖天盖地显吾宗。'"(46-70)

又言"锦纹添花"。比喻好上加好。《如净禅师续语录》卷一:"上堂云:'念念勿生疑,碧波江上静。观世音净圣,翠竹真如体。于苦恼死厄,曾锦纹添花。能为作依怙,山色春犹香。'"(45-476)

散言"锦上更添花"。比喻作略多余累赘。《祖堂》卷九"罗山和尚":"十三娘后举似师,便问:'只如十三娘参见大沩,与么祇对,还得平稳也无?'师云:'不得无过。'娘云:'过在什么处?'师乃叱之。娘云:'今日便是锦上更添花。'"(p.450)

散言"锦上更铺花"。比喻好上加好。《圆悟禅师语录》卷一:"问:'大庾岭头提

不起,如今何得在师边。'师举拂子。进云:'拈来当宇宙,锦上更铺花。'师云:'一叶落知天下秋。'"（41-193）

按,定型之语已见上揭《续灯》例,《大词典》、王涛等(编著,2007)、刘洁修(2009)、冷玉龙等(主编,2014)均未收上揭第①义,又未收上揭变体"锦纹添花"。

0328 牛上骑牛

禅家比喻自己本有佛性,还荒唐地再觅作佛,行为多余而可笑。《普灯》卷一一"清远禅师":"大众,时人为什么坐地看扬州? 钵盂着柄新翻样,牛上骑牛笑杀人。"（p.298）《古尊宿》卷二八"佛眼和尚"条同。（p.527）

按,定型之语已见上揭《普灯》例,《大词典》、王涛等(编著,2007)、刘洁修(2009)、冷玉龙等(主编,2014)均未收。

0329 节外生枝 枝上生枝 枝上生节 节上生枝 枝蔓上更生枝蔓 枝蔓上更添枝蔓

枝蔓上更生枝蔓。比喻做事多余累赘,事外复生事端。禅家常喻悟道作略多余,无端生事。《圆悟禅师语录》卷四:"设使奋逸群作,略施竭世枢机,未免节外生枝,水中捉月。"（41-219）《宏智禅师广录》卷六:"衲僧觑得破,怪他祖师西来,作许多事,节外生枝,眼里着屑。更有般汉,刺头做无限伎俩,刻舟记剑。"（44-517）《联灯》卷一六"克勤禅师":"所以道,三世诸佛,只言自知。历代祖师,全提不起。一大藏教,诠注不及。明眼衲僧,自救不了。若据本分草料,犹是节外生枝。"（p.848）

又言"枝上生枝"。《联灯》卷一六"良范禅师":"示众云:'尘劫来事,尽在如今。空劫那边,全归日用。触处成现,亲体无私。人人单提祖印,个个独用全机。到这里,直饶有通天作略,竭世枢机,只是枝上生枝,蔓上生蔓。'"（p.439）《绍昙禅师语录》卷一:"可知道,达磨老臊胡,可谓秦无人。一年一度,纤洪长短。开花结果自定,何须特地枝上生枝么?"（46-407）

又言"枝上生节"。《续灯》卷六"海印禅师":"上堂云:'马师即心即佛,大似埋桩钉橛。牛头横说竖说,宛如枝上生节。欲识佛祖性义,会取春寒秋热。'拍绳床,下座。"（p.166）《妙伦禅师语录》卷一:"师拈云:'有无枝上生节,与夺节上生枝,一等弄拄丈子,芭蕉老吃便宜。'"（46-520）

又言"节上生枝"。《绍昙禅师广录》卷五:"拈:'缺齿老胡,可谓秦无人,一年一度,洪纤长短。谁不开花? 谁不结果? 须要节上生枝作么?'"（46-340）《原妙禅师语录》卷一:"上堂:'千疑万疑,只是一疑。若能决此一疑,免教节上生枝。'"

（47-292）

散言“枝蔓上更生枝蔓”。《续灯》卷一一“宗诱禅师”：“上堂云：‘龙泉今日与诸人说些葛藤。’良久，云：‘枝蔓上更生枝蔓。’”（p.341）

又言“枝蔓上更添枝蔓”。《了慧禅师语录》卷二：“吾佛生日，手指天地，大开臭口，独自称尊。至于后来三百余会，空有顿渐权实偏圆。人间天上，海藏龙宫，狼藉不少，何必枝蔓上更添枝蔓耶？”（46-446）

按，定型之语见于上揭《续灯》例，《大词典》、王涛等（编著，2007）、刘洁修（2009）、冷玉龙等（主编，2014）均未收“枝上生枝”“枝上生节”。

0330　矢上加尖

箭上再加尖头。禅家比喻悟道作略多余无益。《仁勇禅师语录》卷一：“无明实性即佛性，泥里洗土。幻化空身即法身，矢上加尖。只这里便回头去，已是抛家散业了也。更若奔波向前，其奈山重水远。”（41-21）《普灯》卷二六“沩潭祥禅师”：“宝峰道：‘日本国人说禅得困，却来宝峰拄杖头上歇息，要为大宋人说法，还闻么？’良久曰：‘矢上加尖。’”（p.648）《宏智禅师广录》卷四：“上堂：‘说禅说道，虚空钉橛。体妙体玄，矢上加尖。’”（44-475）

按，定型之语已见上揭《仁勇禅师语录》例，《大词典》、王涛等（编著，2007）、刘洁修（2009）、冷玉龙等（主编，2014）均未收。

0331　玉上加珠

禅家比喻悟道作略多余无益。《慧晖禅师语录》卷一：“用晨参暮请为什么？句句道着更无分外。虽然土上加泥，玉上加珠，等闲有四句以续尊韵。”（42-94）

按，定型之语已见上揭《慧晖禅师语录》例，《大词典》、王涛等（编著，2007）、刘洁修（2009）、冷玉龙等（主编，2014）均未收。

0332　平地骨堆

在平地上起假坟墓。禅家比喻悟道作略多余，妄生事端。《仁勇禅师语录》卷一：“黄面老子出世，平地骨堆。碧眼胡儿西来，无风浪起。近朱者赤，近墨者黑。”（41-16）《续灯》卷一五“传祖禅师”：“上堂，顾视云：‘扬子江心，无风起浪。石公山畔，平地骨堆。会得左右逢源，争似寂然不动。’”（p.437）《联灯》卷二八“智才禅师”：“示众云：‘风雨萧骚，塞汝耳根。……颠倒妄想，塞汝意根。诸禅德，直饶你翻得转，也是平地骨堆。’”（p.906）

按,定型之语已见上揭《仁勇禅师语录》例,《大词典》、王涛等(编著,2007)、刘洁修(2009)、冷玉龙等(主编,2014)均未收,参袁宾(1991:504)。

0333　平地掘坑

在平地上挖坑。比喻无事生事、徒劳无益的行为。《无德禅师语录》卷一:"更待山僧击扬斯事,恰似平地掘坑。"(42-157)《续古尊宿》卷一"汾阳昭禅师":"钟声雀噪,可契真源。别处驰求,妄生节目。信得因风吹火,不信平地掘坑。事不获已,起模画样。"(44-6)

按,定型之语已见上揭《无德禅师语录》例,《大词典》、王涛等(编著,2007)、刘洁修(2009)、冷玉龙等(主编,2014)均未收,另可参袁宾、康健(主编,2010:320),袁宾(1991:504)。

0334　笠上顶笠

斗笠上再戴斗笠,比喻多余累赘的行为。《无门关·序》卷一:"说道无门,尽大地人得入。说道有门,无阿师分。第一强添几个注脚,大似笠上顶笠,硬要习翁赞扬。"(T48/292a)

按,定型之语已见上揭宋宗绍编《无门关·序》例,《大词典》、王涛等(编著,2007)、刘洁修(2009)、冷玉龙等(主编,2014)均未收,参袁宾、康健(主编,2010:258),袁宾(1991:519)。

0335　嘴上加嘴

嘴上再加嘴。禅家比喻悟道作略多余累赘。《黄檗禅师宛陵录》卷一:"问从何来? 觉从何起? 语默动静,一切声色,尽是佛事。何处觅佛? 不可更头上安头,嘴上加嘴。"(T48/385c)

按,定型之语已见上揭唐裴休集《黄檗禅师宛陵录》例,《大词典》、王涛等(编著,2007)、刘洁修(2009)、冷玉龙等(主编,2014)均未收,另可参袁宾(1991:523)。

0336　床上安床

比喻做事多余累赘。《传灯》卷一九"可观禅师":"问:'古人道:毗卢有师,法身有主,如何是毗卢师法身主?' 师曰:'不可床上安床。'"(p.1422)《五灯》卷七"可观禅师"条同。(p.420)

按,定型之语已见南朝陈姚最《续画品》卷一:"右惠远之子,便捷有余,真巧不足,善于布置,略不烦草。若比方诸父,则床上安床。"《大词典》、刘洁修(2009)均未收。

0337 画虎添斑

画虎时给虎添上了斑纹。比喻做事多此一举,适得其反。《祖先禅师语录》卷一:"师云:'睡龙好条拄杖,可惜龙头蛇尾,更得招庆随后打揍捒,大似画虎添斑。'"(45-391)

按,定型之语已见上揭《祖先禅师语录》例,《大词典》、王涛等(编著,2007)、刘洁修(2009)、冷玉龙等(主编,2014)均未收。

0338 无风起浪　无风浪起

水面无风却涌起了波浪。比喻做事多此一举,妄生事端。禅家多喻悟道作略多余,妄生事端。《黄檗禅师宛陵录》卷一:"达磨西来,无风起浪。世尊拈花,一场败缺。"(T48/387b)《五灯》卷一七"夔禅师":"师乃曰:'只恁么便散去,不妨要妙。虽然如是,早是无风起浪,钉橛空中。'"(p.1145)《圆悟禅师语录》卷一:"拈一放一,节外生枝。举古举今,无风起浪。山僧今日一时坐断。"(41-199)

又言"无风浪起"。《仁勇禅师语录》卷一:"上堂:'黄面老子出世,平地骨堆;碧眼胡儿西来,无风浪起。'"(41-16)《续灯》卷四"圆鉴禅师":"问:'莲花未出水时如何?'师云:'焦砖打着连底冻。'僧曰:'出水时如何?'师云:'洋澜左里,无风浪起。'"(p.103)《五灯》卷二〇"道能禅师":"曰:'如何是就髓刮骨?'师曰:'洋澜左蠡,无风浪起。'"(p.1345)

按,定型之语已见上揭唐裴休集《黄檗禅师宛陵录》,参孙维张(2007:274)、刘洁修(2009:1225)、《俗语佛源》(2013:39)。

0339 指鹿为马

指着鹿硬说是马。①形容颠倒黑白、混淆是非的愚痴行为。《续灯》卷一四"了觉禅师":"若不相悉,山僧今日指鹿为马,唱九作十,瞒诸人去也。"(p.408)《普灯》卷二六"远禅师":"既是为善知识,为什么却不悟?还会么?岂可唤钟作瓮,终不指鹿为马。"(p.654)《古尊宿》卷四〇"文悦禅师":"良久云:'既无人出来,山僧今日不惜眉毛,不免指鹿为马,翻日作月去也。三十年后莫错怪人好。'便升座。"(p.744)②禅家也比喻本心超越后,灭除万象差别的境界。《古尊宿》卷四五"真净禅师":"佛子之心,大喜大舍。唤龟作鳖,指鹿为马。偃溪水声,庐陵米价。一一法门,死蛇活把。"(p.868)《梵琮禅师语录》卷一:"财法二施,等无差别。指鹿为马,

唤龟作鳖。说时点,点时说。要作破家儿孙,宜把祖灯吹灭。"(46-109)

按,语出《史记·秦始皇本纪》:"赵高欲为乱,恐群臣不听,乃先设验,持鹿献于二世,曰:'马也'。二世笑曰:'丞相误耶? 谓鹿为马。'问左右,左右或默,或言马以阿顺赵高。或言鹿,高因阴中诸言鹿者以法。后群臣皆畏高。"定型之语已见《后汉书·窦宪传》:"深思前过,夺主田园时,何用愈赵高指鹿为马? 久念使人惊怖。"《大词典》、王涛等(编著,2007)、刘洁修(2009)、冷玉龙等(主编,2014)均未收上揭②义。

0340　认马作牛

错把马认作了牛。形容分辨不清事理、混淆是非的愚痴行为。《普灯》卷一二"道渊禅师":"上堂:'香山有个话头,弥满四大神洲。若以佛法批判,还如认马作牛。'"(p.318)《五灯》卷一二"道渊禅师"条同。(p.772)

按,定型之语已见上揭《普灯》例,《大词典》、王涛等(编著,2007)、刘洁修(2009)、冷玉龙等(主编,2014)均未收。

0341　认驴作马　唤驴作马

把驴错认作了马。形容分辨不清事理、混淆是非的愚痴行为。《虚堂和尚语录》卷一:"师云:'夹山未得与物俱化,致令影草之流认驴作马。'"(46-642)

又言"唤驴作马"。《慧性禅师语录》卷一:"上堂云:'今朝四月初一,万像难逃影质。马祖升堂,百丈卷席,秘魔擎叉,鲁祖面壁。唤驴作马,虾跳不出。麒麟一角尖,乌龟三眼赤。'"(45-523)《禅宗颂古联珠通集》卷三六:"铲除露布葛藤,不用之乎者也。饶君句下精通,未免唤驴作马。"(85-465)

按,定型之语已见上揭《虚堂和尚语录》例,《大词典》、王涛等(编著,2007)、刘洁修(2009)、冷玉龙等(主编,2014)均未收。

0342　指马作驴

指着马硬说是驴。形容颠倒黑白、混淆是非的愚痴行为。《妙伦禅师语录》卷一:"七个八个,指马作驴。三人四人,证龟成鳖。"(46-493)

按,定型之语已见上揭《妙伦禅师语录》例,《大词典》、刘洁修(2009)、王涛等(编著,2007)、冷玉龙等(主编,2014)均未收。

0343　认弓为矢

错把弓认作了箭。禅家形容法眼不明、颠倒是非的愚痴行为。《普灯》卷三"应文禅师"："上堂曰：'明明百草头，明明祖师意。直下便承当，错认弓为矢。惺惺的筑着磕着，懵懂的和泥合水。'"（p.93）《五灯》卷一四"应文禅师"条同。（p.889）

按，定型之语已见上揭《普灯》例，《大词典》、王涛等（编著，2007）、刘洁修（2009）、冷玉龙等（主编，2014）均未收。

0344 认弓作蛇

把弓认作了蛇。形容颠倒黑白、混淆是非的愚痴行为。《普灯》卷五"惟湛禅师"："五派狂分，千枝横出。指鹿为马，认弓作蛇。首惑安心，次迷得髓。"（p.133）

按，定型之语已见上揭《普灯》例，《大词典》、王涛等（编著，2007）、刘洁修（2009）、冷玉龙等（主编，2014）均未收。

0345 唤龟作鳖　认龟作鳖　乌龟唤作鳖　呼龟以为鳖

错把乌龟叫作鳖。①形容分辨不清事理、混淆是非的愚痴行为。《普灯》卷二〇"智深禅师"："佛涅槃日上堂，曰：'兜率降生，双林示灭。掘地讨天，虚空钉橛。四十九年，播土扬尘。三百余会，纳尽败缺。尽力布网张罗，未免唤龟作鳖。'"（p.504）②比喻本心超越后，灭除万象差别。《古尊宿》卷四五"真净禅师"："佛子之心，大喜大舍。唤龟作鳖，指鹿为马。偃溪水声，庐陵米价。一一法门，死蛇活把。"（p.868）《梵琮禅师语录》卷一："财法二施，等无差别。指鹿为马，唤龟作鳖。说时点，点时说。要作破家儿孙，宜把祖灯吹灭。"（46-109）

又言"认龟作鳖"。形容分辨不清事理、混淆是非的愚痴行为。《普灯》卷二〇"希秀禅师"："直饶对此明机，未免认龟作鳖。"（p.507）《五灯》卷一九"希秀禅师"条同。（p.1380）

散言"乌龟唤作鳖"。①形容分辨不清事理、混淆是非的愚痴行为。《普灯》卷二八"德山见龙潭"："南来本欲破邪说，纸灯灭处难分雪。踏着秤锤硬似铁，错认乌龟唤作鳖。"（p.733）②比喻本心超越后，灭除万象差别。《联灯》卷一七"善果禅师"："示众云：'心生法亦生，心灭法亦灭。心法两俱忘，乌龟唤作鳖。'"（p.519）

散言"呼龟以为鳖"。比喻本心超越后，灭除万象差别。《普灯》卷一四"法泰禅师"："指南将作北，呼龟以为鳖，唤豆以为粟。从他明眼人，笑我无绳墨。"（p.363）

按，定型之语已见上揭《普灯》例，《大词典》、王涛等（编著，2007）、刘洁修（2009）、冷玉龙等（主编，2014）均未收。

0346　证龟成鳖　证龟作鳖

比喻说的人多了,就会把错误的证明为正确的。《传灯》卷二二"澄远禅师":"问:'如何是室内一灯?'师曰:'三人证龟成鳖。'"(p.1736)《圆悟禅师语录》卷一九:"直下斩钉截铁,铲却古今途辙,高出临济德山,三人证龟成鳖。"(41-358)《妙伦禅师语录》卷一:"七个八个,指马作驴。三人四人,证龟成鳖。'"(46-493)

又言"证龟作鳖"。《虚堂和尚语录》卷一:"元宵上堂:'人间灯,天上月,有明有暗有圆有缺的事贪,观心未歇,兴圣室内无油,免得证龟作鳖。'"(46-628)《崇岳禅师语录》卷一:"上堂:'三人证龟作鳖,有口都不能说。须弥顶上浪滔滔,大洋海里遭火爇。'"(45-325)

按,定型之语已见上揭《传灯》例,《大词典》、刘洁修(2009)、冷玉龙等(主编,2014)均未收。

0347　认指为月　认指作月

错把指月的手指认为是月亮。禅家比喻拘泥于言辞说教,错把示道的言语作略认作是佛法意旨。《传灯》卷二五"绍岩禅师":"问:'见月忘指时如何?'师曰:'非见月。'曰:'岂可认指为月耶?'师曰:'汝参学来多少时也?'"(p.2011)《圆悟禅师语录》卷一五:"虽不立窠臼露布,久之学徒妄认,亦成窠臼露布也。盖以无窠臼为窠臼,无露布作露布。应须及之令尽,无令守株待兔,认指为月。"(41-321)

又言"认指作月"。《碧岩录·序》:"若见水即海,认指作月,不特大慧忧之,而圆悟又将为之去粘解缚矣。"(p.4)

按,定型之语已见上揭《传灯》例,《大词典》、王涛等(编著,2007)、刘洁修(2009)、冷玉龙等(主编,2014)均未收,参袁宾、康健(主编,2010:351)。

0348　以鸡为凤

把鸡当作凤凰。形容好歹不分,贤愚未辨。《虚堂和尚语录》卷四:"若更加其录录曲曲,自谓海外得来,何异楚人以鸡为凤。"(46-687)

按,语出《尹文子·大道上》:"楚人有担山雉者,路人问:'何鸟也?'担雉者欺之曰:'凤凰也。'路人曰:'我闻有凤凰,今直见之,汝贩之乎?'曰:'然。'则十金,弗与;请加倍,乃与之。将欲献楚王,经宿而鸟死。路人不遑惜金,唯恨不得以献楚王。国人传之,咸以为真凤凰。"定型之语已见上揭《虚堂和尚语录》例,《大词典》、王涛等(编著,2007)、刘洁修(2009)、冷玉龙等(主编,2014)均未收,参孙维张(2009:320)。

0349　唤钟作瓮

错把钟叫作瓮。形容分辨不清事物、混淆是非的愚痴行为。《仁勇禅师语录》卷一："进云：'学人未晓，乞师再指。' 答：'一阵风来一阵寒。' 进云：'一等勿弦琴，唯师弹得妙。' 答：'且莫唤钟作瓮。'"（41-4）《续灯》卷一三 "元肃禅师"："问：'祖意西来，谁家嫡嗣？' 师云：'面南观北斗。' 僧曰：'黄龙密印亲传得，百丈今朝一派流。' 师云：'听事不真，唤钟作瓮。'"（p.387）《古尊宿》卷二八 "佛眼语录"："大众，山僧今朝吃粥，也洗钵盂，只是不悟。既是为善知识，为什么却不悟？还会么？岂可唤钟作瓮，终不指鹿为马。"（p.530）

按，定型之语已见上揭《仁勇禅师语录》例，《大词典》、王涛等（编著，2007）、刘洁修（2009）、冷玉龙等（主编，2014）均未收。

0350　呼昼作夜　将昼作夜

把白天叫作黑夜。形容分辨不清事理、颠倒黑白的愚痴行为。《传灯》卷二〇 "幼璋禅师"："设垂慈苦口，且不可呼昼作夜。更饶善巧，终不能指东为西。"（p.1528）《联灯》卷二五 "幼璋禅师" 条同。（p.785）

又言 "将昼作夜"。《师范禅师语录》卷三："解制小参：'大地黑如漆，古今无消息。达磨老臊胡，九年空面壁。所以乳峰这里不敢将昼作夜，指东为西。'"（45-713）

按，定型之语已见上揭《传灯》例，《大词典》、王涛等（编著，2007）、刘洁修（2009）均未收，可参冷玉龙等（主编，2014：424）。

0351　唤东作西　指东认西　指东作西　唤西作东

①形容分辨不清事物、颠倒黑白的愚痴行为。《碧岩录》卷五 "圆悟禅师"："颂古云：'钵里饭，桶里水，多口阿师难下嘴。北斗南星位不殊，唤东作西作什么？坐立俨然。长者长法身，短者短法身。白浪滔天平地起。'"（p.263）《大慧普觉禅师书》卷二五："若别有所得，别有所证，则又却不是也。如人迷时，唤东作西。及至悟时，即西便是东，无别有东。"（42-418）②形容没有分别对立，打成一片的禅悟境界。《仁勇禅师语录》卷一："保宁有时翻天作地，翻地作天，唤东作西，唤南作北。揿转鼻孔，换却髑髅。"（41-15）

又言 "指东认西"。形容分辨不清事物、颠倒黑白的愚痴行为。《广灯》卷二七 "澄湜禅师"："有优劣无优劣，莫非久在丛林上座，方能辨别。若是初机后学，也莫

指东认西。"（p.565）

又言"指东作西"。形容分辨不清事物、颠倒黑白的愚痴行为。《碧岩录》卷二："肃宗皇帝本是代宗,此误。问忠国师:'百年后所须何物?'预搔待痒,果然起模画样。老老大大作这去就,不可指东作西。"（p.102）

又言"唤西作东"。形容没有分别对立,打成一片的禅悟境界。《慧开禅师语录》卷二："不恁么却恁么,昨夜南山虎咬大虫。恁么总不恁么,指南为北,唤西作东。"（42-22）

按,定型之语已见上揭《碧岩录》例,《大词典》、王涛等（编著,2007）、刘洁修（2009）、冷玉龙等（主编,2014）均未收。

0352　将日作月　翻日作月

把太阳认作月亮。形容颠倒黑白、混淆是非的荒唐行为。《明觉禅师语录》卷四："咄者枯桩,遮生瓜葛。来自三川,欺乎两浙。指鹿为马,将日作月。罪兮弥天,焉可分说?"（39-203）《联灯》卷二八"道楷禅师"："自后西天此土,指鹿为马;少室黄梅,将日作月。祖师已是错传,山僧已是错说。"（p.909）

又言"翻日作月"。《古尊宿》卷四〇"文悦禅师"："良久云:'既无人出来,山僧今日不惜眉毛,不免指鹿为马,翻日作月去也。'"（p.744）

按,定型之语已见上揭《明觉禅师语录》例,《大词典》、王涛等（编著,2007）、刘洁修（2009）、冷玉龙等（主编,2014）均未收。

0353　指南为北　将南作北　持南作北　唤南作北

指着南作为北。①形容颠倒黑白、混淆是非的愚痴行为。《续灯》卷一九"佛海禅师"："僧提起坐具曰:'争奈这个何?'师云:'指南为北,识得这贼。'"（p.550）②形容本心超越后无差别对立的禅悟境界。《续灯》卷二〇"日益禅师"："自此将错就错,相楼打楼,遂有五叶芬芳,千灯续焰。向曲录木里唱二作三,于椰標杖头指南为北。"（p.586）《慧开禅师语录》卷二："不恁么却恁么,昨夜南山虎咬大虫。恁么总不恁么,指南为北,唤西作东。"（42-22）

又言"将南作北"。①形容颠倒黑白、混淆是非的愚痴行为。《联灯》卷三"惠忠国师"："雪窦云:'肃宗不会且置,耽源还会么?只消个请师塔样,尽西天此土、诸位祖师,遭此一问,不免将南作北。'"（p.88）《慧远禅师广录》卷三："又有般汉,问东答西,将南作北。轻轻拶着,向没巴鼻处,突出没巴鼻的一句,教人摸索不着。"

（45-55）②形容本心超越后无差别对立的禅悟境界。《续灯》卷六"海印禅师"："辊转太虚，横铺世界。以东为西，将南作北。释迦性命，尚自不存。祖师眼睛，哪堪更用？"（p.165）《法薰禅师语录》卷一："师拈云：'大小盘山，坐在黑山下。南山则不然，光境俱亡，一任将南作北。'"（45-591）

又言"持南作北"。形容颠倒黑白、混淆是非的愚痴行为。《圆悟禅师语录》卷一九："镇州出大萝卜，猛虎不食伏肉。直饶眼似流星，争免持南作北。"（41-360）《联灯》卷一六"克勤禅师"："若道有承恩力，正是土上加泥。更或削迹吞声，亦乃持南作北。到这里纵横十字，未免淆讹。"（p.485）

又言"唤南作北"。①形容颠倒黑白、混淆是非的愚痴行为。《传灯》卷二九"宝志和尚"："迷时以空为色，悟即以色为空。迷悟本无差别，色空究竟还同。愚人唤南作北，智者达无西东。"（p.2342）②形容本心超越后无区别对立的禅悟境界。《仁勇禅师语录》卷一："保宁有时翻天作地，翻地作天，唤东作西，唤南作北，捩转鼻孔，换却髑髅。"（41-15）

按，定型之语已见后秦僧肇《肇论》卷一："此文乖致殊，而会之一人，无异指南为北，以晓迷夫。"《大词典》、王涛等（编著，2007）、刘洁修（2009）、冷玉龙等（主编，2014）均未收。

0354 拈头作尾 拈尾作头

拈起头当作尾。①禅家比喻颠倒黑白、混淆是非的愚痴行为。《明觉禅师语录》卷一："僧问：'学人不问西来意，藏身北斗意如何？'师云：'拈头作尾汉。'"（39-160）《续灯》卷九"圆照禅师"："若非顶门具烁迦罗眼的衲僧，到这里不免拈头作尾。"（p.256）②禅家比喻本心超越后，泯灭差别，打成一片的禅悟境界。《慧南禅师语录》卷一："遂左右顾视大众，乃云：'若接续不得，同安今日，拈头作尾，拈尾作头去也。有问话者，切须着眼。'"（41-723）《续古尊宿》卷一"长灵卓和尚"："拈头作尾，是变通你。敲骨打髓，是谛当你。把臂并行，是和合你。"（44-42）

又言"拈尾作头"。①禅家比喻颠倒黑白、混淆是非的愚痴行为。《续灯》卷六"遇新禅师"："僧曰：'为什么东行不见西行利？'师云：'拈头作尾，拈尾作头，还我第三段来。'僧礼拜。师云：'吽！吽！'"（p.161）《古尊宿》卷六"睦州和尚"："问：'请师讲经。'师云：'买帽相头。'进云：'谢师慈悲。'师云：'拈头作尾，拈尾作头。'"（p.88）②禅家比喻本心超越后，泯灭差别，打成一片的禅悟境界。《仁勇禅师语录》

卷一:"遂拈杖云:'保宁有时拈头作尾,有时拈尾作头。金刚脚底蹭跳,蟭螟眼里藏身。'"(41-7)《普灯》卷二六"准禅师":"若是准上座,只消独自弄拽得来。拈头作尾,拈尾作头,转两个金睛,攫几钩铁爪。"(p.649)

按,定型之语已见上揭《明觉禅师语录》例,《大词典》、王涛等(编著,2007)、刘洁修(2009)、冷玉龙等(主编,2014)均未收。

0355 认叶止啼

小儿错认黄叶为金钱,便停止了啼哭。禅家比喻心生妄念而认假作真的愚痴行为。《普灯》卷一二"继成禅师":"召大众曰:'虚空翻筋斗,向新罗国里去也。是你诸人切忌认叶止啼,刻舟寻剑。'"(p.313)《五灯》卷一二"继成禅师"条同。(p.767)

按,语出北凉昙无谶译《大般涅槃经·婴儿行品》:"又婴儿行者,如彼婴儿啼哭之时,父母即以杨树黄叶,而语之言:'莫啼!莫啼!我与汝金。'婴儿见已,生真金想,便止不啼,然此杨叶实非金也。"定型之语已见上揭《普灯》例,《大词典》、王涛等(编著,2007)、刘洁修(2009)、冷玉龙等(主编,2014)均未收。

0356 认奴作郎 唤奴作郎

错把奴婢认作了主人。形容分辨不清事理、本末倒置的荒唐行为。禅家多用来指分辨不清自性是佛,误将言教作略认作是佛法。《祖堂》卷六"洞山和尚":"僧曰:'莫是本来人也无?'师曰:'阇梨因什么颠倒?'僧云:'学人有何颠倒?'师曰:'若不颠倒,你因什么认奴作郎?'"(p.302)《普灯》卷二四"宝掌和尚":"云:'莫只这便么?'曰:'且莫认奴作郎。'"(p.589)《联灯》卷一五"玑禅师":"示众云:'道源不远,性海非遥。但向己求,莫从他觅。古人与么说话,大似认奴作郎,指鹿为马。'"(p.441)

又言"唤奴作郎"。《密庵禅师语录》卷一:"且唤什么作灵觉?有般汉,东西不辨,南北不分。便道:'经行及坐卧呢,吃粥吃饭呢。'正是唤奴作郎,认贼为子。"(45-186)

按,定型之语已见上揭《祖堂》例。可参孙维张(2007:191),刘洁修(2009:996),袁宾、康健(主编,2010:350)。

0357 认儿作爷

把儿子认作了父亲。比喻颠倒了事物的根本关系,显得十分愚蠢。《祖堂》卷六"洞山和尚":"僧拈问安国:'全肯为什么却成辜负?'安国曰:'金屑虽贵。'白莲

云：'不可认儿作爷。'"（p.298）

按，定型之语已见于上揭《祖堂》例，《大词典》、王涛等（编著，2007）、刘洁修（2009）、冷玉龙等（主编，2014）均未收。

0358 认贼为子

"贼"喻指"六尘"，"子"喻指"自性""佛性"。佛家比喻错将尘境认作自性，是以虚妄之见为正觉之念的愚痴行为。《传灯》卷九"公畿和尚"："慎勿向外逐境为心，是认贼为子。"（p.618）《联灯》卷三"惠忠国师"："缘南方错将妄心，言是真心，认贼为子，有取世智，称为佛智，犹如鱼目，而乱明珠。"（p.83）《密庵禅师语录》卷一："有般汉，东西不辨，南北不分。便道：'经行及坐卧呢，吃粥吃饭呢。'正是唤奴作郎，认贼为子。"（45-186）

按，语出唐般剌密帝译《楞严经》卷一："佛告阿难：'此是前尘虚妄相想惑汝真性，由汝无始至于今生认贼为子，失汝元常，故受轮转。'"《大词典》、王涛等（编著，2007）、刘洁修（2009）、冷玉龙等（主编，2014）均未收。

0359 七颠八倒

形容颠倒错乱。《祖堂》卷一〇"玄沙和尚"："三棒愚痴不思议，浩浩溶溶自打之。行来目前明明道，七颠八倒是汝机。"（p.457）《传灯》卷二一"道匡禅师"："问：'如何是佛法大意？'师曰：'七颠八倒。'"（p.1601）《悟新禅师语录》卷一："虎穴魔宫，尽是当人安身立命之处，只为你无量劫来业识浓厚，心中趔趔欹欹，缛缛绰绰，信之不及。便被世间情爱缠缚，便得七颠八倒。"（41-785）

按，定型之语已见上揭《祖堂》例，《大词典》（1-168）首引《朱子语类》，朱瑞玟（2008：180）认为语出《五灯》，均晚，另可参刘洁修（2009：894）、王闰吉（2012：210）。

0360 众盲摸象　如盲摸象

禅籍常与"各说异端"连用，谓众多盲人摸象，各自陈说不同的大象形状。比喻每个人看问题都仅凭片面了解，因而各自意见不一。《传灯》卷二四"洪进禅师"："师住后，有僧问：'众盲摸象，各说异端。忽遇明眼人，又么生？'师曰：'汝但举似诸方。'"（p.1862）

又言"如盲摸象"。《联灯》卷一二"归省禅师"："有时意到句不到，如盲摸象，各说异端。有时句到意不到，妄认前尘，分别影事。"（p.355）《古尊宿》卷二三"省

禅师"条同。（p.430）

按,语出西晋法立共法炬译《大楼炭经》卷三"龙鸟品"："尔时敕使将象来,令众盲子扪之。……时王不现面问众盲子言:'象何等类?'得象鼻者言:'象如曲车辕。'得象牙者言:'象如杵。'得象耳者言:'象如箕。'得象头者言:'象如鼎。'得象背者言:'象如积。'得象腹者言:'象如壁。'得象后脚者言:'象如树。'得象膝者言:'象如柱。'得象前脚者言:'象如臼。'得象尾者言:'象如蛇。'各各共争不相信,自呼为是,言象如是,一人言不如是。"定型之语已见隋吉藏《大乘玄论》卷一："如众盲摸象,不得象体。"《大词典》（7-1132）、刘洁修（2009:775）谓语出《大般涅槃经》,不确。

0361　徐六担板

义同歇后语"徐六担板,只见一边"。形容认识片面,看问题不全面。《昙华禅师语录》卷三："师云:'老宿怎么道,纵知因禅师落处,铁负鞍有日在。这里着得眼去,也是徐六担板。'"（42-156）《联灯》卷二六"密禅师"："示众云:'与么来者,现成公案。不与么来者,埋生招箭。总不与么来者,徐六担板。迅速锋芒,犹是钝汉。'"（p.809）《五灯》卷二〇"宗演禅师"："上堂,举南泉和尚道:'我十八上便解作活计。'赵州和尚道:'我十八上便解破家散宅。'师云:'南泉赵州也是徐六担板,只见一边。华藏也无活计可作,亦无家宅可破。'"（p.1338）

按,定型之语已见上揭《昙华禅师语录》例,可参袁宾（1991:517）,孙维张（2007:299）,袁宾、康健（主编,2010:460）。

五 "开悟"类

"开悟"是禅师施设法门以启发学人悟道的行为。"开悟"类成语,正体 130 个,变体 85 个,共 215 个。范畴义有"说法""传法""施教""机锋"4 类,核心义有"现身""印心""绍嗣""接引""普救""启悟""勘验""暗示""解除""直呈""收获""躲避""失利""胜利"14 类叙述性语义特征,"流畅""透彻""美妙""恳切""灵活""困难""权宜""隐秘""巧妙""高明""精准""利索""娴熟""猛烈""拙劣""平常""陈腐""激烈""难避""频繁""勇猛""险峻""硬挣""迅疾""犀利"25 类描述性语义特征。核心语义有"现身说法""说法流畅""说法透彻""说法美妙""传法印心""传法恳切""传法绍嗣宗门""传法接引学人""传法普救众生""施教灵活""施教启悟学人""施教勘验学人""施教暗示学人""施教解除束缚(依赖)""施教困难""施教直呈禅法""权宜施教""施教隐秘""施教巧妙""施教高明""施教精准""施教收获""施教利索""施教娴熟""施教猛烈""施教拙劣""施教平常""施教陈腐""机锋激烈""机锋难避""机锋频繁""机锋勇猛""机锋险峻""机锋硬挣""机锋迅疾""机锋犀利""机锋隐秘""机锋拙劣""躲避机锋""机锋胜利""机锋失利"41 类。

0362 现身说法

"身"即化身,指为化导众生而变现之身,为佛教"三身"之一。指佛或菩萨为了化导众生,以神通之力显示各种化身说法。《祖堂》卷一"释迦牟尼佛":"(释迦牟尼佛)为诸天王说补处行,亦于十方现身说法。期运将至,当下作佛。"(p.6)《五灯》卷一"释迦牟尼佛"略同。(p.3)

按,语出唐般刺密帝译《楞严经》卷六:"我于彼前,皆现其身,而为说法,令其成就。"定型之语已见于姚秦佛陀耶舍共竺佛念等译《四分律》卷四:"尔时提婆达往至太子阿阇世所,以神通力飞在空中,或现身说法,或隐身说法,或现半身说法,或不现半身说法。"参《俗语佛源》(2013:147)、孙维张(2007:286)、朱瑞玟(2008:167)、刘洁修(2009:1258)。

0363 如瓶注水 如瓶灌水

就像往瓶子里注水一样。禅家形容解说经意十分流畅,没有一点遗漏。《传灯》卷一二"楚南禅师":"一日,师上堂曰:'诸子设使解得三世佛教如瓶注水,及得百千三昧,不如一念修无漏道,免被人天因果系绊。'"(p.820)《普灯》卷二三"杨亿居士":"(释迦老子)中间四十九年,作大佛事,说三乘十二分教,如瓶注水。"(p.560)《联灯》卷二八"慧居禅师":"示众云:'从上宗乘,到此如何举唱? 只如释迦老子,说一代时教,如瓶注水。'"(p.877)

又言"如瓶灌水"。《传灯》卷一八"宗一大师":"只如释迦出头来,作如许多变弄。说十二分教,如瓶灌水。"(p.1314)

按,定型之语已见上揭《传灯》例,《大词典》、王涛等(编著,2007)、刘洁修(2009)、冷玉龙等(主编,2014)均未收,另可参袁宾(1991:509),袁宾、康健(主编,2010:355)。

0364 露骨伤筋

形容剖析事理十分透彻。《续灯》卷二○"楚文禅师":"大众,山僧与诸人一一注破,可谓露骨伤筋。且道不动毫毛一句作么生道?"(p.582)

按,定型之语已见上揭《续灯》例,《大词典》、王涛等(编著,2007)、刘洁修(2009)、冷玉龙等(主编,2014)均未收。

0365 天花乱坠 天花落地

佛教传说释迦牟尼佛说法时,诸位天神于空中抛撒花儿供养,各色香花纷纷降落下来。①形容说法美妙动听。《碧岩录》卷一:"武帝尝披袈裟,自讲《放光般若经》,感得天花乱坠,地变黄金。"(p.3)②形容说法有声有色,多是虚妄而不切实际。《续灯》卷一五"守恩禅师":"上堂云:'衲僧现前三昧,释迦老子不会。住世四十九年,说得天花乱坠。'"(p.438)《联灯》卷一五"玑禅师":"直饶说得天花乱坠,顽石点头,算来多虚,不如少实。"(p.441)《慧远禅师语录》卷一:"师奏云:'古今宗师,下棒下喝,各有宗旨。病在见闻,病在语默,病在情识,病在义路,病在渗漏,病在知解,说得天花乱坠,无有是处。'"(45-45)

又言"天花落地"。形容说法有声有色,多是虚妄而不切实际。《联灯》卷二二"道膺禅师":"示众云:'汝等直饶学得佛法边事,早是错用心了也。不见古人道:讲得天花落地,顽石点头,尚不干自己事。'"（p.674）

按,语出东汉支娄迦谶译《道行般若经》卷二:"忉利迦翼天人,持天花飞在空中立,便散佛上,及散四面,言:'般若波罗蜜断绝甚久,阎浮利人乃得闻,乃得见。'"《大词典》（2-1416）、王涛等（编著,2007:1065）、刘洁修（2009:1321）、冷玉龙等（主编,2014:960）溯源均晚,且未收"天花落地",参高列过（2015:5）。

0366 顽石点头

相传竺道生说法美妙动人,连愚顽的石头都点头称赞。后形容说话有声有色,非常动人,但虚妄而不实。《联灯》卷一五"玑禅师":"直饶说得天花乱坠,顽石点头,算来多虚,不如少实。"（p.441）《普灯》卷二五"钦禅师":"直饶你说得天花乱坠,顽石点头,也是口头辨。"（p.614）《祖钦禅师语录》卷一:"生公台上,横说竖说,直得空花乱坠,顽石点头。要且不若净名室内,一默全收。"（47-335）

按,据《莲社高贤传·道生法师》载:"师被摈南还,入虎丘山,聚石为徒,讲《涅槃经》,至阐提处,则说有佛性。且曰:'如我所说,契佛心否?'群石皆为点头,旬日学众云集。"谓竺道生说法美妙动人,连愚顽的石头都点头称赞,成语"顽石点头"正来源于此,定型之语已见于上揭《联灯》例。参《俗语佛源》（2013:172）、刘洁修（2009:1196）、孙维张（2007:267）。

0367 动地雨花

震动大地,天降香花。佛家形容示法十分美妙。《法演禅师语录》卷一:"乃云:'更有问话者么?若无,双泉今日向第二义门,放一线道,与诸人相见,和泥合水一上。且要释迦弥勒动地雨花,文殊普贤观音势至,各踞一方助佛扬化。'"（39-117）

按,定型之语已见隋智顗《妙法莲华经文句》卷一〇:"动地雨花者,菩萨经历尚能傍益,况佛前放光,傍照东方百八万亿那由他土,亦傍论利益也。"《大词典》、王涛等（编著,2007）、刘洁修（2009）、冷玉龙等（主编,2014）均未收。

0368 心心相印

禅宗主张不立文字,师徒间以心传心,实现心与心的相互印证来传法。《祖堂》卷一一"云门和尚":"心心相印息无心,玄妙之中无拙巧。"（p.513）《广灯》卷二一"承璟禅师":"师云:'如来以正法眼藏付大迦叶,尔后法法相传,心心相印。'"

（p.392）《真净禅师语录》卷二："因请主事上堂:'祖师门下,灯灯相续,心心相印,一灯灭而一灯然,一心隐而一心照。故万般之事,须借心明,心若不明,是事失准。'"（39-664）

按,定型之语已见唐裴休《圭峰禅师碑铭》:"顾此法众生之本源,诸佛之所证,超一切理,离一切相,不可以言语智识有无隐显推求而得。但心心相印,印印相契,使自证之,光明受用而已。"可参《佛光大辞典》（1989:1397）,袁宾、康健（主编,2010:452）。

0369　老婆心切

形容禅师怀有慈悲心肠,开悟学人一再叮咛,十分殷勤。《临济禅师语录》卷一:"师辞大愚,却回黄檗。黄檗见来便问:'这汉来来去去,有什么了期?' 师云:'只为老婆心切。'"（T47/504c）《普灯》卷二三"黄庭坚居士":"遂释然,即拜之曰:'和尚得恁么老婆心切。' 心笑曰:'只要公到家耳。'"（p.564）《碧岩录》卷一○:"雪窦嫌他老婆心切,争奈烂泥里有刺。"（p.497）

按,定型之语已见上揭唐慧然集《临济禅师语录》例,《大词典》、王涛等（编著,2007）、刘洁修（2009）、冷玉龙等（主编,2014）均未收,可参袁宾（1991:506）,袁宾、康健（主编,2010:251）。

0370　倾心吐胆

把心里话坦诚地说出来。禅家形容竭尽诚心为人说法示教。《古尊宿》卷四二"真净禅师":"僧问:'不离当处常湛然,觅即知君不可见。见即不问,如何是不离的事?' 师云:'倾心吐胆。'"（p.786）《师范禅师语录》卷三:"良久,云:'倾心吐胆无人会,拔舌犁耕只自知。'"（45-715）

按,定型之语已见上揭《古尊宿》例,《大词典》（1-1644）首举元代用例,偏晚。

0371　倾肠倒腹　倒腹倾肠

将埋藏在心底里的话全部讲出来。禅家形容费尽心思竭诚为人说法示教。《怀深禅师广录》卷一:"山僧有个惊瞌睡的句,临行不免倾肠倒腹,尽为诸人道却,照顾鼻孔乍远,伏惟珍重。"（41-109）《普灯》卷二○"休禅师":"若是临济儿孙,终不依草附木。资福喜见同参,今日倾肠倒腹。"（p.513）《普济禅师语录》卷一:"弥勒大士,倾肠倒腹。百城风月,目前领话。"（45-556）

倒言"倒腹倾肠"。《普灯》卷一七"圆日禅师":"师曰:'倒腹倾肠几个知,更无丝发可相依。直饶彻底承当去,也落他家第二机。'"(p.449)《古尊宿》卷四七"东林禅师":"倒腹倾肠说向君,不知何故尚沉吟。而今便如猛提取,付与世间无事人。"(p.934)《心月禅师语录》卷一:"进云:'如何是末后句?'师云:'倒腹倾肠说向谁?'"(46-129)

按,定型之语已见上揭《怀深禅师广录》例,《大词典》、刘洁修(2009)均未收,王涛等(编著,2007:846)首举《五灯》例,偏晚。

0372　撑门拄户

禅家指绍嗣宗风,主持门庭。《续灯》卷六"正觉禅师":"(这拄杖)在衲僧也,昼横肩上,度水穿云;夜宿旅亭,撑门拄户。"(p.175)《普灯》卷二〇"行机禅师":"穷厮煎,饿厮炒,大海只将折箸搅。你死我活,猛火然铛煮佛喋。恁么作用,方可撑门拄户。"(p.499)《虚堂和尚语录》卷二:"运庵先师忌,拈香:'老和尚死去,二十五年,有谁撑门拄户?'"(46-654)

按,定型之语已见于上揭《续灯》例,可参孙维张(2007:48),刘洁修(2009:167),袁宾、康健(主编,2010:49)。

0373　成家立业

成立了家庭,建立了事业。禅宗比喻修行取得了成就,创立了己身佛业。《普觉禅师语录》卷一:"二乃提持此大事,因缘教子由信此一事,取功名富贵,成家立业。致君于尧舜之上,尽在这一颂中。"(42-236)《五灯》卷一〇"惟素山主":"问:'牛头未见四祖时如何?'师曰:'成家立业。'曰:'见后如何?'师曰:'立业成家。'"(p.638)《妙伦禅师语录》卷一:"若是成家立业,昼不坐夜不眠,孜孜矻矻的。"(46-496)

按,定型之语已见上揭《普觉禅师语录》例,《大词典》(5-200)释作"成立家庭,建立家业",未能揭示隐喻义。另可参《俗语佛源》(2013:82)、孙维张(2007:48)

0374　龙生龙子

常与"凤生凤儿"连用,禅林常把禅师称为"龙",徒弟称为"儿孙"。比喻有其师必有其徒。《祖堂》卷四"丹霞和尚":"至洛京,参忠国师。初见侍者便问:'和尚还在也无?'对曰:'在,只是不看客。'师曰:'大深远生!'侍者曰:'佛眼觑不见。'师曰:'龙生龙子,凤生凤子。'"(p.210)《续灯》卷七"蕴良禅师":"问:'垂丝千尺,意在深潭。离钩三寸,请师速道。'师云:'我道不得。'僧曰:'为什么道不得？'师云：'谢子证明。'僧曰：'早知今日事，悔不慎当初。'师云：'龙生龙子。'"（p.196）《碧岩录》卷七："不见古人道：'千圣灵机不易亲，龙生龙子莫因循。赵州夺得连城璧，秦王相如总丧身。'"（p.197）

按，定型之语已见上揭《祖堂》例，《大词典》、王涛等（编著，2007）、刘洁修（2009）、冷玉龙等（主编，2014）均未收。

0375　生男育女

生养子女，传宗接代。禅家比喻绍嗣佛法，培养佛法传承人。《普灯》卷三"惟政禅师"："上堂：'岩头和尚用三文钱索得个妻，只解捞虾摝蚬，要且不解生男育女。直至如今，门风断绝。'"（p.68）《五灯》卷一二"惟政禅师"条同。（p.734）

按，定型之语已见上揭《普灯》例，王涛等（编著，2007：957）引上揭《五灯》例，释作"生养子女"，不确，《大词典》、刘洁修（2009）均未收。

0376　如薪续火

犹言"薪火相传"，比喻学说代代传承。《绍隆禅师语录》卷一："菩提达磨，壁观少室，斥相指心，号曰禅宗。五传而至曹溪，逮今几五百年。枝流繁衍，异人间出。得果得辩，前后相踵。如薪续火，可谓盛矣。"（42-44）

按，此为"薪火相传"之变体，定型之语已见上揭《绍隆禅师语录》例，《大词典》、王涛等（编著，2007）、刘洁修（2009）、冷玉龙等（主编，2014）均未收。

0377　栽梧待凤

栽下梧桐树，只待凤凰来。禅家比喻建立门庭，只待灵悟禅僧到来。《投子禅师语录》卷一："上堂云：'若论此事，岂在繁论？虽官不容针，私通车马便有分疏分。所以道灵山分座，自耻何多？少室虚掩，是谁之过？盖为栽梧待凤，种竹引风。若无（二）祖承袭，依旧青山带翠。'"（39-508）《续古尊宿》卷二"投子青和尚"条同。（44-67）

按，定型之语已见上揭《投子禅师语录》例，《大词典》、王涛等（编著，2007）、刘洁修（2009）、冷玉龙等（主编，2014）均未收。

0378　种竹引风

种下竹子，只为引得清风。禅家比喻建立门庭，只待灵悟禅僧到来。《投子禅师语录》卷一："上堂云：'若论此事，岂在繁论。虽官不容针，私通车马便有分疏分。所以道灵山分座，自耻何多？少室虚掩，是谁之过？盖为栽梧待凤，种竹引风。若

无(二)祖承袭,依旧青山带翠。'"(39-508)《续古尊宿》卷二"投子青和尚"条同。(44-67)

按,定型之语已见上揭《投子禅师语录》例,《大词典》、王涛等(编著,2007)、刘洁修(2009)、冷玉龙等(主编,2014)均未收。

0379 捞虾摝蚬 摝蚬捞虾

禅家比喻接引救度根器劣小之人。《续灯》卷一五"佛印禅师":"上堂云:'严陵台畔,七里龙渊。直须钓鳌钓鲸,岂止捞虾摝蚬。'"(p.448)《联灯》卷一二"慧觉禅师":"拈起拄杖云:'山僧有时一棒,作个缦天网,打俊鹰俊鹞。有时一棒,作布丝网,捞虾摝蚬。'"(p.380)《普灯》卷三"惟政禅师":"上堂:'岩头和尚用三文钱索得个妻,只解捞虾摝蚬,要且不解生男育女。直至如今,门风断绝。'"(p.68)

倒言"摝蚬捞虾"。《法演禅师语录》卷二:"乃云:'会即事同一家,不会万别千差。一半吃泥吃土,一半食麦食麻。或即降龙伏虎,或即摝蚬捞虾。'"(39-123)《五灯》卷一二"广照禅师":"上堂,拈起拄杖曰:'山僧有时一棒,作个漫天网,打俊鹰快鹞。有时一棒,作个布丝网,摝蚬捞虾。'"(p.707)

按,定型之语已见上揭《续灯》例,《大词典》、王涛等(编著,2007)、刘洁修(2009)、冷玉龙等(主编,2014)均未收,参袁宾、康健(主编,2010:248)。

0380 捞龙打凤 捞龙趁凤 打凤罗龙 罗龙打凤

禅家比喻接引根器机敏之人,多以机锋较量控制对方的方式进行。《倚遇禅师语录》卷一:"师云:'鼻索为什么在法昌手里?'皋云:'这老汉瞒却多少人?'随手打一坐具。师云:'三十年捞龙打凤,今日被鼠咬。'"(39-740)《道宁禅师语录》卷二:"捞龙打凤,须信男儿。露刃藏锋,还他开士。"(39-789)《普灯》卷二六"果禅师":"师曰:'云门大师张慢(漫)天网,捞龙打凤。这僧不觉入他陷阱中,落他圈缋里。'"(p.662)

又言"捞龙趁凤"。《道宁禅师语录》卷一:"为祥为瑞,今正是时。号令既行,云何话会?捞龙趁凤男儿事,浅种深耕效仰山。"(39-775)

又言"打凤罗龙"。《绍昙禅师广录》卷三:"拈云:'黄面老子,布漫天铁网,贵图打凤罗龙。'"(46-293)《祖先禅师语录》卷一:"至于布漫天网,垂万里钩,打凤罗龙,随方任器。"(45-389)

倒言"罗龙打凤"。《居简禅师语录》卷一:"座上时复鸣鹌鹧,蜘蛛布网床角头。自谓罗龙打凤,到死不识羞。"(46-39)《祖先禅师语录》卷一:"云:'有来由,气愤

愤。布缦(漫)天网,垂万里钩。罗龙打凤,拳踢相酬。'"(45-391)

按,定型之语已见上揭《倚遇禅师语录》例,袁宾(1991:516)释作"意谓控制别人",袁宾、康健(主编,2010:248)释作"喻机锋较量中设法控制对方",还嫌不确。《大词典》、王涛等(编著,2007)、刘洁修(2009)均未收,冷玉龙等(主编,2014:904)未收此义。

0381 救苦利生

救度受苦受难的众生,使其获得解脱。《联灯》卷一三"全举禅师":"示众云:'钟鸣鼓响,鹊噪鸦鸣,为汝诸人说般若,讲涅槃了也。还信得及么?观音、势至向诸人面前作大神通。若信不及,却往他方,救苦利生去也。'"(p.383)《五灯》卷一二"全举禅师"条同。(p.711)

按,定型之语已见唐彦琮《唐护法沙门法琳别传》卷二:"故云殉主事亲,则忠孝为首。全身远害,则道德居尊。救苦利生,则慈悲作本。"《大词典》、王涛等(编著,2007)、刘洁修(2009)、冷玉龙等(主编,2014)均未收。

0382 接物利生

接引化导世间众生,使其获得解脱。《祖堂》卷一八"仰山和尚":"身前无业,不住动静。出生入死,接物利生。"(p.818)《传灯·序》:"开权实顿渐之门,垂半满偏圆之教。随机悟理,爰有三乘之差;接物利生,乃度无边之众。"(p.2465)《联灯》卷二三"师备禅师":"示众云:'诸方尽道接物利生,忽遇三种病人来,且作么生接?'"(p.721)

按,定型之语已见上揭《祖堂》例,《大词典》、王涛等(编著,2007)、刘洁修(2009)、冷玉龙等(主编,2014)均未收,可参《佛光大辞典》(1989:4580)。

0383 鼓棹扬帆

划动船桨,升起船帆。禅家比喻使出施设手段,救度苦海沉沦之人。《祖心禅师语录》卷一:"若无会处,黄龙今日,不免生风起浪,鼓棹扬帆。"(41-759)《师范禅师语录》卷五:"大海渺无际,漫天鼓黑风。悠悠烟渚客,到此尽迷踪。故我无际和尚,惯谙水脉,一生鼓棹扬帆,不犯波澜,收尽锦鳞红尾。"(45-763)《道灿禅师语录》卷一:"当晚小参:'鼓棹扬帆,驾没底船,横行海上。神头鬼面,用无文印,勘验诸方。'"(47-122)

按,定型之语已见上揭《祖心禅师语录》例,《大词典》、王涛等(编著,2007)、刘洁修(2009)、冷玉龙等(主编,2014)均未收。

0384 春风如刀

春风像把神奇的剪刀,普润万物。禅家暗喻佛法神奇犀利,普润众生。《方会和尚语录》卷一:"师乃云:'春风如刀,春雨如膏。律令正行,万物情动。尔道脚踏实地一句作么生道? 出来向东涌西没处道看,直饶道得,也是梁山颂子。'"(39-31)《仁勇禅师语录》卷一:"上堂:'春雨如膏,春风如刀。填沟塞壑,拔树鸣条。会么? 鱼行水浊,鸟飞落毛。'"(41-12)《虚堂和尚语录》卷一:"上堂:'春风如刀,春雨如膏。衲僧门下,何用忉忉。'"(46-637)

按,定型之语已见上揭《方会和尚语录》例,《大词典》、王涛等(编著,2007)、刘洁修(2009)、冷玉龙等(主编,2014)均未收。孙维张(2007:54)举《五灯》例,释作"自然界按照自己的规律运行,永不改变。禅宗义理也有自己的宗旨,也像自然界一样,按自己的宗旨行事",恐不确。

0385 春雨如膏

本指春雨如同膏脂一样滋润万物,十分可贵。禅家暗喻佛法珍贵,普润众生。《方会和尚语录》卷一:"师乃云:'春风如刀,春雨如膏。律令正行,万物情动。尔道脚踏实地一句作么生道? 出来向东涌西没处道看,直饶道得,也是梁山颂子。'"(39-31)《崇岳禅师语录》卷一:"上堂:'春风似箭,春雨如膏。旷劫来事,不隔丝毫。'"(45-342)《慧性禅师语录》卷一:"上堂云:'春雨如膏,春云如鹤。客从天外来,正是魔王脚。阃外威权,麒麟一角。'"(45-523)

按,定型之语已见上揭《方会和尚语录》例,刘洁修(2009:217)、冷玉龙等(主编,2014:180)未收上揭语义。

0386 慈云普润

禅家比喻佛法慈心广大,普润众生。《祖堂》卷一九"灵云和尚":"问:'久战沙场,为什么功名不就?' 师云:'君王有道三边静,何劳万里筑长城。' 进曰:'罢息干戈、缩手皈朝时如何?' 师云:'慈云普润无边际,枯树无花争奈何?'"(p.851)《广灯》卷二八"文翰禅师":"问:'慈云普润三千界,利人一句望师垂?' 师云:'汝瞌睡作么?'"(p.575)《古尊宿》卷八"省念和尚":"问:'司徒郎中临座侧,祖胤西来愿举扬。' 师云:'王臣三请今朝赴,万民乐业普皆安。' 僧云:'与么则慈云普润,处处皆通也。'"(p.118)

按,定型之语已见唐圆照《贞元新定释教目录》卷一七:"伏以慈云普润,佛日载扬。蠢动之情,欣感交虑。"《大词典》、王涛等(编著,2007)、刘洁修(2009)、冷玉龙等(主编,2014)均未收。

0387　应病与药　应病用药　应病施方　随病施方　应疾施方

根据病症配以相应的药方。比喻根据学人不同的烦恼、悟道障碍,采取相应的法门加以接引救治。《真净禅师语录》卷三:"马大师观机设法,应病与药,一切临时,无可不可。"(39-677)

又言"应病用药"。《怀深禅师语录》卷三:"慈受和尚,说法偈颂,如大医王应病用药,无苟然者,世同喜闻而乐道也。"(41-151)《古尊宿》卷一〇"昭禅师":"夫说法者,须及时节,观根逗机,应病用药。不及时节,总唤作非时语。"(p.164)

又言"应病施方"。《楚圆禅师语录》卷一:"过去诸佛,应病施方。现在诸佛,随坑落堑。"(39-6)《义青禅师语录》卷一:"上堂云:'诸佛出世,应病施方。祖师西来,守株待兔。'"(39-505)

又言"随病施方"。《传灯》卷二八"无业国师":"师曰:'诸佛不曾出世,亦无一法与人,但随病施方,遂有十二分教。'"(p.2286)《联灯》卷五"无业国师"条同。(p.128)

又言"应疾施方"。《普灯》卷二五"钦禅师":"殊不知大觉老人为见众生根器不等,出来立个权实法门,随机设教,应疾施方,尽是譬喻表显之谈。"(p.609)

按,定型之语已见东汉支曜译《小道地经》卷一:"能戒者,当知人能应何业,随力所任授与,能使不失,若增若减,应病与药,是为能戒。"《俗语佛源》(2013:119)举《维摩诘经·佛国品》例,偏晚。《大词典》、王涛等(编著,2007)、刘洁修(2009)、冷玉龙等(主编,2014)均未收。

0388　药病相治　药病对治　药病相投

根据病症开具相应药方救治。比喻根据学人不同的悟道障碍,给予相应的施设方便加以救治。《临济禅师语录》卷一:"山僧说处皆是一期药病相治,总无实法。若如是见得,是真出家,日消万两黄金。"(T47/498b)《普灯》卷一〇"道震禅师":"若作今会,障却阇梨本来眼,假饶不失不障,非古非今,犹是药病相治止啼之说。"(p.270)《古尊宿》卷四二"真净禅师":"不善服者,药病相治,尽大地是药,触途成滞。"(p.789)

又言"药病对治"。《传灯》卷七"自在禅师":"师后隐于伏牛山,一日谓众曰:'即心即佛,是无病求病句。非心非佛,是药病对治句。'"(p.451)

又言"药病相投"。《碧岩录》卷九:"释迦自释迦,弥勒自弥勒,未知落处者,往往唤作药病相投会去。世尊四十九年,三百余会,应机设教,皆是应病与药。"(p.433)《慧远禅师语录》卷三:"每相酬酢一句语言,亦不草草。如进一服药相似,若不深辨端倪,终成戏论,非是等闲。只贵药病相投,验蹲坐处,夺执着处,攻偏坠处,截断命根。"(45-61)

按,定型之语已见于隋吉藏《二谛义》卷上:"众生略有三毒之病,广即八万四千尘劳之病,有三法药八万四千波罗蜜对治此病,名对治悉檀。何故名对治?以药拨病,以药治病,名对治悉檀。如此药病相治,即依世谛说对治悉檀。"《大词典》、王涛等(编著,2007)、刘洁修(2009)、冷玉龙等(主编,2014)均未收。

0389 见兔放鹰

看见了兔子就放出猎鹰。①禅家比喻开悟学人时善于因势利导,果断发机施教。《碧岩录》卷九:"他恁么问,大龙恁么答。一合相更不移易一丝毫头,一似见兔放鹰,看孔着楔。"(p.410)《密庵和尚语录》卷一:"拈一放一,草偃风行。举一明三,目机铢两。如镜照镜,似空藏空。有佛处,敲枷打锁。无佛处,见兔放鹰。"(45-193)②比喻悟道拘泥于言句,不懂灵活变通。《联灯》卷一六"继成禅师":"老僧恁么举了,只恐你诸人见兔放鹰,刻舟求剑。"(p.492)

按,定型之语已见上揭《碧岩录》例,可参《佛光大辞典》(1989:2994),袁宾、康健(主编,2010:201)。

0390 遇獐发箭

遇见獐子就立刻发箭。比喻禅师开悟学人时善于因势利导,果断发机施教。《普灯》卷八"思慧禅师":"上堂:'布大教网,捞人天鱼,护圣不似老胡拖泥带水,只是见兔放鹰,遇獐发箭。'"(p.217)《五灯》卷一六"思慧禅师"条同。(p.1077)

按,定型之语已见上揭《普灯》例,《大词典》、王涛等(编著,2007)、刘洁修(2009)、冷玉龙等(主编,2014)均未收。

0391 随时应变 临机应变 随机应变

掌握时机,灵活地应对变化的情势。禅家指根据不同的情况,灵活地用法、施教或悟道。《联灯》卷一八"法全禅师":"示大威光,发大机,施大用。使一切人,脱笼

头,卸角驮。随时应变,或杀或活,或收或放,总在当人。"(p.552)

又言"临机应变"。《联灯》卷一八"蕴闻禅师":"到这里,象王行处,狐兔潜踪。狮子嚬呻,野干脑裂。释迦弥勒,犹是他奴。文殊普贤,权为小使。临机应变,不失其宜。"(p.542)《虚堂和尚语录》卷八:"上堂:'秤锤捻得汁出,石人喝得汗流。临机应变,随分知羞。'"(46-760)

又言"随机应变"。《宏智禅师广录》卷六:"休歇也,如大海受百川相似,无不到这里一味。放行也,如长潮乘疾风相似,无不来这畔同行。岂不是达真源底里?岂不是得大用现前?衲僧家,随机应变。"(44-515)《绍昙禅师广录》卷五:"又药山虽解随机应变,争奈通身泥水,笑倒傍观。当时若知拄杖用事,非唯令行院主,直须一众万里崖州。"(46-337)《心月禅师杂录》卷一:"德腊崇高,识见明达。少年笃学而竭力奉师,晚岁住山而随机应变。"(46-234)

按,定型之语已见汉东方朔《隐真论》:"处天地之先,不以为长。在万古之下,不以为久。随时应变,与物俱化。"《大词典》、王涛等(编著,2007)、刘洁修(2009)、冷玉龙等(主编,2014)均未收上揭语义。

0392 因风吹火

顺着风势吹燃火焰。①比喻根据师家来机,顺势参悟佛法。《传灯》卷一三"延昭禅师":"问:'如何是临机一句?'师曰:'因风吹火,用力不多。'"(p.911)《宏智禅师广录》卷一:"须知衲僧做处,大用现前。普化半颠半狂,金牛自歌自舞。诸人还会么?因风吹火,用力不多。参!"(44-578)②比喻顺着来机因势利导,随机设教,启悟学人。《碧岩录》卷三:"圆悟垂示:'问一答十,举一明三;见兔放鹰,因风吹火。不惜眉毛则且置,只如入虎穴时如何?试举看。'"(p.153)《圆悟禅师语录》卷一七:"师拈云:'南禅不妨因风吹火,也未免随语生解,若有问道林,如何是祖师西来意?只对他道,水长船高,泥多佛大。'"(41-342)

按,定型之语已见上揭《传灯》例,刘洁修(2009:1395)释作"乘势行事,用力不大而易成果"。

0393 看风使帆 *看风把舵*

根据风向使帆行船。①禅家比喻根据学人的不同情况,采用灵活的方式施教。《续灯》卷三"慈济禅师":"上堂,举拄杖云:'拈起也,峰峦失色。放下也,祖佛迷踪。作者当头,光临背上。犹是买帽相头,看风使帆。若向衲僧门下,千山万水。'"

(p.60)《碧岩录》卷一〇:"所谓人人具足,个个圆成。看他一放一收,八面受敌。不见道,善为师者,应机设教,看风使帆。若只僻守一隅,岂能回互?"(p.495)《联灯》卷二八"法秀禅师":"示众云:'看风使帆,正是随波逐波。截断众流,未免依前渗漏。量才补职,宁越短长。买帽相头,难为恰好。'"(p.905)②比喻根据师家来机,灵活地参悟佛法。《守卓禅师语录》卷一:"师云:'也甚奇怪,一等是恁么事,要须恁么人。还知道如来密语一时被云居漏泄了么?更若未会,但且看风使帆,因行掉臂。'"(41-75)《圆悟禅师心要》卷三:"只在当人善自看风使帆,念念相续,心心不住,向此长生路上行履,即与佛祖同德同体,同作同证。"(41-573)

又言"看风把舵"。禅家比喻根据学人的不同情况,采用灵活的方式施教。《道宁禅师语录》卷二:"有时南州北郡,买卖交关;有时看风把舵,顺水行船;有时酒肆茶坊,迎宾待客;有时投壶走马,歌笑围棋。"(39-791)

按,定型之语已见上揭《续灯》例,刘洁修(2009:661)释作"比喻顺应情势改变方向或态度",不确。

0394 随方就圆 随方逐圆

遇方随方,遇圆随圆。禅家比喻接引手段非常灵活,能够随机应变,顺机施教。《方会和尚语录》卷一:"上堂:'杨岐一言,随方就圆。若也拟议,十万八千。'下座。"(39-30)《仁勇禅师语录》卷一:"又记得本净云:'道体本无修,不修自合道。弃却一真性,来入闹浩浩。若逢修道人,第一莫向道。实谓诚实之言。'保宁与么也,且随方就圆,然虽如是,笑我者多哂我少。"(41-11)

又言"随方逐圆"。《圆悟禅师语录》卷四:"鹰爪中露受生机,屈膝处示涅槃相。此犹是应机接物,随方逐圆时节。"(41-224)《宏智禅师广录》卷九:"平买平卖兮,将高就下。中规中矩兮,随方逐圆。"(44-578)《新月禅师杂录》卷一:"六十四年,密密绵绵。随方逐圆,失却半边。云收雨散,铁船到岸。月落青天,面目依前。"(46-234)

按,定型之语已见上揭《方会和尚语录》例,刘洁修(2009:1127)举上揭《圆悟禅师语录》例,释作"行事随机而圆滑,立身处事无定则。多用于贬义",未能揭示禅义,不确。

0395 随波逐浪 逐浪随波

禅家比喻顺机接引学人。《续灯》卷一三"佛印禅师":"师云:'动则随波逐浪,不离步步道场。静则把定封彊,未有慈悲之手。'"(p.392)《楚圆禅师语录》卷一:

"山僧且向第二义中,随波逐浪,唱九作十去也。"(39-13)《倚遇禅师语录》卷一:"有时背负须弥,全军敌胜,或则随波逐浪,或则把断要津。"(39-734)

倒言"逐浪随波"。《普灯》卷九"慧兰禅师":"华严今日不可逐浪随波,拟向万仞峰前点出普天春色。"(p.243)《守卓禅师语录》卷一:"只得逐浪随波,从教诸方流布,门前旋买新盐,瓮里有些陈醋。"(41-69)

按,定型之语已见唐文益撰《宗门十规论》卷一:"其间有先唱后提,抑扬教法,顿挫机锋,祖令当施,生杀在手。或壁立千仞,水泄不通。或暂许放行,随波逐浪。如王按剑,贵得自由。"《大词典》、王涛等(编著,2007)、刘洁修(2009)、冷玉龙等(主编,2014)均未收上揭语义,参袁宾、康健(主编,2010:398),《佛光大词典》(2005:5334)。

0396 将错就错

事情已经错了索性就顺着错误做下去。《续灯》卷一四"齐晓禅师":"上堂云:'触目不会道,犹较些子。运足焉知路?错下名言。诸仁者,山僧今日将错就错。'"(p.412)

按,定型之语已见上揭《续灯》例,可参刘洁修(2009:578),孙维张(2007:120)、朱瑞玟(2008:176)举《五灯》例为源,不确。

0397 顺风使帆 借风扬帆 顺风挂帆

顺着风势张帆,借力前船。比喻趁着有利的情势行事。禅家比喻顺机设教,因势利导。《慧方禅师语录》卷一:"师云:'克宾维那,直是壁立千仞。虽解与么去,要且未善物机。兴化老人不唯顺风使帆,亦能逆风把舵。'"(41-795)《普灯》卷二三"端礼居士":"大丈夫磊磊落落,当用处把定,立处皆真,顺风使帆,上下水皆可,因斋庆赞,去留自在。"(p.582)

又言"借风扬帆"。《虚堂和尚语录》卷八:"到这里,谁敢妄通消息? 赖遇堂上西江老子是家里人,未免借风扬帆,所以道路逢道伴交肩过。"(46-752)

又言"顺风挂帆"。《慧远禅师语录》卷三:"师云:'天仙善能随水把舵,顺风挂帆。虽然浪涌波翻,争奈龙王睡着。'"(45-51)

按,定型之语已见上揭《慧方禅师语录》例,《大词典》(12-239)举《五灯》(同上揭《普灯》)例,释作"比喻趁着有利的情势行事",刘洁修(2009:1112)释义略同,未能准确揭示禅义。《大词典》、王涛等（编著，2007）、刘洁修（2009）、冷玉龙等（主编，2014）均未收"借风扬帆""顺风挂帆"。

0398　顺水行船　顺水扬帆　顺水张帆　顺水放船　顺水流舟

顺着水流行船。禅家比喻根据学人的来机，采用相应的方式施教。《道宁禅师语录》卷一："有时南州北郡买卖交关，有时看风把舵顺水行船，有时酒肆茶坊迎宾待客，有时投壶走马歌笑围棋。"（39-791）

又言"顺水扬帆"。《道宁禅师语录》卷二："州云：'吃粥了也未？'僧云：'吃粥了也。'州云：'洗钵盂去。'其僧有省。师曰：'赵州老汉大似因风吹火，顺水扬帆，击碎斯关。'"（39-794）

又言"顺水张帆"。《慧开禅师语录》卷一："慈受老人只解顺水张帆，不能逆风把舵。"（42-7）《大观禅师语录》卷一："拈云：'赵州老人只解逆风把舵，且不能顺水张帆。'"（X69/684c）

又言"顺水放船"。《续灯》卷七"道宽禅师"："上堂云：'少林妙诀，古佛家风。应用随机，卷舒自在。如拳作掌，开合有时。似水成沤，起灭无定。动静俱显，语默全彰。万用自然，不劳心力。到这里，唤作顺水放船。'"（p.201）

又言"顺水流舟"。《禅宗颂古联珠通集》卷三四："云门因僧问：'如何是师祖西来意？'师曰：'没即道。'或曰：'长连床上有粥有饭。'或曰：'山河大地。'颂：'有时顺水流舟去，转舵看看又逆风。船到岸时人出陆，山重重又水重重。'"（85-428）

按，定型之语已见于唐栖复《法华经玄赞要集》卷三："即顿悟菩萨，修至八地，得四不退，如顺水行船，法驶流中，任运转故。"《大词典》、刘洁修（2009）、冷玉龙等（主编，2014）均未收上揭语义。《大词典》、王涛等（编著，2007）、冷玉龙等（主编，2014）均未收"顺水行船""顺水扬帆""顺水张帆""顺水流舟"，刘洁修（2009）未收"顺水行船""顺水扬帆""顺水张帆"。

0399　逆风把舵

遇到逆风，把住船舵。禅家比喻把住禅机不发，不向学人施教。《慧方禅师语录》卷一："师云：'克宾维那，直是壁立千仞，虽解与么去，要且未善物机。兴化老人，不唯顺风使帆，亦能逆风把舵。'"（41-795）《慧开和尚语录》卷一："慈受老人只解顺水张帆，不能逆风把舵。"（42-7）《崇岳禅师语录》卷一："师云：'入理深谈，随机应物，还他同安老人。若据衲僧门下，未免漏逗。何故？只解顺风张帆，不能逆

风把舵。'"（45-330）

按,定型之语已见上揭《慧方禅师语录》例,《大词典》、王涛等(编著,2007)、刘洁修(2009)、冷玉龙等(主编,2014)均未收。

0400 借水献花

借别人之水以浇花。禅家比喻借用机语作略以启悟学人。《续灯》卷一五"佛慈禅师":"山僧每遇月朔,特地斗钉家风。抑扬答问,一场笑具。虽然如是,因风撒土,借水献花,有个葛藤路布与诸人共相解摘看。"（p.441）《怀深禅师广录》卷四:"法身无相,法眼无瑕。因风吹火,借水献花。丝毫不立,万别千差。但看来年三二月,衔泥燕子入人家。"（41-178）《法薰禅师语录》卷一:"上堂:'临际(济)三玄三要,洞山五位君臣,汾阳十智同真,黄龙三关。东西十万,南北八千。到处去来,不如在此。南山今日借水献花,诸人切忌唤钟作瓮。'"（45-596）

按,定型之语已见上揭《续灯》例,《大词典》、王涛等(编著,2007)、刘洁修(2009)、冷玉龙等(主编,2014)均未收。

0401 量才补职 量才处职

根据才能补充职位。比喻根据学人不同的根器,给予相应的教化。《传灯》卷一二"陈尊宿":"问:'如何是展演之言?'师云:'量才补职。'"（p.811）《明觉禅师语录》卷一:"问:'如何是和尚为人一句?'师云:'量才补职。'学云:'谢师方便。'师云:'自领出去。'"（39-149）

又言"量才处职"。《祖堂》卷一〇"镜清和尚":"峰云:'我向前虽无,如今已有,莫所妨么?'对云:'不敢,此是和尚不已而已。'峰云:'置我如此。'又云:'量才处职。'"（p.468）

按,此为"量才录用"之变体,定型之语已见上揭《祖堂》例,《大词典》、王涛等(编著,2007)、刘洁修(2009)、冷玉龙等(主编,2014)均未收。

0402 买帽相头 相头买帽

买帽子要看看头的大小。比喻接引学人随其不同的根器或来机,给予相应的教化方法。《续灯》卷一〇"圆通禅师":"上堂云:'看风使帆,正是随波逐浪。截断众流,未免依前渗漏。量才补职,宁越短长。买帽相头,难得恰好。'"（p.285）《普灯》卷九"原禅师":"上堂,拈拄杖曰:'买帽相头,依模画样。从他野老自矉眉,志公不是闲和尚。'卓拄杖,下座。"（p.230）《广灯》卷三〇"惠端禅师":"祖师宗令,

如斯提唱,犹是买帽相头。若是本分衲僧,迢迢十万八千,珍重。"(p.625)

倒言"相头买帽"。《续灯》卷二二"文演禅师":"师乃云:'当面一唾,切忌蹉过。幽谷猿啼,乔林鹊噪。闹市纭纭,相头买帽。白日同归,不知几个。'"(p.623)《普灯》卷二九"悦禅师":"予有一道,千圣不到。北走南奔,相头买帽。是何之道,云横碧峤。"(p.746)

按,定型之语已见上揭《续灯》例,《大词典》、王涛等(编著,2007)、刘洁修(2009)、冷玉龙等(主编,2014)均未收,可参袁宾、康健(主编,2010:282)。

0403　度脚买靴

买靴时量一量脚的大小。禅家比喻根据学人根器的大小,采用相应的方式施教。《道宁禅师语录》卷一:"觉海禅师大似量才补职,度脚买靴。要见芭蕉,还应未可。"(39-771)《广灯》卷一九"山郁禅师":"马大师即心即佛,丧我儿孙。盘山非心非佛,其言极谬。此二尊宿犹是度脚买靴,看风便(使)帆,衲僧门下,争敢咳嗽。"(p.345)《普灯》卷二四"云顶禅师":"劫海无涯,佛海无际,非口所宣,非心所测。皆是世尊度脚买靴之说,看风使帆之义。"(p.600)

按,定型之语已见上揭《道宁禅师语录》例,《大词典》、王涛等(编著,2007)、刘洁修(2009)、冷玉龙等(主编,2014)均未收。

0404　看楼打楼　相篓打篓

根据耧犁开垄沟的情况来下种。禅家比喻随机应变,灵活施教。《续灯》卷六"遇新禅师":"问:'如何是道者家风?'师云:'看楼打楼。'"(p.161)《圆悟禅师语录》卷一七:"师拈云:'外道因邪打正,世尊看楼打楼,阿难不善旁观,引得世尊拖泥带水。'"(41-342)《慧性禅师语录》卷一:"上堂云:'一叶落天下秋,一尘起大地收。明明祖师意,明明百草头。相头买帽,看楼打楼。'"(45-518)

又言"相篓打篓"。《五灯》卷一九"日益禅师":"当时若有个为众竭力的衲僧,下得这毒手,也免得拈花微笑,空破面颜;立雪齐腰,翻成辙迹。自此将错就错,相篓打篓,遂有五叶芬芳,千灯续焰。"(p.1252)

按,定型之语已见上揭《续灯》例,《大词典》、王涛等(编著,2007)、刘洁修(2009)、冷玉龙等(主编,2014)均未收。

0405　看孔着楔

根据木孔的形状大小,安放相应的楔子。禅家比喻根据学人根器的情况,采用相应的教化方式。《碧岩录》卷九："他恁么问，大龙恁么答，一合相更不移易一丝毫头，一似见兔放鹰，看孔着楔。"（p.410）《古尊宿》卷四三"真净禅师"："上堂，举僧问马祖：'如何是佛？'祖曰：'即心是佛。'师云：'马大师也是看孔着楔。'"（p.833）《慧方禅师语录》卷一："放行也，七踪八横。把住也，水泄不通。中有一著，不堕两头。直饶与么，犹是依模画样，看孔着楔。"（41-795）

按，定型之语已见上揭《碧岩录》例，《大词典》、王涛等（编著，2007）、刘洁修（2009）、冷玉龙等（主编，2014）均未收。

0406　饥不择食

饿极了就顾不上选择食物的好坏。禅家用以表示修禅者要消除万象的差别和对立，泯灭拣择的心念。《联灯》卷一九"天然禅师"："师访庞居士，至门首相见。师问：'居士在否？'士云：'饥不择食。'师云：'庞老在否？'士云：'苍天苍天。'"（p.576）《普灯》卷一"洪諲禅师"："问：'拨尘见佛时如何？'曰：'佛亦是尘。'问：'如何是和尚家风？'曰：'饥不择食。'"（p.16）《五灯》卷一一"洪諲禅师"条同。（p.690）

按，孙维张（2007：113）举上揭《五灯》例，释作"参禅悟道当如饥饿着，能充饥即食，而不必问吃的是什么，形容悟道要求的迫切性"，刘洁修（2009：531）释作"比喻情急时顾不得选择"，均不确。

0407　抛砖引玉

抛出砖块想引出玉来。禅家喻指抛出勘验话头以引出对方高深的悟道见解，是一种勘验对方悟道深浅的手段。《祖堂》卷七"雪峰和尚"："师举：'古来老宿行俗官巡堂云："这里有二三百师僧，尽是学佛法僧。"官云："古人道金屑虽贵，又作么生？"无对。'师拈问镜清，镜清代云：'比来抛砖引玉。'"（p.348）《传灯》卷一○"赵州禅师"："大众晚参，师曰：'今夜答话去也，有解问者出来。'时有一僧便出礼拜，师曰：'比来抛砖引玉，却引得个墼子。'"（p.664）《法演禅师语录》卷一："和尚低声，但向伊道：'只要抛砖引玉。'"（39 120）

按，孙维张（2007：163）引《五灯》为首例，释作"比喻以浅陋的见解，引出高雅深智的道理来"，刘洁修（2009：865）引《传灯》例，释作"比喻用粗浅的、拙劣的东西引出别人高超的、完美的东西"，均不确。

0408　将砖换玉

犹言抛砖引玉。《续灯》卷二七"天简禅师"："举：玄沙和尚到三斗庵主处，三斗乃云:'住山年深,不怪无坐具。'沙云:'庵主来在哪?'后法灯别三斗语云:'当时但触礼。'师拈云:'玄沙不解作客,劳烦主人,法灯大似将砖换玉。'"(p.741)

按,定型之语已见上揭《续灯》例,《大词典》、王涛等(编著,2007)、刘洁修(2009)、冷玉龙等(主编,2014)均未收。

0409 打草惊蛇 打草只要蛇惊 打草要蛇惊

敲打草丛为了惊动蛇。禅家比喻施设方便法门只要惊醒学人自悟。《祖堂》卷七"雪峰和尚":"报慈拈问卧龙:'话是仰山话,举是雪峰举。为什么雪峰招掴?'龙云:'养子代老。'慈云:'打草惊蛇。'"(p.355)《传灯》卷一三"省念禅师":"问:'四众围绕,师说何法?'师曰:'打草惊蛇。'曰:'未审作生下手?'师曰:'适来几合,丧身失命。'"(p.928)《广闻禅师语录》卷四:"师云:'这僧不道不曾游山,只欠慎初护末。不能坐断仰山舌头,仰山不道勘这僧不破,只欠些子慈悲,不能截断云门葛藤。净慈怎么道,不图打草惊蛇,只要后人检责。'"(46-68)

散言"打草只要蛇惊"。《楚圆禅师语录》卷一:"上堂,以挂杖卓绳床一下云:'打草只要蛇惊。'下座。"(39-14)《五灯》卷一六"倚遇禅师":"英曰:'和尚寻常爱检点诸方,今日因什么却来古庙里作活计?'师曰:'打草只要蛇惊。'"(p.1025)

散言"打草要蛇惊"。《善昭禅师语录》卷一:"师坐定,拈挂杖打绳床一下,云:'会么?打草要蛇惊。'良久复云:'祖意难穷,得之者可越阶梯教乘易晓,失之者永隔毫厘。'"(39-589)《古尊宿》卷四八"佛照禅师":"复举黄檗和尚示众云:'汝等诸人,尽是不着便的。恁么行脚何处有?今日还知大唐国里无禅师么?'师著语云:'打草要蛇惊。'"(p.977)

按,定型之语已见上揭《祖堂》例,刘洁修(2009:232)释作"原比喻惩治甲方以警告乙方,或甲方受到挫折而引起乙方畏首畏尾",《大词典》(6-318)引上揭《传灯》例,释作"喻惩彼戒此",王闰吉(2012:173)释义同,均不确。

0410 探竿影草 影草探竿

探竿和影草是两种引诱鱼上钩的捕鱼手段。①禅家比喻接引学人的隐秘手段。《临济禅师语录》卷一:"师问僧:'有时一喝如金刚王宝剑,有时一喝如踞地金毛狮子,有时一喝如探竿影草,有时一喝不作一喝用,汝作么生会?'僧拟议,师便喝。"(T47/504a)《善昭禅师语录》卷一:"皇道坦然,佛法现前,擒纵自在,生杀临机。或明宾中主,或明主中宾,或明宾中宾,或明主中主,或兼带叶通,或探竿影草,或一句中有三玄三要,还有问者么? 出来对众商量。"(39-577)《怀深禅师广录》卷三:"探竿影草,要须点着便行;入死出生,方是作家手段。"(41-158)②比喻勘验学人悟道深浅的手段。《碧岩录》卷一:"睦州问僧:'近离甚处?'探竿影草。僧便喝,作家禅客。"(p.58)又卷五:"镜清岂不知是雨滴声? 何消更问。须知古人以探竿影草,要验这僧。"(p.246)又卷八:"乌臼问:'定州法道,何似这里?'言中有响,要辨浅深,探竿影草,太杀瞒人。僧云:'不别。'"(p.373)

倒言"影草探竿"。比喻勘验学人悟道深浅的手段。《心月禅师语录》卷二:"举沩山问仰山:'天寒人寒。'仰山云:'大家在这里。'师云:'天寒人寒,影草探竿,总在里许,振鬣摆尾,水面依然平似砥。大众这里,好别一转语,毕竟是天寒人寒?'"(46-184)《宏智禅师广录》卷五:"敢保老兄未彻,个是影草探竿。"(44-476)

按,定型之语已见上揭唐慧然集《临济禅师语录》例,《大词典》、王涛等(编著,2007)、刘洁修(2009)、冷玉龙等(主编,2014)均未收。

0411 从苗辨地

根据禾苗生长的情况来辨别土地的优劣。禅家比喻从学人的言语中辨别其悟道的深浅。《传灯》卷一五"大同禅师":"问:'从苗辨地,因语识人,未审将何辨识?'师曰:'引不着。'"(p.1070)《广灯》卷二一"戒禅师":"有僧问:'云门一曲师亲唱,北斗藏身事若何?'师云:'从苗辨地。'学云:'不会,特伸请益。'师云:'是谁罪过?'"(p.397)《慧方禅师语录》卷四:"赵州归谓众曰:'台山婆子,我为勘破了也。'师云:'一人从苗辨地,一人临崖不悚,诸人要识赵州么?'"(41-796)

按,定型之语已见上揭《传灯》例,《大词典》、王涛等(编著,2007)、刘洁修(2009)、冷玉龙等(主编,2014)均未收。

0412 因语识人

禅家指根据机语对答识别对方悟道深浅。《传灯》卷一五"大同禅师":"问:'从苗辨地,因语识人,未审将何辨识?'师曰:'引不着。'"(p.1070)《圆悟禅师语录》卷三:"上堂云:'万机不到,千圣不携。截断葛藤,掀翻路布。若也从苗辨地,因语识人,犹落第二机在。'"(41-209)《宏智禅师广录》卷四:"举:'雪峰问僧甚处去?'僧云:'普请去。'雪峰云:'去。'云门云:'雪峰因语识人。'"(44-429)

按,定型之语已见上揭《传灯》例,《大词典》、王涛等(编著,2007)、刘洁修(2009)、冷玉龙等(主编,2014)均未收。

0413 扬眉瞬目 瞬目扬眉 扬眉动目 举目扬眉

抬眼望去,眨动眼睛。禅家指举目眨眼的示机动作语。《楚圆禅师语录》卷一:"问:'扬眉瞬目,皆是方便止啼,父母未生时,请师指个入路。'师云:'井底乌龟头带雪。'"(39-13)《守端禅师语录》卷二:"上堂云:'扬眉瞬目,拈槌竖拂,弹指謦欬,尽是铙钩搭索。'"(39-63)《续灯》卷二"守密禅师":"问:'扬眉瞬目,早是纷纭。不涉言诠,请师答话。'"(p.43)

倒言"瞬目扬眉"。①禅家指举目眨眼的示机动作语。《圆悟禅师语录》卷一一:"若有识得流出去处,则净裸裸赤洒洒,也不说一即三三即一,不用行棒,不用行喝,不用道见成公案,不消瞬目扬眉,不用谈玄说妙。"(41-287)又卷六"若向下委曲提持,则敲床竖拂,瞬目扬眉,或语或默,说有说无。若向上提掇,如击石火似闪电光。"(41-241)②指代瞬间的思虑。《广灯》卷一七"智嵩禅师":"禅德! 且莫停囚长智,养病丧躯。瞬目扬眉,早成钝汉。"(p.287)《祖心禅师语录》卷一:"上堂:'我有一句,把手吩咐。瞬目扬眉,西天此土。'"(41-756)

又言"扬眉动目"。禅家指举目眨眼的示机动作语。《黄檗禅师语录》卷一:"或作一机一境扬眉动目,祇对相当便道契会也,得证悟禅理也。"(T48/386c)《祖堂》卷五"大颠和尚":"经旬日,却问:'和尚前日岂不是? 除此之外,何者是心?'石头云:'除却扬眉动目、一切之事外,直将心来。'对曰:'无心可将来。'"(p.242)《传灯》卷二八"慧海和尚":"僧问:'未审托情势、指境势、语默势,乃至扬眉动目等势,如何得通会于一念间?'"(p.2266)

又言"举目扬眉"。禅家指举目眨眼的示机动作语。《普灯》卷三"子璇讲师":"谓敏曰:'敲空击木,尚落筌蹄。举目扬眉,已成怀议。去此言端,方契斯旨。'"(p.75)《五灯》卷一二"子璇讲师"条同。(p.742)

按,定型之语已见上揭唐裴休集《黄檗禅师语录》例,《大词典》、王涛等(编著,2007)、刘洁修(2009)、冷玉龙等(主编,2014)均未收上揭语义。

0414 拨眉击目

以手拨眉,目击对方。指禅家用拨眉目击的方式示机的动作语。《祖堂》卷一二"禾山和尚":"问:'尊者拨眉击目,示育王时如何?'师云:'即今也与么。'僧云:'学人如何领会?'师云:'莫非摩利支山?'"(p.560)《五灯》卷六"禾山禅师"条同。(p.337)

按,定型之语已见上揭《祖堂》例,《大词典》、王涛等(编著,2007)、刘洁修(2009)、冷玉龙等(主编,2014)均未收,参袁宾、康健(主编,2010:24),王闰吉(2012:67)。

0415　张眉努目　瞠眉努目　撑眉努目　瞠眉瞪眼　瞠眉努眼　瞠眉竖目

张开眉毛,瞪眼注视。指禅家用展眉瞪眼的方式示机的动作语。《普灯》卷二五"楷禅师":"山僧今日向诸人面前说家门,已是不着便。岂可更去升堂入室,拈槌竖拂,东喝西棒,张眉努目,如痾病发相似。不唯屈沈上座,况亦辜负先圣。"(p.617)《五灯》卷一四"楷禅师"条同。(p.885)

又言"瞠眉努目"。形容企图领会禅法而又不解的样子。《圆悟禅师语录》卷一三:"已至诸佛出世,祖师西来,只教人明此一件事。若也未知,只管作知作解,瞠眉努目。原不知只是捏目生花,担枷过状,何曾得自在安乐?"(41-308)《绍昙禅师广录》卷一:"你这一队汉,见这般境色,尤不省觉,却来这里,瞠眉努目,讨什么碗?"(46-261)

又作"撑眉努目"。指禅家用展眉瞪眼的动作示机。《圆悟禅师语录》卷一二:"而今兄弟若被问将心与汝安,便孟八郎,或打个圆相,或进前三步退后三步,作女人拜,拍一下喝一声,或撑眉努目,或说心说性,只是情尘业识。"(41-294)

又言"瞠眉瞪眼"。形容企图领会禅法而又不解的样子。《碧岩录》卷七:"若识得云门语,便见雪窦为人处。他向云门示众后面两句,便与尔下个注脚云:'看看。'尔便作瞠眉瞪眼会,且得没交涉。"(p.318)

又言"瞠眉努眼"。①指禅家用展眉瞪眼的动作示机。《碧岩录》卷七:"若只向瞠眉努眼处坐杀,岂能脱得根尘?"(p.318)②形容企图领会禅法而又不解的样子。《真觉禅师心要》卷一:"若更于棒头求玄,喝下觅妙,瞠眉努眼,举手动足,展转落野狐窠窟去也。"(41-453)

又言"瞠眉竖目"。指禅家用展眉竖眼的动作示机。《原妙禅师语录》卷一:"若向这里荐得,便知此事不假修治,如身使臂,如臂使拳,极是成现,极是省力,但信得及便是。何待瞠眉竖目、做模打样、看个一字?"(47-273)

按,定型之语已见上揭《圆悟禅师语录》例,刘洁修(2009:167)释其义为"形容强横可怕",不确。

0416 拈槌竖拂 拈椎竖拂 竖拂拈槌 拈槌举拂 敲床竖拂

拈起槌子,竖起拂子,是禅僧上堂说法经常伴随的作略,多用来暗示禅机。《庞居士语录》卷一:"隐曰:'有一机人,不要拈槌竖拂,亦不用对答言辞,居士若逢,如何则是?'"(X69/133c)《祖堂》卷一〇"玄沙和尚":"问:'古人拈槌竖拂,还当宗乘中事也无?'师云:'不当。'"(p.455)《清了禅师语录》卷二:"三世诸佛说梦,六代祖师说梦,天下老和尚说梦,扬眉瞬目,拈槌竖拂,尽是说梦。"(42-78)

又作"拈椎竖拂"。《传灯》卷一二"如宝禅师":"问:'古人拈椎竖拂,此理如何?'"(p.888)《普灯》卷三"可遵禅师":"不唯多脚亦多口,钉嘴铁舌徒增丑。拈椎竖拂泥洗泥,扬眉瞬目笼中鸡。"(p.83)

倒言"竖拂拈槌"。《慧晖禅师语录》卷一:"如何是衲僧作用?竖拂拈槌眼。如何是迷趣三昧?好雨好晴意。"(42-92)《联灯》卷一八"妙道禅师":"把定则三玄戈甲,五位正偏。竖拂拈槌,默然良久,石火电光,总用不着。"(p.547)《普灯》卷二二"刘经臣居士":"故或瞬目扬眉,擎拳举指;或行棒下喝,竖拂拈槌;或持叉张弓,辊球舞笏;或拽石般土,打鼓吹毛;或一默一言,一吁一笑,乃至种种方便,皆是亲切为人。"(p.557)

又言"拈槌举拂"。《续灯》卷七"源禅师":"问:'古人拈槌举拂,意旨如何?'师云:'白日无闲人。'僧曰:'如何承当?'师云:'如风过耳。'"(p.205)《五灯》卷一七"道辩禅师":"僧问:'拈槌举拂即且置,和尚如何为人?'师曰:'客来须接。'曰:'便是为人处也。'"(p.1144)

又言"敲床竖拂"。《圆悟禅师心要》卷一:"只道与你说一句子,早是着恶水泼人。何况更瞬目扬眉,敲床竖拂是什么?"(41-445)《圆悟禅师语录》卷六:"若向下委曲提持,则敲床竖拂,瞬目扬眉,或语或默,说有说无。"(41-241)

按,定型之语已见上揭唐于頔编《庞居士语录》例,《大词典》、王涛等(编著,2007)、刘洁修(2009)、冷玉龙等(主编,2014)均未收,可参袁宾(1991:510),袁宾、康健(主编,2010:310)。

0417 除痴断惑 除疑断惑

指为人断除痴愚、疑惑等悟道束缚。《普灯》卷一〇"道旻禅师":"上堂曰:'诸佛出世,无法与人。只是抽钉拔楔,除痴断惑。学道之士,不可自谩。'"(p.253)

又言"除疑断惑"。《五灯》卷一八"道旻禅师":"上堂:'诸佛出世,无法与人。

只是抽钉拔楔,除疑断惑。学道之士,不可自谩。'"(p.1193)

按,定型之语已见上揭《普灯》例,《大词典》、王涛等(编著,2007)、刘洁修(2009)、冷玉龙等(主编,2014)均未收。

0418 抽钉拔楔　拔楔抽钉　出钉拔楔

抽出钉子,拔掉楔子。比喻为人解除痴愚、疑惑等悟道束缚。《五家语录》卷一:"师心语云:'欲观前人,先观所使,便有抽钉拔楔之意。'"(J23/69a)《圆悟禅师语录》卷五:"等闲拈一机举一句,尽与人抽钉拔楔,解粘去缚,更说什么直指人心,更觅什么见性成佛。"(41-231)《普灯》卷一〇"道旻禅师":"上堂曰:'诸佛出世,无法与人。只是抽钉拔楔,除痴断惑。学道之士,不可自谩。'"(p.253)

倒言"拔楔抽钉"。《圆悟禅师语录》卷一一:"天宁意欲要与诸人解粘去缚,拔楔抽钉,到这里伎俩一点也使不着。"(41-289)《怀深禅师广录》卷一:"师召大众云:'还会么? 惆怅钟山老水牯,去住纵横无必固。拔楔抽钉二十年,咬尽生姜呷尽醋。'"(41-111)《联灯》卷二九"法成禅师":"所以道,衲僧家说个解粘去缚,拔楔抽钉,已是犯锋伤手。"(p.916)

又言"出钉拔楔"。《真净禅师语录》卷四:"遂以拂子敲禅床云:'敲枷打锁,出钉拔楔。大有痴顽,怕吞热铁。'"(39-690)《普灯》卷二五"钦禅师":"总是一家里事,更无如许淆讹等见解,方能为一切人去粘解缚,出钉拔楔。"(p.613)

按,定型之语已见于上揭唐慧然集《五家语录》例,刘洁修(2009:191)释作"指不受尘世的羁累",还嫌不确。《大词典》、王涛等(编著,2007)、刘洁修(2009)、冷玉龙等(主编,2014)均未收"出钉拔楔",可参雷汉卿、王长林(2018:68)。

0419 敲枷打锁　打锁敲枷　打镢敲枷

敲去枷钮,打开锁链。禅家比喻为人解除执着、痴愚等悟道束缚。《真净禅师语录》卷四:"遂以拂子敲禅床云:'敲枷打锁,出钉拔楔。大有痴顽,怕吞热铁。'"(39-690)《碧岩录》卷九:"殊不知,古人一机一境,敲枷打锁。一句一言,浑金璞玉。"(p.410)《五灯》卷一七"惟胜禅师":"大丈夫汉,须是向黑暗狱中,敲枷打锁,饿鬼队里,放火夺浆。"(p.1117)

倒言"打锁敲枷"。《碧岩录》卷二:"等闲一句一言,惊群动众。一机一境,打锁敲枷。接向上机,提向上事。"(p.63)《怀深禅师广录》卷一:"问慈受如何是宰官说的法? 只向他道棒头笔下宜精审。毕竟如何? 打锁敲枷好用心。"(41-114)《新月禅师语录》卷一:"师云:'二大老,一人把住,一人放行。放行则曲为久参,把住则援手初学。可谓打锁敲枷,立地相待。'"(46-186)

又作"打镴敲枷"。《崇岳禅师语录》卷一:"师云:'诸大老也甚奇怪,打镴敲枷,平高就下。说也说得到,行也行得到,只是未有出身之路。'"(45-341)

按,定型之语已见唐曹邺《奉命齐州推事毕寄本府尚书》:"敲枷打锁声,终日在目旁。"此用其字面义,禅义由此引申而来。《大词典》、王涛等(编著,2007)、刘洁修(2009)、冷玉龙等(主编,2014)均未收。

0420 解粘去缚 去粘解缚 去缚解粘 解粘释缚

解除粘着,去除束缚。比喻为人解除执着和束缚等悟道障碍。《真净禅师语录》卷一:"上堂:'圣寿长老不会禅,不会道,只会解粘去缚,应病与药。'"(39-650)《普灯》卷一八"宗元庵主":"示众:'诸方为人抽钉拔楔,我这里为人添钉着楔。诸方为人解粘去缚,我这里为人加绳加索了。'"(p.474)《古尊宿》卷三八"守初禅师":"若为你解粘去缚,道眼分明,甄别是非,堪为师匠。"(p.716)

又言"去粘解缚"。《普灯》卷二五"钦禅师":"更无如许淆讹等见解,方能为一切人去粘解缚,出钉拔楔。"(p.613)《古尊宿》卷四五"送照禅者":"法喜禅悦,去粘解缚。黄龙家风,佛手驴脚。后代儿孙,须自开拓。"(p.865)

倒言"去缚解粘"。《碧岩录》卷五:"垂示云:'一槌便成,超凡越圣。片言可折,去缚解粘。'"(p.245)又卷一〇:"垂示云:'超情离见,去缚解粘。提起向上宗乘,扶竖正法眼藏。也须十方齐应,八面玲珑。'"(p.454)

又言"解粘释缚"。《慧开禅师语录》卷一:"须知道信手拈来的,为得人解粘释缚么?十字街头,竿木随身。"(42-2)《宗果禅师语录》卷二:"一闻法语,即契初心,然后知先觉之不吾欺。则师于我,实有解粘释缚、抽钉拔楔之力也。"(42-538)

按,定型之语已见上揭《真净禅师语录》例,《大词典》、王涛等(编著,2007)、刘洁修(2009)、冷玉龙等(主编,2014)均未收"去粘解缚""去缚解粘""解粘释缚",参袁宾(1991:522),刘洁修(2009:595),袁宾、康健(主编,2010:211、343)。

0421 驱耕夺食 驱耕夫牛,夺饥人食

驱耕夫牛,夺饥人食。禅家比喻彻底斩断学人的依赖、执着等俗情妄念。《圆悟禅师语录》卷二〇:"解粘去缚手段辣,驱耕夺食尤雍容。"(41-367)《心月禅师语录》卷一:"虽然逼到万仞崖头,放身舍命,须是你当人,自肯始得。既是驱耕夺食,如何得苗稼滋盛,永绝饥虚?"(46-156)《绍昙禅师广录》卷一:"烂嚼虚空吐出滓,揭翻大地无寸土。驱耕夺食,塞路断桥。"(46-312)

散言"驱耕夫牛,夺饥人食"。《圆悟禅师语录》卷一八:"师拈云:'云门可谓驱耕夫牛,夺饥人食。权衡佛祖,龟鉴宗乘。'"(41-348)《普灯》卷二六"泰禅师":"师曰:'驱耕夫牛,夺饥人食,击碎明月珠,敲出凤凰髓。可谓富贵中富贵,风流中风流。'"(p.657)

按,此语由"驱耕夫牛,夺饥人食"缩略而来,定型之语已见上揭《圆悟禅师语录》例,《大词典》、王涛等(编著,2007)、刘洁修(2009)、冷玉龙等(主编,2014)均未收。

0422　众口难调

众人口味不一,很难照顾周到。禅家比喻学人根器不同,同样的施教作略很难让所有人都领悟。《续灯》卷三"善暹禅师":"问:'一雨所润,为什么万木不同?'师云:'羊羹虽美,众口难调。'"(p.82)《师范禅师语录》卷二:"重九上堂:'去年不在家,虚过重阳节。今年既在家,须要强施设。淡水煮冬瓜,真个滋味别。不知滋味者,却似嚼生铁。何故?众口难调。'"(45-704)《崇岳禅师语录》卷一:"急着眼看,灯笼跳入露柱,佛殿走出三门。撞着个无面目汉,却道众口难调,须是临机妙转。"(45-326)

按,定型之语已见上揭《续灯》例,孙维张(2007:308)释作"比喻人多,意见很难统一",刘洁修(2009:1486)释义略同,均不确。

0423　觌面相呈

禅家指示机者直指禅法根本,应机者顿见本来面貌。《传灯》卷七"宝积禅师":"三界无法,何处求心?四大本空,佛依何住?璇机不动,寂尔无言。觌面相呈,更无余事。"(p.453)《承古禅师语录》卷一:"山僧此日觌面相呈,悟之便登佛地,不历阶梯。"(39-538)《普灯》卷二五"鉴勤禅师":"如或未然,彼此钝置。欲知此事,觌面相呈。未语已前,早是蹉过。"(p.625)

按,定型之语已见上揭《传灯》例,《大词典》、王涛等(编著,2007)、刘洁修(2009)、冷玉龙等(主编,2014)均未收,另可参袁宾(1991:521),袁宾、康健(主编,2010:99)。

0424 空拳黄叶

空拳无物,黄叶非金,只是哄骗小儿的两种把戏。禅家比喻各种方便法门、施设手段都是权宜之计,不能从根本上解决悟道问题。《临济禅师语录》卷一:"明知是建立之法,依通国土。空拳黄叶,用诳小儿。蒺藜菱刺枯骨上觅什么汁?心外无法,内亦不可得,求什么物?"(T47/499b)《联灯》卷九"临济禅师"条略同。(p.279)《祖堂》卷一六"南泉和尚":"江西和尚说'即心即佛',且是一时间语,是止向外驰求病,空拳黄叶,止啼之词。"(p.705)

按,定型之语已见上揭唐慧然集《临济禅师语录》例,《大词典》、王涛等(编著,2007)、刘洁修(2009)、冷玉龙等(主编,2014)均未收。

0425 黄叶止啼

以黄叶为金钱,制止了小儿啼哭。禅家比喻各种方便法门、施设手段都是权宜之计,不能从根本上解决悟道问题。《祖堂》卷一八"仰山和尚":"所以假设方便,夺汝诸人尘劫来粗识,如将黄叶止啼。"(p.803)《慧开禅师语录》卷二:"灵山密付,黄叶止啼。少室亲传,望梅止渴。"(42-17)《联灯》卷一八:"咸杰禅师":"扬眉瞬目,行棒行喝,尽是黄叶止啼。"(p.563)

按,语出北凉昙无谶译《大般涅槃经·婴儿行品》:"又婴儿行者,如彼婴儿啼哭之时,父母即以杨树黄叶,而语之言:'莫啼!莫啼!我与汝金。'婴儿见已,生真金想,便止不啼,然此杨叶实非金也。"定型之语已见上揭《祖堂》例,《大词典》、王涛等(编著,2007)、刘洁修(2009)、冷玉龙等(主编,2014)均未收。

0426 名方妙药

禅家比喻挽救无明之疾的奇妙法门。《明觉禅师语录》卷四:"保福在疾,问僧:'我与你相识年深,有何名方妙药相救?'僧云:'甚有,闻说和尚不解忌口。'"(39-199)《联灯》卷二四"从展禅师"条同。(p.745)

按,定型之语已见上揭《明觉禅师语录》例,《大词典》、王涛等(编著,2007)、刘洁修(2009)、冷玉龙等(主编,2014)均未收。

0427 赤手空拳 赤手空身

两手空空,不凭借任何工具。禅家比喻荡尽情尘妄念,没有一丝尘念。《师范禅师语录》卷二:"复云:'赤手空拳下山去,满船和月载归来。五峰可煞无惭愧,面面相看眼未开。何故?穷坑难满。'"(45-691)《惟一禅师语录》卷二:"若非吹灭纸烛

处,丧尽鬼家活计。安能赤手空拳,别立生涯?"(47-53)

又言"赤手空身"。《宏智禅师广录》卷三:"师云:'白水老子,可谓大而无外,小而无内,具足千变万化,只个赤手空身,不受一滴一尘,直是满眼满耳。'"(44-420)

按,定型之语已见上揭《师范禅师语录》例,《大词典》、王涛等(编著,2007)、刘洁修(2009)、冷玉龙等(主编,2014)均未收上揭语义。

0428 真金失色 精金失色

即使真金也能失去光彩。禅家形容机用神通广大,能让真金失去光彩。《续灯》卷三"明觉禅师":"上首白槌罢,有僧方出。师乃约住云:'如来正法眼藏,委在今日,放开则瓦砾生光,把住则真金失色。权柄在手,杀活临时。其有作家,共相证据。'"(p.56)《碧岩录》卷四:"透得彻、信得及,无丝毫障翳,如龙得水,似虎靠山。放行也瓦砾生光,把定也真金失色。"(p.169)《联灯》卷一七"弥光禅师":"放行则锦上添花,把住则真金失色。敢问大众,把住好?放行好?"(p.527)

又言"精金失色"。《续灯》卷二二"允恭禅师":"放行也,风行草偃,瓦砾生光,拾得、寒山点头拊掌。把住也,水泄不通,精金失色,德山、临济饮气吞声。"(p.625)

按,定型之语已见上揭《续灯》例,《大词典》、王涛等(编著,2007)、刘洁修(2009)、冷玉龙等(主编,2014)均未收。

0429 一箭双雕 一箭落双雕

一箭射落两只雕。禅家比喻禅机高明,一机具有双重功效。《普觉禅师语录》卷一〇:"钟声披起郁多罗,碧眼胡儿不奈何。一箭双雕随手落,拈来原是栅中鹅。"(42-304)《普灯》卷一〇"仪禅师":"不见道,万派横流总向东,超然八面自玲珑。万人胆破沙场上,一箭双雕落碧空。"(p.281)《宏智禅师广录》卷三:"师云:'灌溪恁么说话,且道是临际(济)处得的?末山处得的?虽然一箭双雕,奈有时走杀,有时坐杀。'"(44-423)

散言"一箭落双雕"。《碧岩录》卷九:"双剑倚空飞,一箭落双雕。"(p.435)

按,语或出《北史·长孙晟传》:"尝有二雕飞而争肉,因以箭两只与晟,请射取之。晟驰往,遇雕相攫,遂一发双贯焉。"《大词典》、王涛等(编著,2007)、刘洁修(2009)、冷玉龙等(主编,2014)均未收上揭语义。

0430 一箭两垛

一支箭射中两个靶子。禅家比喻禅机高明,一机具有双重功效。《广灯》卷一六"智嵩禅师":"师勘二僧,原是同参,才见,便云:'还记相识么?'参头拟议,第二僧打参头一座具云:'何不快祇对和尚?'师云:'一箭两垛。'"(p.266)《明觉禅师语录》卷四:"或云:'善来文殊,还知败缺么?'代云:'一箭两垛。'"(39-194)《普灯》卷二〇"得升禅师":"上堂曰:'久雨不晴,一箭两垛,鼻孔一时没烂,且道是谁之过?赖得老赵州出来为你勘破。'"(p.497)

按,定型之语已见上揭《广灯》例,《大词典》、王涛等(编著,2007)、刘洁修(2009)、冷玉龙等(主编,2014)均未收。

0431　百步穿杨

本指射箭技艺精湛,百步之遥可以穿杨叶。禅家比喻发机精准,直击佛法的旨妙义。《传灯》卷二〇"彦宾禅师":"问:'百步穿杨,中的者谁?'师曰:'将军不上便桥,金牙徒劳拈筈。'"(p.1550)《昙华禅师语录》卷三:"擘开华狱,巨灵谩骋其威。百步穿杨,由基未为中的。祖师门下,如何理论?"(42-158)《古尊宿》卷一五"匡真禅师":"问:'百步穿杨,请师指的。'师云:'答这话去也。'"(p.264)

按,语出《战国策·周策二》:"楚有养由基者,善射。去柳叶者百步而射之,百发百中。"定型之语已见于唐李涉《看射柳枝》诗:"万人齐看翻金勒,百步穿杨逐箭空。"《大词典》、王涛等(编著,2007)、刘洁修(2009)、冷玉龙等(主编,2014)均未收上揭语义。

0432　百发百中　齐发齐中

本指射箭技艺精湛,箭无虚发。禅家比喻发机精准,每次发机都能直击佛法的旨妙义。《续灯》卷二七"正觉禅师":"师拈云:'作家宗匠,语不浪施。如人解射,百发百中。'"(p.750)《碧岩录》卷七:"雪窦道:'千个与万个,是谁曾中的?'能有几个百发百中?"(p.350)《咸杰禅师语录》卷一:"古人拈一机,示一境,无不精彻渊奥,廓彻圣凡,恰似壮士架千钧弩,百发百中。"(45-208)

又言"齐发齐中"。《联灯》卷六"从谂禅师":"雪窦云:'二俱作家,盖是茱萸赵州。二俱不作家,箭锋不相拄。直饶齐发齐中,也只是个射垛汉。'"(p.171)《祖先禅师语录》卷一:"师云:'二大老虽眼办手亲,争奈箭锋不相拄,直饶齐发齐中,向官人面前,只成一场败缺。'"(45-393)

按,语出《战国策·周策二》:"楚有养由基者,善射。去柳叶者百步而射之,百发百中。"此言箭无虚发,禅义由此隐喻而来。《大词典》、王涛等(编著,2007)、刘洁修(2009)、冷玉龙等(主编,2014)均未收上揭语义。

0433 功不浪施

指功夫没有白费。禅家多指施设作略没有白费功夫。《续灯》卷七"方会禅师":"上堂云:'雾罩长空,风生大野。百草枯木作狮子吼,演说摩诃大般若。三世诸佛在你诸人脚跟下转大法轮。若也会得,功不浪施。若也不会,莫道杨岐山势险,前头更有最高峰。'"(p.189)《普灯》卷二五"鉴勤禅师":"众集,师曰:'还委悉么?若也委悉,功不浪施。如或未然,彼此钝置。'"(p.625)

按,定型之语已见上揭《续灯》例,《大词典》、王涛等(编著,2007)、刘洁修(2009)、冷玉龙等(主编,2014)均未收。

0434 语不浪施

禅家指机语没有虚设。《广灯》卷二三"晓聪禅师":"洞山道:'九峰禅师是人人言不虚设,语不浪施。'"(p.446)《续灯》卷二七"正觉禅师":"师拈云:'作家宗匠,语不浪施。如人解射,百发百中。'"(p.750)

按,定型之语已见上揭《广灯》例,《大词典》、王涛等(编著,2007)、刘洁修(2009)、冷玉龙等(主编,2014)均未收。

0435 信手拈来

随手拿来。禅家常形容用法娴熟自如。《明觉禅师语录》卷四:"荒田不拣,草变为金。信手拈来,金变为草。古圣日用,不知且置,你为什么临机道得?"(39-195)《广灯》卷一五"延昭禅师":"汝州大保问师:'每日为众提唱,是何宗旨?'师云:'瑞草本无根,信手拈来用。'"(p.248)《续灯》卷二六"恩禅师":"上堂,拈超挂杖云:'昔日德山临济信手拈来,便能坐断十方,壁立千仞,直得冰河焰起,枯木花芳。'"(p.718)

按,定型之语已见上揭《明觉禅师语录》例,孙维张(2007:296)、朱瑞玟(2008:186)认为语出《五灯》,不确。

0436 压良为贱 压良成贱 抑良为贱

本指掠买平民女子强作奴婢。比喻师家接引手段拙劣,欺压贻误他人。《祖堂》卷六"洞山和尚":"南泉趯跳下来,抚背云:'虽是后生,敢有雕琢之分?'师曰:'莫压良为贱。'"(p.296)《广灯》卷一九"广悟禅师":"师上堂云:'诸佛出世,早是多端。达磨西来,更传心印。大似欺我儿孙,压良为贱。'"(p.336)《续灯》卷五"义怀禅师":"森罗举唱,孰是知音? 水乳难分,鹅王善别。忽然顶门眼开,莫道山僧压良为贱。"(p.125)

又言"压良成贱"。《慧晖禅师语录》卷一:"剑是阿谁者活计? 屈己徇人,压良成贱,是佛祖分上也无?"(42-90)又卷一:"霜曰:'未审佛祖未生前有谁得? 怎么见得,恐是压良成贱,依势欺人。'"(42-97)

又言"抑良为贱"。《祖堂》卷一三"招庆和尚":"问:'环丹一颗,点铁成金;妙理一言,点凡成圣。请师点。'师云:'不点。'学云:'为什么不点?'师云:'不欲得抑良为贱。'"(p.583)

按,语出唐长孙无忌《唐律疏议》卷一二"放部曲为良":"诸放部曲为良,已给放书而压为贱者,徒二年。若压为部曲,及放奴婢为良而压为贱者,各减一等;即压为部曲,及放为部曲而压为贱者,又各减一等。"后来形成"压良为贱"之语,指掠买平民女子为奴婢。《全唐文》卷九二《收买被虏百姓敕》:"其诸州府,委本道观察使取上供钱充赎,不得压良为贱。"禅义由此引申而来。刘洁修(2009:1310)举《祖堂》例,释作"比喻压抑别人,硬将其好的当作坏的",还嫌不确。

0437 倚势欺人

仰仗自己的势力欺压别人。《续灯》卷一七"德颙禅师":"直饶德山一棒,似倚天长剑。临济一喝,如旱地爆雷。尽是倚势欺人,无风起浪。"(p.498)《联灯》卷一七"道谦禅师":"示众云:'说佛说法,诳惑盲聋。论性论心,自投陷阱。行棒行喝,倚势欺人。'"(p.532)

按,定型之语已见上揭《续灯》例,《大词典》、王涛等(编著,2007)、刘洁修(2009)均未收。

0438 狐假虎威

谓狐狸假借老虎的威风吓唬群兽。比喻依仗别人的威势吓唬人。《承古禅师语录》卷一:"设使释迦掩室于摩竭,盖为下根下器。净名杜口于毗耶,□□不肯。直饶不肯,也是狐假虎威。"(39-541)

按,语出《战国策·楚策一》:"虎求百兽而食之,得狐。狐曰:'子无敢食我也。天帝使我长百兽,今子食我,是逆天帝命也。子以我为不信,吾为子先行,子随我后,观百兽之见我而敢不走乎!'虎以为然,故遂与之行,兽见之皆走。虎不知兽畏己而走也,以为畏狐也。"参《大词典》(5-34)、王涛等(编著,2007:437)、刘洁修(2009:488)。

0439　东喝西棒

指胡乱施设棒喝作略。《普灯》卷二五"道楷禅师":"山僧今日向诸人面前说家门,已是不着便。岂可更去升堂入室,拈槌竖拂,东喝西棒,张眉努目,如痫病发相似。"(p.617)《五灯》卷一四"道楷禅师"条同。(p.885)

按,定型之语已见上揭《普灯》例,《大词典》、王涛等(编著,2007)、刘洁修(2009)、冷玉龙等(主编,2014)均未收。

0440　盲枷瞎棒

指胡乱施设棒喝作略。《传灯》卷一二"义玄禅师":"黄檗曰:'什么处去?'曰:'不是河南,即河北去。'黄檗拈起拄杖便打,师捉住拄杖曰:'这老汉莫盲枷瞎棒,已后错打人。'"(p.799)《广灯》卷一五"延昭禅师":"应拈棒,师云:'老和尚,不要盲枷瞎棒。'夺得拄杖,却打和尚。"(p.226)《续灯》卷二七"南禅师":"师云:'喝亦打,礼拜亦打,还有亲疏也无? 若无亲疏,临济不可盲枷瞎棒去也。'"(p.738)

按,定型之语已见上揭《传灯》例,《大词典》、王涛等(编著,2007)、刘洁修(2009)、冷玉龙等(主编,2014)均未收,参雷汉卿(2009:290)。

0441　和麸粜面

把面连带麸子一起出售。"面"喻精深之佛法,"麸"喻慈悲方便法门。禅家比喻传授的佛法粗糙不精。《方会和尚语录》卷一:"众中有不受人瞒的,便道云盖和麸粜面。"(39-31)《新月禅师语录》卷一:"师云:'赵州老人寻常道,诸方难见易识,我这里易见难识。点检将来,也是和麸粜面。'"(46-163)《师范禅师语录》卷一:"上堂:'和麸粜面,夹糠炊米。半夜三更,瞒神呼鬼。冷地有人觑见,直得左手掩鼻,山僧烧沉香供养他。'"(45-665)

按,定型之语已见上揭《方会和尚语录》例,《大词典》、王涛等(编著,2007)、刘洁修(2009)、冷玉龙等(主编,2014)均未收,参《佛光大辞典》(1989:3125)。

0442　含血噀人　含血喷人　含毒喷人

口里含着血喷污他人。比喻口吐拙劣的言辞说向人。《承古禅师语录》卷一:"若也谈玄说要,大似含血噀人,问答往还,如同魔娆。"(39-537)《碧岩录》卷八:"僧云:'唤和尚作一头驴得么?'只见锥头利,不见凿头方。虽有逆水之波,只是头上无角,含血噀人。投子便打。"（p.394）《五灯》卷一八"崇觉空禅师"："师颂野狐话曰：'含血噀人，先污其口。百丈野狐，失头狂走。蓦地唤回，打个筋斗。'"（p.1177）

又言"含血喷人"。《虚堂和尚语录》卷二："僧问：'灵云见桃花悟去，学人每日也见一枝两枝，因甚不悟？'师云：'含血喷人，先污其口。'"（46-659）《绍昙禅师广录》卷一："共饭江湖，何须唆斗。含血喷人，先污其口。结成不共戴天冤，句句无非是骂门。"（46-258）

又言"含毒喷人"。《绍昙禅师语录》卷一："因事上堂：'鸩鸟毛，蛊毒水。毒不伤人，何妨服饵。只有这些儿，含毒喷人，深入骨髓。'"（46-264）

按，定型之语已见上揭《承古禅师语录》例，《大词典》（3-224）、《俗语佛源》（2013：118）并举上揭《五灯》例，释作"比喻用恶毒的话污蔑别人"，孙维张（2007：101）释义略同，均不确。

0443 生风起浪

禅家比喻施展出猛烈的机法手段。《倚遇禅师语录》卷一："法昌铁杖，生风起浪。游戏神通，诸方榜样。"（39-724）《续灯》卷二四"普净禅师"："上堂，拈拄杖云：'看看拄杖，拄杖生在悬崖石上，如今拈向人前，须是生风起浪。'乃抛下。"（p.660）《祖心禅师语录》卷一："若无会处，黄龙今日，不免生风起浪，鼓棹扬帆。"（41-759）

按，定型之语已见上揭《倚遇禅师语录》例，《大词典》、王涛等（编著，2007）、刘洁修（2009）、冷玉龙等（主编，2014）均未收。

0444 东拏西撮

禅家比喻胡乱搬弄施设手段。《虚堂和尚语录》卷一："今夜已展不缩，未免东拏西撮一上子，且作死马医。"（46-644）《绍昙禅师语录》卷一："佛陇小长老，不解蹈古人脚迹，随分东拏西撮，以当门风。"（46-252）

按，定型之语已见上揭《虚堂和尚语录》例，《大词典》、王涛等（编著，2007）、刘洁修（2009）、冷玉龙等（主编，2014）均未收。

0445 指踪话迹

指胡乱指示禅法踪迹。《普灯》卷五"子淳禅师"："上堂：'乾坤之内，宇宙之间，中有一宝，秘在形山。肇法师怎么道，只解指踪话迹，且不能拈示于人。'"（p.136）《五灯》卷一四"子淳禅师"条同。（p.890）

按，定型之语已见上揭《普灯》例，《大词典》、王涛等（编著，2007）、刘洁修

（2009）、冷玉龙等（主编，2014）均未收。

0446　撩钩搭索　挠钩搭索

"撩钩"是勾物器具，"搭索"是套物器具。禅家比喻存有知见牵连的施教作略。《续灯》卷一九"绍慈禅师"："良久云：'直饶有，也不免玉溪寨主撩钩搭索。'"（p.549）《古尊宿》卷一六"匡真禅师"："师有时云：'弹指謦咳，扬眉瞬目，拈槌竖拂，或即圆相，尽是撩钩搭索。'"（p.286）《咸杰禅师语录》卷一："僧问：'释迦掩室，净名杜词，以至诸方横拈倒用，总是撩钩搭索。毕竟直截一句作么生道？'"（45-201）

又言"挠钩搭索"。《虚堂和尚语录》卷一："僧云：'赵州小参要答话，有问话者置将一问来，又作么生？'师云：'挠钩搭索。'"（46-633）

按，定型之语已见上揭《续灯》例，《大词典》、王涛等（编著，2007）、刘洁修（2009）、冷玉龙等（主编，2014）均未收，参袁宾、康健（主编，2010：308）。

0447　拖泥涉水　拖泥带水　带水拖泥　带水又拖泥　惹泥带水　和泥合水　合水和泥　合泥合水

形容接引手段拖沓不利索，多指纠缠于言语义理。《祖堂》卷一五"麻谷和尚"："问：'如何是佛法大意？'师良久。其僧却举似石霜：'此意如何？'石霜云：'主人殷勤，滞累阇梨，拖泥涉水。'"（p.667）《圆悟禅师语录》卷一五："古人太煞老婆，拖泥涉水。若一举便透，犹较些子。或穷研义理，卒摸索不着。"（41-325）

又言"拖泥带水"。①禅家形容接引手段拖沓不利索，纠缠于言语义理。《续灯》卷一四"慧照禅师"："纵饶一棒一条痕，一掴一手血，未免拖泥带水，岂能点瓦成金？"（p.417）《普灯》卷八"思慧禅师"："上堂：'布大教网，搋人天鱼，护圣不似老胡拖泥带水，只是见兔放鹰，遇獐发箭。'"（p.217）②形容纠缠于言语义理，不能干净利索地悟道。《续灯》卷五"智传禅师"："问：'久处湖湘，拟伸一问，师还答否？'师云：'何得拖泥带水？'"（p.133）《圆悟禅师语录》卷九："不是心，不是佛，不是物，已拖泥带水，到这里上根利智，剔起便行，不落言诠，不拘机境。"（41-270）《怀深禅师广录》卷二："神通大者，骑龙跨凤，自在逍遥；神通小者，便乃浮杯泛海，速登彼岸；无神通者，未免拖泥带水，一场狼藉，伏惟珍重。"（41-175）

倒言"带水拖泥"。形容接引手段拖沓不利索，多指纠缠于言语义理。《续灯》卷一五"崇信禅师"："如斯举唱，带水拖泥。若也尽令提纲，直须祖佛侧立。放过一着,别有清规。"(p.442)《圆悟禅师语录》卷一四:"有祖以来,唯务单传直指,不喜带水拖泥打露布,列窠窟钝置人。"(41-311)

散言"带水又拖泥"。形容纠缠于言语义理,不能干净利索地悟道。《无德禅师语录》卷一:"山僧也有一颂,举似大众:'去时冒雨连宵去,回来带水又拖泥。自怪一生无定力,寻常多被业风吹。'"(42-157)

又言"惹泥带水"。形容纠缠于言语义理,不能干净利索地悟道。《无德禅师语录》卷一:"只恁么哄哄恫恫地,烂冬瓜相似,有什么成辨? 咬断两头,犹是惹泥带水,岂更因循? "(39-568)

又言"和泥合水"。①形容接引手段拖沓不利索,纠缠于言语义理。《祖堂》卷一二"禾山和尚":"大凡出言吐气,不可和泥合水去也。夫与人为师匠,岂是草草之流? "(p.557)《广灯》卷一八"楚圆禅师":"上堂云:'夫宗师者,夺贫子之衣珠,救达人之见处。若不如是,尽是和泥合水汉。'"(p.307)《联灯》卷一七"道谦禅师":"放一线道,十方刹海放光动地。是则是,争奈和泥合水? "(p.532)②形容纠缠于言语义理,不能干净利索地悟道。《普灯》卷三"应文禅师":"上堂曰:'明明百草头,明明祖师意。直下便承当,错认弓为矢。惺惺的筑着磕着,懵懂的和泥合水。'"(p.93)

倒言"合水和泥"。形容接引手段拖沓不利索,纠缠于言语义理。《联灯》卷一八"妙总禅师":"若放一线道,合水和泥,则恁么也得,不恁么也得,便能向虎穴魔宫安身立命。"(p.545)《普灯》卷一七"善果禅师":"师曰:'乾峰平地生堆,韶石因风起浪。虽然合水和泥,千古丛林榜样。既是丛林榜样,为什么合水和泥? '"(p.437)

又言"合泥合水"。形容接引手段拖沓不利索,纠缠于言语义理。《古尊宿》卷一一"慈明禅师":"示众:'说佛说祖,合泥合水。向上向下,衲僧破草鞋。'"(p.181)

按,定型之语已见上揭《祖堂》例,《大词典》、王涛等(编著,2007)、刘洁修(2009)、冷玉龙等(主编,2014)均未收上揭语义,失收"拖泥涉水""惹泥带水""和泥合水""合水和泥""合泥合水"等变体。孙维张(2007:104)释作"谓同尘凡之人不加分辨,混同于泥水",不可从。参袁宾(1991:512),雷汉卿(2009:329),王闰吉(2012:90),袁宾、康健(主编,2010:190)。

0448　灵龟曳尾　曳尾灵龟　泥龟曳尾

灵龟拖着尾巴在泥涂中爬行,拂迹成痕。禅家比喻教化作略随做随扫,但未能彻底扫除,最终还是留下了痕迹。《碧岩录》卷九:"殊不知灵龟曳尾,拂迹成痕,又如扫帚扫尘相似,尘虽去帚迹犹存,末后依前除踪迹。"(p.419)《联灯》卷一四"洪英禅师":"诸禅德,到这里纵饶明去,不露锋芒朕兆,又是灵龟曳尾,鼠咬骷髅。"(p.435)《普灯》卷一七"修造者":"坐次,赟以宗门三印问之,南曰:'印空印泥印水,平地寒涛竞起。假饶去就十分,也是灵龟曳尾。'"(p.443)

倒言"曳尾灵龟"。《联灯》卷一八"妙道禅师":"示众云:'眨上眉毛蹉过,大似开眼尿床。现成公案放行,正是黠儿落节。恁么不恁么总不得,曳尾灵龟。'"(p.548)《普灯》卷二一"彦岑禅师":"上堂曰:'韩信打关,未免伤锋犯手。张良烧栈,大似曳尾灵龟。既然席卷三秦,要且未能囊弓裹革,烟尘自静。'"(p.523)

又言"泥龟曳尾"。《普灯》卷三"其辨禅师":"师召大众曰:'临济老汉寻常一条脊梁硬似铁,及乎到这里,大似日中迷路,眼见空花。直饶道无位真人是干屎橛,正是泥龟曳尾。'"(p.82)《五灯》卷一六"其辩禅师"条同。(p.1051)

按,定型之语已见上揭《碧岩录》例,《大词典》、王涛等(编著,2007)、刘洁修(2009)、冷玉龙等(主编,2014)均未收。

0449　粗茶淡饭　淡饭粗茶　粗羹淡饭　麤羹淡饭　淡饭粗羹　粗粥淡饭　清茶淡饭

日常简单的茶饭。①禅家常比喻十分平常的教化施设。《楚圆禅师语录》卷一:"山僧不曾住庵,不代一转语,亦被贤侯移住石霜山。接待往来,只以粗茶淡饭,随时应用,故不失其宜。"(39-12)《续灯》卷一九"道辨禅师":"问:'拈槌举拂即且置,和尚如何为人?'师云:'客来须接。'僧曰:'便是为人处也?'师云:'粗茶淡饭。'僧礼拜,师云:'须知滋味始得。'"(p.553)②禅家也形容十分平常的日用修行生活。《妙伦禅师语录》卷一:"师颂云:'落赖家风彼此知,粗茶淡饭暂相依。弟兄毕竟难同活,不免分头各自为。'"(46-492)

倒言"淡饭粗茶"。形容十分平常的日用修行生活。《祖钦禅师语录》卷一:"所以龙兴一夏百二十日,只与现前清众早眠晏起,淡饭粗茶。如三家村里田舍翁,挈挈波波。"(47-328)

又言"粗羹淡饭"。①比喻十分平常的教化施设。《广灯》卷一八"慧灵禅师":"问:'如何是和尚家风?'师云:'有少无多。'进云:'未审客来将何祇待?'师云:

'长连床上,粗羹淡饭。'"(p.266)②形容十分平常的日用修行生活。《法演禅师语录》卷二:"七八年来渐成家活,更告诸公? 每人出一只手,共相扶助,唱归田乐,粗羹淡饭且恁么过。"(39-125)

又作"麤羹淡饭"。形容十分平常的日用修行生活。《慧远禅师语录》卷一:"山河大地日月星辰为伴,四大五蕴六欲八风为用。仔细思量,著甚来由,不如麤羹淡饭,有盐无醋,穷滴滴地,快活平生。"(45-14)

倒言"淡饭粗羹"。比喻十分平常的教化施设。《圆悟禅师语录》卷三:"海众云臻时如何? 豁开户牖相延诺,淡饭粗羹守寂寥。"(41-214)

又言"粗粥淡饭"。比喻十分平常的教化施设。《守端禅师语录》卷一:"有禅客到此,不免且与他打葛藤,又只是粗粥淡饭而已,并无一点是本分事。"(39-55)

又言"清茶淡饭"。形容十分平常的日用修行生活。《祖钦禅师语录》卷一:"击拂子云:'清茶淡饭衲僧家。'"(47-331)

按,定型之语已见上揭《楚圆禅师语录》例,《大词典》、王涛等(编著,2007)、刘洁修(2009)、冷玉龙等(主编,2014)均未收上揭语义,且失收"粗羹淡饭""淡饭粗羹""粗粥淡饭"。

0450 寻常茶饭　家常茶饭

本指家里平常吃的茶饭。禅家比喻极其平常的教化施设,日常机用。《续灯》卷七"惠南禅师":"上堂云:'横吞巨海,倒卓须弥,衲僧面前也是寻常茶饭。'"(p.183)又卷二七"真如禅师":"师云:'夹山虽逞家风,美即美矣,善即未善。慧光即不然,寻常茶饭,随家丰俭。'"(p.743)《祖钦禅师语录》卷一:"师拈云:'一收一放,有主有宾,盖是寻常茶饭。'"(47-328)

又言"家常茶饭"。《师范禅师语录》卷一:"谢首座,秉拂上堂:'横说竖说,何曾动着舌头? 逆行顺行,总是家常茶饭。'"(45-685)《普灯》卷三"道楷禅师":"趋淮西,谒投子于海会,乃问:'佛祖言句如家常茶饭。离此之外,别有为人言句也无?'"(p.87)《联灯》卷二八"道楷禅师"条略同。(p.908)

按,定型之语已见上揭《续灯》例,参袁宾、康健(主编,2010:197)。

0451 残羹馊饭

指剩余和变酸的食物。禅家比喻古人留下的各种陈腐的言教作略。《广灯》卷一九"郁禅师":"迦叶传衣,遭人怪笑。独指称尊,犹不丈夫。大藏经文,残羹馊饭。

大沩和尚,罔别是非。"(p.345)《续灯》卷一三"元祐禅师":"泊后花开五叶,今古异同,便有德山棒、临济喝、龙潭吹灯、鸟窠布毛、五位君臣、三玄三要,尽是古人用不尽的残羹馊饭。"(p.382)《普灯》卷一九"清旦禅师":"举古举今,犹若残羹馊饭。一闻便悟,已落第二头。一举便行,早是不着便。"(p.483)

按,定型之语已见上揭《广灯》例,刘洁修(2009:133)举《广灯》例,释作"吃剩余的酒食",不确,《大词典》、王涛等(编著,2007)均未收,可参雷汉卿(2009:316)。

0452 残杯冷炙

本指吃剩下的酒食。禅家比喻前人留下的腐朽的施设作略。《古尊宿》卷三四"佛眼和尚":"祸福威严不自灵,残杯冷炙享何人? 一从去后无消息,野老犹敲祭鼓声。"(p.633)《慧远禅师语录》卷一:"除夜小参:'年年腊月三十日,家家门首钉桃符。苦菜澹齑随分有,残杯冷炙阿谁无? 大丈夫德不孤,醋酸不用挂葫芦。'"(45-53)《广闻禅师语录》卷一:"其间忽有人出云:'长老长老,大年三十夜,幸是清寥寥白滴滴,似这般残杯冷炙,何堪拈出?'"(46-55)

按,定型之语已见《颜氏家训·杂艺篇》:"唯不可令有称誉,见役勋贵,处之下坐,以取残杯冷炙之辱。"指吃剩下的酒食,禅义由此隐喻而来。《大词典》、王涛等(编著,2007)、刘洁修(2009)、冷玉龙等(主编,2014)均未收上揭语义。

0453 劳牙劈齿

喻指机锋论辩,较量口舌。《续灯》卷一〇"圆鉴禅师":"师顾视大众云:'槌声未作,玄路早彰。更显锋芒,劳牙劈齿。到这里,直得悬崖撒手,便肯承当,犹是藉草眠云。'"(p.298)《宗果禅师语录》卷一:"新悼之,谓侍者曰:'这汉是真个会的,不能与他劳牙劈齿。得不若去休,不宿而行。'"(42-514)

按,定型之语已见上揭《续灯》例,《大词典》、王涛等(编著,2007)、刘洁修(2009)、冷玉龙等(主编,2014)均未收,参袁宾、康健(主编,2010:254)。

0454 张弓架箭

①张开弓架起箭,准备射击。《传灯》卷一四"义忠禅师":"初参石巩,石巩常张弓架箭以待学徒。师诣法席,巩曰:'看箭。'师乃披襟当之,石巩云:'三十年张弓架箭,只射得半个汉。'"(p.1048)②禅家比喻机锋较量时准备发机。《楚圆禅师语录》卷一:"僧问:'既是护法善神,为什么张弓架箭?'师云:'礼防君子。'僧礼拜,师便打。"(39-12)《祖钦禅师语录》卷一:"兴化道:'若是别人三十棒,一棒也较不

得。'张弓架箭何故?为他旻德会一喝不作一喝用。"(47-378)

按,定型之语已见上揭《传灯》例,《大词典》、王涛等(编著,2007)、刘洁修(2009)、冷玉龙等(主编,2014)均未收。

0455 狭路相逢

本指在狭窄的道路上相遇,无法退让。禅家比喻机锋交接,不容回避迟疑。《传灯》卷一二"水陆和尚":"问:'如何是最初一句?'师便喝。问:'狭路相逢时如何?'师便拦胸托一托。"(p.897)《五灯》卷一九"方会禅师":"问曰:'狭路相逢时如何?'明曰:'你且躲避,我要去那里去。'师归,来日具威仪,诣方丈礼谢。"(p.1229)又卷一二"继成禅师":"狭路相逢且莫疑,电光石火已迟迟。"(p.768)

按,语出《乐府诗集·相逢行》:"相逢狭路间,道隘不容车。"定型之语已见上揭《传灯》例,《大词典》、王涛等(编著,2007)、刘洁修(2009)、冷玉龙等(主编,2014)均未收上揭语义。

0456 当仁不让

面对尊者也不谦让。禅宗用以形容机锋勇猛,敢于向强者挑战。《祖钦禅师语录》卷一:"师拈云:'临济大师,如金翅擘沧海,直取龙吞,这僧见义勇为,已是当仁不让。'"(47-337)

按,语出《论语·卫灵公》:"子曰:'当仁,不让于师。'"参刘洁修(2009:255)、朱瑞玟(2008:7)。

0457 蛇头揩痒

在蛇的头上摩擦解痒。禅家比喻悟道勇猛,敢于向险处领悟佛法。《宏智禅师广录》卷七:"你莫来虎口撩须,谁更敢蛇头揩痒?"(44-525)《绍昙禅师广录》卷三:"索语:'蛇头揩痒,虎口拔牙。拼得性命,始是作家。'"(46-283)《续古尊宿》卷一:"设使入林不动草,入水不动波,犹是骑马向冰凌行。若是射雕的手,何不向蛇头揩痒?透关者,试辨看。"(44-29)

按,定型之语已见上揭《宏智禅师广录》例,《大词典》、王涛等(编著,2007)、刘洁修(2009)、冷玉龙等(主编,2014)均未收。

0458 虎口拔牙

从老虎口里拔牙。禅家比喻悟道勇猛,敢于向险处领悟佛法。《绍昙禅师广录》卷三:"索语:'蛇头揩痒,虎口拔牙。拼得性命,始是作家。'"(46-283)

按,定型之语已见上揭《绍昙禅师广录》例,《大词典》、王涛等(编著,2007)、刘洁修(2009)、冷玉龙等(主编,2014)均未收上揭语义。

0459　八面受敌

八面都受制于敌人。禅家比喻机锋勇猛,能应付各种情况。《联灯》卷一〇"存奖禅师":"开善谦云:'兴化七事随身,八面受敌。不妨是个老作家,及乎两阵交锋,却走入鬼窟里去。'"(p.315)《普灯》卷一八"净居尼妙道":"有时一喝,生杀全威。有时一喝,佛祖莫辨。有时一喝,八面受敌。有时一喝,自救不了。"(p.476)《慧远禅师语录》卷三:"衲僧家因行掉臂,遇便登舟。七事随身,八面受敌。"(45-66)

按,定型之语已见于五代王定保《唐摭言·海叙不遇》:"子华才力浩大,八面受敌,以八韵著称。"此谓功力深厚,能应付各种情况。《大词典》、王涛等(编著,2007)、刘洁修(2009)、冷玉龙等(主编,2014)均未收上揭语义。

0460　千钧之弩

禅家比喻强劲有力的机锋。《传灯》卷一二"思明禅师":"问:'如何是临济一喝?'师曰:'千钧之弩,不为鼷鼠而发机。'"(p.895)《联灯》卷一六"克勤禅师":"示众云:'万仞崖头撒手,要须其人。千钧之弩发机,岂为鼷鼠?'"(p.486)《普灯》卷八"志璇禅师":"问:'雪峰辊球,意旨如何?'曰:'千钧之弩。'"(p.213)

按,定型之语已见《战国策·秦策》:"以天下击之,譬犹以千钧之弩溃痈也。"此言弓弩之力强劲,禅义由此隐喻而来。《大词典》、王涛等(编著,2007)、刘洁修(2009)、冷玉龙等(主编,2014)均未收。

0461　运斤成风

挥动斧头,带来一阵风。禅家形容禅机迅猛,势不可当。《碧岩录》卷五:"圆悟评唱:'来问若成风,应机非善巧。'太傅问处,似运斤成风。"(p.256)《广闻禅师语录》卷二:"看他机投箭直,有受斤不动之质,方能当运斤成风之手。"(46-87)

按,语出《庄子·徐无鬼》:"郢人垩慢其鼻端若蝇翼,使匠石斫之。匠石运斤成风,听而斫之,尽垩而鼻不伤,郢人立不失容。"此言匠人的运斤技术高。《大词典》、王涛等(编著,2007)、刘洁修(2009)、冷玉龙等(主编,2014)均未收上揭语义。

0462　将棒唤狗　　把棒唤狗

手持木棒呼唤狗。禅宗比喻师家接化学人时,所示机法严厉险峻。《圆悟禅师语录》卷一六:"百丈将棒唤狗,未免相顾睊眄。黄檗香饵缀钩,吞着丧身失命。"

（41-335）

又言"把棒唤狗"。《虚堂集》卷三："卒遂唤座主近前来,把棒唤狗,哪是好心? 涉近前一展不缩,一进不退,不免须索与他当赌。"（86-419）

按,定型之语已见上揭《圆悟禅师语录》例,《大词典》、王涛等（编著,2007）、刘洁修（2009）、冷玉龙等（主编,2014）均未收,参《佛光大辞典》（1989:2948）。

0463 蛇头蝎尾

蛇头和蝎尾都是剧毒的部位。禅家喻指机法险峻之处。《普灯》卷一一"清远禅师"："蛇头蝎尾一试之,猛虎口里活雀儿。是何言? 归堂去。"（p.298）《五灯》卷一九"清远禅师"条同。（p.1262）

按,定型之语已见唐卢仝《忆金鹅山沈山人》诗："白日上升应不恶,药成且辄一丸药。暂时上天少问天,蛇头蝎尾谁安着。"指蛇头和蝎尾两种剧毒部位,禅义由此隐喻而来。《大词典》、王涛等（编著,2007）、刘洁修（2009）、冷玉龙等（主编,2014）均未收。

0464 铜头铁额 铁额铜头

形容气势勇猛强悍。《传灯》卷一一"奉禅师"："问:'如何是出家人?'曰:'铜头铁额,鸟嘴鹿身。'"（p.774）

倒言"铁额铜头"。《圆悟禅师语录》卷二〇："机关并是闲家具,玄妙浑成破草鞋,铁额铜头超佛祖,横拈倒捉一坑埋。"（41-367）

按,定型之语已见汉东方朔《海内十洲记》："及有狮子辟邪凿齿,天鹿长牙,铜头铁额之兽。"《大词典》未收此语,参王涛等（编著,2007:1085）、刘洁修（2009:1175）、冷玉龙等（主编,2014:977）等。

0465 青天霹雳

晴天突然打响雷。禅家比喻禅机猛然迅疾。《续灯》卷九"圆照禅师"："上堂云:'好诸禅德,一问一答。俊哉! 快哉! 问处如石里迸出,答处似青天霹雳。忽然而有,瞥尔而亡。'"（p.256）《普灯》卷一五"宗振首座"："其后曰:'我有一机,直下示伊。青天霹雳,电卷星驰。'"（p.404）《崇岳禅师语录》卷二："上堂:'第一义谛,分文不值。略露机锋,青天霹雳。怎么怎么,不识不识。'"（45-356）

按,定型之语已见上揭《续灯》例,王涛等（编著,2007）、刘洁修（2009）、冷玉龙等（主编,2014）均未收上揭语义。

0466　机如掣电

形容机锋迅疾。《圆悟禅师语录》卷一七:"师拈云:'作家相见须是恁么,机如掣电,眼似流星。'"(41-347)《碧岩录》卷三:"直饶眼似流星,机如掣电,未免灵龟曳尾。"(p.139)《普灯》卷二五"印禅师":"击禅床曰:'纷纭了也,直饶机如掣电,辩似悬河,分疏得行,趁赴得到,不如还我第一头来。'"(p.636)

按,定型之语已见上揭《圆悟禅师语录》例,《大词典》、王涛等(编著,2007)、刘洁修(2009)、冷玉龙等(主编,2014)均未收。

0467　风驰电卷　电卷星驰　电急星驰　星飞电激

像风和流星那样卷席飞驰而过。禅家常形容机锋十分迅疾。《续灯》卷一五"大通禅师":"句句风驰电卷,言言玉转珠回。到此门中,皆为戏论。"(p.433)又卷一七"子胜禅师":"师云:'问处风驰电卷,答处海纳众流。检点将来,有甚用处?'"(p.497)

又言"电卷星驰"。《联灯》卷一七"鼎需禅师":"示众云:'太虚挂剑,用显吾宗。按坐神威,如何近傍?纵具回天转地,电卷星驰的手段,要且不堪勍敌。'"(p.525)《普灯》卷一八"居尼妙道":"通身是眼,觌面当机。电卷星驰,如何凑泊?"(p.476)

又言"电急星驰"。《普灯》卷二〇"戒修禅师":"师曰:'两轮举处烟尘起,电急星驰拟何止?目前不碍往来机,正令全施无表里。'"(p.511)。

又言"星飞电激"。《圆悟禅师语录》卷一五:"临济正宗自马师黄檗阐大机大用,脱罗笼出窠臼,虎骤龙驰,星飞电激,卷舒擒纵,皆据本分。"(41-323)

按,定型之语已见于唐温大雅《大唐创业起居注》卷一:"突厥所长,唯恃骑射,见利即前,知难便走,风驰电卷。"这里指行军迅速,飞驰而过。《大词典》、王涛等(编著,2007)、刘洁修(2009)、冷玉龙等(主编,2014)均未收。

0468　雷奔电卷

禅家形容机语勇猛迅疾,气势磅礴。《悟新禅师语录》卷一:"师乃云:'问答纵横,理归一贯。问者雷奔电卷,答者玉转珠回。言言见谛,句句咸宗。'"(41-778)《心月禅师杂录》卷一:"上堂,举临济无位真人话,师云:'日永风清,雷奔电卷。无位真人,略通一线。急须着眼看仙人,莫看仙人手中扇。'"(46-243)

按,定型之语已见上揭《悟新禅师语录》例,《大词典》、王涛等(编著,2007)、刘洁修(2009)、冷玉龙等(主编,2014)均未收。

0469 石火电光 电光石火

指速度像击石迸出的火星、打闪迸出的电光那样快。①禅家形容机锋迅疾,稍纵即逝。《临济禅师语录》卷一:"棒头喝下,须明石火电光。正案傍提,要顾眉毛鼻孔。"(T47/495c)《广灯》卷一一"慧照禅师":"大德,到这里,学人着力处不通风,石火电光即过了也。"(p.155)《碧岩录》卷六:"若是寻常人遭此一验,便见手忙脚乱。他云门有石火电光之机,便打一掌。"(p.282)②形容思维敏捷,反应迅疾。《广灯》卷一六"善昭禅师":"正中偏,霹雳锋机着眼看,石火电光犹是钝,思量拟拟隔千山。"(p.274)

倒言"电光石火"。①形容禅机迅疾,稍纵即逝。《虚堂和尚语录》卷九:"师拈云:'电光石火之机,具大眼目,卒难凑泊。'"(46-771)《续灯》卷二〇"楚文禅师":"一权一札,着骨连皮。一搦一抬,粘手缀脚。电光石火,头垂尾垂。劈箭追风,半生半死。"(p.582)②形容思维敏捷,反应迅疾。《道宁禅师语录》卷一:"电光石火难追微笑之机,禅板蒲团已泄无言之意。"(39-768)《圆悟禅师语录》卷一三:"祖佛单传向上机,电光石火构不彻,独许诸根颖脱人,金刚宝剑当头截。"(41-306)《联灯》卷一六"继成禅师":"示众云:'狭路相逢且莫疑,电光石火已迟迟。'"(p.491)

按,定型之语已见《敦煌变文校注·无常经讲经文》:"人生一世,如石火电光,岂能久住?"此形容人生变幻,生灭无常。《大词典》(7-982)首举《传灯》例,释作"喻时光的短促",不确。

0470 疾焰过风

疾速燃烧的火焰又遇风吹过,形容速度极快。①禅家常用来形容机锋迅疾。《圆悟禅师语录》卷三:"僧问庞居士:'圆机如疾焰过风,马祖大师捷辩如奔流度刃,二人酬唱,还有优劣也无?'师云:'通身是,遍身是。'"(41-213)《绍昙禅师广录》卷七:"到家句急荐取,疾焰过风,无你栖泊处,无你措足处。"(46-386)②禅家也形容反应灵敏,领悟迅疾。《联灯》卷一八"妙总禅师":"若是同声相应,同气相求,则举一明三,目机铢两。如奔流度刃,似疾焰过风。"(p.546)《普灯》卷一二"惟足禅师""上堂曰:'奔流度刃,疾焰过风,已是鹧子过新罗。倒拈蝎尾,逆捋虎须,作死马医了。移星换斗,倒岳倾湫,却较些子。'"(p.318)

按,定型之语已见上揭《圆悟禅师语录》例,《大词典》、王涛等(编著,2007)、刘洁修（2009）、冷玉龙等（主编，2014）均未收。

0471 飞针走线

禅家喻机锋迅疾。《祖堂》卷九"落浦和尚"："问：'孤灯不自照，室内事如何？'师云：'飞针走线时人会，两边透过却还稀。'"（p.417）

按，定型之语已见上揭《祖堂》例，刘洁修（2009:338）释作"形容缝纫技术高超"，不确。《大词典》、王涛等（编著，2007）、冷玉龙等（主编，2014）均未收上揭语义，可参《俗语佛源》（2013:31）。

0472 露刃藏锋 藏锋露刃

藏起机锋，显露锋芒。《道宁禅师语录》卷二："灰身灭智，岂是丈夫？避色逃声，何名作者？捞龙打凤，须信男儿。露刃藏锋，还他开士。"（39-789）《普灯》卷一四"安民禅师"："仙陀客夺鼓掣旗，露刃藏锋，作狮子哮吼，裂破祖师印，扫荡衲僧踪。"（p.367）

倒言"藏锋露刃"。《仁勇禅师语录》卷一："师乃云：'夫参学人直须具顶门上眼，超世英雄，于一切人天众前，震法雷，击法鼓。藏锋露刃，掣鼓夺旗。吼狮子音，作大佛事。若能如是，方有些子丈夫之气。'"（41-5）

按，定型之语已见上揭《道宁禅师语录》例，《大词典》、王涛等（编著，2007）、刘洁修（2009）、冷玉龙等（主编，2014）均未收。

0473 空中挂剑

在虚空中挂剑。禅家形容机语隐秘，难以泊凑。《普灯》卷五"守遂禅师"："师曰：'奇怪！二老宿有杀人刀，有活人剑。一转语似石上栽花，一转语似空中挂剑。当时若无后语，达磨一宗扫土而尽。诸人要见二老宿么？宁可截舌，不犯国讳。'"（p.149）《五灯》卷一四"守遂禅师"条同。（p.897）

按，定型之语已见上揭《普灯》例，《大词典》、王涛等（编著，2007）、刘洁修（2009）、冷玉龙等（主编，2014）均未收。

0474 言中有响

言句中含有另外的响声。禅家比喻言语中暗含机锋。《传灯》卷一九"文偃禅师"："虽然如此，且有几个到此境界？不敢望汝言中有响，句里藏锋，瞬目千差，风恬浪静。"（p.1427）《明觉禅师语录》卷一："况达士相逢，非存目击。若云言中有响，句里呈机，犹曲为中下之流。"（39-159）《善昭禅师语录》卷一："所以聚集少时

击扬劝觉,东问西问,话会商量。忽尔言中有响,句下无私。真智现前,无量劫来,疑情顿息。"(39-568)

按,定型之语已见上揭《传灯》例,《大词典》、王涛等(编著,2007)、刘洁修(2009)、冷玉龙等(主编,2014)均未收。

0475　笑中有刀　笑里藏刀　笑里有刀

禅家比喻微笑中含有机锋。《明觉禅师语录》卷三:"大慈却问:'般若以何为体?'州放下扫帚呵呵大笑。师云:'前来也笑,后来也笑,笑中有刀,大慈还识么?直饶识得,也未免丧身失命。'"(39-190)《碧岩录》卷四:"雪窦笑中有刀,若会得这笑处,便见他道'前三三与后三三'。"(p.192)《古尊宿》卷四七"东林和尚":"(疏)山便问:'忽遇树倒藤枯时如何?'招云:'却使沩山笑转新。'山于言下省悟,乃曰:'沩山原来笑中有刀。'"(p.933)

又言"笑里藏刀"。《普灯》卷二九"呆禅师":"这汉没量罪过,不合引惹,措大被渠笑里藏刀杀去。"(p.768)《绍昙禅师广录》卷七:"笑里藏刀语诈淳,握生苕箒鼓烟尘。谩将心污秋潭月,未必渠侬肯比伦。"(46-312)

又言"笑里有刀"。《联灯》卷七"大安禅师":"疏山却问:'树倒藤枯时如何?'招云:'更使沩山笑转新。'疏山因而有省,乃云:'沩山原来笑里有刀。'"(p.219)《普觉禅师语录》卷一四:"当时地藏和尚在座下,便出来道:'某甲有口不哑,有眼不盲,有耳不聋,和尚作么生接?'师云:'非父不生其子。'玄沙呵呵大笑。师云:'笑里有刀。'"(42-338)《慧开禅师语录》卷一:"又慈受和尚云:'南来者,与他一面笑;北来者,与他一面笑,大似欢喜,厮算笑里有刀。'"(42-12)

按,定型之语已见唐白居易《天可度》诗:"君不见李义府之辈笑欣欣,笑中有刀潜杀人。"此喻外表和气而内心阴险,刘洁修(2009:1271)引上揭《普灯》例,释作"比喻外表和善,内心阴险狠毒",不确。

0476　龙头蛇尾　蛇尾龙头

喻指开头强盛,结尾衰减。禅家常用来比喻机锋作略开始强盛,结尾消衰,或有始无终。《祖堂》卷一〇"长庆和尚":"师云:'作么生是上座本分事?'上座拈起纳衣角,师云:'只这个,为当别更有?'对云:'和尚适来见什么?'师云:'龙头蛇尾。'"(p.491)又卷一一"保福和尚":"师问僧:'我都置一问,汝作么生?'对曰:'与么即退一步。'师云:'非时作么生?'云:'和尚因什么龙头蛇尾?'师云:'汝是作家。'"(p.510)《续灯》

卷七"源禅师"："师云：'若论此事，切莫道着，道着即头角生。'有僧出众云：'头角生也。'师云：'祸事。'僧曰：'某甲罪过。'师云：'龙头蛇尾，伏惟珍重！'"（p.206）

倒言"蛇尾龙头"。《古尊宿》卷一七"匡真禅师"："示众云：'看看！杀了也。'便作倒势云：'会么？若不会，且向拄杖头上会取。'代云：'龙头蛇尾，蛇尾龙头。'"（p.306）

按，定型之语已见上揭《祖堂》例，《大词典》、王涛等（编著，2007）、刘洁修（2009）、冷玉龙等（主编，2014）均未收"蛇尾龙头"。可参袁宾、康健（主编，2010：274），王闰吉（2012：176），雷汉卿、王长林（2018：77）。

0477 鸡头凤尾

禅家比喻机锋较量开始强盛，结尾消衰，或有始无终。《联灯》卷一四"姜山方禅师"："僧问：'奔流度刃，疾焰过风。未审姜山门下，还许借借也无？'师云：'天寒日短夜更长。'云：'锦帐绣鸳鸯，行人难得见。'师云：'髑髅里面气冲天。'僧云：'和尚！'师云：'鸡头凤尾。'"（p.421）《普灯》卷三"姜山方禅师"条略同。（p.73）

按，定型之语已见上揭《联灯》例，《大词典》、王涛等（编著，2007）、刘洁修（2009）、冷玉龙等（主编，2014）均未收。

0478 有头无尾

指有开头没有收尾。禅家常用来形容机锋较量开头气势大，结尾却没了声息。《庞居士语录》卷一："一日，松山与居士话次，山蓦拈起案上尺子云：'还见这个么？'士曰：'见。'山曰：'见个什么？'士曰：'松山，松山。'山曰：'不得不道。'士曰：'争得？'山乃抛下尺子，士曰：'有头无尾得人憎。'"（X69/132c）《碧岩录》卷八："这僧可惜许，有头无尾。当时等他拈棒，便与掀倒禅床，直饶投子全机，也须倒退三千里。"（p.245）

按，定型之语已见上揭唐于頔编《庞居士语录》例，王涛等（编著，2007：1388）举《朱子语类》为首证，孙维张（2007：325）举《五灯》例，均晚，可参刘洁修（2009：1419）。

0479 有始无终

形容开头气势大，结尾却没了声息。《广灯》卷一〇"惠照禅师"："仰山云：'但去，有一人佐辅汝，此人有头无尾，有始无终。'"（p.134）

按，语或出《战国策·秦策》："三者非无功也，能始而不能终也。"定型之语已见《汉书·五行志》："京房易传曰：'有始无终，厥妖雄鸡，自啮断其尾。'"参刘洁修

（2009:1418）。

0480　限刀避箭　避箭限刀

禅家比喻回避险峻的机锋。《广灯》卷一五"延昭禅师"："保又问云：'若论此事，不得限刀避箭，直须攒簇将来千弓万箭射不着始得。'"（p.248）《续灯》卷一八"清满禅师"："上堂，横按拂子云：'要扣玄关，须是有节操，极慷慨，斩得钉，截得铁，剥剥的汉始得。若是限刀避箭，碌碌之徒，看即有分。'"（p.530）《怀深禅师广录》卷三："有六条路，一条可行，五条不可行。第一，不得向圣妙地上捏目生花。第二，不得向平实地上认奴作郎。第三，不得向光境门头弄粥饭气。第四，不得向无事阁中限刀避箭。第五，不得向葛藤窠里说黄道赤。第六条路，方许诸人行。"（41-156）

倒言"避箭限刀"。《碧岩录》卷二："垂示云：'斩钉截铁，始可为本分宗师。避箭限刀，焉能为通方作者？'"（p.97）

按，定型之语已见上揭《广灯》例，孙维张（2007:270）释作"比喻人怯懦，没有作为，不敢硬碰硬"，释义较为模糊，《大词典》、王涛等（编著，2007）、刘洁修（2009）、冷玉龙等（主编，2014）均未收。

0481　活捉生擒　生擒活捉

禅家形容机用威猛，能当下擒获对方。《续灯》卷八"法眼禅师"："师云：'三玄三要，大道直冲。活捉生擒，夺人夺境。直得把断要津，圣凡路绝。'"（p.232）《碧岩录》卷八："垂示云：'大用现前，不存轨则；活捉生擒，不劳余力。且道是什么人？'"（p.394）《普灯》卷一三"钦禅师"："上堂曰：'有句无句，明来暗去。活捉生擒，捷书露布。'"（p.345）

倒言"生擒活捉"。《慧远禅师广录》卷二："船子竖起桡云：'汝将谓别有，乃覆船而逝。到此大法未明，看病不见，只那一句合头语，万劫系驴橛，已是生擒活捉了也。'"（45-47）《行端禅师语录》卷三："当时见他问檐外是什么声，便好与一喝，更或如何若何，拂袖而去。直饶镜清有生擒活捉之机，也无用处。"（48-583）

按，定型之语已见上揭《续灯》例，《大词典》、王涛等（编著，2007）、刘洁修（2009）均未收，冷玉龙等（主编，2014）未收上揭语义。

0482　掣鼓夺旗　夺鼓掣旗　搀鼓夺旗　搀旗夺鼓

控制了战鼓，夺得了战旗。禅家比喻法战中夺取了机锋，或抢先占领了先机。《传灯》卷二一"子仪禅师"："问：'鼓山有掣鼓夺旗之说，师且如何？'师曰：'败将不忍诛。'"（p.1640）《续灯》卷七"惠南禅师"："师云：'同安不着便？阇梨不着便？'僧曰：'此犹是两家共享,擎鼓夺旗事作么生？'师掷下拂子。僧曰：'同安今日瓦解冰消。'"（p.182）《古尊宿》卷九"慈照禅师"："上堂云：'香烟才起,是处皆知。大众云臻,从上宗乘,只可如是。若能如是解,擎鼓夺旗,互换主宾；照用同时,棒喝齐彰。'"（p.147）

又言"夺鼓擎旗"。《普灯》卷一四"安民禅师"："仙陀客夺鼓擎旗,露刃藏锋,作狮子哮吼,裂破祖师印,扫荡衲僧踪。"（p.367）

又言"挽鼓夺旗"。《碧岩录》卷五："垂示云：'七穿八穴,挽鼓夺旗；百匝千重,瞻前顾后。踞虎头收虎尾,未是作家。牛头没马头回,亦未为奇特。'"（p.258）《拈八方珠玉集》卷一："二老汉争锋尖巧,挽鼓夺旗则不无,争奈未曾动着达磨西来第一句在！"（89-491）

又言"挽旗夺鼓"。《圆悟禅师语录》卷二〇："拨转千差向上机,挽旗夺鼓不饶伊。翻身踞地全生杀,始是金毛狮子儿。"（41-368）《碧岩录》卷六："尔待要翻款那,却似有挽旗夺鼓的手脚。"（p.281）《普灯》卷一八"妙总禅师"："设使用移星换斗的手段,施挽旗夺鼓的机阃,犹是空拳,岂有实义？"（p.478）

按,定型之语已见上揭《传灯》例,《大词典》、王涛等（编著,2007）、刘洁修（2009）、冷玉龙等（主编,2014）均未收。

0483 运筹帷幄 *坐筹帷幄*

本指在后方帷帐中谋划作战策略。禅家比喻法战中深谋远虑,制胜于无形之中。《续灯》卷五"谭禅师"："得之者,运筹帷幄,把断要津。失之者,杳杳忽忽,虚生浪死。"（p.146）《碧岩录》卷一："沩山是运筹帷幄,决胜千里。德山背却法堂,着草鞋便出去,且道他意作么生？"（p.25）

又言"坐筹帷幄"。《续灯》卷六"正觉禅师"："上堂云：'翻手为文,覆手为武。且执单刀,阶墀伏事。不翻不覆,文武双全。坐筹帷幄之间,决胜千里之外。无明罗刹活捉生擒,生死魔军冰消瓦解。'"（p.174）《方会和尚语录》卷一："上堂,僧问：'虎符金印师亲握,家国兴亡事若何？'师云：'将军不举令。'僧云：'坐筹帷幄,非师者谁？'"（39-38）

按,定型之语见于《史记·太史公自序》："运筹帷幄之中,制胜于无形。"指在后方帷帐中谋划作战策略,禅义由此隐喻而来,《大词典》、王涛等（编著,2007）、刘洁修（2009）、冷玉龙等（主编，2014）均未收上揭语义。

0484 决胜千里

指在后方指挥,决定千里之外战场获胜。禅家形容机用威猛,制胜于无形之中。《续灯》卷六"正觉禅师":"上堂云:'翻手为文,覆手为武。且执单刀,阶墀伏事。不翻不覆,文武双全。坐筹帷幄之间,决胜千里之外。无明罗刹活捉生擒,生死魔军冰消瓦解。'"（p.174）《联灯》卷一一"颙禅师":"翠岩芝云:'运筹帏幄,决胜千里。南院虽则全机受敌,其奈士旷人稀。'"（p.334）

按,语出《史记·高祖本纪》:"夫运筹帷幄之中,决胜千里之外,吾不如子房。"禅义由此隐喻而来,参《大词典》（5-1022）、王涛等（编著,2007：589）。

0485 平地吃跤 平地吃扑 平地上吃扑

在平地上摔了跟头。禅家比喻平白无故地受挫。《续灯》卷二七"圆通禅师":"师云:'石头好个无孔铁锤,大似吩咐不着人。药山虽然过江悟去,争奈平地吃跤。'"（p.753）《联灯》卷六"从谂禅师":"保福展云:'保寿忘头失尾,赵州平地吃跤。'"（p.172）《续古尊宿》卷二:"五乳峰前,三拜归位。平地吃跤,更言得髓。可怜无限儿孙,一时被他带累。"（44-75）

又言"平地吃扑"。《怀深禅师广录》卷一:"后来明觉和尚道:'可惜药山老汉平地吃扑,尽大地人扶不起。'"（41-132）

散言"平地上吃扑"。《明觉禅师语录》卷二:"师云:'可惜药山老汉平地上吃扑,尽大地人扶不起。'"（39-170）

按,定型之语已见上揭《续灯》例,《大词典》、王涛等（编著,2007）、刘洁修（2009）、冷玉龙等（主编,2014）均未收,可参袁宾（1991：504）。

0486 弓折箭尽

大弓折断,箭簇用尽。禅家比喻法战中机锋折断。《传灯》卷一七"道闲禅师":"慧出法堂外,叹曰:'今日拟打罗山寨,弓折箭尽也。休!休!'"（p.1279）《碧岩录》卷六:"良禅客也不妨是一员战将,向钦山手里左盘右转,坠鞭闪镫,末后可惜许弓折箭尽。"（p.291）《普灯》卷六"悟新禅师":"偶与语,至其锐,堂遽曰:'住!住!说食岂能饱人?'师窘,乃云:'某到此弓折箭尽,望和尚慈悲,指个安乐处。'"（p.151）

按,定型之语已见上揭《传灯》例,《大词典》、王涛等（编著,2007）、刘洁修

（2009）、冷玉龙等（主编，2014）均未收。

0487　残弓折箭

残缺不全的弓箭。禅家比喻挫败的机锋。《无德禅师语录》卷一："师云：'明知无一物，何用更推求？当处不强名，锋芒甚处有？直下揽得，犹是残弓折箭，堪作何用？拟议蹉蹰，阵场扫帚。'"（39-576）

按，定型之语已见上揭《无德禅师语录》例，《大词典》、王涛等（编著，2007）、刘洁修（2009）、冷玉龙等（主编，2014）均未收。

0488　倒戈卸甲

放下武器，脱去铠甲。本指作战投降认输。禅家比喻法战中机锋挫败，向对方认输。《续灯》卷一六"法光禅师"："问：'雪峰三上投子，九到洞山，为什么倒戈卸甲？'师云：'理长即就。'"（p.472）《清了禅师语录》卷二："只这至道无难，言端语端。非但赵州五年分疏不下，直得天下老和尚，倒戈卸甲，向这里纳败缺。"（42-68）《道冲禅师语录》卷一："虽是个俗汉，然他曾见作家来，便有解粘去缚的手段，使妙喜倒戈卸甲。"（45-270）

按，定型之语已见《敦煌变文校注·韩擒虎话本》："我闻功成者去，未来者休，不如倒戈卸甲来降。"指作战投降认输，禅义由此隐喻而来。刘洁修（2009:258）首举上揭《续灯》例，释作"表示服输，投降"，王涛等（编著，2007:216）释义略同，还嫌不确。

0489　词折义屈

指因理亏而无话可说。《续灯》卷一"佛国禅师"："往反征问，词折义屈，心意豁然。稽首归依，顿领玄旨。"（p.8）

按，定型之语已见上揭《续灯》例，《大词典》、王涛等（编著，2007）、刘洁修（2009）、冷玉龙等（主编，2014）均未收。

0490　亡锋结舌

指失去机锋，哑口无言。《传灯》卷一八"师备禅师"："设有人举唱，尽大地人失却性命，如无孔铁槌相似，一时亡锋结舌去。"（p.1318）《联灯》卷一五"仁勇禅师"："示众云：'佛祖正令，凡圣俱忘；机智难明，心境双绝。所以佛祖到这里，尽皆亡锋结舌。'"（p.448）《守端禅师语录》卷一："上堂云：'古者道，尽大地无一人真正举扬宗教，设有一人举扬宗教，尽大地直得亡锋结舌，丧身失命，只是个无孔

铁槌。'"（39-53）

按,定型之语已见上揭《传灯》例,《大词典》、王涛等(编著,2007)、刘洁修(2009)、冷玉龙等(主编,2014)均未收。

0491 忘前失后 失前忘后

忘记了前面的,又失去了后面的,前后都不记得了。《祖堂》卷六"草堂和尚":"第三问曰:'其所修者,为顿为渐? 渐则忘前失后,何以集合而成? 顿即万行多方,岂得一时圆满?'"（p.289)《传灯》卷一一"师解禅师":"洞山云:'汝父名什么?'师云:'今日蒙和尚致此一问,直得忘前失后。'"（p.764)

又言"失前忘后"。《楚圆禅师语录》卷一:"问:'失前忘后时如何?'师云:'不。'"（39-7)

按,定型之语已见姚秦佛陀耶舍共竺佛念等译《四分律》卷一一:"此六群比丘痴人,断诤事种类骂诸比丘,使惭愧忘前失后,使不得语。"《大词典》、王涛等(编著,2007)、刘洁修(2009)、冷玉龙等(主编,2014)均未收,参孙维张(2007:268)、王闰吉(2012:128)。

六 "领悟"类

"领悟"主要指禅僧对佛法妙义的领会和解悟。"领悟"类成语,正体 108 条,变体 60 条,共 168 条。范畴义有"悟道"1 类,核心义有"直接""迅疾""顺利""迟钝""困厄""遥远""透彻""不彻""拘束""成功""一致""不契"12 类描述性语义特征,"抓住""观心""错失""辨识""体悟""依执""顺机"7 类叙述性语义特征。核心语义"悟道直接""悟道依执""悟道迅疾""悟道顺利""顺机悟道""悟道迟钝""悟道困厄""悟道遥远""悟道错失""辨识真性""亲身体悟""悟道透彻""悟道不彻""悟道拘束""悟道成功""悟道一致""悟道抓住关键""观心达本""悟道不契"19 类。

0492 单刀直入 单刀趣入

禅家比喻直接了当悟入道法。《祖堂》卷一六"沩山和尚":"师向仰山云:'寂阇梨,直须学禅始得。'仰山便问:'作么生学?'师云:'单刀直入。'"(p.725)《传灯》卷一二"旻德和尚":"庐州澄心院旻德和尚在兴化时,遇兴化和尚示众云:'若是作家战将,便请单刀直入,更莫如何若何。'"(p.898)《圆悟禅师语录》卷一七:"举兴化示众云:'今日不用如之若何,便请单刀直入,兴化与尔证明。'"(41-347)

又言"单刀趣入"。《传灯》卷九"灵祐禅师":"若也单刀趣入,则凡圣情尽,体露真常,理事不二,即如如佛。"(p.557)

按,定型之语已见上揭《祖堂》例,《大词典》(3-418)首举《传灯》例、朱瑞玟(2008:171)认为语出《五灯》,均不确,参雷汉卿(2009:298)。

0493 匹马单枪 疋马单铳 匹马单铳 疋马单锵

骑着一匹马,拿着一支枪单独上阵。禅家形容法战中机锋勇猛,没有凭借依傍。《传灯》卷一二"南院和尚":"问:'匹马单枪来时如何?'师曰:'待我斫棒。'"(p.899)

《方会和尚语录》卷一:"问:'匹马单枪,请师布阵。'师云:'分为两段。'僧抚掌。"（39-33）《善昭禅师语录》卷七:"问:'匹马单枪离群独战时如何？'师云:'举手不拈弓,低头失却箭。'"（39-582）

又作"疋马单铯"。《联灯》卷一六"心才禅师":"或有一个半个,不求诸圣,不重己灵,疋马单铯,投虚置刃,不妨庆快平生。"（p.479）《五灯》卷六"彦宾禅师":"问:'疋马单铯直入时如何？'师曰:'饶你雄信解拈铯,犹较秦王百步在。'"（p.342）

又作"匹马单铯"。《圆悟禅师语录》卷八:"结夏小参,师云:'大众,现成公案,触处圆成。虽然老病龙钟,尚可门旗展阵。还有匹马单铯久战沙场的么？出来相共证据。'"（41-263）

又作"疋马单锵"。《法演禅师语录》卷一:"上堂云:'明日疋马单锵,为国出战,得胜回戈之日,满路歌谣。'"（39-118）《悟新禅师语录》卷一:"入院上堂:'久经阵敌,惯战作家,疋马单锵,便请相见。'"（41-782）

按,定型之语已见《敦煌变文校注·张淮深变文》:"赖得将军开旧路,一振雄名天下知。年初弱冠即登庸,匹马单枪突九重。"此喻作战勇猛,单独行动,禅义由此隐喻而来。《大词典》（1-949）首引上揭《传灯》例,释作"比喻独自行动,没有别人帮助",孙维张（2007:165）释义略同,还嫌不确。

0494　斩钉截铁　截铁斩钉　剪钉截铁

①禅家比喻果断地截断思量妄念,直截了当契悟佛法妙义。《祖堂》卷八"云居和尚":"师顾视云:'汝等在此,粗知远近。生死寻常,勿以忧虑。斩钉截铁,莫违佛法。出生入死,莫负如来。'"（p.372）《续灯》卷一六"圆义禅师":"然虽如是,也须是斩钉截铁汉始得。其或不然,静处萨婆诃。"（p.467）《普灯》卷六"智明禅师":"上堂:'南北一诀,斩钉截铁。切忌思量,翻成途辙。'"（p.162）②形容接引手段果断利索。《道宁禅师语录》卷一:"僧云:'和尚寻常斩钉截铁,今日为甚带水拖泥？'"（39-782）《怀深禅师广录》卷一:"师云:'智门是作家宗师,出语便斩钉截铁。然虽如是,要且只解把定,不解放行。'"（41-124）《明觉禅师语录》卷三:"师云:'众中总道雪峰不出这僧问头,所以赵州不肯。如斯话会,深屈古人。雪窦即不然,斩钉截铁,本分宗师;就下平高,难为作者。'"（39-180）

倒言"截铁斩钉"。①禅家比喻果断地截断思量妄念,直截了当契悟佛法妙义。

《碧岩录》卷六："垂示云：'透出生死，拨转机关，等闲截铁斩钉，随处盖天盖地。'"（p.281）②形容接引手段果断利索。《圆悟禅师语录》卷三："进云：'赵州老汉犹是入泥入水，未审道林门下作么生为人？'师云：'截铁斩钉。'"（41-214）《广闻禅师语录》卷一："上堂：'从上已来，一人传虚，万人传实。便是棒头喝下，截铁斩钉，也只屙漉漉地。'"（46-48）《法薰禅师语录》卷一："师拈云：'雪峰虽则截铁斩钉，毕竟伤锋犯手。'"（45-599）

又言"剪钉截铁"。禅家比喻果断地截断思量妄念，直截了当契悟佛法妙义。《仁勇禅师语录》卷一："炙茄斋上堂：'休说因缘，不是时节。匹马单枪，剪钉截铁。'"（41-20）

按，定型之语已见上揭《祖堂》例，刘洁修（2009:1451）释作"比喻说话、办事坚决果断，毫不犹豫"，《大词典》（16-1060）释义略同，均不确。又《大词典》、王涛等（编著，2007）、刘洁修（2009）、冷玉龙等（主编，2014）均未收"截铁斩钉""剪钉截铁"。

0495 依草附木　依草附叶

本指人死后生缘未定之际，精灵无法独立存在，必须依附草木而住。禅家用来比喻学人不能自己领悟佛法妙义，而是依附他人作略企图获得证悟。《续灯》卷一九"广鉴禅师"："上堂云：'登山须到顶，入海须到底，学道须到佛祖道不得处。若不如是，尽是依草附木的精灵，吃野狐啼唾的鬼子。'"（p.546）《圆悟禅师语录》卷六："岂止棒头取证、喝下承当？直饶千眼顿开，未免依草附木。"（41-240）《普灯》卷一〇"道旻禅师"："自余依草附木，无主孤魂，孰敢正眼觑着？"（p.253）

又言"依草附叶"。《临济禅师语录》卷一："尔诸方道流，试不依物出来，我要共尔商量。十年五岁，并无一人，皆是依草附叶竹木精灵、野狐精魅。"（T47/500b）《印肃禅师语录》卷一："乐众生血髓者，阵亡戟没。孤魂依草附叶，永不出轮。"（44-700）

按，定型之语已见上揭唐慧然集《临济禅师语录》例，《大词典》、王涛等（编著，2007）、刘洁修（2009）、冷玉龙等（主编，2014）均未收上揭语义，且失收"依草附叶"，另可参袁宾（1991:513），袁宾、康健（主编，2010:480）。

0496 倚门傍户　隈门傍户　挨门傍户

依傍他人门户。禅家喻指依傍师家门庭参禅。《广灯》卷一三"克符道者"：

"僧问:'如何是宾中宾?'师云:'倚门傍户犹如醉,出言吐气不惭惶。'"(p.186)《续灯》卷二五"妙觉禅师":"平地上撒起葛藤,宝器里停储馊饭。使南来北往者牵手绊脚,倚门傍户者咽唾吞精。"(p.693)

又言"限门傍户"。《联灯》卷二三"师备禅师":"这里分别则不然,也不是限门傍户,句句现前,不得商量。"(p.718)

又言"挨门傍户"。《碧岩录》卷一:"扶篱摸壁,挨门傍户,衲僧有什么用处? 守株待兔。"(p.45)

按,定型之语已见上揭《广灯》例,刘洁修(2009:1387)释作"形容依附他人,不能自立",还嫌不确。

0497 如藤倚树

就像藤条攀依大树。禅家形容依靠言句作略企图悟道。《祖堂》卷一六"沩山和尚":"云岩到沩山,沩山泥壁次,问:'有句无句,如藤倚树。树倒藤枯时作么生?'云岩无对。"(p.725)《续灯》卷一一"祖镜禅师":"上堂云:'末后一句,如藤倚树。向上一窍,演若失照。细大法门,是何紧要? 为君唱个菩萨蛮,也是人间闲曲调。参!'"(p.334)《怀深禅师广录》卷九:"纷纷衲子数如麻,不知谁解吞蓬句? 听取焦山重指注,若道钟山有句,大似如藤倚树;若道钟山无句,正是沈埋佛祖。"(41-111)

按,定型之语已见上揭《祖堂》例,《大词典》、王涛等(编著,2007)、刘洁修(2009)、冷玉龙等(主编,2014)均未收。

0498 扶篱摸壁

用手扶着篱笆或墙壁行走。禅家比喻学人心存依赖,不能利索地自证自悟。《续灯》卷二二"楚金禅师":"乃歌曰:'人悄悄,鼓咚咚,特地升堂话祖风。千般说,万般喻,特地翻真却成伪,分别缁素与色空。扶篱摸壁路难通,休寻南北与西东。'"(p.637)《联灯》卷二二"道虔禅师":"南华炳云:'透生死关,高超世表。秉杀活剑,独踞寰中。若非智眼洞明,未免扶篱摸壁。'"(p.662)《古尊宿》卷六"道踪禅师":"进云:'学人咨和尚。'师咄云:'这扶篱摸壁汉,三家村里保头也不能作得。'"(p.90)

按,定型之语已见上揭《续灯》例,《大词典》、王涛等(编著,2007)、刘洁修(2009)均未收,冷玉龙等(主编,2014:317)未收上揭语义。

0499 足下风生

禅家形容悟道迅疾。《普灯》卷一四"端裕禅师":"上堂曰:'德山入门便棒,多向皮袋里埋踪。临济入门便喝,总在声尘中出没。若是英灵衲子,直须足下风生,超越古今途辙。'"(p.364)《五灯》卷一九"端裕禅师"条同。(p.1281)

按,定型之语已见上揭《普灯》例,《大词典》、王涛等(编著,2007)、刘洁修(2009)、冷玉龙等(主编,2014)均未收。

0500 立地成佛

佛教认为人人皆有佛性,如果去恶从善,就能立即成佛。禅家指一念顿悟后,就能立即成佛。《圆悟禅师语录》卷六:"上堂云:'顶门阐金刚正眼,始辨大机。杀人不眨眼的汉,立地成佛,方明大用,直得如此。'"(41-237)《绍昙禅师广录》卷四:"透丹霞铲草之机,直入圆通门。悟大士寻声之旨,冥心激励,泼凡夫立地成佛不为难。"(46-312)《普灯》卷一四"觉禅师":"又曰:'广额正是个杀人不眨眼的汉,飏下屠刀,立地成佛,且喜没交涉。'"(p.383)

按,定型之语已见上揭《圆悟禅师语录》例,《大词典》(8-373)释作"佛教禅宗谓人人皆有佛性,积恶之人转念为善,即可成佛",不确,另可参袁宾、康健(主编,2010:257)。

0501 电转星飞 星飞电转 电闪星飞

形容机智聪敏,领悟迅疾。《碧岩录》卷四:"古人道:'闻称声外句,莫向意中求。'且道他意作么生? 直得奔流度刃,电转星飞。若拟议寻思,千佛出世也摸索他不着。"(p.200)又卷七:"垂示云:'意路不到,正好提撕。言诠不及,宜急着眼。若也电转星飞,便可倾湫倒岳。'"(p.320)

倒言"星飞电转"。《慧远禅师语录》卷四:"我亦随分圆机应,出必取也战必胜。如珠走盘盘走珠,星飞电转了无余。他年呵风骂雨,巍巍独坐妙峰顶。"(45-83)

又言"电闪星飞"。《圆悟禅师语录》卷一六:"英灵掀豁乃拈当头末上一著子,似电闪星飞不容拟议,待伊全体脱去罗笼,直下不费一毫指点。"(41-333)

按,定型之语已见上揭《碧岩录》例,《大词典》、王涛等(编著,2007)、刘洁修(2009)、冷玉龙等(主编,2014)均未收。

0502 似鹘捉鸠

就像猛鹘捕捉斑鸠一样。形容身手敏捷,做事轻而易举。禅家常用来形容悟道、机锋较量、接引学人等身手敏捷,轻而易举。《碧岩录》卷一:"剖云:'金翅鸟王当宇宙,个中谁是出头人?'远云:'忽遇出头,又作么生?'剖云:'似鹘捉鸠君不信,髑髅前验始知真。'"(p.18)又卷八:"垂示云:'向上转去,可以穿天下人鼻孔,似鹘捉鸠;向下转去,自己鼻孔在别人手里,如龟藏壳。'"(p.386)《昙华禅师语录》卷九:"自古自今一个半个透得的,如鹰拏燕雀,似鹘捉鸠,有甚费气力处?"(42-214)

按,定型之语已见上揭《碧岩录》例,《大词典》、王涛等(编著,2007)、刘洁修(2009)、冷玉龙等(主编,2014)均未收。

0503　鸾凤冲霄

像鸾凤那样直冲云霄。禅家比喻直接悟入至高无上的宗乘极则,不留下丝毫痕迹。《联灯》卷二八"义青禅师":"示众云:'若论此事,如鸾凤冲霄,不留其迹。羚羊挂角,哪觅乎踪?'"(p.900)《普灯》卷二"义青禅师"条略同。(p.52)《祖钦禅师语录》卷三:"示众云:'鸾凤冲霄,不留影迹。羚羊挂角,哪觅踪由?与么说话,美则美矣,善则未善。鸾凤冲霄,此其迹也。羚羊挂角,此其踪也。'"(47-386)

按,定型之语已见上揭《联灯》例,《大词典》、王涛等(编著,2007)、刘洁修(2009)、冷玉龙等(主编,2014)均未收。

0504　大鹏展翅

禅家比喻直击宗乘至高无上的极则境界。《道宁禅师语录》卷一:"真净界中,纤尘不立。撮要提纲,难谐剖析。马祖升堂,百丈卷席。佛祖洪规,人天正脉。检点将来,弄巧成拙。何故?大鹏展翅摩霄汉,肯效搏风鹪子儿。"(39-776)《普灯》卷一"瑞新禅师":"金山终不事悠悠,一言道合死即休。大鹏展翅盖十洲,篱边之物鸣啾啾。"(p.17)

按,定型之语已见三国管辂《管氏地理指蒙》卷下"驱五鬼":"分张左右,为大鹏展翅。"禅义由此隐喻而来。《大词典》、王涛等(编著,2007)、刘洁修(2009)、冷玉龙等(主编,2014)均未收。

0505　朝凡暮圣

朝晨还是凡人,晚上就成了圣人。形容悟道迅速,快速成佛。《楚圆禅师语录》卷一:"僧问:'承师有言,叠嶂初抛,重城乍到。如何是不动尊?'师云:'朝凡暮圣。'"(39-17)又卷一:"问:'朝凡暮圣即不问,如何是夺人不夺境?'师云:'神会曾磨普寂碑。'"(39-17)

按,定型之语已见唐慧光《大乘开心显性顿悟真宗论》卷一:"问曰:'凡与圣有异无异?'答曰:'并无异也,若悟朝凡暮圣,不悟即六道受生。'"《大词典》、王涛等(编著,2007)、刘洁修(2009)、冷玉龙等(主编,2014)均未收。

0506　冷灰豆爆　冷灰里豆子爆

燃烧过的灰烬中突然爆出一声豆响。禅家比喻猛然醒悟后说出惊人的话,或作出惊人的举动。《慧开禅师语录》卷一:"谢灵岩和尚上堂:'开炉半月,火种全无。冷灰豆爆,惊动江湖。且道以何为验?铜像大士低头问讯,智积菩萨稽首擎拳。'"(42-13)《昙华禅师语录》卷一:"上堂:'少室岩上,风吹石裂。大彻堂前,冷灰豆爆。大丈夫汉,一刀两断。'"(42-140)《虚堂和尚语录》卷二:"开炉上堂:'个里无峻机妙用与人凑泊,老来畏寒,只要说些火炉头话。且道火炉头说什么话?恐冷灰豆爆,弹破诸人鼻孔。'"(46-660)

散言"冷灰里豆子爆"。《祖堂》卷七"夹山和尚":"师曰:'与么则从人得也。'对曰:'自己尚怨家,从人得堪作什么?'师曰:'冷灰里豆子爆。'"(p.327)

按,定型之语已见上揭《慧开禅师语录》例,《大词典》、王涛等(编著,2007)、刘洁修(2009)、冷玉龙等(主编,2014)均未收,参雷汉卿(2009:299)。

0507　一槌便成　一槌便就

禅家比喻一经启发就彻底领悟佛法妙义。《传灯》卷一五"大同禅师":"雪峰异日又问:'一槌便成时如何?'师曰:'不是性敏汉。'雪峰云:'不假一槌时如何?'师曰:'漆桶。'"(p.1069)《碧岩录》卷五:"垂示云:'一槌便成,超凡越圣。片言可折,去缚解粘。'"(p.245)《圆悟禅师语录》卷四:"师云:'一槌便成,光辉溢目。要津把断,谁是唱酬?还有能观第一义的,出来相见。'"(41-218)

又言"一槌便就"。《五灯》卷五"大同禅师":"问:'一槌便就时如何?'师曰:'不是性燥汉。'曰:'不假一槌时如何?'曰:'不快漆桶。'"(p.298)

按,定型之语已见上揭《传灯》例,《大词典》、王涛等(编著,2007)、刘洁修(2009)、冷玉龙等(主编,2014)均未收,参袁宾(1991:498),袁宾、康健(主编,2010:474)。

0508　迎刃而解

劈开竹子的口,下面一段就顺着刀口裂开。比喻事情解决十分顺利。《普灯》卷四"子琦禅师":"知有的人,于一切言句如破竹。虽百节,当迎刃而解,讵容声于

拟议乎?"(p.100)

按,语出《晋书·杜预传》:"今兵威已振,譬如破竹,数节之后,皆迎刃而解,无复着手处也。"参《大词典》(10-744)、刘洁修(2009:1407)、王涛等(编著,2007:1367)。

0509 水到渠成

水流到的地方自然成渠。比喻条件成熟,事情自然成功。禅家比喻悟道条件成熟,自然机用自在,用法顺利无碍。《传灯》卷一二"光涌禅师":"问:'如何是妙用一句?'师曰:'水到渠成。'"(p.843)《碧岩录》卷一:"人多逐末,不求其本,先得本正,自然风行草偃,水到渠成。"(p.39)《守端禅师语录》卷一:"上堂云:'大象不游于兔径,大悟不拘于小节,是何言欤?'承天道:'针眼里跃出狞龙,藕丝中开张世界。何谓如此?功多业熟,水到渠成,参。'"(39-47)

按,定型之语已见上揭《传灯》例,刘洁修(2009:1108)释作字面义,不确,朱瑞玟(2008:183)认为语出《五灯》,亦不确。

0510 箭过新罗

射出的箭已经飞过新罗。禅家比喻反应迟钝,早已错过禅机。《广灯》卷二七"澄湜禅师":"僧问:'仙洞昨朝师罢唱,栖贤今日请敷宣。'师云:'来日又作么生问?'进云:'未审如何领会?'师云:'箭过新罗。'"(p.561)《续灯》卷六"绍端禅师":"师云:'若论祖师玄旨,可谓平地起堆。更问如何,箭过新罗。'"(p.179)《法薰禅师语录》卷三:"要入这个门户,须是举一明三,目机铢两,尚恐箭过新罗。何况向古人模子上脱,宗师口头边觅,枉用心神。"(45-632)

按,定型之语已见上揭《广灯》例,《大词典》、王涛等(编著,2007)、刘洁修(2009)、冷玉龙等(主编,2014)均未收。

0511 贼过张弓 贼过后张弓

贼已经逃跑了才张开弓箭。禅家比喻禅机已过,再去承接为时已晚。多形容应机迟缓。《倚遇禅师语录》卷一:"法昌临危不悚人,好一捧太迟生。未离兜率,脚跟下便好与一锥,岂到今日。然虽如是,大似贼过张弓。莫有向这里下得一转不伤物义的语?"(39-724)

散言"贼过后张弓"。《传灯》卷一〇"从谂禅师":"又到黄檗,黄檗见来,便闭方丈门。师乃把火于法堂内,叫云:'救火!救火!'黄檗开门捉住云:'道!道!'师云：'贼过后张弓。'"（p.663）《普灯》卷一〇"天游禅师"："上堂：'三百五百，铜头铁额。木笛横吹，谁来接拍？'时有僧出，师曰：'也是贼过后张弓。'"（p.283）

按，定型之语已见上揭《倚遇禅师语录》例，《大词典》、王涛等（编著，2007）、刘洁修（2009）、冷玉龙等（主编，2014）均未收，参袁宾（1991：517），袁宾、康健（主编，2010：501）。

0512　停囚长智

在停顿中增长了智慧，想出了对策。禅家多用于斥责接机迟缓者。《祖堂》卷一一"保福和尚"："僧云：'从来岂是道得的事那，作么？'师抗声云：'脱却来！'其僧别云：'头上不可更安头。'师云：'停囚长智。'"（p.508）《传灯》卷九"灵祐和尚"："师忽问仰山：'汝春间有话未圆，今试道看。'仰山云：'正恁么时，切忌勃塑。'师云：'停囚长智。'"（p.560）《广灯》卷一七"智嵩禅师"："禅德，且莫停囚长智，养病丧躯。瞬目扬眉，早成钝汉。三乘教外，别传一句。"（p.287）

按，定型之语已见上揭《祖堂》例，《大词典》、王涛等（编著，2007）、刘洁修（2009）、冷玉龙等（主编，2014）均未收，孙维张（2007：261）释作"指做事时不要匆忙去做，先停下来思考一下，便能增长智谋生出智慧来"，不确，可参袁宾（1991：519），袁宾、康健（主编，2010：411）。

0513　如牛拽磨

如同老牛拉磨。禅家比喻修行需长期苦守持护。《真净禅师语录》卷一："洞山门下，要行便行，要坐便坐，钵盂里屙屎，净瓶中吐唾。执法修行，如牛拽磨。"（39-654）《普灯》卷一八"思岳禅师"："如牛拽磨，似水打碓。三千里外逢人东倒西偏，十字街头遇贼则贵。"（p.458）《师范禅师语录》卷一："开炉，上堂：'衲僧门下，无可不可。热则到处乘凉，寒则围炉向火。饥则餐，困则卧。执法修行，如牛拽磨。'"（45-681）

按，定型之语已见上揭《真净禅师语录》例，《大词典》、王涛等（编著，2007）、刘洁修（2009）、冷玉龙等（主编，2014）均未收。

0514　触途成滞　触途俱滞

前行的路途上到处都是障碍。禅家常形容悟道困难重重，到处都是阻滞。《传灯》卷三〇"华严长老"示众："若不会，直是个触途成滞，不知个身落地处，茫茫劫劫，只是恋物着境，认色为实。不舍恩爱，痴迷财宝。"（p.2483）《联灯》卷二三"元安禅师":"今之学人,触途成滞,盖为听不出声,见不超色。"(p.700)《普灯》卷四"祖心禅师":"十二时中,常有一物,蕴在胸中。物既在胸,不安之相,常在目前。既在目前,触途成滞。"(p.96)

又言"触途俱滞"。《古尊宿》卷一七"匡真禅师":"或云:'迷本的人触途俱滞,悟本的人为什么有四大见?'代云:'益州附子建州姜。'"(p.307)

按,定型之语已见上揭《传灯》例,《大词典》、王涛等(编著,2007)、刘洁修(2009)、冷玉龙等(主编,2014)均未收,参袁宾(1991:522),袁宾、康健(主编,2010:58)。

0515 走透无路

形容陷入绝境,无路可走。《广灯》卷二五"彻禅师":"师上堂云:'释迦老子四十九年说法,度人无数。大似捏目生花,剜肉成疮,压良为贱。其中若有一个汉子,释迦老汉走透无路。'"(p.518)《普灯》卷二"楚圆禅师":"问:'久昧衣珠,请师指出。'曰:'草贼大败。'云:'走透无路也。'"(p.24)

按,定型之语已见上揭《广灯》例,《大词典》、王涛等(编著,2007)、刘洁修(2009)、冷玉龙等(主编,2014)均未收。

0516 碍东碍西

形容到处都妨碍。《虚堂和尚语录》卷一:"除夜小参,拈柱杖:'未有世界,未有佛祖,便有这柱杖子,碍东碍西。及乎世界成立、佛祖出兴,依旧鳞鳞皴皴,栗栗榔榔。'"(46-632)

按,定型之语已见上揭《虚堂和尚语录》例,《大词典》、王涛等(编著,2007)、刘洁修(2009)、冷玉龙等(主编,2014)均未收,参雷汉卿(2009:307)。

0517 堕坑落堑

本指坠入沟坑之中。禅家比喻在参悟佛理的道路上坠入深坑,不得解脱。《续灯》卷九"会禅师":"僧曰:'为什么如此?'师云:'东西不辨。'僧曰:'毕竟如何?'师云:'堕坑落堑。'"(p.266)《碧岩录》卷一:"山僧如此说话,也是随语生解,他杀不如自杀,才作道理,堕坑落堑。"(p.37)《联灯》卷一一"慧清禅师":"示众云:'如人行次,忽遇前面万丈悬崖,背后野火来逼,两边荆棘丛林。若也向前,则堕坑落堑;若也退后,则野火烧身;若转侧,又被荆棘林碍。'"(p.328)

按,定型之语已见于隋智顗《观音玄义》卷上:"福慧相须,本不相离,若定而无慧者,此定名痴定。譬如盲儿骑瞎马,必堕坑落堑而无疑也。"此用其字面义,禅义由此隐喻而来。刘洁修(2009:309)举《续灯》卷二"法广禅师":"僧问:'如何是大悲手千眼?'师曰:'堕坑落堑。'"释作"掉进泥坑里,跌入壕沟中",不确。

0518　千山万水　万水千山

距离十分遥远,远隔很多山水。①禅家比喻悟道路途艰难遥远。《传灯》卷二四"知俨禅师":"问:'千山万水,如何登涉?'师曰:'举步便千里万里。'曰:'不举步时如何?'师曰:'亦千里万里。'"(p.1926)《五灯》卷一四"知俨禅师"条同。(p.863)②禅家也形容距离悟道很远。《宗本禅师别录》卷一:"然虽如是,犹是葛藤。若据祖令施行,举目则千山万水,思量则天地悬殊。"(39-754)《续灯》卷六"慈觉禅师":"一时拈来,当面布施。更若拟议,千山万水。"(p.156)《联灯》卷一三"杨公亿":"动则丧身失命,觑着两头俱瞎。拟议之间,千山万水。直下会得,也是炭库里坐地。"(p.400)

倒言"万水千山"。①禅家比喻悟道路途遥远艰难。《传灯》卷二四"法显禅师":"问:'万水千山,如何登涉?'师曰:'青霄无间路,到者不迷机。'"(p.1927)《五灯》卷一四"警玄禅师":"师献偈曰:'我昔初机学道迷,万水千山觅见知。明今辨古终难会,直说无心转更疑。'"(p.870)②禅家也形容距离悟道很远。《传灯》卷一七"白云禅师":"问:'如何是法法不生?'师曰:'万水千山。'"(p.1289)《续灯》卷一六"圆义禅师":"问:'如何是祖师西来意?'师云:'万水千山。'"(p.466)

按,定型之语已见唐宋之问《至端州驿见杜五审言沈三佺期阎五朝隐王二无竞题壁慨然成咏》:"岂意南中岐路多,千山万水分乡县。"此用其字面义,禅义由此隐喻而来。《大词典》、王涛等(编著,2007)、刘洁修(2009)、冷玉龙等(主编,2014)均未收上揭语义。

0519　披沙识宝

从沙石中识别真金财宝。禅家比喻去除妄见尘念,识别自家真性法宝。《传灯》卷二五"玄觉导师":"然古人有言,譬如披沙识宝,沙砾若除,真金自现,便唤作常住世间,具足僧宝。"(p.1996)《五灯》卷一〇"玄觉导师"条同。(p.584)

按,此为"披沙拣金"之变体,定型之语已见上揭《传灯》例,《大词典》、王涛等(编著,2007)、刘洁修(2009)、冷玉龙等(主编,2014)均未收上揭禅义。

0520 如人饮水

常与"冷暖自知"连用。就像人喝水一样,水之冷暖只有自己知道。禅家比喻只有自己亲身证悟,才能获得真切的禅悟体验。《坛经》卷一:"明曰:'惠明虽在黄梅,实未省自己面目。今蒙指示,如人饮水,冷暖自知。今行者即惠明师也。'"(37-463)《传灯》卷二三"从盛禅师":"问:'如何是灵源?'师曰:'嫌什么?'曰:'近者如何?'师曰:'如人饮水。'"(p.1792)《普灯》卷一七"师远禅师":"师曰:'尧风舜日两依依,一片虚凝截万机。何必胡僧亲咐嘱,如人饮水自家知。'"(p.441)

按,定型之语已见《达磨大师血脉论》卷一:"道本圆成,不用修证。道非声色,微妙难见。如人饮水,冷暖自知,不可向人说也。"《大词典》、王涛等(编著,2007)、冷玉龙等(主编,2014)均未收,可参刘洁修(2009:1009)。

0521 冷暖自知

常言"如人饮水,冷暖自知",谓水之冷暖,饮者自知。禅家比喻只有自己证悟,才能体验得切实明白。《祖堂》卷二"弘忍和尚":"慧明云:'某甲虽在黄梅剃发,实不得宗乘面目。今蒙行者指授,也有入处,如人饮水,冷暖自知。'"(p.121)《传灯》卷四"道明禅师":"师曰:'某甲虽在黄梅随众,实未省自己面目。今蒙指授入处,如人饮水,冷暖自知。'"(p.233)《续灯》卷一二"琳禅师":"成佛作祖,不离方寸。镬汤炉炭,只在而今。这个消息,如人饮水,冷暖自知。"(p.363)

按,定型之语已见《达磨大师血脉论》,见"如人饮水"条。参《俗语佛源》(2013:86)、王闰吉(2012:176)。

0522 眼见耳闻

亲眼所见,亲耳所闻。表示亲身经历过某事。《普灯》卷一七"自回庵主":"眼见耳闻何处不是路头?若识得路头,便是大解脱路。"(p.442)

按,定型之语已见东汉康孟详译《佛说兴起行经》卷下:"意家三事,非耳所闻、非眼所见。是故,众生以眼见耳闻为大。"《大词典》、王涛等(编著,2007)、刘洁修(2009)均未收。

0523 豁然大悟 豁然开悟 豁然省悟

形容瞬间彻底领悟。《祖堂》卷一五"汾州和尚":"师言下豁然大悟,涕泪悲泣。"(p.691)《传灯》卷五"惠能大师":"简蒙指教,豁然大悟,礼辞归阙,表奏师语。"(p.282)

又言"豁然开悟"。《传灯》卷三"菩提达磨"："彼尊者闻师指诲,豁然开悟。既而六众咸誓归依。"（p.112）《广灯》卷八"南岳禅师"："祖闻斯示诲,豁然开悟。"（p.79）

又言"豁然省悟"。《普灯》卷一八"道人妙总"："大慧升堂次,举药山初参石头,后见马祖因缘。总闻,豁然省悟。"（p.477）

按,定型之语已见于东晋法显译《大般涅槃经》卷三："于是世尊即便为其分别广说,须跋陀罗既闻佛说八圣道义,心意开朗,豁然大悟。"刘洁修（2009:487）举《传灯》例,《大词典》（10-1324）举宋善卿《祖庭事苑》例,均晚。

0524 心融神会

内心融会贯通。形容彻底领悟精神内涵。《普灯》卷三"方会禅师"："乃宵遁入瑞州九峰,恍若旧游,眷不忍去,遂落发。每阅经,心融神会,能折节扣参老宿。"（p.59）《五灯》卷一九"方会禅师"条同。（p.1229）

按,定型之语已见上揭《普灯》例,王涛等（编著,2007:428）首举上揭《五灯》例,偏晚,《大词典》、刘洁修（2009）、冷玉龙等（主编,2014）均未收。

0525 穿云透月

穿过迷云,透过明月。禅家比喻透过迷障,洞明本性。《传灯》卷二六"用清禅师"："僧问：'有一人在万丈井底,如何出得？'师曰：'且喜得相见。'曰：'怎么即穿云透月去也。'"（p.2139）《五灯》卷一○"用清禅师"条同。（p.631）

按,定型之语已见上揭《传灯》例,《大词典》、王涛等（编著,2007）、刘洁修（2009）、冷玉龙等（主编,2014）均未收。

0526 穿云透石

穿过迷云,透过顽石。禅家形容彻底领悟佛法妙义。《广灯》卷二四"契念禅师"："有僧问：'如何大道之源？'师云：'众流混不得。'进云：'独脱事如何？'师云：'穿云透石。'"（p.492）《五灯》卷一四"契念禅师"条同。（p.866）

按,语出唐李忱《瀑布》诗："穿云透石不辞劳,远地方知出处高。溪涧岂能留得住？终归大海作波涛。"言瀑布穿过云端,直泻岩石,禅义由字面义重新解构而来。《大词典》、王涛等（编著,2007）、刘洁修（2009）、冷玉龙等（主编,2014）均未收。

0527 穿窗透牖

穿过窗户的阻隔。禅家形容领悟通透畅达。《古尊宿》卷四六"慧觉和尚"：

"若知得一窍,方解穿窗透牖,动地摇天。若也未然,且向天台看华顶,却来南岳度石桥。"(p.912)

按,定型之语已见上揭《古尊宿》例,《大词典》、王涛等(编著,2007)、刘洁修(2009)、冷玉龙等(主编,2014)均未收。

0528 醍醐灌顶 如饮醍醐

禅家比喻用大智慧灌输于人,使人彻底领悟。《祖堂》卷一二"疏山和尚":"心灯祖印,传来别在于人间。得之者瓦砾成金,悟之者醍醐灌顶。"(p.551)

又言"如饮醍醐"。《传灯》卷五"怀让禅师":"一闻示诲,如饮醍醐。礼拜问曰:'如何用心即合无相三昧?'"(p.330)《真净禅师语录》卷三:"师云:'古佛身心,如饮醍醐,渴心永寂,奇特!甚奇特!'"(39-673)《联灯》卷四"怀让禅师":"道一于言下开悟,如饮醍醐。"(p.91)

按,定型之语已见于《敦煌变文校注·维摩诘经讲经文》:"又所蒙处分,令问维摩,闻名之如露人心,其语似醍醐灌顶。"《佛光大辞典》(7-6322)"醍醐灌顶"条云:"醍醐,系由牛乳炼制成之酥酪,以世界之无上味。以'醍醐灌顶'一语比喻以智慧输入于人,则能消灭无明之烦恼,令得清凉。故又引申为使人茅塞顿开,或令人舒适之意。"《大词典》、王涛等(编著,2007)、刘洁修(2009)、冷玉龙等(主编,2014)均未收"如饮醍醐"。

0529 香象渡河

佛教传说香象渡河,涉水最深。比喻大乘教的修证是最深最彻底的。《广灯》卷一"释迦牟尼佛":"次登十地,渐断三愚。等妙圆明,成大菩萨。如香象渡河,乘白牛车。"(p.6)《五灯》卷三"怀海禅师":"我所情尽,垢净俱亡。如日月在空,不缘而照。心心如木石,念念如救头。然亦如香象渡河,截流而过,更无疑滞。"(p.135)

按,语出北凉昙无谶译《优婆塞戒经·三种菩提品》卷一:"如恒河水,三兽俱渡,兔、马、香象。兔不至底,浮水而过。马或至底,或不至底。象则尽底。"定型之语已见隋智顗《菩萨戒义疏》卷上:"十佛地者,大功德力以资智慧,一念相应慧,观真谛究竟,习亦无余。如劫火烧木,无复灰炭;香象渡河,到于边底。"参《俗语佛源》(2013;160)。

0530 通上彻下 彻下通上

通彻上下，形容领悟十分透彻。《续灯》卷二二"静显禅师"："问：'觌面相呈事若何？'师云：'清风来不尽。'僧曰：'通上彻下，丝毫不纳也。'师云：'明月照无私。'"（p.626）《圆悟禅师语录》卷一四："俱胝凡见僧来及答问，唯竖一指，盖通通上彻下，契证无疑，差病不假驴驮药也。"（41-317）《古尊宿》卷九"慈照禅师"："云：'屋破见青天，意旨如何？'师云：'通上彻下。'"（p.147）

倒言"彻下通上"。《续灯》卷一八"善丕禅师"："问：'如何是佛？'师云：'通上彻下。'僧曰：'如何是法？'师云：'彻下通上。'师乃云：'通上彻下，彻下通上。迷有千差，悟无两样。'"（p.531）《圆悟禅师心要》卷三："直下专一，操存探究，令透顶透底，物我一如，彻下通上，只个金刚正体。"（41-573）

按，定型之语已见上揭《续灯》例，《大词典》、王涛等（编著，2007）、刘洁修（2009）、冷玉龙等（主编，2014）均未收。

0531 彻骨彻髓 透皮彻骨 穿皮透骨

穿过骨头，彻入骨髓。形容领悟十分透彻。《广灯》卷一六"善昭禅师"："问：'如何是祖师西来意？'师云：'彻骨彻髓。'学云：'此意如何？'师云：'遍天遍地。'"（p.272）《碧岩录》卷一："到这里，须是个真实汉，聊闻举着，彻骨彻髓见得透，且不落情思意想。"（p.32）《圆悟禅师语录》卷四："上根利智，千里同风，一刀两段，聊闻举着，彻骨彻髓。"（41-222）

又言"透皮彻骨"。《广灯》卷一六"善昭禅师"："学云：'如何是一句后事？'师云：'两阵相逢不回避。'学云：'恁么则透皮彻骨去也。'"（p.269）《古尊宿》卷四六"慧觉和尚"："上堂云：'东涌西没，盖是寻常。南北纵横，未为极则。透皮彻骨则不问汝，鼻孔辽天一句作么生道？'"（p.912）

又言"穿皮透骨"。《续灯》卷一一"莹禅师"："上堂云：'倏倏忽忽，东涌西没。无害无伤，穿皮透骨。'"（p.316）《智朋禅师语录》卷一："上堂：'即心是佛，非心非佛。东涌西没，穿皮透骨。十字街头，孤峰绝顶。'"（46-570）

按，定型之语已见唐那提译《离垢慧菩萨所问礼佛法经》卷一："如是归命百遍、千遍、百千万遍，乃至无量无数遍，尽未来际，彻骨彻髓，归依如上诸佛世尊。"《大词典》、王涛等（编著，2007）、刘洁修（2009）、冷玉龙等（主编，2014）均未收，可参袁宾、康健（主编，2010：46）。

0532 涣若冰释　泮然冰释

形容疑滞瞬间消失,彻底领悟。《传灯》卷二五"德韶国师":"有僧问:'如何是曹源一滴水?'净慧曰:'是曹源一滴水。'僧惘然而退,师于坐侧,豁然开悟,平生疑滞,涣若冰释。"(p.1940)《圆悟禅师心要》卷二:"师闻之,前之证解,涣若冰释,方为得大安稳。"(41-484)

又言"泮然冰释"。《五灯》卷二〇"行机禅师":"一日偶看斫树倒地,忽然大悟,平昔碍膺之物,泮然冰释。"(p.1362)

按,此为"涣然冰释"之变体,参刘洁修(2009:508),《大词典》、王涛等(编著,2007)、刘洁修(2009)、冷玉龙等(主编,2014)均未收"泮然冰释"。

0533 冰消瓦解　瓦解冰消

像冰一样消融,像瓦一样分解。形容事物彻底消散。禅家用来形容疑滞彻底消除。《祖堂》卷一三"招庆和尚":"问:'疑则途中作,不疑则坐家儿。离此二途,乞师方便。'师云:'未曾将曲与汝,离什么?'进曰:'与么则冰消瓦解。'"(p.585)

倒言"瓦解冰消"。《楚圆禅师语录》卷一:"看看,文殊菩萨与善财童子,向十字路头,说因说果。被维摩居士喝一喝,直得瓦解冰消。"(39-10)

按,定型之语已见晋成公绥《云赋》:"于是玄风仰散,归云四旋,冰消瓦解,奕奕翩翩。"参《大词典》(2-393)、刘洁修(2009:66)。

0534 如火消冰

就像用火融化冰块一样。禅家形容用法自在无碍,阻滞彻底消除。《联灯》卷二三"师备禅师":"道人行处,如火消冰,终不却成冰。"(p.718)《普灯》卷一四"祖觉禅师":"师曰:'宗师行处,如火消冰。透过是非关,全机亡得丧。'"(p.375)《法薰禅师语录》卷三:"衲僧用处,如火消冰。要行便行,要坐便坐,无足可禁。"(45-624)

按,定型之语已见上揭《联灯》例,《大词典》、王涛等(编著,2007)、刘洁修(2009)、冷玉龙等(主编,2014)均未收。

0535 如汤沃雪

像用开水浇雪一样。形容事物彻底消除。禅家常用来形容疑滞彻底消除。《广灯》卷二五"善义禅师":"问:'牛头未见四祖时如何?'师云:'天下人仰重。'进云:'见后如何?'师云:'如汤沃雪。'"(p.523)《圆悟禅师语录》卷一四:"根尘生死,境智玄妙,如汤沃雪,遂自知时,更无分外的,名为无心道人。"(41-317)《普灯》卷二三"张九成居士":"我今为汝扫狐疑,如汤沃雪火消冰。汝今微有疑与惑,鹞子便到新罗国。"(p.579)

按,定型之语已见南朝梁萧统《文选·枚乘〈七发〉》:"小饭大歠,如汤沃雪。"刘良注:"如汤沃雪,言食之易也。"此言做事容易,《大词典》、王涛等(编著,2007)、刘洁修(2009)、冷玉龙等(主编,2014)未收上揭语义。

0536 云开日出 云开见日 拨云见日

迷云散开,慧日现出。禅家比喻疑滞尽消后本心彻底明悟。《祖堂》卷一四"怀海禅师":"心地若空,慧日自现,犹如云开日出相似。"(p.641)《联灯》卷一五"文准禅师":"示众云:'大道纵横,触事现成。云开日出,水绿山青。'"(p.461)《如净禅师语录》卷一:"打喷嚏一下云:'总不出衲僧喷嚏一激,直得云开日出。'"(45-448)

又言"云开见日"。《传灯》卷二四"文益禅师":"问:'云开见日时如何?'师曰:'谩语真个。'"(p.1846)《道冲禅师语录》卷二:"轻轻点着,如睡梦觉,如云开见日,方省个事,遍周沙界。"(45-303)

又言"拨云见日"。《善昭禅师语录》卷二:"修证即无不污染,拨云见日便心开。"(39-592)《守端禅师语录》卷二:"尧舜垂衣万国宾,拨云见日意休陈。东方来者东方坐,草木重霑雨露新。"(39-67)

按,定型之语已见上揭《祖堂》例,孙维张(2007:332)释作"天气由阴转晴",不确,《大词典》、王涛等(编著,2007)、刘洁修(2009)、冷玉龙等(主编,2014)均未收。

0537 云开月朗 云开月露 云开月现 云披月露

云雾散开,月光明朗。禅家比喻迷云散尽后本心明悟。《宗镜录》卷七六:"若障薄遮轻,直了直入,缘深机熟,顿悟顿修,如镜净明生,云开月朗。"(31-444)《五灯》卷一一"慈照禅师":"问:'古人急水滩头毛球子,意旨如何?'师曰:'云开月朗。'"(p.693)《祖钦禅师语录》卷四:"面壁而坐,忽然平白,如地陷一般,面前豁开一亮,正如云开月朗,夜暗灯明。"(47-401)

又言"云开月露"。《联灯》卷一三"全举禅师":"远云:'一句两句,云开月露作么生?'师云:'照破佛祖。'"(p.384)《五灯》卷一二"全举禅师"条同。(p.710)

又言"云开月现"。《普灯》卷二二"刘经臣居士":"公不能对,疑甚,遂归就寝,熟睡至五鼓,觉来,方追念间,见种种异相,而表里通彻,六根震动,天地回旋,如云

开月现,喜不自胜。"(p.556)《五灯》卷一六 "刘经臣居士" 条同。(p.1057)

又言 "云披月露"。《新月禅师语录》卷二:"解夏小参:'一亩之地,三蛇九鼠。捏定则水滴冰生,裂开则云披月露。'"(46-179)

按,定型之语已见上揭《宗镜录》例,《大词典》、王涛等(编著,2007)、刘洁修(2009)、冷玉龙等(主编,2014)均未收。

0538　云收雾卷　雾卷云收　雾敛云收　云收日卷

本指云雾散去,天气晴朗。禅家常喻豁然领悟,疑滞全无。《广灯》卷一八 "楚圆禅师":"上堂云:'云收雾卷,杲日当空。不落明暗,如何通信? '"(p.300)《续灯》卷一七 "守初禅师":"若论此事,放行则曹溪路上月白风清,把定则少室峰前云收雾卷。"(p.494)

倒言 "雾卷云收"。《续灯》卷一八 "志愿禅师":"上堂云:'雾卷云收,日上月落。林间幽鸟语呢喃,岭上樵夫歌间错。东西南北本来人,咄,莫向外边生卜度。参。'"(p.526)《慧远禅师语录》卷四:"谷掀倒禅床,角便打。雾卷云收,雷奔电烁。"(45-73)

又言 "雾敛云收"。《师范禅师语录》卷一:"上堂,召大众云:'无道可学,无禅可参。黄头碧眼,徒话指南。雾敛云收天宇宽,门前幸有千朵青山万朵青山,徘徊赢(赢)得倚栏干。'"(45-685)

又言 "云收日卷"。《五灯》卷一七 "惠南禅师":"我手佛手兼举,禅人直下荐取。不动干戈道出,当处超佛越祖。我脚驴脚并行,步步踏着无生。会得云收日卷,方知此道纵横。"(p.1108)

按,定型之语已见宋苏轼《十月十六日记所见》诗:"炯炯初日寒无光,云收雾卷已亭午。"指云雾散去,禅义由此隐喻而来。《大词典》、王涛等(编著,2007)、刘洁修(2009)、冷玉龙等(主编,2014)均未收。

0539　云开雨散　云收雨散　雨散云收

云雾散开,阴雨散去。禅家比喻心中迷雾尽消,彻底明悟的样子。《古尊宿》卷三九 "光祚禅师":"或云:'头上霹雳则不问你,云开雨散道将一句来! '"(p.737)

又言 "云收雨散"。《联灯》卷一六 "法泰禅师":"虽然水到渠成,争奈过犹不及。幸而云收雨散,浪息波停,杲日当空,万家同庆。"(p.497)《普灯》卷二六 "需禅师":"师曰:'院主一喝,电卷雷奔,山摧地裂。典座礼拜,云收雨散,月白风清。'"

（p.662）

倒言"雨散云收"。《普灯》卷二七"圆悟禅师"："雨散云收,青天白日。君不见,马驹踏杀天下人,临济未是白拈贼。"（p.690）《祖钦禅师语录》卷一："山僧也有一颂：'雨散云收月正明,无端平地鼓雷霆。惯曾坐断乾坤客,唤作窍中蚯蚓声。'"（47-376）

按,定型之语已见南朝梁沈约《为齐竟陵王解讲疏》："肃萃僧英,敬敷慧典,密藏奥文,云开雨散。"《大词典》、王涛等（编著,2007）、刘洁修（2009）、冷玉龙等（主编,2014）均未收上揭语义。

0540　冰融雪泮

禅家比喻尘念彻底消失。《续灯》卷二一"佛印禅师"："诸人若向这里悟得,则旷大劫来我人业识,当体烟灭灰飞。现前身世根境尘劳,彻底冰融雪泮。"（p.604）

按,定型之语已见上揭《续灯》例,《大词典》、王涛等（编著,2007）、刘洁修（2009）、冷玉龙等（主编,2014）均未收。

0541　红炉片雪　红炉片雪飞

片雪投入烧红的炉炭中立即融化,消失得无影无踪。①禅家比喻当下消除妄念尘垢,悟入解脱法门。《续古尊宿》卷二："幻妄浮尘,红炉片雪。照不涉缘,风光卓绝。"（44-76）《清茂禅师语录》卷五："虽然佛法无多,直是斩钉截铁。果然直下承当,便是红炉片雪。"（48-478）②红炉上片雪飞舞,禅家以示本心超越后泯灭差别对立而体悟到的奇妙境界。《宏智禅师广录》卷七："生而不生,灭而不灭。归去来兮,红炉片雪。"（44-527）

散言"红炉片雪飞"。禅家以示本心超越后泯灭差别对立而体悟到的奇妙境界。《续灯》卷一三"佛陀禅师"："问：'临济宗风,龙山大布。三关壁立,愿师垂示。'师云：'大海纤尘起,红炉片雪飞。'"（p.374）《普灯》卷一一"惠勤禅师"："上堂：'去年今日时,红炉片雪飞。今日去年时,曹娥读夜碑。'"（p.289）

按,定型之语已见上揭《续古尊宿》例,《大词典》、王涛等（编著,2007）、刘洁修（2009）、冷玉龙等（主编,2014）均未收。

0542　左右逢源　左右逢原　左右逢其原

禅家形容禅悟后处处圆通,机用自在无碍。《续灯》卷二四"宝鉴禅师"："若也得之于心,浑金璞玉。流出三教,皆指一心。左右逢源,万物皆备。"（p.657）《圆

悟禅师语录》卷一四:"若脱洒履践得,日久岁深,自然左右逢源,打成一片。"(41-315)

又作"左右逢原"。《续灯》卷一五"传祖禅师":"上堂,顾视云:'扬子江心,无风起浪。石公山畔,平地骨堆。会得左右逢原,争似寂然不动。'"(p.437)《居简禅师语录》卷一:"上堂:'今日中夏了也,毕竟事作么生? 当阳一机,转身一步。左右逢原,了无回互。本等牧牛人,何曾头角露?'"(46-7)

散言"左右逢其原"。《普觉禅师语录》卷二五:"无始时来习得熟,路头亦熟,自然取之,左右逢其原。"(42-421)《居简禅师语录》卷一:"载诸行事,则得之于心,应之于手,取之左右逢其原。"(46-38)

按,语出《孟子·离娄下》:"居之安,则资之深。资之深,则取之左右逢其原。"原谓学问功夫到家后,则处处皆得益。《大词典》、王涛等(编著,2007)、刘洁修(2009)、冷玉龙等(主编,2014)均未收上揭语义。

0543 落路入草

离开道路进入草丛。禅家比喻离开道法陷入情尘意垢的纠缠之中。《祖堂》卷一七"西院和尚":"安在沩山,三十来年吃沩山饭,屙沩山屎,不学沩山禅。只是长看一头水牯牛,落路入草便牵出,侵犯人苗稼则鞭打。"(p.747)《传灯》卷九"大安禅师"条略同。(p.586)

按,定型之语已见上揭《祖堂》例,《大词典》、王涛等(编著,2007)、刘洁修(2009)、冷玉龙等(主编,2014)均未收,参王闰吉(2012:106)。

0544 泥里洗土 泥中洗土 土里洗泥 泥里洗土块

在泥水里洗土块,只能越洗越浊。禅家比喻陷入言语知解之纠缠,不能干净利索地悟道。《续灯》卷七"洞渊禅师":"僧曰:'如何是方便门?'师云:'泥里洗土。'"(p.216)《仁勇禅师语录》卷一:"无明实性即佛性,泥里洗土。幻化空身即法身,矢上加尖。只这里便回头去,已是抛家散业了也。"(41-21)

又言"泥中洗土"。《道宁禅师语录》卷二:"思量有个悟因由,万叠云山障路头。更话煎茶并扫地,泥中洗土转添愁。"(39-796)《咸杰禅师语录》卷一:"行棒行喝,开眼尿床。举古举今,泥中洗土。别有向上一路,千圣不传,总是熟睡饶嚼语。"(45-206)

又言"土里洗泥"。《圆悟禅师心要》卷一:"求向上向下、佛法知见、语句道理,

是乃泥里洗土,土里洗泥,几时得脱洒去。"(41-445)

散言"泥里洗土块"。《续灯》卷二七"大觉禅师":"举肇法师云:'会万法为己者,其唯圣人乎?'石头和尚因看到此,乃以手拊几一下,云:'圣人无己,靡所不己。'师云:'大小石头只向泥里洗土块。'"(p.738)《慧方禅师语录》卷一:"师云:'云门大师,恰似泥里洗土块,要透碴着门庭,须是眉在眼下。'"(41-801)《圆悟禅师语录》卷二:"上堂云:'杀人刀活人剑,上古之风规,亦是今时之枢要。言句上作解会,泥里洗土块。不向言句上会,方木逗圆孔。'"(41-203)

按,定型之语已见上揭《续灯》例,《大词典》、王涛等(编著,2007)、刘洁修(2009)、冷玉龙等(主编,2014)均未收,可参袁宾(1991:513),袁宾、康健(主编,2010:309)。

0545 粘皮着骨

连着皮带着骨。禅家比喻心存知见牵连,不能干脆利索地悟道。《碧岩录》卷八:"看他古人,二十年参究,犹自半青半黄,粘皮着骨,不能颖脱。"(p.361)《圆悟禅师语录》卷九:"一一真善知识踞狮子座,各各为人天师,牙如利剑,口似血盆。其余有窠臼有依倚,粘皮着骨,有得有失有传授。"(41-266)又卷七:"粘皮着骨的未免论性论心,越格超宗的便道拖泥涉水。"(41-253)

按,定型之语已见上揭《碧岩录》例,《大词典》、刘洁修(2009)未收上揭语义。

0546 丝来线去

禅家比喻语言交谈来来去去,纠缠牵连,不能干脆利索地悟道。《圆悟禅师语录》卷三:"师乃云:'日面月面,珠回玉转。有句无句,丝来线去。'"(41-215)《碧岩录》卷八:"看他两个机锋互换,丝来线去,打成一片,始终宾主分明。"(p.377)《普觉禅师普说》卷一八:"况复说理说事,丝来线去,正是狮子咬人,狂狗趁块。"(42-366)

按,定型之语已见唐张鷟《朝野佥载》卷三:"洛州昭成佛寺有安乐公主造百宝香炉,高三尺,开四门,绛桥勾栏,花草、飞禽、走兽、诸天妓乐、麒麟、鸾凤、白鹤、飞仙,丝来线去,鬼出神入,隐起钑镂,窈窕便娟。"形容工艺细致精密,禅义由重新解构字面义而来,参《大词典》(9-854)、王涛等(编著,2007:1019)、刘洁修(2009:1115)。

0547 牵枝引蔓 引蔓牵枝 引枝牵蔓

形容纠缠于言语知解,不能干净利索地悟道或传法。《续灯》卷一九"夔禅师":

"只恁么便散去,不妨要妙。虽然如是,早是无风起浪,钉橛空中。岂况牵枝引蔓,说妙谈玄。正是金屑眼中翳,衣珠法上尘。"(p.564)《仁勇禅师语录》卷一:"上堂:'黄面老子出世,平地骨堆。碧眼胡儿西来,无风浪起。近朱者赤,近墨者黑。临济云门,牵枝引蔓。'"(41-16)《虚堂和尚语录》卷二:"僧云:'后来说一藏葛藤,牵枝引蔓,抛尿撒屙,至今未已。'"(46-656)

倒言"引蔓牵枝"。《师范禅师语录》卷一:"底事明明不用寻,通身有口却如暗。笑他卢老能多事,引蔓牵枝诳古今。"(45-754)《广闻禅师语录》卷二:"机不可触,病不可医。说黄道黑,引蔓牵枝。"(46-92)

又言"引枝牵蔓"。《慧晖禅师语录》卷一:"霜曰:'我圣师游五天,妙士开一实知见,便引枝牵蔓。'"(42-92)

按,定型之语已见上揭《续灯》例,《大词典》、王涛等(编著,2007)、刘洁修(2009)、冷玉龙等(主编,2014)均未收。

0548 半青半黄

本指果实未熟时青黄相间的色貌。禅家比喻道业还没有完全成熟。《碧岩录》卷八:"看他古人,二十年参究,犹自半青半黄,粘皮着骨,不能颖脱。"(p.361)《联灯》卷一四"文悦禅师":"设有十个五个,走上走下,半青半黄。会即总道我会,各各自谓握灵蛇之宝,孰肯知非?"(p.419)

按,定型之语已见符秦僧伽跋澄等译《僧伽罗刹所集经》卷三:"外亦有作若干果,犹彼色半青半黄,犹如树同一根生若干种果实,秋则无有果,或随时生。"此用其本义,禅义由此隐喻而来。《大词典》、王涛等(编著,2007)、刘洁修(2009)、冷玉龙等(主编,2014)均未收上揭语义,参雷汉卿、王长林(2018:66)。

0549 半明半暗

明暗模糊不清。禅家形容领悟不够彻底。《联灯》卷一七"弥光禅师":"且道透脱一句又作么生?还委悉么?乍雨乍晴寒食节,半明半暗禁烟天。"(p.527)《普觉禅师语录》卷二〇:"若半明半暗,半信半不信,则触境遇缘,心生疑惑,乃是于境界心有所着,不能于此道决定无疑。"(42-377)

按,定型之语已见唐韩偓《韩翰林集》卷二:"访戴船回郊外泊,故乡何处望天涯。半明半暗山村日,自落自开江庙花。"形容明暗模糊不清。《大词典》、王涛等(编著,2007)、刘洁修(2009)、冷玉龙等(主编,2014)均未收。

0550　半死半活

半死不活,没有生气。禅家形容禅悟不够彻底,未能死中得活。《虚堂和尚语录》卷四:"岂况㤭㤭猩猩,半死半活,被二十四气辊得七颠八倒,做主不成。"(46-685)《慧远禅师广录》卷一:"山僧助你一粒返魂丹,贵要诸人各各脑门着地,然后活的须死,死的须活。若也半死半活,三十年后,不得道见瞎堂来。"(45-15)

按,定型之语已见上揭《虚堂和尚语录》例,《大词典》、王涛等(编著,2007)、刘洁修(2009)均未收,冷玉龙等(主编,2014)未收上揭语义。

0551　半饥半饱

半饥不饱,没有完全吃饱。禅家比喻没有完全领悟道法。《真净禅师语录》卷四:"上堂:'今朝四月二十五,栽秧渐渐遍南亩。半饥半饱淡饭羹,泥里雨里可怜许。唯有高僧总不知,各自归堂吃茶去。'"(39-685)《智朋禅师语录》卷一:"上堂:'将无作有,较短为长,土面灰头,半饥半饱,且恁么过。'"(46-571)

按,定型之语已见上揭《真净禅师语录》例,《大词典》、王涛等(编著,2007)、刘洁修(2009)、冷玉龙等(主编,2014)均未收。

0552　文彩已彰

禅家比喻悟道不彻底,已经显露思量痕迹。《传灯》卷五"慧忠国师":"僧问赵州:'国师唤侍者意作么生?'赵州云:'如人暗里书字,字虽不成,文彩已彰。'"(p.358)《续灯》卷一九"可昌禅师":"问:'祖意西来,请师举唱。'师云:'达磨当年无如是事。'僧曰:'和尚莫教话堕。'师云:'却被上人勘破。'僧曰:'争奈文彩已彰。'"(p.554)《怀深禅师广录》卷一:"僧问:'空中书万(卍)字,文彩已彰。火里生莲花,清香有异。丹诏临门,如何举唱?'师云:'石女夜挑灯。'"(41-115)

按,定型之语已见上揭《传灯》例,《大词典》、王涛等(编著,2007)、刘洁修(2009)、冷玉龙等(主编,2014)均未收。

0553　欲隐弥露

想要隐藏反而更加显露。《守卓禅师语录》卷一:"复拈香云:'此一瓣香,气息也无多子,且能上透三世诸佛脑门,下彻一切含灵妙本,群魔欲隐弥露,千眼要见无由。'"(41-69)《密庵和尚语录》卷一:"复拈香云:'此一瓣香,收来久矣,欲隐弥露。今日人天普集,不免从头说破。'"(45-176)《古尊宿》卷二七"佛眼和尚":"次拈香云:'此一瓣香,还知落处么?欲隐弥露,在晦愈明。'"(p.500)

按,定型之语已见唐般刺密帝译《楞严经》卷六:"若不断杀修禅定者,譬如有人自塞其耳,高声大叫,求人不闻,此等名为欲隐弥露。"《大词典》、王涛等(编著,2007)、刘洁修(2009)、冷玉龙等(主编,2014)均未收。

0554　和赃捉败

将盗贼连同赃物一起抓获。禅家比喻彻底暴露了情尘妄念之痕迹。《崇岳禅师语录》卷一:"上堂:'达磨九年面壁,和赃捉败。卢行者不识个字,露出尾巴。'"(45-336)《密庵和尚语录》卷一:"有句无句,如藤倚树。石裂崖崩,毒蛇当路。树倒藤枯,悉哩苏噜。沩山呵呵大笑,和赃捉败了也。"(45-180)《五灯》卷一一"省念禅师":"兆次日才到,相见便举前话。穴曰:'非但昨日,今日和赃捉败。'"(p.680)

按,定型之语已见上揭《崇岳禅师语录》例,语义理据可与"家贼难防""勾贼破家"相比证。《大词典》、王涛等(编著,2007)、刘洁修(2009)、冷玉龙等(主编,2014)均未收。

0555　雁过留声

大雁飞过,就会留下叫声。禅家比喻只要有言语思量,就会留下知见妄念的痕迹。《古尊宿》卷二一"法演禅师":"上堂,僧问:'不昧当机,请师直道!'师云:'捏聚放开。'乃举僧辞赵州,州云:'有佛处不得住。'师云:'换却你心肝五脏。''无佛处急走过。'师云:'雁过留声。'"(p.398)

按,定型之语已见上揭《古尊宿》例,《大词典》未收上揭语义,王涛等(编著,2007)、刘洁修(2009)、冷玉龙等(主编,2014)均失收。

0556　鱼行水浊

鱼儿游动,清水便会浑浊。禅家比喻只要有言行就会留下知见尘念之痕迹。《广灯》卷二六"正觉禅师":"问:'如何是佛法大意?'师云:'鱼行水浊,鸟飞落毛。'"(p.532)《碧岩录》卷一:"赵州示众云:'至道无难,唯嫌拣择。才有语言,是拣择是明白?'两头三面,少卖弄。鱼行水浊,鸟飞落毛。"(p.11)《续灯》卷二五"齐月禅师":"问:'师唱谁家曲,宗风嗣阿谁?'师云:'鱼行水浊。'"(p.681)

按,定型之语已见上揭《广灯》例,《大词典》、王涛等(编著,2007)、刘洁修(2009)、冷玉龙等(主编,2014)均未收。

0557　鸟飞落毛

鸟儿飞动,羽毛就会抖落。禅家比喻只要有言行就会留下知见尘念之痕迹。

《广灯》卷二六"正觉禅师"："问：'如何是佛法大意？'师云：'鱼行水浊，鸟飞落毛。'"（p.532）《仁勇禅师语录》卷一："上堂：'春雨如膏，春风如刀。填沟塞壑，拔树鸣条。会么？鱼行水浊，鸟飞落毛。'"（41-12）

按，定型之语已见上揭《广灯》例，《大词典》、王涛等（编著，2007）、刘洁修（2009）、冷玉龙等（主编，2014）均未收。

0558 避色逃声

指逃避声色根尘。《真净禅师语录》卷四："上堂：'今朝九月初十，衲僧门风壁立。不是宗乘强为，欲破禅家法执。'遂拈拄杖云：'若唤作拄杖子，瞎汝眼睛。不唤作拄杖子，避色逃声。'乃掷下云：'还我狮子儿来！'喝一喝，下座。"（39-681）《普觉禅师语录》卷二："复举起云：'还见么？'又卓一下云：'还闻么？若道不见不闻，正是避色逃声汉。'"（42-407）《联灯》卷一三"慧南禅师"："守株待兔，岂是智人？避色逃声，何名作者？"（p.402）

按，定型之语已见上揭《真净禅师语录》例，《大词典》、王涛等（编著，2007）、刘洁修（2009）、冷玉龙等（主编，2014）均未收，参雷汉卿（2009：288）。

0559 把缆放船

把住缆绳，放船航行。禅家比喻拘执于固有知见，不能彻底利索地悟道。《续灯》卷一二"照觉禅师"："如此老婆心，分明入泥水。今时人犹尚抱桥柱澡洗，把缆放船。"（p.348）《普灯》卷七"从悦禅师"："诸禅客，大小大，傅大士，只会抱桥柱澡洗，把缆放船；印板上打将来，模子里脱将去，岂知道本色衲僧？"（p.173）《崇岳禅师语录》卷一："上堂：'不着佛求，不着法求，不着僧求，犹是把缆放船。喝散白云，穿开碧落，奔流度刃，疾焰过风，未称衲僧门下。'"（45-329）

按，定型之语已见上揭《续灯》例，刘洁修（2009：17）释作"比喻拘泥局限，放不开手脚，打不开局面"，还嫌不确。

0560 藏头缩手

禅家形容悟道拘紧顾虑，放不开手脚。《仁勇禅师语录》卷一："再三与伊摩顶授记云：'善哉善哉，大作佛事，稀有稀有，于是自家忙忙啰啰，憧憧惶惶，藏头缩手。'"（41-19）《五灯》卷一九"仁勇禅师"条同。（p.1238）

按，定型之语已见上揭《仁勇禅师语录》例，《大词典》、王涛等（编著，2007）、刘洁修（2009）、冷玉龙等（主编，2014）均未收。

0561 缩头缩尾

头尾蜷缩,畏缩不前。《古尊宿》卷三六"投子和尚":"问:'学人有一问,未曾有人答时如何?'师云:'你见这乌龟子缩头缩尾,争奈这一块子何?'"(p.673)

按,定型之语已见上揭《古尊宿》例,《大词典》、王涛等(编著,2007)、刘洁修(2009)、冷玉龙等(主编,2014)均未收。

0562 胶柱调弦

调琴的弦柱被胶粘住了,却硬要去调弦。禅家比喻悟道拘泥固执,不懂灵活变通。《圆悟禅师语录》卷一九:"把缆放船,胶柱调弦。远水不救近火,短绠哪汲深泉?天平老大怱草,为两错悔行脚。大地茫茫愁杀人,眼里无筋一世贫。"(41-362)又卷一〇:"直饶空劫已前,威音那畔,一时座断,大似钉桩摇橹,胶柱调弦。"(41-362)《普灯》卷二"全举禅师":"上堂:'心不是佛,智不是道。且道是什么?刻舟寻剑,胶柱调弦。'"(p.28)

按,定型之语已见上揭《圆悟禅师语录》例,《大词典》、王涛等(编著,2007)、刘洁修(2009)、冷玉龙等(主编,2014)均未收,可参袁宾、康健(主编,2010:205)。

0563 如蚕作茧

蚕吐丝织成茧壳,就把自己包裹在里面。比喻自我束缚的行为。《祖心禅师语录》卷一:"上堂:'若论此事,是着即差,非着即错。不是不非,如蚁循环,如蚕作茧。'"(41-754)《慧开禅师语录》卷二:"正眼观来,恰似无绳自缚,如蚕作茧。"(42-22)《清了禅师语录》卷二:"自是你无事生事,髑髅前自家见鬼。引得许多,如蚕作茧,自缠自缚。"(42-22)

按,定型之语已见三国吴支谦译《佛说法律三昧经》卷一:"能觉魔事,不知皆在魔罗网中,如蚕作茧,还自缠裹。"刘洁修(2009:1005)举清代用例,太晚,《大词典》、王涛等(编著,2007)、冷玉龙等(主编,2014)均未收。

0564 如蚁循环

就像蚂蚁在圆环上爬行。比喻做事循环往复而无了期。《祖心禅师语录》卷一:"上堂:'若论此事,是着即差,非着即错。不是不非,如蚁循环,如蚕作茧。'"(41-754)《联灯》卷一八"宗颖禅师"条同。(p.562)

按,定型之语已见宋法贤译《众许摩诃帝经》卷六:"尔时菩萨往尸陀林中,右胁枕尸累足而卧,思想世间有为生灭,如蚁循环无有穷尽。"《大词典》、王涛等(编著,

2007)、刘洁修(2009)、冷玉龙等(主编,2014)均未收。

0565　百了千当　千了百当

所有的事情都办得十分妥当。禅家多指悟道大事完全了当。《传灯》卷一三"延沼禅师":"问:'百了千当时如何?'师曰:'不许夜行,投明须到。'"(p.912)《联灯》卷一八"宗元禅师":"盖谓不曾证悟,不遇真善知识,向心意识里卜度。自谓百了千当,苦哉!"(p.543)《普灯》卷七"普鉴禅师":"不如屏净尘缘,竖起脊梁骨,着些精彩。究教七穿八穴,百了千当,向水边林下长养圣胎,亦不枉受人天供养。"(p.185)

又言"千了百当"。《圆悟禅师语录》卷一二:"更须知有银山铁壁,直须透得银山铁壁,然后是千了百当的人,方知有向上事,可以吩咐钵袋子,更不与他情尘作对。"(41-297)《普灯》卷一一"元静禅师":"祖笑曰:'不道你不是千了百当的人,此语只似先师下的语。'"(p.302)

按,定型之语已见上揭《传灯》例,孙维张(2007:15)释作"佛家指排除各种干扰,专心一意参禅悟道",不确,可参袁宾(1991:507),袁宾、康健(主编,2010:9、331)。

0566　衣锦还乡　衣锦还家　昼锦还乡

本指富贵后穿着锦缎衣服荣归故里。禅家比喻得法悟道后回归心源,荣归精神故里。《续灯》卷四"圆鉴禅师":"师与待制王公论道,画一圆相,问曰:'一不得匹马单枪,二不得衣锦还乡。鹊不必喜,鸦不必殃。速道!速道!'公罔措。"(p.103)《联灯》卷一二"嵩禅师":"云:'如何是衣锦还乡?'师云:'四海无消息,回奉圣明君。'"(p.368)

又言"衣锦还家"。《法演禅师语录》卷二:"白云随队骨董,顺风撒土撒沙,若无这个肠肚,如何衣锦还家?"(39-123)《古尊宿》卷二〇"会演和尚":"若无这个肠肚,如何衣锦还家?且道还家一句作么生道?今日荣华人不识,十年前是一书生。"(p.388)

又言"昼锦还乡"。《圆悟禅师语录》卷一五:"莫怪无滋味太险峻,或若蓦地体得,如昼锦还乡,千人万人只仰羡得。"(41-322)《广闻禅师语录》卷一:"上堂:'适间从僧堂中来,人人如白衣拜相。少间从法堂下去,个个如昼锦还乡。'"(46-57)

按,定型之语已见《梁书·柳庆远传》:"高祖饯于新亭,谓曰:'卿衣锦还乡,朕无西顾之忧矣。'"这里指富贵后回到故乡,含有向亲友乡里夸耀之意,禅义由此隐喻而来。《大词典》、王涛等(编著,2007)、刘洁修(2009)、冷玉龙等(主编,2014)均未收此义。

0567 金榜题名 金牓题名 金牓书字,雁塔题名

本指科举殿试揭晓的榜上有名。禅家借用表示成佛悟道,证得佛果。《古尊宿》卷一〇"善昭禅师":"问:'如何是佛?'师云:'金榜题名天下传。'"(p.168)又卷七"南院禅师":"问:'金榜题名,请师印可。'师云:'日下拽脚。'"

又作"金牓题名"。《广灯》卷一四"院颙禅师":"问:'金牓题名,请师印可。'师云:'日下拽脚。'"(p.210)又卷一六"归省禅师":"问:'无目人来,请师指路。'师云:'紫罗袋里盛官诰,金牓题名天下传。'"(p.265)

散言"金牓书字,雁塔题名"。《慧远禅师语录》卷一:"上堂:'若论此事,譬如国家取选登科拔萃,尽在诸人既知。金牓书字,雁塔题名。'"(45-12)

按,定型之语已见五代王定保《唐摭言·今年及第明年登科》:"何扶,太和九年及第;明年,捷三篇,因以一绝寄旧同年曰:'金榜题名墨尚新,今年依旧去年春。'"《大词典》、王涛等(编著,2007)、刘洁修(2009)、冷玉龙等(主编,2014)均未收上揭语义。

0568 脚踏实地 脚蹋实地

禅家指悟入真实不二的境界。《续灯》卷六"雄禅师":"僧曰:'学人还有安身立命处也无?'师云:'脚踏实地。'"(p.179)《普灯》卷二五"印禅师":"诸兄弟,此是古人脚踏实地处,吐气出来,无不的确,无不谛当。"(p.638)

又言"脚蹋实地"。《子淳禅师语录》卷一:"眼光落地,手脚忙乱,从前记得一时忘了,到这里直须脚蹋实地始得,用掠虚不得也。"(41-39)《密庵和尚语录》卷一:"师乃云:'一槌便成,方木逗圆孔。不假一槌,填沟塞壑少人知。若也脚蹋实地,南州打到北州头,愈见金声玉振。'"(45-190)

按,定型之语已见上揭《续灯》例,《大词典》、王涛等(编著,2007)、刘洁修(2009)、冷玉龙等(主编,2014)均未收上揭语义。

0569 步步莲花

比喻一步一步进入超尘脱俗的境界。《普灯》卷二八"性泰禅师":"三脚驴子弄蹄行,步步莲花様足生。堪笑草中寻觅者,不知芳树啭新莺。"(p.709)

按,语出东汉支娄迦谶译《阿閦佛国经》卷上:"佛语舍利弗:'阿閦如来行所至处,于足迹下地自然生千叶金色莲花。'"参高列过(2006:82)。

0570 舍邪归正 捨邪归正 翻邪成正

佛教指舍弃外道邪法,皈依佛法正道。《传灯》卷一"提多迦":"尊者曰:'支离累劫,诚哉不虚。今可舍邪归正,以入佛乘。'"(p.38)

又作"捨邪归正"。"捨"为"舍"之区别字。《普觉禅师语录》卷二三:"分别不生,虚明自照,便是这些道理,此是宗师令学者捨邪归正的。"(42-407)

又言"翻邪成正"。《圆悟禅师语录》卷一四:"遇着此等,须是大脚手与烹炼,救得一个半个,得彻不妨翻邪成正,将来却是个没量大人。"(41-313)

按,定型之语已见于隋慧远《观无量寿经义疏》卷一:"此等诸圣,蒙佛先度,舍邪归正,荷佛恩重,常随供养,故多列之。"《大词典》、王涛等(编著,2007)、刘洁修(2009)、冷玉龙等(主编,2014)均未收"翻邪成正"。

0571 返本还源

佛教指自信迷失的人,通过参悟佛法,返还本原清净之心地。《祖堂》卷九"田伏禅师":"师有颂:'修多妙用勿功夫,返本还源是大愚。古佛不从修证得,直饶玄妙也崎岖。'"(p.431)《普灯》卷七"梵言禅师":"上堂:'腊月二十日,一年将欲尽,万里未归人。大众,总是他乡之客,还有返本还源者么?'"(p.183)《慧远禅师语录》卷一:"又云:'初于闻中入流忘所,所既不立,返本还源,则尽闻不住,正念现前。'"(45-58)

按,定型之语已见隋智𫖮《四念处》卷四:"众生无量劫,自性心不为烦恼所染。不染而染,难可了知。迷妄即染,染即覆心。不见净性,是以久处生死,不能返本还源,源实难解。"刘洁修(2009:329)首举唐明濬《答柳博士书》,还可提前。

0572 超凡越圣 超凡入圣 入圣超凡

指超越凡夫之迷妄,证悟圣者开悟之境界。《传灯》卷二八"慧海和尚":"师曰:'见性者即非凡夫,顿悟上乘,超凡越圣。'"(p.2261)《续灯》卷四"演教禅师":"禅德,你若信得彻去,便超凡越圣,与祖佛同途。"(p.107)《五灯》卷七"宗一禅师":"识得即是大出脱大彻头人,所以超凡越圣,出生离死,离因离果。"(p.394)

又言"超凡入圣"。《善昭禅师语录》卷一:"上堂云:'千说万说,不如自见。若得自见分明,当下超凡入圣,不被众魔惑乱,唤作大事已辨。'"(39-570)《道冲禅

师语录》卷一:"此念若明,超凡入圣,正在兹时。此念不明,随物流转,无有了日。"(45-274)

倒言"入圣超凡"。《联灯》卷一六"广鉴禅师":"示众云:'谈玄说妙,譬如画饼充饥。入圣超凡,大似飞蛾赴火。一向无事,败种焦芽;更若驰求,水中捉月。'"(p.469)《道济禅师语录》卷一:"长老看讫,递与丫鬟曰:'此子日后通天达地,入圣超凡。'"(45-128)

按,定型之语已见北周法上《十地论义疏》卷一:"以之为证,胜凡夫二乘者,超凡越圣。"《大词典》、王涛等(编著,2007)、刘洁修(2009)、冷玉龙等(主编,2014)均未收。

0573　点金成铁

把金子点化成了铁。禅家比喻点化僧徒的手段超常,不拘一格。《传灯》卷一八"真觉大师":"问:'还丹一粒,点铁成金。至理一言,点凡成圣。请师一点。'师曰:'还知齐云点金成铁么?'曰:'点金成铁,未之前闻,至理一言,敢希垂示。'师曰:'句下不荐,后悔难追。'"(p.1388)《圆悟禅师语录》卷一:"如今在山僧拄杖头上,指山山崩,指海海竭,点铁成金,点金成铁,搅长河为酥酪,化酥酪为长河。"(41-198)《梵琮禅师语录》卷一:"端午上堂:'今朝正当端午节,衲僧倒用真妙诀。转圣作凡,点金成铁。却把山茶,以替竹叶。角黍满盘,菖蒲细切。'"(46-106)

按,定型之语已见上揭《传灯》例,《大词典》、王涛等(编著,2007)、刘洁修(2009)、冷玉龙等(主编,2014)均未收,参孙维张(2007:69)。

0574　点铁成金　点铁为金　点瓦成金

本指道教用沙丹在铁上一点,就变成了金子。禅家借用比喻点化学人顿悟佛道。《祖堂》卷一三"招庆和尚":"环丹一颗,点铁成金;妙理一言,点凡成圣。请师点。"(p.583)《续灯》卷一四"清照禅师":"问:'变凡作圣即不问,点铁成金事若何?'师云:'直下无私处,触目尽光辉。'"(p.426)《圆悟禅师语录》卷一○:"毫芒得意,可以点铁成金,可以转凡作圣,如理如事,即处即真。"(41-278)

又言"点铁为金"。《续灯》卷一八"佛慧禅师":"僧曰:'点铁为金,一场富贵。'师云:'莫将庭际柏,唤作路旁蒿。'"(p.516)《慧晖禅师语录》卷二:"僧曰:'人天未识时且道以何为是?'师曰:'鱼行酒肆,来往无穷。'僧曰:'不用前言后语。'师喝曰:'点铁为金,转蛇成龙。'"(42-109)

又言"点瓦成金"。《传灯》卷二三"清海禅师":"僧问:'青青翠竹,尽是真如,如何是真如?'师曰:'点瓦成金客,闻名不见形。'"(p.1764)《续灯》卷一四"慧照禅师":"纵饶一棒一条痕,一掴一手血,未免拖泥带水,岂能点瓦成金?"(p.417)

按,定型之语已见上揭《祖堂》例,《俗语佛源》(2013:156)谓语本《传灯》,不确。《大词典》举《传灯》卷一八"真觉禅师":"还丹一粒,点铁成金。至理一言,点凡成圣。"释作"旧谓仙道点铁石而成黄金"。刘洁修(2009:274)、王涛(2007:234)释义略同,均不确。《大词典》、王涛等(编著,2007)、刘洁修(2009)、冷玉龙等(主编,2014)均未收"点铁为金""点瓦成金"。

0575 瓦砾成金

破碎的瓦石都能变成金子。禅家用来比喻得法后转凡成圣。《祖堂》卷一二"疏山和尚":"心灯祖印,传来别在于人间。得之者瓦砾成金,悟之者醍醐灌顶。"(p.551)

按,定型之语已见上揭《祖堂》例,《大词典》、王涛等(编著,2007)、刘洁修(2009)、冷玉龙等(主编,2014)均未收。

0576 瓦砾生光

即使是瓦砾也能发出光亮。禅家比喻接引手段高明,能使禅僧自性焕发光明。《续灯》卷三"明觉禅师":"上首白槌罢,有僧方出。师乃约住云:'如来正法眼藏,委在今日。放开则瓦砾生光,把住则真金失色。权柄在手,杀活临时。其有作家,共相证据。'"(p.56)《碧岩录》卷四:"透得彻信得及,无丝毫障翳,如龙得水,似虎靠山。放行也瓦砾生光,把定也真金失色。"(p.169)《联灯》卷一六"允恭禅师":"拈起拂子云:'正当今日,佛法尽在山僧拂子头上。放行把住,一切临时。放行则风行草偃,瓦砾生光,拾得寒山,点头抚掌。把住则水泄不通,真金失色,德山临济,饮气吞声。'"(p.469)

按,定型之语已见上揭《续灯》例,《大词典》、王涛等(编著,2007)、刘洁修(2009)、冷玉龙等(主编,2014)均未收。

0577 枯木生花 枯木花芳 枯木开花 枯木花开 枯木重荣 枯木再生花 枯木上生花

枯萎的树木再次开花。禅家比喻禅悟后焕发生机,重获新生。《续灯》卷一四"咸诩禅师":"若说佛说祖,三界平沉,四生何有? 若向下商量,枯木生花,寒灰发焰。"(p.413)《古尊宿》卷七"风穴禅师":"问:'问问尽是捏怪,请师直指根源。'师

曰:'罕逢穿耳客,多遇刻舟人。'问:'正当恁么时如何?'师曰:'盲龟值木虽优稳,枯木生花物外春。'"(p.115)

又言"枯木花芳"。《续灯》卷二六"恩禅师":"上堂,拈超挂杖云:'昔日德山临济信手拈来,便能坐断十方,壁立千仞,直得冰河焰起,枯木花芳。'"(p.718)

又言"枯木开花"。《石门文字禅》卷一二:"门外追奔没马尘,堂中安顿自由身。修筇有泪知谁恨,枯木开花为我春。"(95-155)《崇岳禅师语录》卷一:"上堂:'雪雪明明漏泄,枯木开花,虚空迸裂。无位真人彻骨寒,灯笼露柱眉毛结。'"(45-330)

又言"枯木花开"。《五灯》卷一三"悟本禅师":"枯木花开劫外春,倒骑玉象趁麒麟。而今高隐千峰外,月皎风清好日辰。"(p.784)《祖钦禅师语录》卷一:"石笋抽条,冰河焰起。冷灰豆爆,枯木花开。苟能于此见得彻去,许你会西来意。"(47-337)

又言"枯木重荣"。《古尊宿》卷四二"真净禅师":"上堂,谢黄檗先驰云:'分枝列派,共阐宗猷。祖令全提,各随机变。洒黄龙之一雨,枯木重荣。继断际之遗踪,真灯再焰。光我先觉,以进后昆。'"(p.797)《绍昙禅师广录》卷五:"当时即向道:'乍可永劫沉沦,不求诸圣解脱。非唯象头檀特,枯木重荣,亦使黄面瞿昙,退身三舍。'"(46-339)

散言"枯木再生花"。《怀深禅师广录》卷一:"闹浩浩中,寻求却易;冷湫湫里,摸索最难。直教枯木再生花,任是寒灰重起焰。"(41-130)《碧岩录》卷一:"髑髅识尽喜何立,枯木龙吟销未干咄!枯木再生花,达磨游东土。"(p.13)

散言"枯木上生花"。《圆悟禅师语录》卷一六:"直下心如枯木朽株,如大死人无些气息。心心无知,念念无住,千圣出来,移换不得。乃可以向枯木上生花,发大机起大用。"(41-332)

按,定型之语已见《艺文类聚》卷五一引三国魏曹植《谢初封安乡侯表》:"此枯木生花,白骨更肉。"《大词典》、王涛等(编著,2007)、刘洁修(2009)、冷玉龙等(主编,2014)均未收"枯木花芳""枯木开花""枯木花开""枯木重荣"。

0578 枯木龙吟 龙吟枯木

枯木里发出了龙吟的声音。禅家比喻参禅者心念灭寂后明见真性,死中得活,获得了大自在。《传灯》卷一七"本寂禅师":"师因而颂曰:'枯木龙吟真见道,髑髅无识眼初明。喜识尽时消不尽,当人哪辨浊中清?'"(p.1230)又卷一一"智闲禅师":"问:'如何是道?'师曰:'枯木龙吟。'僧曰:'学人不会。'师曰:'髑髅里眼睛。'"（p.735）《联灯》卷八"智闲禅师"："遂作偈云：'枯木龙吟真见道,髑髅无识眼初明。喜识尽时消息尽,当人哪辨浊中清？'"（p.250）

倒言"龙吟枯木"。《续灯》卷二六"义青禅师"："龙吟枯木,风转青霄。石牛吼断长空,木马嘶开金户。"（p.710）《普灯》卷一四"祖觉禅师"："正按则理事双忘,言思路绝。旁提则龙吟枯木,韵出青霄。"（p.375）《宏智禅师广录》卷八："天供异花功未尽,龙吟枯木病难泯。夜禅终作寒蝉蜕,昼卧何妨倦鸟伸？"（44-537）

按,定型之语已见上揭《传灯》例,《大词典》、王涛等（编著,2007）、刘洁修（2009）、冷玉龙等（主编,2014）均未收。

0579　寒灰再焰　寒灰发焰

死灰重新发出火焰。禅家比喻禅悟后焕发生机,重获新生。《智觉禅师唯心诀》卷一："作一种之光明,为万途之津济。能令寒灰再焰,焦种重荣,永为苦海之迅航,常作迷途之明导。"（T48/995a）

又言"寒灰发焰"。《续灯》卷一四"咸诩禅师"："若说佛说祖,三界平沉,四生何有？若向下商量,枯木生花,寒灰发焰。"（p.413）《联灯》卷二四"慧稜禅师"："灵岩安云：'恁么住者,丧我儿孙。恁么去者,寒灰发焰。然虽如是,都未得剿绝在。'"（p.741）《普灯》卷一七"藻禅师"："上堂曰：'雪满寒窗,烧尽丹霞木佛。冰交野渡,冻杀陕府铁牛。直得寒灰发焰,片雪不留。任运纵横,现成受用。'"（p.450）

按,定型之语已见上揭《续灯》例,《大词典》、王涛等（编著,2007）、刘洁修（2009）、冷玉龙等（主编,2014）均未收。

0580　枯木逢春　枯木迎春　枯树逢春

枯干的树木遇上了春天。禅家比喻禅悟后焕发生机,重获新生。《倚遇禅师语录》卷一："不见古者道,直须向那边担荷了,却来这边行李。揩磨心识,尽却今时过患。直似枯木逢春不润,始有少分相应。"（39-735）《清茂禅师语录》卷一："上堂：'枯木逢春,便见花开五叶,寒灰发焰。'"（48-385）

又言"枯木迎春"。《义青禅师语录》卷二："上堂：'金鸡啼处月落三更,玉兔眠时日轮当午。琼林上苑枯木迎春,宝殿苔生歌谣万里。'"（39-501）《续灯》卷二六"义青禅师"条同。（p.712）

又言"枯树逢春"。《传灯》卷二三"大乘山和尚"："唐州大乘山和尚问：'枯树逢春时如何？'师曰：'世间稀有。'"（p.1822）《五灯》卷一四"大乘山和尚"条同。

（p.860）

按，定型之语已见上揭《传灯》例，《大词典》、王涛等（编著，2007）、刘洁修（2009）、冷玉龙等（主编，2014）均未收"枯木迎春"。

0581 铁树生花 铁树开花

铁树也能开花。禅家比喻禅悟后焕发生机，重获新生。《续灯》卷六"元舜禅师"："僧曰：'般若无根，如何掘凿？'师云：'铁树生花。'"（p.177）《智朋禅师语录》卷一："扫狐兔陆梁之区，轻重输经界之际。俾梼阴永蔚，槁面生霞。若非铁树生花，安能如是耶？"（46-587）

又言"铁树开花"。《碧岩录》卷四："垂示云：'休去歇去，铁树开花；有么有么？黠儿落节。直饶七纵八横，不免穿他鼻孔。'"（p.217）《如净和尚语录》卷一："大众，恭唯欢庆，铁树开花，如何结果？龙驰虎骤，撒土抛沙。"（45-455）《普宁禅师语录》卷二："既无踪迹，迥绝承当，铁树开花扑鼻香。"（45-802）

按，定型之语已见上揭《续灯》例，《大词典》、王涛等（编著，2007）、刘洁修（2009）、冷玉龙等（主编，2014）均未收上揭语义，且未收"铁树生花"。

0582 殊途同归 殊途全归

途径虽不同，但能到达同一目的地。比喻采用不同方法得到的结果相同。禅家常比喻采用不同修持方法也能契合禅旨，证悟佛果。《广灯》卷三〇"惟素山主"："法无异辙，殊途同归。若要省力易会，但识取自家桑梓，便能绍得家业。"（p.612）《续灯》卷一一"德隆禅师"："离文字语言，人心直旨，古今一致，殊途同归。"（p.343）

又作"殊途全归"。《绍昙禅师语录》卷一："庶复见汉官威仪，践玄奘芳尘，殊途全归，初无东西异辙之分矣。"（46-410）

按，语出《易·系辞下》："天下同归而殊途，一致而百虑。"孔颖达疏："言天下万事终则同归于一，但初时殊异其途路也。"参刘洁修（2009：1098）。

0583 同途异辙

车辙虽异，但路途相同。比喻各派思想虽然不同，但其宗旨却是一致的。《普灯》卷三"报恩禅师"："然则三教一心，同途异辙。究竟道宗，本无言说，非维摩大士，孰能知此意也？"（p.93）《五灯》卷一四"报恩禅师"条同。（p.888）

按，定型之语已见上揭《普灯》例，《大词典》、王涛等（编著，2007）、刘洁修

590 | 唐宋禅籍俗成语研究

（2009）、冷玉龙等（主编，2014）均未收。

0584　同途共辙

路途相同，车辙也相同。禅家比喻法无异样，悟道途径相同。《道宁禅师语录》卷一："有时松梦影里，凡圣同途。有时车马丛中，人天共辙。同途共辙，妙入幽微。"（39-777）《法薰禅师语录》卷二："结夏，上堂：'四月十五结，此土西天，同途共辙，就中独有灵山别别别，日里藏冰，火中钓鳖。'"（45-598）

按，定型之语已见上揭《道宁禅师语录》例，《大词典》、王涛等（编著，2007）、刘洁修（2009）、冷玉龙等（主编，2014）均未收。

0585　闭门造车

多与"出门合辙"连用。古代车轮有统一定制，只要符合规格，关起门来造车，出门也能够符合车辙。禅家比喻闭门自我修行，通过自家内心领悟，也能契合禅旨，获得证悟。《祖堂》卷二〇"瑞云寺和尚"："若欲修行普贤行者，先穷真理。随缘行行，即今行与古迹相应，如似闭门造车，出门合辙耳。"（p.887）《传灯》卷一九"从袭禅师"："问：'闭门造车，出门合辙。如何是闭门造车？'师曰：'造车即不问，汝作么生是辙？'"（p.1447）《联灯》卷一七"端裕禅师"："山是山，水是水；俗是俗，僧是僧，不异不同。直饶恁么，犹是闭门造车，未是出门合辙。"（p.508）

按，定型之语已见上揭《祖堂》例，刘洁修（2009:53）按字面义释作"关起门来制造大车，由于按照统一的规格，所以用起来自然与道路上的车辙相合"。王闰吉（2012:229）引《大词典》（12-26）释义略同，《俗语佛源》（2013:97）引上揭《传灯》例释义亦同，均不确。

0586　出门合辙

多与"闭门造车"连用。古代车轮有统一定制，只要符合规格，关起门来造车，出门也能够符合车辙。禅宗比喻通过自家内心领悟，也能契合禅旨，直悟佛乘。《祖堂》卷二〇"瑞云寺和尚"："若欲修行普贤行者，先穷真理。随缘行行，即今行与古迹相应，如似闭门造车，出门合辙耳。"（p.887）《传灯》卷一七"匡悟禅师"："问：'如何是闭门造车？'师曰：'活计一物无。'曰：'如何是出门合辙？'师曰：'坐地进长安。'"（p.1299）《可湘禅师语录》卷一："着力者何？乃曰选佛。闭门造车虽异，出门合辙一同。"（47-91）

按，定型之语已见上揭《祖堂》例，刘洁修（2009:53）、《俗语佛源》（2013:97）

释义见"闭门造车"条,未能揭示隐喻义。

0587 如印印泥

就像用印章盖印封泥。禅家比喻领悟心印后,彼此没有差别。《传灯》卷一二"道崿禅师":"看他恁么道,也大杀惺惺。若比吾徒,犹是钝汉。所以一念见道,三世情尽。如印印泥,更无前后。"(p.875)《真净禅师语录》卷二:"动即背觉合尘,粘将去,脱不得。或学者来,如印印泥,第相印授,不唯自误,亦乃误他。"(39-658)《普觉禅师语录》卷二〇:"上士闻道,如印印空;中士闻道,如印印水;下士闻道,如印印泥。此印与空水泥无差别,因上中下之士故,有差别耳。"(42-377)

按,定型之语已见于符秦僧伽跋澄译《鞞婆沙论》卷一四:"问曰:'何以故有色便有中阴?'答曰:'如印印泥,则有文现。'"《大词典》、王涛等(编著,2007)、刘洁修(2009)、冷玉龙等(主编,2014)均未收。

0588 如风过耳

像风经过耳朵一样。形容无须留意或没有领会意旨。《续灯》卷七"源禅师":"问:'古人拈槌举拂,意旨如何?'师云:'白日无闲人。'僧曰:'如何承当?'师云:'如风过耳。'"(p.205)《古尊宿》卷二二"法演和尚":"上堂,举古人道:'夫为善知识,须是驱耕夫之牛,夺饥人之食。驱耕夫之牛,令他苗稼滋盛。夺饥人之食,令他永绝饥虚。'众中闻举者,多是如风过耳相似。"(p.409)

按,定型之语已见于南朝梁萧子显《南齐书·萧子卿传》:"又曰:'汝比在都,读学不就。年转成长,吾日冀汝美,勿得敕如风过耳,使吾失气。'"参《大词典》(4-274)、王涛等(编著,2007:902)。

0589 白云万里

如白云离地千里万里。形容领悟或示法不契合禅旨,距离禅法相差极远。《续灯》卷二五"妙机禅师":"上堂,师乃召大众,众举头。复云:'便恁么去,已是周遮。更若迟疑,白云万里。'"(p.708)《联灯》卷一六"法演禅师":"示众云:'说佛说法,拈槌竖拂,白云万里。德山入门便棒,临济入门便喝,白云万里。'"(p.473)《普灯》卷二一"安分庵主":"示众曰:'这一片田地,汝等诸人且道天地未分已前在什么处?直下彻去,已是钝置分上座不少了也。更若拟议思量,何啻白云万里。'"(p.528)

按,定型之语已见唐王勃《秋晚入洛于毕公宅别道王宴序》:"青溪数曲,幽人长往,白云万里,帝乡难见。"指白云离地千里万里,禅义由此引申而来。《大词典》、王涛等(编著,2007)、刘洁修(2009)、冷玉龙等(主编,2014)均未收,参袁宾、康健(主编,2010:9)。

0590 天地悬隔 天地悬殊 天悬地殊

相隔如天上和地下。形容相差极远。《续灯》卷一〇"圆通禅师":"毫厘有差,天地悬隔。汝当自看,必有发明。"(p.281)《守端禅师语录》卷一:"祖师又道:'一切有心,天地悬隔。恁么道,莫有相违么? 作么生得不相违去。'"(39-54)《圆悟禅师语录》卷四:"进云:'烦恼海中为雨露,无明山上作云雷。'师云:'天地悬隔。'"(41-221)

又言"天地悬殊"。《临济禅师语录》卷一:"云何是法? 法者是心法,心法无形,通贯十方,目前现用。人信不及,便乃认名认句,向文字中求,意度佛法,天地悬殊。"(T47/498a)《传灯》卷一九"文偃禅师":"若从学解机智得,只如十地圣人说法如云如雨,犹被呵责见性如隔罗縠。以此故知一切有心,天地悬殊。"(p.1427)《宗本禅师语录》卷一:"若据祖令施行,举目则千山万水,思量则天地悬殊,更乃如何?"(39-754)

又言"天悬地殊"。《原妙禅师语录》卷二:"师云:'一转语天悬地殊,一转语言端语的,具眼的试辨看。'"(47-308)

按,定型之语已见隋僧璨作《信心铭》卷一:"至道无难,唯嫌拣择。但莫憎爱,洞然明白。毫厘有差,天地悬隔。欲得现前,莫存顺逆。"《大词典》、王涛等(编著,2007)、刘洁修(2009)、冷玉龙等(主编,2014)均未收。

0591 天宽地窄

禅家形容领悟不契合禅旨,距离悟道十分遥远。《续灯》卷三"明觉禅师":"问:'坐断毗卢的人,师还接否?'师云:'殷勤送别潇湘岸。'僧曰:'恁么则学人罪过也?'师云:'天宽地窄太愁人。'"(p.59)《古尊宿》卷三八"初禅师":"问:'如何是大道之源?'师云:'天宽地窄。'"(p.713)《联灯》卷一一"继彻禅师":"若也道得,有参学眼。若道不得,天宽地窄。"(p.341)

按,定型之语已见上揭《续灯》例,《大词典》、王涛等(编著,2007)均未收,刘洁修(2009)未收上揭语义,参袁宾、康健(主编,2010:407),袁宾(1991:501)。

0592 回光返照 返照回光 回光返顾 回光返本 回头返照 回光自照

禅家指收回向外寻觅的眼光,反观本原清净之心。《临济禅师语录》卷一:"你言下便自回光返照,更不别求。知身心与祖佛不别,当下无事,方名得法。"(T47/502a)《祖堂》卷二〇"瑞云寺和尚":"言证理成佛者,知识言下回光返照,自己心原本无一物,便是成佛。"(p.881)《楚圆禅师语录》卷一:"若能回光返照,自悟本来真性,不生不灭,故曰无明实性即佛性。"(39-10)

倒言"返照回光"。《圆悟禅师语录》卷一〇:"如或未然,却须返照回光,若动若静,若住若行,若坐若卧,须是究他根源始得。"(41-280)《普灯》卷二九"准禅师":"但寻雪月风华,失却昔年活路。不能返照回光,法界毗卢全露。"(p.754)

又言"回光返顾"。《祖堂》卷一八"仰山和尚":"汝等诸人,各自回光返顾,莫记吾语。"(p.803)

又言"回光返本"。《续灯》卷一九"佛海禅师":"大抵只要诸人回光返本,敛念收心,善恶都莫思量,自然得入。"(p.551)

又言"回头返照"。《圆悟禅师语录》卷一二:"师云:'此个大事,已是八字打开了,直饶回头返照,早是钝置也。'"(41-298)

又言"回光自照"。《续灯》卷八"仁岳禅师":"要伊回光自照,直于指外明机,返本归源,莫向途中受用。"(p.226)《圆悟禅师语录》卷一四:"不与万法为侣者,是什么人? 回光自照看,待汝一口吸尽西江水,即向汝道。"(41-315)

按,定型之语已见上揭唐慧然集《临济禅师语录》例,《大词典》、王涛等(编著,2007)、刘洁修(2009)、冷玉龙等(主编,2014)均未收"回光返顾""回光返本""回头返照""回光自照"。

0593 拨草瞻风

拨开野草观察风向。禅家比喻拨开俗情妄念之迷障,参悟佛法玄旨。《祖堂》卷五"云岩和尚":"此去澧陵县侧,石室相邻,有云岩道人。若能拨草瞻风,必为子之所重也。"(p.250)《圆悟禅师语录》卷一:"升座拈香示众云:'光吞万象,气绝诸尘。始从拨草瞻风,以至入鄽垂手。'"(41-196)《普灯》卷七"从悦禅师":"室中设三关语以验学者,其一曰:拨草瞻风,只图见性,即今上人性在什么处? "(p.173)

按,定型之语已见上揭《祖堂》例,刘洁修(2009:72)释作"着意观察风水地脉,寻访名山圣地",《大词典》(6-896)释作"善于观察事物",均不确。参雷汉卿

（2009:296）。

0594　识心达本　回心达本

洞明自家本心,以达佛法真源。《传灯》卷一一"慧寂禅师":"此是圣末边事,如今且要识心达本,但得其本,不愁其末。他时后日,自具去在。"（p.720）《虚堂和尚语录》卷八:"上堂:'识心达本,坐井观天。穷理尽性,水中捞月。'"（46-753）《五灯》卷八"省僜禅师":"古人云:'识心达本,解无为法,方号沙门。'"（p.475）

又言"回心达本"。《联灯》卷四"法常禅师":"示众云:'汝等各自回心达本,莫逐其末。但得其本,其末自至。若欲识本,唯了自心。'"（p.116）《五灯》卷三"法常禅师"条同。（p.146）

按,定型之语已见上揭《传灯》例,《大词典》、王涛等(编著,2007)、刘洁修（2009）、冷玉龙等(主编,2014)均未收,参雷汉卿（2009:291）、孙维张（2007:231）。

0595　振领提纲　提纲举领

提起渔网的总绳,拎住皮衣的领子。比喻把握要领和关键。《怀深禅师语录》卷三:"况当今日,宗风不振,教法将沉。叨名窃位者,似粟如麻;振领提纲者,万中无一。"（41-154）《普济禅师语录》卷一:"师云:'梁山一期,振领提纲,风飒飒地。争奈落草不知,且哪里是梁山落草处?'"（45-564）

又言"提纲举领"。《传灯》卷二六"遇安禅师":"问:'提纲举领,尽立主宾,如何是主?'师曰:'深委此问。'"（p.2093）宋延寿述《心赋注》卷四:"况此一心秘密法门,如提纲举领,撮要而谈,亦云单刀直入。"（X63/153b）

按,定型之语已见隋释吉藏《三论玄义》卷一:"二曰破邪,破邪则下拯沈沦,显正则上弘大法。故振领提纲,理唯斯二也。"《大词典》、王涛等(编著,2007)、刘洁修（2009）、冷玉龙等(主编,2014)均未收上揭语义。

0596　撮要提纲

把握要领和关键。《道宁禅师语录》卷一:"师曰:'真净界中,纤尘不立。撮要提纲,难谐剖析。马祖升堂,百丈卷席,佛祖洪规,人天正脉。检点将来,弄巧成拙。'"（39-776）

按,定型之语已见上揭《道宁禅师语录》例,《大词典》、王涛等(编著,2007)、刘洁修（2009）、冷玉龙等(主编,2014)均未收。

0597 伐树得根

伐树找准了树根。佛教比喻悟道修行要善于抓住根本。《续灯》卷二五"法明禅师"："上堂云：'若论此事，譬如伐树得根，灸病得穴。若也得根，岂在千枝遍斩。若也得穴，不假六分全烧。'"（p.682）《普灯》卷八"法明禅师"条同。（p.217）

按，定型之语已见唐湛然《止观辅行传弘决》卷四："夫罪由心覆，若翻前覆心，如伐树得根，竭流得源，则条枯流竭，若覆等者。"《大词典》、王涛等（编著，2007）、刘洁修（2009）、冷玉龙等（主编，2014）均未收。

0598 灸病得穴

灸病要找准穴位。佛教比喻悟道修行要善于抓住根本。《续灯》卷二五"法明禅师"："上堂云：'若论此事，譬如伐树得根，灸病得穴。若也得根，岂在千枝遍斩。若也得穴，不假六分全烧。'"（p.682）《普灯》卷八"法明禅师"条同。（p.217）

按，定型之语已见隋智顗《摩诃止观》卷五："心是惑本，其义如是。若欲观察，须伐其根，如灸病得穴。"《大词典》、王涛等（编著，2007）、刘洁修（2009）、冷玉龙等（主编，2014）均未收。

0599 狮子咬人

佛教比喻悟道修行能够抓住本质，切中要害。《传灯》卷一一"王敬初"："供养主才坐，问云：'昨日米和尚有什么言句，便不得见？'王公曰：'狮子咬人，韩卢逐块。'"（p.754）《圆悟禅师语录》卷一六："又复遇大宗师恶手段，淘汰煅炼，到狮子咬人，不随药忌，直截斩豁处，方可一举便知落处。"（41-329）《楚圆禅师语录》卷一："问：'师唱谁家曲，宗风嗣阿谁？'师云：'狮子咬人。'进云：'与么则汾阳的子也。'师云：'狂狗趁块。'"（39-4）

按，此语常同"韩卢逐块"反义连用，定型之语已见于上揭《传灯》例，《大词典》、王涛等（编著，2007）、刘洁修（2009）、冷玉龙等（主编，2014）均未收。

七 "悟境"类

　　"悟境"指领悟佛法之后的禅悟境界,禅家领悟佛法后就获得了大机大用,也包含在悟境范围内。"悟境"类成语,正体89条,变体55条,共144条。范畴义有"悟境"和"机用"2类,核心义有"奇特""极高""自如""神通""猛烈""放旷"6类描述性语义特征。核心语义有"悟境奇特""悟境极高""机用自如""机用神通""机用猛烈""机用放旷"6类。

0600　火里莲生　火里生莲

　　火里生出了莲花。禅家以指本心超越以后出现的奇特悟境。《传灯》卷二一"真寂禅师":"问:'如何是枯木里龙吟?'师曰:'火里莲生。'僧曰:'如何是髑髅里眼睛?'师曰:'泥牛入水。'"(p.1644)《续灯》卷七"保心禅师":"上堂云:'火里莲生,海中尘起,维摩默然,文殊欢喜。惹得天花遍地来,空生净虚弹指。'卓拄杖一下。"(p.192)

　　又言"火里生莲"。《道宁禅师语录》卷一:"上堂:'报慈一言,千圣不传。即时妙会,火里生莲。然虽如是,路遥知马力,岁久见人心。'"(39-776)《普灯》卷二七"静禅师":"即心即佛,铁牛无骨。戏海狞龙,摩天俊鹘。西江吸尽未为奇,火里生莲香飓飓。"(p.693)

　　按,定型之语已见上揭《传灯》例,《大词典》、王涛等(编著,2007)、刘洁修(2009)、冷玉龙等(主编,2014)均未收。

0601　冰河焰起　冰河焰发

　　冰河上燃起了火焰。禅家以指本心超越后出现的奇特悟境。《续灯》卷二六"恩禅师":"上堂,拈超拄杖云:'昔日德山临济信手拈来,便能坐断十方,壁立千仞,直得冰河焰起,枯木花芳。'"(p.718)《五灯》卷一四"报恩禅师"条同。(p.886)

《宏智禅师广录》卷五:"若也泥牛运步,木马嘶风,冰河焰起火生莲,便是入廛垂手信。"(44-505)

又言"冰河焰发"。《慧性禅师语录》卷一:"上堂云:'雪覆千山,孤峰不白。突出难辨,觑着则瞎。铁树花开,冰河焰发。不萌枝上月三更,切忌龙门遭点额。'"(45-518)

按,定型之语已见上揭《续灯》例,《大词典》、王涛等(编著,2007)、刘洁修(2009)、冷玉龙等(主编,2014)均未收。

0602 鸦巢生凤

乌鸦巢穴里生出了凤凰。禅家比喻奇特不寻常的事物。《续灯》卷七"显端禅师":"问:'如何是异类?'师云:'鸦巢生凤。'"(p.210)《五灯》卷一二"显端禅师"条同。(p.740)

按,定型之语已见上揭《续灯》例,参刘洁修(2009:1310)。

0603 虚空走马 虚空里走马 针锋走马

虚空里虽然没有依托,但可以走马。这是禅家本心超越后,泯灭分别心,可以达到的超脱境界。《续灯》卷七"可真禅师":"师云:'先德道,此事如爆龟文,爆即成兆,不爆成钝,爆与不爆,直下便捏。上蓝即不然,无固无必。虚空走马,旱地行船,南山起云,北山下雨。'"(p.187)《五灯》卷一二"可真禅师"条同。(p.729)

散言"虚空里走马"。《普灯》卷七"从悦禅师":"上堂:'无法亦无心,无心复何舍?要真尽属真,要假全归假。平地上行船,虚空里走马。九年面壁人,有口还如哑。参!'"(p.172)《五灯》卷一七"从悦禅师"条同。(p.1148)《普觉禅师普说》卷四:"进云:'学人今日亦起佛见法见,直得虚空里走马,旱地上行船,南山起云,北山下雨,未审有过无过?'师云:'无过。'"(M59/930a)

又言"针锋走马"。《普灯》卷一一"惠勤禅师":"此二老宿,一人向陆地行船,一人向针锋走马。同时同日到长安,其中一个最尖要。"(p.290)

按,定型之语已见上揭《续灯》例,《大词典》、王涛等(编著,2007)、刘洁修(2009)、冷玉龙等(主编,2014)均未收。

0604 陆地行船 旱地行船 陆地行舟 平地上行船

陆地上虽然没有水,但可以行船。这是禅家本心超越后,泯灭分别心,可以达到的超脱境界。《续灯》卷二七"可真禅师":"师云:'此三转语,一句壁立千仞,一句陆地行船,一句宾主交参。'"(p.743)《普灯》卷一一"惠勤禅师":"此二老宿,一人向陆地行船,一人向针锋走马,同时同日到长安,其中一个最尖要。"(p.290)《五灯》卷一八"择崇禅师":"师曰:'诸人要会么? 柴鸣竹爆惊人耳,大洋海底红尘起。家犬声狞夜不休,陆地行船三万里。'"(p.1213)

又言"旱地行船"。《续灯》卷七"可真禅师":"师云:'先德道,此事如爆龟文,爆即成兆,不爆成钝,爆与不爆,直下便捏。上蓝即不然,无固无必。虚空走马,旱地行船,南山起云,北山下雨。'"(p.187)《五灯》卷一二"可真禅师"条同。(p.729)

又言"陆地行舟"。《善昭禅师语录》卷一:"师云:'雪埋夜月深三尺,陆地行舟万里程,和尚是何心行?'"(39-585)

散言"平地上行船"。《普灯》卷七"从悦禅师":"上堂:'无法亦无心,无心复何舍? 要真尽属真,要假全归假。平地上行船,虚空里走马。九年面壁人,有口还如哑。参!'"(p.172)《五灯》卷一七"从悦禅师"条同。(p.1148)

按,定型之语已见唐道宣《法苑珠林》卷二一:"又出家造恶极难,如陆地行船。在家起过即易,如海中泛舟。又出家修道易为,如海中泛舟。在家修福甚难,如陆地行船。"此言做事十分困难,与禅义有别。《大词典》、王涛等(编著,2007)、刘洁修(2009)、冷玉龙等(主编,2014)均未收。

0605 空里行船

在虚空中行船。禅家比喻本心超越后,泯灭分别心,可以达到的超脱境界。《古尊宿》卷三八"守初禅师":"问:'轮王宝剑常露现前。轮王即不问,如何是宝剑?'师云:'水里无鱼人皆信,空里行船笑杀人。'"(p.721)

按,定型之语已见上揭《古尊宿》例,《大词典》、王涛等(编著,2007)、刘洁修(2009)、冷玉龙等(主编,2014)均未收。

0606 尺短寸长 寸长尺短

尺有所短,寸有所长。禅家多用来斥责分别之妄心,并启示学人要超越常规概念来把握真实相。《祖堂》卷一七"岑和尚":"问:'如何是异类?'师云:'尺短寸长,寸长尺短。'"(p.768)《传灯》卷一〇"景岑禅师":"僧问:'如何是异类?'曰:'尺短寸长。'"(p.639)《普灯》卷一"怀感禅师":"问:'如何是佛?'曰:'尺短寸长。'"(p.13)

倒言"寸长尺短"。《大观禅师语录》卷一:"乞儿见小利,便与么寸长尺短,不与么尺短寸长。"（X69/689a）《虚堂和尚语录》卷二："上堂：'净瓶里澡洗，古桥下修身。彼此寸长尺短，何妨尕为切邻？'"（46-651）

按，禅家主张"万法一如"，世界万象皆为虚妄，并无差别，故用打破世俗概念的"尺短寸长"，启示人们超越相对概念以把握真实之相。可参《佛光大辞典》"寸长尺短"条。（p.922）语出《楚辞·卜居》："夫尺有所短，寸有所长，物有所不足，智有所不明，数有所不逮，神有所不通。"此喻人或事物各有其长处和短处。定型之语已见上揭《祖堂》例，但语义不同。《大词典》、王涛等（编著，2007）、刘洁修（2009）、冷玉龙等（主编，2014）均未收此义。

0607　乌龟向火

乌龟本习水性，却爬向大火，是无心之举。禅家喻指本心超越后不存思量分别之心，行为任运自在。《续灯》卷九"智迁禅师"："上堂云：'拈提要妙，露柱皱眉。出格之谈，乌龟向火。平实无事，褒贬古今，岂能自救？'"（p.264）《联灯》卷二八"晓舜禅师"条略同。（p.889）《五灯》卷一六"文祖禅师"："僧问：'峭峻之机，请师垂示。'师曰：'十字街头八字立。'曰：'只如大洋海底行船，须弥山上走马，又作么生？'师曰：'乌龟向火。'曰：'恁么则能骑虎头，善把虎尾。'"（p.1049）

按，定型之语已见上揭《续灯》例，《大词典》、王涛等（编著，2007）、刘洁修（2009）、冷玉龙等（主编，2014）均未收，可参《佛光大辞典》（1989:4182）。

0608　铁卵生儿

铁卵都能生出幼子。禅家喻指本心超越后出现的奇特悟境。《古尊宿》卷九"慈照禅师"："问：'如何是和尚不涉众词的句？'师云：'我向你道，还信么？'云：'与么则铁卵生儿树上飞。'师云：'一任捏怪。'"（p.154）《咸杰禅师语录》卷一："忽然悟去，未免撞入漆桶队里，到个里如何？铁卵生儿。"（45-204）

按，定型之语已见上揭《古尊宿》例，《大词典》、刘洁修（2009）、王涛等（编著，2007）、冷玉龙等（主编，2014）均未收。

0609　蛇头生角

蛇的头上生出了角。禅家喻指本心超越后的奇妙境界。《普灯》卷一四"绍隆禅师"："问：'如何是佛法的的大意？'曰：'蛇头生角。'"（p.372）《五灯》卷一九"绍隆禅师"条同。（p.1280）

按，定型之语已见上揭《普灯》例，《大词典》、王涛等（编著，2007）、刘洁修

（2009）、冷玉龙等（主编，2014）均未收。

0610　生蚕作茧

蚕的幼虫也能作茧。禅家喻指本心超越后的奇妙境界。《虚堂和尚语录》卷一："诸方逼生蚕作茧，特牛产儿。我这里买帽相头，随家丰俭。"（46-635）又卷三："师云：'逼生蚕作茧则易，要特牛产儿较难。'"（46-675）又卷八："上堂，僧问：'黄檗打临济时如何？'师云：'逼生蚕作茧。'"（46-753）

按，定型之语已见上揭《虚堂和尚语录》例，《大词典》、王涛等（编著，2007）、刘洁修（2009）、冷玉龙等（主编，2014）均未收，参孙维张（2007：223）。

0611　特牛生儿　　特牛产儿

公牛生出了犊子。禅家比喻本心超越后出现的奇妙境界。《祖堂》卷四"药山和尚"："僧立次，师乃曰：'我有一句子，待特牛生儿，即为汝说。'僧曰：'特牛生儿了也，只是和尚不说。'师便索火，火来，僧便抽身入众。"（p.226）《普灯》卷二六"空禅师"："示众曰：'我有一句子，待特牛生儿即向汝道。'时有僧出云：'特牛生儿也，自是和尚不道。'山曰：'把火来。'其僧便归众。"（p.656）《联灯》卷一九"惟俨禅师"条同。（p.571）

又言"特牛产儿"。《虚堂和尚语录》卷一："诸方逼生蚕作茧，特牛产儿。我这里买帽相头，随家丰俭。"（46-635）又卷三："师云：'逼生蚕作茧则易，要特牛产儿较难。'"（46-675）

按，定型之语已见上揭《祖堂》例，孙维张（2007：253）、王闰吉（2012：301）并释作"公牛产仔是不可能有的事情，比喻不能发生或不能实现的事情或愿望"，恐未能揭示禅家奇特语的暗示义。《大词典》、王涛等（编著，2007）、刘洁修（2009）、冷玉龙等（主编，2014）均未收。

0612　雄鸡生卵

公鸡生下了蛋。禅家喻指本心超越后出现的奇妙境界。《慧性禅师语录》卷二："师云：'云门家风太俭，资福则不然。天寒日短，三平二满。虎咬大虫，雄鸡生卵。且道明什么边事？参！'"（45-516）《五灯》卷二〇"师体禅师"："淳熙己亥八月朔示微疾，染翰别郡守曾公，逮夜半，书偈辞众曰：'铁树开花，雄鸡生卵。七十二年，摇篮绳断。'掷笔示寂。"（p.1364）《可湘禅师语录》卷一："刚被释迦老子曲设多门，长夏九十日中，逼得雄鸡生卵。"（47-86）

按,定型之语已见上揭《慧性禅师语录》例,孙维张(2007:260)释作"比喻极难见到的事物或根本不可能实现的事",未能揭示禅家奇特语的暗示义。《大词典》、王涛等(编著,2007)、刘洁修(2009)、冷玉龙等(主编,2014)均未收。

0613 敲空作响

常与"击木无声"连用。敲击虚空发出响声,敲击木板却没有声响。这是禅家奇特语,有声无声其性一如,并不对立分别。《续灯》卷一〇"智才禅师":"问:'敲空作响,击木无声。学人上来,请师敲击。'师云:'春霜损百花。'"(p.288)《圆悟禅师语录》卷二:"开炉上堂,僧问:'古者道,敲空作响,击木无声,如何是敲空作响?'师云:'释迦老子来也。'"(41-207)《祖心禅师语录》卷一:"上堂:'敲空作响,谁是知音?击物无声,徒劳侧耳。不是目前法,莫生种种心,起灭不相知,个中无背面。'"(41-754)

按,定型之语已见上揭《续灯》例,《大词典》、王涛等(编著,2007)、刘洁修(2009)、冷玉龙等(主编,2014)均未收。可参袁宾(1991:523),袁宾、康健(主编,2010:332)。

0614 七通八达 八达七通 七达八通

禅家形容佛法领悟透彻,机用纵横无碍。《传灯》卷二二"境伦禅师":"问:'如何是龙境水?'师曰:'腥臊臭秽。'曰:'饮者如何?'师曰:'七通八达。'"(p.1718)《续灯》卷七"道宽禅师":"若向这里透得,七通八达,自在遨游。若透不得,满目青山,自生障碍。"(p.201)《联灯》卷二八"本先禅师":"若也如是参学,任你七通八达。于佛法中,傥无真实见处,唤作干慧之徒。"(p.878)

倒言"八达七通"。《圆悟禅师语录》卷一六:"初不分彼我胜负,才有毫芒见刺,即痛铲之,放教八达七通,自由自在,长养绵密,千圣亦觑不见。"(41-334)《圆悟禅师心要》卷一:"直下透脱,使二六时中,无纤毫障隔,八达七通,卷舒擒纵。"(41-435)

又言"七达八通"。《圆悟禅师语录》卷一三:"要须把断凡圣路头,不立毫末,然后举一毫毛,尽无边香水海,七达八通;说一句子,穷龙宫盈海藏,此犹是极则之谈。"(41-300)《圆悟禅师心要》卷四:"切宜履践纯熟,以至古今作用机缘,便七达八通。"(41-677)

按,定型之语已见上揭《传灯》例,刘洁修(2009:1121)举《五灯》例,稍晚。另可参袁宾、康健(主编,2010:326)。

0615 四通五达

禅家形容佛法领悟透彻,机用纵横无碍。《圆悟禅师语录》卷五:"只如今直得八穴七穿,四通五达,一处透千处万处通明,一光明千光万光普照。"(41-228)

按,定型之语已见《史记·郦生陆贾列传》:"夫陈留,天下之冲,四通五达之郊也。"此言交通畅达无阻,禅义由此隐喻而来。《大词典》、王涛等(编著,2007)、刘洁修(2009)、冷玉龙等(主编,2014)均未收上揭语义。

0616 七纵八横

禅家形容佛法领悟透彻,机用纵横无碍。《续灯》卷二〇"祖演禅师":"若要七纵八横,见老和尚打鼓升堂,七十三八十四,将拄杖蓦口便筑。"(p.575)《慧南禅师语录》卷一:"衲僧到此,须有转身一路。若也转得,列开捏聚,无非大事现前,七纵八横,更无少剩之法;若转不得,布袋里老鸦,虽活如死。"(41-727)《普灯》卷七"普鉴禅师":"上堂曰:'参禅别无奇特,只要当人命根断,疑情脱,千眼顿开。如大洋海底辊一轮赫日,上升天门,照破四天之下。万别千差,一时明了。便能握金刚王宝剑,七纵八横,受用自在,岂不快哉!'"(p.184)

按,定型之语已见上揭《续灯》例,刘洁修(2009:896)释作"多形容奔放自如",未能揭示禅籍用义,可参雷汉卿(2009:327)。

0617 七穿八穴 八穴七穿 七穴八穿

禅家形容禅悟后机用自在,纵横无碍。《法演禅师语录》卷一:"古人道:'拈起也天回地转,放下也草偃风行。'四面即不然,拈起也七穿八穴,放下也锦上铺花。"(39-117)《续灯》卷一五"可齐禅师":"问:'如何是道?'师云:'蹋不着。'僧曰:'蹋着后如何?'师云:'七穿八穴。'"(p.442)《普灯》卷一四"法泰禅师":"问:'如何是十身调御?''投子下禅床立。''未审意旨如何?'曰:'脚跟下七穿八穴。'"(p.363)

倒言"八穴七穿"。《圆悟禅师语录》卷四:"只如诸人,九十日间,各各于中全体游历,出没卷舒,纵横收放,八穴七穿,东涌西没。傥忽于此知得谛当去,不妨步步踏着实地,心心契证平常。"(41-220)又卷五:"只如今直得八穴七穿,四通五达,一处透千处万处通明,一光明千光万光普照。"(41-228)《祖钦禅师语录》卷一:"只贵向未举起前,翻身一掷,扬在那边更那边。直得洒洒落落,八穴七穿,大用现前,不存轨则。"(47-360)

又言"七穴八穿"。《普灯》卷二〇"休禅师":"上堂:'结夏时左眼半斤,解夏时右眼八两。谩云九十日安居,赢得一肚皮妄想。直饶七穴八穿,未免山僧拄杖。虽然如是,千钧之弩,不为鼷鼠发机。'"(p.513)

按,定型之语已见上揭《法演禅师语录》例,刘洁修(2009:894)首举《五灯》卷一九"法演禅师":"若向这里荐得,金色头陀无容身处。若也不会,吃粥吃饭,许你七穿八穴。"释作"指多处穿透而通过",不确。《大词典》、王涛等(编著,2007)、刘洁修(2009)、冷玉龙等(主编,2014)均未收"八穴七穿""七穴八穿"。可参雷汉卿(2009:327),袁宾、康健(主编,2010:8、327),雷汉卿、王长林(2018:68)。

0618 左穿右穴

禅家形容禅悟后机用自在,纵横无碍的境。《善昭禅师语录》卷一:"上堂云:'乾坤宽廓,宇宙横铺。衲僧分上,左穿右穴。'"(39-568)《圆悟禅师语录》卷二:"所以不离普光殿,不出菩提场,遍游华藏海无边刹境,左穿右穴,重重无尽,一一交罗。"(41-206)《续古尊宿》卷六"雪堂行和尚":"你诸人,无不左穿右穴,自在登览。只有鸡笼岩,向上无门,向下无路,云不能遮,鸟不能度。"(44-298)

按,定型之语已见上揭《善昭禅师语录》例,《大词典》、王涛等(编著,2007)、刘洁修(2009)、冷玉龙等(主编,2014)均未收,参雷汉卿(2009:327),袁宾、康健(主编,2010:546)。

0619 七出八没

禅家形容佛法领悟透彻,机用纵横无碍。《法演禅师语录》卷一:"到龙门上堂云:'有舌胡利,无口非哑。七出八没,风流儒雅。'"(39-119)《广闻禅师语录》卷一:"师云:'七出八没,七纵八横。是则二俱作家,不是则二俱漏逗。毕竟淆讹在什么处?'良久云:'欲得不招无间业,莫谤如来正法轮。'"(46-72)《法薰禅师语录》卷一:"上堂:'东去亦是上座,西去亦是上座。提水放火,看风使舵。七出八没,儒雅风流。几度黑风翻大海,何曾覆却钓鱼舟?'"(45-582)

按,定型之语已见上揭《法演禅师语录》例,《大词典》、王涛等(编著,2007)、刘洁修(2009)、冷玉龙等(主编,2014)均未收,可参袁宾、康健(主编,2010:326)。

0620 横三竖四 竖四横三

禅家形容禅悟后特立独行,机用纵横自在。《真净禅师语录》卷一:"天地与我同根,万物与我一体,脚头脚尾,横三竖四。"(39-648)《师范禅师语录》卷二:"透过是非关,不住罗笼表。便可十字街头横三竖四,孤峰顶上啸月眠云。"(45-690)《普灯》卷三"姜山方禅师":"乾坤把定不把定,虚空放行不放行。横三竖四,乍离乍合。"(p.72)

倒言"竖四横三"。《广闻禅师语录》卷一:"至节上堂,拈拄杖云:'天地与我同根,万物与我一体,竖四横三,横三竖四,全无巴鼻,讨甚巴鼻?'"(46-57)《师范禅师语录》卷一:"师于嘉定十三年三月二十八日入院,指三门云:'平直道路,敲磕门庭。竖四横三,是人知有新清凉。到这里又作么生? 入寺看额。'"(45-662)

按,定型之语已见上揭《真净禅师语录》例,孙维张(2007:106)举《五灯》(同上揭《普灯》)例,释作"形容人或物品多而又无秩序地躺着或堆放着,杂乱",王涛等(编著,2007:428)引例同,释作"形容杂乱无章,毫无条理",均不确。

0621 七凹八凸

坑凹突凸,极不平坦。禅家形容极不平实的境界。《续灯》卷二三"从悦禅师":"云:'如何是境中人?'师云:'七凹八凸无人见,百手千头只自知。'"(p.641)《五灯》卷二〇"法忠禅师":"直饶德山入门便棒,临济入门便喝。若向牧庵门下检点将来,只得一概。千种言,万般说,只要教君自家歇,一任大地虚空,七凹八凸。"(p.1313)《了慧禅师语录》卷二:"远公未登庐阜,陆修静未到虎溪。幸自好一条平实道路,无端二老相逢,握手过桥,轩髯一笑,便见七凹八凸。"(46-446)

按,定型之语已见上揭《续灯》例,《大词典》、王涛等(编著,2007)、刘洁修(2009)、冷玉龙等(主编,2014)均未收。

0622 八凹九凸

坑凹突凸,极不平坦。禅家形容极不平实的境界。《传灯》卷二六:"曰:'为什么不指天地?'师曰:'唯我独尊。'问:'如何是天平?'师曰:'八凹九凸。'"(p.2052)《广灯》卷一七"守芝禅师":"问:'如何是为人一句?'师云:'四角六张。'进云:'意旨如何?'师云:'八凹九凸。'"(p.294)《续灯》卷一三"真净禅师":"上堂云:'洞山门下,八凹九凸。交交加加,屈屈曲曲。崎崎岖岖,嵘嵘岘岘。水云掩映,烟岚重叠。'"(p.380)

按,定型之语已见上揭《传灯》例,《大词典》、王涛等(编著,2007)、刘洁修(2009)、冷玉龙等(主编,2014)均未收。

0623 左转右旋

禅家形容禅悟后获得大机用,妙用纵横,自在无碍。《圆悟禅师语录》卷一三:"入寺小参:'金刚王宝剑,截断玄机。正眼摩酰,光吞诸祖。目机铢两,举一明三,左转右旋,七穿八穴也。'"(41-300)

按,定型之语已见上揭《圆悟禅师语录》例,《大词典》、王涛等(编著,2007)、刘洁修(2009)、冷玉龙等(主编,2014)均未收。

0624 横出竖没

禅家形容禅悟后获得大机用,妙用自在,纵横无碍。《广灯》卷一七"慈照禅师":"僧问:'忽遇洪水滔天,还堰得也无?'师云:'上拄天,下拄地。'进云:'劫火洞然时又作么生?'师云:'横出竖没。'"(p.281)《联灯》卷一二"照聪禅师"条略同。(p.359)

按,定型之语已见上揭《广灯》例,《大词典》、王涛等(编著,2007)、刘洁修(2009)、冷玉龙等(主编,2014)均未收。

0625 横眠竖卧 横眠倒卧

随意躺卧睡觉。禅家形容无拘无束、快乐自在的样子。《守瑞禅师广录》卷三:"横眠竖卧牛儿稳,那畔鸣咿这畔嘻。"(39-72)《广灯》卷一七"慈照禅师":"问:'如何是道?'师云:'车辗马踏。'进云:'如何是道中人?'师云:'横眠竖卧。'"(p.281)《五灯》卷一一"慧昭山主":"僧问:'如何是鹿门山?'师曰:'石头大的大,小的小。'曰:'如何是山中人?'师曰:'横眠竖卧。'"(p.698)

又言"横眠倒卧"。《联灯》卷一二"慧昭山主":"云:'如何是石门山?'云:'石头大的大,小的小。'云:'如何是山中人?'师云:'横眠倒卧。'"(p.370)《妙伦禅师语录》卷二:"朝从湖上去,暮向岭边归。横眠倒卧,尽在南山栏圈中。"(46-523)

按,定型之语已见上揭《守端禅师广录》例,《大词典》、王涛等(编著,2007)、刘洁修(2009)、冷玉龙等(主编,2014)均未收。

0626 横拖倒拽

泛指粗暴的拖拉动作。《广灯》卷一六"善昭禅师":"学云:'如何是一句后事?'师云:'两阵相逢不回避。'学云:'恁么则透皮彻骨去也。'师云:'横拖倒拽任尘漫。'"(p.269)《五灯》卷一九"杨歧方会":"乃曰:'更有问话者么?试出来相见。杨歧今日性命,在汝诸人手里,一任横拖倒拽。'"(p.1230)《绍昙禅师广录》

卷三:"无位真人,横拖倒拽,无地埋藏。举世生盲人不识,分拏摸象恣猖狂。"(46-286)

按,定型之语已见上揭《广灯》例,《大词典》(4-1244)、王涛等(编著,2007:428)并举《五灯》例,稍晚。

0627 东涌西没

指在东边涌现又在西边消失。禅家形容机用神通变化、自在无碍的禅悟境界。《续灯》卷三"思广禅师":"问:'如何是衲僧变通事?'师云:'东涌西没。'僧曰:'变通后如何?'师云:'地肥茄子嫩。'"(p.66)《圆悟禅师语录》卷一〇:"有时现无边身,东涌西没,南涌北没,中涌边没,作无量无边神通变化,也只不出此一秋毫。"(41-280)《普灯》卷二"本逸禅师":"问:'如何是佛?'曰:'东涌西没。'云:'如何是道?'曰:'七颠八倒。'"(p.48)

按,定型之语已见东晋佛驮跋陀罗译《大方广佛华严经》卷三六:"尔时,十方不可说不可说百千亿那由他佛刹微尘等世界,六种震动:东涌西没、西涌东没、南涌北没、北涌南没、边涌中没、中涌边没。"此用其本义,禅义由此引申而来。《大词典》、王涛等(编著,2007)、刘洁修(2009)、冷玉龙等(主编,2014)均未收,另可参袁宾(1991:505),袁宾、康健(主编,2010:107)。

0628 南涌北没

在南边涌现又在北边消失。禅家形容机用神通变化、自在无碍的禅悟境界。《临济禅师语录》卷一:"若能如是辨得,不被境转,处处用境:东涌西没,南涌北没,中涌边没,边涌中没,履水如地,履地如水。"(T47/498c)《真净禅师语录》卷四:"蓦拈拄杖云:'总在拄杖头上,东涌西没,南涌北没,撒开也堂上库下。'"(39-681)《圆悟禅师语录》卷一〇:"有时现无边身,东涌西没,南涌北没,中涌边没,作无量无边神通变化,也只不出此一秋毫。"(41-280)

按,定型之语已见东晋佛驮跋陀罗译《大方广佛华严经》卷三六:"尔时,十方不可说不可说百千亿那由他佛刹微尘等世界,六种震动:东涌西没、西涌东没、南涌北没、北涌南没、边涌中没、中涌边没。"此用其本义,禅义由此引申而来。《大词典》、王涛等(编著,2007)、刘洁修(2009)、冷玉龙等(主编,2014)均未收。

0629 中涌边没

在中心涌现又在边缘消失。禅家形容机用神通变化、自在无碍的禅悟境界。

《临济禅师语录》卷一:"若能如是辨得,不被境转,处处用境:东涌西没,南涌北没,中涌边没,边涌中没,履水如地,履地如水。"(T47/498c)《圆悟禅师语录》卷一〇:"有时现无边身,东涌西没,南涌北没,中涌边没,作无量无边神通变动,也只不出此一秋毫。"(41-280)又卷一八:"油然南山云,霈然北山雨。露柱笑呵呵,灯笼超佛祖。中涌边没,西天东土。楼阁门开竟日闲,野老不知何处去。"(41-356)

按,定型之语已见东晋佛驮跋陀罗译《大方广佛华严经》卷三六:"尔时,十方不可说不可说百千亿那由他佛刹微尘等世界,六种震动:东涌西没、西涌东没、南涌北没、北涌南没、边涌中没、中涌边没。"此用其本义,禅义由此引申而来。《大词典》、王涛等(编著,2007)、刘洁修(2009)、冷玉龙等(主编,2014)均未收。

0630　边涌中没

在中心涌现又在边缘消失。禅家形容机用神通变化、自在无碍的禅悟境界。《临济禅师语录》卷一:"若能如是辨得,不被境转,处处用境。东涌西没,南涌北没,中涌边没,边涌中没,履水如地,履地如水。"(T47/498c)《古尊宿》卷四"临济禅师"条同。(p.61)

按,定型之语已见东晋佛驮跋陀罗译《大方广佛华严经》卷三六:"尔时,十方不可说不可说百千亿那由他佛刹微尘等世界,六种震动:东涌西没、西涌东没、南涌北没、北涌南没、边涌中没、中涌边没。"此用其本义,禅义由此引申而来。《大词典》、王涛等(编著,2007)、刘洁修(2009)、冷玉龙等(主编,2014)均未收。

0631　出没卷舒

指出现与隐没,自在无碍。禅家常用来形容禅悟后获得大机用,运用自如,纵横自在。《祖堂》卷一四"大珠和尚":"禅师者,撮其枢要,直了心源,出没卷舒,纵横应物,咸均事理。"(p.622)《绍隆禅师语录》卷一:"应以长者、居士等身得度者,即现长者、居士身而为说法。如天普盖,似地普擎,出没卷舒,得大解脱。"(42-41)《昙华禅师语录》卷四:"所以道,我此法印为欲利益世间故说,在所游方,勿妄宣传。到个里,推倒须弥,饮干大海。于其中间,出没卷舒,了无妨碍。"(42-160)

按,定型之语已见南朝宋求那跋陀罗译《大方广宝箧经》卷二:"示现诈伪,执着巢窟,出没卷舒,惊畏于空。"指出现与隐没,自在无碍。《大词典》、王涛等(编著,2007)、刘洁修(2009)、冷玉龙等(主编,2014)均未收,可参袁宾、康健(主编,2010:56)。

0632　如龙得水　狞龙得水

就像龙得到了水一样。禅家形容禅悟后获得大机用,勇猛自在,纵横无碍。《续灯》卷一四"真如禅师":"诸人还相委悉么? 若也悉去,如龙得水,似虎靠山,出没卷舒,纵横应用。如未相悉,大似日中逃影。"(p.401)《碧岩录》卷一:"垂示云:'会则途中受用,如龙得水,似虎靠山。不会则世谛流布,羝羊触藩,守株待兔。'"(p.48)《普灯》卷一八"昙懿禅师":"曰:'向这里百杂碎,唯于衲僧分上,如龙得水,似虎靠山,要行便行,要坐便坐。进一步,则乾坤震动;退一步,则草偃风行。'"(p.462)

又言"狞龙得水"。《慧开禅师语录》卷一:"老慧超法令如存,南禅师愿力犹在。到这里,其进也狞龙得水,其退也猛虎靠山。"(42-6)

按,此语常与"似虎靠山"同义连用,定型之语已见上揭《续灯》例,孙维张(2009:195)引《五灯》卷二"昙懿禅师"例,释作"比喻找到了最适宜生存发展的环境和条件",不可从。又《大词典》、王涛等(编著,2007)、刘洁修(2009)、冷玉龙等(主编,2014)均未收。

0633　似虎靠山　猛虎靠山

就像猛虎靠有大山一样。禅家形容禅悟后获得大机用,勇猛自在,纵横无碍。《续灯》卷二七"明觉禅师":"一般汉受人商量,祖佛言教如龙得水,似虎靠山。"(p.737)《碧岩录》卷四:"透得彻、信得及,无丝毫障翳,如龙得水,似虎靠山。"(p.169)《联灯》卷一五"慕喆禅师":"诸人还相委悉么? 若也委悉去,如龙得水,似虎靠山,出没卷舒,纵横应用。如未相委,大似日中逃影。"(p.452)

又言"猛虎靠山"。《慧开禅师语录》卷一:"老慧超法令如存,南禅师愿力犹在。到这里,其进也狞龙得水,其退也猛虎靠山。"(42-6)《慧性禅师语录》卷一:"上堂云:'举问马大师,不与万法为侣,是什么人?' 师云:'问处如毒龙搅海,答处似猛虎靠山。然虽电激星驰,未免总在门外。'"(45-524)

按,定型之语已见上揭《续灯》例,孙维张(2009:195)引《五灯》卷二"昙懿禅师"例,释作"比喻找到了最适宜生存发展的环境和条件",不确。又《大词典》、王涛等(编著,2007)、刘洁修(2009)、冷玉龙等(主编,2014)均未收。

0634　如龙似虎

禅家形容禅悟后机用勇猛,纵横自在。《碧岩录》卷二:"大善知识接得一个如龙似虎的汉,教他向有佛世界互为宾主,无佛世界坐断要津。"(p.113)《普灯》卷

二九"觉杲禅师":"如是见得普融,妙喜未敢相许。直下来也,如龙似虎。一槌打破太虚空。"(p.768)

按,此为"如龙得水,似虎靠山"之缩略,定型之语已见上揭《碧岩录》例,《大词典》、冷玉龙等(主编,2014)均未收上揭语义,王涛等(编著,2007)、刘洁修(2009)未收此语。

0635 如云似鹤

如同云鹤飞翔天外。禅家形容直悟至上佛法,进入自在无碍的境界。《祖堂》卷一五"伏牛和尚":"师有《三个不归颂》曰:'割爱辞亲异俗迷,如云似鹤更高飞。五湖四海随缘去,到处为家一不归。'"(p.662)《续灯》卷三"苑圭禅师":"若向这里辨得清浊,许你诸人东西南北,如云似鹤。于此不明,踏破草鞋,未有日在。"(p.87)《宏智禅师广录》卷四:"拄杖头云起底,行遍四天下,则作无作相,如云似鹤。怎么去的汉,要须知有,我方能宾处而尊。"(44-440)

按,定型之语已见上揭《祖堂》例,《大词典》、王涛等(编著,2007)、刘洁修(2009)、冷玉龙等(主编,2014)均未收。

0636 风行草偃 草偃风行

野草应风而偃。禅家比喻禅悟后机用自在,纵横无碍。《续灯》卷一五"大通禅师":"得之则头头有据,昧之则句句成非。大用现前,风行草偃。所以上根之士,目击知机。"(p.430)《碧岩录》卷一:"人多逐末,不求其本,先得本正,自然风行草偃,水到渠成。"(p.39)《广闻禅师语录》卷一:"拈拄杖云:'拈起也地转天回,放下也风行草偃。总不与么时如何? 靠拄杖,家住东州。'"(46-46)

倒言"草偃风行"。《续灯》卷二四"道完禅师":"古佛庙前,人人得旨。寿宁门下,草偃风行。"(p.664)《普灯》卷一三"元素禅师":"神光照彻大千,万有全归掌握。大机大用,草偃风行,全暗全明,超情离见。"(p.349)

按,语出《论语·颜渊》:"君子之德,风;小人之德,草。草上之风,必偃。"魏何晏《集解》引孔安国曰:"加草以风,无不仆者,犹民之化于上。"定型之语已见三国吴韦昭《吴书》:"纮至,与在朝公卿及知旧述策,材略绝异,平定三郡,风行草偃,加以忠敬款诚,乃心王室。"此喻声望极大,影响了世态俗情。《大词典》、王涛等(编著,2007)、刘洁修(2009)、冷玉龙等(主编,2014)均未收上揭语义。

0637　声和响顺　　响顺声和

原声和顺则回声也就和顺,谓回声随顺原声而发。禅家比喻禅悟后虚妄之念不生不障,进入了处处和顺的圆融境界。《咸杰禅师语录》卷一:"入寺,指三门云:'无碍解脱门,重重宝楼阁。不劳敛念,八字打开。信脚便行,自然声和响顺。若也蹉蹰,便见撞墙撞壁。'"(45-183)《密庵和尚语录》卷一:"如是则山河大地,不碍眼光。四圣六凡,互为主伴。坐见声和响顺,万法无差。"(45-190)

倒言"响顺声和"。《续灯》卷五"有兰禅师":"上堂云:'法无有尔,理见非常。至道无当,刹尘应物。直得风行草偃,响顺声和,无纤芥可齐。'"(p.138)《联灯》卷一八"妙道禅师":"有佛处,互为宾主;无佛处,风飒飒地,心宁意泰,响顺声和。"(p.548)

按,语出后秦释僧肇《注维摩诘经》卷一:"肇曰:'若无造无受者,则不应有为善获福、为恶致殃也。然众生心识相传善恶由起,报应之道连环相袭。其犹声和响顺,形直影端。此自然之理,无差毫分。复何假常我而主之哉?'"此喻报应随从业识而发,有什么样的业缘就有什么样的报应。《大词典》、王涛等(编著,2007)、刘洁修(2009)、冷玉龙等(主编,2014)均未收。

0638　丹霄独步　　独步青霄　　平步青霄　　平步青云　　平步丹霄　　青云阔步

独自在云霄中行走。禅家比喻悟入了宗乘至高无上的极则境界,机用自在无碍。《广灯》卷一四"院颙禅师":"问:'丹霄独步时如何?'师云:'日驰五百。'"(p.210)《续灯》卷四"光云禅师":"上堂,拈拄杖云:'看看,祖师来也,汝等诸人于此荐取。若荐得,便请丹霄独步。若荐不得,不免少林冷坐。'卓一下。"(p.119)《圆悟禅师语录》卷九:"对云:'大小长庆,被阇梨一问,直得口似扁担。若善参详,可以丹霄独步,自在纵横。'"(41-267)

又言"独步青霄"。《古尊宿》卷七"慧颙禅师":"问:'独步青霄时如何?'师云:'四众围绕。'"(p.108)《慧空禅师语录》卷一:"上堂:'祖师心印,堪作何用?无位真人,屎也不直。独步青霄,徒夸好手。和泥合水,罕遇同流。'"(45-108)

又言"平步青霄"。《碧岩录》卷三:"僧问云门:'树凋叶落时如何?'是什么时节,家破人亡,人亡家破。云门云:'体露金风。'撑天拄地,斩钉截铁,净裸裸赤洒洒,平步青霄。"(p.153)《咸杰禅师语录》卷一:"但云:'知恩方解报恩,且道与百丈是同是别?若拣得出,平步青霄。'"(45-202)

又言"平步青云"。《昙华禅师语录》卷六:"蓦拈拄杖云:'唤作拄杖,玉石不分。不唤作拄杖,金沙混杂。其间一个半个,善别端由,管取平步青云。'"(42-179)

又言"平步丹霄"。《法薰禅师语录》卷一:"上堂:'风萧萧,雨萧萧,丝毫不动,平步丹霄。便恁么去,南山门下土亦难消。'"(45-589)

又言"青云阔步"。《因师集贤语录》卷一〇:"白屋奋身,见一举成名之日;青云阔步,正双亲未老之时。"(47-496)

按,定型之语已见上揭《续灯》例,《大词典》、王涛等(编著,2007)、刘洁修(2009)、冷玉龙等(主编,2014)均未收上揭语义,且未收"丹霄独步""独步青霄""平步丹霄""青云阔步"。

0639 足下无丝

行走自在,脚下没有牵绊。禅家比喻心无丝毫牵连羁绊,直接悟入佛法。《祖堂》卷七"夹山和尚":"其僧便举云:和尚示众曰:'欲行鸟道,须得足下无丝;欲得玄学,展手而学。'师低却头。"(p.329)《传灯》卷一五"良价禅师":"僧问:'师寻常教学人行鸟道,未审如何是鸟道?'师曰:'不逢一人。'曰:'如何行?'师曰:'直须足下无丝去。'"(p.1095)

按,定型之语已见上揭《祖堂》例,《大词典》、王涛等(编著,2007)、刘洁修(2009)、冷玉龙等(主编,2014)均未收。

0640 履水如地 履地如水

谓行走自如,履水如同平地一般。禅家形容禅悟后机用自如,随处用法都自在无碍。《临济禅师语录》卷一:"若能如是辨得,不被境转,处处用境:东涌西没,南涌北没,中涌边没,边涌中没,履水如地,履地如水。"(47-498)《古尊宿》卷四"临济禅师"条同。(p.61)《广灯》卷二三"志先禅师":"师上堂云:'诸禅德,参学人须具衲僧眼始得。若具神僧眼,不被佛障、祖障、菩提涅槃障,便得随处自在。入水不溺,入火不烧,履地如水,履水如地。'"(p.459)

又言"履地如水"。《临济禅师语录》卷一:"若能如是辨得,不被境转,处处用境:东涌西没,南涌北没,中涌边没,边涌中没,履水如地,履地如水。"(47-498)《古尊宿》卷四"临济禅师"条同。(p.61)

按,定型之语已见西晋竺法护译《普曜经》卷八:"优陀受教神足飞行,经游虚空,往到本国迦维罗卫。城上虚空,现无数变,身上出水,身下出火,水不湿身,火无所伤,七现七没,从东没地,出于西方,西没东出,南没北出,北没南出,行空如鸟,没地如水,履水如地。王及臣民莫不欣喜,乃知道尊。"《大词典》、王涛等(编著,2007)、刘洁修(2009)、冷玉龙等(主编,2014)均未收。

0641　如履平地

像走在平地上一样。形容畅行无阻。《碧岩录》卷二:"属溪水暴涨,乃植杖捐笠而止。其僧率师同渡,师曰:'请渡。'彼即褰衣,蹑波如履平地。"(p.64)

按,定型之语已见南朝梁任昉《述异记》卷下:"伺鱼之浮出水,有赤光如火,网取割其血,涂足可涉水,如履平地。"《大词典》(4-276)、刘洁修(2009:1008)、王涛等(编著,2007:905)并举唐代用例,偏晚。

0642　游刃有余

禅家形容禅悟后机用自如,畅行无碍。《圆悟禅师语录》卷一五:"更须淘炼,到盘错交加人所不能穷诘辨别处,绰绰然游刃有余。"(41-325)

按,语出《庄子·养生主》:"今臣之刀十九年矣,所解数千牛矣,而刀刃若新发于硎。彼节者有间,而刀刃者无厚;以无厚入有间,恢恢乎其于游刃必有余地矣。"参《大词典》(5-1498)、王涛等(编著,2007:1382)、刘洁修(2009:1416)。

0643　自由自在　自在自由

形容身心不受任何束缚,安闲舒适。《传灯》卷二三"范禅师":"问:'牛头未见四祖时如何?'师曰:'自由自在。'曰:'见后如何?'师曰:'自由自在。'"(p.1785)

倒言"自在自由"。《碧岩录》卷一:"于一毫头上透得,放大光明,七纵八横,于法自在自由,信手拈来无有不是。"(p.42)

按,定型之语已见西晋竺法护译《慧上菩萨问大善权经》卷上:"于时世尊,见爱敬菩萨升在虚空,譬如雁王,神足无碍,自由自在。"《大词典》(8-1308)、《俗语佛源》(2013:92)、刘洁修(2009:1512)、朱瑞玟(2008:190)、孙维张(2007:350)举《坛经·顿渐品》:"自由自在,纵横尽得,有何可立?"还可提前例证。

0644　逍遥自在

形容心意自得,无拘无束。《传灯》卷二九"宝志和尚":"有谁解会此说?教君向己推求。自见昔时罪过,除却五欲疮疣。解脱逍遥自在,随方贱卖风流。"(p.2323)

按,语出《庄子·让王》:"日出而作,日入而息,逍遥于天地之间,而心意自得。"

定型之语已见于汉钟离权《灵宝毕法·超脱》："逍遥自在,冥然不知有尘世之累。"
参《大词典》(10-894)、刘洁修(2009:1265)。

0645　逢场作戏

原指江湖艺人随身携带竿木,遇见合适的场所就开始表演。禅家比喻禅悟后
随处做主,自在无碍。《传灯》卷六"道一禅师":"师云:'什么处去?'对云:'石头
去。'师云:'石头路滑。'对云:'竿木随身,逢场作戏。'"(p.377)《续灯》卷四"演教
禅师":"问:'如何是随色摩尼珠?'师云:'逢场作戏。'"(p.106)《圆悟禅师语录》
卷六:"竿木随身,逢场作戏。须弥灯王,只今见在。目前更不须作礼,还信得及么?
千圣不传微妙诀,妙峰孤顶有人行。"(41-238)

按,来自歇后语"竿木随身,逢场作戏",定型之语已见上揭《传灯》例。刘洁
修(2009:365)释作"悟道不拘时间地点",《大词典》(10-916)首举《五灯》例,释
作"卖艺人遇到合适的地方,就开场表演",《俗语佛源》(2013:181)释义略同,均
不确。

0646　横拈倒用　倒用横拈

形容禅悟得法后,机用娴熟自如。《续灯》卷七"惠南禅师":"上堂,拈拄杖云:
'横拈倒用,拨开弥勒眼睛。明去暗来,敲落祖师鼻孔。'"(p.185)《碧岩录》卷一:
"盖为他平生无许多计较,所以横拈倒用,逆行顺行,得大自在。"(p.12)《普灯》卷
一七"胜禅师":"心佛物兮俱不是,坐断舌头除药忌。横拈倒用总由他,活捉魔群穿
却鼻。"(p.440)

倒言"倒用横拈"。《咸杰禅师语录》卷一:"自非有明眼宗师,见处分明,行处稳
实,则何以倒用横拈?"(45-227)《清了禅师语录》卷二:"而今提起杀活杖子,向百
草头上七穿八穴,倒用横拈。"(42-70)

按,定型之语已见上揭《续灯》例,《大词典》、王涛等(编著,2007)、刘洁修
(2009)、冷玉龙等(主编,2014)均未收。

0647　如珠走盘

形容机用自如、畅通无阻的禅悟境界。《普觉禅师语录》卷三〇:"日用应缘处,
或净或秽,或喜或怒,或顺或逆,如珠走盘,不拨而自转矣。"(42-459)《联灯》卷
一六"佛心才禅师":"衲僧家,四事随身,三玄被体。当机不犯,如珠走盘。"(p.480)
《慧远禅师语录》卷一:"说云门禅,如珠走盘。唱无生曲,铿金戛玉。"(45-21)

按,定型之语已见上揭《普觉禅师语录》例,《大词典》、王涛等(编著,2007)、刘洁修(2009)、冷玉龙等(主编,2014)均未收,参袁宾、康健(主编,2010:356)。

0648　抛东掷西

指四处随意抛弃。禅家形容机用自在,任用无碍。《真净禅师语录》卷一:"乃喝云:'三世诸佛,一棒打杀,填沟塞壑,抛东掷西,一任诸人看。'"(39-648)《古尊宿》卷四二"真净禅师"条同。(p.788)

按,定型之语已见上揭《真净禅师语录》例,《大词典》、王涛等(编著,2007)、刘洁修(2009)、冷玉龙等(主编,2014)均未收。

0649　抛来掷去

扔来扔去,抛掷自如。禅家形容机用自在,任用无碍。《真净禅师语录》卷一:"要用便用,入到手中,土作黄金,抛来掷去,满目光辉,也要众人见。"(39-652)又卷三:"蓦拈拄杖云:'岂不是妙?'又掷下云:'抛来掷去,有什么过?'乃喝云:'才有是非,纷然失心。'"(39-671)《古尊宿》卷四三"真净禅师":"蓦拈拄杖云:'不是究竟觉。'遂掷下拄杖:'抛来掷去,有何障碍?'喝一喝。下座。"(p.833)

按,定型之语已见上揭《真净禅师语录》例,《大词典》、王涛等(编著,2007)、刘洁修(2009)、冷玉龙等(主编,2014)均未收。

0650　颠来倒去

禅家形容机用自在,任用无碍。《圆悟禅师心要》卷二:"知得底里便七纵八横,颠来倒去,脚踏实地。"(41-541)《祖钦禅师语录》卷二:"竖起拂子云:'看看,印文露也,眼办手亲。一遑遑得,一任颠来倒去。'"(47-361)

按,定型之语已见上揭《圆悟禅师心要》例,《大词典》、王涛等(编著,2007)、刘洁修(2009)、冷玉龙等(主编,2014)均未收上揭语义。

0651　广大神通

佛家形容法力神通,广大无边。《普灯》卷五"宗赜禅师":"问:'如何是无功之功?'曰:'泥牛不运步,天下没荒田。'云:'恁么则功不浪施也。'曰:'虽然广大神通,未免遭他痛棒。'"(p.131)

按,定型之语已见东晋佛驮跋陀罗译《大方广佛华严经》卷二六:"广大神通力,善入世界相。"刘洁修(2009:1057)举唐代用例,偏晚。

0652　撑天拄地　拄地撑天

禅家形容机用神通,法力广大。《续灯》卷二八"仁勇禅师":"浩浩擎山戴岳来,撑天拄地势崔嵬。从教弄巧翻成拙,撒手前行更不回。"(p.769)《古尊宿》卷九"慈照禅师":"问:'和尚开堂于此日,先将何法报君恩?'师云:'撑天拄地。'"(p.140)《清了禅师语录》卷二:"虽无形状无朕迹,又却常在动用中撑天拄地,此则静无静相。"(42-80)

倒言"拄地撑天"。《祖先禅师语录》卷一:"师云:'穹窿也有个道处,如何是禅?阎浮树在海南边,撑天拄地,拄地撑天,巧说不得,只要心传,毕竟如何? 禅! 禅!'"(45-397)

按,定型之语已见上揭《续灯》例,袁宾、康健(主编,2010:49)释作"形容支撑禅宗门厅",刘洁修(2009:167)释作"比喻一力扶持担当,使局面处于正常状态",均不确。

0653　天回地转　地转天回　回天转地

连天地都能运转。禅家形容机用神通,法力广大。《临济禅师语录》卷一:"若夫三玄三要、夺境夺人、金章玉句,如风樯阵马,如迅雷奔霆,凌轹波涛,穿穴险固,破碎阵敌,天回地转,七纵八横。几于截断众流,四海学徒莫不望风披靡。"(T47/495b)《倚遇禅师语录》卷一:"师到云岩,升座云:'法无定相,转变由人。用去则天回地转,触处周流;收来则虑息缘忘,圣凡罔测。'"(39-734)《普灯》卷一四"文演禅师":"上堂曰:'当阳坐断,凡圣迹绝。随手放开,天回地转。直得日月交互,虎啸龙吟。'"(p.377)

倒言"地转天回"。《联灯》卷二八"传宗禅师":"示众云:'灵山正眼,千圣不知。少室锋机,三乘莫演。正当今日,委在山僧。放开也,风行草偃;捏聚也,地转天回。'"(p.894)《广闻禅师语录》卷一:"拈拄杖云:'拈起也地转天回,放下也风行草偃。'"(46-46)

又言"回天转地"。《圆悟禅师语录》卷一六:"要须如天之高,地之厚,海之渊,虚空之广,尚未仿佛,信过量大解脱人,回天转地,吸海枯竭,喝散虚空。"(41-332)

按,定型之语已见上揭唐慧然集《临济禅师语录》例,《大词典》、王涛等(编著,2007)、刘洁修(2009)、冷玉龙等(主编,2014)均未收。

0654 移星换斗 换斗移星

能够移换天上星斗的位置。禅家形容机用神通,法力广大。《联灯》卷一八"妙总禅师":"设使用移星换斗的手段,施搦旗夺鼓的机关,犹是空拳,岂有实义?"(p.545)《普灯》卷一二"惟足禅师":"上堂曰:'奔流度刃,疾焰过风,已是鹞子过新罗。倒拈蝎尾,逆捋虎须,作死马医了。移星换斗,倒岳倾湫,却较些子。'"(p.318)《慧远禅师语录》卷三:"你且道,还有作佛分也无?若能转位回机,移星换斗,逞通天作略,用跨海神机,终不向恶水坑头,葛藤堆里着到。"(45-64)

倒言"换斗移星"。《普灯》卷一四"祖觉禅师":"只知语妙意玄,切恐浑身泥水。又不欲破三作五,换斗移星,免使家丑外扬,教他傍观者哂。"(p.375)《古尊宿》卷四八"佛照禅师":"师乃云:'当阳目击,直下知归。左右逢源,七通八达。着着有出身之路,头头具透脱之机。有时神出鬼没,换斗移星。有时八字打开,两手吩咐。'"(p.977)《慧远禅师语录》卷一:"栗棘蓬具眼快吞,探头的犹较十步。更须回机转位,换斗移星。当恁么时,千眼顿开,万机声赴。"(45-18)

按,定型之语已见上揭《联灯》例,《大词典》(8-77)、王涛等(编著,2007:1332)并举明代用例,偏晚。

0655 兴云吐雾 吐雾兴云

禅家形容机用神通广大,法力无边。《续灯》卷一五"通禅师":"问:'龙未出洞时如何?'师云:'佛眼觑不见。'僧曰:'出洞后如何?'师云:'兴云吐雾。'"(p.450)又卷二四"可都禅师":"设使千圣出来,亦乃难寻缝罅。兴云吐雾,普遍河沙。纵横有准,妙应无疑。把定放行,卷舒自得。"(p.661)《梵琮禅师语录》卷一:"忽然踏跳,搅动东海,透入龙宫,脱却皮毛,换得麟角,摇头摆尾,向烈焰光中,兴云吐雾,转大法轮。"(46-114)

倒言"吐雾兴云"。《普济禅师语录》卷一:"师云:'老黄龙额下明珠,胜首座悬空扑碎。黄檗山吐雾兴云,遍地走南山鳖鼻。'"(45-553)

按,定型之语已见上揭《续灯》例,《大词典》、刘洁修(2009)均未收,王涛(2007:1222)举明代用例,偏晚。

0656 倾湫倒岳 倒岳倾湫

倾泻深潭,掀翻山岳。禅家形容机用神通,法力广大。《碧岩录》卷七:"垂示云:'意路不到,正好提撕。言诠不及,宜急着眼。若也电转星飞,便可倾湫倒岳。'"

（p.320）《普灯》卷二一"安永禅师"："僧问：'须弥顶上翻身倒卓时如何？'曰：'未曾见毛头星现。'云：'恁么则倾湫倒岳去也。'曰：'莫乱做。'僧便喝，师曰：'雷声浩大，雨点全无。'"（p.527）《五灯》卷一七"元祐禅师"："上堂：'龟毛为箭，兔角为弓。那吒忿怒，射破虚空。虚空扑落，倾湫倒岳。墙壁瓦砾放光明，归依如来大圆觉。'"（p.1116）

倒言"倒岳倾湫"。《慧开禅师语录》卷一："升座，祝圣罢，乃云：'遇缘即宗云从龙，随处作主风从虎。大地撮来无寸土，倒岳倾湫，兴云致雨。'"（42-4）《普灯》卷一二"惟足禅师"："上堂曰：'奔流度刃，疾焰过风，已是鹞子过新罗。倒拈蝎尾，逆捋虎须，作死马医了。移星换斗，倒岳倾湫，却较些子。'"（p.318）《古尊宿》卷二九"佛眼和尚"："上堂：'鼓声才动，法义已周。大众上来，寻光而至。山野高提祖印，诸人共息狐疑。直须倒岳倾湫，切莫寻枝摘叶。'"（p.537）

按，定型之语已见上揭《碧岩录》例，《大词典》、王涛等（编著，2007）、刘洁修（2009）、冷玉龙等（主编，2014）均未收。

0657 举鼎拔山

形容力量强劲，气势雄伟。《联灯》卷一八"师一禅师"："若无举鼎拔山力，千里乌骓不易骑。"（p.553）《原妙禅师禅要》卷一："所能拟议，直须具举鼎拔山力，包天括地量，斩钉截铁机，打凤罗龙手。"（47-266）

按，定型之语已见上揭《联灯》例，《大词典》、王涛等（编著，2007）、刘洁修（2009）、冷玉龙等（主编，2014）均未收。

0658 波腾海沸

波涛奔腾，大海鼎沸。禅家形容禅悟后用法神通，气势雄伟。《续灯》卷三"苑圭禅师"："上堂云：'凡有因缘，须晓其宗。若晓其宗，无是无不是。用则波腾海沸，全真体以运行。体则镜静水澄，举随缘而会寂。'"（p.87）《五灯》卷一五"苑圭禅师"条同。（p.1002）

按，定型之语已见上揭《续灯》例，《大词典》、王涛等（编著，2007）、刘洁修（2009）、冷玉龙等（主编，2014）均未收。

0659 海竭山摧

大海枯竭，高山摧毁。禅家形容机用威猛，法力神通。《慧开禅师语录》卷二："所以云从龙风从虎，龙虎交参，佛魔惊怖。直得天回地转，海竭山摧，群魔胆碎，鬼哭神号。"（42-23）《慧远禅师广录》卷四："马面驴腮无处雪，海竭山摧天地裂。老古锥太孤绝，龟毛拂去眼中尘，兔角杖敲空里月。"（45-70）

按，定型之语已见上揭《慧开禅师语录》例，《大词典》、王涛等（编著，2007）、刘洁修（2009）、冷玉龙等（主编，2014）均未收。

0660　降龙伏虎　虎伏龙降

原指佛教故事中高僧用法力降服龙虎。禅家形容机用威猛，神通广大。《碧岩录》卷八："古人学道，养到这里，谓之无功之功。与婴儿一般，虽有眼耳鼻舌身意，而不能分别六尘，盖无功用也。既到这般田地，便乃降龙伏虎，坐脱立亡。"（p.402）《圆悟禅师语录》卷一五："今既作其儿孙，须存他种草，看他古来有道之士，动是降龙伏虎，与神明受戒。"（41-320）《法演禅师语录》卷二："乃云：'会即事同一家，不会万别千差。一半吃泥吃土，一半食麦食麻。或即降龙伏虎，或即搇蚬捞虾。'"（39-123）

又言"虎伏龙降"。《因师集贤语录》卷四："归依僧，圆觉声闻贤圣，居南岳与天台，祝融方广绝尘埃，入定观空不昧，驻幽涯虎伏龙降。高道奇哉道奇哉，广布六通自在。"（47-451）

按，"降龙"事典已见于失译附后汉录《分别功德论》卷五："佛右回视般哂比丘，般哂比丘即知佛意欲使降龙。""伏虎"事见东晋佛陀跋陀罗、法显译《摩诃僧祇律》卷四："阿练若住处常有虎害人，时众集聚一处作是议言：'诸长老！是中阿练若住处，有虎恐伤害人，谁能伏此虎者？'尔时众中有一比丘，与一比丘有嫌，语众人言：'我能伏虎。'"定型之语已见上揭《碧岩录》例。《大词典》、王涛等（编著，2007）、刘洁修（2009）、冷玉龙等（主编，2014）均未收上揭语义，亦未收"虎伏龙降"。

0661　鬼哭神号　神号鬼哭

禅家形容机用神通威猛，能令神鬼凄厉哭叫。《心月禅师语录》卷一："道一句，使天回地转。发一机，使鬼哭神号。"（46-169）《慧开禅师语录》卷二："所以云从龙风从虎，龙虎交参，佛魔惊怖。直得天回地转，海竭山摧，群魔胆碎，鬼哭神号。"（46-169）

倒言"神号鬼哭"。《仁勇禅师语录》卷一："保宁寻常为人，直下是无面目。若也敲骨出髓，直得神号鬼哭。"（41-13）《慧开禅师语录》卷二："慧剑单提日用中，天然原不犯磨砻。神号鬼哭丧魔胆，遍野横尸不露锋。"（42-21）《古尊宿》卷四一

"悦禅师":"十五十六,天轮地轴。日面月面,神号鬼哭。少室从风竹马年,而今莫问胡家曲。"(p.779)

按,定型之语已见唐吕岩《七言》诗:"鬼哭神号金鼎结,鸡飞犬化玉炉空。"《大词典》(12-451)举元代用例,王涛等(编著,2007:403)举明代用例,均晚。

0662 三头六臂　六臂三头　三头八臂

长着三头六臂,本领神通广大。《传灯》卷一三"善昭禅师":"曰:'如何是主中主?'师曰:'三头六臂擎天地,忿怒那吒扑帝钟。'"(p.939)《续灯》卷七"觉海禅师":"上堂云:'般若玄妙,本自无生。大用现前,不论时节。昨夜露柱现三头六臂,拈了须弥,踏翻大海,四天门王走向诸人眼睫里藏身。'"(p.194)《明觉禅师语录》卷一:"若教据令而行,尽苏台一境人。个个三头六臂,到翠峰手里,也须瓦解冰消。"(39-159)

倒言"六臂三头"。《道宁禅师语录》卷一:"忽有个汉出问云:'离此二途,如何是报慈拄杖子?'良久云:'如今卓向须弥顶,六臂三头未许看。久立,珍重!'"(39-770)《普灯》卷一一"俞道婆":"问:'哪个是无位真人?'婆应声曰:'有一无位人,六臂三头努力嗔,一擘华山分两路,万年流水不知春。'"(p.310)

又言"三头八臂"。《心月禅师语录》卷一:"上堂:'恁么恁么,鼻直眼横。不恁么不恁么,三头八臂。恁么也得,不恁么也得。'"(46-164)

按,定型之语已见上揭《传灯》例,参《大词典》(1-248)、刘洁修(2009:1025)、王涛等(编著,2007:920)。

0663 东倾西侧

形容四处倾斜的样子。《续灯》卷九"栖禅师":"上堂,拈拄杖云:'大众,急着眼看。须弥山画一画,百杂碎。南赡部洲打一棒,东倾西侧。不免且收在开圣手中,教伊出气不得。'卓一下。"(p.272)《五灯》卷一六"栖禅师"条同。(p.1048)

按,定型之语已见上揭《续灯》例,《大词典》、王涛等(编著,2007)、刘洁修(2009)、冷玉龙等(主编,2014)均未收。

0664 神出鬼没

像神鬼那样出没无常。本指用兵神速,变化不可捉摸。禅家形容机用不可捉摸,变化多端。《圆悟禅师语录》卷一九:"将谓猴白,更有猴黑。互换投机,神出鬼没。烈焰亘天佛说法,亘天烈焰法说佛。风前剪断葛藤窠,一言勘破维摩诘。"(41-

360)《古尊宿》卷四八"佛照禅师":"师乃云:'当阳目击,直下知归。左右逢源,七通八达。着着有出身之路,头头具透脱之机。有时神出鬼没,换斗移星;有时八字打开,两手吩咐。'"(p.977)

按,定型之语已见三国诸葛亮《八阵总论》:"乃若神出鬼没,千变万化,不可致穷。"此用其本义。《大词典》、王涛等(编著,2007:951)、刘洁修(2009:1054)举例均晚。

0665　神头鬼面　鬼面神头　鬼面人头

形容奇特怪诞的模样。《普灯》卷二七"宁禅师":"抹粉涂杯恰我呆,神头鬼面舞三台。千千万万人窥看,仔细不知谁见来?"(p.692)《梵琮禅师语录》卷一:"东村王老夜烧钱,鼻孔囗(累)垂没半边。脱却草鞋颠倒走,醉狂赢得乐丰年。从此神头鬼面,社舞村歌。鼓笛喧天,旗锣动地。"(46-114)《密庵和尚语录》卷一:"若也见得,神头鬼面里,原来有人在。若见不得,切忌撞墙撞壁,复举明招到招庆。"(45-189)

倒言"鬼面神头"。《普灯》卷三〇"冶父川禅师":"阿呵呵,大圆觉,流出菩提遍寥廓。鬼面神头几百般,无瑕镜里皆消却。"(p.798)《绍昙禅师广录》卷四:"终日拈香择火,不知身是道场。鬼面神头,千变万化。"(46-318)

又言"鬼面人头"。《原妙禅师语录》卷二:"佛手驴脚与生缘,鬼面人头有许般。云散碧天孤月朗,澄潭彻底影团团。"(47-313)

按,定型之语已见上揭《普灯》例,《大词典》、王涛等(编著,2007)均未收上揭语义,参刘洁修(2009:1057)。

0666　驱神驾鬼

能够驱驾鬼神。禅家形容机用威猛,神通广大。《绍昙禅师广录》卷一:"祈晴上堂:'衲僧拄杖头,一升三合米。今年春雨多,一饱应难拟。觉海山仙,闻如是语。怒发冲冠,驱神驾鬼。'"(46-250)

按,定型之语已见上揭《绍昙禅师广录》例,《大词典》、刘洁修(2009)、王涛等(编著,2007)、冷玉龙等(主编,2014)均未收。

0667　震天动地　惊天动地

禅家常形容法力神通广大,令天地都震惊。《广灯》卷二六"心印禅师":"问:'一佛出世时如何?'师云:'震天动地。'"(p.547)

又言"惊天动地"。《广灯》卷二〇"王海禅师":"问:'如何是西来意?'师云:'惊天动地。'"(p.360)《圆悟禅师语录》卷一七:"师拈云:'庵主虽生铁铸就,雪峰奈是本分钳锤。当初若一向颟顸,争见惊天动地?'"(41-345)《梵琮禅师语录》卷一:"等闲咥吼一声,直得惊天动地,东村老彻夜烧钱,地炉神不敢瞌睡。"(46-107)

按,定型之语已见三国吴康僧会译《六度集经》卷五:"一蛇遂称颂忍德,说偈陈义,一蛇敬受,遂不害蚖。一蛇曰:'吾等还海中,可乎?'相然俱去,奋其威神,震天动地;兴云降雨,变化龙耀。"王涛等(编著,2007:1449)首举《水经注》例,还可提前,《大词典》、刘洁修(2009)均未收"震天动地"。

0668 倾山覆海

倾倒大山,翻覆海水。《传灯》卷七"灵默禅师":"问:'如何得无心?'师云:'倾山覆海晏然静,地动安眠岂采伊?'"(p.463)《五灯》卷三"灵默禅师"条同。(p.148)

按,定型之语已见于隋智颛撰《维摩罗诘经文疏》卷一三:"汝得禅定得神通,外道亦得禅定神通,能倾山覆海,慈心万姓,刀割香涂,心无憎爱。"这里形容法力神通广大。《大词典》、王涛等(编著,2007)、刘洁修(2009)、冷玉龙等(主编,2014)均未收。

0669 天翻地覆 地覆天翻 天反地覆 翻天覆地

天地都翻了过来。形容十分巨大的动静或变化。《印肃禅师语录》卷三:"若不嗔痴,眼耳如泥,天翻地覆,我自不知。"(44-831)《宗镜录》卷三三:"若能触境而明宗,契神于即物。假使天翻地覆,海沸山崩,尚不见动静之兆朕。"(31-216)

倒言"地覆天翻"。《祖钦禅师语录》卷一:"上堂:'丁一卓二,见三下三。和盘拨转,地覆天翻。'"(47-332)

又作"天反地覆"。《祖堂》卷二"惠能和尚":"云大师拈问龙花:'佛法有何过,祖师不肯会?'花云:'向上人分上合作么生?'进曰:'向上人事如何?'花云:'天反地覆。'"(p.129)

又言"翻天覆地"。《原妙禅师禅要》卷一:"若是觑不破跳不出,切须翻天覆地,离巢越窟。"(47-265)

按,定型之语已见唐刘商《胡笳十八拍》诗:"天翻地覆谁知得? 如今正南看北斗。"《大词典》(2-1451)、刘洁修(2009:1150)"地覆天翻""翻天覆地"条举例晚。

0670　虎骤龙驰　龙驰虎骤

禅家形容机用勇猛迅疾。《圆悟禅师语录》卷一五："临济正宗,自马师黄檗阐大机大用,脱罗笼出窠臼,虎骤龙驰,星飞电激,卷舒擒纵,皆据本分。"（41-323）《祖先禅师语录》卷一："黄梅会里七千指,虎骤龙驰空点胸。碓踏老卢愚且拙,坤维占断最高峰。"（45-408）

倒言"龙驰虎骤"。《碧岩录》卷六："此四句颂赵州答话,大似龙驰虎骤,这僧只得一场忆愕。"（p.304）《圆悟禅师语录》卷一九："问一答十,告往知来。龙驰虎骤,玉转珠回。聊闻举着已瞥地,剔起便行何俊哉!"（41-357）

按,定型之语已见上揭《圆悟禅师语录》例,《大词典》、王涛等（编著,2007）、刘洁修（2009）、冷玉龙等（主编,2014）均未收。

0671　虎啸龙吟

就像老虎在咆哮,神龙在低吟。禅家形容机用威猛,气势威武。《续灯》卷二九"显端禅师":"地藏一琴,谁是知音? 岩松百尺,瀑布千寻。是何之琴? 虎啸龙吟。"（p.794）《普灯》卷七"念禅师":"上堂:'香山一路,本无遮护。虎啸龙吟,蝉噪高树。'"（p.194）《五灯》卷一九"文演禅师":"上堂:'当阳坐断,凡圣迹绝。随手放开,天回地转。直得日月交互,虎啸龙吟。头头物物,耳闻目睹。安立谛上是什么?还委悉么?'"（p.1294）

按,定型之语已见于三国魏管辂《管氏地理指蒙》卷下:"观流泉相阴阳,亦必以三形四势而着其纲维,如曰将星符德,虎啸龙吟。"《大词典》（8-809）举明代用例,偏晚。

0672　虎啸风生　风生虎啸

禅家多形容机用勇猛,气势威武。《倚遇禅师语录》卷一:"上堂云:'龙吟雾起,虎啸风生。法尔如然,非由造作。参玄上士,善别机宜。莫倚他门吃他残饭,况是当人己事。'"（39-726）《续灯》卷四"守芝禅师":"问:'一尘才起,大地全收时如何?'师云:'李广射落云中雁。'僧曰:'龙吟雾起,虎啸风生。'师云:'惊得胡儿走似烟。'"（p.97）《普灯》卷二九"悦禅师":"予有一剑,寒光若练,虎啸风生,飞霞走电。是何之剑? 灰头土面。"（p.747）

倒言"风生虎啸"。《续灯》卷二三"慧和禅师":"林间衲子,信步经行。岭上樵夫,讴歌拍乎。把针岩畔,音乐鸟声。懒瓒庵前,风生虎啸。说甚透声透色,休论达磨迷逢。"（p.648）《圆悟禅师语录》卷一九："雾起龙吟，风生虎啸。两口一舌，异音同调。文殊普贤佛法见，南泉赵州日月面。"（41-364）

按，定型之语已见《北史·张定和传论》："虎啸风生，龙腾云起，英贤奋发，亦各因时。"此喻英雄乘时奋起。《大词典》、王涛等（编著，2007）、刘洁修（2009）、冷玉龙等（主编，2014）均未收上揭语义，又未收"风生虎啸"。

0673　龙吟雾起　雾起龙吟　龙吟雾拥

龙腾空而吟，雾随之升腾。禅家形容悟道得法后机用勇猛、威风凛凛的样子。《广灯》卷二二"曦朗禅师"："问：'师唱谁家曲，宗风嗣阿谁？'师云：'龙吟雾起，虎啸风生。'"（p.416）《续灯》卷四"守芝禅师"："问：'一尘才起，大地全收时如何？'师云：'李广射落云中雁。'僧曰：'龙吟雾起，虎啸风生。'师云：'惊得胡儿走似烟。'"（p.97）《圆悟禅师语录》卷一三："师乃云：'好日多同，十方尽应；好本多同，千差共辙。直得龙吟雾起，虎啸风生，八面更玲珑，一方独峭绝。'"（41-301）

倒言"雾起龙吟"。《圆悟禅师语录》卷五："僧问：'一月在天，影含众水；一佛出世，各坐一花。只如佛未出世时如何？'师云：'风飒飒地。'进云：'恁么则雾起龙吟，风生虎啸。'师云：'犹较些子。'"（41-364）《宏智禅师广录》卷四："上堂：'三界无法，何处求心？风生虎啸，雾起龙吟。'"（44-468）

又言"龙吟雾拥"。《心月禅师语录》卷一："上堂云：'龙吟雾拥，虎啸风生。正落今时，家常茶饭。妙峰孤顶，因甚七日不逢？拟心追求，已在他山之上。且道过在什么处？'"（46-159）又卷二："有僧问云：'龙吟雾拥，虎啸风生。学人知是出世边事，为什么不会？'则云：'会取好。'其僧拂袖归众。"（46-201）

按，定型之语已见上揭《广灯》例，《大词典》、王涛等（编著，2007）、刘洁修（2009）、冷玉龙等（主编，2014）均未收。

0674　云行雨施

云飘过天空，雨普降大地。①禅家比喻法雨普润，广施恩泽。《倚遇禅师语录》卷一："不唯泉石增辉，亦乃龙天喜悦，然云行雨施，自古自今，其奈炉鞴之所，钝铁犹多。"（39-723）《广闻禅师语录》卷一："伶俐汉不赴两头，不住中间，要且只救得一半。且如何是那一半？云行雨施，三草二木。"（46-60）②禅家形容机用猛烈迅疾。《圆悟禅师语录》卷一八："净名呵善现，金牛勘庞老，彼此不相饶，峻机无处讨。云行雨施，雷奔电扫。杀虎陷虎，出草入草。毗婆尸佛早留心，直至如今不得妙。"

（41-355）《联灯》卷一七"道谦禅师"："见天下宗师，大机大用，电卷风旋，云行雨施，如梦相似。"（p.533）

按，定型之语已见《易·乾》："云行雨施，品物流形。"《大词典》、王涛等（编著，2007）、刘洁修（2009）未收上揭②义。

0675 兴云致雨

能使天上起云下雨。禅家形容机用猛烈，法力神通广大。《倚遇禅师语录》卷一："我闻龙生龙子，须是解兴云致雨始得。"（39-740）《续灯》卷六"元舜禅师"："问：'鱼未成龙时如何？'师云：'生风起浪。'僧曰：'成龙后如何？'师云：'兴云致雨。'"（p.177）《慧开禅师语录》卷一："乃云：'遇缘即宗云从龙，随处作主风从虎。大地撮来无寸土，倒岳倾湫，兴云致雨，直得三草二木同沾一雨。'"（42-4）

按，定型之语已见失译附后汉录《分别功德论》卷一："何谓龙不可思议？凡兴云致雨者，皆由于龙雨之，从龙眼耳鼻口出。"《大词典》、王涛等（编著，2007）、刘洁修（2009）均未收。

0676 挈云攫浪　挈云飐浪　挈云攫雾　挈云飐雾

本是神龙拿云攫浪的威猛神态。禅家形容机用威猛，气势磅礴。《传灯》卷二三"德谦禅师"："问：'学人挈云攫浪上来，请师展钵。'师曰：'拶破汝顶。'曰：'也须仙陀去。'师乃棒趁出。"（p.1781）《倚遇禅师语录》卷一："师乃云：'挈云攫浪数如麻，点着铜睛眼便花。除却黄龙头角外，自余浑是赤斑蛇。'"（39-723）

又作"挈云飐浪"。"飐"同"攫"。《五灯》卷八"延彬居士"："指钵盂问殿主：'这个是什么钵？'主云：'药师钵。'彬云：'只闻有降龙钵。'主云：'待有龙即降。'彬云：'忽遇挈云飐浪来，又怎么生？'主云：'他亦不顾。'"（p.468）

又言"挈云攫雾"。《法演禅师语录》卷一："大众，法眼虽不挈云攫雾，争奈遍地清风，四面今日试与法眼把手共行。"（39-118）《碧岩录》卷一："这一喝，也有权也有实，也有照也有用。一等是挈云攫雾者，就中奇特。"（p.22）《原妙禅师语录》卷二："若是挈云攫雾的汉子，决定不堕这野狐窟中，埋没自己灵光，辜负出家本志。"（47-315）

又作"挈云飐雾"。《续灯》卷一四"绍清禅师"："问：'不触波澜，如何趣向？'师云：'得宜须举棹，莫待打头风。'僧曰：'犹是湛水之波，忽遇挈云飐雾又且如何？'师云：'道泰不传天子令。'"（p.419）

按,定型之语已见上揭《传灯》例,《大词典》、王涛等(编著,2007)、刘洁修(2009)、冷玉龙等(主编,2014)均未收。

0677 崖崩石裂

禅家形容机用猛烈,能令崖石崩裂。《慧开禅师语录》卷二:"发一言,出一令,如崖崩石裂,傍人只得眨眼。"(42-21)《虚堂和尚语录》卷九:"夫盅者最灵通,不期而会,不约而同。拶着崖崩石裂,抛出金圈栗蓬,惊倒露柱,吓杀灯笼。"(46-771)《广闻禅师语录》卷二:"铁牛去住之机,狮子反掷之诀。毫芒略露,崖崩石裂。"(46-95)

按,定型之语已见上揭《慧开禅师语录》例,《大词典》、王涛等(编著,2007)、刘洁修(2009)、冷玉龙等(主编,2014)均未收。

0678 龙蟠虎踞 虎踞龙蟠

禅家形容机用威猛。《石溪和尚语录》卷一:"上堂:'龙蟠虎踞,今古嶷然。楚水秦淮,滔滔无间。'"(46-143)《守忠禅师语录》卷二:"九十之翁送子游,龙蟠虎踞岂堪酬?高峰盘结草庵去,佛祖如何敢出头?"(48-707)

倒言"虎踞龙蟠"。《续灯》卷二五"佛鉴禅师":"把定则十方坐断,虎踞龙蟠。放行则千圣出兴,风行草偃。"(p.700)《子淳禅师语录》卷一:"上堂,拈拄杖云:'大洪有个无影杖,虎踞龙蟠孰敢向。有时横按坐虚堂,临济德山还胆丧。'"(41-41)

按,定型之语已见三国管辂《管氏地理指蒙》卷上:"虽龙蟠虎踞,冲阳和阴,不可得。"此喻地势险要,《大词典》、王涛等(编著,2007)、刘洁修(2009)、冷玉龙等(主编,2014)均未收上揭语义。

0679 卒风暴雨 暴雨卒风 狂风暴雨 卒风骤雨

疾风暴雨,形容风雨很大。《广灯》卷一二"存奖禅师":"师云:'大众,兴化昨日赴个村斋,回到半路遇卒风暴雨,去神庙里避得。'"(p.173)《普觉禅师语录》卷八:"卒风暴雨时,向古廊里躲得过。"(42-286)《智朋禅师语录》卷一:"发洪,上堂:'卒风暴雨,鼓荡无前。石裂崖崩,回避不及。'"(46-546)

倒言"暴雨卒风"。《宏智禅师广录》卷九:"暴雨卒风,潜神堂而避阵;吼雷掣电,战禅席而交锋。"(44-604)《祖钦禅师语录》卷三:"阿师昨日赴村斋,几被他人一窖埋。暴雨卒风回避得,也成平地露尸骸。"(47-379)

又言"狂风暴雨"。《如净和尚语录》卷二:"衲僧个个顶门秃,蓦札变怪,狂风暴雨,乃至交滚大地雪漫漫。"(45-459)

又言"卒风骤雨"。《师范禅师语录》卷二:"竖拂子云:'看看!德济龙王向这里逞大神通,降一阵卒风骤雨,泻向诸人面前。'"(45-692)

按,定型之语已见于失译附秦录《毗尼母经》卷六:"比丘在耆阇崛山中露地经行,值天卒风暴雨,兼复日热所逼。"《大词典》、王涛等(编著,2007)、刘洁修(2009)、冷玉龙等(主编,2014)均未收"暴雨卒风""卒风骤雨"。

0680 天崩地裂

天空崩塌,大地裂开。形容巨大的变化。《道冲禅师语录》卷二:"直得心心无间,念念不忘。日久岁深,逢境遇缘,筑着磕着,如崖颓石殒,天崩地裂相似。"(45-284)

按,刘洁修(2009:1149)谓"原作'天崩地坼',出《战国策·赵策三》:'天崩地坼,天子下席'",当是。

0681 天崩地陷 地陷天崩

天空崩倒,大地塌陷。形容巨大的变化。《联灯》卷一九"天然禅师":"师问翁:'住在甚处?'翁云:'上是天下是地。'师云:'忽遇天崩地陷,又作么生?'翁云:'苍天苍天。'"(p.577)《五灯》卷五"天然禅师"条同。(p.262)

倒言"地陷天崩"。《子益禅师语录》卷一:"此段光明,辉天鉴地。灵山错话,曹溪错指。雾暗云屯兮,历历常明;地陷天崩兮,也只如是。"(47-73)《祖钦禅师语录》卷四:"啐地断,嚗地折。如崖崩石裂,地陷天崩始得。"(47-398)

按,定型之语已见北魏崔鸿《十六国春秋》卷十七:"季龙从其后宫升陵霄观望之,笑曰:'我家父子如是,自非天崩地陷,当复何愁,但抱子弄孙日为乐耳!'"《大词典》、王涛等(编著,2007)、刘洁修(2009)、冷玉龙等(主编,2014)均未收"地陷天崩"。

0682 拔树鸣条 拔木鸣条

本指狂风拔倒大树,吹响枝条。禅家比喻禅机勇猛无比,势不可当。《仁勇禅师语录》卷一:"上堂:'春雨如膏,春风如刀。填沟塞壑,拔树鸣条。会么?鱼行水浊,鸟飞落毛。'"(41-12)《普灯》卷二七"勇禅师":"万年松下忽相逢,拔树鸣条浩浩风。堪笑晚来无处觅,崔嵬和雨在云中。"(p.681)《古尊宿》卷九"慈照禅师":"上堂次,遇狂风起,乃曰:'狂风忽起,拔树鸣条。祖令正行,谁人当抵?'"

（p.155）

又言"拔木鸣条"。《续灯》卷一〇"圆通禅师"："寒雨细,朔风高。吹沙走石,拔木鸣条。"（p.286）又卷二一"系南禅师"："上堂云:'物我两如,是非一气。云无心而解听龙吟,充天塞地。风无迹而能闻虎啸,拔木鸣条。'"（p.608）《五灯》卷一六"圆通禅师"："上堂:'寒雨细,朔风高。吹沙走石,拔木鸣条。诸人尽知有,且道风作何色? 若识得去,许你具眼。若也不识,莫怪相瞒。参。'"（p.1038）

按,定型之语已见上揭《仁勇禅师语录》例,《大词典》、王涛等（编著,2007）、刘洁修（2009）、冷玉龙等（主编,2014）均未收。

0683 飞沙走石　吹沙走石　石走沙飞

本指风力迅猛,能令沙土飞扬,石块滚动。禅家形容禅机勇猛无比,势不可当。《古尊宿》卷四六"慧觉和尚"："所以古德道,君但随缘得似风,飞沙走石不乖空,但于事上通无事,见色闻声不用聋。珍重。"（p.904）《崇岳禅师语录》卷一同。（45-326）

又言"吹沙走石"。《守端禅师语录》卷一："乃云:'君若随缘得似风,吹沙走石不乖空,但于事上通无事。'"（39-44）《宗杲禅师语录》卷二："禀奔雷掣电之机,负挟山超斗之气。逢人说妙谈玄,本分全无巴鼻。或时吹沙走石,原来是他游戏。若还不是具眼作家,管取落他这般圈缋。"（X69/62c）

又言"石走沙飞"。《慧晖禅师语录》卷一："十一月朔旦,上堂曰:'辜月今朝初一日,正当冬至满霜月。一阳佳节大家章,字字含玄向白日。'展开两手而曰:'石走沙飞。'"（42-99）

按,定型之语已见于唐王松年《郭文探虎娄冯盗惊》:"须臾大风拔树,飞沙走石,天地徒暗,贼众一时顿地,反手背上。贼乃求哀乞命,冯即救天兵放之而去。"此言风力迅猛,沙土飞扬,石块滚动,禅义由此隐喻而来。《大词典》、王涛等（编著,2007）、刘洁修（2009）、冷玉龙等（主编,2014）均未收上揭语义。

0684 喝佛骂祖　呵佛骂祖

任意呵骂佛祖。禅家形容禅悟后狂傲不羁、藐视佛祖的大胆行为。《黄檗禅师宛陵录》卷一："平日只学口头三昧,说禅说道,喝佛骂祖,到这里都用不着。"（T48/387a）

又言"呵佛骂祖"。《续灯》卷二三"杲禅师"："若向这里荐得,可谓终日着衣,未尝挂一缕丝;终日吃饭,未尝咬破一粒米。直是呵佛骂祖,有什么过? "（p.647）

《普灯》卷三"可真禅师":"喆侍者垂泣曰:'平生呵佛骂祖,今何为乃尔?'师熟视,呵曰:'汝亦作此见解耶?'"(p.66)《真净禅师语录》卷一:"上堂:'德山呵佛骂祖,承其言者多,见德山者少。黄龙佛手驴脚,见黄龙者众,善其机者稀。'"(39-649)

按,定型之语已见上揭唐裴休集《黄檗禅师宛陵录》例,刘洁修(2009:466)举《传灯》例,偏晚。另可参袁宾、康健(主编,2010:163、165),雷汉卿(2009:323)。

0685 呵风骂雨　骂雨呵风

本指任意呵骂风雨。禅家形容禅悟后放荡不羁的行为。《传灯》卷一四"道悟禅师":"且天皇道悟下出个周金刚,呵风骂雨,虽佛祖不敢婴其锋。"(p.991)《慧远禅师语录》卷四:"如珠走盘盘走珠,星飞电转了无余。他年呵风骂雨,巍巍独坐妙峰顶。"(45-83)

倒言"骂雨呵风"。《普灯》卷二〇"慧温禅师":"师乃释然,述偈曰:'拶出通身是口,何妨骂雨呵风?'"(p.498)《子益禅师语录》卷一:"上堂:'有一人在百尺竿头,阔行大步,口不能言。有一人在万人丛里,骂雨呵风,足不能履。且道哪个优?哪个劣?'"(47-69)

按,定型之语已见于唐栖复《法华经玄赞要集》卷二五:"言七不可意者,所爱五欲是可意者即生喜,不可意即生嗔。或即缘非情起,如呵风骂雨等。"此用其本义。《大词典》、王涛等(编著,2007)、刘洁修(2009)、冷玉龙等(主编,2014)均未收。

0686 踢天弄井

做上天入地之事。形容放旷不羁的行为。《虚堂和尚语录》卷九:"泉云:'夜来何处火,烧出古人坟。此意如何?'师云:'踢天弄井得人憎。'"(46-776)

按,定型之语已见上揭《虚堂和尚语录》例,王涛等(编著,2007:1058)举明代用例,《大词典》(10-497)、刘洁修(2009:1145)并举元代用例,均晚。

0687 不拘小节

指不拘泥于琐细之事。《祖堂》卷四"石头和尚":"乃曰:'自性清静,谓之戒体。诸佛无作,何有生也?'自尔不拘小节,不尚文字。"(p.196)

按,定型之语已见《后汉书·虞延传》:"(延)性敦朴,不拘小节,又无乡曲之誉。"参《大词典》(1-418)、王涛等(编著,2007:86)、刘洁修(2009:93)。

0688 放旷不羁

犹言放荡不羁。形容行为放纵自在,不受拘束。《续灯》卷一六"法真禅师":

"冷然作活自由,荡荡无拘无碍。随缘任运腾腾,从你九旬结制。虽然放旷不羁,亦要时中管带。"(p.470)

按,此为"放荡不羁"之变体,定型之语已见上揭《续灯》例,《大词典》、王涛等(编著,2007)、刘洁修(2009)、冷玉龙等(主编,2014)均未收。

八 "人生"类

"人生"类成语,正体80条,变体35条,共115条。范畴义有"人生""生命""生活""行脚""地狱""畜生道""恶鬼""报应""灾祸""火灾""处境""家境""身份""名字""名声""罪过""功劳""机遇""依靠""行事""处事""毁坏"22类,核心义有"归宿""虚度""失去""自及""先及""泛称""难得""竭尽""忙碌""弥补""卜度"11类叙述性语义特征,"闲逸""劳苦""苦恶""多""危殆""富贵""贫寒""尊贵""大""困厄""迅速""同时"12类描述性语义特征。核心语义有"人生归宿""人生虚度""失去生命""生命危殆""生活闲逸""生活劳苦""行脚劳苦""地狱苦恶""轮回苦恶"(包括畜生道苦恶、恶鬼苦恶)、"报应苦恶""灾祸苦恶""灾祸自及""灾祸多""灾祸先及""火灾先及""处境危殆""家境富贵""家境贫寒""身份尊贵""名字泛称""名声大""罪过大""功劳大""机遇难得""依靠失去""同时毁坏""处事忙碌""行事困厄""行事迅速""弥补不足""竭尽心思""行事卜度"32类。

0689 叶落归根

树叶落了就会回归到树根。①比喻人或事物终究要回归原本的归宿。《祖堂》卷二"惠能和尚":"门人问师:'师归新州,早晚却回?'师云:'叶落归根,来时无日。'"(p.130)②禅家也比喻回归到本原清净之心灵家园。《续灯》卷一六"普聪禅师":"上堂云:'寂住峰顶,叶落归根;明月堂前,金风玉露。'"(p.468)《广灯》卷二一"山谞禅师":"问:'叶落归根时如何?'师云:'一岁一枯荣。'"(p.402)《五灯》卷一六"启禅师":"僧问:'如何是祖师西来意?'师曰:'松长柏短。'曰:'意旨如何?'师曰:'叶落归根。'"(p.1044)

按,定型之语已见上揭《祖堂》例,《大词典》、王涛等(编著,2007)、刘洁修

（2009）、冷玉龙等（主编,2014）均未收②义。

0690　虚生浪死

虚度一生,终老而死。形容人一生平庸无为,没有取得什么成就。《祖堂》卷一三"报慈和尚":"师以杖趁出法堂,云:'这虚生浪死汉!'"(p.593)《传灯》卷一六"义存禅师":"师便作卧势,良久起曰:'问什么?'僧再举,师曰:'虚生浪死汉。'"(p.1141)《续灯》卷一一"圆照禅师":"若也用之不得,一任怀宝迷邦,向外驰求;蹈破草鞋,虚生浪死。"(p.314)

按,定型之语已见唐张鷟《朝野金载》卷三:"太平公主就其宅看,叹曰:'看他行坐处,我等虚生浪死。'"参刘洁修(2009:1295)。

0691　粉骨碎身

谓身躯粉碎,牺牲性命。《祖堂》卷一九"临济和尚":"师复返黄檗,启闻和尚:'此回再返,不是空归。'黄檗曰:'何故如此?'师曰:'于一棒下入佛境界,假使百劫,粉骨碎身,顶擎绕须弥山,经无量匝,报此深恩,莫可酬得。'"(p.856)《续灯》卷二"光祚禅师":"僧曰:'侍者辜负国师,意旨如何?'师云:'粉骨碎身未足酬。'"(p.39)

按,定型之语已见唐颜真卿《同州刺史谢上表》:"誓当粉骨碎身,少酬万一。"可参刘洁修(2009:347)、雷汉卿(2009:315)。

0692　隈山傍水

指依傍山水过着清净的生活。《传灯》卷五"本净禅师":"天下禅宗硕学咸会京师,天使归朝,足可咨决。贫道隈山傍水,无所用心。"(p.346)《五灯》卷二"本净禅师"条同。(p.94)

按,此语为"依山傍水"之变体,定型之语已见上揭《传灯》例,《大词典》、王涛等(编著,2007)、刘洁修(2009)、冷玉龙等(主编,2014)均未收。

0693　游山玩水　玩水游山　看山玩水　玩水看山　观山玩水　玩水观山

指游览玩赏山水风光。《祖堂》卷六"洞山和尚":"师曰:'什么时离西天?'曰:'斋后离。'师曰:'太迟生!'对曰:'迤逦游山玩水来。'"(p.304)《普灯》卷二六"准禅师":"我生已尽,梵行已立,为什么不归家稳坐,只管游山玩水?"(p.650)

倒言"玩水游山"。《明觉禅师语录》卷二:"问新到:'寻师访道?玩水游山?'僧云:'谢和尚顾问。'"(39-164)

又言"看山玩水"。《五灯》卷七"兴圣国师":"鼓山自住三十余年,五湖四海来者,向高山顶上看山玩水,未见一人快利。"(p.411)

倒言"玩水看山"。《续灯》卷九"圆照禅师":"上堂云:'姑苏台畔,不话春秋。衲僧面前,岂论玄妙? 只可着衣吃饭,玩水看山。'"(p.257)《普灯》卷三"圆照禅师"条同。(p.77)

又言"观山玩水"。《虚堂和尚语录》卷四:"有志于此殷切者,寻师择友,如救头然,终不为身衣口食,观山玩水,悠悠送日。"(46-695)

倒言"玩水观山"。《虚堂和尚语录》卷一〇:"逃空劫外已苍然,玩水观山得几年。闻说听经曾肯首,老来无力补青天。"(46-784)

按,定型之语已见上揭《祖堂》例,《大词典》、王涛等(编著,2007)、刘洁修(2009)、冷玉龙等(主编,2014)均未收"玩水游山""看山玩水""玩水看山""观山玩水""玩水观山"。

0694 东游西玩

指四处游玩。《清了禅师语录》卷一:"着衣吃饭,扫地煎茶,东游西玩,大小便利。有什么过?"(42-74)

按,定型之语已见上揭《清了禅师语录》例,《大词典》、王涛等(编著,2007)、刘洁修(2009)、冷玉龙等(主编,2014)均未收。

0695 啸月吟风

吟诵风月。形容过着闲逸自得的生活。《普灯》卷二四"法海立禅师":"山僧今日不免横担拄杖,高挂钵囊,向无缝塔中安身立命,于无根树上啸月吟风。"《五灯》卷六"法海立禅师"条同。(p.358)

按,定型之语已见上揭《普灯》例,《大词典》、王涛等(编著,2007)、刘洁修(2009)、冷玉龙等(主编,2014)均未收。

0696 披云啸月

吟诵云月。形容过着闲适自在的生活。《石门文字禅》卷一〇:"定应自扫岩边石,时发披云啸月声。"(95-123)《古尊宿》卷二七"清远禅师":"大众,荆棘林中红烂,尽无路还乡。二时堂内绝粮方,却须归去。所以山僧二十年披云啸月,未始游方。"(p.502)《印肃禅师语录》卷二:"披云啸月吟古风,透石穿山谈正法。只个心如巧师,只个身如无缝塔。"(44-780)

按,定型之语已见上揭北宋惠洪《石门文字禅》例,《大词典》、王涛等(编著,2007)、刘洁修(2009)、冷玉龙等(主编,2014)均未收。

0697 啸月眠云

形容过着闲适自在的生活。《普灯》卷一七"宁禅师":"上堂曰:'有时孤峰顶上啸月眠云,有时大洋海中翻波走浪,有时十字街头七穿八穴。诸人还相委悉么?'"(p.445)《原肇禅师语录》卷一:"前日孤峰顶上,啸月眠云,快活不彻。"(46-469)《绍昙禅师广录》卷一:"上堂:'三兄五弟,啸月眠云,看山玩水。'"(46-249)

按,定型之语已见上揭《普灯》例,《大词典》、王涛等(编著,2007)、刘洁修(2009)、冷玉龙等(主编,2014)均未收。

0698 枕石漱流

以石为枕,用流水漱口。形容过着隐居山林的闲逸生活。《传灯》卷二八"无业国师":"只如野逸高士,尚解枕石漱流,弃其利禄,亦有安国理民之谋,征而不赴。"(p.2286)

按,定型之语已见三国魏曹操《秋胡行》之一:"遨游八极,枕石漱流饮泉。"参《大词典》(4-882)、刘洁修(2009:1462)、王涛等(编著,2007:1447)。

0699 牛闲马放

牛马闲逸散放。形容过着散逸自在的生活。《普灯》卷二一"彦岑禅师":"我国晏然,四海九州,尽归皇化。自然牛闲马放,风以时,雨以时,五谷熟,万民安。大家齐唱村田乐,月落参横夜向阑。"(p.523)《五灯》卷二〇"彦岑禅师"条同。(p.1378)

按,定型之语已见上揭《普灯》例,《大词典》、王涛等(编著,2007)、刘洁修(2009)、冷玉龙等(主编,2014)均未收。

0700 嘲风咏月

泛指吟诗作赋。《古尊宿》卷二八"佛眼和尚":"大众,秀才问佛居何国土,长沙为什么却恁么道? 秀才寻常嘲风咏月,为什么长沙面前一辞不措?"(p.518)

按,定型之语已见上揭《古尊宿》例,参《大词典》、王涛等(编著,2007:134)等。

0701 摇头摆尾 摆尾摇头

本指动物摇动头,摆动尾巴。禅家常形容悠闲自得的样子。《联灯》卷二三"元安禅师":"后临济上堂云:'临济门下有一赤梢鲤鱼,摇头摆尾向南方去,不知向谁家斋瓮里淹杀。'"(p.698)

倒言"摆尾摇头"。《普灯》卷三〇"保宁勇禅师":"君不见归耕有畴,归钓有舟,不如骑取个无眼耳鼻的水牯牛,向三家村里东倒西傈,摆尾摇头,清溪万顷,月印中流。"(p.789)

按,定型之语已见《敦煌变文校注·降魔变文》:"亦有雪山象王、金毛狮子,震目扬眉,张牙切齿,奋迅毛衣,摇头摆尾。"此用其本义,参孙维张(2007;309)、刘洁修(2009;1335)。

0702 摇头摆脑

摇晃脑袋。禅家常形容放旷自在的样子。《普灯》卷七"普鉴禅师":"老水牯牛近日亦自多病多恼,不甘水草,遇着暖日和风,当下和身便倒。教渠拽耙牵梨,直是摇头摆脑。可怜万顷良田,一时变为荒草。"(p.185)又卷二五"真一禅师":"济云:'我有一头赤梢鲤鱼,摇头摆脑直往南方去也。'"(p.622)

按,定型之语已见五代王朴《太清神鉴》卷五:"坐而转身回面者毒,坐而摇头摆脑者狡。"指摇晃脑袋,禅义由此引申而来。王涛等(编著,2007:1280)、刘洁修(2009:1335)并举《五灯》例,偏晚。

0703 韬名晦迹

隐姓埋名,隐匿踪迹。比喻不显露锋芒和才能。《圆悟禅师语录》卷一四:"今时不敢望如此,但只韬名晦迹守本分,作个骨律锥老衲。"(41-313)

按,定型之语已见上揭《圆悟禅师语录》例,《大词典》、王涛等(编著,2007)、刘洁修(2009)、冷玉龙等(主编,2014)均未收。

0704 韬光晦迹　晦迹韬光

收敛光芒,隐藏踪迹。比喻不显露锋芒和才能。《慧开禅师语录》卷二:"生怕云门打杀伊,韬光晦迹许多时。而今再出头来也,天上人间更有谁?"(42-23)《古尊宿》卷三一"佛眼禅师":"诚实无差,方知道无迷无悟,非圣非凡。若实得恁么,便好韬光晦迹,履践诸圣玄途。其或未然,直须管带始得。"(p.581)

倒言"晦迹韬光"。《原妙禅师语录》卷二:"若是有志丈夫,正好向这里晦迹韬光,潜行密用。或三十年二十年,以至一生,终无他念,踏得实实落落,稳稳当当。"(47-261)《梵琦禅师语录》卷一七:"有无但较三十里,晦迹韬光乐于己。诏书飞出凤凰楼,三度入山征不起。"(49-653)

按,定型之语已见梁慧皎《高僧传·释僧周》:"释僧周,不知何人,性高烈,有奇志操,而韬光晦迹,人莫能知。"参《大词典》(12-686)、刘洁修(2009:1142),王涛等(编著,2007:1054)举《醒世恒言》例,偏晚。

0705 风吹日炙 日炙风吹

遭受大风吹打,太阳暴晒。形容生活十分艰辛劳苦。《普灯》卷二七"仁勇禅师":"风吹日炙露尸骸,泣问山人觅地埋。忍俊不禁多口老,阴阳无处可安排。"(p.679)《广闻禅师语录》卷一:"上堂:'六祖不会,谁云卞璧无瑕颣。达磨不识,生铁蒺藜当面掷。碓捣磨磨,风吹日炙,无位真人汗滴滴。'"(46-52)

倒言"日炙风吹"。《善昭禅师语录》卷二:"僧问宝应念和尚:'如何是祖师西来意?'念云:'风吹日炙,日炙风吹不计年,行人尘路辨应难,拟心已早深三尺,更教谁问个中玄?'"(39-595)《慧方禅师语录》卷四:"听取山僧一颂:'日炙风吹知几年,玄中密意妙难传。当机若见首山老,直下应须了目前。'"(41-804)

按,定型之语已见东晋佛陀跋陀罗、法显译《摩诃僧祇律》卷二三:"见一比丘坐树下,作是语:'沙门出家修梵行在树下苦,昼则风吹日炙,夜则蚊虻所螫。'"《大词典》、王涛等(编著,2007)、刘洁修(2009)、冷玉龙等(主编,2014)均未收。

0706 刀耕火种

用刀耕种,用火烧地。泛指原始的耕种方式。《法薰禅师语录》卷三:"所以前辈悟心之后,彻底搅不浑,通身扑不破。三葽束肚,随处住山。木食草衣,刀耕火种。"(45-642)《五灯》卷二〇"行机禅师":"年二十五弃妻孥,学出世法。晚见此庵,密有契证。出应莞山,刀耕火种,单丁者一十七年。"(p.1362)

按,定型之语已见上揭《法薰禅师语录》例,可参刘洁修(2009:258)、孙维张(2007:64)。

0707 餐风饮露

形容十分艰苦的野外生活。《续灯》卷三"禅智禅师":"问:'如何是禅?'师云:'餐风饮露。'僧曰:'意旨如何?'师云:'谛听!谛听!'"(p.86)

按,定型之语已见上揭《续灯》例,《大词典》(12-542)首引明代用例,偏晚。

0708 草衣木食 木食草衣

穿的是草衣,吃的是果木。形容过着艰苦的生活。《黄檗禅师传心法要》卷一:"若不会此意,纵尔学得多知,勤苦修行,草衣木食。不识自心,尽名邪行,定作天魔眷属。"（T48/383b）《道冲禅师语录》卷二:"永曰:'然有是哉,去古既远,人根微劣,即其草衣木食,山栖水宿,必有颠覆。'"（45-312）

倒言"木食草衣"。《传灯》卷一四"义忠禅师":"师又示众曰:'诸人若未曾见知识即不可,若曾见作者来,便合体取些子意度,向岩谷间木食草衣,怎么去方有少分相应。'"（p.1049）《法薰禅师语录》卷三:"三菽束肚,随处住山。木食草衣,刀耕火种。向镢头边,觅一个半个。"（45-642）

按,定型之语已见上揭唐裴休集《黄檗禅师传心法要》例,王涛等（编著,2007:120）、刘洁修（2009:143）并举元代用例,均晚。《大词典》、王涛等（编著,2007）、刘洁修（2009）均未收"木食草衣"。

0709　手胼足胝

手掌和脚底都长满了老茧。形容生活十分劳苦。《慧远禅师语录》卷二:"老魔王杀人放火,无处声冤。驱耕夫牛,夺饥人食。空引得四海禅衲,冒犯霜露。手胼足胝,毕竟成得他什么边事?残羹馊饭,不自收拾。"（45-48）

按,定型之语已见唐顾况《上古之什补亡训传十三章》之一:"秀盛苗衰,耕之耰之。被襫锄犁,手胼足胝。"《大词典》首引明代用例,偏晚。

0710　逾海越漠　　踰海越漠

渡过大海,穿过沙漠。形容长途跋涉,十分艰辛。《传灯》卷三"菩提达磨":"缘吾本离南印来此东土,见赤县神州有大乘气象,遂逾海越漠,为法求人。"（p.127）《惟一禅师语录》卷一:"菩提达磨,逾海越漠,扇而东之。"（47-7）

又作"踰海越漠","踰"同"逾"。《破庵禅师语录》卷一:"达磨大师眼空四海,踰海越漠,见他武帝,只道得个廓然无圣。"（45-400）《惟一禅师语录》卷一:"达磨西来,踰海越漠,游梁历魏。"（47-57）

按,定型之语已见于唐实叉难陀译《大方广佛华严经·序》:"殊祯绝瑞,既日至而月书;贝牒灵文,亦时臻而岁洽。逾海越漠,献琛之礼备焉;架险航深,重译之辞馨矣。"《大词典》、王涛等（编著,2007）、刘洁修（2009）、冷玉龙等（主编,2014）均未收。

0711　挑囊负钵　　携囊挈钵

肩挑行囊,背负饭钵。形容僧人四处奔波参禅的行脚生活。《圆悟禅师语录》卷一三:"诸人既是挑囊负钵,遍参知识,怀中自有无价之宝,方向这里参学。"（41-

308)《续灯》卷一四"任勇禅师":"山僧二十余年挑囊负钵,向寰海之内参善知识十数余人,自家并无个见处,有若顽石相似。"(p.405)《新月禅师语录》卷一:"若也未能如此,不免挑囊负钵,拨草瞻风,闭目藏睛,三二十年,向鬼窟里作梦。"(46-226)

又言"携囊挈钵"。《广灯》卷二一"戒禅师":"师乃云:'好诸上座,携囊挈钵,东西南北行脚,当为何事?'"(p.397)《行珙禅师语录》卷一:"如今人道,是有禅有道,携囊挈钵,东西南北驰求。"(47-194)

按,定型之语已见上揭《圆悟禅师语录》例,《大词典》、王涛等(编著,2007)、刘洁修(2009)、冷玉龙等(主编,2014)均未收,参雷汉卿(2009:291)。

0712　他乡异井

泛指家乡以外的异乡。《古尊宿》卷二七"佛眼和尚":"上堂云:'若论此事,如中秋夜望圆月相似,净无云翳,人皆见之,南阎浮提无所不照。诸人各在他乡异井,各有父母家山,你道彼中还有么?'"(p.513)

按,定型之语已见上揭《古尊宿》例,《大词典》、王涛等(编著,2007)、刘洁修(2009)、冷玉龙等(主编,2014)均未收。

0713　离乡涉井

禅家指离开家乡,外出行脚参禅。《古尊宿》卷三七"神晏禅师":"如今奉劝诸兄弟,大丈夫汉一等是离乡涉井,访道寻师。为自己事,也须眨上眉毛,著些子精彩,于亲躬事有辨明处。"(p.683)

按,定型之语已见上揭《古尊宿》例,《大词典》、王涛等(编著,2007)、刘洁修(2009)、冷玉龙等(主编,2014)均未收。

0714　担簦负笈

背着柄笠和书箱。禅家形容行脚僧长途跋涉,行脚参禅的劳苦生活。《普灯》卷二九"文悦禅师":"赫日光中谁不了,底事堂堂入荒草。担簦负笈苦劳神,从门入者非家宝。"(p.746)《古尊宿》卷四一"文悦禅师"条同。(p.775)

按,定型之语已见《陈书·沈不害传》:"助教博士,朝夕讲肄,使担簦负笈,锵锵接衽,方领矩步,济济成林。"《大词典》、王涛等(编著,2007)、刘洁修(2009)、冷玉龙等(主编,2014)均未收。

0715　游州猎县

禅家指僧人游历他方,行脚参禅。《传灯》卷一九"文偃禅师":"直须在意,莫空游州猎县,横担拄杖,一千二千里走趁,这边经冬,那边过夏。"(p.1429)《碧岩录》卷九:"不见云门大师道:'行脚汉,莫只空游州猎县,只欲得提搦闲言语,待老和尚口动,便问禅问道、向上向下、如何若何。'"(p.424)《密庵和尚语录》卷一:"本色行脚道流,不在游州猎县。"(45-220)

按,定型之语已见上揭《传灯》例,《大词典》、王涛等(编著,2007)、刘洁修(2009)、冷玉龙等(主编,2014)均未收,参雷汉卿(2009:303)。

0716 奔南走北

禅家指行脚僧到处奔波,行脚参禅。《道宁禅师语录》卷一:"师曰:'诸禅德,这僧奔南走北即且置,只如玄沙恁么道,为复是赞叹语?是不肯语?'"(39-772)《密庵和尚语录》卷一:"有禅道佛法可吩咐与人,未学纷纷不本其由,抛家失业,玲珊辛苦,奔南走北。"(45-221)《普灯》卷二九"卍庵颜禅师":"拔出赵州舌头,去却当门荆棘。归家倒卧横眠,冷笑奔南走北。"(p.776)

按,定型之语已见上揭《道宁禅师语录》例,《大词典》、王涛等(编著,2007)、刘洁修(2009)、冷玉龙等(主编,2014)均未收。

0717 千乡万里

①形容跋涉的路途十分遥远。《祖堂》卷八"云居和尚":"道尔千乡万里行脚来,为个什么事?"(p.365)《传灯》卷一九"文偃禅师":"自是诸人信根浅薄,恶业浓厚,突然起得许多头角,担钵囊,千乡万里受屈。"(p.1428)《古尊宿》卷三八"初禅师":"上堂:'诸德提将钵囊拄杖,千乡万里行脚,盖为生死不明。'"(p.716)②禅家也形容距离悟道十分遥远。《续灯》卷一八"真悟禅师":"僧曰:'恁么则万般施设不如常。'师云:'千乡万里。'僧曰:'未明佛法千般境,悟了心中万事无。'师云:'勿交涉。'"(p.531)

按,定型之语已见上揭《祖堂》例,《大词典》、王涛等(编著,2007)、刘洁修(2009)、冷玉龙等(主编,2014)均未收。

0718 东奔西走

谓到处奔波逃窜。《祖堂》卷一七"通晓大师":"值会昌四年沙汰僧流,毁坼佛宇。东奔西走,窜身无所。"(p.757)

按,定型之语已见上揭《祖堂》例,《大词典》(4-833)举明代用例,王涛等(编著,2007:240)、刘洁修(2009:283)举宋代用例,均晚。

0719　洋铜灌口

用融化的铜水灌入口中。佛教指遭受的一种地狱酷刑。《古尊宿》卷四一"文悦禅师"："岂不见教中道：'宁以热铁缠身，不受信心人衣；宁以洋铜灌口，不受信心人食。'"（p.773）

按，定型之语已见三国吴支谦译《佛说阿难四事经》卷一："宁洋铜灌口，利刀截舌，慎莫谤毁此清洁之人。"《大词典》、王涛等（编著，2007）、刘洁修（2009）、冷玉龙等（主编，2014）均未收。

0720　拔舌犁耕

拔掉舌头，用犁耕舌。佛教认为人生前两舌，死后入地狱受此酷刑。《承古禅师语录》卷一："凡有所说，是大虚妄。自诳诳他，尔后拔舌犁耕定矣。"（39-544）《虚堂和尚语录》卷二："有一句子到，尔拔舌犁耕。无一句子到，尔自招殃祸。"（46-663）

按，定型之语已见于元魏菩提流支译《佛说佛名经》卷一一："刀轮火车地狱，劈轹罪报忏悔。拔舌犁耕地狱，楚痛罪报忏悔。"《大词典》、王涛等（编著，2007）、刘洁修（2009）、冷玉龙等（主编，2014）均未收。

0721　披毛戴角　被毛戴角　披毛带角　戴角披毛

身上披着毛，头上戴着角。①禅家用来比喻坠入畜生道，变为畜生。《临济禅师语录》卷一："尔若念念心歇不得，便上他无明树，便入六道四生，披毛戴角。你若歇得，便是清净身界。"（T47/500c）《传灯》卷二〇"陵珏和尚"："问：'学人不负师机，还免披毛戴角也无？'师曰：'阇梨也可畏，对面不相识。'"（p.1488）《慧开禅师语录》卷一："山僧僭和一首：'眼如鼻孔口如槌，业识忙忙唤不回。南浦西山耕未遍，披毛戴角又重来。'"（42-3）②禅家也用来比喻参禅者应像畜生那样适意任性，不受各种情识的羁绊。《续灯》卷一六"常利禅师"："问：'如何是大人相？'师云：'披毛戴角。'僧曰：'学人不会。'师云：'紫磨金容。'"（p.471）《子淳禅师语录》卷二："'若能如是，始解向异类中行，诸人到这里，还相委悉么？'良久曰：'常行不举人间步，披毛戴角混泥尘。'"（41-50）

又作"被毛戴角"。比喻参禅者应像畜生那样适意任性，不受各种情识的羁绊。《祖堂》卷一四"高城和尚"："应大躯，应小躯，运用只随如意珠，被毛戴角形虽异，能应之心体不殊。"（p.651）又卷九"九峰和尚"："问：'被毛戴角的人居何位次？'"

师云:'白银为地,黄金为墙。'"(p.441)

又作"披毛带角"。①禅家用来比喻坠入畜生道,变为畜生。《联灯》卷九"义玄禅师":"你若念念心歇不得,便上他无明树,便入六道四生,披毛带角。你若歇得,便是清净身界。"(p.283)《五灯》卷一三"本寂禅师":"稠布衲问:'披毛带角是什么堕?'师曰:'是类堕。'"(p.788)②禅家比喻参禅者应像畜生那样适意任性,不受各种情识的羁绊。《倚遇禅师语录》卷一:"诸仁者,看看,释迦老子披毛带角,上刀山入火聚,然后变作一头水牯牛,走入沩山队里去也。"(39-728)《普灯》卷二四"云顶禅师":"问:'如何是毗卢师?'曰:'口吐阴阳宣造化。'云:'超然迥出威音外也。'曰:'须作披毛带角人去始得。'"(p.600)

倒言"戴角披毛"。禅家比喻参禅者应像畜生那样适意任性,不受各种情识的羁绊。《仁勇禅师语录》卷一:"戴角披毛恁么来,铁围山岳尽冲开,阎浮踏杀人无数,蓦鼻深穿拽不回。"(41-27)《五灯》卷一二"德章禅师":"曰:'如何是夺境不夺人?'师曰:'戴角披毛异,来往任纵横。'"(p.737)

按,定型之语已见上揭唐慧然集《临济禅师语录》,《大词典》、王涛等(编著,2007)、刘洁修(2009)、冷玉龙等(主编,2014)均未收第②义。

0722 牵犁拽耙　　拽耙牵犁　　拖犁拽耙

牵引拖拽犁耙,指田间劳苦的畜力活。禅家常喻指坠入畜生道。《传灯》卷一八"师备禅师":"如今若不了,明朝后日看变入驴胎马肚里,牵犁拽耙,衔铁负鞍,碓捣磨磨,水火里烧煮去,大不容易受,大须恐惧好!"(p.1317)《续灯》卷一四"了觉禅师":"问:'未离兜率,已降王宫。未审是什么人?'师云:'牛头出,马头回。'僧曰:'未审是法身?报身?'师云:'牵犁拽耙。'"(p.408)《普灯》卷二八"辩禅师":"人人有个生缘,从来罪大弥天。不是牵犁拽耙,便须鼎镬油煎。"(p.716)

倒言"拽耙牵犁"。《昙华禅师语录》卷三:"上堂:'披毛戴角,拽耙牵犁。耕荆棘林,下地狱种。开三毒花,结无明果。'"(42-157)

又言"拖犁拽耙"。《咸杰禅师语录》卷一:"而今升座已后,唤作乌巨长老,骤尔更其名易其号。披毛戴角,拖犁拽耙,向异类中,头出头没。"(45-175)

按,定型之语已见上揭《传灯》例,《大词典》、王涛等(编著,2007)、刘洁修(2009)、冷玉龙等(主编,2014)均未收。

0723　作牛作马　作驴作马

当作牛马,供人役使服劳役,喻指坠入畜生道。《传灯》卷二二"闻和尚":"问:'受施主供养将何报答?'师曰:'作牛作马。'"(p.1720)《五灯》卷一五"闻禅师"条同。(p.948)

又言"作驴作马"。《续灯》卷六"正觉禅师":"问:'三千里外蒙丹诏,未审将何报国恩?'师云:'作驴作马。'"(p.172)《古尊宿》卷一四"真际禅师":"问:'无为寂静的人,莫落在沉空也无?'师云:'落在沉空。'云:'究竟如何?'师云:'作驴作马。'"(p.231)《印肃禅师语录》卷一:"有一般人惧不千劫万劫,作驴作马,酬债偿业,长循地狱,了不能出。"(44-696)

按,定型之语已见于三国吴支谦译《佛说犊子经》卷一:"我先世时坐随恶知识教,不信佛经,使我作牛作马,经十六劫。"《大词典》、王涛等(编著,2007)、刘洁修(2009)、冷玉龙等(主编,2014)均未收。

0724　牵犁负重

牵引耕犁,驮负重物。佛家喻指坠入畜生道。《广灯》卷九"怀海禅师":"乃至乞施主一粒米、一缕线,个个披毛戴角,牵犁负重,一一须偿他始得。"(p.119)《古尊宿》卷三"百丈禅师"条同。(p.21)

按,定型之语见元魏菩提流支译《佛说佛名经》卷二六"摩诃萨":"经千万劫,尔乃得脱,从地狱出,当作畜生,牵犁负重,偿他宿债,百生千生,无有休息。"《大词典》、王涛等(编著,2007)、刘洁修(2009)、冷玉龙等(主编,2014)均未收。

0725　驴胎马腹

指在六道轮回中坠入畜生道。《传灯》卷二八"无业国师":"临终之时,一豪凡圣情量不尽,纤尘思念未忘,随念受生,轻重五阴,向驴胎马腹里托质,泥犁镬汤里煮炸一遍了。"(p.2287)《守端禅师语录》卷二:"直饶一毫头圣凡情念顿尽,亦未免入驴胎马腹里去。"(39-66)《续灯》卷二〇"日益禅师":"问:'一切含灵俱有佛性,既有佛性,为什么却撞入驴胎马腹?'师云:'知而故犯。'"(p.585)

按,定型之语已见上揭《传灯》例,《大词典》、王涛等(编著,2007)、刘洁修(2009)、冷玉龙等(主编,2014)均未收。

0726　驴腮马颔　马颔驴腮　驴腮马嘴

长着驴腮和马颔般的畜生模样。禅家喻指坠入畜生道。《如净和尚语录》卷一:

"以手拍膝云:'叱叱! 这畜生驴腮马颔,相勾引恼乱阎浮笑杀人。'"(45-446)《祖钦禅师语录》卷二:"湖州报恩普说:'三十三州七十僧,驴腮马颔得人憎。诸方若具罗龙手,今日无因到净明。'"(47-359)

倒言"马颔驴腮"。《道生禅师语录》卷一:"造地狱业,结无间因。马颔驴腮,神头鬼面。"(45-238)

又言"驴腮马嘴"。《如净和尚语录》卷二:"佛殿黄金妙相,驴腮马嘴。咦! 贼是小人,智过君子。"(45-457)

按,定型之语已见上揭《如净和尚语录》例,《大词典》、王涛等(编著,2007)、刘洁修(2009)、冷玉龙等(主编,2014)均未收。

0727 改头换面

佛教指在六道轮回中,改变相貌。《倚遇禅师语录》卷一:"业识忙忙,无可依怙,追悔不及。随缘受报,改头换面,都未可定。"(39-730)《祖心禅师语录》卷一:"是故死此生彼,死彼生此。生生死死,死死生生。随业受报,六道四生。改头换面,有形无形。"(41-759)《原妙禅师禅要》卷一:"四生六道,千劫万劫。改头换面,受苦受辛,亦是迷此一大事之本源。"(47-269)

按,唐寒山《寒山诗》:"可畏轮回苦,往复似翻尘。蚁巡环未息,六道乱纷纷。改头换面孔,不离旧时人。"后定型为"改头换面",定型之语已见《敦煌变文校注·左街僧录大师压座文》:"三界众生多爱痴,致令烦恼镇相随。改头换面无休日,死去生来没了期。"刘洁修(2009:387)举上揭《寒山诗》,释作"原指一代新人换旧人,其容貌不断改变",不确。

0728 魑魅魍魉 魍魍魉魉

泛指各种害人的鬼怪。禅家喻指坠入饿鬼道。《师范禅师语录》卷三:"傥或趑趄,未免堕在鬼域中,而为魑魅魍魉,无有出离之日。"(45-728)

又言"魍魍魉魉"。《原妙禅师语录》卷一:"上堂:'十五日已前,魍魍魉魉。十五日已后,巍巍堂堂,炜炜煌煌。正当十五日,虚空为鼓,须弥为槌,轻轻击动,佛祖攒眉。'"(47-258)又卷一:"若是此念轻微,志不猛利,猥猥獕獕,魍魍魉魉。"(47-258)

按,定型之语已见《左传·宣公三年》:"螭魅罔两,莫能逢之。"《大词典》、刘洁修(2009)、王涛等(编著,2007)、冷玉龙等(主编,2014)均未收上揭语义。

0729 赤口白舌

古代迷信谓主口舌争讼的恶神。《如净和尚语录》卷一："看画作一道神符,向鬼门上贴,且道如何? 赤口白舌尽消除,踔跳杨岐三脚驴。"(45-451)《智朋禅师语录》卷一："衲僧喝似雷奔,棒如雨点,孤峰顶上呵骂自如,唤什么作赤口白舌?"(46-545)

按,定型之语已见宋吴自牧《梦粱录》卷三："五月五日天中节,赤口白舌尽消灭。"参王涛等(编著,2007:156)、刘洁修(2009:184)。袁宾(1991:509)释作"口舌是非,诬语谗言",似不确。

0730 自作自受

自己做了错事,自己承受后果。《传灯》卷一五"大同禅师"："汝诸人变现千般,总是汝生解,自担带将来,自作自受,这里无可与汝,不敢诳吓汝。"(p.1068)

按,此语为佛源成语,产生于佛教因果报应思想。定型之语已见于三国吴支谦译《菩萨本缘经》卷中："如是众生先行恶法,今受苦报,自作自受,实非我苦。"刘洁修(2009:1512)、朱瑞玟(2008:190)认为语出《法苑珠林》,不确。

0731 生灵涂炭

形容百姓遭殃的惨状。《义存禅师语录》卷二："时黄巢叛于东山,师悯国祚之艰,而生灵涂炭也。"(X69/88a)

按,定型之语已见北魏崔鸿《十六国春秋·苻丕传》："强胡猾夏,先帝晏驾贼庭,京师鞠为戎穴。神州萧条,生灵涂炭。"朱瑞玟(2008:253)、刘洁修(2009:1061)举《晋书·苻丕传》,用例相同。

0732 头出头没

头时而生出来,时而没回去。禅家比喻漂流在生死苦海中,不得解脱。《传灯》卷一五"思明和尚"："僧问:'如何是清净法身?'师曰:'屎里蛆儿,头出头没。'"(p.1122)《碧岩录》卷二："众生在业海之中,头出头没,不明自己,无有出期。"(p.113)《联灯》卷一八"道颜禅师"："以虾为目,借人鼻孔出气的,未免生死海里,头出头没,是故名为可怜悯者。"(p.536)

按,定型之语已见上揭《传灯》例,刘洁修(2009:1179)认为语出《五灯》,不确,《大词典》、王涛等(编著,2007)均未收。

0733 垛生招箭

箭靶竖起来就会招致箭射。禅家比喻凡有言语知见生起,便会招来情尘束缚。《广灯》卷九"怀海禅师":"肇云:'菩提之道,不可图度。高而无上,广不可极。渊而无下,深不可测。语也垛生招箭,言鉴觉犹不是。'"(p.109)《普灯》卷一四"宗正禅师":"上堂,拈拄杖,卓一下曰:'闻处绝闻。'竖起曰:'见处绝见,风动尘起,垛生招箭。未恁么已前,分明成两片。'"(p.381)《新月禅师语录》卷一:"见成公案,岂籍言诠。伫立寄私,垛生招箭。若梦游区宇的,未免荏苒彷徨,抛家失业。"(46-196)

按,定型之语已见上揭《广灯》例,《大词典》、王涛等(编著,2007)、刘洁修(2009)、冷玉龙等(主编,2014)均未收。

0734 树高招风

树要是长得高了,容易招致大风摧折。人的名望大了,容易招致灾祸。《五灯》卷一九"守珣禅师":"偶到一水潭,悟推师入水。遽问曰:'牛头未见四祖时如何?'师曰:'潭深鱼聚。'悟曰:'见后如何?'师曰:'树高招风。'悟曰:'见与未见时如何?'师曰:'伸脚在缩脚里。'"(p.1305)

按,定型之语已见上揭《五灯》例,参《大词典》(4-1302)、刘洁修(2009:1105)、孙维张(2007:240)。

0735 万祸千殃

指各种各样的灾祸。《普灯》卷九"怀深禅师":"上堂:'古者道:忍!忍!三世如来从此尽。饶!饶!万祸千殃从此消。默!默!无上菩提从此得。'"(p.225)《五灯》卷一六"怀深禅师"条同。(p.1089)

按,定型之语已见上揭《普灯》例,《大词典》、王涛等(编著,2007)、刘洁修(2009)、冷玉龙等(主编,2014)均未收。

0736 祸不单行

①本指不幸的事接二连三地发生。《古尊宿》卷二二"演和尚":"到这里,须是有驱耕夫之牛,夺饥人之食的脚手。便与拶一拶,逼一逼,赶教走到结角处,便好向伊道:'福不重受,祸不单行。'"(p.306)②禅家也指接二连三地错失悟道机缘。《传灯》卷一一"紫桐和尚":"师下禅床擒住云:'今日好个公案,老僧未得分文入手。'曰:'赖遇某甲是僧。'师曰:'祸不单行。'"(p.781)《普灯》卷二三"杨亿居士":"环

曰:'几年学佛法,俗气犹未除。'公曰:'祸不单行。'"(p.561)

按,语出汉刘向《说苑》卷一三:"此所谓福不重来,祸必重来者也。"定型之语已见上揭《传灯》例,孙维张(2007:113)举《五灯》两例,同上揭《传灯》《普灯》例,释作"不幸的事情往往接连地发生",以世俗用义作解,似不确。《大词典》、王涛等(编著,2007)未收上揭禅义。

0737 近火先焦　近火先燋

距离火近的先被烧焦。①禅家用来暗指佛堂里的佛不过是木制之物,靠近火先燃烧。这是禅家自我才是真佛的觉醒表现。《普灯》卷四"仁勇禅师":"问:'如何是佛?'曰:'近火先焦。'云:'如何是道?'曰:'溺泥有刺。'"(p.117)②比喻离事端近者先受其害。《守卓禅师语录》卷一:"问:'奔流度刃,疾焰过风,合具什么手脚?'师云:'札。'进云:'恁么则进前不如退后。'师云:'近火先焦。'"(41-70)《梵琮禅师语录》卷一:"冬至上堂:'君子道长,出生万象。小人道消,近火先焦。暑运推移,漏泄天机。日南长至,吉无不利。'"(46-113)

又作"近火先燋"。"燋"为"焦"之分化字。①禅家用来暗指佛堂里的佛不过是木制之物,靠近火先燃烧。《仁勇禅师语录》卷一:"问:'如何是佛?'答:'近火先燋。'"(41-6)②比喻离事端近者先受其害。《明觉禅师语录》卷四:"师一日见二化主城中归,问云:'你凭个什么入城教化众生?'僧云:'虽有好心,且无好报。'第二僧云:'祸不入慎家之门。'师云:'近火先燋。'"(39-197)

按,定型之语已见上揭《仁勇禅师语录》例,刘洁修(2009:619)首举《五灯》(同上揭《普灯》)例,释作"火先烧着干燥之物",未能揭示暗示义。

0738 命如悬丝　命似悬丝　命若悬丝　殆若悬丝

生命就像悬吊在丝线上一样危险。①形容生命处于极端危险的境地。《坛经》第9则:"五祖言:'惠能!自古传法,命如悬丝!若住此间,有人害汝,汝即须速去。'"(p.22)《祖堂》卷二"惠能和尚":"昔吾师有言,从吾后若受此衣,命如悬丝。吾以道化,不可损汝。"(p.128)《传灯》卷三"弘忍大师":"衣乃争端,止于汝身,不复传也。且当远隐,俟时行化。所谓授衣之人,命如悬丝也。"(p.164)②形容佛性慧命处于极端危险的境地,亦即领悟解脱之事很玄乎了。《祖堂》卷六"洞山和尚":"若有一道不通,便是不奉于君。此人命如悬丝,直饶学得胜妙之事,亦是不奉于君,岂况自余有什么用处?"(p.312)

又言"命似悬丝"。形容佛性慧命处于极端危险的境地。《祖堂》卷一一"云门和尚":"师有《十二时偈》:半夜子,命似悬丝犹未许。因缘契会刹那间,了了分明一无气。"(p.513)《传灯》卷二四"契从禅师":"曰:'欲出不出时如何?'师曰:'命似悬丝。'"(p.1917)

又言"命若悬丝"。①形容佛性慧命处于极端危险的境地。《普灯》卷二五"净文禅师":"无前无后,一时解脱,还有不解脱者么?设有,命若悬丝。"(p.615)②形容佛法的处境十分危险。《五灯》卷一七"梵卿禅师":"佛法到此,命若悬丝。异目超宗,亦难承绍。"(p.1142)

又言"殆若悬丝"。形容佛法的处境十分危险。《普灯》卷八"思慧禅师":"灵山慧命,殆若悬丝;少室家风,危如叠卵。"(p.218)

按,定型之语已见于上揭《坛经》例,刘洁修(2009:810)谓"原或作命悬丝发",举《后汉书·邓训传》"凉州吏人,命悬丝发"。又《大词典》、刘洁修(2009)、冷玉龙等(主编,2014)均只收"形容生命处于极端危险的境地"义,可补禅籍用义。

0739　火烧眉毛

火焰马上要烧到眉毛。形容形势非常紧急。《续灯》卷一一"佛慧禅师":"问:'如何是佛?'师云:'眉目分明。'问:'如何是急切一句?'师云:'火烧眉毛。'"(p.311)《五灯》卷一六"佛慧禅师"条同。(p.1029)

按,定型之语已见上揭《续灯》例,《大词典》(7-22)、《俗语佛源》(2013:58)、朱瑞玟(2008:176)认为语出《五灯》,均不确。

0740　危如累卵

危险如同垒起的蛋卵。形容处境十分危险。《慧远禅师广录》卷三:"方今丛林凋谢,大法危如累卵。"(45-62)

按,语出《战国策·秦策》:"一日山陵崩,太子用事,君危于累卵。"定型之语已见《三国志·孙皓传》裴松之注引晋虞溥《江表传》:"观此事势,危如累卵。"刘洁修(2009:1205)引《梁书·侯景传》,偏晚。

0741　病入膏肓　膏肓之病　病在膏肓　疾在膏肓

本指病情十分严重,以近无药可救的地步。禅家多喻妄症难以救治,常指参禅者愚顽不化,难以启悟拯救。《绍昙禅师广录》卷一:"上堂:'玩犀牛,呼小玉。一种风标,十分尘俗。勤巴子病入膏肓,老盐官笑含鸩毒。'"(46-262)《虚堂和尚语

录》卷二："师云：'赵州向这僧痛处，下一针不妨奇特。只是病入膏肓，难以发药。'"（46-657）

又言"膏肓之病"。《广灯》卷一一"慧照禅师"："如真正学人便喝，先拈出一个胶盆子，善知识不辨是境，便上他境上作模作样，学人便喝，前人不肯放，此是膏肓之病不堪医，唤作客看主。"（p.154）《昙华禅师语录》卷八："让祖首起马驹膏肓之病，示以磨砖打车杀佛之要，所谓差病不假驴驼药。"（42-205）

又言"病在膏肓"。《普灯》卷二"倚遇禅师"："法昌这里有几个垛根阿师，病者病在膏肓，顽者顽入骨髓。若非黄龙老汉到来，总是虚生浪死。"（p.44）《联灯》卷一一"颛禅师"："黄龙心云：'白珪之玷，犹尚可磨。病在膏肓，亦宜救疗。'"（p.335）《宏智禅师广录》卷三："师云：'坐着病在膏肓，用着光不透脱。'"（44-422）

又言"疾在膏肓"。《祖心禅师语录》卷一："致使玄黄不辨，水乳不分。疾在膏肓，难为救疗。"（41-749）《普灯》卷四"祖心禅师"条同。（p.96）

按，语出《左传·成公十年》："公疾病，求医于秦。秦伯使医缓为之。未至，公梦疾为二竖子，曰：'彼良医也，惧伤我，焉逃之？'其一曰：'居肓之上，膏之下，若我何？'医至，曰：'疾不可为也！在肓之上，膏之下，攻之不可，达之不及，药不至焉，不可为也。'公曰：'良医也。'厚为之礼而归之。"《大词典》、王涛等（编著，2007）、冷玉龙等（主编，2014）均未收"膏肓之病""病在膏肓""疾在膏肓"，刘洁修（2009）未收"疾在膏肓"。

0742　涸辙之鱼

处在干涸车辙里的鱼。比喻生命危在旦夕的人。《祖心禅师语录》卷一："譬如野马熠熠，奔逸尘埃。又如涸辙之鱼，殆将不久。"（41-754）

按，此为成语"涸辙之鲋"的变体，语出《庄子·外物》："庄周家贫，故往贷粟于监河侯。监河侯曰：'诺。我将得邑金，将贷子三百金，可乎？'庄周忿然作色曰：周昨来，有中道而呼者。周顾视车辙中，有鲋鱼焉。周问之曰：'鲋鱼来！子何为者邪？'对曰：'我，东海之波臣也。君岂有斗升之水而活我哉？'周曰：'诺。我且南游吴、越之王，激西江之水而迎子，可乎？'"定型之语已见上揭《祖心禅师语录》例，王涛等（编著，2007:425）、刘洁修（2009:471）并举明代用例，均晚。

0743　金玉满堂

金子玉器堆满了堂屋。形容财富很多。《普灯》卷二○"齐己禅师"："直饶金玉

满堂,照顾白拈贼,岂免衰残老病,正好着精彩。"(p.505)

按,语出《老子》:"金玉满堂,莫之能守。"参《大词典》、王涛等(编著,2007:533)、刘洁修(2009:610)。

0744 柴门草户

柴木为门,盖草为屋。形容清贫之家。《传灯》卷二〇"处真禅师":"曰:'忽遇客来时将何祗对？'师曰:'柴门草户,谢汝经过。'"(p.1497)《五灯》卷一三"处真禅师"条同。(p.818)

按,定型之语已见上揭《传灯》例,《大词典》、王涛等(编著,2007)、刘洁修(2009)、冷玉龙等(主编,2014)均未收。

0745 金枝玉叶 玉叶金枝 金枝玉树

本指美好的花木枝叶。比喻出身高贵的人,多指皇族子孙等。《祖堂》卷一一"齐云和尚":"帝子王孙及四众云集,金枝玉叶,未离王宫。"(p.519)《传灯》卷二一"智岳禅师":"僧问:'诸余即不问,如何是诞生王种？'师曰:'金枝玉叶不相似,是作么生？'僧曰:'恁么即同中不得异。'"(p.1651)

倒言"玉叶金枝"。《圆悟禅师语录》卷二:"升座拈香云:'此一瓣香,奉为今上皇帝,祝严圣寿万岁万岁万万岁,伏愿睿算等乾坤,圣明逾日月,龙图凤历弥亿万年,玉叶金枝亘百千劫。'"(41-205)《慧南禅师语录》卷一:"今上皇帝庆诞之日,普天皆贺,率土钦崇。尧天舜德,同日月以齐明。玉叶金枝,共山河而永固。"(45-731)

又言"金枝玉树"。《五灯》卷一四"慧禅师":"复示颂曰:'朝朝日出东方,夜夜月落西户。如今大宋宫家,尽是金枝玉树。'"(p.880)

按,定型之语已见汉应劭《风俗通义》:"黄帝战蚩尤于涿鹿,常有五色云气、金枝玉叶,止于帝上,因作华盖。"此用其字面义,禅义由此隐喻而来。《大词典》、王涛等(编著,2007)、刘洁修(2009)、冷玉龙等(主编,2014)均未收"金枝玉树"。

0746 张三李四 李四张三 张三李六

假设姓名,泛指某人或某些人。《祖堂》卷六"洞山和尚":"进曰:'争那闲名在世何？'霜曰:'张三李四他人事。'"(p.300)《传灯》卷二五"道潜禅师":"师上堂谓众曰:'佛法显然,因什么却不会去？诸上座欲会佛法,但问取张三李四。欲会世法,则参取古佛丛林。'"(p.1984)《守卓禅师语录》卷一:"几个暂行休歇路,今年不见去年人。多少今人成古墓,张三李四醉昏昏。"(41-71)

倒言"李四张三"。《联灯》卷二四"从展禅师":"师一日云:'如今有人从佛殿后过,便知是李四张三。有人从佛殿前过,为什么不见?'"(p.744)《普灯》卷三〇"崇禅师":"旨更深,谁会得,东村王老眼前黑,李四张三不信伊,问尽邻家转疑惑。"(p.796)

又言"张三李六"。《师范禅师语录》卷二:"师乃云:'五峰门下,三个五个衲被幪头围炉打坐,鼻笑瞿昙,平欺达磨,又谁管你张三李六。'"(45-691)

按,定型之语已见上揭《祖堂》例,《大词典》(4-122)、朱瑞玟(2008:189)并举《五灯》例,均晚。《大词典》、王涛等(编著,2007)、刘洁修(2009)、冷玉龙等(主编,2014)均未收"张三李六"。

0747 名闻遐迩

名声传播很广,远近的人都知道。形容名声很大。《传灯》卷二"狮子比丘":"达磨达蒙尊者开悟,心地朗然。尊者既摄五众,名闻遐迩。"(p.93)

按,此为"闻名遐迩"之变体,定型之语已见于《魏书·崔浩传》:"左右侍臣曰:'长孙嵩宿德旧臣,历事四世,功存社稷,奚斤辩捷智谋,名闻遐迩。'"《大词典》、王涛等(编著,2007)、刘洁修(2009)、冷玉龙等(主编,2014)均未收。

0748 望风而靡

见到对方的风范就为之倾倒折服。形容人名望很高,众人十分倾佩敬仰。《五灯》卷一一"省念禅师":"师于是名振四方,学者望风而靡。开法首山,为第一世也。"(p.680)

按,此为"望风披靡"之变体,可参刘洁修(2009:1204)。

0749 名不虚得 名不虚传

名声不是虚假传播的,与实际相符。《联灯》卷二九"许式郎中":"澄云:'闻说是答泗州大圣,在扬州出现的话,是否?'许云:'别点茶来。'澄云:'名不虚得,原来是作得主。'"(p.931)

又言"名不虚传"。《从容庵录》卷二:"胡云:'当时霍光卖假银城,与单于契书,是什么人做?佛果称胡,为大善知识,名不虚传。'"(86-105)

按,定型之语已见北魏崔鸿《十六国春秋·慕容晔传》:"又问王猛,琛曰:'名不虚得,王佐之才,锐于进取。'"《大词典》、刘洁修(2009:799)举宋代例,尚可提前。

0750　名不浪施

名声不是空来的,名副其实。《咸杰禅师语录》卷一:"僧云:'远趋丈室,乞师一言。'师云:'孙宾门下,徒话钻龟。'僧云:'名不浪施。'师云:'吃茶去!'"（45-190）《联灯》卷二五"常察禅师"条略同。(p.765)

按,定型之语已见上揭《咸杰禅师语录》例,《大词典》、王涛等(编著,2007)、刘洁修(2009)、冷玉龙等(主编,2014)均未收。

0751　风驰雾集

如风一般驱驰,似雾一般云集。形容名声大振,奔凑者众多。《祖堂》卷一七"双峰和尚":"以会昌七祀夏初之月,旋届青丘,便居枫岳。求投者风驰雾集,慕来者星逝波奔。"(p.782)

按,定型之语已见上揭《祖堂》例,《大词典》、王涛等(编著,2007)、刘洁修(2009)、冷玉龙等(主编,2014)均未收。

0752　星逝波奔

如流星一般飞逝,似波涛一般奔流。形容名声大振,奔凑者迅疾。《祖堂》卷一七"双峰和尚":"以会昌七祀夏初之月,旋届青丘,便居枫岳。求投者风驰雾集,慕来者星逝波奔。"(p.782)

按,定型之语已见上揭《祖堂》例,《大词典》、王涛等(编著,2007)、刘洁修(2009)、冷玉龙等(主编,2014)均未收。

0753　弥天罪过　罪大弥天　罪犯弥天

漫天大罪。形容罪过非常大。《普灯》卷四"祖心禅师":"召众曰:'不是余殃累及我,弥天罪过不容诛。'"(p.98)《绍昙禅师广录》卷一:"开炉上堂:'佛垄开炉,寒灰死火。拨着星儿,弥天罪过。'"(46-255)《师范禅师语录》卷三:"除夜小参:'翻裤作裙,西天尽有。指桑骂柳,东土尤多。是皆欺罔良民,不顾弥天罪过。'"(45-714)

又言"罪大弥天"。《普灯》卷二八"黄龙三观":"人人有个生缘,从来罪大弥天。不是牵犁拽耙,便须鼎镬油煎。"(p.716)

又言"罪犯弥天"。《昙华禅师语录》卷二:"蓦拈拄杖云:'拄杖子罪犯弥天,贬向二铁围山。'"(42-150)《普灯》卷五"清满禅师":"蓦拈拄杖曰:'祖师合吃多少? 要知么? 古今罪犯弥天,尽是诸人致得。'"(p.129)

按,此为"弥天大罪"之变体,定型之语已见上揭《昙华禅师语录》例,《大词典》、王涛等(编著,2007)、刘洁修(2009)、冷玉龙等(主编,2014)均未收。

0754 杀人放火 放火杀人

佛教指做恶事的两项极端行为。《续灯》卷四"演教禅师":"问:'如何是古佛心?'师云:'杀人放火。'"(p.106)《五灯》卷一六"宗本禅师":"一日室中问师:'即心即佛时如何?'曰:'杀人放火有什么难?'"(p.1036)《慧远禅师语录》卷二:"穷乞儿散宅抛家,单身浮浪。老魔王杀人放火,无处声冤。"(45-48)

倒言"放火杀人"。《广灯》卷一六"归省禅师":"问:'如何是和尚印无量心?'师云:'放火杀人。'学云:'慈悲何在?'师云:'遇明眼人举似。'"(p.263)《如净和尚语录》卷二:"道旧至上堂:'冤有头债有主,一剑当锋,豁开门户,拽队成群怎么来,放火杀人相合聚。'"(45-457)

按,定型之语已见上揭《广灯》例,孙维张(2007:209)举《五灯》例,王涛等(编著,2007:928)举《清平山堂话本》,均晚。

0755 汗马功劳 功高汗马

形容功劳非常大。《普灯》卷二七"言禅师":"汗马功劳要立身,将军一等扫边尘。全身只待英雄士,不遇英雄愁杀人。"(p.695)

又言"功高汗马"。《联灯》卷二一"全豁禅师":"若非岩头具通方眼,争显功高汗马?"(p.640)《道冲禅师语录》卷一:"师云:'保寿权衡在手,施轮王生杀之机。若非三圣深辨端倪,争见功高汗马?其奈被这僧勘破。'"(45-256)

按,定型之语已见上揭《联灯》例,《大词典》(5-907)、刘洁修(2009:458)并引元代用例,王涛等(编著,2007:415)引明代用例,均晚。

0756 盲龟值木 盲龟值浮木孔

盲眼之龟遇到了浮木之孔。比喻遇到了十分难得的救度机缘。《传灯》卷一三"延昭禅师":"问:'门门尽怪,请师直截根源。'师曰:'罕逢穿耳客,多遇刻舟人。'问:'正当恁么时如何?'师曰:'盲龟值木虽优稳,枯木生花物外春。'"(p.910)《广灯》卷一三"智异山禅师":"僧问:'师唱谁家曲,宗风嗣阿谁?'师云:'小年曾历他门户,直至如今饱不饥。'进云:'恁么即镇阳格调,今日全施也。'师云:'盲龟值木且藏身。'"(p.184)《雪峰禅师语录》卷下:"所以佛法难逢,犹盲龟值木,似纤芥授针。"(X69/95c)

散言"盲龟值浮木孔"。《古尊宿》卷一四"真际禅师"："问：'盲龟值浮木孔时如何？'师云：'不是偶然事。'"（p.235）

按，语出东晋竺昙无兰译《佛说泥犁经》卷一："佛言：'人在三恶道难得脱，譬如周匝八万四千里水，中有一盲龟，水上有一浮木有一孔，龟从水中百岁一跳出头，宁能值木孔中不？'诸比丘言：'百千万岁尚恐不入也。所以者何？有时木在东龟在西，有时木在西龟出东，有时木在南龟出北，有时木在北龟出南，有时龟适出头，木为风所吹在陆地。'龟百岁一出头，尚有入孔中时；人在三恶道处，难得作人，过于是龟。"定型之语已见上揭《传灯》例，《大词典》、王涛等（编著，2007）、刘洁修（2009）、冷玉龙等（主编，2014）均未收。

0757　千载难逢　历劫难逢

千年都难以遇到一次。形容机遇十分难得。《碧岩录》卷五："大沩若作朗上座，见他太傅拂袖便行，放下茶铫，呵呵大笑。何故？见之不取，千载难逢。"（p.254）

又言"历劫难逢"。《传灯》卷五"神会禅师"："师于杖下思惟曰：'大善知识，历劫难逢。今既得遇，岂惜身命？'自此给侍。"（p.369）《善昭禅师语录》卷一："俊哉！大士！历劫难逢。问承教有言，为未来世，开生天路。"（39-576）

按，定型之语已见《南齐书·庾杲之传》："臣以凡庸，谬徼昌运，奖擢之厚，千载难逢。"《大词典》、王涛等（编著，2007）、刘洁修（2009）、冷玉龙等（主编，2014）均未收"历劫难逢"。

0758　树倒藤枯

大树倒下了，藤条也就枯萎了。比喻依赖的条件垮了，自己也就失去了生命力。《祖堂》卷五"道吾和尚"："长沙道吾，多不聚徒。出世不出，树倒藤枯。寒岩古桧，碧汉金乌。垂机险峭，石霜是乎？"（p.266）《普灯》卷四"祖心禅师"："上堂：'有句无句，如藤倚树，且任诸人点头。及乎树倒藤枯，上无冲天之计，下无入地之谋。伶俐汉这里着得一只眼，便见七纵八横。'"（p.96）《咸杰和尚语录》卷一："上堂，僧问：'有句无句，如藤倚树。树倒藤枯，句归何处？'师竖起拂子云：'还见么？'进云：'鹞子过新罗。'"（45-180）

按，定型之语已见上揭《祖堂》例，《大词典》、王涛等（编著，2007）、刘洁修（2009）、冷玉龙等（主编，2014）均未收，可参孙维张（2007：196）、王闰吉（2012：

123）。

0759　玉石俱焚　玉石俱丧

美玉和石头一同焚毁。比喻好的坏的一同毁坏。《普灯》卷一八"道颜禅师"："上堂：'向上一窍，八面玲珑。觌面一机，全身担荷。是则金鍮难掩，非则玉石俱焚。'"（p.470）

又言"玉石俱丧"。《居简禅师语录》卷一："如斯之辈，若唤作煅了的金，刁刁相似。一向唤作门外游人，玉石俱丧。两途不涉，如何辨明？"（46-26）

按，语出《书·胤征》："火炎昆冈，玉石俱焚。"《大词典》、王涛等（编著，2007）、刘洁修（2009）、冷玉龙等（主编，2014）均未收"玉石俱丧"。

0760　日应万机

每天要处理上万件事。形容当政者处理政务十分繁忙。《祖堂》卷一三"报慈和尚"："皇帝陛下，日应万机，是什么心？"（p.590）《传灯》卷九"弘辩禅师"："如陛下日应万机，即是陛下佛心。"（p.604）《慧远禅师语录》卷一："但闻陛下即位以来，日应万机，道冠千古。"（45-36）

按，此为"日理万机"之变体，定型之语已见上揭《祖堂》例。《大词典》、王涛等（编著，2007）、刘洁修（2009）、冷玉龙等（主编，2014）均未收。

0761　忙里偷闲

在繁忙中抽出一点空闲时间。《慧开禅师语录》卷一："乃云：'十字街头，三家村里，闹中求静，忙里偷闲。'"（42-3）《普宁禅师语录》卷三："且如住院一事，终日役役，无有了期。但按其纲纪大概，碎事拨向一边，忙里偷闲。"（45-815）

按，定型之语已见宋黄庭坚《和答赵令同前韵》诗："人生政自无闲暇，忙里偷闲得几回。"参《大词典》（7-414）、刘洁修（2009：775）。

0762　覆水难收

倾覆的水难以再收回。比喻事情局面已定，难以挽回。《祖堂》卷一〇"镜清和尚"："问：'如何是天龙一句？'师云：'伏汝大胆。'进曰：'与么则学人退一步。'师云：'覆水难收。'"（p.470）《普灯》卷二三"王蕃居士"："因疾甚，子弟写遗像。公见，援笔题曰：'我心之忧，日月如流。仰箭必坠，覆水难收。蝮毒在手，火然着头。'"（p.576）

按，语出《后汉书·何进传》："国家之事，亦何容易！覆水不可收。宜深思之，且与省内和也。"定型之语已见《敦煌变文校注·目连变文》:"如今既受泥梨苦,方知及悟悔自家身。悔时悔亦知何道,覆水难收大口云。"刘洁修(2009:386)首举宋王楙《野客丛书》例,偏晚。

0763　望崖而退

犹言知难而退。《圆悟禅师语录》卷一三:"直下如当门按一口剑相似,凛凛威风,才跨门来,谁敢近傍? 若近着则丧身失命。若望崖而退,不是大丈夫汉。"(41-301)《联灯》卷一八"妙总禅师":"若是听不出声,见不超色,未免望崖而退。"(p.545)《普灯》卷一二"道昌禅师":"师以智证精彻,操履高邈,垂手之际不少假,透关之士多望崖而退。"(p.326)

按,定型之语已见隋吉藏《观无量寿经义疏》卷一:"但众生闻佛道长远,望崖而退。"《大词典》、王涛等(编著,2007)、刘洁修(2009)、冷玉龙等(主编,2014)均未收。

0764　独掌难鸣

一只手掌难以拍响。比喻力量单薄,难于成事。《子淳禅师语录》卷一:"再留监寺上堂云:'圆澄觉海游戏而独掌难鸣,没底兰舟鼓棹而大家着力。致迷津者得岸,滞水者忘忧。'"(41-42)

按,此为"孤掌难鸣"之变体,定型之语已见上揭《子淳禅师语录》例,《大词典》、王涛等(编著,2007)、刘洁修(2009)、冷玉龙等(主编,2014)均未收。

0765　不日而就

不到一天就完成了。形容做事迅速,很快就完成了目标。《传灯》卷四"慧忠禅师":"初筑基,有二神人定其四角,复潜资夜役,遂不日而就。"(p.195)

按,定型之语已见《水经注·滹沱水》:"妃神童潜刊贞石,百堵皆兴,不日而就。"《大词典》、王涛等(编著,2007)、刘洁修(2009)、冷玉龙等(主编,2014)均未收。

0766　填凹就缺

填补凸凹,弥补短缺。比喻弥补缺陷和不足。《续灯》卷四"居素禅师":"问:'即此见闻非见闻,为什么法身有三种病、二种光?'师云:'填凹就缺。'"(p.109)《五灯》卷一二"居素禅师"条同。(p.722)

按,定型之语已见上揭《续灯》例,《大词典》、王涛等(编著,2007)、刘洁修(2009)、冷玉龙等(主编,2014)均未收。

0767　将勤补拙

用勤奋来弥补才能的不足。《续灯》卷二七"真如禅师"："师云：'将勤补拙,此三句语,一句可以定乾坤,一句可以验衲僧,一句可以接初机。'"（p.743）《古尊宿》卷一九"方会禅师"："上堂,掷下拄杖云：'释迦老子着跌,偷笑云盖乱说,虽然世界坦平,也是将勤补拙。'"（p.354）

按,定型之语已见宋范仲淹《与韩魏公书》之二六："然旨命丁宁,亦勉率成篇,并自写上呈,所谓将勤补拙,更乞斤斧,免贻众诮。"参《大词典》（1-1092）、刘洁修（2009:579）。

0768　千方百计　百计千方

指想尽各种办法。《圆悟禅师语录》卷八："从上宗师天下老宿,千方百计施设方便,无不尽力提持这一片田地。"（41-262）

倒言"百计千方"。《了慧禅师语录》卷一："渠曰：'这一字子,非不欲回避,直是百计千方,回避不及。'"（46-446）

按,定型之语已见《圆悟禅师语录》例,参《大词典》（1-833）、王涛等（编著,2007:814）、刘洁修（2009:915）举《朱子语类》例,略晚。

九 "品貌"类

"品貌"指人的品性、容貌和气质等。"品貌"类成语,正体40条,变体8条,共48条。范畴义有"品性""容貌""仪表""举止""气质""气概"6类,核心义有"美好""高洁""虔诚""诚信""至诚""谨慎""虚假""卑下""阴险""丑陋""平常""豪迈""脏乱""风雅"14类描述性语义特征,"关爱""欺瞒""负恩""感恩""失态"5类叙述性语义特征。核心语义有"品性高洁""品性虔诚""品性关爱""品性感恩""品性诚信""品性至诚""品性谨慎""品性虚假""品性欺瞒""品性卑下""品性负恩""品性阴险""容貌美好""容貌丑陋""容貌平常""气概豪迈""举止失态""仪表脏乱""气质风雅"19类。

0769 巢父饮牛

比喻清高自洁、乐道守志的行为。《续灯》卷二〇"晓津禅师":"问:'如何是宾中宾?'师云:'巢父饮牛。'僧曰:'如何是宾中主?'师云:'许由洗耳。'僧曰:'如何是主中宾?'师便喝。"（p.589）《联灯》卷一五"仁勇禅师":"示众云:'许由洗耳,徒卖弄于清高。巢父饮牛,谩夸张于意气。太公垂钓,终是有心。范蠡泛湖,焉能绝迹?'"（p.450）《虚堂和尚语录》卷一:"师云:'古人明修栈道,暗度陈仓。山僧端平二年住此山,牵长补短,随分过时。若是法身边事,巢父饮牛,许由洗耳。'"（46-637）

按,典出晋皇甫谧《高士传·许由》:"又召为九州长,由不欲闻之,洗耳于颍水滨。时其友巢父牵犊欲饮之,见由洗耳,问其故。对曰:'尧欲召我为九州长,恶闻其声,是故洗耳。'巢父曰:'子若处高岸深谷,人道不通,谁能见子?子故浮游,欲闻求其名誉,污吾犊口。'牵犊上流饮之。"定型之语已见唐白居易《白氏六帖事类集》卷二九"饮牛"条:"巢父饮牛于颍水。"这里仍是字面义。《大词典》、王涛等(编著,

2007）、刘洁修（2009）、冷玉龙等（主编，2014）均未收。

0770 许由洗耳

比喻清高自洁、乐道守志的行为。《续灯》卷二〇"晓津禅师"："问：'如何是宾中宾？'师云：'巢父饮牛。'僧曰：'如何是宾中主？'师云：'许由洗耳。'僧曰：'如何是主中宾？'师便喝。"（p.589）《联灯》卷一五"仁勇禅师"："示众云：'许由洗耳，徒卖弄于清高。巢父饮牛，谩夸张于意气。太公垂钓，终是有心。范蠡泛湖，焉能绝迹？'"（p.450）

按，定型之语见于《孟子章句》卷一三："乐道守志，若许由洗耳，可谓忘人之势矣。"《大词典》、王涛等（编著，2007）、刘洁修（2009）、冷玉龙等（主编，2014）均未收。

0771 五体投地

行礼时两手、两膝和头一起着地，是佛教最为恭敬的行礼方式。《祖堂》卷一"佛陀难提"："尔时伏驮密多得闻尊者说是妙法，则五体投地，深敬作礼。"（p.43）

按，定型之语已见于东汉昙果共康孟详译《中本起经》卷下："闻命敬诺，恭肃尽虔，遥瞻如来，情喜内发，五体投地，退坐一面。"刘洁修（2009：1238）、王涛等（编著，2007：1164）、朱瑞玟（2008：167）均认为语出唐般刺密帝译《楞严经》，不确。

0772 视人如伤

对待别人如同自己的伤口一样。形容顾恤民众疾苦。《祖堂》卷一五"永泰和尚"："元和中，青州人大饥，人多殍仆。师胁不至席，视人如伤，乃率富屋俾行檀度。"（p.677）

按，语出《左传·哀公元年》："臣闻国之兴也，视民如伤，是其福也。"后多作"视人如伤"，《梁书·武帝纪》："夫树以司牧，非役物以养生，视人如伤，岂肆上以纵虐？"参《大词典》（10-333）、刘洁修（2009：1086）。

0773 如日照临

就像太阳照临。形容蒙受浩荡的皇恩。《五灯》卷一六"圆照禅师"："帝曰：'禅宗方兴，宜善开导。'师奏曰：'陛下知有此道，如日照临，臣岂敢自怠。'即辞退。帝目送之，谓左右曰：'真福慧僧也。'"（p.1036）

按，定型之语已见宋毕仲游《耀州谢到任表》："此盖伏遇皇帝陛下，体天函覆，如日照临。"《大词典》、王涛等（编著，2007）、刘洁修（2009）、冷玉龙等（主编，

2014）均未收。

0774　雪中送炭　雪里送炭

雪天送来了取暖的木炭。比喻在困境中得到了及时的帮助。《圆悟禅师语录》卷七："上堂，举僧问法眼慧超咨和尚：'如何是佛法？'眼云：'汝是慧超。'师云：'还委悉么？病遇良医，饥逢王膳，酱里得盐，雪中送炭。'"（41-248）

又言"雪里送炭"。《禅宗颂古联珠通集》卷一九："病遇良医，饥逢王膳，酱里得盐，雪里送炭。"（85-461）

按，定型之语已见唐德行《四字经·甲乙》："雪里送炭。"参《大词典》（11-621）、刘洁修（2009：1304）。

0775　酬恩报德　报德酬恩

指报答别人的恩德。《梵琮禅师语录》卷一："若向这里见得，酬恩报德，一切已周。"（46-108）

倒言"报德酬恩"。《慧开禅师语录》卷一："后住乌回先师月林和尚，非图报德酬恩，且要递相钝置。"（42-2）《普觉禅师语录》卷八："所以今日作一分供养，点一盏茶，烧此一炷香，熏他鼻孔。即非报德酬恩，只要辱他则个。"（42-480）《妙伦禅师语录》卷一："浴佛上堂：'释迦老子，初生下来，幸然清净。无端被后代儿孙，竟将恶水蓦头泼了，道我报德酬恩。'"（46-494）

按，定型之语已见新罗崔致远《谢冬至料状》："莫识酬恩报德，唯知饱食醉吟。"《大词典》、王涛等（编著，2007）、刘洁修（2009）、冷玉龙等（主编，2014）均未收。

0776　一诺千金

形容承诺极有信用。《圆悟禅师语录》卷三："上堂云：'大人具大见，大智得大用。一飞六月息，一诺千金重。'"（41-216）

按，语出《史记·季布列传》："楚人谚曰：'得黄金百斤，不如得季布一诺。'"定型之语已见上揭《圆悟禅师语录》例，参《大词典》（1-103）、王涛等（编著，2007：1306）、刘洁修（2009：1356）。

0777　握发吐餐

握着来不及梳理的头发，吐出口中来不及咀嚼的食物。形容礼贤下士，殷切求才。《广灯》卷一四"院颙禅师"："问：'从上古人见不尽处，师还见否？'师云：'握发吐餐人不识，满朝尽道好用公。'"（p.212）

按,此为"握发吐哺"之变体,语出《韩诗外传》卷三:"成王封伯禽于鲁,周公诫之曰:'往矣!子其无以鲁国骄士。吾文王之子,武王之弟,成王之叔父也,又相天下,吾于天下亦不轻矣,然一沐三握发,一饭三吐哺,犹恐失天下之士。'"定型之语已见《宋书·乐志》:"握发吐餐,下群士。"王涛等(编著,2007)、刘洁修(2009)、冷玉龙等(主编,2014)均未收。

0778 招贤纳士

招纳贤能之士。《续灯》卷六"慈觉禅师":"上堂云:'日月云霞为天标,山川草木为地标,招贤纳士为德标,闲居趣寂为道标。'"(p.156)

按,定型之语见于北魏崔鸿《十六国春秋·吉成诜传》:"愿布德行仁,招贤纳士,厉兵秣马,以候天时。"《大词典》(6-519)、王涛等(编著,2007:1436)举元代用例,偏晚。

0779 如履薄冰 如履轻冰

如同在薄冰上行走。形容做事战战兢兢、十分谨慎的样子。《古尊宿》卷三七"神晏禅师":"既然未得如此,便须兢兢惕惕,如临深泉,如履薄冰。时不可延,命不可待,似个当风烛子扬地脱去也。"(p.687)

又言"如履轻冰"。《祖堂》卷八"云居和尚":"决择之次,如履轻冰;勤求至道,如救头然。"(p.365)《传灯》卷二八"文益禅师":"问:'决择之次,如履轻冰。如何抉择?'师曰:'待汝疑即道。'"(p.2314)《古尊宿》卷三七"神晏禅师":"到这里也须是个汉始得,大不容易。兄弟,抉择之次,如履轻冰,将为等闲。"(p.681)

按,语出《诗经·小雅·小旻》:"战战兢兢,如临深渊,如履薄冰。"《大词典》、王涛等(编著,2007)、刘洁修(2009)、冷玉龙等(主编,2014)均未收"如履轻冰"。

0780 如临深泉

就像临近深泉一样。形容做事战战兢兢、十分小心的样子。《古尊宿》卷三七"神晏禅师":"既然未得如此,便须兢兢惕惕,如临深泉,如履薄冰。时不可延,命不可待,似个当风烛子扬地脱去也。"(p.687)

按,此为"如临深渊"之变体,定型之语已见《西晋文纪·遣使周行天下诏》:"朕在位累载,如临深泉,夙兴夕惕,明发不寐,坐而待旦。"《大词典》、王涛等(编著,2007)、刘洁修(2009)、冷玉龙等(主编,2014)均未收。

0781　兢兢业业　业业兢兢

形容小心谨慎,丝毫不敢懈怠。《古尊宿》卷四八"佛照禅师":"脱此禅病,当如禅师之言。常挥剑刃,卓起脊梁,发心精进,犹恐退堕。每思到此,兢兢业业,未尝敢忽。"(p.981)

倒言"业业兢兢"。《圆悟禅师语录》卷一四:"永嘉云:'体即无生,了本无速。盖业业兢兢,念兹在兹,方得无碍自在。'"(41-310)

按,语出《诗经·大雅·云汉》:"旱既大甚,则不可推。兢兢业业,如霆如雷。"此形容惊恐危惧的样子,参刘洁修(2009:628)、王涛等(编著,2007:554)。

0782　防微杜渐　防萌杜渐

对不好的苗头刚露头就加以制止,不使其发展蔓延。《虚堂和尚语录》卷三:"解夏小参:'防微杜渐,深切着明。也是无风匝匝之波。更若立制安居,何异破珠求影?'"(46-669)

又言"防萌杜渐"。《续灯》卷一一"子良禅师":"师云:'莺啼绿柳,鹊喜花枝。于斯荐得,触处光辉。更有一般道理,防萌杜渐,居安虑危。'"(p.316)

按,定型之语见于北魏崔鸿《十六国春秋·石虎中》:"所以防微杜渐,以示轨仪。"可参《大词典》(11-920)、刘洁修(2009:332)。

0783　居安虑危

处身安逸的环境里,还要思虑危险的可能性。《续灯》卷一一"子良禅师":"师云:'莺啼绿柳,鹊喜花枝。于斯荐得,触处光辉。更有一般道理,防萌杜渐,居安虑危。'"(p.316)

按,此为"居安思危"之变体,定型之语见于《宋书·王诞传》:"然居安虑危,不可不惧。"可参王涛等(编著,2007:576),刘洁修(2009:644)举唐代用例,偏晚。

0784　叶公画龙

比喻嘴上说爱好某种事物,实际上并不理解,甚至真的实现时竟然感到害怕。《普灯》卷四"清源禅师":"遂设三关语以验学者。而禅者如叶公画龙,龙现即怖。"(p.110)

按,此为"叶公好龙"之变体,语出汉刘向《新序·杂事五》:"叶公子高好龙,钩以写龙,凿以写龙,屋室雕文以写龙。于是天龙闻而下之,窥头于牖,施尾于堂。叶公见之,弃而还走,失其魂魄,五色无主。是叶公非好龙也,好夫似龙而非龙者也。"

定型之语已见于宋释惠洪《林间录》卷下："彼疏义者,如叶公画龙,真龙忽见,投笔怖走。"《大词典》、王涛等(编著,2007)、刘洁修(2009)、冷玉龙等(主编,2014)均未收。

0785　屈膝妥尾

犹言卑躬屈膝。形容品性卑下懦弱,毫无骨气。《古尊宿》卷七"慧颙禅师":"渠平生如狮子,逢人即杀,及其将死,何故屈膝妥尾如此?"(p.115)

按,定型之语已见上揭《古尊宿》例,《大词典》、王涛等(编著,2007)、刘洁修(2009)、冷玉龙等(主编,2014)均未收。

0786　鬼妒人嫌

令鬼嫉妒,让人生嫌。《慧远禅师语录》卷四:"松形鹤骨的村僧,鬼妒人嫌我亦憎。悬羊卖狗随时遣,栗棘金圈任跳吞。"(45-86)

按,定型之语已见上揭《慧远禅师语录》例,《大词典》、刘洁修(2009)、王涛等(编著,2007)、冷玉龙等(主编,2014)均未收。

0787　辜恩负义　辜恩负德　孤恩负德

辜负别人的恩德。《昙华禅师语录》卷二:"天下丛林一年一度谓之浴佛,若唤作浴佛,吃棒有分。若不唤作浴佛,辜恩负义。"(42-144)《心月禅师语录》卷一:"上堂:'是句亦铲,非句亦铲。辜恩负义汉,闻与么道,便与么去,未免落在第八。'"(46-144)

又言"辜恩负德"。《明觉禅师语录》卷二:"有老宿云:'雪峰徒有此语,当时入不得,如今也入不得。'师云:'这辜恩负德汉,有什么交涉? 当时入不得,岂是教你入,今既摸索不着,累他雪峰。'"(39-163)《古尊宿》卷一四"真际禅师":"问:'还有不报四恩三有者也无? '师云:'有。'云:'如何是? '师云:'这辜恩负德汉。'"(p.240)

又作"孤恩负德"。《宗杲禅师语录》卷一:"婆子诟骂曰:'雪窦抖擞屎肠,说禅为你,你得怎么孤恩负德。'"(42-500)

按,定型之语已见《艺文类聚》卷五四:"汉张俊上书曰:'臣辜恩负义,自陷重刑。'"《大词典》(11-481)、王涛(2007:385)并举元柯丹丘《荆钗记·觅真》,均晚。又《大词典》、王涛等(编著,2007)、刘洁修(2009)、冷玉龙等(主编,2014)均未收"辜恩负德""孤恩负德"。

0788 佛口蛇心

形容嘴上说得好听,心地极为毒辣。《普灯》卷二一"昙密禅师":"上堂:'诸佛出世,打劫杀人。祖师西来,吹风放火。古今善知识,佛口蛇心。天下衲僧,自投笼槛。'"(p.534)《心月禅师杂录》卷一:"倒跨杨岐三脚驴,几度州中粜黄米。佛口蛇心,鸡头凤尾,一时收入此门来。"(46-233)《原妙禅师语录》卷二:"师云:'马师父子一门,非特佛口蛇心,亦善《六韬》《三略》。这僧若无诸葛孔明之作,管取丧身失命。'"(47-305)

按,定型之语已见上揭《普灯》例,《大词典》(1-1285)、王涛等(编著,2007:327)、刘洁修(2009:368)举例均晚。

0789 欺胡谩汉 欺胡瞒汉

胡人和汉人都欺瞒。形容欺瞒他人。《续灯》卷二六"恩禅师":"乃举手作捏势云:'达磨祖师鼻孔在少林手里,若放开去也,从教此土西天说黄道黑,欺胡谩汉。'"(p.718)《绍昙禅师广录》卷一:"上堂:'四十九年,欺胡谩汉。疾入涅槃,救得一半。'"(46-257)《广闻禅师语录》卷一:"谢众僧焙经上堂:'炉鞴之所,钝铁犹多。黄面老子,具正偏知。只知撒土抛沙,欺胡谩汉,不知性命,落在弟子手中。'"(46-60)

又作"欺胡瞒汉"。《普济禅师语录》卷一:"乃云:'诸佛出世,傍若无人。祖师西来,欺胡瞒汉。一言相契,错认驴鞍桥。'"(45-540)《师范禅师语录》卷一:"一切众生具有如来智慧德相,但以妄想执着,不能证得,似与么欺胡瞒汉,诳唬闾阎。"(45-666)

按,定型之语已见上揭《续灯》例,《大词典》、王涛等(编著,2007)、刘洁修(2009)、冷玉龙等(主编,2014)均未收,参孙维张(2007:170),袁宾、康健(主编,2010:327)。

0790 欺凡罔圣

欺骗他人,不拘凡圣。《圆悟禅师语录》卷一四:"何况依倚贵势,作流俗阿师举止,欺凡罔圣,苟利图名,作无间业,纵无机缘。"(41-313)《慧远禅师广录》卷四:"独步邪见林,高据魔王殿,说欺凡罔圣禅,现夜叉罗刹面。"(45-85)

按,定型之语已见隋智顗《菩萨戒义疏》卷二:"第四妄语戒:妄是不实之名,欺凡罔圣,回惑人心,所以得罪。"《大词典》、王涛等(编著,2007)、刘洁修(2009)、冷玉龙等(主编,2014)均未收,参雷汉卿(2009:290)。

0791 悬羊卖狗 悬羊头卖狗肉

挂着羊头卖狗肉。比喻招摇撞骗的行为。《慧远禅师语录》卷四:"松形鹤骨的村僧,鬼妒人嫌我亦憎。悬羊卖狗随时遣,栗棘金圈任跳吞。"(45-86)《居简禅师语录》卷一:"若是临济德山儿孙,必然别有条章。悬羊卖狗、簸土扬尘处,拈却塵中佛事。风尘草动、鹊噪鸦鸣时,截断圆通法门。"(46-25)《绍昙禅师广录》卷六:"岂雏道人,趋炎禅贩,悬羊卖狗,戕贼法门者,同日而语。"(46-351)

散言"悬羊头卖狗肉"。《普灯》卷五"清满禅师":"上堂:'此剑刃上事,须是剑刃上汉始得。有般名利之徒,为人天师,悬羊头卖狗肉,坏后进初机,减先圣洪范。'"(p.129)又卷二一"咸杰禅师":"上堂:'世尊不说说,拗曲作直。迦叶不闻闻,望空启告。马祖即心即佛,悬羊头卖狗肉。'"(p.535)

按,此语由"悬羊头卖狗肉"压缩而来,定型之语已见上揭《慧远禅师语录》例,刘洁修(2009:1300)举清代用例,偏晚,《大词典》、王涛等(编著,2007)、冷玉龙等(主编,2014)均未收。

0792 眉粗眼大

犹言浓眉大眼,形容眉目端庄。《广灯》卷二〇"山禅师":"问:'如何是佛?'师云:'眉粗眼大。'问:'如何是本来身?'师云:'卧棘不由人。'"(p.360)《五灯》卷一五"法济禅师"条略同。(p.952)

按,定型之语已见上揭《广灯》例,《大词典》、王涛等(编著,2007)、刘洁修(2009)、冷玉龙等(主编,2014)均未收。

0793 柳目杨眉

细长秀美的眉目,形容面容姣好。《续灯》卷四"宝觉禅师":"问:'如何是佛?'师云:'鼻修额广。'僧曰:'意旨如何?'师云:'柳目杨眉。'"(p.113)

按,定型之语已见上揭《续灯》例,《大词典》、王涛等(编著,2007)、刘洁修(2009)、冷玉龙等(主编,2014)均未收。

0794 疏眉秀目

眉目疏朗清秀。形容男子容貌英俊。《广闻禅师语录》卷二:"壬戌还朝,始见于京。疏眉秀目,哆口丰颐。道貌粹然,出语有味,益敬之。"(46-99)

按,定型之语已见《旧唐书·杨收传》:"长孙氏生收严,收长六尺二寸,广颡深颐,疏眉秀目。"《大词典》、王涛等（编著,2007）、刘洁修（2009）、冷玉龙等（主编,2014）均未收。

0795　头白齿豁

头发斑白,牙齿豁缺。形容年老丑陋的样子。《联灯》卷一四"可真禅师"："慈明遽问：'如何是佛法大意？'师云：'无云生岭上,有月落波心。'明嗔目喝云：'头白齿豁,犹作这个见解,如何脱离生死？'"（p.411）《师范禅师语录》卷五："头白齿豁,空腹高心。被憍尸迦当面上当,对维摩诘甘自屈沉。说甚解空称第一,只堪倚杖独沉吟。"（45-759）

按,定型之语已见上揭《联灯》例,《大词典》、王涛等（编著,2007）、刘洁修（2009）、冷玉龙等（主编,2014）均未收。

0796　头白齿黄　面黄头白

头发斑白,牙齿黄老。形容年老枯槁的样子。《祖堂》卷三"鸟窠和尚"："空门有路不知处,头白齿黄犹念经。何年饮着声闻酒,迄至如今醉未醒。"（p.147）《联灯》卷二八"道楷禅师"："如今年老,头白齿黄,只是旧时三家村里汉,与诸人何异？"（p.910）《普灯》卷三"可真禅师"："乃问：'如何是佛法大意？'云：'无云生岭上,有月落波心。'明叱曰：'头白齿黄,犹作这个见解！'师悚然,求指示。"（p.64）

又言"面黄头白"。唐寒山子《寒山诗》："老病残年百有余,面黄头白好山居。"《净端禅师语录》卷一："上堂云：'面黄头白作禅翁,住在灵山山岭东。心静可观明月照,身闲懒与世人逢。'"（45-487）

按,定型之语已见上揭《寒山诗》例,《大词典》、王涛等（编著,2007）、刘洁修（2009）、冷玉龙等（主编,2014）均未收。

0797　含齿戴发

嘴里含着牙齿,头上长着毛发。指平常人的样貌。《广灯》卷三〇"惟素山主"："问：'如何是佛？'师云：'含齿戴发。'进云：'恁么则人人具足。'师云：'远之又远。'"（p.612）卷二一"山琼禅师"："问：'如何是无缝塔？'答云：'砖瓦泥土。'进云：'如何是塔中人？'答云：'含齿戴发。'"（p.412）

按,定型之语已见隋费长房《历代三宝纪》："庶政咸新,典章斯革。轻刑薄赋,减役省徭。二十进丁,两床输匹。含齿戴发,俱喜泰平。"此言苍生百姓,另可参雷汉卿（2009:315）。

0798 蓬头跣足 髼头跣足

头发蓬乱,脚不穿鞋。形容衣冠不整,外表脏乱。《古尊宿》卷四六"慧觉和尚":"僧问:'古人对拄杖子,为什么哭苍天?'师云:'蓬头跣足。'进云:'苍天!苍天!'师云:'瞎汉!放你二十棒。'"(p.917)

又作"髼头跣足"。《续灯》卷二〇"殊禅师":"问:'如何是佛?'师云:'巧画不似。'僧曰:'如何是法?'师云:'巧说不出。'僧曰:'如何是僧?'师云:'髼头跣足。'"(p.578)

按,定型之语已见上揭《续灯》例,《大词典》(12-747)引《三国演义》例,王涛等(编著,2007:775)引《喻世明言》例,均晚。

0799 露胸跣足

袒露胸膛,赤裸双脚。形容衣着不整洁,不修边幅。《普灯》卷八"法演禅师":"问:'如何是佛?'曰:'露胸跣足。'云:'如何是法?'曰:'大赦不放。'"(p.204)《五灯》卷一九"法演禅师"条同。(p.1242)

按,定型之语已见上揭《普灯》例,《大词典》、王涛等(编著,2007)、刘洁修(2009)、冷玉龙等(主编,2014)均未收。

0800 倒街卧巷

倒卧在大街小巷。形容醉酒不省人事的状态。《普灯》卷一六"智才禅师":"第二子凶顽狡猾,贪淫嗜酒,倒街卧巷,破坏家业。"(p.411)《五灯》卷一九"智才禅师"条同。(p.1304)

按,定型之语已见上揭《普灯》例,《大词典》、王涛等(编著,2007)、刘洁修(2009)均未收。

0801 风流儒雅

形容人举止潇洒,温文尔雅。《圆悟禅师语录》卷一八:"师拈云:'风穴用得当阳事,不妨风流儒雅,要且只道得途中句。'"(41-350)

按,定型之语已见北周庾信《枯树赋》:"殷仲文风流儒雅,海内知名。"参《大词典》(12-613)、刘洁修(2009:357)、王涛等(编著,2007:314)。

0802 顶天立地

头顶青天,脚立大地。形容人气概非凡。《普灯》卷一九"法全禅师":"上堂,拈拄杖曰:'汝等诸人个个顶天立地,肩横栲栗。到处行脚,勘验诸方,更来这里觅个什

么？’”（p.493）《五灯》卷二〇"法全禅师"条同。（p.1358）

按，定型之语已见上揭《普灯》例，《大词典》（12-218）、朱瑞玟（2008：172）并举《五灯》例，偏晚。

0803　龙飞凤舞

形容气势豪迈奔放。《道宁禅师语录》卷二："设使五湖衲子四海高人，问似龙飞凤舞，答如玉转珠回，向本分事中白云万里。"（39-793）

按，定型之语已见晋郭璞《临安志》："天目山前两乳长，龙飞凤舞到钱唐。"参《大词典》（12-1475）、刘洁修（2009：745）。

0804　年盛气豪

年轻气盛，气概豪迈。《联灯》卷一八"侍郎张九成"："初谒灵隐明禅师，扣其旨要。明云：‘公年盛气豪，正欲唾手取功名，何暇死生大事乎？’"（p.548）

按，定型之语已见上揭《联灯》例，《大词典》、王涛等（编著，2007）、刘洁修（2009）、冷玉龙等（主编，2014）均未收。

0805　气冲牛斗

气势直冲牵牛北斗之星。形容气势强盛。《续灯》卷七"蕴良禅师"："到这里，便是气冲牛斗，眼放电光，也是秦时铎落钻。"（p.197）《五灯》卷一八"有朋讲师"："元曰：‘这座主，今日见老僧气冲牛斗。’师曰：‘再犯不容。’元拊掌大笑。"（p.1168）

按，定型之语已见唐李观《与睦州独孤使君论朱利见书》："独有南冠朱利，见气冲牛斗间。"《大词典》（6-1035）举元代用例，偏晚。

0806　意气凌人

形容志向和气概高迈，使人感到压抑。《普灯》卷一八"道颜禅师"："异日见之，诟曰：‘汝以学解自负，意气凌人，腊月三十日能自负否？’"（p.468）

按，定型之语已见上揭《普灯》例，《大词典》、王涛等（编著，2007）、刘洁修（2009）、冷玉龙等（主编，2014）均未收。

0807　气薄云天

形容义气高迈。《古尊宿》卷二九"佛眼和尚"："而某于师门最为深契，在雁序手足相连，义交金石，气薄云天。"（p.540）

按，定型之语已见唐韩仪《授王镕常山郡王等制》："刘仁恭气薄云天，义形霜雪。"《大词典》、王涛等(编著,2007)、刘洁修(2009)、冷玉龙等(主编,2014)均未收。

0808 熏天炙地 薰天炙地 炙地熏天

形容气势强大、气焰炽盛的样子。《传灯》卷二二"志球禅师":"僧问:'全身佩剑时如何?'师曰:'落。'僧曰:'当者如何?'师曰:'熏天炙地。'"(p.1658)《续灯》卷二"澄远禅师":"问:'如何是心出家?'师云:'牛头栴檀。'僧曰:'意旨如何?'师云:'熏天炙地。'"(p.30)又卷二〇"殊禅师":"问:'如何是衲僧气息?'师云:'熏天炙地。'"(p.578)

也作"薰天炙地"。《方会和尚语录》卷一:"复拈香云:'大众,还知落处么?若也不知,却为注破。奉酬石霜山慈明禅师法乳之恩,山僧不免薰天炙地去也!'便烧。"(39-31)

倒言"炙地熏天"。《子益禅师语录》卷一:"衲僧臭气苦无多,炙地熏天谁敢触?尽情并荡急翻身,六六不成三十六。"(47-81)

按,定型之语已见上揭《传灯》例,《大词典》、王涛等(编著,2007)、刘洁修(2009)、冷玉龙等(主编,2014)均未收。

一〇 "才器"类

"才器"指人的才能和器局。"才器"类成语,正体83条,变体32条,共115条。范畴义有"人才""才能""根器""记忆""眼光""文思""本领""技艺""见识"9类,核心义有"稀少""卓越""聪明""拙劣""混杂""狭隘""浅薄""敏捷""非凡""相当""精妙""好"12类描述性语义特征,核心语义有"人才稀少""才能卓越""根器聪明""根器拙劣""根器混杂""见识狭隘""见识浅薄""见识卓越""眼光浅薄""文思敏捷""本领非凡""本领相当""技艺精妙""记忆好"14类。

0809 土旷人稀

地域广阔,人才稀少。《传灯》卷六"洪恩禅师":"譬如蟭螟虫在蚊子眼睫上作窠,向十字街头叫唤云:'土旷人稀,相逢者少。'"(p.415)《普灯》卷一七"岩胜禅师":"云:'把定三关蒙指示,放行五位又如何?'曰:'太平寰宇斩痴顽。'云:'恁么则南岩门下,土旷人稀。'"(p.440)

按,此为"地广人稀"之变体,定型之语已见北魏崔鸿《十六国春秋·南燕录一》:"彭城土旷人稀,平夷无险。"《大词典》、王涛等(编著,2007)、刘洁修(2009)、冷玉龙等(主编,2014)均未收。

0810 文武双全

文经武略,才能全面。《续灯》卷六"正觉禅师":"上堂云:'翻手为文,覆手为武。且执单刀,阶墀伏事。不翻不覆,文武双全。坐筹帷幄之间,决胜千里之外。'"(p.174)

按,定型之语见于五代宋齐邱《玉管照神局》卷下:"头长五岳,位皆高额广眉,长意气傲,文武双全,官极品寰中,内外恣雄豪。"《大词典》(6-1520)、刘洁修

（2009：1218）首举元代用例，偏晚。

0811　超群拔萃　超然拔萃

形容才识卓越，高出众人。《碧岩录》卷一："凡出一言半句，不是心机意识思量，鬼窟里作活计。直是超群拔萃，坐断古今，不容拟议。"（p.31）《咸杰禅师语录》卷一："且超群拔萃一句，作么生道？四海浪平龙睡稳，九天云静鹤飞高。"（45-206）

又言"超然拔萃"。《道生禅师语录》卷三："这般野狐见解，是诸方普请会的。且超然拔萃一句，作么生道？"（45-232）

按，此为"出类拔萃"之变体，定型之语已见上揭《碧岩录》例，《大词典》、王涛等（编著，2007）、刘洁修（2009）、冷玉龙等（主编，2014）均未收。

0812　超伦绝类

形容才能卓越，超群出众。《碧岩录》卷五："汾阳谓之呈解问，洞下谓之借事问。须是超伦绝类，得大受用，顶门有眼，方谓之透网金鳞。"（p.259）

按，此为"超群绝伦"之变体，定型之语已见上揭《碧岩录》例，《大词典》、王涛等（编著，2007）、刘洁修（2009）、冷玉龙等（主编，2014）均未收。

0813　通人达士

指明达事理的人士。《承古禅师语录》卷一："除是通人达士，方可证明。眇劣之徒，心生疑谤定矣。"（39-539）《联灯》卷二六"荐福古禅师"："若是通人达士，举起便知。后学初机，难为拣辨。"（p.816）

按，定型之语已见《后汉书·赵咨传》："是以通人达士，鉴兹性命，以存亡为晦明，死生为朝夕。"《大词典》、王涛等（编著，2007）、刘洁修（2009）、冷玉龙等（主编，2014）均未收。

0814　后生可畏

谓青年势必超过前辈，令人敬畏。《传灯》卷二二"藏用禅师"："师上堂，众集，师以扇子抛向地上，曰：'愚人谓金是土，智者作么生？后生可畏，不可总守愚去也。'"（p.1670）

按，语出《论语·子罕》："后生可畏，焉知来者之不如今也。"宋邢昺疏："言年少之人足以积学成德，诚可畏也。"参《大词典》（3-959）、刘洁修（2009：484）、朱瑞玟（2008：9）。

0815　鹅王择乳　　鹅王吃乳

传说把水乳同置器皿中,鹅王只饮乳汁而留下水。禅家比喻善于分辨真伪正邪。《传灯》卷九"灵祐禅师":"仰山拈起禾穗云:'和尚何曾问这个?'师云:'此是鹅王择乳。'"(p.561)《善昭禅师语录》卷一:"问:'鹅王择乳,素非鸭类,意旨如何?'师云:'江南有江北无。''为什么江北无?'师云:'冰地寒难翥。'"(39-574)《圆悟禅师语录》卷一八:"敢问阿哪个得?阿哪个失?到这里须是向上人始得,还委悉么?鹅王择乳,素非鸭类。"(41-351)

又言"鹅王吃乳"。《临济禅师语录》卷一:"只如今有一个佛魔同体不分,如水乳合,鹅王吃乳。如明眼道流,魔佛俱打。尔若爱圣憎凡,生死海里浮沈。"(T47/498a)《广灯》卷一一"临济禅师"条同。(p.146)

按,定型之语已见上揭唐慧然集《临济禅师语录》例,《大词典》、王涛等(编著,2007)、刘洁修(2009)、冷玉龙等(主编,2014)均未收,参袁宾、康健(主编,2010:116)。

0816　叶落知秋

看到树叶落了就知道秋天来了。形容领悟分辨能力很强,善于从细微处分辨事物。《普觉禅师语录》卷五:"师云:'皎洁一轮,寒光万里。伶俐者叶落知秋,偎慵者忠言逆耳。'"(42-270)《联灯》卷一八"咸杰禅师":"示众云:'动弦别曲,叶落知秋。举一明三,目机铢两。'"(p.563)

按,此为"一叶知秋"之变体,定型之语已见上揭《普觉禅师语录》例,刘洁修(2009)未收上揭语义。

0817　动弦别曲

刚拨动弦丝就辨别出了曲调。形容反应灵敏,领悟识别的能力很强,善于从细微处分辨事物。《圆悟禅师语录》卷三:"上堂云:'叶落知秋,动弦别曲。定光招手,智者点头。承当于文彩未生前,相照向是非得失外。'"(41-215)《怀深禅师广录》卷一:"上堂云:'动弦别曲,叶落知秋,隔墙见角,便知是牛。伶俐衲僧,才眨眼商量,已落第三筹。'"(41-114)《法薰禅师语录》卷一:"上堂:'佛法不离日用,日用百发百中。衲僧家动弦别曲,叶落知秋。因什么十个有五双,问着口似扁担。'"(45-590)

按,定型之语已见上揭《圆悟禅师语录》例,《大词典》、王涛等(编著,2007)、刘洁修(2009)、冷玉龙等(主编,2014)均未收,可参袁宾、康健(主编,2010:107),袁宾(1991:508)。

0818 闻一知十

听到一件事,可以推知十件事。形容人根机伶俐,十分聪明。《圆悟禅师语录》卷一九:"动弦别曲,闻一知十。手搦手抬,以胶投漆。"(41-359)

按,语出《论语·公冶长》:"赐也何敢望回? 回也闻一以知十,赐也闻一以知二。"定型之语已见汉无名氏《童子逢盛碑》:"心开意审,闻一知十。"参《大词典》(12-104)、王涛等(编著,2007:1141)、刘洁修(2009:1219)。

0819 窥天鉴地

能够察明天地万物。形容洞察力十分敏锐。《续灯》卷五"择芝禅师":"问:'师唱谁家曲,宗风嗣阿谁?' 师云:'宝镜当台。'僧曰:'恁么则雪窦嫡子。'师云:'窥天鉴地。'"(p.128)

按,定型之语已见唐释道宣《广弘明集》卷二二"三藏圣教序":"是以窥天鉴地,庸愚皆识其端。"《大词典》、王涛等(编著,2007)、刘洁修(2009)、冷玉龙等(主编,2014)均未收。

0820 鉴貌辨色

观察人的容貌,分辨其脸色。《传灯》卷二二"守清禅师":"僧问:'和尚见古人得个什么,便住此山?' 师曰:'情知汝不肯。'僧曰:'争知某甲不肯?' 师曰:'鉴貌辨色。'"(p.1692)《五灯》卷八"守清禅师"条同。(p.472)

按,定型之语已见《敦煌变文校注·伍子胥变文》:"适来鉴貌辨色,观君与凡俗不同。"朱瑞玟(2008:123)认为出自《五灯》,不确。参孙维张(2007:120)、刘洁修(2009:576)。

0821 俊鹰快鹞

禅家比喻伶俐的禅僧。《崇岳禅师语录》卷二:"若是个汉,撩起便行,如俊鹰快鹞相似,迷影梢空,背摩霄汉,可谓奋丈夫志气。"(45-363)《五灯》卷一二"广照禅师":"上堂,拈起拄杖曰:'山僧有时一棒作个漫天网,打俊鹰快鹞,有时一棒作个布丝网,摝蚬捞虾。'"(p.707)《虚堂和尚语录》卷四:"看他一旦奋发,惊群动众,临机通变。如俊鹰快鹞,搏风搏日,拟寻其影迹,了不可得。"(46-696)

按,定型之语已见上揭《崇岳禅师语录》例,《大词典》、王涛等(编著,2007)、刘洁修(2009)、冷玉龙等(主编,2014)均未收。

0822　眼辨手亲　眼亲手辨

眼明手快,机敏伶俐。形容根器敏锐,反应迅速。《碧岩录》卷四:"掣电之机,徒劳伫思;当空霹雳,掩耳难谐。脑门上播红旗,耳背后轮双剑。若不是眼辨手亲,争能构得?"(p.199)又卷一〇:"五祖老师云:'如马前相扑相似,须是眼辨手亲。'"(p.473)《慧开禅师语录》卷一:"善财能采,文殊解用。虽然眼辨手亲,检点将来,漏逗不少。"(42-12)

又言"眼亲手辨"。《碧岩录》卷九:"大雄宗派下,出四庵主,大梅白云,虎溪桐峰。看他两人怎么眼亲手辨,且道淆讹在什么处?"(p.424)《道宁禅师语录》卷二:"到这里直饶眼亲手辨,光影俱亡,如鸡抱卵,啐啄同时,正好吃报慈拄杖。"(39-777)《梵琮禅师语录》卷一:"上堂:'今朝当八月旦,衲僧眼亲手辨,放出金刚箭,射落天边雁。'"(46-109)

按,定型之语已见上揭《碧岩录》例,《大词典》、王涛等(编著,2007)、刘洁修(2009)、冷玉龙等(主编,2014)均未收,参袁宾(1991:519),雷汉卿(2009:329),袁宾、康健(主编,2010:469)。

0823　铁眼铜睛

犹言火眼金睛。形容眼光犀利,反应敏锐。《续灯》卷一九"应干禅师":"潦倒忘机是乌窠,西湖湖上控烟梦。布毛吹去无多子,铁眼铜睛不奈何。"(p.541)《碧岩录》卷一:"雪窦于他初句下,着这一句,不妨奇特,且道毕竟作么生辨的?直饶铁眼铜睛,也摸索不着。"(p.6)《圆悟禅师语录》卷六:"若是铁眼铜睛,当阳觑透,便可以把断要津,不通凡圣。终不向他语言里作窠窟,机境上受罗笼。"(41-242)

按,定型之语已见上揭《续灯》例,《大词典》、王涛等(编著,2007)、刘洁修(2009)、冷玉龙等(主编,2014)均未收,参袁宾、康健(主编,2010:411)。

0824　明察秋毫

可以看清秋天鸟兽新生的毫毛。形容眼光犀利敏锐,能察幽觉微。《碧岩录》卷一:"此云坚固眼,亦云金刚眼,照见无碍。不唯千里明察秋毫,亦乃定邪决正,辨得失,别机宜,识休咎。"(p.57)《希叟和尚广录》卷二:"衲僧家脚跟下一段光明,十日并照,明察秋毫。不拣候门射策,何须华顶降魔?孤迥迥,冷萧萧。"(46-272)

按,语出《孟子·梁惠王上》:"明足以察秋毫之末。"定型之语已见上揭《碧岩录》例,《大词典》(5-615)、刘洁修(2009:804)举清代用例,王涛等(编著,2007:722)举明代用例,均晚。

0825 眼似流星

眼光像天空划过的流星。形容眼光十分敏锐。《续灯》卷一"宣鉴禅师":"龙潭次辰示众曰:'可中有个汉,牙如利剑,眼似流星,口若血盆,面生黑漆,一棒打不回头。'"(p.21)《碧岩录》卷三:"垂示云:'高高峰顶立,魔外莫能知。深深海底行,佛眼觑不见。直饶眼似流星,机如掣电,未免灵龟曳尾。'"(p.139)《慧远禅师语录》卷三:"纵使机如掣电,眼似流星,戴角擎头敲枷打锁的。一任胡言汉语,横拖倒磨。"(45-33)

按,定型之语已见于唐栖复《法华经玄赞要集》卷二四:"尾若长松而倒悬,眼似流星而双鉴。"《大词典》、王涛等(编著,2007)、刘洁修(2009)、冷玉龙等(主编,2014)均未收。

0826 举一明三

举其一而知其三。形容人根机伶俐,十分聪明。《碧岩录》卷一:"垂示云:'隔山见烟,早知是火。隔墙见角,便知是牛。举一明三,目机铢两,是衲僧家寻常茶饭。'"(p.1)《圆悟禅师语录》卷一四:"个个须是举一明三,目机铢两,阿辘辘地疏通峻快,始称提持。"(41-312)

按,定型之语已见上揭《碧岩录》例,《大词典》、王涛等(编著,2007)、刘洁修(2009)均未收。

0827 目机铢两

铢两:极细微之重量。一眼就能细察铢两之微。形容人眼光敏锐,能察幽觉微。《碧岩录》卷一:"垂示云:'隔山见烟,早知是火。隔墙见角,便知是牛。举一明三,目机铢两,是衲僧家寻常茶饭。'"(p.1)《圆悟禅师语录》卷一四:"个个须是举一明三,目机铢两,阿辘辘地疏通峻快,始称提持。"(41-312)《普灯》卷二四"云顶禅师":"上堂曰:'一句涵盖乾坤,不离毛吞巨海。一句截断众流,不离斩钉截铁。一句随波逐浪,不离目机铢两。'"(p.599)

按,定型之语已见上揭《碧岩录》例,《大词典》、王涛等(编著,2007)、刘洁修(2009)、冷玉龙等(主编,2014)均未收,参《佛光大辞典》(1989:2110),袁宾、康健

（主编，2010：301）。

0828　眼似铜铃

眼睛像铜铃那样转动。形容眼光敏锐，反应灵敏。《圆悟禅师语录》卷一一："设使千圣出头来，也摸索不着。偶觌衲子出来，眼似铜铃，口似悬河，也说他不得，也觑他不着。"（41-289）《普觉禅师语录》卷一四："若是个伶俐汉，才闻举着，眼似铜铃，终不向这里打之绕。"（42-338）《虚堂和尚语录》卷一："眉如箭筈，眼似铜铃，未举先知，未话先领。"（46-631）

按，定型之语已见上揭《圆悟禅师语录》例，《大词典》、王涛等（编著，2007）、刘洁修（2009）、冷玉龙等（主编，2014）均未收。

0829　奔流度刃

像激流飞过刀刃一样迅疾。①形容机锋迅疾。《守卓禅师语录》卷一："问：'奔流度刃，疾焰过风，合具什么手脚。'师云：'札。'"（41-70）《圆悟禅师语录》卷一七："师拈云：'蓦刀劈面，解辨者何人？劈箭当胸，承当者有几？若能向奔流度刃、疾焰过风处，见长沙横身为物去不消一捏。'"（41-344）②形容反应灵敏，领悟迅疾。《续灯》卷二七"自龄禅师"："师云：'这公案无不委知，文殊为甚出不得？网明为甚出得？诸人偶具奔流度刃的眼，非但见这一队汉败缺，乃至河沙祖佛出来，也被作家觑破。'"（p.756）《联灯》卷一八"志清禅师"："示众云：'奔流度刃，未是作家；疾焰过风，犹为钝汉。'"（p.558）

按，定型之语已见于上揭《守卓禅师语录》例，《大词典》、王涛等（编著，2007）、刘洁修（2009）、冷玉龙等（主编，2014）均未收，可参袁宾、康健（主编，2010：16）。

0830　大巧若拙

真正有大智慧的人，表面显得很笨拙。《真净禅师语录》卷三："上堂，《道德经》曰：'大巧若拙，大辩若讷。'师云：'达人到此，身心一如，身外无余，十方世界，只在目前。'"（39-678）

按，语出《老子》："大直若屈，大巧若拙，大辩若讷。"参《大词典》（2-1330）、王涛等（编著，2007：203）、刘洁修（2009：241）。

0831　大辩若讷

真正有大思辨的人，表面上好像显得很木讷。《真净禅师语录》卷三："上堂，《道德经》曰：'大巧若拙，大辩若讷。'师云：'达人到此，身心一如。身外无余，十方

世界,只在目前。'"(39-678)

按,语出《老子》:"大直若屈,大巧若拙,大辩若讷。"参刘洁修(2009:235)、王涛等(编著,2007:196)。

0832 大智如愚

智慧很高的人不露锋芒,表面上看起来很愚笨。《联灯》卷一六"系南禅师":"示众云:'大智如愚,大巧若拙。勿谓今朝,中秋令节。八极同风,千潭共月。三十年后,芦花照雪。与么悟去,脑门百裂。'"(p.467)

按,此为"大智若愚"之变体,定型之语已见宋苏轼《贺欧阳少师致仕启》:"大勇若怯,大智如愚。"《大词典》、王涛等(编著,2007),刘洁修(2009)未收此语。

0833 良马窥鞭 良马见鞭影而行 良马窥鞭影

谓好马窥见鞭影就能走上正路。比喻聪明的人一闻师家之言便能领悟道法。《联灯》卷一六"道宁禅师":"示众云:'灵山会上,早是周遮。良马窥鞭,岂为英俊?'"(p.489)《绍昙禅师广录》卷一:"良马窥鞭,一拨便转。韩卢逐块,三搭不回。"(46-263)又卷三:"还有人辨得的么? 若也辨得,良马窥鞭,已迟八刻。若也未辨,东土阿师,不如西天外道。"(46-397)

散言"良马见鞭影而行"。《祖堂》卷一"释迦牟尼":"阿难问佛:'外道以何所证而言得入?'佛言:'如世间良马见鞭影而行。'"(p.15)

散言"良马窥鞭影"。《续灯》卷二八"明觉禅师":"因思良马窥鞭影,千里追风唤得回,唤得回,鸣指三下。"(p.763)

按,语出后秦鸠摩罗什译《大智度论》卷四一:"有众生软语善教,不入道检,要须苦切粗教,乃得入法。如良马见鞭影便去,钝驴得痛手乃行。"定型之语已见上揭《联灯》例,《大词典》、王涛等(编著,2007)、刘洁修(2009)、冷玉龙等(主编,2014)均未收。

0834 大器晚成

贵重器物需要长时间打磨才能完成。比喻大才之人取得成就往往比较晚。《祖堂》卷一"伏驮密多尊者":"伏驮密多,大器晚成。五十不语,五十不行。俄逢大士,倏契无生。崖松有操,鹙鹬无程。"(p.46)

按,语出《老子》:"大器晚成,大音希声。"参《大词典》(2-1394)、王涛等(编著,2007:202)、刘洁修(2009:241)。

0835 智如流水

形容智源畅达,无有阻滞。《普灯》卷二五"鉴勤禅师":"学道兄弟若无省悟,设使智如流水,辩若悬河,倒念得一大藏教,于这事上转没交涉。"(p.626)《古尊宿》卷四六"慧觉和尚":"上堂云:'若论此事,直饶辩似悬河,智如流水,且与那事没交涉。'"(p.905)《崇岳禅师语录》卷一:"又道:'若论此事,说甚龙树马鸣、提婆鹙子,辩似悬河,智如流水,莫能知之。'"(45-340)

按,定型之语已见上揭《普灯》例,《大词典》、王涛等(编著,2007)、刘洁修(2009)、冷玉龙等(主编,2014)均未收。

0836 鸡栖凤巢

鸡栖息在了凤凰的巢穴里。禅家常用来斥责前来参禅的学人根器愚痴,不在聪明的参悟者之列。《传灯》卷一六"元安禅师":"至夹山礼拜,端身而立。夹山曰:'鸡栖凤巢,非其同类。出去!'"(p.1184)《联灯》卷二三"元安禅师"条同。(p.699)《虚堂和尚语录》卷三:"诸山疏:'出山而见,入户而知。鸡栖凤巢,邻壁之辉,何必区区点缀伊?'"(46-679)

按,定型之语已见上揭《传灯》例,《大词典》、王涛等(编著,2007)、刘洁修(2009)、冷玉龙等(主编,2014)均未收。孙维张(2007:114)释作"低贱者遇到了好的境遇",不确。

0837 败种焦芽

败坏的种子和枯焦的嫩芽。禅家比喻人根机拙劣,不能萌生无上道心。《联灯》卷一六"广鉴禅师":"示众云:'谈玄说妙,譬如画饼充饥。入圣超凡,大似飞蛾赴火。一向无事,败种焦芽;更若驰求,水中捉月。'"(p.469)《古尊宿》卷二九"佛眼和尚":"祈雨,上堂:'定明妙应禅师说法,如云如雨。不是时人不闻,又非不善其语。如斯一味灵通,过了几多寒暑。纵逢败种焦芽,方便一时救取。'"(p.549)《续古尊宿》卷四"华和尚":"若有一念,驰求成佛作祖之心,此谓之败种焦芽,无复发生也。"(44-202)

按,定型之语已见上揭《联灯》例,《大词典》、王涛等(编著,2007)、刘洁修(2009)、冷玉龙等(主编,2014)均未收。

0838 有耳如聋

虽然长着耳朵,却像聋人。①形容人根器低劣,反应迟钝。《倚遇禅师语录》卷一:"师云:'闻的事作么生?'进云:'非唯观世音,我亦从中证。'师云:'有眼如盲犹似可,有耳如聋笑杀人。'"(39-720)②禅家也比喻耳根不摄尘念。《碧岩录》卷八:"六识无功伸一问,有眼如盲,有耳如聋;明镜当台,明珠在掌。一句道尽。作家曾共辨来端。"(p.402)《原妙禅师语录》卷一:"若到不疑自疑,痛痒无失,有眼如盲,有耳如聋,不堕见闻窠臼,犹是能所未忘,偷心未息。"(47-299)《续古尊宿》卷二"金粟智和尚":"且道金粟有什么长处?幽鸟语如簧,有耳如聋。柳垂金线长,有眼如盲。云收山谷静,截断意根。风送杏花香,拽回鼻孔。到这里荐得,可谓一根既返源,六门成解脱。"(44-104)

按,定型之语已见上揭《倚遇禅师语录》例,《大词典》、王涛等(编著,2007)、刘洁修(2009)、冷玉龙等(主编,2014)均未收。

0839 持聋得哑 持聋作哑 恃聋作哑 佯聋诈哑

装作耳聋口哑。《祖堂》卷一四"鲁祖和尚":"僧问龙泉:'只如怡山与么道,意作么生?'泉云:'持聋得哑。'"(p.648)

又言"持聋作哑"。《圆悟禅师语录》卷九:"师云:'岂干阇梨事?'进云:'共相证据也何妨。'师云:'持聋作哑。'"(41-263)《慧南禅师语录》卷一:"师云:'德山持聋作哑,虽然暗得便宜,廓公掩耳偷铃,争奈旁观者丑。'"(41-742)《古尊宿》卷四〇"文悦禅师":"尔后达磨西来,单传心印,一花五叶,分布寰中。大似持聋作哑,何故?况你诸人各有一段事,耀古腾今,通廓等于太虚,明净同乎皎镜。"(p.757)

又言"恃聋作哑"。《续灯》卷一三"法宗禅师":"问:'如何是佛法大意?'师云:'临河不买水。'僧曰:'意旨如何?'师云:'恃聋作哑。'"(p.386)

又言"佯聋诈哑"。《倚遇禅师语录》卷一:"南云:'而今知也,且道从什么处去?'师云:'你问阿谁?'南云:'佯聋诈哑作什么?'师云:'虽然如是,要且不负来机。'"(39-738)《崇岳禅师语录》卷一:"师云:'南泉门前活路子,八字打开。这僧肚里惺惺,佯聋诈哑。'"(45-339)

按,定型之语已见上揭《祖堂》例,《大词典》、王涛等(编著,2007)、刘洁修(2009)、冷玉龙等(主编,2014)均未收。

0840 日中迷路

大白天迷失道路。形容根器愚痴,分辨不清事理。《广灯》卷一三"蟇上座":"仰山闻举,云:'若有人知得此二人落处,不好奇特,若辨不得,大似日中迷路。'"

（p.200）《续灯》卷二二"齐添禅师"："乃云：'此四喝，有一喝堪与祖佛为师，明眼衲僧试请拣看。若拣不出，大似日中迷路。'"（p.628）《普灯》卷三"其辨禅师"："师召大众曰：'临济老汉寻常一条脊梁硬似铁，及乎到这里，大似日中迷路，眼见空花。'"（p.82）

按，定型之语已见上揭《广灯》例，《大词典》、王涛等（编著，2007）、刘洁修（2009）、冷玉龙等（主编，2014）均未收。

0841　眼中添屑　眼中着屑　眼中有屑　眼里添沙　眼里添钉

眼睛里添加了尘屑。禅家形容法眼不明，被世俗尘念所牵绊污染。《续灯》卷九"圆照禅师"："禅客相逢，将何演说？各请归堂，随缘憩歇。若作迷逢达磨，大似眼中添屑。"（p.258）《古尊宿》卷二一"法演禅师"："乃云：'今日上元之节，处处灯光皎洁。不知天意如何？瑞雪翻为苦雪，贫穷变作僵蚕，乌龟冻得成鳖。唯有四海禅流，个个眼中添屑。何故？不说，不说。'"（p.401）《昙华禅师语录》卷四："师乃云：'弥勒真弥勒，分身千百亿。时时示时人，时人俱不识。这老汉，四棱榻地了也。是汝诸人还识得也未？若识得，正是眼中添屑，若不识，宝林有过。'"（42-160）

又言"眼中着屑"。《续灯》卷五"义怀禅师"："云：'上来打个不审，能消万两黄金。下去打个珍重，亦消得四天下供养。若作佛法话会，滴水难消；若作无事商量，眼中着屑。且作么生即是？'"（p.124）《圆悟禅师语录》卷一："上堂：'孤迥峭巍巍，始终活鲅鲅。唤作禅道祖佛，眼中着屑；不唤作禅道祖佛，掘地觅天。'"（41-198）《普灯》卷二五"道楷禅师"："直须两头撒开，中间放下。遇声遇色，如石上栽花；见利见名，似眼中着屑。"（p.616）

又言"眼中有屑"。《古尊宿》卷一〇"昭禅师"："道将一句来，还有道得的么？若道不得，眼中有屑，直须出却始得。"（p.162）

又言"眼里添沙"。《师范禅师语录》卷一："师云：'一径直，二周遮。衲僧会得，眼里添沙。若是育王，又且不然。'"（45-684）

又言"眼里添钉"。《师范禅师语录》卷一："上堂：'韶光烂熳时，百卉皆妍秀。处处有春风，村村自花柳。灵云眼里添钉，玄沙袖中出手。除非自解倒骑驴，一生不着随人后。'"（45-678）

按，定型之语已见上揭《续灯》例，孙维张（2007:307）举《五灯》（同上揭《普灯》）例，释作"比喻十分痛苦，承受不了"，当误。又《大词典》、王涛等（编著，2007）、刘洁修(2009)、冷玉龙等(主编,2014)均未收。

0842 有眼如盲 有眼如无

有眼睛却如同盲人一样。①形容法眼不明,不能明辨道理。《昙华禅师语录》卷四:"上堂云:'佛祖正印,衲僧蟊蛊。有眼如盲,有口如哑。更问如何,可知礼也。'"(42-160)《普灯》卷三"惟政禅师":"上堂:'天台普请,人人知有。南岳游山,又作么生?会则灯笼笑你,不会则有眼如盲。'"(p.69)《古尊宿》卷四六"慧觉和尚":"师拈云:'大树与么道,大似有眼如盲。黄檗一条拄杖,天下人咬嚼不碎。'"(p.924)②比喻泯灭知见,眼根不起尘念。《碧岩录》卷八:"六识无功伸一问,有眼如盲,有耳如聋;明镜当台,明珠在掌。一句道尽。作家曾共辨来端。"(p.402)《原妙禅师语录》卷一:"若到不疑自疑,寤寐无失,有眼如盲,有耳如聋,不堕见闻窠臼。犹是能所未忘,偷心未息。"(47-299)《续古尊宿》卷二"金粟智和尚":"且道金粟有什么长处?幽鸟语如簧,有耳如聋。柳垂金线长,有眼如盲。云收山谷静,截断意根。风送杏花香,拽回鼻孔。到这里荐得,可谓一根既返源,六门成解脱。"(44-104)

又言"有眼如无"。形容法眼不明,不能明辨道理。《广灯》卷二六"悟显禅师":"上堂,僧问:'既是彰法,彰个什么法?'师云:'物物俱彰。'进云:'学人为什么不见?'师云:'有眼如无。'"(p.534)

按,定型之语已见上揭《碧岩录》例,刘洁修(2009)、王涛等(编著,2007)均未收上揭语义。

0843 耳聋眼暗 眼瞎耳聋 眼暗耳聋 眼昏耳聩

形容人痴呆不伶俐,反应愚钝。《传灯》卷六"怀海禅师":"努力猛作早与,莫待耳聋眼暗,头白面皱,老苦及身,眼中流泪,心中懊恼,未有去处,到恁么时整理脚手不得也。"(p.420)《五灯》卷三"怀海禅师"条同。(p.452)

又言"眼瞎耳聋"。《祖堂》卷一七"岑和尚":"三圣和尚问:'请和尚说向上。'师云:'阇梨眼瞎耳聋作什么?'"(p.768)《传灯》卷一〇"景岑禅师":"僧问:'如何是诸佛师?'师云:'不可更拗直作曲邪。'僧云:'请和尚向上说。'师云:'阇梨眼瞎耳聋作什么?'"(p.639)《慧开禅师语录》卷一:"师云:'这僧开口见胆,云门露出心肝。山僧亦有一偈举似诸人,树凋叶落,体露金风。更问如何?眼瞎耳聋。'"(42-3)

倒言"眼暗耳聋"。《法演禅师语录》卷三:"眼暗耳聋,行步龙钟。人前强笑,又手当胸。"（39-134）《普灯》卷八"志璇禅师"："上堂：'不是风动，不是幡动，衲僧失却鼻孔。是风动，是幡动，分明是个漆桶。两段不同，眼暗耳聋。涧水如蓝碧，山花似火红。'"（p.212）《联灯》卷七"新建禅师"："有座主问：'和尚年尊，何不讨个小师侍奉？'师云：'若有眼暗耳聋口哑的，为我讨一个来。'主无对。"（p.232）

又言"眼昏耳聩"。《净端禅师语录》卷一："眼昏耳聩老身孤，林下无人泪似珠。相公许我云中雨，救取甘泉涧底枯。"（45-489）

按，定型之语已见《敦煌变文校注·八相变》："鸡皮鹤发身憔悴，耳聋眼暗不能行。"《大词典》举现代用例，太晚。又王涛等（编著，2007）、刘洁修（2009）、冷玉龙等（主编，2014）均未收。

0844　眼中有翳　眼中着翳　眼中生翳

眼中有障膜，看不清东西。禅家形容法眼不明。《古尊宿》卷一〇"天嵩禅师"："都为一念不觉，便见空里花生，不觉眼中有翳。"（p.168）

又言"眼中着翳"。《续灯》卷八"拱辰禅师"："上堂云：'灵云见花，眼中着翳。玄沙蹙指，体上遭迍。不如且恁么过时，自然身心安乐。'"（p.246）

又言"眼中生翳"。《祖堂》卷一二"荷玉禅师"："师有时示众云：'若向这里通得，未是自己眼目。'又云：'古人恐与蛇画足，眼中生翳，复若为？'"（p.545）

按，定型之语已见唐佛陀多罗译《圆觉经》卷一："应云：'非唯惑此真空自性，亦复迷彼身心生处。此乃但怪空里有花，不觉眼中有翳。'"《大词典》、王涛等（编著，2007）、刘洁修（2009）、冷玉龙等（主编，2014）均未收，可参孙维张（2007：307）。

0845　眼似漆桵　两眼如漆　双眼如漆

两眼如漆桵子，眼中漆黑一片。形容根机低劣，不明事理。《临济禅师语录》卷一："犹如俗人打传口令相似，一生虚过也。道我出家，被他问着佛法，便即杜口无词，眼似漆桵，口如扁担。"（T47/501b）《联灯》卷九"临济禅师"条同。（p.286）

又言"两眼如漆"。《古尊宿》卷二〇"法演禅师"："上堂云：'达磨无端，少林面壁。二祖断臂，一生受屈。黄檗树头，讨甚木蜜？太平今日，两眼如漆。李广神箭，是谁中的？'"（p.378）

又言"双眼如漆"。《普灯》卷五"元易禅师"："上堂：'今朝四月初一，衲僧双眼如漆。顾着露柱灯笼，平地一声霹雳。惊起金刚出户，半夜荒村失路。天明却到门

前,眼耳鼻中尘土。'"（p.139）

按,定型之语已见上揭唐慧然集《临济禅师语录》例,《大词典》、王涛等（编著,2007）、刘洁修（2009）、冷玉龙等（主编,2014）均未收。

0846 三头两面　两头三面

禅家比喻认识不清本来面貌。《古尊宿》卷三八"守初禅师"："问：'承古有言,刹说众生说、三世一时说即不无,未审为什么人说？'师云：'三头两面者。'"（p.714）《了慧禅师语录》卷一："上堂：'七手八脚,三头两面。欢喜冤家,头头撞见。山僧建立宗旨,直须为我成褫。学人未达其源,也要请师方便。'"（46-426）

又言"两头三面"。《碧岩录》卷一："两头三面,少卖弄。鱼行水浊,鸟飞落毛。"（p.11）又卷八："天下衲僧到这里摸索不着,两头三面作什么？"（p.390）

按,定型之语已见唐李商隐《杂纂》："愚昧之流,三头两面趋奉人。"此喻奉承拍马,玩弄两面手法。《大词典》未收上揭语义,王涛等（编著,2007）、刘洁修（2009）均未收。

0847 金沙未辨

连金子和沙子都不能分辨。形容人不明事理,分辨不清道理。《倚遇禅师语录》卷一："敢问诸人,适来许多问答,且道与宝寿禅师,是同是别？若道是同,金沙未辨,玉石未分,参学眼在什么处？"（39-721）

按,定型之语已见上揭《倚遇禅师语录》例,《大词典》、王涛等（编著,2007）、刘洁修（2009）、冷玉龙等（主编,2014）均未收。

0848 玉石不分　玉石未分

连美玉和石头都不能分辨清楚。形容人不明事理,分辨不清道理。《慧南禅师语录》卷一："师云：'石头驰书,今古共闻。后人不善宗由,罕能提唱。致使水乳不辨,玉石不分。'"（45-726）《联灯》卷一八"昙华禅师"："蓦拈拄杖云：'唤作拄杖,玉石不分。不唤作拄杖,金沙混杂。其间一个半个善别端由,管取平步丹霄。'"（p.554）

又言"玉石未分"。《倚遇禅师语录》卷一："敢问诸人,适来许多问答,且道与宝寿禅师,是同是别？若道是同,金沙未辨,玉石未分,参学眼在什么处？"（39-721）《续灯》卷一八"佛慧禅师"："问：'鱼龙难辨,玉石未分。祖意西来,如何指示？'师曰：'点。'"（p.516）

按,定型之语已见唐杜佑《通典》卷十七"杂议论中":"选集之始,雾积云屯。摞叙于终,十不收一。淄渑混淆,玉石不分。"《大词典》、王涛等(编著,2007)、刘洁修(2009)、冷玉龙等(主编,2014)均未收。

0849　水乳不分

分辨不清水和乳。形容人法眼不明,分辨不清事物。《倚遇禅师语录》卷一:"言前荐得,滞壳迷封。句下精通,触途狂见。然虽如是,其奈金沙犹混,水乳不分。"(39-732)《圆悟禅师语录》卷七:"忽若水乳不分,金鍮不辨,有条攀条,无条攀例。"(41-246)《普灯》卷四"祖心禅师":"致使玄黄不辨,水乳不分,疾在膏肓,难为救疗。若不当阳晓示,穷子无以知归。"(p.96)

按,定型之语已见唐慧立本《大唐大慈恩寺三藏法师传》卷八:"每以释教东迁,为日已久,或恐邪正杂扰,水乳不分。"《大词典》、王涛等(编著,2007)、刘洁修(2009)、冷玉龙等(主编,2014)均未收。

0850　东西不辨

分辨不清东西方向。①形容人十分愚痴,分辨不清事理。《续灯》卷九"祖会禅师":"问:'住相布施即不问,如何是无为实相门?'师云:'开眼觑不见。'僧曰:'为什么如此?'师云:'东西不辨。'"(p.266)《普灯》卷二一"咸杰禅师":"上堂曰:'牛头横说竖说,不知有向上关捩子。有般漆桶辈,东西不辨,南北不分。便问如何是向上关捩子?何异开眼尿床。'"(p.535)②禅家也形容本心超越后,泯灭差别对立,打成一片。《仁勇禅师语录》卷一:"上堂:'保宁一夏卧疾已来,向方丈里,撒屎撒尿,狂言寐语,直是东西不辨,南北不分,求生不生,求死不死。'"(41-24)《咸杰禅师语录》卷一:"山僧数日来,似病不病,似安不安,似死不死。方丈里撒屎撒尿,大开眼狂言寐语。直是东西不辨,南北不分。求生不得,求死不得。"(45-180)

按,定型之语已见上揭《续灯》例,《大词典》、王涛等(编著,2007)、刘洁修(2009)、冷玉龙等(主编,2014)均未收。

0851　南北不分

分辨不清南北方向。①形容人十分愚痴,分辨不清事理。《明觉禅师语录》卷二:"上堂云:'乾坤侧,日月星辰一时黑。东西不辨、南北不分的衲僧,向甚处见雪窦?'"(39-164)②禅家也形容本心超越后,灭除差别对立,打成一片。《续灯》卷一九"思度禅师":"上堂云:'东西不辨,南北不分。琼楼玉殿,照耀乾坤。普贤作伴,文殊作宾。'"(p.558)《联灯》卷一四"方禅师":"云:'如何是诸尘三昧起？'师云:'鳖咬钓鱼竿。'云:'恁么则东西不辨、南北不分去也。'"(p.421)

按,定型之语已见唐李筌《太白阴经》卷六"迷途篇":"经曰:'远征迷途,南北不分,常以北辰为主。'"此用其字面义,禅义由此引申而来。《大词典》、王涛等(编著,2007)、刘洁修(2009)、冷玉龙等(主编,2014)均未收。

0852　奴郎不辨

连奴仆和主人都不能分辨。禅家喻指参禅者不能分辨自性是佛。《临济禅师语录》卷一:"今时学者总不识法,犹如触鼻羊逢着物安在口里,奴郎不辨、宾主不分。"(T47/498a)《普灯》卷二五"新禅师":"近来又有一般奴狗,受雇得钱买度牒,剃下狗头,披佛袈裟,奴郎不辨,菽麦不分。"(p.619)《慧空禅师语录》卷一:"师云:'寿山不妨奇特,要且年高倒耄,奴郎不辨,玉石不分。'"(45-94)

按,定型之语已见上揭唐慧然集《临济禅师语录》例,《大词典》、王涛等(编著,2007)、刘洁修(2009)、冷玉龙等(主编,2014)均未收,另可参袁宾、康健(主编,2010:314)。

0853　桀犬吠尧

夏桀的狗向尧乱叫。禅家表示本心超越后泯灭差别对立的悟境。《传灯》卷一三"延昭禅师":"问:'如何是临济下事？'师曰:'桀犬吠尧。'"(p.912)《续灯》卷三"子祥禅师":"问:'如何是义台境？'师云:'路不拾遗。'僧曰:'如何是境中人？'师云:'桀犬吠尧。'"(p.66)

按,语出《战国策·齐策》:"跖之狗吠尧,非贵跖而贱尧也,狗固吠非其主也。"定型之语已见《晋书·康帝纪》:"桀犬吠尧,封狐嗣乱,方诸后羿,曷若斯之甚也。"参刘洁修(2009:593)。

0854　泾渭不分

形容人十分愚痴,不能明辨事理。《昙华禅师语录》卷一:"若道有吩咐,则埋没迦叶师兄。若道无吩咐,则辜负释迦老子。这里若泾渭不分,则灵山付嘱遂为虚设。"(42-138)《广闻禅师语录》卷一:"上堂:'闻时富贵,见后贫穷。妙高台上,打得一转,便道山是山,飞雪亭外。着得只眼,便道水是水。殊不知,正是东西不辨,泾渭不分。'"(46-59)

按,定型之语已见唐睿宗《劳毕构玺书》:"扬清激浊,泾渭不分,嫉恶好善。"参王涛等(编著,2007:547),《大词典》、刘洁修(2009)均未收。

0855　眼似木桵

形容眼神呆滞的样子。《续灯》卷一一"光寂禅师":"上堂,横按拄杖云:'大众还识上蓝老汉么? 眼似木桵,口如扁担。无问精粗,不知咸淡。与么住持,百千过犯。诸禅德,众中还有人为山僧忏悔的么?'"(p.324)《五灯》卷一六"光寂禅师"条同。(p.1053)

按,定型之语已见上揭《续灯》例,《大词典》、王涛等(编著,2007)、刘洁修(2009)、冷玉龙等(主编,2014)均未收。

0856　目瞪口呿

眼睛瞪大,嘴巴张开。形容反应呆滞的样子。《祖堂》卷一三"招庆和尚":"问:'目瞪口呿的人来,师如何击发?'师云:'何处有与么人?'学人云:'如今则无,忽有如何?'师云:'待有则得。'"(p.584)《圆悟禅师语录》卷一:"若向上去,不唯觅下口处不得,临济德山目瞪口呿。"(41-198)《普灯》卷二五"堂准禅师":"经头边只有一个以字不成,八字不是,不知是个什么字? 设使须菩提解空第一,到这里也只得目瞪口呿。"(p.624)

按,定型之语已见上揭《祖堂》例,刘洁修(2009:821)举《普灯》例,偏晚,《大词典》、王涛等(编著,2007)、冷玉龙等(主编,2014)均未收。

0857　面面相觑

相视无言。形容相互对望,不知所措的情态。《续灯》卷二六"山鹏禅师":"问:'如何是疑的人?'师云:'毕钵罗岩中面面相觑。'"(p.713)《古尊宿》卷二二"法演禅师":"我真我赞,唯己自知。面面相觑,有甚了期?"(p.420)《祖先禅师语录》卷一:"直得有情无情,渴饮饥餐,尽证法喜禅悦之乐。无端露柱,不甘面面相觑,较量大小法门。"(45-402)

按,定型之语已见上揭《续灯》例,《大词典》(12-384)首引《续传灯录》例、王涛等(编著,2007:714)举《五灯》例,均晚。

0858　杜口无言　缄口无言

形容紧闭嘴唇,一言不发。《祖堂》卷一四"大珠和尚":"大德数人,杜口无言。"(p.623)《联灯》卷八"米和尚":"僧云:'某甲直得杜口无言。'师云:'平地教人作保。'"(p.253)

又言"缄口无言"。《传灯》卷一二"义玄禅师"："僧云：'乞师指示。' 师云：'汝若不会，老僧即缄口无言。'"（p.809）《倚遇禅师语录》卷一："禅云：'有问有答，何得缄口无言？' 化亦不对。"（39-744）

按，定型之语已见于梁慧皎《高僧传·释昙光》："乃赍七曜以决光，光杜口无言。"《大词典》、王涛等（编著，2007）、刘洁修（2009）、冷玉龙等（主编，2014）均未收"缄口无言"。

0859　口似扁担　口似楄檐　口如扁担

嘴唇紧闭得像条扁担。形容紧闭嘴唇，闭口不言。《传灯》卷一五"牛头微禅师"："师上堂示众曰：'三世诸佛用一点伎俩不得，天下老僧口似扁担，诸人作么生？大不容易，除非知有，莫能知之。'"（p.1120）《圆悟禅师语录》卷九："僧问：'三世诸佛只言自知，历代祖师全提不起，一大藏教诠注不及，未审和尚如何？' 师云：'夹山到这里口似扁担。' 进云：'捉败这老汉。'"（41-265）《五灯》卷七"慧稜禅师"："问：'如何是合圣之言？' 师曰：'大小长庆被汝一问，口似扁担。'"（p.403）

又作"口似楄檐"。《祖堂》卷一三"报慈和尚"："僧云：'还有知音分也无？' 师云：'平生被人请益，口似楄檐。'"（p.595）《广灯》卷二七"澄湜禅师"："上座：'若也不问，惠日口似楄檐。'"（p.568）

又言"口如扁担"。《传灯》卷二一"宝姿禅师"："诸兄弟各诣山门来，主人口如扁担相似，莫成相违负。"（p.1611）《续灯》卷一一"光寂禅师"："上堂，横按拄杖云：'大众还识上蓝老汉么？眼似木橛，口如扁担。无问精粗，不知咸淡。与么住持，百千过犯。'"（p.324）《联灯》卷九"义玄禅师"："被他问着佛法，便即杜口无辞，眼似漆椀，口如扁担。"（p.286）

按，定型之语已见上揭《祖堂》例，《大词典》、王涛等（编著，2007）、刘洁修（2009）、冷玉龙等（主编，2014）均未收，可参雷汉卿、王长林（2018：134、238）。

0860　口似秤锤　口似秤槌

嘴巴像秤锤一动不动。形容闭口无言。《普灯》卷二"倚遇禅师"："上堂：'法昌今日开炉，行脚僧无一个，唯有十八高人，缄口围炉打坐。不是规矩严难，免见诸人话堕，直饶口似秤锤，未免灯笼勘破。'"（p.44）《五灯》卷一六"倚遇禅师"条同。（p.1024）

又作"口似秤槌"。《倚遇禅师语录》卷一："不是规矩严难，免见诸人话堕，直饶

口似秤槌,未免灯笼勘破。"（39-735）

按,定型之语已见上揭《倚遇禅师语录》例,《大词典》、王涛等（编著,2007）、刘洁修（2009）、冷玉龙等（主编,2014）均未收。

0861 口如礩盘 口似礩盘

"礩盘",指柱子下的基石。嘴巴紧闭,像柱子下的基石一动不动。形容嘴巴紧闭,闭口不言的样子。《传灯》卷二〇"从志禅师":"有进上座问:'如何是金峰正主?'师曰:'此去镇县不遥,阇梨莫造次。'进曰:'何不道?'师曰:'口如礩盘。'"（p.1496）

又言"口似礩盘"。《倚遇禅师语录》卷一:"进云:'犹是世谛流布,宗门事又作么生?'师云:'口似礩盘。'进云:'为什么如此?'师云:'不敢犯阇梨严令。'"（39-721）《慧远禅师语录》卷四:"这汉自知无理,当时口似礩盘。"（45-75）《普灯》卷一八"思岳禅师":"世尊面赤,不如语直,大小岳上座,口似礩盘。"（p.459）

按,定型之语已见上揭《传灯》例,《大词典》、王涛等（编著,2007）、刘洁修（2009）、冷玉龙等（主编,2014）均未收。可参袁宾（1991:500）,雷汉卿（2009:533）,袁宾、康健（主编,2010:241）,雷汉卿、王长林（2018:238）。

0862 口似灯笼

嘴巴就像灯笼一样。禅家形容哑口无言的样子。《广灯》卷一八"楚圆禅师":"所以道:'山青水绿,雀噪鸦鸣。万流同源,海云自异。未来诸佛,口似灯笼。过去诸佛,应病施方。现在诸佛,堕坑落堑。'"（p.302）《普灯》卷二"楚圆禅师"条同。（p.22）

按,定型之语已见上揭《广灯》例,《大词典》、王涛等（编著,2007）、刘洁修（2009）、冷玉龙等（主编,2014）均未收。

0863 口似木楔

嘴巴噘得像木揳子。形容哑口无言的样子。《守端禅师广录》卷一:"上堂云:'古者道,有佛处不得住,无佛处急走过。所以承天有时口似木楔,有时言如劈竹,有时褒贬天下人,有时一任天下人褒贬。'"（39-47）《联灯》卷二〇"宣鉴禅师":"到处觅人,道我是祖师门下客,被他问着本分事,口似木楔。"（p.606）《古尊宿》卷一七"匡真禅师":"师或云:'有一人问着,口似木楔。有一人问着,口似悬河。你道二人过在甚处?'"（p.309）

按,定型之语已见上揭《守端禅师广录》例,《大词典》、王涛等(编著,2007)、刘洁修(2009)、冷玉龙等(主编,2014)均未收,参雷汉卿(2009:533)。

0864 满口含霜

满嘴里含着冰霜。形容嘴巴像被封冻一样,哑口无言。《碧岩录》卷一:"至道无难,三重公案,满口含霜,道什么? 言端语端。"(p.12)又卷二:"国师良久云:'会么?'帝云:'不会。'赖值不会。当时更与一拶,教伊满口含霜,却较些子。"(p.102)《续古尊宿》卷五"空叟印禅师":"僧问:'如何是截铁之言?'师云:'满口含霜。'"(44-286)

按,定型之语已见上揭《碧岩录》例,《大词典》、王涛等(编著,2007)、刘洁修(2009)、冷玉龙等(主编,2014)均未收。

0865 有口如哑

虽然有口,但如哑巴。形容反应呆滞,无言应对。《续灯》卷一一"宗诱禅师":"上堂云:'唱弥高,和弥寡。九载少林,有口如哑。眨上眉毛,蹉过了也。'"(p.341)《妙伦禅师语录》卷一:"上堂:'水泻岩前,蛩吟砌下。问着衲僧,有口如哑。'"(46-500)《昙华禅师语录》卷四:"上堂云:'佛祖正印,衲僧蟊蛊。有眼如盲,有口如哑。更问如何,可知礼也?'"(42-160)

按,定型之语已见上揭《续灯》例,《大词典》、王涛等(编著,2007)、刘洁修(2009)、冷玉龙等(主编,2014)均未收。

0866 词穷理尽 辞穷理尽 词穷理绝 词穷理寡

形容无话可说,无理应对。《密庵和尚语录》卷一:"除非当人自肯知非,退步就己脚跟下推勘,到词穷理尽,无告诉处,本地风光,顿尔现前,四大五蕴,一时脱落。"(45-209)《昙华禅师语录》卷九:"本分衲子,蕴超今越古的气宇,抱成佛作祖的英概。直下断与生死做头的,到词穷理尽处死生关脱。"(42-215)

又作"辞穷理尽"。《传灯》卷二三"玄泉第二世和尚":"僧问:'辞穷理尽时如何?'师曰:'不入理,岂同尽?'"(p.1774)《五灯》卷八"玄泉第二世和尚"条同。(p.438)

又言"词穷理绝"。《联灯》卷二六"文益禅师":"藏语之曰:'佛法不恁么?'师云:'某甲词穷理绝也。'藏云:'若论佛法,一切见成。'师于言下大悟。"(p.828)

又言"词穷理寡"。《怀深禅师广录》卷一:"师云:'资福不是雌黄古人,只图大家知有,鲁祖面壁,词穷理寡,广照梁山,见蛇先怕,若问慈受,劈脊便打。'"(41-107)

按,定型之语已见新罗崔致远《萧遘相公书》之二:"仰干陶冶,敬托笺毫,始知调急声哀,唯愧词穷理尽。"《大词典》、王涛等(编著,2007)、刘洁修(2009)、冷玉龙等(主编,2014)均未收"词穷理绝""词穷理寡"。

0867　根微智劣

形容根器微小,智慧低劣。《传灯》卷一一"慧寂禅师":"师曰:'此意极难,若是祖宗门下上根上智,一闻千悟,得大总持,此根人难得。其有根微智劣,所以古德道:若不安禅静虑,到这里总须茫然。'"(p.722)《联灯》卷八"慧寂禅师"条略同。(p.241)《宗镜录》卷一:"但以时当末代,罕遇大机。观浅心浮,根微智劣。"(31-25)

按,定型之语已见上揭《传灯》例,《大词典》、王涛等(编著,2007)、刘洁修(2009)、冷玉龙等(主编,2014)均未收。

0868　人贫智短

人要是贫穷了,连智慧也显得缺乏了。禅家斥责学人根器浅陋,智慧低劣。《明觉禅师语录》卷二:"师在舒州海会时,因看胥通判,问:'山中多少众?'师云:'一百来僧。'胥云:'既是海会,为甚只有百僧?'师云:'人贫智短。'"(39-164)《续灯》卷二〇"祖演禅师":"问:'祖意教意,是同是别?'师云:'人贫智短,马瘦毛长。'"(p.573)《楚圆禅师语录》卷一:"问:'问着说不得时如何?'师云:'人贫智短。'"(39-9)

按,此语常与"马瘦毛长"连用,定型之语已见上揭《明觉禅师语录》例,《大词典》、王涛等(编著,2007)、刘洁修(2009)、冷玉龙等(主编,2014)均未收。

0869　蚊蚋之解　蚊蚋之见

像蚊蚋一样的见解。比喻微小浅陋的见解。《真净禅师语录》卷二:"阿呵呵,诸高德且道,我笑个什么?噫,我笑昔日云门、临济、德山、岩头,萤火之光,蚊蚋之解。"(39-662)《联灯》卷一四"真净禅师"条同。(p.427)《妙伦禅师语录》卷一:"诸人向这里,着得半只眼,黄面老汉,唤取提鞋。碧眼胡儿,叫来洗脚。自余蚊蚋之解,蝼蚁之能,且居门外。"(46-494)

又言"蚊蚋之见"。《师范禅师语录》卷一:"浴佛上堂:'黄面老子二千年前四月八日才生下来,便乃眩曜萤火之光,蚊蚋之见。却道:天上天下,唯我独尊。'"(45-709)

按,定型之语已见上揭《真净禅师语录》例,《大词典》、王涛等(编著,2007)、刘洁修(2009)、冷玉龙等(主编,2014)均未收。

0870 滴水难消

连一滴水都难以消化。形容愚顽不化之极,一点疑虑都难以消除。《黄檗传法心要》卷一:"汝千日学慧,不如一日学道。若不学道,滴水难消。"(T48/384a)《续灯》卷五"义怀禅师":"上来打个不审,能消万两黄金。下去打个珍重,亦消得四天下供养。若作佛法话会,滴水难消。若作无事商量,眼中着屑。"(p.124)《古尊宿》卷四三"真净禅师":"性真妙明,常住世间,清净本然,周遍法界。若也如是,万两黄金亦消得,若不如是,滴水难消。"(p.835)

按,定型之语已见上揭《黄檗传法心要》例,袁宾、康健(主编,2010:350)释作"意谓施主布施之物,连一点水也不能享用",似不确。上揭《续灯》例,"滴水难消"与"眼中着屑"对文同义,即其显证。《大词典》、冷玉龙等(主编,2014)失收此义,王涛等(编著,2007)、刘洁修(2009)未收此语。

0871 不离窠臼

禅家形容悟道言行老套,不能摆脱固定思维模式的限制。《碧岩录》卷八:"不见道,语不离窠臼,焉能出盖缠?白云横谷口,迷却几人源,洞下谓之触破。"(p.361)《普灯》卷二"昙颖禅师":"师闻,洒然云:'如何受用?'曰:'语不离窠臼,焉能出盖缠?'"(p.34)《智朋禅师语录》卷一:"上堂:'即心是佛,非心非佛。东涌西没,穿皮透骨。十字街头,孤峰绝顶。是离窠臼,不离窠臼?咄!'"(46-570)

按,定型之语已见上揭《碧岩录》例,《大词典》、王涛等(编著,2007)、刘洁修(2009)、冷玉龙等(主编,2014)均未收。

0872 滞壳迷封

停滞在表面而自我迷障封闭。形容人痴迷愚钝,被情识纠缠而迷障自性,不能明悟佛法。《传灯》卷一三"延昭禅师":"上堂谓众曰:'夫参学眼目,临机直须大用见前,莫自拘于小节。设使言前荐得,犹是滞壳迷封。纵然句下精通,未免触途狂见。'"(p.908)《续灯》卷二四"宝鉴禅师":"设使潜神守智,犹是止宿草庵。假饶息念观空,亦成守株待兔。虚生浪死,只为怀宝迷邦。滞壳迷封,良由贪程太速。"(p.656)《新月禅师语录》卷二:"不见雪峰三到九上,千辛万苦。后到木上座手中,桶底子打脱。却向鳌山野店,滞壳迷封。"(46-191)

按,定型之语已见上揭《传灯》例,《大词典》、王涛等(编著,2007)、刘洁修

（2009）、冷玉龙等（主编,2014）均未收,另可参袁宾、康健（主编,2010:524）,袁宾（1991:521）。

0873 龙蛇混杂

龙蛇混杂在一起。禅家比喻根器大小不同的人混杂在一起。《慧晖禅师语录》卷四:"故经曰:'诸佛念众生,众生不念佛。方知佛度凡夫时,凡夫度诸佛。'至这里,龙蛇混杂,凡圣同居。"（42-118）《普灯》卷七"念禅师":"问:'曙色未分人尽望,月圆当午意如何？'曰:'龙蛇混杂,凡圣同居。'"（p.195）《古尊宿》卷二七"全举禅师":"僧曰:'多少众？'著曰:'或三百,或五百。'著问:'和尚此间佛法如何？'住持僧曰:'凡圣同居,龙蛇混杂。'"（p.514）

按,定型之语已见《敦煌变文校注·伍子胥变文》:"孤情难立,见此艰辛;皂白难分,龙蛇混杂。"《大词典》首举上揭《古尊宿》例,释作"喻好人坏人混杂在一起",不确,可参刘洁修（2009:747）。

0874 玉石难分

禅家比喻根器优劣的人混在一起,难以分辨。《续灯》卷一〇"圆通禅师":"上堂云:'少林九年冷坐,却被神光觑破。如今玉石难分,只得麻缠纸裹。'"（p.286）《师范禅师语录》卷一:"因事上堂:'只个现成公案,众中领解者极多,错会者亦不少。所以金鍮莫辨,玉石难分,乳峰这里直要分辨去也。'"（45-671）《怀深禅师广录》卷三:"师云:'当时金沙不辨,玉石难分。自古至今,费油费酱。'"（41-166）

按,定型之语已见唐李德裕《赐党项救书》:"朕便欲诏命诸镇,同力剿除,深虑玉石难分,善恶同毙。"此言好坏之人难以分清。《大词典》、王涛等（编著,2007）、刘洁修（2009）、冷玉龙等（主编,2014）均未收。

0875 坎井之蛙 井底虾蟆

比喻见识浅陋之人。《守卓禅师语录》卷一:"若是醋虫不知酸,明鉴不自照,也只是坎井之蛙,讵知沧海？"（41-73）

又言"井底虾蟆"。《传灯》卷二六"用清禅师":"僧问:'如何是云盖锁口诀？'师曰:'遍天遍地。'曰:'恁么即石人点头,露柱拍手。'师曰:'一瓶净水一炉香。'曰:'此犹是井底虾蟆。'师曰:'劳烦大众。'"（p.2139）

按,定型之语已见《荀子·政论》:"语曰:'浅不是与测深,愚不足与谋知,坎井之蛙,不可与语东海之乐。'此之谓也。"参《大词典》（2-1056）、王涛等（编著,2007:

599)。

0876　坐井观天　坐井窥天

坐在井底看天。形容眼界狭隘,见识浅陋。《倚遇禅师语录》卷一:"且道哪个是主? 莫是与么来者是么? 莫是妙体本来无处所么? 莫是一念未生时全体是么? 与么卜度,大似坐井观天,管中窥豹。若是谛当的人,总不用许多辛苦。"(39-729)《联灯》卷一六:"才禅师":"若谓本光之地,理合如然,正是坐井观天,持蠡酌海。"(p.480)

又言"坐井窥天"。《绍隆禅师语录》卷一:"上堂:'田地稳密,鬼家活计。从空放下,坐井窥天。虎丘门下不说老婆禅,只要诸人眼横鼻直,三十年后免得敲砖打瓦。'"(42-40)《虚堂和尚语录》卷八:"上堂:'铿金戛玉,腐草化萤。坐井窥天,烂泥有刺。'"(46-758)

按,定型之语已见上揭《倚遇禅师语录》例,王涛等(编著,2007)、刘洁修(2009)均未收 "坐井窥天"。

0877　管中窥豹

从管中窥看豹子,只能看到豹身上的一块斑纹。形容视野狭隘,认识片面。《普灯》卷六 "仲圆禅师":"上堂曰:'不是心,不是佛,不是物。古人恁么道,譬如管中窥豹,但见一斑。'"(p.163)

按,语出南朝宋刘义庆《世说新语·方正》:"王子敬数岁时,尝看诸门生樗蒲,见有胜负,因曰:'南风不竞。' 门生辈轻其小儿,乃曰:'此郎亦管中窥豹,时见一斑。'"参《大词典》(8-1199)。

0878　孤陋寡闻

学识浅陋,见闻狭隘。《慧开禅师语录》卷一:"师云:'大众,大小雪窦祖师孤陋寡闻,只知有己。'"(42-9)

按,语出《礼记·学记》:"独学而无友,则孤陋而寡闻。"定型之语已见晋葛洪《抱朴子·祛惑》:"孤陋寡闻之人,彼所知素狭,源短流促。"参《大词典》、王涛等(编著,2007;384)、刘洁修(2009;423)。

0879　单见浅闻

学识浅陋,见闻狭隘。《圆悟禅师语录》卷一六:"虽随类化身,千般伎俩,万种机缘,无不皆是个一著子。此岂单见浅闻、存知解、堕机括者所可测量。"(41-329)

《圆悟禅师心要》卷一："及抵百丈闻,举马师一喝三日耳聋,乃退身吐舌,知是大机之用,岂单见浅闻所拟议哉？"（41-425）

按,定型之语已见上揭《圆悟禅师语录》例,《大词典》、王涛等（编著,2007）、刘洁修（2009）均未收,参雷汉卿（2009:315）。

0880　博闻强识

见闻广博,记忆力强。《仁勇禅师语录》卷一："直饶博闻强识,世智辩聪,得大总持,具无碍辩。于祖师门下,转勿交涉。"（41-6）

按,定型之语已见《礼记·曲礼上》："博闻强识而让,敦善行而不怠,谓之君子。"参《大词典》（1-914）、王涛等（编著,2007:74）、刘洁修（2009:77）。

0881　高识远见

指高远的见识。《圆悟禅师语录》卷一六："诏使观察杨公无咎,高识远见,博学多能,而于祖道尤深造诣,智鉴机警。"（41-333）《普灯》卷二五"圆悟禅师"："要须是个向上根器,具高识远见,有绍隆佛祖志气,然后能深入阃奥。"（p.629）

按,定型之语已见宋王楙《野客丛书·王珪母妻识见》："其高识远见,甚非常人所能及者。"参《大词典》（12-965）、王涛等（编著,2007:361）、刘洁修（2009:397）。

0882　以貌取人

依据外表判断人才的优劣。《古尊宿》卷一七"匡真禅师"："或云：'古人道举即易作么生？'代云：'以貌取人。'"（p.310）

按,定型之语已见《史记·仲尼弟子列传》："孔子闻之,曰：'吾以言取人,失之宰予。以貌取人,失之子羽。'"参《大词典》（1-1093）、王涛等（编著,2007:1337）、刘洁修（2009:1382）。

0883　文不加点

作文一气呵成,无须修改。形容文思敏捷。《道济禅师语录》卷一："侍者遂将文房四宝,放在桌上,浓浓磨墨,济公起身拂纸而就,文不加点。"（45-143）

按,定型之语已见汉张衡《文士传》："吴郡张纯,少有令名,尝谒镇南将军朱据,据令赋一物然后坐,纯应声便成,文不加点。"参《大词典》（6-1514）、刘洁修（2009:1216）、朱瑞玟（2008:434）。

0884　出语成章

脱口而出的话都成了文章。形容口才好,或文思敏捷。《续灯》卷五"祖印禅师"："器宇冰清,心源海湛。敏惠冠绝,行解超伦。出语成章,落笔盈卷。忽舍所学,远参禅宗。见荣禅师,顿悟祖意。"(p.143)

按,此为"出口成章"之变体,定型之语见于南朝梁慧皎《高僧传》卷一三"释慧璩"："释慧璩,丹阳人,出家止瓦官寺,读览经论,涉猎书史,众技多闲,而尤善唱导,出语成章。"《大词典》(2-476)举现代用例,偏晚,刘洁修(2009:195)"出口成章"条未收此语。

0885 落笔盈卷 举笔成章 挥笔立就

下笔就把文章写满纸卷。形容才思敏捷。《续灯》卷五"祖印禅师"："器宇冰清,心源海湛。敏惠冠绝,行解超伦。出语成章,落笔盈卷。忽舍所学,远参禅宗。见荣禅师,顿悟祖意。"(p.143)

又言"举笔成章"。《道济禅师语录》卷一："有舅王安世一子年十岁,赞善乃与安世,议延师教子修元入学,无书不读。渐年一十二岁,吟诗作赋,举笔成章。"(45-129)

又言"挥笔立就"。《道济禅师语录》卷一："今日你就与我写,令侍者取文房四宝来,济公挥笔立就,文不加点。"(45-155)

按,定型之语已见上揭《续灯》例,《大词典》、王涛等(编著,2007)、刘洁修(2009)、冷玉龙等(主编,2014)均未收。

0886 惊群动众

震惊众人。《圆悟禅师语录》卷一："升座拈香示众云:'光吞万象,气绝诸尘,始从拨草瞻风,以至入廛垂手。等闲不欲全彰,切恐惊群动众。今日拈来,奉为今上皇帝祝严圣寿。'"(41-196)《碧岩录》卷二："垂示云:'佛祖大机,全归掌握。人天命脉,悉受指呼。等闲一句一言,惊群动众。一机一境,打锁敲枷。'"(p.63)《普灯》卷一七"善果禅师"："谢供头,上堂:'解猛虎额下金铃,惊群动众。取苍龙冗里明珠,光天照地。山僧今日到此赞叹不及,汝等诸人合作么生?'"(p.438)

按,定型之语已见上揭《圆悟禅师语录》例,刘洁修(2009:627)首举明代用例,偏晚。

0887 如虎插翅 如虎插翼 猛虎插翼

就像老虎插上了翅膀。比喻强者增添了强有力的本领。《碧岩录》卷三："所以道:不入虎穴,争得虎子。百丈寻常如虎插翅相似,这僧也不避死生,敢捋虎须,便问:'如何是奇特事?'"(p.149)《普济禅师语录》卷一:"北涧和尚,自是甘露灭,舟峰庵,秀紫芝之流亚。见佛照师祖后,巧尽拙出,如虎插翅。"(45-568)

又言"如虎插翼"。《碧岩录》卷一〇:"只要换他业识,于中也有权实,也有照用,方见有衲僧巴鼻。若会得,如虎插翼。"(p.465)《广闻禅师语录》卷一:"汝等诸人,寮舍中来,僧堂内去,如虎插翼相似。却来这里,眼眨眨地,欠个什么?"(46-65)

又言"猛虎插翼"。《慧远禅师语录》卷一:"譬如毒蛇戴角,猛虎插翼,狞龙搅海,金翅抟风。若能如是,堪报佛恩。"(45-16)

按,此为"如虎添翼"之变体,定型之语已见上揭《碧岩录》例,《大词典》、王涛等(编著,2007)、刘洁修(2009)、冷玉龙等(主编,2014)均未收。

0888　棋逢敌手

能手遇上能手,比喻双方本领相当,不相上下。《道宁禅师语录》卷一:"上堂:'棋逢敌手,密行难藏。琴遇知音,希声乃布。'"(39-772)

按,定型之语已见唐尚颜《怀陆龟蒙处士》诗:"事免伤心否,棋逢敌手无。"参《大词典》(4-1078)、刘洁修(2009:905)。

0889　曲尽其妙

细致地将其奥妙之处都表达出来。形容表达技巧十分高明。《传灯》卷五"惠能大师":"又有蜀僧名方辩,来谒师云:'善捏塑。'师正色曰:'试塑看。'方辩不领旨,乃塑师真,可高七寸,曲尽其妙。"(p.288)

按,定型之语已见《文选·陆机〈文赋〉》:"故作《文赋》以述先士之盛藻,因论作文之利害所由,他日殆可谓曲尽其妙。"吕向注:"委曲尽其妙道矣。"参《大词典》(5-572)、刘洁修(2009:975)。

0890　如水传器

就像把水从一个器皿传入另一个器皿里一样,没有点滴遗漏。形容学到的知识能够完全记下来,没有一点遗漏。《祖堂》卷一"大迦叶尊者":"迦叶乃白众言:'此阿难比丘多闻总持,有大智慧,常随如来,梵行清净。所闻佛法,如水传器,无有遗余。'"(p.21)《传灯》卷一"阿难":"(阿难)多闻博达,智慧无碍,世尊以为总持第一,常所赞叹。加以宿世有大功德,受持法藏,如水传器,佛乃命为侍者。"(p.25)《普灯》卷二三"贤臣下":"诸仁者,只如龙图平日读万卷书,如水传器,涓滴不遗。"(p.568)

按,定型之语已见于唐湛然《止观辅行传弘决·序》:"继之以法华威,威公宿植不愆于素。复次天宫威,威公敬承,如水传器。"《大词典》、王涛等(编著,2007)、刘洁修(2009)、冷玉龙等(主编,2014)均未收,可参袁宾、康健(主编,2010:356),王闰吉(2012:117)。

0891　如瓶泻水

就像把水从一个器皿倒入另一个器皿里一样,没有点滴遗漏。比喻学习或记诵的知识能够完全领悟或记下来,没有一点遗漏。《祖堂》卷一〇"玄沙和尚":"师具陈前事,雪峰深异其器,重垂入室之谈,师即尽领玄机,如瓶泻水。"(p.455)《无愠禅师语录》卷一:"忽有人问今岁稼穑如何? 一一道出,如瓶泻水。盖其无知解故,无简择故。秋气向寒,各自归堂。珍重!"(40-8)《普觉禅师语录》卷一六:"若要拔得生死根株尽,切不得记我说的。纵饶念得一大藏教,如瓶泻水,唤作运粪人。"(42-354)

按,定型之语已见唐义净译《根本说一切有部毗奈耶》卷一一:"如来所说一切经典,闻悉能受,如瓶泻水,置之异器。"《大词典》、王涛等(编著,2007)、刘洁修(2009)、冷玉龙等(主编,2014)均未收。

一一 "言语"类

"言语"包括各种言说行为和言辞语句。"言语"类成语正体58条,变体36条,共94条。范畴义有"对答""问话""辩解""言语""言辞""说话""贺语""言旨""言论""应对"10类,核心义有"流畅""巧妙""一致""美好""简洁""高深""开始""犀利""多""少""胡乱""虚妄""迂曲""伶俐""拙劣"15类描述性语义特征,核心语义有"对答流畅""问话流畅""辩解流畅""言语巧妙""言语一致""言辞美妙""说话甜美""贺语美好""言旨简洁""言论高深""应对开始""说话犀利""说话伶俐""言语多""言语少""言语胡乱""言语虚妄""言语迂曲""言辞拙劣"19类。

0892 对答如流

对答如同流水一样顺畅。形容对答十分流畅。《祖堂》卷一五"大梅和尚":"如是不足二三年间,众上数百。凡应机接物,对答如流。"(p.674)又卷一八"香岩和尚":"前后数数叩击,沩山问难,对答如流。"(p.827)

按,此为"应答如流"之变体,定型之语已见唐黄滔《龟洋灵感禅院东塔和尚碑》:"和尚盖行高而言寡,是日对答如流。"参《大词典》(2-1302)、刘洁修(2009:305)。

0893 答如瓶泻

应答如同瓶中泻水一般流畅。形容应答十分流畅。《续灯》卷二四"普明禅师":"师乃云:'休！休！直饶问若联珠,答如瓶泻,若也于道,远之远矣。'"(p.674)

按,定型之语已见上揭《续灯》例,《大词典》、王涛等(编著,2007)、刘洁修(2009)、冷玉龙等(主编,2014)均未收。

0894 问一答十 问一答百

问一句话,能回答十句。形容所知甚多,善于解答。《圆悟禅师语录》卷一九:"问一答十,告往知来。龙驰虎骤,玉转珠回。聊闻举着已瞥地,剔起便行何俊哉!"(41-357)《联灯》卷八"慧寂禅师":"沩山问师:'承闻子在百丈先师处,问一答十,问十答百,是否?'师云:'不敢。'"(p.236)

又言"问一答百"。《续灯》卷二七"简禅师":"乃有僧问:'如何是宽廓非外?'茱萸云:'问一答百也无妨。'"(p.741)《联灯》卷四"普愿禅师"条同。(p.100)

按,定型之语已见《敦煌变文校注·汉将王陵变》:"皇帝问曰:'庐绾有何技艺?'张良曰:'其人问一答十,问十答百,问百答千,心如悬河,问无不答。'"《大词典》(12-29)首引《清平山堂话本》,偏晚,王涛等(编著,2007)、刘洁修(2009)、冷玉龙等(主编,2014)均未收。

0895 倾泻如流

形容说话流畅,滔滔不绝。《投子和尚语录》卷二:"讲主命师就席开演,玄谈妙辨,倾泻如流,闻者悦服。"(39-529)

按,定型之语已见上揭《投子和尚语录》例,《大词典》、王涛等(编著,2007)、刘洁修(2009)、冷玉龙等(主编,2014)均未收。

0896 问若联珠

形容美妙的问题接连不断。《续灯》卷二四"普明禅师":"师乃云:'休!休!直饶问若联珠,答如瓶泻,若也于道,远之远矣。'"(p.674)

按,定型之语已见上揭《续灯》例,《大词典》、王涛等(编著,2007)、刘洁修(2009)、冷玉龙等(主编,2014)均未收。

0897 辩若悬河 辩泻悬河 辩似悬河 辩泻秋涛 辩似河倾 泻悬河辩 写悬河辩

思辨就像倾泻的河水。形容思辨敏捷,滔滔不绝。《续灯》卷二〇"道清禅师":"又又云:'妙用纵横的,临机辩若悬河。毗耶城彼上人来,未审若为酬对?'"(p.592)《联灯》卷一三"法远禅师":"西天二十八祖,天下老和尚出世,直饶你能言解语,辩若悬河,还的当道得一字也未?"(p.389)《普灯》卷二五"鉴勤禅师":"学道兄弟若无省悟,设使智如流水,辩若悬河,倒念得一大藏教,于这事上转没交涉。"(p.626)

又言"辩泻悬河"。《祖堂》卷一"优波毱多":"净修禅师赞曰:'优波毱多,辩泻悬河,法山峥嵘,道树婆娑。'"(p.33)《续灯》卷一五"大通禅师":"纵饶辩泻悬河,

辞同炙輠,句句风驰电卷,言言玉转珠回,到此门中,皆为戏论。"(p.433)

又言"辩似悬河"。《圆悟禅师语录》卷八:"莫道是勤上座口似扁担,设使三世诸佛历代祖师出来,辩似悬河,机如掣电,未免亡锋结舌。"(41-257)《普灯》卷二五"印禅师":"击禅床曰:'纷纭了也,直饶机如掣电,辩似悬河,分疏得行,趁赴得到,不如还我第一头来。'"(p.636)

又言"辩泻秋涛"。《祖堂》卷一"迦那提婆":"迦那提婆,德岸弥高。回旋香象,欠敆金毛。机迅岩电,辩泻秋涛。始终绝证,勿悮王刀。"(p.57)

又言"辩似河倾"。《普岩禅师语录》卷一:"上堂:'显慈鼻祖,诺庵法兄。机如电掣,辩似河倾。'"(45-435)

又言"泻悬河辩"。《绍昙禅师广录》卷四:"虽西竺圣师,夺外道赤幡。泻悬河辩,未易彷彿。"(46-315)

又作"写悬河辩"。《普济禅师语录》卷一:"眼里有筋,舌头无骨。卓然特立,天台祖室。写悬河辩,而四方绝唱。离文字相,而诸天雨花。"(45-567)

按,定型之语已见南朝齐释玄畅《诃梨跋摩传》:"遂抗言五异,辩正众师,务遵洪范,当而不让。至乃敏捷锋起,苞笼群达,辩若悬河,清对无滞。"《大词典》、王涛等(编著,2007)、刘洁修(2009)、冷玉龙等(主编,2014)均未收。

0898　珠回玉转　玉转珠回

形容语言婉转巧妙。《圆悟禅师语录》卷三:"师乃云:'日面月面,珠回玉转。有句无句,丝来线去。如来禅父母未生前,祖师意井底红尘起。'"(41-215)又卷六:"次拈疏云:'毫端宝刹,阃外威权。有卷有舒,有照有用。字字珠回玉转,一一草偃风行。虽然文彩已彰,更请重新拈出。'"(41-238)《普灯》卷一三"慧晖禅师":"上堂:'释迦老子穷理尽性,金口敷宣一代时教,珠回玉转,被人唤作拭不净故纸。'"(p.339)

倒言"玉转珠回"。《续灯》卷一七"佛国禅师":"老曰:'言言斩钉截铁,句句玉转珠回。'师云:'山河王国土,水月佛家风。'"(p.504)《道宁禅师语录》卷二:"设使五湖衲子四海高人,问似龙飞凤舞,答如玉转珠回,向本分事中白云万里。"(39-793)《祖心禅师语录》卷一:"师乃云:'问答纵横,理归一贯,问者雷奔电卷,答者玉转珠回,言言见谛,句句咸宗,也只是口传心授的葛藤。'"(41-778)

按,定型之语已见唐玄奘《谢皇太子圣教序述启》:"伏惟皇太子殿下,发挥睿藻,再述天文,赞美大乘,庄严宝相,珠回玉转,霞烂锦舒。"《大词典》、王涛等(编著,2007)、刘洁修(2009)、冷玉龙等(主编,2014)均未收。

0899　异口同音　异口同声　异音同调

众人齐声说出相同的话。《续灯》卷五"义怀禅师":"五百比丘异口同音,乃赞文殊云:'文殊大智士,深达法源底。自手握利剑,持逼如来身。'"(p.126)

又言"异口同声"。《广灯》卷二三"冲显禅师":"师又云:'一问一答,总未了在。直饶乾坤大地、树木丛林尽为衲僧,异口同声,各致百千问难,不消山僧弹指一下。'"(p.454)

又言"异音同调"。《圆悟禅师语录》卷一九:"两口一舌,异音同调。文殊普贤佛法见,南泉赵州日月面。据令而行指顾间,尽情贬向铁围山。"(41-364)

按,定型之语已见于西晋竺法护译《普曜经》卷三:"雨诸天花,异口同音而重赞曰:'假使十方一切众生皆为力士,一时伏之,何况斯等?'"《大词典》、刘洁修(2009)、王涛等(编著,2007)均未收"异音同调"。

0900　簇锦攒花　攒花簇锦　攒华簇锦　簇锦攒华

"簇锦"指身穿各种花纹的锦绣,"攒花"指头戴各种鲜花的头饰。原形容妇女华丽的服饰打扮。禅家比喻堆砌华丽的言句辞藻。《楚圆禅师语录》卷一:"问:'簇锦攒花即不问,如何是本来面目?'师云:'一言已出,驷马难追。'"(39-16)《绍昙禅师广录》卷二:"上堂:'劝兄弟莫弄笔头,簇锦攒花,光腾万丈,镂冰琢雪,笔扫千军。生死岸头,一点用不着。'"(46-269)

倒言"攒花簇锦"。《传灯》卷一七"道膺禅师":"设使攒花簇锦,事事及得,及尽一切事,亦只唤作了事人、无过人,终不唤作尊贵。"(p.1219)《续灯》卷二四"宝鉴禅师":"更乃说佛说祖,头上安头。演妙谈真,泥中洗土。攒花簇锦,口是祸门。寂尔无言,守株待兔。"(p.657)《碧岩录》卷四:"是时临济一宗大盛,他凡是问答垂示,不妨语句尖新,攒花簇锦,字字皆有下落。"(p.208)

又作"攒华簇锦"或"簇锦攒华"。《圆悟禅师语录》卷一一"虽然拈一句,簇锦攒华,攒华簇锦,可以趣向及至到那畔。"(41-286)

按,定型之语已见唐施肩吾《少妇游春词》:"簇锦攒花斗胜游,万人行处最风流。"形容妇女华丽的服饰打扮。刘洁修(2009:497)举上揭《传灯》例,按字面义作解,不确,《大词典》、王涛等(编著,2007)均未收。

0901　名言妙句　奇言妙句

指美妙的言句。《祖堂》卷一三"招庆和尚"："问：'名言妙句，尽是教中之言，真实谛源，请师指示。'师云：'吃茶去！'"（p.601）《传灯》卷二二"道熙禅师"："僧问：'名言妙句即不问，请师真实。'师曰：'不阻来意。'"（p.1688）《古尊宿》卷三七"神晏禅师"："问：'名言妙句，教网所诠。不涉三科，请师直道。'师云：'肘后不曾传。'"（p.695）

又言"奇言妙句"。《普觉禅师语录》卷一九："莫爱诸方奇言妙句，宗师各自主张，密室传授的古人公案之类，此等杂毒，收拾在藏识中，劫劫生生，取不出生死岸头。"（42-375）《原妙禅师语录》卷一："奇言妙句，禅道佛法。尽平生眼里所见的，耳里所闻的。"（47-257）

按，定型之语已见上揭《祖堂》例，《大词典》、王涛等（编著，2007）、刘洁修（2009）、冷玉龙等（主编，2014）均未收。

0902　甜唇美舌

形容说话甜蜜诱人。《古尊宿》卷三八"守初禅师"："被他诸方老秃甜唇美舌，说作配当，道：'这个是禅，这个是道，这个是菩提涅槃，这个是真如解脱。'"（p.713）《联灯》卷二六"守初禅师"条同。（p.806）

按，定型之语已见上揭《古尊宿》例，《大词典》、王涛等（编著，2007）、刘洁修（2009）、冷玉龙等（主编，2014）均未收。

0903　福星高照

福禄之星高高照耀，吉祥祝贺语。《楚圆禅师语录》卷一："又拈香云：'此一炷香，奉为知郡郎中及诸官僚，福星高照，圣泽长临。'"（39-4）

按，定型之语已见上揭《楚圆禅师语录》例，刘洁修（2009:375）举清代用例，偏晚。

0904　言简旨玄

言辞简洁，意旨玄妙。《祖堂》卷八"云居和尚"："师乃摄衣而造洞山，洞山大师格高调古，言简旨玄。师一至，毕其仪敬。"（p.364）

按，定型之语已见上揭《祖堂》例，《大词典》、王涛等（编著，2007）、刘洁修（2009）、冷玉龙等（主编，2014）均未收，参王闰吉（2012:137）。

0905　曲高和寡　唱高和寡

本指曲调越高雅，能唱和的人越少。禅籍比喻言论高深，别人难以领受或酬对。《祖堂》卷一四"高城和尚"："师有《歌行》一首：'古人重义不重金,曲高和寡勿知音。今时志士还如此,语默动用迹难寻。'"（p.649）

又言"唱高和寡"。《古尊宿》卷三七"守初禅师"："广辩兴圣国师语录一小编,唱高和寡,后世禅学或不能知。"（p.703）《普宁禅师语录》卷一："复云：'好喝! 大众若要鼻孔辽天,辩取这一喝。' 师拈云：'唱高和寡。'"（45-786）

按,语出战国宋玉《对楚王问》："客有歌于郢中者,其始曰'下里巴人',国中属而和者数千人；其为'阳陵采薇',国中属而和者得数百人。其为'阳春白雪',国中属而和者数十人而已也；引商刻角,杂以流徵,国中属而和者,不过数人；是其曲弥高者,其和弥寡。"定型之语已见于三国魏阮璃《筝赋》："曲高和寡,妙妓难工。伯牙能琴,于兹为朦。"此用其本义。《大词典》、王涛等（编著,2007）、刘洁修（2009）均未收"唱高和寡"。

0906　开唇动舌　开口动舌

开口转动舌头,表示说话思量。《普灯》卷二〇"行机禅师"："若以尊重福相为稀有,何独此日? 若以所说为稀有,佛未开唇动舌。一字元无,将什么作稀有?"（p.500）

又言"开口动舌"。《广灯》卷一七"慈照禅师"："第二句,妙田临机无差互,开口动舌没交涉,棒下分明须荐取。"（p.283）《圆悟禅师语录》卷一二："有一件共诸人商量,大家有一个心,所作所为因甚却道无心? 既若无心,开口动舌说话的,众心领的,却是什么?"（41-294）《联灯》卷一五"守端禅师"："示众云：'善言言者,言所不能言。善迹迹者,迹所不能迹。每日开口动舌,无非是言,作么生说个言所不能言? '"（p.443）

按,定型之语已见于隋智颛《摩诃止观》卷五："若开唇动舌重吃风兮之声,抽笔染毫加于点淦之字,只得一意,全失三门。"《大词典》、王涛等（编著,2007）、刘洁修（2009）、冷玉龙等（主编,2014）均未收。

0907　钉嘴铁舌　铜舌铁嘴

像钉子一样的嘴,像铁一样的舌头。形容嘴硬,说话硬气。《续灯》卷一七"法因禅师"："上堂云：'祖师妙诀,别无可说。直饶钉嘴铁舌,未免弄巧成拙。'"（p.492）《普灯》卷三"可遵禅师"："上堂曰：'八万四千深法门,门门有路超乾坤。如何个个踏不着,只为蜈蚣太多脚。不唯多脚亦多口,钉嘴铁舌徒增丑。'"（p.83）

《五灯》卷一六"应夫禅师"："众中莫有钉嘴铁舌的衲僧,试为山僧定当看,还有么？"(p.1040)

又言"铜舌铁嘴"。《续灯》卷一三"昙秀禅师"："问：'如何是苦切之言？'师云：'铜舌铁嘴。'"(p.391)

按,定型之语已见上揭《续灯》例,《大词典》、王涛等(编著,2007)、刘洁修(2009)均未收。

0908　舌如利刀

舌头像把锋利的刀。形容说话犀利,有锋芒。《昙华禅师语录》卷二："衲僧家,口似血盆,舌如利刀。到这里,因什么口似扁担？"(42-150)

按,定型之语已见上揭《昙华禅师语录》例,《大词典》、王涛等(编著,2007)、刘洁修(2009)、冷玉龙等(主编,2014)均未收。

0909　口似血盆

嘴巴张得像血盆一样。形容说话犀利,辞锋雄辩。《传灯》卷一五"宣鉴禅师"："龙潭谓诸徒曰：'可中有一个汉,牙如剑树,口似血盆,一棒打不回头。'"(p.1053)《圆悟禅师语录》卷九："一一真善知识踞狮子座,各各为人天师,牙如利剑,口似血盆,其余有窠臼有依倚,粘皮着骨,有得有失,有传授。"(41-266)《五灯》卷二〇"鼎需禅师"："任待牙如剑树,口似血盆,徒逞词锋,虚张意气。"(p.1332)

按,定型之语已见于《敦煌变文校注·目连变文》："空中见五十个牛头马脑,罗刹夜叉,牙如剑树,口似血盆。"孙维张(2007:136)释作"佛家描写地狱中恶鬼狰狞可怖的面目",其义有别于禅籍用义。《大词典》、王涛等(编著,2007)、刘洁修(2009)、冷玉龙等(主编,2014)均未收。

0910　牙如剑树　牙如利剑

牙齿就像林立的剑锋。形容说话犀利,辞锋雄辩。《传灯》卷一五"宣鉴禅师"："龙潭谓诸徒曰：'可中有一个汉,牙如剑树,口似血盆,一棒打不回头。'"(p.1053)《普觉禅师语录》卷七："直饶白云牙如剑树,口似血盆,也分疏不下。"(p.283)《五灯》卷二〇"鼎需禅师"："任待牙如剑树,口似血盆,徒逞词锋,虚张意气。"(p.1332)

又言"牙如利剑"。《续灯》卷一"宣鉴禅师"："龙潭次辰示众曰：'可中有个汉,牙如利剑,眼似流星,口若血盆,面生黑漆,一棒打不回头。他时后日向孤峰顶上盘结草庵,呵佛骂祖去在。'"(p.21)《圆悟禅师语录》卷九:"一一真善知识踞狮子座,各各为人天师,牙如利剑,口似血盆,其余有窠臼有依倚,粘皮着骨,有得有失,有传授。"(41-266)

按,定型之语已见于东晋佛陀跋陀罗译《佛说观佛三昧海经》卷五:"其四角有四大铜狗,其身广长四十由旬,眼如掣电,牙如剑树,齿如刀山,舌如铁刺,一切身毛皆出猛火。"此喻牙齿锋利。《大词典》、王涛等(编著,2007)、刘洁修(2009)、冷玉龙等(主编,2014)均未收。

0911 巧唇薄舌

形容说话机巧伶俐。《传灯》卷二八"普愿和尚":"阿你寻常巧唇薄舌,及乎问着,总皆不道。"(p.2292)《古尊宿》卷一二"普愿禅师"条同。(p.191)

按,定型之语已见上揭《传灯》例,《大词典》、王涛等(编著,2007)、刘洁修(2009)、冷玉龙等(主编,2014)均未收。

0912 能言解语

犹言能说会道。形容口才佳,擅长说话。《清了禅师语录》卷二:"志公云:'不离声色言语,你如今个个能言解语,见色闻声,大道真体在什么处?'"(42-75)《联灯》卷一三"法远禅师":"直饶你能言解语,辩若悬河,还的当道得一字也未?"(p.389)

按,定型之语已见上揭《清了禅师语录》例,《大词典》、王涛等(编著,2007)、刘洁修(2009)、冷玉龙等(主编,2014)均未收。

0913 口似纺车

嘴巴就像摇动的纺车。形容说话喋喋不休,没完没了。《传灯》卷二八"桂琛和尚":"话到这里才举着佛法,便道拟心即差,动念即乖,寻常诸处,原无口似纺车,总便不差去。"(p.2310)《昙华禅师语录》卷九:"老黄龙未见慈明时,一肚皮禅,口似纺车。及其见之挺然超诣,大哉!此老有是起必死之疾手段也。"(42-212)《普灯》卷八"思慧禅师":"如今每日鸣鼓升堂,切切怛怛地,问者口似纺车,答者舌如霹雳。"(p.218)

按,定型之语已见上揭《传灯》例,《大词典》、王涛等(编著,2007)、刘洁修(2009)、冷玉龙等(主编,2014)均未收。

0914 口似悬河 口似倾河

说话像倾泻的河水。形容说话滔滔不绝。《祖堂》卷一〇"长庆和尚":"师有

时云：'我若放你过，纵汝百般东道西道，口似悬河则得；我若不放你过，汝拟道个什么？'"（p.495）

又言"口似倾河"。《续灯》卷二"澄远禅师"："若是伶俐的，才闻与么说着，便知去处。若不知去处，向外边学得千般巧妙，记持解会，口似倾河，终不究竟，与你自己天地差别。"（p.32）

按，此为"口若悬河"之变体，定型之语已见唐白居易《神照上人》诗："心如定水随形应，口似悬河逐病治。"《大词典》、王涛等（编著，2007）、刘洁修（2009）、冷玉龙等（主编，2014）均未收"口似倾河"。

0915　多口饶舌

形容说话多嘴絮叨，不该说而说。《广灯》卷二五"归喜禅师"："上堂云：'急走即蹉过，慢行趁不上。没量大衲僧无计奈何，有多口饶舌的出来。'"（p.501）《虚堂和尚语录》卷二："骂破梁宝公多口饶舌，便见主宾和气，彼此无疑。"（46-647）

按，定型之语已见上揭《广灯》例，《大词典》、王涛等（编著，2007）均未收，参刘洁修（2009：308）。

0916　横说竖说

指多方反复论说，极尽说话之能事。《祖堂》卷一三"龙潭和尚"："问：'古人道：横说竖说，犹未知有向上一关捩子。如何是向上一关捩子？'师云：'赖遇娘生臂短。'"（p.598）《续灯》卷六"海印禅师"："上堂云：'马师即心即佛，大似埋桩钉橛。牛头横说竖说，宛如枝上生节。'"（p.166）《古尊宿》卷一五"匡真禅师"："上堂云：'放你横说竖说，从朝至暮，无人塞你口。不放你说，又作么生？'"（p.267）

按，定型之语已见上揭《祖堂》例，刘洁修（2009：476）举《鹤林玉露》例，《俗语佛源》（2013：227）举《传灯》例，均晚。

0917　千说万说　　千说万喻

指反复论说。《清了禅师语录》卷一："但有言句，都无实义。千说万说，试为我拈一毛头来看。从朝至暮，虚空里喃喃地。"（42-58）《普灯》卷一二"慧舜禅师"："上堂曰：'五日一参，三八普说，千说万说，横说竖说。'"（p.331）

又言"千说万喻"。多次论说，反复设喻。《原妙禅师语录》卷一："上堂：'八十日中，千说万喻。说也说到无说时，闻也闻到无闻处。既是无说又无闻，功成果满凭何举？'"（47-284）

按,定型之语已见上揭《清了禅师语录》例,《大词典》、王涛等(编著,2007)、刘洁修(2009)、冷玉龙等(主编,2014)均未收。

0918　粗言细语　粗言及细语　麤言及细语

粗暴的言语和温和的言语。泛指各种方式的言语。《古尊宿》卷二三"归省禅师":"师上堂云:'说的法即便是也,十二时中,行住坐卧,吃粥吃饭,合掌顶礼,粗言细语,斗打相争,挥拳掉臂,是也不是? 若道不是,即法有二见;若道是,为什么不休去、不歇去?'"(p.435)《慧远禅师广录》卷三:"至于种种差别法门,粗言细语,鸦鸣鹊噪,风动树摇,异口同音,权实照用,皆不出此一句。大藏小藏,亦诠此也。"(45-59)《道生禅师语录》卷一:"打从闹市丛中过,又见管弦嘹亮,车马骈阗,或笑或悲,或歌或舞,粗言细语,百种千般。"(45-235)

散言"粗言及细语"。《祖堂》卷八"钦山和尚":"道士问:'粗言及细语,皆归第一义,如何是第一义?'"(p.374)

又作"麤言及细语"。《普灯》卷六"悟新禅师":"上堂:'麤言及细语,皆归第一义。你这一队溺床鬼子,三生六十劫也未梦见第一义在。'"(p.153)

按,定型之语已见上揭《古尊宿》例,《大词典》、王涛等(编著,2007)、刘洁修(2009)、冷玉龙等(主编,2014)均未收。

0919　口劳舌沸

形容说话滔滔不绝,费尽口舌。《普觉禅师语录》卷二:"举起拂子云:'看看,观音弥勒,普贤文殊,尽向径山拂子头上,聚头打葛藤。若也放开,从教口劳舌沸。若也把住,不消一击。'"(42-242)《祖钦禅师语录》卷二:"只如钦上座今夜恁么口劳舌沸,说七道八。且道还出得这一笑也无? 若谓出不得,未免亦是西天九十六种之数。"(47-355)

按,定型之语已见上揭《普觉禅师语录》例,《大词典》、王涛等(编著,2007)、刘洁修(2009)、冷玉龙等(主编,2014)均未收。

0920　千言万语

形容说的话非常多。《普灯》卷二七"真禅师":"带砺山河画土疆,汉高殿下有张良。千言万语无人会,又逐流莺过短墙。"(p.675)

按,定型之语已见唐吕岩《七言》诗之一:"此道非从它外得,千言万语漫评论。"参《大词典》(1-838)、刘洁修(2009:922)。

0921　闲言长语

指无关要紧的多余话。《普灯》卷一五"中仁禅师"："颂曰：'秤锤搦出油,闲言长语休。腰缠十万贯,骑鹤上扬州。'"（p.403）《联灯》卷二一"大同禅师"："我老儿气力稍劣,口吻迟钝,亦无闲言长语到汝。"（p.634）《绍昙禅师广录》卷三："涅槃,上堂：'今朝二月十五,黄面瞿昙灭度。诸方挝鼓声冤,尽是闲言长语。一点涅槃心,无人知落处。'"（46-297）

按,定型之语已见上揭《普灯》例,《大词典》、王涛等（编著,2007）、冷玉龙等（主编,2014）均未收,参刘洁修（2009:1256）。

0922　如虫蚀木　如虫御木

就像虫子侵蚀木材,偶尔成为文字。佛家比喻言语喋喋不休,偶尔成为文字。《传灯》卷六"怀海禅师"："沩山把一枝木,吹三两气过与师,师云：'如虫蚀木。'"（p.418）《五灯》卷一六"慧赟禅师"："若恁么去,直得天无二日,国无二王。释迦老子,饮气吞声。一大藏教,如虫蚀木。"（p.1051）《古尊宿》卷四一"悦禅师"："举古者道：'三世诸佛不知有。'师云：'如虫蚀木。''狸奴白牯却知有。'师云：'雪上加霜。'"（p.771）

又言"如虫御木"。《明觉禅师语录》卷四："或云：'荒田不拣,草变为金。信手拈来,金变为草。古圣日用,不知且致。你为什么临机道得？'代云：'如虫御木。'"（39-195）《联灯》卷六"从谂禅师"："雪窦云：'我不似云门,为蛇画足。直言向你道:问者如虫御木,答者偶尔成文。'"（p.199）

按,定型之语已见隋智顗《观音玄义》卷一："今凡夫见慢取着谬用佛语,介尔取着乖理成诤。虽傍经论,引证文字,如虫蚀木,偶得成字。寻其内心实不能解是字非字,口言境智,不解境智。"《大词典》、王涛等（编著,2007）、刘洁修（2009）、冷玉龙等（主编,2014）均未收。

0923　缀五饶三

"缀五"指让对方连缀五子,"饶三"指让对方多放三子。谓下棋时让对方五子或三子。禅籍比喻师家接引学人时给予让路。《续灯》卷四"圆鉴禅师"："上堂云：'若论此事,如两家着棋相似。何谓也？敌手知音,当机不让。若是缀五饶三,又通一路始得。有一般的,只解闭门作活,不会夺角冲关。'"（p.104）《五灯》卷一一"道一禅师"条同。（p.716）

按,定型之语已见上揭《续灯》例,《大词典》、王涛等(编著,2007)、刘洁修(2009)、冷玉龙等(主编,2014)均未收,可参王长林(2018:17)。

0924 口罗舌沸

形容说话滔滔不绝,费尽口舌。《续灯》卷三"勤禅师":"上堂云:'口罗舌沸,千唤万唤,露柱因什么不回头?'良久云:'美食不中饱人吃。'便下座。"(p.63)《五灯》卷一五"勤禅师"条同。(p.997)

按,定型之语已见上揭《续灯》例,《大词典》、王涛等(编著,2007)、刘洁修(2009)、冷玉龙等(主编,2014)均未收,可参袁宾、康健(主编,2010:241)。

0925 一言半句

指很少的话。《传灯》卷二八"惟俨和尚":"未学得一言半句,一经一论,便说恁么菩提、涅槃、世摄不摄。"(p.2256)

按,此为"一言半语"之变体,定型之语已见上揭《传灯》例,可参刘洁修(2009:1367)。

0926 二言三语

形容言语简短。《祖堂》卷一二"禾山和尚":"师云:'诸兄弟,且莫二言三语,且待禾山与汝证明。诸人会么? 大难。'"(p.554)

按,定型之语已见上揭《祖堂》例,《大词典》、王涛等(编著,2007)、刘洁修(2009)、冷玉龙等(主编,2014)均未收。

0927 东语西话 东道西说 东说西说 东话西话 说东道西

一会儿说东,一会儿说西。形容说话漫无边际,信口而说。《传灯》卷二六"慧月禅师":"师上堂曰:'数夜与诸上座东语西话,犹未尽其源。今日与诸上座大开方便,一时说却。还愿乐也无? 久立,珍重!'"(p.2080)《圆悟禅师语录》卷一六:"举翠岩示众云:'一夏与兄弟东语西话,看翠岩眉毛在么?'"(41-335)《古尊宿》卷三四"佛眼和尚":"你寻常寮舍里东语西话,还有吉凶么?"(p.642)

又言"东道西说"。《传灯》卷一〇"景岑禅师":"曰:'未有诸佛已前作么生?'师曰:'鲁祖开堂,亦与师僧东道西说。'"(p.639)《续灯》卷一二"怀秀禅师":"劳他河沙佛祖出来东道西说,摇唇鼓舌。今朝山僧与诸人决破,还信得及么?"(p.357)《慧空禅师语录》卷三:"来东寺,对大禅师,与诸耆旧,东道西说。数日参州,人事衮衮。"(45-94)

又言"东说西说"。《祖堂》卷一二"禾山和尚":"且莫怪葛藤东说西说,可不闻释迦在座上良久,众伫指归。"（p.554）《破峰禅师语录》卷一:"翠岩夏末示众云:'一夏与兄弟东说西说,看翠岩眉毛还在么?'"（42-174）

又言"东话西话"。《祖堂》卷一六"性空和尚":"僧云:'与么则湖南近日亦有畅和尚,为师僧东话西话。'师唤沙弥:'拽出这个死尸着!'"（p.739）又卷一七"岑和尚":"鲁祖开堂,亦与师僧东话西话。"（p.768）

又言"说东道西"。《续灯》卷一九"可仙禅师":"哪堪长老鼓两片皮,摇三寸舌,说东道西,指南言北,转勿交涉。"（p.554）《楚圆禅师语录》卷一:"依前登善法堂,踞狮子座,说东道西,扬眉瞬目。"（39-17）

按,定型之语已见上揭《祖堂》例,《大词典》、王涛等（编著,2007）、刘洁修（2009）、冷玉龙等（主编,2014）均未收。

0928 道听途说 道听途言

在路上听来的话,又在路上向人传播。比喻传播没有根据的传言。《续灯》卷二〇"道昌禅师":"僧曰:'将谓少林消息断,谁知今日宛然存。'师云:'道听途说。'"（p.591）

又言"道听途言"。《五灯》卷一一"延沼禅师":"清曰:'镜水秦山,鸟飞不度,子莫道听途言。'"（p.672）

按,语出《论语·阳货》:"子曰:'道听而途说,德之弃也。'"邢昺疏引马融曰:"言闻之于道路,则于道路传而说之。"定型之语已见唐李淳风《乙巳占》卷四:"道听途说,眩惑群小。"《大词典》、王涛等（编著,2007）、刘洁修（2009）、冷玉龙等（主编,2014）均未收"道听途言"。

0929 说黄道黑 说青道黄 说黄道赤 说青道黑 说白道黑

说这说那,信口议论。《续灯》卷二六"恩禅师":"乃举手作捏势云:'达磨祖师鼻孔在少林手里,若放开去也,从教此土西天说黄道黑,欺胡谩汉。'"（p.718）《普灯》卷一一"惠勤禅师":"上堂,举'世尊有密语,迦叶不覆藏',乃曰:'你寻常说黄道黑,评品古今,岂不是密语?'"（p.290）《慧开禅师语录》卷一:"升座,祝圣罢,乃云:'诸佛出世,见成公案。祖师西来,无风起浪。四七二三,说黄道黑,转见没交。'"（42-7）

又言"说青道黄"。《普灯》卷九"正觉禅师":"四十九年,三百余会,说青道

黄,指东画西,入般涅槃时又作么生?"(p.237)《五灯》卷一四"正觉禅师"条同。(p.901)

又言"说黄道赤"。《怀深禅师语录》卷三:"第四,不得向无事阁中隈刀避箭。第五,不得向葛藤窠里说黄道赤。"(41-156)

又言"说青道黑"。《祖先禅师语录》卷一:"僧问:'束三条篾,几年簸土扬尘。鼓两片皮,不妨说青道黑。只如不落唇吻,作么生道?'师云:'箭过新罗。'"(45-398)又卷一:"更有一等兄弟,皮下无血,见人说青道黑,净地上胡撒乱撒。"(45-404)

又言"说白道黑"。《古尊宿》卷二七"佛眼和尚":"师云:'藏头白,海头黑。大众,说白道黑,理甚分明。诸人还见马大师么?久立也太无端。'"(p.513)

按,定型之语已见上揭《续灯》例,《大词典》、王涛等(编著,2007)、刘洁修(2009)、冷玉龙等(主编,2014)均未收。

0930　驴唇马嘴

形容说话胡言乱语,驴唇不对马嘴。《传灯》卷一九"文偃禅师":"若是一般掠虚汉,食人涎唾,记得一堆一担骨董,到处逞驴唇马嘴,夸我解问十转五转话。"(p.1428)《广灯》卷二五"辞确禅师":"便将为自己埕在皮袋里,到处逞驴唇马嘴。要得问难,道我喽啰。后五日死入地狱,铁牛耕你舌头有日在。"(p.513)

按,定型之语已见上揭《传灯》例,可参刘洁修(2009:756),袁宾(1991:510),袁宾、康健(主编,2010:277)。

0931　磨唇捋嘴　磨唇缩嘴

比喻说话没有节制,信口胡乱说道。《倚遇禅师语录》卷一:"记取一肚葛藤,路布学解,到处掠虚,磨唇捋嘴,汉语胡言。道我解禅解道,轻忽好人,作无间业。"(39-730)《道宁禅师语录》卷二:"但知鼓弄辞源,磨唇捋嘴,争锋竞锐,以当家风,病在膏肓,世医拱手。"(39-788)《五灯》卷一五"鉴韶禅师":"等候升堂,便磨唇捋嘴,将粥饭气熏炙诸人。"(p.1009)

又言"磨唇缩嘴"。《续灯》卷六"鉴韶禅师":"等候升堂,便磨唇缩嘴,将粥饭气熏炙诸人。"(p.160)

按,定型之语已见上揭《倚遇禅师语录》例,《大词典》、王涛等(编著,2007)、刘洁修(2009)、冷玉龙等(主编,2014)均未收。

0932　说长说短　说短论长

形容胡乱说道,拉杂谈论。《续灯》卷一一"志因禅师":"这二老汉各人好与三十棒,何故? 一个说长说短,一个胡言汉语。虽然如是,且放过一着。"(p.342)《师范禅师语录》卷一:"若是口赫赤地,说禅说道,说玄说妙,说有说无,说长说短,山僧不敢与他较量。"(45-665)

又言"说短论长"。《普济禅师语录》卷一:"上堂:'三八念诵,劳动大众。五月升堂,说短论长。打鼓入室,逼狗透墙。哑! 走却白鳖,捉得黄能,灯笼露柱笑哈哈。'"(45-560)

按,定型之语已见上揭《续灯》例,参刘洁修(2009:1113)。

0933　摇唇鼓舌　鼓舌摇唇　鼓唇摇舌　鼓动唇吻

鼓动嘴唇,摇转舌头。形容妄发议论,胡乱说道。《续灯》卷一二"怀秀禅师":"劳他河沙佛祖出来,东道西说,摇唇鼓舌。"(p.357)

倒言"鼓舌摇唇"。《慧开禅师语录》卷二:"忙忙业识老丰干,鼓舌摇唇总自瞒。纵踞虎头收虎尾,衲僧门下管窥斑。"(42-23)《咸杰禅师语录》卷一:"为僧不禀僧仪,学佛力破佛戒。鼓舌摇唇,丛林殃害。"(45-216)

又言"鼓唇摇舌"。《昙华禅师语录》卷五:"至于天下老和尚据曲录木,敲床竖拂,瞬目扬眉,指东划西,鼓唇摇舌,亦未免依草附木。"(42-169)《普灯》卷九"林真禅师":"致令后代儿孙递相仿效,三三两两,皆言出格风标。劫劫波波,未肯归家稳坐,鼓唇摇舌,宛如钟磬笙竽。"(p.233)

又言"鼓动唇吻"。《普灯》卷八"法演禅师":"上堂:'你等诸人见老和尚鼓动唇吻,竖起拂子,便作胜解。'"(p.201)《五灯》卷一九"法演禅师"条同。(p.1243)

按,语出《庄子·盗跖》:"摇唇鼓舌,擅生是非,以迷天下之主。"《大词典》、王涛等(编著,2007)、刘洁修(2009)、冷玉龙等(主编,2014)均未收"鼓动唇吻"。

0934　胡言汉语　汉语胡言

犹言胡言乱语。《续灯》卷一一"志因禅师":"这二老汉各人好与三十棒,何故? 一个说长说短,一个胡言汉语。虽然如是,且放过一着。"(p.342)《仁勇禅师语录》卷一:"禅师又令对众升座,不免胡言汉语,瞒诸人等,是不识好恶。"(41-16)《怀深禅师广录》卷三:"山僧震声喝云:'我此方人,本来无事,被你来这里,胡言汉语,教坏他人家男女。'"(41-153)

倒言"汉语胡言"。《倚遇禅师语录》卷一:"记取一肚葛藤,路布学解,到处掠虚,磨唇捋嘴,汉语胡言。"(39-730)《慧远禅师语录》卷四:"道不是道,禅不是禅。星驰电掣,汉语胡言。蓦地揭起脑盖,依前舌拄梵天。"(45-86)

按,定型之语已见上揭《续灯》例,《大词典》(6-1210)首引《五灯》例,朱瑞玟(2007:175)认为语出《五灯》,还可提前。

0935 胡说乱道 胡道乱说

指说话毫无根据,胡乱说道。《普觉禅师语录》卷一二:"手里指东画西,口中胡说乱道,生惯打葛藤。"(42-319)《普灯》卷一六"正贤禅师":"打地和尚嗔他秘魔岩主擎个叉儿,胡说乱道,遂将一捆成齑粉,散在十方世界。"(p.429)

又言"胡道乱说"。《古尊宿》卷三三"佛眼和尚":"未曾片时究此事,如何得便会去? 及乎被人问着,胡道乱说,不是恁么事。"(p.623)

按,定型之语已见上揭《普觉禅师语录》例,《大词典》、王涛等(编著,2007)、刘洁修(2009)、冷玉龙等(主编,2014)均未收"胡道乱说"。

0936 脱空谩语 脱空妄语

犹言凭空妄说。形容说话虚妄不实,胡乱说道。《续灯》卷二〇"智融禅师":"僧曰:'手执夜明符,背负须弥去。'师喝云:'脱空谩语汉。'"(p.590)《怀深禅师广录》卷一:"时众中有恸哭者,师告云:'不用哭,老僧在此,四年零六个月,将无作有,指东划西,脱空谩语,诳惑诸人。'"(41-116)《古尊宿》卷六"道踪和尚":"问:'一句净尽时如何?'师云:'摘却你眉毛,换却你眼睫。'僧无语。师云:'咦! 咦! 脱空谩语汉。'"(p.95)

又言"脱空妄语"。《明觉禅师语录》卷二:"问僧:'近离甚处?'僧云:'天台。'师云:'还见智者么?'僧云:'见。'师云:'为什么在我脚底?'僧无语。师云:'脱空妄语。'"(39-165)《善昭禅师语录》卷一:"师云:'这个是三玄的颂,作么生是三玄的旨趣? 直教决择分明,莫只么望空里妄解,道我曾亲近和尚,来与我说了。脱空妄语,诳唬他人。'"(39-570)《古尊宿》卷六"道踪和尚":"师又问:'迦叶什么处去?'僧云:'不知。'师云:'脱空妄语汉。'"(p.99)

按,定型之语已见上揭《续灯》例,《大词典》、王涛等(编著,2007)、刘洁修(2009)、冷玉龙等(主编,2014)均未收,可参袁宾(1991:520),袁宾、康健(主编,2010:418)。

0937　唐言梵语

唐人之言,印度之语。《普灯》卷一八"思岳禅师":"一意乖疏,万言无用。可谓来时他笑我,不知去后我笑他。唐言梵语亲吩咐,自古齐僧怕夜茶。"(p.458)

按,定型之语已见唐圆照集《续开元释教录》卷上:"圣心佛心,同归一理。唐言梵语,不隔殊方。"《大词典》、王涛等(编著,2007)、刘洁修(2009)、冷玉龙等(主编,2014)均未收。

0938　颠言倒语

形容说话颠倒错乱。《古尊宿》卷一五"匡真禅师":"问:'如何是云门一路?'师云:'亲。'进云:'如何即是?'师云:'颠言倒语作么?'"(p.268)《倚遇禅师语录》卷一:"师送干出三门云:'回到宝峰,为我传语英邵武。'干云:'颠言倒语作什么?'师云:'不因你祗对,洎合忘却。'"(39-741)《普灯》卷三〇"川禅师":"有时唱,有时歌,颠言倒语不奈何。声声尽出娘生口,不属宫商一任他。"(p.799)

按,定型之语已见上揭《古尊宿》例,《大词典》、王涛等(编著,2007)、刘洁修(2009)、冷玉龙等(主编,2014)均未收。

0939　问东答西

答非所问,胡乱作答。《碧岩录》卷二:"有的道洞山问东答西,有的道尔是佛,更去问佛。所以洞山绕路答之。"(p.71)《慧远禅师语录》卷三:"又有般汉,问东答西,将南作北。轻轻拶着,向没巴鼻处,突出没巴鼻的一句,教人摸索不着,唤作鸟道玄路。"(45-55)《古尊宿》卷四〇"悦禅师":"近世更有一般宗匠,二三十年驰声走誉。只管教人但莫上他言句,唤作透声色,便问东答西,以为格外之句。"(p.755)

按,定型之语已见于唐一行《大毗卢遮那成佛经疏》卷一八:"观当来世而生怖畏,当无害是随烦恼,问东答西问西云东者也。"《大词典》、王涛等(编著,2007)、刘洁修(2009)、冷玉龙等(主编,2014)均未收。

0940　指天说地

指着天却说地。形容说话颠倒错乱。《普灯》卷三〇"子端禅师":"夫易之道,幽玄难会。问着时流,指天说地。"(p.787)

按,定型之语已见上揭《普灯》例,《大词典》、王涛等(编著,2007)、刘洁修(2009)、冷玉龙等(主编,2014)均未收。

0941 指东指西

打着手势东一句西一句地说。形容说话拐弯抹角,不能切中要害。《祖堂》卷一四"杉山和尚":"不用指东指西,本分事直下道将来。"(p.627)《传灯》卷九"慧和尚":"有小师行脚回,师问:'汝离吾在外多少时邪?'小师云:'十年。'师曰:'不用指东指西,直道将来。'小师云:'对和尚不敢谩语。'"(p.596)《古尊宿》卷一二"普愿禅师":"不可指东指西赚人,你当哆哆和和时,作么不来问老僧?"(p.192)

按,定型之语已见上揭《祖堂》例,《大词典》、王涛等(编著,2007)、刘洁修(2009)、冷玉龙等(主编,2014)均未收。

0942 指南言北

指着南却说北。形容说话颠倒错乱。《续灯》卷一九"可仙禅师":"上堂,良久云:'恁么散去,早是不着便。哪堪长老鼓两片皮,摇三寸舌,说东道西,指南言北,转勿交涉。'"(p.555)

按,定型之语已见上揭《续灯》例,《大词典》、王涛等(编著,2007)、刘洁修(2009)、冷玉龙等(主编,2014)均未收。

0943 开眼寐语

睁着眼睛说梦话。形容人说话愚痴虚妄,胡言乱语。《慧晖禅师语录》卷四:"自朝至夕口喃喃地说是宣非,更无休歇之时节,是什么用处? 只管吃饭饮茶,开眼寐语,可怜打睡梦汉几时得瞑瞑去也?"(42-124)《清了禅师语录》卷一:"示众云:'但有言句,都无实义。千说万说,试为我拈一毛头来看。从朝至暮虚空里喃喃地,苦哉! 饱吃饭了,开眼寐语。阿你分上,甚生次第。'"(42-58)《古尊宿》卷二"断际禅师":"云:'他若识了,照亦无物耶?'师云:'若是无物,更何用照? 你莫开眼寐语去!'"(p.34)

按,定型之语已见《慧晖禅师语录》例,《大词典》、王涛等(编著,2007)、刘洁修(2009)、冷玉龙等(主编,2014)均未收,可参雷汉卿(2009:327)。

0944 梦中说梦

在睡梦中说梦话。形容说话愚痴虚妄。《真净禅师语录》卷二:"三世诸佛,只可自知。衲僧跳不出,打在圈缋里。动即开眼尿床,梦中说梦。"(39-658)《祖心禅师语录》卷一:"十五日已后,诸事未萌,渐次作梦。正当今日十五,恰是梦中说梦。还有原梦的汉么? 出来试辨吉凶看。"(41-755)《普灯》卷五"法成禅师":"香山今

日已是开眼溺床,汝等诸人切莫梦中说梦。"(p.138)

按,定型之语已见隋智顗《金光明经文句》卷一:"信相室众不闻梦中说梦,中众不闻梦觉已说。"王涛等(编著,2007:709)、刘洁修(2009:789)并举唐玄奘译《大般若波罗蜜多经》例,稍晚。

0945 无梦说梦

没有做梦还要虚妄地说梦话。形容说话无中生有,虚妄愚痴。《圆悟禅师语录》卷七:"乃呵呵大笑云:'山僧恁么说话,大似无梦说梦,无事生事。若是明眼人,觑见一场败缺。'"(41-249)《联灯》卷一七"宗杲禅师":"山僧今日,如斯举唱,大似无梦说梦,好肉剜疮,检点将来,合吃拄杖。"(p.502)《普灯》卷一八"妙道禅师":"若向这里荐得,堪报不报之恩。脱或未然,山僧无梦说梦去也。"(p.476)

按,定型之语已见上揭《圆悟禅师语录》例,《大词典》、王涛等(编著,2007)、刘洁修(2009)、冷玉龙等(主编,2014)均未收。

0946 痴人说梦

在愚痴的人面前说梦话。比喻对愚痴的人说虚妄的道理。《崇岳禅师语录》卷二:"师云:'二老汉正是痴人说梦,虽然笑他者多,哂他者少。'"(45-358)

按,定型之语已见宋善月《仁王护国般若波罗蜜经疏神宝记》卷二:"若以凡情分别,几何而不为诞乎?虽然要且未免痴人说梦,问诸经下,问列众可知。"此语由"痴人面前,不得说梦"反义化用而来,《普觉禅师语录》卷一:"上堂,僧问:'万机休罢独坐大方,犹是向下事。如何是向上事?'师云:'痴人面前,不得说梦。'"例多不赘举。《俗语佛源》(2013:218)释作"比喻荒谬至极,不可信从",孙维张(2007:49)释作"形容不切实际的想法或做法",《大词典》释作"指凭妄想说不可靠或根本办不到的话",均未能揭示禅籍用义。

0947 狂言寐语 嚰言寐语

形容说话痴狂虚妄。《仁勇禅师语录》卷一:"上堂:'保宁一夏卧疾已来,向方丈里,撒屎撒尿,狂言寐语。直是东西不辨,南北不分,求生不生,求死不死。'"(41-24)《咸杰禅师语录》卷一:"山僧数日来,似病不病,似安不安,似死不死。方丈里撒屎撒尿,大开眼狂言寐语。"(45-180)

又言"嚰言寐语"。《师范禅师语录》卷二:"白日青天,不得嚰言寐语,老僧怎么告报,莫成寐语么?"(45-699)

按,定型之语已见上揭《仁勇禅师语录》例,《大词典》、王涛等(编著,2007)、刘洁修(2009)、冷玉龙等(主编,2014)均未收。

0948 千迂万曲

形容言语十分迂曲。《传灯》卷二六"朋彦大师":"问:'如何是径直之言?'师曰:'千迂万曲。'"(p.2073)《五灯》卷一〇"朋彦大师"条同。(p.605)

按,定型之语已见上揭《传灯》例,《大词典》、王涛等(编著,2007)、刘洁修(2009)、冷玉龙等(主编,2014)均未收。

0949 驴鸣狗吠

①泛指动物的叫声,含低劣的贬义色彩。《传灯》卷一三"省念禅师":"问:'如何是梵音相?'师曰:'驴鸣狗吠。'"(p.931)《善昭禅师语录》卷二:"钟铃螺鼓声,琴瑟箜篌声,与驴鸣狗吠,是同是别?"(39-610)②禅家常比喻言语拙劣,不能契合禅理。《慧南禅师语录》卷一:"南北不分,欺天罔地。说妙谈玄,驴鸣狗吠。"(41-735)《绍昙禅师广录》卷五:"拍板门槌伎俩穷,人前遍要辱宗风。驴鸣狗吠成狼藉,瞒得梁王屈宝公。"(46-340)《密庵和尚语录》卷一:"上堂:'少室单传,衲僧巴鼻。碓嘴生花,驴鸣狗吠。厕坑筹子念摩诃,惊起法身无处避。'"(45-179)

按,定型之语已见唐张鷟《朝野佥载》卷六:"唯有韩陵山一片石堪共语,薛道衡、卢思道少解把笔,自余驴鸣犬吠,聒耳而已。"此言文章言语低劣。《大词典》举上揭《传灯》例,释作"比喻文章低劣",不确。

一二 "心理"类

"心理"指人的心理活动状态和外化出的感情活动。"心理"类成语正体26条,变体14条,共40条。范畴义有"内心"1类,核心义有"喜悦""忧愁""不安""震惊""忿怒""尴尬""急切""懊悔""隐秘""思虑""测度""怜悯"12类叙述性语义特征,核心语义有"内心喜悦""内心忧愁""内心不安""内心震惊""内心忿怒""内心尴尬""内心急切""内心懊悔""内心隐秘""内心思虑""内心测度""内心怜悯"12类。

0950 手舞足蹈

形容心里十分高兴,连手脚都舞动起来了。《联灯》卷七"道谦禅师":"师于言下领旨,不觉手舞足蹈。"(p.530)

按,语出《毛诗序》:"情动于中而形于言,言之不足,故嗟叹之。嗟叹之不足,故咏歌之。咏歌之不足,不知手之舞之足之蹈之也。"定型之语已见南朝宋刘铄《白纻篇·大雅》:"在心曰志发言诗,声成于文被管弦。手舞足蹈欣泰时,移风易俗王化基。"参《大词典》(6-303)、刘洁修(2009:1093)。

0951 喜不自胜

形容心里非常高兴,难以抑制喜悦的心情。《祖堂》卷一九"香严和尚":"启和尚:'末代后生,伏蒙和尚垂方便,得这个气道。一则喜不自胜,二则恋和尚法席。'"(p.832)

按,定型之语已见三国吴支谦译《撰集百缘经》卷二:"闻者舞笑,欢娱爱乐,喜不自胜。"《大词典》(3-402)首引唐代用例,刘洁修(2009:1247)、朱瑞玟(2008:231)首举《后汉书》例,均晚。

0952 忍俊不禁

指抑忍不住自己俊异的才能。《守端禅师语录》卷一:"何似乾坤收不得,尧舜不知名好,法华今日忍俊不禁,当为古人出气。"(39-53)《圆悟禅师语录》卷八:"似此说话,可谓对诸公面前,无梦说梦,无事生事。忽有个忍俊不禁出来,喝散大众,拽下绳床,痛打一顿,也怪他不得。"(41-259)《普灯》卷二七"仁勇禅师":"颂曰:'风吹日炙露尸骸,泣问山人觅地埋。忍俊不禁多口老,阴阳无处可安排。'"(p.679)

按,定型之语已见唐赵璘《因话录·征部》:"戏作考词状:'当有千有万,忍俊不禁考上下。'"可参雷汉卿、李家傲(2019:100)。

0953 云愁雾惨 雾惨云愁

忧愁的情绪如云似雾般笼罩心头。形容内心十分忧愁。《传灯》卷二二"志端禅师":"出众作礼问曰:'云愁雾惨,大众呜呼,请师一言,未在告别。'师垂一足。"(p.1673)《续灯》卷一一"慧宪禅师":"大唐撒向掌中擎,铁牛夜透新罗国。杲日当空掣电机,云愁雾惨是常仪。"(p.326)

倒言"雾惨云愁"。《妙伦禅师语录》卷二:"直得雷峰雷震,龙阜龙鸣,雾惨云愁,风悲水咽。"(46-534)《因师集贤语录》卷六:"先君一梦熟黄粱,雾惨云愁去路茫。"(47-466)

按,定型之语已见上揭《传灯》例,《大词典》(11-654)首引元代用例,偏晚,王涛等(编著,2007)、刘洁修(2009)、冷玉龙等(主编,2014)均未收。

0954 寝食不安

连睡觉和吃饭都不安宁。形容心事重重,内心十分焦虑。《慧方禅师语录》卷一:"所以古人,为一转因缘,直得寝食不安。今之兄弟见似等闲,诸人趁身安力健,快须荐取。"(41-796)

按,定型之语已见《敦煌变文校注·叶净能诗》:"皇帝自此之后,日夜思慕,寝食不安。"参《大词典》(3-1606)、王涛等(编著,2007:840)、刘洁修(2009:946)。

0955 七上八下

形容内心起伏不定,心神难安。《普觉禅师语录》卷一九:"看此话眼眨眨地理会不得,肚里七上八下,方寸中如顿却一团火相似的。"(42-372)《法薰禅师语录》卷三:"况近时衲子,用心不纯,一件件要会要知。只这要会要知的,便是业谙团子。

使得七上八下,如何得到田地休歇去?"(45-637)

按,定型之语已见上揭《普觉禅师语录》例,参刘洁修(2009:895)。

0956　寒毛卓竖

惊得让人连寒毛都竖立起来。形容事情令人十分吃惊。《慧开禅师语录》卷二:"直下领略得去,平欺释迦,下视弥勒,德山临济倒退三千,历代祖师寒毛卓竖。"(42-21)《联灯》卷一五"慕喆禅师":"问:'牛头未见四祖时如何?'师曰:'寒毛卓竖。'曰:'见后如何?'师曰:'额头汗出。'"(p.453)《普灯》卷一八"宗元庵主":"示众:'主法之人,气吞宇宙,为大法王。若是释迦老子、达磨大师出来,也教伊叉手向我背后立地,直得寒毛卓竖。'"(p.474)

按,定型之语已见上揭《慧开禅师语录》例,《大词典》、王涛等(编著,2007)、刘洁修(2009)、冷玉龙等(主编,2014)均未收。

0957　汗流浃背　脊背汗流　白汗浃背

浑身大汗,湿遍脊背。形容内心十分震惊。《普灯》卷一〇"应端禅师":"师愤然欲他往,因请辞,及揭帘,忽大悟,汗流浃背。"(p.266)

又言"脊背汗流"。《续灯》卷一一"梵余禅师":"问:'临济喝,少遇知音。德山棒,难逢作者。和尚今日作么生?'师云:'山僧被你一问,直得退身三步,脊背汗流。'"(p.315)《五灯》卷一六"梵余禅师"条同。(p.1031)

又言"白汗浃背"。《师范禅师语录》卷六:"破庵曰:'岂不闻道,我肚饥,闻板声要吃饭去罿。'师闻其语,不觉白汗浃背。"(45-775)

按,定型之语已见《后汉书·伏皇后纪》:"操出,顾左右,汗流浃背,自后不敢复朝请。"《大词典》、王涛等(编著,2007)、刘洁修(2009)、冷玉龙等(主编,2014)均未收"脊背汗流""白汗浃背"。

0958　心惊胆裂

内心惊恐,胆因之破裂。形容心里极度惊恐。《广灯》卷二一"乾明兴禅师":"问:'路逢猛虎时如何?'师云:'心惊胆裂。'"(p.388)

按,此为"心惊胆战"之变体,定型之语已见上揭《广灯》例,《大词典》举清代用例,偏晚,参刘洁修(2009:1276)。

0959　魂飞胆丧　胆丧魂飞　丧胆亡魂　胆丧魂惊

连魂魄都离开了躯体,胆子都丧失了。形容内心惊恐万分。《普觉禅师语录》

卷二:"三世诸佛,立在下风。诸代祖师,魂飞胆丧。"(42-247)《普灯》卷二九"觉杲禅师":"云门举起竹篦,露出心肝五脏。可怜猗死禅和,犹自魂飞胆丧。"(p.767)

倒言"胆丧魂飞"。《楚圆禅师语录》卷一:"师顾视左右云:'幸然好个圆成,第一义却被维那一槌打碎,直得大海翻波,须弥震动,六凡四圣,胆丧魂飞。'"(39-12)《续古尊宿》卷三"菴封禅师":"请升座:'正令全提,一切处风行雷动。单刀直入,百万众胆丧魂飞。'"(44-165)

又言"丧胆亡魂"。《碧岩录》卷六:"烧尾者不在拏云攫雾,曝腮者何必丧胆亡魂。"(p.308)《慧远禅师语录》卷一:"逢着个焦尾白额,是时亲遭一口,直得丧胆亡魂。"(45-6)

又言"胆丧魂惊"。《原妙禅师语录》卷一:"到这里说甚庞居士,直饶三乘十地,胆丧魂惊。碧眼黄头,容身无地。"(47-257)

按,定型之语已见隋释彦琮《通极论》:"公子于是接足叩头,百体皆汗,魂飞胆丧,五色无主。"《大词典》、王涛等(编著,2007)、刘洁修(2009)、冷玉龙等(主编,2014)均未收"胆丧魂飞""丧胆亡魂"。

0960 毛发悚然

惊恐得连毛发都竖立了起来。形容内心极度惊恐的样子。《虚堂和尚语录》卷八:"众请上堂:'雪窦门下,尽是上根利器,亲之则毛发悚然,望之则精神恍惚。'"(46-752)

按,定型之语已见上揭《虚堂和尚语录》例,《大词典》(6-1004)、刘洁修(2009:776)并举《三国演义》例,王涛等(编著,2007:700)举清代用例,均晚。

0961 怒发冲冠

愤怒得头发直竖,冲起了冠顶。形容愤怒到了极点。《联灯》卷二六"延彬":"雪窦云:'当时但踏倒茶炉。'大沩喆云:'王太傅,大似相如夺璧,怒发冲冠。'"(p.820)

按,语出《史记·廉颇蔺相如列传》:"相如因持璧却立,倚柱,怒发上冲冠。"参《大词典》(7-466)、王涛等(编著,2007:763)。

0962 咬牙啮齿 咬牙奋齿 咬牙切齿 咬牙嗔齿

咬紧牙关。形容内心十分痛恨的样子。《宏智禅师广录》卷五:"若是其间人,知天童今夜大杀漏逗,咬牙啮齿,杀佛杀祖去也。"(44-485)《了慧禅师语录》卷二:

"咬牙啮齿骂松源,四海五湖洪浪奔。"(46-453)

又言"咬牙奋齿"。《祖先禅师语录》卷一:"秉拂上座:'咬牙奋齿,敢道个瞎。诸人若甘去,未必善因而招恶果。'"(45-401)《师范禅师语录》卷三:"回省前来,愤愤悱悱,咬牙奋齿,必定惭惶无地也。"(45-730)

又言"咬牙切齿"。《祖先禅师语录》卷一:"回视从前,愤愤悱悱,只赢得个咬牙切齿。"(45-405)

又言"咬牙喷齿"。《师范禅师语录》卷三:"拄杖子忍俊不禁,咬牙喷齿,出来通个消息。"(45-714)

按,定型之语已见唐阿质达霰译《大威力乌枢瑟摩明王经》卷二:"行者蹲踞坐,持人胫骨搅血,仍咬牙啮齿大怒形持密言,血中焰起有无量声喧空。"《大词典》、王涛等(编著,2007)、刘洁修(2009)、冷玉龙等(主编,2014)均未收"咬牙奋齿""咬牙切齿""咬牙喷齿"。

0963　面黄面青

脸色一会儿黄一会儿青。形容尴尬的神情。《碧岩录》卷四:"钦山云:'何不道非无位真人?'被定擒住云:'无位真人与非无位真人,相去多少?速道速道!'山无语,直得面黄面青。"(p.177)《五灯》卷一一"定上座":"钦山被擒,直得面黄面青,语之不得。"(p.662)

按,定型之语已见上揭《碧岩录》例,《大词典》、王涛等(编著,2007)、刘洁修(2009)、冷玉龙等(主编,2014)均未收。

0964　无地容身　容身无地

没有地方容纳自己。形容内心十分惭愧。《普灯》卷二五"道楷禅师":"山僧每至说着古圣做处,便觉无地容身,惭愧后人软弱。"(p.617)《法薰禅师语录》卷三:"卓拄杖一下云:'开得眼,洞山与泰首座,无地容身,山僧亦有弥天过犯,不干诸人事。'"(45-621)

倒言"容身无地"。《绍昙禅师语录》卷一:"接二祖错指本来心,破六宗打落当门齿。罪犯弥天,容身无地。"(46-259)《原妙禅师语录》卷一:"原来尽大地是个选佛场,尽大地是个自己,到这里说甚庞居士?直饶三乘十地,胆丧魂惊,碧眼黄头,容身无地。"(47-257)

按,定型之语已见唐杜牧《谢许受江西送彩绢等状》:"今者更蒙恩私,广受丝帛,捧戴兢惕,无地容身,不胜感恩,惨惶之至。"《大词典》、王涛等(编著,2007)、刘洁修(2009)、冷玉龙等(主编,2014)均未收。

0965 恻隐之心

谓怜悯同情之心。《联灯》卷一八"张九成":"一日如厕,因思恻隐之心,乃仁之端。忽闻蛙鸣,豁然有省。"(p.549)

按,定型之语已见《孟子·公孙丑》:"无恻隐之心,非人也。"参王涛等(编著,2007:121)、刘洁修(2009:144)。

0966 同病相怜

患有相同疾病的人相互同情。比喻遭遇同样不幸的人相互同情。《碧岩录》卷三:"保福、长庆游山次,福以手指云:'只这里便是妙峰顶!'庆云:'是则是,可惜许。'若不是铁眼铜睛几被惑了。同病相怜,两个一坑埋却。"(p.134)

按,定型之语已见东汉赵晔《吴越春秋·阖闾内传》:"子不闻《河上歌》乎? 同病相怜,同忧相救。"参《大词典》(3-114)、刘洁修(2009:1170)、王涛等(编著,2007:1081)。

0967 换手捶胸

双手交替捶打胸膛。形容内心十分苦恼或懊悔。《传灯》卷八"黑涧和尚":"僧问:'如何是密室?'师云:'截耳卧街。'僧云:'如何是密室中人?'师乃换手捶胸。"(p.540)《碧岩录》卷一:"才问着却是极则相似,才拶着七花八裂。坐在空腹高心处,及到腊月三十日,换手捶胸,已是迟了也。"(p.55)

按,定型之语已见上揭《传灯》例,《大词典》、王涛等(编著,2007)、刘洁修(2009)、冷玉龙等(主编,2014)均未收。

0968 囊藏被盖

用囊包藏,用被覆盖。形容隐藏不显露。《圆悟禅师语录》卷一:"山僧不敢囊藏被盖,其有诸佛说不尽的,祖师提不起处,对众八字打开去也。"(41-197)《联灯》卷二六"守初禅师":"明明地拣破,明明地显示,明明地举唱,明明地歌咏,更无囊藏被盖,纯说干爆爆地禅。"(p.804)《普灯》卷四"道圆禅师":"因诣积翠庵,涉涧猛省,述偈曰:'不落不昧,僧俗本无忌讳。丈夫气宇如玉,争受囊藏被盖。'"(p.108)

按,定型之语已见上揭《圆悟禅师语录》例,《大词典》、王涛等(编著,2007)、刘洁修(2009)、冷玉龙等(主编,2014)均未收。

0969 瞻前顾后 顾后瞻前

看看前面,也看看后面。形容做事前后都考虑周全。《碧岩录》卷二:"住院后有僧问:'和尚当时还肯二尊宿么?'牙云:'肯即肯,只是无祖师西来意。'龙牙瞻前顾后,应病与药。"(p.115)又卷五:"垂示云:'七穿八穴,搀鼓夺旗;百匝千重,瞻前顾后。踞虎头收虎尾,未是作家;牛头没马头回,亦未为奇特。'"(p.258)

倒言"顾后瞻前"。《圆悟禅师语录》卷一八:"师拈云:'这汉参来莽鲁,学处颟顸。虽然顾后瞻前,争奈藏身露影。既是无祖师西来意,用肯作么?'"(41-349)

按,语出《离骚》:"瞻前而顾后兮,相观民之计极。"定型之语已见于东汉班固《汉书·叙传》:"放诞之徒缘间而起,瞻前顾后,正其终始。"参刘洁修(2009:1451)、朱瑞玟(2008:428)。

0970 思前虑后 思前算后

想想前面,再想想后面。形容反复思索。《黄檗禅师传心法要》卷一:"我此宗门,不论此事。但知息心即休,更不用思前虑后。"(T48/383a)《古尊宿》卷二"大智禅师"条同。(p.33)《清了禅师语录》卷二:"拈云:'一款便招,更莫思前虑后。一般的便说,言语性空,有无不可得。'"(42-83)

又言"思前算后"。《普觉禅师语录》卷二六:"则便当见月亡(忘)指,直下一刀两段,若更迟疑,思前算后,则乃是空拳指上生实解。"(42-427)《咸杰禅师语录》卷一:"本色参学道流,入丛林见知识。决欲洞明生死己躬大事,无非具杀人不眨眼的气概。更不思前算后,摒其性命,都无顾藉。"(45-225)

按,定型之语已见上揭唐裴休集《黄檗禅师传心法要》例,刘洁修(2009:1117)、朱瑞玟(2008:184)并举《古尊宿》例,均晚。

0971 移睛动眼

转动眼珠子。借指转移注意力。《慧开禅师语录》卷二:"参禅一着,如敌万人,怯战丧身失命。参禅一着,如猫捕鼠,不许移睛动眼。"(42-21)

按,定型之语已见上揭《慧开禅师语录》例,《大词典》、王涛等(编著,2007)、刘洁修(2009)、冷玉龙等(主编,2014)均未收。

0972 转头换脑

指变换头脑思索。《传灯》卷二八"赵州和尚":"这个更用向外觅物作什么?正恁么时,莫转头换脑。若转头换脑,即失却去也。"(p.2301)《五灯》卷四"赵州

禅师"条同。（p.201）

按，定型之语已见上揭《传灯》例，《大词典》、王涛等（编著，2007）、刘洁修（2009）、冷玉龙等（主编，2014）均未收。

0973 钻龟打瓦 打瓦钻龟 敲砖打瓦

"钻龟"，古代占卜的方法，钻刺龟里甲，并以火灼，视其裂纹以断吉凶。"打瓦"，古代占卜的方法，击瓦而视其裂纹以定吉凶。①指占卜行为。《慧开禅师语录》卷一："老僧随处设个钻龟打瓦的铺子，三十年后管取有人卜度。"（42-16）②禅家形容内心胡乱测度。《广灯》卷一四"天钵禅师"："初开堂，升座，时有僧问：'师喝（唱）谁家曲，宗风嗣阿谁？'师云：'云绽家家月。'僧云：'恁么即遍天遍地。'师云：'一任钻龟打瓦。'"（p.220）《续灯》卷二五"广坚禅师"："若是明眼高流，不在钻龟打瓦。"（p.695）

倒言"打瓦钻龟"。形容内心胡乱测度。《古尊宿》卷四七"东林和尚"："东林颂：'南泉不指净瓶，隐峰何曾泻水？从教打瓦钻龟，佛法不在这里。'"（p.950）《续古尊宿》卷四"先禅师"："广寿长老，赢得张口挂壁角。从他露柱灯笼，打瓦钻龟，抟量卜度，谁知笑倒黄幡绰。"（44-219）

又言"敲砖打瓦"。形容内心胡乱测度。《续灯》卷二六"寺广禅师"："僧曰：'今日已知端的。'师云：'一任敲砖打瓦。'"（p.719）《倚遇禅师语录》卷一："师云：'你这驴汉安向甚处着？'胜云：'一任敲砖打瓦。'师云：'也只是个杜撰巡官。'"（39-737）《绍隆禅师语录》卷一："虎丘门下不说老婆禅，只要诸人眼横鼻直，三十年后免得敲砖打瓦。"（42-40）

按，定型之语已见上揭《广灯》例，袁宾、康健（主编，2010：333）释作"对沉埋于言句问答者的讥斥语"，还嫌不确。《大词典》、王涛等（编著，2007）、刘洁修（2009）、冷玉龙等（主编，2014）均未收，可参雷汉卿、王长林（2018：288）。

0974 东卜西卜

形容胡乱猜测卜度。《方会和尚语录》卷一："上堂云：'拗折秤衡，将什么定斤两？拈却钵盂匙箸，将什么吃粥饭？不如向三家村里东卜西卜，忽然卜着脱却鼻孔。'"（39-33）《续灯》卷一四"真如禅师"："上堂云：'山僧本无积畜，且得粥足饭足。困来即便打睡，一任东卜西卜。'"（p.401）《普灯》卷六"悟新禅师"："不如向十字街头东卜西卜，忽然卜着，是你诸人有彩。若卜不着，也怪云岩不得。"（p.152）

按，定型之语已见上揭《方会和尚语录》例，《大词典》、王涛等（编著，2007）、刘洁修（2009）、冷玉龙等（主编，2014）均未收。

0975 弦急即断

弓弦拉得太急，就会立即断绝。比喻做事急于求成，反而会把事情弄糟。《传灯》卷二"阇夜多"："尊者又语彼众曰：'会吾语否？吾所以然者，为其求道心切。夫弦急即断，故吾不赞。令其住安乐地，入诸佛智。'"（p.80）《五灯》卷一"阇夜多"条同。（p.29）

按，定型之语已见上揭《传灯》例，《大词典》、王涛等（编著，2007）、刘洁修（2009）、冷玉龙等（主编，2014）均未收。

一三 "情意"类

"情意"指人们的情感意志。"情意"类成语正体9条,变体7条,共16条。范畴义有"意志""情谊""意旨"3类,核心义有"深厚""明确"2类描述性语义特征,"投合"1类叙述性语义特征。核心语义有"意志投合""情谊深厚""意旨明确"3类。

0976　如水乳合　水乳相合　水乳相投　乳水相投

水和乳性质相近,极易融合在一起。①形容彼此完全融合,难以分辨。《广灯》卷一一"慧照禅师":"只如今有一个佛魔,同体不分,如水乳合,鹅王吃乳,如明眼道流,魔佛俱打。"(p.146)②禅家也形容领悟十分契合禅法。《广闻禅师语录》卷二:"能于汝言与心亲,汝行与道合处,见难提之于密多。如水乳合,如珠走盘,以印其心。"(46-88)《联灯》卷一七"鼎需禅师":"凡丛林有声者,例造参扣,法无异味,如水乳合,眼空诸方,无可意者,遂归桑梓,结茅于羌峰绝顶。"(p.524)

又言"水乳相合"。禅家形容领悟十分契合禅法。《圆悟禅师语录》卷一六:"未举先知,未言先契,自然水乳相合。"(41-330)《联灯》卷一六"清远禅师":"遂卷衣南游,径造舒之太平演禅师席。室中酬酢,水乳相合,凡七年,洞造阃域。"(p.487)

又言"水乳相投"。禅家也形容领悟十分契合禅法。《虚堂和尚语录》卷四:"切切地说一上,不能得了信之,通人分上,水乳相投。"(46-694)

又言"乳水相投"。禅家也形容领悟十分契合禅法。《法薰禅师语录》卷一:"石田和尚,入破庵室,乳水相投。认取祖翁遗下一片荒田,随水牯牛,牵犁拽耙。"(45-579)

按,定型之语已见西晋竺法护译《修行道地经》卷四:"假使须发与神合者,如水乳合犹尚可别,设使须发有吾我者,初在胎中受形识时,都无发毛,尔时吾我为在何许?"《大词典》、王涛等(编著,2007)、刘洁修(2009)、冷玉龙等(主编,2014)均未收。

0977　针芥相投　针水相投

磁石引针,琥珀拾芥,彼此十分投合。禅家形容禅法交流时彼此十分契合。《圆悟禅师语录》卷一二:"而今参学兄弟,直须是箭锋相拄,针芥相投,内外绝消息始得。"(41-298)《印肃禅师语录》卷一:"既到这里,直是朝参暮学,速究本心,幸遇其师,不得放过。针芥相投,难逢难遇。互更结习,净念身心,异口同音。"(44-688)

又言"针水相投"。《续灯》卷一四"绍登禅师":"造于谓芳禅师,法席一见,针水相投,筌蹄顿忘,水月孤莹。遂还乡,晦迹林泉。"(p.422)又卷一七"子英禅师":"禀性介洁,仪范清肃。拨草瞻风,寻师择友。诣圆通禅师法席,师资缘契,针水相投。"(p.487)

按,定型之语已见唐释宗密《圆觉经略疏钞》卷四:"和尚从西川游化至比州,遂得相遇问法,契心如针芥相投也。"《大词典》、王涛等(编著,2007)、刘洁修(2009)、冷玉龙等(主编,2014)均未收。

0978　以胶投漆　胶漆相投　如胶投漆　似胶投漆

把胶投入漆中,彼此再难分离。禅家形容禅法交流时彼此十分契合。《圆悟禅师语录》卷一九:"动弦别曲,闻一知十。手搦手抬,以胶投漆。庵内不见庵外,无孔铁槌不会。人生相识贵知音,水入水兮金博金。"(41-359)

又言"胶漆相投"。《圆悟禅师语录》卷一九:"法身向上法身边,间气英灵五百年。胶漆相投箭相拄,南山起云北山雨。"(41-364)《怀深禅师广录》卷一:"若是个中人,于照处不留情,光中常独露,问处似箭锋相拄,答处如胶漆相投。"(41-102)《普觉禅师法语》卷二四:"一言一句,一语一默,并不虚施。可谓心眼相照、胶漆相投也。"(42-411)

又言"如胶投漆"。《圆悟禅师语录》卷一五:"要是纯刚打就利根上智,然后提其要击其节,如胶投漆,举一明三,阿辘辘的,无窠窟绝渗漏的。"(41-325)《心月禅师语录》卷一:"九年少室,悬鼓待槌。一宿曹溪,如胶投漆。若与么会,三十年后,满面惭惶。"(46-132)

又言"似胶投漆"。《原肇禅师语录》卷一:"承闻尊者亲见佛来是否?尊者以手策起眉毛云:'会么?'王云:'不会时如何?'答云:'似胶投漆。'"(46-473)

按,定型之语已见《古诗十九首》之一:"著以长相思,缘以结不解。以胶投漆中,谁能别离此?"此喻关系亲密,难舍难分。《大词典》、王涛等(编著,2007)、刘洁修(2009)、冷玉龙等(主编,2014)均未收上揭语义。

0979 同声相应

本指同类声乐相互感应和应。禅家比喻彼此对禅法领悟十分契合,心心相印。《续灯》卷二六"恩禅师":"问:'一箭一群即不问,一箭一个事如何?'师云:'中也。'僧曰:'还端的也无?'师云:'同声相应,同气相求。'"(p.717)《联灯》卷一八"妙总禅师":"示众云:'若论此事,如按太阿,拟之则犯锋伤手。如大火聚,近之则燎却面门。若是同声相应,同气相求,则举一明三,目机铢两。'"(p.546)

按,语出《易·乾》:"同声相应,同气相求。水流湿,火就燥。"孔颖达疏:"同声相应者,若弹宫而宫应,弹角而角动是也。"《大词典》、王涛等(编著,2007)、刘洁修(2009)、冷玉龙等(主编,2014)均未收上揭语义。

0980 同气相求

本指同类事物相互感应,相互吸引。禅家比喻彼此对禅法领悟十分契合,心心相印。《碧岩录》卷三:"雪峰机锋高峻,罕有人到他处。雪窦是他屋里人,毛羽相似,同声相应,同气相求。"(p.132)《联灯》卷一八"妙总禅师":"示众云:'若论此事,如按太阿,拟之则犯锋伤手。如大火聚,近之则燎却面门。若是同声相应,同气相求,则举一明三,目机铢两。'"(p.546)

按,语出《易·乾》:"同声相应,同气相求。水流湿,火就燥。"孔颖达疏:"同气相求者,若天欲雨而础柱润是也……言天地之间,共相感应,各从其气类。"《大词典》、王涛等(编著,2007)、刘洁修(2009)、冷玉龙等(主编,2014)均未收上揭语义。

0981 压膝道伴

交谈时膝盖压靠膝盖的道友。形容极为亲密、意气相投的道友。《祖堂》卷四"药山和尚":"道吾却问:'师兄离师左右,还得也无?'师曰:'智阇梨何必有此问?多少年压膝道伴,何事不造作?何事不商量?不用更问。'"(p.231)

按,定型之语已见上揭《祖堂》例,《大词典》、王涛等(编著,2007)、刘洁修(2009)、冷玉龙等(主编,2014)均未收,参王闰吉(2012:137)、孙维张(2007:303)。

0982 义交金石

交情如金石般坚固。形容情谊十分深厚。《古尊宿》卷二九"佛眼和尚":"而某

于师门最为深契,在雁序手足相连,义交金石,气薄云天。听遗音而何忍,念朽质以非坚。同心共照,夫复何言?"(p.540)

按,定型之语已见上揭《古尊宿》例,《大词典》、王涛等(编著,2007)、刘洁修(2009)、冷玉龙等(主编,2014)均未收。

0983 相濡以沫

本指鱼困在缺水处,用口沫互相湿润。形容在困境中以微薄的力量相互救助。《普灯》卷一八"思岳禅师":"上堂:'腊月初,岁云徂。黄河冻已合,深处有嘉鱼。活鲅鲅,跳不脱。又不能相煦以湿,相濡以沫,惭愧菩萨摩诃萨。'"(p.458)

按,语出《庄子·大宗师》:"泉涸,鱼相与处于陆,相呴以湿,相濡以沫,不如相忘于江湖。"参《大词典》(7-1163)、刘洁修(2009:1259)、王涛等(编著,2007:1189)。

0984 开宗明义

形容宗旨十分明确。《普灯》卷八"常悟禅师":"僧问:'若不传法度众生,举世无由报恩者,未审传个什么法?'曰:'开宗明义章第一。'"(p.214)

按,语出《孝经·开宗明义》,为《孝经》第一章篇名,宋邢昺题解:"开,张也;宗,本也;明,显也;义,理也。言此章开张一经之宗本,显明五孝之义,故曰开宗明义章也。"参《大词典》(12-48)、刘洁修(2009:659)、朱瑞玟(2008:117)。

一四 "事理"类

"事理"指客观存在的真相和道理。"事理"类成语正体 16 条,变体 7 条,共 23
条。范畴义有"真理""事理""真相""道理""积聚" 5 类,核心义有"服人""依
从""成质""变高" 4 类叙述性语义特征,"分明" 1 类描述性语义特征。核心
语义有"真理服人""事理分明""真相分明""道理依存""积聚成质""积聚变
高" 6 类。

0985　理能缚豹　理能伏豹

比喻真理能使野蛮之人屈服。《传灯》卷二一"智远禅师":"因问曰:'如何是诸
佛出身处?'顺德曰:'大家要知。'师曰:'斯则众眼难谩。'顺德曰:'理能缚豹。'师
因此发悟玄旨。"(p.1634)《广灯》卷二一"山崇禅师":"上堂云:'巍巍堂堂,冲天
塞地,你作么生折伏?'良久云:'王法无亲,理能缚豹。'"(p.390)

又言"理能伏豹"。《续灯》卷四"圆鉴禅师":"上堂云:'灵山会上尽被欺谩,少
室峰前知而故犯。胡言易会,汉语难明。泽广藏山,理能伏豹。'"(p.104)《昙华
禅师语录》卷四:"僧云:'云门道:识得橙子,天地悬殊,又作么生?'师云:'穿却鼻
孔。'僧云:'泽广藏山,理能伏豹,又作么生?'师云:'君子怀义。'"(42-165)《联
灯》卷二四"顺德怘禅师":"师竖起拄杖子云:'争奈这个何?'云:'这个是什么?'
师云:'果然不识。'云:'出没卷舒,与师同用。'师云:'杓卜听虚声,熟睡饶呓语。'
云:'泽广藏山,理能伏豹。'"(p.748)

按,定型之语已见上揭《传灯》例,《大词典》、王涛等(编著,2007)、刘洁修
(2009)、冷玉龙等(主编,2014)均未收。

0986　青天白日　白日青天

指大白天,蓝色的天空,明朗的太阳。禅宗常暗示佛法道理清楚分明。《传

灯》卷一二"全付禅师":"问:'如何是正法眼?'师曰:'不可青天白日尿床也。'"（p.878）《联灯》卷二二"覆船荐禅师":"僧问:'如何是狮子子?'师云:'善能哮吼。'僧抚掌云:'好手!好手!'师云:'青天白日,却被鬼迷。'僧作掀绳床势,师便打。"（p.667）《五灯》卷一五"显殊禅师":"上堂:'黄梅席上数如麻,句里呈机事可嗟。直是本来无一物,青天白日被云遮。'"（p.551）

倒言"白日青天"。《碧岩录》卷一:"又云:'莫动着,动着时如何?白日青天,开眼瞌睡。'"（p.40）《古尊宿》卷三八"初禅师":"法法无法,言无可言。眼见耳闻,白日青天。"（p.723）《师范禅师语录》卷二:"悬崖鸟道,不得寄迹留声;白日青天,不得嚼言寐语。"（45-699）

按,唐惠能说《金刚经口诀》卷一:"故既生之后,圆寂之性,依旧湛然无体,相无罣碍,其照万法,如青天白日,无毫发隐滞故。"可参袁宾、康健(主编,2010:338)。

0987　不言而喻　不言而谕

形容事理特别分明,不用言语道破,就能使人明白。《圆悟禅师心要》卷四:"了了回光,深深契寂,乃绝渗漏。自然与向上人不谋而同,不言而喻。"（41-694）

又作"不言而谕"。《碧岩录》卷一:"'廓然'与'不识',是一般两般?若是了的人分上,不言而谕。"（p.6）

按,定型之语已见《孟子·尽心上》:"君子所性,仁义礼智根于心,其生色也;睟然见于面,盎于背,施于四体,四体不言而喻。"赵岐注:"虽口不言自晓谕而知也。"参《大词典》(1-415)、王涛等(编著,2007:101)、刘洁修(2009:117)。

0988　真不掩伪　真不掩假

真实的不能掩盖虚假的。形容事实清楚分明,不容掩盖。《续灯》卷九"圆照禅师":"僧曰:'未离兜率,已降王宫。未出母胎,度人已毕。'师云:'真不掩伪,曲不藏直。'"（p.254）《仁勇禅师语录》卷一:"若是大丈夫儿,直下真不掩伪,最亲切处,自肯方亲。"（41-6）《古尊宿》卷四〇"悦禅师":"复云:'真不掩伪,曲不藏直。现在可验,固是谩人眼不得,且作么生是诸人眼?还验得么?'"（p.747）

又言"真不掩假"。《广灯》卷一九"真禅师":"问:'诸法寂灭相,如何是世间相?'师云:'真不掩假。'"（p.340）《五灯》卷一五"真禅师"条同。（p.956）

按,定型之语已见上揭《续灯》例,《大词典》、王涛等(编著,2007)、刘洁修(2009)、冷玉龙等(主编,2014)均未收,可参孙维张(2007:337)。

0989　曲不藏直

弯曲的不能容纳挺直的。形容事实清楚分明,不容歪曲。《明觉禅师语录》卷一:"师云:'然则这僧被保福热瞒,争奈真不掩伪,曲不藏直。'"(39-162)《续灯》卷一〇"圆通禅师":"僧曰:'恁么则上严先帝超三界,次祝今皇寿万春。'师云:'真不掩伪,曲不藏直。'"(p.284)《联灯》卷一三"全举禅师":"师到大愚芝和尚,问:'古人见桃花意作么生?'师云:'曲不藏直。'"(p.384)

按,定型之语已见上揭《明觉禅师语录》例,《大词典》、王涛等(编著,2007)、刘洁修(2009)、冷玉龙等(主编,2014)均未收。

0990　众眼难谩　众眼难瞒

众人的眼睛难以欺瞒。形容事实清楚分明,不容欺瞒。《祖堂》卷一三"招庆和尚":"僧云:'若不与么问,争委得当时事?'师云:'汝道思和尚见知作么生?'僧进前叉手。师云:'莫辜负思和尚。'僧云:'思和尚宁不与么?'师云:'众眼难谩。'"(p.604)《传灯》卷二一"智远禅师":"因问曰:'如何是诸佛出身处?'顺德曰:'大家要知。'师曰:'斯则众眼难谩。'"(p.1634)《普济禅师语录》卷一:"佛殿,天人师作礼天人师,谁是宾?谁是主?插香云:'众眼难谩。'"(45-553)

又作"众眼难瞒"。《守端禅师语录》卷二:"上堂,僧问:'千圣不求嫌自己,往来消息为谁通?'师云:'同途不同步。'僧云:'争奈众眼难瞒。'"(39-63)《联灯》卷一五"守端禅师":"大众,若约衲僧门下,却许他大笑者,有些些骨气。何谓如此?众眼难瞒。"(p.442)

按,定型之语已见上揭《祖堂》例,《大词典》、王涛等(编著,2007)、刘洁修(2009)、冷玉龙等(主编,2014)均未收。

0991　历历分明　分明历历

形容非常清楚分明。《续灯》卷二五"佛鉴禅师":"比来行脚,图个什么?若于此见得历历分明,犹是生死岸头事在。"(p.701)

倒言"分明历历"。《心月禅师语录》卷一:"檐头滴滴,分明历历。好片祖师心,无端已狼藉。"(46-15)

按,定型之语已见隋智𫗧《摩诃止观》卷五:"发一境已,更发一境,历历分明,是为不杂。"《大词典》、王涛等(编著,2007)、刘洁修(2009)均未收,冷玉龙等(主编,2014:618)未收"分明历历"。

0992　水落石出

指水位下降后石头显露出来。比喻事物真相完全显露。《广闻禅师语录》卷二："巽上人无从事枝叶,须直截根源。果熟猿重处,知有真实现前。水落石出时,自然光影俱尽。"(46-84)

按,宋欧阳修《醉翁亭记》:"野芳发而幽香,佳木秀而繁阴,风霜高洁,水落而石出者,山间之四时也。"此用其本义。参《大词典》(5-875)、王涛等(编著,2007:1012)、刘洁修(2009:1109)。

0993　理长则就　理长即就　理长处就

谁说的道理优胜就依从谁的。《祖堂》卷一八"仰山和尚":"师云:'如何是色?'沩山指雪。仰山云:'某甲则不与么。'沩山云:'是也,理长则就。除却这个色,还更有色也无?'"(p.808)《圆悟禅师语录》卷一七:"师拈云:'正偏回互,只要圆融。直截当机,唯崇尊贵。洞山观机而作,柏岩理长则就。'"(41-343)《慧开禅师语录》卷二:"大众,须知古人说处,便是今人行处。山僧不是随人差排,其奈理长则就。"(42-21)

又言"理长即就"。《续灯》卷一六"法光禅师":"问:'雪峰三上投子,九到洞山,为什么倒戈卸甲?'师云:'理长即就。'"(p.472)又卷七"载休禅师":"问:'师唱谁家曲,宗风嗣阿谁?'师云:'理长即就。'"(p.195)

又言"理长处就"。《续灯》卷二"光祚禅师":"上堂云:'诸上座,还有疑情,出来对众,大家共你商量,理长处就。'"(p.40)

按,定型之语已见上揭《祖堂》例,《大词典》、王涛等(编著,2007)、刘洁修(2009)、冷玉龙等(主编,2014)均未收,可参袁宾、康健(主编,2010:255),王闰吉(2012:102)。

0994　积石成山

聚集石头成就大山。比喻事物集聚小量成就大质。《义青禅师语录》卷一:"谢首座,上堂云:'古人道:积石成山,积水成流,积土成墙,积学成圣,积行成德,且道衲僧家积个什么?'良久云:'少林虽不语,别是一家春。'下座。"(39-504)《续古尊宿》卷二"投子青和尚"条同。(44-66)

按,定型之语已见战国辛钘《文子·道德篇》:"积德成王,积怨成亡,积石成山,积水成海,不积而能成者,未之有也。"《大词典》、王涛等(编著,2007)、刘洁修

（2009）、冷玉龙等（主编,2014）均未收。

0995　积水成流

聚集小水成就大流。比喻事物集聚小量成就大质。《义青禅师语录》卷一："谢首座,上堂云:'古人道:积石成山,积水成流,积土成墙,积学成圣,积行成德,且道衲僧家积个什么?' 良久云:'少林虽不语,别是一家春。'下座。"（39-504）《续古尊宿》卷二"投子青和尚"条同。（44-66）

按,此为"积水成海"之变体,定型之语已见上揭《义青禅师语录》例,《大词典》、王涛等（编著,2007）、刘洁修（2009）、冷玉龙等（主编,2014）均未收。

0996　积土成墙

聚集泥土成就高墙。比喻事物集聚小量成就大质。《义青禅师语录》卷一："谢首座,上堂云:'古人道:积石成山,积水成流,积土成墙,积学成圣,积行成德,且道衲僧家积个什么?' 良久云:'少林虽不语,别是一家春。'下座。"（39-504）《续古尊宿》卷二"投子青和尚"条同。（44-66）

按,定型之语已见上揭《义青禅师语录》例,《大词典》、王涛等（编著,2007）、刘洁修（2009）、冷玉龙等（主编,2014）均未收。

0997　积学成圣

积累学业成就圣人。比喻事物集聚小量成就大质。《义青禅师语录》卷一："谢首座,上堂云:'古人道:积石成山,积水成流,积土成墙,积学成圣,积行成德,且道衲僧家积个什么?' 良久云:'少林虽不语,别是一家春。'下座。"（39-504）《续古尊宿》卷二"投子青和尚"条同。（44-66）

按,定型之语已见《旧唐书·窦威传》："更谓威曰:'昔孔丘积学成圣,犹狼狈当时。'"此用其字面义。《大词典》、王涛等（编著,2007）、刘洁修（2009）、冷玉龙等（主编,2014）均未收。

0998　积行成德

积累品行成就大德。比喻事物集聚小量成就大质。《义青禅师语录》卷一："谢首座,上堂云:'古人道:积石成山,积水成流,积土成墙,积学成圣,积行成德,且道衲僧家积个什么?' 良久云:'少林虽不语,别是一家春。'下座。"（39-504）《续古尊宿》卷二"投子青和尚"条同。（44-66）

按,定型之语已见唐法藏《华严经探玄记》卷一八："以积行成德,行尚不知,况所成德。"此用其字面义。《大词典》、王涛等(编著,2007)、刘洁修(2009)、冷玉龙等(主编,2014)均未收。

0999　聚沙为塔

把细沙堆成宝塔。佛教比喻逐渐积累功德,已成佛道。《清欲禅师语录》卷九:"以要言之,聚沙为塔,爪画为佛,不失为入道之渐。"(X71/391b)

按,语出《法华经》卷一:"乃至童子戏,聚沙为佛塔,如是诸人等,皆已成佛道。"《大词典》、王涛等(编著,2007)均未收,参刘洁修(2009:651)。

1000　水长船高　水涨船高　船高水长

河水涨了船自然就会升高。禅家多比喻修行功力越深厚,悟境就越高。《义青禅师语录》卷一:"师乃云:'若论此事,须是当人,拟议之间,早是蹉过。所以道水长船高,泥多佛大,向上一路,怎生奈何?'"(39-508)《续灯》卷一九"谕禅师":"问:'泥多佛大,水长船高。不犯清波,请师别道。'师云:'灵龟已透青霄。'"(p.559)《圆悟禅师语录》卷一七:"师拈云:'南禅不妨因风吹火,也未免随语生解。若有问道林如何是祖师西来意?只对他道,水长船高,泥多佛大。'"(41-342)

又作"水涨船高"。《古尊宿》卷三九"祚禅师":"禅师巴鼻,狮子游戏。水涨船高,蒲牢韺贔。"(p.738)《原妙禅师语录》卷一:"信有十分,疑有十分。疑得十分,悟得十分。譬如水涨船高,泥多佛大。"(47-263)

倒言"船高水长"。《倚遇禅师语录》卷一:"上堂云:'佛大泥多,船高水长。我爱钓鱼翁,生涯无比况。分开晓霞影,掷破桃花浪。'"(39-731)

按,定型之语已见上揭《义青禅师语录》例,《大词典》举《五灯》"水长船高,泥多佛大"例,释作"比喻事物随着所凭借的基础的提高而提高",孙维张(2007:242)、王涛(2007:1015)释义略同,刘洁修(2009:1112)举禅籍三例,则按字面义作解,均不确。《大词典》、王涛等(编著,2007)、刘洁修(2009)、冷玉龙等(主编,2014)均未收"船高水长"。

一五 “事物”类

这类成语的范畴义较广,因别立“事物”类。“事物”类成语,正体28条,变体7条,共35条。范畴义有“事物”1类,核心义有“拙劣”“虚幻”“完好”“美好”“零乱”5类描述性语义特征,“消失”“永恒”“相似”“融合”4类叙述性语义特征。核心语义有“事物拙劣”“事物虚幻”“事物消失”“事物完好”“事物永恒”“事物美好”“事物零乱”“事物相似”“事物融合”9类。

1001　驴屎马粪

比喻没有丝毫价值的东西。《普灯》卷一“瑞新禅师”:“上堂:‘世间所贵者,和氏之璧,隋侯之珠,天圣唤作驴屎马粪。出世间所贵者,真如解脱,菩提涅槃,天圣唤作沸碗鸣。’”(p.17)《五灯》卷一五“瑞新禅师”条同。(p.992)

按,定型之语已见上揭《普灯》例,《大词典》、王涛等(编著,2007)、刘洁修(2009)、冷玉龙等(主编,2014)均未收。

1002　分文不值　一文不值　不值半文

形容事物毫无价值。《慧开禅师语录》卷一:“十成好个金刚钻,唤钟作瓮。摊向门前卖与谁? 分文不值。”(42-14)《联灯》卷二四“从展禅师”:“有人赞笑此事,如虎带角;有人轻贱此事,分文不值。”(p.745)《普灯》卷一九“昙华禅师”:“三家村里臭胡狲,价增十倍;骊龙颔下明月珠,分文不值。”(p.487)

又言“一文不值”。《师观禅师语录》卷一:“师云:‘驀直驀直,青天白日,勘破了也,一文不值。’”(45-418)

又言“不值半文”。《昙华禅师语录》卷六:“禅禅,不值半文钱,海枯终见底,人死脚皮穿。”(42-178)《普灯》卷三“慧南禅师”:“遂曰:‘迦叶粪埽衣,价值百千万;轮王髻中宝,不值半文钱。’”(p.57)

按,定型之语已见上揭《慧开禅师语录》例,王涛等(编著,2007)、刘洁修(2009)、冷玉龙等(主编,2014)均未收。

1003 如梦如幻

梦境、幻术皆生灭无常之物。形容事物虚幻不实,生灭无常。《古尊宿》卷一一"慈明禅师":"只如四大五蕴不净之身,即无实义,如梦如幻,如影如响。"(p.179)《圆悟禅师语录》卷一五:"顾人间如梦如幻,随大化变灭,乃虚妄尔!"(41-324)

按,定型之语已见三国吴支谦译《大明度经》卷四:"如是具得如上说五阴、诸法空,无来原、无去迹,如虚空。无异无想、无处无识,无所从生,如梦如幻、无边无异。"《大词典》、王涛等(编著,2007)、刘洁修(2009)、冷玉龙等(主编,2014)均未收。

1004 梦幻空花 梦幻空华 幻化空花

梦里的幻象,空中的花影,都是虚幻之物,生灭无常。比喻各种虚幻不实的假象。《五灯》卷一六"真悟禅师":"知法如梦,心法不实。莫谩追求,梦幻空花。"(p.1074)

又作"梦幻空华"。《传灯》卷二八"赵州和尚":"梦幻空华,何劳把捉?心若不异,万法一如,既不从外得,更拘执作什么?"(p.2301)《续灯》卷二"承古禅师":"若能如是明得见得,佛之与祖,如同梦幻空华;闻甚深法门,也似风声谷响。"(p.35)

又言"幻化空花"。《广灯》卷一一"义玄禅师":"入饿鬼畜生,处处讨觅寻。皆不见有生有死,唯有空名。幻化空花,不劳把捉。得失是非,一时放却。"(p.155)《联灯》卷九"义玄禅师"条同。(p.285)

按,定型之语已见上揭《传灯》例,《大词典》、王涛等(编著,2007)、刘洁修(2009)、冷玉龙等(主编,2014)均未收,可参袁宾(1991:518)。

1005 梦幻泡影

梦境、幻术、水泡和影子,皆生灭无常之物。比喻虚幻不实、生灭无常的事物。《传灯》卷一二"陈尊宿":"师举起经云:'一切有为法,如梦幻泡影。'"(p.810)《师观禅师语录》卷一:"地水火风,梦幻泡影。三十三年,一弹指顷。"(45-425)

按,语出姚秦鸠摩罗什译《金刚经》卷一:"一切有为法,如梦幻泡影,如露亦如电,应作如是观。"参《佛光大辞典》(1989:5776),袁宾、康健(主编,2010:287)。

1006　空花水月　水月空花

水中之月影,眼中之虚花,二皆不实。比喻虚幻不实的事物。《续灯》卷一三"元祐禅师":"上堂云:'凡见圣见,春云掣电。真说妄说,空花水月。翻忆长髭见石头,解道红炉一点雪。'"(p.383)《祖钦禅师语录》卷二:"尽三百六十骨节,八万四千毛窍,并作一个无字,一提提起。斩断昏沉散乱,掀翻明暗色空。夜半突出金乌,照了空花水月。"(47-362)

倒言"水月空花"。《古尊宿》卷一二"普愿禅师":"佛是受果报人,如今学人极则,只认得个法身。犹如水月空花,影象不中。"(p.200)《印肃禅师语录》卷一:"知我者,不消半个。不知我者,从化百千。我似野鹤孤云,法身圆足。汝似水月空花,无本可据。"(44-673)

按,定型之语已见上揭《续灯》例,《大词典》、王涛等(编著,2007)、刘洁修(2009)、冷玉龙等(主编,2014)均未收。

1007　"龟毛兔角　兔角龟毛

乌龟之毛,兔子之角。比喻徒有其名而无其实的虚幻事物。《祖堂》卷三"牛头和尚":"师曰:'凡之与圣,二俱是假名。假名之中无二,则无有异,如说龟毛兔角也。'进曰:'圣人若同龟毛兔角,则应是无,令人学何物?'师曰:'我说龟毛,不说无龟。汝何意作此难!'"(p.137)又卷五"三平和尚":"师云:'大德,龟毛拂子、兔角拄杖藏着何处?'僧对曰:'龟毛兔角岂是有耶?'师云:'肉重千斤,智无铢两。'"(p.269)《联灯》卷二七"月华和尚":"老宿问:'玄中最的,犹是龟毛兔角,不向二谛中修,如何密用?'师云:'侧。'"(p.836)

倒言"兔角龟毛"。《续灯》卷一二"合文禅师":"又道鱼踪鸟迹,兔角龟毛。火里蝍蟟,竿头进步。"(p.366)《慧晖禅师语录》卷二:"时有僧出众问:'堂中一会客,悉是行脚汉,未是见兔角龟毛,请师垂示。'师抛下杖拂曰:'见之不执,千载难逢。'"(42-107)

按,乌龟无毛,兔子也无角,都是有名无实的虚幻之物,佛教称之为"假名"。《大智度论》卷一二:"如龟毛兔角,亦但有名而无实。"定型之语已见南朝宋求那跋陀罗译《楞伽经》卷二:"无则同于龟毛兔角,云何不著?"参刘洁修(2009:442)、《俗语佛源》(2013:119)、朱瑞玟(2008:164)。

1008　如响应空

如同回声响应空谷,瞬间生灭。禅家比喻事物都是虚幻不实的,瞬间生灭。《临济禅师语录》卷一:"问:'如何是五无间业?'师云:'杀父害母,出佛身血,破和合僧,焚烧经像等,此是五无间业。'云:'如何是父?'师云:'无明是父,你一念心求起灭处不得,如响应空,随处无事,名为杀父。'"(T47/502b)《广灯》卷一一"临济禅师"条略同。(p.158)

按,定型之语已见上揭唐慧然集《临济禅师语录》例,《大词典》、王涛等(编著,2007)、刘洁修(2009)、冷玉龙等(主编,2014)均未收。

1009　空花乱坠　空华乱坠

眼前虚妄之花纷纷坠落。比喻虚幻不实的假相纷纷出现在眼前。《古尊宿》卷二三"教省禅师":"师云:'真狮子儿。'进云:'谢师证明。'师云:'一翳在眼,空花乱坠。'"(p.430)《道冲禅师语录》卷二:"雪峰自闻色空义,见洞山过水颂,于德山棒下,皆有证悟处。其奈一翳在眼,空花乱坠。"(45-285)

又作"空华乱坠"。《传灯》卷一〇"灵训禅师":"初参归宗问:'如何是佛?'宗曰:'我向汝道,汝还信否?'师曰:'和尚发诚实言,何敢不信?'宗曰:'即汝便是。'师曰:'如何保任?'宗曰:'一翳在眼,空华乱坠。'"(p.708)《广灯》卷一九"法球禅师":"言前荐得,辜负平生。句后呈机,空华乱坠。"(p.334)

按,定型之语已见上揭《传灯》例,《大词典》、王涛等(编著,2007)、刘洁修(2009)、冷玉龙等(主编,2014)均未收。

1010　如钟含响

就像钟声含蕴的声响。形容事物虚幻不实,生灭无常。《续灯》卷七"惟广禅师":"师云:'一问一答,如钟含响,似谷应声。盖为事不获已,且于建化门中,放一线道。'"(p.198)《五灯》卷一二"惟广禅师"条同。(p.735)《印肃禅师语录》卷三:"宝陀触目无人见,妙体端严不坏金。如钟含响随缘应,见我方知识自心。"(44-784)

按,定型之语已见上揭《续灯》例,《大词典》、王涛等(编著,2007)、刘洁修(2009)、冷玉龙等(主编,2014)均未收。

1011　似谷应声

就像空谷中回应的声响。禅家形容事物虚幻不实,生灭无常。《续灯》卷七"惟广禅师":"师云:'一问一答,如钟含响,似谷应声。盖为事不获已,且于建化门中,放一线道。'"(p.198)《五灯》卷一二"惟广禅师"条同。(p.735)

按,定型之语已见上揭《续灯》例,《大词典》、王涛等(编著,2007)、刘洁修(2009)、冷玉龙等(主编,2014)均未收。

1012 风声谷响

风中的声响,空谷中的回声,皆虚幻之物,生灭无常。比喻虚幻不实的事物。《承古禅师语录》卷一:"若能如是明见得,佛之与祖,如同梦幻空花;闻甚深法门,也似风声谷响。自己颖脱独拔,犹闲法界有情,齐成正觉。"(39-537)《续灯》卷二"承古禅师"条同。(p.35)

按,定型之语已见上揭《承古禅师语录》例,《大词典》、王涛等(编著,2007)、刘洁修(2009)、冷玉龙等(主编,2014)均未收。

1013 泥牛入海 泥牛斗入海 泥牛渡海

比喻事物一去不复返,消失得无影无踪。《圆悟禅师语录》卷八:"上堂:'大众,去年今日一语翁,泥牛入海无消息,今年今日铁斧老,优昙钵花现筹室。'"(41-254)

散言"泥牛斗入海"。《祖堂》卷六"洞山和尚":"见两个泥牛斗入海,直至如今无消息。"(p.302)《圆悟禅师语录》卷二〇:"去年正今日,泥牛斗入海。今年正今日,遍界舒光彩。"(41-367)

又言"泥牛渡海"。《续灯》卷二四"庆时禅师":"僧曰:'人境已蒙师指示,向上宗乘事若何?'师云:'水马嘶风,泥牛渡海。'"(p.667)

按,《俗语佛源》(2013:138)认为源于上揭《传灯》例,然《祖堂》已见"泥牛斗入海",当为其源。另参刘洁修(2009:835)、孙维张(2007:158)。

1014 灰飞烟灭 烟灭灰飞

燃烧的灰烬飞散,烟气也灭尽。形容人或事物彻底消失。《普觉禅师语录》卷一二:"这个是无漏的智火,无漏智火燃法灯,燃也灭也无不可灯,监寺还知么?灰飞烟灭后,优昙花一朵。"(42-323)《五灯》卷一四"绍远禅师":"问:'亡僧迁化向什么处去?'师曰:'灰飞烟灭,白骨连天。'"(p.867)

倒言"烟灭灰飞"。《续灯》卷二一"佛印禅师":"诸人若向这里悟得,则旷大劫来我人业识,当体烟灭灰飞。现前身世根境尘劳,彻底冰融雪泮,便见灵山正法眼藏。"(p.604)《祖先禅师语录》卷一:"小乘钱贯,大乘井索。权实半满,已被然藏主一时穿凿。如今烟灭灰飞,尚有这些零落。"(45-409)《祖钦禅师语录》卷四:"唯天唯大,唯尧则之。古今一体,生死同归。无气息,绝离微。火出木尽,烟灭灰飞。"(X70/642b)

按,定型之语已见唐佛陀多罗译《圆觉经》卷一:"譬如钻火,两木相因,火出木尽,灰飞烟灭。以幻修幻,亦复如是,诸幻虽尽,不入断灭。"此用其字面义。参刘洁修(2009:515)、孙维张(2007:110)、朱瑞玟(2008:164)。

1015 烟消火灭

烟雾消散,火焰熄灭。比喻人或事物彻底消失,不留痕迹。《续灯》卷一三"永庵主":"时有僧就地拈来,向口边吹一吹。师便喝云:'谁知续火柴头从这汉边烟消火灭去?'乃拂袖归庵,僧吐舌而去。"(p.396)《古尊宿》卷一二"真净禅师":"复云:'欻然火起,焚烧舍宅,及至烟消火灭,万事成空,冷地里一场忔愣。'"(X68/275a)

按,定型之语已见上揭《续灯》例,《大词典》(7-179)、王涛等(编著,2007:1255)并举现代用例,偏晚。

1016 昙花一现

昙花开花后短时即谢。形容事物刚刚出现,就瞬间消失。《大慧禅师年谱序》:"所以始从分圆悟半座,至于数领庵园,一住郧峰,两坐双径,奔走天下,奇衲悦服,名公巨儒,如优昙花一现,于世以至上达。"(42-496)

按,语出《长阿含经·游行品》:"(佛)告诸比丘,汝等当观,如来时时出世,如优昙钵花时一现耳。"王涛等(编著,2007:1048)、刘洁修(2009:1136)首举《妙法莲华经》,均晚,可参《大词典》(5-838)。

1017 画水成文

在水面上划出了水纹,但很快又消失了。禅家比喻不留痕迹。《传灯》卷二八"道一禅师":"转无等伦,超于数量,所作无碍,事理双通。如天起云,忽有还无,不留碍迹。犹如画水成文,不生不灭,是大寂灭。"(p.2253)《广灯》卷八"大寂禅师"例同。(p.85)

按,定型之语已见上揭《传灯》例,《大词典》、王涛等(编著,2007)、刘洁修(2009)、冷玉龙等(主编,2014)均未收。

1018　安然无损

形容人或物品完好,没有损坏。《传灯》卷三"菩提达磨":"时宗胜既被斥逐,退藏深山。……言讫,即自投崖。俄有一神人以手捧承,置于岩石之上,安然无损。"(p.114)《五灯》卷一"菩提达磨"略同。(p.42)《补禅林僧宝传》卷一:"电光翻屋,雷击自户入,折其碑阴中分之。视之已成灰烬,而藏记安然无损。"(4-551)

按,定型之语已见唐普光述《俱舍论记》卷五:"长者子耶舍。耶舍此云名称。投佛出家。夜度深流,安然无损。"《大词典》、王涛等(编著,2007)、刘洁修(2009)、冷玉龙等(主编,2014)均未收。

1019　无穷无尽

没有穷尽,没有极限。《祖堂》卷一三"报慈和尚":"皇帝云:'如何是诸佛师?'云:'不过于此。'皇帝云:'大师佛法亦无穷无尽。'"(p.596)

按,定型之语已见西晋竺法护译《佛说海龙王经》卷二:"复有四无穷无尽之藏,为总持也。"《大词典》(7-153)、朱瑞玟(2008:185)、刘洁修(2009:1228)举宋代用例,均晚。

1020　尽善尽美

形容达到完美无缺的地步。《续灯》卷一七"佛国禅师":"三代未可比拟,两汉何足所论;仁君仁心,尽善尽美。"(p.509)

按,语出《论语·八佾》:"子谓《韶》:'尽美矣,又尽善也。'"参《大词典》(7-1456)、王涛等(编著,2007:541)、刘洁修(2009:617)。

1021　白玉无瑕

洁白的玉上没有瑕疵。比喻事物或人十分完美,没有任何瑕疵。《传灯》卷一五"延昭禅师":"问:'不曾博览空王教,略借玄机试道看。'师云:'白玉无瑕,卞和刖足。'"(p.911)《广灯》卷一五"延昭禅师"条同。(p.239)

按,定型之语已见上揭《传灯》例,参王涛等(编著,2007:22)、孙维张(2007:13)。

1022　七零八落

形容事物零乱的样子。《续灯》卷六"有文禅师":"上堂云:'建山寂寞,坐倚城郭。无味之谈,七零八落。'以挂杖敲香台,下座。"(p.155)《怀深禅师广录》卷一:"师乃云:'焦山句句是药,只要时人安乐,费尽巴豆砒霜,转见七零八落。'"(41-

110)《法薰禅师语录》卷一："上堂:'昨夜弯弓,射破虚空。七零八落,收拾不上,众中莫有收拾得上的么? 直饶收拾得上,也免石田痛棒不得。'"(45-584)

按,定型之语已见上揭《续灯》例,《大词典》(1-163)、朱瑞玟(2008:180)举《五灯》例,偏晚。

1023 七花八裂　七华八裂

形容十分错乱或零乱的样子。《碧岩录》卷一："若参得透、见得彻,自然如醍醐上味相似;若是情解未忘,便见七花八裂,决定不能会如此说。"(p.13)《古尊宿》卷三三"佛眼禅师":"轻轻将来问着,便七花八裂,盖缘寻常总去闲处做功夫。"(p.617)《了慧禅师语录》卷一："飞雪岩前,炎天飞雪。冻得虚空,七花八裂。至今捏聚不成团,子规夜哭松梢月。"(46-437)

又作"七华八裂"。《圆悟禅师语录》卷二："上堂,僧问:'团团无缝鐔,因什么得恁奇特?' 师云:'七华八裂。'"(41-200)

按,定型之语已见上揭《碧岩录》例,《大词典》、王涛等(编著,2007)、刘洁修(2009)、冷玉龙等(主编,2014)均未收。

1024 七支八离

形容支离破碎,不完整的样子。《碧岩录》卷一："如今人有的问着,头上一似衲僧气概,轻轻拶着便腰做段、股做截,七支八离,浑无些子相续处。"(p.27)

按,定型之语已见上揭《碧岩录》例,《大词典》、王涛等(编著,2007)、刘洁修(2009)、冷玉龙等(主编,2014)均未收。

1025 雪覆芦花

芦花本身就是洁白的,上面再覆盖上雪花,就更不容易辨识清楚了。形容事物很相似,难以分辨清楚。《传灯》卷二四"黑水和尚":"初参黄龙,问曰:'雪覆芦花时如何?' 黄龙曰:'猛烈。'师曰:'不猛烈。'"(p.1914)《碧岩录》卷二："垂示云:'云凝大野,遍界不藏;雪覆芦花,难分朕迹。'"(p.76)《联灯》卷一六"才禅师":"放行也,如开武库,错落交辉。把住也,似雪覆芦花,通身莫辨。"(p.478)

按,定型之语已见上揭《传灯》例,《大词典》、王涛等(编著,2007)、刘洁修(2009)、冷玉龙等(主编,2014)均未收。

1026 刁刀相似

刁、刀字形相似,容易混淆。形容事物十分相似,极易混淆。《续灯》卷二七"明觉禅师":"奇怪,诸禅德,如今列其派者甚多,究其源者极少。总道百丈于喝下大悟,还端的也无? 然刁刀相似,鱼鲁参差。若是明眼汉,瞒他一点不得。"（p.731）《居简禅师语录》卷一:"如斯之辈,若唤作煅了的金,刁刀相似。一向唤作门外游人,玉石俱丧。两途不涉,如何辨明? "（46-26）《祖钦禅师语录》卷二:"说不得者,也有半青半黄。开口自信不及者,诚谓刁刀相似,鱼鲁参差。"（47-351）

按,定型之语已见于上揭《续灯》例,《大词典》、王涛等（编著,2007）、刘洁修（2009）、冷玉龙等（主编,2014）均未收。

1027　鱼鲁参差

鱼、鲁字形相近,容易混淆。形容事物十分相似,极易混淆。《续灯》卷二七"明觉禅师":"奇怪,诸禅德,如今列其派者甚多,究其源者极少。总道百丈于喝下大悟,还端的也无? 然刁刀相似,鱼鲁参差。若是明眼汉,瞒他一点不得。"（p.731）《碧岩录》卷二:"古人答一转语,决是意不怎么,正似雪窦道'金乌急玉兔速',自是一般宽旷,只是金鍮难辨,鱼鲁参差。"（p.73）

按,定型之语已见上揭《续灯》例,《大词典》、王涛等（编著,2007）、刘洁修（2009）、冷玉龙等（主编,2014）均未收。

1028　乌焉成马

乌、焉、马三字形体相近,转相抄写容易混淆。禅家形容原话辗转相传,遂失其本真。《普灯》卷一九"昙华禅师":"师曰:'光孝着一转语,不是老僧见处,亦非垂手为人,何故? 岂不见道,字经三写,乌焉成马。'"（p.488）《密庵和尚语录》卷一:"师召大众云:'白云端和尚错下名言,殊不知二尊宿前不至村,后不迭店。直至于今,翻成话霸。何故? 字经三写,乌焉成马。'"（45-176）

按,定型之语已见上揭《普灯》例,《大词典》、刘洁修（2009:1223）、冷玉龙等（主编,2014:1027）均未收上揭语义。

一六 "时空"类

"时空"指时间和空间范畴,包含处所。"时空"类成语,正体25条,变体24条,共49条。范畴义有"时间""时节""空间""方宇""距离""街巷""邻里""场所""方位"9类,核心义有"久远""夜深""紧迫""美好""狭小""遥远"6类描述性语义特征,"不移""泛指""游乐""推移""飞逝"5类叙述性语义特征。核心语义有"时间久远""时间推移""时间飞逝""时间夜深""时间紧迫""泛指时节""美好时节""空间狭小""空间不移""泛指方宇""泛指方位""泛指街巷""泛指邻里""游乐场所""距离遥远"15类。

1029 千秋万岁 万古千秋

形容经历的时间极其久远。多用于祝人长寿。《因师集贤语录》卷四:"却来此处散天花,供养当今皇帝。当今帝,帝子王孙,千秋万岁。"(47-451)

又言"万古千秋"。《祖堂》卷九"栖贤和尚":"问:'如何是五老峰前句?'云:'万古千秋。'进曰:'与么莫成嗣绝也无?'师云:'踌躇欲与谁?'"(p.427)

按,定型之语已见《韩非子·显学》:"今巫祝之祝人曰:'使若千秋万岁。'千秋万岁之声聒耳,而一日之寿无征于人。"参刘洁修(2009:920)。

1030 亘古亘今 亘古亘今 亘古穷今

从古到今,通贯古今。《祖堂》一九"灵云和尚":"僧进问:'正是也,和尚还彻也无?'玄沙云:'须与么始得。'师云:'亘古亘今。'玄沙云:'甚好!甚好!'"(p.849)《续灯》卷一四"真如禅师":"当人分上,各自圆成。亘古亘今,无增无减。"(p.400)

又言"亘古亘今"。《因师集贤语录》卷二:"翻译既凭于罗什大士,显灵须仗于法兰上人。亘古亘今,经天纬地。其事则思而隐,其言则曲而中,为一切生死之权门,作万世不刊之典要。"(47-440)

又言"亘古穷今"。《因师集贤语录》卷二："四生慈父,三界医王,应供于天上人间,利济于他方此土,作稀有之佛事,亘古穷今。"(47-441)

按,定型之语已见上揭《祖堂》例,《大词典》(1-515)、王涛等(编著,2007:371)举明代例子,均晚。

1031 日久岁深

指时间过得久了。《传灯》卷一九"文偃禅师":"乐普云:'一尘才举,大地全收。一毛狮子,全身总是。'汝把取翻覆思量,日久岁深,自然有个入路。"(p.1429)《圆悟禅师语录》卷一四:"唯此一大机阿辘辘转,更说甚世谛佛法,一样平持,日久岁深,自然脚跟下实确确地。"(41-316)

按,定型之语已见上揭《传灯》例,可参冷玉龙等(主编,2014:836)。

1032 暑往寒来 寒来暑往

指季节更替,时间流逝。《真净禅师语录》卷四:"今朝又是九月一,暑往寒来春复秋,须信人人一段事,不同时节逐迁流。"(39-683)

倒言"寒来暑往"。《普灯》卷三"德隆禅师":"问:'寒来暑往,日居月诸。心地未明,乞师指示。'曰:'臂长衫袖短,脚瘦草鞋宽。'"(p.87)

按,语本《易·系辞卜》:"寒往则暑来,暑往则寒来,寒暑相推,而岁成焉。"定型之语已见晋范望注《太玄经》卷一〇:"安静以生万物,暑往寒来,无迟疾也。"参刘洁修(2009:457)。

1033 日就月将 日将月就

指天天有成就,月月有进步。形容日积月累,不断进步。《普宁禅师语录》卷三:"但将此一转语,时时提撕。十二时中,丝毫勿令退失。日就月将,恶地一声,便能彻见本有之性,本来面目。"(45-815)

又言"日将月就"。《祖堂》卷一七"双峰和尚":"寄胎十有六月载诞,尔后日将月就,鹤貌鸾姿,举措殊侪,风规异格。"(p.782)

按,语出《诗·周颂·敬之》:"日就月将,学有缉熙于光明。"孔颖达疏:"日就,谓学之使每日有成就;月将,谓至于一月则有可行。言当习之以积渐也。"参《大词典》(5-550)、刘洁修(2009:999)。

1034 日居月诸

日月交替,岁月流逝。《传灯》卷九"普岸禅师":"日居月诸,为四众所知,创建

精蓝,号平田禅院焉。"（p.581）

按,语出《诗·邶风·日月》:"日居月诸,照临下土。"毛传:"日乎月乎,照临之也。"参《大词典》(5-544)、王涛等(编著,2007:893)、刘洁修(2009:998)。

1035　斗转星移　星移斗转

星座移位,北斗转向。①本指一夜之间的时间推移。《普灯》卷一〇"窦持禅师":"上堂:'悟心容易息心难,息得心源到处闲。斗转星移天欲晓,白云依旧覆青山。'"（p.257）②禅家也形容机用神通广大,可使星座移位,北斗转向。《续古尊宿》卷四"云盖本和尚":"诸佛授手,千圣护持。巍巍荡荡,应物随机。收来则天宽地厚,放去乃斗转星移。"（44-184）

倒言"星移斗转"。形容机用神通广大,可使星座移位,北斗转向。《绍昙禅师语录》卷一:"虚空讲得经,灵山门外汉。直下死偷心,棺木里瞠眼。瞥转一机,星移斗转,佛祖玄关俱锁断。"（46-418）

按,定型之语已见上揭《普灯》例,《大词典》、王涛等(编著,2007)、刘洁修(2009)、冷玉龙等(主编,2014)均未收上揭禅义。

1036　春去秋来　夏去秋来

泛指季节更替,时光推移。《续灯》卷一三"元肃禅师":"上堂云:'春去秋来始复终,花开花谢几时穷。唯余林下探玄者,了得无常性自通。'"（p.387）

又言"夏去秋来"。《古尊宿》卷四四"真净禅师":"上堂:'今朝又是七月一,夏去秋来自相失。各悟自己性无生,人人当下成佛讫。'"（p.840）

按,定型之语已见《十六国春秋·赫连勃勃》:"遣使诣坚,请求田地,春去秋来,坚许之。"指春天出发,夏天到达。王涛等(编著,2007:180)举明代用例,偏晚。

1037　明来暗去　暗去明来　明去暗来

①指时光在明暗间交替流逝。《悟新禅师语录》卷一:"见今日,前不住,昼夜卷舒,明来暗去,暗去明来,又怎么生说个不明不暗的道理。"（41-778）《守卓禅师语录》卷一:"若据此事,人天未集已前,平常动静之际。人人分上,本自混然,各无增损,明来暗去,自古自今,一段灵光,法尔莹彻。"（41-69）②明里来,暗里去。禅家常形容禅法交流或明或暗。《普灯》卷一三"钦禅师":"上堂曰:'有句无句,明来暗去。活捉生擒,捷书露布。'"（p.345）

倒言"暗去明来"。①指时光在明暗间交替流逝。《悟新禅师语录》卷一:"见今日,前不住,昼夜卷舒,明来暗去,暗去明来,又作么生说个不明不暗的道理。"(41-778)②明里来,暗里去。禅家常形容禅法交流或明或暗。《续灯》卷一二"琦禅师":"上堂云:'文彩未生,一物也无。文彩既生,万事纵横。明来暗谢,暗去明来。楼阁门开,谁睹善财?'"(p.363)《联灯》卷一六"法泰禅师":"示众云:'法不尔而尔,暗去明来。道不然而然,雷奔雨骤。'"(p.497)

又言"明去暗来"。禅家常形容禅法交流或明或暗。《续灯》卷七"惠南禅师":"上堂,拈拄杖云:'横拈倒用,拨开弥勒眼睛。明去暗来,敲落祖师鼻孔。'"(p.185)《法薰禅师语录》卷一:"元正上堂:'新年佛法,一切成现。明去暗来,三头两面。伶俐衲僧,犹隔一线。更问如何? 脑后拔箭。'"(45-582)

按,定型之语已见上揭《悟新禅师语录》例,《大词典》、王涛等(编著,2007)、刘洁修(2009)均未收。

1038 光阴如箭 光阴似箭

形容时间飞逝,如同射出的箭一样。《续灯》卷九"觉海禅师":"良久云:'莫怪山僧太多事,光阴如箭急相催。珍重!'"(p.260)

又言"光阴似箭"。《承古禅师语录》卷一:"曰:'人天普集,伫听雷音,学人上来,请师垂下。'师云:'光阴似箭。'"(39-536)

按,定型之语已见《续灯》例,参刘洁修(2009:439)。

1039 白驹过隙 如驹过隙

日影如白色的骏马飞快地驰过缝隙。形容时间过得极快。《古尊宿》卷三四"佛眼和尚":"是身寿命,如白驹过隙。何暇闲情,妄为杂事。"(p.648)

又言"如驹过隙"。《道冲禅师语录》卷二:"只如道是身寿命,如驹过隙,一弹指顷。"(45-281)《原妙禅师语录》卷一:"上堂:'一年已减五日,光影如驹过隙。直须如救头然,切莫随情放逸。'"(47-286)

按,语出《庄子·知北游》:"人生天地之间,若白驹之过郤,忽然而已。"唐成玄英疏:"白驹,骏马也,亦言日也。"唐陆德明释文:"郤,本亦作隙。隙,孔也。"定型之语已见《史记·留侯世家》:"吕后德留侯,乃强食之,曰:'人生一世间,如白驹过隙,何至自苦如此乎!'"《大词典》、王涛等(编著,2007)、刘洁修(2009)、冷玉龙等(主编,2014)均未收"如驹过隙"。

1040 三更半夜 半夜三更 夜半三更 三更夜半

一夜分五更,半夜正值三更。泛指深夜时分。《祖堂》卷一〇"长庆和尚":"大师云:'你又三更半夜来这里作什么?'对云:'某甲别有见处。'"(p.489)《古尊宿》卷三二"佛眼禅师":"师云:'若有人问你,作么生道?还道得么?你等思量管带道得一句子来,有什么用处?三更半夜作么生道?天明起来作么生道?前廊后架作么生道?还道得么?须是眼明始得。'"(p.602)

倒言"半夜三更"。《绍昙禅师广录》卷五:"拈:'担柴汉,黄梅席上,窃得衣盂,半夜三更,惊忙奔走。'"(46-326)

又言"夜半三更"。《师范禅师语录》卷五:"古老相传鬼叫坑,看来人鬼不多争。早知鬼便是人做,夜半三更也可行。"(45-749)《绍昙禅师广录》卷三:"拈云:'新州卖柴汉,黄梅席上,窃得衣盂,夜半三更,郎忙惊走。'"(46-291)

倒言"三更夜半"。《普灯》卷一七"了朴禅师":"室中问僧:'贼来须打,客来须看。只如三更夜半,人面似贼,贼面似人,作么生辨?'"(p.453)《原肇禅师语录》卷一:"上堂:'瞿昙腊月八,命带恶星杀。三更夜半时,觑着眼双瞎。带累儿孙摸壁行,将此深心奉尘刹。'"(46-480)

按,定型之语已见上揭《祖堂》例,《大词典》(1-200)、王涛(2007:917)、刘洁修(2009:1020)举例均晚,又《大词典》、王涛等(编著,2007)、刘洁修(2009)均未收"夜半三更""三更夜半"。

1041 更深夜静

指夜深人静之时。《传灯》卷一一"西睦和尚":"师有时蓦唤侍者,侍者应诺。师曰:'更深夜静,共伊商量。'"(p.779)

按,定型之语已见于唐张鷟《龙筋凤髓判》卷下:"岂有更深夜静,仍纵辔于三条。"参刘洁修(2009:411)。

1042 时不待人

时间不等待人们,必须抓紧时间。《传灯》卷二三"圆和尚":"师上堂示众曰:'大众!好个时光,直须努力,时不待人。各自归堂,参取本善知识去!'"(p.1760)《广灯》卷二二"洪教禅师":"诸禅德切须仔细,莫用掠虚。时不待人,须臾便是来生。三界无安,犹如火宅。"(p.433)

按,定型之语已见南北朝诸僧《梁皇忏法》卷七:"时不待人,命焉得久?念此一别,相见未期,各自努力。"《大词典》、王涛等(编著,2007)、刘洁修(2009)、冷玉龙等(主编,2014)均未收。

1043 四时八节

泛指一年四季的各个节气。《续灯》卷九:"问:'四时八节即不问,平常一句事如何?'师云:'禾山打鼓。'"(p.276)

按,定型之语已见于汉钟离权《灵宝毕法》卷上:"且一岁者,四时八节,二十四气,七十二候,三百六十日,四千三百二十辰。"《大词典》(3-586)首举唐代用例,刘洁修(2009:1121)、朱瑞玟(2008:254)举晋代用例,均晚。

1044 吉日良辰 吉日良时

指吉祥的日子,美好的时辰。《慧远禅师语录》卷一:"你等诸人,还记得生年月日时辰么?待选吉日良辰,与你一坑埋却。"(45-19)

又言"吉日良时"。《续灯》卷三"文捷禅师":"问:'尽令提纲,人亡海竭。一棒一喝,犹落化门。学人上来,请师举唱。'师云:'礼拜头着地。'僧曰:'恁么则吉日良时。'师云:'两脚向空。'"(p.72)

按,语出《离骚·九歌》:"吉日兮辰良,穆将愉兮上皇。"定型之语已见晋左思《蜀都赋》:"终冬始春,吉日良辰,置酒高堂,以御嘉宾。"参《大词典》(3-91)、刘洁修(2009:542)、王涛等(编著,2007:482)。

1045 无地容锥

连容纳锥子的地方都没有。形容狭窄逼仄。《普灯》卷一三"法恭禅师":"上堂:'见得彻,用时亲,相逢尽是个中人。望空雨宝休夸富,无地容锥未是贫。踏着秤碓硬似铁,八两原来是半斤。'"(p.340)《慧性禅师语录》卷一:"学者株守己灵,错认鉴觉。窠臼情识,堕解脱坑。无地容锥,无锥可卓。"(45-528)

按,定型之语已见上揭《普灯》例,《大词典》、王涛等(编著,2007)、刘洁修(2009)、冷玉龙等(主编,2014)均未收。

1046 寸步不移 寸步不离

一步也不移动。《传灯》卷二〇"传楚禅师":"问:'如何是明了的人一句?'师曰:'骏马寸步不移,钝鸟升腾出路。'"(p.1552)《联灯》卷一七"丘隆禅师":"佛祖不安排,至今无处所。如是则不劳敛念,楼阁门开;寸步不移,百城俱到。"(p.510)

又言"寸步不离"。《原妙禅师语录》卷一:"人人有个影子,寸步不离,因甚踏

不着。"（47-303）

按，定型之语已见唐灵佑《警策文》："昔年行处，寸步不移，恍惚一生，将何凭恃？"《大词典》、王涛等（编著，2007）、刘洁修（2009）、冷玉龙等（主编，2014）均未收。

1047　五湖四海　四海五湖

泛指全国各地。《祖堂》卷一五"伏牛和尚"："割爱辞亲异俗迷，如云似鹤更高飞。五湖四海随缘去，到处为家一不归。"（p.662）

倒言"四海五湖"。《祖堂》卷一七"岑和尚"："三圣和尚问：'承师有言：百尺竿头须进步。百尺竿头则不问，百尺竿头如何进步？'师云：'朗州山，礼州水。'进曰：'更请和尚道。'师云：'四海五湖王化里。'"（p.770）

按，定型之语已见唐吕岩《绝句》："斗笠为帆扇作舟，五湖四海任遨游。"参《大词典》（1-381）、王涛等（编著，2007：1162）等。

1048　四方八面　四方八表

泛指各个方向。《临济禅师语录》卷一："因普化常于街市摇铃云：'明头来明头打，暗头来暗头打，四方八面来旋风打，虚空来连枷打。'"（T47/503b）《普灯》卷二六"华禅师"："举僧问兴化：'四方八面来时如何？'曰：'打中间的。'"（p.666）

又言"四方八表"。《圆悟禅师语录》卷一七："师云：'德山大似金轮圣王，寰中独据，四方八表，无不顺从。'"（41-339）《道冲禅师语录》卷一："雪峰岩头如转轮圣帝，施一号发一令，四方八表，无不顺从。"（45-285）

按，定型之语已见上揭唐慧然集《临济禅师语录》例，《大词典》、王涛等（编著，2007）、刘洁修（2009）、冷玉龙等（主编，2014）均未收"四方八表"。

1049　街头巷尾　街头巷底　街头市尾

泛指大街小巷。《仁勇禅师语录》卷一："上堂，保宁乍住不曾停，日日街头巷尾行，张三李四相逢着，剔起眉毛作么生，拍手笑，下座。"（41-7）《古尊宿》卷三八"初禅师"："如此见解，是街头巷尾打铁磬轮。"（p.718）

又言"街头巷底"。《广灯》卷一七"道一禅师"："进云：'如何是学人转身处？'师云：'街头巷底。'"（p.293）

又言"街头市尾"。《传灯》卷二二"白云祥和尚"："师上堂谓众曰：'诸人会么？但街头市尾、屠儿魁脍、地狱镬汤处会取。若恁么会，堪与人为师为匠。若向衲僧门下,天地悬殊。'"(p.1705)《了慧禅师语录》卷二:"酒肆屠门,街头市尾。摇破木铎,无宫商而暗合宫商。挑大道浆,虽不醉人而人自醉。"(46-457)

按,定型之语已见上揭《传灯》例,《大词典》、王涛等(编著,2007)、刘洁修(2009)、冷玉龙等(主编,2014)均未收"街头巷底"。

1050 长街短巷 短巷长街

泛指各处街巷。《普灯》卷二八"远禅师":"不是风兮不是颠,长街短巷走如烟。院里有斋常记得,时时挂在口皮边。"(p.720)

倒言"短巷长街"。《道济禅师语录》卷一:"冷泉参透瞎堂禅,到处逢人夸唧溜。胸藏万卷书,笔扫三千首。放憨在短巷长街,说法向茶前酒后。"(45-170)

按,定型之语已见上揭《普灯》例,《大词典》首引明代用例,偏晚。王涛等(编著,2007)、刘洁修(2009)均未收。

1051 四邻五舍

泛指周围的邻居。《祖堂》卷六"洞山和尚":"四邻五舍,谁人无之? 暂寄侣店,足什么可怪?"(p.306)

按,此为"四邻八舍"之变体,定型之语已见上揭《祖堂》例,《大词典》、王涛等(编著,2007)、刘洁修(2009)均未收。

1052 花街柳巷

指歌伎聚集、嫖客游乐的场所。《心月禅师语录》卷一:"换尽心肝五脏,咬断去住,裂破古今。自然花街柳巷,闹浩浩处,古佛家风。"(46-129)

按,定型之语已见唐吕岩《敲爻歌》:"花街柳巷觅真人,真人只在花街玩。"参《大词典》(9-299)、刘洁修(2009:495)。

1053 地角天涯 天涯地角 天涯海角 海角天涯

形容极远之地。《传灯》卷三〇"韶山和尚":"此心珠如水月,地角天涯无殊别。只因迷悟有参差,所以如来多种说。"(p.2463)

倒言"天涯地角"。《续灯》卷一〇"可证禅师":"问:'达磨未来时如何?'师云:'天涯地角。'僧曰:'来后如何?'师云:'四海五湖。'"(p.304)

又言"天涯海角"。①形容极远之地。《虚堂和尚语录》卷三:"我与石帆老子,十余年走遍天涯海角,尚自不知。"(46-672)《惟一禅师语录》卷一:"上人辞我去行脚,我亦早晚行脚去。天涯海角或重逢,钵饭茎虀又相聚。"(47-57)②禅家也形容

悟道相差极远。《续灯》卷二"承古禅师":"僧曰:'恁么则依令而行也.'师云:'天涯海角.'"(p.35)

倒言"海角天涯"。形容极远之地。《居简禅师语录》卷一:"卍庵颂:'东西南北捉虚空,海角天涯信不通。力尽神疲无处觅,万年松在祝融峰.'"(46-30)《了慧禅师语录》卷一:"圣节上堂:'去年今日节,海角天涯传报捷。今日去年朝,黄童白叟尽歌谣.'"(46-444)

按,定型之语已见南朝陈徐陵《答族人梁东海太守长孺书》:"燕南赵北,地角天涯,言接末由。"《大词典》、王涛等(编著,2007)、刘洁修(2009)、冷玉龙等(主编,2014)均未收"地角天涯""天涯地角"。

一七 "数量"类

"数量"类成语,正体16条,变体5条,共21条。范畴义有"数量""人数""门派""响应""门户""次数"6类,核心义有"多"1类描述性语义特征,核心语义有"数量多""人数多""次数多""门户多""门派多""响应多"6类。

1054 不可胜计 不可胜纪

形容数量极多,难以计算。《祖堂》卷四"丹霞和尚":"其僧提起茶碗曰:'会么?'秀才曰:'未测高旨。'僧曰:'若然者,江西马祖今现住世说法,悟道者不可胜计,彼是真选佛之处。'"(p.209)

又作"不可胜纪"。《传灯》卷四"智封禅师":"师来往中条山二十余年,得其道者不可胜纪。"(p.240)

按,定型之语已见汉刘向《新序》:"将秦弟子,数岁所杀亡,不可胜计。"参刘洁修(2009:99)。

1055 如麻似粟 似粟如麻

像麻和粟粒一样。形容数量极多。《传灯》卷八"浮杯和尚":"婆乃问云:'会么?'禅客合掌而对,婆云:'伎死禅和,如麻似粟。'"(p.545)《倚遇禅师语录》卷一:"师云:'乱统禅和,如麻似粟。'"(39-721)《明觉禅师语录》卷三:"良久云:'担板禅和,如麻似粟。'"(39-190)

倒言"似粟如麻"。《怀深禅师广录》卷三:"况当今日,宗风不振,教法将沉,叨名窃位者,似粟如麻,振领提纲者,万中无一。"(41-154)《联灯》卷一四"元祐禅师":"如斯见解,似粟如麻,皆是天魔种族,外道邪宗。"(p.438)

按,定型之语已见上揭《传灯》例,《大词典》、王涛等(编著,2007)、刘洁修(2009)、冷玉龙等(主编,2014)均未收。

1056　稻麻竹苇

数量如稻麻竹苇。禅家形容人或事物的数量极多,难以计数。《祖堂》卷二"菩提达磨":"师云:'彼国获道者如稻麻竹苇,不可称计。吾灭度后六十七年,各别着人,此国留难,水中文布,自善降之。'"(p.86)《古尊宿》卷九"慈照禅师":"师开堂拈香云:'西天二十八祖,唐土六祖,过去圣人尽得传衣付法。至唐代六祖之后,得道者如稻麻竹苇。'"(p.140)

按,定型之语已见东晋佛陀跋陀罗译《佛说观佛三昧海经》卷五:"佛告阿难:'云何名剑轮地狱? 剑轮地狱者,纵广正等五十由旬,满中剑树,其树多少数如稻麻竹苇,一一剑树高四十由旬,八万四千剑轮为叶。'"《大词典》、王涛等(编著,2007)、刘洁修(2009)、冷玉龙等(主编,2014)均未收。

1057　恒河沙数

数量如恒河里的沙子。形容数量极多,难以计数。《续灯》卷二五"本明禅师":"直饶诸圣出兴如恒河沙数,未有一人半个当头指出。"(p.694)

按,定型之语已见三国吴支谦译《佛说须摩提长者经》卷一:"过去佛者名为迦叶佛、拘孙帝佛、拘那含牟尼佛、随叶佛、尸弃佛、定光佛,如是等恒河沙数。"《俗语佛源》(2013:162)举《大智度论》,刘洁修(2009:475)举《金刚经》例,均晚。

1058　蒲花柳絮

比喻数量极多的平常事物。《传灯》卷七"法常禅师":"僧问:'如何是佛法大意? '师云:'蒲花柳絮,竹针麻线。'"(p.467)《联灯》卷四"法常禅师"条同。(p.118)

按,定型之语已见上揭《传灯》例,《大词典》、王涛等(编著,2007)、刘洁修(2009)、冷玉龙等(主编,2014)均未收。

1059　成群作队　拽队成群

形容人数众多。《倚遇禅师语录》卷一:"近来时代浇漓,禅师长老,成群作队,一个个气宇如王,一人人平肩佛祖。"(39-732)《碧岩录》卷一:"且道达磨是观音? 志公是观音? 阿哪个是端的的观音? 既是观音,为什么却有两个? 何止两个,成群作队!"(p.5)《清了禅师语录》卷二:"洗耳八万劫,已是藤蛇绕足露布缠身,哪堪更成群作队来这里要人说破? 且喜没交涉。"(42-68)

又言"拽队成群"。《如净和尚语录》卷二:"道旧至上堂:'冤有头债有主,一剑

当锋,豁开门户。拽队成群恁么来,放火杀人相合聚。'"(45-457)

按,定型之语已见上揭《倚遇禅师语录》例,《大词典》、王涛等(编著,2007)、刘洁修(2009)、冷玉龙等(主编,2014)均未收"拽队成群"。

1060 挨肩接踵

肩膀挨着肩膀,脚跟接着脚跟。禅家形容人多拥挤的样子。《虚堂和尚语录》卷八:"黄面老子,每日与诸人,挨肩接踵,未尝少间。"(46-750)

按,定型之语已见上揭《虚堂和尚语录》例,《大词典》、王涛等(编著,2007)、刘洁修(2009)、冷玉龙等(主编,2014)均未收。

1061 盈衢塞路

堵满了大街小巷。形容人数众多。《五灯》卷一六"志璇禅师":"山僧即不然,不休去,不歇去。业识茫茫去,七颠八倒去,十字街头闹浩浩地,声色里坐卧去,三家村里,盈衢塞路,荆棘里游戏去。"(p.1079)

按,定型之语已见上揭《五灯》例,《大词典》、王涛等(编著,2007)、刘洁修(2009)、冷玉龙等(主编,2014)均未收。

1062 车马骈阗

形容往来的车马很多,非常热闹。《普灯》卷二"楚圆禅师":"灰头土面住兴化,只见兴化家风。迎来送去,车马骈阗;渔唱潇湖,猿啼岳麓。"(p.23)

按,定型之语已见唐刘肃《大唐新语·文章》:"贵游戚属及下隶工贾,无不夜游,车马骈阗,人不得顾。"参王涛等(编著,2007:134)、刘洁修(2009:159)。

1063 南来北往　北往南来

泛指行人来来往往。《续灯》卷二五"妙觉禅师":"便有德山、临济、沩仰先曹,平地上撒起葛藤,宝器里停储馊饭。使南来北往者牵手绊脚,倚门傍户者咽唾吞精。"(p.693)《妙伦禅师语录》卷二:"通十方无非大道路头,在诸人脚下。南来北往,不知踏断几纳草鞋。"(46-525)

倒言"北往南来"。《师范禅师语录》卷三:"乃云:'打开布袋口,击碎铁门关。是凡是圣,不妨北往南来。左之右之,自然七穿八穴。'"(45-719)

按,定型之语已见上揭《续灯》例,《大词典》(1-890)首引元代用例,偏晚。又《大词典》、王涛等(编著,2007)、刘洁修(2009)、冷玉龙等(主编,2014)均未收"北往南来"。

1064　星分派列

形容门派分立繁多。《普灯》卷一八"居尼妙道"："我祖西来,便有许多建立。列刹相望,星分派列。以至今日,累及儿孙。"（p.476）《五灯》卷二〇"居尼妙道"条同。（p.1347）

按,定型之语已见上揭《普灯》例,《大词典》、王涛等(编著,2007)、刘洁修(2009)、冷玉龙等(主编,2014)均未收。

1065　一呼百诺

一人呼唤,百人应答。形容势力显赫,响应者甚多。《真净禅师语录》卷一："诸佛子,无禅可参,无法可学,弃本逐末,区区客作。不如归去来,识取自家城郭,城中自有法王尊,一呼百诺。髻晃明月珠,手振黄金铎,还要一切群生自家省觉。"（39-650）

按,定型之语已见唐拾得《诗》之五十："高堂车马多,一呼百诺至。"参《大词典》（1-46）、刘洁修（2009:1349）。

1066　千家万户

指众多人家。《传灯》卷二二"澄远禅师"："问:'但有言句尽是宾,如何是主?'师曰:'长安城里。'曰:'如何领会?'师曰:'千家万户。'"（p.1737）

按,定型之语已见晋王嘉《拾遗记》卷六："考之皇图,求之志录,千家万户之书,台卫城隍之广,自重门构宇以来,未有若斯之费溢也。"《大词典》举现代用例,偏晚。

1067　千门万户　万户千门

本指门户众多,禅家比喻法门众多。《续灯》卷二八"仁勇禅师"："你有面前拈取去,你无背后夺将来。可怜黑漆光生的,击着千门万户开。"（p.769）《了慧禅师语录》卷二："尊者从空掷钵来,神通用尽却成呆。看来不似维摩老,一默千门万户开。"（46-450）

倒言"万户千门"。《续灯》卷三〇"寿捷禅师"："华严真境广通津,万户千门处处亲。一坐化城弥勒阁,四方瞻仰善财身。"（p.822）

按,定型之语已见《史记·孝武本纪》："于是作建章宫,度为千门万户。"指门户众多,参刘洁修（2009:919）。

1068　三回两度　两回三度

犹言三番两次,多次。《联灯》卷一三"谷泉庵主":"师拦胸拶住云:'我这里狼虎纵横,尿床鬼子三回两度来讨什么?'"(p.386)《五灯》卷一二"谷泉庵主"条同。(p.712)

又言"两回三度"。《碧岩录》卷七:"两回三度被人瞒,也教他摸索不着。"(p.338)《圆悟禅师语录》卷一三:"若能返照,更无第二人,更不待山僧两回三度不惜眉毛入泥入水,何况抛沙撒土,说心说性,未免落七落八,当面相谩去也。"(41-307)

按,定型之语已见上揭《碧岩录》例,《大词典》举元张可久《天净沙·春情》例,偏晚。

1069　翻来覆去

形容动作多次重复。《续灯》卷二一"系南禅师":"上堂云:'不假一锤成大宝,太阿出匣冷光寒。为君截断羚羊角,钉就虚空碧玉盘。好拈掇,更须看,翻来覆去黑漫漫。'"(p.607)《圆悟禅师语录》卷八:"上堂,僧问:'日面佛月面佛,意旨如何?'师云:'翻来覆去看。'"(41-255)

按,定型之语已见上揭《续灯》例,《大词典》(9-687)、刘洁修(2009:325)并举《朱子语类》例,稍晚。

一八 "景象"类

"景象"包括自然景象和社会景象。"景象"类成语,正体58条,变体35条,共93条。范畴义有"世界""自然""万象""景象""星辰""风景""屋舍""天气""天色""光亮""枝叶""花色""种类""状态""珍宝""头绪""声音""音乐""动静""雨势""水势""差别""差错""跟随""变化""世盛"26类,核心义有"广大""壮阔""纷杂""美好""寒冷""昏暗""微弱""繁多""多""铿锵""优美""小""大""紧密""太平"15类描述性语义特征,"衰败""生机""躁动"3类叙述性语义特征。核心语义有"世界广大""自然壮阔""万象纷杂""景象衰败""景象生机""星辰美好""风景美好""屋舍美好""天气美好""天气寒冷""天色昏暗""光亮微弱""枝叶繁多""花色艳丽""种类繁多""状态多样""珍宝很多""头绪繁多""声音躁动""声音铿锵""音乐优美""动静很小""雨势很大""水势很大""变化很大""差别很大""差错很大""跟随紧密""盛世太平"29类。

1070 大千世界 大千沙界

佛教"三千大千世界"之省称。后泛指广阔无边的世界。《传灯》卷九"希运禅师":"提起师笠子云:'长老身材勿量大,笠子太小生。'师云:'虽然如此,大千世界总在里许。'"(p.571)

又言"大千沙界"。《圆悟禅师语录》卷一:"拈起也乾坤岌嶪,放下也河海晏清,不拈不放又作么生?万仞峰头高着眼,大千沙界一浮沤。"(41-194)《慧远禅师语录》卷三:"根尘截断,大千沙界黑漫漫。知见脱然,万象森罗空寂寂。"(45-50)

按,定型之语已见后汉昙果共康孟详译《中本起经》卷上:"佛复惟曰:'甘露法鼓,闻于三千大千世界,谁应得闻?'"《大词典》(2-1325)、王涛等(编著,

2007:202)、刘洁修(2009:241)、朱瑞玟(2008:163)举例均晚,且未收"大千沙界"。

1071　山河大地

泛指壮阔的自然世界。《祖堂》卷一"释迦牟尼佛":"时周穆王五十二年壬申之岁二月十五日,暴风忽起,飘损人舍,伤折树木。山河大地,悉皆震动。"(p.15)《传灯》卷一八"宗一大师":"如今现前,见有山河大地,色空明暗,种种诸物,皆是狂劳花相,唤作颠倒知见。"(p.1314)

按,定型之语已见失译附西晋录《观世音菩萨往生净土本缘经》卷一:"愿我常在此岛,于十方国,能施安乐,变作山河大地,草木五谷甘果等。令受用者,早出生死。"《大词典》、王涛等(编著,2007)、刘洁修(2009)、冷玉龙等(主编,2014)均未收。

1072　天高地厚　地厚天高　天高地阔　天高地迥

谓天地迥远辽阔。《续灯》卷二五"宝觉禅师":"上堂云:'天高地厚,自古及今。西落东生,何曾间断? 清风明月,匝地普天,逼塞虚空,逃之无处。怎么说话,且逗初机。'"(p.677)《联灯》卷一四"元禅师":"僧问:'黑白未分时如何?' 师云:'天高地厚。' 云:'分后如何?' 师云:'日暖月凉。'"(p.434)

倒言"地厚天高"。《续灯》卷二三"惠本禅师":"上堂云:'尘劫来事,尽在如今。满目风光,十方无碍。山遥水远,地厚天高。刹刹见成,头头显著。'"(p.651)

又言"天高地阔"。《续灯》卷一〇"慧慈禅师":"问:'了然无所得,为什么天高地阔?' 师云:'窄。'"(p.303)《五灯》卷一六"慧慈禅师"条同。(p.1045)《联灯》卷一五"玑禅师":"竖起拂子云:'争似翠岩这个,能生能杀。放行也,天高地阔;把住也,不露毫末。把住放行即且置,即今事作么生?'"(p.442)

又言"天高地迥"。《续灯》卷二八"守端禅师":"天高地迥人离见,水阔山重不易论。万古八风吹不入,西天人不会唐言。"(p.768)《古尊宿》卷四三"真净禅师":"复横按云:'德山棒,临济喝,举世何人解提掇,天高地迥万象闲,总是僧家好时节。'"(p.823)《新月禅师语录》卷一:"上堂:'天高地迥,海阔山遥。秋风袭衣,拄杖踔跳。只如万里无寸草处,还有人道得么? 看脚下。'"(46-153)

按,语出《诗·小雅·正月》:"谓天盖高,不敢不局;谓地盖厚,不敢不蹐。"定型之语已见东汉蔡邕《释诲》:"予谁悼哉,害其若是,天高地厚,蹐而踏之。"《大词典》、王涛等(编著,2007)、刘洁修(2009)、冷玉龙等(主编,2014)均未收"天高地阔""天高地迥"。

1073 天长地阔

天地广阔,辽远无边。《祖堂》卷一三"报慈和尚":"师云:'既然如此,何用行脚?'对云:'天长地阔,有什么障碍?'"(p.595)

按,定型之语已见唐沈佺期《遥同杜员外审言过岭》诗:"天长地阔岭头分,去国离家见白云。"《大词典》、王涛等(编著,2007)、刘洁修(2009)均未收。

1074 天高海阔

谓天地迥远辽阔。《广灯》卷一八"楚圆禅师":"问:'如何是立乾坤句?'师云:'天高海阔。'"(p.306)《古尊宿》卷三〇"佛眼禅师":"前念非凡,语正言诙。天高海阔,毛羽毿毿。"(p.563)

按,定型之语已见宋晁补之《再辞免国史编修官状》:"恭以神宗皇帝国史绅绎,岁久未奏成书,圣谟王制,天高海阔。"《大词典》、王涛等(编著,2007)、刘洁修(2009)、冷玉龙等(主编,2014)均未收。

1075 山高海阔　海阔山高　海阔山遥

形容天地广阔。《善昭禅师语录》卷一:"上堂云:'闻声见色,触目舒光,山高海阔,地久天长,作么生辨得主中主?'"(39-590)《续古尊宿》卷一:"闻声见色,触目舒光,山高海阔,地久天长,作么生辨得主中主?"(44-8)

倒言"海阔山高"。《师范禅师语录》卷一:"破庵和尚忌辰,拈香:'炎炎六月,飘风洒雪。百丈耳聋,黄檗吐舌。海阔山高谁与论?一回饮水一回噎。'"(45-682)

又言"海阔山遥"。《昙华禅师语录》卷一〇:"天高地厚,海阔山遥。发最上机,示真实相。"(42-224)《心月禅师语录》卷一:"上堂:'天高地迥,海阔山遥。秋风袭衣,拄杖踘跳。只如万里无寸草处,还有人道么?看脚下。'"(46-153)

按,定型之语已见晋陆机《晋平西将军孝侯周处碑》:"《大濩》之音,声无微而必显。山高海阔,其在斯焉。"《大词典》、王涛等(编著,2007)、刘洁修(2009)、冷玉龙等(主编,2014)均未收。

1076 山遥水远

①形容广袤无边的山河大地。《续灯》卷二三"惠本禅师":"尘劫来事,尽在如今。满目风光,十方无碍。山遥水远,地厚天高。刹刹见成,头头显著。直饶恁么

会得,衲僧眼睛未曾梦见。"(p.651)②形容路途遥远。《济颠禅师语录》卷一:"愚徒道济稽首,焚香拜手少林大和尚座右,伏以山遥水远,急难会面。即辰仲秋,桂子将残。"(45-170)

按,定型之语已见上揭《续灯》例,王涛等(编著,2007:930)举明代用例,刘洁修(2009:1033)举元代用例,均晚。

1077 森罗眩目

佛家指世界纷然杂列的万象让人眼花缭乱。《传灯》卷五"志诚禅师":"师得无心之心,了无相之相。无相者森罗眩目,无心者分别炽然。"(p.302)《联灯》卷二八"义怀禅师":"森罗眩目,全彰古佛家风;音声聒耳,尽是普贤境界。"(p.891)

按,定型之语已见于《全唐文》卷九一三"晓了禅师塔碑",同上揭《传灯》例。《大词典》、王涛等(编著,2007)、刘洁修(2009)、冷玉龙等(主编,2014)均未收。

1078 森罗万象 万象森罗 万象森然 骈罗万象

指宇宙间森然罗列的一切事物与现象。《祖堂》卷一四"江西马祖":"三界唯心,森罗万象,一法之所印。"(p.611)《传灯》卷二一"智远禅师":"古佛心源,明露现前,匝天遍地,森罗万象。自己家风,佛与众生,本无差别。"(p.1635)《守端禅师语录》卷一:"乾坤大地,日月星辰,森罗万象,只在面前,不见有毫厘之相。"(39-52)

倒言"万象森罗"。《传灯》卷二六"通辩禅师":"万象森罗,咸真实相,该天括地,亘古亘今。"(p.2044)《续灯》卷一七"心印禅师":"上堂云:'极目青天无片云,万象森罗全体露。'"(p.485)《法演禅师语录》卷二:"狮子众,共跻攀,万象森罗指掌间。大众,灰头土面从他笑,赢得白云堆里闲。"(39-124)

又言"万象森然"。《普灯》卷三"文慧禅师":"上堂:'古今天地,万象森然,岁岁秋收冬藏。'"(p.79)《五灯》卷一九"隆禅师":"上堂:'目前无法,万象森然。意在目前,突出难辨。'"(p.1279)

又言"骈罗万象"。《净端禅师语录》卷二:"其铭曰:由禅而教,如骈罗万象,而触鉴斯照,则乌往而非要。由教而禅,顺风恬波,而挽以过船,亦左右而逢源。"(45-510)

按,定型之语已见唐澄观撰述《华严经疏钞玄谈》卷一:"又海慧禅师云:'森罗万象至空而极,百川众派至海而极,一切圣贤至佛而极,一切教法至圆而极,故云玄极。'"《大词典》、王涛等(编著,2007)、刘洁修(2009)、冷玉龙等(主编,2014)均未收"万象森然""骈罗万象"。

1079　落花流水

形容暮春衰败凋残的景象。《碧岩录》卷三:"眼里尘沙耳里土,千峰万峰不肯住。落花流水太茫茫,剔起眉毛何处去。"(p.146)《古尊宿》卷一一"慈明禅师":"第三玄:万象森罗宇宙宽,云散洞空山岳静,落花流水满长川。"(p.185)《道济禅师语录》卷一:"琉璃瓶子击碎,方知总是虚花。几年闺阁风流,尽属落花流水。山僧为汝,脱骨洗肠。"(45-159)

按,定型之语已见唐李群玉《奉和张舍人送秦炼师归岑公山》诗:"兰浦苍苍春欲暮,落花流水怨离琴。"参《大词典》(9-483)、王涛等(编著,2007:688)、刘洁修(2009:765)。

1080　蜂狂蝶舞

蜜蜂和蝴蝶飞舞。形容春天生机勃勃的景象。《真净禅师语录》卷三:"上堂:'今朝三月初五,正是清明景序。岂独游人往来,更兼蜂狂蝶舞。'"(39-675)《古尊宿》卷四一"文悦禅师":"贫道本无遮护,举目知君罔措。可怜二月三月,是处蜂狂蝶舞。"(p.774)

按,定型之语已见上揭《真净禅师语录》例,《大词典》、王涛等(编著,2007)、刘洁修(2009)、冷玉龙等(主编,2014)均未收。

1081　连珠合璧

形容日月星辰像美玉和珍珠一样连缀在一起。《古尊宿》卷二八"佛眼和尚":"今上皇帝至神至圣,为民父母。天宁降诞之节,日月星辰,连珠合璧。江河淮济,激浊扬清。乾坤造化,草木虫鱼呈祥瑞、显奇特,皆皇帝至德之所感致也。"(p.517)

按,语出《汉书·律历志上》:"日月如合璧,五星如连珠。"参《大词典》(10-860)、刘洁修(2009:1492)。

1082　花红柳绿　华红柳绿　柳绿花红

形容花木繁茂,景色绚丽。《广灯》卷三〇"惟素山主":"问:'如何是一味法界?'师云:'花红柳绿。'"(p.612)《怀深禅师广录》卷三:"是故花红柳绿,无非清净法身,鼓响钟鸣,尽是广长舌相。"(41-172)

又作"华红柳绿"。《普灯》卷一五"慧远禅师":"上堂:'好是仲春渐暖,哪堪寒

食清明。万叠云山耸翠,一天风月为邻。在处华红柳绿,湖天浪稳风平。'"(p.400)

倒言"柳绿花红"。《五灯》卷八"遇贤禅师":"秋至山寒水冷,春来柳绿花红。一点动随万变,江村烟雨蒙蒙。"(p.512)

按,定型之语已见唐薛稷《饯唐永昌》诗:"更思明年桃李月,花红柳绿宴浮桥。"参刘洁修(2009:495)。

1083 柳绿桃红　桃红柳绿

形容花木繁茂,景色绚丽。《法演禅师语录》卷二:"上堂云:'风和日暖,古佛家风。柳绿桃红,祖师巴鼻。'"(39-124)《怀深禅师广录》卷三:"柳绿桃红依旧在,今年不见去年人。"(41-159)

倒言"桃红柳绿"。《古尊宿》卷四三"真净禅师":"上堂:'二月仲春渐暄,时来万化可怜。到处桃红柳绿,石头也生暖烟。'"(p.828)《祖钦禅师语录》卷一:"若谓释迦老子,曾本不灭,面前触目,无非山河大地。草木丛林,桃红柳绿,燕语莺吟,毕竟哪个是释迦老子?"(47-329)

按,定型之语已见上揭《法演禅师语录》例,《大词典》、刘洁修(2009:1143)举元代用例,偏晚。

1084 青山绿水　青山渌水　绿水青山

青色的山,绿色的水。形容秀丽的山水景色。《祖堂》卷四"丹霞和尚":"师初开堂时,有人问:'作么生语话,即得不堕门风?'师曰:'一任语话,即不堕门风。'僧云:'便请和尚语话。'师曰:'青山绿水不相似。'"(p.220)《续灯》卷五"自缘禅师":"问:'祖意西来,乞师垂示?'师云:'青山绿水长相对。'僧曰:'毕竟如何?'师云:'还我话头来。'"(p.141)《真净禅师语录》卷一:"上堂:'青山绿水不能住,白日红尘却自归,而今避不得也,且混俗和光灰头土面。'"(39-646)

又作"青山渌水"。《续灯》卷三"慈济禅师":"问:'如何是祖师西来意?'师云:'青山渌水。'僧曰:'未来时还有意也无?'师云:'高者高,低者低。'"(p.60)

倒言"绿水青山"。《真净禅师语录》卷四:"上堂:'今朝四月二十五,为报禅家莫莽鲁,绿水青山在目前,一一分明佛净土。'"(39-682)《慧远禅师语录》卷一:"山僧即不然,琅琊有三诀,绿水青山月,三冬枯木花,九夏寒岩雪。"(45-19)

按,定型之语已见唐李嘉佑《晚登江楼有怀》诗:"独坐南楼佳兴新,青山绿水共为邻。"《大词典》(11-516)举宋代用例,稍晚。

1085　雕梁画栋　雕梁画栱

雕花彩绘的栋梁。借指用色彩图文装饰的精美屋子。《联灯》卷一三"昙颖禅师"：'观察李公端懿问：'西方净土如何得到？' 师云：'即今坐却雕梁画栋，却要生西方净土，是好假不好真。''（p.394）《绍昙禅师广录》卷七："瞻遗像兮瑶林琼树之葩，挺孙枝兮雕梁画栋之材。"（46-384）

又言"雕梁画栱"。《净端禅师语录》卷一："我闻法涌禅师，福德王臣所重，行则隐隐轰轰，坐处千从云拥，吃着锦衣细食，住处雕梁画栱。"（45-491）

按，定型之语已见上揭《联灯》例，《大词典》（11-844）、王涛等（编著，2007：236）并引元代用例作为首证，偏晚。

1086　风和日暖　日暖风和

微风和畅，阳光温暖。形容天气暖和，气候宜人。《联灯》卷一七"弥光禅师"："示众云：'雨霁云收，岩峦耸翠。风和日暖，殿阁生春。梁间乳燕语关关，原上夭桃红灼灼。'"（p.527）

倒言"日暖风和"。《圆悟禅师语录》卷二："上堂云：'万木萦纡一迳遥，耽耽古屋枕山腰。今朝喜到深深处，几度飞书辱见招。烁烁山桃似火，丝丝溪柳拖金。日暖风和，鹦吟燕语。'"（41-206）《古尊宿》卷九"慈照禅师"："上堂云：'三春景里，日暖风和。水畔经行，林间宴坐。睹兹时景，宾主已分。'"（p.145）

按，定型之语已见唐无名氏《组诗》之一："风和日暖方开眼，雨润烟浓不举头。"参刘洁修（2009：354）、朱瑞玟（2008：452）。

1087　霜风削骨

霜风沁人肌骨。形容天气十分寒冷。《广灯》卷二〇"觉禅师"："格外一句作么生道？有道得的，出来道看，与你证据。若无人道得，天色稍寒，霜风削骨，伏惟珍重！"（p.365）

按，定型之语已见上揭《广灯》例，《大词典》、王涛等（编著，2007）、刘洁修（2009）、冷玉龙等（主编，2014）均未收。

1088　天寒地冻　天寒地冷　霜寒地冻

形容天气十分寒冷。《慧远禅师语录》卷二："示众说偈云：'今日天寒地冻百裂，欲识真归，无可得说。诸人要识赟长老去处么？听取无声三昧，珍重！'"（45-44）《法薰禅师语录》卷三："冬节天寒地冻，火冷云深。长连床上，衲僧兀兀痴痴。"

（45-621）

又言"天寒地冷"。《子益禅师语录》卷一："上堂：'天寒地冷，昼短夜长，死灰拨尽，没可商量，昨夜三更月到窗。'"（47-69）

又言"霜寒地冻"。《续灯》卷三"秀禅师"："问：'无法可说，是名说法。既是无法可说，又将何说？'师云：'霜寒地冻。'"（p.68）

按，定型之语已见《黄帝内经·素问》："天地温和，则经水安静；天寒地冻，则经水凝泣。"刘洁修（2009：1152）首举晋代用例，王涛（2007：1065）举元代用例，均晚。《大词典》、王涛等（编著，2007）、刘洁修（2009）、冷玉龙等（主编，2014）均未收"天寒地冷""霜寒地冻"。

1089　地黑天昏

形容天色昏暗不明。《慧开禅师语录》卷一："有个颂子举似大众，地黑天昏见得亲，肯随光影弄精魂。老僧拳下死中活，佛与众生一口吞。"（42-4）

按，此为"天昏地暗"之变体，定型之语已见上揭《慧开禅师语录》例，《大词典》、王涛等（编著，2007）、刘洁修（2009）、冷玉龙等（主编，2014）均未收。

1090　萤火之光

像萤火虫一样放出微弱的光亮。①形容十分微弱的光明。《圆悟禅师语录》卷一五："殊不知萤火之光，岂比太阳？所以古之奇杰之士颖脱之性，就近而论。"（41-324）②比喻十分微小的智慧灵光。《真净禅师语录》卷二："我笑昔日云门、临济、德山、岩头，萤火之光，蚊蚋之解，一人道我呵佛骂祖，一人道我得末后句。"（39-662）《师范禅师语录》卷一："浴佛上堂：'黄面老子二千年前，四月八日才生下来，便乃眩曜萤火之光，蚊蚋之见。却道天上天下，唯我独尊。'"（45-709）

按，定型之语已见西晋竺法护译《顺权方便经》卷下："时二童子谓尊者须菩提：'仁者！勿以己身之智度他人慧，于须菩提所趣云何？萤火之光，宁能照己身掌乎？除其冥耶？'"《大词典》、王涛等（编著，2007）、刘洁修（2009）、冷玉龙等（主编，2014）均未收。

1091　根深叶茂

树根扎得深，树叶就会长得茂盛。比喻事物根基雄厚，就能兴盛。《普灯》卷三"道宽禅师"："僧问：'既是一真法界，为什么却有千差万别？'曰：'根深叶茂。'"（p.64）

按,语当出自汉徐干《中论》卷上:"故根深而枝叶茂,行久而名誉远。"定型之语已见上揭《普灯》例,参刘洁修(2009:411)。

1092 万紫千红 千红万紫 百红千紫

形容百花齐放,色彩绚丽。《惟一禅师语录》卷三:"吾祖深慈岂易量,要成大树作阴凉。看它五叶花开后,万紫千红敢斗芳。"(49-751)

倒言"千红万紫"。《原肇禅师语录》卷一:"上堂:'正月去二月来,千红万紫,斗拆争开,莺唝谐九奏,蝶拍舞三台。'"(46-482)

又言"百红千紫"。《续灯》卷二"豁禅师":"师云:'随分有春色,一枝三四花。'僧曰:'百红千紫才观了,不羡灵云老古锥。'"(p.47)

按,定型之语已见上揭《续灯》例,《大词典》、王涛等(编著,2007)、刘洁修(2009)、冷玉龙等(主编,2014)均未收"百红千紫"。

1093 千般万样 万种千般 千种万般

形容种类很多,各不相同。《宗杲禅师语录》卷二:"个是径山和尚,逆顺千般万样。喜时菩萨不如,怒时修罗莫况。"(42-528)《师范禅师语录》卷二:"上堂:'达磨西来,添盐减酱,后代儿孙,千般万样。'"(45-703)

又言"万种千般"。《续灯》卷七"方禅师":"如来大藏教言,好向人前说打,待伊欢喜上心,万种千般肯舍。得了修造供僧,福利全归施者。"(p.217)《碧岩录》卷一〇:"世尊三百余会观机逗教,应病与药,万种千般说法,毕竟无二种语。"(p.472)《联灯》卷九"义玄禅师":"师拈糊饼,示洛浦云:'万种千般,不离这个,其理不二。'"(p.292)

又言"千种万般"。《清了禅师语录》卷一:"但剥去从前依草附木、千种万般伎俩计较,知见解会露布葛藤一时吐却。"(42-68)《如净禅师续语录》卷一:"高处高平,低处低平。目前异草,千种万般,不可受他授记去。"(45-475)

按,定型之语已见三国管辂《管氏地理指蒙》卷下:"未官便催,未贫便救,千般万样,撰出名字,欺诈酬谢。"《大词典》、王涛等(编著,2007)、刘洁修(2009)、冷玉龙等(主编,2014)均未收。

1094 百种千端

形容种类很多,各不相同。《圆悟禅师语录》卷一四:"古来悟达百种千端,只这便是心,不必更求心。"(41-315)《圆悟禅师心要》卷四:"怒骂鞭叱,百种千端,要试

验学人。"（41-657）

按，定型之语已见上揭《圆悟禅师语录》例，《大词典》、王涛等（编著，2007）、刘洁修（2009）、冷玉龙等（主编，2014）均未收。

1095 千品万类

泛指各种各类的事物。《慧远禅师语录》卷一："上堂，举宝公和尚云：'如我身空诸法空，千品万类悉皆同。'云门云：'你立时不见立，行时不见行，四大五蕴不可得。'"（45-10）《古尊宿》卷一六"匡真禅师"条同略同。（p.283）

按，定型之语已见唐张说《大唐祀封禅颂》："乾符坤珍，千品万类，超图溢谍，未始闻记。"《大词典》、王涛等（编著，2007）、刘洁修（2009）、冷玉龙等（主编，2014）均未收。

1096 千奇百怪 千怪万状

形容十分稀奇古怪。《五灯》卷一二"道隆禅师"："如人在州县住，或闻或见，千奇百怪，他总将作寻常，不知有而安闲。"（p.725）

又言"千怪万状"。《五灯》卷一九"保宁仁勇"："真相无形，示形现相。千怪万状，自此而彰。喜则满面光生，怒则双眉陡竖。"（p.1238）

按，定型之语已见上揭《五灯》例，《大词典》（1-839）引《初刻拍案惊奇》例，偏晚。

1097 七珍八宝

泛指各种各样的珍奇宝物。《碧岩录》卷三："然后十二时中，行住坐卧，打成一片。虽在一毛头上，宽若大千沙界。虽居镬汤炉炭中，如在安乐国土。虽居七珍八宝中，如在茅茨蓬蒿下。"（p.145）《圆悟禅师语录》卷一七："师拈云：'陆亘手攀金锁，南泉八字打开，直得七珍八宝罗列目前。'"（41-346）《五灯》卷一九"慧远禅师"："师出问曰：'净裸裸空无一物，赤骨力贫无一钱。户破家亡，乞师赈济。'悟曰：'七珍八宝一时擎。'师曰：'祸不入谨家之门。'"（p.1287）

按，定型之语已见上揭《碧岩录》例，《大词典》、王涛等（编著，2007）、刘洁修（2009）、冷玉龙等（主编，2014）均未收。

1098 百头千绪 百端千绪

形容头绪繁多。《圆悟禅师语录》卷二："上堂云：'满天和气，匝地韶光。柳眼迸开，桑条憨破。花枝似锦，鸟语如簧。八穴七穿，篆不雕之心印。百头千绪，演不

说之妙门。'"（41-208）

又言"百端千绪"。《圆悟禅师语录》卷一四："在家菩萨修出家行,如火中出莲。盖名位权,势意气卒难调伏。而况火宅烦扰煎熬,百端千绪。"（41-311）

按,定型之语已见上揭《圆悟禅师语录》例,《大词典》、王涛等（编著,2007）、刘洁修（2009）、冷玉龙等（主编,2014）均未收。

1099　鸦鸣鹊噪　鹊噪鸦鸣　雀噪鸦鸣　鸦鸣雀噪

泛指鸦雀吵闹之声。《续灯》卷四"明照禅师"："问:'如何是观音入理之门?'师云:'鸦鸣鹊噪。'"（p.109）《普灯》卷一二"道渊禅师"："上堂曰:'酒市鱼行,头头宝所,鸦鸣鹊噪,一一妙音。'"（p.318）《广闻禅师语录》卷二："明色庄声厉曰:'才闻棒声,便是吃棒,则汝从朝至暮,闻鸦鸣鹊噪,钟鱼鼓板之声,亦应吃棒,龙头蛇尾。'"（46-87）

倒言"鹊噪鸦鸣"。《居简禅师语录》卷一："若是临济德山儿孙,必然别有条章。悬羊卖狗,簸土扬尘处,拈却塵中佛事。风尘草动,鹊噪鸦鸣时,截断圆通法门。"（46-25）《普济禅师语录》卷一："大士应身三十二,一身三十二重非。金刚正体是非外,鹊噪鸦鸣无了时。"（45-566）

又言"雀噪鸦鸣"。《慧南禅师语录》卷一："一踏踏翻四大海,一掴掴倒须弥山,撒手到家人不识,雀噪鸦鸣柏树间。"（41-740）《古尊宿》卷一一"慈明禅师"："乃云:'若向言中取,则埋没宗风。直饶句下精通,敢保此人未悟。所以道:山青水绿,雀噪鸦鸣。万派同源,海云自异。未来诸佛口似灯笼,过去诸佛应病施方。'"（p.178）

倒言"鸦鸣雀噪"。《祖心禅师语录》卷一："上堂:'普贤行文殊智,补陀岩畔清风起。鸦鸣雀噪,直入耳根。草树尘毛,形影相吊。'"（41-754）

按,定型之语已见上揭《续灯》例,《大词典》、王涛等（编著,2007）、冷玉龙等（主编,2014）均未收,刘洁修（2009）未收此义。

1100　钟鸣鼓响

形容钟鼓齐鸣,一时全都响起。《续灯》卷一二"子勤禅师"："上堂云:'溪山虽异,云月是同。顺应方圆,任自西东。大众,法不离色,响不离声。到这里,明明声色显露。如何透得? 还有透得的么?'良久云:'钟鸣鼓响相交应,青山不碍白云飞。'"（p.368）《圆悟禅师语录》卷一二："三乘十二分教,二六时中眼里耳里,乃至钟鸣鼓响,驴鸣犬吠,无非这个消息。"(41-294)《联灯》卷一三"全举禅师":"示众云:'钟鸣鼓响,鹊噪鸦鸣。为汝诸人脱般若、讲涅槃了也? 还信得及么?'"(p.383)

按,定型之语已见上揭《续灯》例,《大词典》、王涛等(编著,2007)、刘洁修(2009)、冷玉龙等(主编,2014)均未收。

1101 鸡惊犬吠

形容受到惊扰而不安宁。《虚堂和尚语录》卷六:"静处畏影逃形,闹里掀天扑地。镇州城外活埋,至今鸡惊犬吠。"(46-725)

按,定型之语已见上揭《虚堂和尚语录》例,《大词典》、王涛等(编著,2007)、刘洁修(2009)、冷玉龙等(主编,2014)均未收。

1102 鼓乐喧天 丝竹喧天

形容音乐演奏嘈杂热闹,响彻天空。《道济禅师语录》卷一:"松隐赞罢,鼓乐喧天,簇拥龛子。到佛国化局,松柏亭下解扛索。"(45-136)

又言"丝竹喧天"。《古尊宿》卷二七"佛眼和尚":"还有拣辨得么? 若拣得,是上座道眼圆明;若拣不得,丝竹喧天船上乐,绮罗照水岸边人。珍重!"(p.509)

按,定型之语已见上揭《道济禅师语录》例,《大词典》(12-1395)举《水浒传》例,偏晚。又《大词典》、王涛等(编著,2007)、刘洁修(2009)、冷玉龙等(主编,2014)均未收"丝竹喧天"。

1103 声如雷震

形容声音特别响亮,如同雷声震动一般。《普灯》卷二三"张商英居士":"以宣和四年十一月迟明,口占遗表,命子弟书之。俄取睡枕掷门窗上,声如雷震。众惊,视之已薨矣。"(p.571)

按,定型之语已见汉许慎《淮南鸿烈闲诂》卷下:"大钟声如雷震,雉皆应之。"《大词典》、王涛等(编著,2007)、刘洁修(2009)、冷玉龙等(主编,2014)均未收。

1104 喧天动地

形容声势浩大,弄得沸沸扬扬。《传灯》卷六"自满禅师":"时有僧问:'如何是无诤之句?' 师云:'喧天动地。'"(p.414)《昙华禅师语录》卷九:"从上老宿喧天动地,只用个些子,在佛祖谓之顶王三昧,在衲僧谓之祖师巴鼻。"(42-216)

按,定型之语已见上揭《传灯》例,《大词典》、王涛等(编著,2007)、刘洁修

（2009）、冷玉龙等（主编，2014）均未收。

1105 晨鸡暮钟

早晨鸡鸣，晚上钟响。形容纷扰烦乱之声。《传灯》卷二二"招庆和尚"："问：'如何是佛法大意？'师曰：'扰扰匆匆，晨鸡暮钟。'"（p.1696）

按，定型之语已见唐徐寅《人生几何赋》："扰扰匆匆，晨鸡暮钟。命宁保兮霜与露，年不禁兮椿与松。"《大词典》、王涛等（编著，2007）、刘洁修（2009）均未收。

1106 铿金戛玉

形容声音铿锵有力，清脆响亮。《慧远禅师语录》卷一："说云门禅，如珠走盘。唱无生曲，铿金戛玉。"（45-21）

按，定型之语已见上揭《慧远禅师语录》例，《大词典》（11-1376）举清代用例，偏晚。

1107 五音六律

五音，古代五声音阶中的五个音级，即宫、商、角、徵、羽。六律，古代乐音标准名，即黄钟、太簇、姑洗、蕤宾、夷则、无射。①形容音乐曲调优美，富于变化。《真净禅师语录》卷二："复击香卓云：'不是还乡曲，且么么生唱？若唱得，五音六律应难比，步步逍遥达本乡。'"（39-660）②禅家也比喻说法曲调优美，犹如天籁之音。《传灯》卷二二"岳麓山和尚"："问：'师唱谁家曲，宗风嗣阿谁？'师曰：'五音六律。'"（p.1694）《法演禅师语录》卷一："因成一颂，举似大众：'无孔笛子戞拍板，五音六律皆普遍。时人不识黄幡绰，笑道侬家登宝殿。'"（39-121）《圆悟禅师语录》卷一三："僧问：'不问有言不问无言时如何？'师云：'其声如雷。'进云：'为什么如此？'师云：'只为聋人不听闻。'进云：'争奈五音六律甚分明。'师云：'阇梨闻个什么？'"（41-301）

按，定型之语已见《淮南子》卷三："合气而为音，合阴而为阳，合阳而为律，故曰五音六律。"此用其字面义。《大词典》、王涛等（编著，2007）、刘洁修（2009）、冷玉龙等（主编，2014）均未收。

1108 风尘草动

风起微尘，野草吹动。比喻十分细微的动静。《碧岩录》卷三："看他两人，放则双放，收则双收，沩仰下谓之境致，风尘草动，悉究端倪。"（p.141）《古尊宿》卷三二"清远禅师"："只管听人说，争名禅客？夫禅客者，风尘草动时，悉皆晓会。"（p.604）

《宏智禅师广录》卷五："若是坐禅的人,风尘草动,自看得出。"（44-481）

按,定型之语已见上揭《碧岩录》例,《大词典》、王涛等（编著,2007）、刘洁修（2009）、冷玉龙等（主编,2014）均未收。

1109 雨似盆倾

形容雨下得特别大,就像用盆子倒下来的一样。《真净禅师语录》卷二："拈扇子云:'蓦跳上三十三天,筑着帝释鼻孔,东海鲤鱼打一棒,雨似盆倾。'"（39-662）《普灯》卷二〇"休禅师":"上堂曰:'恁么也不是,不恁么也不是。针眼里跳出赤梢鲤鱼,变化升腾,神通游戏,直饶雨似盆倾,不是,不是。'"（p.512）

按,定型之语已见上揭《真净禅师语录》例,《大词典》、王涛等（编著,2007）、刘洁修（2009）、冷玉龙等（主编,2014）均未收。

1110 滔天之浪 白浪滔天

白色的浪涛高高涌起。形容水势汹涌的样子。《古尊宿》卷四六"觉和尚":"师拈云:'百丈与么道,美则美矣,善则善矣。虽然如是,即有顺水之波,且无滔天之浪。'"（p.916）《咸杰禅师语录》卷一:"上堂:'举僧问投子,依稀似半月,仿佛若三星。乾坤收不得,师于何处明？' 投子云:'道什么？' 僧云:'想师只有湛水之波,且无滔天之浪。'"（45-199）

又言"白浪滔天"。《续灯》卷七"惠南禅师":"上堂云:'洪波浩渺,白浪滔天。截流到岸之人,端然忘虑;短棹孤舟之客,进退攒眉。'"（p.185）《五灯》卷一七"文准禅师":"上堂:'札！久雨不晴,直得五老峰头黑云礙磕,洞庭湖里白浪滔天。'"（p.1151）

按,定型之语已见唐义净撰《大唐西域求法高僧传》卷二："闻说滔天之浪,蔑若小池,观横海之鲸,意同苏鳝。"《大词典》、王涛等（编著,2007）、刘洁修（2009）、冷玉龙等（主编,2014）均未收。

1111 洪波浩渺

形容水面壮阔,波涛汹涌。《传灯》卷一五"仲兴禅师":"师一日将锹子于法堂上,石霜曰:'作么？' 师曰:'觅先师灵骨来。' 石霜曰:'洪波浩渺,白浪滔天,觅什么灵骨？'"（p.1090）《续灯》卷七"惠南禅师":"上堂云:'洪波浩渺,白浪滔天。截流到岸之人,端然忘虑。短棹孤舟之客,进退攒眉。'"（p.185）《普灯》卷二六"杰禅师":"师曰:'寻常向诸人道,终日在洪波浩渺中舀水相泼,浑身无一点湿。是他明

踏着这些子,自然用出来。'"(p.672)

按,定型之语已见上揭《传灯》例,《大词典》、王涛等(编著,2007)、刘洁修(2009)、冷玉龙等(主编,2014)均未收。

1112　洪水滔天

洪水弥天漫际。形容洪水十分汹涌。《祖堂》卷六"渐源和尚":"霜云:'作什么?'师云:'觅先师灵骨。'霜云:'洪水滔天,流浪去也。'"(p.317)《古尊宿》卷九"慈照禅师":"问:'和尚若遇洪水滔天时,堰得么?'师云:'上拄天,下拄地。'"(p.145)

按,定型之语已见于《尚书》:"禹曰:'洪水滔天,浩浩怀山襄陵;下民昏垫,予乘四载,随山刊木。'"《大词典》、王涛等(编著,2007)、刘洁修(2009)、冷玉龙等(主编,2014)均未收。

1113　千变万化　万化千变　万变千化

形容变化多端。《续灯》卷六"正觉禅师":"谈玄演妙而靡异凡伦,千变万化而不离真际。"(p.173)

倒言"万化千变"。《真净禅师语录》卷四:"日面月面,胡来汉现,一点灵光,万化千变。"(39-690)

又言"万变千化"。《圆悟禅师语录》卷一六:"分明圆证,万变千化,无改无移,谓之金刚王,谓之透法身。"(41-333)

按,定型之语已见《淮南子》:"若人者,千变万化而未始有极也。"参刘洁修(2009:914)。

1114　千差万别　万别千差

形容事物的品类繁多,差别很大。《续灯》卷七"道宽禅师":"问:'既是一真法界,为什么有千差万别?'师云:'根深叶盛。'"(p.200)

倒言"万别千差"。《广灯》卷一九"法球禅师":"师上堂云:'一法如是,诸法亦然。万别千差,不离方寸。'"(p.335)

按,定型之语已见唐善导《观经疏》卷二:"说一切诸法,千差万别,如来观知,历历了然。"参刘洁修(2009:914)、朱瑞玟(2008:181)。

1115　千差万错

形容各种各样的差错。《古尊宿》卷四五"真净禅师":"我脚何似驴脚,隐显千

差万错。欲开金刚眼睛,看取目前善恶。"(p.854)

按,定型之语已见上揭《古尊宿》例,《大词典》、王涛等(编著,2007)、刘洁修(2009)均未收,参冷玉龙等(主编,2014:778)。

1116 如影随形

就像影子紧密跟随形体一样。比喻两者紧密相随,不能分离。《祖堂》卷二"鸠摩罗多":"尊者云:'业通三世,如影随形。积善余庆,积恶余殃。'"(p.67)

按,《管子·明法解》:"则下之从上也,如响之应声。臣之法主也,如影之随形。"后定型为"如影随形",《伤寒论》卷二:"若汗下当则吉,汗下不当则凶。其应如影随形,如响应声。"参《大词典》(4-276)。

1117 国泰民安

国家富强,百姓安康。《续灯》卷二"义琛禅师":"问:'佛未出世时如何?'师云:'风调雨顺。'僧曰:'出世后如何?'师云:'国泰民安。'"(p.49)

按,定型之语已见北周庾季才《灵台秘苑》卷一一:"客星出色黄,而国泰民安。"《大词典》首引宋吴自牧《梦粱录·山川神》例,刘洁修(2009:448)、朱瑞玟(2008:340)、王涛等(编著,2007:407)举《敦煌变文校注·捉季布变文》,均晚。

1118 偃武修文　修文偃武

停止武备,提倡文教。表示国家安定,社会清平。《续灯》卷一七"佛国禅师":"且章献明肃皇太后辅政仁宗皇帝四十余年,万方宁肃,休牛归马,偃武修文。三代未可比拟,两汉何足所论。仁君仁心,尽善尽美。"(p.509)

倒言"修文偃武"。《绍昙禅师广录》卷三:"九月旦上堂:'三月休征,修文偃武。治格太平,生灵鼓舞。无端塞马嘶风,又欲扬尘簸土。'"(46-293)

按,语出《尚书·武成》:"王来自商,至于丰,乃偃武修文。"参《大词典》(1-1534)、刘洁修(2009:1324)。

1119 风调雨顺　雨顺风调

风雨调和适时。形容太平盛世的祥和景象。《续灯》卷二"义琛禅师":"问:'佛未出世时如何?'师云:'风调雨顺。'僧曰:'出世后如何?'师云:'国泰民安。'"(p.49)

倒言"雨顺风调"。《怀深禅师广录》卷二:"拈香云:'此一瓣香,恭为祝延今上皇帝,圣寿万岁,恭愿,明齐二曜,寿等三山,雨顺风调,民安国泰。'"(41-117)

按,定型之语已见敦煌本《搜神记》:"因此已后,国内再兴,风调雨顺,五谷丰登。万人安乐,恩沾草木,此之为也!"《大词典》(12-628)、朱瑞玟(2008:270)、刘洁修(2009:360)并举《旧唐书》,偏晚。

1120　风不鸣条

和风轻拂,树枝不发出响声。形容清平盛世风调雨顺的祥和景象。《续灯》卷二二"祖瑃禅师":"僧曰:'太平一句请师道。'师曰:'风不鸣条,雨不破块。'"(p.621)

按,定型之语已见东汉桓宽《盐铁论·水旱》:"周公载纪,而天下太平,国无夭伤,岁无荒年。当此之时,雨不破块,风不鸣条。"参《大词典》(12-592)、刘洁修(2009:352)、王涛等(编著,2007:309)。

1121　雨不破块

没有暴雨破坏农田。形容清平盛世风调雨顺的祥和景象。《仁勇禅师语录》卷一:"直得君臣道合,河海晏清,风不鸣条,雨不破块。"(41-25)

按,定型之语已见东汉桓宽《盐铁论·水旱》:"周公载纪,而天下太平,国无夭伤,岁无荒年。当此之时,雨不破块,风不鸣条。"参刘洁修(2009:352)。

1122　块雨条风　条风块雨

形容清平盛世风调雨顺的祥和景象。《慧南禅师语录》卷一:"当今明圣道唯淳,块雨条风处处闻。园里菜青禾又熟,时中通变尽由君。"(41-736)《普灯》卷二七"守端禅师":"干戈中立太平基,块雨条风胜古时。婆子为君勘破了,赵州脚迹少人知。"(p.677)

倒言"条风块雨"。《禅宗颂古联珠通集》卷二:"自谓五更侵早起,谁知更有夜行人。条风块雨非云昔,尧舜垂衣万国宾。"(85-17)

按,此语由"风不鸣条,雨不破块"缩略而来,参"风不鸣条""雨不破块"条。定型之语已见唐和凝《宫词》之一:"块雨条风符圣化,嘉禾看却报新秋。"《大词典》、王涛等(编著,2007)、刘洁修(2009)、冷玉龙等(主编,2014)均未收。

1123　安邦乐业

形容太平盛世的安乐景象。《碧岩录》卷一:"十日一风,五日一雨,安邦乐业,鼓腹讴歌,谓之太平时节。"(p.55)《师范禅师语录》卷一:"至于安邦乐业,顺俗和光。总四海为一家,会百川同一味。"(45-669)

按,定型之语已见上揭《碧岩录》例,《大词典》、王涛等(编著,2007)、刘洁修(2009)、冷玉龙等(主编,2014)均未收。

1124 鼓腹讴歌

百姓吃饱后腆着肚子歌唱。形容太平盛世的安乐景象。《碧岩录》卷一:"十日一风,五日一雨,安邦乐业,鼓腹讴歌,谓之太平时节。"(p.55)《圆悟禅师语录》卷二:"向尧时舜日共乐升平,鼓腹讴歌,归家稳坐。"(41-205)《普灯》卷七"文准禅师":"张公李公皆忻悦,皆忻悦,鼓腹讴歌笑不彻,把得云箫撩乱吹,依稀有如杨柳枝。"(p.179)

按,定型之语已见上揭《碧岩录》例,《大词典》、王涛等(编著,2007)、刘洁修(2009)均未收。

1125 四海晏清　四海廓清

指天下安定,社会清平。《续灯》卷七"智迁禅师":"当体湛然,应时消灭。既如是矣,亦有何事? 随时应用,野老讴歌,四海晏清,八方无事。"(p.213)《倚遇禅师语录》卷一:"师开堂日,宣疏罢,遂升座,乃拈香云:'此一瓣香,奉为今上皇帝,祝延圣寿,伏愿龙图永固,凤历长新,四海晏清,法轮常转。'"(39-720)《圆悟禅师语录》卷八:"上堂云:'清秋晴色,苗稼丰登。四海晏清,万民乐业。林下之士,歇意休心。直下当阳,坐断报化。'"(41-258)

又言"四海廓清"。《方会和尚语录》卷一:"上堂:'三春将杪,四海廓清,风恬浪静,是人知有。'"(39-31)

按,定型之语已见唐释慧立《三藏法师传》卷六:"时中书令褚遂良奏曰:'今四海廓清,九域宁晏,皆陛下圣德。'"《大词典》、王涛等(编著,2007)、刘洁修(2009)、冷玉龙等(主编,2014)均未收。

1126 海晏河清　河清海晏

四海平静,河水清净。①形容社会非常安定和谐。《续灯》卷一五"岩禅师":"上堂云:'乾坤肃静,海晏河清。风不鸣条,雨不破块。春生夏长,秋收冬藏,这个是世间法作么生是佛法?'"(p.447)②禅家形容内心安稳清净,没有一丝尘念生起。《传灯》卷二二"道遵":"若约理化门中,一言启口,震动乾坤。山河大地,海晏河清。三世诸佛,说法现前。若也分明,古佛殿前,同登彼岸。"(p.1712)《碧岩录》卷四:"净裸裸,赤洒洒,且得自家安稳,直得海晏河清。"(p.173)《明觉禅师语录》卷一:"僧问:'杖锡已居于此日,请师一句定乾坤。'师云:'百杂碎。'进云:'怎么则海晏河清去也。'师云:'非公境界。'"(39-150)

倒言"河清海晏"。①形容社会非常安定和谐。《普灯》卷二〇"行机禅师":"臣僧行机向河清海晏之时,祝地久天长之算为稀有。"(p.501)②禅家形容内心安稳清净,没有一丝尘念生起。《广闻禅师语录》卷一:"圣节上堂:'河清海晏,含有象于不言。天成地平,谢无私于何处。灵山蕴界不居,万缘不涉。只于出入息间,供养承事无量寿世尊,而作佛事。'"(46-72)

按,定型之语已见唐慧立本《大唐大慈恩寺三藏法师传》卷一〇:"海晏河清,时和岁阜,远无不顺,迩无不安,天成地平,人庆神悦。"此言社会安定和谐。王涛等(编著,2007:424)引上揭《传灯》例,释作"比喻天下太平",不确。

1127 凤凰来仪

凤凰来舞,仪表非凡。指太平盛世的祥瑞之兆。《普灯》卷二〇"行机禅师":"所谓黄河以清为稀有,麒麟出现为稀有,凤凰来仪为稀有,河出图、洛出书为稀有。"(p.501)

按,语出《书·益稷》:"《萧韶》九成,凤凰来仪。"参《大词典》(12-1061)、王涛等(编著,2007:325)、刘洁修(2009:366)。

附录:音序索引

本索引将下编《唐宋禅籍俗成语例释》条目按首字音序排列,方便查检使用。